FRENCH PAINTING

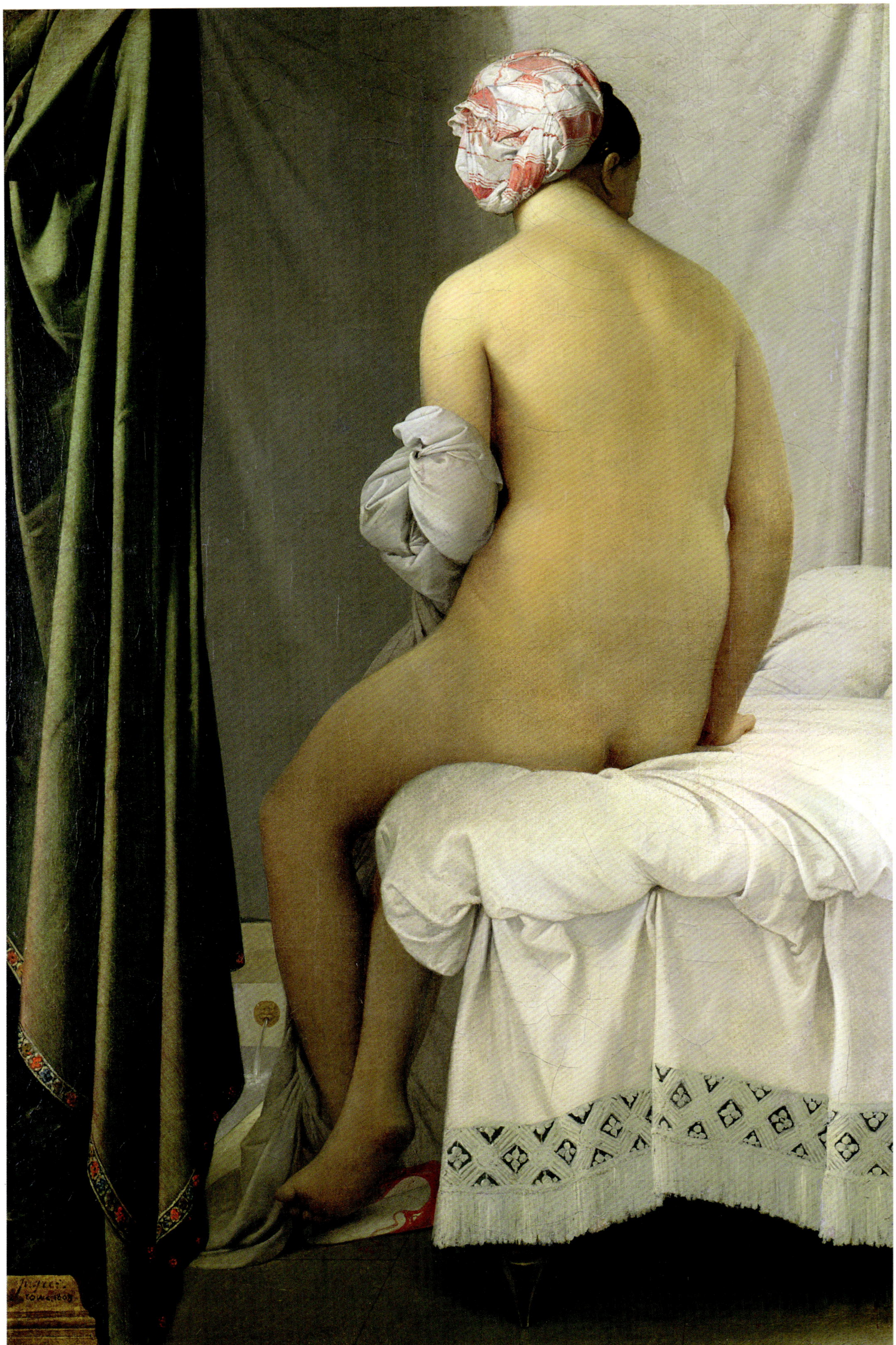

VALENTIN GRIVET

FRENCH PAINTING

LA PEINTURE FRANÇAISE

FRANZÖSISCHE MALEREI

LA PINTURA FRANCESA

PINTURA FRANCESA

FRANSE SCHILDERKUNST

ÉDITIONS
PLACE DES
VICTOIRES

KÖNEMANN

Contents

Sommaire

Inhalt

Índice

Indice

Inhoud

P. 2

The Valpinçon Bather

La Baigneuse *dite* Baigneuse Valpinçon

Die Badende von Valpincon

La bañista de Valpinçon

Os banhistas da Valpincon

De baadster van Valpincon

JEAN-AUGUSTE-DOMINIQUE INGRES (1780-1867)

1808, Oil on canvas/Huile sur toile, 146 × 97,5 cm, Musée du Louvre, Paris

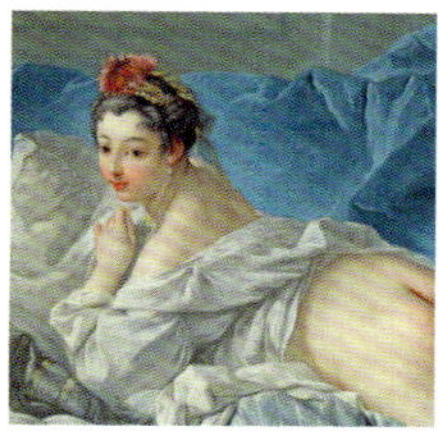

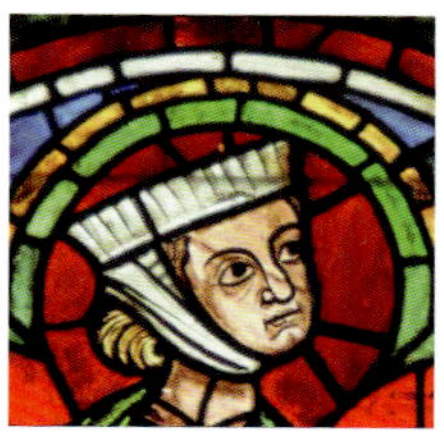

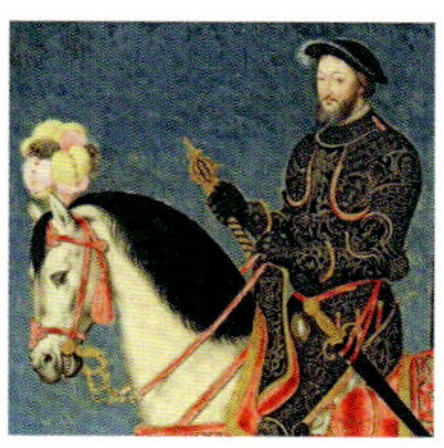

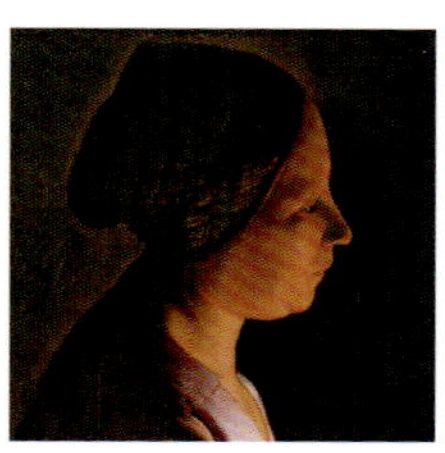

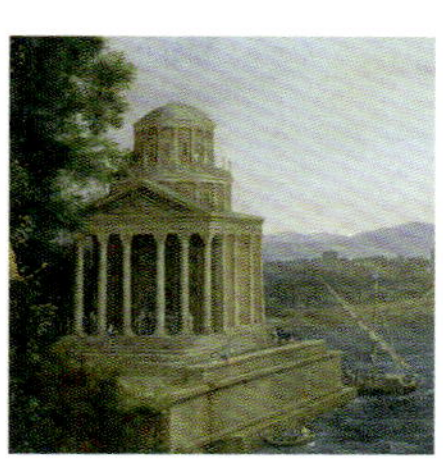

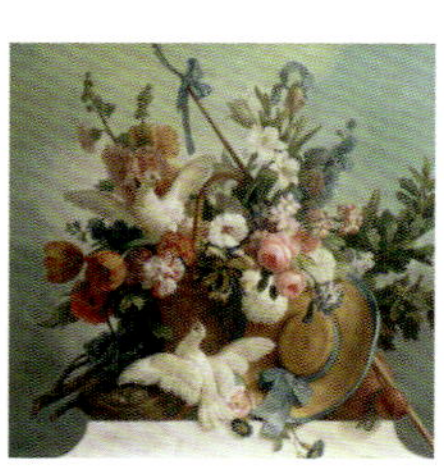

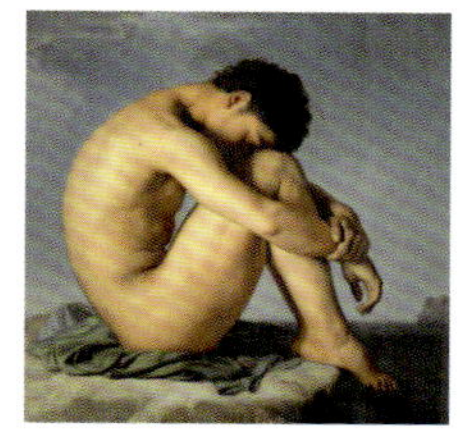

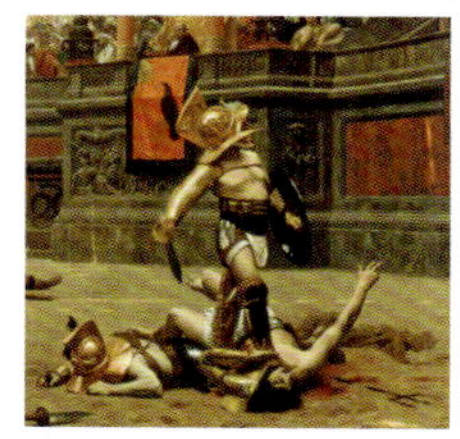

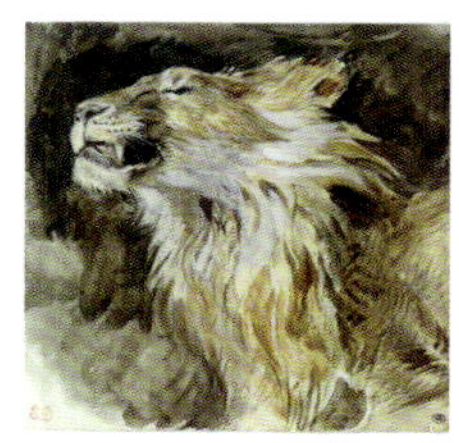

The Lion Hunt

Marocains à la chasse aux lions

Löwenjagd in Marokko

La caza del león

Caça ao leão em Marrocos

Leeuwenjacht in Marokko

EUGÈNE DELACROIX (1798-1863)

1854, Oil on canvas/Huile sur toile, 74 × 92 cm,

State Hermitage Museum, St. Petersburg

Introductory remarks

An overview of French painting can only be subjective. As numerous as the works gathered here may be, they show only a small part of the work of countless artists of all styles who together contributed to the history of French art. The aim is to shed light on the different stages of the development of painting, which from the Middle Ages to the 19th century has accompanied, highlighted and interpreted the social, political and cultural upheavals in the country. A fundamental role was played by the emergence of new techniques and materials - from Romanesque frescoes painted directly on the masonry to the use of easel and oil paints. No matter what epoch - painting can only be understood in the context of its creation. No current, no tendency and no style develops overnight. They all presuppose a foundation that precedes them.

Introduction

Un panorama de la peinture française est forcément subjectif. Aussi large soit-il, le corpus d'œuvres rassemblé ici n'est qu'un aperçu de l'extraordinaire production d'artistes de tous horizons, et de toutes écoles, qui ont contribué à écrire l'histoire de l'art. L'objectif est de mettre en perspective les différentes phases de développement d'une pratique qui, du Moyen Âge au XIXe siècle, n'a cessé d'accompagner, de souligner, de décrypter les changements sociaux, politiques et culturels d'un pays. Cette évolution est également liée à celle des techniques et des matériaux, des fresques romanes, réalisées directement sur les murs, aux tableaux de chevalet peints à l'huile. Quelle que soit l'époque, la peinture ne peut être comprise que dans le contexte qui l'a vue naître. Aucun courant, aucune tendance, aucun style ne sont nés en un jour. Comme dans tous les domaines, rien n'existerait sans ce qui l'a précédé.

Einleitung

Ein Überblick über die französische Malerei kann nur subjektiv sein. So umfangreich die hier versammelten Werke auch sind, sie zeigen nur einen Ausschnitt aus dem Wirken unzähliger Künstler aller Stilrichtungen, die zusammen zur französischen Kunstgeschichte beigetragen haben. Das Ziel ist es, die unterschiedlichen Entwicklungsphasen einer Praktik zu beleuchten, die vom Mittelalter bis hin zum 19. Jahrhundert immer wieder die sozialen, politischen und kulturellen Umbrüche des Landes begleitet, hervorgehoben und interpretiert hat. Eine grundlegende Rolle spielte dabei das Aufkommen neuer Techniken und Materialien – angefangen bei romanischen Fresken, die direkt auf das Mauerwerk gemalt wurden, bis hin zum Einsatz der Staffelei und Ölfarben. Egal was für eine Epoche – Malerei lässt sich immer nur im Kontext ihrer Entstehung begreifen. Keine Strömung, keine Tendenz und kein Stil entstehen über Nacht. Sie alle setzen eine Grundlage voraus, die ihnen vorangeht.

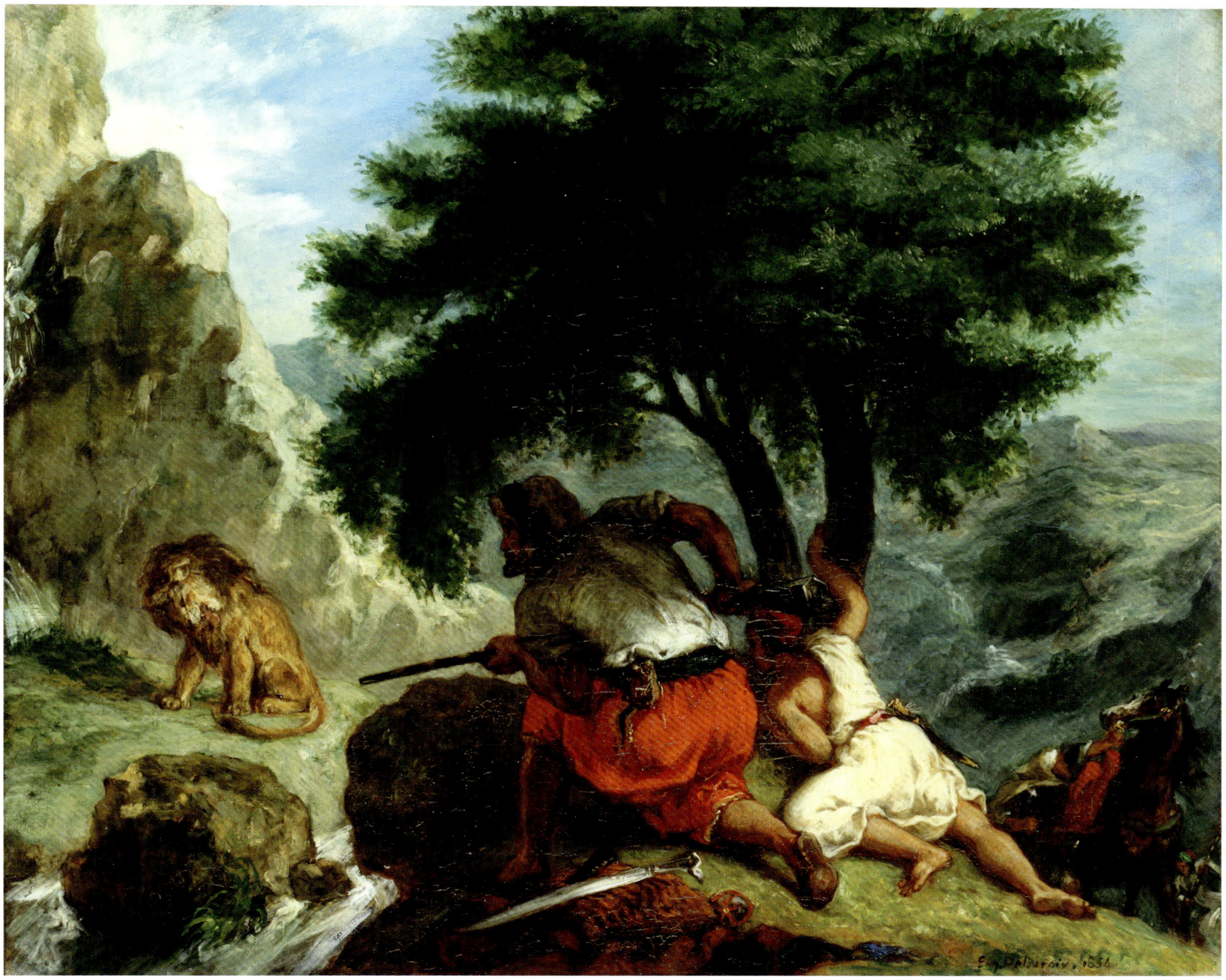

Observaciones preliminares

Una visión general de la pintura francesa sólo puede ser subjetiva. Por muy numerosas que sean las obras aquí reunidas, sólo muestran una pequeña parte de la obra de innumerables artistas de todos los estilos que juntos contribuyeron a la historia del arte francés. El objetivo es arrojar luz sobre las diferentes etapas del desarrollo de la pintura, que desde la Edad Media hasta el siglo XIX ha acompañado, resaltado e interpretado las convulsiones sociales, políticas y culturales del país. La aparición de nuevas técnicas y materiales, desde los frescos románicos pintados directamente sobre la mampostería hasta el uso de caballetes y pinturas al óleo, ha desempeñado un papel fundamental. No importa qué época - la pintura sólo puede entenderse en el contexto de su creación. No hay corriente, no hay tendencia y no hay estilo que se desarrolle de la noche a la mañana. Todos ellos presuponen un fundamento que les precede.

Observações introdutórias

Uma visão geral da pintura francesa só pode ser subjetiva. Por mais numerosas que sejam as obras aqui reunidas, elas mostram apenas uma pequena parte do trabalho de inúmeros artistas de todos os estilos que, juntos, contribuíram para a história da arte francesa. O objectivo é lançar luz sobre as diferentes fases do desenvolvimento da pintura, que desde a Idade Média até ao século XIX tem acompanhado, destacado e interpretado as convulsões sociais, políticas e culturais do país. Um papel fundamental foi desempenhado pela emergência de novas técnicas e materiais - de afrescos românicos pintados diretamente na alvenaria ao uso de cavalete e tintas a óleo. Não importa a época - a pintura só pode ser compreendida no contexto da sua criação. Sem corrente, sem tendência e sem estilo desenvolve-se durante a noite. Todos eles pressupõem uma fundação que os precede.

Inleiding

Een overzicht van de Franse schilderkunst kan alleen maar subjectief zijn. Hoe talrijk de in dit boek verzamelde werken ook mogen zijn, ze tonen maar een klein deel van het oeuvre van talloze kunstenaars uit alle stijlperioden die met elkaar hebben bijgedragen aan de Franse kunstgeschiedenis. Het doel is de verschillende stadia in de ontwikkeling van de schilderkunst te belichten, die vanaf de middeleeuwen tot de 19e eeuw steeds weer de maatschappelijke, politieke en culturele omwentelingen in het land heeft begeleid, op de voorgrond heeft geplaatst en geïnterpreteerd. De opkomst van nieuwe technieken en materialen – begonnen met de romaanse fresco's, tot het gebruik van schildersezels en olieverf – speelde daarbij een fundamentele rol. Om het even welk tijdperk, schilderkunst kan alleen worden begrepen in de context van zijn ontstaan. Geen stroming, geen trend en geen stijl ontstaat van de ene op de andere dag. Ze veronderstellen allemaal een beginsel dat eraan voorafgaat.

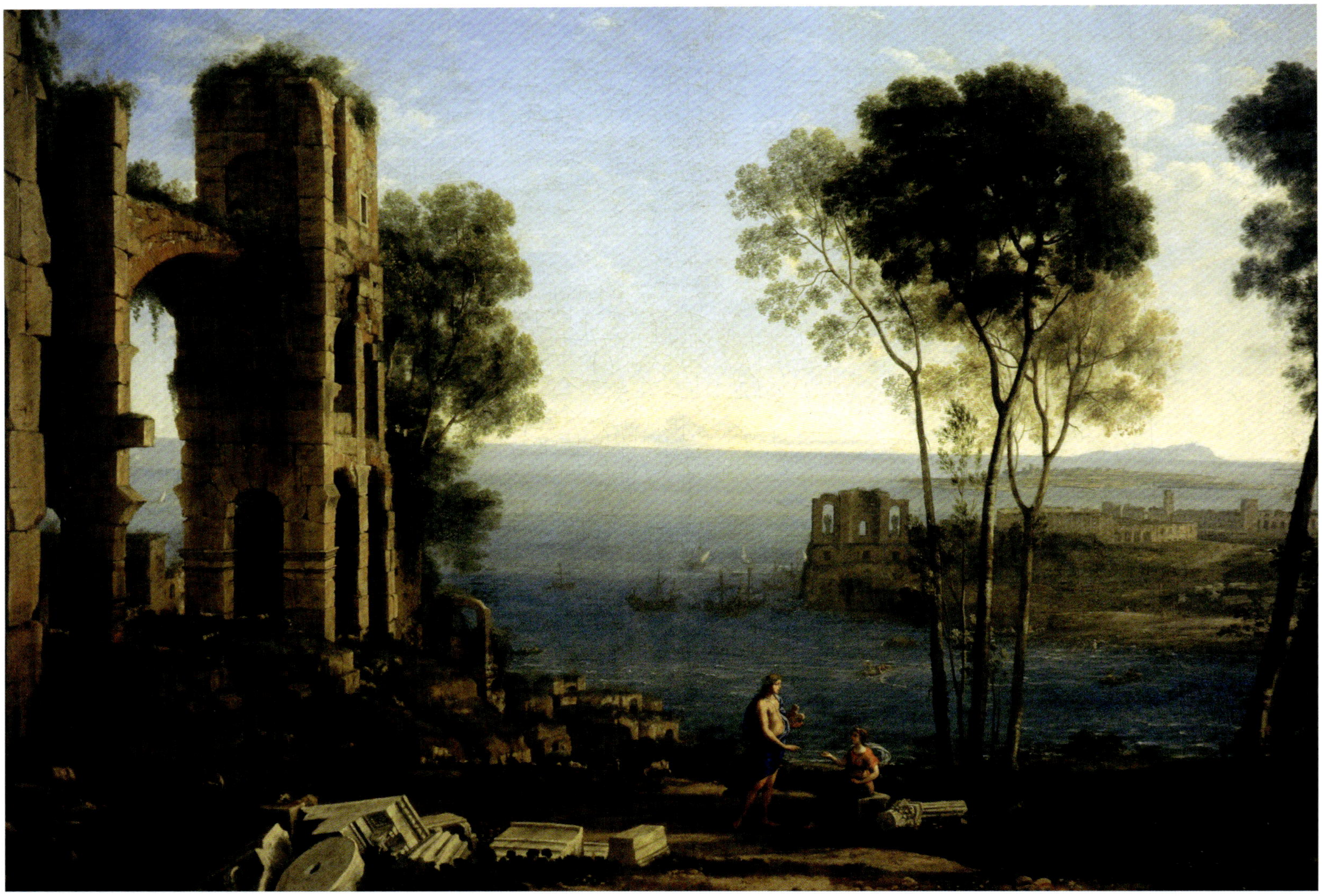

Landscape with Apollo and the Cumaean Sibyl

Bord de mer avec Apollon et la Sibylle de Cumes

Küstenlandschaft mit Apollo und der Cumäischen Sibylle

Paisaje con Apolo y la Sibila de Cumaean

Paisagem costeira com Apollo e a Sibila Cumaina

Kustlandschap met Apollo en de sibille van Cumae

CLAUDE LORRAIN (1602-1682)

1645-49, Oil on canvas/ Huile sur toile, 99,5 × 127 cm, State Hermitage Museum, St. Petersburg

For the sake of clarity, this work is structured chronologically. The most important artists of each epoch are introduced through their main works - alongside unrecognised protagonists who have sometimes been unjustly forgotten. The result is an "ideal museum" that displays religious motifs from the Middle Ages alongside Gothic book illuminations, portraits from the Renaissance, works from Neoclassicism, Rococo and Romanticism. Academic art, which is often neglected in studies of French art history, also finds its place. Alexandre Cabanel and Jean-Léon Gérôme can be found as well as Nicolas Poussin, François Boucher, Jean-Auguste-Dominique Ingres or Eugène Delacroix. The more than 450 works on the following pages invite you on a journey around the world - to the treasures that can otherwise only be discovered in the most renowned public and private galleries.

Par souci de clarté, ce volume prend le parti de suivre le fil du temps. Il réunit, pour chaque période, les artistes incontournables dont le lecteur retrouvera les principaux chefs-d'œuvre. Mais aussi des figures méconnues qui, parfois injustement, sont tombées dans l'oubli. L'ouvrage est conçu comme une sorte de « musée idéal », des peintures religieuses de l'époque médiévale au romantisme, en passant par les enluminures gothiques, les portraits de la Renaissance, le classicisme ou le style rococo. Sans oublier la peinture académique et l'art pompier, trop souvent éludés des études sur l'art français. Alexandre Cabanel ou Jean-Léon Gérôme ont donc ici leur place, au même titre que Nicolas Poussin, François Boucher, Jean Auguste Dominique Ingres ou Eugène Delacroix. Illustrées par plus de quatre cent cinquante œuvres, ces pages sont aussi l'occasion d'un voyage à travers le monde, à la découverte des trésors conservés dans les plus grandes collections publiques et privées.

Der Anschaulichkeit halber ist dieses Werk chronologisch aufgebaut. Die wichtigsten Künstler jeder Epoche werden anhand ihrer Hauptwerke vorgestellt – neben verkannten Protagonisten, die manchmal zu Unrecht in Vergessenheit geraten sind. So entsteht ein „ideales Museum", das religiöse Motive aus dem Mittelalter neben gotischen Buchmalereien, Porträts aus der Renaissance, Werken des Klassizismus, des Rokokos und der Romantik zeigt. Auch die Akademische Kunst findet ihren Platz, die in Studien der französischen Kunstgeschichte oft vernachlässigt wird. Alexandre Cabanel und Jean-Léon Gérôme sind ebenso zu finden wie Nicolas Poussin, François Boucher, Jean-Auguste-Dominique Ingres oder Eugène Delacroix. Die mehr als 500 Werke auf den nächsten Seiten laden zu einer Reise um die Welt ein – zu den Schätzen die sonst nur in den renommiertesten öffentlichen und privaten Galerien entdeckt werden können.

Supper at Emmaus

Les Disciples d'Emmaüs

Das Abendmahl in Emmaus

La cena de Emaús

A Última Ceia em Emaús

De maaltijd in Emmaüs

PHILIPPE DE CHAMPAIGNE (1602-1674)
c. 1656, Oil on canvas/Huile sur toile,
123 × 169 cm, Musée des Beaux-Arts, Angers

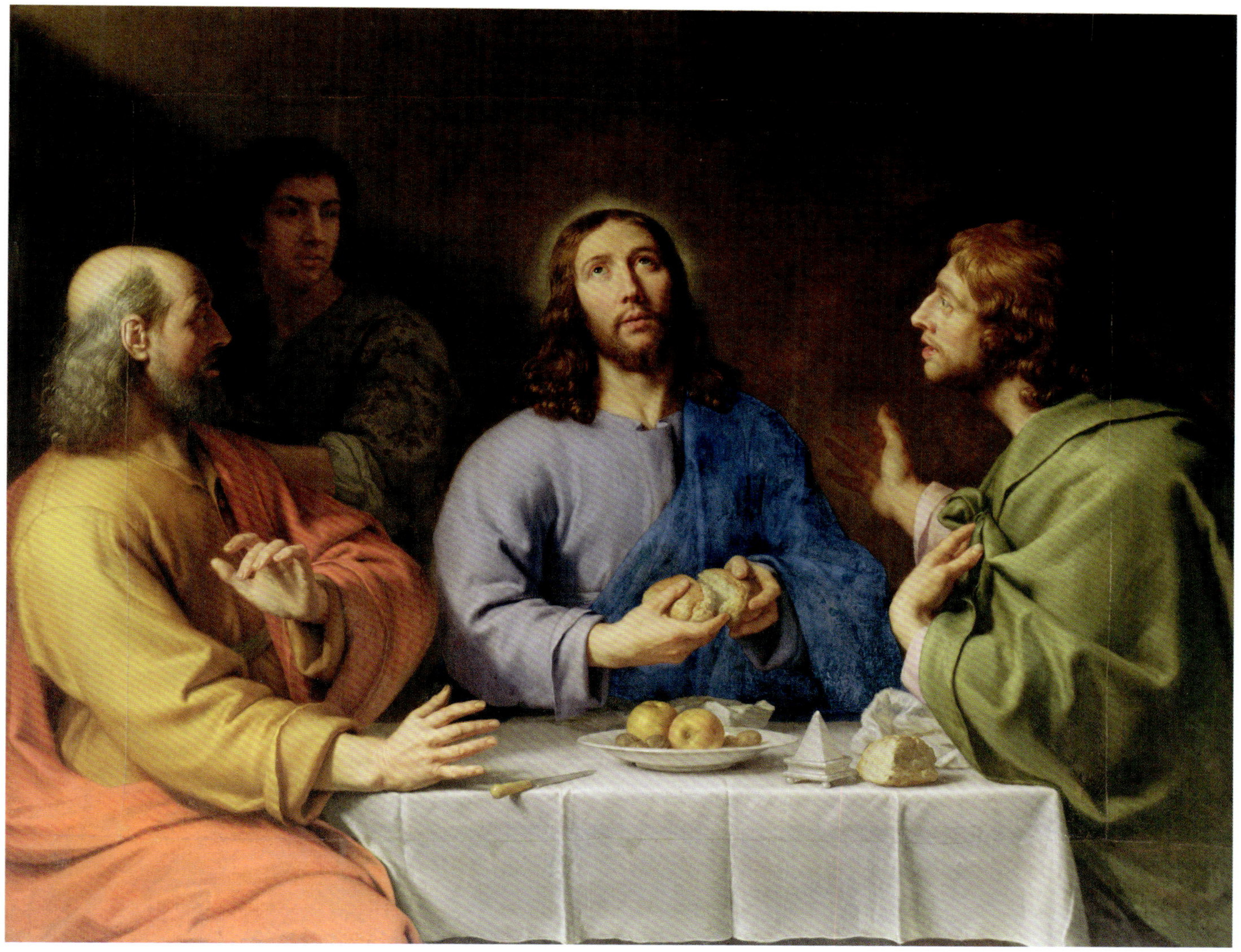

En aras de la claridad, esta obra está estructurada cronológicamente. Los artistas más importantes de cada época se presentan a través de sus obras principales, junto a protagonistas no reconocidos que a veces han sido injustamente olvidados. El resultado es un "museo ideal" que muestra motivos religiosos de la Edad Media junto con iluminaciones de libros góticos, retratos del Renacimiento, obras del Clasicismo, Rococó y Romanticismo. El arte académico, que a menudo se descuida en los estudios de historia del arte francés, también encuentra su lugar. Alexandre Cabanel y Jean-Léon Gérôme, así como Nicolas Poussin, François Boucher, Jean-Auguste-Dominique Ingres o Eugène Delacroix. Las más de 450 obras de las páginas siguientes le invitan a dar la vuelta al mundo, a los tesoros que, de otro modo, sólo podrían descubrirse en las galerías públicas y privadas más renombradas.

Por uma questão de clareza, este trabalho é estruturado cronologicamente. Os artistas mais importantes de cada época são introduzidos através das suas principais obras - ao lado de protagonistas não reconhecidos, por vezes injustamente esquecidos. O resultado é um "museu ideal" que exibe motivos religiosos da Idade Média ao lado de iluminações góticas de livros, retratos do Renascimento, obras do Classicismo, Rococó e Romantismo. A arte acadêmica, muitas vezes negligenciada nos estudos de história da arte francesa, também encontra seu lugar. Alexandre Cabanel e Jean-Léon Gérôme, bem como Nicolas Poussin, François Boucher, Jean-Auguste-Dominique Ingres ou Eugène Delacroix. As mais de 450 obras nas páginas seguintes convidam-no numa viagem à volta do mundo - aos tesouros que de outra forma só podem ser descobertos nas mais renomadas galerias públicas e privadas.

Voor de overzichtelijkheid is dit boek chronologisch opgebouwd. De belangrijkste kunstenaars van elk tijdperk worden voorgesteld aan de hand van hun belangrijkste werken – naast onbekende protagonisten, die soms ten onrechte in de vergetelheid zijn geraakt. Het resultaat is een 'ideaal museum', dat religieuze motieven uit de middeleeuwen naast gotische boekillustraties, portretten uit de renaissance, werken uit het neoclassicisme, rococo en de romantiek laat zien. Ook de academische kunst, die in de studie van de Franse kunstgeschiedenis vaak wordt verwaarloosd, heeft hier een plaats. Alexandre Cabanel en Jean-Léon Gérôme staan net zo goed in dit boek als Nicolas Poussin, François Boucher, Jean-Augustuse-Dominique Ingres en Eugène Delacroix. De meer dan 450 werken op de volgende pagina's nodigen u uit voor een reis rond de wereld – naar de schatten die anders alleen in de meest gerenommeerde openbare en particuliere collecties te bewonderen zijn.

1

The Middle Ages
Le Moyen Âge
Das Mittelalter
La Edad Media
A Idade Média
De middeleeuwen

The Middle Ages

If cave painting and some ancient works are not counted, the Middle Ages were the first great epoch of French painting. During the Romanesque period (around the 10th-13th centuries), art was still closely linked to religion. Most of the churches were decorated with elaborate decorations. Wall paintings underlined the sober and unadorned architecture and formed a harmony with the whole building. Today, there are hardly any complete designs left. Some places, however, such as the Saint-Savin-sur-Gartempe Abbey, the Notre-Dame church in Montmorillon or the crypt of the collegiate church in Saint-Aignan still bear witness to the former splendour. The iconography mainly dealt with the life of Christ, the Virgin Mary and the Saints, which was presented as easily understandable picture stories. The Romanesque period also saw the emergence of the illuminated manuscript, a form of book illumination that reached its heyday during the Gothic period. Animals, human figures or mythical creatures, elaborately designed initials and floral

Le Moyen Âge

Si l'on excepte les peintures rupestres et quelques exemples de décors antiques, la première grande période pour la peinture française est le Moyen Âge. À l'époque romane (x[e]-xiie siècle), l'art est intimement lié au religieux. La majorité des églises sont alors ornées de décors. Peintures murales et fresques sont conçues pour s'inscrire en parfaite harmonie avec l'édifice, en souligner l'architecture sobre et dépouillée. Il reste aujourd'hui très peu d'ensembles complets, mais certains lieux, comme l'abbaye de Saint-Savin, l'église Notre-Dame de Montmorillon ou la crypte de Saint-Aignan, conservent de remarquables vestiges. L'iconographie est essentiellement dédiée aux épisodes de la vie du Christ, de la Vierge et des saints, en des œuvres narratives qui se devaient d'être comprises par tous. La période romane voit également se développer l'art des manuscrits enluminés, qui atteindra son apogée à l'âge gothique. Animaux, figures humaines ou fantastiques, rosaces, feuillages…, l'ornementation va

Das Mittelalter

Nimmt man die Höhlenmalerei und einige antike Werke aus, bildet das Mittelalter die erste große Epoche der französischen Malerei. Zur Zeit der Romanik (10.–13. Jh.) war die Kunst noch eng mit dem Religiösen verknüpft. Der Großteil der Kirchen wurde mit aufwendigem Dekor geschmückt. Wandmalereien und Fresken unterstrichen die nüchterne und schmucklose Architektur und bildeten eine Harmonie mit dem gesamten Gebäude. Heute sind kaum noch komplette Ausgestaltungen erhalten. Einige Orte wie die Abtei Saint-Savin-sur-Gartempe, die Kirche Notre-Dame in Montmorillon oder die Krypta der Stiftskirche in Saint-Aignan zeugen jedoch noch von der ehemaligen Pracht. Die Ikonografie befasste sich hauptsächlich mit dem Leben Christus, der Jungfrau Maria und der Heiligen, das als leicht verständliche Bildergeschichten dargestellt wurde. In die Romanik fällt auch die Entstehung der Bilderhandschrift, eine Form der Buchmalerei, die ihre Blütezeit während der Gotik hatte. Tiere, menschliche Figuren oder Fabelwesen, aufwendig gestaltete Initialen

The Mystic Lamb *or* **the Lamb of God**, *detailof the frescoes in the crypt of Saint Catherine*

L'Agneau mystique *ou* **Agneau de Dieu**, *détail des fresques de la crypte de Sainte-Catherine*

Das mystische Lamm *oder* **Das Lamm Gottes**, *Detail der Fresken in der Krypta der Heiligen Katharina*

El Cordero Místico *o* **el Cordero de Dios**, *detalle de los frescos de la cripta de Santa Catalina*

O Cordeiro Místico *ou* **o Cordeiro de Deus**, *detalhe dos frescos na cripta de Santa Catarina*

Het Lam Gods, *detail van de fresco's in de crypte van Sint-Catharina*

13th century, Fresco/Fresque, Église Notre-Dame de Montmorillon

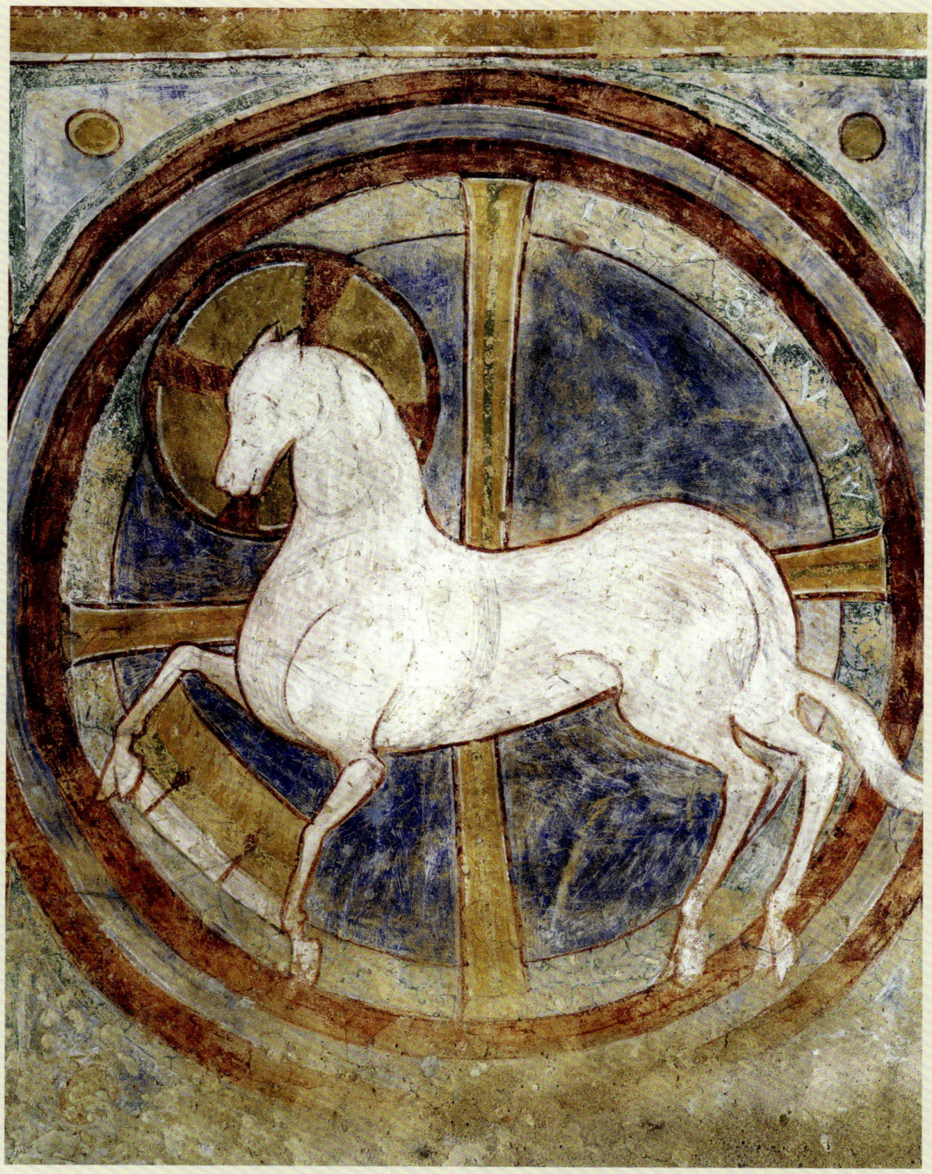

La Edad Media

Si dejamos a un lado las pinturas rupestres y algunas obras antiguas, la Edad Media fue la primera gran época de la pintura francesa. Durante el periodo románico (alrededor de los siglos X-XIII), el arte todavía estaba estrechamente ligado a la religión. La mayoría de las iglesias estaban decoradascon elaboradas ornamentaciones. Las pinturas murales subrayan la arquitectura sobria y sin adornos y forman una armonía con todo el edificio. Hoy en día, casi no quedan diseños completos. Algunos lugares, sin embargo, como la abadía de Saint-Savin-sur-Gartempe, la iglesia de Notre-Dame en Montmorillon o la cripta de la colegiata de Saint-Aignan siguen siendo testigos de este esplendor. La iconografía trataba principalmente de la vida de Cristo, de la Virgen María y de los santos, que se presentaba como historias ilustradas fácilmente comprensibles. En la época románica también surgió el manuscrito iluminado, una forma de iluminación de libros que alcanzó su apogeo durante el periodo gótico. Animales, figuras humanas o criaturas míticas, iniciales

A Idade Média

Se a pintura rupestre e algumas obras antigas não são contadas, a Idade Média foi a primeira grande época da pintura francesa. Durante o período românico (por volta dos séculos 10-13), a arte ainda estava intimamente ligada à religião. A maioria das igrejas foram decoradas com decorações elaboradas. As pinturas murais sublinharam a arquitectura sóbria e sem adornos e formaram uma harmonia com todo o edifício. Hoje em dia, quase não restam desenhos completos. Alguns lugares, porém, como a Abadia de Saint-Savin-sur-Gartempe, a igreja de Notre-Dame em Montmorillon ou a cripta da igreja colegiada em Saint-Aignan, ainda dão testemunho do antigo esplendor. A iconografia tratou principalmente da vida de Cristo, da Virgem Maria e dos Santos, que foram apresentados como histórias ilustradas facilmente compreensíveis. O período românico também assistiu ao surgimento do manuscrito iluminado, uma forma de iluminação de livros que atingiu seu apogeu durante o período gótico. Animais, figuras humanas ou criaturas míticas, iniciais

De middeleeuwen

Als de grotschilderkunst en enkele oude werken niet worden meegerekend, vormen de middeleeuwen het eerste grote tijdperk van de Franse schilderkunst. In de romaanse periode (10e-13e eeuw) was kunst nog steeds nauw verbonden met het geloof. De meeste kerken waren versierd met uitgebreide decoraties. Muurschilderingen en fresco's benadrukten de sobere en onopgesmukte architectuur en waren in harmonie met het hele gebouw. Tegenwoordig zijn er vrijwel geen complete inrichtingen meer over. Sommige plaatsen, zoals de abdij van Saint-Savin-sur-Gartempe, de Eglise Notre-Dame in Montmorillon en de crypte van de kloosterkerk van Saint-Aignan, getuigen echter nog steeds van de pracht en praal van weleer. De iconografie omvatte vooral de levens van Christus, de Maagd Maria en de heiligen, die als gemakkelijk te begrijpen beeldverhalen werden gepresenteerd. In de romaanse periode ontstond ook het verluchte manuscript, een vorm van boekversiering die in de gotiek een hoogtepunt bereikte. Dieren, menselijke figuren of mythische wezens, uitvoerig vormgegeven initialen

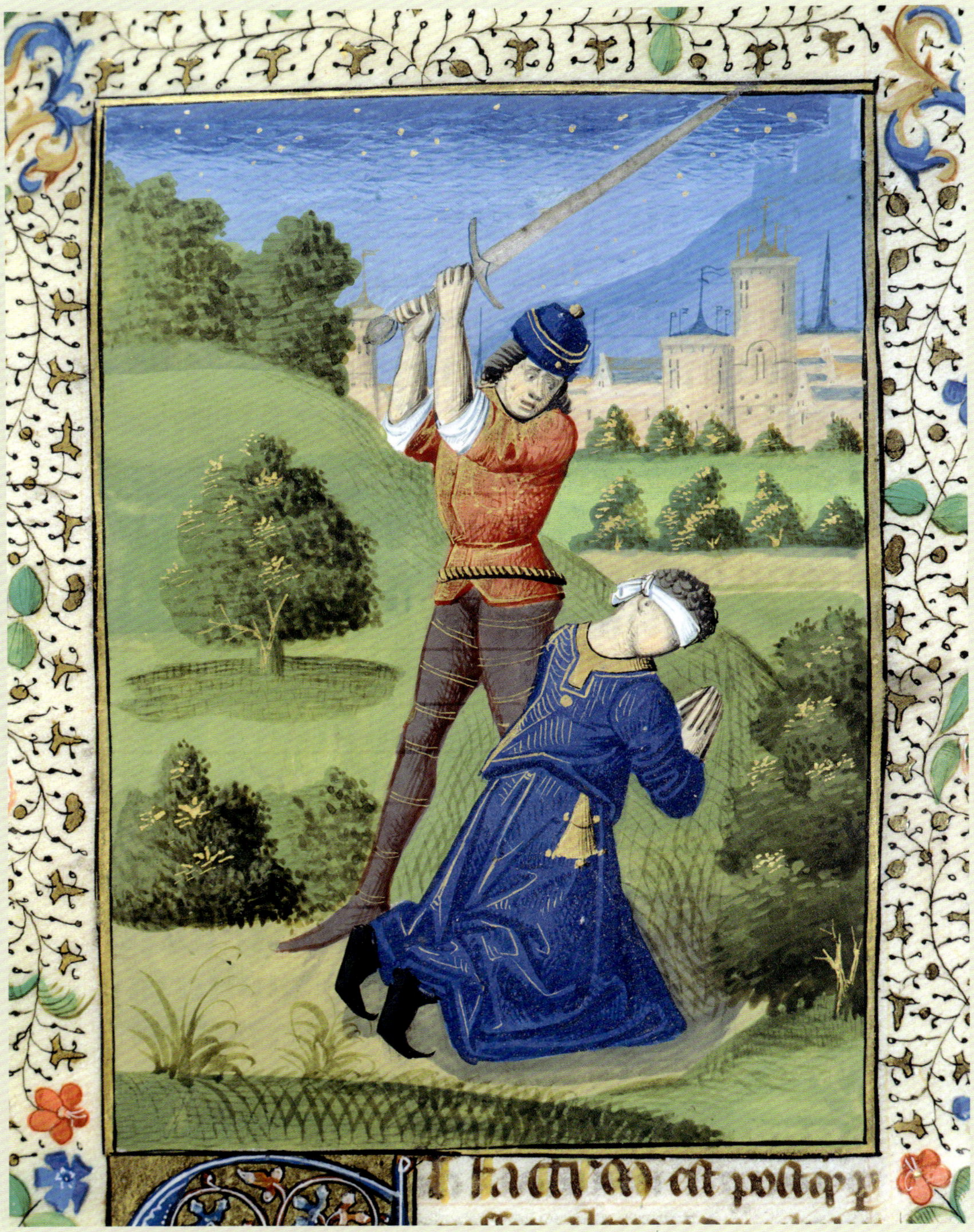

Beheading, miniature from the Bible of Pope John XXIII (Folio 22, front)

Miniature de la Bible du Pape Jean XXII figurant une décapitation (Folio 22, recto)

Enthauptung, Miniatur aus der Bibel von Papst Johannes XXIII. (Folio 22, Vorderseite)

Decapitación, miniatura de la Biblia del Papa Juan XXIII (Folio 22, frente)

Decapitação, em miniatura, da Bíblia do Papa João XXIII (Folio 22, frente)

Onthoofding, miniatuur uit de bijbel van paus Johannes XXIII (folio 22, recto)

15th century, Illuminated manuscript (vellum)/Manuscrit enluminé (vélin), Musée Atger, Avignon

ornaments adorned religious and profane texts, psalter manuscripts and books of hours and formed complex illustrations.

From the 13th century, the beginning of the Gothic period, a new art form emerged: glass painting. The cathedrals were growing taller. It was the time of light. Giant windows were decorated by the master glaziers and artists - wherever new buildings were created, in Chartres, Reims, Strasbourg, Bourges, Amiens, Albi or Paris. Gothic was also the age of panel painting and large altarpieces. Their creators are largely unknown to this day, but some names have gone down in art history, including the painter Enguerrand Quarton, whose exceptionally expressive works already bear witness to the early Renaissance.

devenir de plus en plus complexe, et concerner à la fois des ouvrages sacrés et des textes profanes, de psautiers en livres d'heures.

À partir du XIIIe siècle – qui marque le début du gothique –, une nouvelle forme d'art s'épanouit, le vitrail. Des cathédrales s'élèvent, l'heure est à la lumière. D'immenses fenêtres s'offrent aux maîtres verriers et aux artistes, à Chartres, à Reims, à Strasbourg, à Bourges, à Amiens, à Albi, à Paris... Âge d'or de l'enluminure et du vitrail, la période gothique est aussi celle des tableaux sur bois, et des grands retables. Les artistes, pour la plupart, sont restés anonymes. Mais l'histoire a néanmoins retenu quelques noms, dont celui d'Enguerrand Quarton, un peintre dont l'art, d'une extraordinaire puissance expressive, annonce la première Renaissance.

und florales Zierrat schmückten religiöse und profane Texte, Psalterhandschriften und Stundenbücher und bildeten komplexe Illustrationen.

Ab dem 13. Jahrhundert, dem Beginn der Gotik, entsteht eine neue Kunstform: die Glasmalerei. Die Kathedralen wachsen in die Höhe. Es die Zeit des Lichts. Riesige Fenster warten darauf, von den Glasermeistern und Künstlern verziert zu werden – überall dort, wo neue Bauten entstehen, in Chartres, Reims, Strasbourg, Bourges, Amiens, Albi oder Paris. Die Gotik ist aber auch das goldene Zeitalter der Tafelmalerei und der großen Altarretabeln. Ihre Schöpfer sind zum großen Teil bis heute unbekannt, einige Namen gingen jedoch in die Kunstgeschichte ein, darunter der Maler Enguerrand Quarton, dessen außergewöhnlich expressiven Werke bereits von der frühen Renaissance zeugen.

The Battle against the Rutuli, miniature from the *Aeneid* of Vergil, commented by Servius

Miniature de l'*Énéide* de Virgile commentée par Servius : la bataille contre les Rutuli

Schlacht gegen die Rutuler, Miniatur aus der *Aeneis* von Vergil, kommentiert von Servius

Batalla contra los Rutuli, miniatura de la *Eneida* de Vergilio, comentada por Servius

Batalha contra os Rutulers, miniatura da *Eneida* de Vergil, comentada por Servius

De strijd tegen de Rutulers, miniatuur uit de *Aeneis* van Vergilius, met commentaar van Servius

1469, Illuminated manuscript (vellum)/Manuscrit enluminé (vélin), Bibliothèque municipale, Dijon

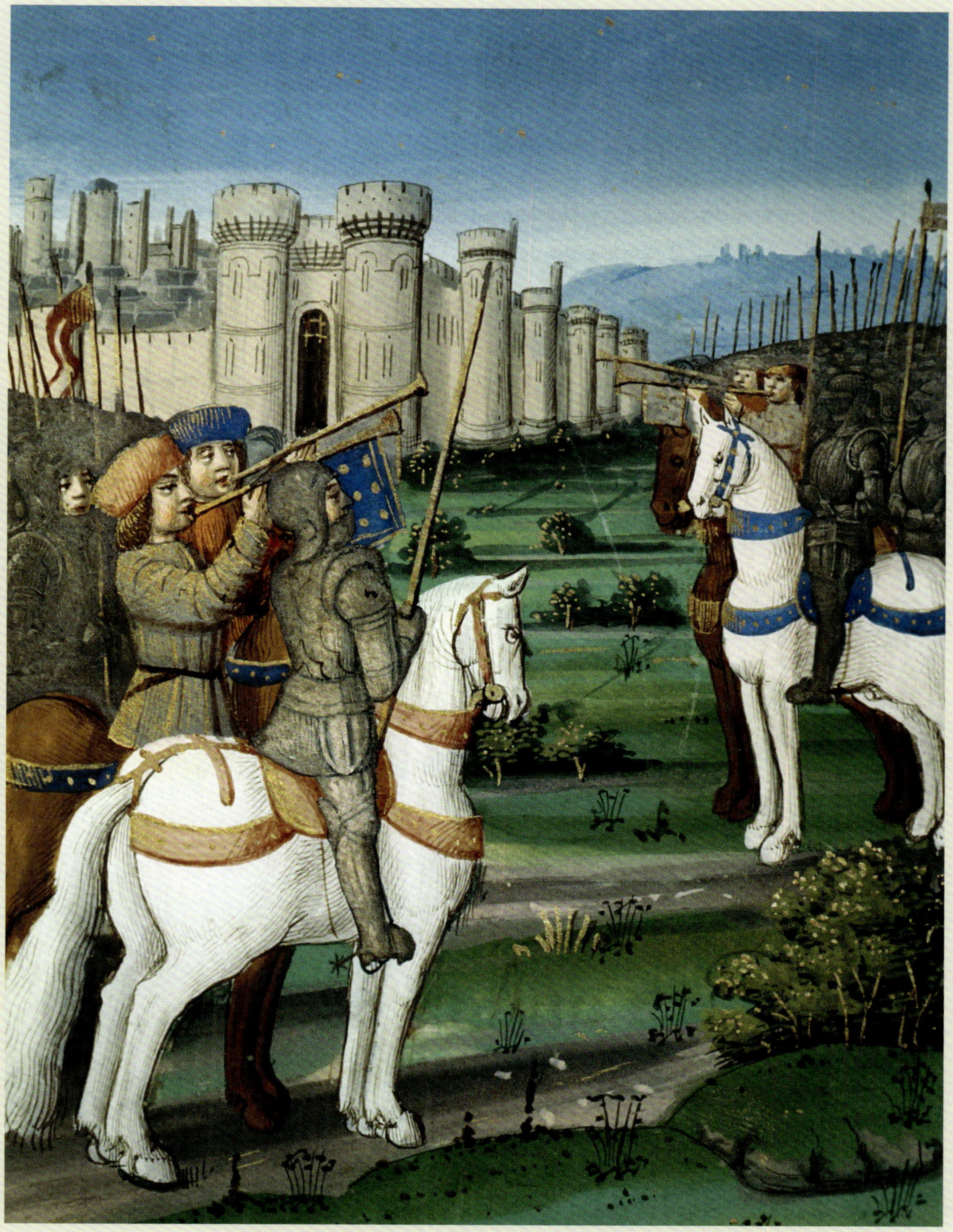

y ornamentos florales elaborados adornaban textos religiosos y profanos, manuscritos de salterios y libros de horas y formaban ilustraciones complejas.

A partir del siglo XIII, a principios del gótico, surgió una nueva forma de arte: la pintura sobre vidrio. Las catedrales se están haciendo más altas. Es el tiempo de la luz. Las ventanas gigantes son decoradas por los maestros vidrieros y artistas - dondequiera que se creen nuevos edificios, en Chartres, Reims, Estrasburgo, Bourges, Amiens, Albi o París. El gótico es también la época de la pintura sobre tabla y de los grandes retablos. Sus creadores son desconocidos hasta el día de hoy, pero algunos nombres han pasado a la historia del arte, entre ellos el pintor Enguerrand Quarton, cuyas obras excepcionalmente expresivas ya son testigos del primer Renacimiento.

elaboradas e ornamentos florais adornavam textos religiosos e profanos, manuscritos de saltério e livros de horas e formavam ilustrações complexas.

A partir do século XIII, início do período gótico, surgiu uma nova forma de arte: a pintura em vidro. As catedrais estão a ficar mais altas. É a hora da luz. Janelas gigantes são decoradas por vidraceiros e artistas - onde quer que novos edifícios sejam criados, em Chartres, Reims, Estrasburgo, Bourges, Amiens, Albi ou Paris. Gótico é também a idade da pintura de painéis e grandes retábulos. Seus criadores são amplamente desconhecidos até hoje, mas alguns nomes ficaram na história da arte, incluindo o pintor Enguerrand Quarton, cujas obras excepcionalmente expressivas já testemunham o início do Renascimento.

en bloemdecoraties versierden religieuze en profane teksten, psalters en getijdenboeken en vormden gecompliceerde illustraties.

Vanaf de 13e eeuw, het begin van de gotiek, ontstond een nieuwe kunstvorm: de glasschilderkunst. De kathedralen werden steeds hoger. Het was de tijd van het licht. Enorme ramen waren er klaar voor om versierd te worden door glasmeesters en kunstenaars – overal waar nieuwe gebouwen werden gebouwd, in Chartres, Reims, Straatsburg, Bourges, Amiens, Albi en Parijs. De gotiek is ook het tijdperk van de paneelschilderkunst en de grote altaarstukken. De makers daarvan zijn tot op heden grotendeels onbekend, maar sommige namen zijn de kunstgeschiedenis ingegaan, waaronder die van de schilder Enguerrand Quarton, wiens uitzonderlijk expressieve werken al getuigen van de vroege renaissance.

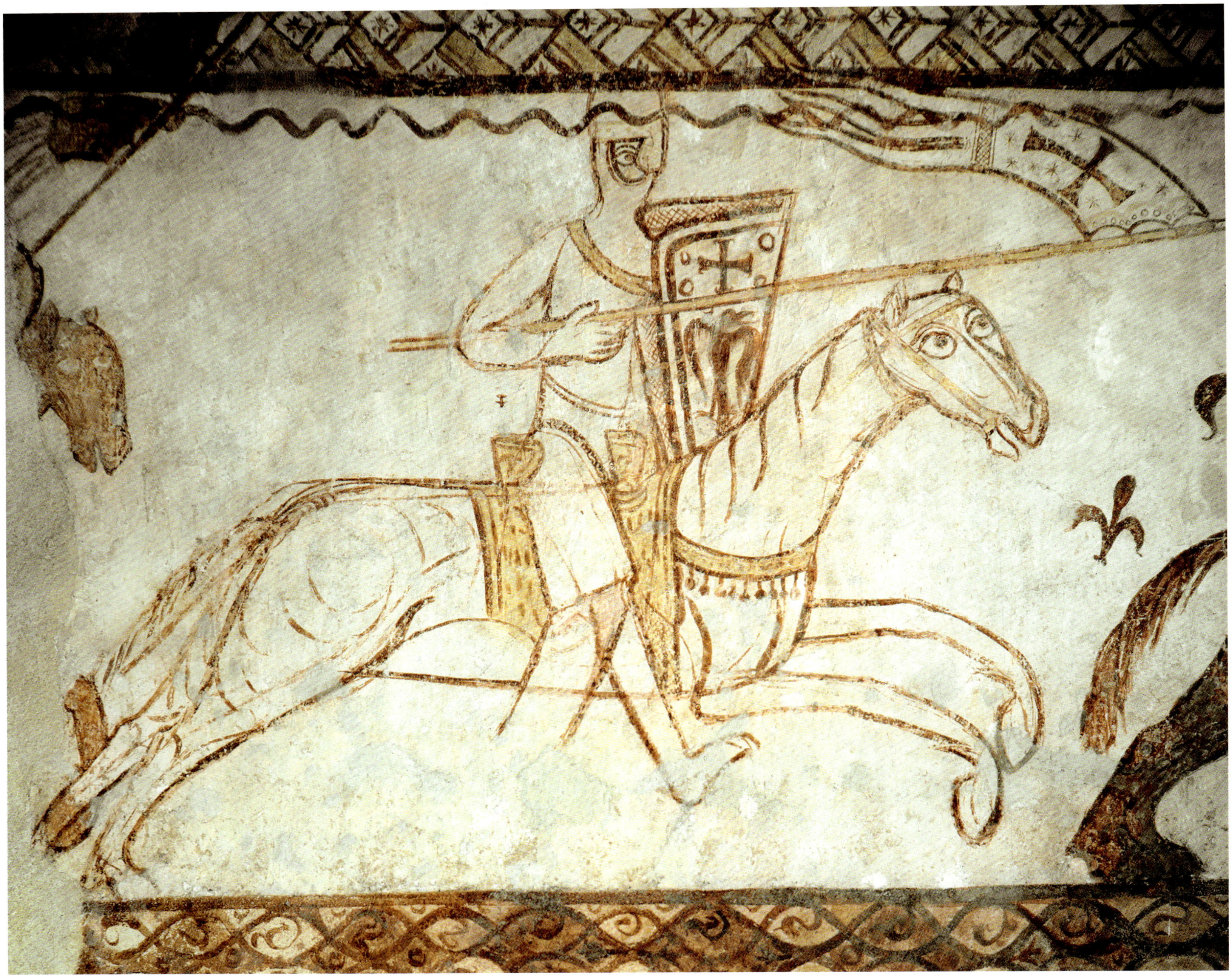

Knight of the Order of Templars on his horse, *detail*

Chevalier de l'Ordre des Templiers sur son cheval, *détail*

Ritter der Tempelritter auf seinem Pferd, *Detail*

Caballero de los Caballeros Templarios a caballo, *detalle*

Cavaleiro dos Cavaleiros Templários no seu cavalo, *detalhe*

Ridder van de tempeliersorde te paard, *detail*

c. 1150, Fresco/Fresque, Commanderie de Cressac, *dit* Le Dognon, Cressac-Saint-Genis

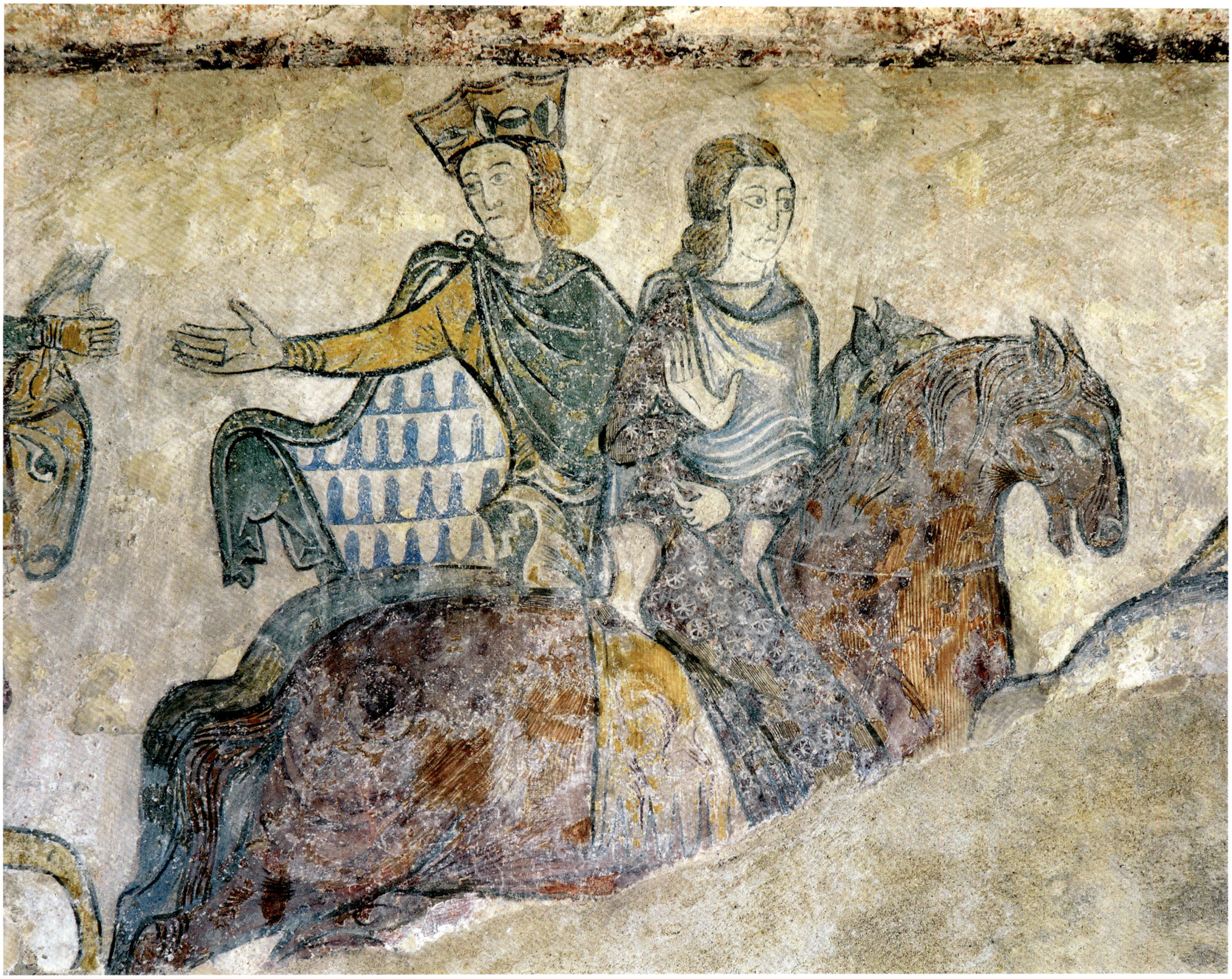

Eleonore of Aquitaine, her daughter Isabella of Angoulême and her entourage, *detail*
The figure cannot be interpreted unambiguously. It could show Eleonore of Aquitaine's forced departure from Chinon Castle in 1174 before she was imprisoned in England.

Aliénor d'Aquitaine, sa fille Isabelle d'Angoulême et leur cortège royal, *détail*
L'interprétation de cette fresque demeure incertaine. L'épisode relaté pourrait être le départ forcé d'Aliénor d'Aquitaine en 1174 du château de Chinon pour ses années de captivité en Angleterre.

Eleonore von Aquitanien, ihre Tochter Isabella von Angoulême und ihr Gefolge, *Detail*
Die Abbildung lässt sich nicht eindeutig interpretieren. Sie könnte die erzwungene Abreise Eleonores von Aquitanien aus der Burg Chinon im Jahr 1174 zeigen, bevor sie ihre Gefangenschaft in England antrat.

Eleonora de Aquitania, su hija Isabel de Angulema y su séquito, *detalle*
La interpretación de este fresco es ambigua. Podría mostrar la salida forzada de Eleonore de Aquitania del Castillo de Chinon en 1174 antes de ser capturada en Inglaterra.

Eleonora da Aquitânia, sua filha Isabel de Angoulême e sua comitiva, *detalhe*
A figura não pode ser interpretada de forma inequívoca. Poderia mostrar a partida forçada de Eleonore da Aquitânia do Castelo de Chinon em 1174, antes de ser capturada na Inglaterra.

Eleonora van Aquitainië, haar dochter Isabella van Angoulême en hun entourage, *detail*
De afbeelding laat zich niet eenduidig interpreteren. Ze kan Eleonora's gedwongen vertrek uit Aquitainië vanuit het kasteel Chinon in 1174 weergeven voordat ze in Engeland gevangen werd genomen.

13th century, Fresco/Fresque, Chapelle de Sainte-Radegonde, Chinon

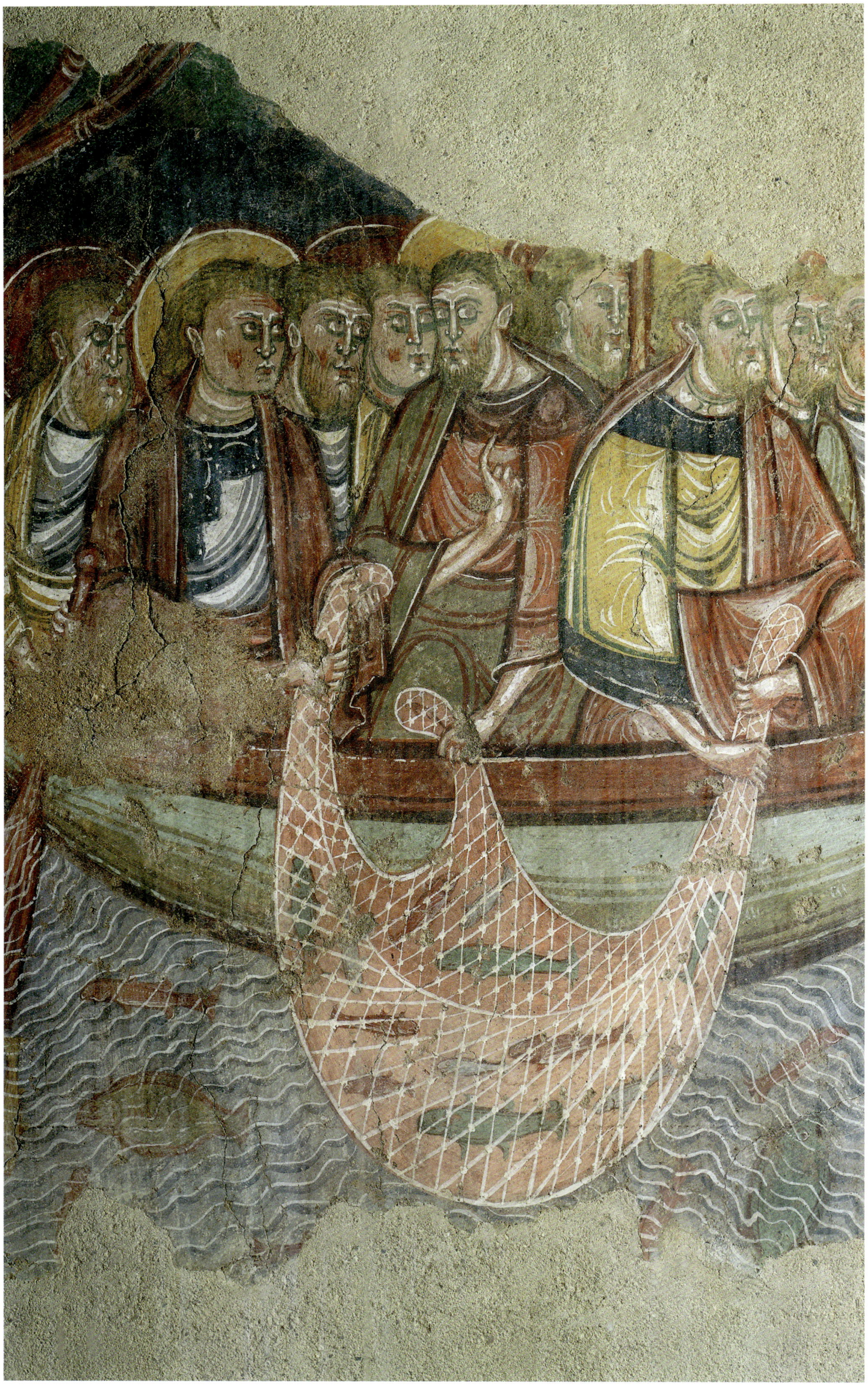

Christ in Tiberias: The Miracle of the Fish

In this representation of the Miracle of the Fish, Christ and his disciples are arranged as a frieze in a horizontal line that contrasts with the vertical net in the foreground.

Jésus Christ sur le lac Tibériade : La Pêche miraculeuse

Pour cette évocation de l'épisode de la pêche miraculeuse, le Christ et ses disciples sont disposés en frise, formant une ligne horizontale que vient contredire la verticalité du filet au premier plan.

Jesus Christus auf dem See Tiberias: Das Fischwunder

In dieser Darstellung des Fischwunders sind Christus und seine Jünger als Fries in einer horizontalen Linie angeordnet, die einen Kontrast zu dem senkrechten Netz im Vordergrund bildet.

Jesucristo en el lago de Tiberíades: El milagro de los peces

En esta representación del milagro de los peces, Cristo y sus discípulos están dispuestos como un friso en una línea horizontal que contrasta con la red vertical en primer plano.

Jesus Cristo no Lago Tiberíades: O Milagre dos Peixes

Nesta representação do milagre dos peixes, Cristo e os seus discípulos estão dispostos como um friso numa linha horizontal que contrasta com a rede vertical em primeiro plano.

Jezus aan het meer van Tiberias: het wonder van de vissen en de broden

In deze voorstelling van het wonder van de vijf broden en twee vissen zijn Christus en zijn discipelen horizontaal geordend. Dit vormt een contrast met het verticale net op de voorgrond.

11th-12th century, Fresco/Fresque,
Abbaye de la Trinité, Vendôme

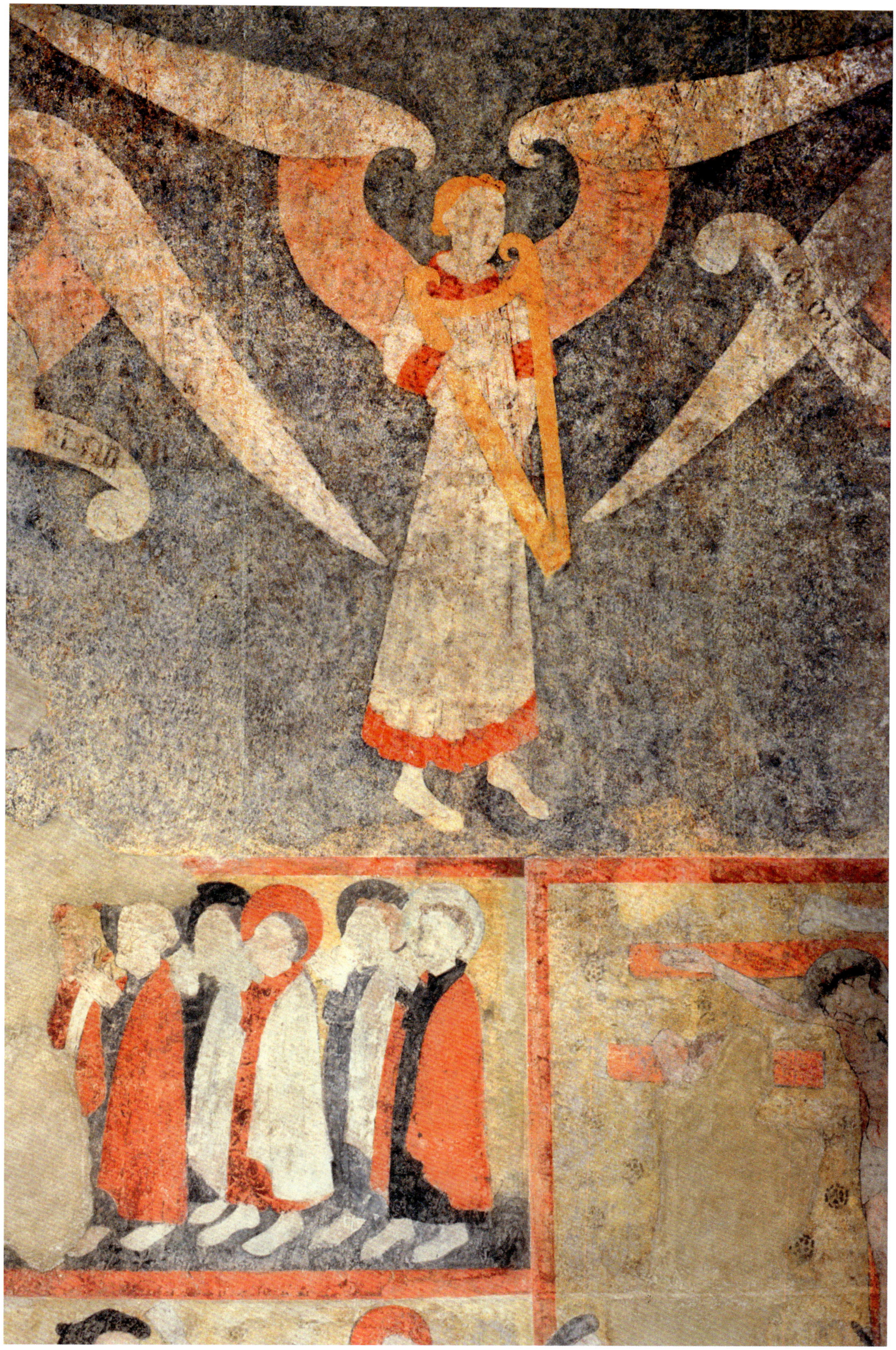

Angel playing a Rebec (viola),
detail of the vault

Ange jouant de la viole, *détail de la voûte*

Engel beim Spiel einer Rebec
(Viola), *Detail des Gewölbes*

Ángel tocando una Rebec (viola),
detalle de la bóveda

Anjo tocando um Rebec
(viola), *detalhe do cofre*

Engel die een rebec (altviool)
bespeelt, *detail van het gewelf*

c. 1446-47, Fresco/Fresque,
Église du Vieux-Bourg, Saint-Sulpice-des-Landes

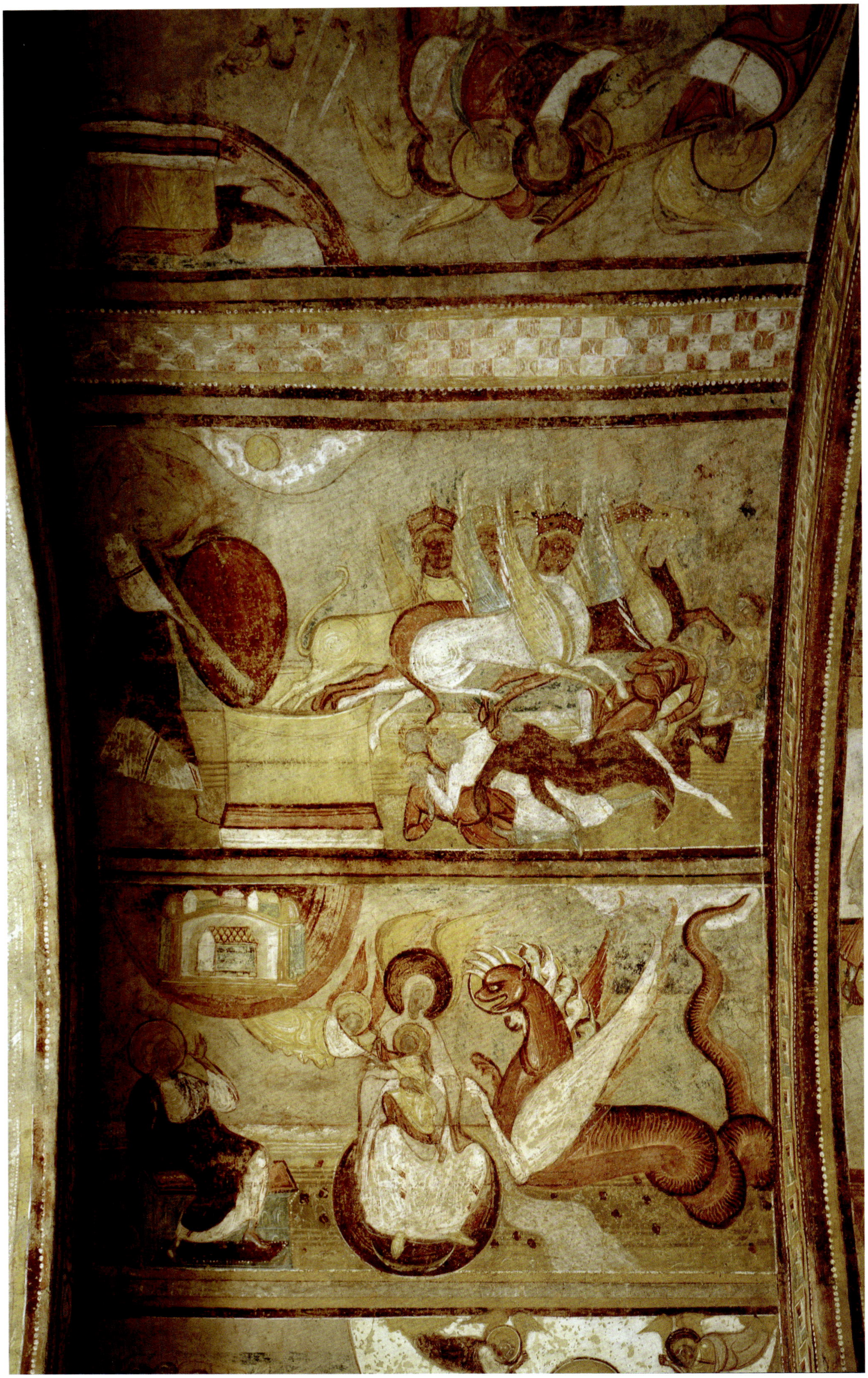

Interior view of Saint-Savin-sur-Gartempe Abbey, wall paintings

Intérieur de l'Abbaye de Saint-Savin-sur-Gartempe, peintures murales

Innenansicht der Abtei Saint-Savin-sur-Gartempe, Wandmalereien

Vista interior de la abadía de Saint-Savin-sur-Gartempe, pinturas murales

Vista interior da Abadia de Saint-Savin-sur-Gartempe, pinturas murais

Interieur van de abdij van Saint-Savin-sur-Gartempe, muurschilderingen

c. 1100, Fresco/Fresque, Abbaye de Saint-Savin-sur-Gartempe, Saint-Savin

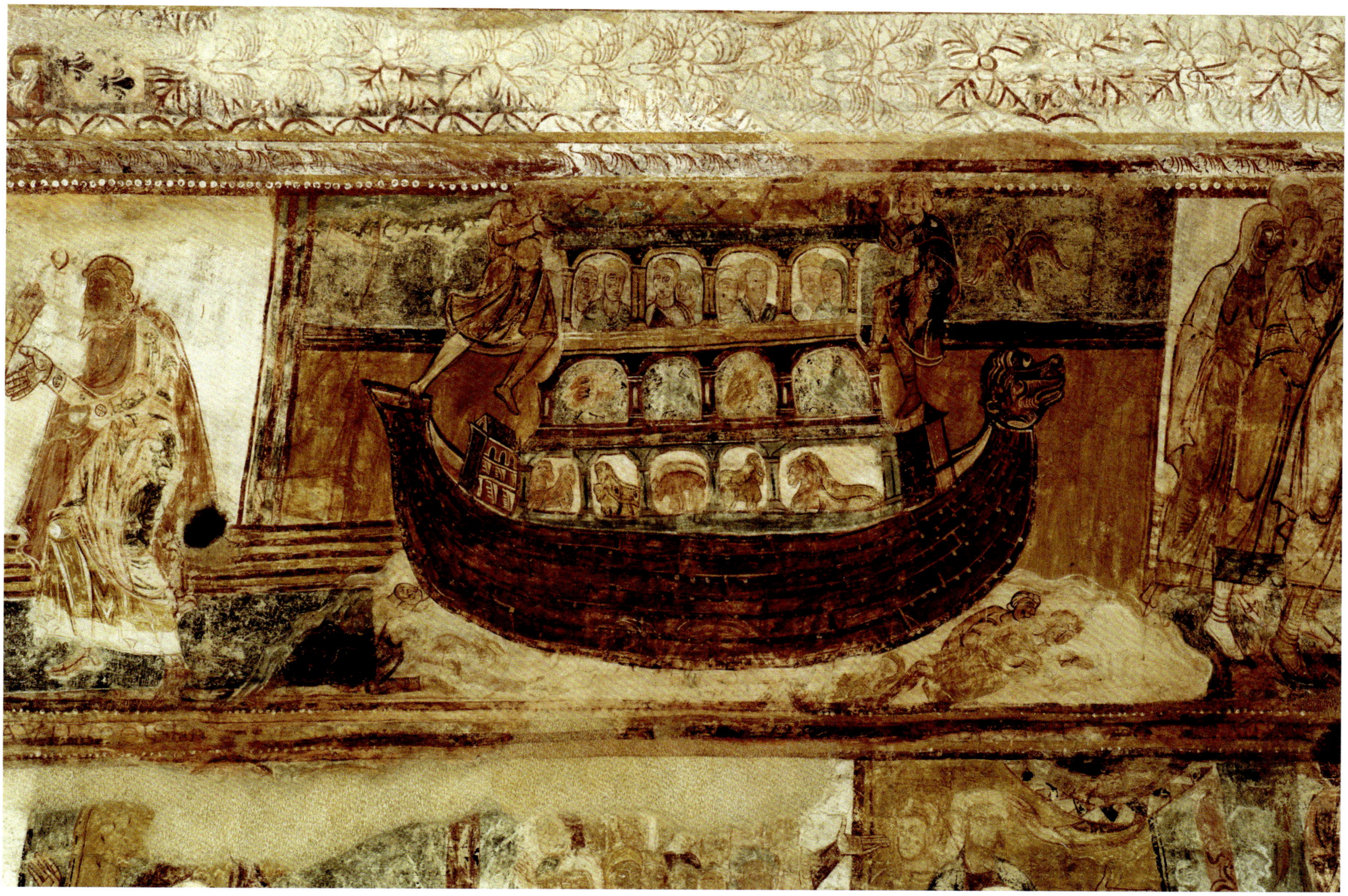

Noah's Ark, ***detail of the nave***
The Saint-Savin-sur-Gartempe Abbey in the Vienne department houses the largest ensemble of Romanesque murals in Europe. It is a UNESCO World Heritage Site. The picture is in the vault of the nave.

L'Arche de Noé, ***détail de la nef***
Classée au Patrimoine mondial de l'Unesco, l'abbaye de Saint-Savin, dans la Vienne, comprend le plus vaste ensemble roman de peintures murales d'Europe. Cette scène est visible sur la voûte de la nef.

Die Arche Noah, ***Detail des Kirchenschiffs***
Die Abtei Saint-Savin-sur-Gartempe im Département Vienne beherbergt das größte Ensemble romanischer Wandmalereien in Europa. Sie zählt zum UNESCO-Welterbe. Die Abbildung befindet sich im Gewölbe des Kirchenschiffes.

Arca de Noé, ***detalle de la nave***
La abadía de Saint-Savin-sur-Gartempe, en la región de Vienne, alberga el mayor conjunto de murales románicos de Europa. Es Patrimonio de la Humanidad de la UNESCO. La imagen se puede ver representada en la bóveda de la nave.

Arca de Noé, ***detalhe da nave***
A Abadia de Saint-Savin-sur-Gartempe, no departamento de Vienne, abriga o maior conjunto de murais românicos da Europa. É um Património Mundial da UNESCO. A foto está no cofre da nave.

De ark van Noach, ***detail van het kerkschip***
De abdij van Saint-Savin-sur-Gartempe in het departement Vienne herbergt het grootste ensemble romaanse muurschilderingen in Europa. Hij staat op de werelderfgoedlijst van de Unesco. De scène bevindt zich op het gewelf van het kerkschip.

12th century, Fresco/Fresque, Abbaye de Saint-Savin-sur-Gartempe, Saint-Savin

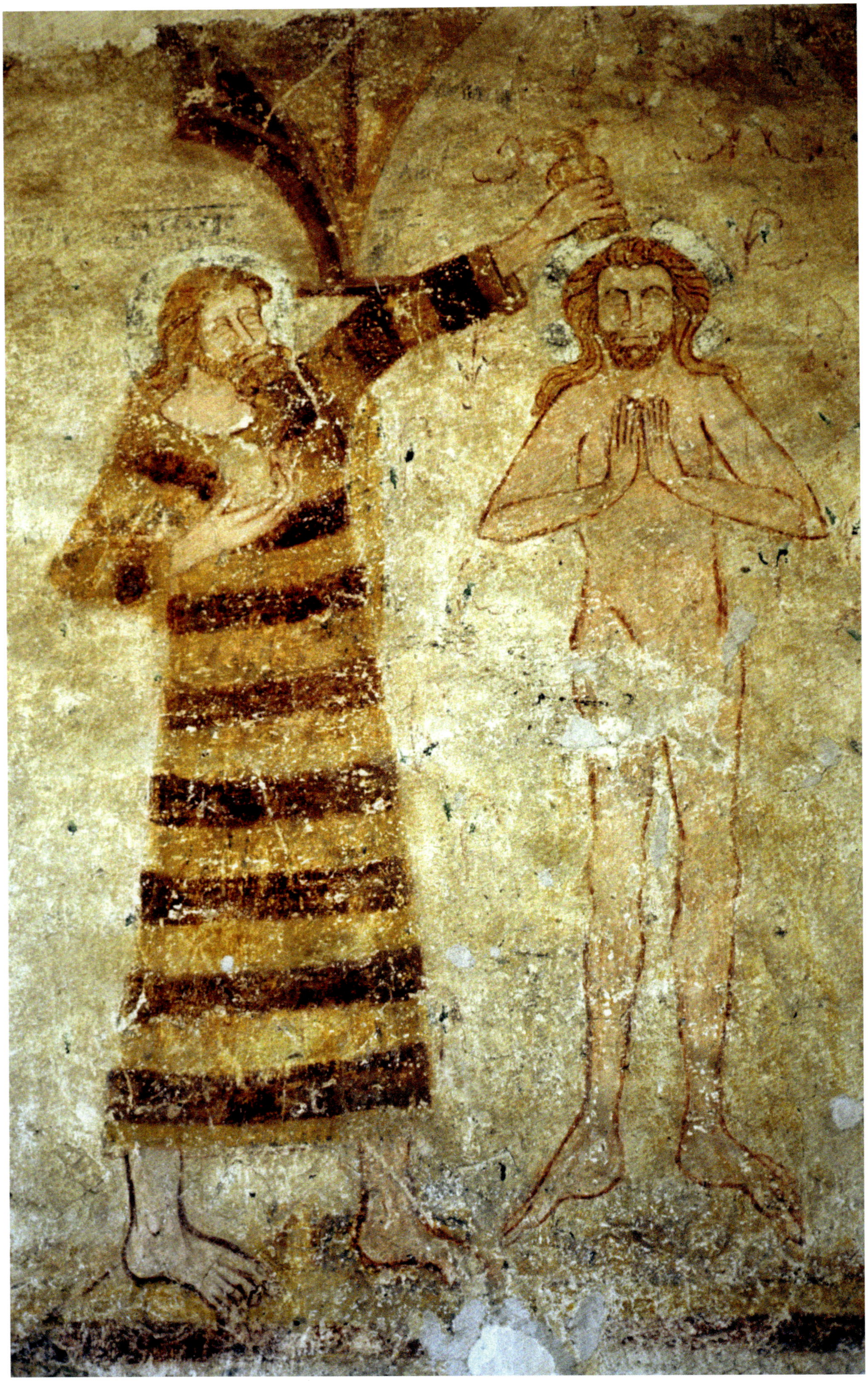

The Baptism of Christ by John the Baptist, *Detail*

Le Baptême du Christ par saint Jean-Baptiste, *détail*

Die Taufe Christi durch Johannes den Täufer, *Detail*

El Bautismo de Cristo por Juan el Bautista, *Detalle*

O Batismo de Cristo por João Batista, *Detalhe*

De doop van Christus door Johannes de Doper, *detail*

12th century, Fresco/Fresque, Église Saint-Hilaire, Asnières-sur-Vègre

Madonna and Child Enthroned, *detail of frescoes in the crypt of St. Catherine*

The apse of the crypt of Notre-Dame in Montmorillon contains five painted scenes - the remains of an extensive decoration. The colors of the image Madonna with Child in the center are very well preserved.

La Vierge à l'Enfant triomphante, *détail des fresques de la crypte de Sainte-Catherine*

L'abside de la crypte de Notre-Dame de Montmorillon abrite cinq scènes peintes, vestiges d'un important décor. Au centre, la Vierge à l'Enfant a miraculeusement conservé la fraîcheur de ses couleurs.

Madonna mit Kind auf dem Thron, *Detail der Fresken in der Krypta der heiligen Katharina*

Die Apsis der Krypta von Notre-Dame in Montmorillon beherbergt fünf gemalte Szenen - die Überreste einer umfangreichen Ausgestaltung. Die Farben der Abbildung Madonna mit Kind im Zentrum sind sehr gut erhalten.

Virgen con el niño en el trono, *detalle de los frescos de la cripta de Santa Catalina*

El ábside de la cripta de Notre-Dame en Montmorillon contiene cinco escenas pintadas, restos de una extensa decoración. Los colores de la imagen de la Virgen con el Niño en el centro están muy bien conservados.

Madonna com criança no trono, *detalhe de frescos na cripta de Santa Catarina*

A abside da cripta de Notre-Dame em Montmorillon contém cinco cenas pintadas - os restos de uma extensa decoração. As cores da imagem de Nossa Senhora com Criança no centro estão muito bem preservadas.

Tronende madonna met kind, *detail van de fresco's in de crypte van Sint-Catharina*

De apsis van de crypte van de Notre-Dame in Montmorillon bevat vijf geschilderde scènes - de restanten van een omvangrijke decoratie. De kleuren in de afbeelding van de madonna met kind in het midden zijn goed bewaard gebleven.

13th century, Fresco/Fresque, Église Notre-Dame de Montmorillon

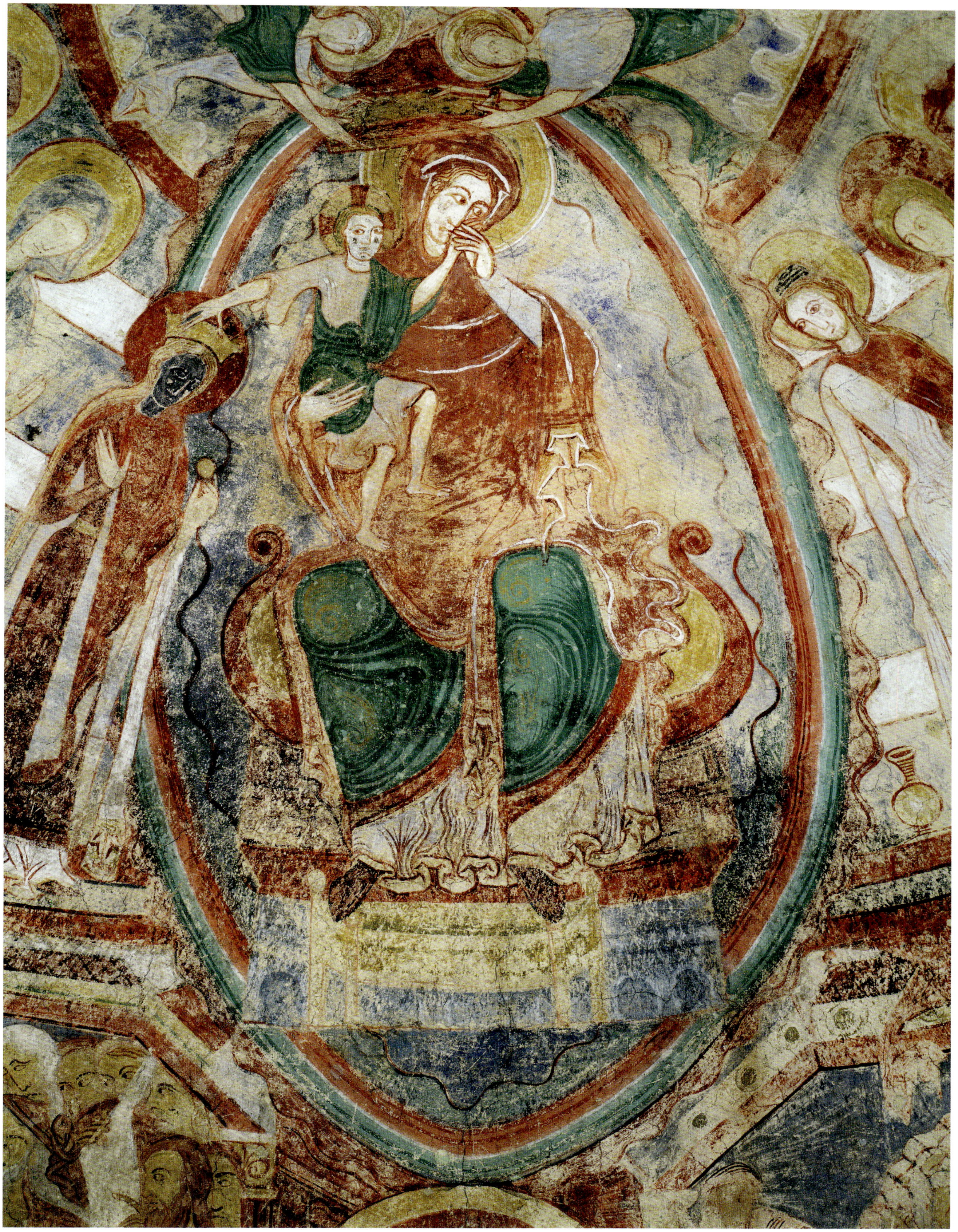

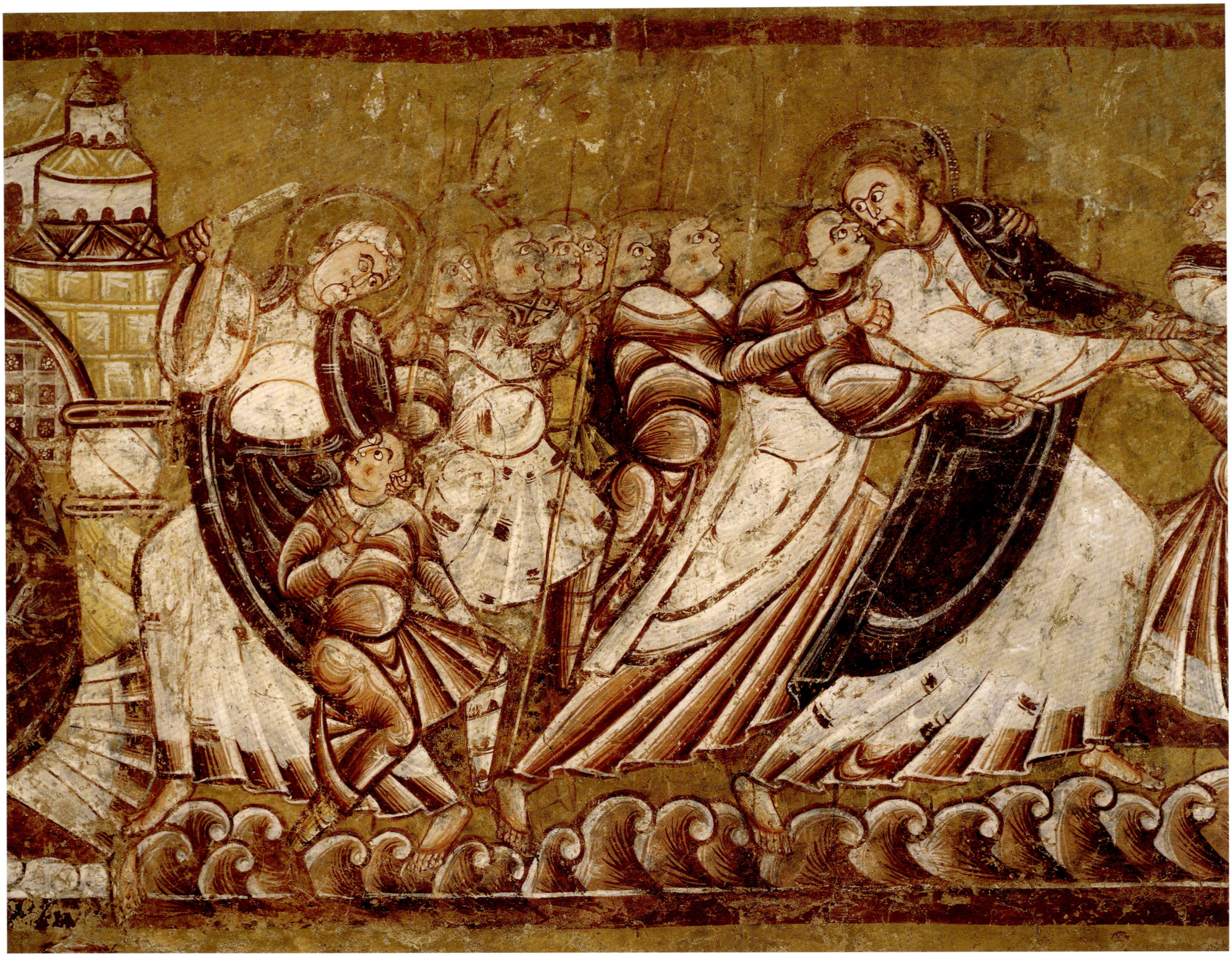

The Betrayal of Judas, *detail*

La Trahison de Judas, *détail*

Der Verrat des Judas, *Detail*

La traición de Judas, *detalle*

A traição de Judas, o *detalhe*

Het verraad van Judas, *detail*

12th century, Fresco/Fresque, Église Saint-Martin, Vic-en-Bigorre

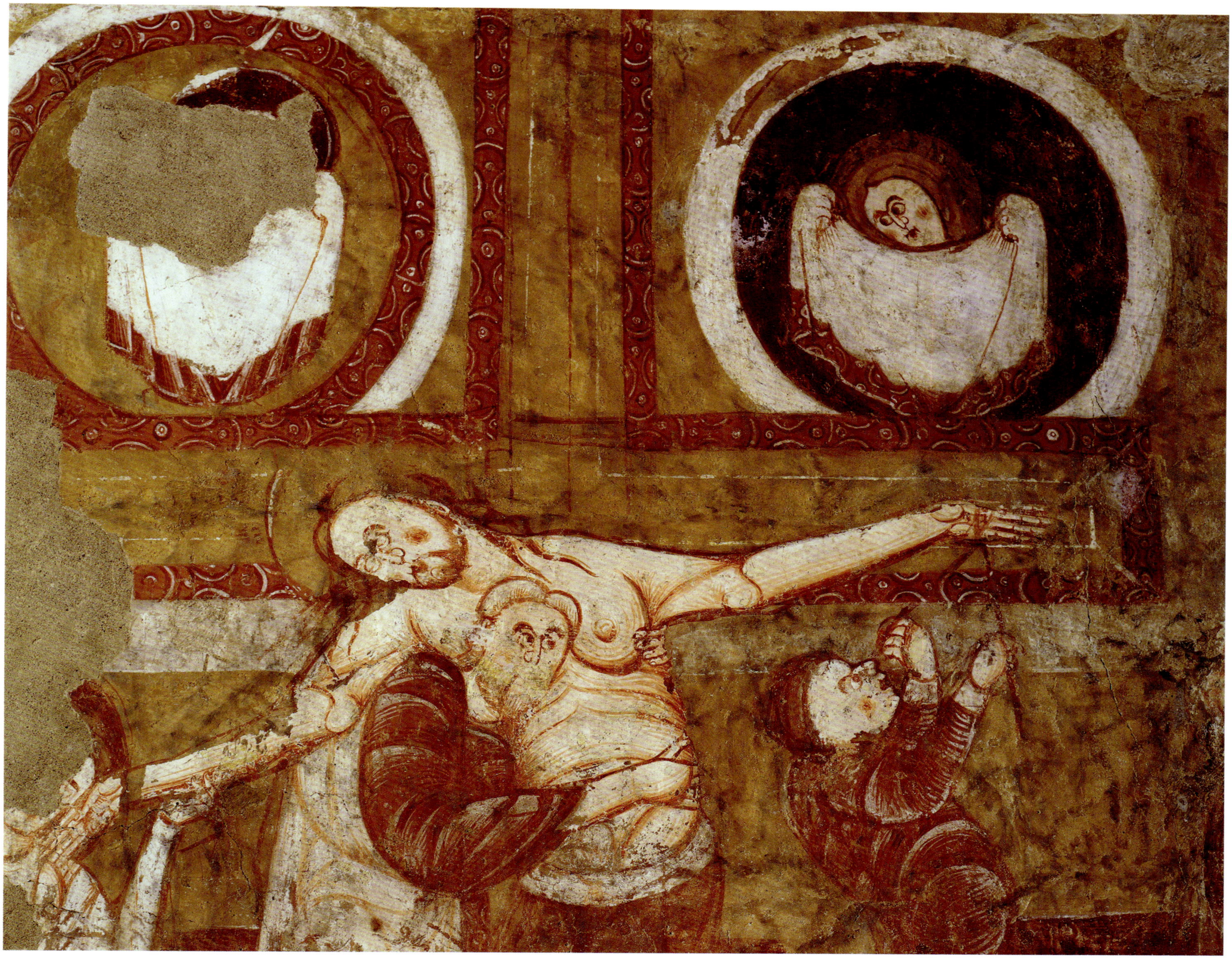

The Crucifixion, *detail*

The movements of the body of Christ, whose weight is almost perceptible, make the Descent from the Cross very expressive. The two medallions above the main motif show the moon and the sun.

La Crucifixion, *détail*

Le mouvement du corps du Christ, dont on ressent tout le poids, rend cette Descente de Croix très expressive. Les deux médaillons situés au-dessus de la scène principale figurent la Lune et le Soleil.

12th century, Fresco/Fresque, Église Saint-Martin, Vic-en-Bigorre

Die Kreuzigung, *Detail*

Die Bewegungen des Körpers, dessen Gewicht fast spürbar ist, lassen die Kreuzigung ausdrucksstark wirken. Die beiden Medaillons über dem Hauptmotiv zeigen den Mond und die Sonne.

La Crucifixión, *detalle*

El movimiento del cuerpo de Cristo, cuyo peso se siente, hace que este Descenso de la Cruz sea muy expresivo. Los dos medallones sobre el escenario principal son la Luna y el Sol.

A Crucificação, *detalhe*

Os movimentos do corpo, cujo peso é quase perceptível, tornam expressiva a perda cruzada. Os dois medalhões acima do motivo principal mostram a lua e o sol.

De kruisiging, *detail*

De bewegingen van het lichaam, waarvan het gewicht bijna voelbaar is, maken de kruisiging erg expressief. De twee medaillons boven het hoofdmotief tonen de maan en de zon.

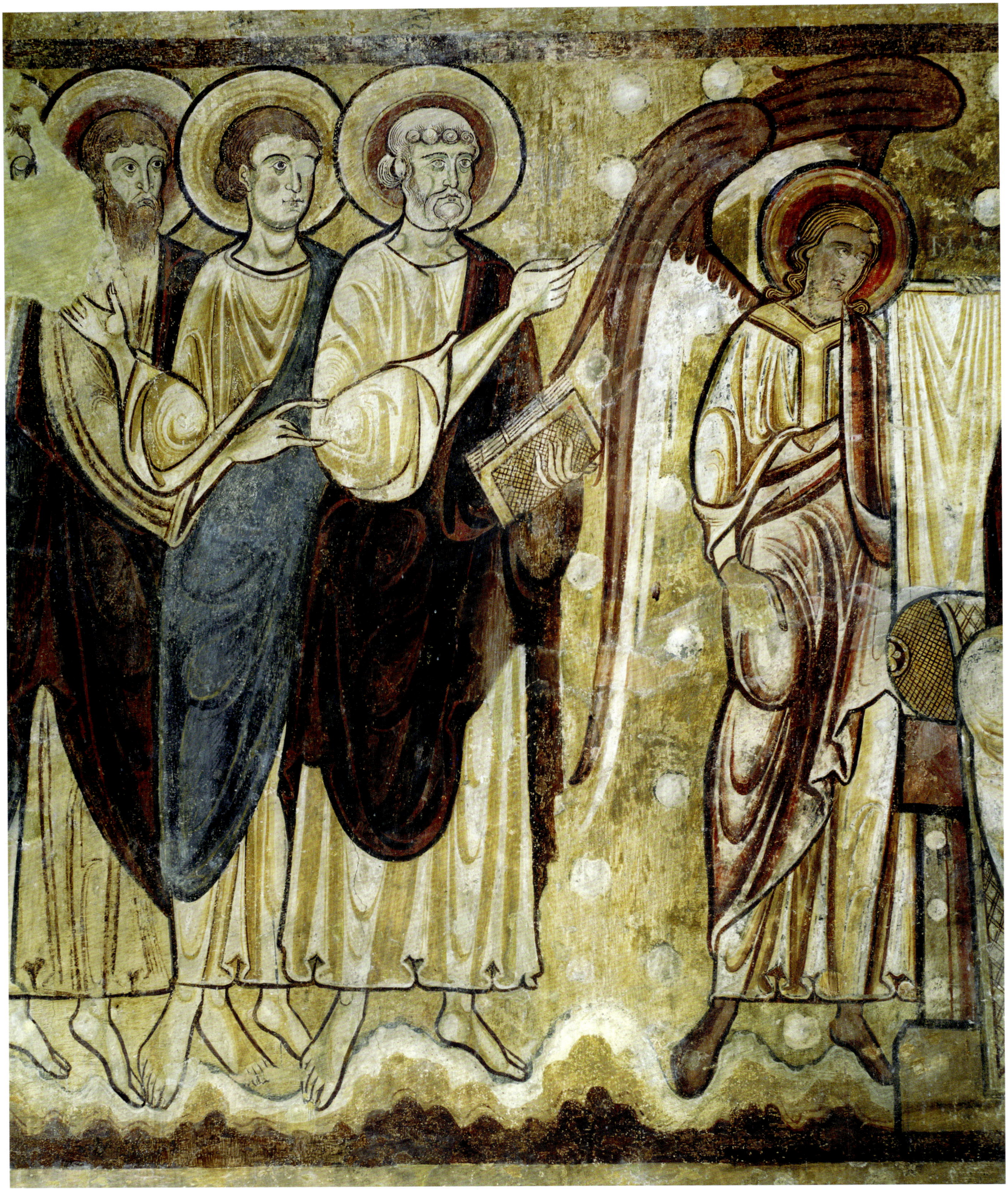

The Apostles, *detail of the former chapter house*

Les Apôtres, *détail de l'ancienne salle du chapitre*

Die Apostel, *Detail des ehemaligen Kapitelsaals*

Los Apóstoles, *detalle de la antigua sala capitular*

Os Apóstolos, *detalhe da casa do antigo capítulo*

De apostelen, *detail van de voormalige kapittelzaal*

12th century, Fresco/Fresque, Abbaye Saint-André de Lavaudieu

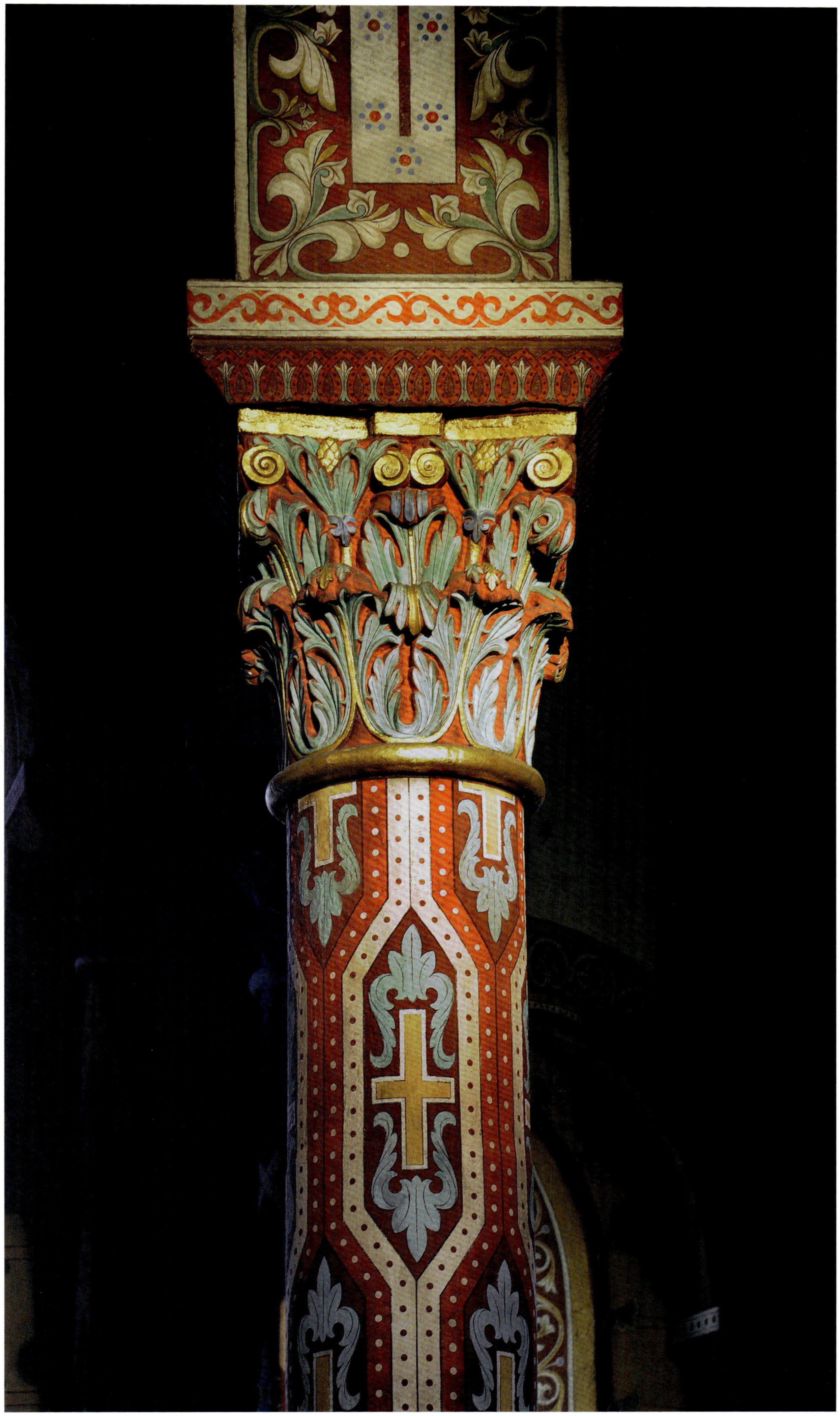

Column and multicoloured capital

Colonne et chapiteau polychromes

Säule und mehrfarbiges Kapitell

Columna y capitel multicolor

Coluna e capital multicolorido

Kolom en veelkleurig kapiteel

12th century, Sculpture, Église Saint-Austremoine, Issoire

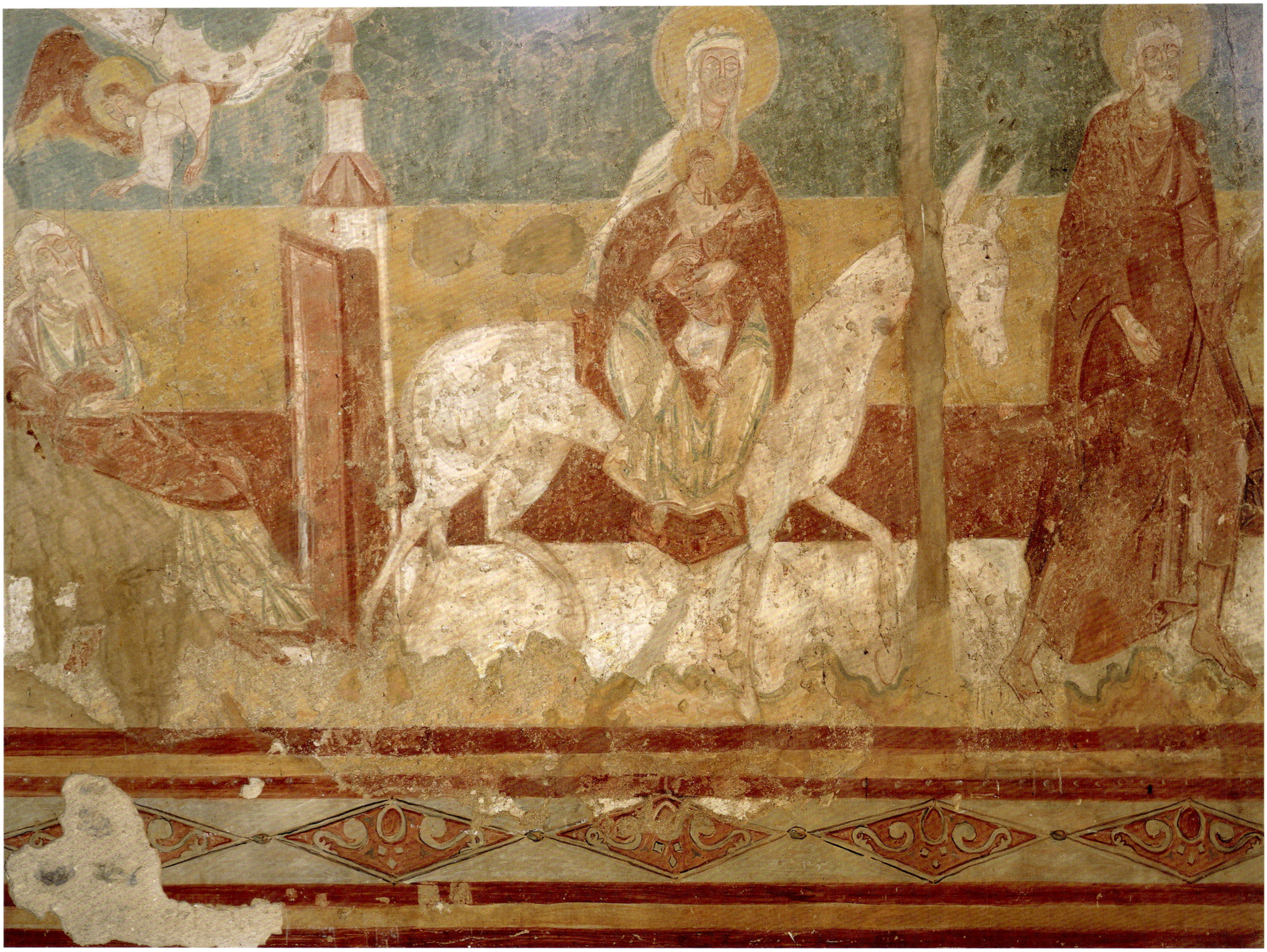

The Flight into Egypt, *detail of the frescoes of the choir*

La Fuite en Égypte, *détail des fresques du chœur*

Die Flucht nach Ägypten, *Detail der Fresken des Chores*

La huida a Egipto, *detalle de los frescos del coro*

A fuga para o Egito, *detalhe dos afrescos do coro*

De vlucht naar Egypte, *detail van de fresco's in het koor*

12th century, Fresco/Fresque, Église Saint-Aignan de Brinay

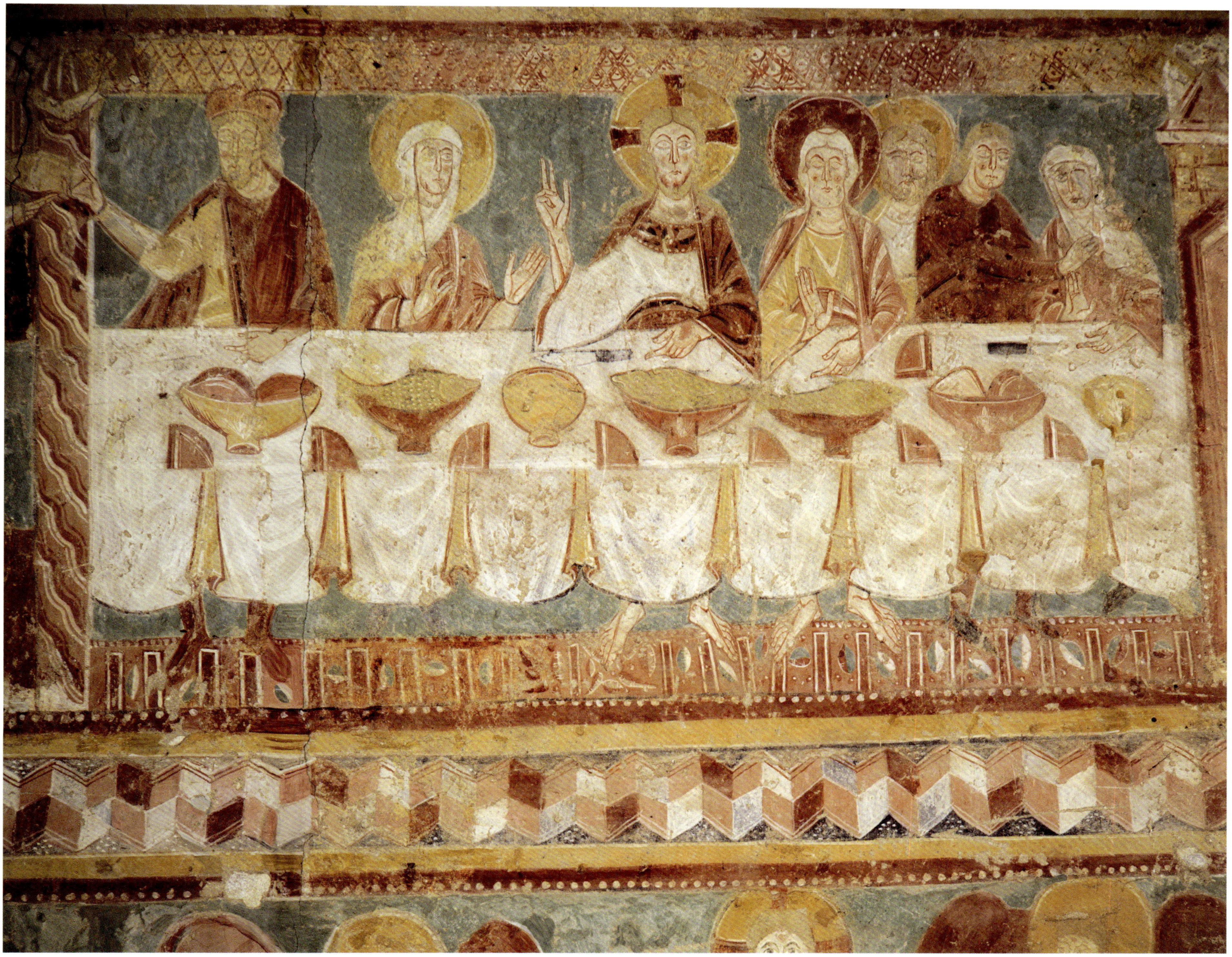

The Wedding at Cana, ***detail of the frescoes of the choir***
The frescoes in the sanctuary were discovered under a coat of paint in 1913. They depict episodes from the life of Christ: The Annunciation, the Baptism, the Escape from Egypt and the Wedding at Cana.

Les Noces de Cana, ***détail des fresques du chœur***
Les fresques qui entourent le chœur ont été découvertes en 1913, sous un badigeon. Elles relatent des épisodes de la vie du Christ, l'Annonciation, le baptême, la fuite en Égypte, les noces de Cana…

12th century, Fresco/Fresque, Église Saint-Aignan de Brinay

Die Hochzeit zu Kana, ***Detail der Fresken des Chores***
Die Fresken im Altarraum wurden 1913 unter einem Anstrich entdeckt. Sie stellen Episoden aus dem Leben Christus dar: Maria Verkündigung, die Taufe, die Flucht aus Ägypten und die Hochzeit zu Kana.

Las bodas de Caná, ***detalle de los frescos del coro***
Los frescos del santuario fueron descubiertos bajo una capa de pintura en 1913. Éstos representan episodios de la vida de Cristo: La Anunciación, el Bautismo, la Huida de Egipto y las Bodas de Caná.

O casamento em Caná, ***detalhe dos frescos do coro***
Os afrescos do santuário foram descobertos sob uma camada de tinta em 1913. Eles retratam episódios da vida de Cristo: A Anunciação, o Batismo, a Fuga do Egito e o Casamento para Caná.

De bruiloft te Kana, ***detail van de fresco's in het koor***
De fresco's in de altaarruimte werden in 1913 onder een verflaag ontdekt. Ze verbeelden episodes uit het leven van Christus: de aankondiging, de doop, de vlucht uit Egypte en de bruiloft te Kana

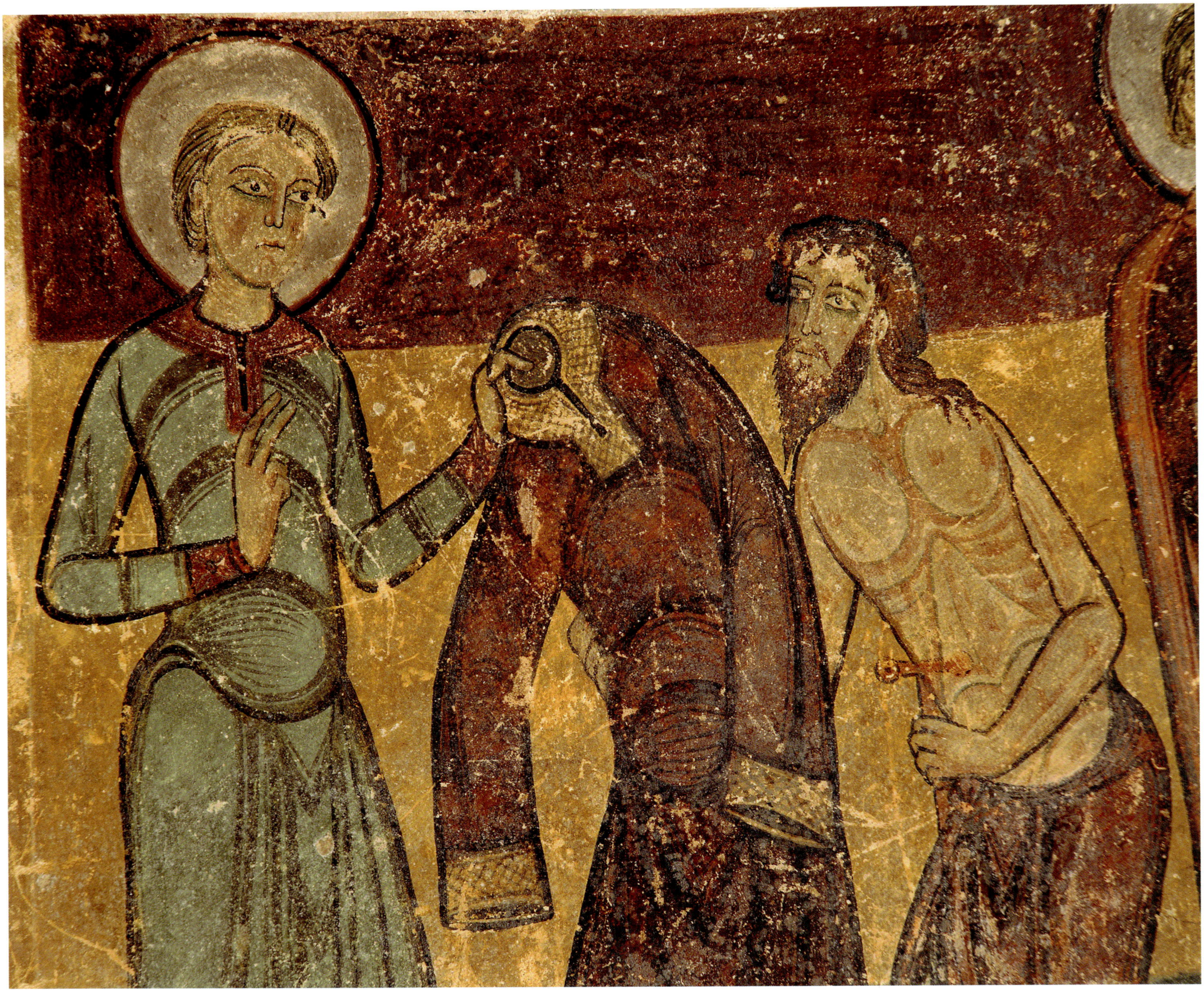

Saint Giles offering his Garment to a Poor Man, *detail of the frescoes in the crypt*

Saint Gilles donnant son manteau au pauvre, *détail des fresques de la crypte*

Der heilige Ägidius schenkt dem Armen seinen Mantel, *Detail der Fresken in der Krypta*

San Egidio entrega su manto a los pobres, *detalle de los frescos de la cripta*

Santo Aegídio dá sua capa aos pobres, *detalhe dos afrescos na cripta*

De heilige Aegidius geeft zijn mantel aan de armen, *detail van de fresco's in de crypte*

12th century, Fresco/Fresque, Église Saint-Aignan de Brinay

Christ in a mandorla, surrounded by the Apostles, *detail of the vault*
The Byzantine and Italian influenced murals in the apse of the Chapelle des Moines in Berzé-la-Ville (Burgundy) are some of the most beautiful examples of Romanesque art around Cluny.

Le Christ en majesté figuré dans une mandorle et entouré des apôtres, *détail de la voûte*
D'influences italienne et byzantine, les peintures murales du XIIe siècle de l'abside de la chapelle des Moines de Berzé-la-Ville (Bourgogne) composent le plus beau témoignage de l'art roman clunisien.

Christus in einer Mandorla, umgeben von den Aposteln, *Detail des Gewölbes*
Die byzantinisch und italienisch beeinflussten Wandmalereien in der Apsis der Chapelle des Moines in Berzé-la-Ville (Burgund) sind eines der schönsten Zeugnisse der romanischen Kunst um Cluny.

Cristo en una mandorla, rodeado de los apóstoles, *detalle de la bóveda*
Con influencias italianas y bizantinas, las pinturas murales del siglo XII en el ábside de la capilla de los monjes de Berzé-la-Ville (Borgoña) son el testimonio más bello del arte románico de Cluny.

Cristo em uma mandorla, rodeado pelos apóstolos, *detalhe da abóbada*
Os murais de influência bizantina e italiana na abside da Chapelle des Moines em Berzé-la-Ville (Borgonha) são um dos mais belos exemplos da arte românica ao redor de Cluny.

Christus in een mandorla, omringd door de apostelen, *detail van het gewelf*
De Byzantijns en Italiaans beïnvloede muurschilderingen in de apsis van de Chapelle des Moines in Berzé-la-Ville (Bourgondië) behoren tot de mooiste voorbeelden van romaanse kunst rond Cluny.

1103-30, Fresco/Fresque, Chapelle des moines, Berzé-la-Ville

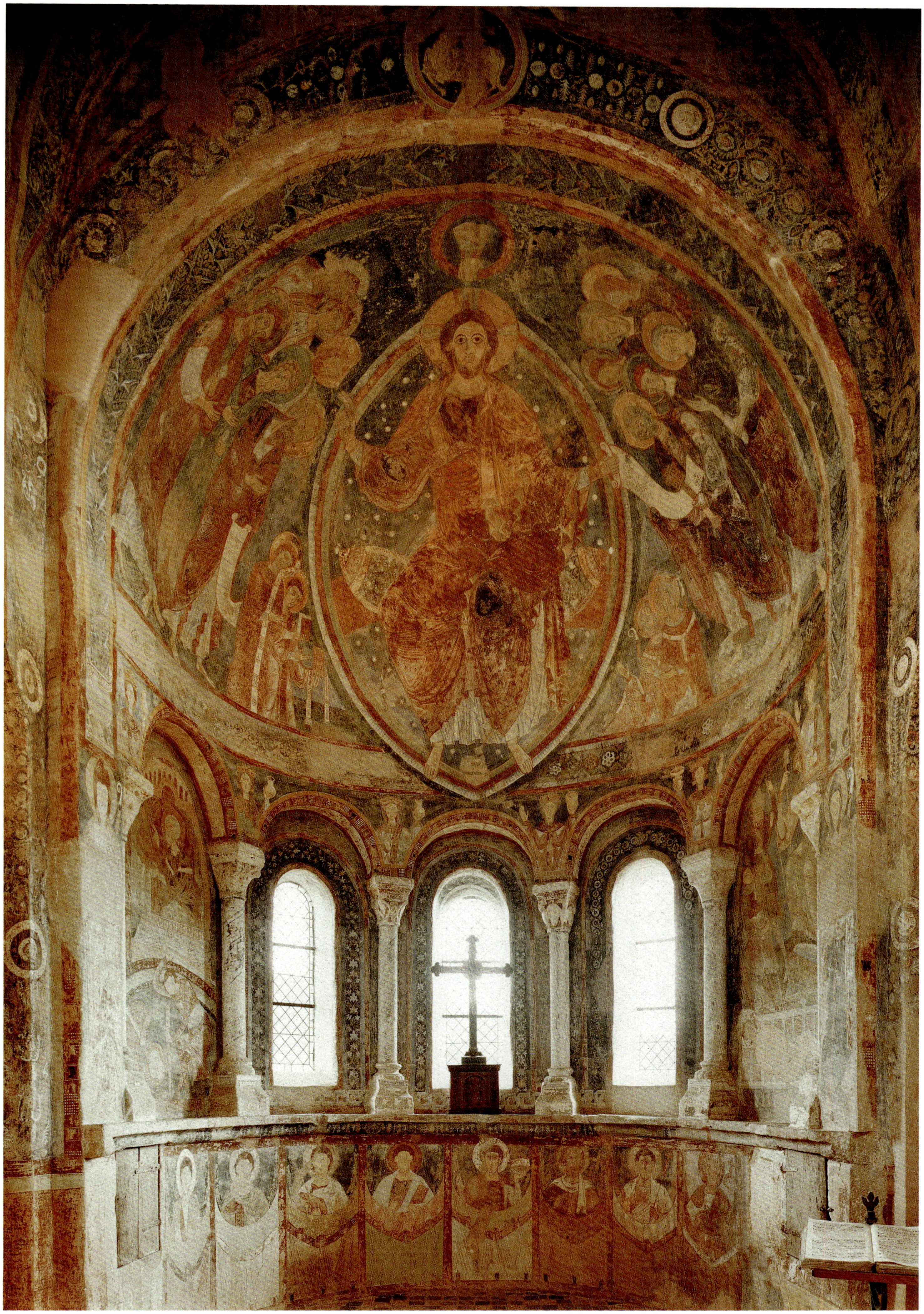

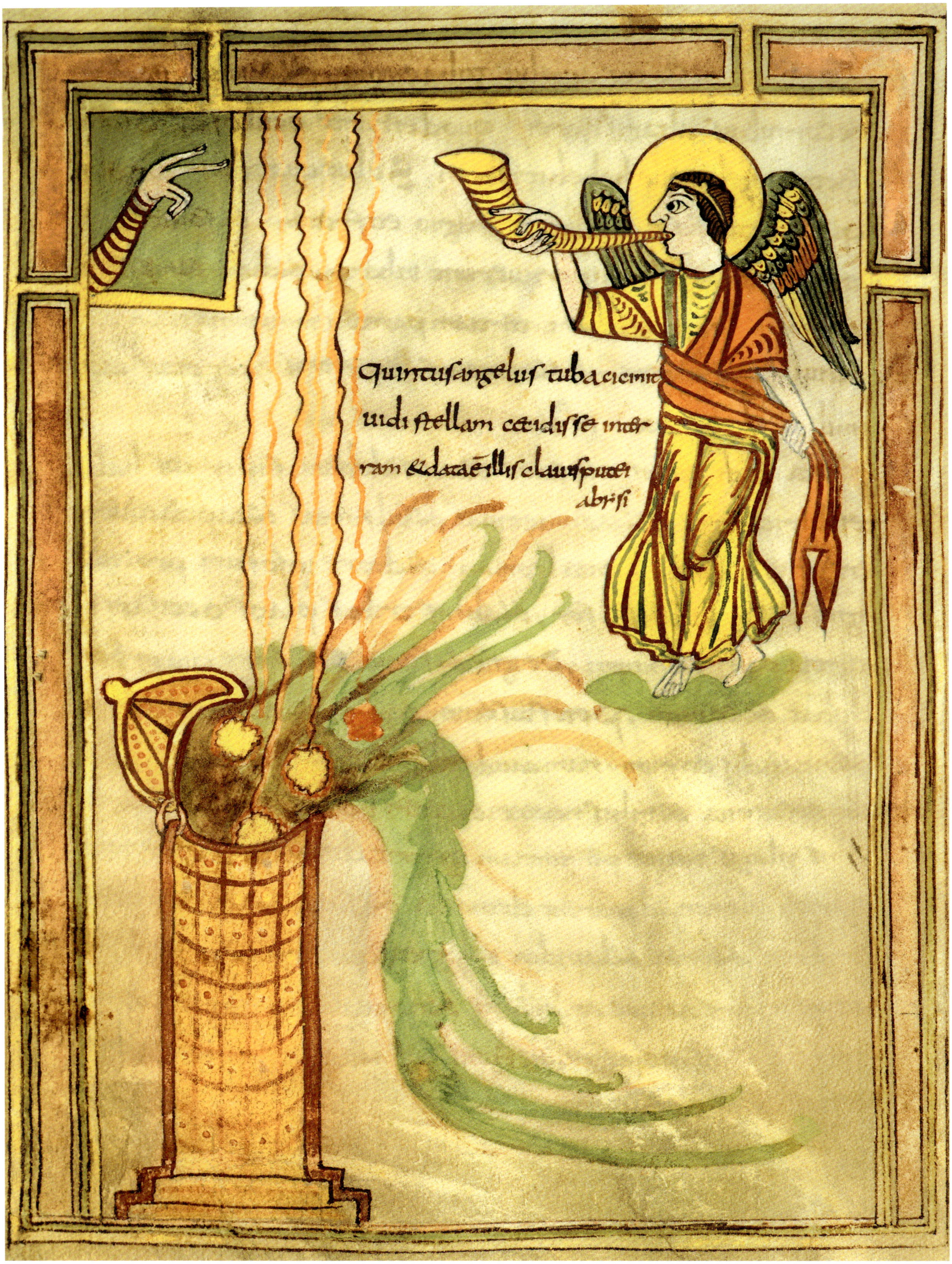

Miniature of the Angel of Revelation (Revelation of John), Latin manuscript of the abbey Saint-Amand

Miniature représentant l'ange de l'Apocalypse (Livre des Révélations), manuscrit latin de l'Abbaye Saint-Amand

Miniatur des Engels der Offenbarung (Offenbarung des Johannes), lateinisches Manuskript der Abtei Saint-Amand

Miniatura del Ángel de la Revelación (Apocalipsis de Juan), manuscrito latino de la abadía Saint-Amand

Miniatura do Anjo da Revelação (Revelação de João), manuscrito latino da abadia Saint-Amand

Miniatuur van de engel van de Apocalyps (Openbaring van Johannes), Latijns manuscript uit de abdij van Saint-Amand

9th century, Illuminated manuscript (vellum)/Manuscrit enluminé (vélin), Abbaye de Saint-Amand, Saint-Amand-les-eaux

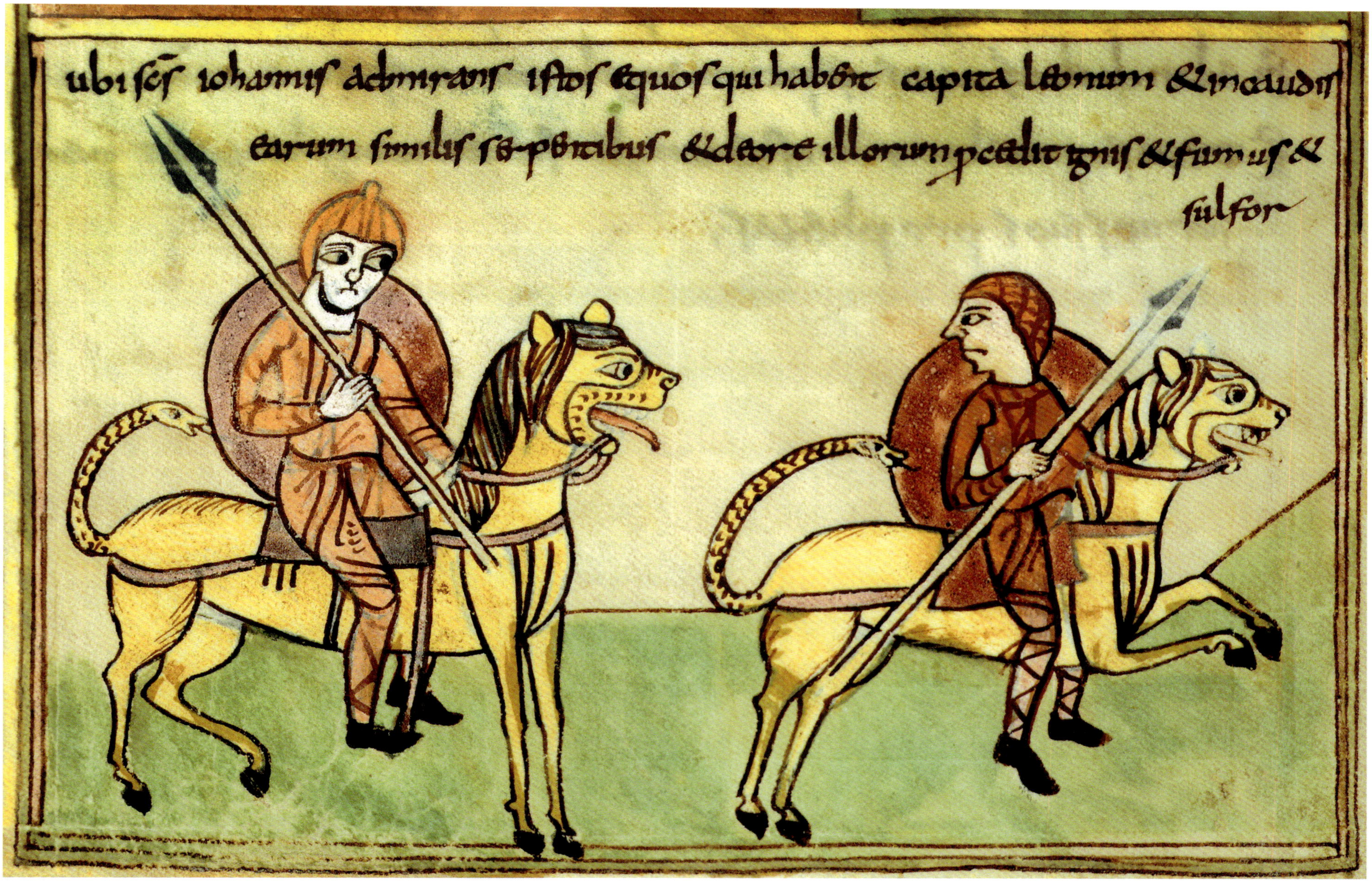

Miniature of the Horsemen of the Apocalypse (Revelation of John), Latin manuscript of the abbey Saint-Amand

Miniature représentant les chevaliers de l'Apocalypse (Livre des Révélations), manuscrit latin de l'Abbaye Saint-Amand

Miniatur der apokalyptischen Reiter (Offenbarung des Johannes), lateinisches Manuskript der Abtei Saint-Amand

Miniatura de los jinetes apocalípticos (Apocalipsis de Juan), manuscrito latino de la abadía Saint-Amand

Miniatura dos cavaleiros apocalípticos (Revelação de João), manuscrito latino da abadia Saint-Amand

Miniatuur van de ruiters van de Apocalyps (Openbaring van Johannes), Latijns manuscript uit de abdij van Saint-Amand

9th century, Illuminated manuscript (vellum)/Manuscrit enluminé (vélin), Abbaye de Saint-Amand, Saint-Amand-les-eaux

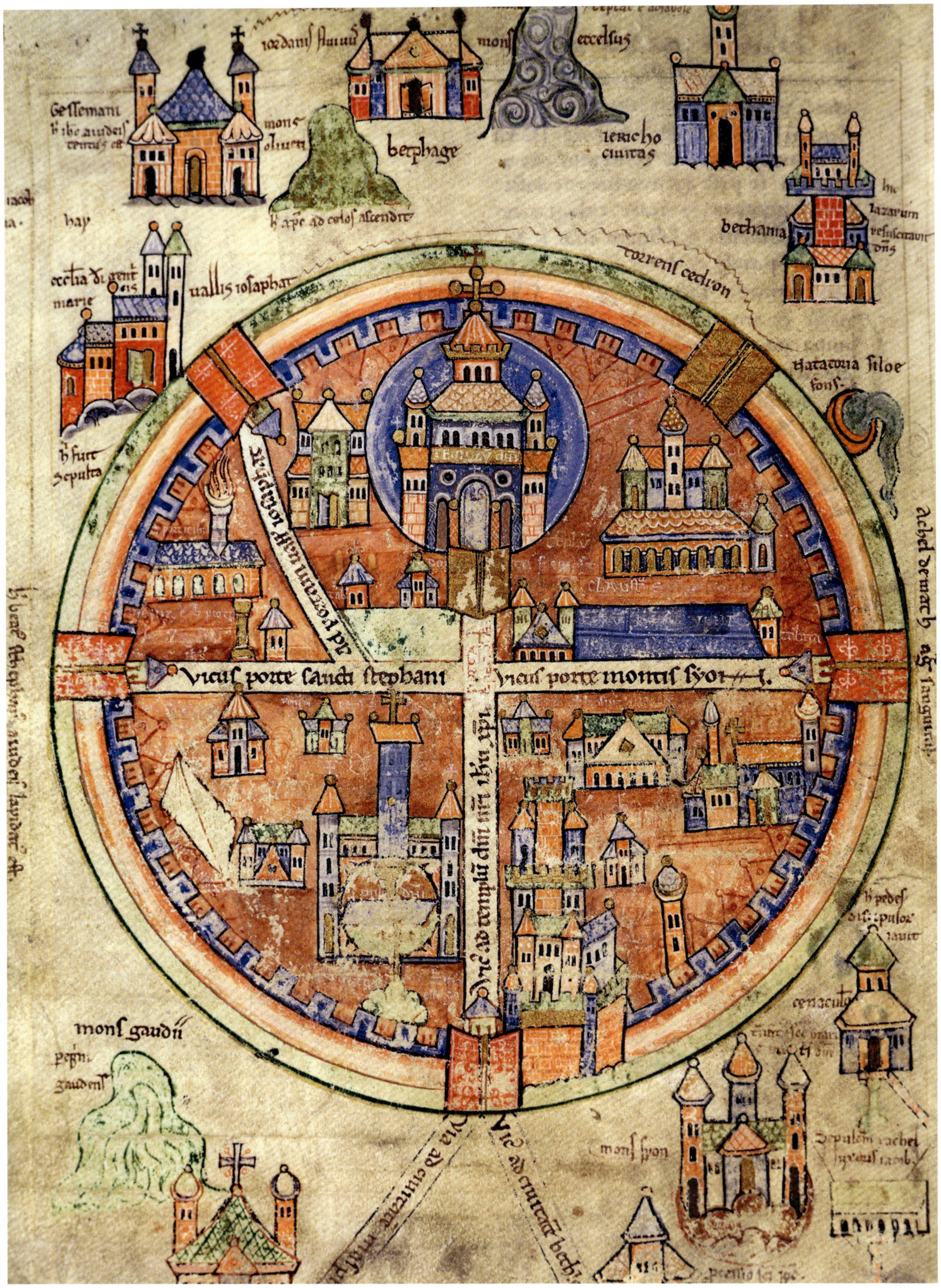

Miniature of a map of Jerusalem with the places Gethsemane, Jericho, Bethany and Hebron from the illuminated manuscript about the history of the first crusades of Robert the Monk (Folio 39, back)
After his departure for the Holy Land in 1096, Robert the Monk experienced the siege of Jerusalem (1099). After his return, he withdrew to the Senuc Priory and wrote a chronicle of the first crusade.

Miniature tirée du manuscrit enluminé de *L'Histoire des premières croisades* de Robert le Moine, détaillant une carte de Jérusalem avec les villes de Gethsemane, Jéricho, Béthany et Hébron (folio 39, verso)
Parti en Terre Sainte en 1096, Robert le Moine, bénédictin, vécut le Siège de Jérusalem en 1099. À son retour, retiré au prieuré de Sénuc, il compose un ouvrage relatant l'histoire de la première croisade.

Miniatur einer Karte von Jerusalem mit den Orten Getsemani, Jericho, Bethanien und Hebron aus der Bilderhandschrift über die Geschichte der ersten Kreuzzüge von Robert dem Mönch (Folio 39, Rückseite)
Nach seinem Aufbruch ins Heilige Land im Jahr 1096 erlebte Robert der Mönch die Belagerung von Jerusalem (1099). Nach seiner Rückkehr verfasst er, zurückgezogen im Priorat Senuc, sein Werk über den ersten Kreuzzug.

Miniatura del manuscrito iluminado de La historia de las primeras cruzadas de Roberto el Monje, que detalla un mapa de Jerusalén con las ciudades de Getsemaní, Jericó, Betania y Hebrón (folio 39, al revés).
Después de su partida a Tierra Santa en 1096, Roberto el Monje experimentó el asedio de Jerusalén (1099). A su regreso, retirado del priorato de Sénuc, escribió su obra relatando la historia de la primera cruzada

Miniatura de um mapa de Jerusalém com os lugares Getsêmani, Jericó, Betânia e Hebrom a partir do manuscrito iluminado sobre a história das primeiras cruzadas de Robert o Monge (Folio 39, verso)
Depois da sua partida para a Terra Santa em 1096, o monge Robert experimentou o cerco de Jerusalém (1099). Após o seu regresso, escreveu a sua obra sobre a primeira cruzada, retirada no Priorado Senuc.

Miniatuur van een kaart van Jeruzalem met de plaatsen Gethsemane, Jericho, Bethanië en Hebron uit het verluchte manuscript over de geschiedenis van de Eerste Kruistocht van Robert de Monnik (folio 39, verso)
Na zijn vertrek naar het Heilige Land in 1096 maakte Robert de Monnik de belegering van Jeruzalem (1099) mee. Na zijn terugkeer schreef hij, teruggetrokken in de priorij van Senuc, zijn werk over de Eerste Kruistocht.

13th century, Illuminated manuscript (vellum)/Manuscrit enluminé (vélin), Universitetsbibliotek, Uppsala

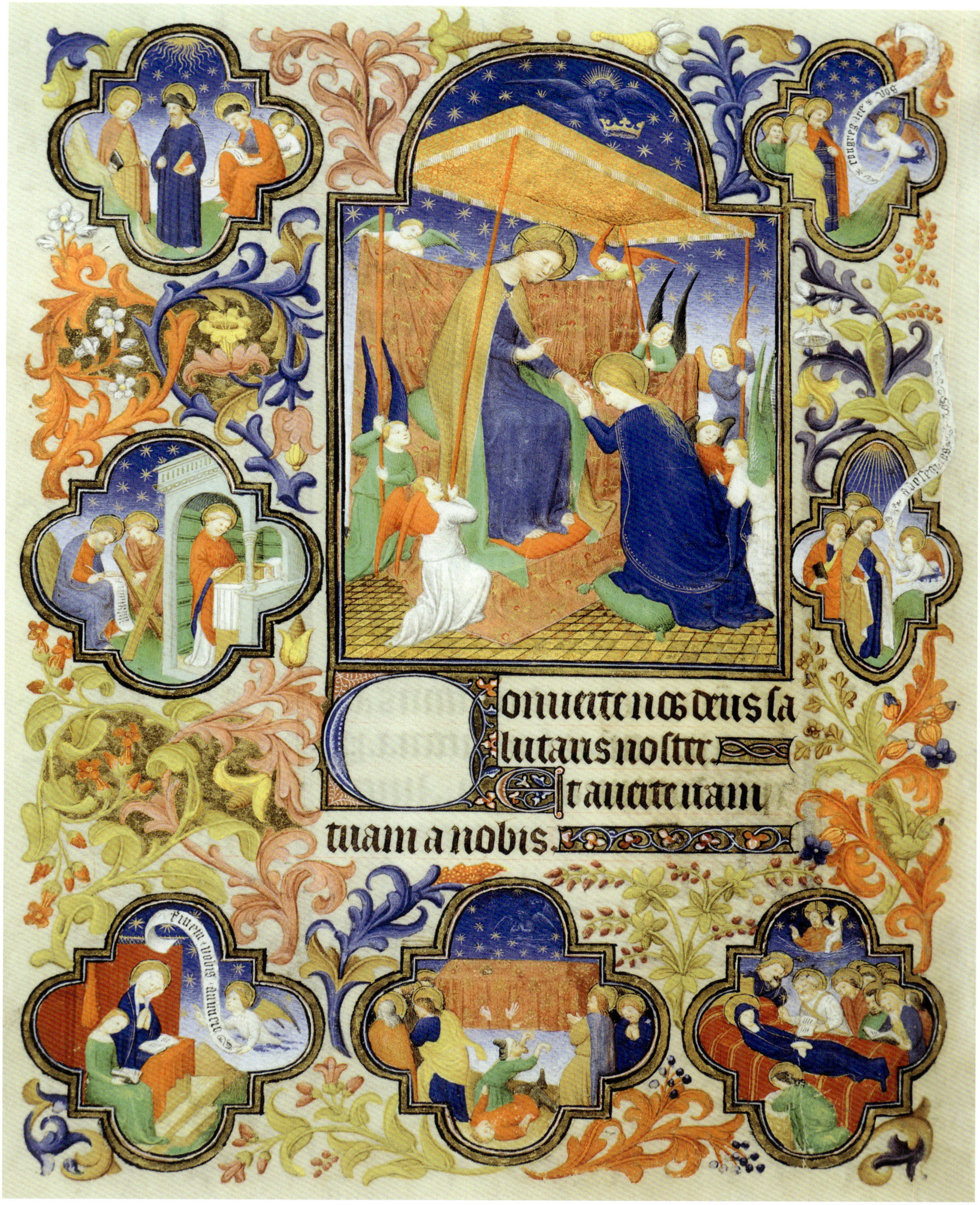

Miniature of the Coronation of Mary from a Book of Hours

Miniature tirée d'un livre d'heures représentant le couronnement de la Vierge

Miniatur der Krönung Marias aus einem Stundenbuch

Miniatura de la Coronación de María a partir de un Libro de Horas

Miniatura da Coroação de Maria de um Livro de Horas

Miniatuur van de kroning van Maria uit een getijdenboek

15th century, Illuminated manuscript (vellum)/Manuscrit enluminé (vélin), Abbaye de Saint-Amand, Saint-Amand-les-eaux

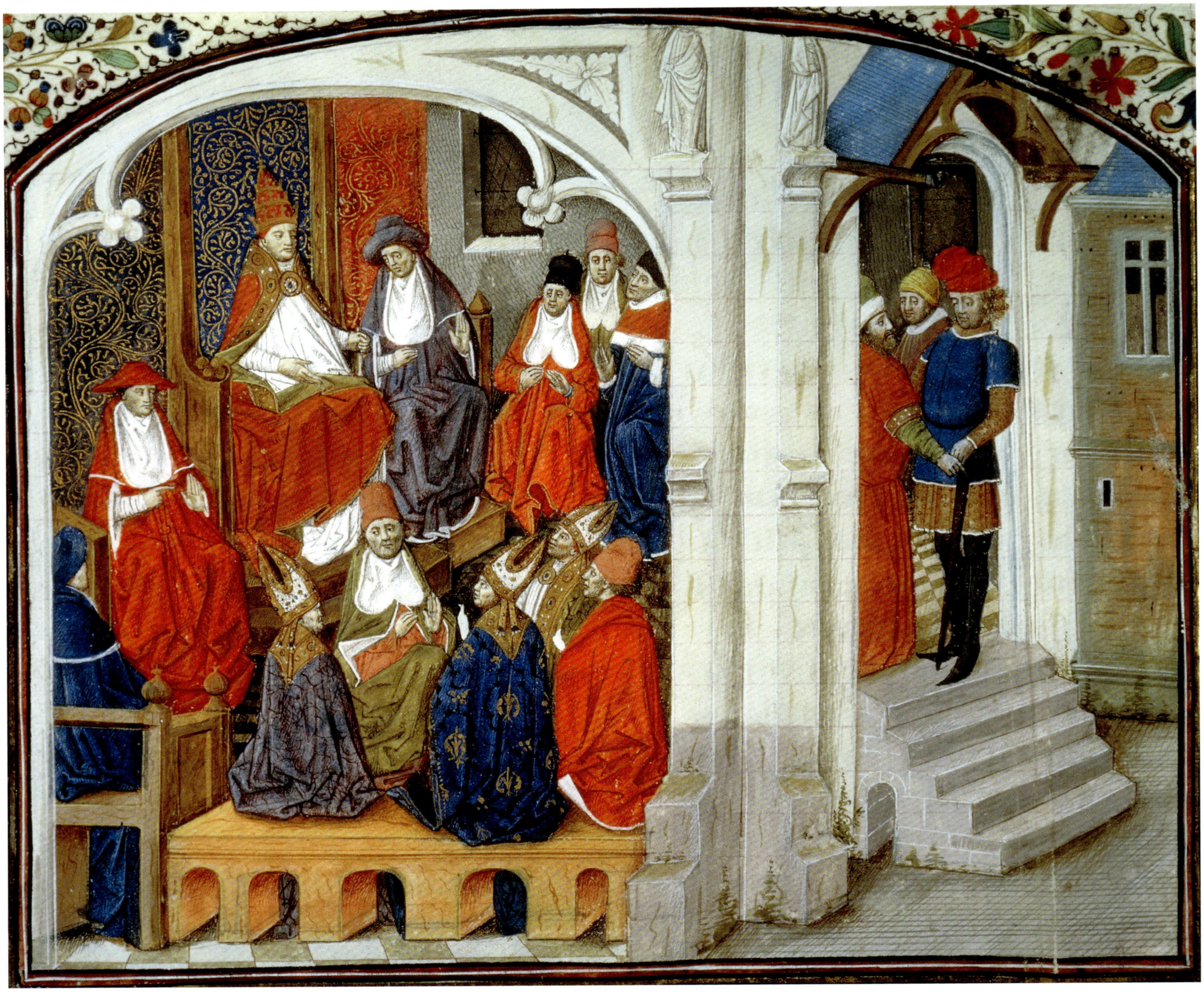

Miniature of Pope Urban II at the Annunciation of the First Crusade from William of Tyre *History of the Crusader States*
At the Synod of Clermont, Pope Urban II called for an expedition to the Holy Land to free Jerusalem from the hands of the Seljuk Turks. The consequence was the first crusade 1096-1099.

Miniature issue de L'*Histoire des Croisades* de Guillaume de Tyr, figurant le Pape Urbain II annonçant la Première Croisade (1095)
Lors du concile de Clermont, le pape Urbain II émet l'idée d'une expédition en Terre sainte, pour délivrer Jérusalem de l'emprise des Turcs seldjoukides. Ce sera la première croisade, de 1096 à 1099.

15th century, Illuminated manuscript (vellum)/Manuscrit enluminé (vélin)

Miniatur von Papst Urban II. bei der Verkündigung des ersten Kreuzzuges aus Wilhelm von Tyrus Geschichte der Kreuzfahrerstaaten
Auf der Synode von Clermont ruft Papst Urban II. zu einer Expedition in das Heilige Land auf, um Jerusalem aus den Händen der seldschukischen Türken zu befreien. Die Folge war der erste Kreuzzug 1096-1099.

Miniatura de la Historia de las Cruzadas de Guillaume de Tyr, con el Papa Urbano II anunciando la Primera Cruzada (1095)
En el Sínodo de Clermont, el Papa Urbano II pidió una expedición a Tierra Santa para liberar Jerusalén de las manos de los turcos selyúcidas. La consecuencia fue la primera cruzada de 1096 a 1099.

Miniatura do Papa Urbano II na Anunciação da Primeira Cruzada de Guilherme de Pneu História dos Estados Cruzados
No Sínodo de Clermont, o Papa Urbano II pediu uma expedição à Terra Santa para libertar Jerusalém das mãos dos turcos Seljuk. A consequência foi a primeira cruzada 1096-1099.

Miniatuur van paus Urbanus II bij de aankondiging van de Eerste Kruistocht van Willem van Tyrus uit De geschiedenis van de kruisvaardersstaten
Op de Synode van Clermont riep paus Urbanus II op tot een expeditie naar het Heilige Land om Jeruzalem te bevrijden uit handen van de Seltsjoeken. Het gevolg was de Eerste Kruistocht van 1096-1099.

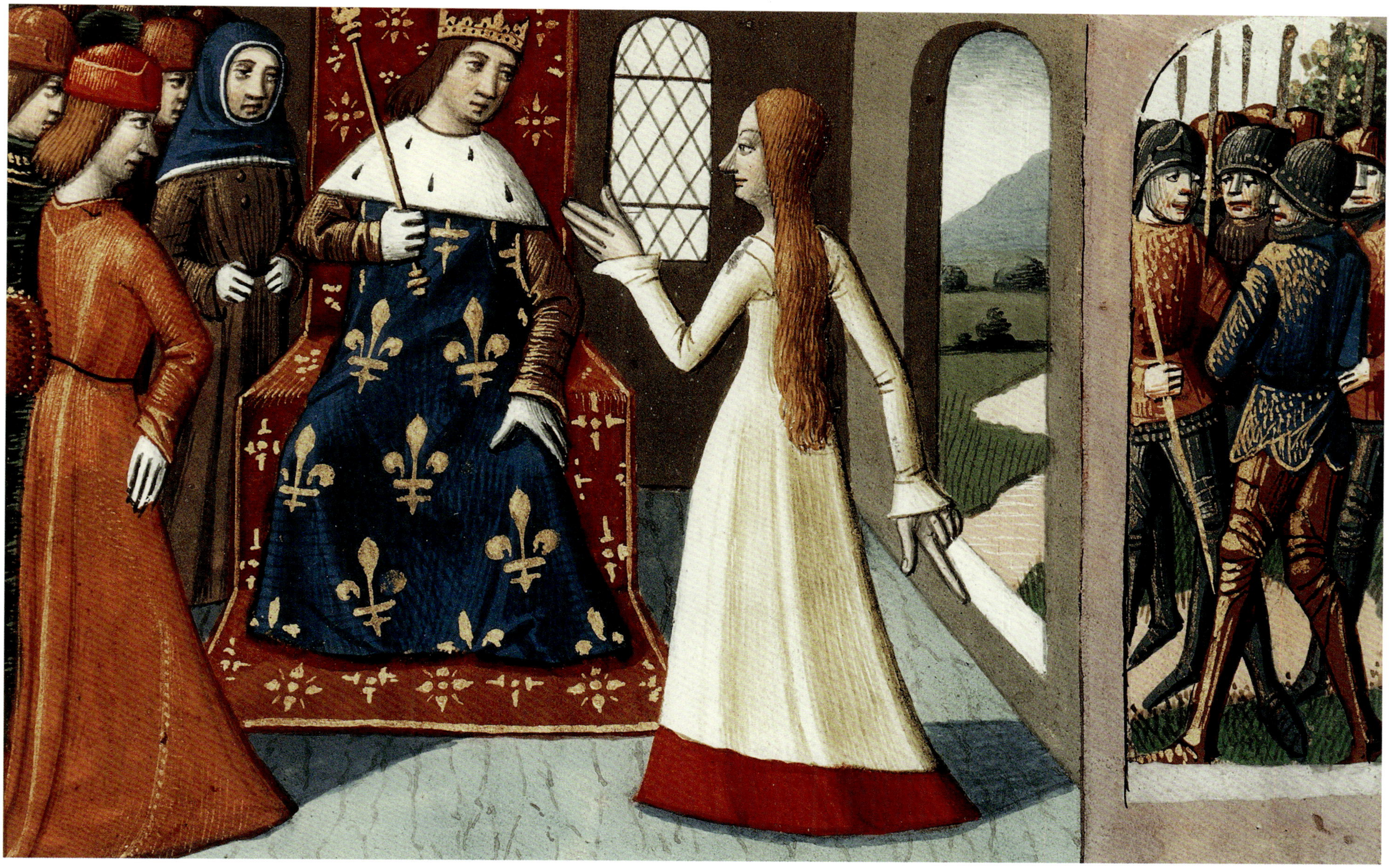

Miniature by Jeanne d'Arc before Charles VII from the work *Les Vigiles de la mort de Charles VII* (Folio 61, back)

Miniature du manuscrit *Les Vigiles de la mort de Charles VII*, représentant Jeanne d'Arc devant le roi Charles VII (folio 61, verso)

Miniatur von Jeanne d'Arc vor Karl VII. aus dem Werk *Les Vigiles de la mort de Charles VII* (Folio 61, Rückseite)

Miniatura del manuscrito *Les Vigiles de la mort de Charles VII*, que representa a Juana de Arco ante el rey Carlos VII (folio 61, verso)

Miniatura de Jeanne d'Arc antes de Carlos VII da obra *Les Vigiles de la mort de Charles VII* (Folio 61, verso)

Miniatuur van Jeanne d'Arc voor Karel VII, uit het werk *Les Vigiles de la mort de Charles VII* (folio 61, verso)

1484, Illuminated manuscript (vellum)/Manuscrit enluminé (vélin), Bibliothèque Nationale, Paris

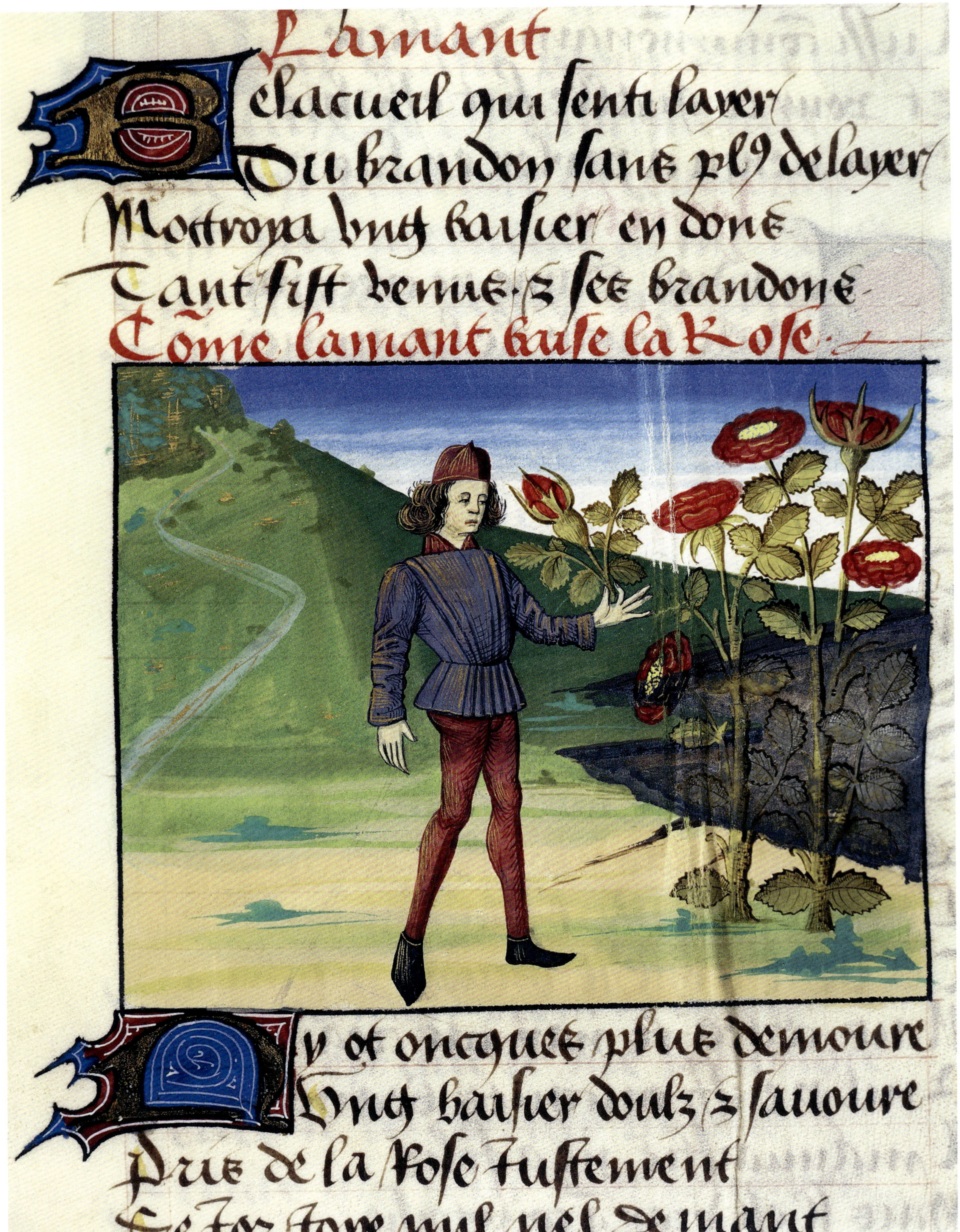

Lamant

Belacueil qui ſenti layer
Du brandon ſans pl9 delayer
Mottroya vng baiſier en dons
Tant fiſt venus & ſes brandons

Cōme lamant baiſe la Roſe

Ny ot oncques plus demoure
Vng baiſier doulz & ſauoure
Pris de la roſe iuſtement
Se foz fore nul nel demant

Lover with a rose in his hand, miniature from the *rose novel* (13th century) by Guillaume de Lorris and Jean de Meung

Miniature du *Roman de la Rose*, poème allégorique du XIIIe siècle de Guillaume de Lorris et Jean de Meung : l'amoureux avec une fleur à la main

Verliebter mit einer Rose in der Hand, Miniatur aus dem *Rosenroman* (13. Jh.) von Guillaume de Lorris und Jean de Meung

Miniatura del *Roman de la Rose*, un poema alegórico del siglo XIII de Guillaume de Lorris y Jean de Meung: el amante con una flor en la mano.

Amante com uma rosa na mão, miniatura do *romance rosa* (século XIII) de Guillaume de Lorris e Jean de Meung

Geliefde met een roos in zijn hand, miniatuur uit de *Roman de la Rose* (13e eeuw) van Guillaume de Lorris en Jean de Meung

c. 1480, Illuminated manuscript (vellum)/
Manuscrit enluminé (vélin),
Kungliga Biblioteket, Stockholm

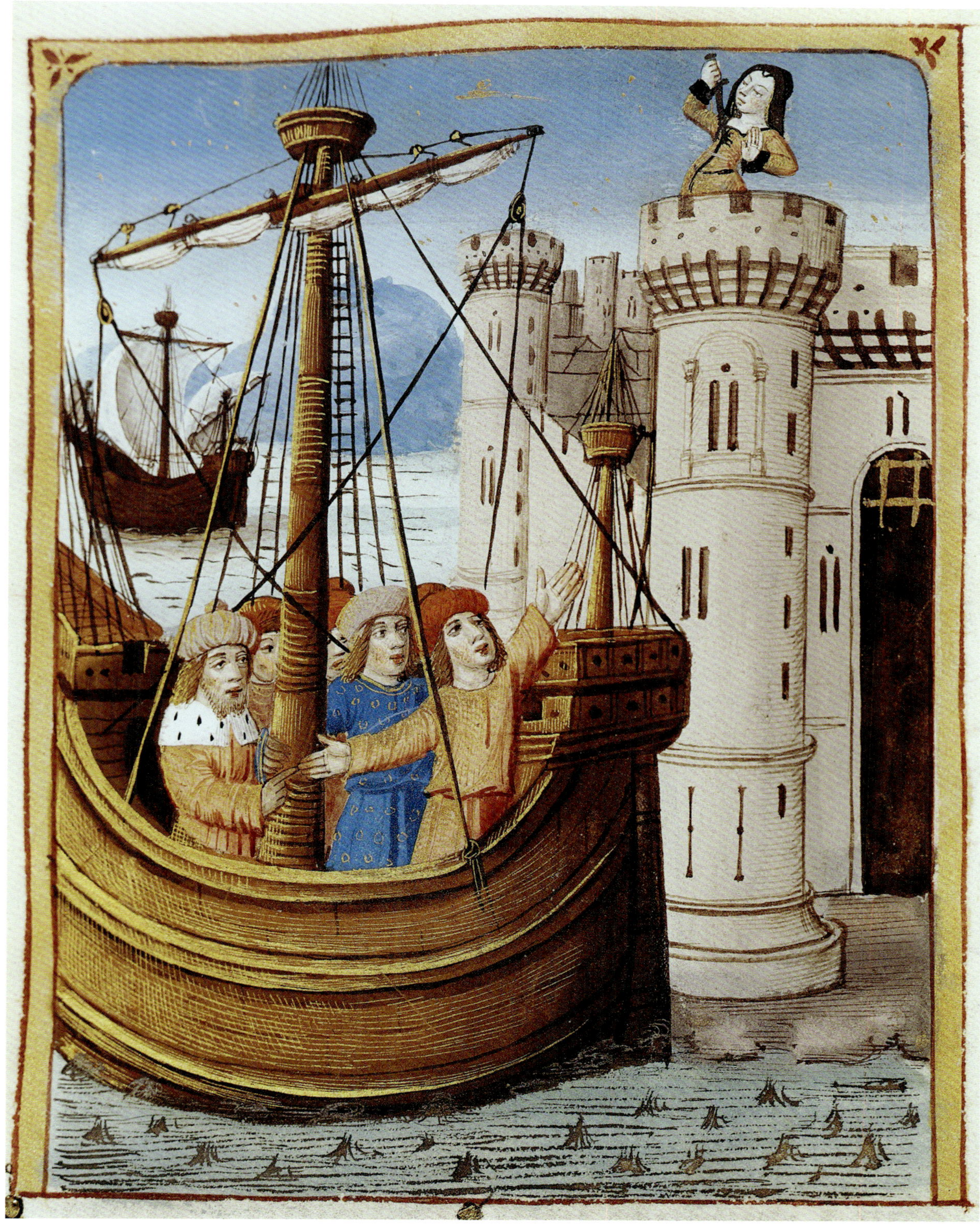

The Death of Dido after Aeneas' departure, miniature from the *Aeneis* of Virgil, commented by Servius
In Vergil's *Aeneid*, Dido stabs himself with a sword when Aeneas leaves Carthage. The picture reproduces the story in a modern version, drawing on the effects of perspective.

Miniature de l'*Énéide* de Virgile commentée par Servius : le suicide de Didon après le départ d'Enée (folio 99, verso)
Dans l'*Énéide* de Virgile, lorsque Énée quitte Carthage, Didon choisit de se donner la mort avec une épée. C'est cet épisode qui est relaté ici, dans une image moderne par ses effets de perspective.

Der Selbstmord der Dido nach Aeneas Abreise, Miniatur aus der *Aeneis* von Virgil, kommentiert von Servius
In Vergils *Aeneis* ersticht sich Dido mit einem Schwert, als Aeneas Karthago verlässt. Das Bild gibt die Geschichte in einer modernen Version wieder und greift dabei auf die Effekte der Perspektive zurück.

Miniatura de la *Eneida* de Virgilio comentada por Servius: El suicidio de Dido tras la partida de Eneas (folio 99, al revés)
En la *Eneida* de Vergil, Dido se apuñala con una espada cuando Eneas deja Cartago. La imagen reproduce la historia en una versión moderna, basándose en los efectos de la perspectiva.

O suicídio de Dido após a partida de Enéas, em miniatura do *Enéas* de Virgílio, comentado por Servius
Na *Eneida* de Vergil, Dido esfaqueiase com uma espada quando Enéas deixa Cartago. A imagem reproduz a história em uma versão moderna, desenhando sobre os efeitos da perspectiva.

De zelfmoord van Dido na het vertrek van Aeneas, miniatuur uit de *Aeneis* van Vergilius, met commentaar van Servius
In de *Aeneis* van Vergilius steekt Dido zichzelf met een zwaard als Aeneas Carthago verlaat. De afbeelding geeft het verhaal in een moderne versie weer en gebruikt de effecten van het perspectief.

c. 1469, Illuminated manuscript (vellum)/Manuscrit enluminé (vélin), Bibliothèque Municipale, Dijon

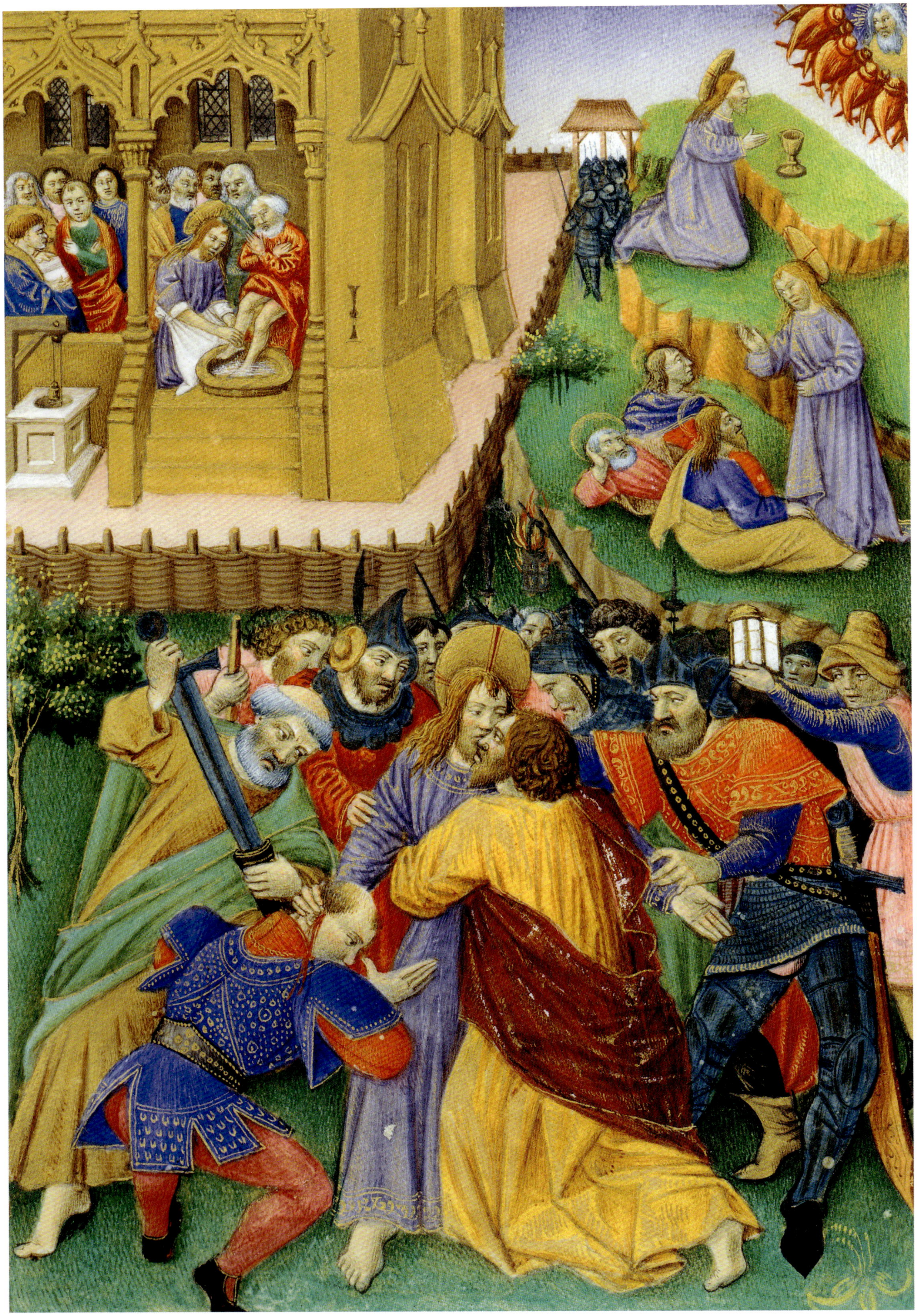

The Judas Kiss, miniature from the prayer book of Jeanne de Laval

Miniature du livre de prières de Jeanne de Laval : Le Baiser de Judas

Der Judaskuss, Miniatur aus dem Gebetsbuch von Jeanne de Laval

El beso de Judas, miniatura del libro de oraciones de Juana de Laval

O beijo de Judas, miniatura do livro de orações de Jeanne de Laval

De Judaskus, miniatuur uit het gebedenboek van Jeanne de Laval

15th century, Illuminated manuscript (vellum)/Manuscrit enluminé (vélin), Bibliothèque municipale, Poitiers

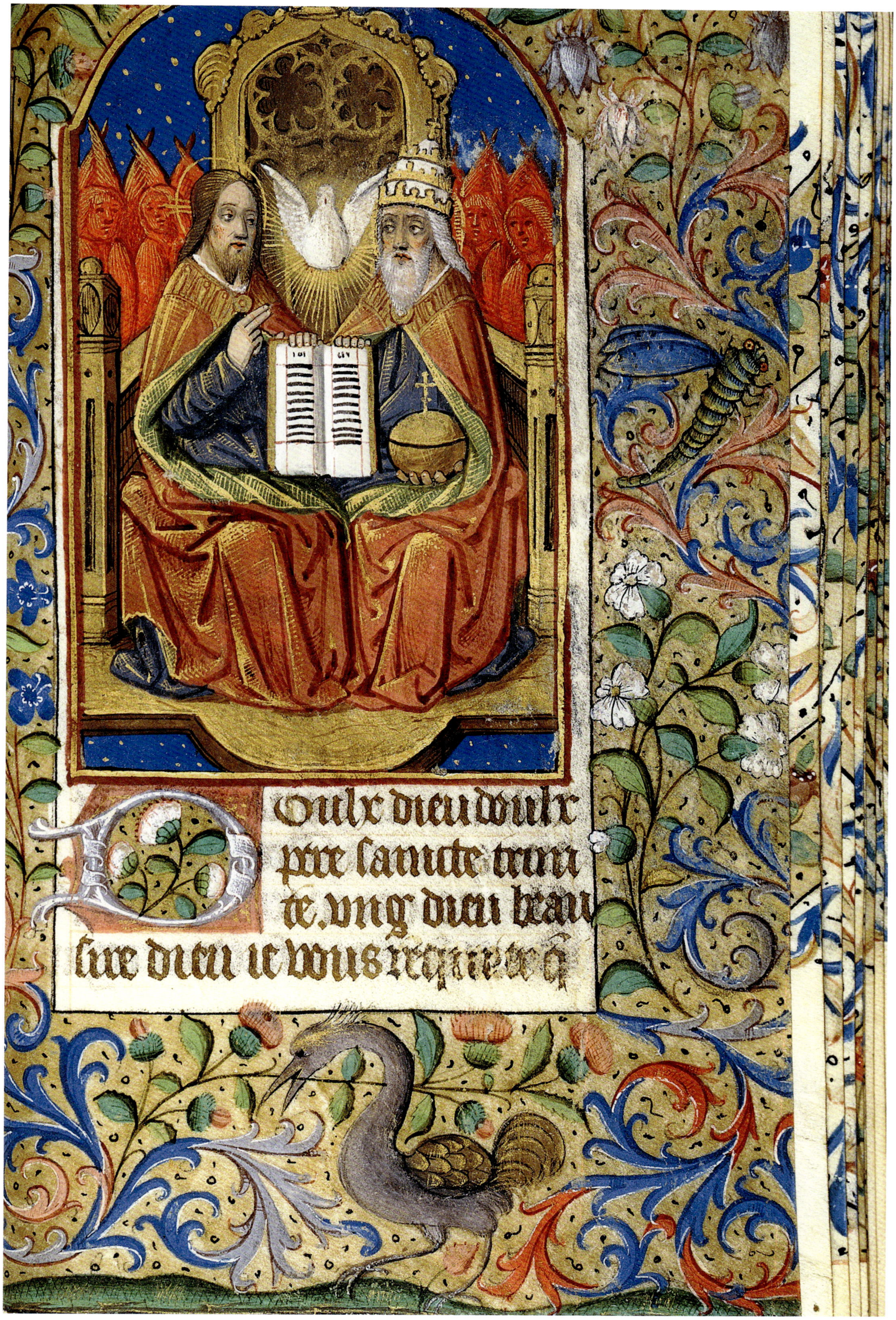

Miniature of the Trinity surrounded by Angels from a book of hours

Miniature d'un livre d'heures figurant la Trinité entourée d'anges

Miniatur der Dreifaltigkeit umgeben von Engeln aus einem Stundenbuch

Miniatura de la Trinidad rodeada de ángeles de un libro de horas

Miniatura da Trindade rodeada de anjos de um livro de horas

Miniatuur van de Drie-eenheid omringd door engelen uit een getijdenboek

c. 1485, Illuminated manuscript (vellum)/Manuscrit enluminé (vélin), 14,5 × 10 cm, Private collection

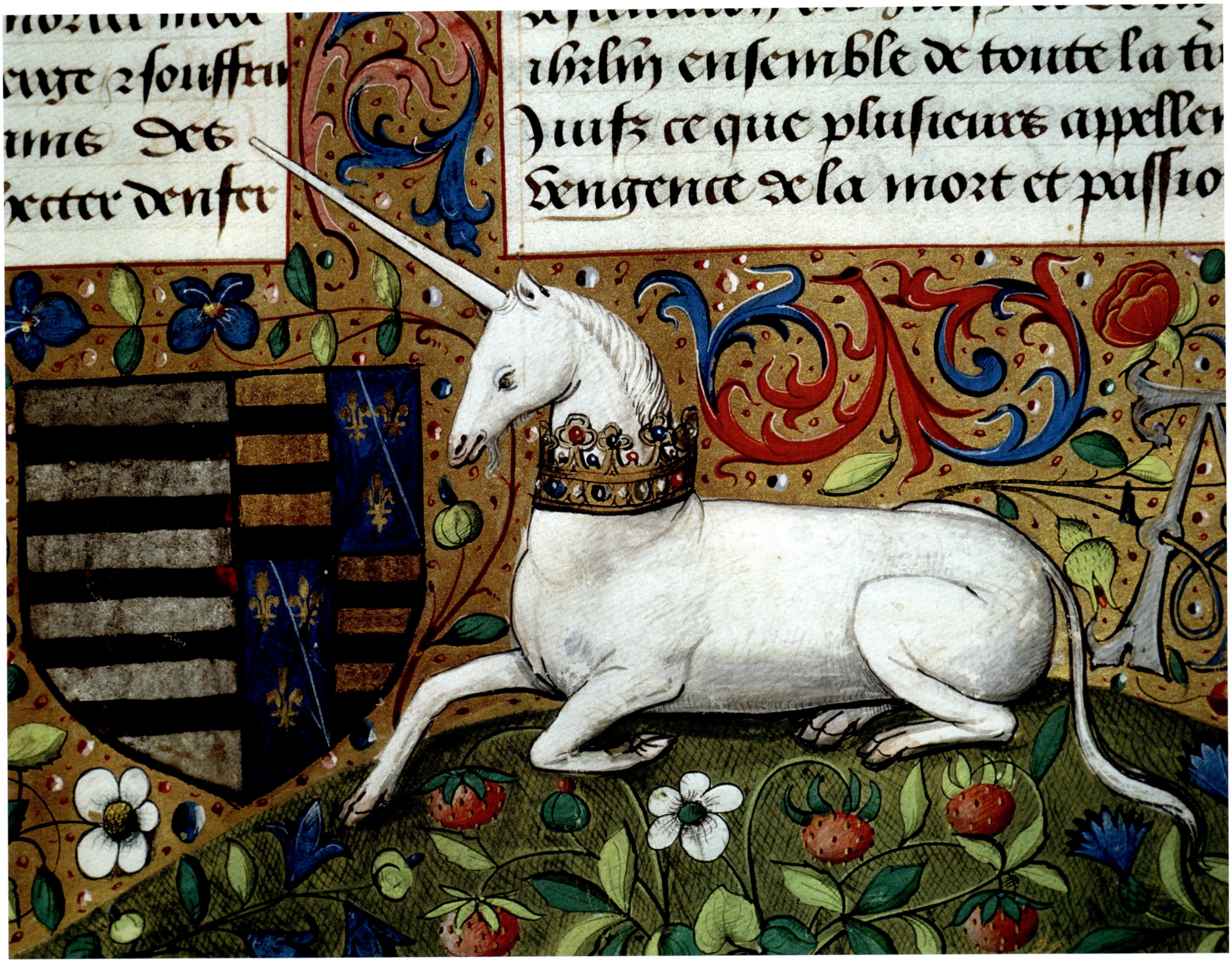

Unicorn, detail from an edition of the *history of the Jewish War* by Flavius Josephus
The unicorn motif, widespread in medieval iconography, has a symbolic character. The magical animal stood for power, justice, splendor and purity, among other things.

Licorne : détail de La *Guerre des juifs* de Flavius Josèphe
Très fréquent dans l'iconographie médiévale, le motif de la licorne a une valeur symbolique. L'animal magique doté d'une corne est synonyme, entre autres, de puissance, de justice, de faste et de pureté.

Einhorn, Detail aus einer Ausgabe der *Geschichte des jüdischen Krieges* von Flavius Josephus
Das in der mittelalterlichen Ikonografie weitverbreitete Einhornmotiv hat einen symbolischen Charakter. Das magische Tier stand unter anderem für Kraft, Gerechtigkeit, Pracht und Reinheit.

Unicornio, detalle de una edición de la *Historia de la guerra judía* de Flavio Josefo
El motivo del unicornio, muy difundido en la iconografía medieval, tiene un carácter simbólico. El animal mágico dotado de un solo cuerno representaba poder, justicia, esplendor y pureza, entre otras cosas.

Unicórnio, detalhe de uma edição da *História da Guerra Judaica* por Flávio Josefo
O motivo unicórnio, difundido na iconografia medieval, tem um carácter simbólico. O animal mágico representava poder, justiça, esplendor e pureza, entre outras coisas.

Eenhoorn, detail uit een uitgave van *De Joodse oorlog* door Flavius Josephus
De in de middeleeuwse iconografie wijdverbreide eenhoorn is symbolisch van aard. Het magische dier stond onder andere voor macht, gerechtigheid, pracht en praal en zuiverheid.

MAÎTRE DU CARDINAL DE BOURBON (FL 1470-1500)

c. 1480-85, Illuminated manuscript (vellum)/Manuscrit enluminé (vélin), Musée Condé, Chantilly

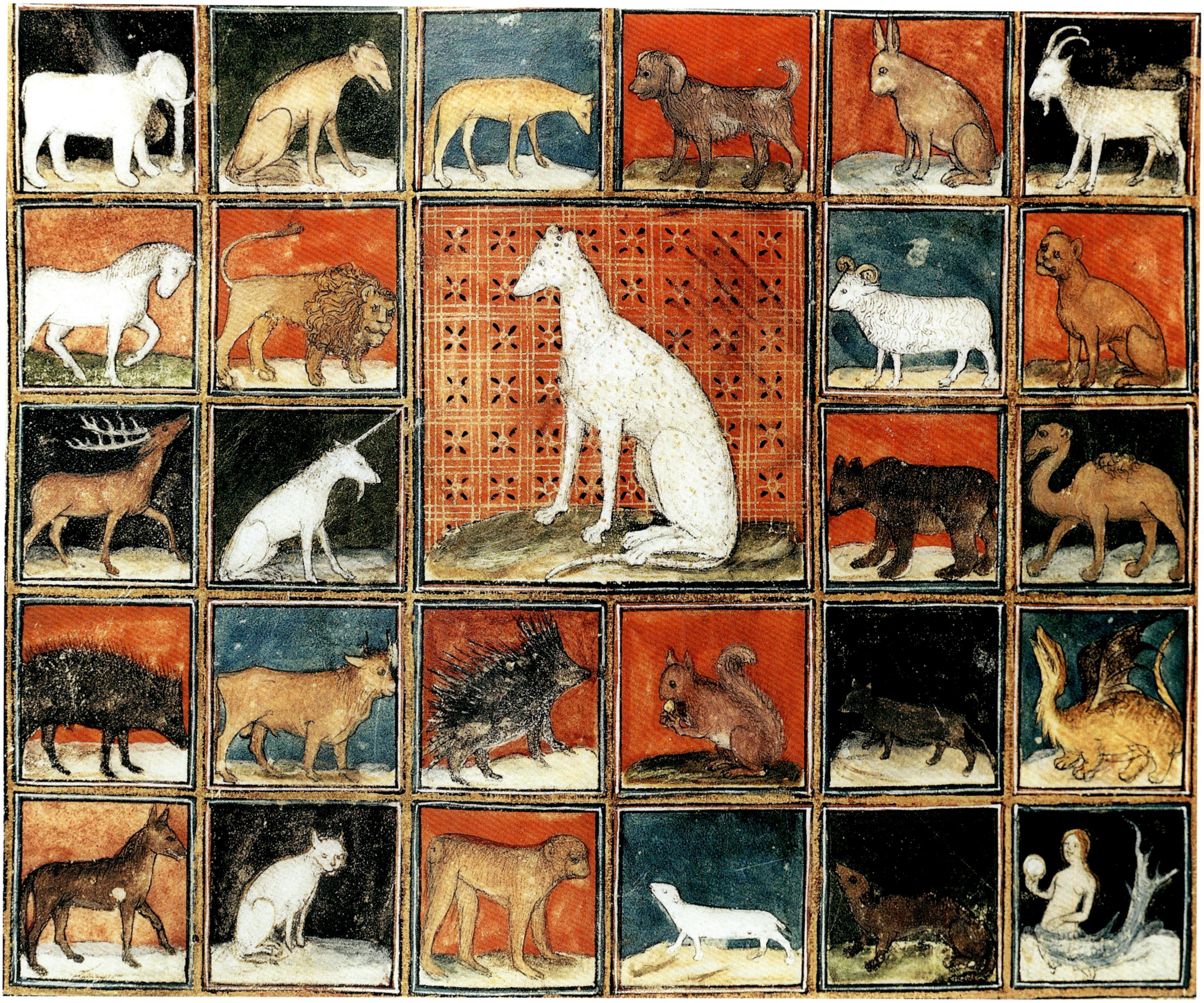

Miniature from Jean Corbichon's edition of the *Properties of Things,* an encyclopaedia from the 14th century on the evolution of living beings.

Miniature extraite du *Livre des propriétés des choses* de Jean Corbechon, une encyclopédie du XIVe siècle, sur le thème de l'évolution des êtres vivants

Miniatur aus Jean Corbichons Ausgabe von *Über die Ordnung der Dinge,* einer Enzyklopädie aus dem 14. Jh. über die Evolution der Lebewesen

Miniatura tomada del *Libro de las propiedades de las cosas* de Jean Corbechon, una enciclopedia del siglo XIV, sobre el tema de la evolución de los seres vivos.

Miniatura da edição de Jean Corbichon de Über die *Ordnung der Dinge,* uma enciclopédia do século XIV sobre a evolução dos seres vivos.

Miniatuur uit Jean Corbichons uitgave van *De proprietatibus rerum,* een 14e-eeuwse encyclopedie over de evolutie van levende wezens

c. 1360-72, Illuminated manuscript (vellum)/Manuscrit enluminé (vélin), Bibliothèque Municipale, Reims

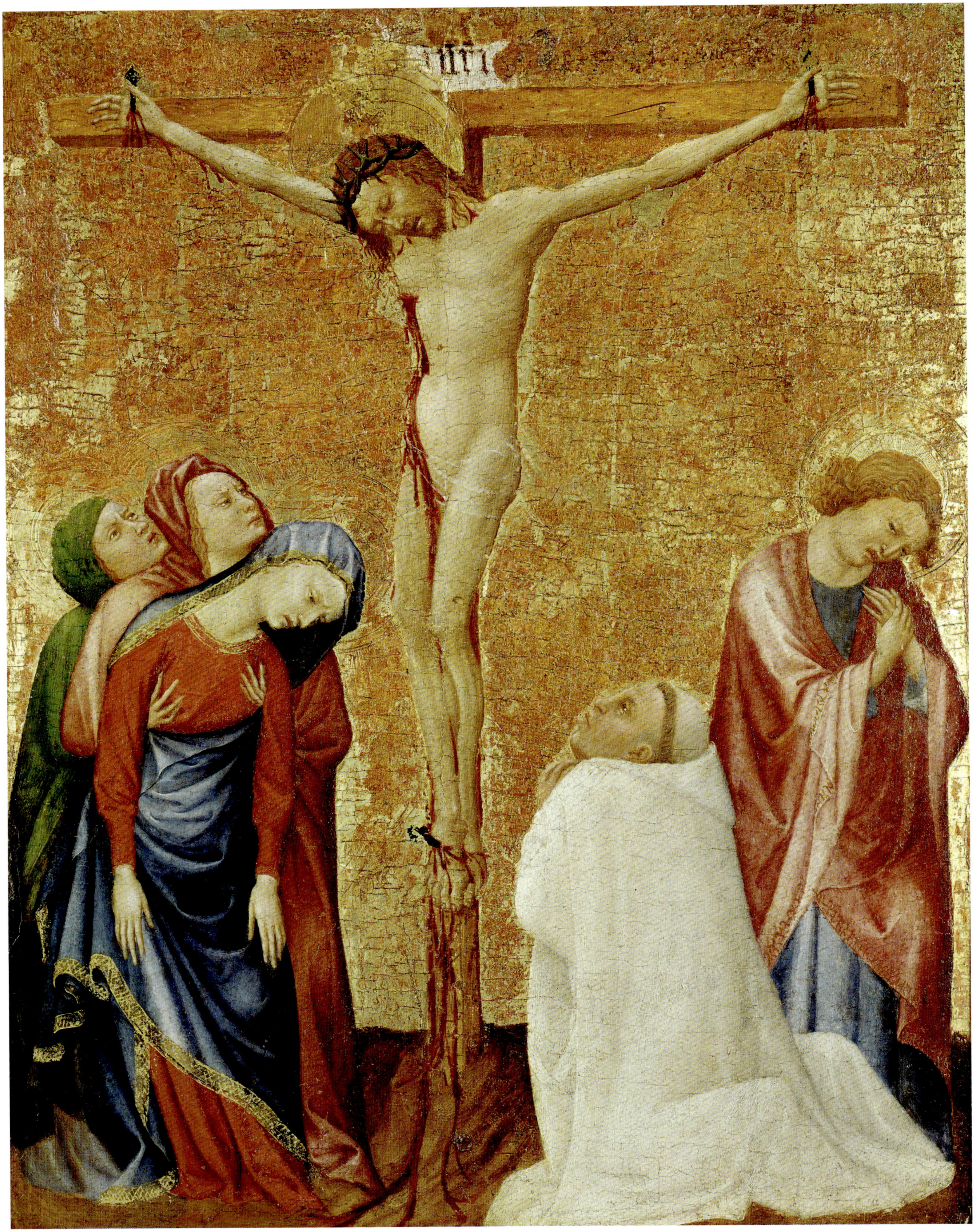

The Crucifixion with a Carthusian monk

Le Calvaire avec un moine chartreux

Kalvarienberg mit einem Kartäuser-Mönch

Calvario con un monje cartujo

Calvário com um monge cartuxo

Calvarieberg met een kartuizer monnik

JEAN DE BEAUMETZ (FL 1361-1396)

1389-1395, Tempera on wood/ Tempera sur bois, 60 × 48 cm, Musée du Louvre, Paris

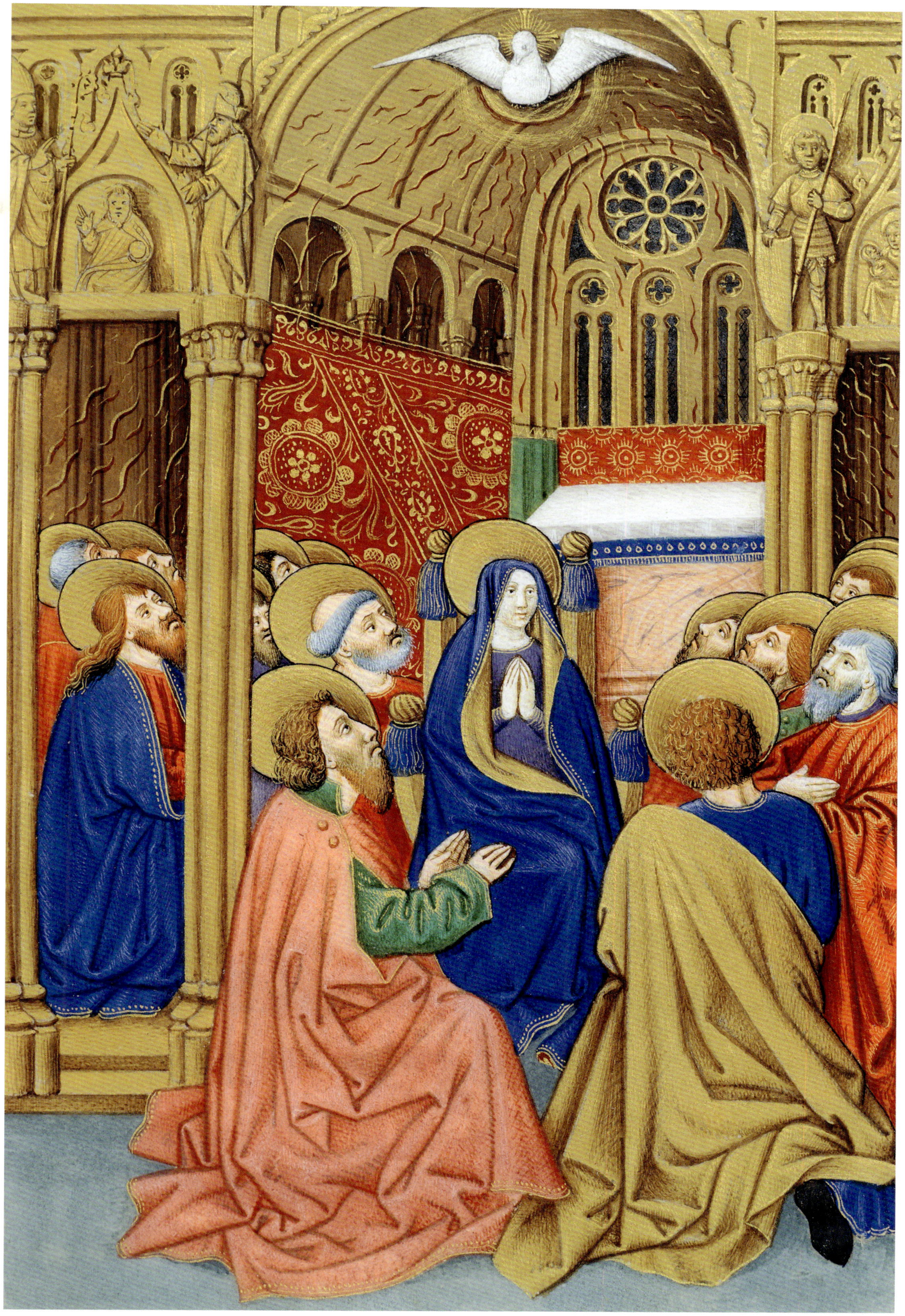

Pentecost, miniature from the prayer book of Jeanne de Laval

Miniature du livre de prières de Jeanne de Laval : La Pentecôte

Pfingsten, Miniatur aus dem Gebetbuch von Jeanne de Laval

Pentecostés, miniatura del libro de oraciones de Juana de Laval

Pentecostes, miniatura do livro de oração de Jeanne de Laval

Pinksteren, miniatuur uit het gebedenboek van Jeanne de Laval

15th century, Illuminated manuscript (vellum)/Manuscrit enluminé (vélin), Médiathèque François Mitterrand, Poitiers

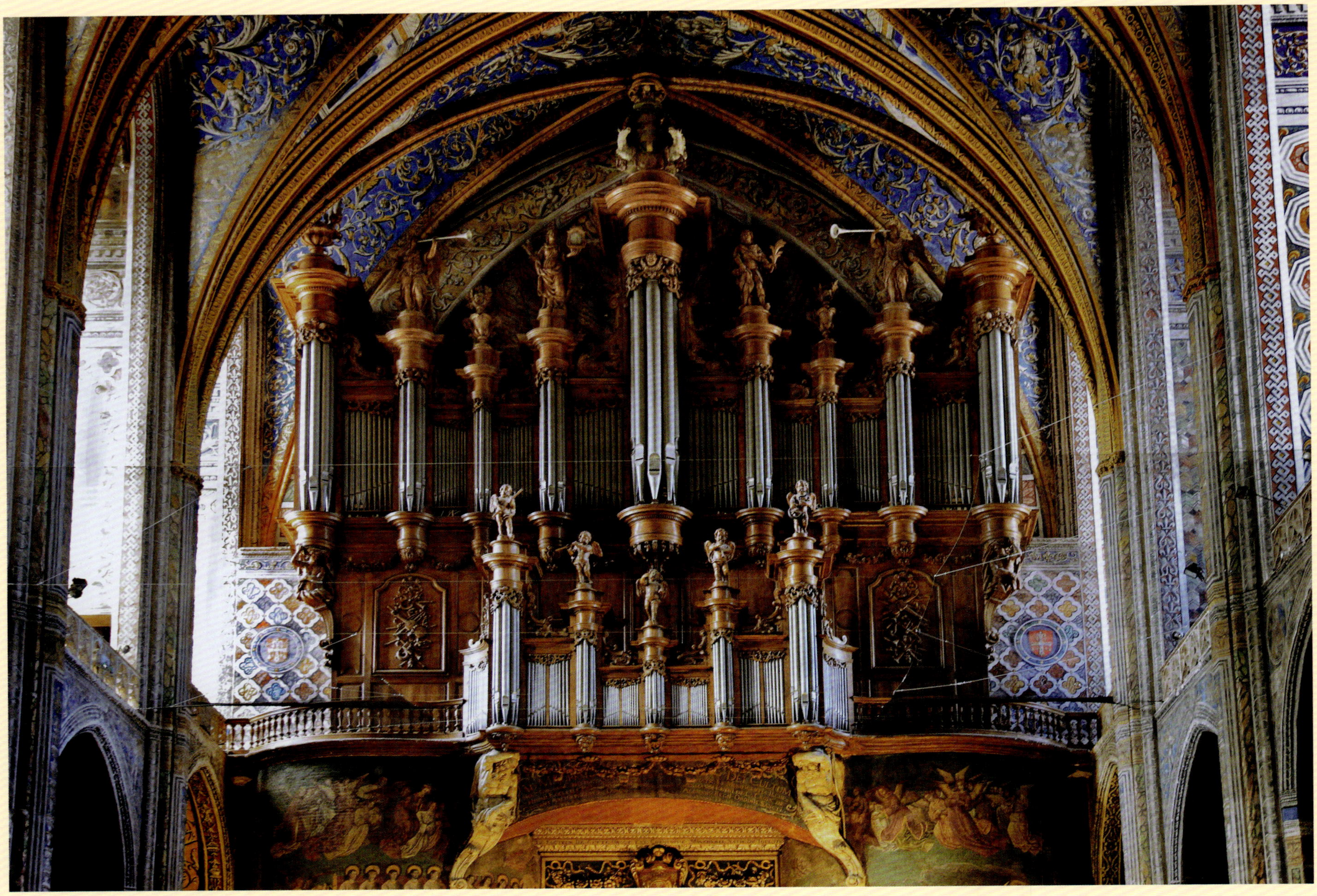

The cathedral of Albi

The brick church Saint Cecilia was built between 1282 and 1480 in the style of the southern French Gothic. Like the episcopal city of Albi, it is a UNESCO World Heritage Site. With its massive and simple appearance, the architecture resembles that of a castle rather than the cathedrals of Chartres, Reims or Amiens. On an area of 18,000 square meters of frescoes and decorative paintings it houses the largest ensemble of Renaissance painting in France. *The Last Judgement* (1474-1484) below the organ was inspired by the work of the same name by Rogier van der Weyden, which he realized at the Hôtel-Dieu in Beaune. It shows heaven, earth and hell with the seven deadly sins. The frescoes of the vault (1509-1512), dominated by blue and gold, decorating the twelve bays, depict the life of Saint Cecilia and recount various biblical stories. The southern triforium conceals a surprising ensemble of erotic anamorphoses, invisible from the nave.

La cathédrale d'Albi

De style gothique méridional, la cathédrale Sainte-Cécile a été construite en briques entre 1282 et 1480. Elle est classée, au même titre que la ville épiscopale d'Albi, au Patrimoine mondial de l'Unesco. Par son allure massive et plutôt austère, elle rappelle davantage l'architecture des châteaux forts que celle des cathédrales de Chartres, de Reims ou d'Amiens. Elle abrite dix-huit mille mètres carrés de fresques et de peintures décoratives, soit le plus vaste ensemble de décors peints de la Renaissance en France. Sous l'orgue, *Le Jugement dernier* (1474-1484) est librement inspiré de celui de Rogier van der Weyden, visible aux Hospices de Beaune. On y reconnaît le ciel, la terre et l'enfer, avec la représentation des sept péchés capitaux. Dominées par le bleu et l'or, les fresques de la voûte (1509-1512), qui ornent les douze travées, racontent la vie de sainte Cécile et relatent différents épisodes bibliques. Dans le triforium sud, invisibles depuis la nef, se cache un étonnant ensemble d'anamorphoses érotiques.

Die Kathedrale von Albi

Die Backsteinkirche Sankt-Cäcilia wurde zwischen 1282 und 1480 im Stil der südlichen französischen Gotik erbaut. Wie die bischöfliche Stadt Albi zählt sie zum UNESCO-Welterbe. Durch ihr massives und schlichtes Erscheinungsbild gleicht ihre Architektur eher der einer Burg als den Kathedralen von Chartres, Reims oder Amiens. Sie beherbergt 18.000 Quadratmeter an Fresken und dekorativen Gemälden – das größte Ensemble von Renaissance-Malereien in Frankreich. *Das Jüngste Gericht* (1474–1484) unterhalb der Orgel wurde von dem gleichnamigen Werk von Rogier van der Weyden inspiriert, das dieser im Hôtel-Dieu in Beaune realisierte. Es zeigt den Himmel, die Erde und die Hölle mit den sieben Todsünden. Die von Blau und Gold dominierten Fresken des Gewölbes (1509–1512), welche die zwölf Joche schmücken, schildern das Leben der Heiligen Cäcilia und geben verschiedene biblische Geschichten wieder. Im südlichen Triforium verbirgt sich, unsichtbar vom Hauptschiff aus, ein überraschendes Ensemble erotischer Anamorphosen.

Interior view of the Cathedral of Albi

Vue de la cathédrale Sainte-Cécile d'Albi

Innenansicht der Kathedrale von Albi

Vista interior de la catedral de Albi

Vista interior da catedral de Albi

Interieur van de kathedraal van Albi

15th century, Fresco/Fresque, Cathédrale Sainte-Cécile, Albi

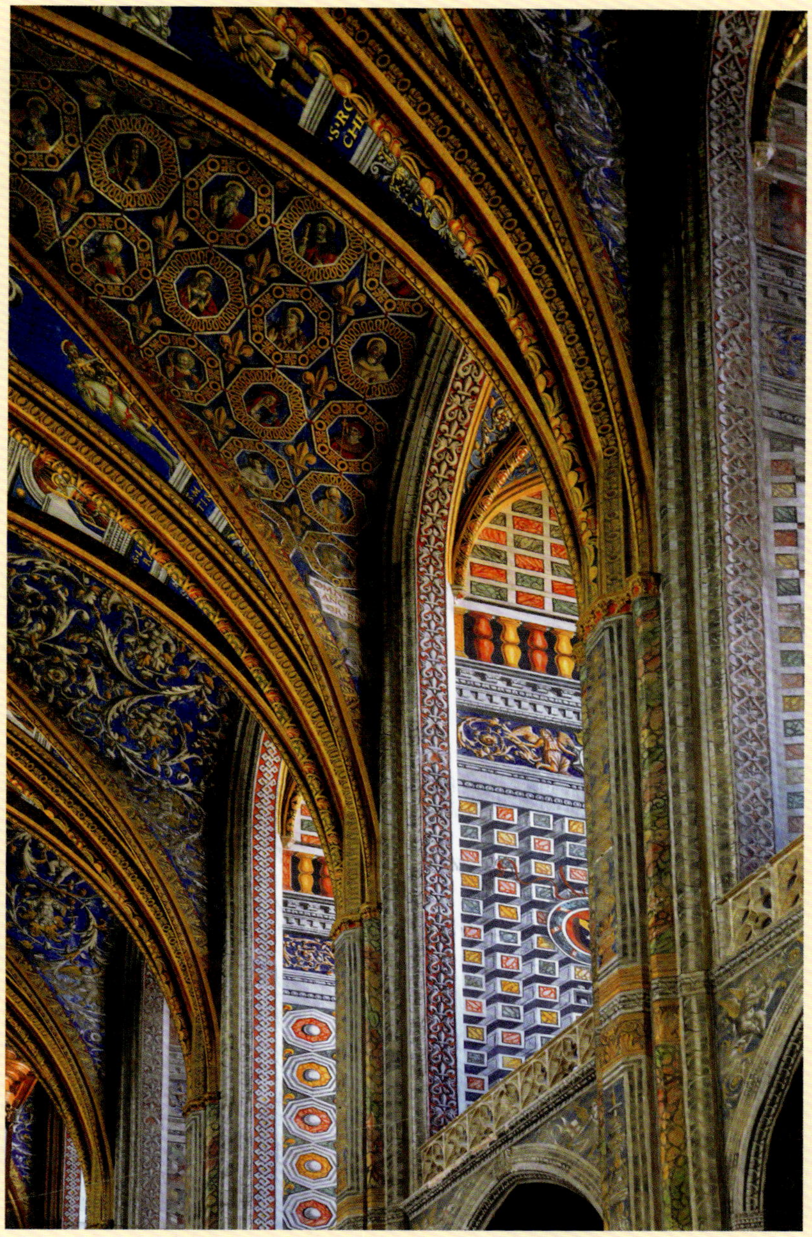

Interior view of the Cathedral of Albi

Vue de la cathédrale Sainte-Cécile d'Albi

Innenansicht der Kathedrale von Albi

Vista interior de la catedral de Albi

Vista interior da catedral de Albi

Interieur van de kathedraal van Albi

15th century, Fresco/Fresque, Cathédrale Sainte-Cécile, Albi

La catedral de Albi

La iglesia de ladrillo de Santa Cecilia fue construida entre 1282 y 1480 en el estilo del gótico del sur de Francia. Al igual que la ciudad episcopal de Albi, es Patrimonio de la Humanidad de la UNESCO. Con su aspecto masivo y sencillo, su arquitectura se asemeja más a la de un castillo que a la de las catedrales de Chartres, Reims o Amiens. Alberga un área de 18.000 metros cuadrados de frescos y pinturas decorativas - el mayor conjunto de pintura renacentista en Francia. *El Juicio Final* (1474-1484) bajo el órgano se inspiró en la obra homónima de Rogier van der Weyden, que realizó en el Hôtel-Dieu de Beaune. Muestra el cielo, la tierra y el infierno con los siete pecados capitales. Los frescos de la bóveda (1509-1512), dominados por el azul y el oro, decoran las doce bahías, representan la vida de Santa Cecilia y cuentan diversas historias bíblicas. El triforio sur esconde un sorprendente conjunto de anamorfosis eróticas, invisibles desde la nave.

A catedral de Albi

A igreja de tijolos de Santa Cecília foi construída entre 1282 e 1480 no estilo do sul da França gótico. Tal como a cidade episcopal de Albi, é um Património Mundial da UNESCO. Com a sua aparência maciça e simples, a sua arquitectura assemelha-se mais à de um castelo do que às catedrais de Chartres, Reims ou Amiens. Ele abriga em uma área de 18.000 metros quadrados de afrescos e pinturas decorativas - o maior conjunto de pintura renascentista da França. *O Juízo Final* (1474-1484) abaixo do órgão foi inspirado na obra homônima de Rogier van der Weyden, que ele realizou no Hôtel-Dieu de Beaune. Mostra o céu, a terra e o inferno com os sete pecados mortais. Os frescos da abóbada (1509-1512), dominados por azul e ouro, decoram as doze baías, retratam a vida de Santa Cecília e contam várias histórias bíblicas. O trifório do sul esconde um surpreendente conjunto de anamorfoses eróticas, invisíveis da nave.

De kathedraal van Albi

De bakstenen kathedraal Sainte-Cecile werd tussen 1282 en 1480 gebouwd in de stijl van de Zuid-Franse gotiek. Net als de bisschopsstad Albi is hij aangemerkt als werelderfgoed door de Unesco. Door zijn massieve en strakke uiterlijk lijkt hij qua architectuur meer op een kasteel dan op de kathedralen van Chartres, Reims en Amiens. Hij herbergt op een oppervlak van 18.000 vierkante meter fresco's en decoratieve schilderijen – het grootste ensemble renaissancistische schilderijen van Frankrijk. *Het laatste oordeel* (1474-1484) onder het orgel is geïnspireerd op het gelijknamige werk van Rogier van der Weyden, dat hij in het Hôtel-Dieu in Beaune schilderde. Het toont hemel, aarde en hel met de zeven hoofdzonden. De door blauw en goud gedomineerde fresco's op het gewelf (1509-1512), die de twaalf traveeën sieren, verbeelden het leven van de heilige Cecilia en geven verschillende bijbelverhalen weer. In het zuidelijke triforium zit, onzichtbaar vanuit het middenschip, een verrassend ensemble van erotische anamorfosen verborgen.

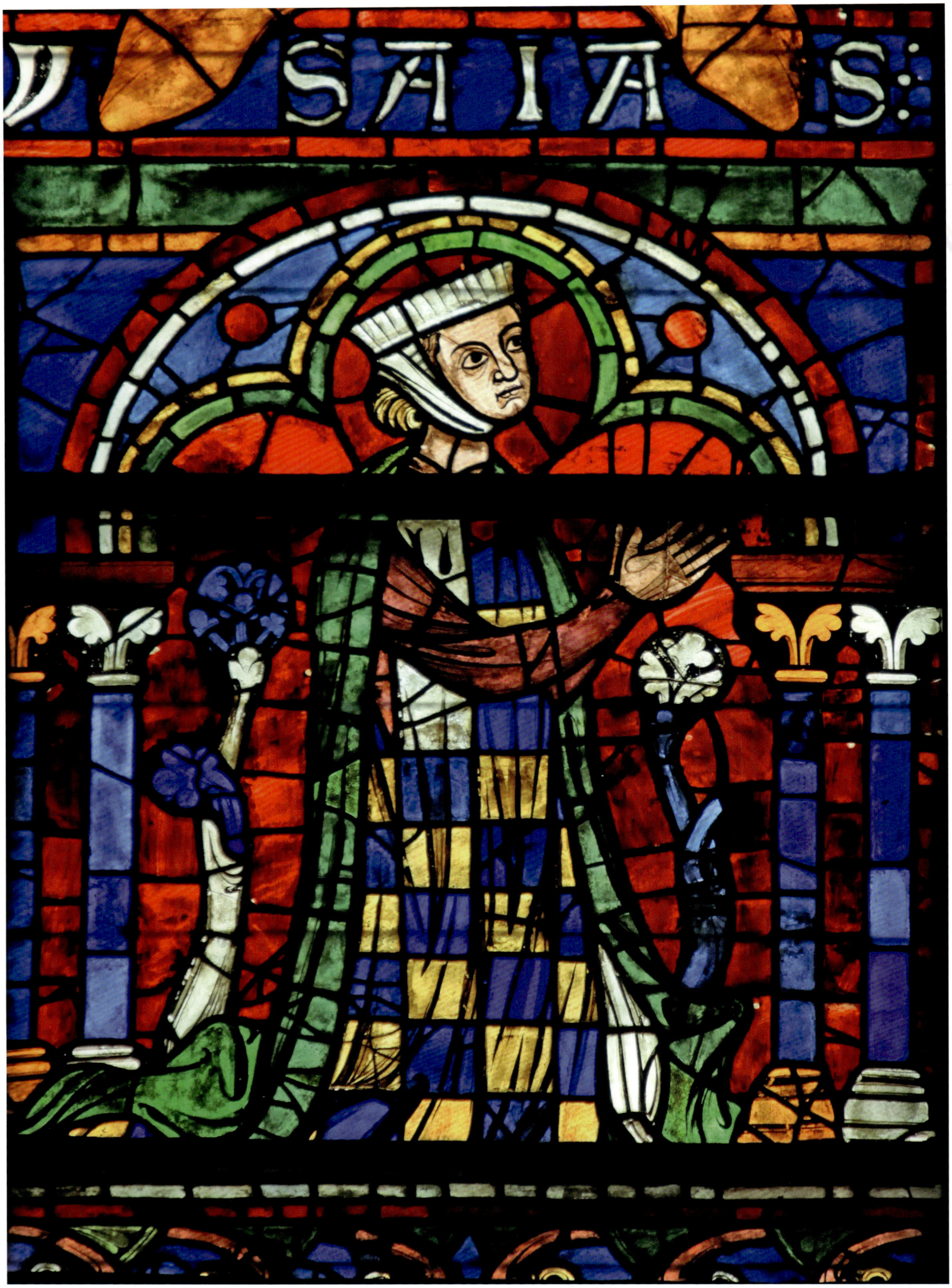

Detail of a window under the rose window in the south façade showing the donor Alix of Thouars

Détail d'un vitrail sous la rosace sud, figurant Alix de Thouars, une donatrice

Detail eines Fensters unter der Fensterrose in der Südfassade, das die Stifterin Alix von Thouars zeigt

Detalle de un vitral bajo el rosetón sur, que muestra a Alix de Thouars, una donante

Detalhe de uma janela sob a roseta na fachada sul mostrando o doador Alix von Thouars

Detail van een raam onder het roosvenster in de zuidgevel met daarop de stichteres Adelheid van Bretagne

c. 1205-40, Stained glass window/Vitrail, Cathédrale Notre-Dame de Chartres

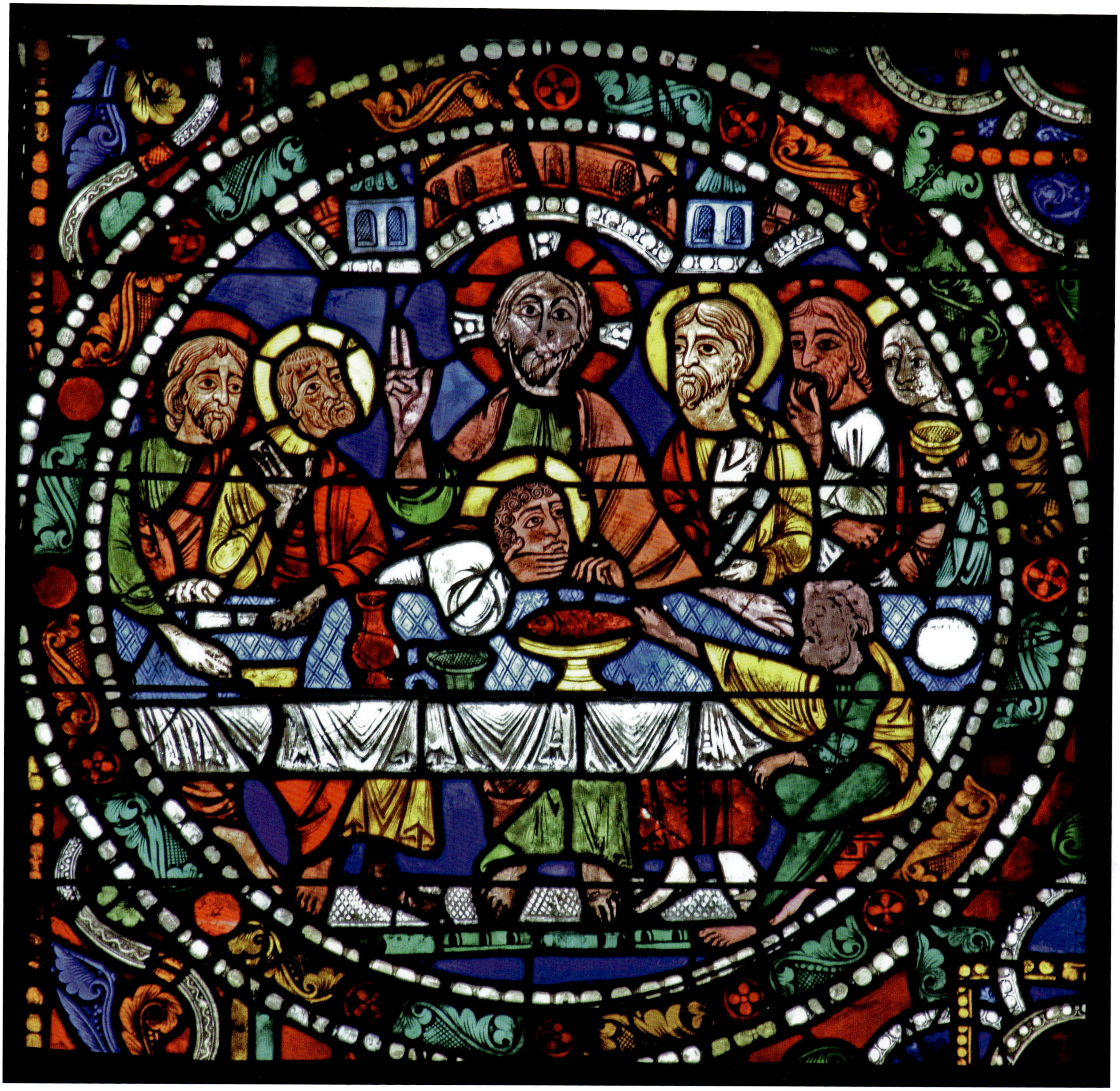

The Last Supper, detail of the Passion window (left of the rose window of the east façade)

Détail du vitrail de la Passion (vitrail gauche de la rosace ouest) : la Cène

Das letzte Abendmahl, Detail des Passionsfensters (links von der Fensterrose der Ostfassade)

Detalle de la vidriera de la Pasión (vidriera izquierda del rosetón occidental): la Última Cena

A Última Ceia, detalhe da janela da Paixão (à esquerda da rosa da fachada leste)

Het laatste avondmaal, detail van het passieraam (links van het roosvenster in de oostgevel)

c. 1205-40, Stained glass window/Vitrail, Cathédrale Notre-Dame de Chartres

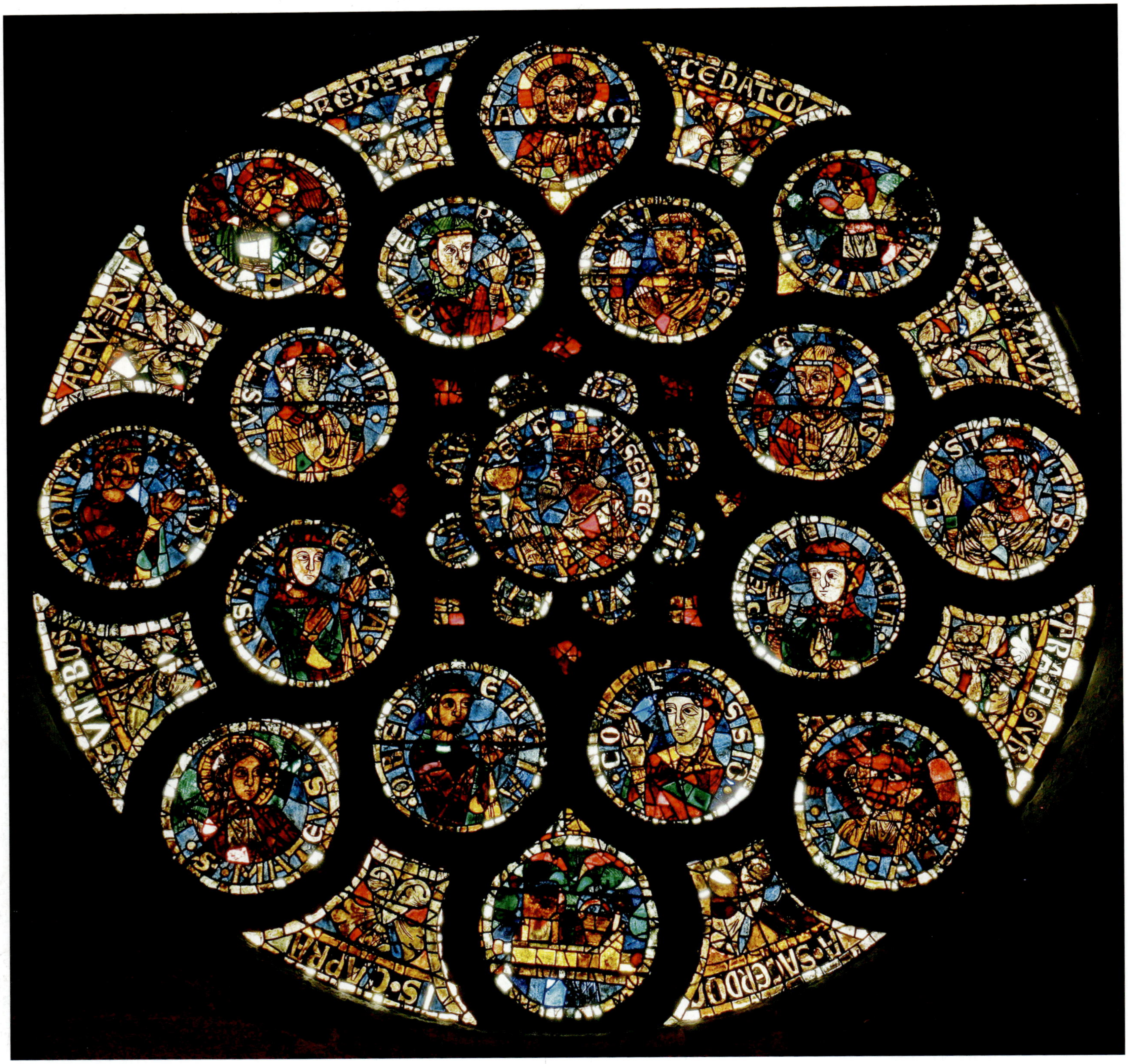

Rose window depictions of the Old and New Testaments

Built from 1220 on the foundations of a previous Romanesque building, the Cathedral of Strasbourg is decorated with two rose windows on its southern side. They show themes of the Old and New Covenant.

Rosace représentant la concordance de l'Ancien et du Nouveau Testament

Élevée à partir de 1220 sur les bases d'un édifice roman, la cathédrale gothique de Strasbourg est ornée, côté sud, de deux rosaces des années 1230, sur les thèmes de l'Ancienne et de la Nouvelle Alliance.

Fensterrose Darstellungen des Alten und Neuen Bundes

Das ab 1220 auf den Fundamenten eines romanischen Vorgängerbaus errichtete Straßburger Münster ist auf der Südseite mit zwei Fensterrosen geschmückt. Sie zeigen Themen des Alten und Neuen Bundes.

Rosace representando la concordancia del Antiguo y Nuevo Testamento

Construida a partir de 1220 sobre los cimientos de un edificio románico anterior, la Catedral de Estrasburgo está decorada con dos rosetones en su lado sur. Muestran temas del Antiguo y Nuevo Testamento.

Rosas representações da antiga e da nova confederação

Construída a partir de 1220 sobre os alicerces de um edifício românico anterior, a Catedral de Estrasburgo está decorada com duas roseiras no seu lado sul. Mostram temas da Antiga e Nova Aliança.

Roosvenster dat het oude en het nieuwe verbond afbeeldt

De kathedraal van Straatsburg, vanaf 1220 gebouwd op de fundamenten van een voormalig romaans gebouw, is versierd met twee roosvensters aan de zuidkant. Ze tonen thema's van het oude en nieuwe verbond.

c. 1235, Stained glass window/Vitrail, Cathédrale Notre-Dame de Strasbourg

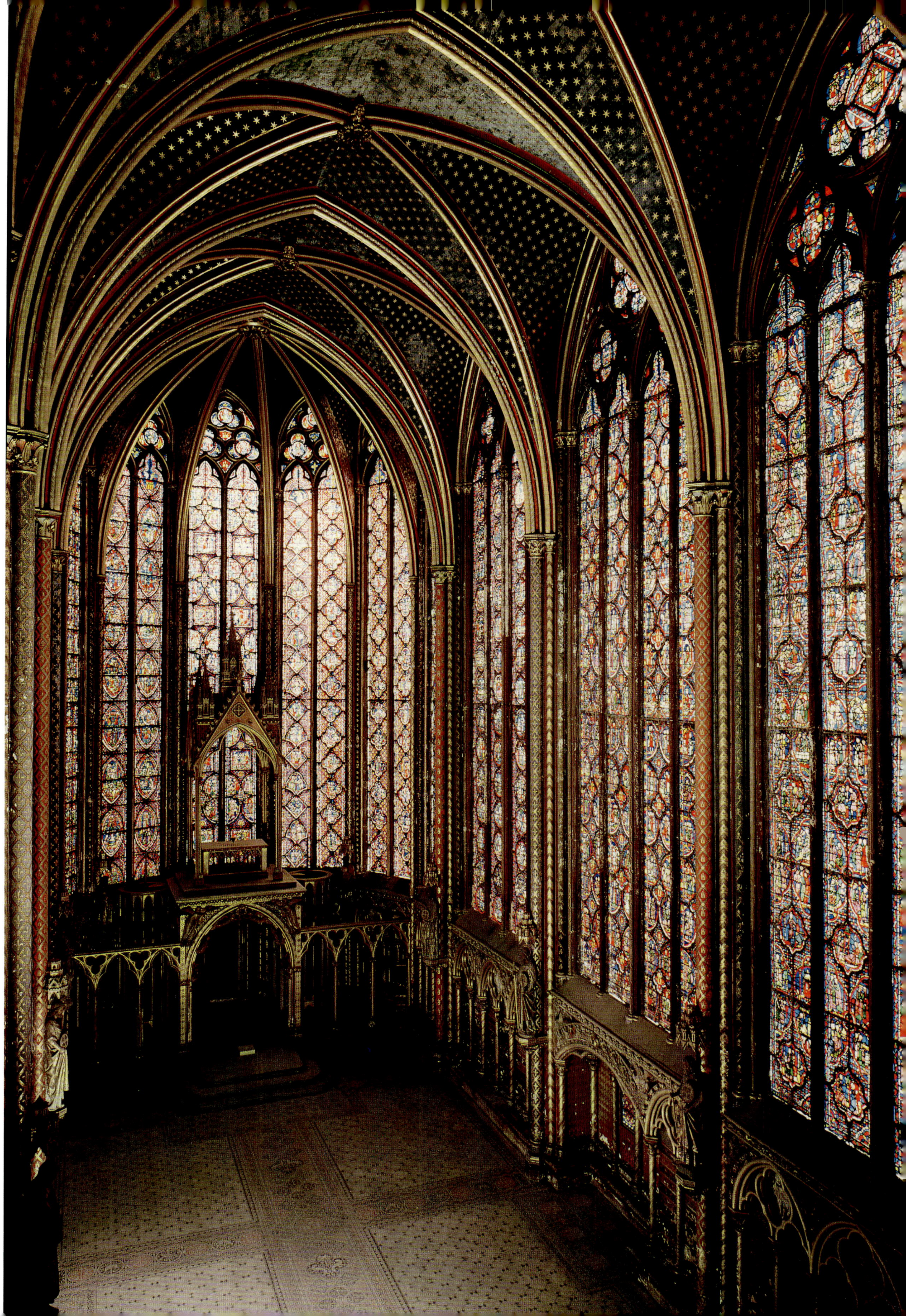

View of the stained glass windows of the upper chapel from the 13th century

Vue des vitraux de la chapelle supérieure datant du XIIIe siècle

Blick auf die Glasfenster der Oberkapelle aus dem 13. Jh.

Vista de las vidrieras de la capilla superior del siglo XIII

Vista dos vitrais da capela superior do século XIII

Blik op de gebrandschilderde ramen van de bovenste kapel uit de 13e eeuw

13th century, Sainte-Chapelle, Paris

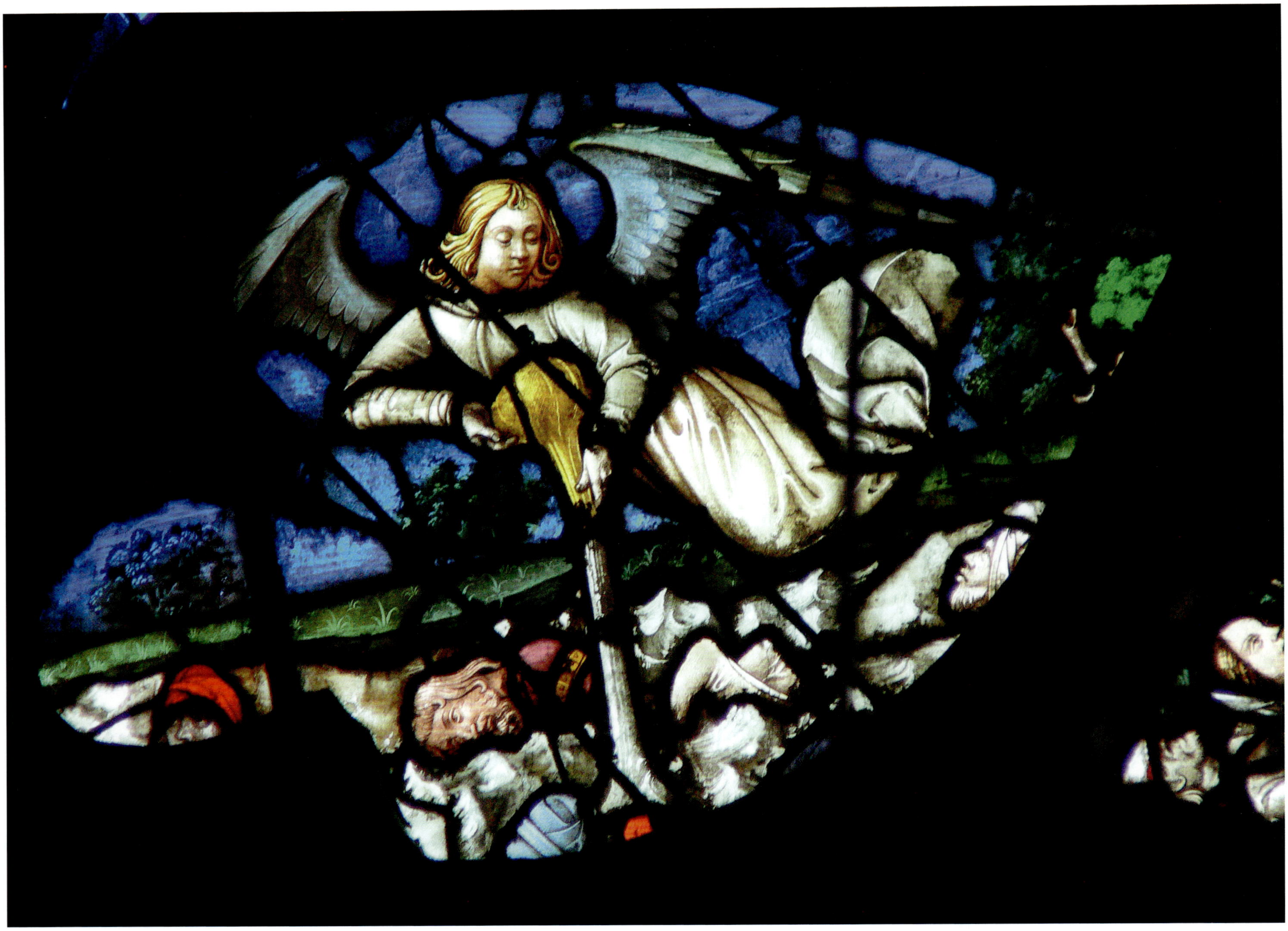

Scene from the Revelation of John, detail of the western rose window
The Sainte-Chapelle was built by order of Louis IX the Saint to house the Passion relics. It comprises 1,113 stained glass works, some of which were renewed in the 19th century.

Détail de la rosace occidentale, représentant une scène du Livre des Révélations (Apocalypse)
Construite à la demande de Saint-Louis entre 1242 et 1248 pour abriter les reliques de la Passion du Christ, la Sainte-Chapelle compte quelque 1 113 vitraux, dont certains ont été refaits au XIXe siècle.

15th century, Stained glass window/Vitrail, Sainte-Chapelle, Paris

Szene aus der Offenbarung des Johannes, Detail der westlichen Fensterrose
Die Sainte-Chapelle wurde im Auftrag von Ludwig IX. des Heiligen erbaut, um die Passions-Reliquien aufzunehmen. Sie zählt 1.113 Glasmalerarbeiten, von den einige im 19. Jahrhundert erneuert wurden.

Detalle del rosetón occidental, que representa una escena del libro de las Revelaciones (Apocalipsis)
La Sainte-Chapelle fue construida por orden de Luis IX el Santo para albergar las reliquias de la Pasión de Cristo. Cuenta con 1.113 vidrieras, algunas de las cuales fueron renovadas en el siglo XIX.

Cena do Apocalipse de João, detalhe da janela da rosa ocidental
O Sainte-Chapelle foi construído por ordem de Luís IX, o Santo, para abrigar as relíquias da Paixão. Conta 1.113 vitrais, alguns dos quais foram renovados no século XIX.

Scène uit de Openbaring van Johannes, detail van het westerse roosvenster
De Sainte-Chapelle werd in opdracht van Lodewijk IX de Heilige gebouwd om de passie-relikwieën te herbergen. Het telt 1113 gebrandschilderde ramen, waarvan sommige in de 19e eeuw werden vernieuwd.

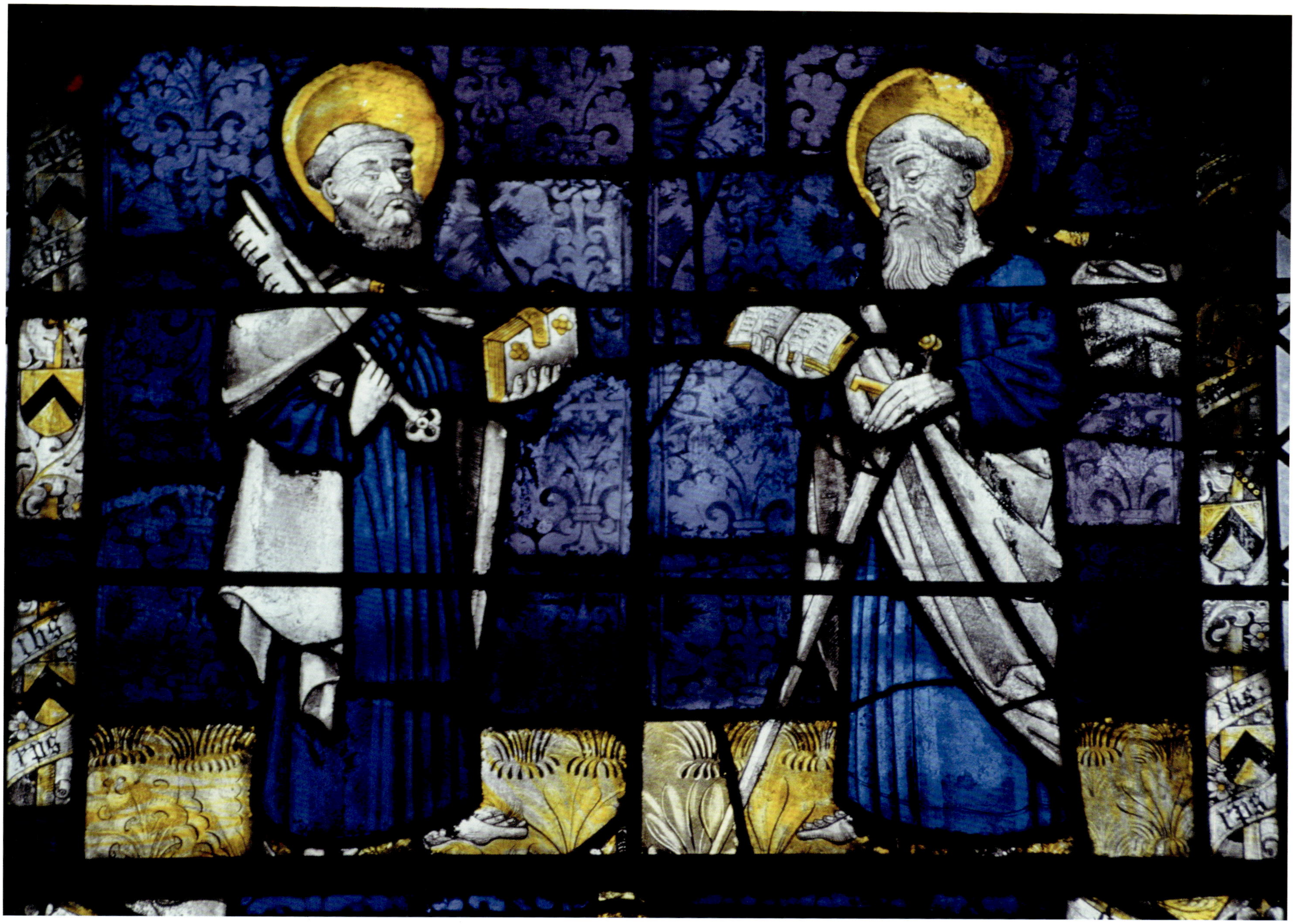

The Apostles Peter and Paul, ***Detail***

Saint Pierre et saint Paul, ***détail***

Die Apostel Petrus und Paulus, ***Detail***

Los Apóstoles Pedro y Pablo, ***detalle***

Os Apóstolos Pedro e Paulo, ***Detalhe***

De apostelen Petrus en Paulus, ***detail***

15th century, Stained glass window/Vitrail, Prieuré du Bourget, Bourget-du-Lac

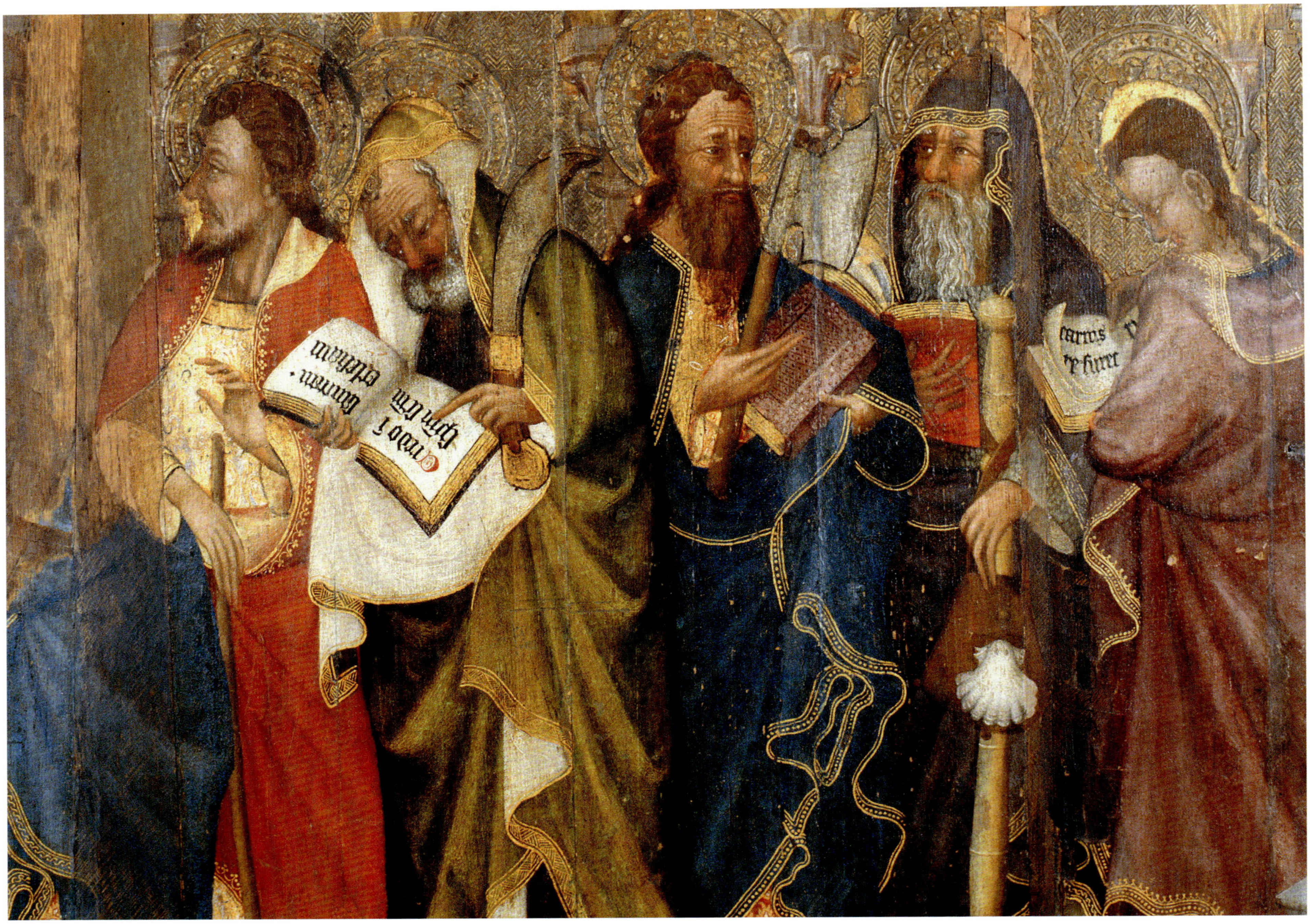

The Apostles

Les Apôtres

Die Apostel

Los Apóstoles

Os Apóstolos

De apostelen

MAÎTRE DE ROHAN (FL 1410-1435)

c. 1420, Tempera on wood/Tempera sur bois, Musée d'Art et d'archéologie, Laon

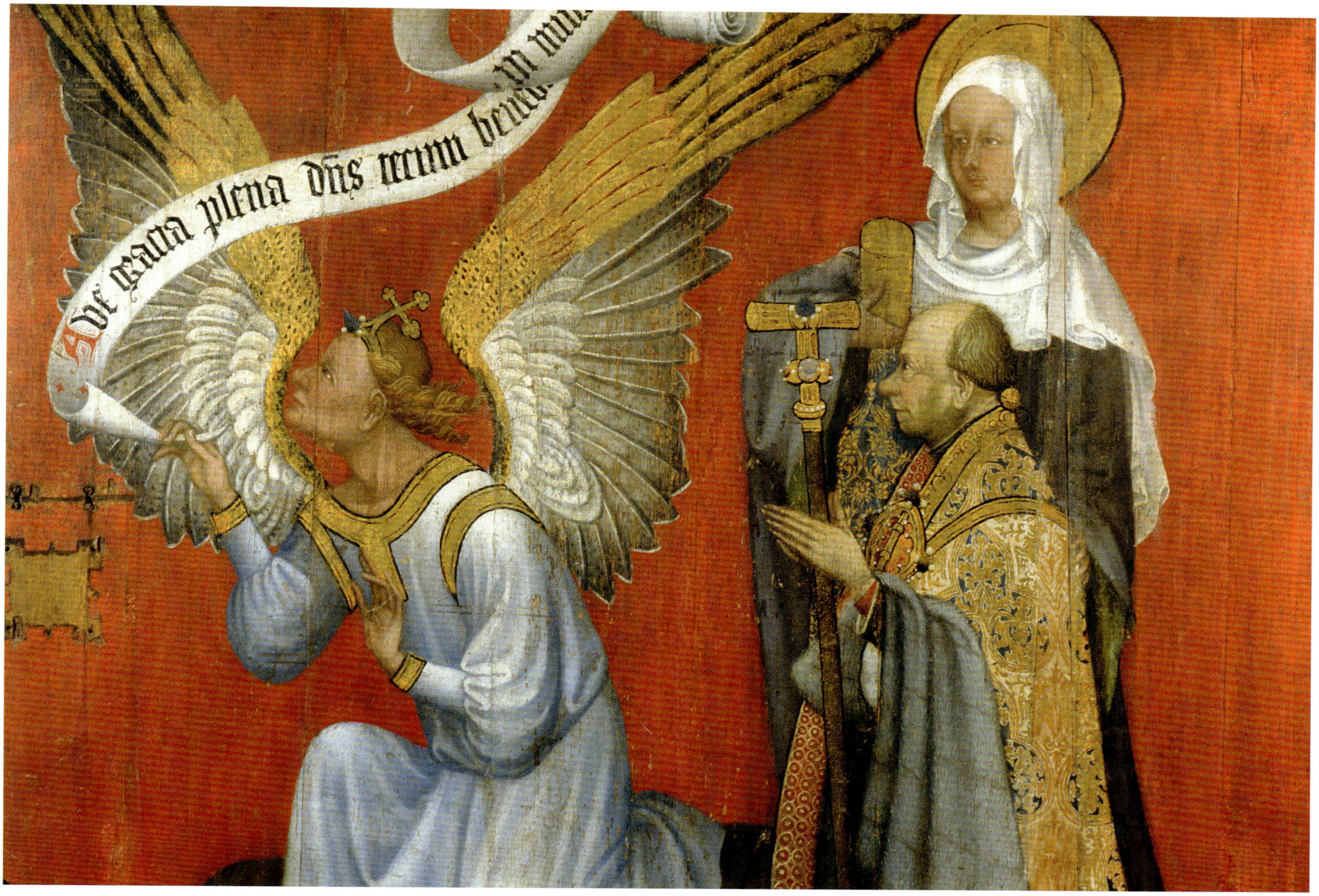

Donor and Angel of the Annunciation

The picture is divided into two parts. The archangel Gabriel contrasts with the hieratic representation of the founder on the right side by his movements and the outstretched wings.

Donateur et Ange de l'Annonciation

Le panneau est clairement divisé en deux. Tout en mouvement, les ailes déployées, l'ange Gabriel contraste radicalement avec le hiératisme de la figure du donateur, à droite de la composition.

MAÎTRE DE ROHAN (C. 1410-1435)

c. 1420, Tempera on wood/Tempera sur bois

Stifter und Engel der Verkündigung

Das Bild ist in zwei Teile unterteilt. Durch seine Bewegungen und die ausgestreckten Flügel kontrastiert der Erzengel Gabriel mit der hieratischen Darstellung des Stifters auf der rechten Seite.

Fundador y ángel de la Anunciación

El cuadro está claramente dividido en dos partes. El arcángel Gabriel con sus movimientos y sus alas extendidas contrasta radicalmente con la representación hierática de la figura del fundador, a la derecha de la composición.

Fundador e Anjo da Anunciação

A imagem é dividida em duas partes. O arcanjo Gabriel contrasta com a representação hierática do fundador do lado direito por seus movimentos e as asas estendidas.

Stichter en een engel van de annunciatie

Het paneel is in tweeën gedeeld. De aartsengel Gabriël contrasteert met de hiëratische voorstelling van de stichter rechts door zijn bewegingen en uitgestrekte vleugels.

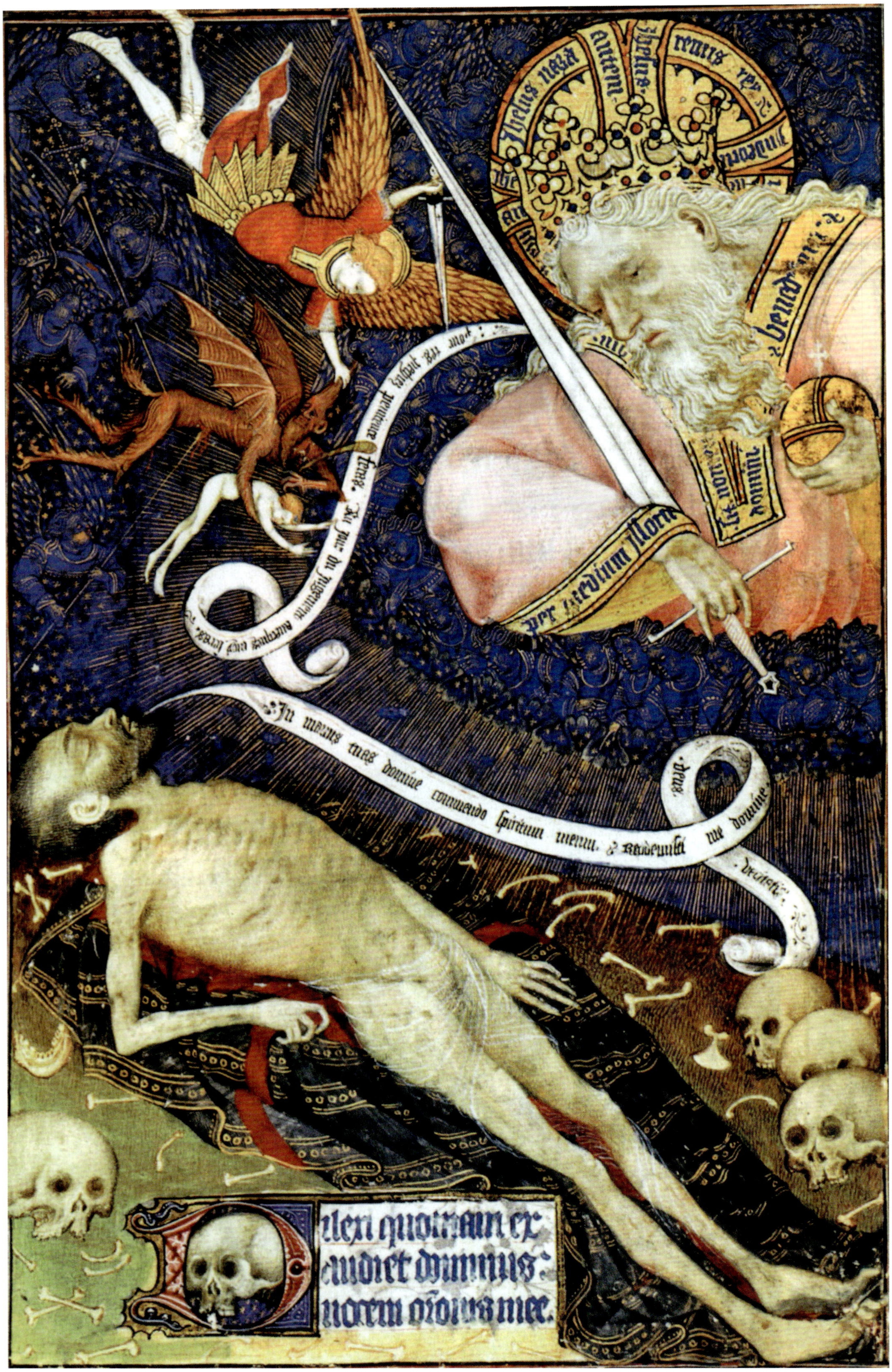

The Dead Man before God, miniature from the *Rohan Book of Hours*

Le Mort devant son Jugement, miniature extraite des *Grandes Heures de Rohan*

Der Tote vor seinem Richter, Miniatur aus dem *Rohan-Stundenbuch*

Muerte antes de su Juicio, una miniatura del *libro de horas de Rohan*

O homem morto diante do seu juiz, miniatura do *Livro de Horas de Rohan*

Dode man voor zijn richter, miniatuur uit het *getijdenboek van meester Rohan*

MAÎTRE DE ROHAN (C. 1410-1435)

c. 1430, Illuminated manuscript (vellum)/ Manuscrit enluminé (vélin), Bibliothèque nationale de France, Paris

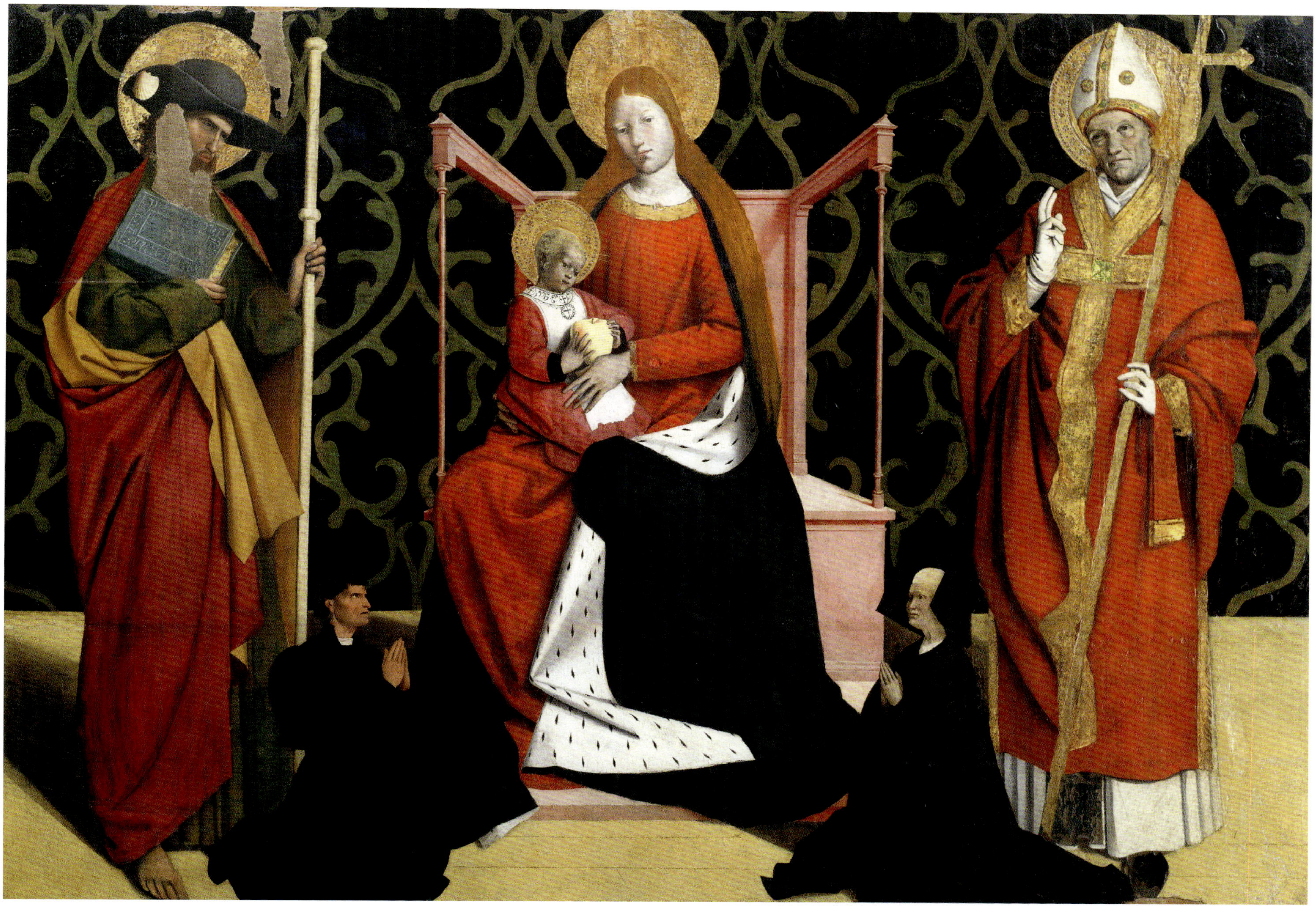

The Requin Altarpiece

Le Retable Requin

Das Requin-Retabel

El retablo Requin

O Requin Retable

Het Requin-retabel

ENGUERRAND QUARTON (C. 1412-1466)

c. 1445-50, Oil on wooden panel/Huile sur panneau de bois, 149 × 208 cm, Musée du Petit Palais, Avignon

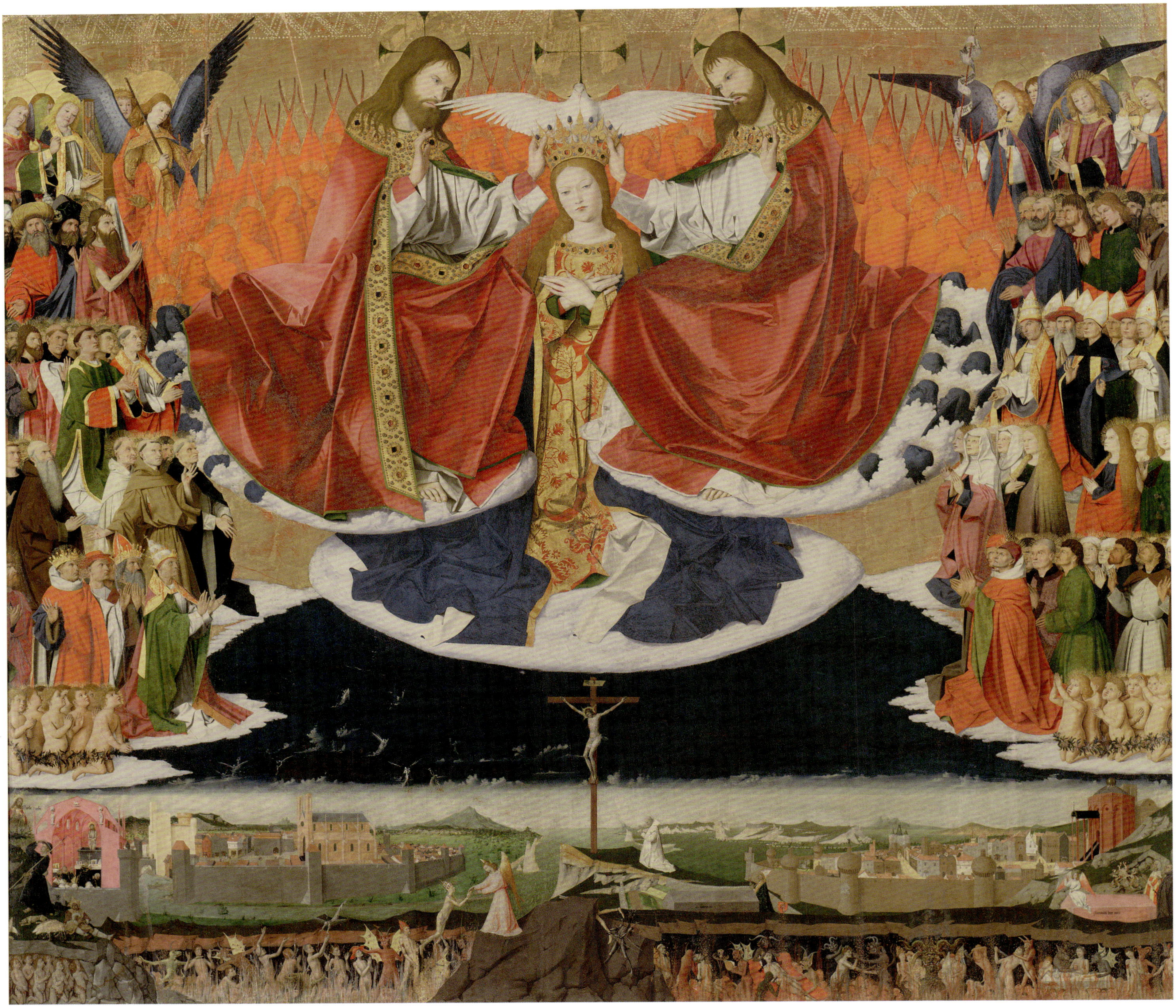

Coronation of the Virgin Mary

Le Couronnement de la Vierge

Marienkrönung

Coronación de la Virgen María

Coroação da Virgem Maria

Kroning van Maria

ENGUERRAND QUARTON (C. 1412-1466)

1453/54, Tempera on wood/Tempera sur bois, 183 × 220 cm,

Musée Pierre de Luxembourg, Villeneuve-lès-Avignon

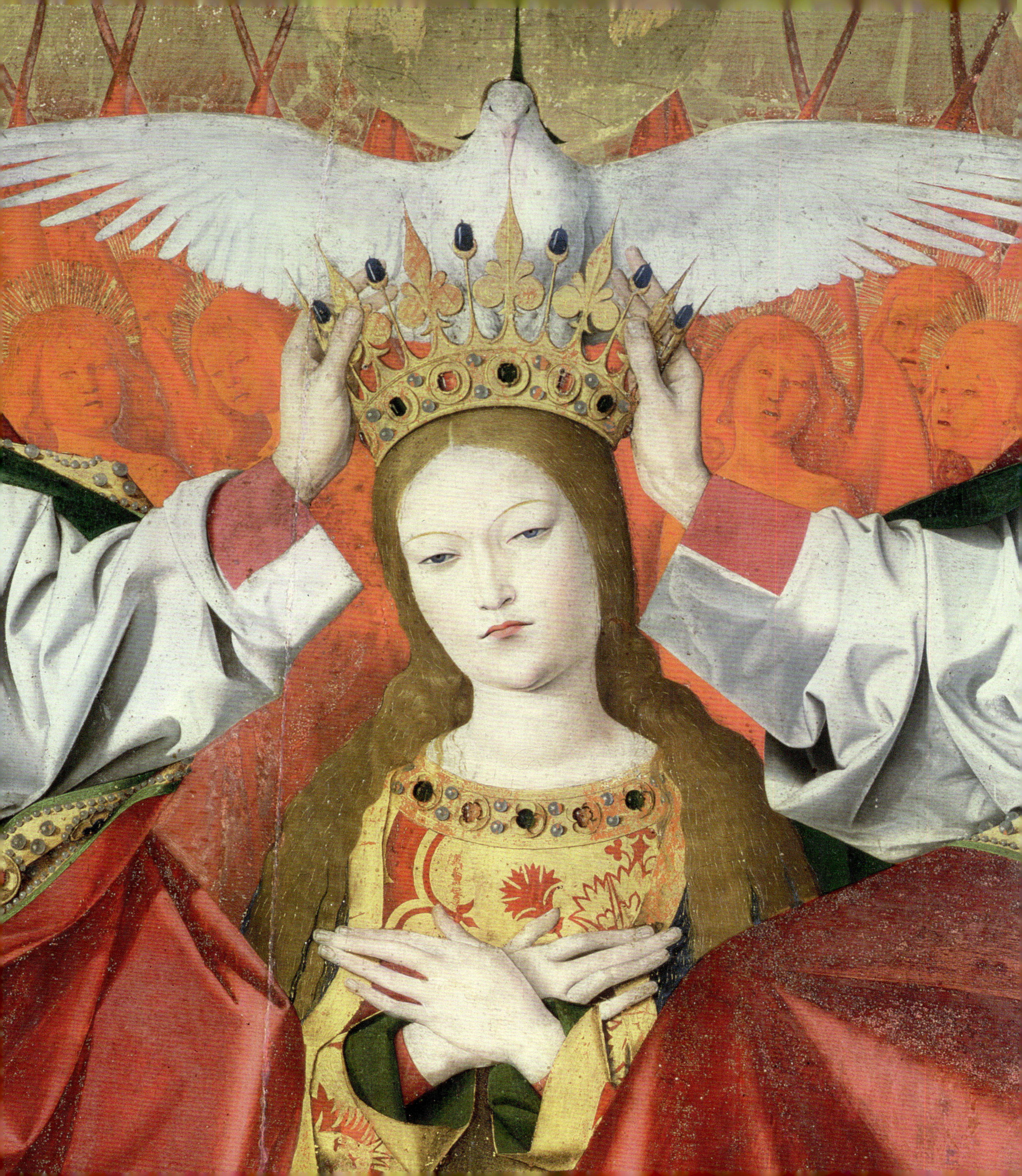

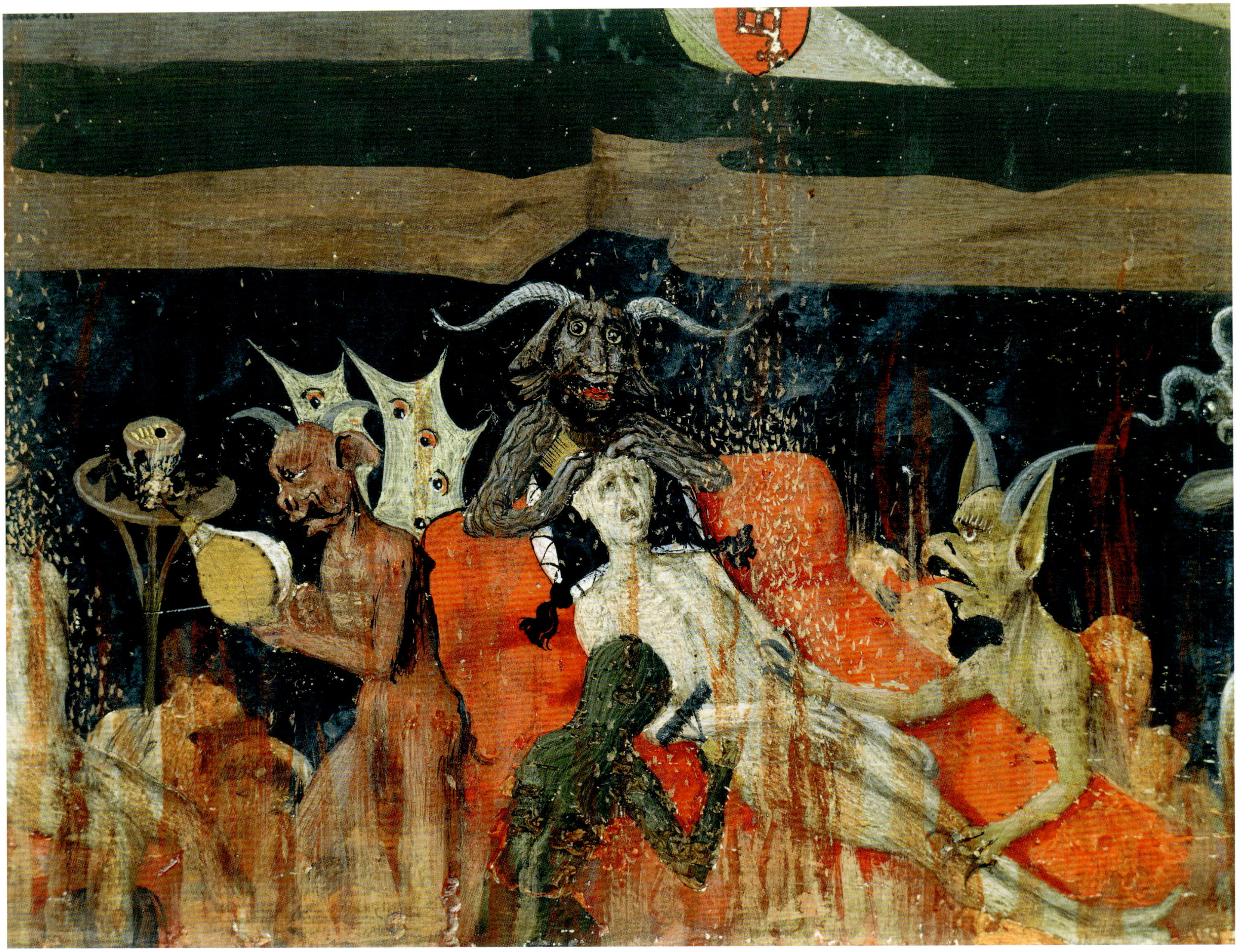

Coronation of the Virgin Mary, *detail:* Demons
The Coronation of the Virgin Mary forms the centre of the altarpiece of the burial chapel of Pope Innocent VI. Below the main scene is the underworld, where the souls of the damned are located.

Le Couronnement de la Vierge, *détail :* démons
Le Couronnement de la Vierge est l'œuvre majeure d'un retable conçu pour la chapelle funéraire du pape Innocent VI. Sous la scène principale apparaissent les Enfers, où grouillent les âmes damnées.

Marienkrönung, *Detail:* Dämonen
Die Marienkrönung bildet das Zentrum des Altarretabels der Grabkapelle von Papst Innozenz VI. Unter der Hauptszene ist die Unterwelt abgebildet, in der sich die Seelen der Verdammten befinden.

Coronación de la Virgen María, *detalle:* demonios
La coronación de la Virgen María constituye el centro del retablo de la capilla funeraria del Papa Inocencio VI. Debajo de la escena principal está el inframundo, donde se encuentran las almas de los condenados.

Coroação da Virgem Maria, *detalhe:* Demónios
A coroação da Virgem Maria forma o centro do retábulo da capela de sepultamento do Papa Inocêncio VI. Abaixo da cena principal está o submundo, onde estão localizadas as almas dos condenados.

Kroning van Maria, *detail:* demonen
De kroning van Maria vormt het middelpunt van het altaarstuk van de grafkapel van paus Innocentius VI. Onder het hoofdmotief is de onderwereld afgebeeld, met de zielen van de verdoemden.

ENGUERRAND QUARTON (C. 1412-1466)
1453/54, Tempera on wood/Tempera sur bois, 183 × 220 cm, Musée Pierre de Luxembourg, Villeneuve-lès-Avignon

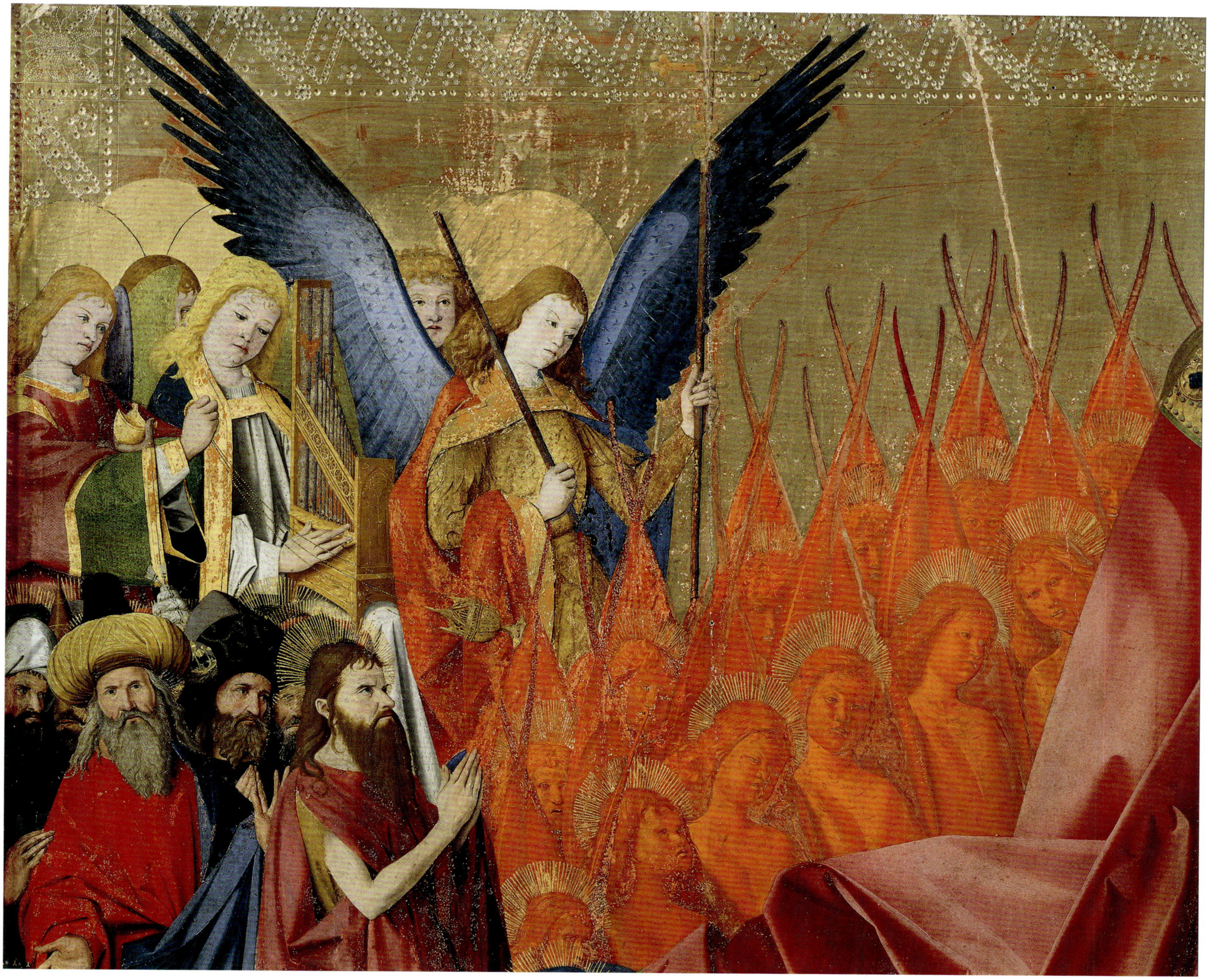

Coronation of the Virgin Mary, *Detail:* Angels and Saints

Marienkrönung, *Detail:* Engel und Heilige

Coroação da Virgem Maria, *Detalhe:* Anjos e Santos

Le Couronnement de la Vierge, *detail :* anges et saints

Coronación de la Virgen María, *detalle:* ángeles y santos

Kroning van Maria, *detail:* engelen en heiligen

ENGUERRAND QUARTON (C. 1412-1466)

1453/54, Tempera on wood/Tempera sur bois, 183 × 220 cm, Musée Pierre de Luxembourg, Villeneuve-lès-Avignon

Mérode triptych *or* Annunciation altar
The triptych attributed to the master of Flémalle or to his studio represents the Annunciation centrally in a contemporary interior in order to give the theme a new topicality.

Triptyque de Mérode, *dit* Triptyque de l'Annonciation
Sur ce triptyque attribué au Maître de Flémalle ou à son atelier, l'Annonciation occupe le panneau central, et renouvelle le sujet en situant la scène dans un intérieur domestique contemporain.

Mérode-Triptychon *oder* Verkündigungsaltar
Das Triptychon, das dem Meister von Flémalle oder seinem Atelier zugeschrieben wird, stellt die Verkündigung zentral in einem zeitgenössischen Interieur dar, um dem Thema eine neue Aktualität zu verleihen.

Tríptico del Mérode *o* altar de la Anunciación
En este tríptico atribuido al maestro de Flemalle o a su taller, la Anunciación ocupa el panel central, y renueva el tema situando la escena en un interior doméstico contemporáneo.

Tríptico de Mérode *ou* altar de Anunciação
O tríptico atribuído ao mestre de Flémalle ou ao seu atelier representa a Anunciação centralmente num interior contemporâneo para dar ao tema uma nova actualidade.

Mérode-drieluik of Annunciatie-altaar
Het drieluik, dat aan de meester van Flémalle of zijn atelier wordt toegeschreven, stelt de annunciatie centraal in een eigentijds interieur, om het thema zo weer actueel te maken.

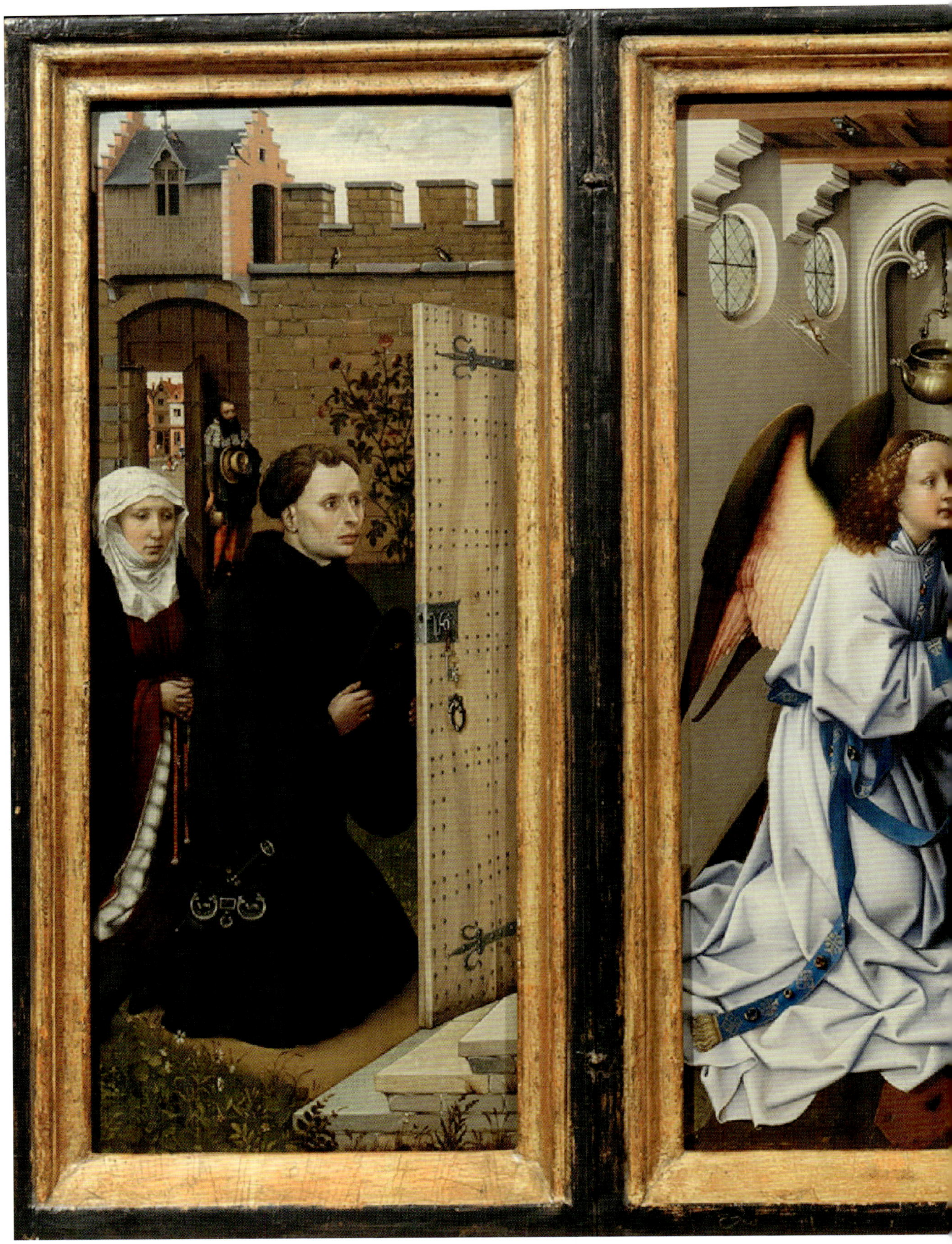

ROBERT CAMPIN (WORKSHOP OF/ATELIER DE) (1375/78-1444)
c. 1427-35, Oil on canvas/Huile sur toile, 64,5 × 117,8 cm,
Metropolitan Museum of Art, New York

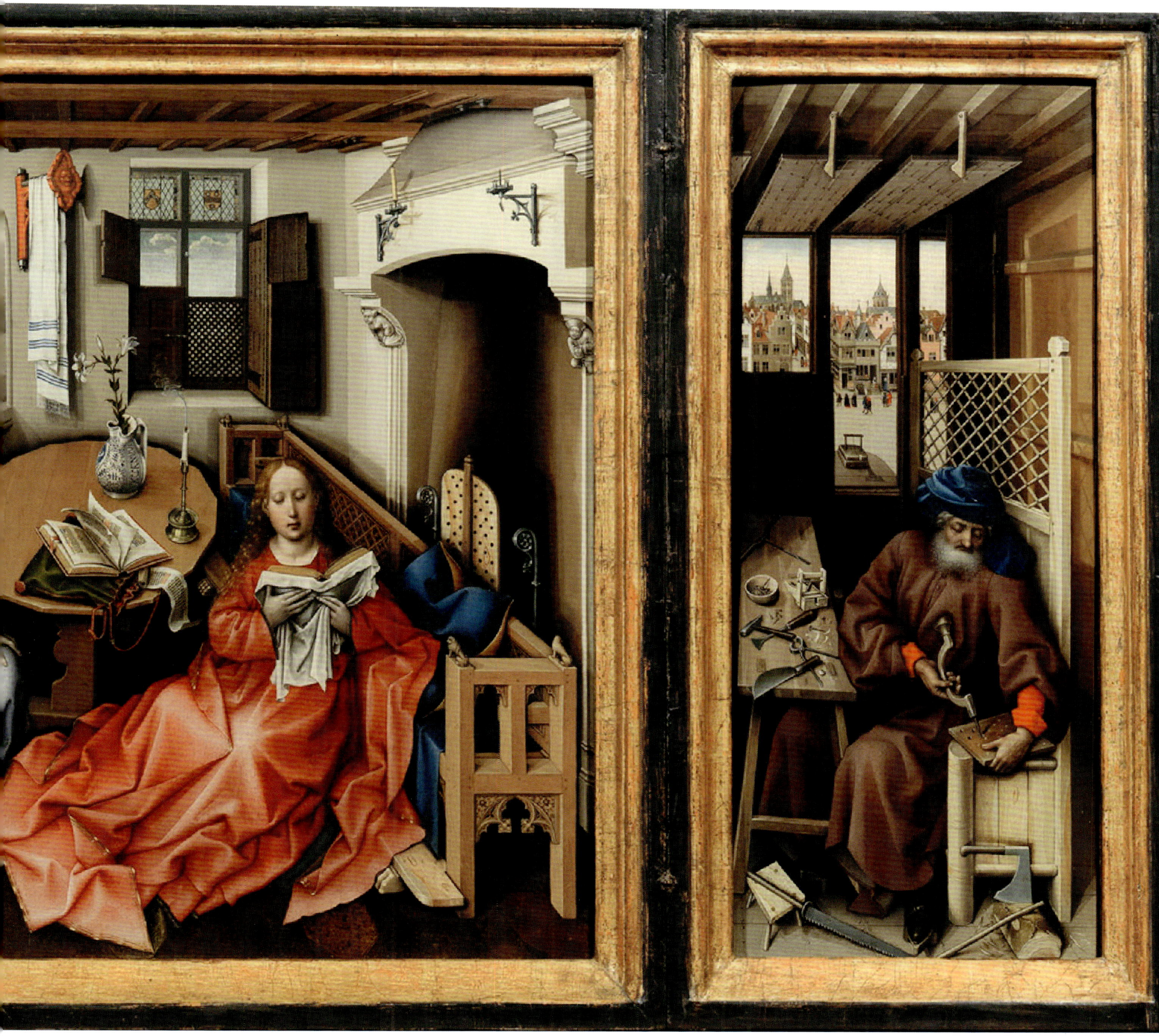

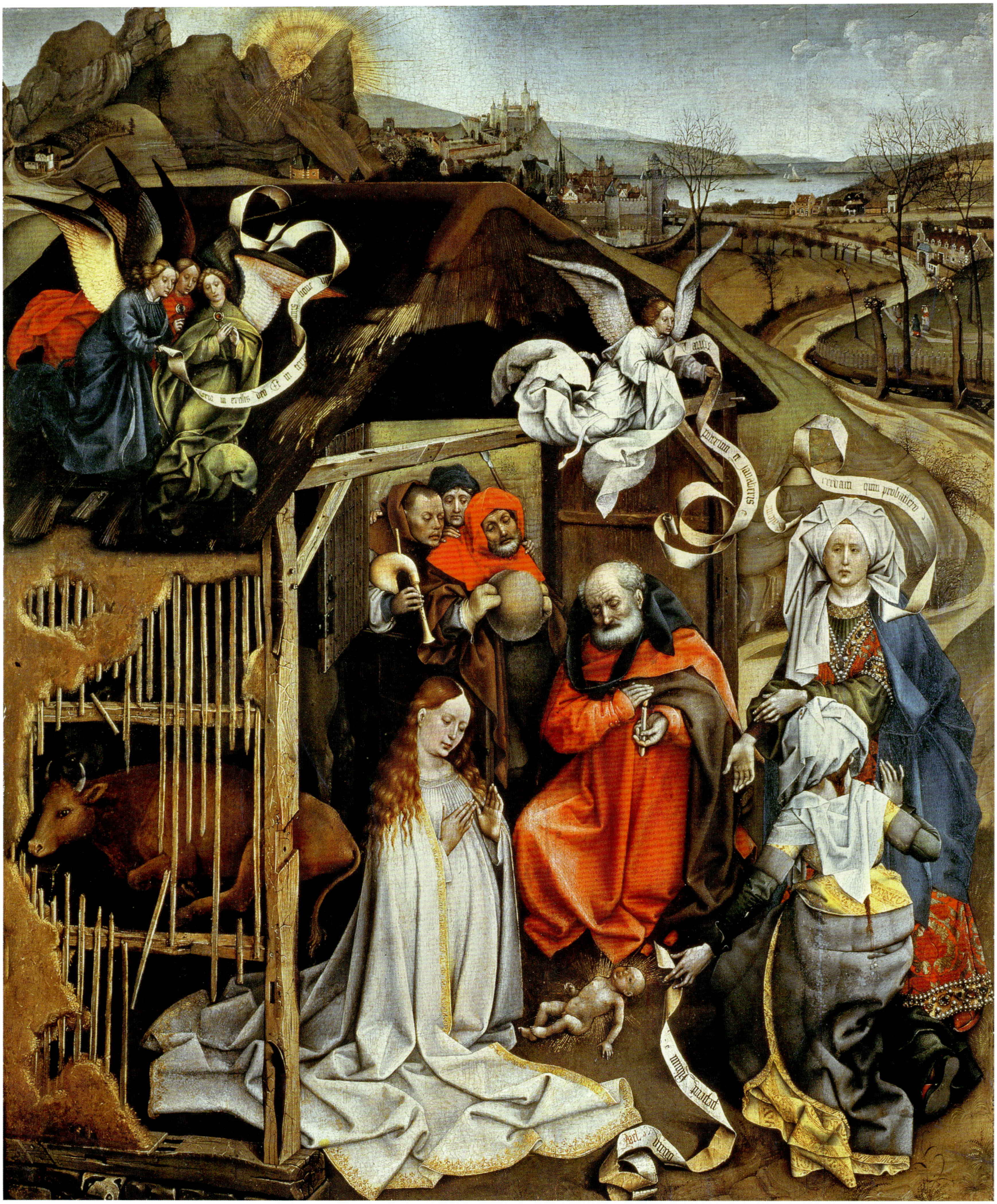

Birth of Christ

La Nativité

Geburt Christi

La Natividad

Nascimento de Cristo

De geboorte van Christus

ROBERT CAMPIN (1375/78-1444)

c. 1430, Oil on wooden panel/Huile sur panneau de bois, 86 × 72 cm, Musée des Beaux-Arts, Dijon

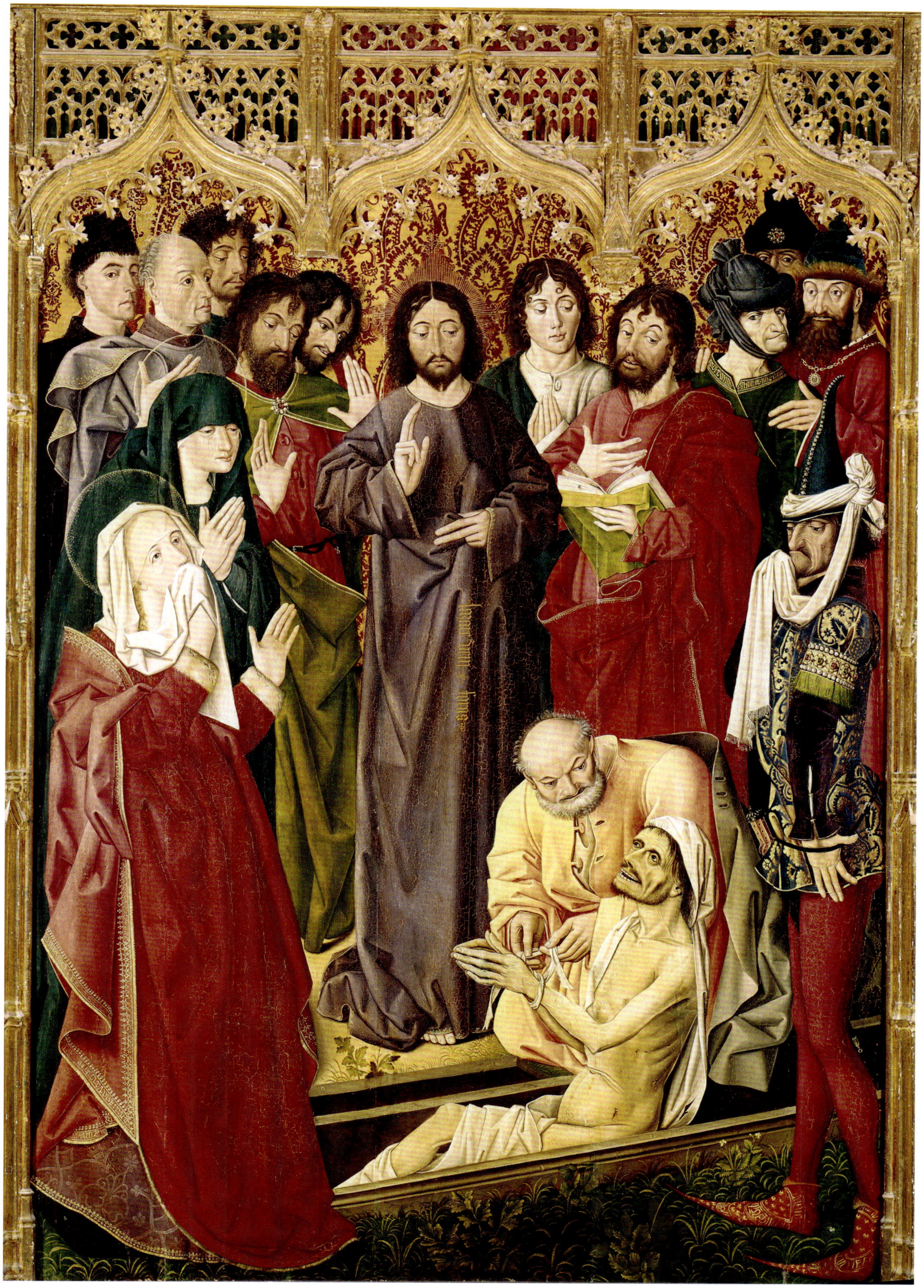

The Resurrection of Lazarus

La Résurrection de Lazare

Die Auferweckung des Lazarus

La resurrección de Lázaro

A ressurreição de Lázaro

De opwekking van Lazarus

NICOLAS FROMENT (1435-1483)

1461, Tempera on wood/Tempera sur bois, 121 × 167 cm, Galleria degli Uffizi, Firenze

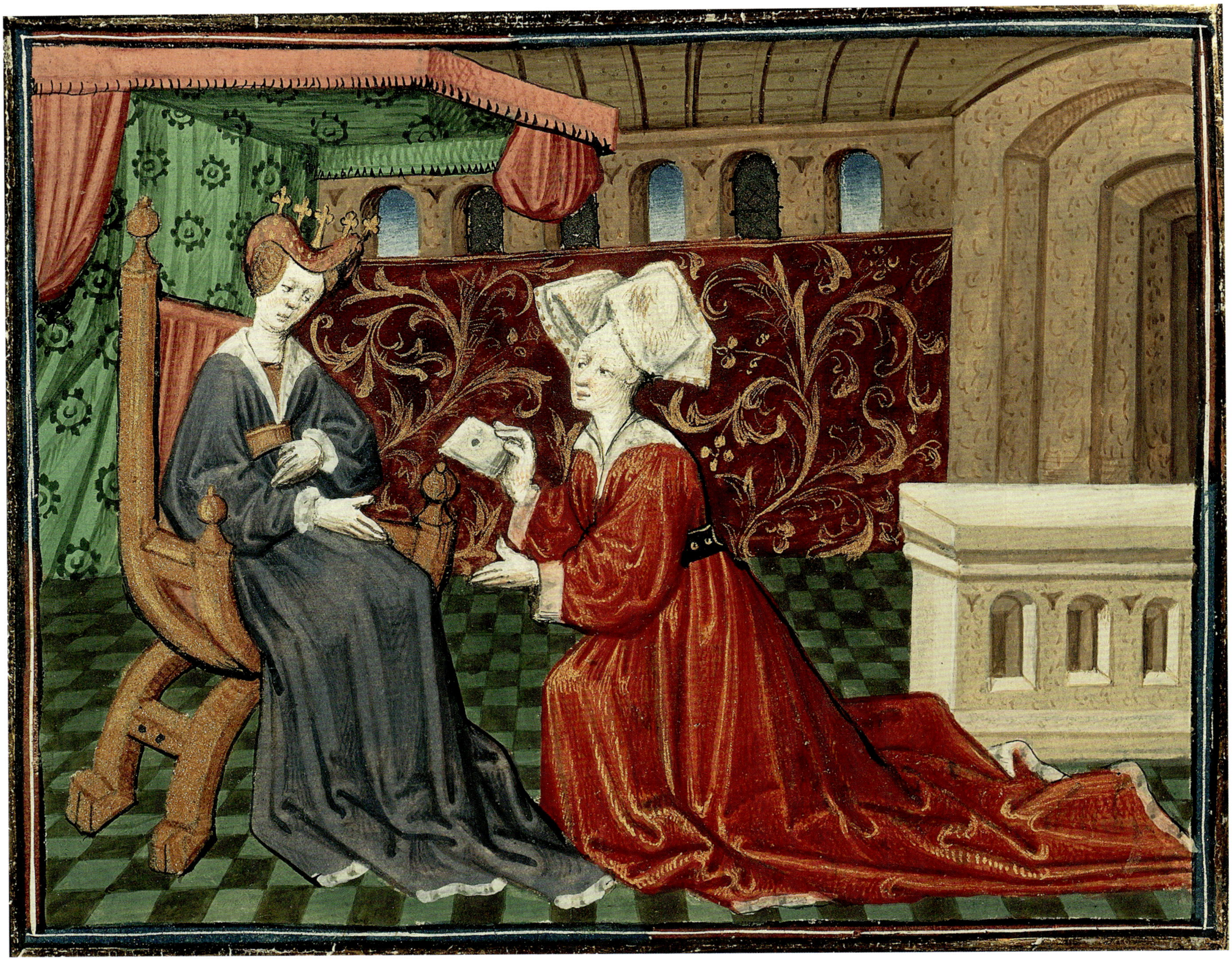

A Servant brings Isolde a Message, detail from the novel *Tristan* by Thomas d'Angleterre
The style of the miniature is characteristic of medieval court scenes. It is an episode from Thomas d'Angleterre's work Tristan, based on the legend of Tristan and Isolde.

Détail du *Roman de Tristan* de Thomas d'Angleterre : une servante apporte à Iseult un message
Le style de cette miniature est caractéristique des scènes courtoises médiévales. Elle illustre un épisode de Tristan, poème écrit par Thomas d'Angleterre, inspiré de la légende de Tristan et Iseult.

Eine Dienerin überbringt Isolde eine Nachricht, Detail aus dem Roman *Tristan* von Thomas d'Angleterre
Der Stil der Miniatur ist charakteristisch für Hofszenen des Mittelalters. Sie stellt eine Episode aus Thomas d'Angleterres Werk Tristan dar, das auf der Legende von Tristan und Isolde basiert.

Detalle de la novela *Tristán* de Tomás de Inglaterra: un sirviente lleva un mensaje a Isolda
El estilo de la miniatura es característico de las escenas de la corte medieval. Es un episodio de Tristan, poema escrito por Thomas de Inglaterra, inspirado en la leyenda de Tristán e Isolda.

Um servo traz a Isolda uma mensagem, detalhe do romance *Tristão* de Thomas d'Angleterre
O estilo da miniatura é característico das cenas da corte medieval. É um episódio da obra de Thomas d'Angleterre, Tristan, baseado na lenda de Tristão e Isolda.

Een bediende brengt Isolde een boodschap, detail uit de *Tristan*-roman van Thomas d'Angleterre
De stijl van deze miniatuur is kenmerkend voor middeleeuwse hofscènes. Hij toont een episode uit een Tristan-roman van Thomas d'Angleterre's, gebaseerd op de legende van Tristan en Isolde.

MAÎTRE DE CHARLES DU MAINE (FL 1440-1460)
c. 1450-60, Manuscript (painting on paper)/Manuscrit (peinture sur papier), 43 × 32 cm, Musée Condé, Chantilly

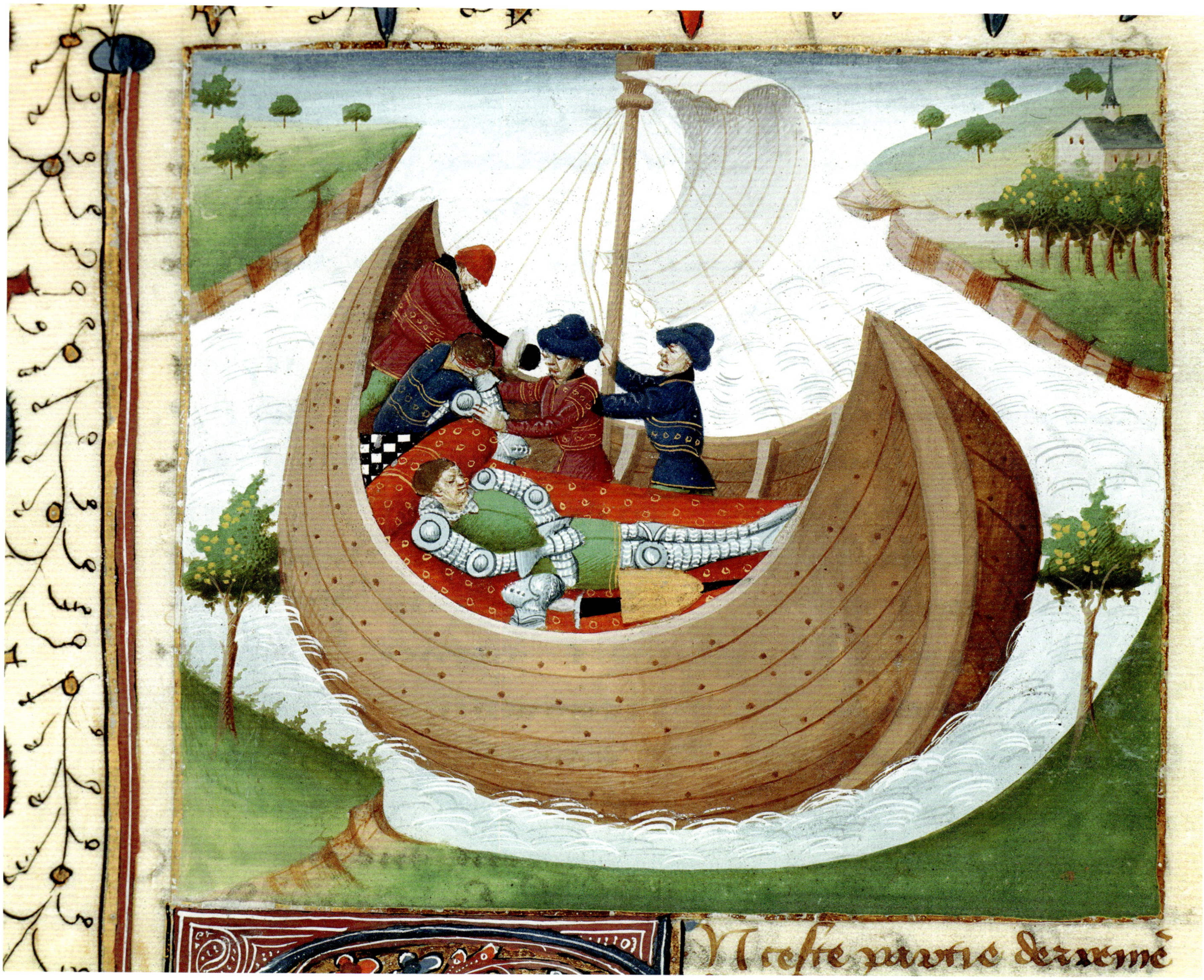

Burial at Sea, detail from the novel *Tristan* by Thomas d'Angleterre

Détail du *Roman de Tristan* de Thomas d'Angleterre : Funérailles en mer

Seebestattung, Detail aus dem Roman *Tristan* von Thomas d'Angleterre

Detalle de la novela *Tristán* de Tomás de Inglaterra: funeral marítimo

Funeral no mar, detalhe do romance *Tristão* de Thomas d'Angleterre

Begrafenis op zee, detail uit de *Tristan*-roman van Thomas d'Angleterre

MAÎTRE DE CHARLES DU MAINE (FL 1440-1460)

c. 1450-60, Manuscript (painting on paper)/Manuscrit (peinture sur papier), 43 × 32 cm, Musée Condé, Chantilly

2

The Renaissance

La Renaissance

Die Renaissance

El Renacimiento

O Renascimento

De renaissance

The Renaissance

The influence of Flemish and Italian masters led to major upheavals in French painting during the Renaissance. In addition to the emergence of humanism and the development of science, the invention of perspective heralds a new era. It makes it possible to create a depth effect and lend a third dimension to paintings. The aim of the artists is now to reproduce the human gaze - although it is not yet possible to speak of realism. They follow the ideal of reviving the beauty of ancient representations.

The French Renaissance reached its peak between the last years of the 15th century and the end of the following century. Its development can be divided into different phases, starting with the Louis-douze style (1498-1515), whose aesthetics still combined Gothic elements with new design principles and, for example, produced the painter Jean Fouquet, up to the last manifestations of Mannerism towards the end of the 16th century. The "Golden Age" fell during the reign of

La Renaissance

Influencée par l'art flamand et les grands maîtres italiens, la peinture française connaît à la Renaissance d'importants bouleversements. À l'heure où triomphe l'humanisme, et se développent le savoir, les sciences, les mathématiques, elle entre dans une nouvelle ère avec l'invention de la perspective. Celle-ci permet de donner l'illusion de la profondeur, et d'induire une troisième dimension dans l'espace du tableau. L'objectif est pour les artistes de se rapprocher de la vision humaine – sans que l'on puisse encore parler de réalisme –, tout en poursuivant un idéal : retrouver la beauté antique.

La Renaissance française s'épanouit entre les dernières années du XVe siècle et la fin du siècle suivant. Elle se développe en plusieurs phases, du style Louis XII (1498-1515), période qui oscille entre une esthétique encore marquée par le gothique et la mise en œuvre de principes nouveaux – l'un de ses peintres les plus emblématiques sera Jean Fouquet –, aux derniers feux du maniérisme, à la fin du XVIe siècle. Entre-temps,

Die Renaissance

Der Einfluss flämischer und italienischer Meister führt während der Renaissance zu großen Umbrüchen in der französischen Malerei. Neben dem aufkommenden Humanismus und der Entwicklung der Wissenschaften läutet die Erfindung der Perspektive eine neue Ära ein. Sie macht es möglich, eine Tiefenwirkung zu erzeugen und Gemälden eine dritte Dimension zu verleihen. Das Ziel der Künstler ist es nun, den menschlichen Blick wiederzugeben – wobei man aber noch nicht vom Realismus sprechen kann. Sie folgen dem Ideal, die Schönheit antiker Darstellungen wieder aufleben zu lassen.

Ihren Höhepunkt erreicht die französische Renaissance zwischen den letzten Jahren des 15. Jahrhunderts und dem Ende des darauffolgenden. Ihre Entwicklung lässt sich in verschiedene Phasen unterteilen, angefangen beim Stil Louis-douze (1498–1515), dessen Ästhetik noch Elemente der Gotik mit neuen Gestaltungsprinzipien vereint und zum Beispiel

Portrait of Francis I, King of France (1494-1547)

Portrait de François Ier, roi de France (1494-1547)

Porträt von Franz I., König von Frankreich (1494-1547)

Retrato de Francisco I, rey de Francia (1494-1547)

Retrato de Francisco I, Rei de França (1494-1547)

Portret van koning Frans I van Frankrijk (1494-1547)

JEAN CLOUET (1475/85-1541)

c. 1530, Oil on wooden panel/Huile sur panneau de bois,
96 × 74 cm, Musée du Louvre, Paris

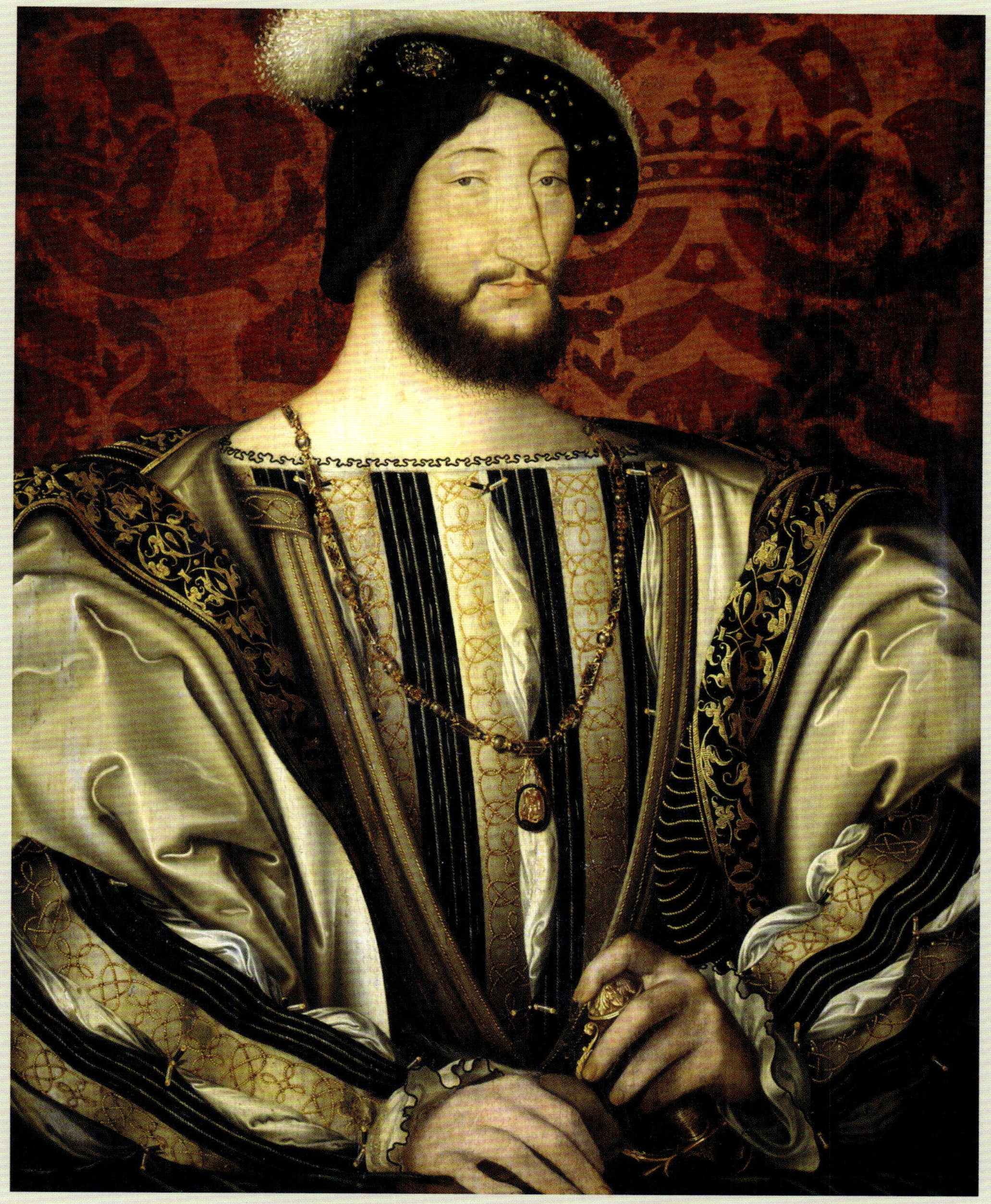

El Renacimiento

La influencia de los maestros flamencos e italianos provocó grandes trastornos en la pintura francesa durante el Renacimiento. Además de la aparición del humanismo y el desarrollo de la ciencia, la invención de la perspectiva anuncia una nueva era. Permite crear un efecto de profundidad y dar una tercera dimensión a la pintura. El objetivo de los artistas es ahora reproducir la mirada humana, aunque todavía no es posible hablar de realismo. Siguen el ideal de revivir la belleza de las representaciones antiguas.

El Renacimiento francés alcanzó su apogeo entre los últimos años del siglo XV y finales del siglo siguiente. Su desarrollo se puede dividir en diferentes fases, empezando por el estilo Luis XII (1498-1515), cuya estética aún combinaba elementos góticos con nuevos principios de diseño y, por ejemplo, las producciones del pintor Jean Fouquet, hasta las últimas manifestaciones del manierismo a finales del siglo XVI. La "Edad de Oro" cae durante el reinado de

O Renascimento

A influência dos mestres flamengos e italianos levou a grandes convulsões na pintura francesa durante o Renascimento. Além da emergência do humanismo e do desenvolvimento da ciência, a invenção da perspectiva anuncia uma nova era. Permite criar um efeito de profundidade e dar uma terceira dimensão à pintura. O objectivo dos artistas é agora reproduzir o olhar humano - embora ainda não seja possível falar de realismo. Eles seguem o ideal de reviver a beleza das representações antigas.

O Renascimento francês atingiu o seu auge entre os últimos anos do século XV e o final do século seguinte. Seu desenvolvimento pode ser dividido em diferentes fases, começando pelo estilo Louis-douze (1498-1515), cuja estética ainda combinava elementos góticos com novos princípios de design e, por exemplo, produziu o pintor Jean Fouquet, até as últimas manifestações do maneirismo no final do século XVI. A "Idade de Ouro" cai durante o reinado de Francisco I (1515-1547) e seu

De renaissance

De invloed van Vlaamse en Italiaanse meesters leidde tijdens de renaissance tot grote omwentelingen in de Franse schilderkunst. Naast de opkomst van het humanisme en de ontwikkeling van de wetenschappen luidde de uitvinding van het perspectief een nieuw tijdperk in. Met perspectief kon dieptewerking worden aangebracht, kon een derde dimensie aan schilderijen worden geven. Het doel van de kunstenaars was nu om de menselijke blik weer te geven – waarbij we echter nog niet van realisme kunnen spreken. Het ideaal van de kunstenaars was de schoonheid van klassieke voorstellingen nieuw leven in te blazen.

De Franse renaissance bereikte zijn hoogtepunt tussen de laatste jaren van de 15e eeuw en het einde van de daaropvolgende eeuw. Haar ontwikkeling kan in verschillende fasen worden onderverdeeld, te beginnen met de Lodewijk XII-stijl (1498-1515), die esthetisch nog steeds gotische elementen combineerde met nieuwe ontwerpprincipes en bijvoorbeeld de schilder Jean

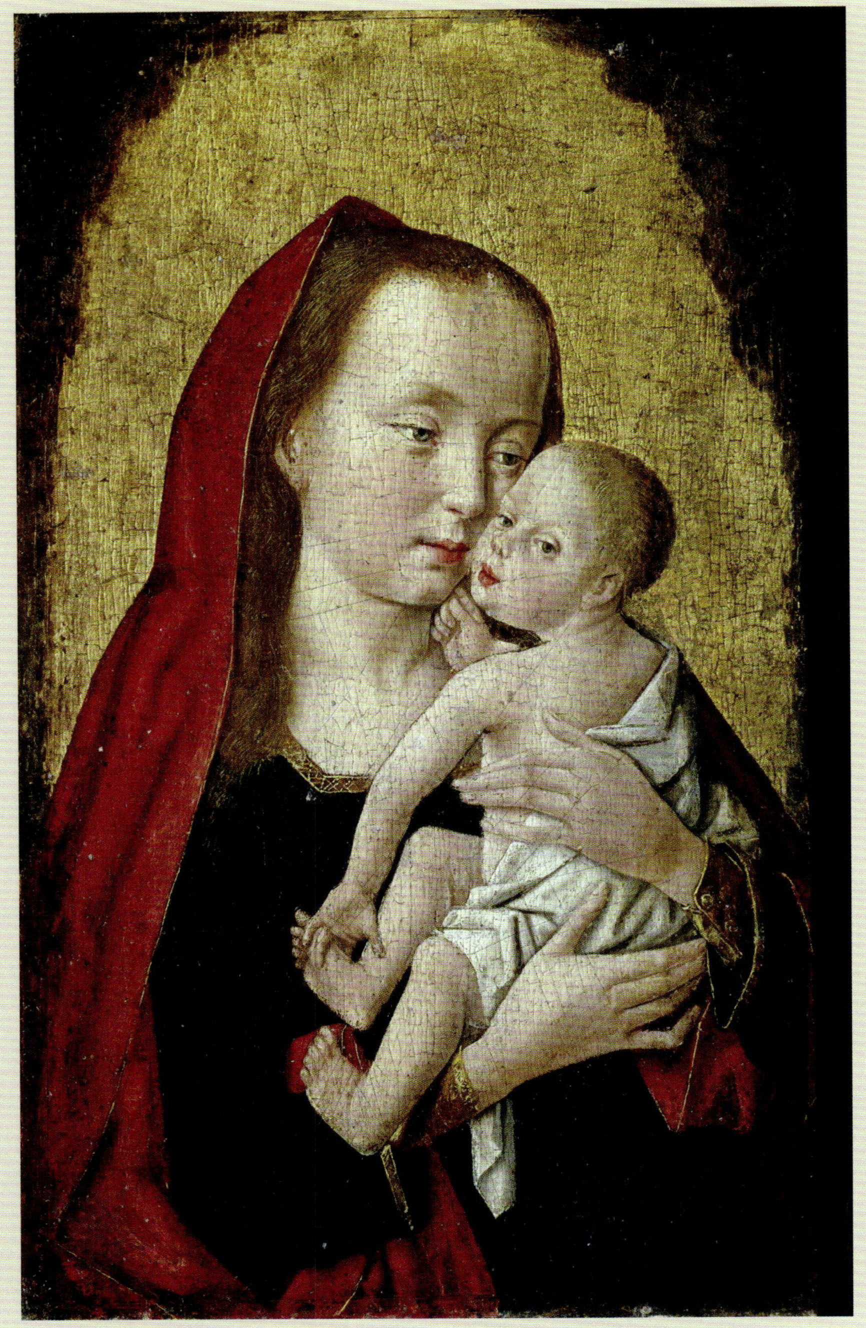

Virgin with Child

La Vierge à l'Enfant

Jungfrau mit Kind

Virgen con niño

Virgem com criança

Madonna met kind

MAÎTRE DE SAINT GILLES (FL 1490-1520)

15th-16th century, Oil on wooden panel/Huile sur panneau de bois, 22,5 × 14,5 cm, Musée du Louvre, Paris

Francis I (1515-1547) and his son Henry II (1547-1559), who transformed their royal residences in Chambord, Blois, Chenonceau and Fontainebleau into true temples of architecture, sculpture and painting, following Italian models.

The Renaissance is not only known for its large decorative ensembles decorating churches and castles, it was also the era of portrait painting. The panel paintings of Corneille de Lyon, the paintings of Jean Clouet, a portrait painter at the court of Franz I, and those of his son François Clouet, who was active towards the end of the 16th century, bear witness to this. Their works show the most beautiful depictions of Princess Margaret of Navarre, of Charlotte of France and, of course, of Francis I and Catherine of Medici.

elle connaît son âge d'or sous les règnes de François Ier (de 1515 à 1547) et de son fils Henri II (de 1547-1559), qui firent des demeures royales de Chambord, Blois, Chenonceau ou Fontainebleau de véritables temples dédiés à l'architecture, à la sculpture et à la peinture, sur le modèle de l'Italie.

De grands ensembles décoratifs ornent châteaux et églises, mais la Renaissance est aussi une époque faste pour l'art du portrait. En témoignent, entre autres, les œuvres sur bois de Corneille de Lyon, les tableaux de Jean Clouet, portraitiste de la cour de France sous le règne de François Ier, et ceux de son fils François Clouet, actif à la fin du XVIe siècle. On leur doit quelques-uns des plus beaux visages de la princesse Marguerite d'Angoulême, de Charlotte de France et, bien sûr, de François Ier et de Catherine de Médicis.

den Maler Jean Fouquet hervorgebracht hat, bis hin zu den letzten Ausprägungen des Manierismus gegen Ende des 16. Jahrhunderts. Das „Goldene Zeitalter" fällt in die Zeit der Herrschaft von Franz I. (1515–1547) und seinem Sohn Heinrich II. (1547–1559), die ihre Königssitze in Chambord, Blois, Chenonceau und Fontainebleau in wahre Tempel der Architektur, der Bildhauerei und der Malerei nach italienischen Vorbildern umgestalteten.

Die Renaissance ist aber nicht nur bekannt für ihre großflächigen, dekorativen Ensembles, die Kirchen und Schlösser schmücken, sie ist auch die Epoche der Porträtmalerei. Davon zeugen unter anderem die Tafelbilder von Corneille de Lyon, die Gemälde von Jean Clouet, einem Porträtmaler am Hof von Franz I., und die seines Sohnes François Clouet, der gegen Ende des 16. Jahrhunderts tätig war. Ihre Werke zeigen die schönsten Darstellungen der Prinzessin Margarete von Navarra, von Charlotte von Frankreich und natürlich von Franz I. sowie Caterina de' Medici.

Allegory of Charity

Allégorie de la Charité

Allegorie der Caritas

Alegoría de Caritas

Alegoria da Cáritas

Allegorie van Caritas

JEAN COUSIN L'ANCIEN (1490-1560)

1540-50, Oil on wooden panel/Huile sur panneau de bois, 123 × 80,5 cm, Musée Fabre, Montpellier

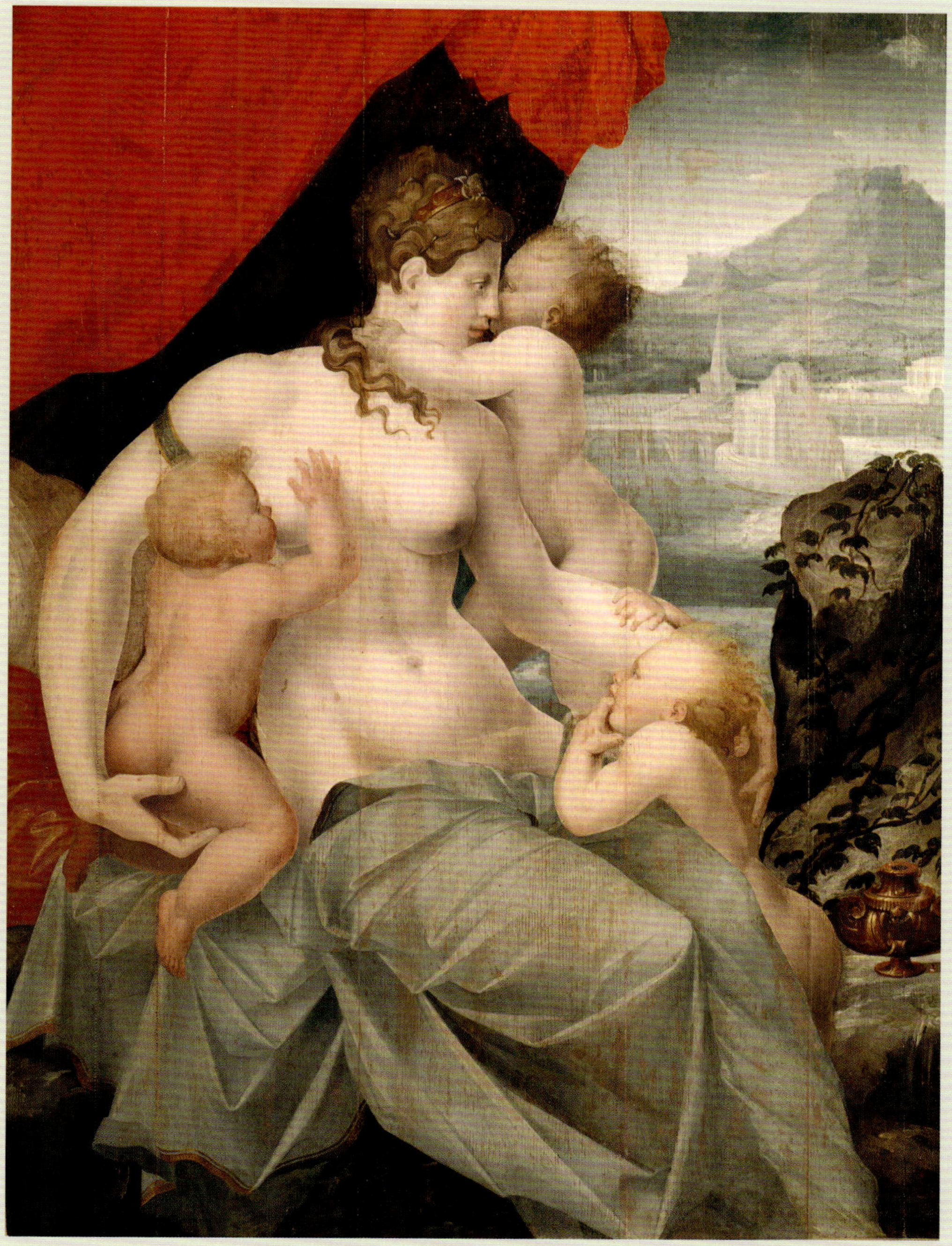

Francisco I (1515-1547) y su hijo Enrique II (1547-1559), que transformaron sus residencias reales en Chambord, Blois, Chenonceau y Fontainebleau en verdaderos templos de arquitectura, escultura y pintura, siguiendo modelos italianos.

El Renacimiento no sólo es conocido por sus grandes conjuntos decorativos que decoran iglesias y castillos, sino también por la época del retrato. Los cuadros de Corneille de Lyon, los de Jean Clouet, retratista de la corte de Francisco I, y los de su hijo François Clouet, activo a finales del siglo XVI, lo atestiguan. Sus obras muestran las más bellas representaciones de la princesa Margarita de Navarra, de Carlota de Francia y, por supuesto, de Francisco I y Catalina de Médicis.

filho Henrique II (1547-1559), que transformaram suas residências reais em Chambord, Blois, Chenonceau e Fontainebleau em verdadeiros templos de arquitetura, escultura e pintura, seguindo modelos italianos.

O Renascimento não só é conhecido pelos seus grandes conjuntos decorativos que decoram igrejas e castelos, como é também a era da pintura de retratos. Os quadros de Corneille de Lyon, os quadros de Jean Clouet, pintor de retratos na corte de Franz I, e os de seu filho François Clouet, ativo no final do século XVI, testemunham isso. Suas obras mostram as mais belas representações da Princesa Margarida de Navarra, de Charlotte da França e, é claro, de Francisco I e Catarina de Médici.

Fouquet voortbracht, tot de laatste uitingen van het maniërisme aan het einde van de 16e eeuw. De 'gouden eeuw' viel tijdens het bewind van Frans I (1515-1547) en diens zoon Hendrik II (1547-1559), die hun koninklijke residenties in Chambord, Blois, Chenonceau en Fontainebleau naar Italiaanse voorbeelden transformeerden tot ware tempels van architectuur, beeldhouwkunst en schilderkunst.

De renaissance is niet alleen bekend om zijn grote, decoratieve ensembles die kerken en kastelen sierden, het is ook het tijdperk van de portretschilderkunst. De paneelschilderingen van Corneille de Lyon, de schilderijen van Jean Clouet, een portretschilder aan het hof van Frans I, en die van zijn zoon François Clouet, die eind 16e eeuw werkzaam was, getuigen hiervan. Hun werken tonen de mooiste afbeeldingen van prinses Margaretha van Valois , Charlotte van Frankrijk en natuurlijk van Frans I en Catharina de' Medici.

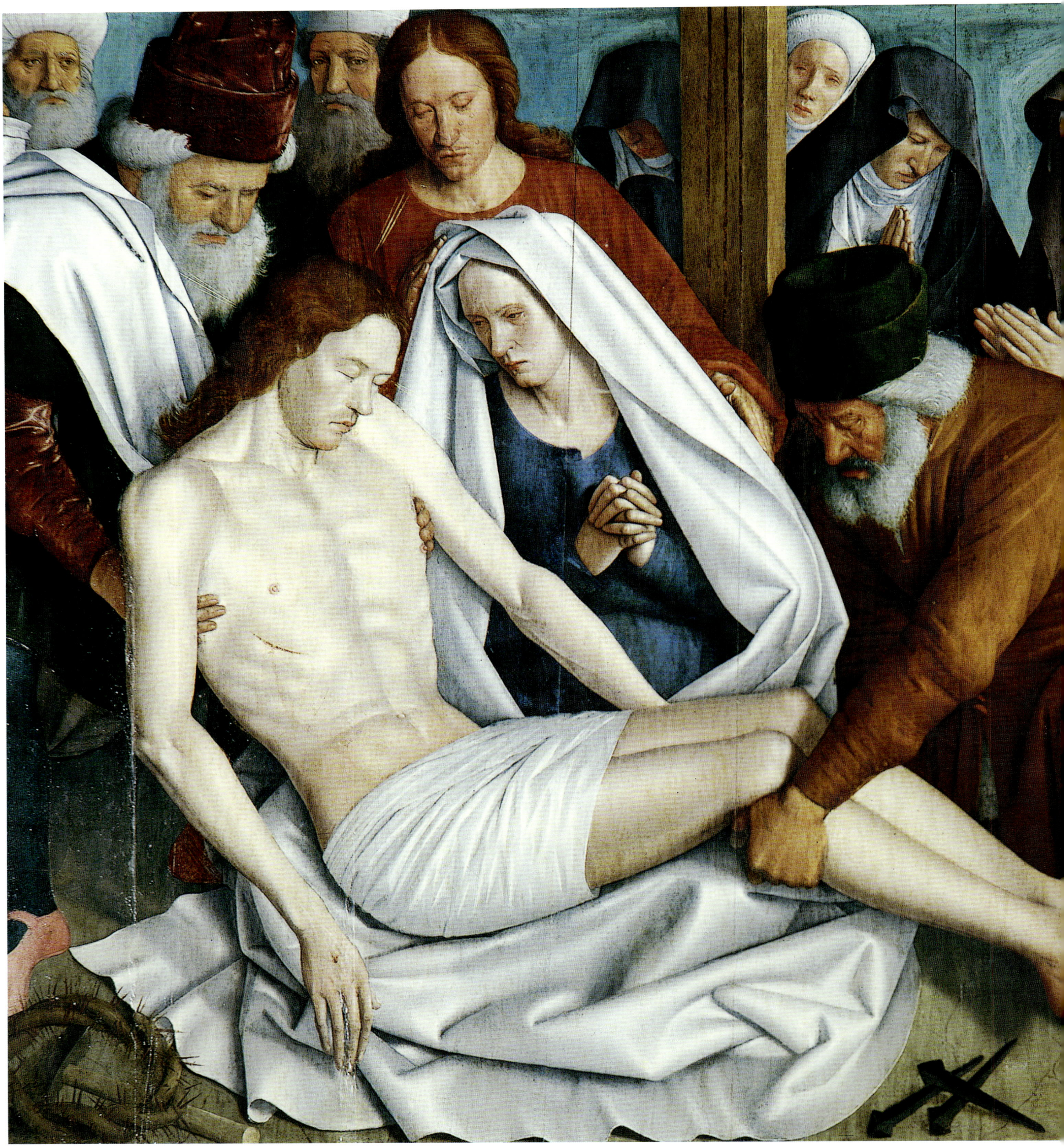

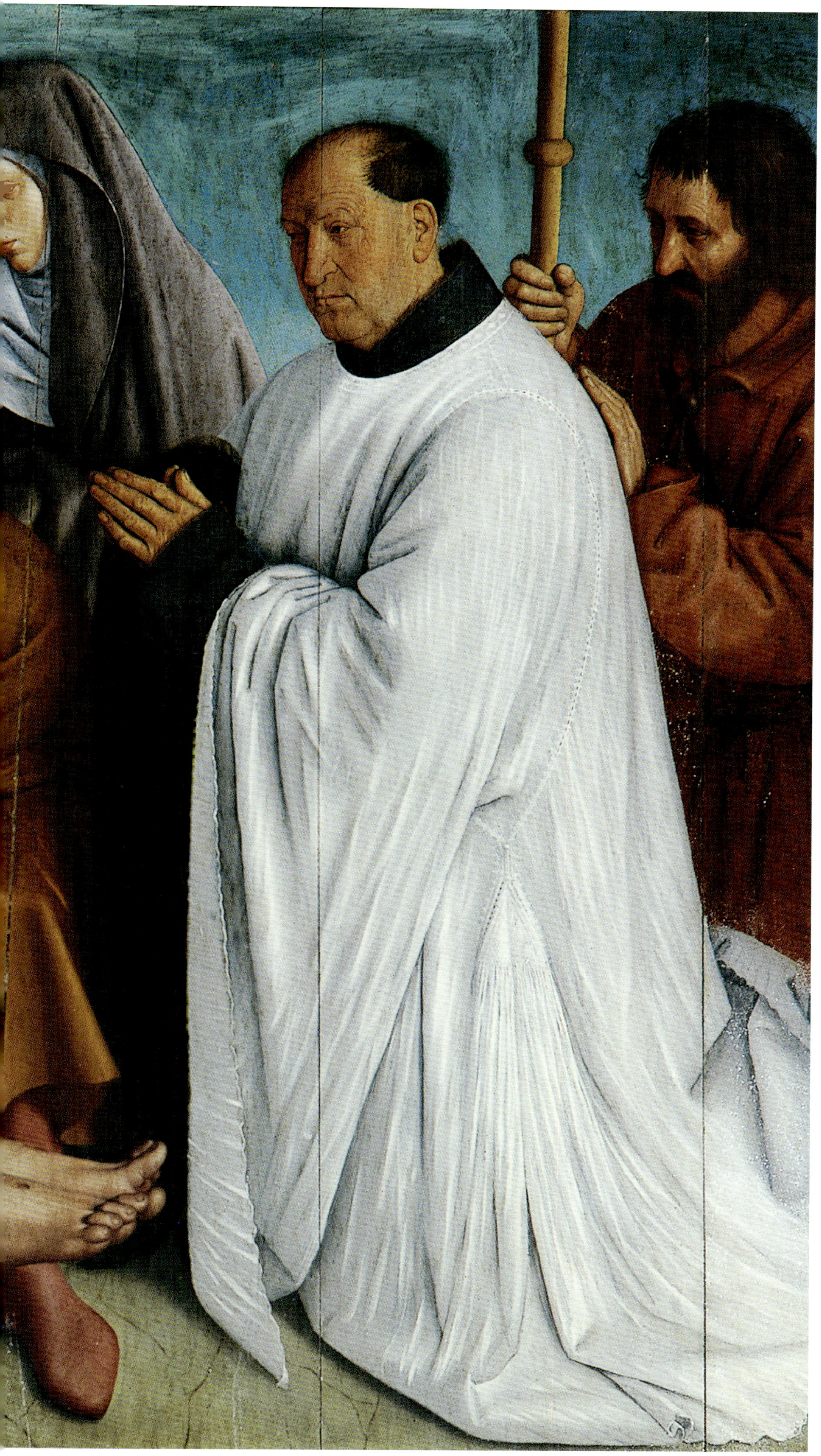

Pietà in Nouans-les-Fontaines
Under the eyes of the kneeling founder, Christ is taken from the cross and laid in Mary's lap by Joseph of Arimathea and Nicodemus. The objects of the Passion are depicted in the foreground.

Pietà de Nouans
Sous l'œil d'un donateur agenouillé, le Christ est déposé de la Croix sur les genoux de la Vierge par Joseph d'Arimathie et Nicodème. Au premier plan de la scène figurent les instruments de la Passion.

Pietà in Nouans-les-Fontaines
Unter den Augen des knienden Stifters wird Christus vom Kreuz abgenommen und von Josef von Arimathäa und Nikodemus in Marias Schoß gebettet. Im Vordergrund sind die Gegenstände der Passion abgebildet.

La Pietà en Nouans-les-Fontaines
Bajo los ojos del fundador arrodillado, Cristo es bajado de la cruz y puesto en el regazo de María por José de Arimatea y Nicodemo. Los objetos de la Pasión están representados en primer plano.

Pietà em Nouans-les-Fontaines
Sob os olhos do fundador ajoelhado, Cristo é tirado da cruz e colocado no colo de Maria por José de Arimatéia e Nicodemos. Os objectos da Paixão são representados em primeiro plano.

Pietà in Nouans-les-Fontaines
Onder het toeziend oog van de knielende stichter wordt Christus van het kruis genomen en door Jozef van Arimathea en Nikodemus in Maria's schoot gelegd. Op de voorgrond zijn de passie-objecten afgebeeld.

JEAN FOUQUET (C. 1420-1480)
c. 1460-65, Tempera on wood/Tempera sur bois, 146 × 237 cm,
Église Saint-Martin, Nouans-les-Fontaines

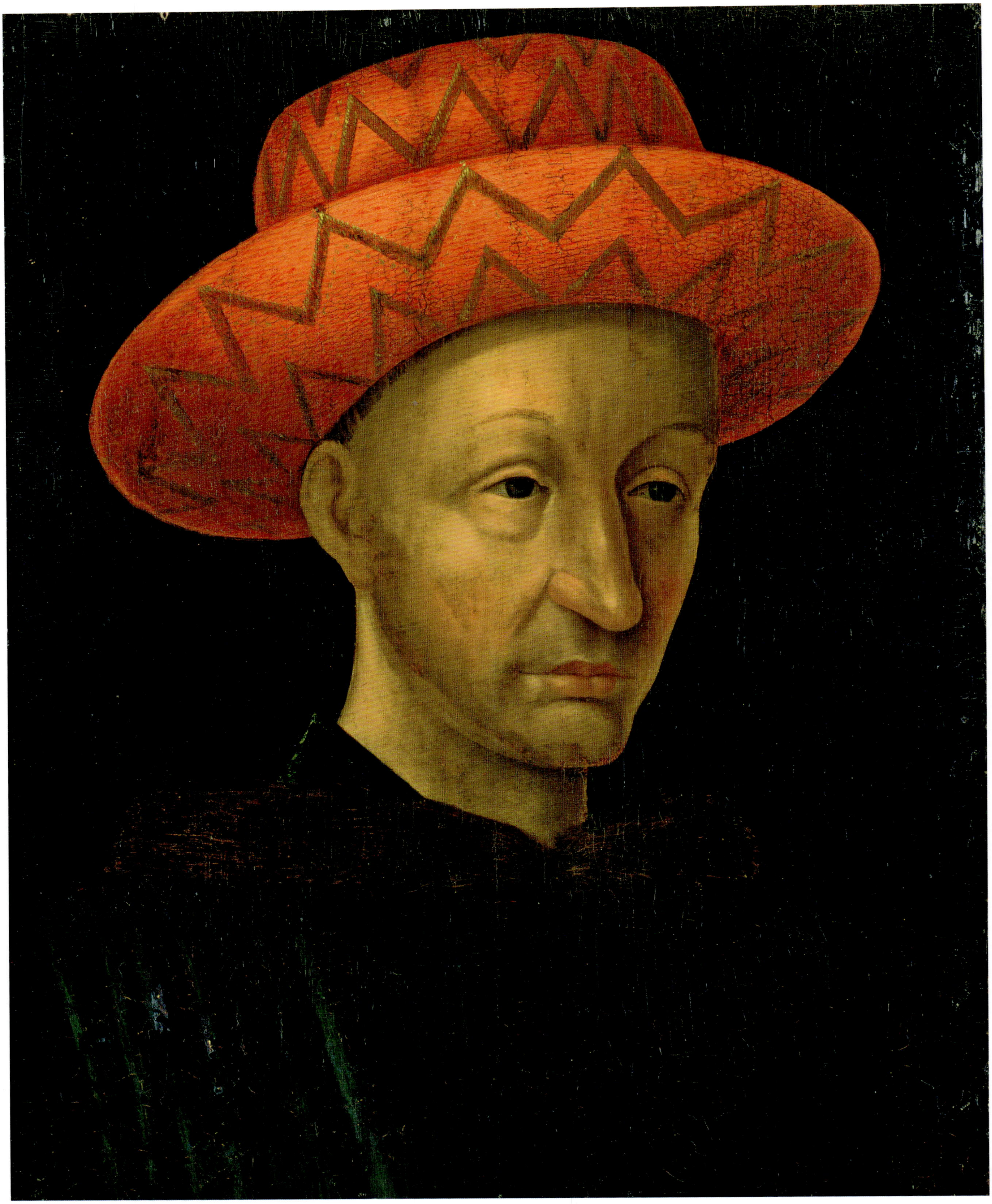

Portrait of Charles VII.

Portrait de Charles VII

Porträt Karls VII.

Retrato de Carlos VII

Retrato de Carlos VII.

Portret van Karel VII

JEAN FOUQUET (C. 1420-1480)

c. 1450, Oil on wooden panel/Huile sur panneau de bois, 36 × 29,2 cm, The Barnes Foundation, Philadelphia

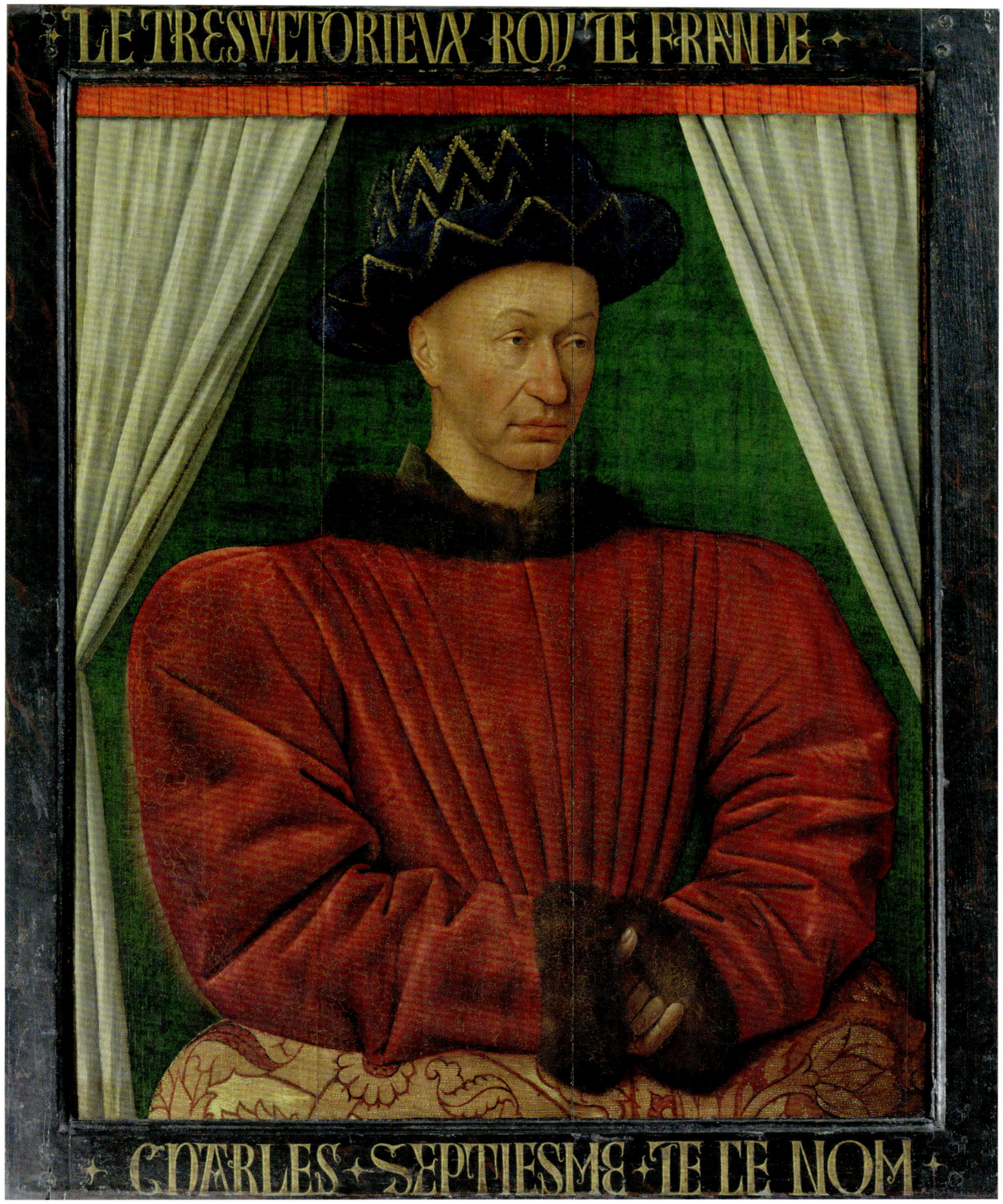

Charles VII (1403-1461), King of France

The painting clearly shows the influence of Flemish portrait painters such as Jan van Eyck. Jean Fouquet succeeded in depicting the facial features of the King of France with incredible precision.

Charles VII (1403-1461), roi de France

L'influence des portraits flamands, et en particulier ceux de Jan van Eyck, est ici manifeste. Jean Fouquet excelle à représenter avec une infinie précision les traits du visage du roi de France.

Karl VII. (1403-1461), König von Frankreich

In dem Gemälde zeigt sich deutlich der Einfluss der flämischen Porträtmaler, wie Jan van Eyck. Jean Fouquet gelang es, mit unglaublicher Präzision die Gesichtszüge des Königs von Frankreich darzustellen.

Carlos VII (1403-1461), Rey de Francia

La pintura muestra claramente la influencia de retratistas flamencos como Jan van Eyck. Jean Fouquet logró representar los rasgos faciales del Rey de Francia con una precisión increíble.

Carlos VII (1403-1461), Rei de França

A pintura mostra claramente a influência de pintores de retratos flamengos como Jan van Eyck. Jean Fouquet conseguiu representar os traços faciais do Rei de França com uma precisão incrível.

Koning Karel VII van Frankrijk (1403-1461)

Het werk toont duidelijk de invloed van Vlaamse portretschilders als Jan van Eyck. Jean Fouquet slaagde erin de gelaatstrekken van de koning van Frankrijk ongelooflijk precies weer te geven.

JEAN FOUQUET (C. 1420-1480)

c. 1445-50, Oil on wooden panel/Huile sur panneau de bois, 85 × 70 cm, Musée du Louvre, Paris

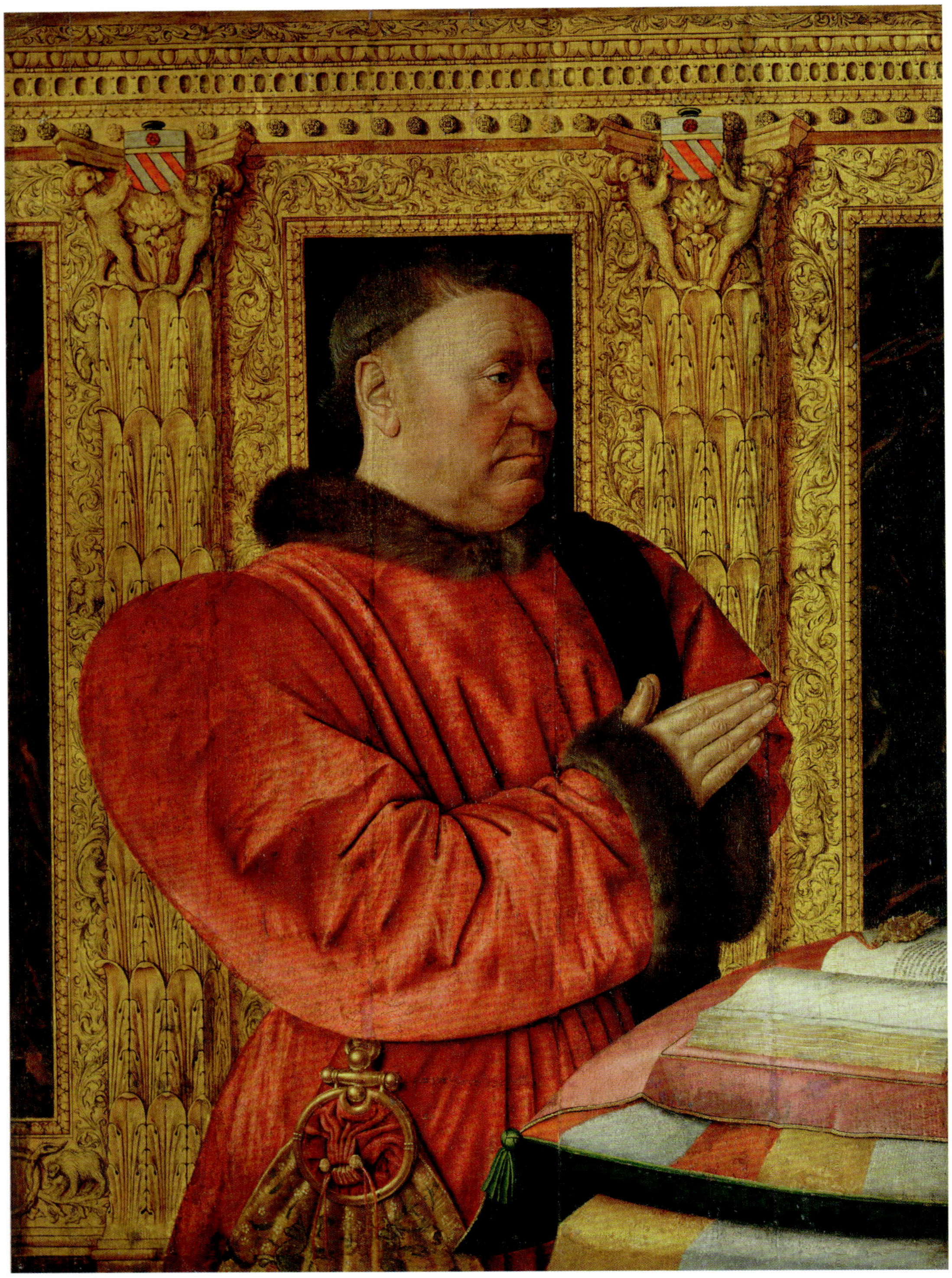

Virgin and Child with Angels

Vierge à l'Enfant entourée d'anges

Madonna mit Kind umgeben von Engeln

Virgen con niño rodeada de ángeles

Madonna com criança rodeada de anjos

Madonna met kind omringd door engelen

JEAN FOUQUET (C. 1420-1480)

1452, Oil on wooden panel/Huile sur panneau de bois, 94,5 × 85,5 cm, Koninklijk Museum voor Schone Kunsten, Antwerpen

Guillaume Juvénals des Ursins (1401-1472), Chancellor of France

The imposing appearance of the sitter stands out against a golden, richly decorated background. The coats of arms on the pilasters are held by bears - the totem animal of the French chancellor.

Guillaume Jouvenel des Ursins (1401-1472), chancelier de France

Le personnage imposant de Guillaume Jouvenel des Ursins se détache d'un fond doré au décor complexe. Sous les blasons qui coiffent les pilastres, figurent des oursons, emblèmes du chancelier de France.

Guillaume Juvénals des Ursins (1401-1472), Kanzler Frankreichs

Die imposante Erscheinung des Porträtierten hebt sich von einem goldenen, reich dekorierten Hintergrund ab. Die Wappen auf den Pilastern werden von Bären gehalten - dem Totemtier des französischen Kanzlers.

Guillaume Juvénals des Ursins (1401-1472), Canciller de Francia

La imponente apariencia de la niñera destaca sobre un fondo dorado y ricamente decorado. Los escudos de las pilastras son sostenidos por osos, el animal tótem del canciller francés.

Guillaume Juvénals des Ursins (1401-1472), Chanceler da França.

A imponente aparência da babysitter destaca-se sobre um fundo dourado, ricamente decorado. Os brasões de armas nas pilastras são detidos por ursos - o animal totem do chanceler francês.

Guillaume Jouvenel des Ursins (1401-1472), kanselier van Frankrijk

De imposante verschijning van de geportretteerde steekt af tegen de gouden, rijkversierde achtergrond. De wapenschilden op de pilasters worden gedragen door beren - het wapendier van de kanselier van Frankrijk.

JEAN FOUQUET (C. 1420-1480)

c. 1465, Oil on wooden panel/Huile sur panneau de bois, 93 × 73,6 cm, Musée du Louvre, Paris

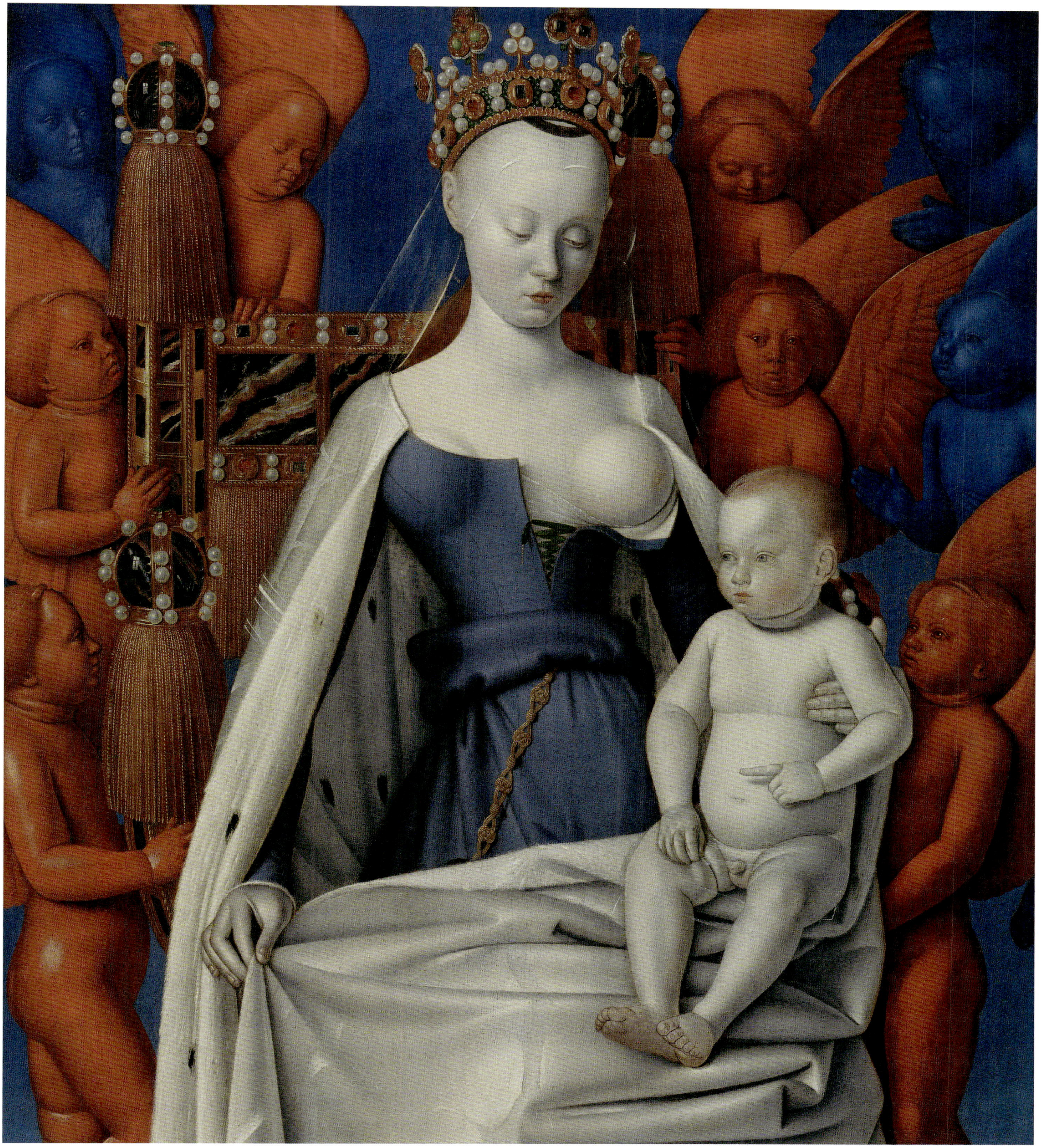

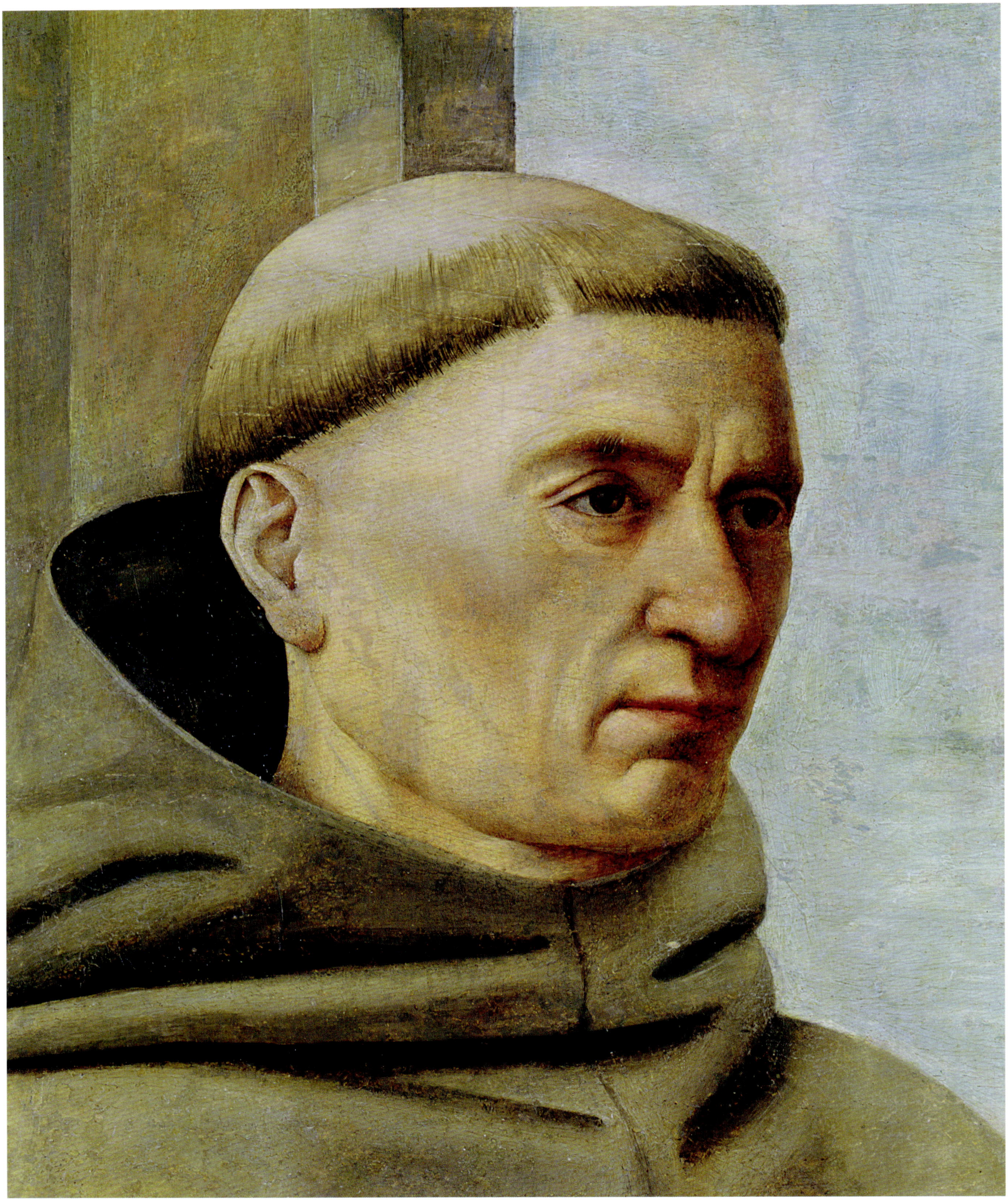

Head of a Monk

Tête d'un saint moine

Kopf eines Mönches

Cabeza de monje

Cabeça de um monge

Hoofd van een monnik

JEAN FOUQUET (C. 1420-1480)
Oil on wooden panel/Huile sur panneau de bois, Musée des Beaux-Arts, Tours

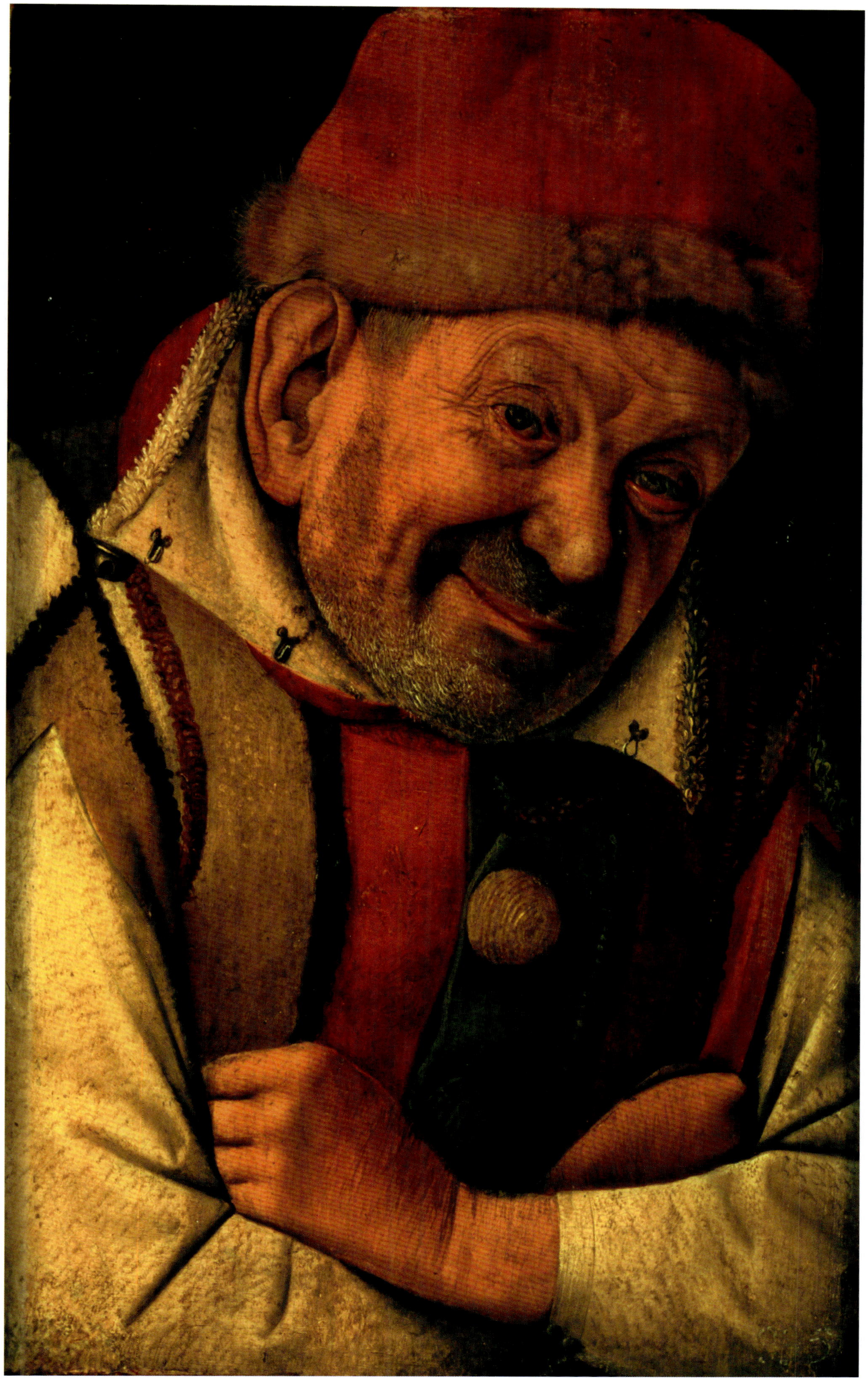

Portrait of the Ferrara Court Jester Gonella

Portrait du bouffon Gonella

Der ferraresische Hofnarr Gonella

El bufón de la corte ferrarista Gonella

O bobo do tribunal ferrarista Gonella

Portret van Gonella, de hofnar van Ferrara

JEAN FOUQUET (C. 1420-1480)
c. 1445, Oil on wooden panel/ Huile sur panneau de bois, 36 × 24 cm, Kunsthistorisches Museum, Wien

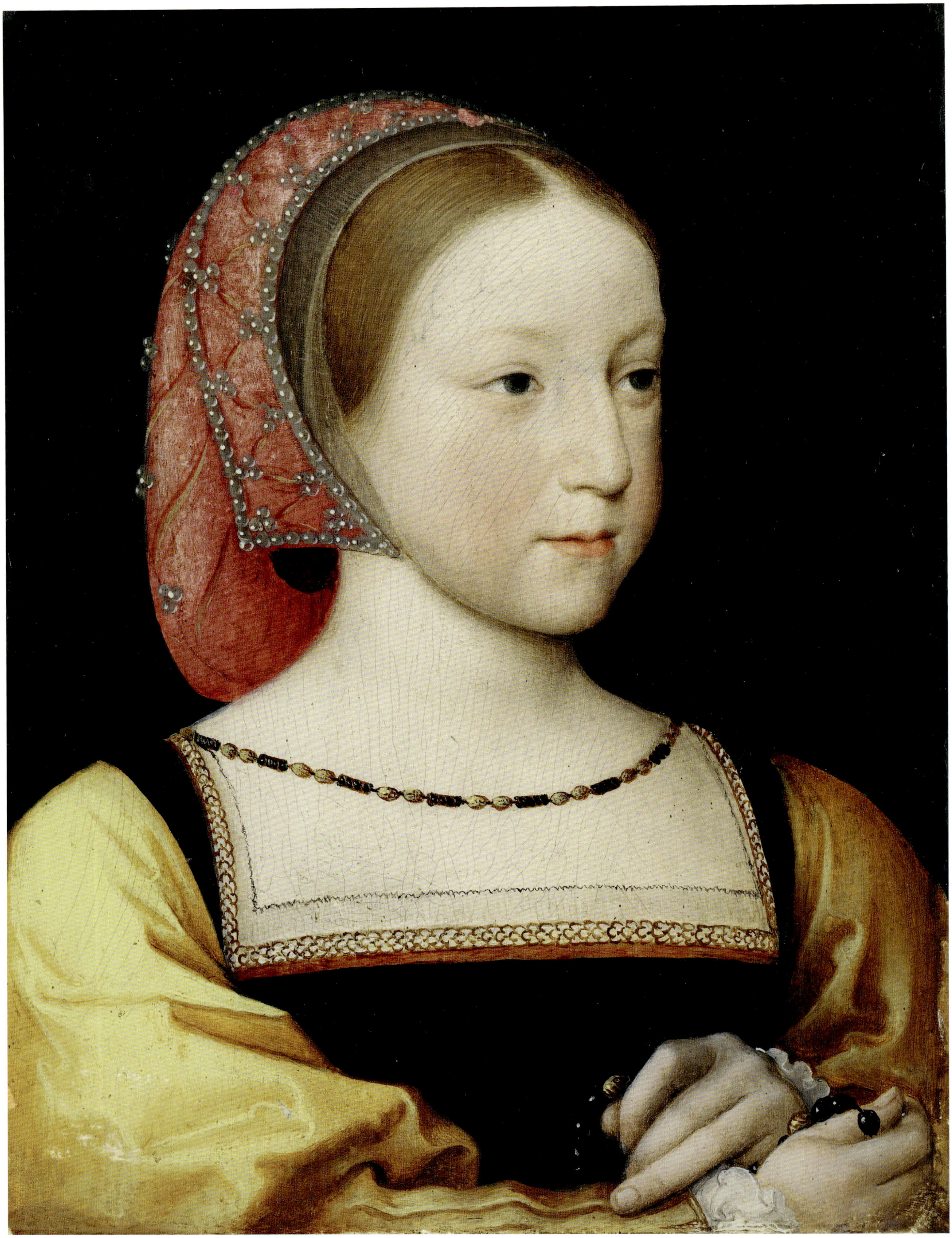

Portrait of Charlotte of France

Charlotte de Valois

Porträt der Charlotte von Frankreich

Retrato de Charlotte de Francia

Retrato de Charlotte de França

Portret van Charlotte van Frankrijk

JEAN CLOUET (1475/85-1541)

c. 1522, Oil on wooden panel/Huile sur panneau de bois, 17,7 × 13,3 cm, Minneapolis Institute of Arts, Minneapolis

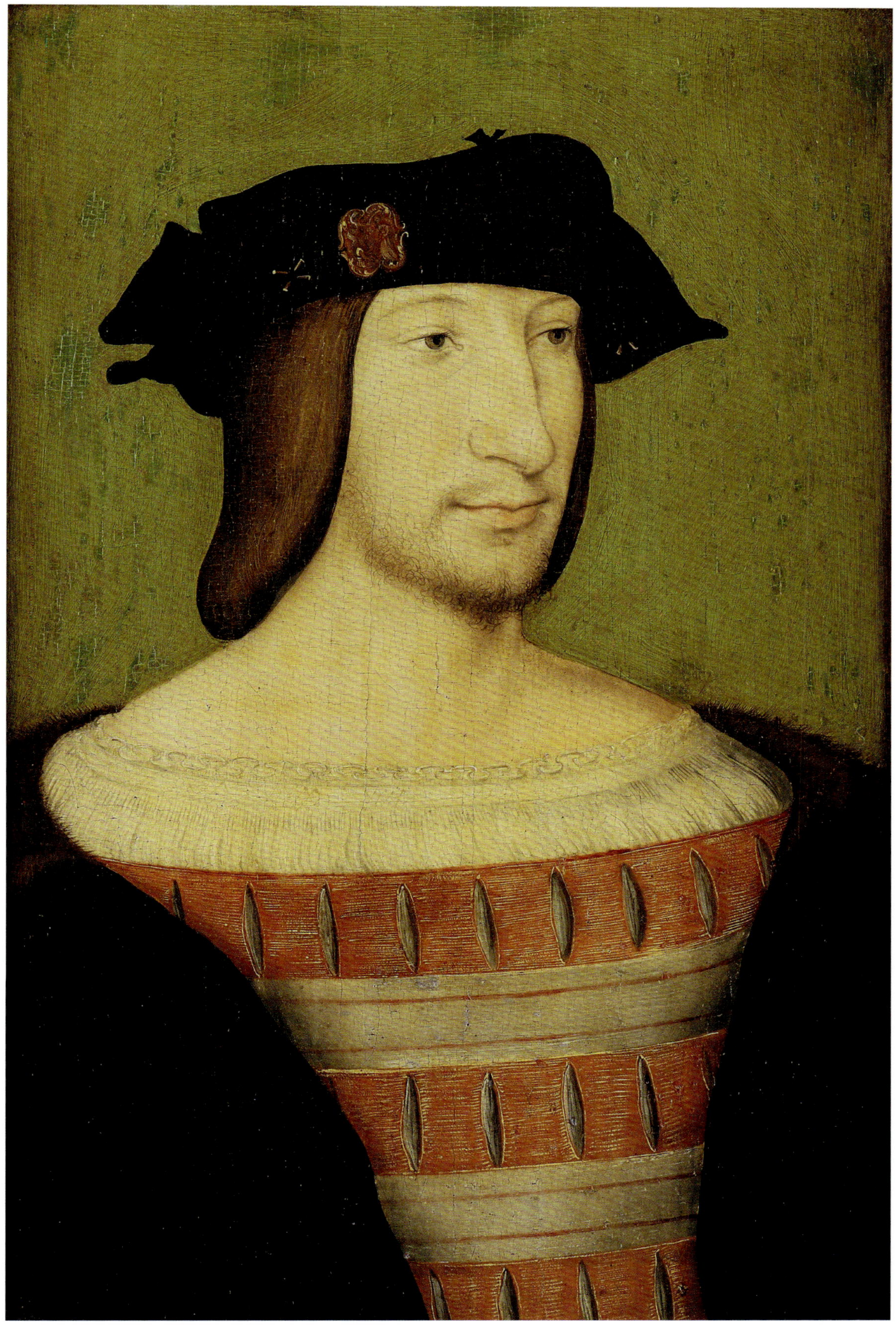

Francis I (1494-1547), King of France

As a patron of the arts and humanities, Francis I played a major role in the development of the French Renaissance. Among other things, he made his mark on the castle of Fontainebleau.

Portrait de François Ier

Protecteur des arts et des lettres, François Ier est un acteur majeur de l'épanouissement de la Renaissance française, influencée par l'Italie. Il a marqué de son empreinte le château de Fontainebleau.

Franz I. (1494-1547), König von Frankreich

Als Förderer der Kunst und der Geisteswissenschaften spielte Franz I. eine große Rolle in der Entfaltung der französischen Renaissance. Er prägte unter anderem das Schloss Fontainebleau.

Francisco I (1494-1547), rey de Francia

Protector de las artes y de la literatura, Francisco I es un actor importante en el desarrollo del Renacimiento francés, influenciado por Italia. Entre otras cosas, dejó su huella en el castillo de Fontainebleau.

Francisco I (1494-1547), Rei de França

Como patrono das artes e das humanidades, Franz I desempenhou um papel importante no desenvolvimento do Renascimento Francês. Entre outras coisas, ele cunhou o castelo de Fontainebleau.

Portret van koning Frans I van Frankrijk (1494-1547)

Als beschermheer van de kunst- en geesteswetenschappen speelde Frans I een belangrijke rol in de ontwikkeling van de Franse renaissance. Hij drukte zijn stempel op onder andere het kasteel van Fontainebleau.

JEAN CLOUET (AFTER/D'APRÈS) (1475/85-1541)

Beginning of the 16th century, Oil on wooden panel/Huile sur panneau de bois, 35 × 25 cm, Musée Condé, Chantilly

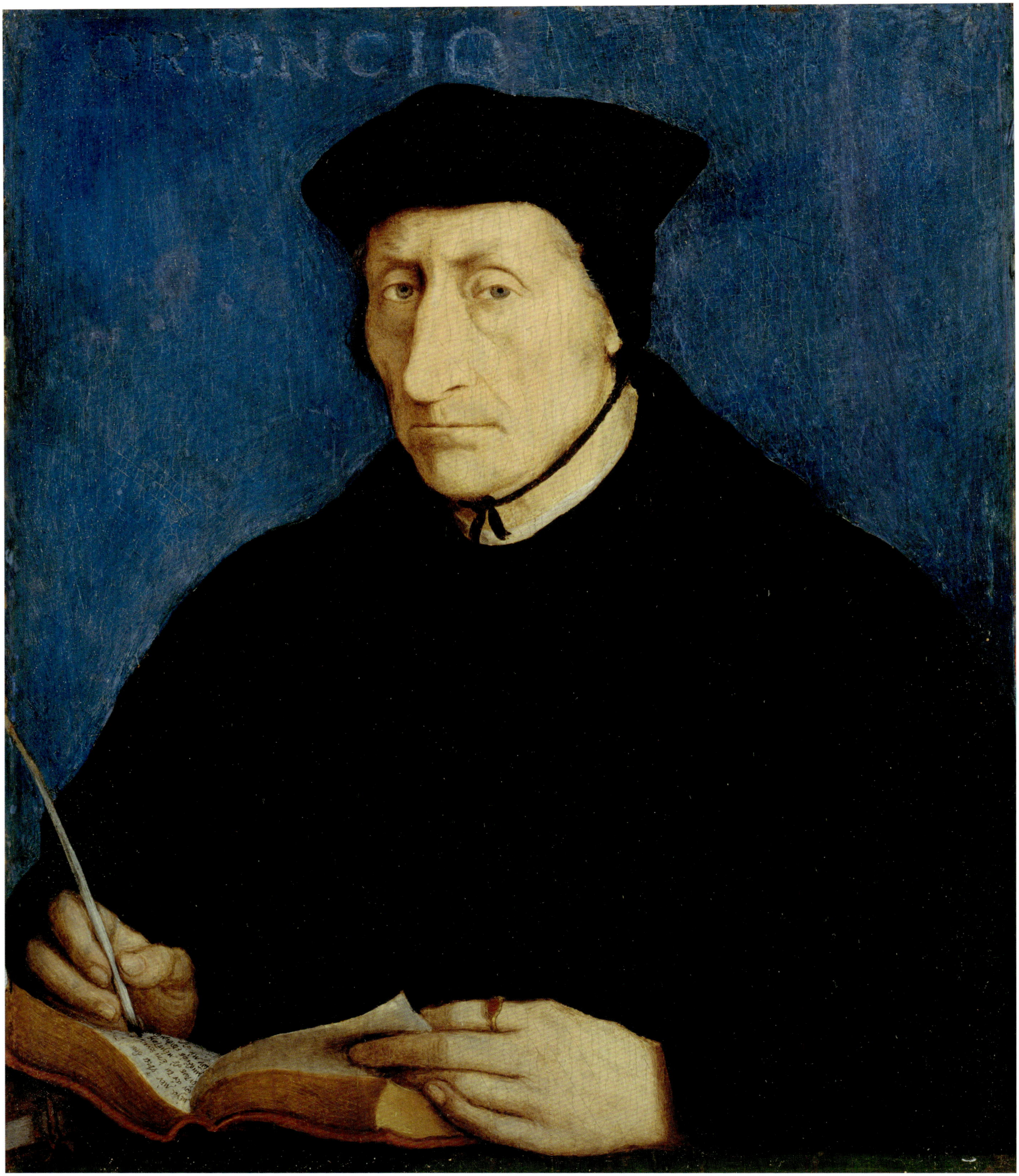

Guillaume Budé

JEAN CLOUET (1475/85-1541)

c. 1536, Oil on wooden panel/Huile sur panneau de bois, 39,7 × 34,3 cm, Metropolitan Museum of Art, New York

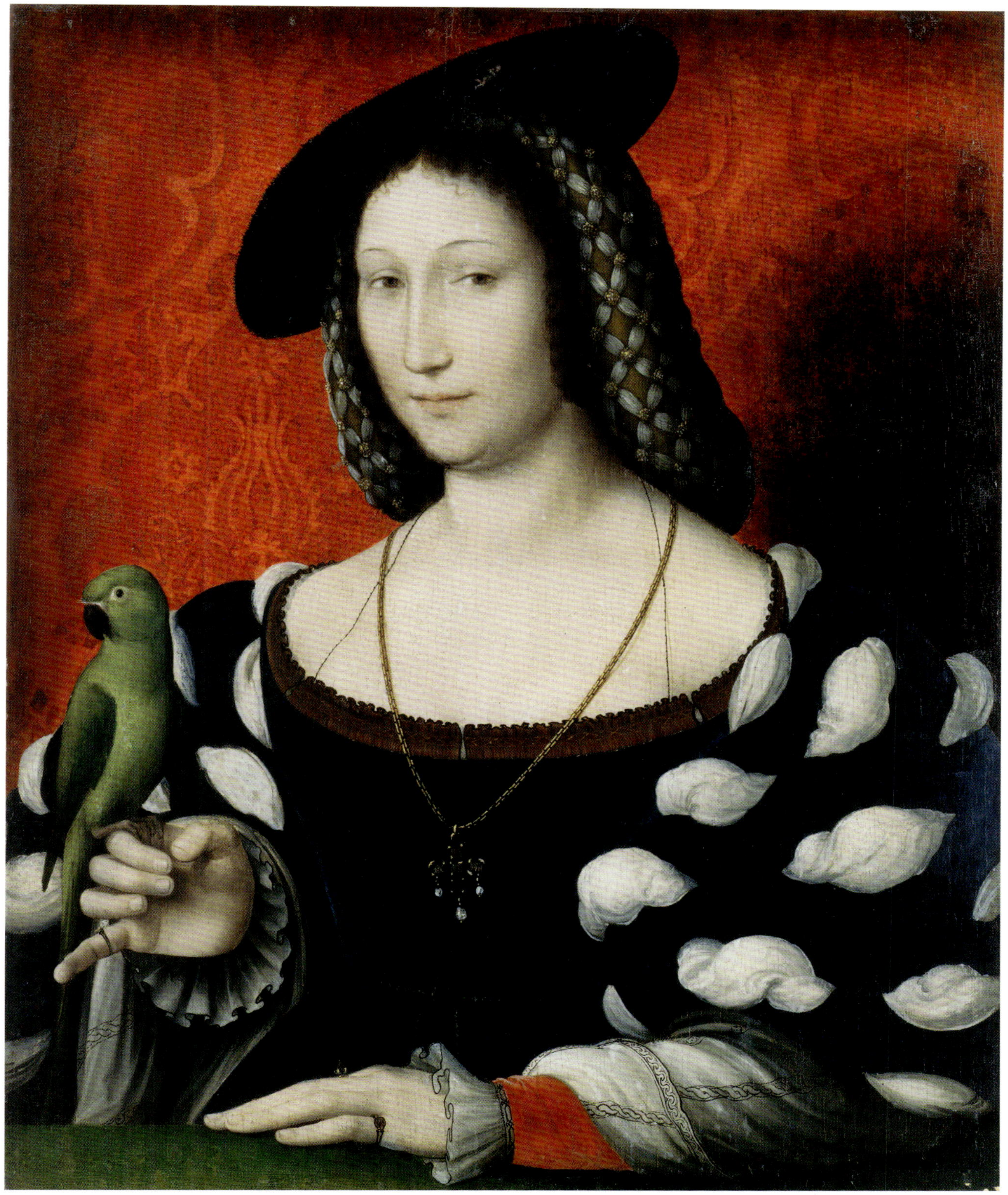

Marguerite d'Angoulême

The portraitist immortalized Margaret of Navarre in all her beauty. The vivid red background and the green parrot contrast with the pallor of the young woman's skin.

Marguerite d'Angoulême

Le portraitiste Jean Clouet immortalise Marguerite de Navarre dans l'éclat de sa beauté. Le fond rouge vif et le perroquet vert contrastent avec la pâleur diaphane des carnations de la jeune femme.

Marguerite d'Angoulême

Der Porträtist verewigte Margarete von Navarra in ihrer ganzen Schönheit. Der lebendige rote Hintergrund und der grüne Papagei bilden einen Kontrast zu der Blässe der Haut der jungen Frau.

Margarita de Angulema

El retratista Jean Clouet inmortalizó a Margarita de Navarra en toda su belleza. El fondo rojo vivo y el loro verde contrastan con la palidez diáfana de la piel de la joven.

Marguerite d'Angoulême

A retratadora imortalizou Margarida de Navarra em toda a sua beleza. O fundo vermelho vivo e o papagaio verde contrastam com a palidez da pele da jovem mulher.

Margaretha van Valois

De portrettist vereeuwigde Margaretha van Valois in al haar schoonheid. De levendige rode achtergrond en de groene papegaai contrasteren met de bleke huid van de jonge vrouw.

JEAN CLOUET (1475/85-1541)

c. 1530, Oil on wooden panel/Huile sur panneau de bois, 61,2 × 52,6 cm, National Museums Liverpool

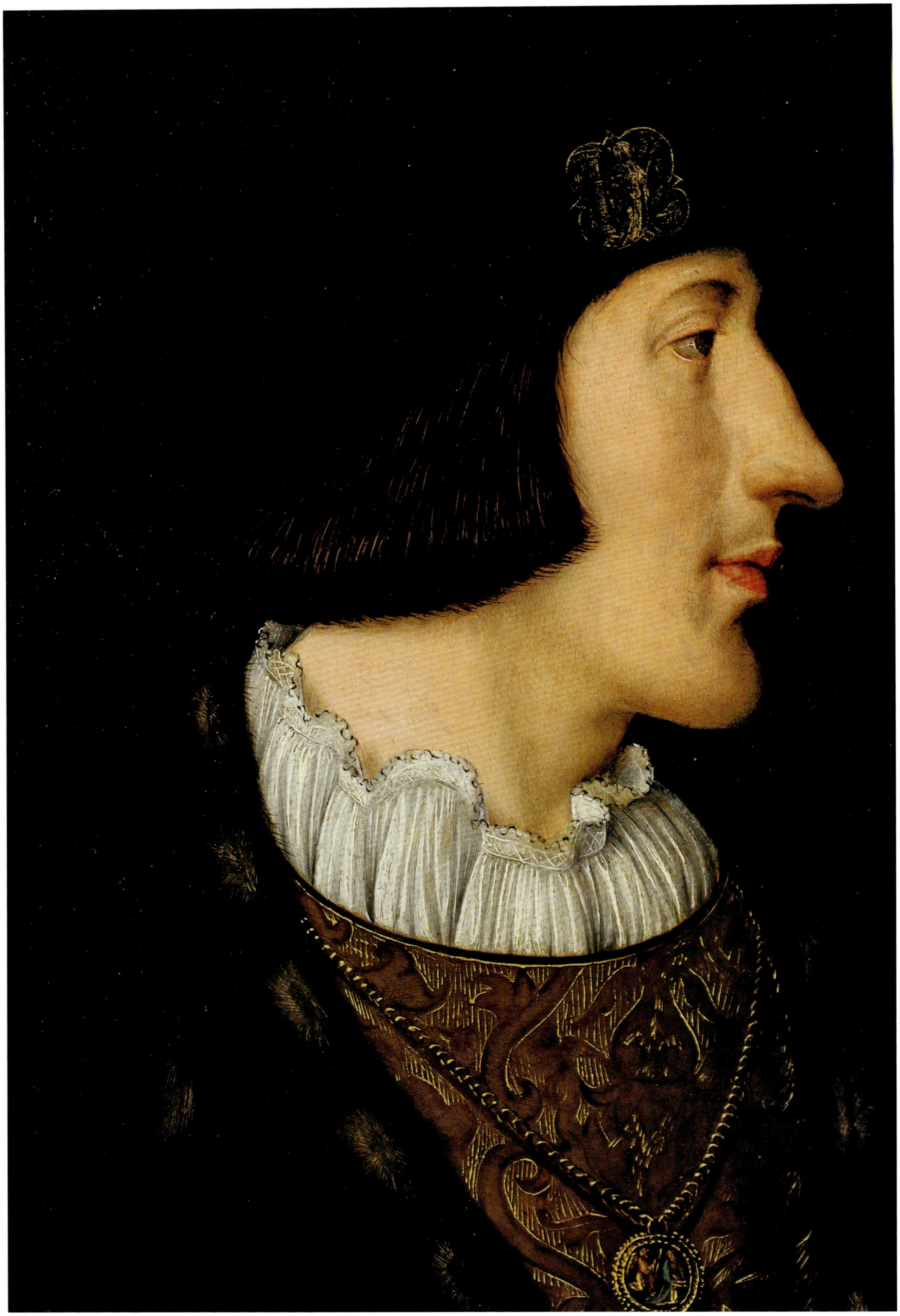

Charles III, Duke of Savoy

Portrait de Charles de Savoie

Karl III., Herzog von Savoyen

Carlos III, Duque de Saboya

Charles III, Duque de Sabóia

Portret van Karel III van Savoye

JEAN CLOUET (1475/85-1541)

c. 1523-41, Oil on wooden panel/Huile sur panneau de bois, Galleria Sabauda, Torino

Portrait Claudes de Lorraine, First Duke of Guise

Portrait de Claude de Lorraine, Duc de Guise

Porträt Claudes de Lorraine, erster Herzog von Guise

Retrato Claudes de Lorraine, Primer Duque de Guise

Retrato Claudes de Lorraine, Primeiro Duque de Guise

Portret van Claude de Lorraine, hertog van Guise

JEAN CLOUET (1475/85-1541)

1528, Oil on wooden panel/Huile sur panneau de bois, 26 × 26 cm, Galleria Palatina & Appartamenti Reali di Palazzo Pitti, Firenze

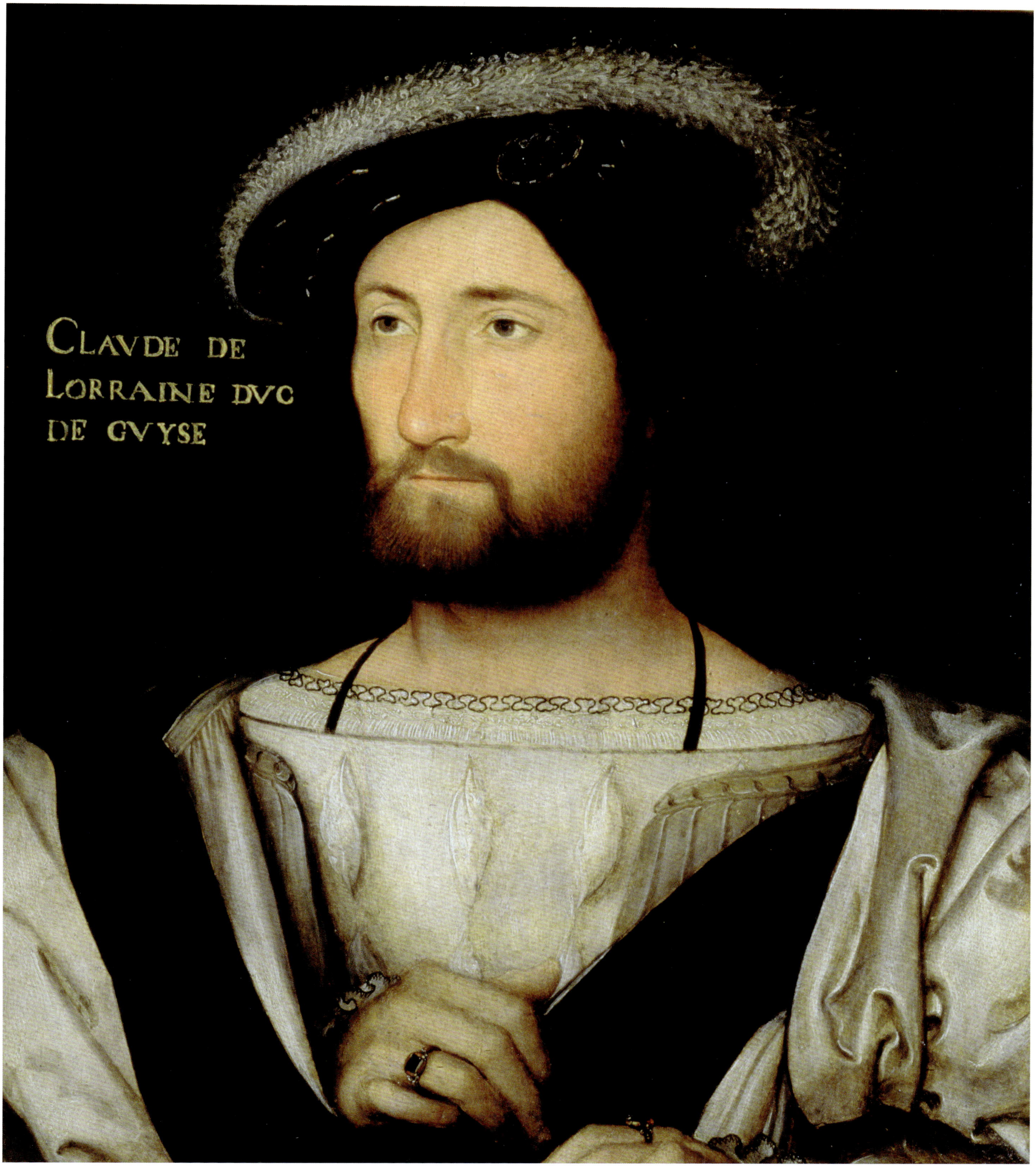
CLAVDE DE
LORRAINE DVC
DE GVYSE

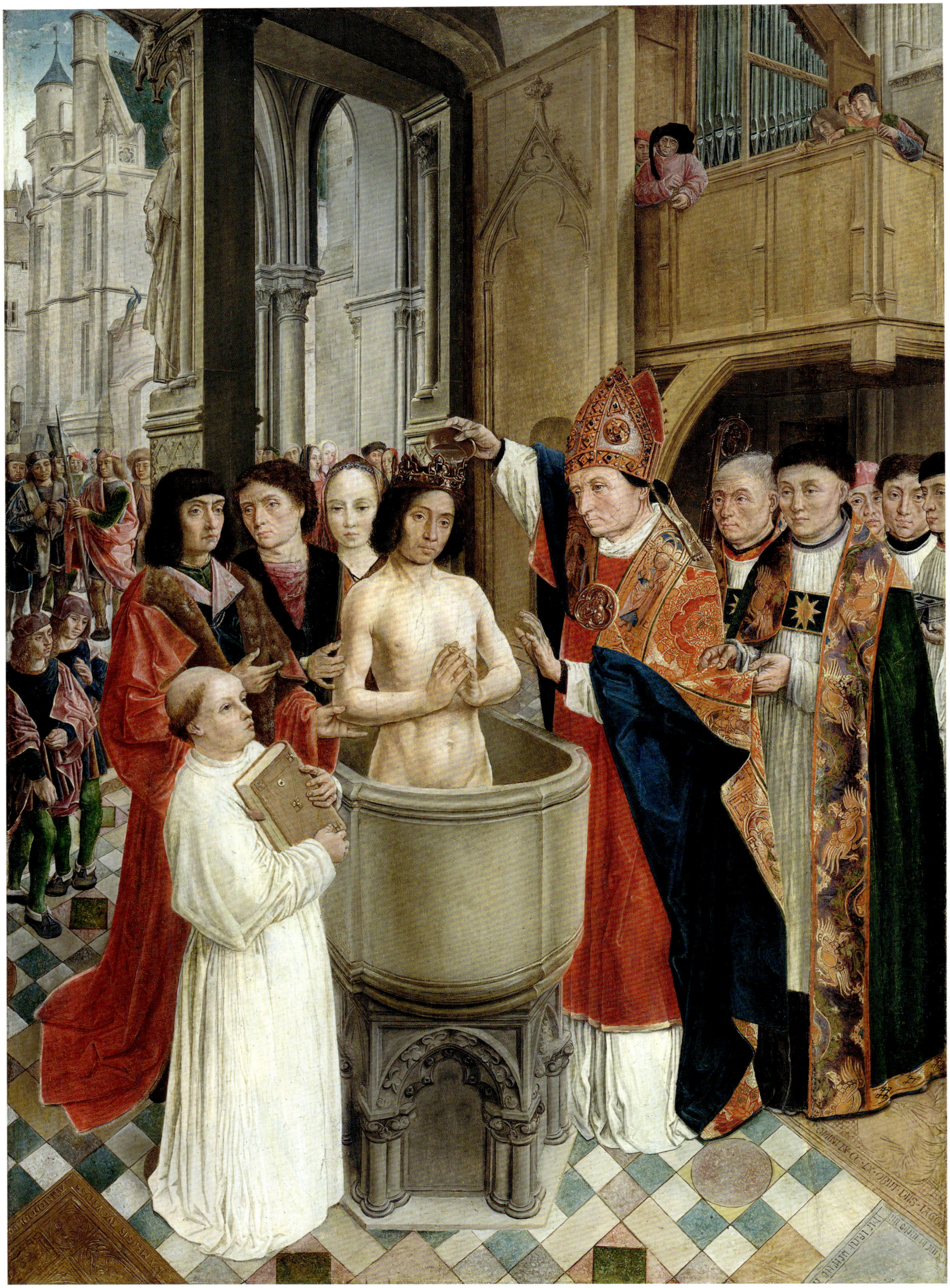

The Baptism of Clovis (465-511)

Le Baptême de Clovis (465-511)

Die Taufe des Chlodwig (465-511)

El Bautismo de Clodoveo (465-511)

O Batismo de Clodwig (465-511)

De doop van Clovis I (465-511)

MAÎTRE DE SAINT GILLES (FL 1490-1520)

c. 1500, Oil on wooden panel/Huile sur panneau de bois, 61,5 × 45,5 cm, National Gallery of Art, Washington

The Mass of St. Giles

Little is known about the Master of Saint Giles. He created a polyptych of which only two of the four panels can be attributed to him with certainty. The one shown here and Saint Giles and the Hind.

La Messe de saint Gilles

On ne sait quasiment rien du Maître de Saint Gilles. Il est l'auteur d'un polyptyque dont seuls deux des quatre panneaux sont attribués avec certitude à l'artiste : celui-ci, et *Saint Gilles et la biche*.

Die Messe des St. Gilles

Über den Meister des Saint Gilles ist kaum etwas bekannt. Er schuf ein Polyptychon, von dem ihm nur zwei der vier Tafeln mit Gewissheit zugeschrieben werden können. Die hier gezeigte und Der heilige Ägidius und die Hirschkuh.

La misa de San Gilles

No sabemos casi nada sobre el Maestro de San Gilles. Es autor de un políptico del que sólo dos de los cuatro paneles se atribuyen con certeza al artista: éste, y San Gilles y el ciervo.

A missa de São Gilles

Pouco se sabe sobre o Mestre de Saint Gilles. Ele criou um políptico do qual apenas dois dos quatro painéis podem ser atribuídos a ele com certeza. Aquele mostrado aqui e São Ágidio e a vaca veado.

De mis van Sint-Gillis

Er is weinig bekend over de meester van Sint-Gillis. Hij maakte een veelluik waarvan slechts twee van de vier panelen met zekerheid aan hem kunnen worden toegeschreven. Dit paneel en dat met Aegidius en de hinde.

MAÎTRE DE SAINT GILLES (FL 1490-1520)

c. 1500, Tempera on wood/ Tempera sur bois, 62,3 × 46 cm, The National Gallery, London

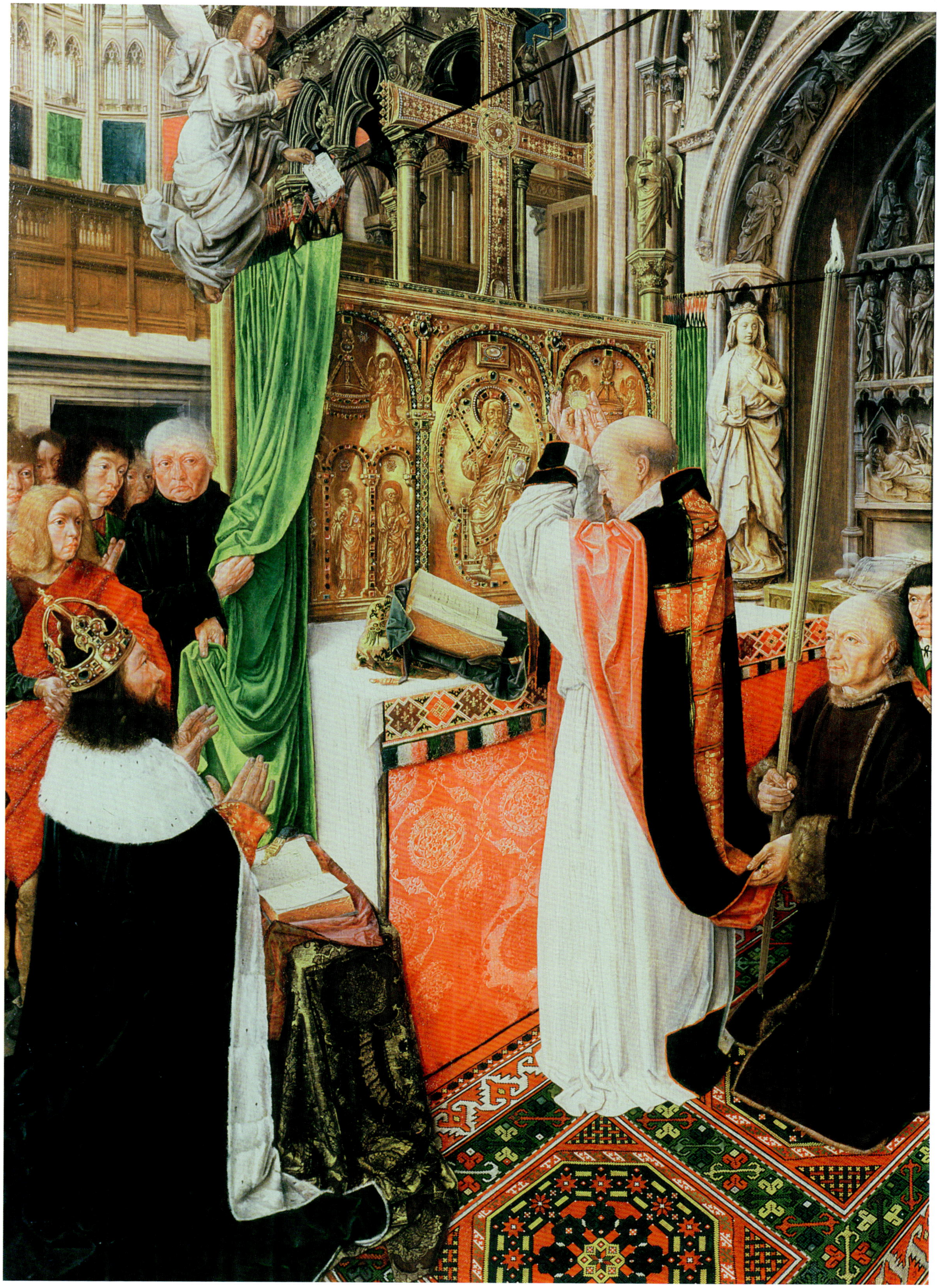

Marie de Batarnay

CORNEILLE DE LYON (C. 1500-75)

c. 1535-40, Oil on wooden panel/
Huile sur panneau de bois, 17,8 × 14,4 cm,
Museum of Fine Arts, Houston

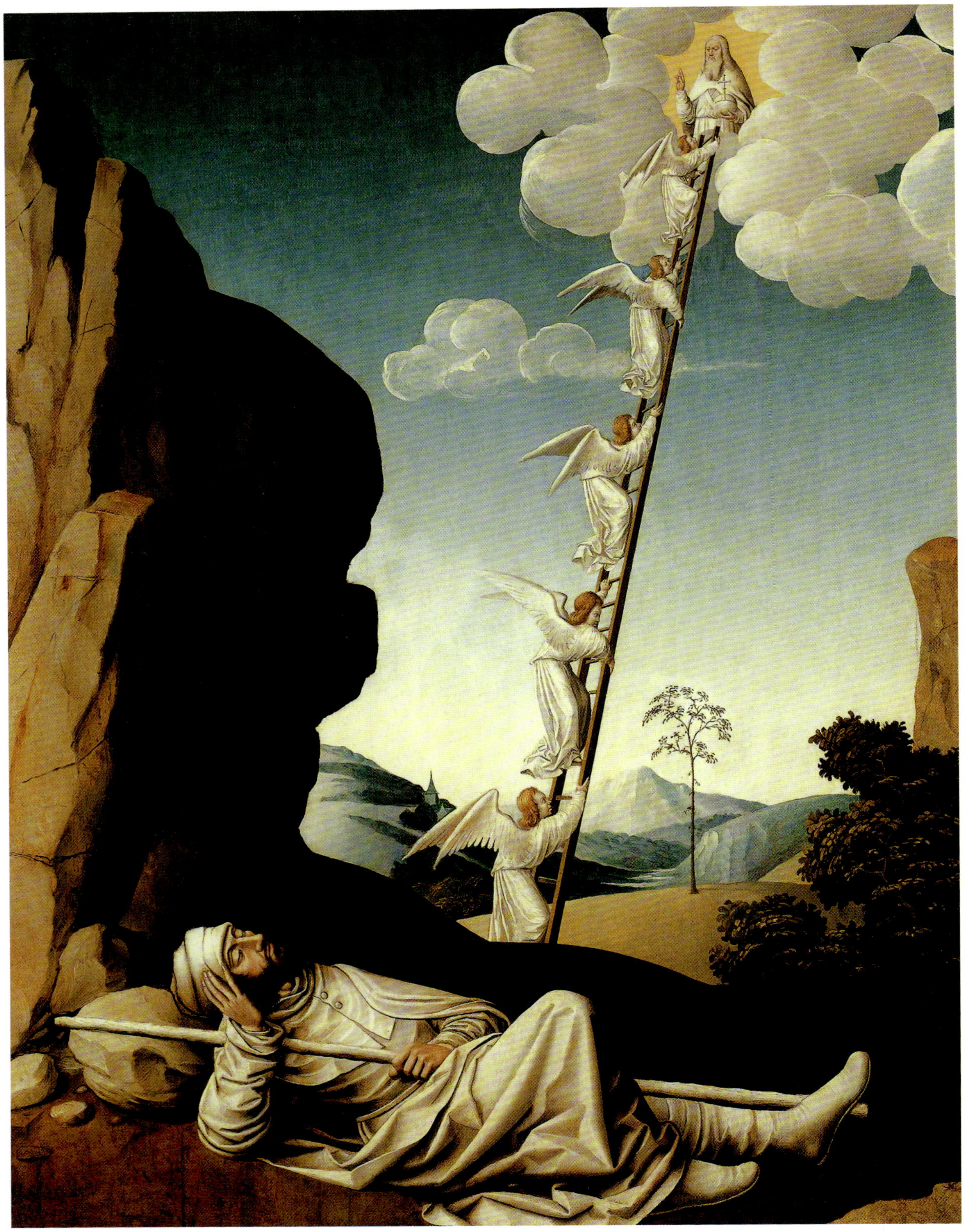

Jacob's Ladder

Nicolas Dipre, who came from the Avignon school, devoted his precise strokes to religious and narrative representations, in which he skilfully used colors.

Le Songe de Jacob

Peintre de l'école d'Avignon, actif entre 1495 et 1532, Nicolas Dipre est un adepte des compositions religieuses et narratives au dessin précis. Il se révèle être également un excellent coloriste.

Jakobs Traum von der Himmelsleiter

Der aus der Schule von Avignon stammende Nicolas Dipre widmete sich mit seinem präzisen Strich religiösen und narrativen Darstellungen, bei denen er Farben gekonnt einsetzte.

El sueño de Jacob

Nicolás Dipre, procedente de la escuela de Avignon y activo entre 1495 y 1532, dedicó su trazo preciso a las representaciones religiosas y narrativas, en las que utilizó hábilmente los colores.

O sonho de Jacó da escada do céu

Nicolas Dipre, que veio da escola de Avignon, dedicou seu traço preciso a representações religiosas e narrativas, nas quais ele habilmente usou cores.

Jacobs droom

Nicolas Dipre, schilder van de school van Avignon, wijdde zich met precieze lijnen aan religieuze en narratieve voorstellingen, waarin hij vakkundig kleuren gebruikte.

NICOLAS DIPRE (FL 1495-1532)

c. 1500, Oil on wooden panel transferred to canvas/Huile sur panneau de bois transférée sur toile, 129 × 103 cm, Musée du Petit Palais, Avignon

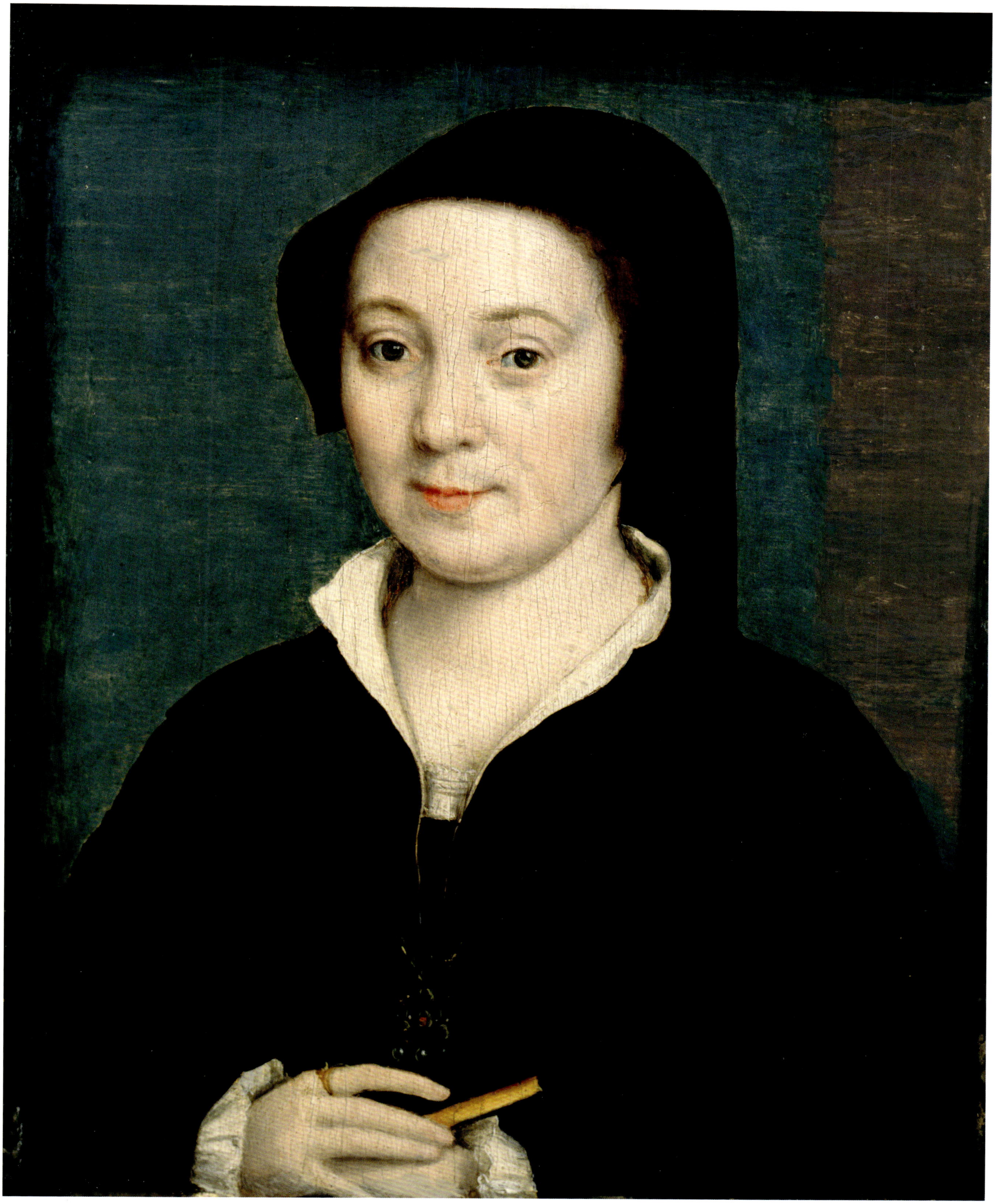

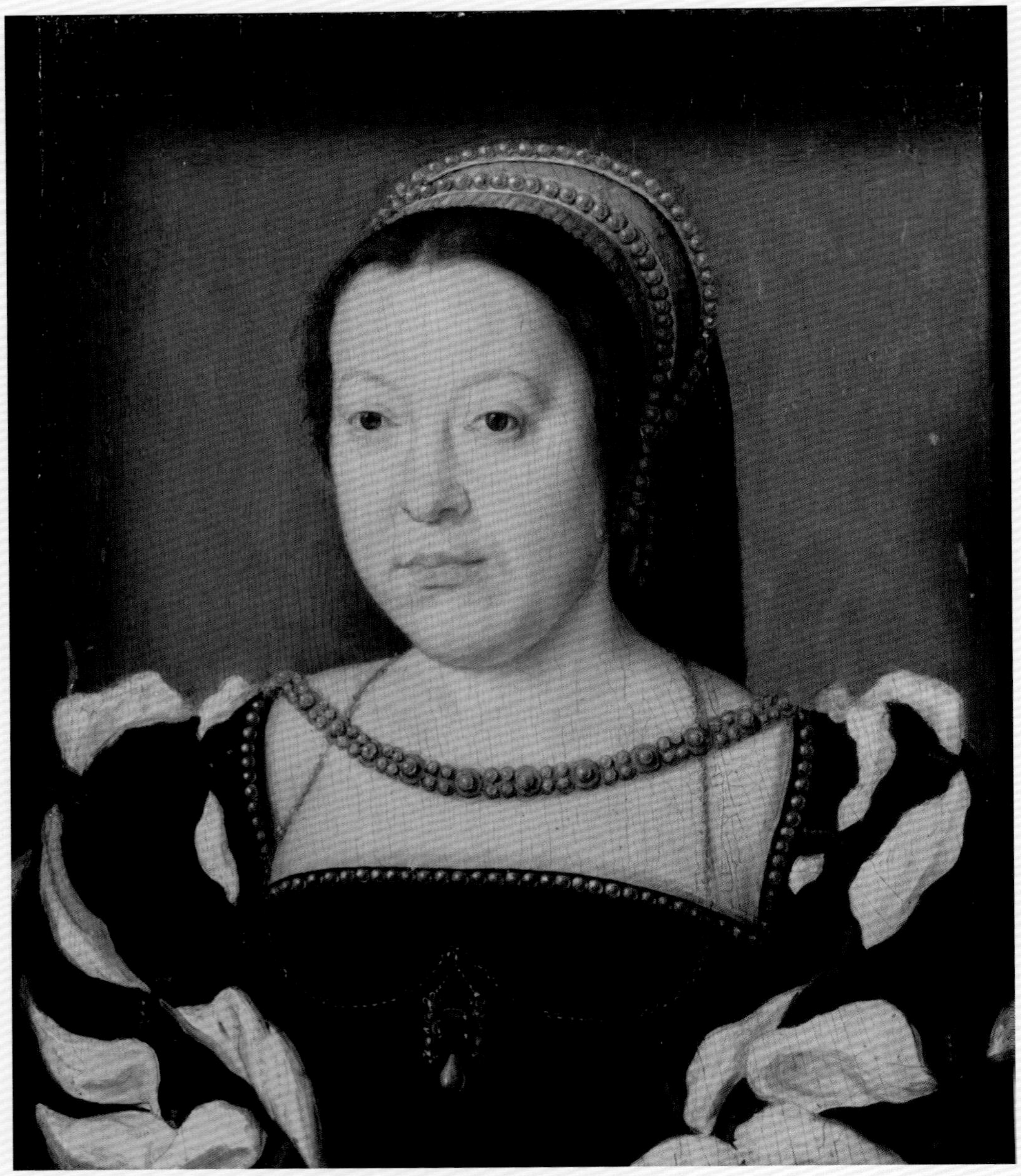

Catherine de' Medici

Catherine de Médicis

CORNEILLE DE LYON (C. 1500-75)

c. 1536, Oil on wooden panel/Huile sur panneau de bois, 16,5 × 15,2 cm, Polesden Lacey, Great Bookham

Corneille de Lyon

Corneille de Lyon, born in The Hague between 1500 and 1510 and died in Lyon between 1574 and 1575, is distinguished by his fine and precise works - exclusively portraits in small formats. His work has produced a number of these paintings in which bright, finely structured faces stand out against a monochrome background without decoration, almost always in blue or green. With great objectivity he immortalized in oil on wood the nobility and the French elite of his epoch - from Charles de La Rochefoucauld to Marie de Guise, Henry II as heir to the throne, Caterina de' Medici or Françoise de Longwy to Louis de Bourbon. Little is known about his youth in the Netherlands before his arrival in Lyon in 1533. In 1547 he was granted French citizenship. In 1551 he was appointed painter and valet of the king. Between the years 1530 and 1570 he created about 150 paintings. Because of his good reputation, Corneille was often copied - which makes it difficult to classify his works today.

Corneille de Lyon

Né entre 1500 et 1510 à La Haye, et mort vers 1574-1575 à Lyon, Corneille de Lyon est un peintre d'une minutie et d'une délicatesse extraordinaires. Il excelle dans l'art du portrait de petites dimensions. Sa production a donné lieu à une galerie de visages aux lignes pures, se détachant d'un fond sans décor, monochrome, presque invariablement bleu ou vert. D'une grande sobriété, ses portraits en buste, à l'huile sur bois, immortalisent la noblesse et l'élite française de l'époque, de Charles de La Rochefoucauld à Louis de Bourbon, en passant par Marie de Guise, le dauphin Henri, Catherine de Médicis ou Françoise de Longwy. On ne sait rien de la jeunesse hollandaise de l'artiste, avant son arrivée à Lyon en 1533. Il est naturalisé français en 1547, et porte le titre de Peintre et valet de chambre du roi en 1551.
Il aurait réalisé environ cent cinquante tableaux, entre 1530 et 1570. Le fait qu'il ait souvent été copié – ce qui rend délicate la question des attributions – montre que l'artiste eut une belle renommée.

Corneille de Lyon

Der zwischen 1500 und 1510 in Den Haag geborene und zwischen 1574 und 1575 in Lyon gestorbene Corneille de Lyon zeichnet sich durch seine feinen und genauen Werke aus – ausschließlich Porträts in kleinen Formaten. Sein Schaffen brachte eine ganze Reihe dieser Gemälde hervor, auf denen sich helle, fein strukturierte Gesichter von einem einfarbigen Hintergrund ohne Dekor abheben, der fast immer in Blau oder Grün ausgeführt ist. Mit großer Sachlichkeit verewigte er in Öl auf Holz den Adel und die französische Elite seiner Epoche – von Charles de La Rochefoucauld über Marie de Guise, Heinrich II. als Thronfolger, Caterina de' Medici oder Françoise de Longwy bis hin zu Louis de Bourbon. Über seine Jugend in den Niederlanden vor seiner Ankunft in Lyon im Jahr 1533 ist wenig bekannt. 1547 erhielt er das französische Bürgerrecht. 1551 wurde er zum Maler und Kammerdiener des Königs ernannt. Zwischen den Jahren 1530 und 1570 schuf er circa 150 Gemälde. Wegen seines guten Rufes wurde Corneille oft kopiert – was die Zuordnung seiner Werke heute erschwert.

Presumed portrait of Clément Marot (1496-1544), poet of Margaret of Navarre and Francis I.

Portrait présumé de Clément Marot (1496-1544), poète de Marguerite de Navarre puis de François Ier

Mutmaßliches Porträt des Clément Marot (1496-1544), Dichter der Margarete von Navarra und Franz I.

Presunto retrato de Clément Marot (1496-1544), poeta de Margarita de Navarra y Francisco I

Presumido retrato de Clément Marot (1496-1544), poeta de Margarida de Navarra e Francisco I.

Verondersteld portret van Clément Marot (1496-1544), hofdichter van Margaretha van Valois en Frans I

CORNEILLE DE LYON (C. 1500-75)

c. 1536, Oil on wooden panel/Huile sur panneau de bois, 12 × 10 cm, Musée du Louvre, Paris

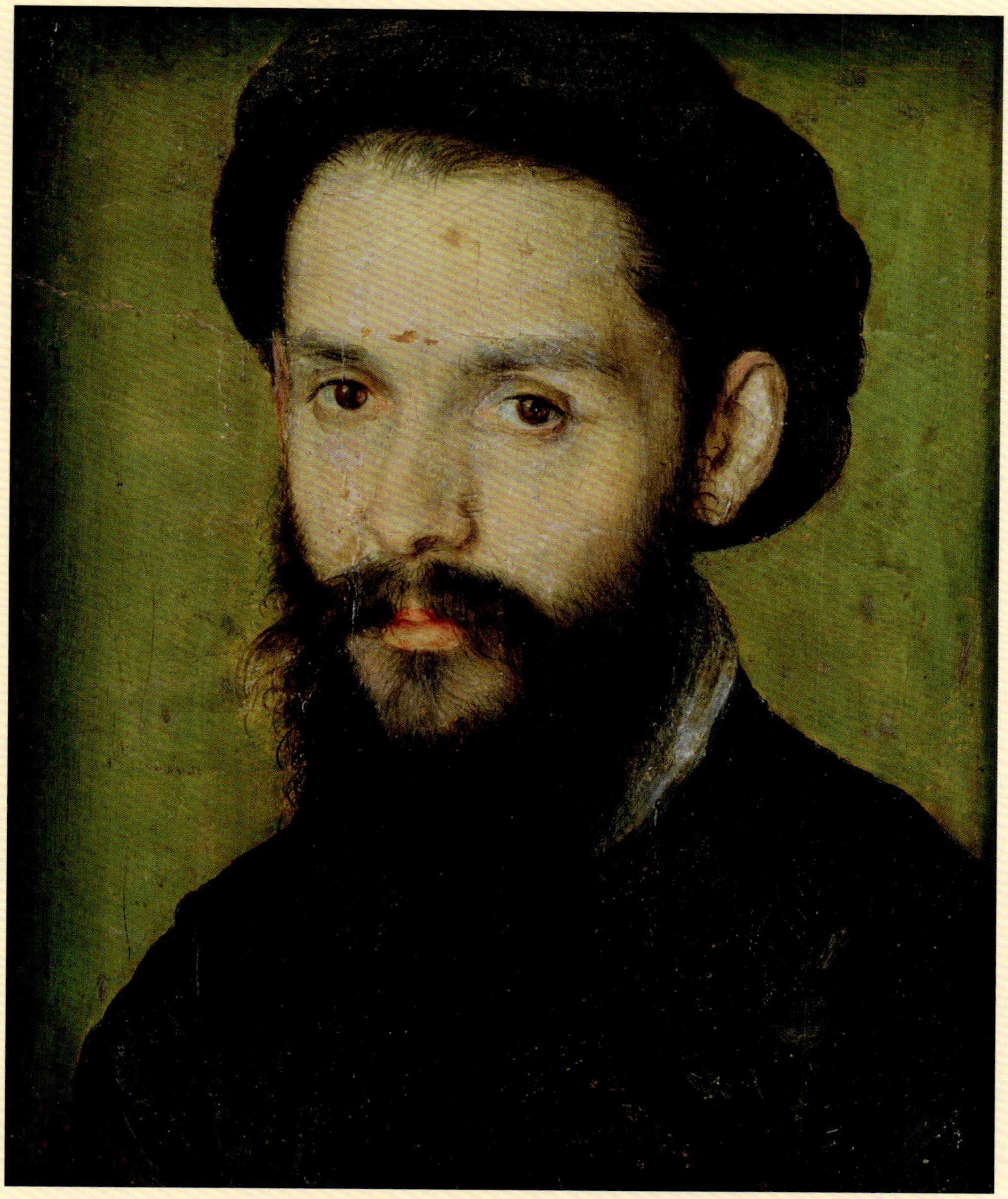

Corneille de Lyon

Corneille de Lyon, nacido en La Haya entre 1500 y 1510 y fallecido en Lyon entre 1574 y 1575, se distingue por sus obras finas y precisas, exclusivamente retratos en pequeño formato. Su obra ha producido varias de estas pinturas en las que destacan rostros brillantes, finamente estructurados, sobre un fondo monocromo sin decoración, casi siempre en azul o verde. Con gran objetividad inmortalizó en óleo sobre madera a la nobleza y a la élite francesa de su época -desde Carlos de La Rochefoucauld a María de Guisa, Enrique II como heredero del trono, Catalina de' Medici o Françoise de Longwy a Luis de Borbón. Poco se sabe de su juventud en Holanda antes de su llegada a Lyon en 1533. En 1547 se le concedió la ciudadanía francesa. En 1551 fue nombrado pintor y ayudante de cámara del rey. Entre los años 1530 y 1570 realizó unas 150 pinturas. Debido a su buena reputación, Corneille fue copiado con frecuencia, lo que dificulta la clasificación de sus obras en la actualidad.

Corneille de Lyon

Corneille de Lyon, nascido em Haia entre 1500 e 1510 e falecido em Lyon entre 1574 e 1575, distingue-se pelas suas obras finas e precisas - exclusivamente retratos em pequenos formatos. A sua obra produziu uma série destas pinturas em que se destacam faces brilhantes, finamente estruturadas, sobre um fundo monocromático sem decoração, quase sempre em azul ou verde. Com grande objetividade imobilizou em óleo sobre madeira a nobreza e a elite francesa de sua época - de Charles de La Rochefoucauld a Marie de Guise, Henrique II como herdeiro do trono, Caterina de' Medici ou Françoise de Longwy a Louis de Bourbon. Pouco se sabe sobre sua juventude na Holanda antes de sua chegada a Lyon, em 1533. Em 1547 foi-lhe concedida a cidadania francesa. Em 1551 foi nomeado pintor e criado do rei. Entre os anos 1530 e 1570 ele criou cerca de 150 pinturas. Devido à sua boa reputação, Corneille foi muitas vezes copiado, o que dificulta a classificação de suas obras hoje.

Corneille de Lyon

De tussen 1500 en 1510 in Den Haag geboren en tussen 1574 en 1575 in Lyon overleden Corneille de Lyon onderscheidt zich door zijn fijne en precieze werken – uitsluitend portretten op klein formaat. Uit zijn werk kwam een hele serie schilderijen voort waarin lichte, fijngebouwde gezichten zich aftekenen tegen een monochrome achtergrond zonder versiering, die bijna altijd blauw of groen is. Zeer zakelijk vereeuwigde hij in olieverf op paneel de adel en de Franse elite van zijn tijd – van Charles de La Rochefoucauld tot Marie de Guise, Hendrik II als troonopvolger, Catharina de' Medici en Françoise de Longwy tot Lodewijk van Bourbon. Over zijn jeugd in Nederland voor zijn aankomst in Lyon in 1533 is weinig bekend. In 1547 kreeg hij de Franse nationaliteit. In 1551 werd hij benoemd tot schilder en kamerdienaar van de koning. Tussen 1530 en 1570 maakte hij zo'n 150 schilderijen. Vanwege zijn goede naam werd Corneille vaak gekopieerd – wat toeschrijving van zijn werk nu lastig maakt.

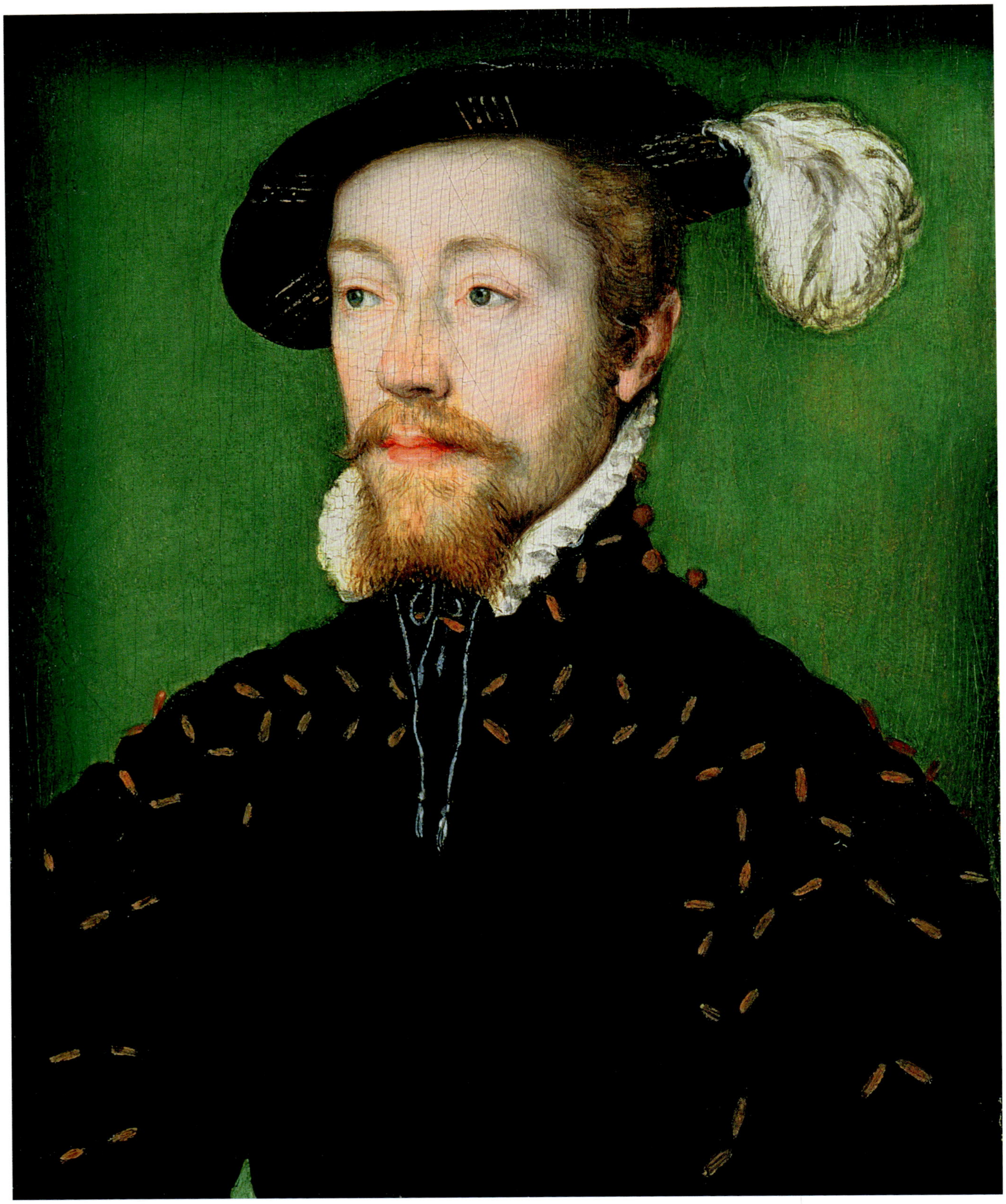

Portrait of a Man

Portrait d'un homme

Porträt eines Mannes

Retrato de un hombre

Retrato de um homem

Portret van een man

CORNEILLE DE LYON (C. 1500-75)

c. 1536-40,
Oil on wooden panel/Huile sur panneau de bois,
16,5 × 14,3 cm,
National Gallery of Art, Washington

Jacob V of Scotland

Jacques V d'Écosse

Jakob V. von Schottland

Jacobo V de Escocia

Jacob V da Escócia

Jacobus V van Schotland

CORNEILLE DE LYON (C. 1500-75)

c. 1536-37, Oil on wooden panel/Huile sur panneau de bois, 17,2 × 14,6 cm, The Weiss Gallery, London

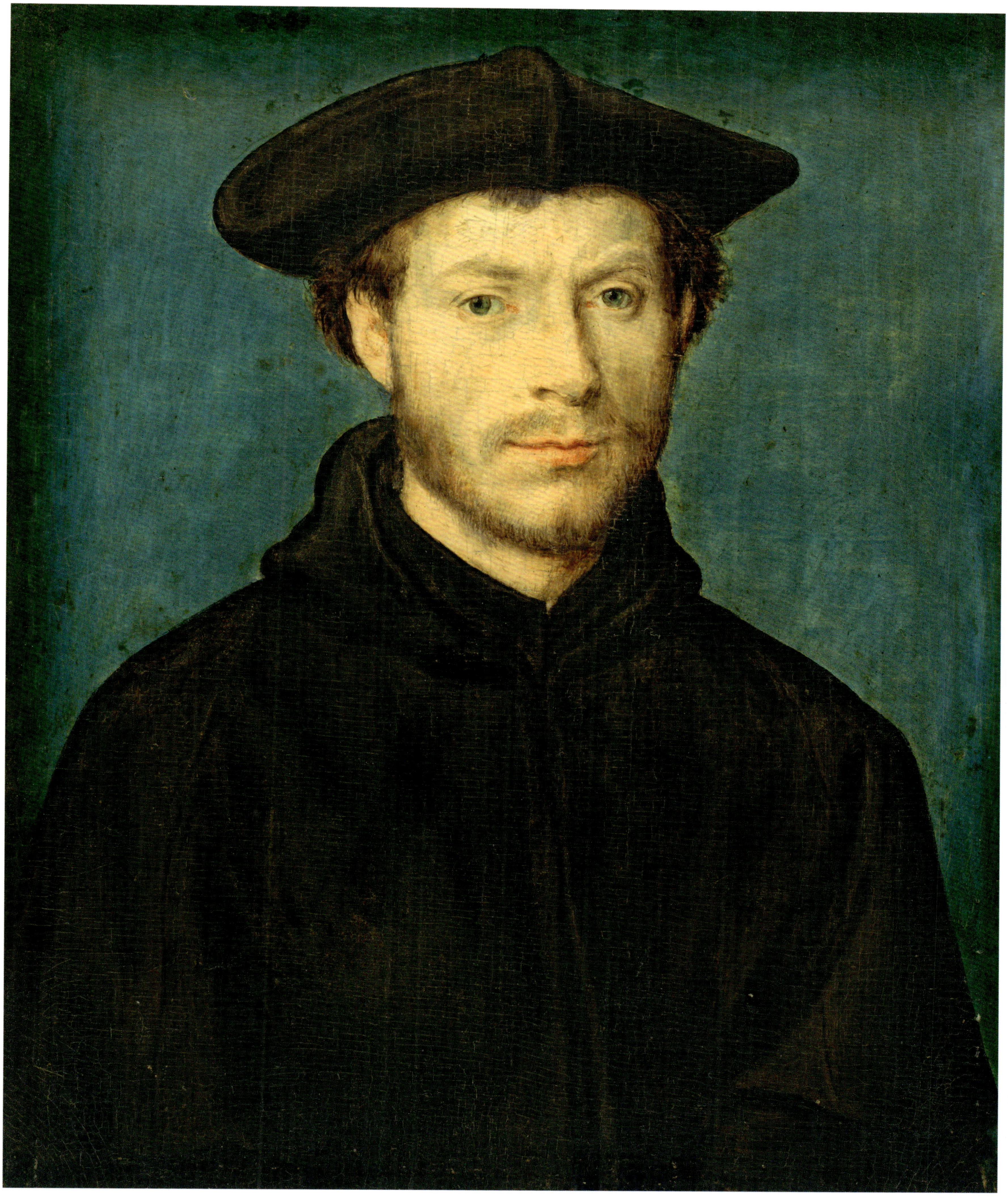

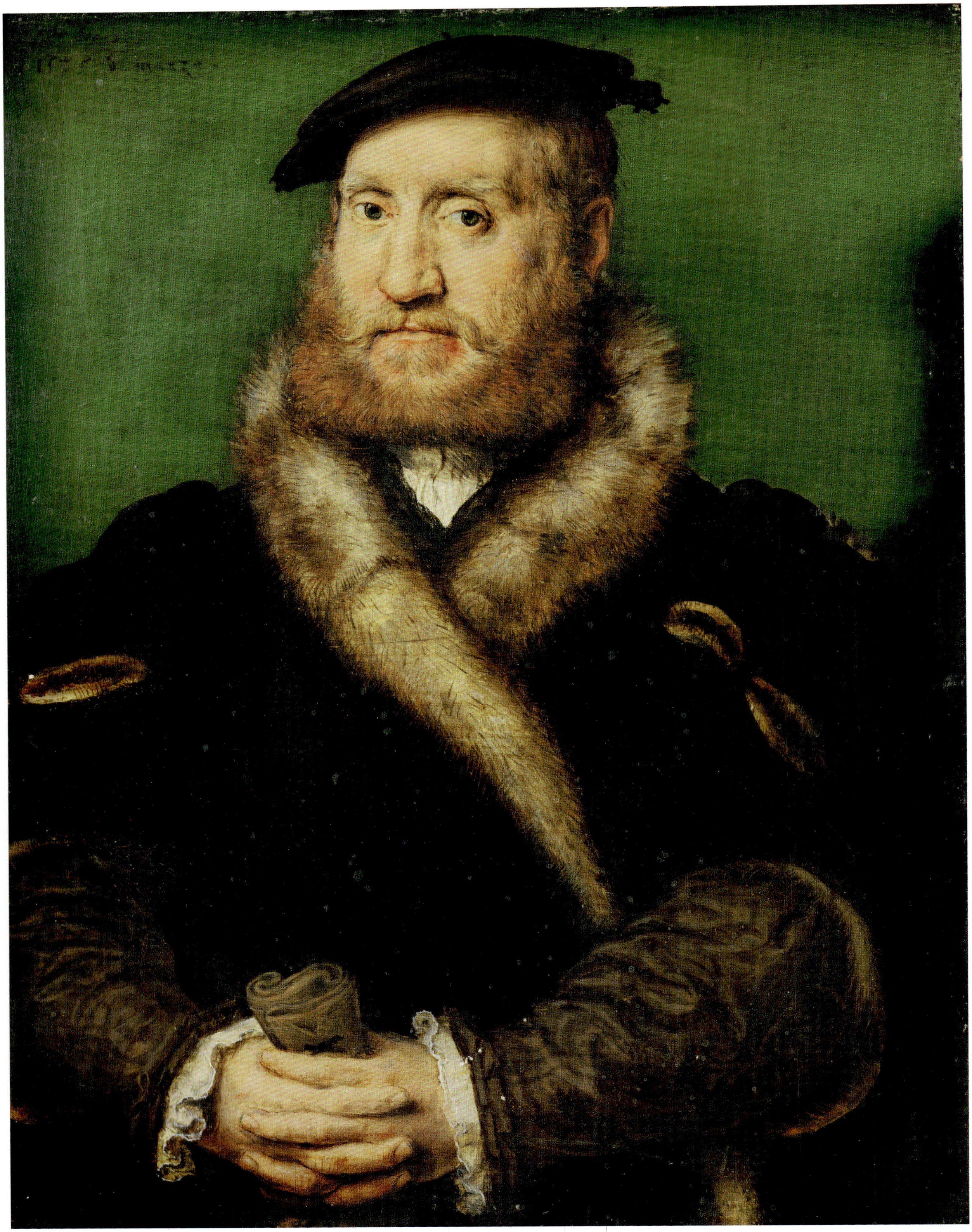

Portrait of a Bearded Man
with a Fur Coat

Portrait d'un inconnu à la barbe

Bildnis eines bärtigen Mannes im Pelz

Retrato de un extraño con barba

Retrato de um homem
barbado em pele

Portret van een onbekende
man met baard

CORNEILLE DE LYON (C. 1500-75)
1535, Oil on wooden panel/Huile
sur panneau de bois, 23,2 × 18,6 cm,
Kunsthistorisches Museum, Wien

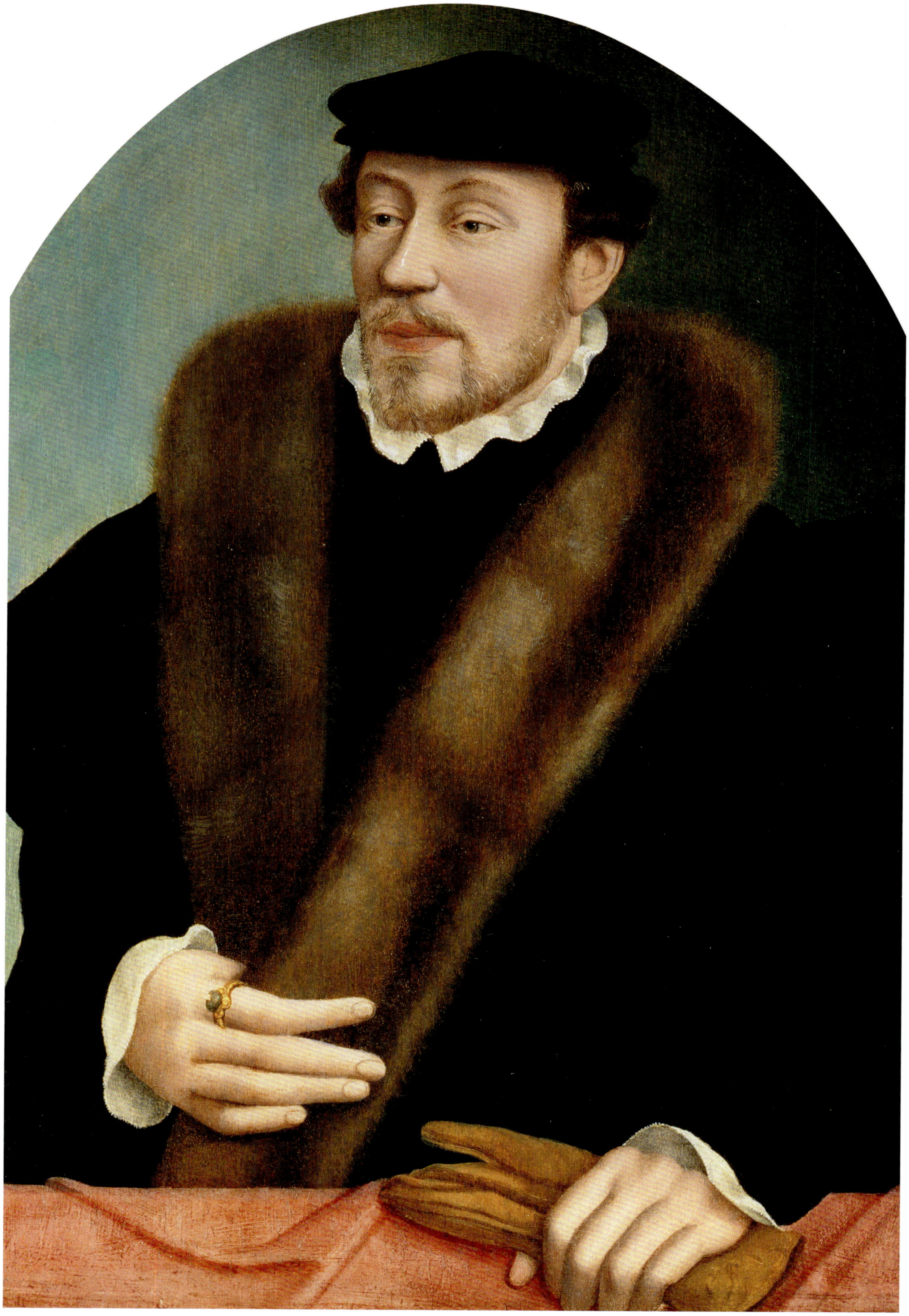

Portrait of a Unknown Man with Hat

Portrait d'un inconnu au chapeau

Bildnis eines Unbekannten mit Hut

Retrato de un extraño con sombrero

Retrato de um Homem
Desconhecido com Chapéu

Portret van een onbekende
man met hoed

CORNEILLE DE LYON (C. 1500-75)
Oil on wooden panel/Huile sur panneau
de bois, 40 × 28 cm, Private collection

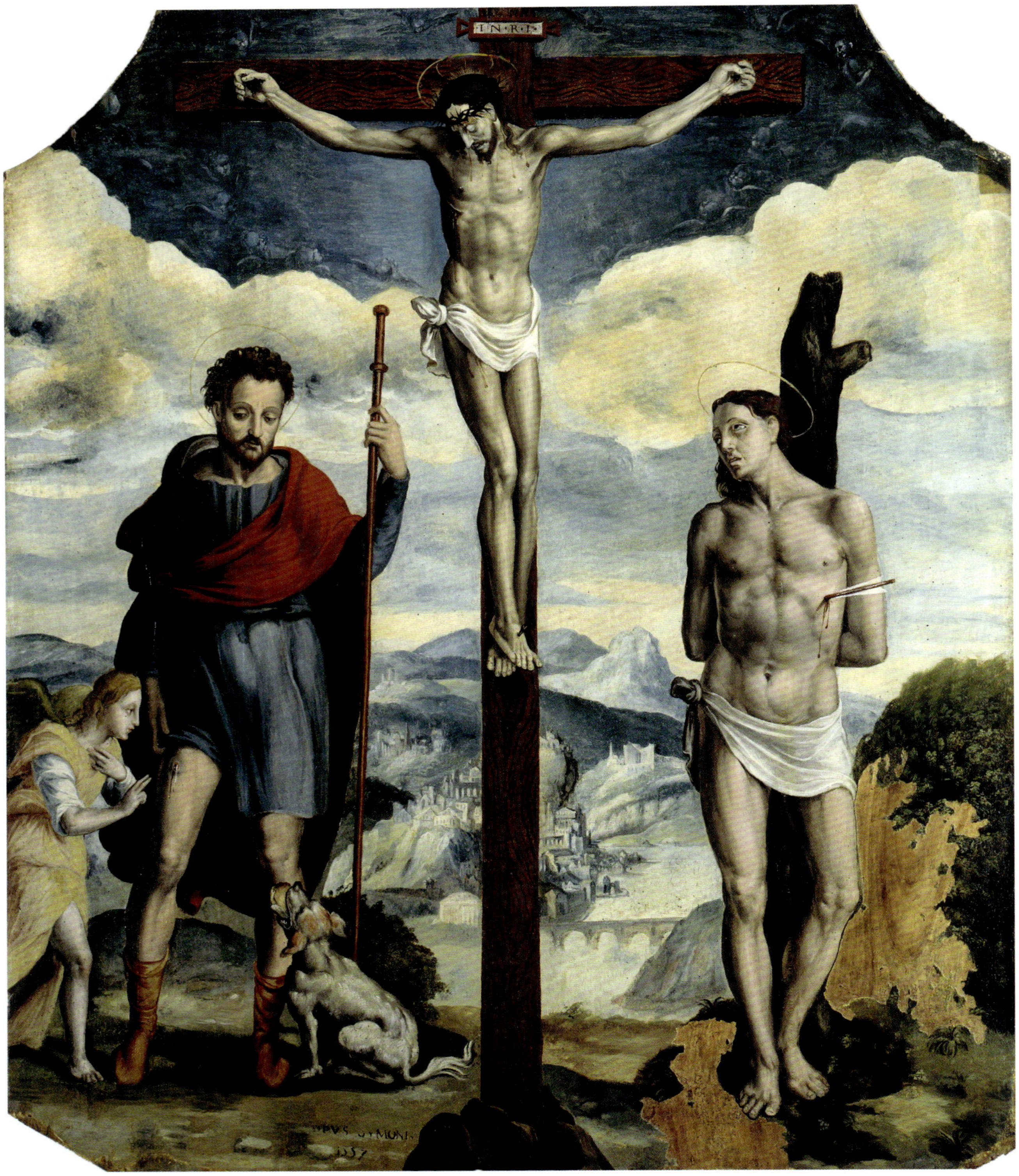

Crucifixion with St. Rochus and St. Sebastian

At the same time inspired by the schools of the north and Italian painting, Simon de Châlons specialized in religious works. He became one of the most famous painters of the school of Avignon.

La Crucifixion

Inspiré à la fois par les écoles du Nord et le modèle des peintres italiens, Simon de Châlons s'est spécialisé dans les œuvres religieuses. Il fut l'un des peintres les plus appréciés de l'école d'Avignon.

Kreuzigung mit dem heiligen Rochus und dem heiligen Sebastian

Gleichzeitig inspiriert durch die Schulen des Nordens und die italienische Malerei, spezialisierte sich Simon de Châlons auf religiöse Werke. Er wurde zu einem der bekanntesten Maler der Schule von Avignon.

La Crucifixión

Inspirado tanto por las escuelas del norte como por la pintura italiana, Simón de Châlons se especializó en obras religiosas. Se convirtió en uno de los pintores más famosos de la escuela de Avignon.

Crucificação com Santo Rochus e São Sebastião

Ao mesmo tempo, inspirado pelas escolas de pintura do norte e da Itália, Simon de Châlons especializou-se em obras religiosas. Tornou-se um dos pintores mais famosos da escola de Avignon.

Kruisiging met Sint-Rochus en Sint-Sebastiaan

Simon de Châlons, die geïnspireerd werd door de scholen van de noordelijke en de Italiaanse schilderkunst, was gespecialiseerd in religieuze werken. Hij werd een van de beroemdste schilders van de school van Avignon.

SIMON DE CHÂLONS (1506-1568)

1557, Oil on wooden panel/Huile sur panneau de bois, 190 × 150 cm, Chapelle Saint-Charles d'Avignon

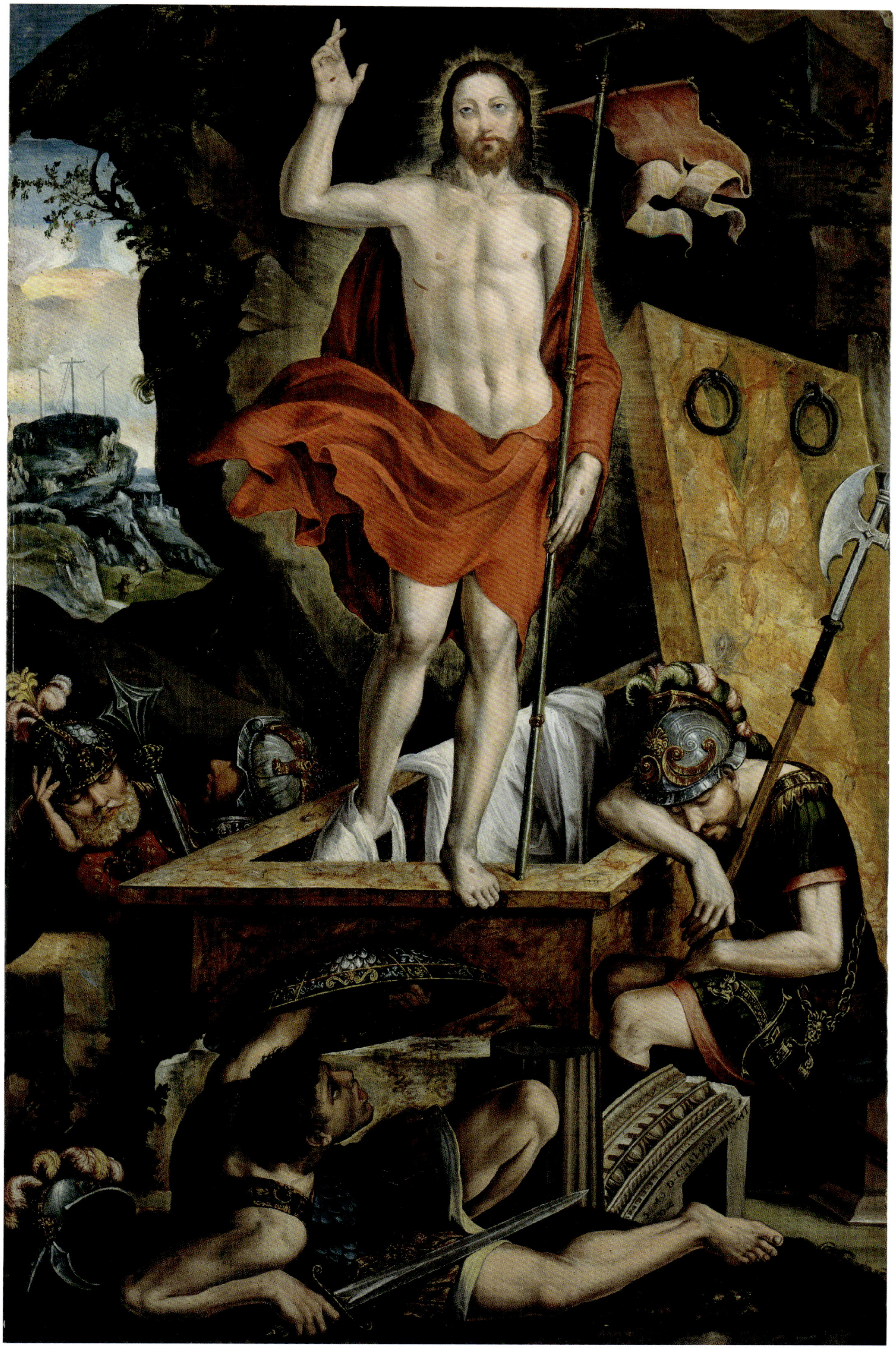

The Resurrection of Christ

La Résurrection du Christ

Die Auferstehung Christi

La Resurrección de Cristo

A Ressurreição de Cristo

De wederopstanding van Christus

SIMON DE CHÂLONS (1506-1568)

1552, Oil on canvas/Huile sur toile,
242 × 162 cm, Église des Baux de Bédoin

Francis I on Horseback

Portrait équestre de François Ier

Franz I. zu Pferde

Franz I a caballo

Franz I a cavalo

Koning Frans I van Frankrijk te paard

FRANÇOIS CLOUET (C. 1510-1572)

Oil on wooden panel/Huile sur panneau de bois, 27,5 × 22,5 cm, Galleria degli Uffizi, Firenze

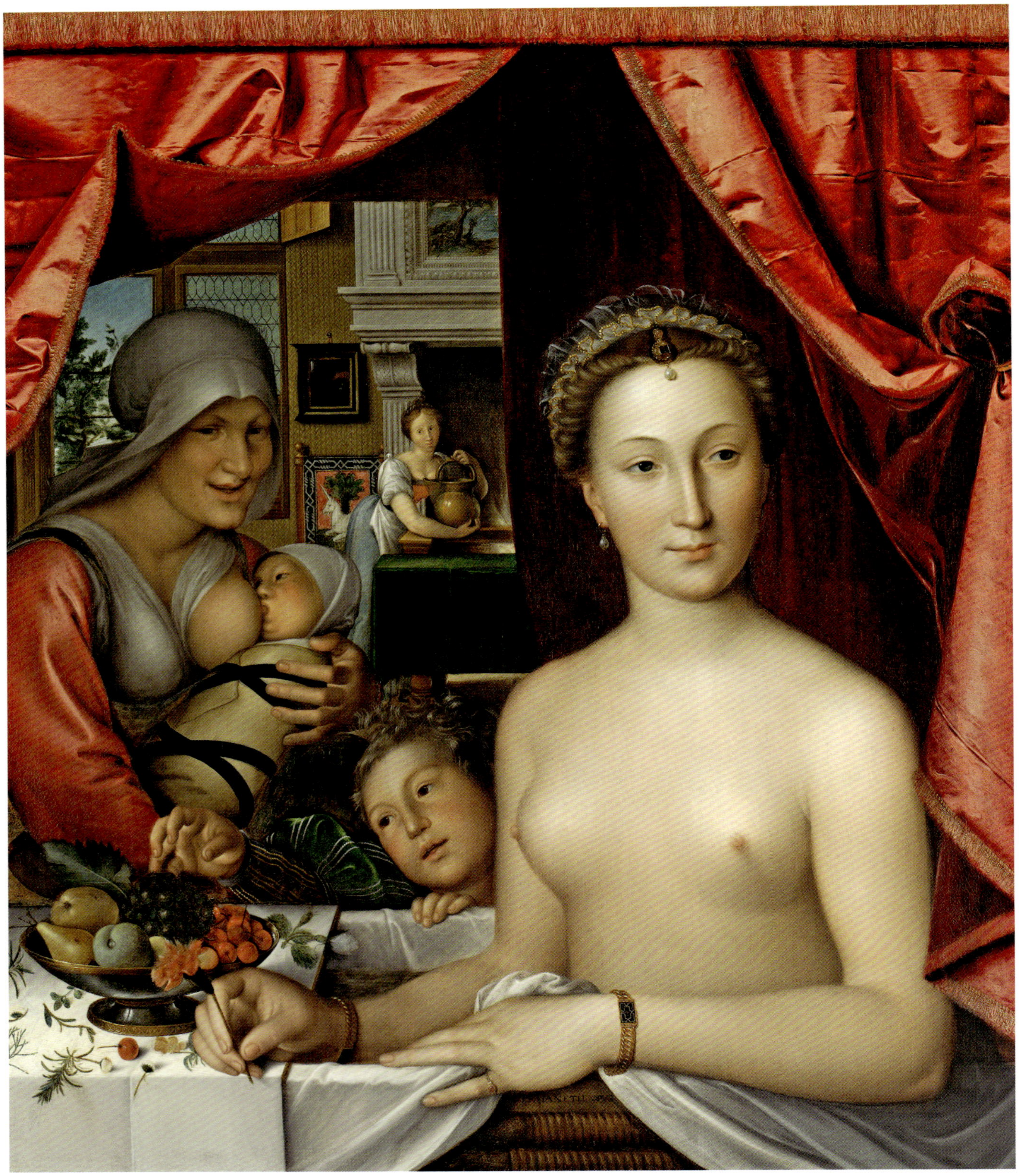

A Lady in Her Bath

The painting is divided into three levels. The naked woman in the bathroom is in the foreground. Behind her a nurse breast-feeds an infant, while in the background a servant is working in front of a fireplace.

Dame au bain

Trois plans composent ce tableau théâtral. La femme au bain, dénudée, occupe le devant de la scène. Derrière elle, la nourrice allaite un nourrisson, et au fond, une servante s'affaire devant la cheminée.

Dame im Bad

Das Gemälde ist in drei Ebenen gegliedert. Die nackte Frau im Bad steht im Vordergrund. Hinter ihr stillt eine Amme einen Säugling, während im Hintergrund eine Bedienstete vor einem Kamin tätig ist.

Dama en el baño

Tres tomas componen esta escena teatral. La mujer desnuda en el baño está en primer plano. Detrás de ella, la enfermera amamanta a un bebé, y en la parte inferior, un sirviente está ocupado frente a la chimenea.

Senhora na casa de banho

A pintura é dividida em três níveis. A mulher nua na casa de banho está em primeiro plano. Atrás dela uma enfermeira amamenta uma criança, enquanto no fundo uma criada trabalha em frente a uma lareira.

Het bad van Diana

Het schilderij is verdeeld in drie niveaus. De naakte vrouw bij haar toilet staat op de voorgrond. Achter haar geeft een min een kind de borst, terwijl op de achtergrond een bediende bezig is bij de haard.

FRANÇOIS CLOUET (C. 1510-1572)

c. 1571, Oil on wooden panel/Huile sur panneau de bois, 92,3 × 81,2 cm, National Gallery of Art, Washington

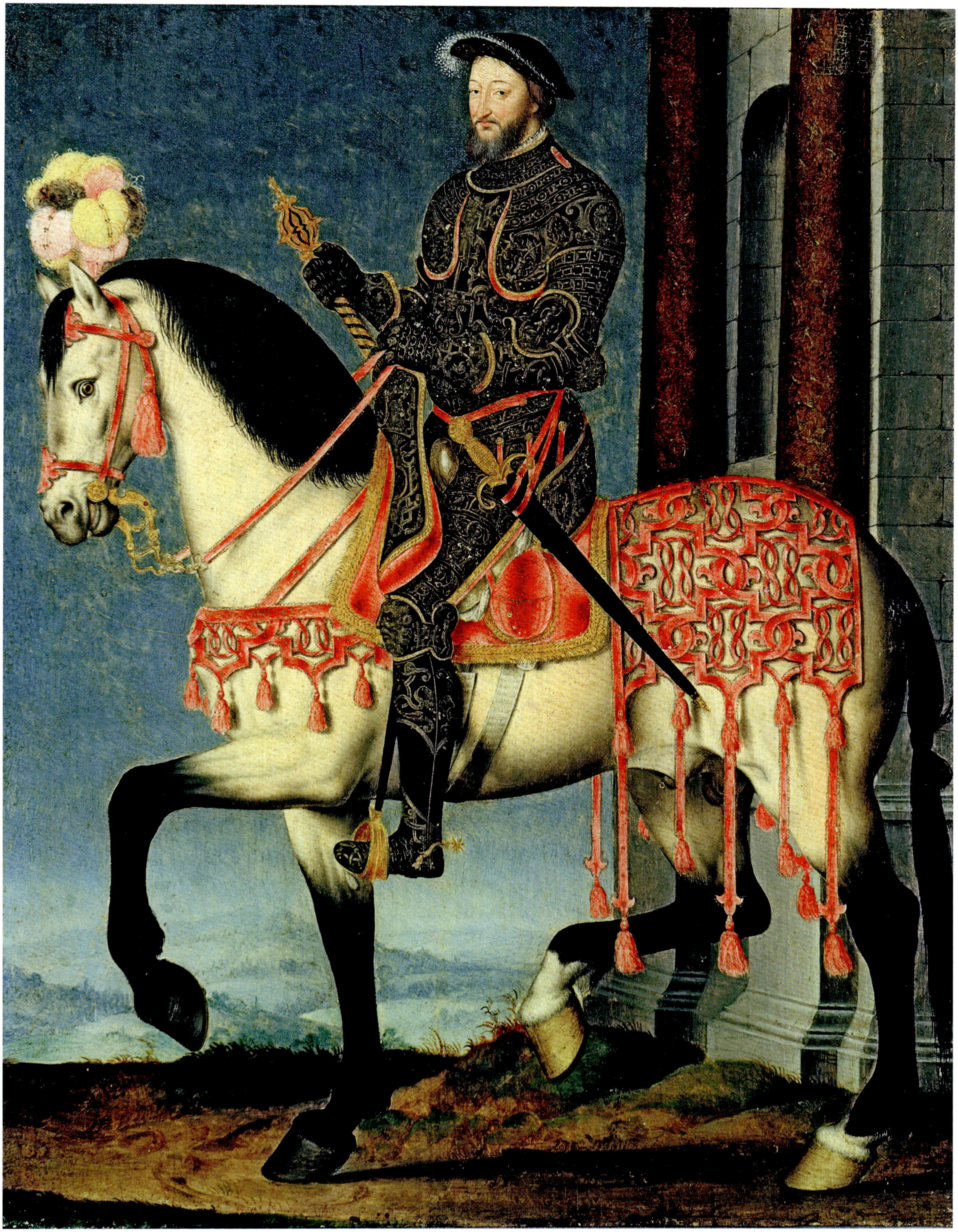

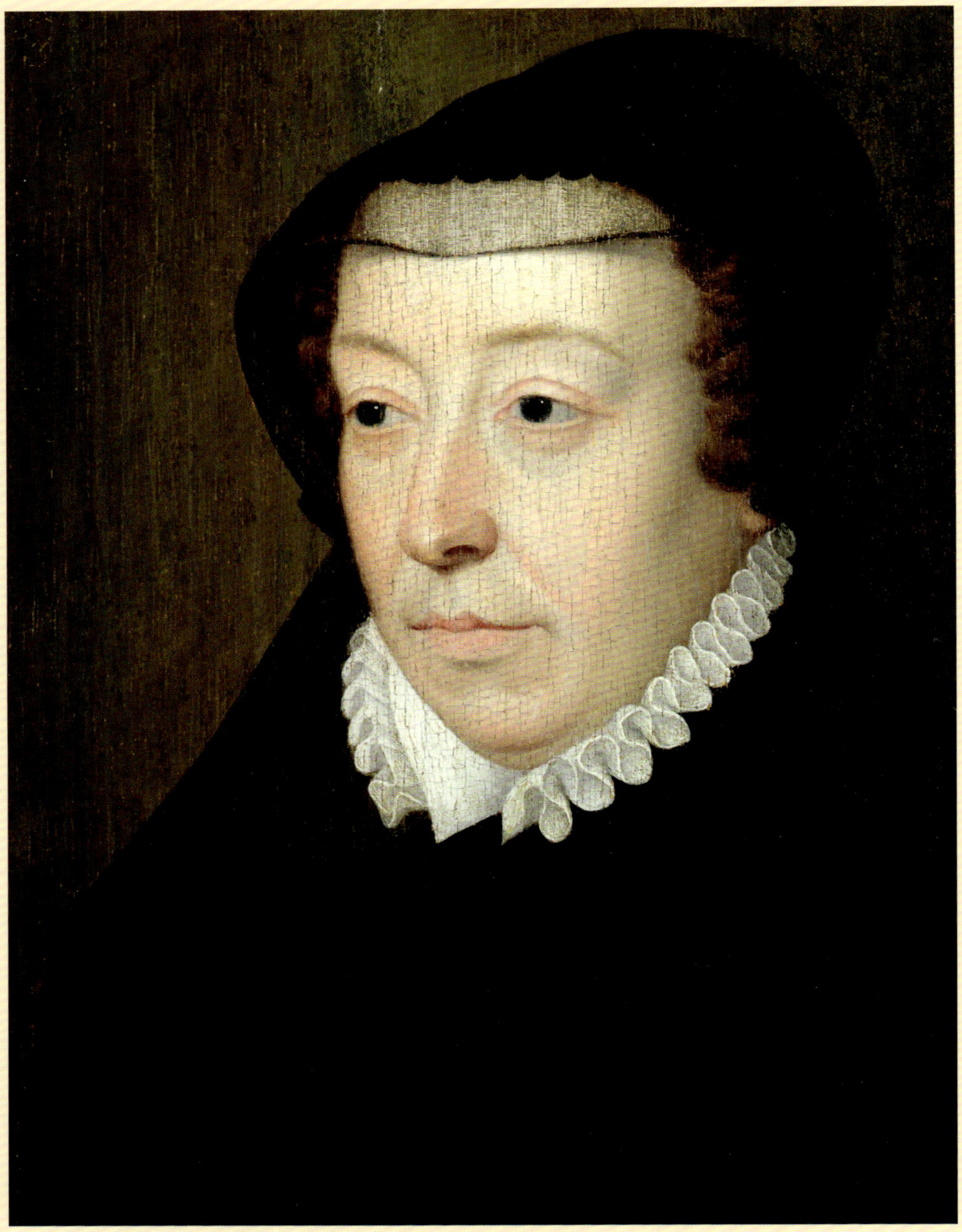

Portrait of Catherine de' Medici (1519-1589), Queen of France

Portrait de Catherine de Médicis (1519-1589), reine de France

Porträt der Catherine de' Medici (1519-1589), Königin von Frankreich

Retrato de Catalina de' Medici (1519-1589), Reina de Francia

Retrato de Catarina de' Medici (1519-1589), Rainha de França

Portret van Catherina de' Medici (1519-1589), koningin van Frankrijk

FRANÇOIS CLOUET (C. 1510-1572)

c. 1565-75, Oil on wooden panel/Huile sur panneau de bois,
23,9 × 19,1 cm, Musée Carnavalet, Paris

François Clouet

The life of François Clouet is hardly documented. His works are therefore often attributed to his brother Jean Clouet, with whom he was trained. The artist was born in Tours between 1505 and 1510 and died in Paris in 1572. In 1541 he became the king's court painter. Clouet, known mainly as a portrait painter, also created some decorative works for furniture, book illuminations and the death masks of kings Franz I - whose funeral he organised - and Henry II. The talented draughtsman also produced several paintings, including *A Lady in her Bath*. Among his supporters were the poet Pierre de Ronsard and above all Queen Catherine of Medici. The art lover was one of the greatest collectors of his chalk portraits, many of which are now in the collection of the Musée Condé in Chantilly Castle. Clouet's style is characterised by clear and precise lines that bear witness to Italian, German and Dutch influences.

François Clouet

La vie de François Clouet est très peu documentée, et l'on confond souvent ses œuvres avec celles de son père Jean Clouet, auprès duquel il s'est formé. L'artiste naît à Tours entre 1505 et 1510, et meurt à Paris en 1572. Il est nommé Peintre du roi en 1541. Essentiellement connu en tant que portraitiste de cour, Clouet a également réalisé quelques décors pour des pièces de mobilier, des miniatures, ainsi que les masques mortuaires des rois François Ier – dont il fut chargé d'organiser les obsèques –, et Henri II. Immense dessinateur, on lui doit aussi quelques peintures, dont une *Diane au bain*. À son époque, François Clouet est admiré par le poète Pierre de Ronsard, et particulièrement apprécié de la reine Catherine de Médicis. Grande amatrice d'art, elle collectionna avec frénésie ses portraits au crayon. Nombre d'entre eux ont depuis rejoint les riches collections du musée Condé, à Chantilly. Le style de François Clouet, aux lignes si pures et si précises, témoigne d'influences italiennes, allemandes et néerlandaises.

François Clouet

Das Leben von François Clouet ist kaum dokumentiert. Deshalb werden seine Werke oft seinem Bruder Jean Clouet zugeordnet, mit dem er zusammen ausgebildet wurde. Der Künstler wurde zwischen 1505 und 1510 in Tours geboren und verstarb 1572 in Paris. 1541 wird er der Hofmaler des Königs. Der vor allem als Porträtmaler bekannte Clouet, schuf auch einige Dekorarbeiten für Möbelstücke, Buchmalereien sowie die Totenmasken der Könige Franz I. – dessen Beerdigung er organisierte – und Heinrichs II. Der begabte Zeichner brachte aber auch einige Gemälde hervor, darunter *Diana im Bade*. Zu seinen Unterstützern zählten der Lyriker Pierre de Ronsard und vor allem die Königin Caterina de' Medici. Die Kunstliebhaberin war eine der größten Sammlerinnen seiner Kreideporträts. Zahlreiche davon befinden sich heute in der Sammlung des Musée Condé im Schloss Chantilly. Clouets Stil ist geprägt von klaren und präzisen Linien, die von italienischen, deutschen und niederländischen Einflüssen zeugen.

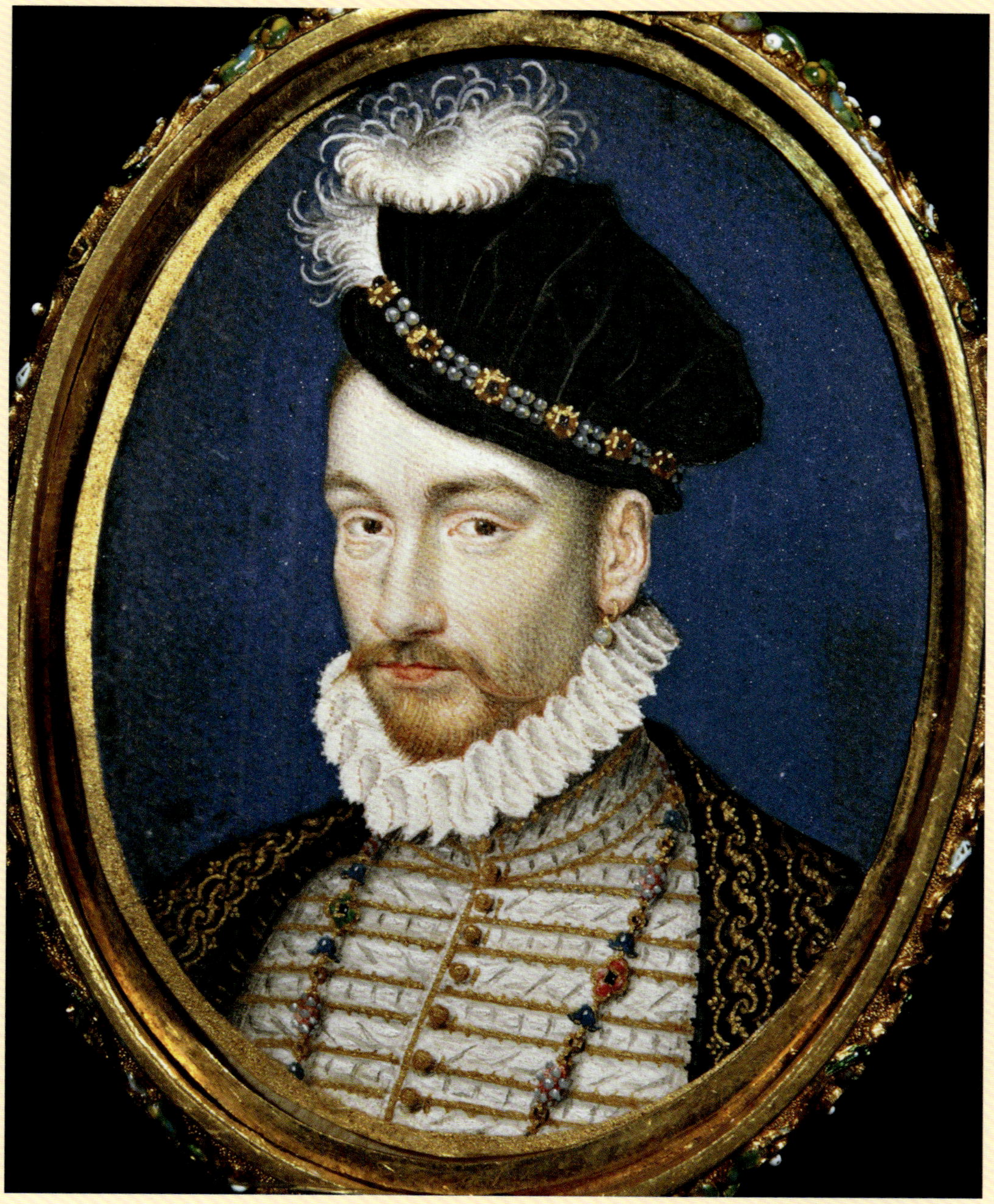

Pendant with Portrait of Charles IX.

Portrait en pendentif de Charles IX

Anhänger mit Porträt Karls IX.

Colgante con retrato de Carlos IX

Pingente com retrato de Carlos IX.

Hanger met portret van Karel IX

FRANÇOIS CLOUET (C. 1510-1572)

1571/72, Miniature painted in a medallion/Miniature peinte dans un médaillon, Kunsthistorisches Museum, Wien

François Clouet

La vida de François Clouet está apenas documentada. Sus obras se atribuyen a menudo a su hermano Jean Clouet, con quien se formó. Nacido en Tours entre 1505 y 1510, murió en París en 1572, y en 1541 se convirtió en pintor de la corte del rey. Clouet, conocido principalmente como pintor de retratos, también creó algunas obras decorativas para muebles, iluminaciones de libros y las máscaras mortuorias de los reyes Francisco I -cuyo funeral organizó- y Enrique II, así como varias pinturas, entre ellas *El baño de Diana*. Entre sus partidarios se encontraba el poeta Pierre de Ronsard y, sobre todo, la reina Catalina de Médicis. La amante del arte fue una de las mayores coleccionistas de sus retratos en tiza, muchos de los cuales se encuentran ahora en la colección del Museo Condé del Castillo de Chantilly. El estilo de Clouet se caracteriza por unas líneas claras y precisas que dan testimonio de las influencias italianas, alemanas y holandesas.

François Clouet

A vida de François Clouet é pouco documentada. Suas obras são, portanto, muitas vezes atribuídas ao seu irmão Jean Clouet, com quem foi formado. O artista nasceu em Tours entre 1505 e 1510 e morreu em Paris em 1572. Em 1541 tornou-se pintor da corte do rei. Clouet, conhecido principalmente como pintor de retratos, também criou algumas obras decorativas para mobiliário, iluminações de livros e máscaras de morte de reis Franz I - cujo funeral ele organizou - e Henrique II. O talentoso desenhador também produziu várias pinturas, incluindo *O Banho de Diana*. Entre seus apoiadores estava o poeta Pierre de Ronsard e, acima de tudo, a rainha Catarina de Medici. O amante da arte foi um dos maiores colecionadores de seus retratos em giz, muitos dos quais estão agora na coleção do Musée Condé no Castelo de Chantilly. O estilo de Clouet é caracterizado por linhas claras e precisas que testemunham as influências italianas, alemãs e holandesas.

François Clouet

Over het leven van François Clouet is nauwelijks iets gedocumenteerd. Zijn werken worden dan ook vaak toegeschreven aan zijn broer Jean Clouet, met wie hij samen werd opgeleid. De kunstenaar werd tussen 1505 en 1510 in Tours geboren en overleed in 1572 in Parijs. In 1541 werd hij hofschilder van de koning. Clouet, die vooral bekend werd als portretschilder, decoreerde ook meubels, illumineerde boeken en maakte de dodenmaskers van koning Frans I – wiens begrafenis hij organiseerde – en Hendrik II. De getalenteerde tekenaar maakte ook verschillende schilderijen, waaronder *Het bad van Diana*. Tot zijn begunstigers behoorden de dichter Pierre de Ronsard en vooral koningin Catharina de' Medici. Deze liefhebster van kunst was een van de grootste verzamelaars van zijn krijtportretten, waarvan er nu veel in de collectie van het Musée Condé in het kasteel van Chantilly zijn opgenomen. Clouets stijl wordt gekenmerkt door duidelijke en precieze lijnen, die Italiaanse, Duitse en Nederlandse invloeden verraden.

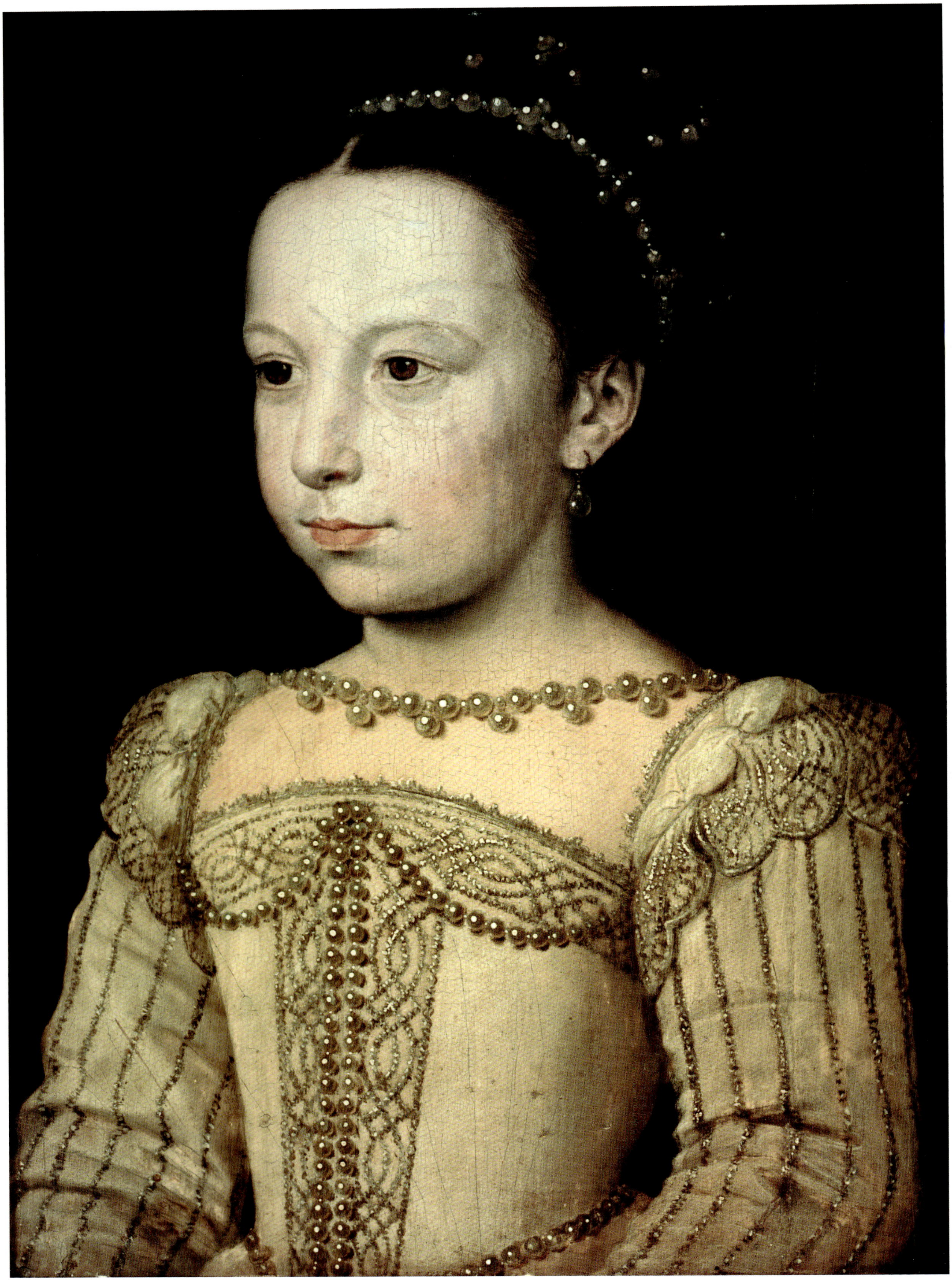

Margaret of Valois as a Child

Marguerite de Valois, enfant

Margarete von Valois als Kind

Margarete von Valois de niña

Margarete von Valois em criança

Margaretha van Valois als kind

FRANÇOIS CLOUET (AFTER/D'APRÈS) (C.1510-1572)

c. 1560, Oil on wooden panel/
Huile sur panneau de bois,
31 × 24 cm,
Musée Condé, Chantilly

Portrait of Philip II the Bold, copy of a lost original

Philip II was the son of the French King John II and Bonne of Luxembourg. He owes the nickname «the bold one» to his courage, which he demonstrated in the Battle of Poitiers in 1356.

Portrait de Philippe le Hardi, copie d'après un original perdu

Philippe II de Bourgogne est le fils du roi Jean II le Bon et de Bonne de Luxembourg. Le duc de Bourgogne doit son surnom de Hardi au courage dont il a fait preuve lors de la bataille de Poitiers en 1356.

Porträt des Philipp II. der Kühne, Kopie eines verschollenen Originals

Philipp II. war der Sohn des französischen Königs Johann des Guten und Guthas von Luxemburg. Den Beinamen "der Kühne" verdankt er seinem Mut, den er in der Schlacht von Poitiers im Jahr 1356 unter Beweis stellte.

Retrato de Felipe II el Temerario, copia de un original perdido

Felipe II de Borgoña es hijo del rey Juan II el Bueno y la Buena de Luxemburgo. El duque de Borgoña debe su apodo de Audaz a la valentía que demostró durante la batalla de Poitiers en 1356.

Retrato de Filipe II o Negrito, cópia de um original perdido

Filipe II era filho do rei francês João o Bom e Guthas de Luxemburgo. Ele deve o apelido de «ousado» à sua coragem, que ele demonstrou na Batalha de Poitiers em 1356.

Portret van Filips II de Stoute, kopie van een verloren origineel

Filips II de Stoute was de zoon van koning Jan II de Goede van Frankrijk en Bonne van Luxemburg. De bijnaam 'de Stoute' dankt hij aan de moed die hij in 1356 tijdens de Slag bij Poitiers toonde.

FRENCH ANONYMOUS

17th siècle, Oil on wooden panel/
Huile sur panneau de bois, 42 × 28 cm,
Musée des Beaux-Arts, Dijon

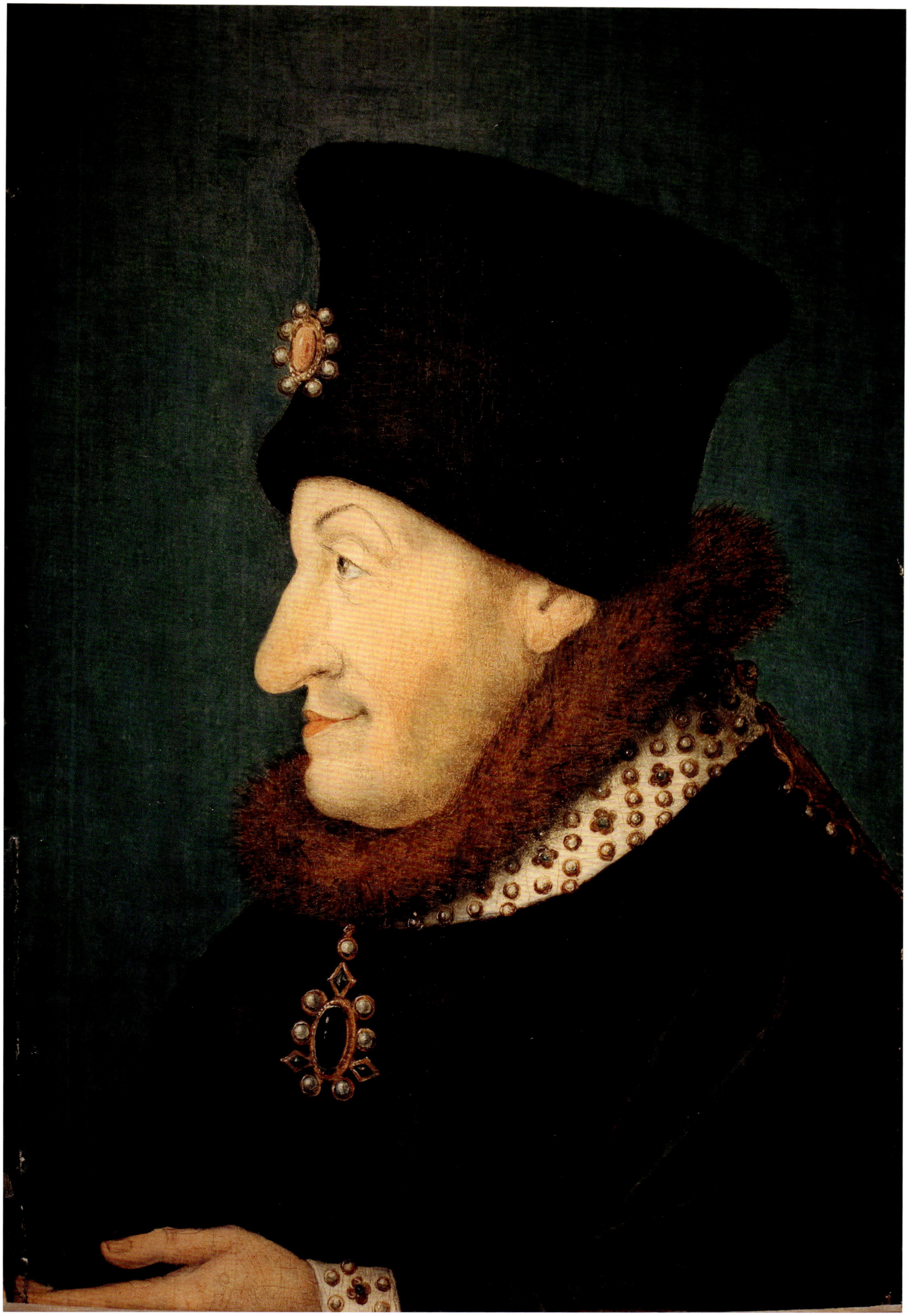

3

The Caravaggists

Les Caravagesques

Die Caravaggisten

Los Caravagantes

Os Caravagistas

De caravaggisten

The Caravaggists

Michelangelo Merisi, 38 years old and better known as Caravaggio, died in 1610 after an eventful life. Behind his legendary existence hid an extraordinary genius. His paintings, which he created for church dignitaries (Cardinal Del Monte) or influential patrons, often show religious or moral motifs. He gave his saints the character traits and physique of his friends or lovers - his virgins are prostitutes who were his models. Through his sense for drama and theatricality he created paintings in which the figures appear more real than in reality and captivate the viewer with their carefully elaborated gestures and expressions.
His new approach to painting quickly found supporters who established Caravaggism as an important movement after the artist's death - first in Italy, from where it spread throughout Europe in the first half of the 17th century. In France, many painters were dedicated to Caravaggio's style, which they never encountered, but which inspired them on their travels.

Les Caravagesques

Après une vie courte mais intense, Michelangelo Merisi, plus connu sous le nom du Caravage, meurt en 1610. Il n'a que 38 ans. La force de sa personnalité et le caractère romanesque de son existence n'ont jamais éclipsé l'essentiel : son génie. Commandés par des hommes d'Église (le cardinal del Monte) ou d'influents mécènes, ses tableaux n'ont, bien souvent, de religieux ou de moral que le sujet. Les saints ont les traits et la musculature des amis ou des amants de l'artiste, et les modèles de ses Vierges sont des prostituées. Caravage est le peintre de la vérité. Avec un sens du drame et une certaine théâtralité, il met en scène des tableaux où les figures, plus vraies que nature, saisissent le spectateur par le réalisme de leurs gestes et de leurs expressions.

Cette manière nouvelle d'envisager la peinture fait des émules, et le caravagisme va continuer à rayonner bien après la mort de l'artiste. En Italie d'abord, puis en Europe, tout au long de la première moitié du XVIIe siècle. En France, de nombreux peintres

Die Caravaggisten

Nach einem bewegten Leben stirbt 1610 der gerade mal 38-jährige Michelangelo Merisi, besser bekannt als Caravaggio. Hinter seiner legendenhaften Existenz verbarg sich ein außergewöhnliches Genie. Seine Gemälde, die er für kirchliche Würdenträger (Kardinal Del Monte) oder einflussreiche Mäzenen schuf, zeigen oft religiöse oder moralische Motive. Seinen Heiligen verleiht er die Charakterzüge und den Körperbau seiner Freunde oder Geliebten – seine Jungfrauen sind Prostituierte, die für ihn Modell standen. Durch sein Gespür für Dramatik und Theatralik schuf er Gemälde, auf denen die Figuren realer als in der Wirklichkeit erscheinen und den Betrachter durch ihre sauber ausgearbeiteten Gesten und Ausdrücke in den Bann ziehen.

Seine neuartige Herangehensweise an die Malerei findet schnell Anhänger, die den Caravaggismus nach dem Tod des Künstlers als eine wichtige Strömung etablieren – zunächst in Italien, von wo aus er sich in

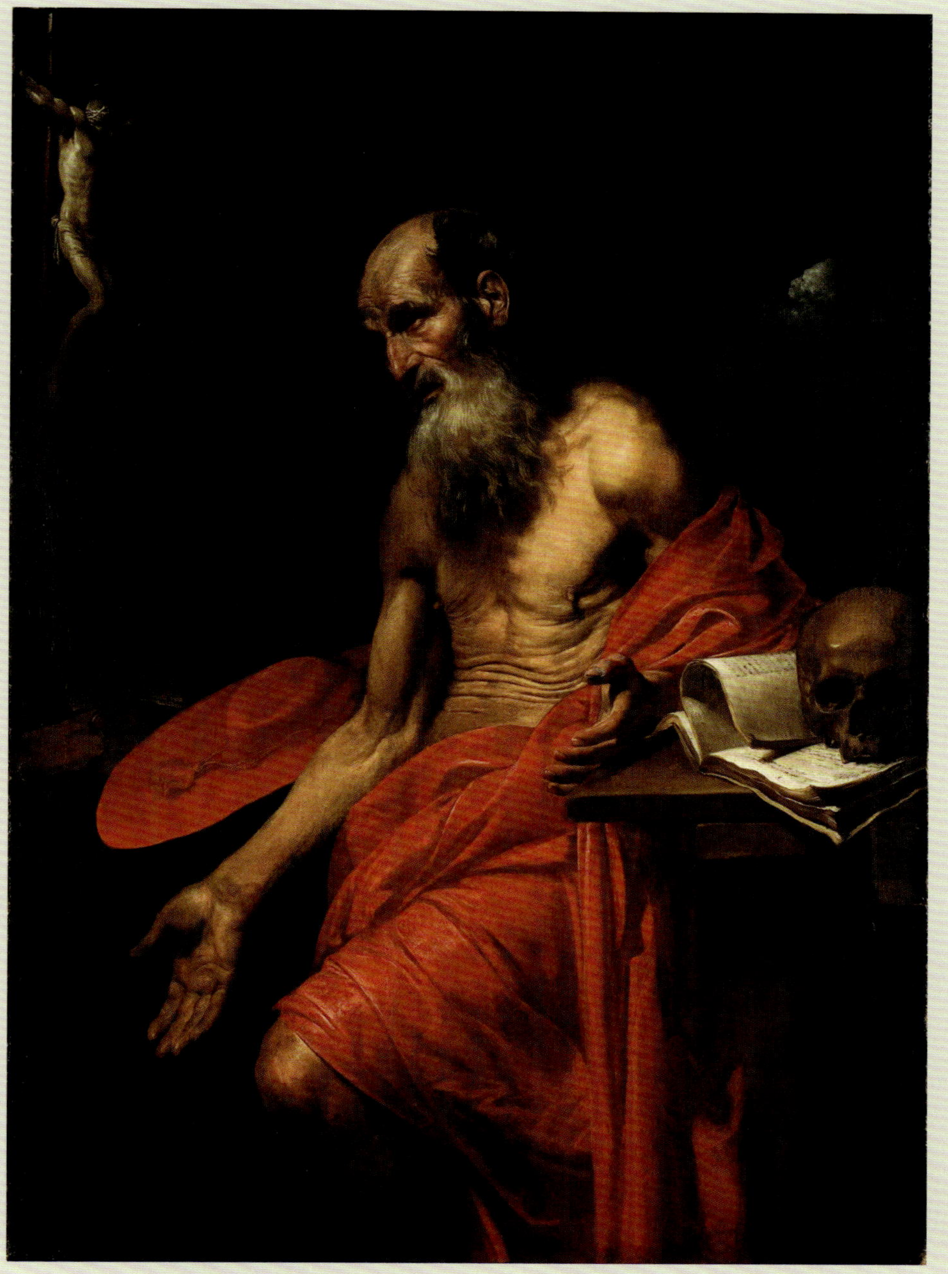

Saint Jerome

Saint Jérôme

Der heilige Hieronymus

San Jerónimo

São Jerônimo

De heilige Hiëronymus

VALENTIN DE BOULOGNE (1594-1632)
c. 1628-30, Oil on canvas/Huile sur toile, 133,4 × 97,5 cm,
Davis Museum and Cultural Center, Wellesley College

Los Caravagantes

Miguel Ángel Merisi, de 38 años y más conocido como Caravaggio, muere en 1610 después de una vida agitada. Detrás de su legendaria existencia se escondió un genio extraordinario. Sus pinturas, que creó para dignatarios eclesiásticos (Cardenal Del Monte) o clientes influyentes, a menudo muestran motivos religiosos o morales. Le da a sus santos los rasgos de carácter y el físico de sus amigos o amantes - sus vírgenes son prostitutas que fueron sus modelos. A través de su sentido del drama y la teatralidad creó pinturas en las que las figuras aparecen más reales que en la realidad y cautivan al espectador con sus gestos y expresiones bien elaborados.

Su nuevo enfoque de la pintura encontró rápidamente partidarios que establecieron el caravaggismo como un movimiento importante después de la muerte del artista, primero en Italia, desde donde se extendió por toda Europa en la primera mitad del siglo XVII. En Francia, muchos pintores se dedicaron

Os Caravagistas

Michelangelo Merisi, 38 anos, mais conhecido como Caravaggio, morre em 1610, depois de uma vida agitada. Por detrás da sua lendária existência escondeu um génio extraordinário. Suas pinturas, que ele criou para dignitários da igreja (Cardeal Del Monte) ou patronos influentes, muitas vezes apresentam motivos religiosos ou morais. Ele dá aos seus santos os traços de caráter e o físico de seus amigos ou amantes - suas virgens são prostitutas que foram seus modelos. Através do seu sentido dramático e teatral, criou pinturas em que as figuras aparecem mais reais do que na realidade e cativam o espectador com os seus gestos e expressões bem elaborados.

A sua nova abordagem à pintura rapidamente encontrou apoiantes que estabeleceram o Caravaggismo como um movimento importante após a morte do artista - primeiro em Itália, de onde se espalhou por toda a Europa na primeira metade do século XVII. Na França, muitos pintores se dedicaram ao estilo

De caravaggisten

Na een bewogen leven overleed Michelangelo Merisi, beter bekend als Caravaggio, in 1610 op 38-jarige leeftijd. Achter zijn legendarische bestaan ging een buitengewoon genie schuil. Zijn schilderijen, die hij voor kerkelijke hoogwaardigheidsbekleders (kardinaal Del Monte) of invloedrijke opdrachtgevers maakte, vertonen vaak religieuze en morele motieven. Hij geeft zijn heiligen de karaktereigenschappen en lichaamsbouw van zijn vrienden of geliefden – zijn maagden zijn prostituees die model voor hem stonden. Door zijn gevoel voor drama en het theatrale maakte hij schilderijen waarin de figuren echter dan echt lijken en die de toeschouwer boeien met hun netjes uitgewerkte gebaren en gezichtsuitdrukkingen.

Zijn nieuwe benadering van de schilderkunst vond al snel navolgers, die het caravaggisme na de dood van de kunstenaar tot een belangrijke stroming maakten – eerst in Italië, van waaruit het zich in de eerste helft van de 17e eeuw over heel Europa verspreidde.

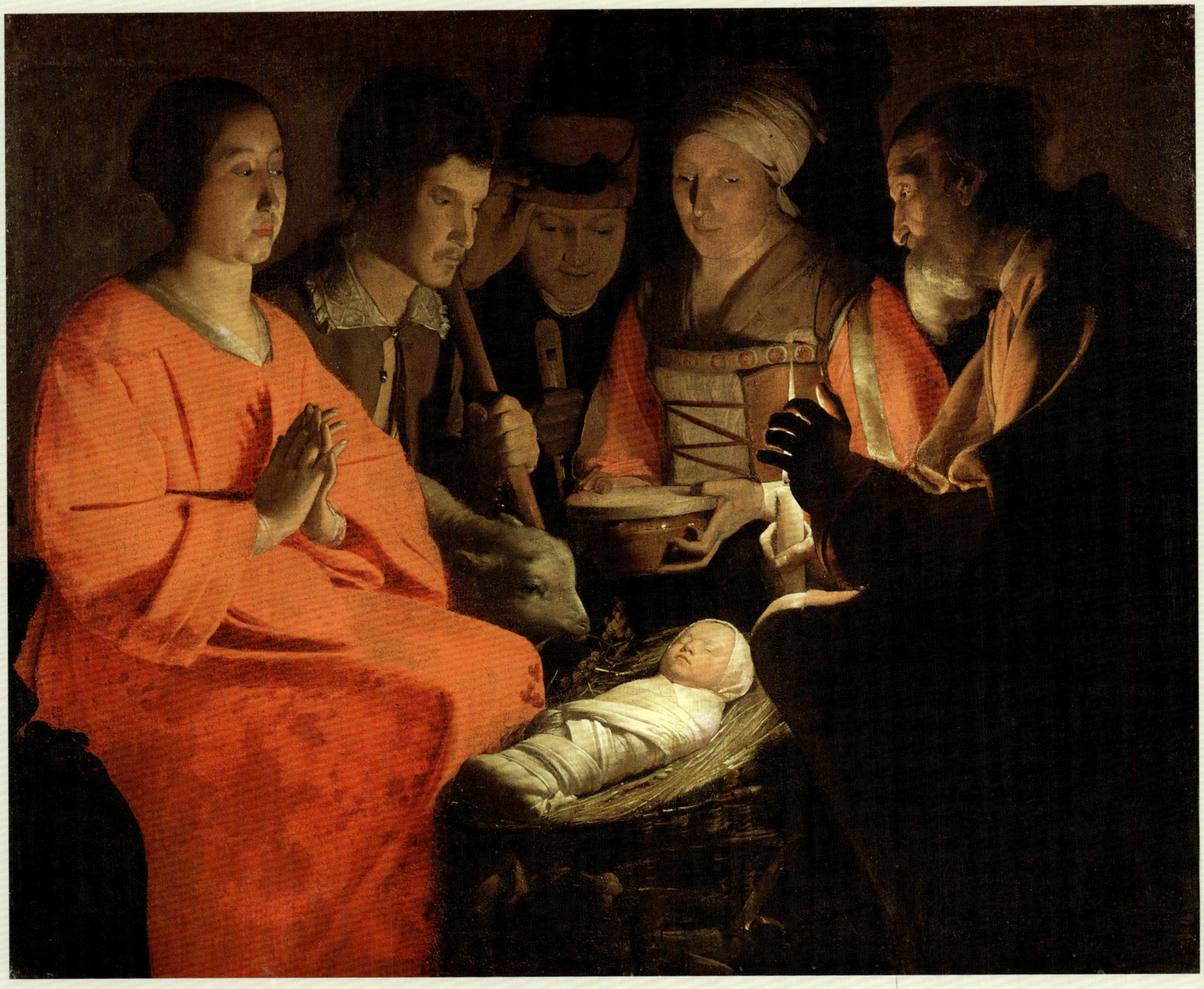

Adoration
of the Shepherds

L'Adoration des bergers

Anbetung der Hirten

Adoración de los pastores

Adoração dos pastores

Aanbidding der herders

GEORGES DE LA TOUR
(1593-1652)
c. 1645, Oil on canvas/
Huile sur toile, 107 × 131 cm,
Musée du Louvre, Paris

They include Nicolas Tournier, Nicolas Régnier, Guy François, Simon Vouet, Claude Vignon, the brothers Le Nain and Valentin de Boulogne. Their motifs are similar to those of their master and alternate between biblical (David and Goliath, Judith and Holofernes) and profane (taverns, musicians, fortune-tellers) representations. They all use a contrasting palette of colours, characterised by red and black tones, and a dramatic light that makes the figures stand out. The works of Georges de La Tour, who perfected chiaroscuro painting, are outstanding. Lively candle flames illuminate the faces of his figures and make them seem delicate and mysterious.

s'inscrivent dans le sillage d'un maître qu'ils n'ont jamais rencontré, mais dont ils ont pu voir certaines œuvres, à l'occasion de leurs voyages. Nicolas Tournier, Nicolas Régnier, Guy François, Simon Vouet, Claude Vignon, les frères Le Nain, Valentin de Boulogne, se sont inspirés de ses recherches novatrices. Entre épisodes bibliques (David et Goliath, Judith et Holopherne...) et scènes de genre (tavernes, musiciens, diseuses de bonne aventure), les sujets sont très proches. Stylistiquement, tous usent d'une palette contrastée, dominée par le rouge et le noir, sous une lumière dramatisante qui fait surgir les figures. Georges de La Tour fait exception, en utilisant le clair-obscur à une tout autre fin. La flamme vive de ses bougies illumine les visages, et nimbe les figures de douceur et de mystère.

der ersten Hälfte des 17. Jahrhunderts in ganz Europa ausbreitet. In Frankreich verschreiben sich zahlreiche Maler dem Stil Caravaggios, dem sie zwar niemals begegnet sind, aber von dessen Werken sie sich auf ihren Reisen inspirieren lassen. Zu ihnen zählen Nicolas Tournier, Nicolas Régnier, Guy François, Simon Vouet, Claude Vignon, die Brüder Le Nain oder Valentin de Boulogne. Ihre Motive ähneln denen ihres Meisters und wechseln zwischen biblischen (David und Goliath, Judith und Holofernes) sowie profanen Darstellungen (Tavernen, Musiker, Wahrsagerinnen). Sie alle nutzen eine kontrastreiche Farbpalette, die durch Rot- und Schwarztöne geprägt ist, und ein dramatisches Licht, das die Figuren hervortreten lässt. Herausragend sind die Werke von Georges de La Tour, der die Hell-Dunkel-Malerei perfektionierte. Lebendig erscheinende Kerzenflammen erhellen die Gesichter seiner Figuren und lassen sie zart und geheimnisvoll wirken.

The Parable of the Unforgiving Servant

La Parabole du serviteur impitoyable

Das Gleichnis vom Schalksknecht

La parábola del siervo despiadado

A parábola do credor incompassivo

De gelijkenis van de onbarmhartige dienstknecht

CLAUDE VIGNON (1593-1670)

1629, Oil on canvas/Huile sur toile,
108 × 150 cm, Musée des Beaux-Arts, Tours

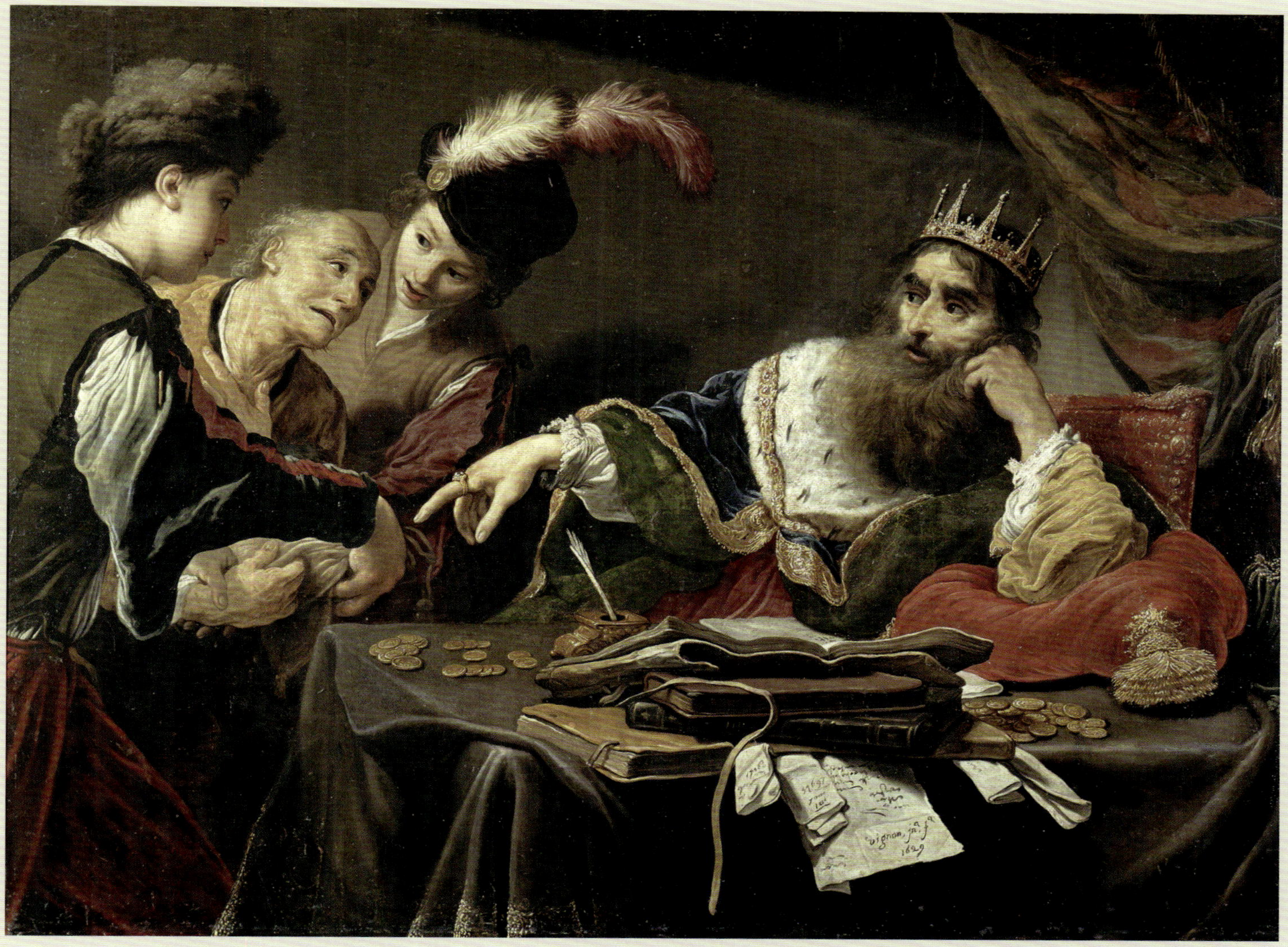

al estilo de Caravaggio, que nunca encontraron, pero que los inspiró en sus viajes. Entre ellos se encuentran Nicolas Tournier, Nicolas Régnier, Guy François, Simon Vouet, Claude Vignon, los hermanos Le Nain y Valentin de Boulogne. Sus motivos son similares a los de su maestro y alternan entre representaciones bíblicas (David y Goliat, Judith y Holofernes) y profanas (tabernas, músicos, adivinos). Todos ellos utilizan una paleta de colores contrastados, caracterizada por los tonos rojos y negros, y una luz dramática que hace que las figuras destaquen. Destacan las obras de Georges de La Tour, que perfeccionó la pintura claroscura. Las llamas vivas de las velas iluminan los rostros de sus figuras y las hacen parecer delicadas y misteriosas.

de Caravaggio, que nunca encontraram, mas que os inspirou em suas viagens. Entre eles estão Nicolas Tournier, Nicolas Régnier, Guy François, Simon Vouet, Claude Vignon, os irmãos Le Nain e Valentin de Boulogne. Os seus motivos são semelhantes aos do seu mestre e alternam entre representações bíblicas (David e Golias, Judite e Holofernes) e profanas (tabernas, músicos, cartomantes). Todos eles usam uma paleta de cores contrastantes, caracterizadas por tons vermelhos e pretos, e uma luz dramática que faz com que as figuras se destaquem. As obras de Georges de La Tour, que aperfeiçoou a pintura de claro-escuro, são excelentes. Chamas de velas vivas iluminam os rostos de suas figuras e as fazem parecer delicadas e misteriosas.

In Frankrijk gaven veel schilders zich over aan de stijl van Caravaggio, die ze zelf nooit hadden ontmoet, maar door wiens werken ze zich op hun reizen lieten inspireren. Tot die groep behoren Nicolas Tournier, Nicolas Régnier, Guy François, Simon Vouet, Claude Vignon, de gebroeders Le Nain en Valentin de Boulogne. Hun motieven zijn vergelijkbaar met die van hun meester en wisselen af tussen bijbelse (David en Goliath, Judith en Holofernes) en profane (kroegen, muzikanten, waarzeggers) voorstellingen. Ze werkten allemaal met een contrastrijk kleurenpalet, gekenmerkt door rood- en zwarttinten, en een dramatisch licht dat de figuren naar voren laat komen. Opvallend zijn vooral de werken van Georges de La Tour, die de clair-obscurschilderkunst perfectioneerde. Levendig schijnende kaarsvlammen verlichten de gezichten van zijn figuren en geven ze een zacht en geheimzinnig effect.

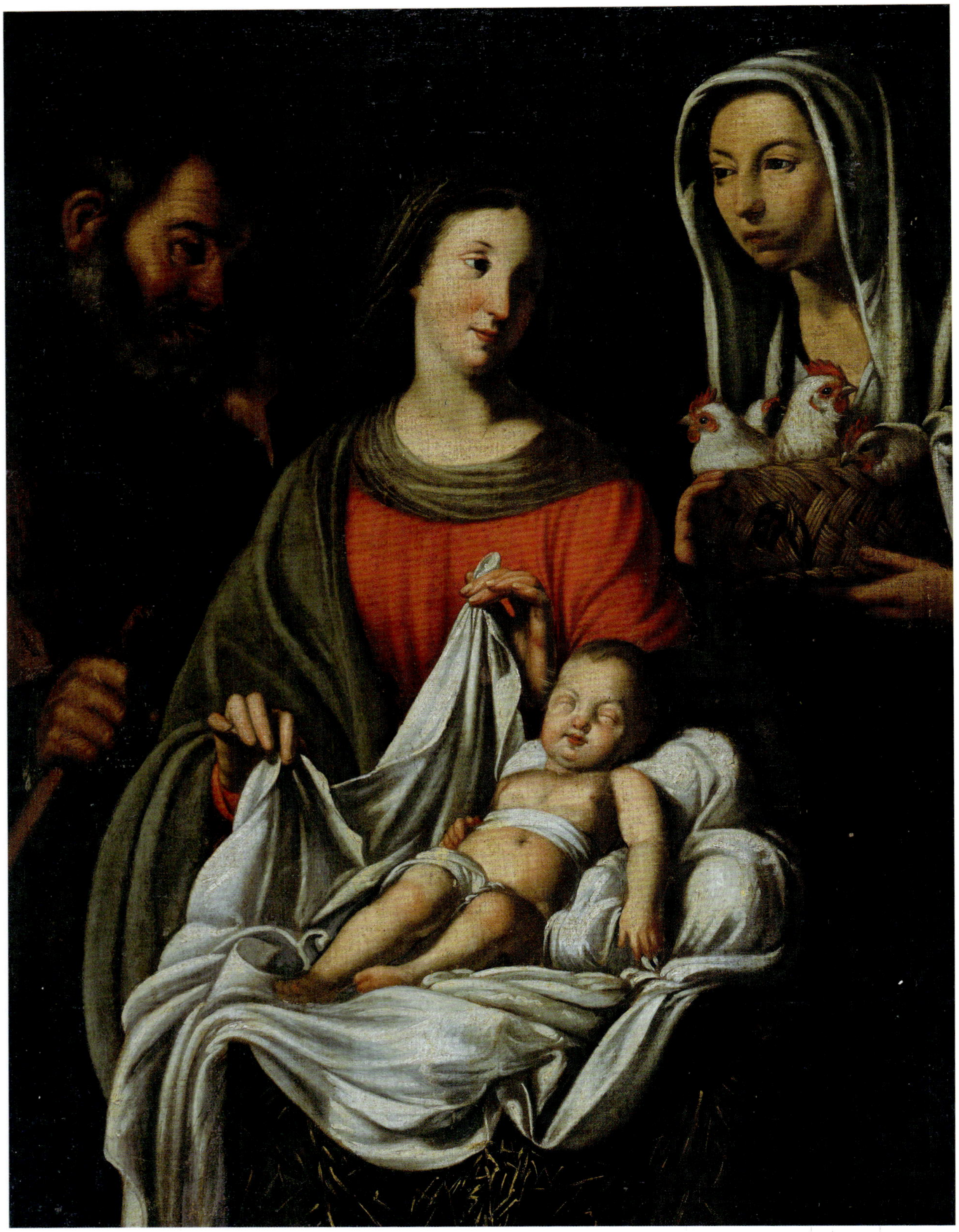

Nativity

Nativité

Christi Geburt

Natividad

Natividade

De geboorte van Christus

GUY FRANÇOIS (1578-1650)

Oil on canvas/Huile sur toile, 114,5 × 89,6 cm, Private collection

The Descent from the Cross

Descente de Croix

Kreuzabnahme

Descendimiento de la Cruz

Perda cruzada

Kruisafneming

GUY FRANÇOIS (ATTRIBUTED TO/ATTRIBUÉ À) (1578-1650)

17th century, Oil on canvas/Huile sur toile, 206 × 187 cm, Musée Crozatier, Le Puy-en-Velay

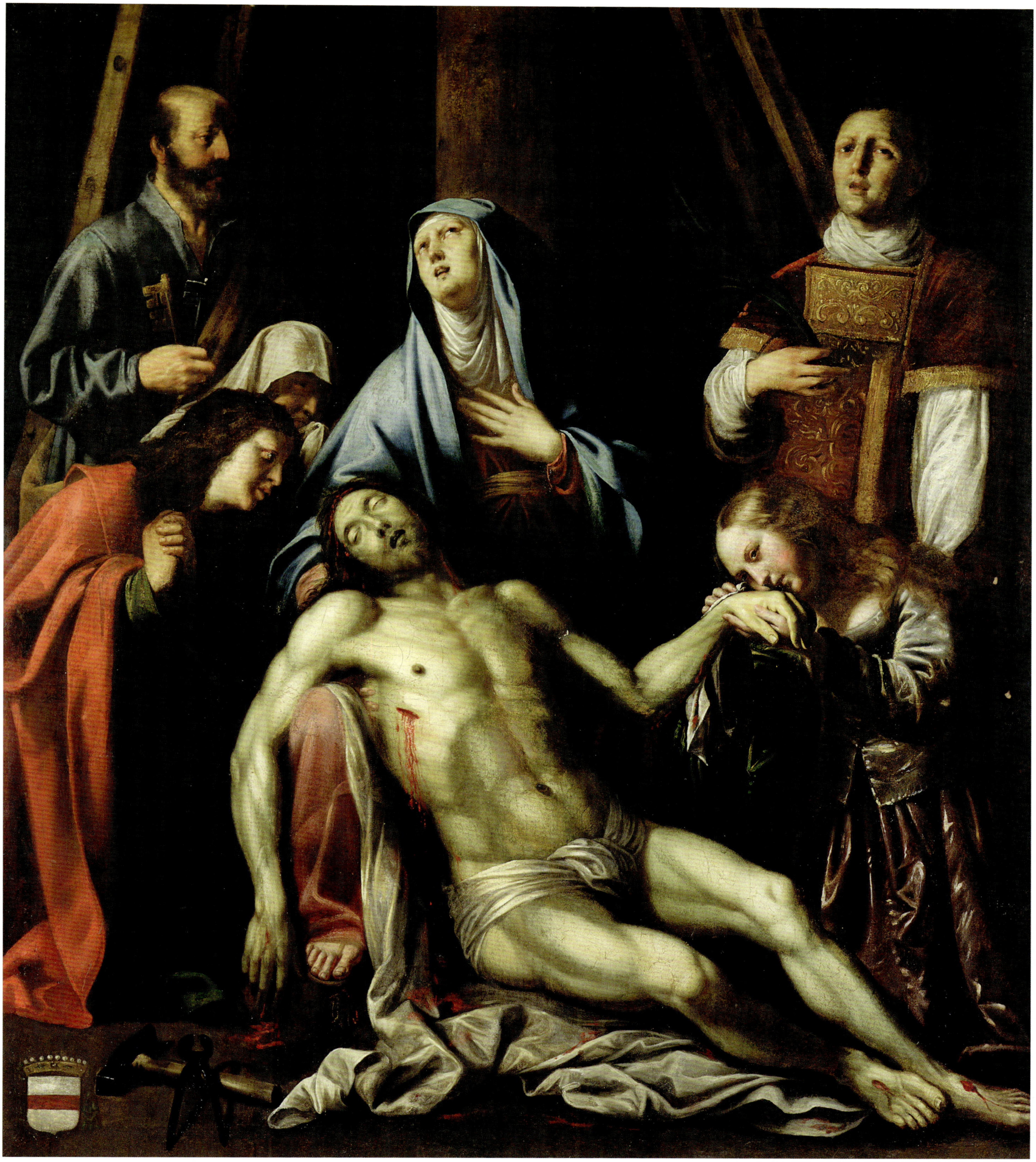

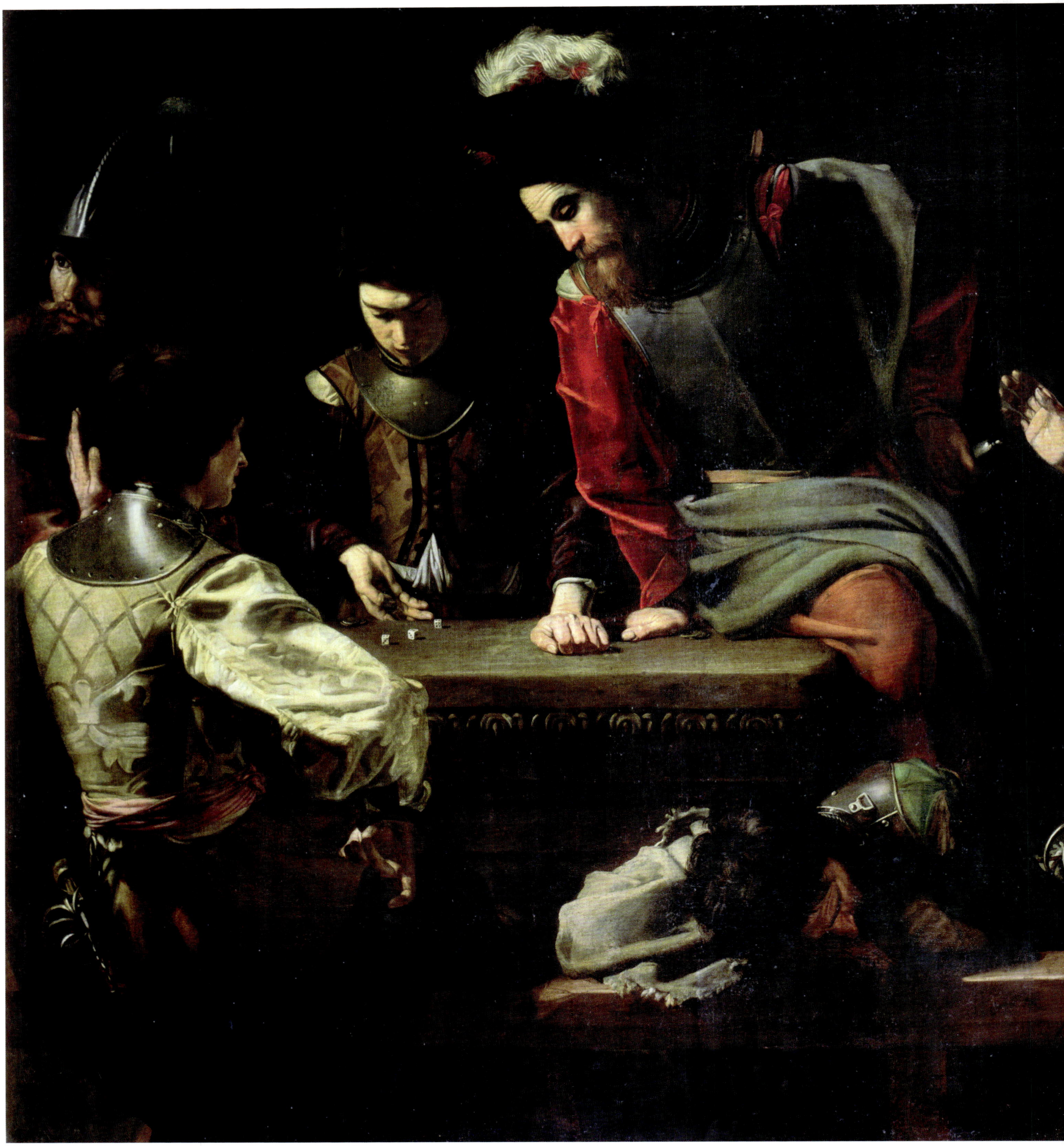

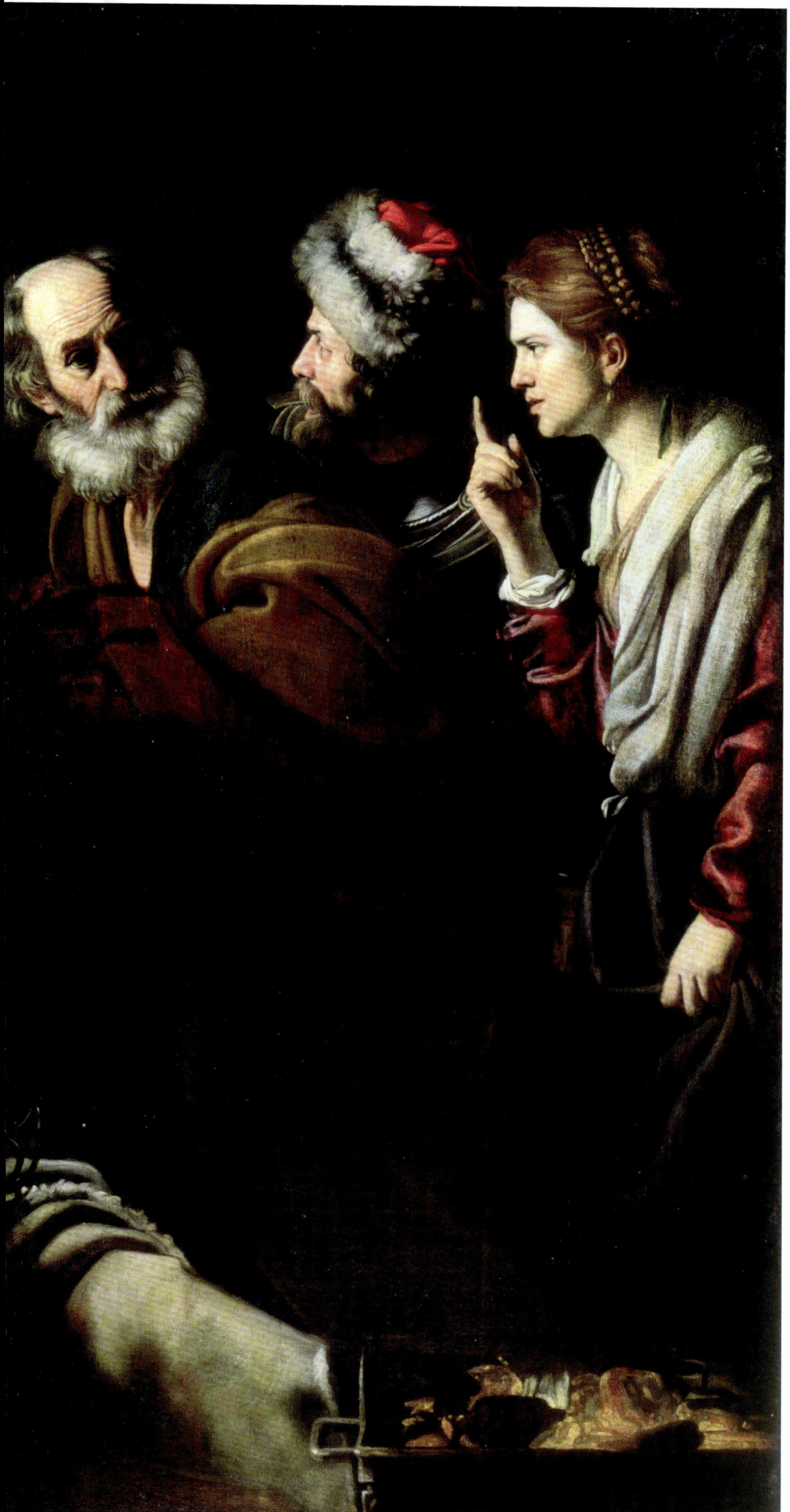

The Denial of Saint Peter

The biblical motif was taken up by Caravaggio in 1610 and subsequently reinterpreted by painters such as Mathieu Le Nain, Georges de La Tour or Nicolas Tournier in an interchange between light and shadow.

Le Reniement de Saint Pierre

Le thème biblique a été traité par le Caravage en 1610, et réinterprété à sa suite par plusieurs peintres français, tels Mathieu le Nain, Georges de La Tour ou Nicolas Tournier, entre ombre et lumière.

Die Verleugnung des heiligen Petrus

Das biblische Motiv wurde 1610 von Caravaggio aufgegriffen und in der Folge von Malern, wie Mathieu Le Nain, Georges de La Tour oder Nicolas Tournier, in einem Wechsel zwischen Licht und Schatten neu interpretiert.

La negación de San Pedro

El motivo bíblico fue retomado por Caravaggio en 1610 y posteriormente reinterpretado por pintores como Mathieu Le Nain, Georges de La Tour o Nicolas Tournier en un cambio entre luz y sombra.

A negação de São Pedro

O motivo bíblico foi retomado por Caravaggio em 1610 e depois reinterpretado por pintores como Mathieu Le Nain, Georges de La Tour ou Nicolas Tournier numa mudança entre luz e sombra.

De verloochening van Petrus

Dit bijbelse motief greep Caravaggio in 1610 aan en werd later door schilders als Mathieu Le Nain, Georges de La Tour en Nicolas Tournier in een wisselwerking van licht en schaduw geherinterpreteerd.

NICOLAS TOURNIER (1590-1638/39)

1625, Oil on canvas/Huile sur toile, 171 × 252 cm, Museo del Prado, Madrid

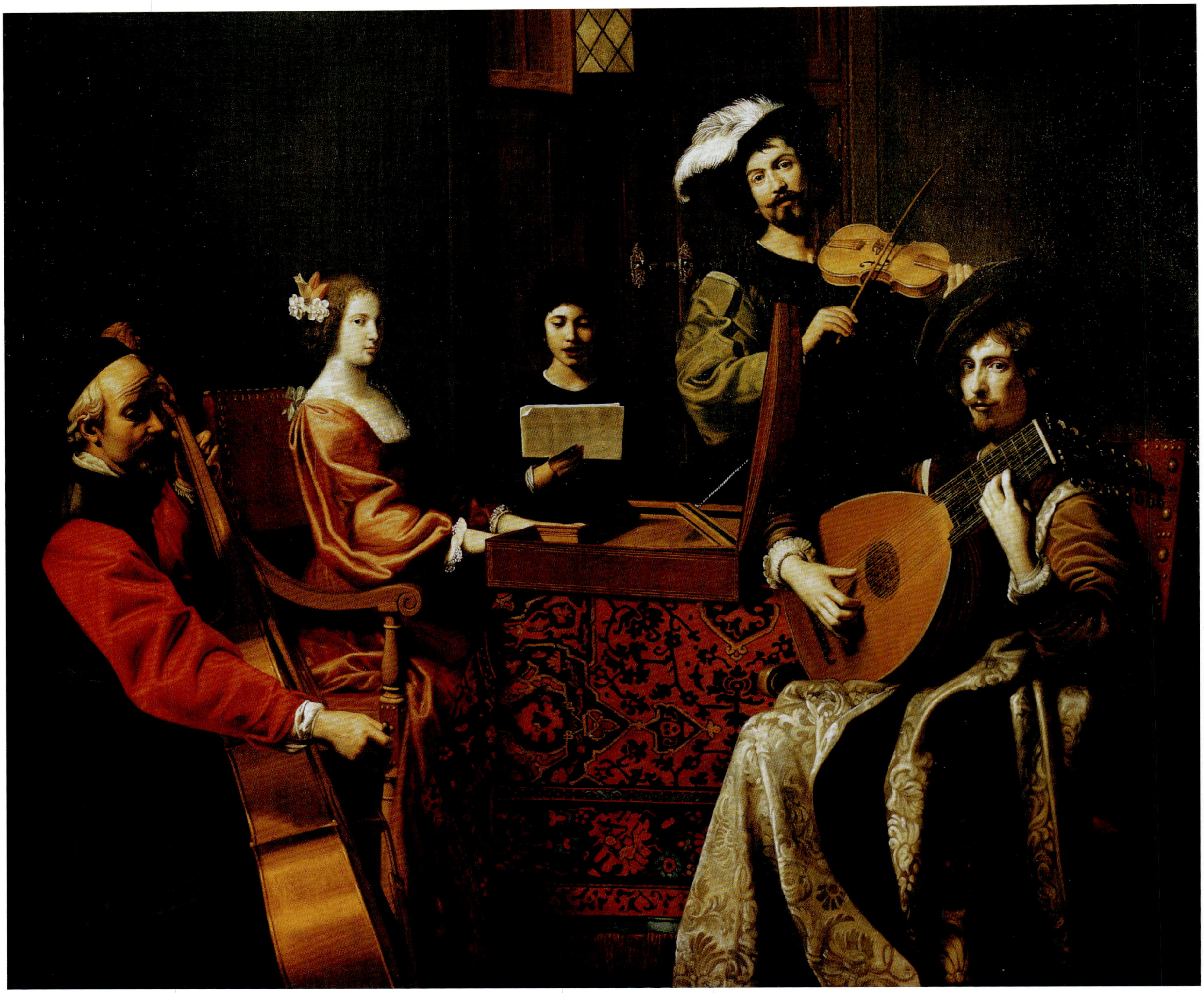

The Concert
The motif is reminiscent of Caravaggio. Nicolas Tournier, however, stands out from his master through a calm composition in which the figures are arranged around the table and turn to the viewer.

Le Concert
Si le thème est caravagesque, Nicolas Tournier se démarque du maître par une composition silencieuse, avec des figures très posées, tournées vers le spectateur, et sagement ordonnées autour de la table.

Das Konzert
Das Motiv erinnert an Caravaggio. Nicolas Tournier hebt sich aber durch eine ruhige Komposition von seinem Meister ab, bei der die Figuren um den Tisch angeordnet sind und sich dem Betrachter zuwenden.

El concierto
El motivo recuerda a Caravaggio. Nicolas Tournier, sin embargo, se desmarca de su maestro a través de una tranquila composición en la que las figuras se disponen alrededor de la mesa y se vuelven hacia el espectador.

O concerto
O motivo lembra Caravaggio. Nicolas Tournier, no entanto, destaca-se do seu mestre através de uma composição calma em que as figuras são dispostas à volta da mesa e voltam-se para o espectador.

Het concert
Het onderwerp doet denken aan Caravaggio. Nicolas Tournier onderscheidt zich echter van zijn meester door een rustige compositie, waarin de figuren rond de tafel zitten en zich tot de toeschouwer wenden.

NICOLAS TOURNIER (1590-1638/39)
c. 1630-35, Oil on canvas/Huile sur toile, 188 × 226 cm, Musée du Louvre, Paris

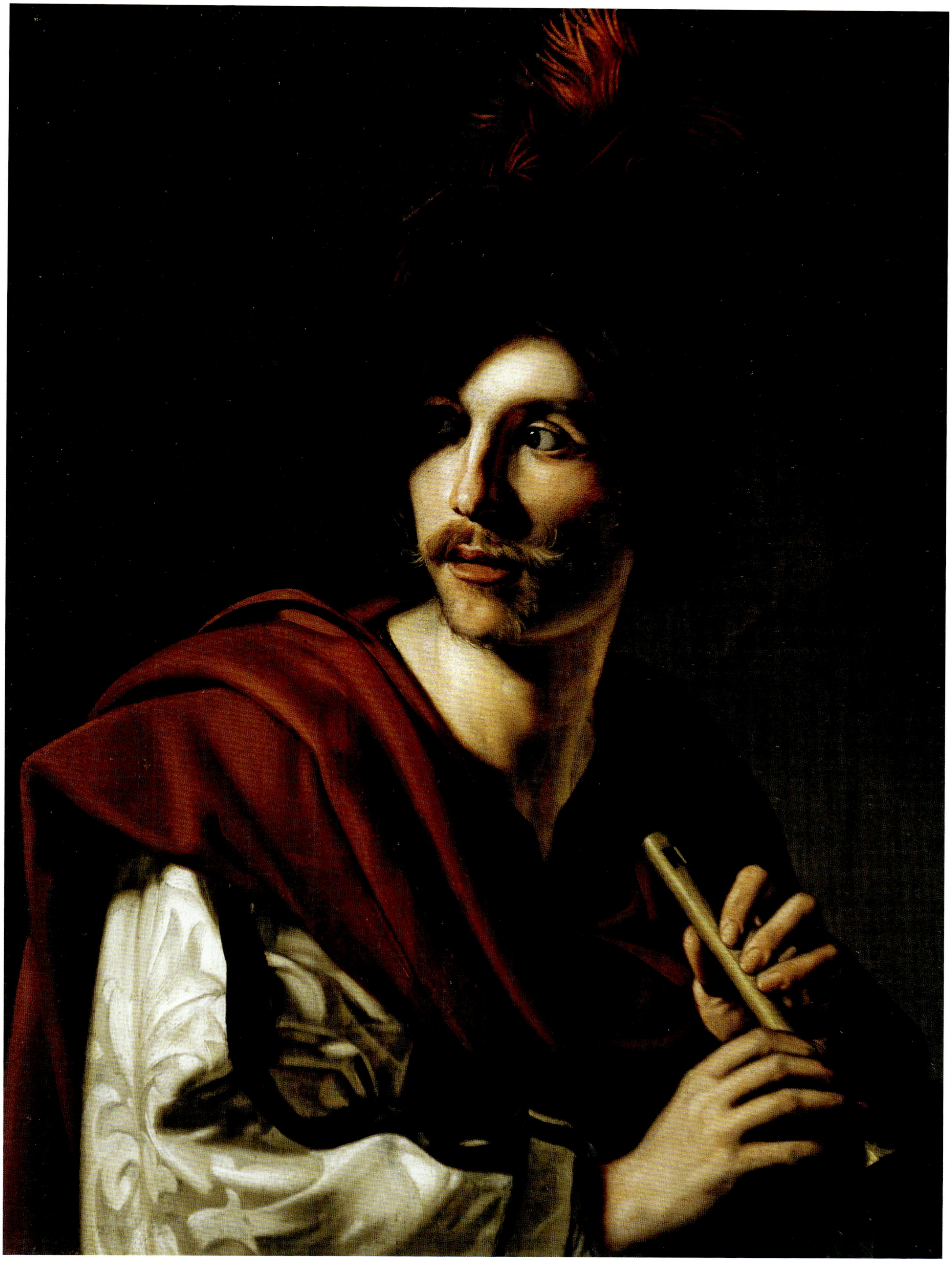

Flute player

Le Joueur de flûte

Flötenspieler

El flautista

Flautista

De fluitspeler

NICOLAS TOURNIER
(1590-1638/39)
c. 1624, Oil on canvas/
Huile sur toile, 61,5 × 77 cm,
Pinacoteca Tosio-
Martinengo, Brescia

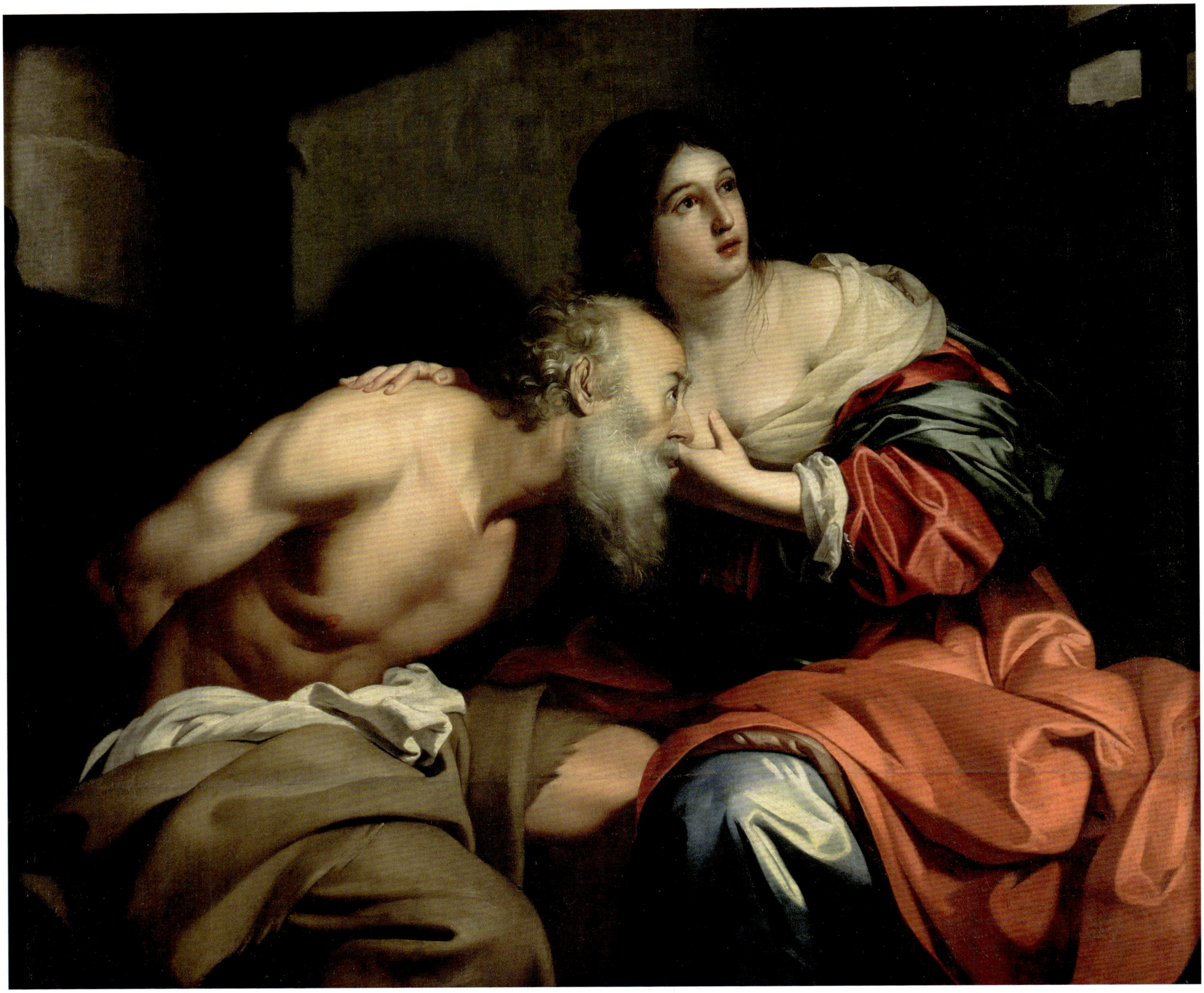

Roman Charity

La Charité Romaine

Caritas Romana

Caridad Romana

Caritas Romana

Caritas Romana

NICOLAS RÉGNIER (1591-1667)

c. 1640, Oil on canvas/Huile sur toile, 58 × 71 cm, Galleria e Museo Estense, Modena

Vanity
The painting of the elegant young woman, created in Venice, is an allegory of transience - although the typical attributes of a vanitas painting, such as a skull or an hourglass, are missing.

Jeune Femme à sa toilette - Vanité
Peinte à Venise vers 1630, cette élégante jeune femme à la toilette peut être vue comme une allégorie du temps qui passe, même si les attributs habituels des Vanités, crâne ou sablier, sont absents.

Vanitas
Das in Venedig entstandene Gemälde der eleganten jungen Frau ist eine Allegorie auf die Vergänglichkeit - obwohl die typischen Attribute eines Vanitas-Gemäldes, wie Totenschädel oder Sanduhr, fehlen.

Mujer joven en el baño - Vanitas
La pintura de la elegante joven, creada en Venecia sobre el 1630, es una alegoría de la fugacidad, aunque faltan los atributos típicos de un cuadro de vanitas, como una calavera o un reloj de arena.

Vanitas
A pintura da jovem elegante, criada em Veneza, é uma alegoria de transitória - embora faltem os atributos típicos de uma pintura vanitas, como um crânio ou uma ampulheta.

Jonge vrouw bij haar toilet - Vanitas
Het schilderij van de elegante jonge vrouw, rond 1630 gemaakt in Venetië, is een allegorie van vergankelijkheid, ook al ontbreken de typische attributen van een vanitasschilderij, zoals een schedel en zandloper.

NICOLAS RÉGNIER (1591-1667)
c. 1630-35, Oil on canvas/Huile sur toile, 132 × 105,5 cm, Musée des Beaux-Arts, Lyon

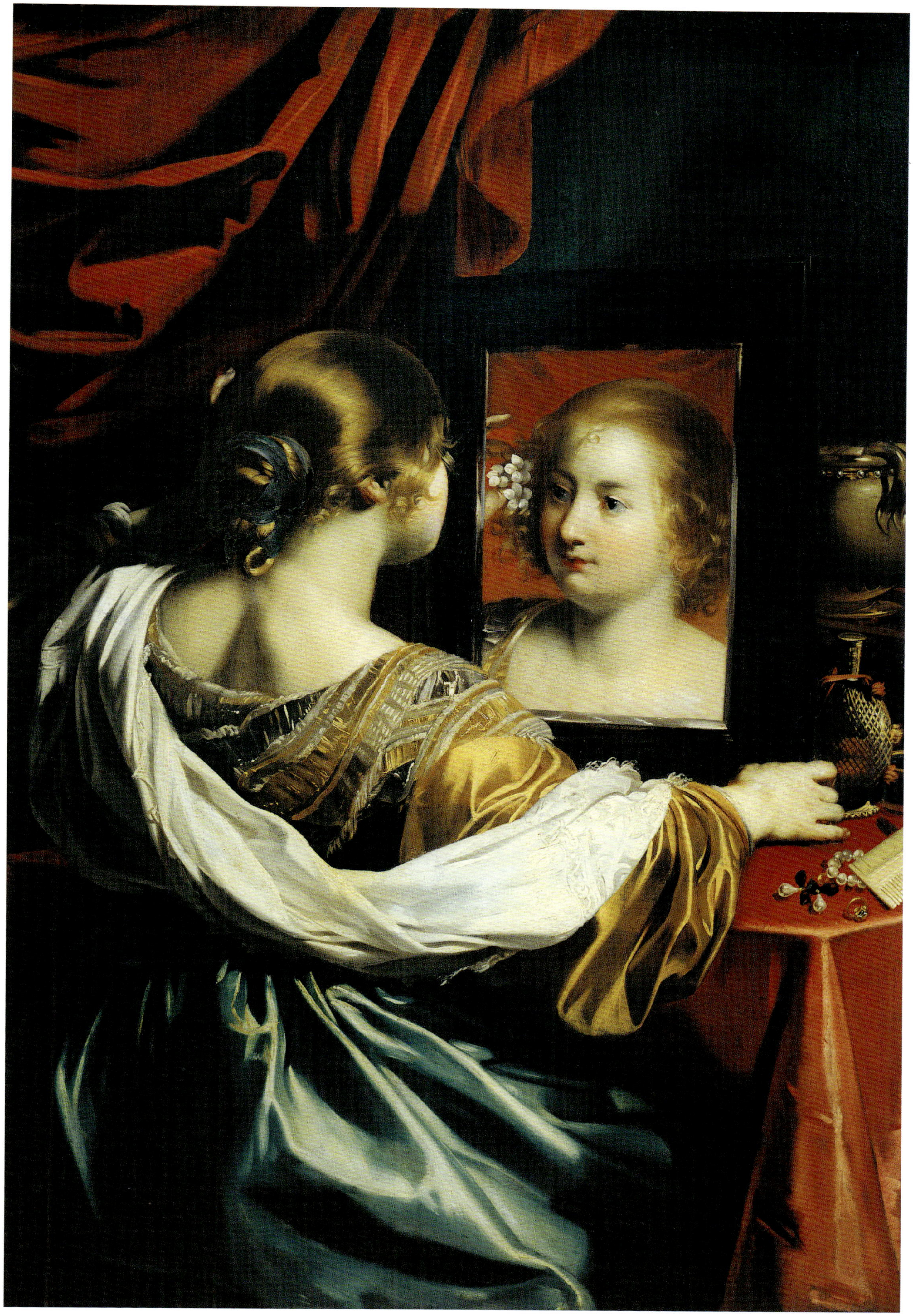

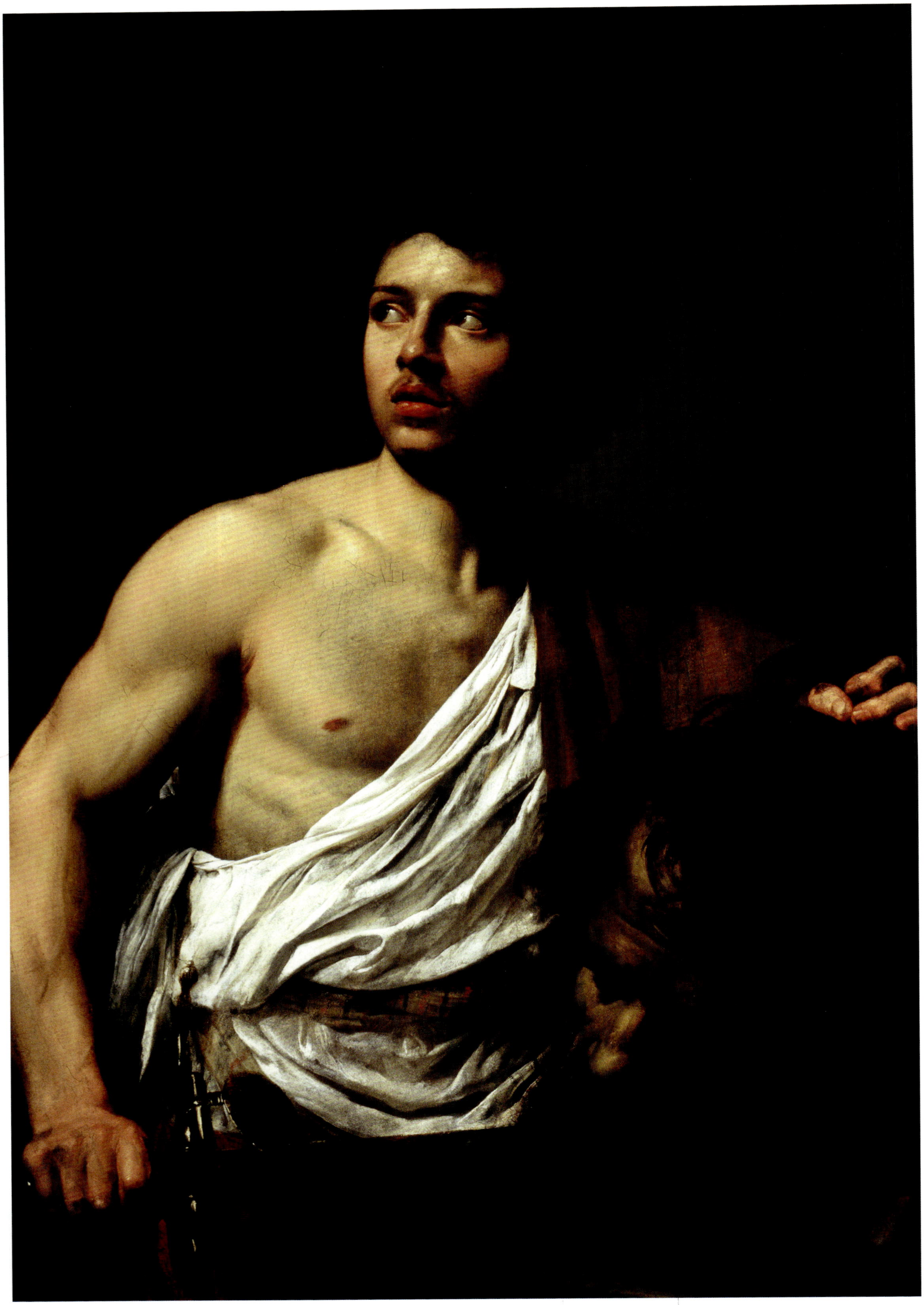

David with the Head of Goliath
23-year-old Simon Vouet settled in Rome in 1613. Unlike Caravaggio, he avoids violence in his portrayal. He concentrates on the beauty of the body, which is surrounded by light.

David tenant la tête de Goliath
Simon Vouet est arrivé à Rome en 1613, à 23 ans. Son David et Goliath est, à l'inverse de celui du Caravage, dénué de violence. Le peintre se concentre sur la beauté du corps, caressé par la lumière.

David mit dem Haupt des Goliath
Der 23-jährige Simon Vouet lässt sich 1613 in Rom nieder. Anders als Caravaggio verzichtet er bei seiner Darstellung auf Gewalt. Er konzentriert sich auf die Schönheit des Körpers, der vom Licht umspielt wird.

David con la cabeza de Goliat
Simon Vouet, de 23 años, se estableció en Roma en 1613. A diferencia de Caravaggio, evita la violencia en su representación. Se concentra en la belleza del cuerpo, que está rodeado de luz.

David com a cabeça de Golias
Simon Vouet, de 23 anos, estabeleceu-se em Roma em 1613. Ao contrário de Caravaggio, ele evita a violência no seu retrato. Concentra-se na beleza do corpo, que está rodeado de luz.

David met het hoofd van Goliath
De 23-jarige Simon Vouet vestigde zich in 1613 in Rome. In tegenstelling tot Caravaggio zag hij af van geweld in zijn afbeelding. Hij richtte zich op de schoonheid van het lichaam, dat omgeven wordt door licht.

SIMON VOUET (1590-1649)

1621, Oil on canvas/Huile sur toile, 120 × 95 cm, Galleria di Palazzo Bianco, Genova

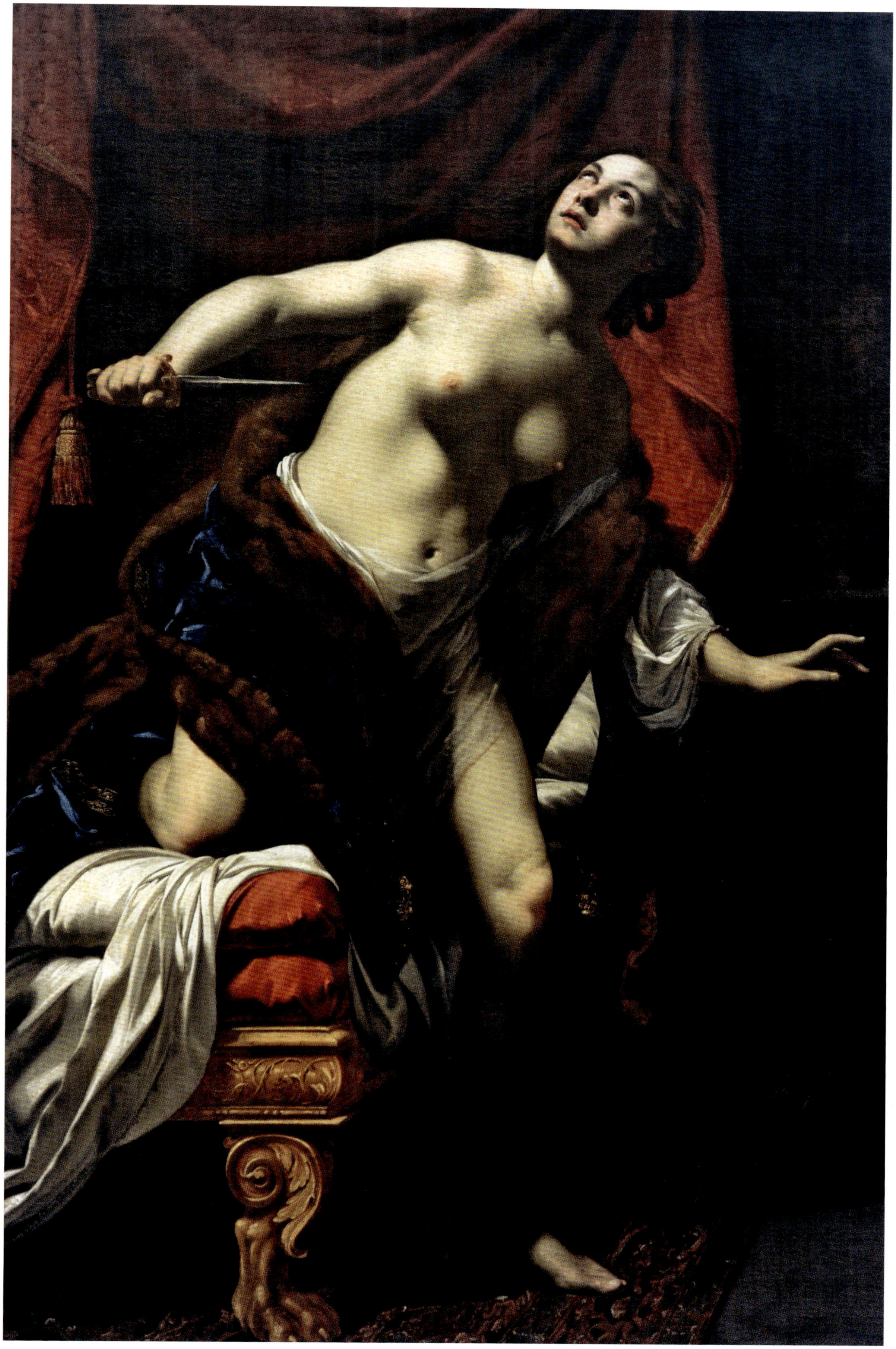

Suicide of Lucretia

Le Suicide de Lucrèce

Selbstmord der Lucretia

Suicidio de Lucrecia

O suicídio de Lucrécio

De zelfmoord van Lucretia

SIMON VOUET (1590-1649)

c. 1624/25, Oil on canvas/Huile sur toile,

197 × 148 cm, Národní galerie, Praha

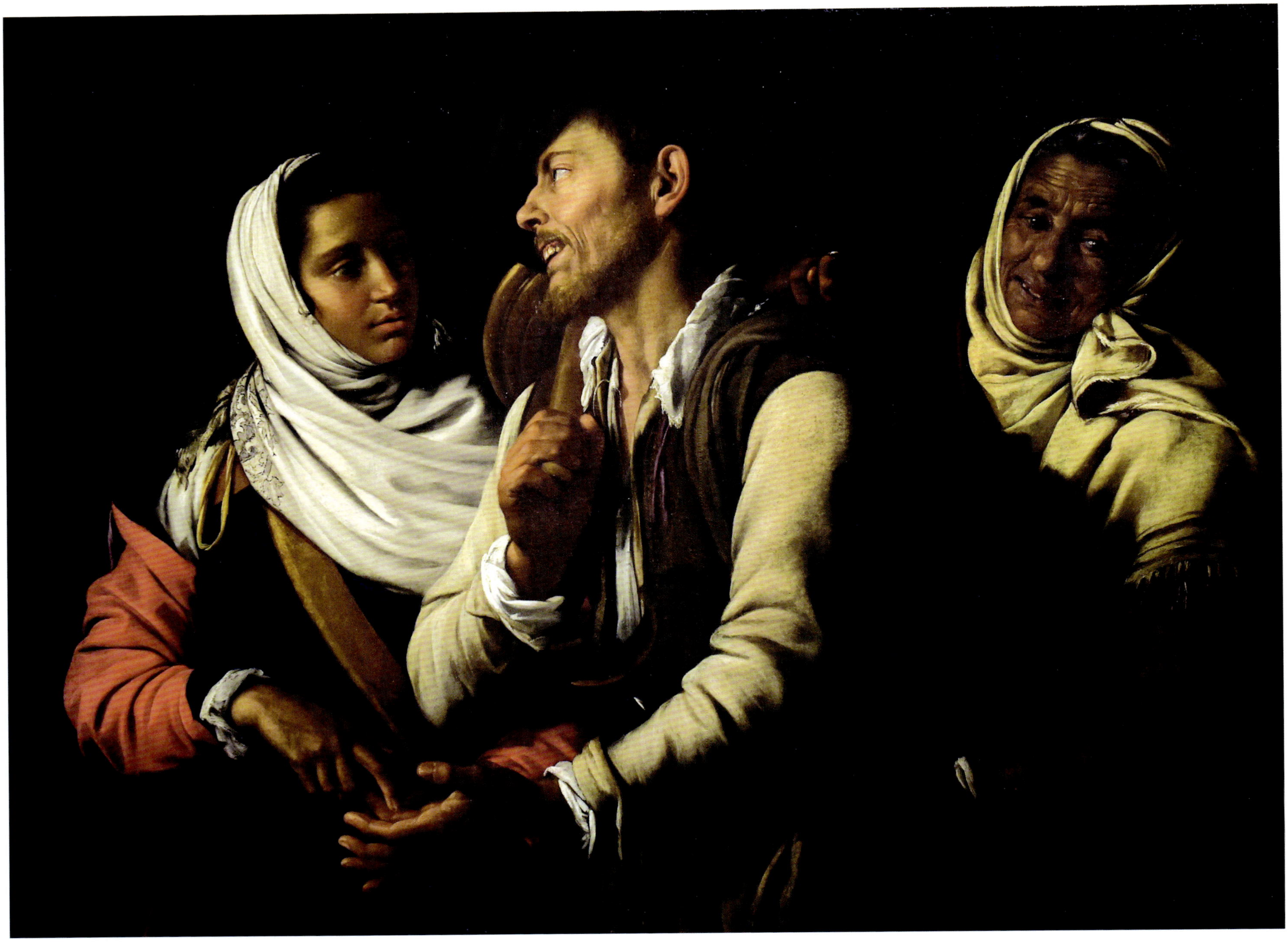

The Fortune Teller

In Rome, the artist painted several versions of the motif. The figures emerge from a black background. The light breathes life into the faces and accentuates the drapery of the clothes.

La Diseuse de bonne aventure

À Rome, l'artiste a peint plusieurs variations autour de ce sujet. Ses trois figures surgissent du fond noir. La lumière donne vie et présence à leurs visages et sculpte les plis de leurs vêtements.

Die Wahrsagerin

In Rom malt der Künstler mehrere Versionen des Motivs. Die Figuren treten aus einem schwarzen Hintergrund hervor. Das Licht haucht den Gesichtern Leben ein und betont den Faltenwurf der Kleidung.

El adivino

En Roma, el artista pinta varias versiones del motivo. Las tres figuras emergen de un fondo negro. La luz da vida a los rostros y acentúa los pliegues de sus ropajes.

A cartomante

Em Roma, o artista pinta várias versões do motivo. As figuras emergem de um fundo preto. A luz insufla vida nos rostos e acentua o drapeado das roupas.

De waarzegster

In Rome schilderde de kunstenaar meerdere versies van dit onderwerp. De figuren komen uit een zwarte achtergrond tevoorschijn. Het licht wekt de gezichten tot leven en accentueert de plooien in de kleding.

SIMON VOUET (1590-1649)

c. 1617, Oil on canvas/Huile sur toile, 95 × 135 cm, Galleria nazionale d'arte antica, Roma

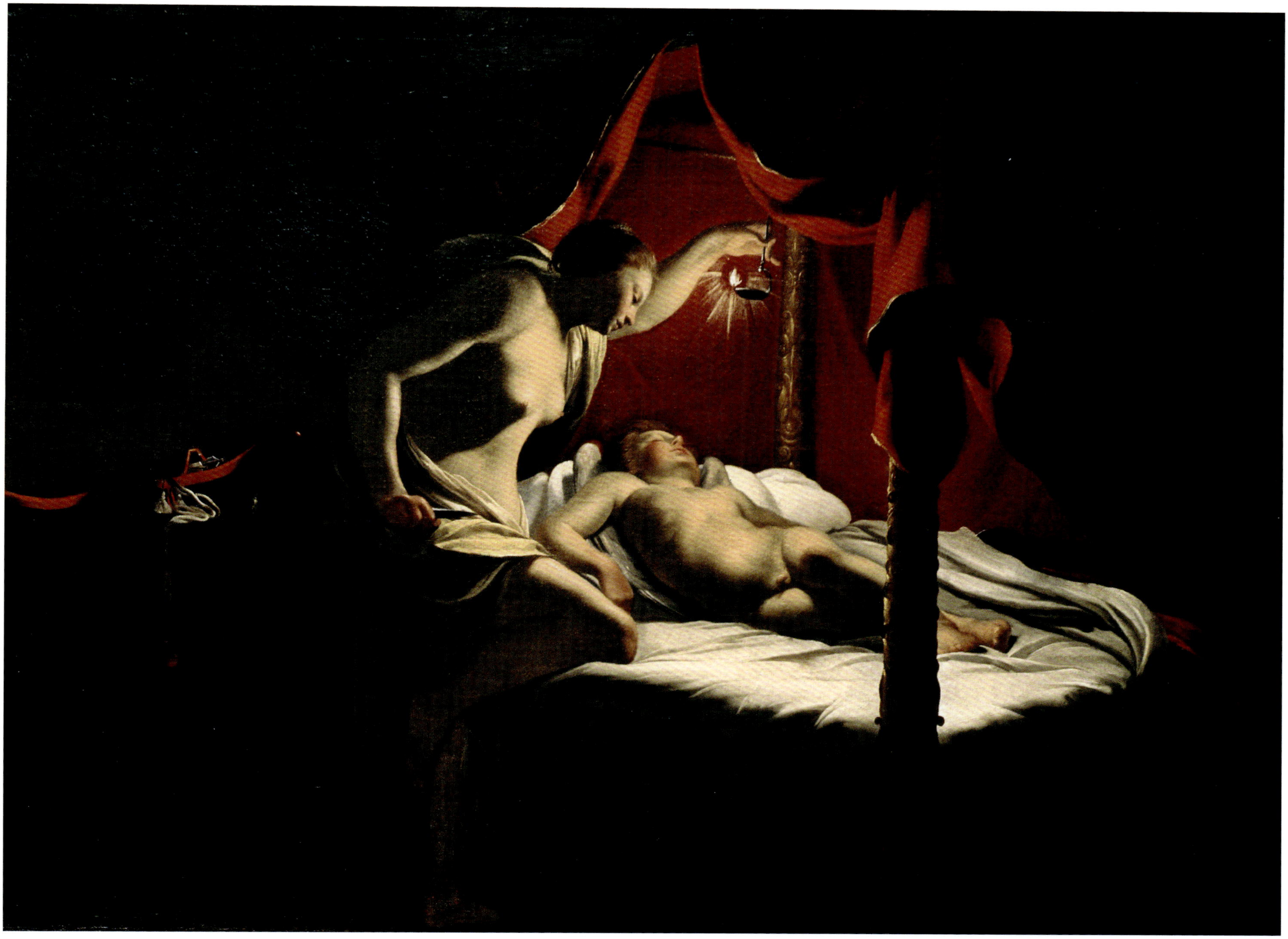

Cupid and Psyche

Psyché et l'Amour

Amor und Psyche

Cupido y Psique

Cupido e Psique

Amor en Psyche

SIMON VOUET (AFTER/D'APRÈS) (1590-1649)

c. 1650, Oil on canvas/Huile sur toile, 112 × 165 cm, Musée des Beaux-Arts, Lyon

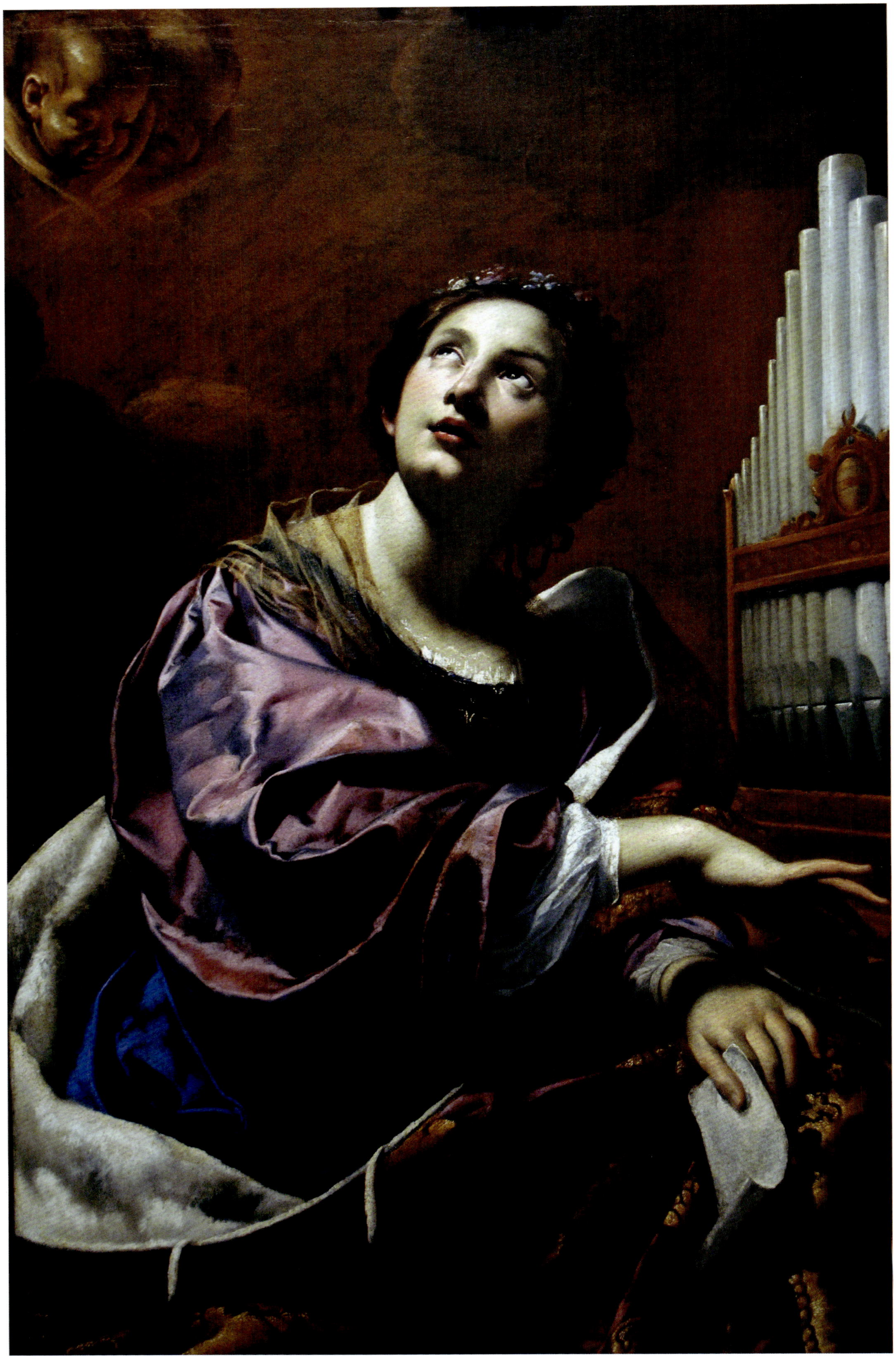

Saint Cecilia

Sainte Cécile

Die heilige Cäcilia

Santa Cecilia

Santa Cecília

De heilige Cecilia

SIMON VOUET (1590-1649)

1626, Oil on canvas/Huile sur toile, 132 × 99 cm,

Blanton Museum of Art, Austin

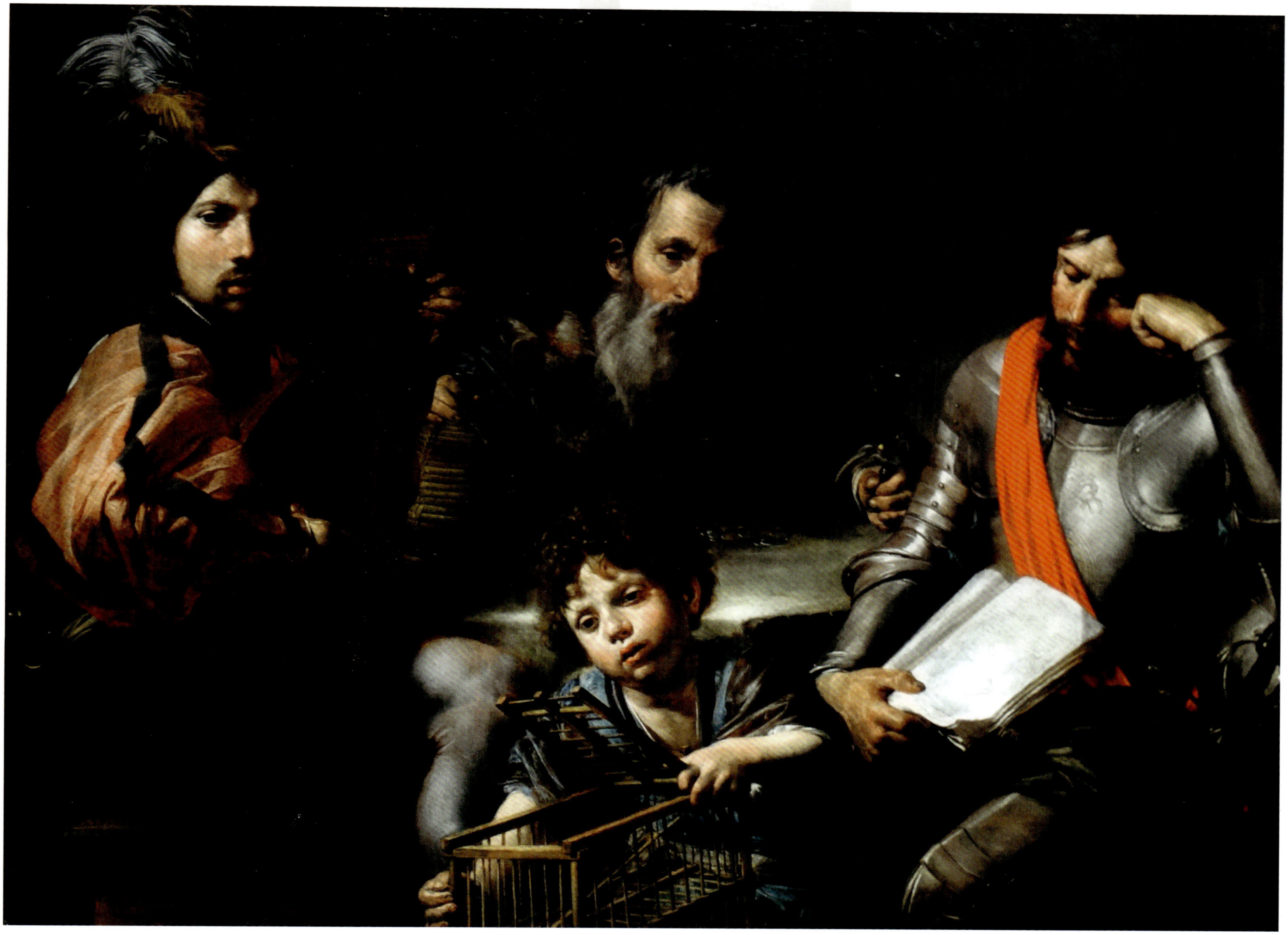

The Four Ages of Man

Les Quatre Âges de l'Homme

Die vier Lebensalter des Mannes

Las cuatro edades del hombre

As Quatro Idades do Homem

De Vier Eeuwen van de Man

VALENTIN DE BOULOGNE

c. 1629, Oil on canvas/Huile sur toile, 96,5 x 134 cm, The National Gallery, London

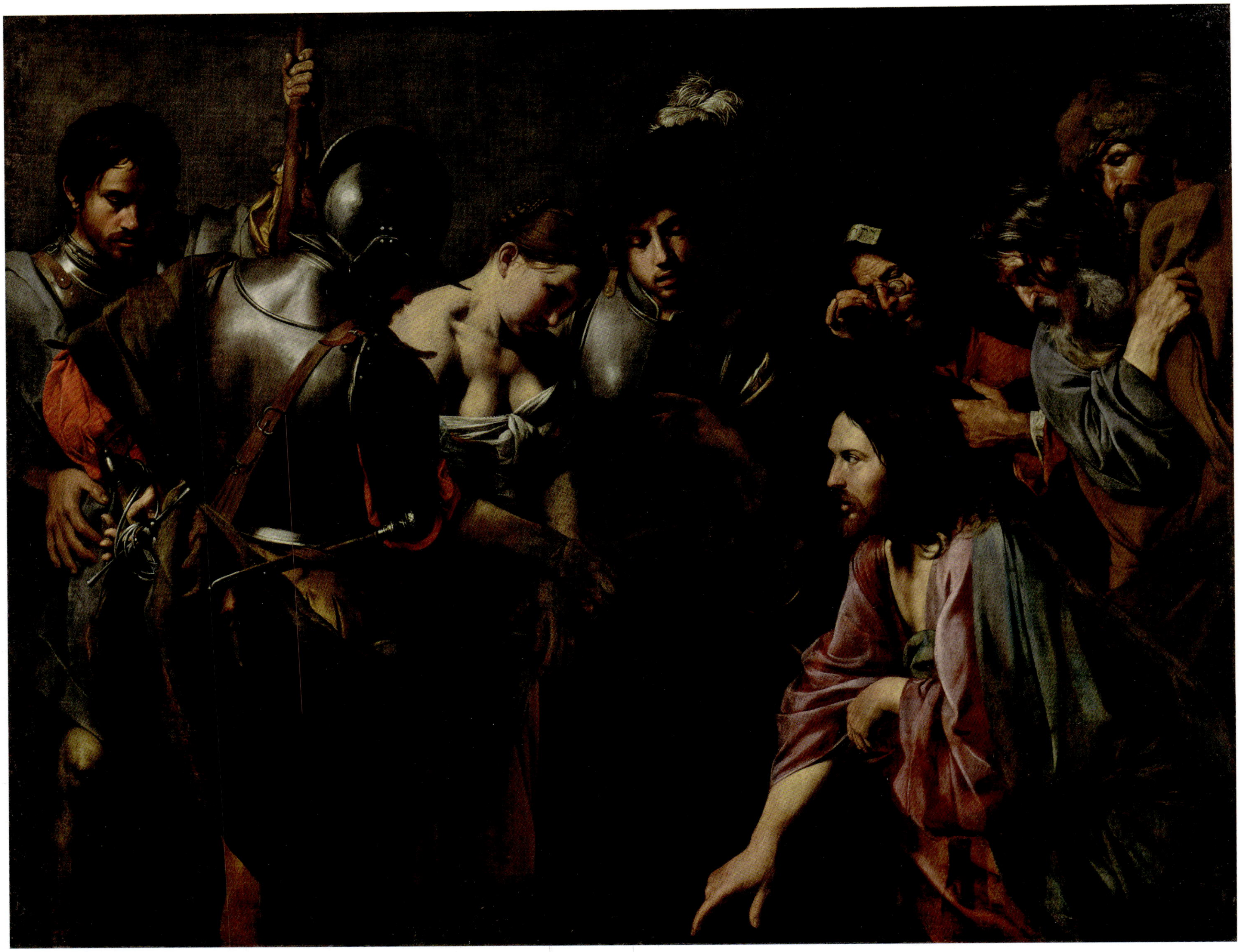

Christ and the Adulteress

Jésus et la femme adultère

Christus und die Ehebrecherin

Cristo y la adúltera

Cristo e a Adultera

Christus en de overspelige vrouw

VALENTIN DE BOULOGNE (1591-1632)

c. 1620, Oil on canvas/Huile sur toile, 167 × 221,3 cm, J. Paul Getty Museum, Los Angeles

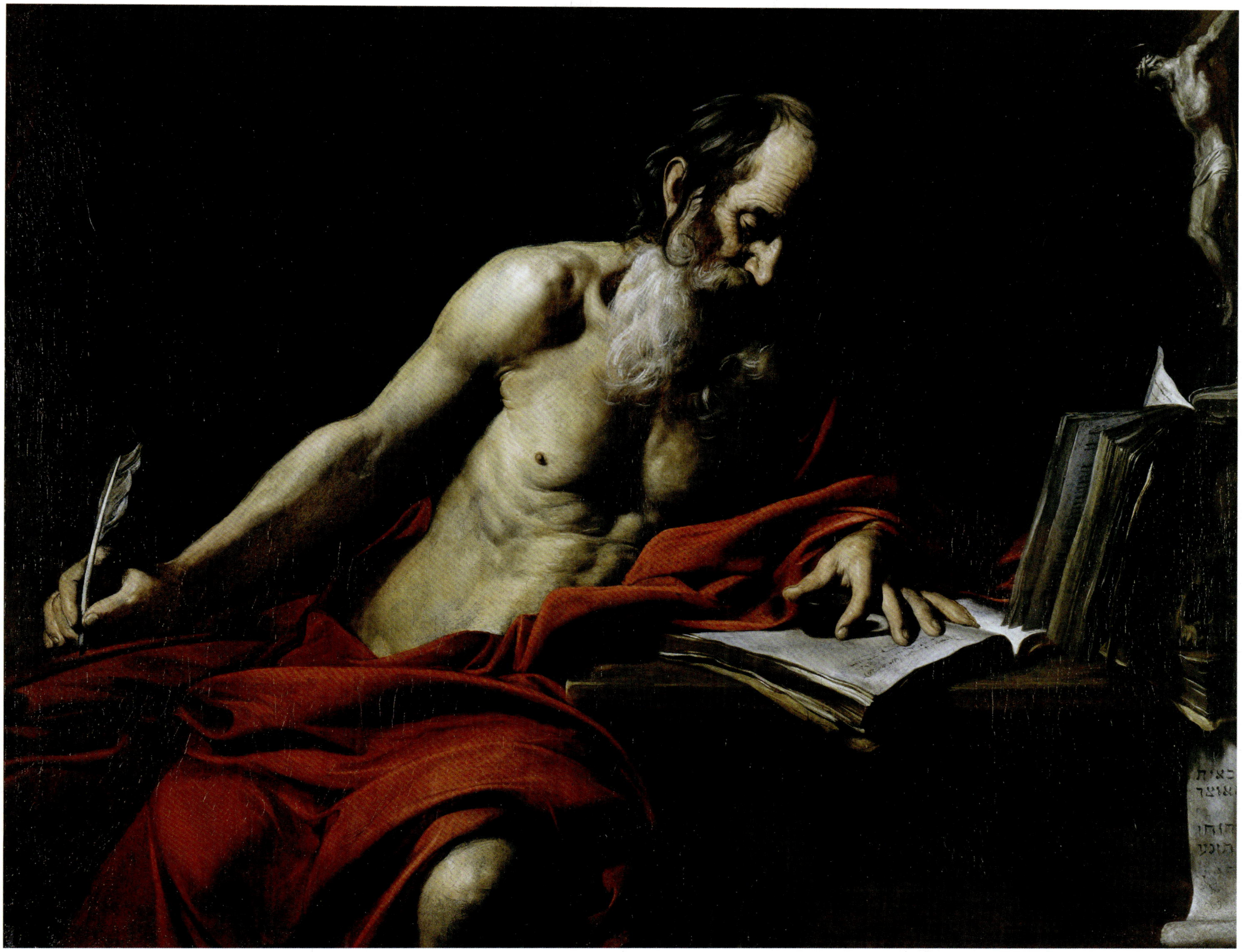

Saint Jerome
The saint is usually portrayed as an old man translating the Bible. Here he sits at his table with a book and a pen. The diagonal of his arm makes its movements appear dynamic.

Saint Jérôme
Le Saint est le plus souvent représenté en vieil homme, en train de traduire la Bible. Il est ici à sa table, livre ouvert et plume en main, dans un mouvement dynamique insufflé par la diagonale du bras.

Der heilige Hieronymus
Der Heilige wird meist als alter Mann dargestellt, der die Bibel übersetzt. Hier sitzt er mit Buch und Schreibfeder an seinem Tisch. Die Diagonale des Arms lässt seine Bewegungen dynamisch wirken.

San Jerónimo
El santo suele ser retratado como un anciano que traduce la Biblia. Aquí se sienta a la mesa con un libro abierto y una pluma en mano. La diagonal del brazo hace que sus movimientos parezcan dinámicos.

São Jerônimo
O santo é geralmente retratado como um homem velho traduzindo a Bíblia. Aqui ele senta-se à sua mesa com um livro e uma caneta. A diagonal do braço faz com que seus movimentos pareçam dinâmicos.

De heilige Hiëronymus
De heilige wordt meestal afgebeeld als een oude man die de bijbel vertaalt. Hier zit hij aan zijn tafel met een boek en een pen. Door de diagonaal van de arm zien de bewegingen er dynamisch uit.

VALENTIN DE BOULOGNE (1591-1632)
Oil on canvas/Huile sur toile, 132 × 152 cm, Galleria Sabauda, Torino

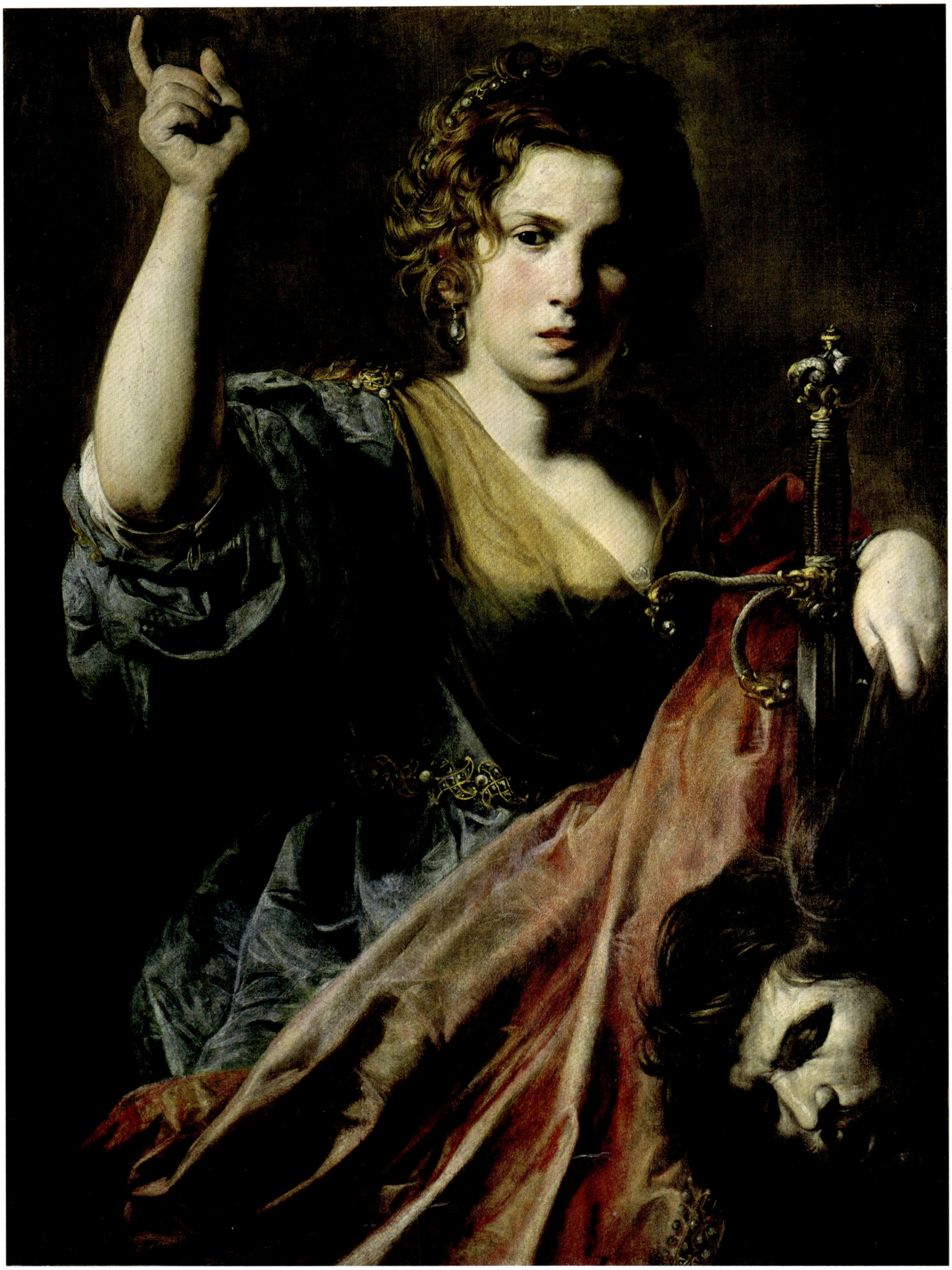

Judith

In contrast to Caravaggio, in which a theatrical Judith cuts off Holofernes' head, the painter concentrated on her female personality and portrayed Judith in a victorious pose.

Judith

Loin de la Judith théâtrale tranchant la tête d'Holopherne dans le célèbre tableau du Caravage, Valentin de Boulogne centre sa composition sur le personnage féminin, et en fait un portrait victorieux.

Judith

Anders als bei Caravaggio, bei dem eine theatralische Judith Holofernes Kopf abtrennt, konzentrierte sich der Maler auf ihre weibliche Persönlichkeit und porträtiert Judith in einer siegreichen Pose.

Judit

Lejos de la teatral Judith cortando la cabeza a Holofernes en el famoso cuadro de Caravaggio, Valentín de Boulogne centra su composición en el personaje femenino y lo retrata victorioso.

Judith

Ao contrário de Caravaggio, em que uma Judith teatral corta a cabeça de Holofernes, a pintora concentrou-se na sua personalidade feminina e retrata Judith numa pose vitoriosa.

Judith

Anders dan bij Caravaggio, bij wie Judith theatraal het hoofd van Holofernes afsnijdt, concentreerde de schilder zich op Judiths persoonlijkheid en portretteerde hij haar in een overwinnende houding.

VALENTIN DE BOULOGNE (1591-1632)

c. 1625, Oil on canvas/Huile sur toile,
97 × 74 cm, Musée des Augustins, Toulouse

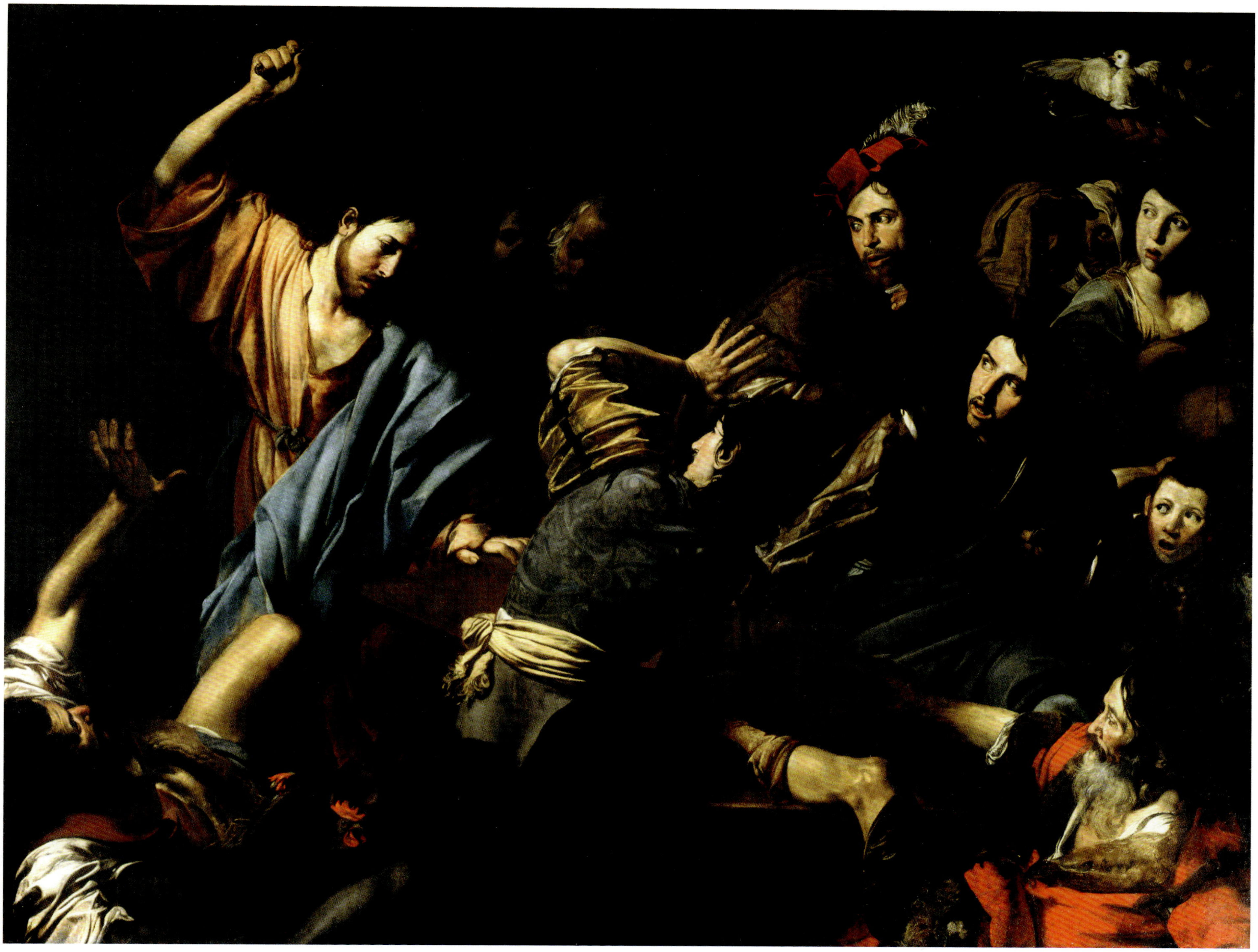

Christ driving the Moneylenders from the Temple

Jésus chassant les marchands du Temple

Vertreibung der Geldwechsler aus dem Tempel

La expulsión de los mercaderes del templo

A expulsão dos cambistas do templo

Jezus verjaagt de geldwisselaars uit de tempel

VALENTIN DE BOULOGNE (1591-1632)

c. 1618, Oil on canvas/Huile sur toile, 195 × 260 cm, Gallerie Nazionali Barberini Corsini, Roma

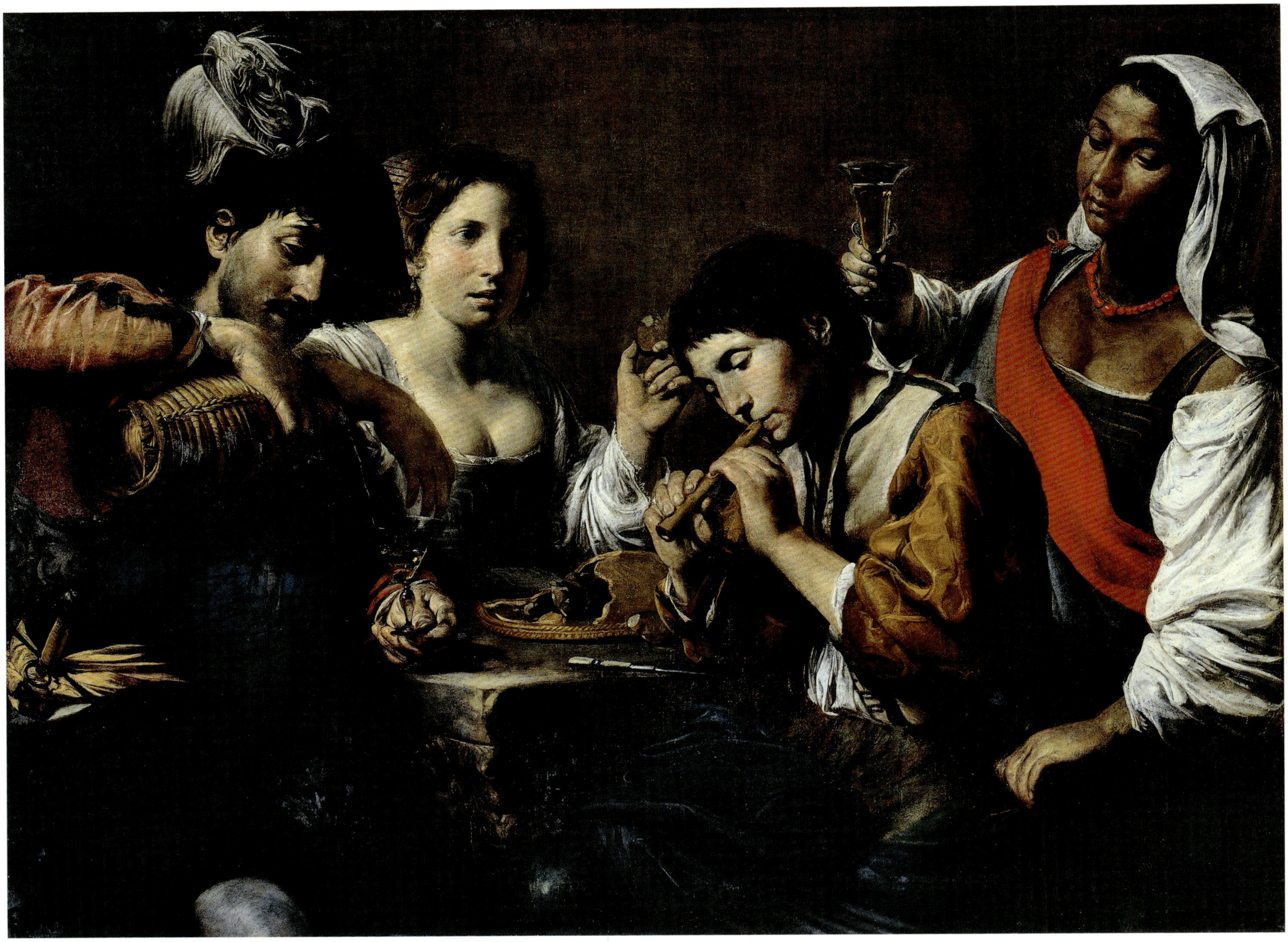

Gathering in a Tavern

Réunion dans un cabaret

Musikanten und Trinker

Músicos y bebedores

Músicos e bebedores

Muzikanten en drinkers

VALENTIN DE BOULOGNE (1591-1632)

1625, Oil on canvas/Huile sur toile, 96 × 133 cm, Musée du Louvre, Paris

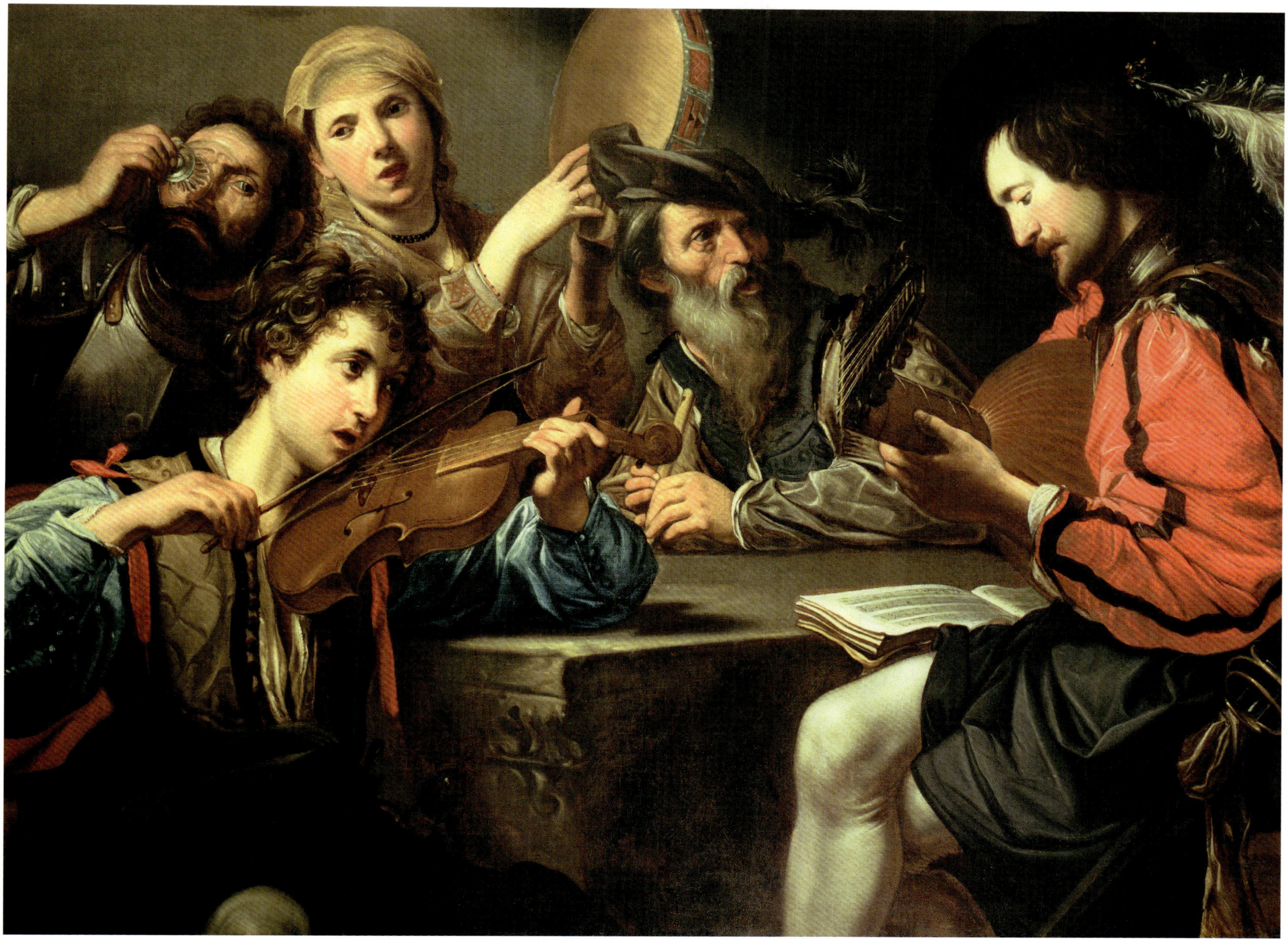

A Musical Gathering

Une réunion musicale

Musizierende Gesellschaft

Reunión musical

A sociedade fazendo música

Musicerend gezelschap

VALENTIN DE BOULOGNE (1591-1632)

Oil on canvas/Huile sur toile, 97 × 143 cm, Kunsthistorisches Museum, Wien

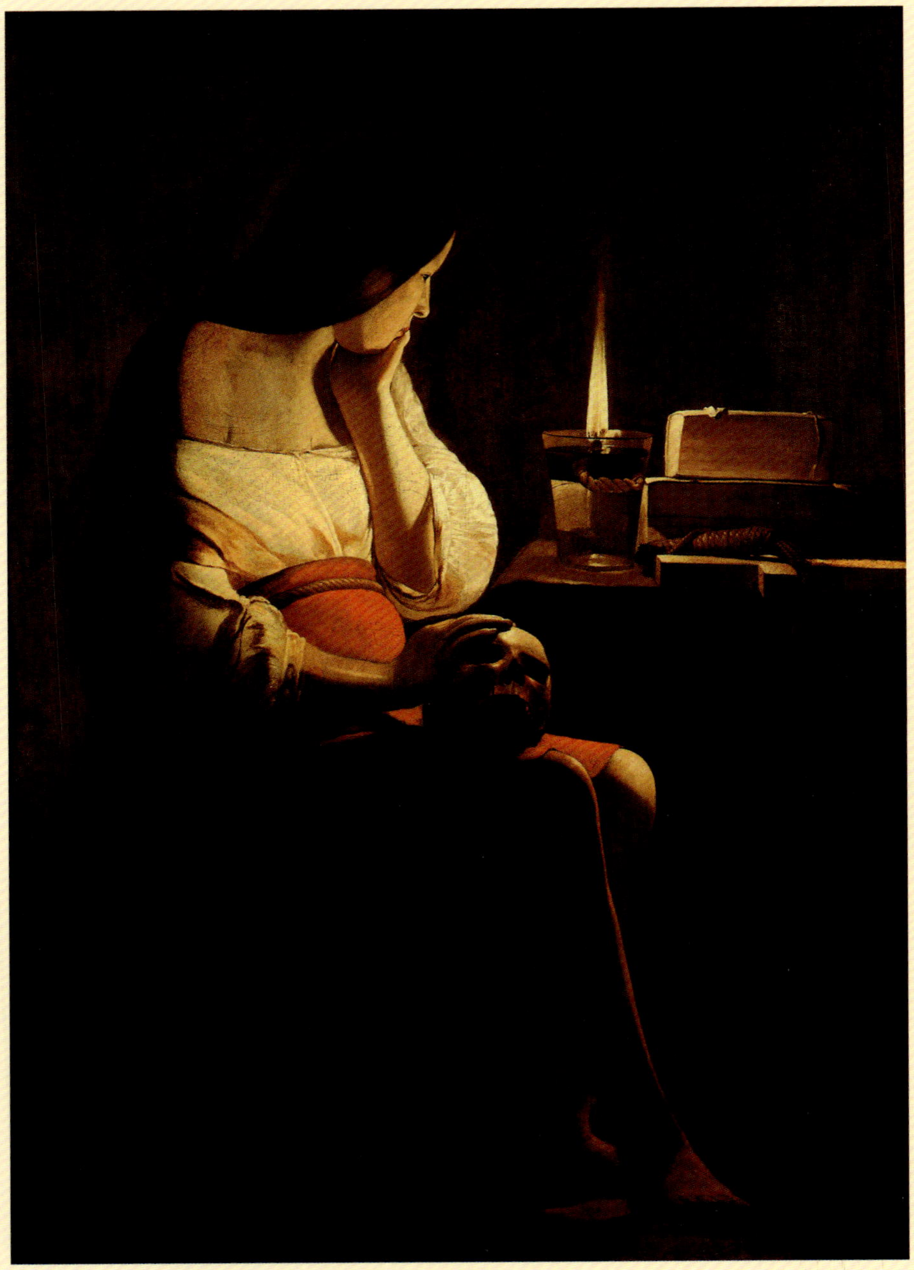

Magdalene with the Smoking Flame

La Madeleine à la veilleuse

Magdalena mit der Öllampe

La Magdalena penitente de la lamparilla

Magdalena com a lâmpada de óleo

Maria-Magdalena bij een olielamp

GEORGES DE LA TOUR (1593-1652)

c. 1640-45, Oil on canvas/Huile sur toile, 128 × 94 cm,

Musée du Louvre-Lens

Georges de La Tour

Georges de La Tour (1593-1652) is considered one of the greatest masters of the 17th century, but also one of the most mysterious. Between 1610 and 1616, the painter travelled from Lorraine to Italy, where he probably saw some of Caravaggio's works. 1620 he settled in Lunéville. There he received the support of the Duke of Lorraine and was appointed official painter to the king in 1639. His work is limited. Only about 40 paintings are known to this day, most of which were not dated, which makes chronological classification difficult. The motifs show religious themes as well as everyday scenes - day and night. Georges de La Tour is best known for his chiaroscuro painting, for the silence of the night in which a candle creates intimate moments. His simply structured compositions take up some of Caravaggio's themes, such as cheats or fortune-tellers, while the minimalist design never leaves room for landscapes.

Georges de La Tour

Considéré comme l'un des plus grands maîtres du XVIIe siècle, Georges de La Tour (1593-1652) est aussi l'un des plus mystérieux. Le peintre lorrain voyage en Italie entre 1610 et 1616. Il est possible qu'il ait vu certaines œuvres du Caravage. Installé à Lunéville dès 1620, il est soutenu par le duc de Lorraine, et en 1639, il obtient le titre de Peintre ordinaire du roi. L'artiste est rare, une quarantaine d'œuvres seulement sont aujourd'hui authentifiées. Peu sont datées, ce qui rend vaine toute tentative de chronologie. Georges de La Tour a peint des tableaux religieux et des scènes de genre, diurnes ou nocturnes. Il est avant tout le peintre du silence, de la lumière et des ambiances intimistes en clair-obscur, éclairées de façon artificielle par la flamme d'une bougie. Ses compositions, construites par des plans simples, reprennent certains thèmes caravagesques comme les tricheurs, ou les diseuses de bonne aventure. Ses décors, minimalistes, ne laissent jamais la moindre place à la vue extérieure d'un paysage.

Georges de La Tour

Georges de La Tour (1593–1652) gilt als einer der größten Meister des 17. Jahrhunderts, aber auch als einer der geheimnisvollsten. Zwischen 1610 und 1616 bereist der Maler aus Lothringen Italien, wo er wahrscheinlich einige Werke von Caravaggio zu Gesicht bekommt. 1620 lässt er sich in Lunéville nieder. Dort erhält er die Unterstützung des Herzogs von Lothringen und wird 1639 zum offiziellen Maler des Königs ernannt. Seine Werke sind selten. Bis heute sind gerade einmal um die 40 Gemälde bekannt, von denen die meisten nicht datiert wurden, was eine chronologische Zuordnung erschwert. Die Motive zeigen religiöse Themen genauso wie Alltagsszenen – am Tag und in der Nacht. Georges de La Tour ist vor allem für seine Hell-Dunkel-Malerei bekannt, für die Stille der Nacht, in der eine Kerze intime Momente erzeugt. Seine einfach strukturierten Kompositionen greifen einige Themen Caravaggios auf, wie Falschspieler oder Wahrsagerinnen, wobei die minimalistische Gestaltung nie Raum für Landschaften lässt.

The New Born Child

Le Nouveau-né

Das Neugeborene

El recién nacido

O Recém-Nascido

De pasgeborene

GEORGES DE LA TOUR (1593-1652)

c. 1645, Oil on canvas/Huile sur toile, 76,7 × 92,5 cm, Musée des Beaux-Arts, Rennes

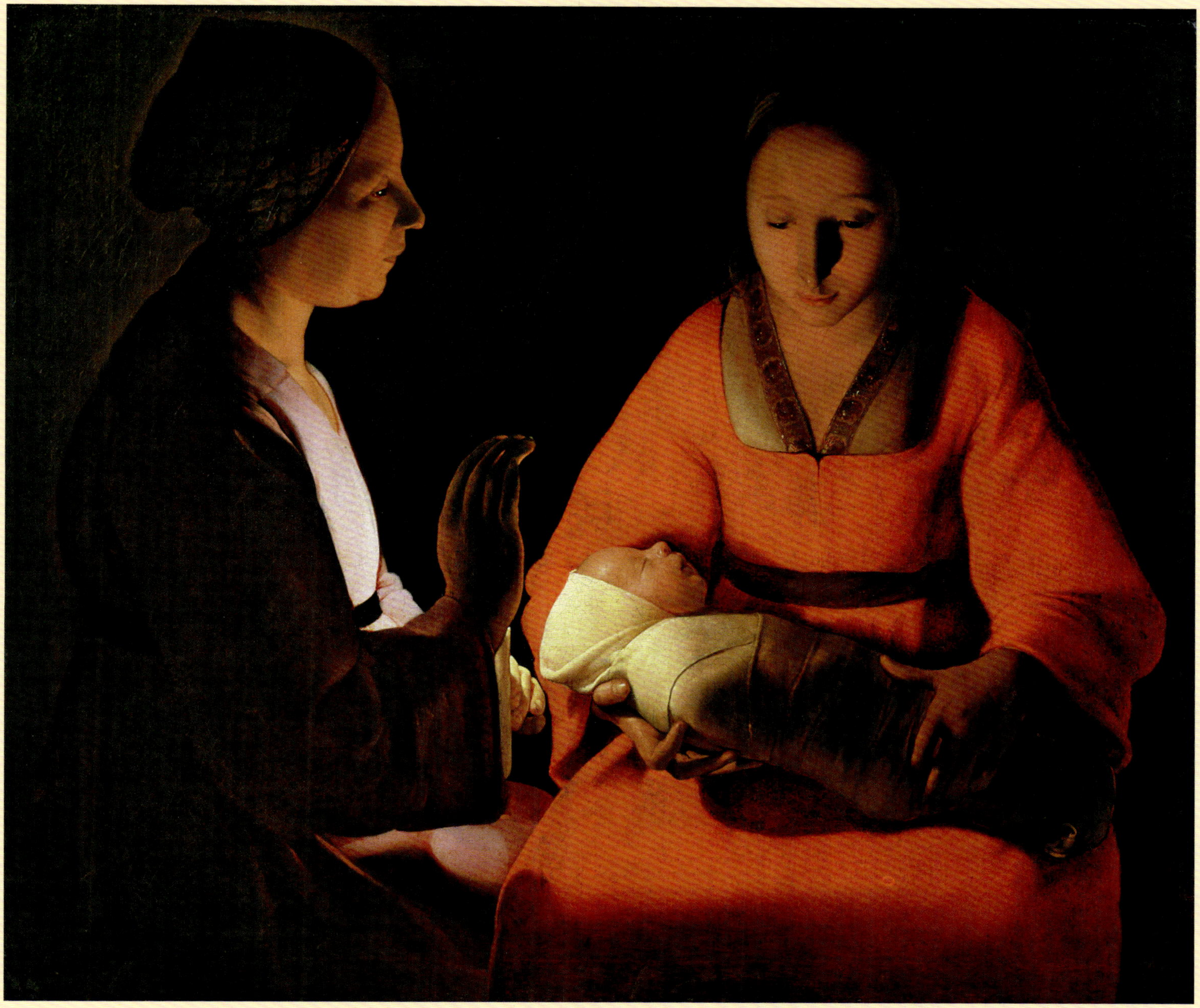

Georges de La Tour

Georges de La Tour (1593-1652) es considerado uno de los grandes maestros del siglo XVII, pero también uno de los más misteriosos. Entre 1610 y 1616, el pintor viajó de Lorena a Italia, donde probablemente vio algunas obras de Caravaggio. En 1620 se instala en Lunéville. Allí recibió el apoyo del duque de Lorena y fue nombrado pintor oficial del rey en 1639. Su trabajo es pequeño. Hasta la fecha sólo se conocen unas 40 pinturas, la mayoría de las cuales no están fechadas, lo que dificulta la clasificación cronológica. Los motivos muestran temas religiosos y escenas cotidianas, tanto de día como de noche. Georges de La Tour es más conocido por su pintura claroscura, por el silencio de la noche en la que una vela crea momentos íntimos. Sus sencillas composiciones estructuradas retoman algunos de los temas de Caravaggio, como los trucos o las adivinanzas, mientras que el diseño minimalista nunca deja espacio para los paisajes.

Georges de La Tour

Georges de La Tour (1593-1652) é considerado um dos maiores mestres do século XVII, mas também um dos mais misteriosos. Entre 1610 e 1616, o pintor viajou da Lorena para a Itália, onde provavelmente viu algumas das obras de Caravaggio. Em 1620 instala-se em Lunéville. Lá ele recebeu o apoio do Duque de Lorena e foi nomeado pintor oficial do rei em 1639. O trabalho dele é pequeno. Apenas cerca de 40 pinturas são conhecidas até hoje, a maioria das quais não datadas, o que dificulta a classificação cronológica. Os motivos mostram temas religiosos, bem como cenas cotidianas - dia e noite. Georges de La Tour é mais conhecido pela sua pintura de claro-escuro, pelo silêncio da noite em que uma vela cria momentos íntimos. Suas composições simplesmente estruturadas retomam alguns dos temas de Caravaggio, como trapaças ou cartomantes, enquanto o design minimalista nunca deixa espaço para paisagens.

Georges de La Tour

Georges de La Tour (1593-1652) wordt beschouwd als een van de grootste, maar ook als een van de geheimzinnigste meesters van de 17e eeuw. Tussen 1610 en 1616 reisde de schilder van Lotharingen naar Italië, waar hij waarschijnlijk enkele werken van Caravaggio zag. In 1620 vestigde hij zich in Lunéville. Daar kreeg hij de steun van de hertog van Lotharingen en werd hij in 1639 benoemd tot officieel schilder van de koning. Zijn werk is zeldzaam. Tot op heden zijn er maar zo'n veertig schilderijen bekend, waarvan de meeste niet gedateerd zijn, wat de chronologische ordening bemoeilijkt. De motieven tonen zowel religieuze thema's als alledaagse taferelen – bij dag en bij nacht. Georges de La Tour is vooral bekend om zijn clair-obscurschilderkunst, om de stilte van de nacht waarin een kaars een intiem moment schept. Zijn eenvoudig opgebouwde composities grijpen terug op enkele van Caravaggio's thema's, zoals bedriegers en waarzeggers, waarbij de minimalistische vormgeving nooit ruimte laat voor landschappen.

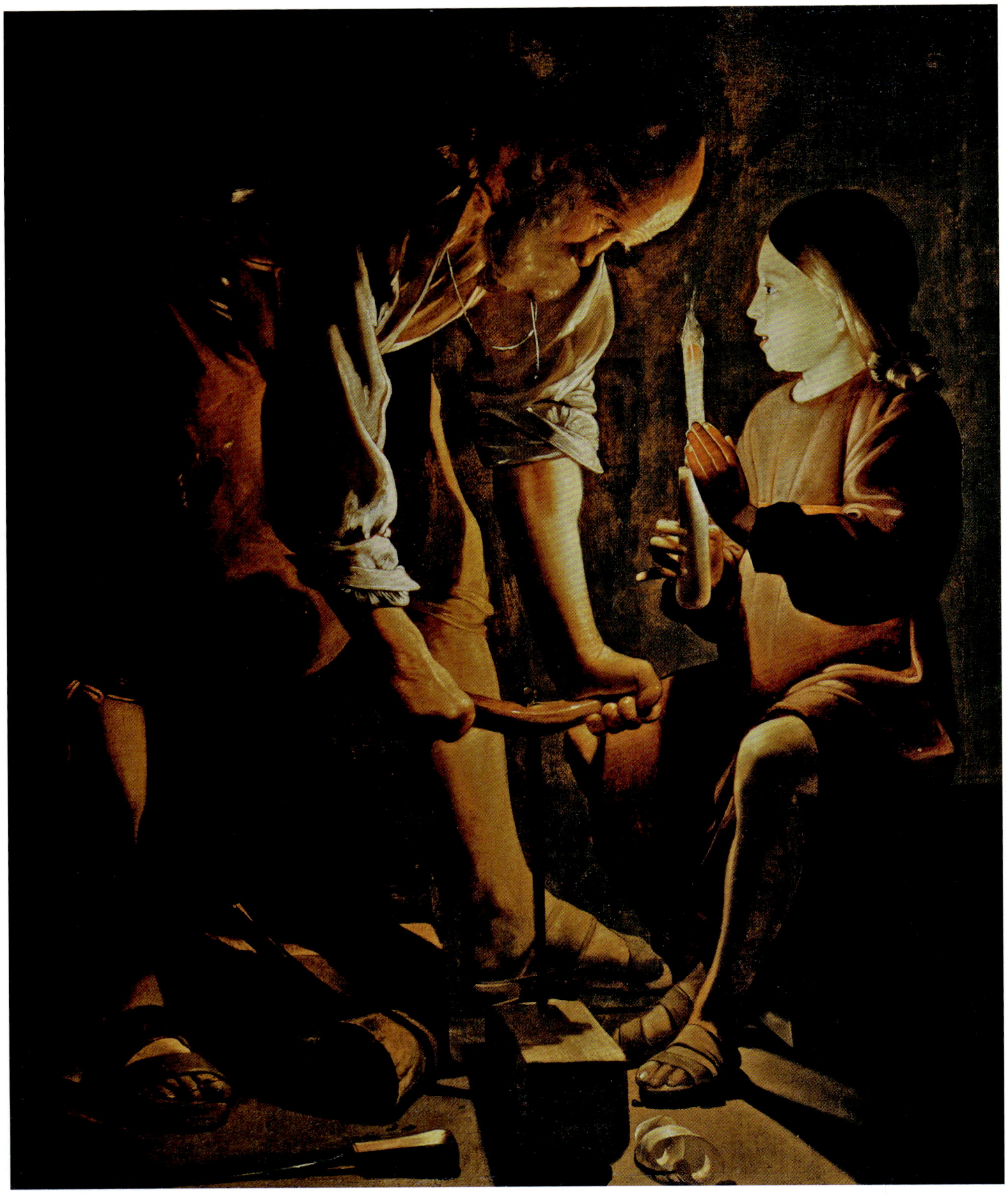

The Dream of St. Joseph

L'Apparition de l'ange à saint Joseph, *dit aussi* Le Songe de saint Joseph

Der Engel erscheint dem Hl. Josef im Traum

El ángel se le aparece a San José en un sueño

O anjo aparece a São José num sonho

De droom van Jozef

GEORGES DE LA TOUR (1593-1652)

1652, Oil on canvas/Huile sur toile, 93 × 82,2 cm, Musée des Beaux-Arts, Nantes

St. Joseph the Carpenter

The view shows Joseph and Jesus in a contemporary workshop. The superficial gentleness of the composition already hints at the drama of the Passion, which is indicated by fragments of the cross on the floor.

Saint Joseph charpentier

Cette vue d'atelier réunit Joseph et Jésus, dans un décor réaliste. Dans l'apparente douceur de la composition se profile le futur drame de la Passion, évoqué par les fragments de croix posés au sol.

Josef als Zimmermann

Die Ansicht zeigt Josef und Jesus in einer zeitgenössischen Werkstatt. Die vordergründige Sanftheit der Komposition deutet bereits das Drama der Passion an, auf die durch Kreuzfragmente am Boden hingewiesen wird.

San José carpintero

Esta visión del taller reúne a José y a Jesús en un ambiente realista. En la aparente suavidad de la composición está el futuro drama de la Pasión, evocado por los fragmentos de cruces colocadas en el suelo.

São José carpinteiro

A vista mostra José e Jesus numa oficina contemporânea. A doçura superficial da composição já remete para o drama da Paixão, que é indicado por fragmentos cruzados no chão.

Jozef de timmerman

Dit werk toont Jozef en Jezus in een eigentijdse werkplaats. De schijnbare zachtheid van de compositie wijst al vooruit naar het dramatische lijdensverhaal, waar met kruisfragmenten op de vloer naar verwezen wordt.

GEORGES DE LA TOUR (1593-1652)

c. 1642, Oil on canvas/Huile sur toile, 137 × 102 cm, Musée du Louvre, Paris

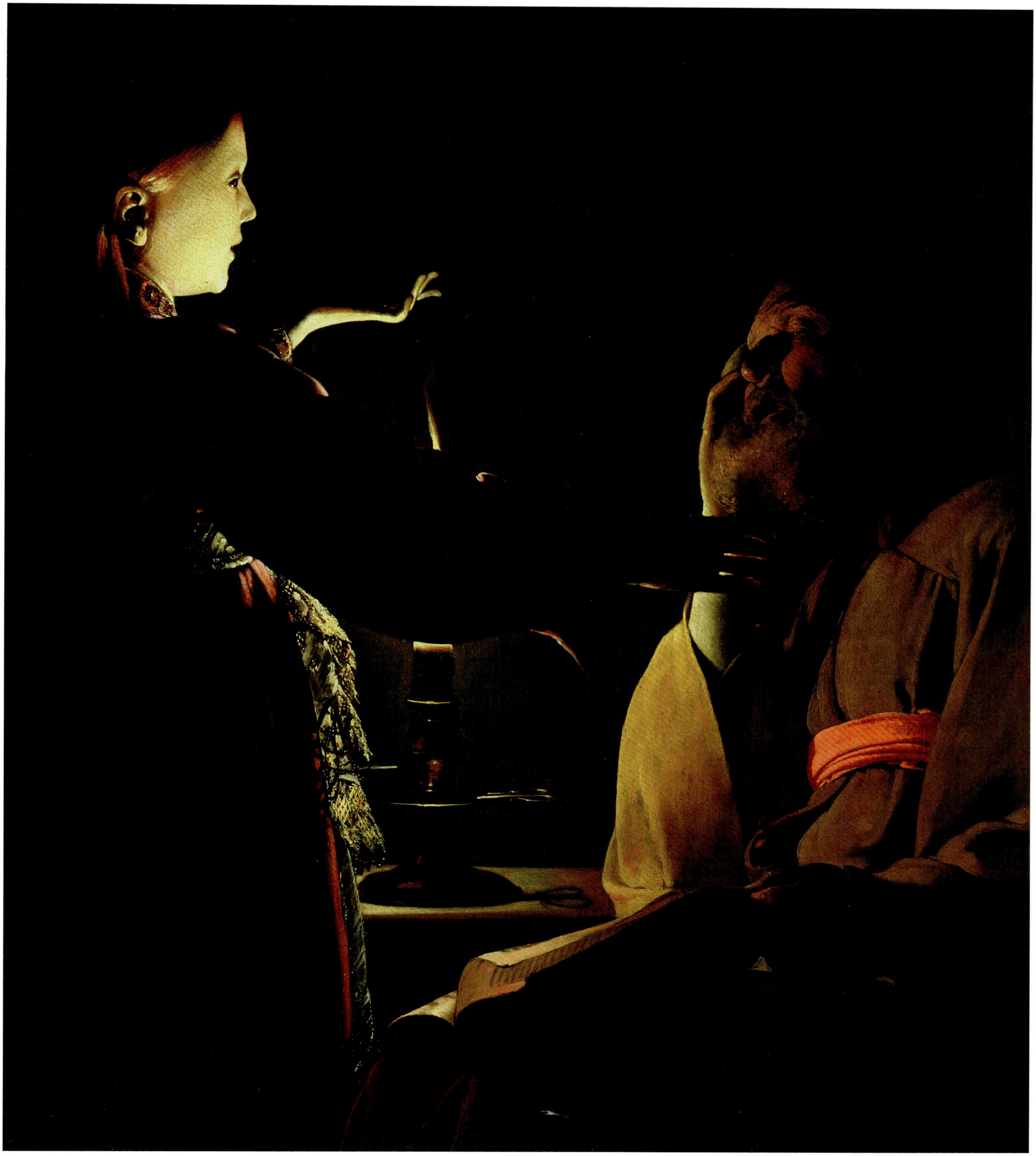

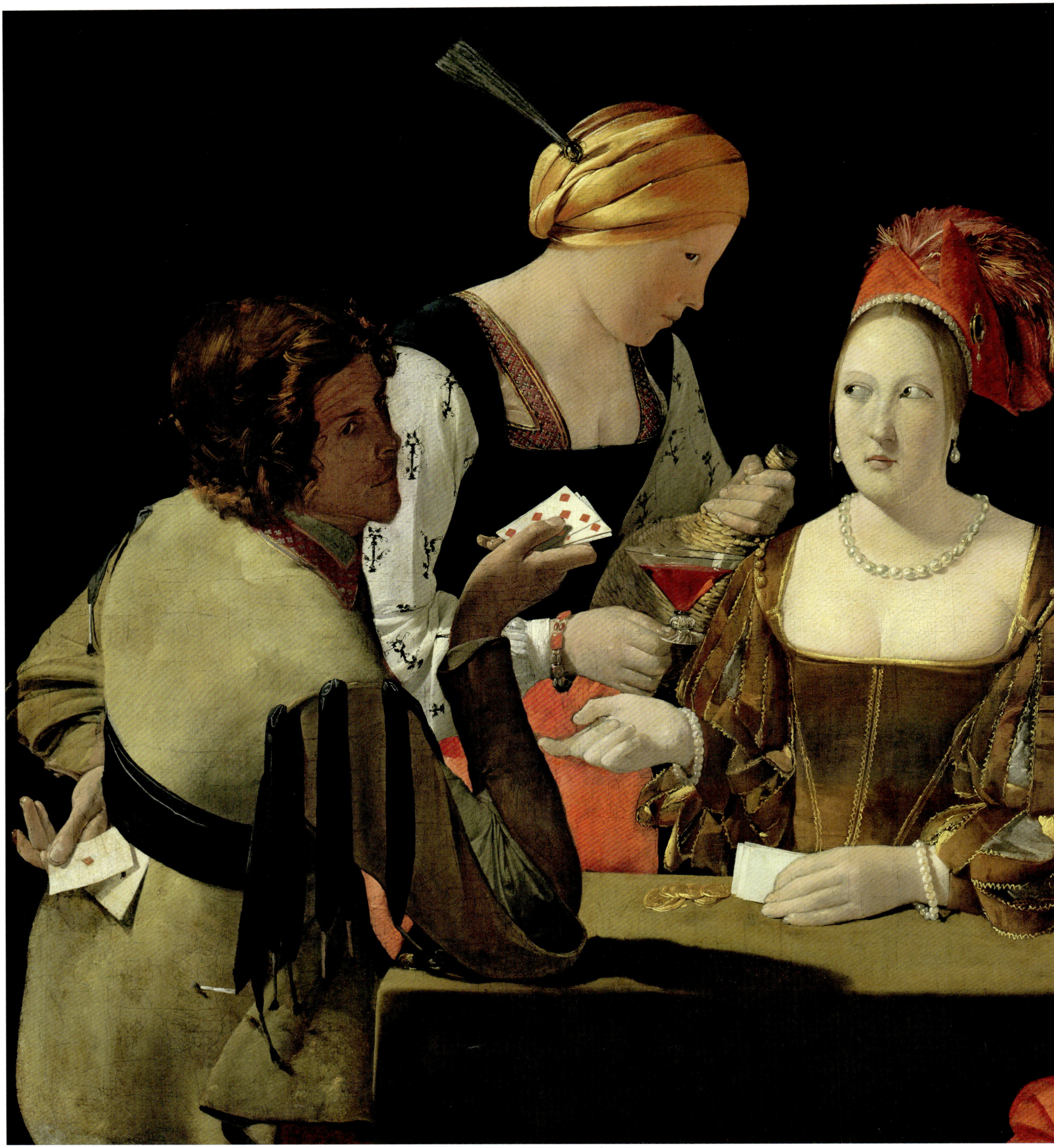

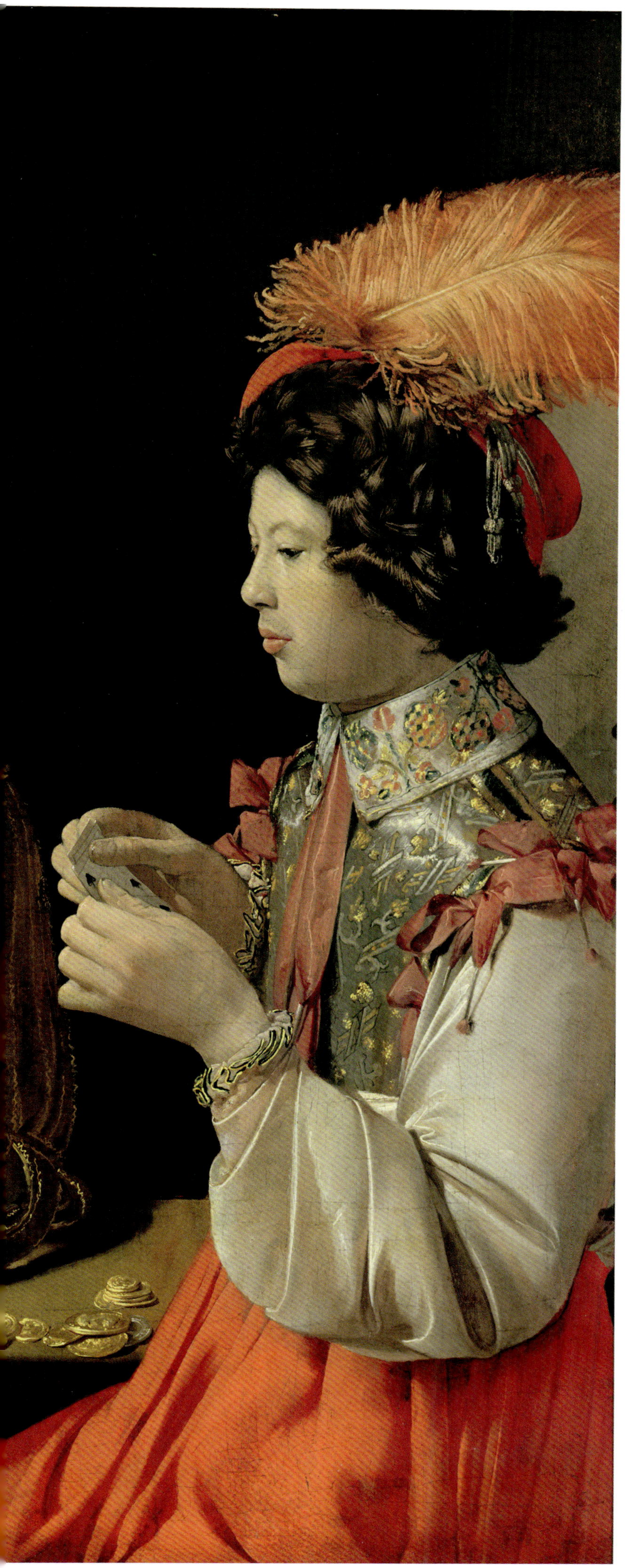

The Cheat with the Ace of Diamonds
The young man on the right is confronted with the temptations of gambling, wine and lust. Distracted by the courtesan and intoxicated by the servant, he is going to be cheated.

Le Tricheur à l'as de carreau
Le jeune homme, à droite, est confronté aux tentations du jeu, du vin et de la luxure. Charmé par la courtisane au large décolleté, enivré par la servante, il se fera dépouiller par le tricheur de gauche.

Der Falschspieler mit dem Karo-Ass
Der junge Mann rechts sieht sich mit den Versuchungen des Spiels, des Weins und der Lust konfrontiert. Abgelenkt durch die Kurtisane und berauscht durch die Dienerin, unterliegt er dem Falschspieler.

El tahúr del as de diamantes
El joven de la derecha se enfrenta a las tentaciones del juego, el vino y la lujuria. Distraído por la cortesana e intoxicado por el sirviente, se somete al tramposo.

O Falso Jogador com o Ás de Diamantes
O jovem à direita é confrontado com as tentações do jogo, do vinho e da luxúria. Distraído pela cortesã e intoxicado pelo servo, ele está sujeito à fraude.

De valsspeler met de ruitenaas
De jongeman rechts wordt geconfronteerd met de verleidingen van spel, wijn en lust. Afgeleid door de courtisane en bedwelmd door de bediende verliest hij van de valsspeler.

GEORGES DE LA TOUR (1593-1652)

c. 1635--, Oil on canvas/Huile sur toile, 106 × 146 cm, Musée du Louvre, Paris

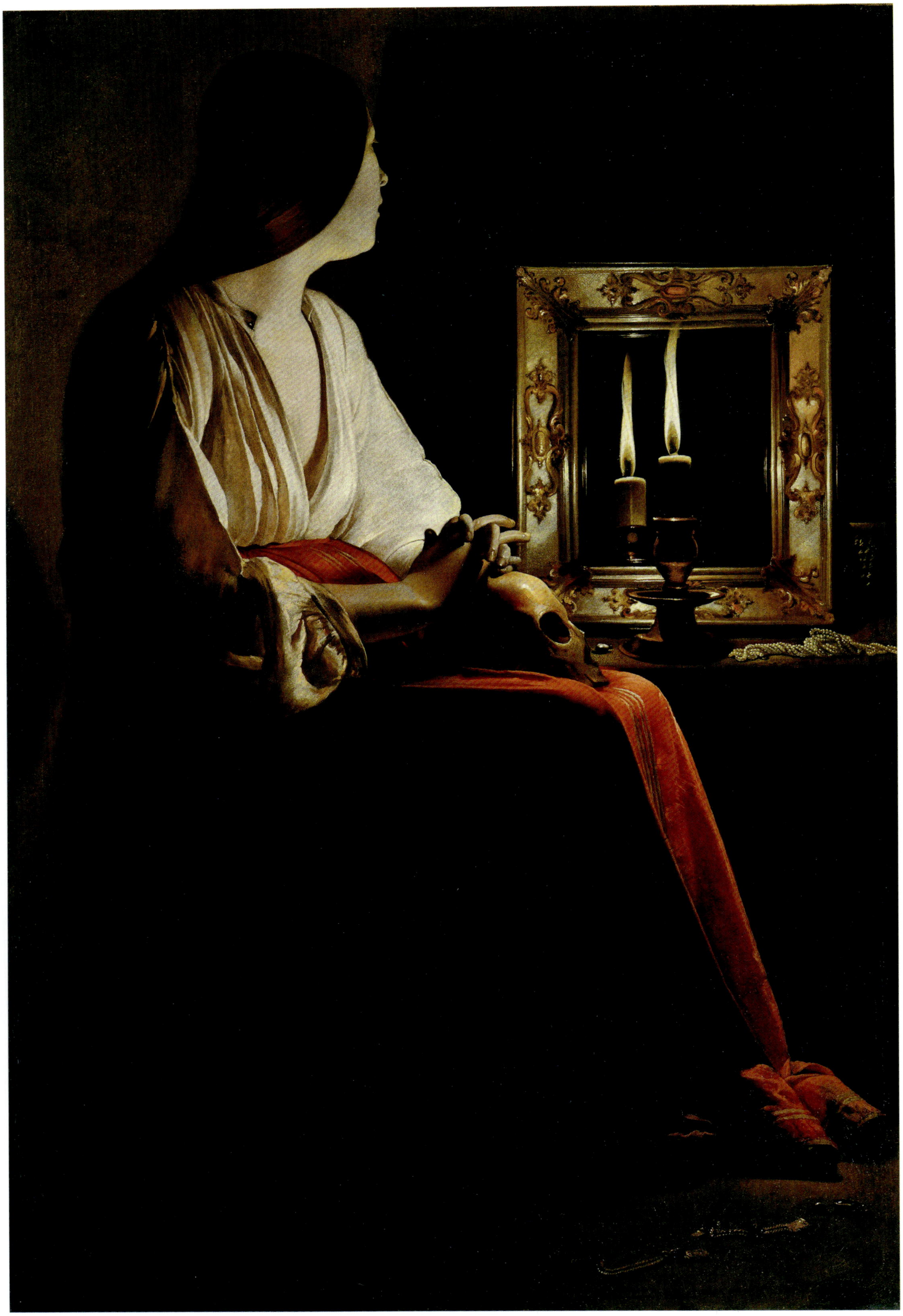

The Penitent Magdalene

La Madeleine aux deux flammes

Büßende Maria Magdalena

Magdalena penitente

Expiação de Maria Madalena

De boetvaardige Maria Magdalena

GEORGES DE LA TOUR (1593-1652)

c. 1640, Oil on canvas/Huile sur toile, 133 × 93 cm, Metropolitan Museum of Art, New York

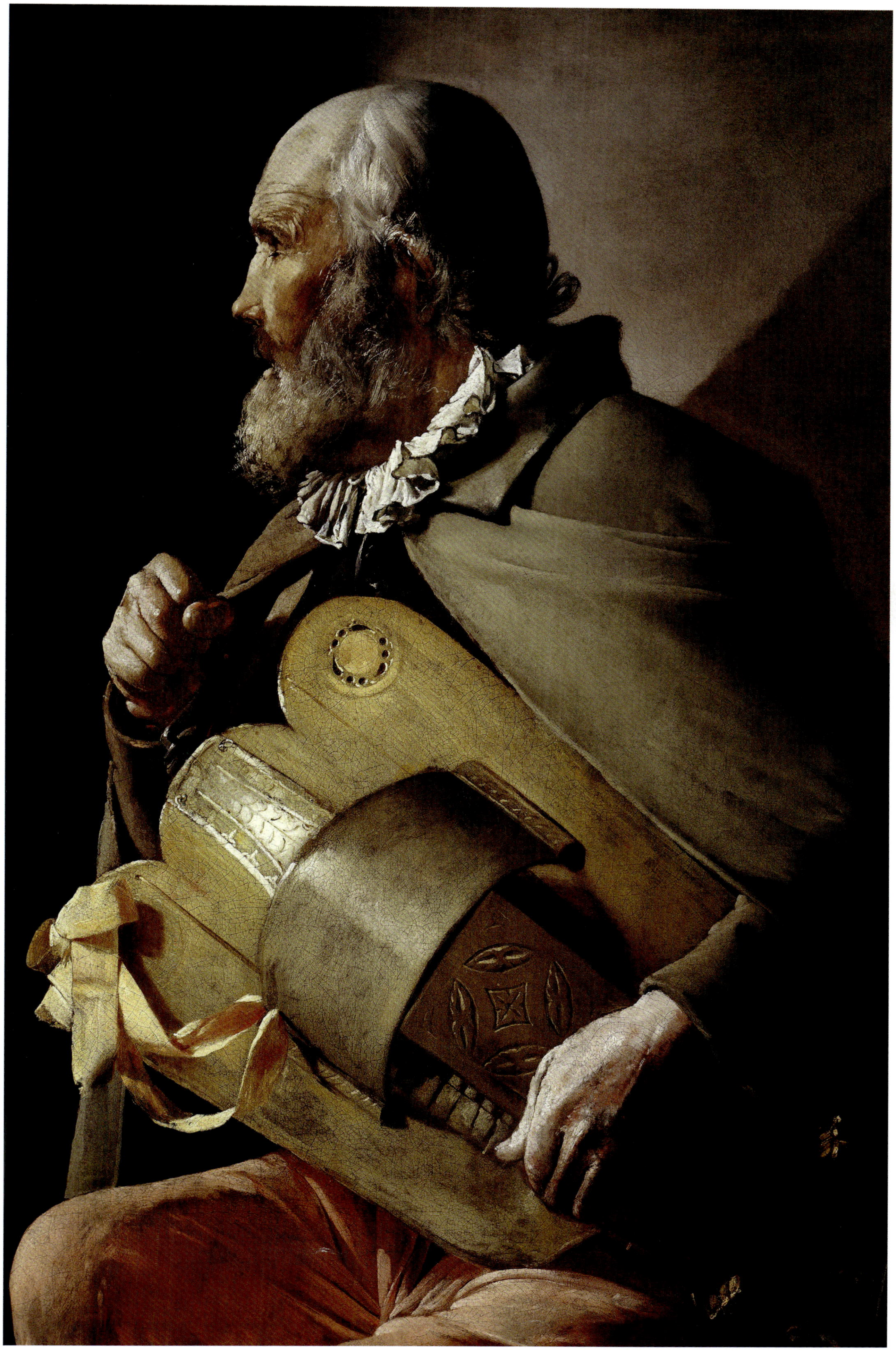

Blind Hurdy-Gurdy Player

Le Vielleur aveugle

Ein blinder Leierkastenspieler

El anciano ciego

Um moedor de órgãos cego

Een blinde draaiorgelman

GEORGES DE LA TOUR (1593-1652)
c. 1620-30, Oil on canvas/Huile sur toile,
86 × 62,5 cm, Museo del Prado, Madrid

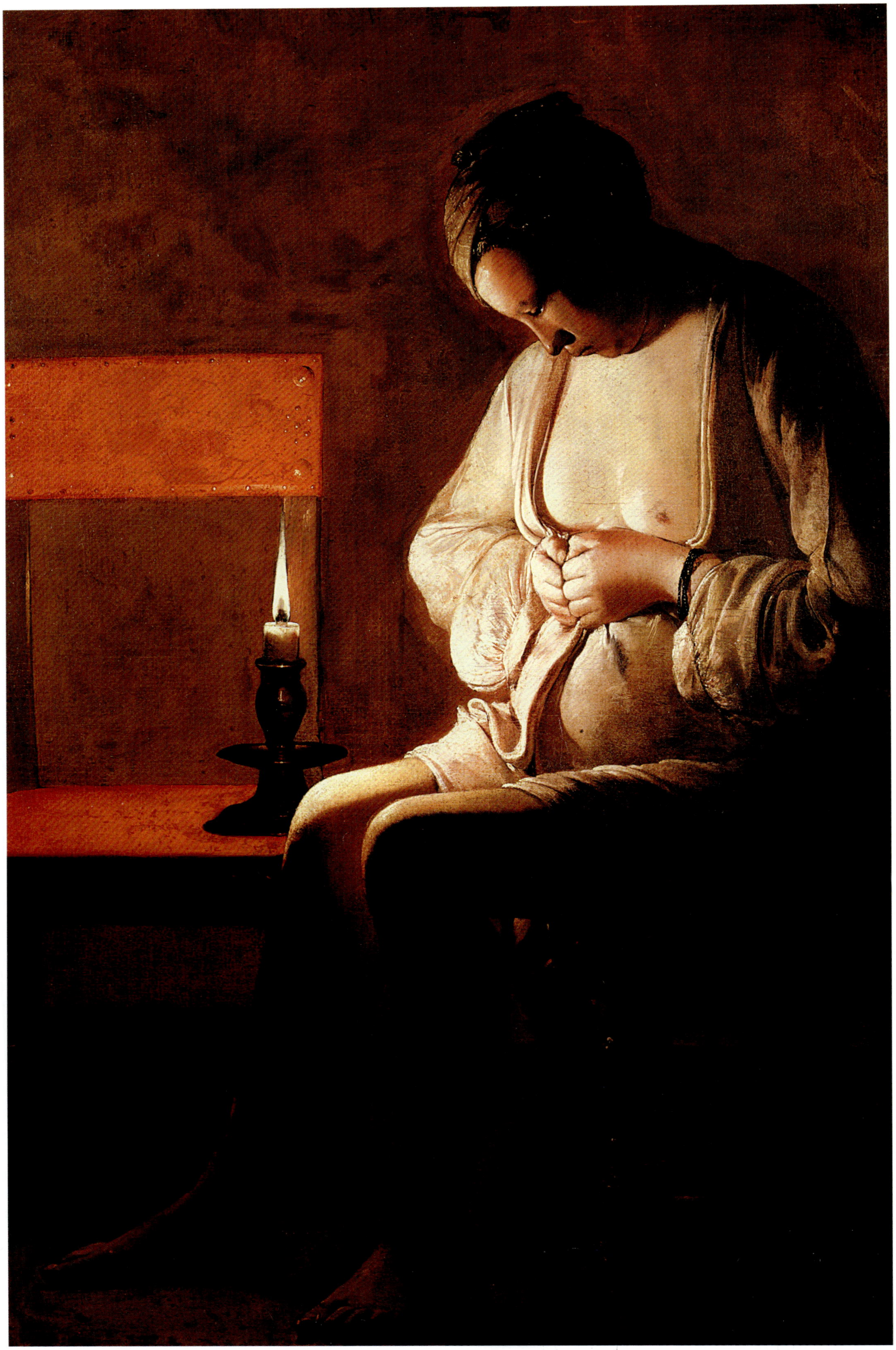

The Flea Catcher

La Femme à la puce

Frau mit dem Floh

La mujer de la pulga

Mulher com a pulga

Vrouw met vlooi

GEORGES DE LA TOUR (1593-1652)
c. 1638, Oil on canvas/Huile sur toile,
121 × 89 cm, Musée Lorrain, Nancy

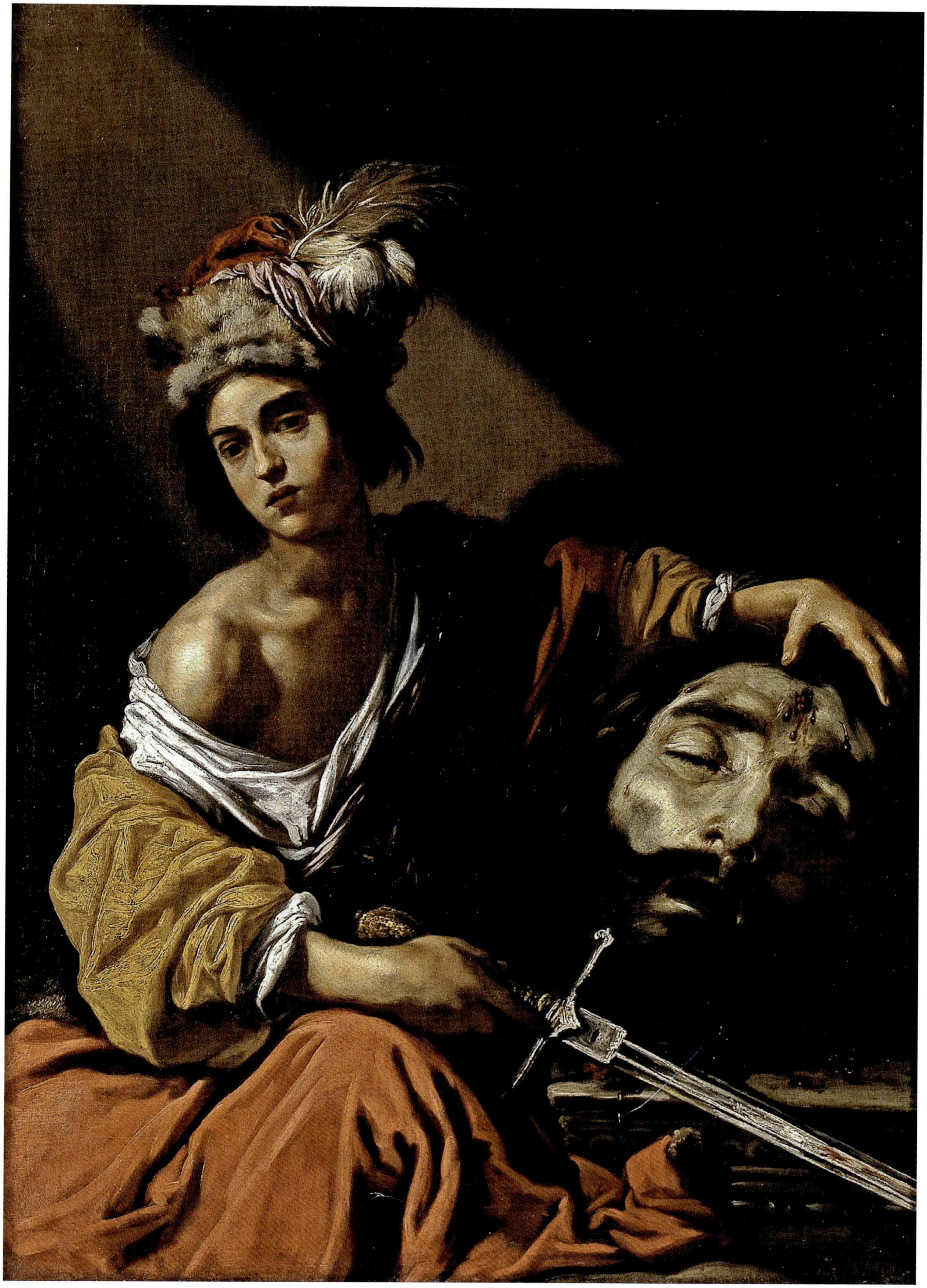

David with the Head of Goliath

David avec une épée et la tête de Goliath

David mit dem Haupt des Goliath

David con la cabeza de Goliat

David com a cabeça de Golias

David met het hoofd van Goliath

CLAUDE VIGNON (1593-1670)

1620-1623, Oil on canvas/Huile sur toile, 133,7 × 98 cm, Blanton Museum of Art, Austin

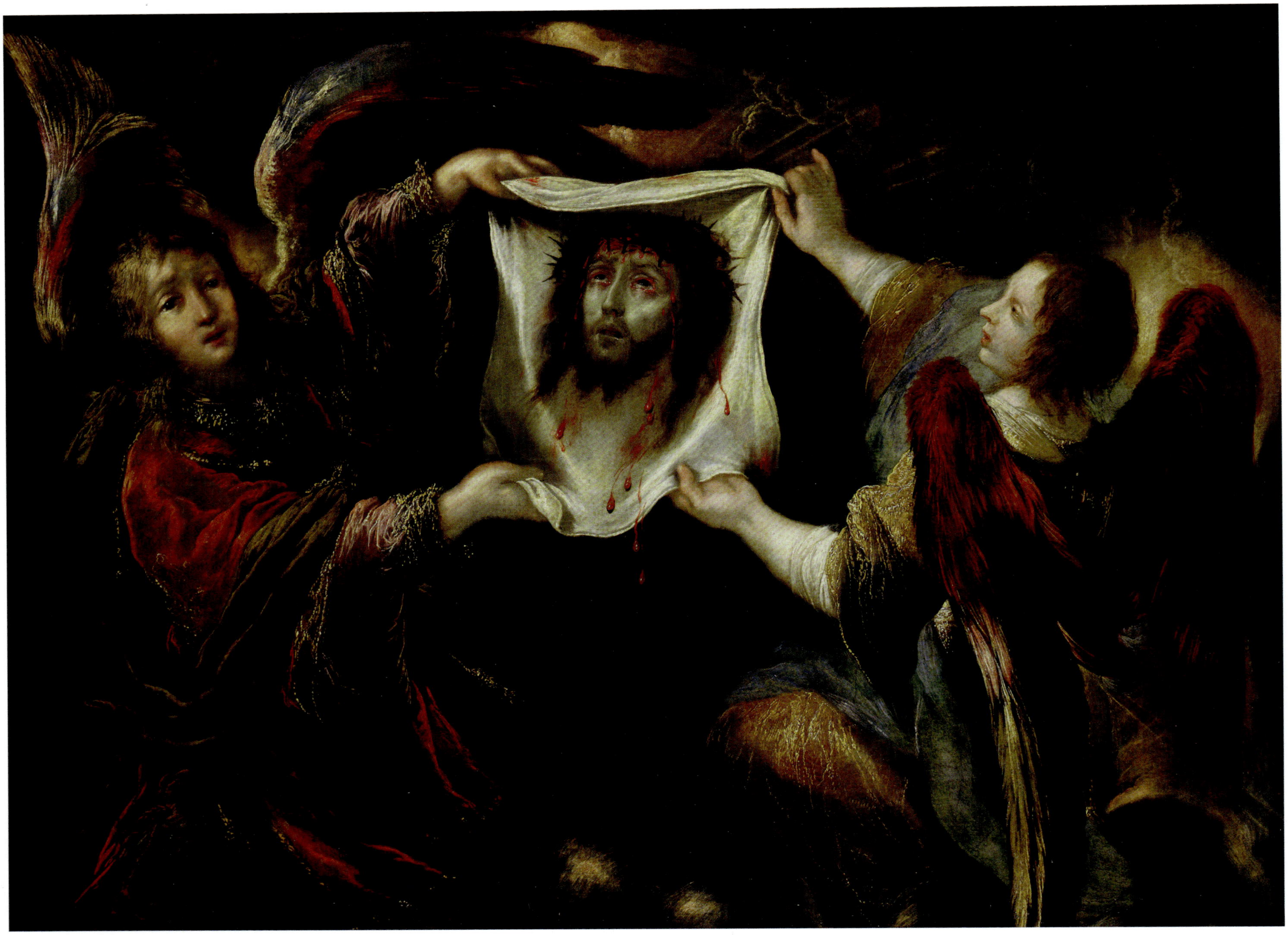

Two Angels Presenting the Holy Face
Claude Vignon, who was appreciated by Ludwig XIII and Richelieu, was one of the most important painters of his time. In the course of his life between Tours, Paris, Spain and Italy he became the father of 24 children.

Deux Anges tenant la Sainte Face
Admiré par Louis XIII et Richelieu, Claude Vignon compte parmi les peintres les plus importants de son temps. Partageant sa vie entre Tours, Paris, l'Espagne et l'Italie, il aurait eu vingt-quatre enfants !

Zwei Engel präsentieren das heilige Antlitz
Der von Ludwig XIII. und Richelieu geschätzte Claude Vignon zählte zu den wichtigsten Malern seiner Zeit. Im Lauf seines Lebens zwischen Tours, Paris, Spanien und Italien wurde er Vater von 24 Kinder.

Dos ángeles sosteniendo el santo rostro de Cristo
Claude Vignon, apreciado por Luis XIII y Richelieu, fue uno de los pintores más importantes de su época. En el transcurso de su vida entre Tours, París, España e Italia se convirtió en padre de 24 hijos.

Dois anjos apresentam o rosto santo
Claude Vignon, que foi apreciado por Ludwig XIII e Richelieu, foi um dos pintores mais importantes de seu tempo.
No decurso da sua vida entre Tours, Paris, Espanha e Itália, tornou-se pai de 24 filhos.

Twee engelen presenteren het heilige gelaat
Claude Vignon, die door Lodewijk XIII en Richelieu werd bewonderd, was een van de belangrijkste schilders van zijn tijd. In de loop van zijn leven tussen Tours, Parijs, Spanje en Italië werd hij vader van 24 kinderen.

CLAUDE VIGNON (1593-1670)

c. 1640, Oil on canvas/Huile sur toile, 124,2 × 170 cm, Musée des Beaux-Arts, Rouen

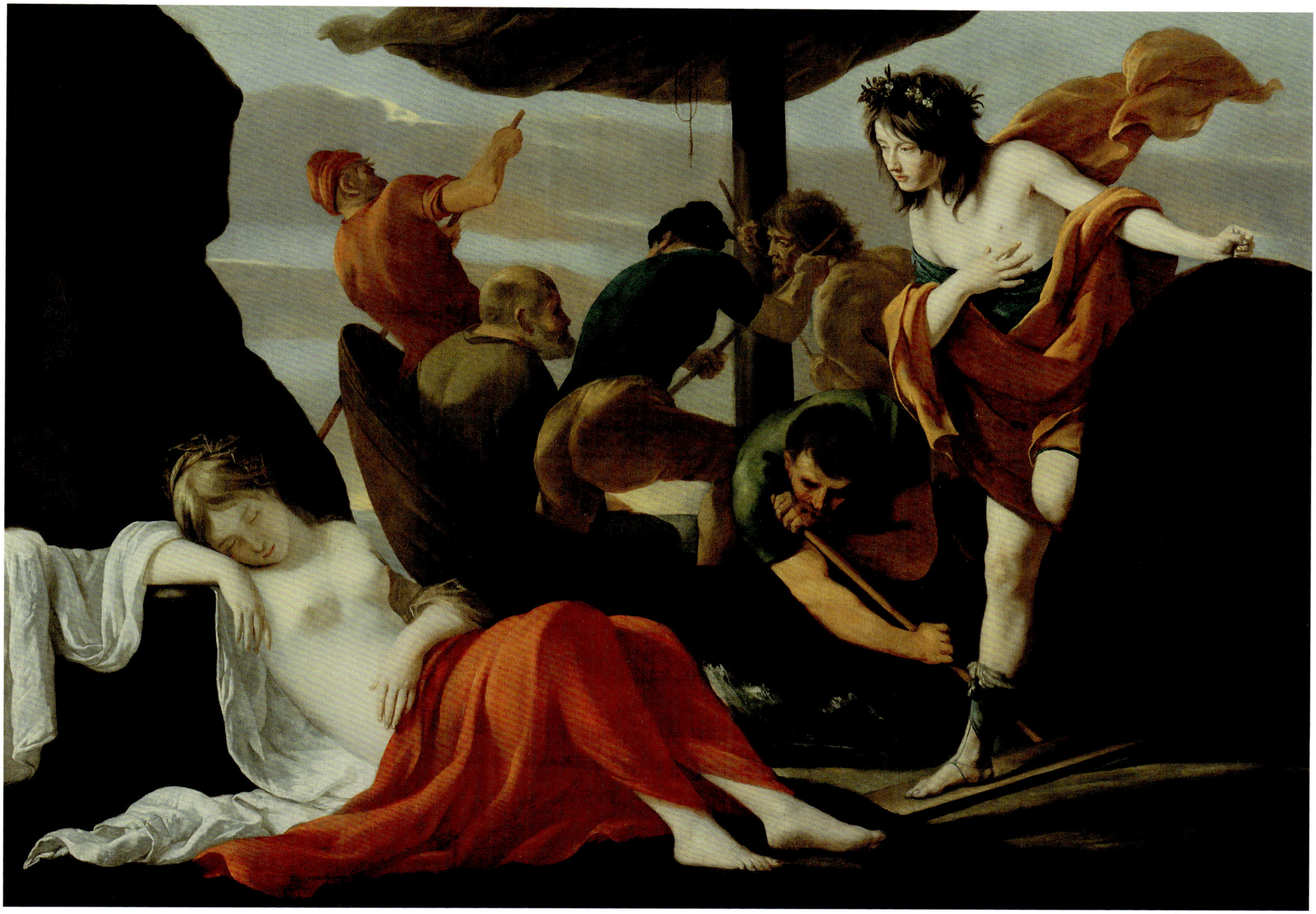

Bacchus Discovering Ariadne on Naxos

Bacchus et Ariane

Bacchus und Ariadne

Baco y Ariadna

Baco e Ariadne

Bacchus en Ariadne

LOUIS LE NAIN (ATTRIBUTED TO/ATTRIBUÉ À) (1593-1648)

c. 1635, Oil on canvas/Huile sur toile, 102 × 152 cm, Musée des Beaux-Arts, Orléans

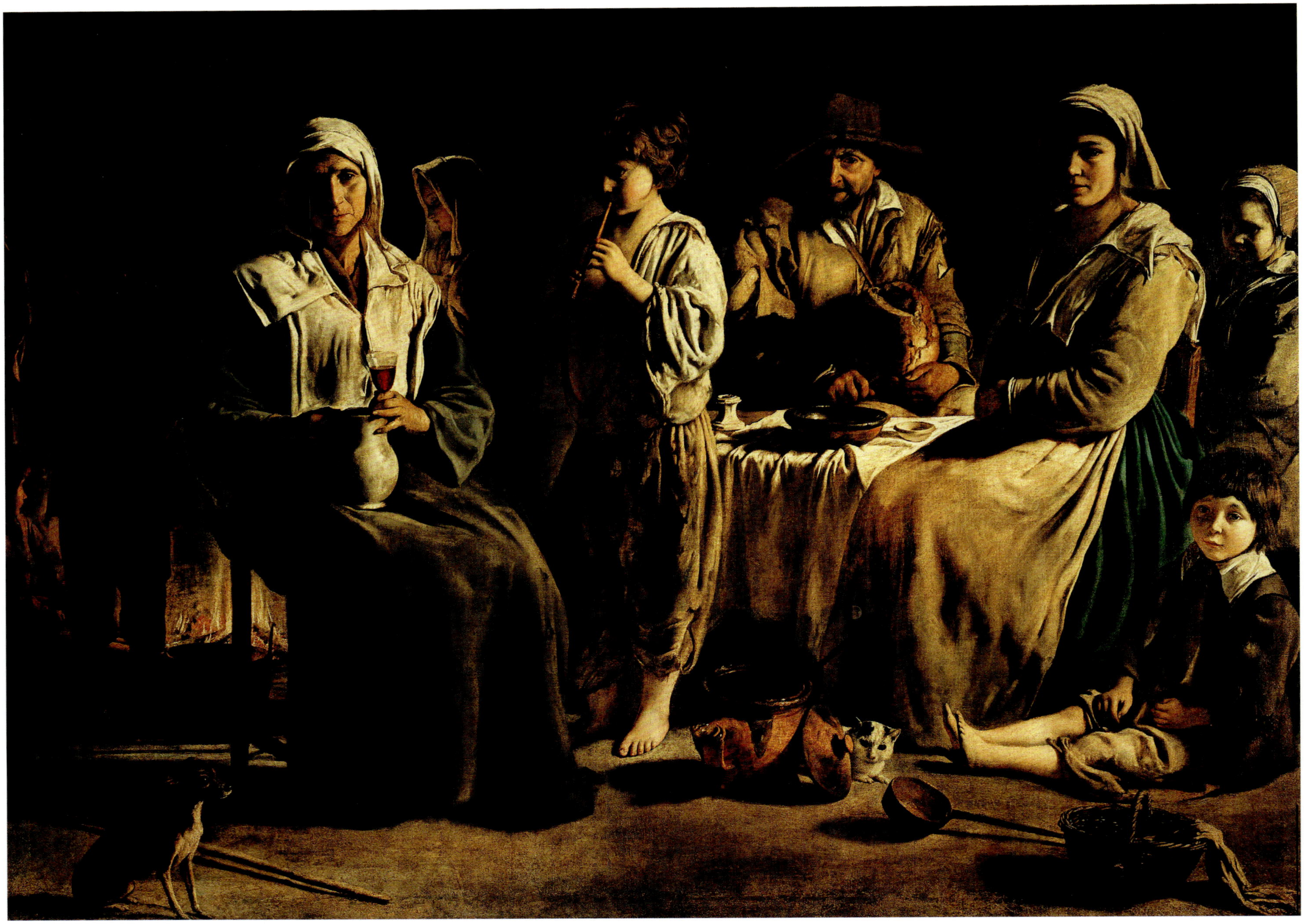

Peasant Family in an Interior
The brothers Le Nain specialized in genre painting, especially in the depiction of rural life. The elaboration of the smallest details gives the painting its realistic effect.

Famille de paysans dans un intérieur
Les frères Le Nain se sont spécialisés dans les scènes de genre, et plus particulièrement celles évoquant la vie paysanne. Rigoureux dans le rendu du moindre détail, ce tableau émeut par son réalisme.

Bauernfamilie
Die Brüder Le Nain spezialisierten sich auf die Genremalerei, vor allem auf die Darstellung des bäuerlichen Lebens. Die Herausarbeitung kleinster Details verleiht dem Gemälde seine realistische Wirkung.

Familia de campesinos
Los hermanos Le Nain se especializaron en la pintura de género, especialmente en la representación de la vida rural. La elaboración de los detalles más pequeños da a la pintura su efecto realista.

A família camponesa
Os Irmãos Le Nain especializaram-se na pintura de gênero, especialmente na representação da vida rural. A elaboração dos mais pequenos detalhes dá à pintura o seu efeito realista.

Boerenfamilie in een interieur
De gebroeders Le Nain waren gespecialiseerd in de genreschilderkunst, vooral in de weergave van het plattelandsleven. Door de uitwerking tot in de kleinste details oogt het schilderij erg realistisch.

LOUIS LE NAIN (1593-1648)
c. 1642, Oil on canvas/Huile sur toile, 113 × 159 cm, Musée du Louvre, Paris

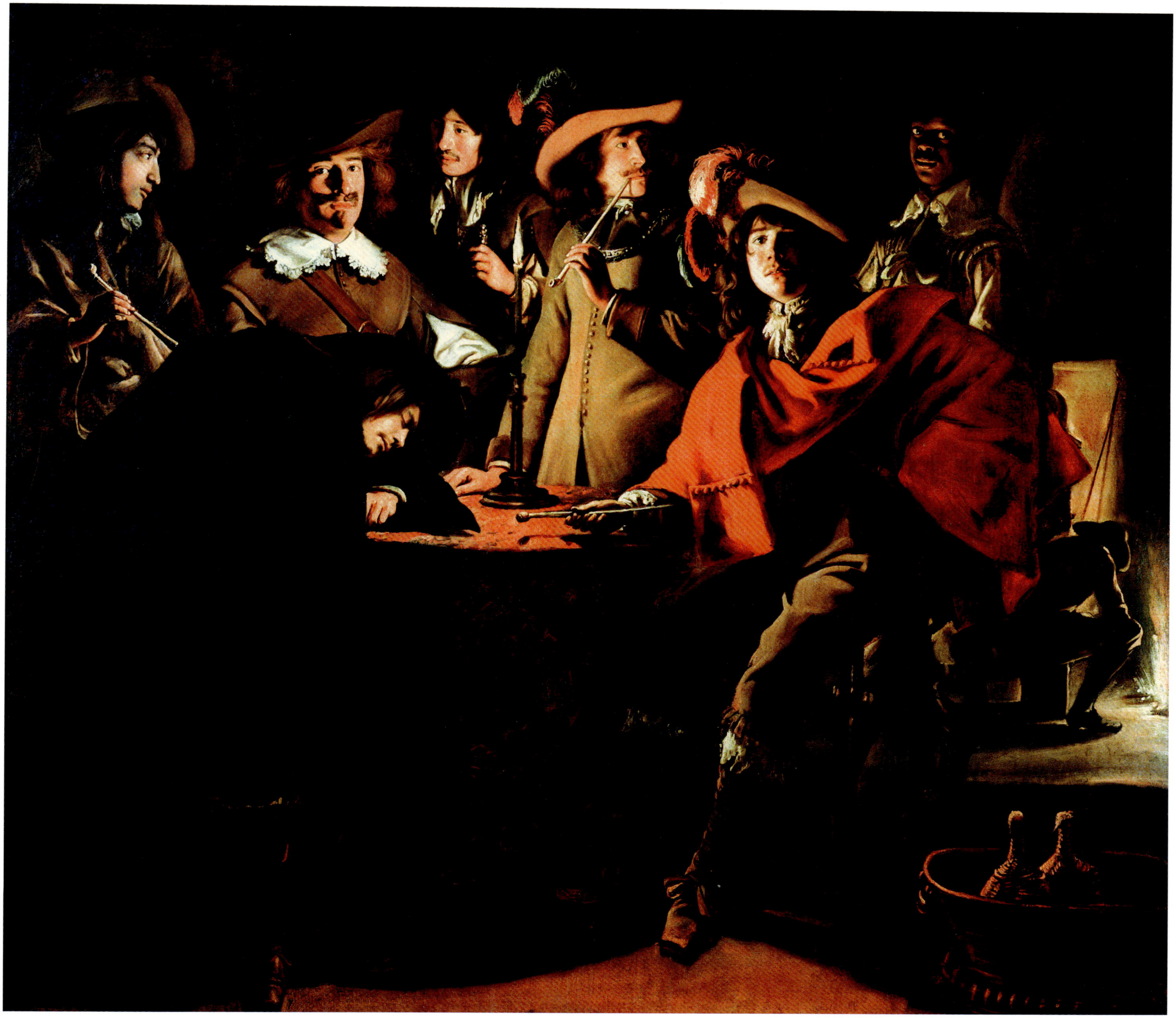

Smokers in an Interior

La Tabagie *dit aussi* Le Corps de garde

Die Raucher *oder* Die Wache

Los guardias fumadores

Os fumadores *ou* os guardas

De roker, *ook wel* De wacht

LOUIS & MATHIEU LE NAIN (1593-1648 / 1607-1677)

1643, Oil on canvas/Huile sur toile, 117 × 137 cm, Musée du Louvre, Paris

4 Baroque Classicism

Le classicisme du XVIIe siècle

Der Klassizistische Barock

El Barroco Clasicista

O Classicista Barroco

De classicistische barok

Seaport at Sunset

Port de mer au soleil couchant

Hafen bei Sonnenuntergang

Puerto al atardecer

Porto ao pôr-do-sol

Haven bij zonsondergang

CLAUDE LORRAIN (1602-1682)

1639, Oil on canvas/Huile sur toile, 103 × 137 cm,
Musée du Louvre, Paris

Baroque Classicism

The extravagance of baroque and mannerism was countered by the baroque classicism with sober, carefully thought-out compositions immersed in bright colours. Nicolas Poussin is considered the most outstanding representative of this movement, which includes such diverse artists as Jacques Stella, Sébastien Bourdon, Philippe de Champaigne, Claude Lorrain, Charles Le Brun, Pierre Mignard, Hyacinthe Rigaud, Laurent de La Hyre and Eustache Le Sueur. What united them was their desire to revive the classical ideals. They arranged their figures according to ancient models in an idealized nature. More important than the color was the representation. Their compositions were clearly structured, with horizontal and vertical lines that followed precise proportions and rules of symmetry. Their motifs mainly referred to the Bible or mythology and rarely dealt with historical themes.

Le classicisme du XVIIe siècle

Aux extravagances baroques et maniéristes, le classicisme répond par des compositions sages, soigneusement ordonnées, baignées de couleurs claires. Nicolas Poussin est considéré comme l'éminent représentant de ce courant, auquel peuvent être assimilés des artistes aussi différents que Jacques Stella, Sébastien Bourdon, Philippe de Champaigne, Claude Gellée dit le Lorrain, Charles Le Brun, Pierre Mignard, Hyacinthe Rigaud, Laurent de La Hyre ou Eustache Le Sueur. Tous s'appliquent à renouer avec la tradition classique. Les personnages (notamment chez Poussin) sont drapés à l'antique, au cœur d'une nature idéalisée. Plus encore que la couleur, le dessin est essentiel, et les compositions sont solidement structurées, régies par des horizontales et des verticales, selon des règles précises de proportions et de symétrie. Quant aux sujets, ils sont essentiellement bibliques et mythologiques, plus rarement historiques.

Der Klassizistische Barock

Der Extravaganz des Barocks und des Manierismus setzte der Klassizistische Barock besonnene, sorgsam durchdachte Kompositionen entgegen, die in helle Farben getaucht sind. Nicolas Poussin gilt als der herausragendste Vertreter dieser Strömung, zu der so unterschiedliche Künstler wie Jacques Stella, Sébastien Bourdon, Philippe de Champaigne, Claude Lorrain, Charles Le Brun, Pierre Mignard, Hyacinthe Rigaud, Laurent de La Hyre oder Eustache Le Sueur gezählt werden. Was sie verband, war ihr Streben, die klassischen Ideale wieder aufleben zu lassen. Ihre Figuren ordnen sie nach antiken Vorbildern im Herzen einer idealisierten Natur an. Wichtiger als die Farbe ist dabei die Darstellung. Ihre Kompositionen sind klar strukturiert, durch horizontale und vertikale Linien, die präzisen Proportionen und Regeln der Symmetrie folgen. Ihre Motive beziehen sich hauptsächlich auf die Bibel oder die Mythologie und befassen sich kaum mit historischen Themen.

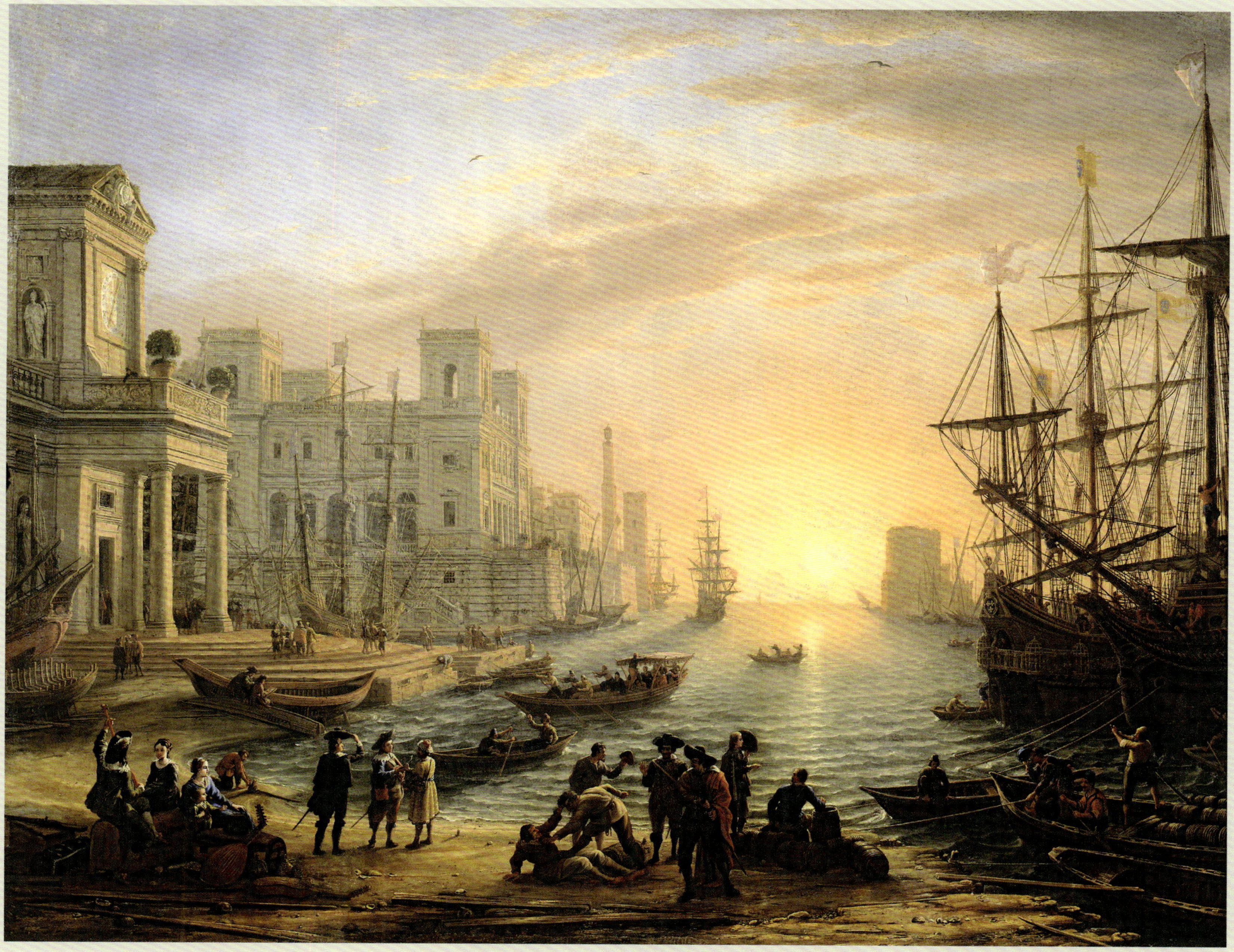

El Barroco Clasicista
La extravagancia del barroco y el manierismo fue contrarrestada por el barroco clasicista con composiciones prudentes y cuidadosamente pensadas, inmersas en colores brillantes. Nicolas Poussin es considerado el representante más destacado de este movimiento, que incluye a artistas tan diversos como Jacques Stella, Sébastien Bourdon, Philippe de Champaigne, Claude Lorrain, Charles Le Brun, Pierre Mignard, Hyacinthe Rigaud, Laurent de La Hyre y Eustache Le Sueur. Lo que los unió fue su deseo de revivir los ideales clásicos. Ordenan sus figuras según modelos antiguos en una naturaleza idealizada. Más importante que el color es la representación. Sus composiciones están claramente estructuradas, con líneas horizontales y verticales que siguen proporciones precisas y reglas de simetría. Sus motivos se refieren principalmente a la Biblia o a la mitología y apenas tratan temas históricos.

O Classicista Barroco
A extravagância do barroco e do maneirismo foi contrariada pelo barroco classicista com composições prudentes e cuidadosamente pensadas, imersas em cores vivas. Nicolas Poussin é considerado o representante mais notável deste movimento, que inclui artistas tão diversos como Jacques Stella, Sébastien Bourdon, Philippe de Champaigne, Claude Lorrain, Charles Le Brun, Pierre Mignard, Hyacinthe Rigaud, Laurent de La Hyre e Eustache Le Sueur. O que os uniu foi o seu desejo de reavivar os ideais clássicos. Eles organizam as suas figuras de acordo com modelos antigos numa natureza idealizada. Mais importante do que a cor é a representação. Suas composições são claramente estruturadas, com linhas horizontais e verticais que seguem proporções precisas e regras de simetria. Seus motivos se referem principalmente à Bíblia ou mitologia e dificilmente tratam de temas históricos.

De classicistische barok
Tegen de extravagantie van de barok en het maniërisme bracht de classicistische barok verstandige, doordachte composities in, die waren ondergedompeld in lichte kleuren. Nicolas Poussin geldt als de opmerkelijkste vertegenwoordiger van deze stroming, waartoe zeer uiteenlopende kunstenaars als Jacques Stella, Sébastien Bourdon, Philippe de Champaigne, Claude Lorrain, Charles Le Brun, Pierre Mignard, Hyacinthe Rigaud, Laurent de La Hyre en Eustache Le Sueur worden gerekend. Wat hen verenigde, was hun streven de idealen van de klassieke oudheid te doen herleven. Hun figuren waren naar oude voorbeelden midden in een geïdealiseerde natuur gegroepeerd. Belangrijker dan de kleur was daarbij de representatie. Hun composities zijn duidelijk gestructureerd, met horizontale en verticale lijnen die exacte proporties en symmetrische regels volgen. Hun motieven verwijzen vooral naar de bijbel of de mythologie en hebben nauwelijks betrekking op historische thema's.

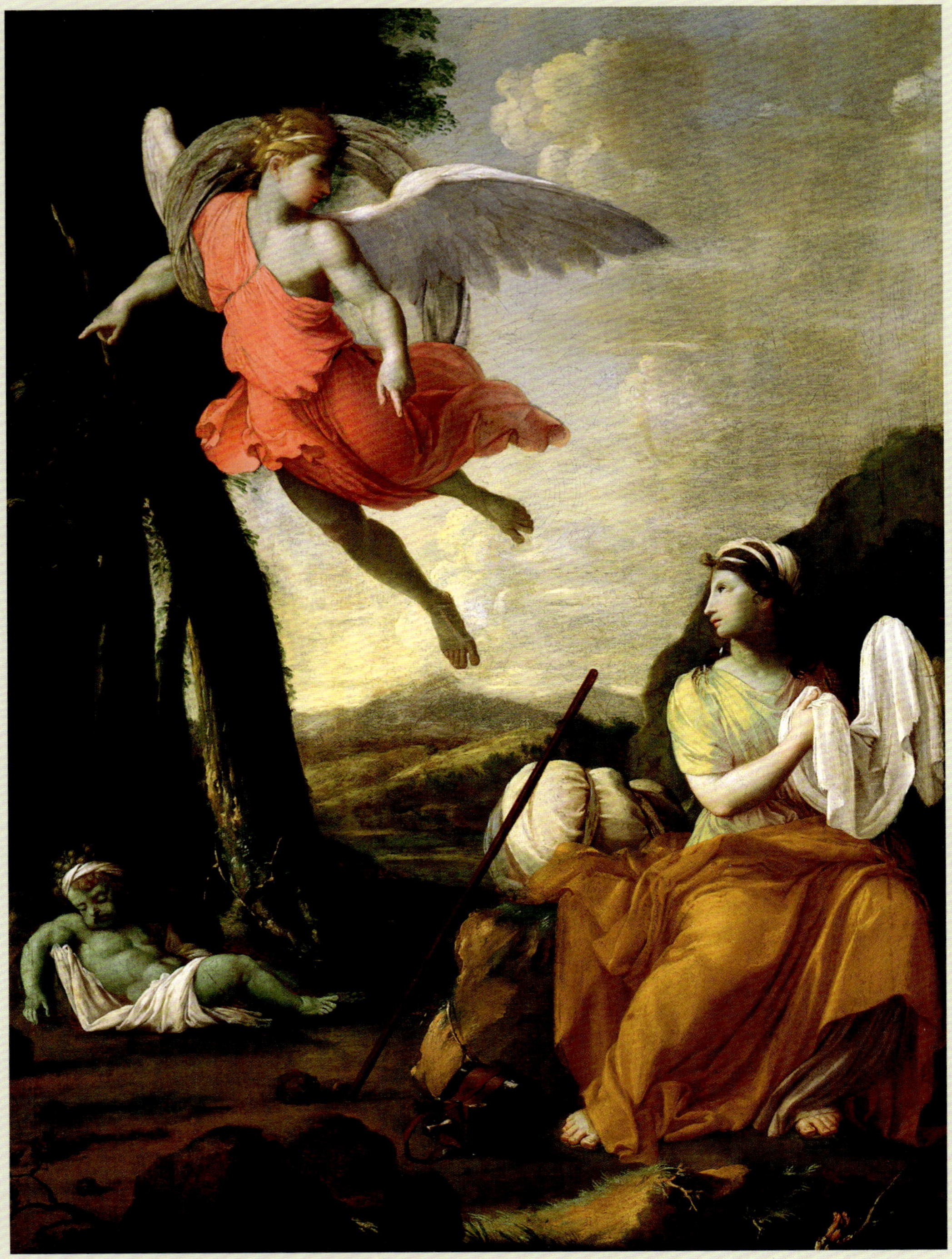

Hagar and Ismael Saved by an Angel

Agar et Ismaël secourus par l'ange

Hagar und Ismael vom Engel gerettet

Agar e Ismael salvados por un ángel

Hagar e Ismael salvos pelo anjo

Hagar en Ismaël gered door de engel

EUSTACHE LE SUEUR (1616-1655)

c. 1648, Oil on canvas/Huile sur toile, 159 × 114 cm,

Musée des Beaux-Arts, Rennes

The Baroque classicism or "Grand Siècle" also produced a large number of outstanding portraits of personalities, rulers, ministers, cardinals, nobles and writers. Still lifes (Lubin Baugin) or landscapes were painted less frequently. Although they served as the background for the scenes populated by figures, they were not yet regarded as an independent genre. The only exception is Claude Lorrain. Like the other arts, painting had a political dimension in the 17th century. It served to depict greatness and power. Moral values were emphasized and the personality and achievements of the king (Louis XIII and Louis XIV) were glorified. The Académie Royale de Peinture et de Sculpture was founded in 1648 and its influence was to be of great importance over the following centuries.

Le « Grand Siècle » a également donné naissance à une importante galerie de portraits de personnalités, souverains, ministres, cardinaux, marquises, artistes ou hommes de lettres. La nature morte se fait rare (Lubin Baugin), comme le paysage. S'il sert bien souvent de toile de fond à une scène animée de personnages, il n'est pas encore, à cette époque, envisagé comme un genre à part entière. À l'exception, peut-être, du Lorrain. Comme les autres arts, la peinture joue aussi au XVIIe siècle un rôle politique. Elle doit contribuer à montrer la grandeur et la puissance du pouvoir. Il s'agit alors d'exalter des valeurs morales, et de glorifier la personnalité et les actions du roi, en l'occurrence Louis XIII et Louis XIV. C'est en 1648 qu'est créée l'Académie royale de peinture et de sculpture, une institution dont l'influence sera décisive au cours des siècles suivants.

Der Klassizistische Barock oder das „Grand Siècle" brachte auch eine große Anzahl herausragender Porträts von Persönlichkeiten, Herrschern, Ministern, Kardinälen, Adeligen und Schriftstellern hervor. Seltener wurden Stillleben (Lubin Baugin) oder Landschaften gemalt. Sie dienten zwar als Hintergrund für die von Figuren bevölkerten Szenen, wurden aber noch nicht als ein eigenständiges Genre angesehen. Als einzige Ausnahme kann Claude Lorrain gelten. Wie die anderen Künste hatte auch die Malerei im 17. Jahrhundert eine politische Dimension. Sie diente der Darstellung der Größe und der Macht. Moralische Werte wurden hervorgehoben und die Persönlichkeit und Taten des Königs (Ludwig XIII. und Ludwig XIV.) verherrlicht. Im Jahr 1648 wird die Académie Royale de Peinture et de Sculpture gegründet, deren Einfluss im Lauf der folgenden Jahrhunderte von großer Bedeutung sein wird.

Louis XIV (1638-1715), King of France and Navarre, breastplate with armour

Louis XIV (1638-1715), roi de France et de Navarre, portrait en buste et en cuirasse

Ludwig XIV. (1638-1715), König von Frankreich und Navarra, Bruststück mit Harnisch

Luis XIV (1638-1715), rey de Francia y Navarra, pectoral con armadura

Luís XIV (1638-1715), Rei de França e Navarra, peitoral com armadura

Lodewijk XIV (1638-1715), koning van Frankrijk en Navarra, borstschild met harnas

CHARLES LE BRUN (1619-1690)

c. 1662, Oil on canvas/Huile sur toile, 68 × 57 cm, Château de Versailles

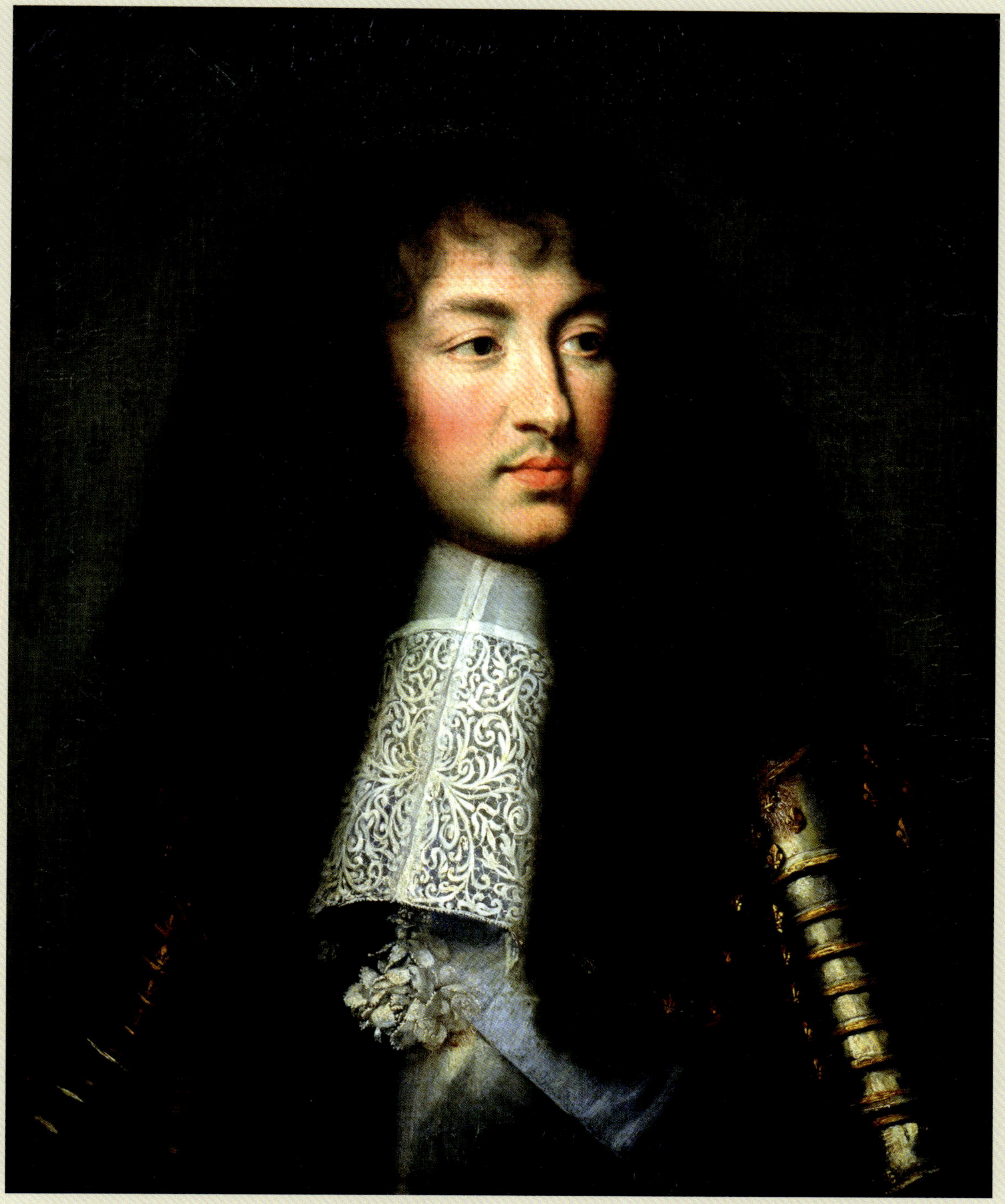

El barroco clasicista o “Grand Siècle” también produjo un gran número de retratos destacados de personalidades, gobernantes, ministros, cardenales, nobles y escritores. Las naturalezas muertas (Lubin Baugin) o los paisajes se pintaban con menos frecuencia. Aunque sirvieron de telón de fondo para las escenas pobladas de figuras, todavía no se las consideraba un género independiente. La única excepción es Claude Lorrain. Como las otras artes, la pintura tenía una dimensión política en el siglo XVII. Sirvió para representar la grandeza y el poder. Se enfatizaron los valores morales y se glorificaron la personalidad y los logros del rey (Luis XIII y Luis XIV). La Académie Royale de Peinture et de Sculpture fue fundada en 1648 y su influencia será de gran importancia en los siglos siguientes.

O barroco classicista ou “Grande Siècle” também produziu um grande número de retratos de personalidades, governantes, ministros, cardeais, nobres e escritores. As naturezas mortas (Lubin Baugin) ou paisagens foram pintadas com menos frequência. Apesar de servirem de pano de fundo para as cenas povoadas por figuras, ainda não eram consideradas como um gênero independente. A única excepção é Claude Lorrain. Como as outras artes, a pintura teve uma dimensão política no século XVII. Serviu para representar a grandeza e o poder. Os valores morais foram enfatizados e a personalidade e as realizações do rei (Louis XIII e Louis XIV) foram glorificadas. A Académie Royale de Peinture et de Sculpture foi fundada em 1648 e a sua influência foi muito importante nos séculos seguintes.

De classicistische barok of ‘Grand Siècle’ leverde ook een groot aantal bijzondere portretten van persoonlijkheden, heersers, ministers, kardinalen, edelen en schrijvers op. Stillevens (Lubin Baugin) of landschappen werden minder vaak geschilderd. Hoewel ze als achtergrond dienden voor de door figuren bevolkte scènes, werden ze nog niet als een op zichzelf staand genre beschouwd. De enige uitzondering is Claude Lorrain. Net als in andere kunstvormen had de schilderkunst in de 17e eeuw een politieke dimensie. Hij diende om grootsheid en macht uit te beelden. Morele waarden werden benadrukt en de persoonlijkheid en daden van de koning (Lodewijk XIII en Lodewijk XIV) verheerlijkt. De Académie Royale de Peinture et de Sculpture werd opgericht in 1648 en de invloed daarvan zou in de daaropvolgende eeuwen van grote betekenis zijn.

Orpheus and Eurydice
On the day of her wedding to Orpheus, Eurydice is bitten by a snake. While playing the lyre, he does not notice this, until Eurydice dies. The motif comes from Ovid's *Metamorphoses*.

Orphée et Eurydice
Eurydice est mordue par un serpent, le jour de son mariage avec Orphée. Ce dernier, en train de jouer de la lyre, ne s'en aperçoit pas. Son épouse en mourra. Le sujet est tiré des *Métamorphoses* d'Ovide.

Orpheus und Eurydike
Am Tag ihrer Hochzeit mit Orpheus wird Eurydike von einer Schlange gebissen, was dieser beim Spiel der Leier nicht bemerkt, bis Eurydike verstirbt. Das Motiv entstammt Ovids *Metamorphosen*.

Orfeo y Eurídice
El día de su boda con Orfeo, Eurídice es mordida por una serpiente, pero éste no se da cuenta mientras toca la lira, hasta que su esposa muere. El motivo viene de las *metamorfosis* de Ovidio.

Orfeu e Eurídice
No dia do seu casamento com Orfeu, Eurídice é mordida por uma cobra, que ele não nota enquanto toca a lira, até que Eurídice morra. O motivo vem das *metamorfoses* de Ovídio.

Orpheus en Eurydice
Op de dag van haar bruiloft met Orpheus wordt Eurydice gebeten door een slang. Hij merkt daar niets van tijdens het spelen van de lier, totdat Eurydice sterft. Het onderwerp komt uit de *Metamorfosen* van Ovidius.

NICOLAS POUSSIN (1594-1665)
c. 1650-53, Oil on canvas/Huile sur toile,
124 × 200 cm, Musée du Louvre, Paris

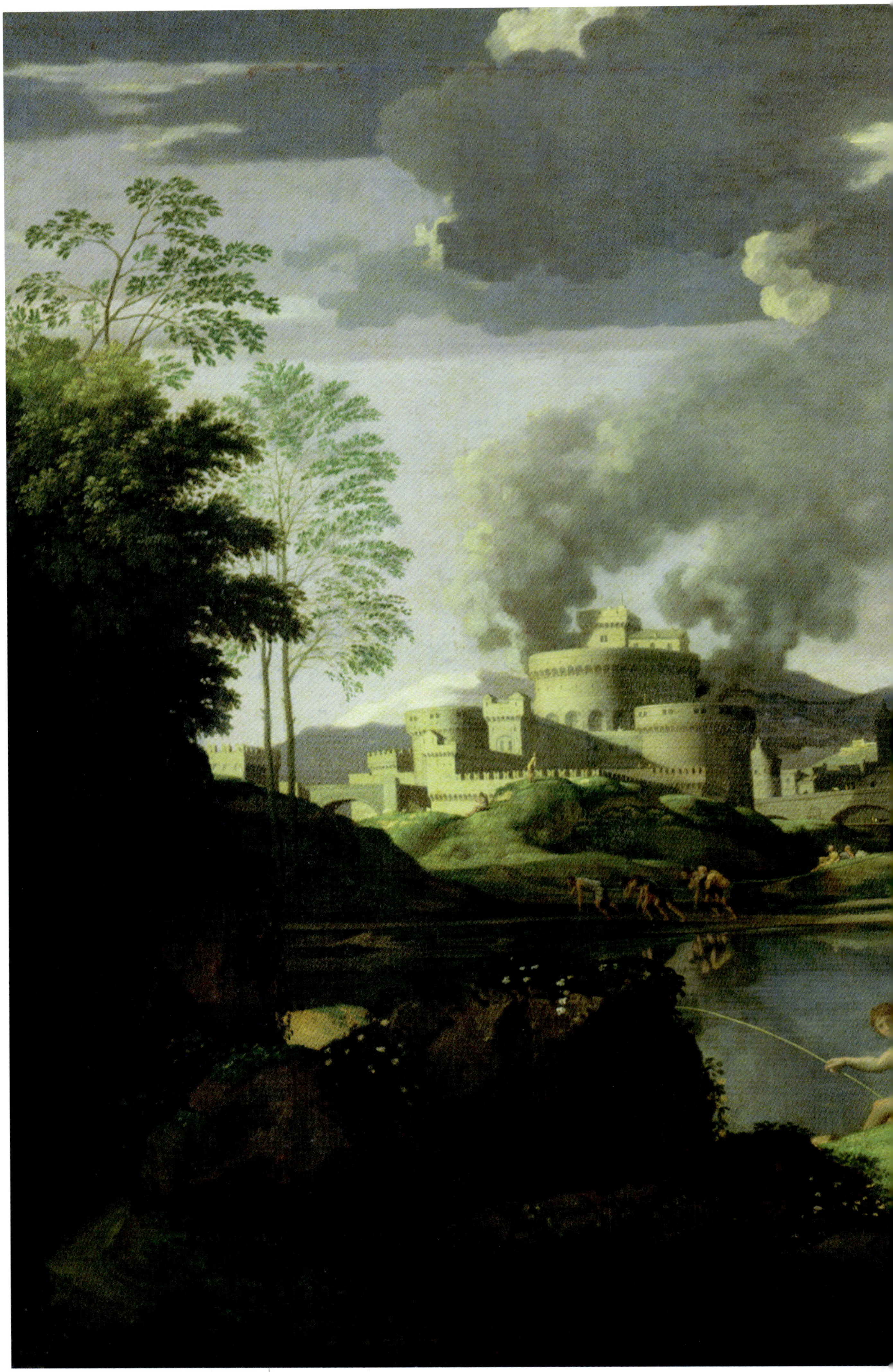

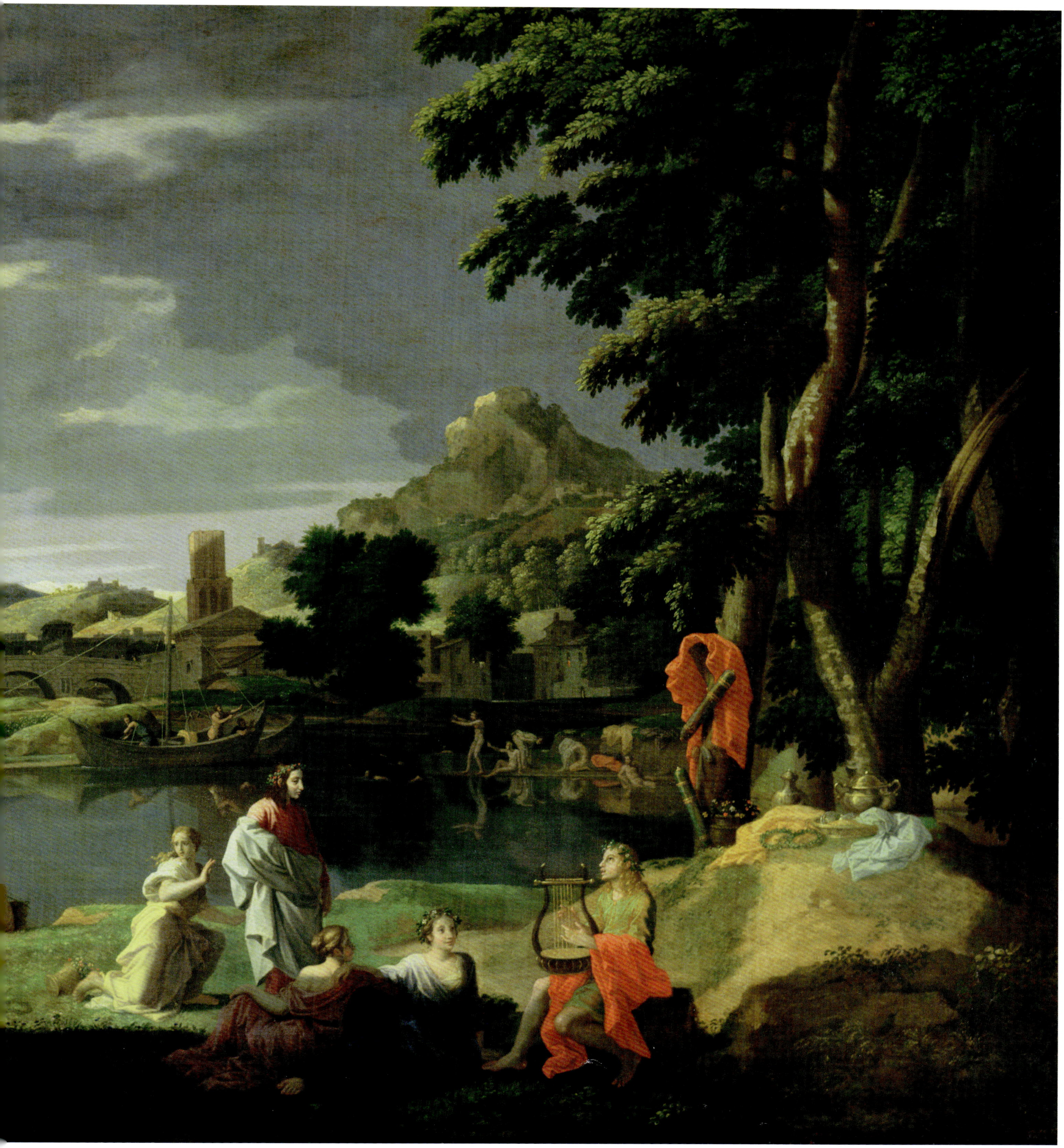

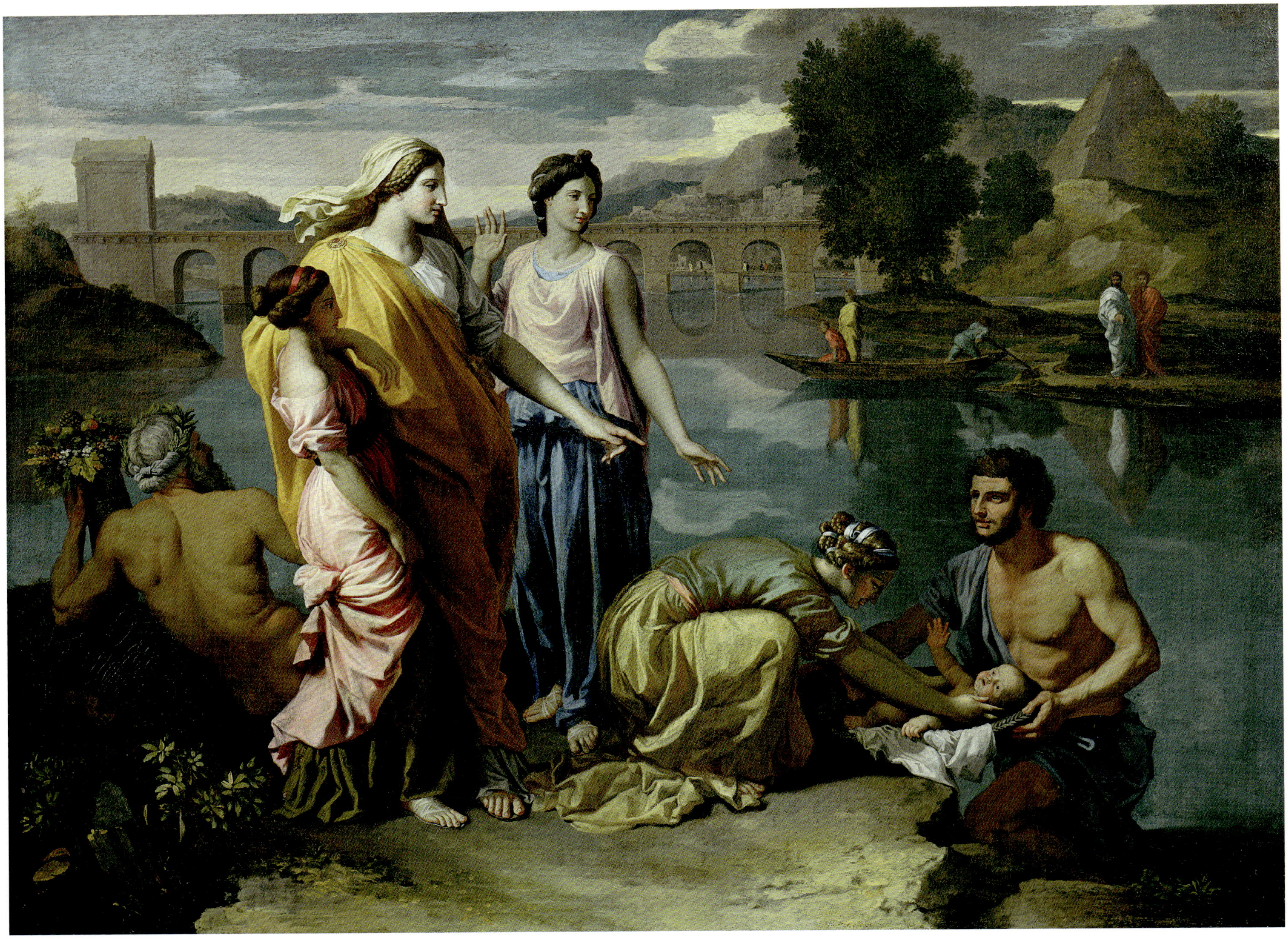

Moses Saved from the River

Moïse sauvé des eaux

Die Auffindung des Moses

El descubrimiento de Moisés

A descoberta de Moisés

De ontdekking van Mozes

NICOLAS POUSSIN (1594-1665)
1638, Oil on canvas/Huile sur toile,
94 × 121 cm, Musée du Louvre, Paris

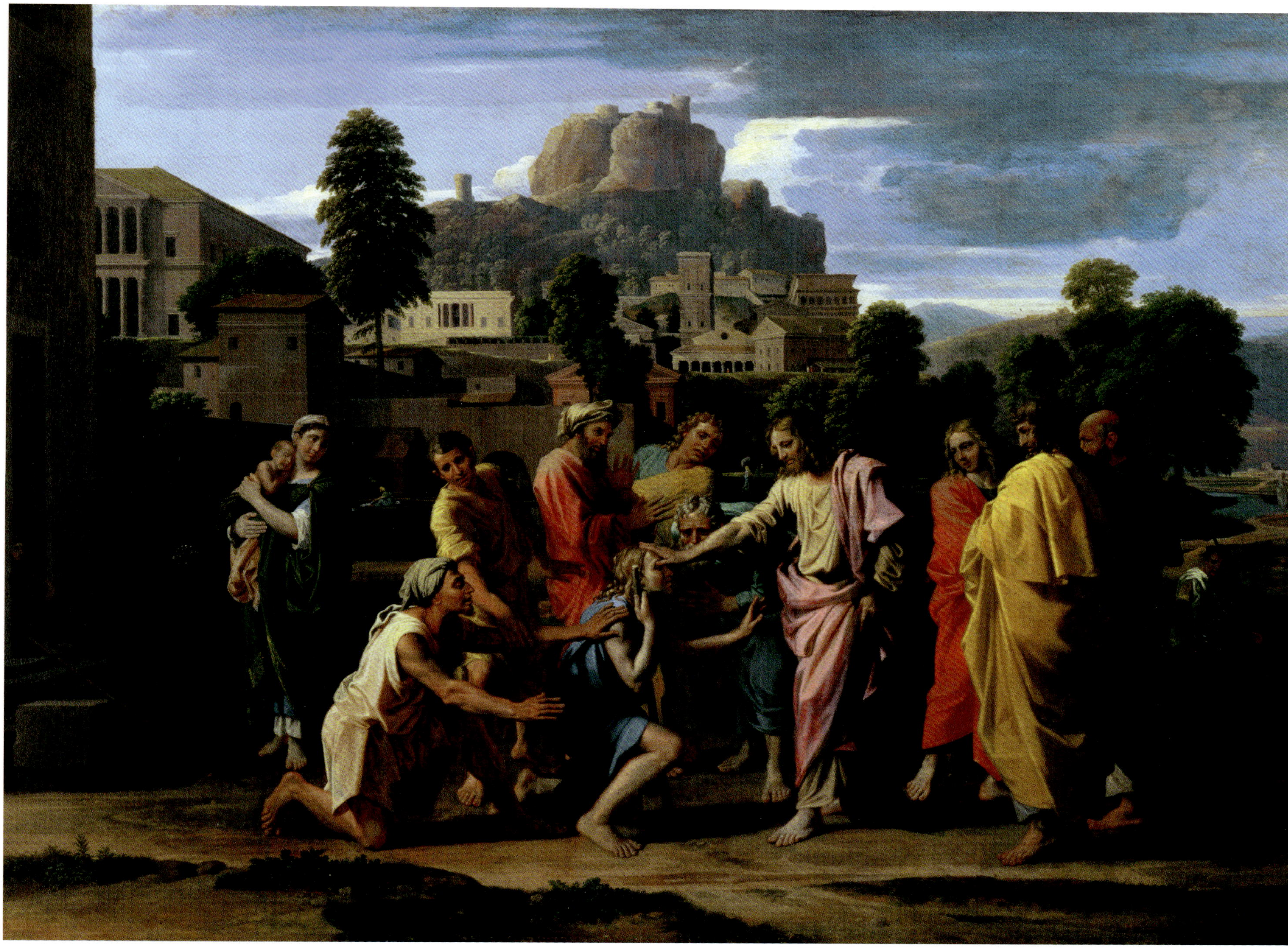

Christ Healing the Blind of Jericho
The classical composition shows the miracle of Christ healing the blind of Jericho. The figures seem to move on a stage whose decor is located between landscape and architecture.

Les Aveugles de Jéricho
Le miracle du Christ guérissant les aveugles donne lieu à une composition très classique. Les figures semblent évoluer sur une scène de théâtre, avec pour décor un paysage entre nature et architecture.

Die Blinden von Jericho
Die klassische Komposition zeigt das Wunder der Heilung der Blinden von Jericho durch Christus. Die Figuren scheinen sich auf einer Bühne zu bewegen, deren Dekor zwischen Landschaft und Architektur angesiedelt ist.

El ciego de Jericó o curación de los ciegos
La composición clásica muestra el milagro de Cristo al sanar a los ciegos de Jericó. Las figuras parecen moverse en un escenario cuya decoración se sitúa entre el paisaje y la arquitectura.

Os Cegos de Jericó
A composição clássica mostra o milagre da cura dos cegos de Jericó através de Cristo. As figuras parecem mover-se num palco cuja decoração se situa entre a paisagem e a arquitectura.

De blinden van Jericho
De klassieke compositie toont het wonder van de genezing van de blinden in Jericho door Christus. De figuren lijken te bewegen op een podium, waarvan het decor schommelt tussen landschap en architectuur.

NICOLAS POUSSIN (1594-1665)
1650, Oil on canvas/Huile sur toile, 119 × 176 cm, Musée du Louvre, Paris

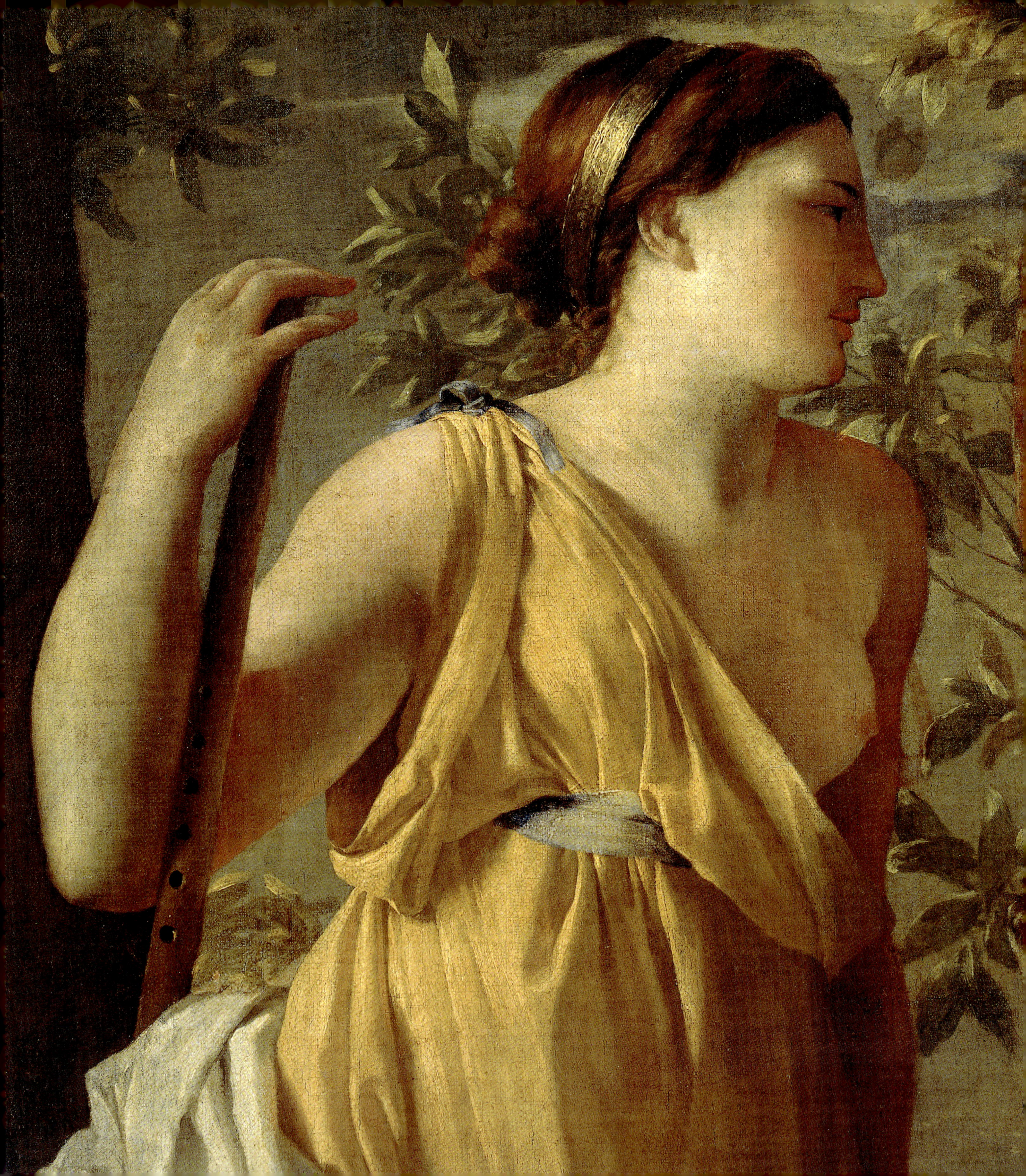

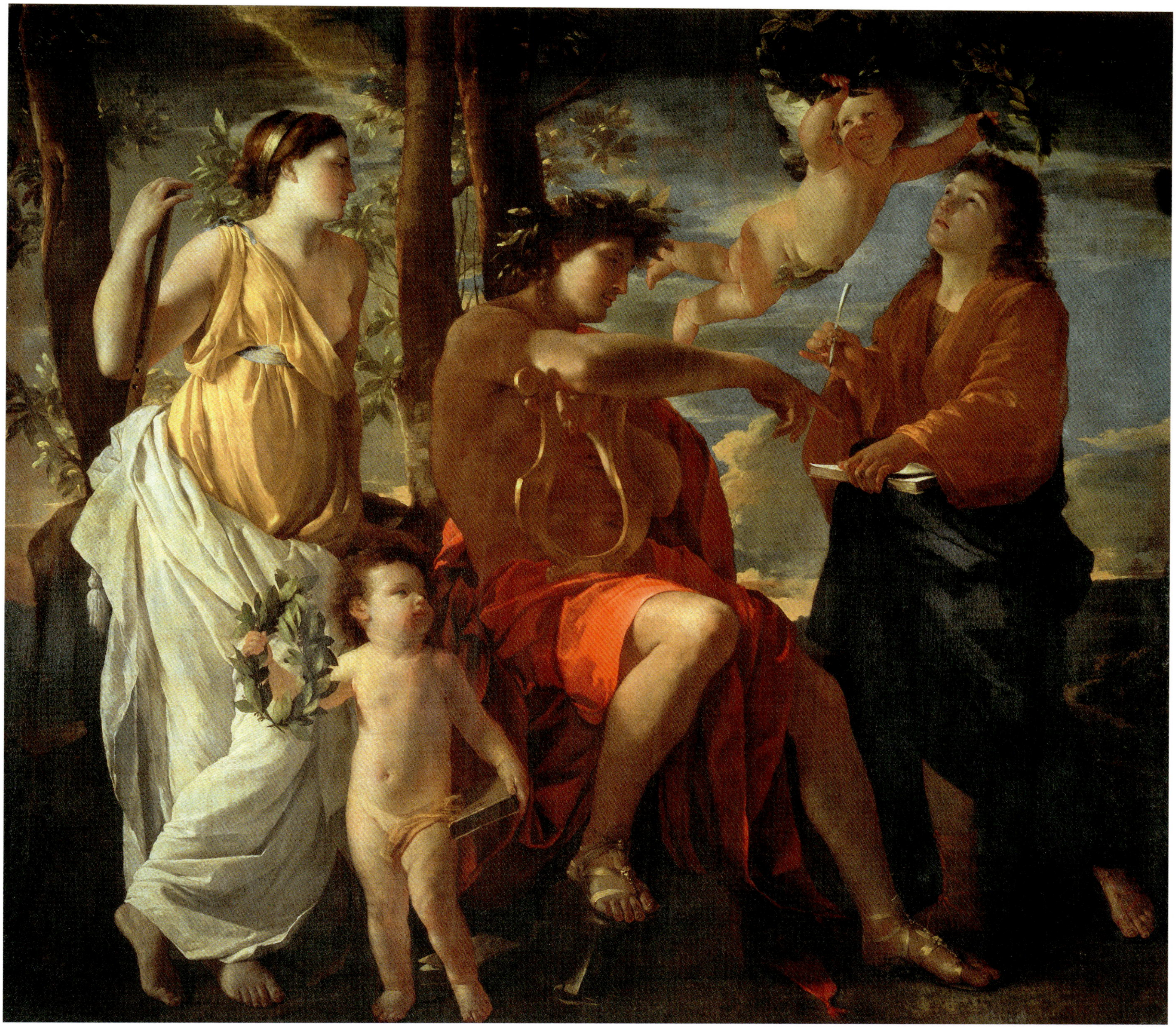

The Inspiration of the Poet

An angel in the upper right corner crowns a poet who probably represents Virgil. At the centre of the composition is Apollo. The woman in the antique robe on the left embodies the muse Calliope.

L'Inspiration du poète

Un angelot, en haut à droite, est en train de couronner un poète, probablement Virgile. Le dieu Apollon est au centre de la composition, et la femme drapée à l'antique, à gauche, serait la muse Calliope.

Die Inspiration des Dichters

Ein Engel oben rechts krönt einen Dichter, der wahrscheinlich Virgil darstellt. Im Zentrum der Komposition steht Apollo. Die Frau in dem antiken Gewand links verkörpert die Muse Kalliope.

La inspiración del poeta

Un ángel en la esquina superior derecha corona a un poeta que probablemente representa a Virgilio. En el centro de la composición está Apolo. La mujer con la túnica antigua de la izquierda encarna a la musa Kalliope.

A inspiração do poeta

Um anjo no canto superior direito coroa um poeta que provavelmente representa Virgil. No centro da composição está Apollo. A mulher de roupão antigo à esquerda encarna a musa Kalliope.

De inspiratie van de dichter

Een engel rechtsboven kroont een dichter, die waarschijnlijk Virgilius voorstelt. Midden in de compositie staat Apollo. De vrouw in het antiek gedrapeerde gewaad links belichaamt de muze Kalliope.

NICOLAS POUSSIN (1594-1665)

c. 1630, Oil on canvas/Huile sur toile, 183 × 213 cm, Musée du Louvre, Paris

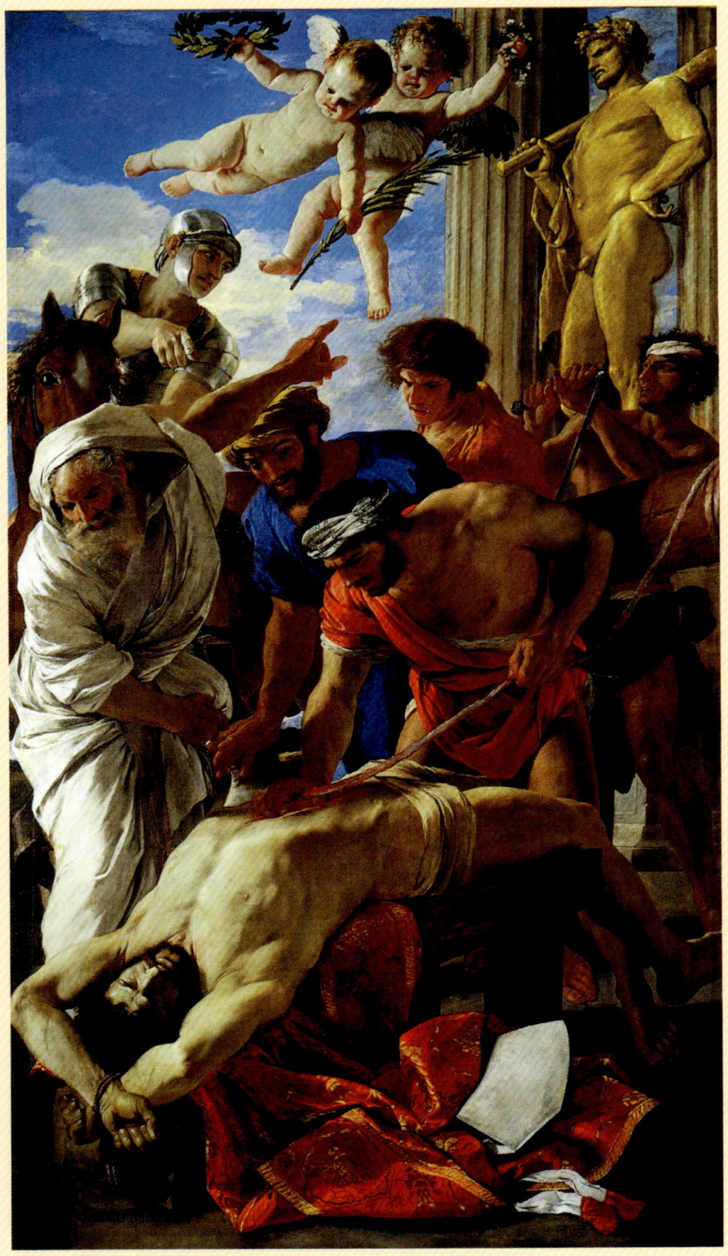

The Martyrdom of Saint Erasmus

Le Martyre de saint Érasme

Martyrium des hl. Erasmus

Martirio de San Erasmo

Martírio de São Erasmo

Het martelaarschap van de heilige Erasmus

NICOLAS POUSSIN (1594-1665)

c. 1628/29, Oil on canvas/Huile sur toile, 320 × 186 cm, Musei Vaticani, Vaticano

Nicolas Poussin

Nicolas Poussin (1594-1665), the master of classical Baroque, studied in Paris, but spent most of his career in Italy. After a stay in Venice, he moved to Rome in 1624, where he worked for Cardinal Francesco Barberini and his secretary Cassiano dal Pozzo. As a representative of easel painting, he realized only one large painting for St. Peter's Basilica in Rome (The Martyrdom of Saint Erasmus). In contrast to Mannerism and Baroque currents, Poussin represented an orderly style with which he imitated the perfection of ancient ideals. He drew his motifs, which he embedded in the landscapes of the Campagna Romana, from the Bible or mythology. The figures, frozen in their movements, seem to have sprung from theatre scenes. His work exerted a great influence on classicism, which emerged towards the end of the 18th century, but also inspired artists such as Eugène Delacroix, Jean-Auguste-Dominique Ingres and later Paul Cézanne or Pablo Picasso.

Nicolas Poussin

Emblème du classicisme, Nicolas Poussin (1594-1665) se forme à Paris, mais bâtit l'essentiel de sa carrière en Italie. Après un séjour à Venise, il s'installe à Rome en 1624. Il travaille pour le cardinal Francesco Barberini et le secrétaire de ce dernier, Cassiano dal Pozzo. Peintre de chevalet, il ne répondra qu'à une seule commande monumentale, pour la basilique Saint-Pierre de Rome (Le Martyre de saint Érasme). Loin du maniérisme et des tourbillons baroques, Poussin est l'homme d'une peinture sage, ordonnée, dont l'objectif est de retrouver la perfection de l'idéal antique. Il puise principalement ses sujets dans la Bible et la mythologie, et ses récits s'inscrivent dans les paysages enchanteurs de la campagne romaine. Ses personnages, figés, semblent évoluer sur une scène de théâtre. L'influence de Poussin sera décisive sur le néoclassicisme qui éclôt à la fin du XVIIIe siècle, mais aussi sur Eugène Delacroix, Jean-Auguste-Dominique Ingres, et plus tard, dans l'œuvre de Paul Cézanne ou Pablo Picasso.

Nicolas Poussin

Nicolas Poussin (1594–1665), der Meister des Klassizistischen Barocks, ließ sich in Paris ausbilden, verbrachte den Großteil seiner Karriere aber in Italien. Nach einem Aufenthalt in Venedig zieht er 1624 nach Rom, wo er für den Kardinal Francesco Barberini und seinen Sekretär Cassiano dal Pozzo tätig ist. Als Vertreter der Staffeleimalerei realisiert er nur ein Großgemälde für den Petersdom in Rom (Martyrium des Heiligen Erasmus). Im Gegensatz zum Manierismus und barocken Strömungen vertritt Poussin einen geordneten Stil, mit dem er die Perfektion antiker Ideale nachahmt. Seine Motive, die er in die Landschaften der Campagna Romana einbettet, schöpft er aus der Bibel oder der Mythologie. Die in ihren Bewegungen erstarrten Figuren scheinen Theaterszenen entsprungen. Sein Werk wird einen großen Einfluss auf den Klassizismus ausüben, der gegen Ende des 18. Jahrhunderts aufkommt, aber auch Künstler wie Eugène Delacroix, Jean-Auguste-Dominique Ingres und später Paul Cézanne oder Pablo Picasso inspirieren.

Lamentation over the Dead Christ

La Lamentation sur le Christ mort

Beweinung Christi

La lamentación sobre Cristo muerto

Luto de Cristo

De bewening van Christus

NICOLAS POUSSIN (1594-1665)

c. 1627, Oil on canvas/
Huile sur toile, 102 × 148 cm,
Alte Pinakothek, München

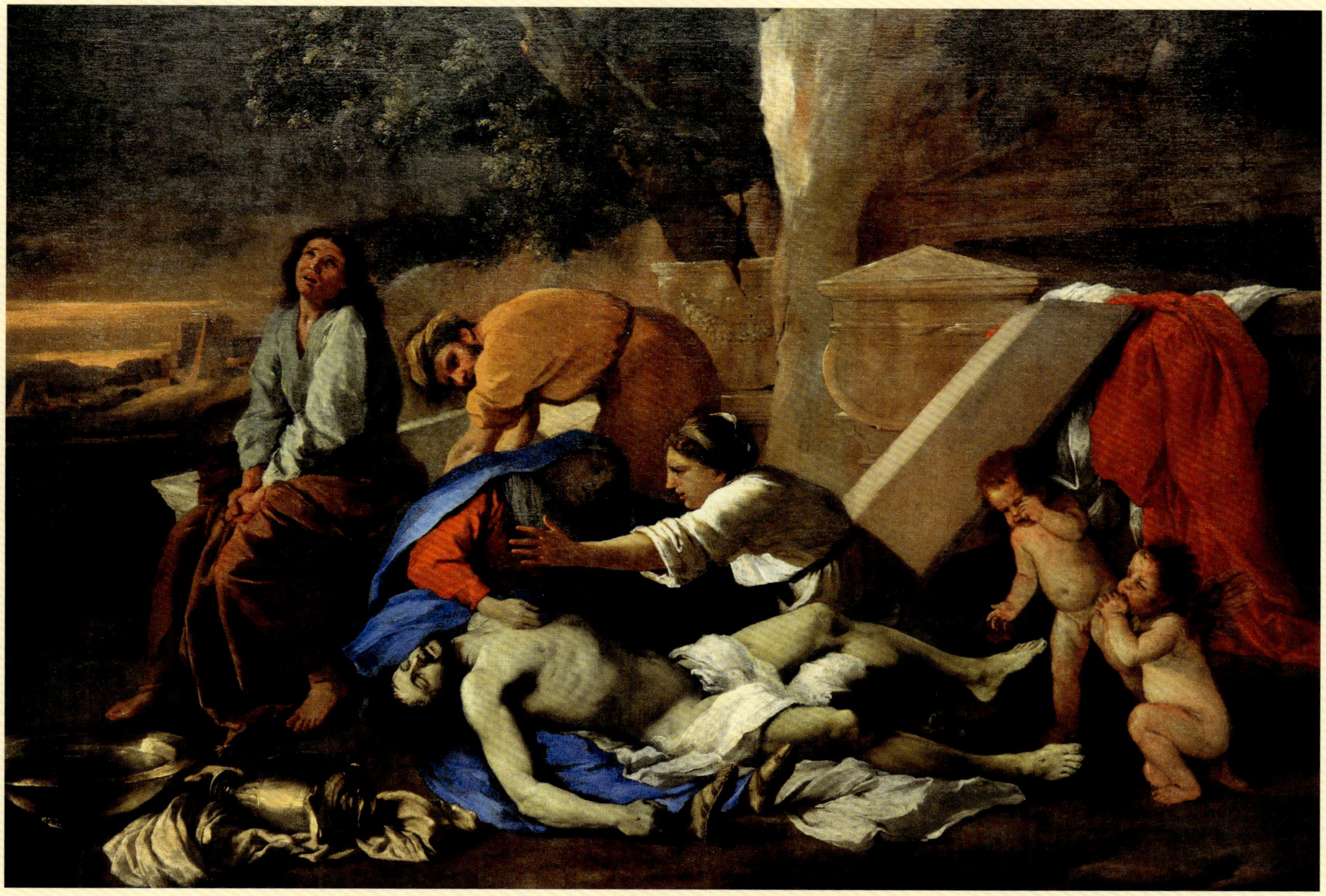

Nicolas Poussin

Nicolas Poussin (1594-1665), maestro del barroco clásico, estudió en París, pero pasó la mayor parte de su carrera en Italia. Después de una estancia en Venecia, se trasladó a Roma en 1624, donde trabajó para el cardenal Francesco Barberini y su secretario Cassiano dal Pozzo. Como representante de la pintura de caballete, realizó un solo gran cuadro para la Basílica de San Pedro en Roma (El Martirio de San Erasmo). En contraste con el manierismo y las corrientes barrocas, Poussin representa un estilo ordenado con el que imita la perfección de los antiguos ideales. Sus motivos, que incrusta en los paisajes de la Campagna Romana, se inspiran en la Biblia o en la mitología. Las figuras, congeladas en sus movimientos, parecen haber surgido de escenas teatrales. Su obra ejercerá una gran influencia sobre el clasicismo, surgido a finales del siglo XVIII, pero también inspirará a artistas como Eugène Delacroix, Jean-Auguste-Dominique Ingres y más tarde Paul Cézanne o Pablo Picasso.

Nicolas Poussin

Nicolas Poussin (1594-1665), mestre do barroco clássico, estudou em Paris, mas passou a maior parte de sua carreira na Itália. Depois de uma estadia em Veneza, mudou-se para Roma em 1624, onde trabalhou para o Cardeal Francesco Barberini e para o seu secretário Cassiano dal Pozzo. Como representante da pintura de cavalete, ele realizou apenas uma grande pintura para a Basílica de São Pedro em Roma (martírio de São Erasmo). Em contraste com o Maneirismo e as correntes barrocas, Poussin representa um estilo ordenado com o qual imita a perfeição dos ideais antigos. Seus motivos, que ele incorpora nas paisagens da Campagna Romana, ele tira da Bíblia ou mitologia. As figuras, congeladas em seus movimentos, parecem ter surgido de cenas de teatro. Sua obra exercerá uma grande influência no classicismo, que surgiu no final do século XVIII, mas também inspirará artistas como Eugène Delacroix, Jean-Auguste-Dominique Ingres e mais tarde Paul Cézanne ou Pablo Picasso.

Nicolas Poussin

Nicolas Poussin (1594-1665), de meester van de classicistische barok, studeerde in Parijs, maar bracht het grootste deel van zijn carrière door in Italië. Na een verblijf in Venetië verhuisde hij in 1624 naar Rome, waar hij voor kardinaal Francesco Barberini en diens secretaris Cassiano dal Pozzo werkte. Als exponent van het ezelschilderen maakte hij slechts één groot schilderij voor de Sint-Pieter in Rome (Het martelaarschap van de heilige Erasmus). Anders dan het maniërisme en de barokke stromingen vertegenwoordigde Poussin een ordelijke stijl, waarmee hij de perfectie van antieke idealen nabootste. Zijn motieven, die hij inbedde in de landschappen van de Campagna Romana, haalde hij uit de bijbel of de mythologie. De in hun bewegingen verstarde figuren lijken uit theaterscènes te zijn gestapt. Zijn werk zou een grote invloed hebben op het neoclassicisme, dat eind 18e eeuw opkwam, maar zou ook kunstenaars als Eugène Delacroix, Jean-Auguste-Dominique Ingres en later Paul Cézanne en Pablo Picasso inspireren.

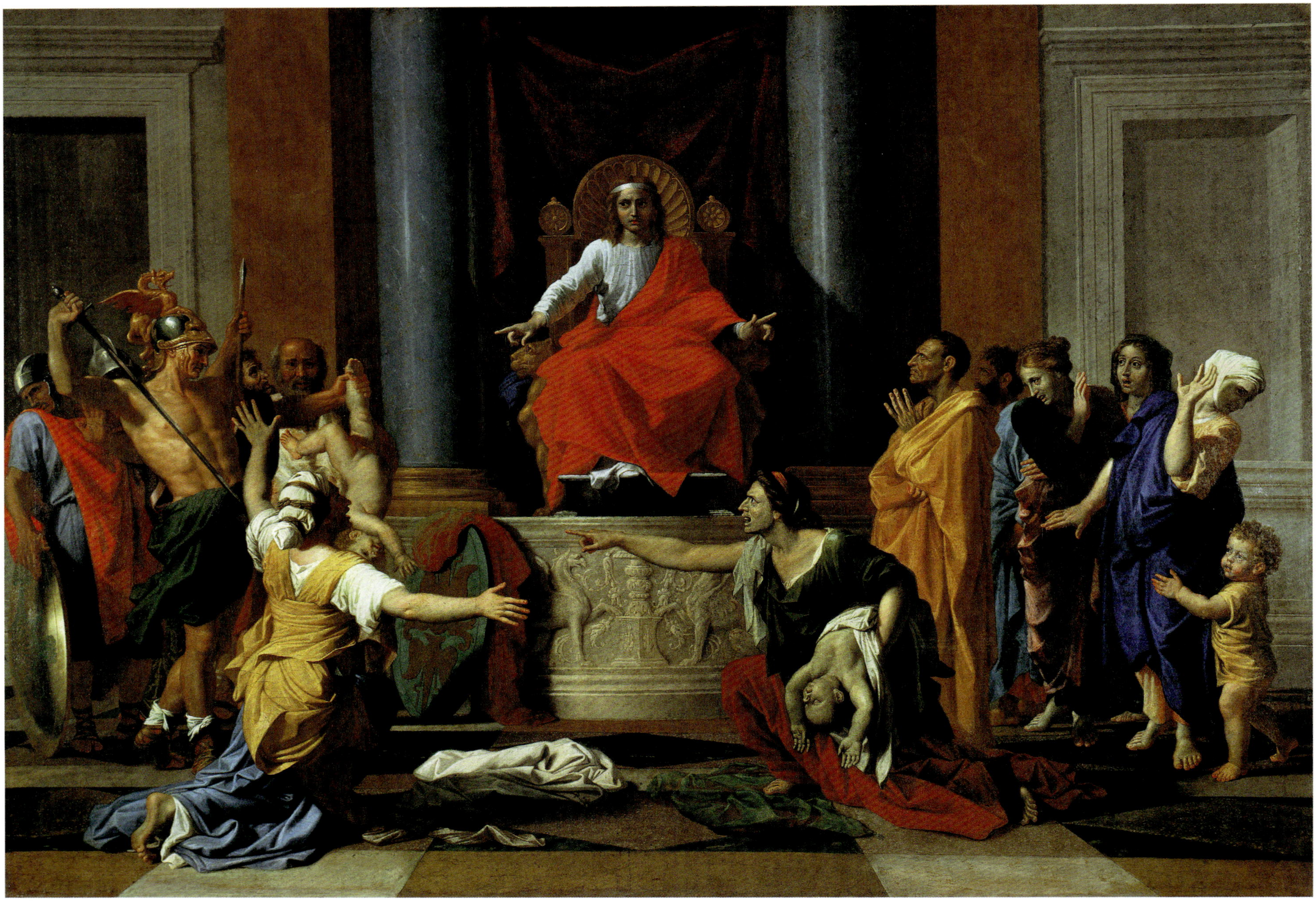

The Judgement of Solomon

Le Jugement de Salomon

Urteil des Salomon

Juicio de Salomón

O Julgamento de Salomão

Het oordeel van Salomo

NICOLAS POUSSIN (1594-1665)

1649, Oil on canvas/Huile sur toile, 101 × 150 cm, Musée du Louvre, Paris

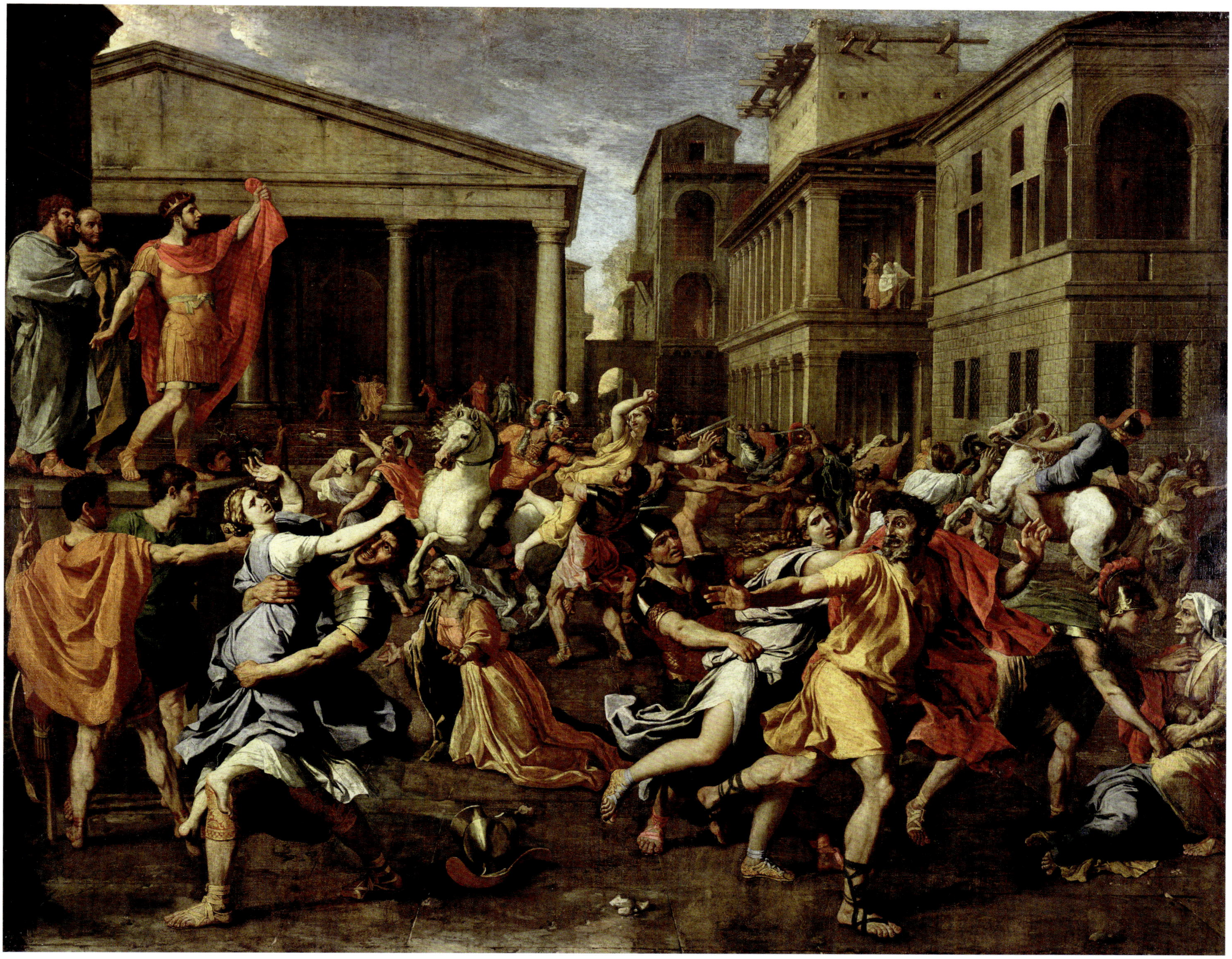

The Rape of the Sabine Women
At the signal from Romulus (left) the Romans kidnap the Sabine women in order to marry them. The second version shown here was created for Cardinal Luigi Omodei.

L'Enlèvement des Sabines
Au signal donné par Romulus, à gauche de la toile, les Romains s'emparent des Sabines pour les épouser. Cette seconde version (la première est au MET de New York) fut peinte pour le cardinal Luigi Omodei.

Der Raub der Sabinerinnen
Auf das Signal Romulus (links) entführen die Römer die Sabinerinnen, um sie zu heiraten. Die hier abgebildete zweite Version wurde für den Kardinal Luigi Omodei geschaffen.

El rapto de las sabinas
A la señal de Rómulo (izquierda) los romanos secuestran a las sabinas para casarse con ellas. La segunda versión mostrada aquí (la primera se encuentra en el MET de Nueva York) fue creada para el Cardenal Luigi Omodei.

O Roubo das Mulheres Sabine
Ao sinal de Rômulo (esquerda), os romanos seqüestram as freiras Sabine para se casar com elas. A segunda versão mostrada aqui foi criada para o Cardeal Luigi Omodei.

De roof van de Sabijnse maagden
Op een seintje van Romulus (links) ontvoeren de Romeinen de Sabijnse maagden om met hen te trouwen. De hier getoonde tweede versie is gemaakt voor kardinaal Luigi Omodei.

NICOLAS POUSSIN (1594-1665)

c. 1637/38, Oil on canvas/Huile sur toile, 159 × 206 cm, Musée du Louvre, Paris

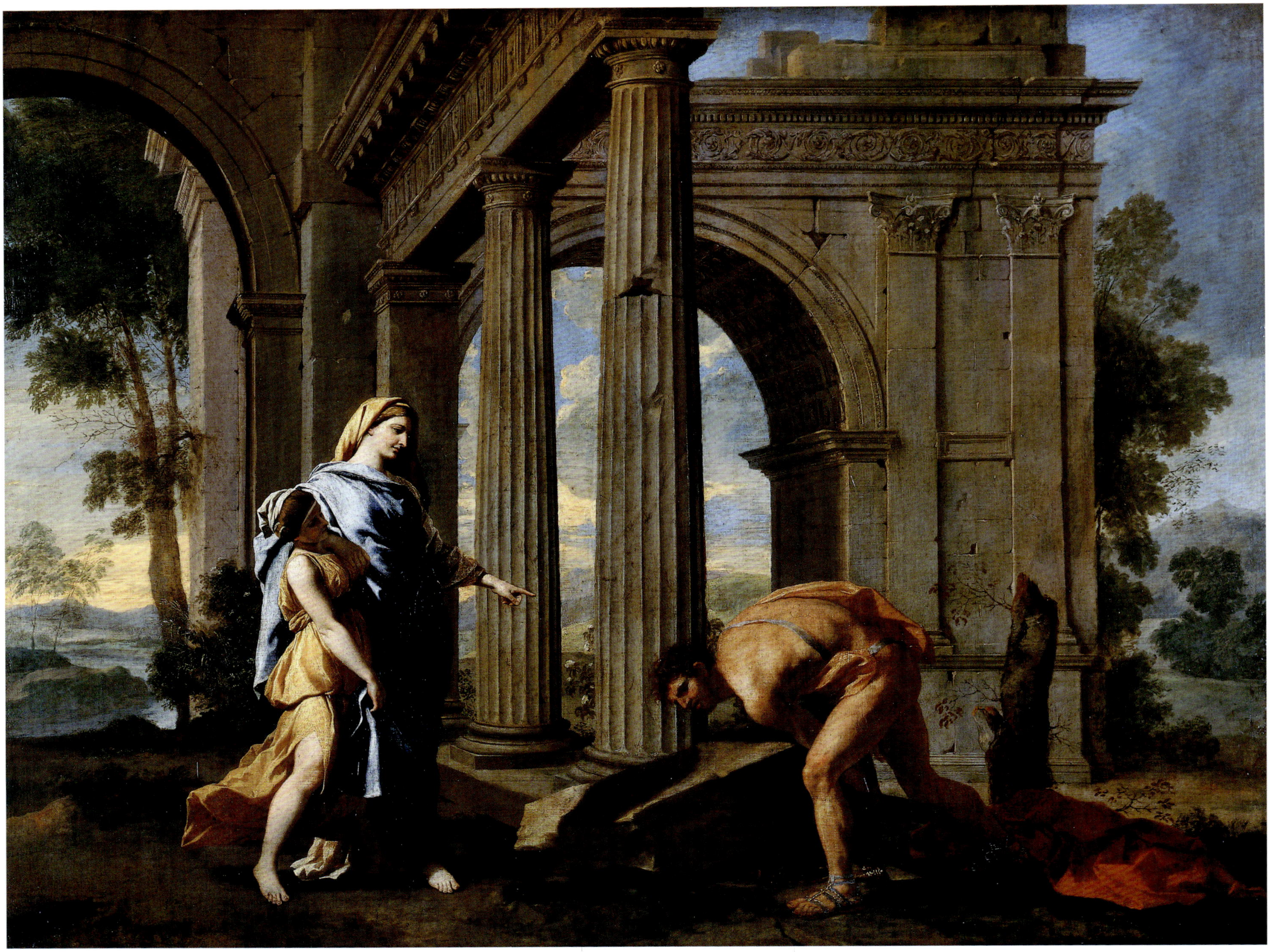

Theseus discovering his Father's Sword

Thésée retrouve l'épée de son père

Theseus findet die Waffen seines Vaters

Teseo encuentra la espada de su padre

Teseu encontra as armas do seu pai

Theseus vindt de wapens van zijn vader

NICOLAS POUSSIN (1594-1665)

c. 1638, Oil on canvas/Huile sur toile, 98 × 134 cm, Musée Condé, Chantilly

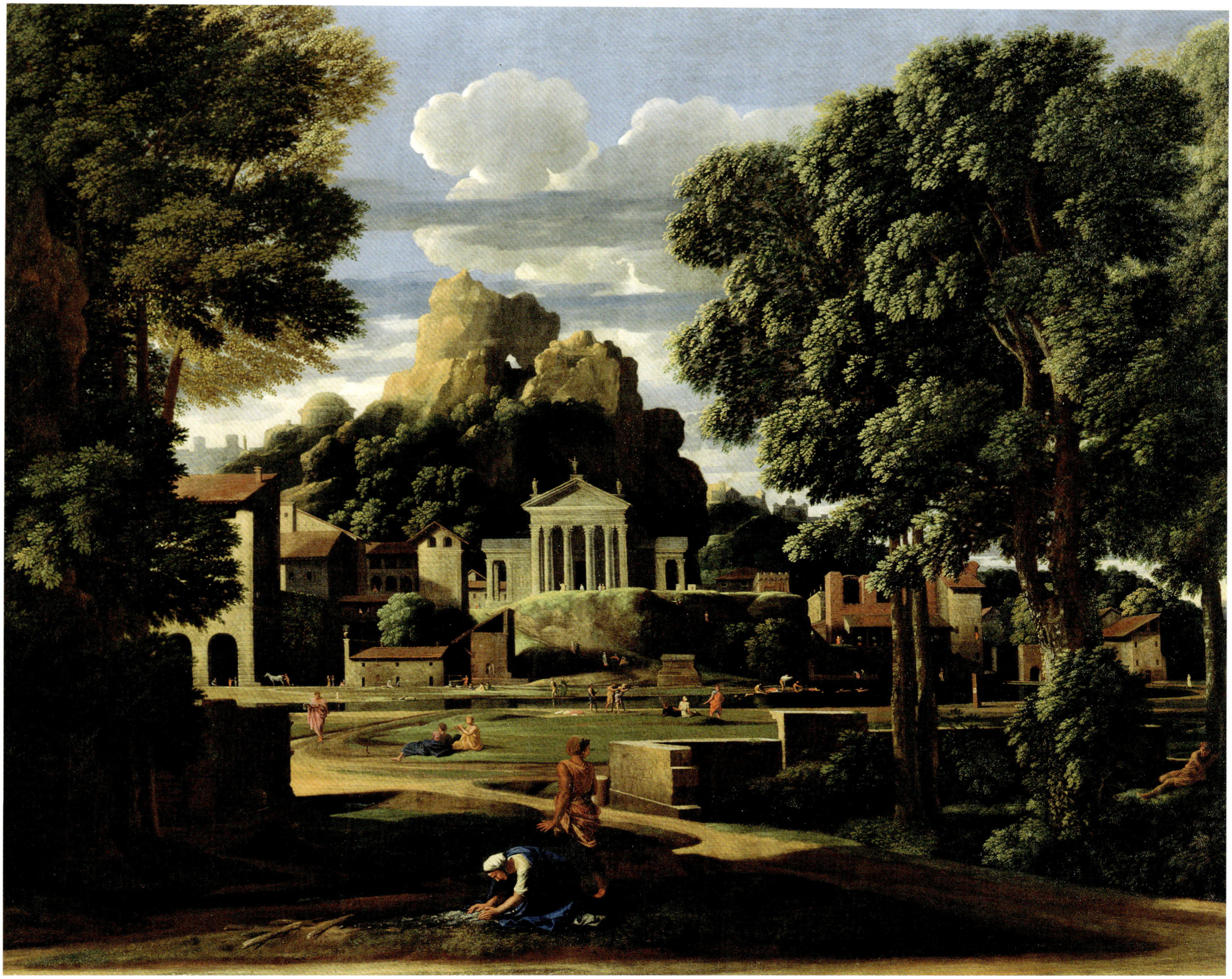

Landscape with the Ashes of Phocion

Paysage avec les cendres de Phocion

Landschaft mit der Witwe des Phokion, die dessen Asche sammelt

Paisaje con la viuda de Foción recogiendo las cenizas de su marido

Paisagem com a viúva de Phokion coletando suas cinzas

Landschap met de weduwe van Phocion, die zijn as verzamelt

NICOLAS POUSSIN (1594-1665)

1648, Oil on canvas/Huile sur toile, 116,5 × 178,5 cm, National Museums Liverpool

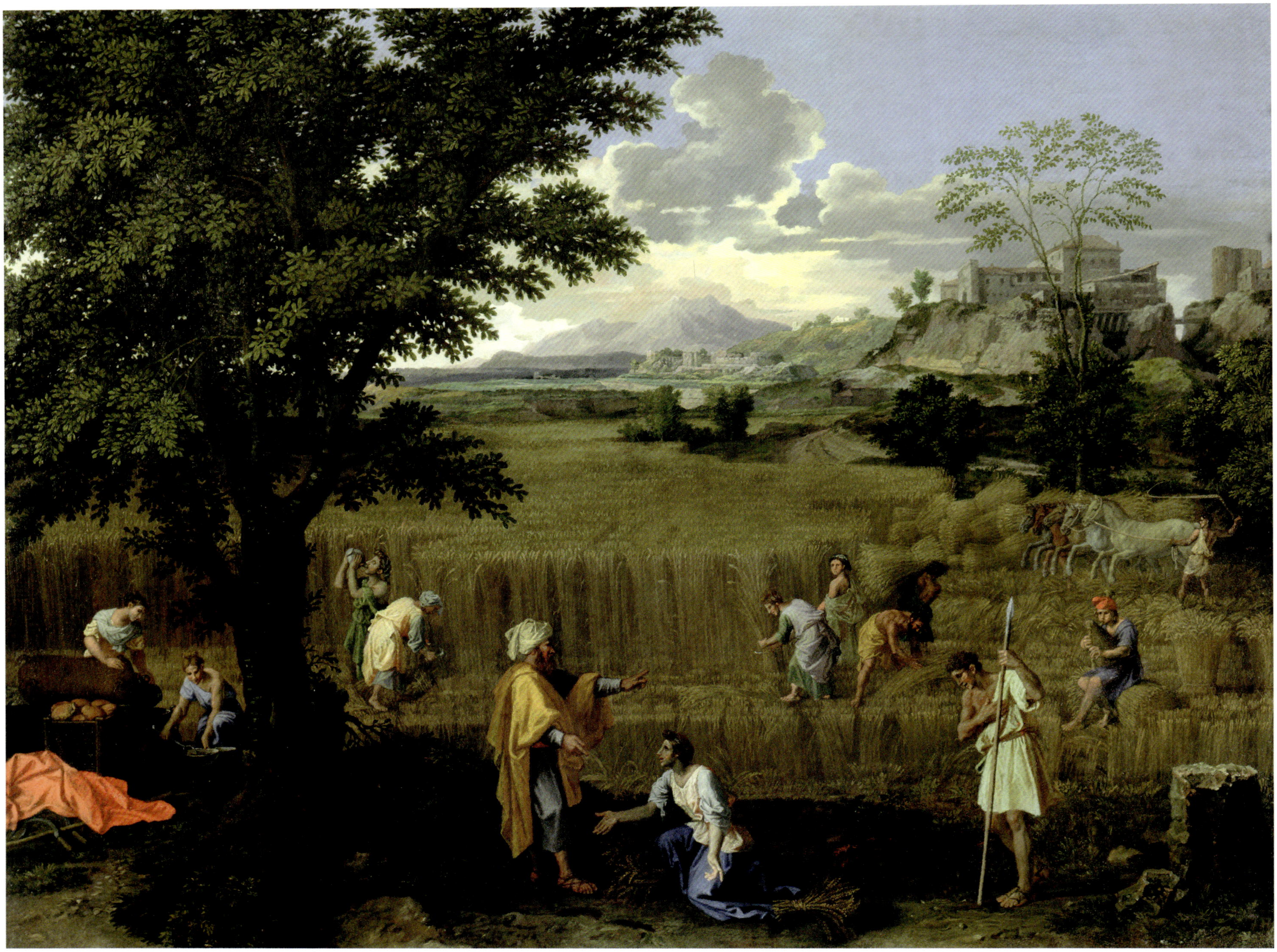

Summer *or* Ruth and Boaz

L'Été *ou* Ruth et Booz

Der Sommer *oder* Ruth und Boas

El verano *o* Rut y Boaz

Verão *ou* Ruth e Boas

Zomer *of* Ruth en Boas

NICOLAS POUSSIN (1594-1665)

1660-64, Oil on canvas/Huile sur toile, 118 × 160 cm, Musée du Louvre, Paris

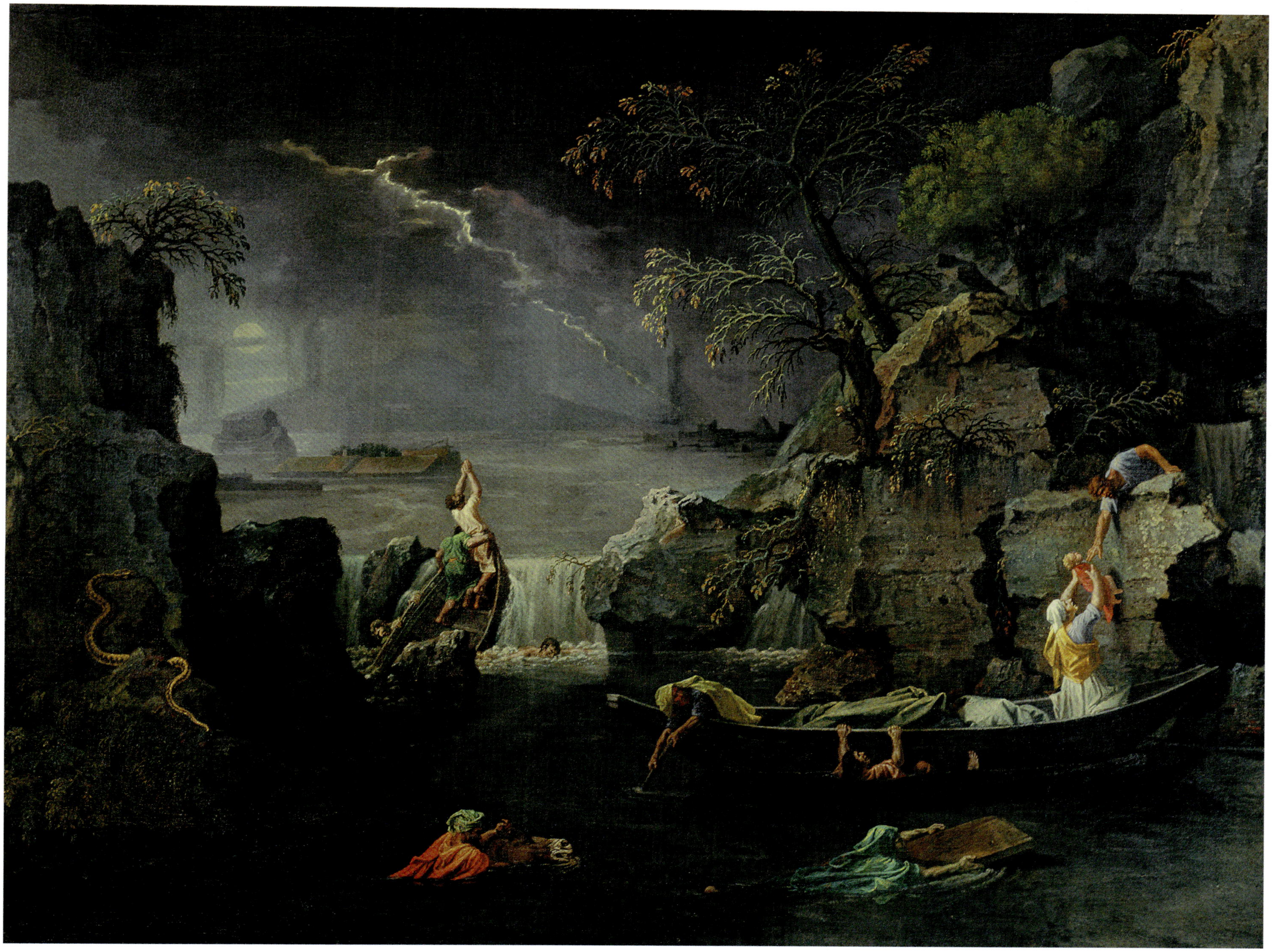

Winter or The Flood
Poussin's cycle of four seasons is a reflection on human existence based on biblical narratives. He was inspired by the Flood when he portrayed winter.

L'Hiver *ou* le Déluge
Les quatre tableaux du cycle des saisons sont autant de réflexions sur la condition humaine, à partir d'épisodes bibliques. Pour l'hiver, Poussin s'inspire de la scène du Déluge, dans l'Ancien Testament.

Der Winter *oder* Die Sintflut
Poussins Bilderzyklus zu den vier Jahreszeiten ist eine auf biblischen Erzählungen basierende Reflexion über die menschliche Existenz. Bei der Darstellung des Winters ließ er sich von der Sintflut inspirieren.

El invierno *o* El diluvio
El ciclo de cuatro estaciones de Poussin es una reflexión sobre la existencia humana basada en narrativas bíblicas. Al pintar el invierno se inspiró en el diluvio del Antiguo Testamento.

O Inverno *ou* o Dilúvio
O ciclo de quatro estações de Poussin é uma reflexão sobre a existência humana baseada em narrativas bíblicas. Ele foi inspirado pelo Dilúvio quando retratou o inverno.

Winter *of* De zondvloed
Poussins cyclus van de vier seizoenen is een op bijbelverhalen gebaseerde bezinning op het menselijk bestaan. Toen hij de winter schilderde, werd hij geïnspireerd door de zondvloed.

NICOLAS POUSSIN (1594-1665)
1660-64, Oil on canvas/Huile sur toile, 118 × 160 cm, Musée du Louvre, Paris

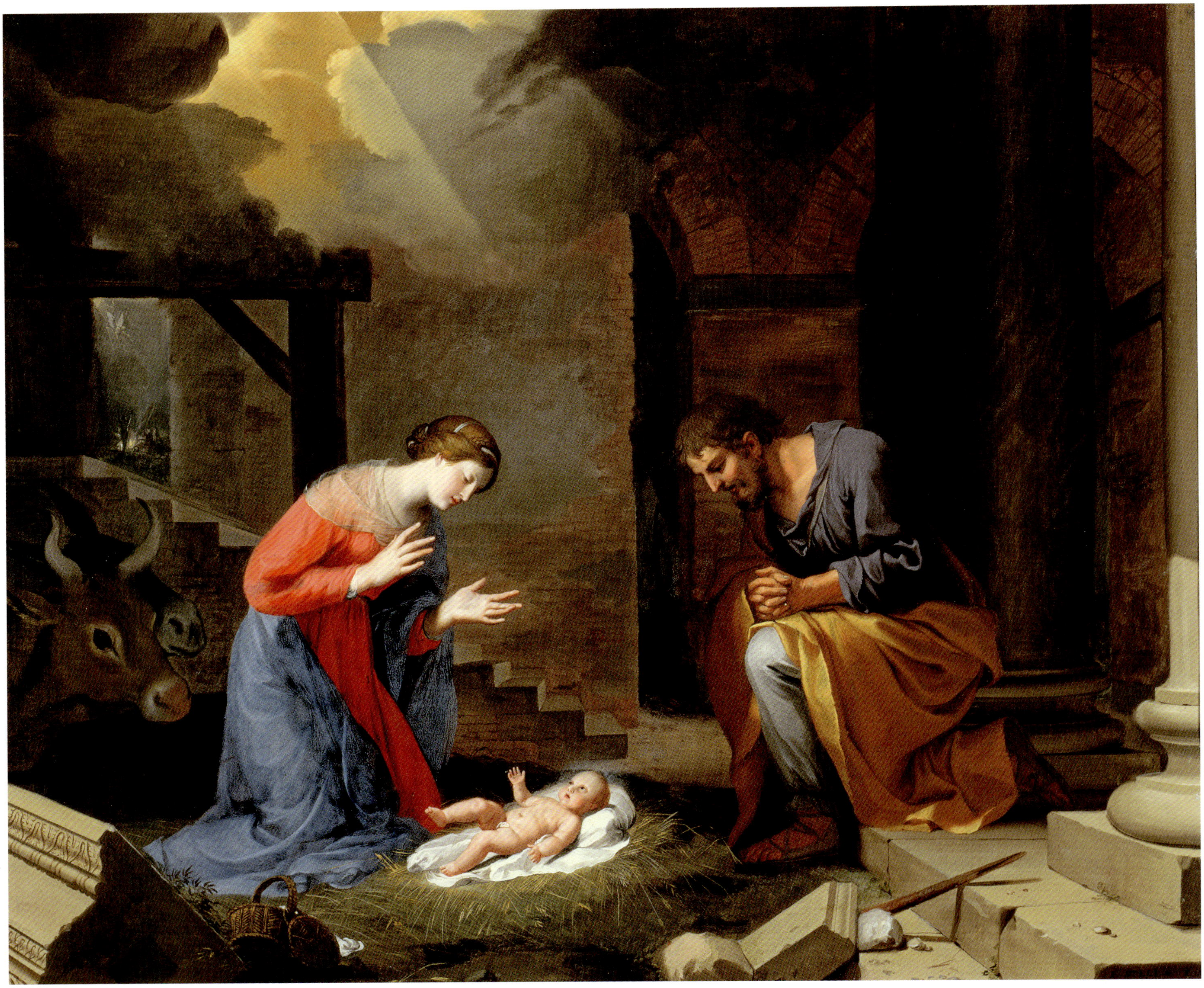

The Nativity

Born in Lyon, Jacques Stella, a friend of Vouet and Poussin, was educated in Italy before making a career in Paris. With Richelieu's help, he was appointed official painter to the king in 1635.

La Nativité

Ami de Simon Vouet et Nicolas Poussin, Jacques Stella est né à Lyon, s'est formé en Italie, avant de faire carrière à Paris où, par le biais de Richelieu, il fut nommé Peintre ordinaire du roi en 1635.

Die Geburt Christi

Der in Lyon geborene Jacques Stella, ein Freund Vouets und Poussins, wurde in Italien ausgebildet, bevor er in Paris Karriere machte. Durch Richelieus Hilfe ernannte man ihn 1635 zum offiziellen Maler des Königs.

El nacimiento de Cristo

Nacido en Lyon, Jacques Stella, amigo de Vouet y Poussin, se formó en Italia antes de hacer carrera en París. Con la ayuda de Richelieu, fue nombrado pintor oficial del rey en 1635.

O nascimento de Cristo

Nascido em Lyon, Jacques Stella, amigo de Vouet e Poussin, estudou na Itália antes de fazer carreira em Paris. Com a ajuda de Richelieu, foi nomeado pintor oficial do rei em 1635.

De geboorte van Christus

De in Lyon geboren Jacques Stella, een vriend van Vouet en Poussin, volgde zijn opleiding in Italië voordat hij carrière maakte in Parijs. Met de hulp van Richelieu werd hij in 1635 benoemd tot officieel schilder van de koning.

JACQUES STELLA (1596-1657)

1639, Oil on copper panel/Huile sur panneau de cuivre, 35,4 × 80,6 cm, The Bowes Museum, Newgate

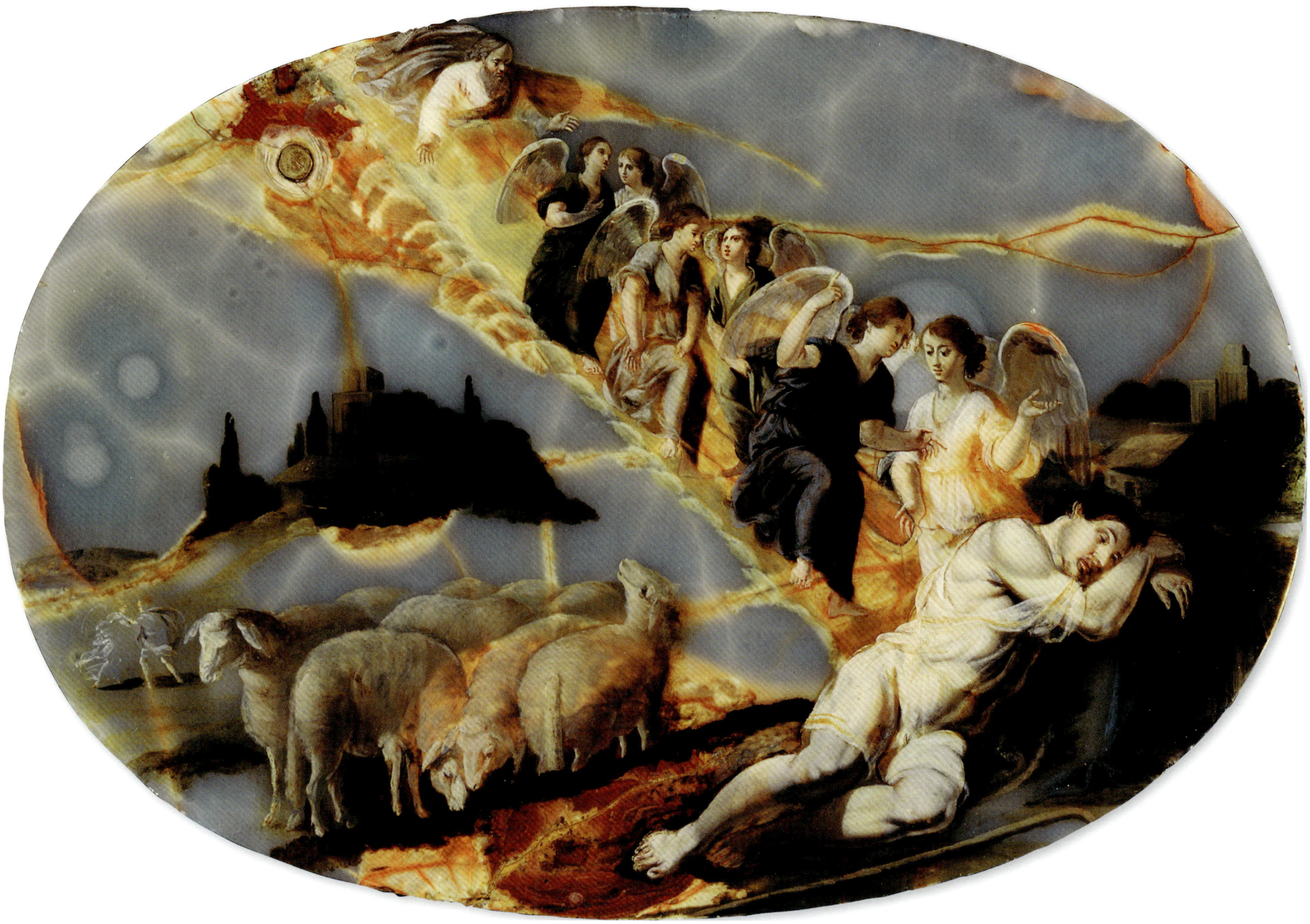

Jacob's Ladder

L'Échelle de Jacob

Die Jakobsleiter

La escalera de Jacob

A escada do Jacob

De jakobsladder

JACQUES STELLA (1596-1657)

1650, Oil on stone (onyx)/Huile sur pierre (onyx), 22,5 × 33 cm, Los Angeles County Museum of Art, Los Angeles

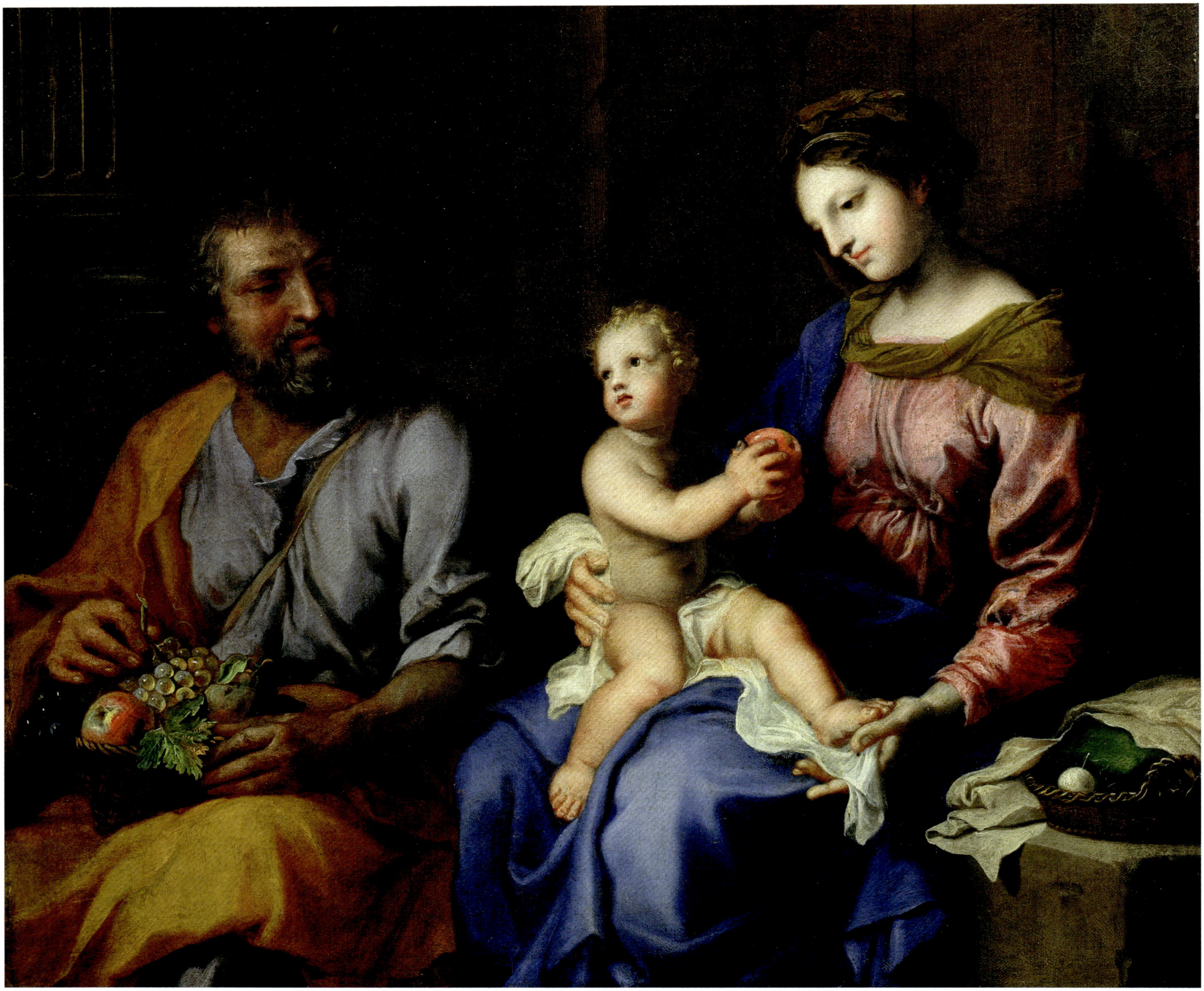

The Holy Family

La Sainte Famille

Die heilige Familie

La Sagrada Familia

A Sagrada Família

De Heilige Familie

JACQUES STELLA (1596-1657)

c. 1650, Oil on canvas/Huile sur toile, 52 × 61 cm, Musée des Beaux-Arts, Angers

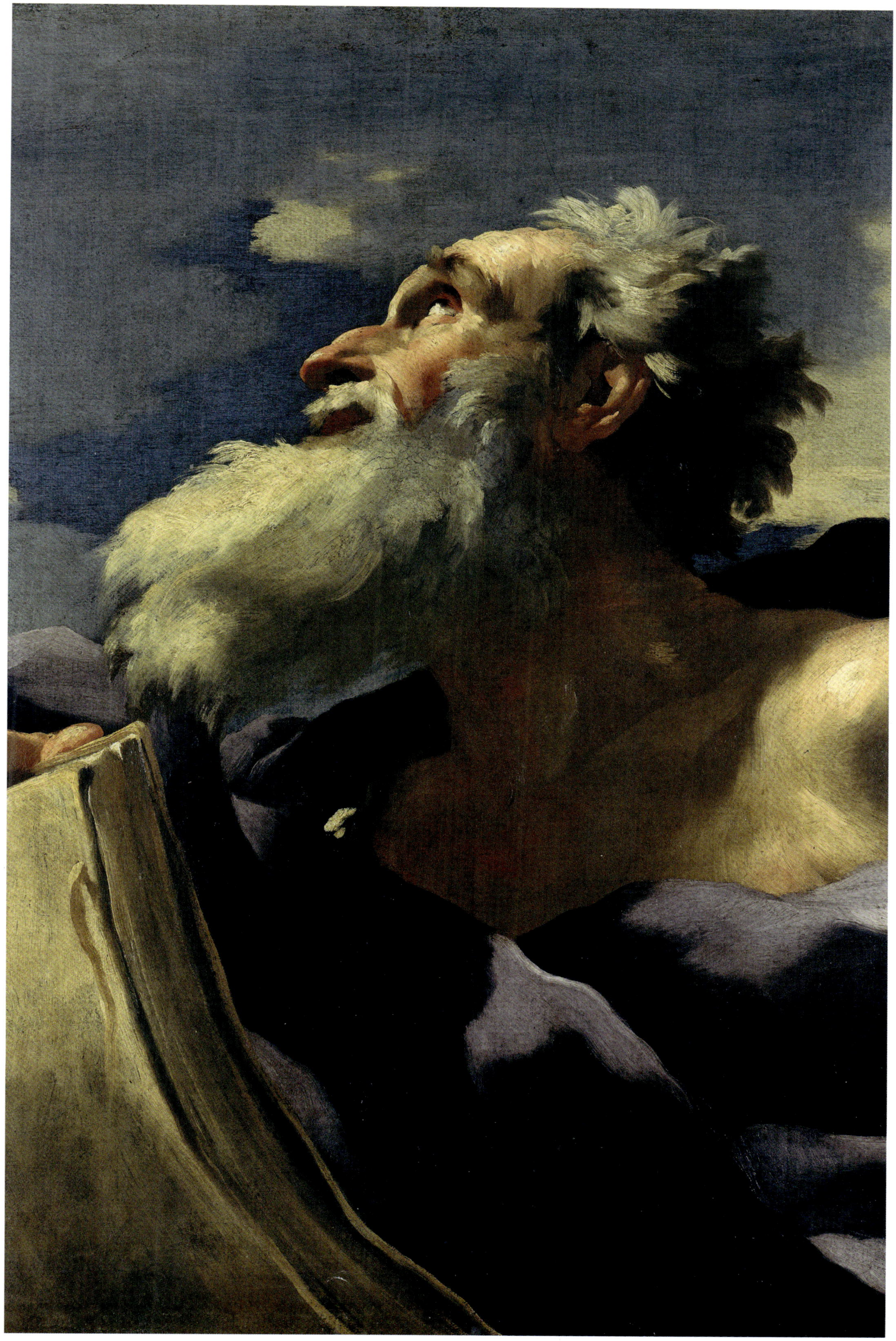

The Head of a Prophet

Tête de prophète

Der Kopf eines Propheten

La cabeza de un profeta

A cabeça de um profeta

Hoofd van een profeet

CHARLES MELLIN (C. 1600-1649)

c. 1627-35, Oil on canvas/Huile sur toile,

76,2 × 61 cm, Private collection

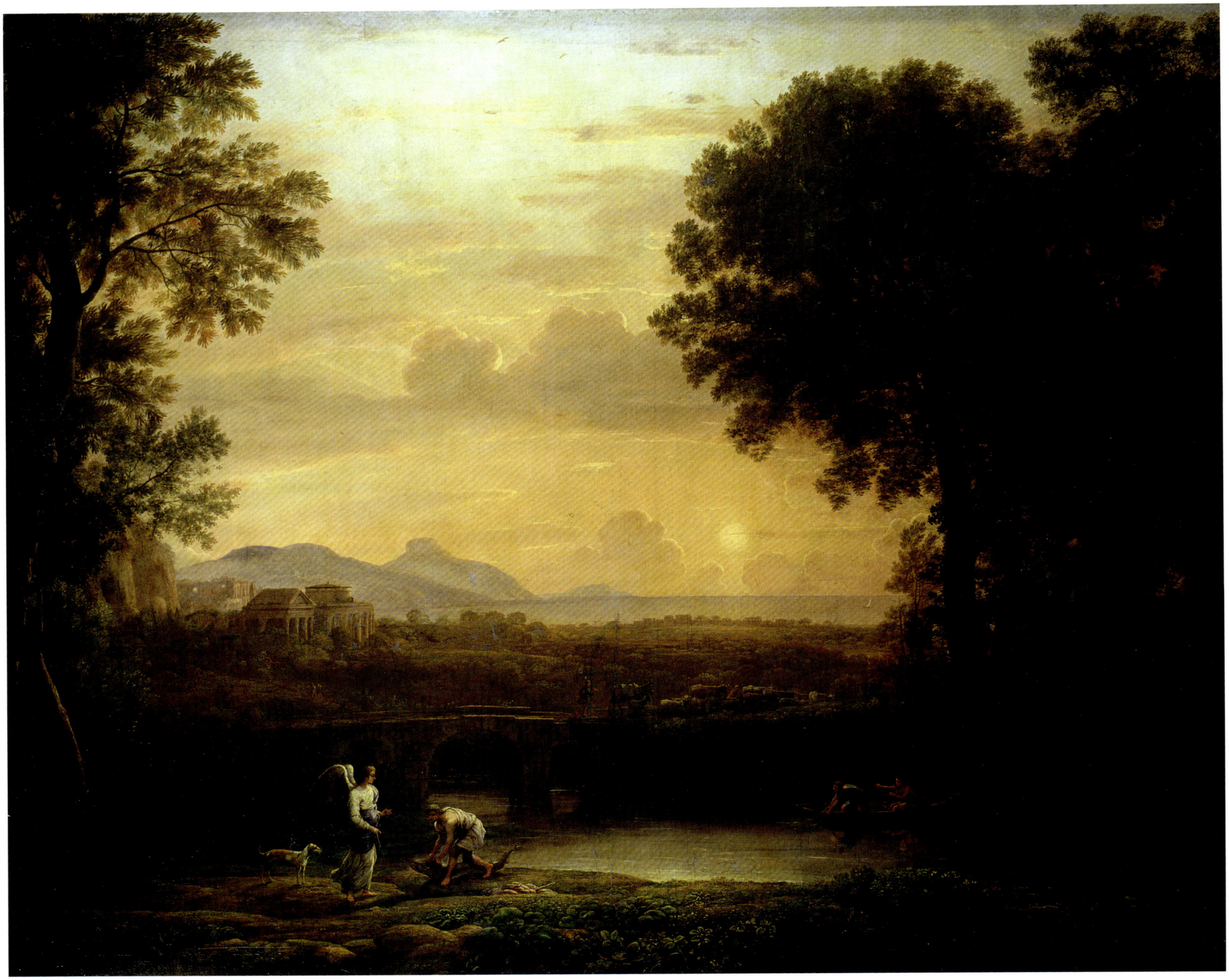

Landscape at Dusk

Le Matin dans un port de mer

Landschaft im Morgengrauen

Paisaje al amanecer

A paisagem ao amanhecer

Landschap bij dageraad

CLAUDE LORRAIN (1602-1682)

1634, Oil on canvas/Huile sur toile, 97,5 × 120,5 cm, State Hermitage Museum, St. Petersburg

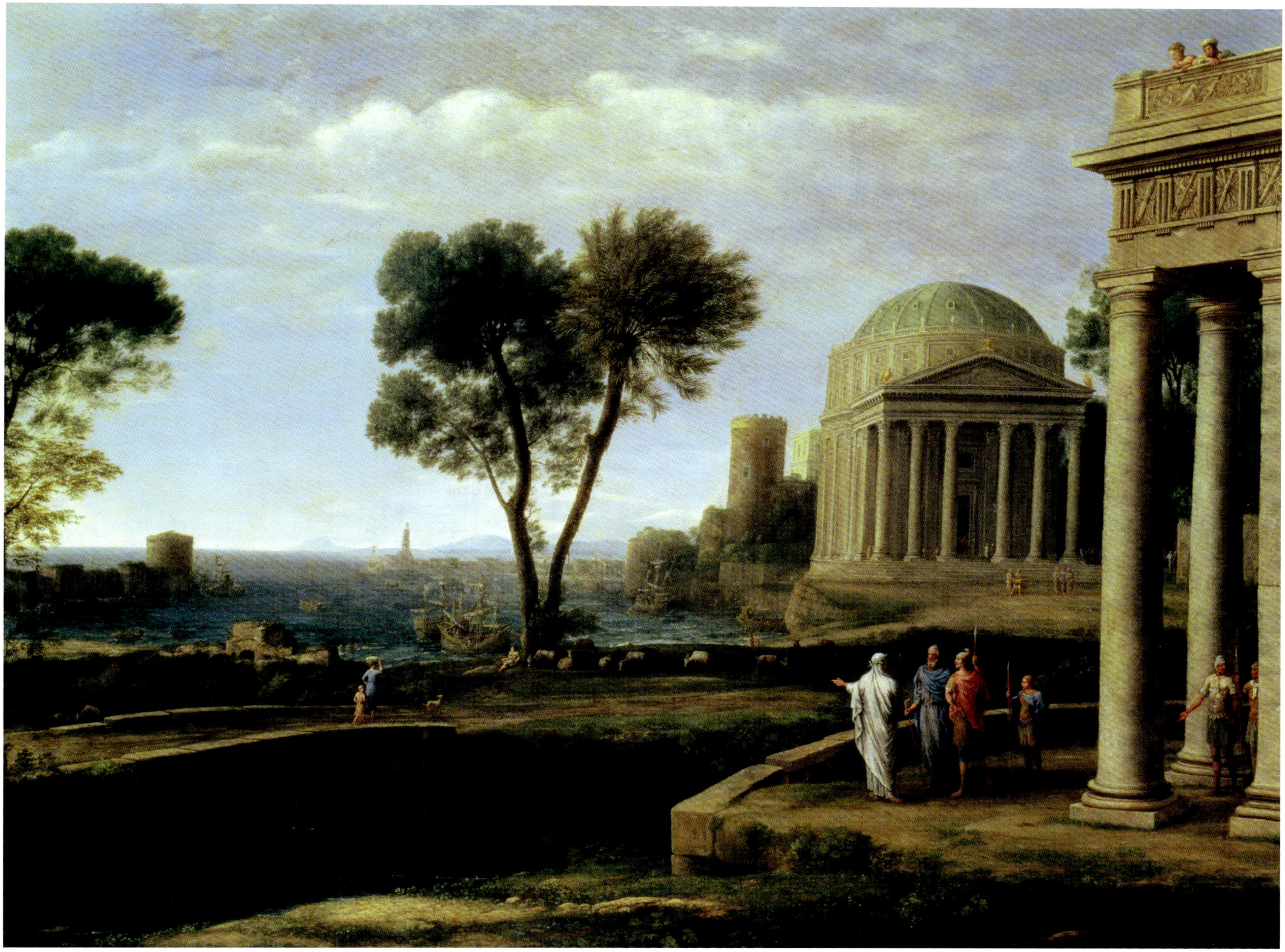

Landscape with Aeneas at Delos

Paysage avec Énée à Délos

Aeneas in Delos

Paisaje con Eneas en Delos

Enéas em Delos

Aeneas op Delos

CLAUDE LORRAIN (1602-1682)

1672, Oil on canvas/Huile sur toile, 99,7 × 134 cm, The National Gallery, London

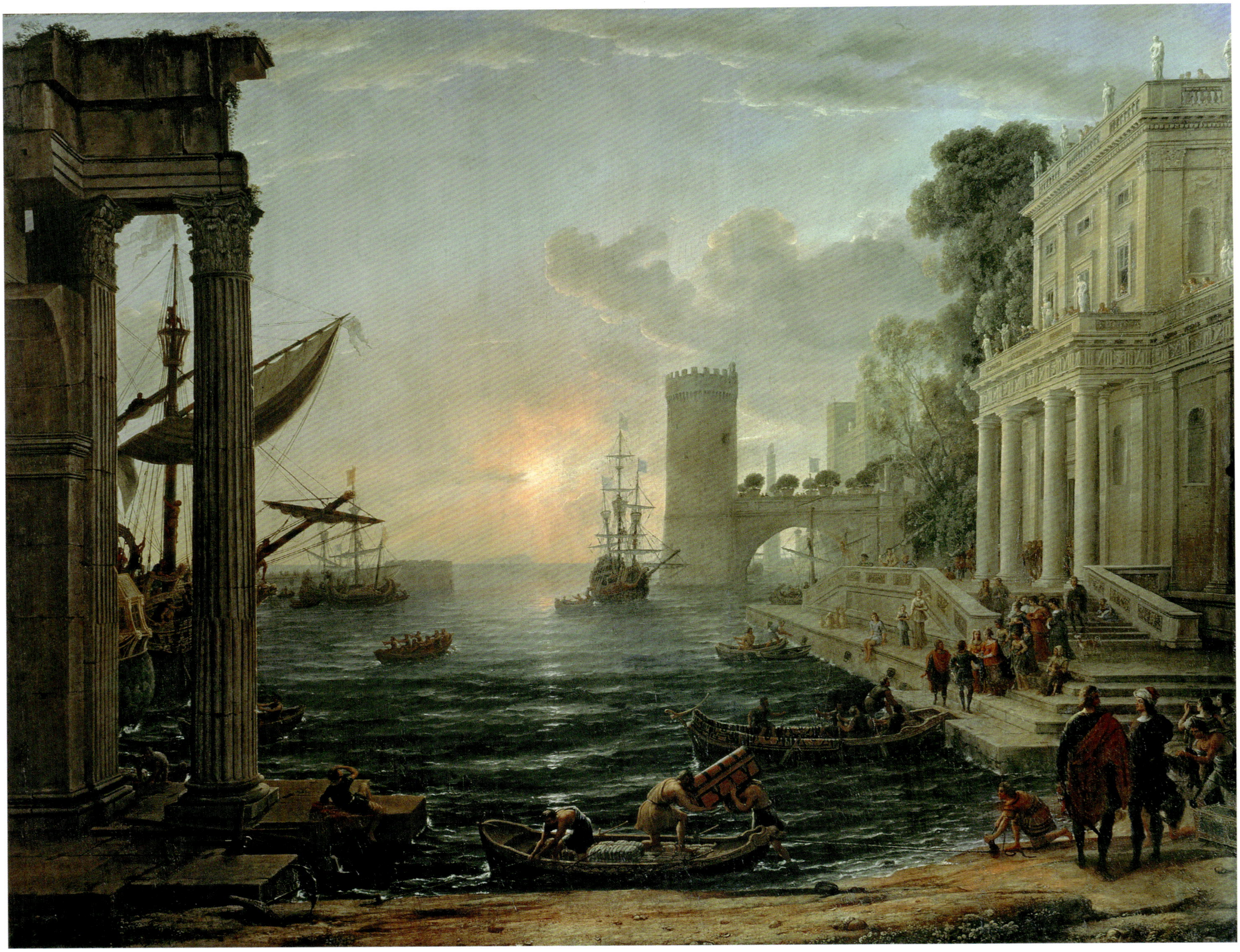

Seaport with the Embarkation of the Queen of Sheba
In the heart of the idealized port, the Queen of Sheba prepares to leave her kingdom for Jerusalem. In the foreground men stow their luggage on a barque.

Port avec l'embarquement de la reine de Saba
Au cœur d'un paysage portuaire idéalisé, la reine de Saba s'apprête à quitter son royaume pour naviguer vers Jérusalem. Au premier plan, des hommes sont en train de charger ses malles dans une barque.

Die Einschiffung der Königin von Saba
Im Herzen des idealisierten Hafens macht sich die Königin von Saba bereit, um ihr Königreich in Richtung Jerusalem zu verlassen. Im Vordergrund verstauen Männer ihr Gepäck auf einer Barke.

Puerto con el embarque de la Reina de Saba
En el corazón de un paisaje portuario idealizado, la Reina de Saba se prepara para dejar su reino por Jerusalén. En primer plano, los hombres guardan su equipaje en una barca.

O Embarque da Rainha de Saba
No coração do porto idealizado, a rainha de Sabá prepara-se para deixar o seu reino para Jerusalém. No primeiro plano, os homens guardam a bagagem num barquinho.

Haven met de inscheping van de koningin van Sheba
In het hart van de geïdealiseerde haven bereidt de koningin van Sheba zich voor om haar koninkrijk te verlaten voor Jeruzalem. Op de voorgrond stouwen mannen haar bagage op een boot.

CLAUDE LORRAIN (1602-1682)

1648, Oil on canvas/Huile sur toile, 148,6 × 193,7 cm, The National Gallery, London

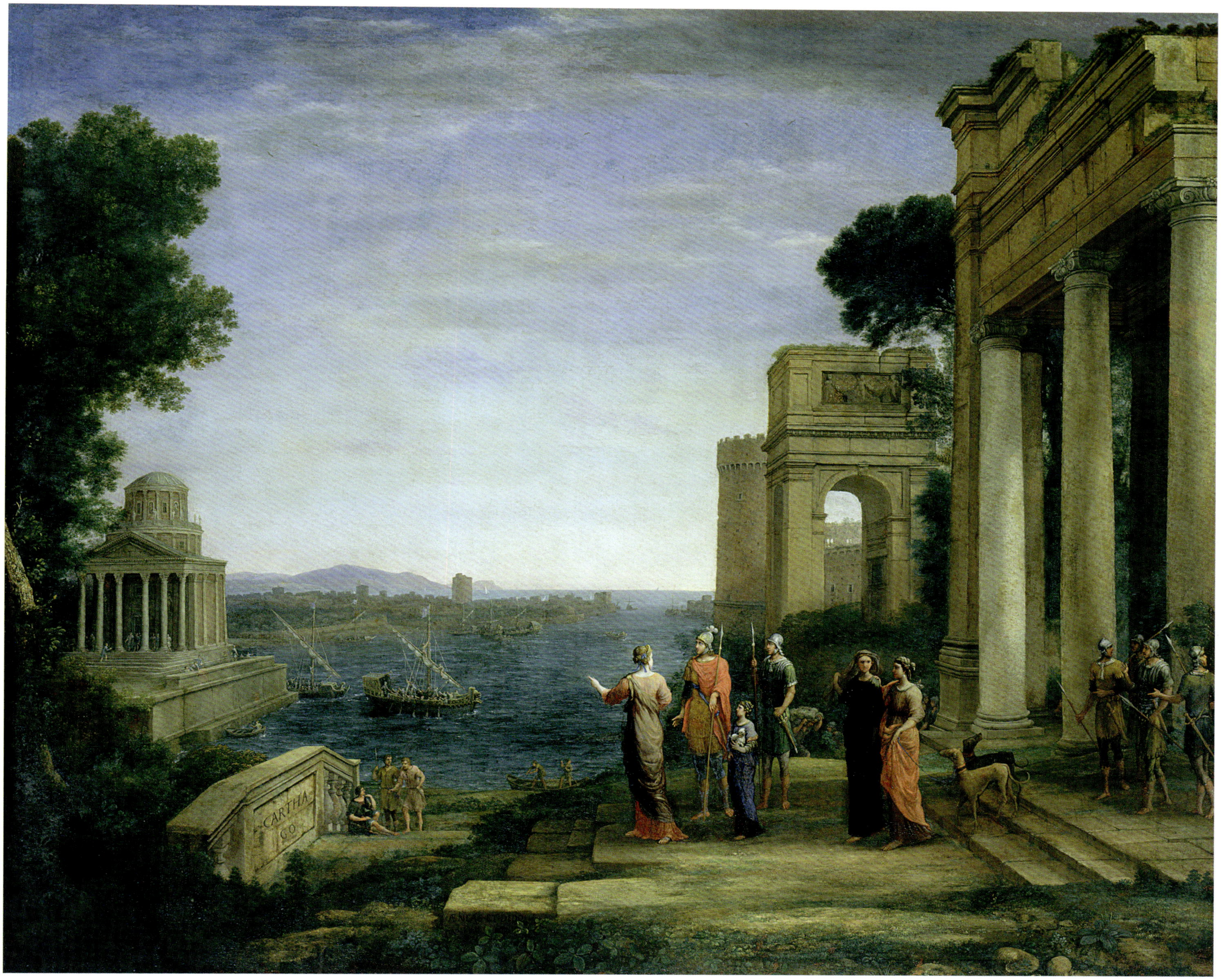

Aeneas and Dido in Carthage

Vue de Cartharge avec Didon, Énée et leur suite

Aeneas und Dido in Karthago

Eneas y Dido en Cartago

Enéas e Dido em Cartago

Aeneas en Dido in Carthago

CLAUDE LORRAIN (1602-1682)

1675, Oil on canvas/Huile sur toile, 120 × 149,2 cm, Hamburger Kunsthalle

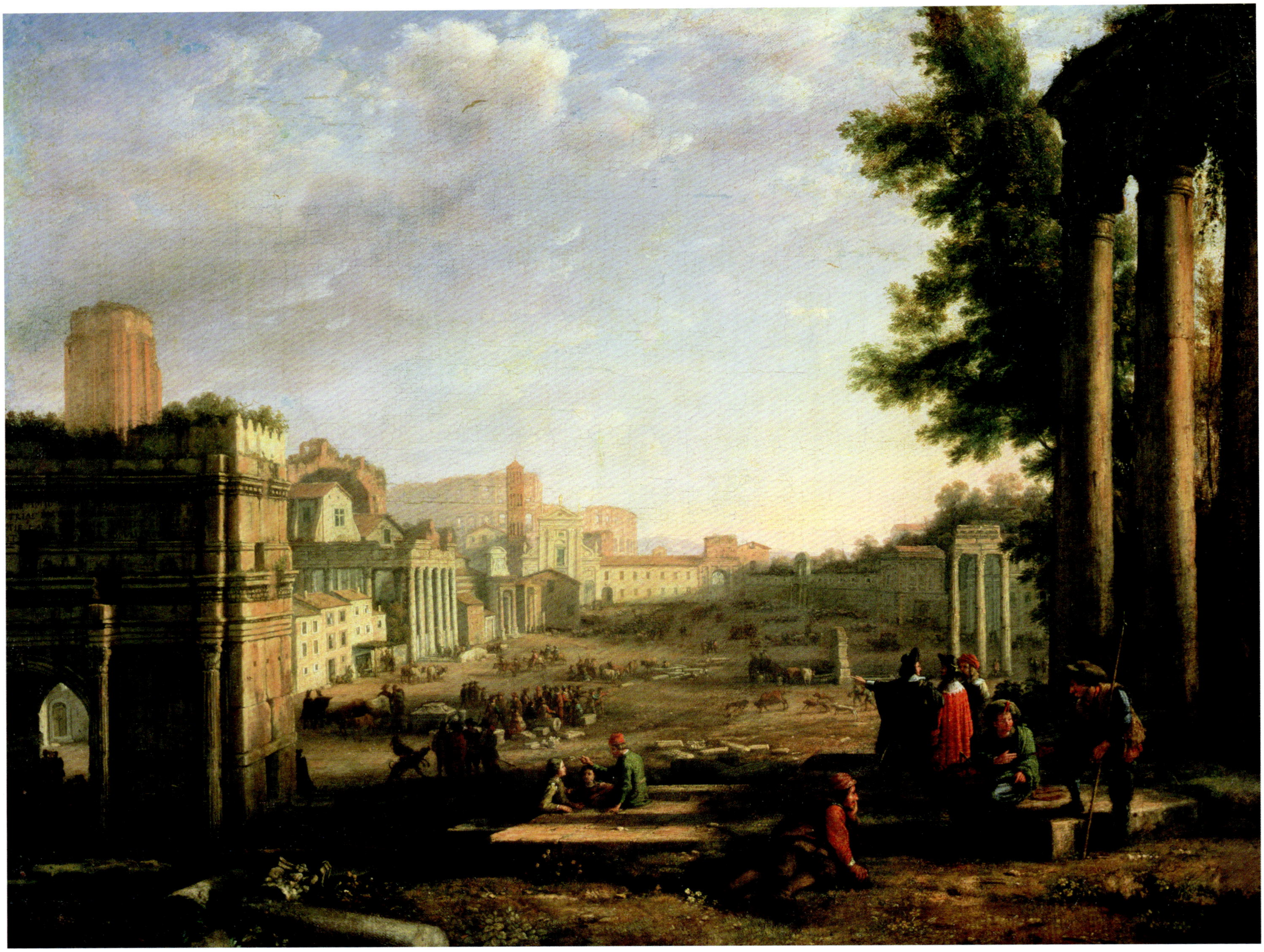

View of the Campo Vaccino, Rome

Vue du Campo Vaccino, Rome

Der Campo Vaccino in Rom

El Campo Vaccino en Roma

O Campo Vaccino em Roma

Blik op de Campo Vaccino in Rome

CLAUDE LORRAIN (1602-1682)

1636, Oil on canvas/Huile sur toile, 56 × 72 cm, Musée du Louvre, Paris

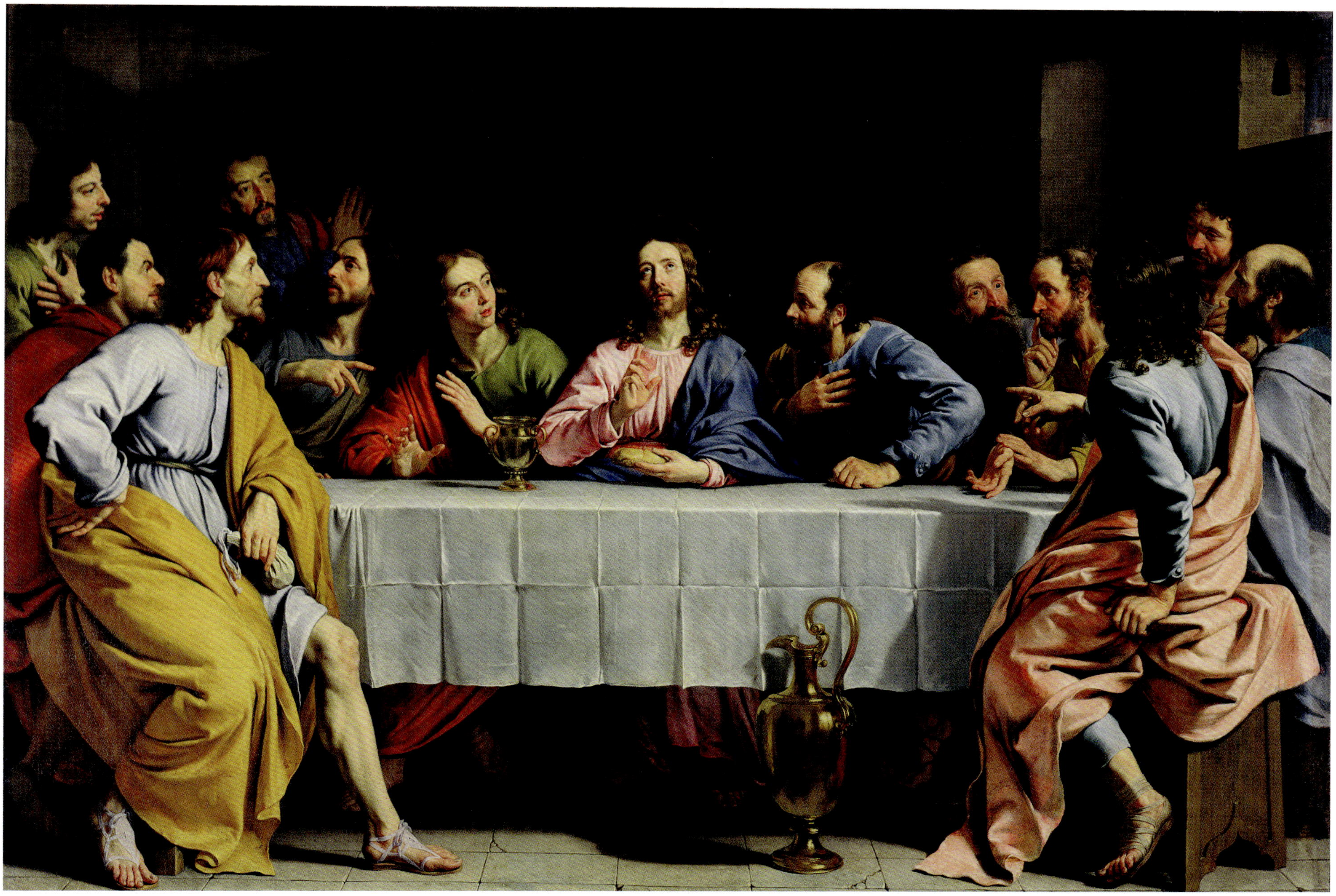

The Last Supper
The depiction of the Last Supper shows the yellow-robed Judas in the left foreground. He observes Christ between the apostles John and Peter, blessing the bread.

La Cène
Cette image de la Cène met en avant Judas, représenté au premier plan à l'extrême gauche du tableau, drapé dans un vêtement jaune. Il regarde le Christ bénir le pain, entre les apôtres Jean et Pierre.

PHILIPPE DE CHAMPAIGNE (1602-1674)
c. 1652, Oil on canvas/Huile sur toile, 158 × 233 cm, Musée du Louvre, Paris

Das Letzte Abendmahl
Die Darstellung des letzten Abendmahls zeigt den gelb gewandeten Judas links Vordergrund. Er beobachtet Christus zwischen den Aposteln Johannes und Petrus beim Segnen des Brotes.

La Última Cena
La representación de la Última Cena muestra la túnica amarilla de Judas en el primer plano izquierdo. Él observa a Cristo bendiciendo el pan entre los apóstoles Juan y Pedro.

A Última Ceia
A imagem da Última Ceia mostra o Judas vestido de amarelo em primeiro plano à esquerda. Ele observa Cristo entre os apóstolos João e Pedro abençoando o pão.

Het laatste avondmaal
Deze afbeelding van het laatste avondmaal toont Judas in een geel gewaad links op de voorgrond. Hij kijkt toe hoe Jezus tussen de apostelen Johannes en Petrus het brood zegent.

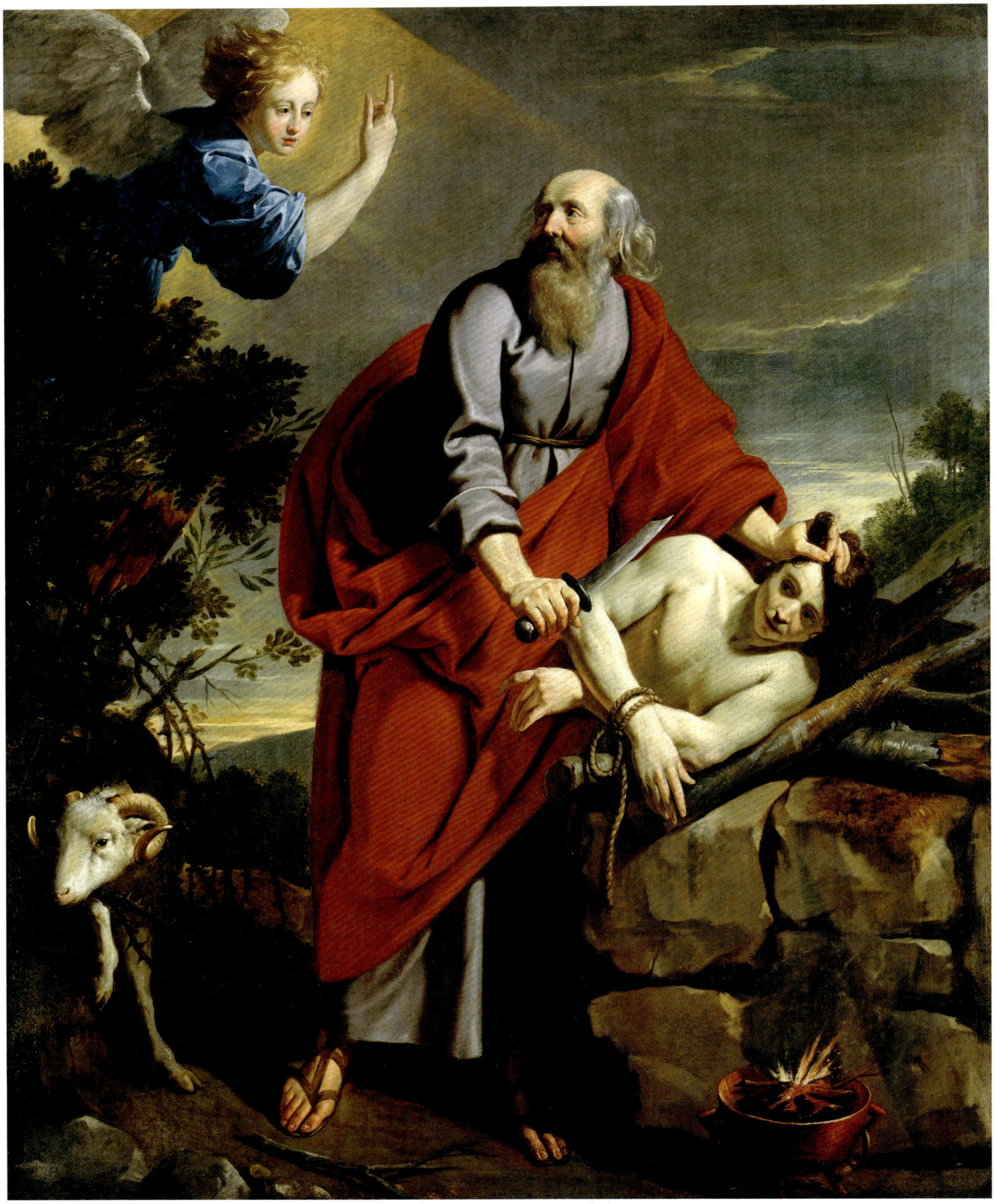

The Sacrifice of Isaac

Le Sacrifice d'Isaac

Die Opferung Isaaks

El sacrificio de Isaac

O sacrifício de Isaac

Het offer van Isaak

PHILIPPE DE CHAMPAIGNE (1602-1674)

Oil on canvas/Huile sur toile, 179,8 × 149,5 cm, Private collection

St. Veronica's Veil

La Sainte Face

Das heilige Antlitz

El Santo Rostro

O Rosto Sagrado

Het heilige gelaat

PHILIPPE DE CHAMPAIGNE (1602-1674)

c. 1640, Oil on canvas/Huile sur toile, 67 × 50 cm, Royal Pavilion, Libraries and Museums, Brighton & Hove

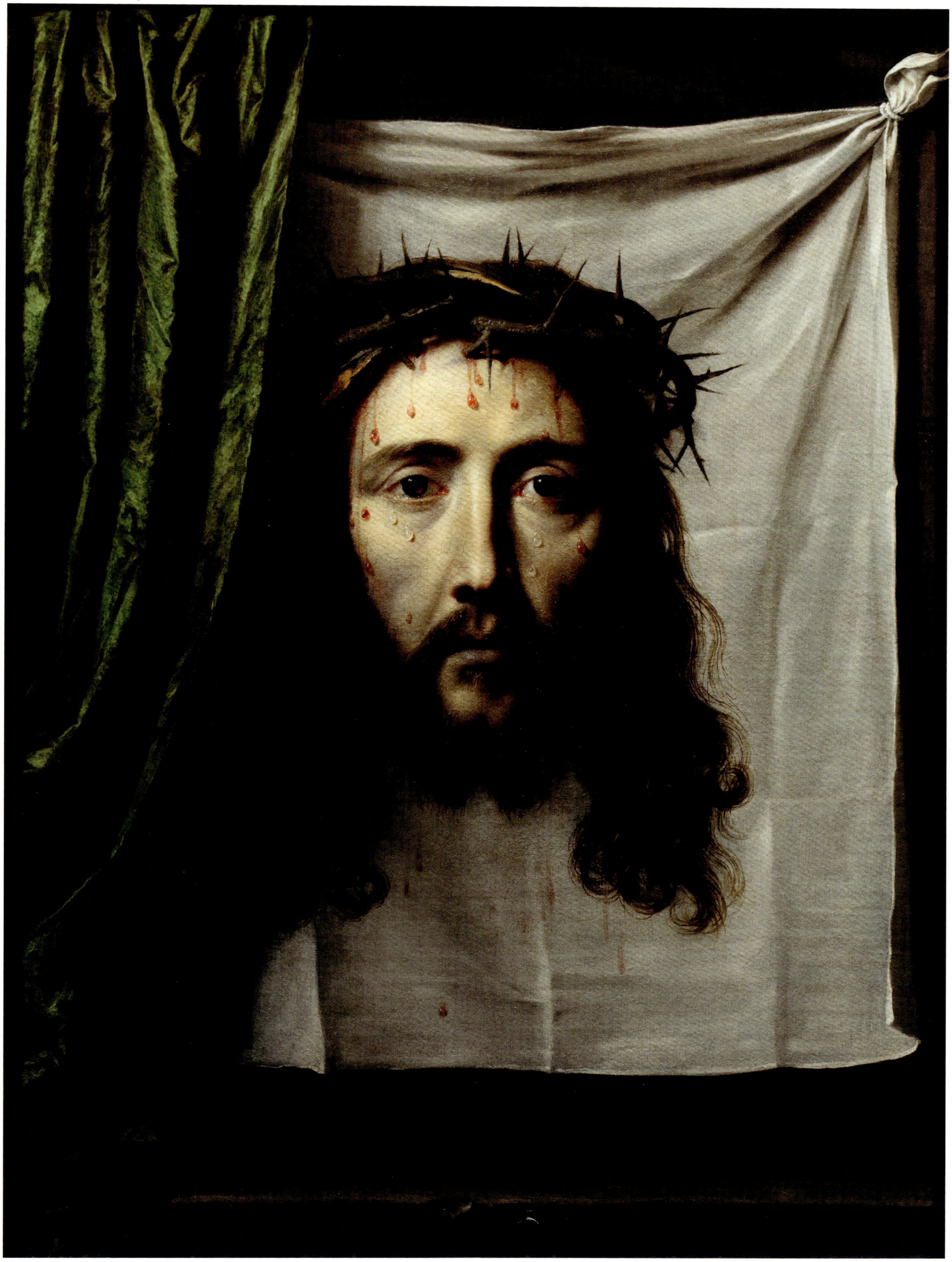

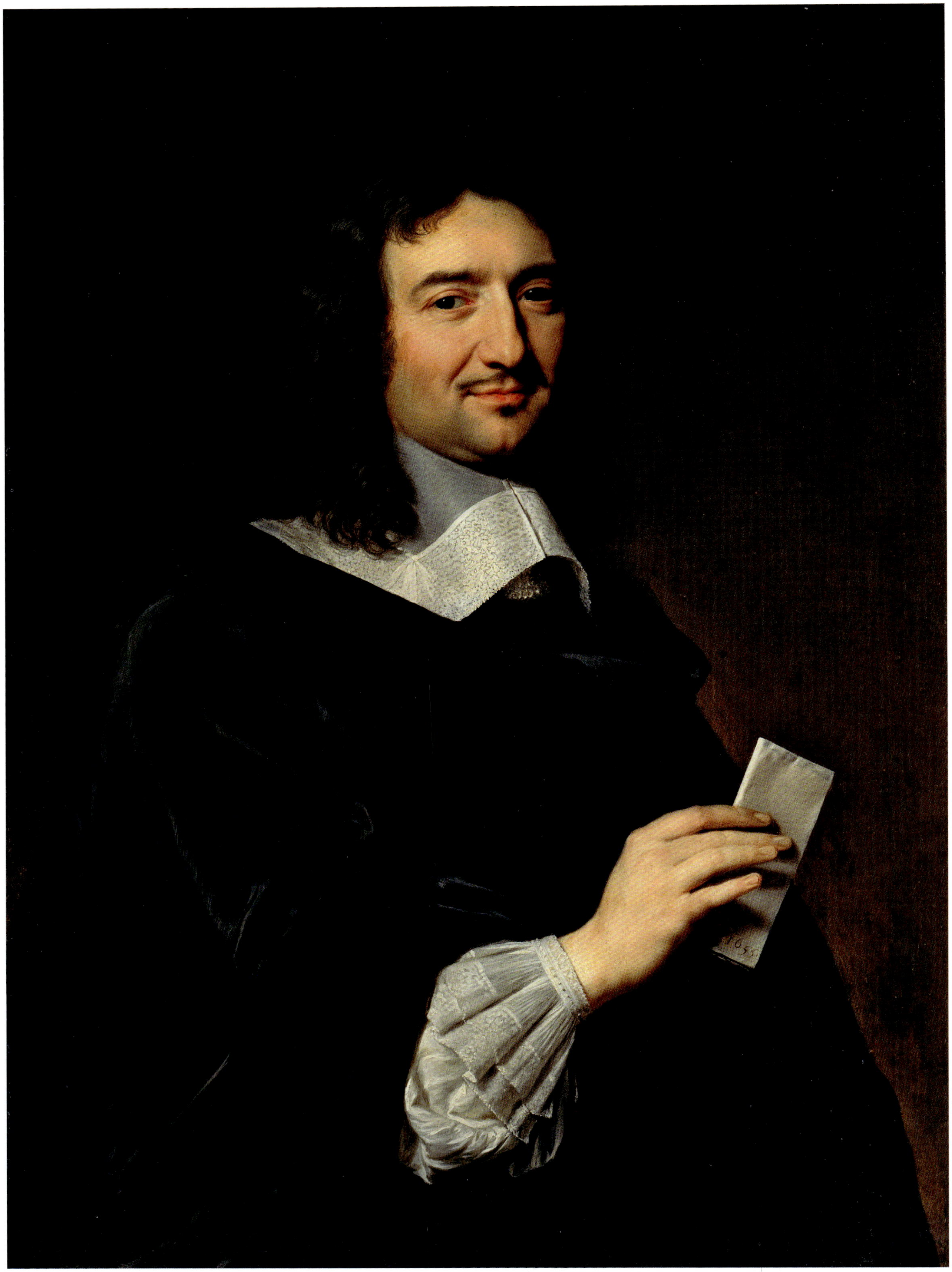

Jean-Baptiste Colbert
This portrait is one of Colbert's most famous depictions. A confidant of Cardinal Mazarin, he was one of the most important ministers during the reign of Louis XIV.

Jean-Baptiste Colbert
Ce portrait par Philippe de Champaigne compte parmi les plus célèbres représentations de Colbert. Homme de confiance du cardinal Mazarin, il sera l'un des principaux ministres du règne de Louis XIV.

Jean-Baptiste Colbert
Dieses Porträt zählt zu den berühmtesten Darstellungen Colberts. Als Vertrauter von Kardinal Mazarin war er einer der wichtigsten Minister während der Herrschaft von Ludwig XIV.

Jean-Baptiste Colbert
Este retrato de Philippe de Champaigne es una de las representaciones más famosas de Colbert. Hombre de confianza del cardenal Mazarino, fue uno de los principales ministros durante el reinado de Luis XIV.

Jean-Baptiste Colbert
Este retrato é uma das representações mais famosas de Colbert. Confidente do Cardeal Mazarin, foi um dos mais importantes ministros durante o reinado de Luís XIV.

Jean-Baptiste Colbert
Dit schilderij is een van de bekendste portretten van Colbert. Als vertrouweling van kardinaal Mazarin was hij een van de belangrijkste ministers tijdens het bewind van Lodewijk XIV.

PHILIPPE DE CHAMPAIGNE
(1602-1674)
1655, Oil on canvas/Huile sur toile, 92,1 × 72,4 cm, Metropolitan Museum of Art, New York

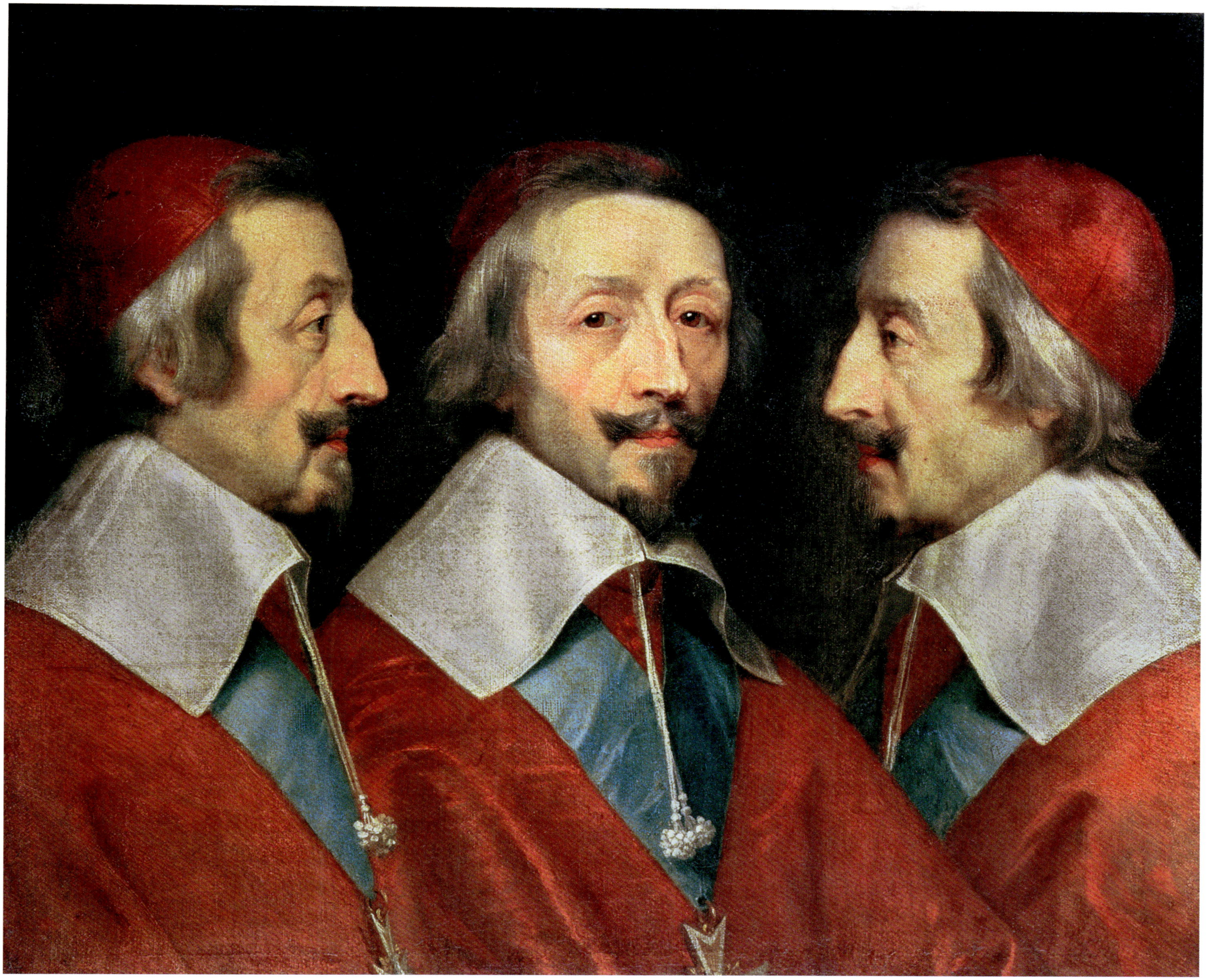

Triple Portrait of the Head of Richelieu

Triple portrait du cardinal de Richelieu

Dreifachporträt des Kardinals Richelieu

Triple retrato del Cardenal Richelieu

Retrato Triplo do Cardeal Richelieu

Driedubbel portret van kardinaal Richelieu

PHILIPPE DE CHAMPAIGNE (1602-1674)

1642, Oil on canvas/Huile sur toile, 58,4 × 72,4 cm, The National Gallery, London

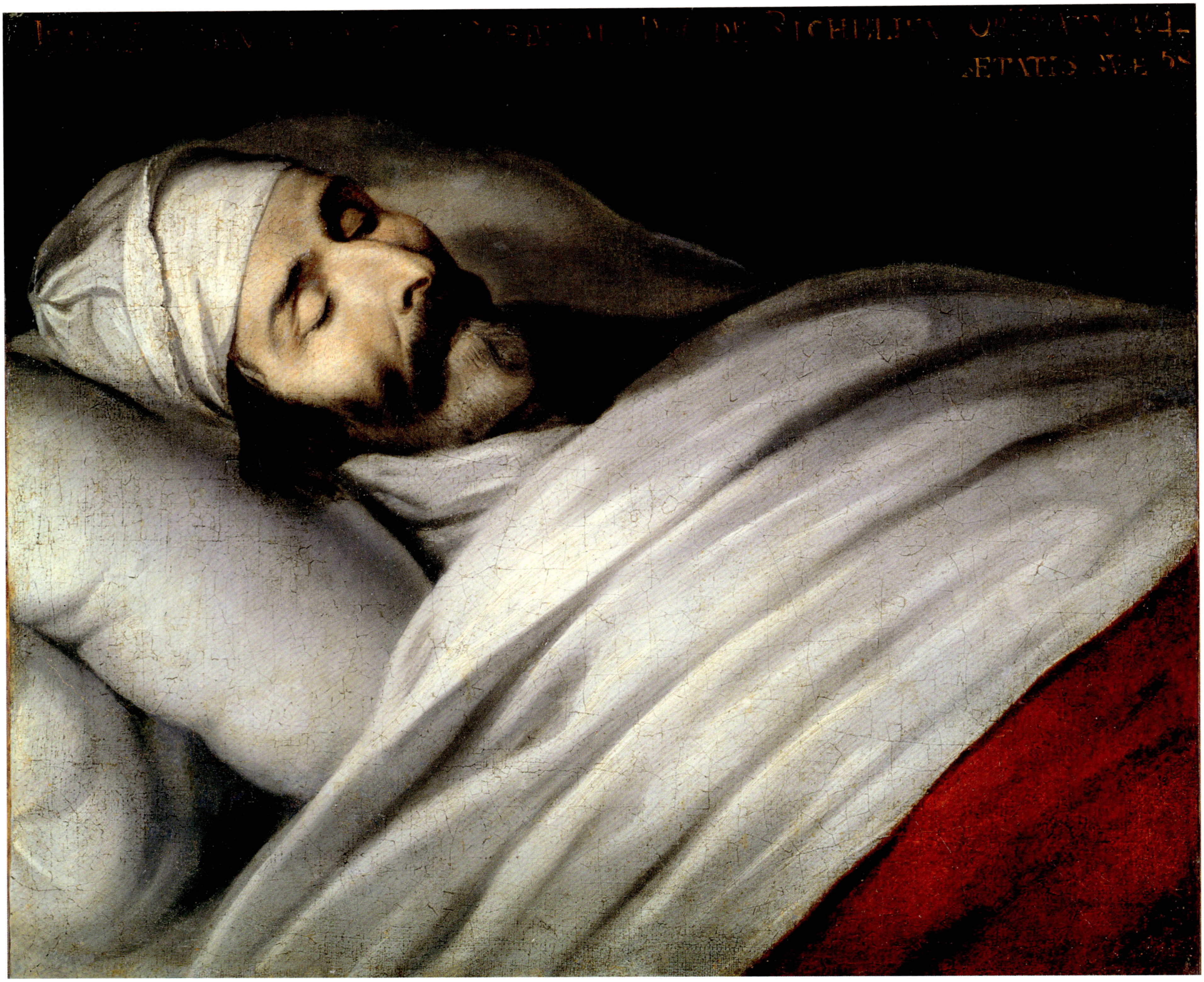

Cardinal Richelieu on his Deathbed

Le Cardinal Richelieu sur son lit de mort

Kardinal Richelieu auf dem Totenbett

El Cardenal Richelieu en su lecho de muerte

O Cardeal Richelieu no seu leito de morte

Kardinaal Richelieu op zijn sterfbed

PHILIPPE DE CHAMPAIGNE (1602-1674)

c. 1642, Oil on canvas/Huile sur toile, Institut de France, Paris

Saint Paul

Saint Paul

Der heilige Paulus

San Pablo

São Paulo

De heilige Paulus

PHILIPPE DE CHAMPAIGNE (1602-1674)

Oil on canvas/Huile sur toile, Musée Saint-Loup, Troyes

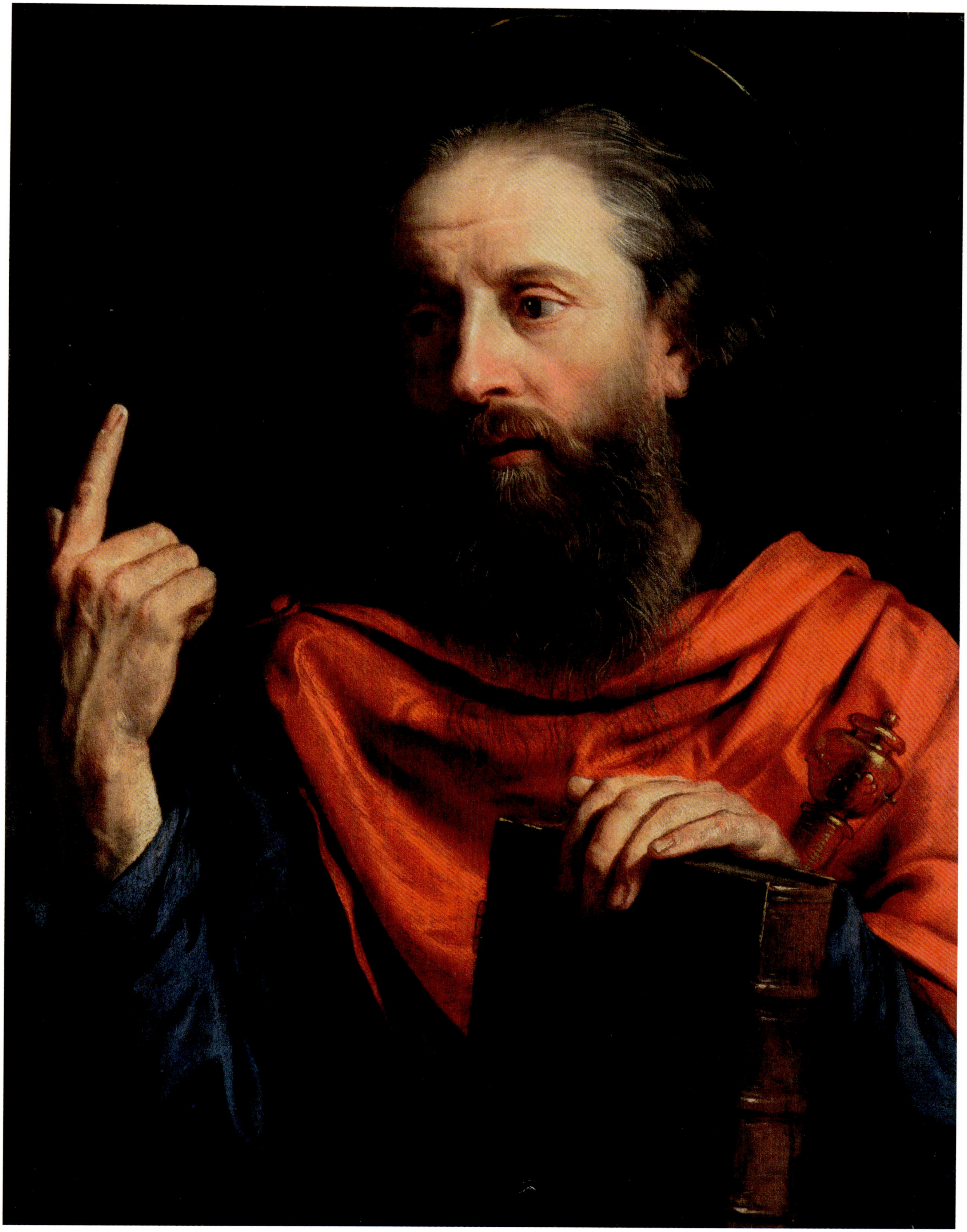

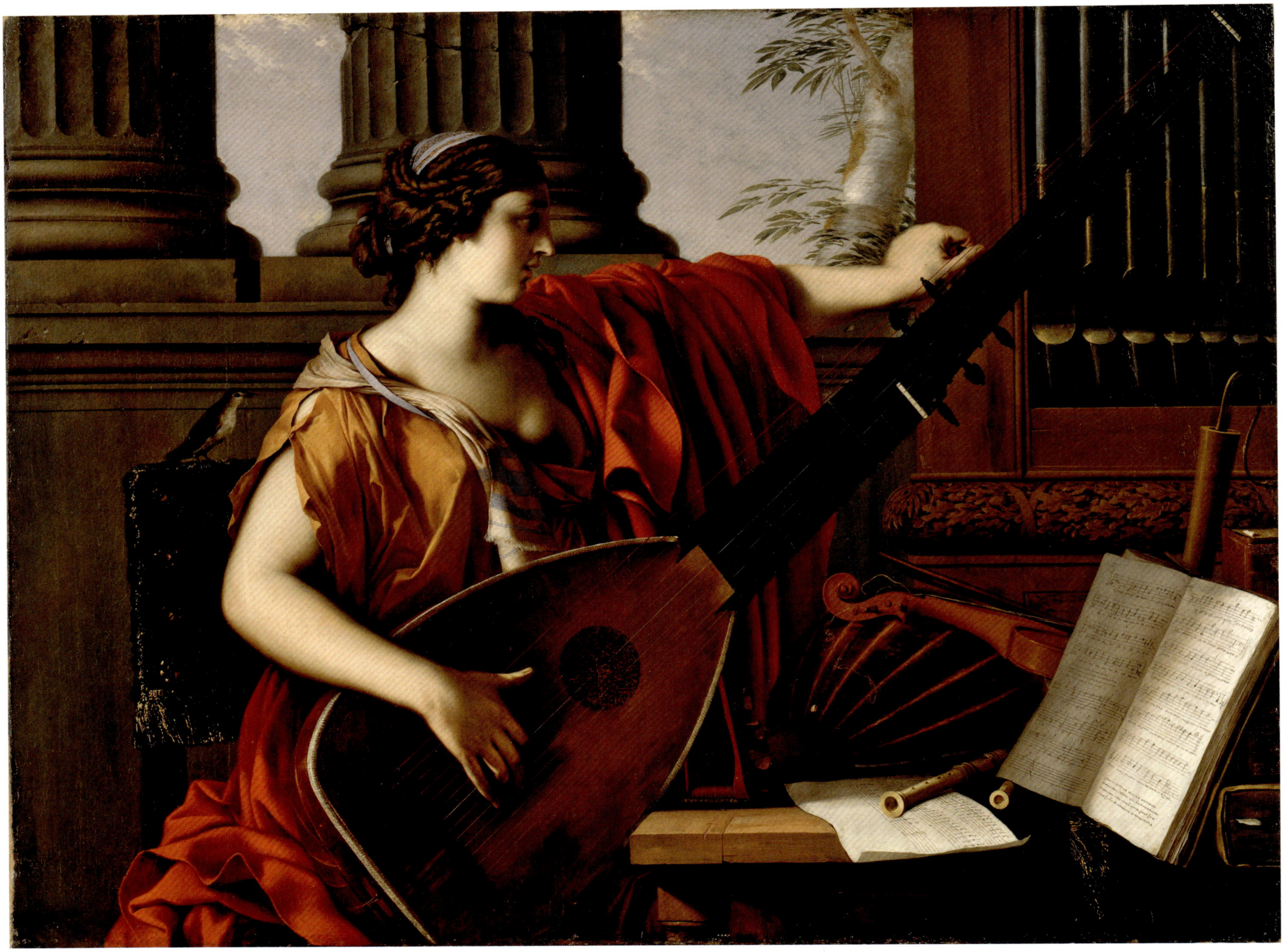

Allegory of Music

The painting is a tribute to music. A young woman tunes a theorbo in front of her sheet music, while to the left of her shoulder a small bird symbolizes natural music.

Allégorie de la musique

Ce tableau est un véritable hymne à la musique. Devant ses partitions, la jeune femme est en train d'accorder un théorbe. À gauche de son épaule, un petit oiseau symbolise les chants de la nature.

Allegorie der Musik

Das Gemälde ist eine Hommage an die Musik. Eine junge Frau stimmt vor ihren Notenblättern eine Theorbe, während links ein kleiner Vogel die Stimme der Natur symbolisiert.

Alegoría de la Música

La pintura es un homenaje a la música. Una mujer joven afina una tiorba delante de sus partituras, mientras que a la izquierda de su hombro un pequeño pájaro simboliza la voz de la naturaleza.

Alegoria da Música

A pintura é um tributo à música. Uma jovem mulher afina um teorema em frente à sua partitura, enquanto que à esquerda do seu ombro um pequeno pássaro simboliza a voz da natureza.

Allegorie van de muziek

Het schilderij is een eerbetoon aan de muziek. Een jonge vrouw stemt voor haar bladmuziek een theorbe, terwijl links van haar schouder een vogeltje de stem van de natuur symboliseert.

LAURENT DE LA HYRE (1606-1656)

1649, Oil on canvas/Huile sur toile, 105,7 × 144,1 cm, Metropolitan Museum of Art, New York

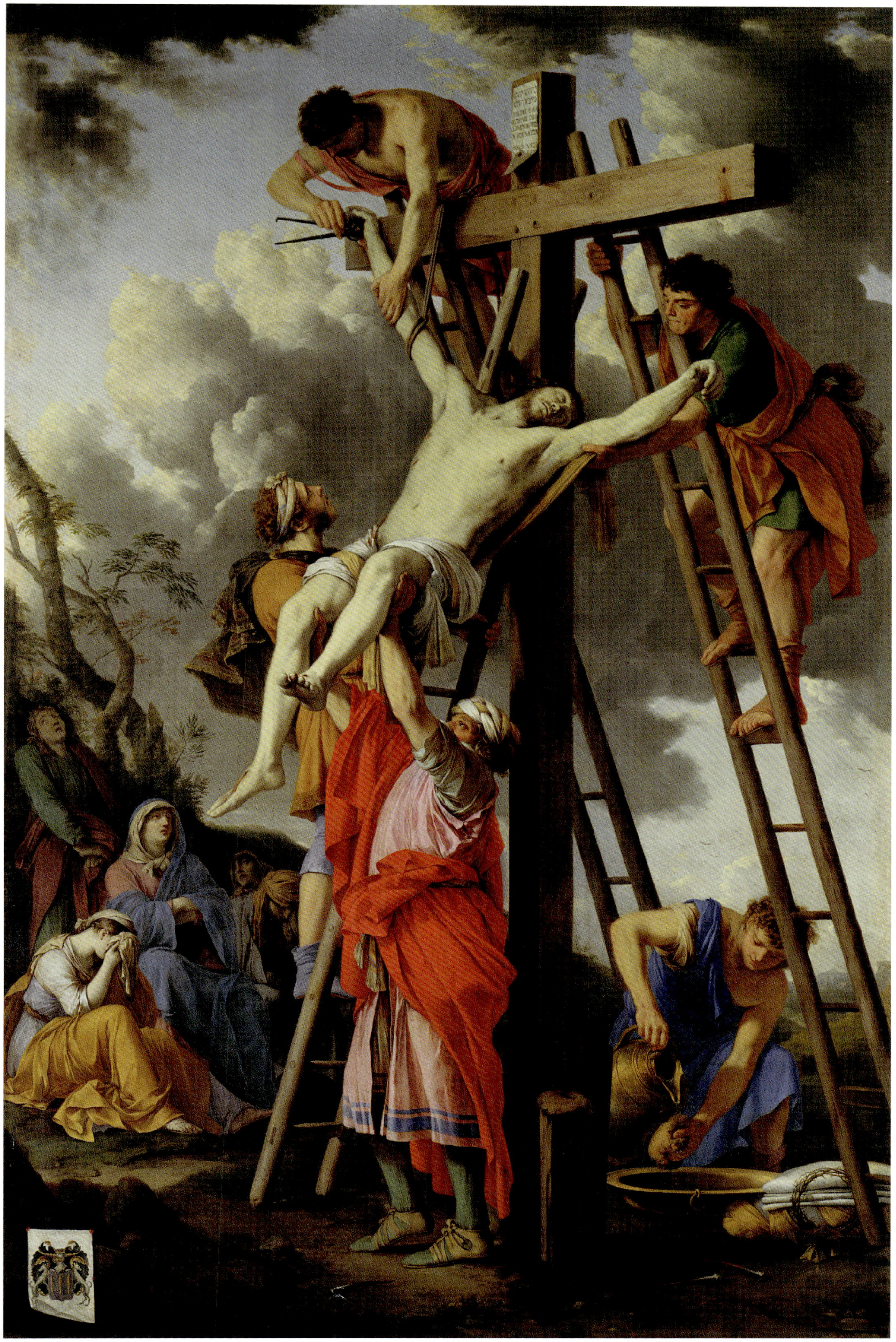

The Deposition

La Descente de Croix

Kreuzabnahme

Descendimiento de Jesús

A perda cruzada

Kruisafneming

LAURENT DE LA HYRE (1606-1656)

1655, Oil on canvas/Huile sur toile,

480 × 325 cm, Musée des Beaux-Arts, Rouen

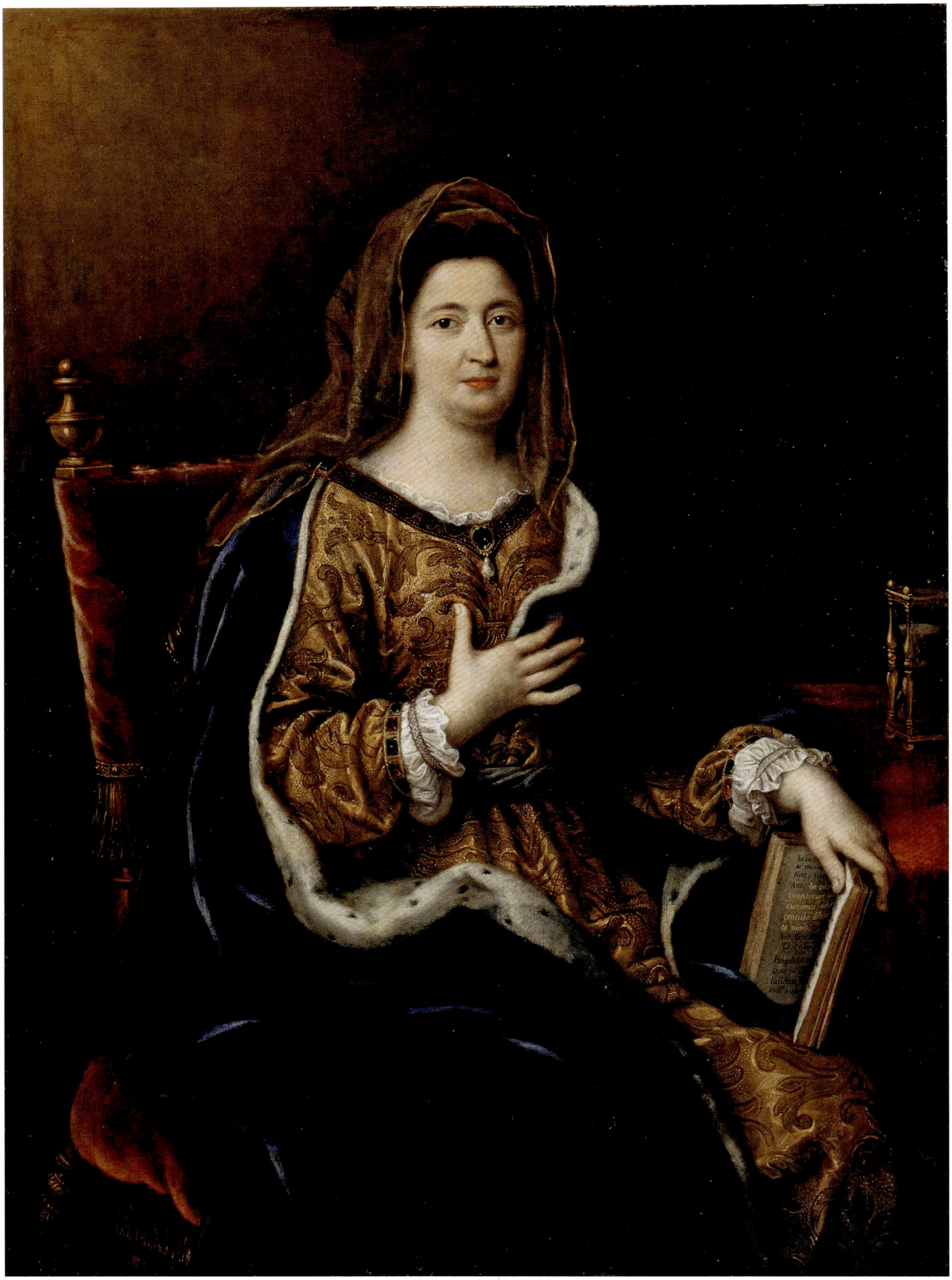

Françoise d'Aubigné, marquise de Maintenon (1635-1719)

PIERRE MIGNARD (1612-1695)

1694, Oil on canvas/Huile sur toile, 128 × 97 cm, Musée de l'Histoire de France, Versailles

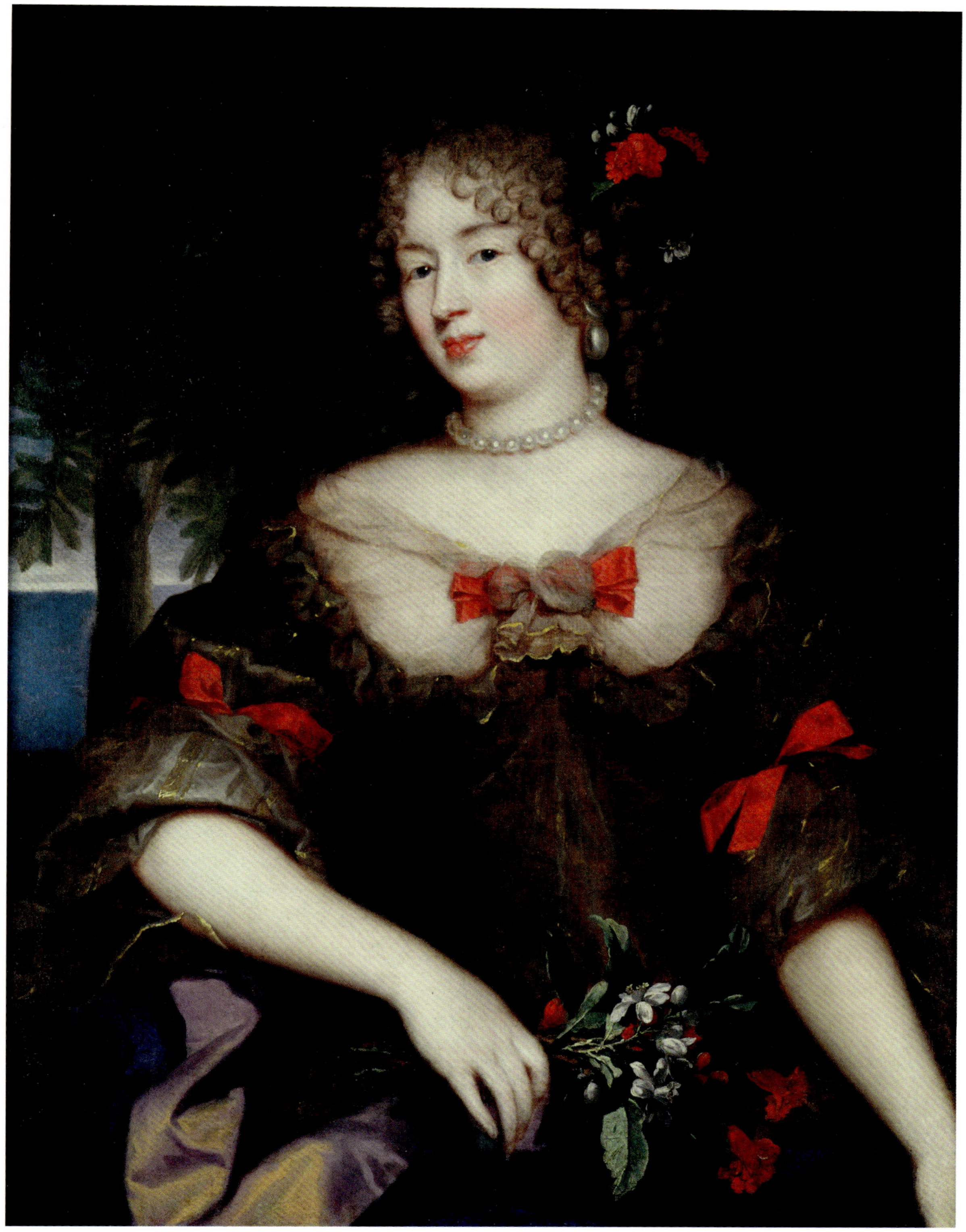

Françoise de Sévigné, Countess of Grignan (1648-1705)

The third wife of the Comte de Grignan was probably painted by Mignard at the time of her wedding, as the orange blossoms in her right hand testify, a wedding symbol.

Françoise-Marguerite de Sévigné, comtesse de Grignan (1648-1705)

Troisième épouse du comte de Grignan, Françoise de Sévigné a sans doute été peinte par Mignard à l'époque de son mariage. En témoigne le bouquet de fleurs d'oranger dans sa main droite, symbole nuptial.

Françoise Marguerite de Sévigné, Comtesse de Grignan (1648-1705)

Die dritte Ehefrau des Comte de Grignan, wurde von Mignard wahrscheinlich zum Zeitpunkt ihrer Hochzeit gemalt, wovon die Orangenblüten in ihrer rechten Hand als Hochzeitssymbol zeugen.

Françoise Marguerite de Sévigné, Condesa de Grignan (1648-1705)

La tercera esposa del Conde de Grignan, la marquesa de Sévigné, fue probablemente pintada por Mignard en el momento de su boda, tal y como lo atestigua el ramo de flores de azahar en su mano derecha como símbolo de la boda.

Françoise Marguerite de Sévigné, Comtesse de Grignan (1648-1705)

A terceira esposa do Comte de Grignan foi provavelmente pintada por Mignard no momento de seu casamento, como as flores de laranjeira em sua mão direita testemunham como um símbolo de casamento.

Françoise Marguerite de Sévigné, comtesse de Grignan (1648-1705)

De derde vrouw van de Comte de Grignan werd waarschijnlijk door Mignard geschilderd op het moment van haar bruiloft. De sinaasappelbloesem in haar rechterhand is een huwelijkssymbool.

PIERRE MIGNARD (ATTRIBUTED TO/ATTRIBUÉ À) (1612-1695)

c. 1664-74, Oil on canvas/Huile sur toile, 90 × 73 cm, Musée Carnavalet, Paris

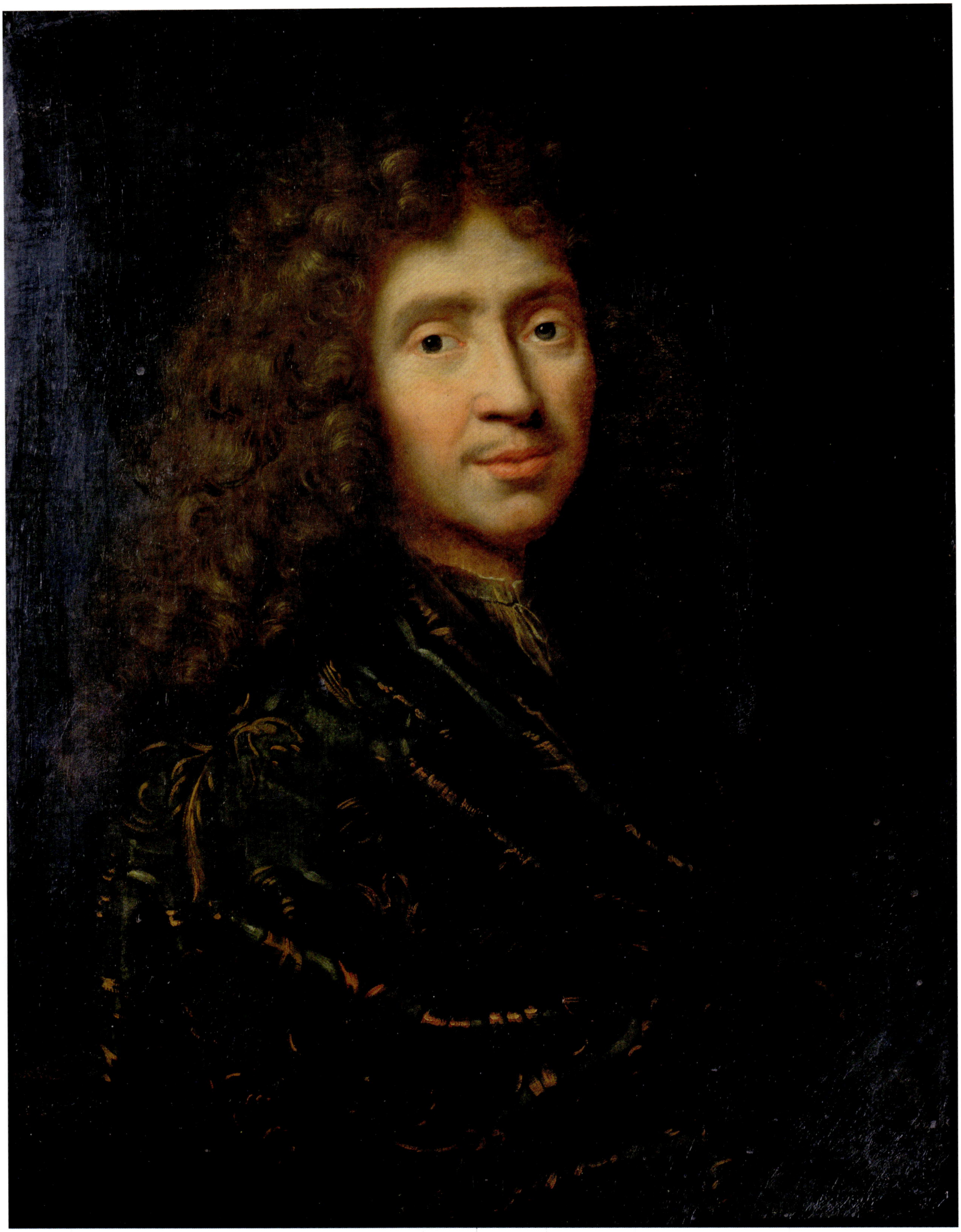

Molière (1622-1673)

PIERRE MIGNARD (1612-1695)
1658, Oil on canvas/Huile sur toile,
71 × 56 cm, Comédie-Française, Paris

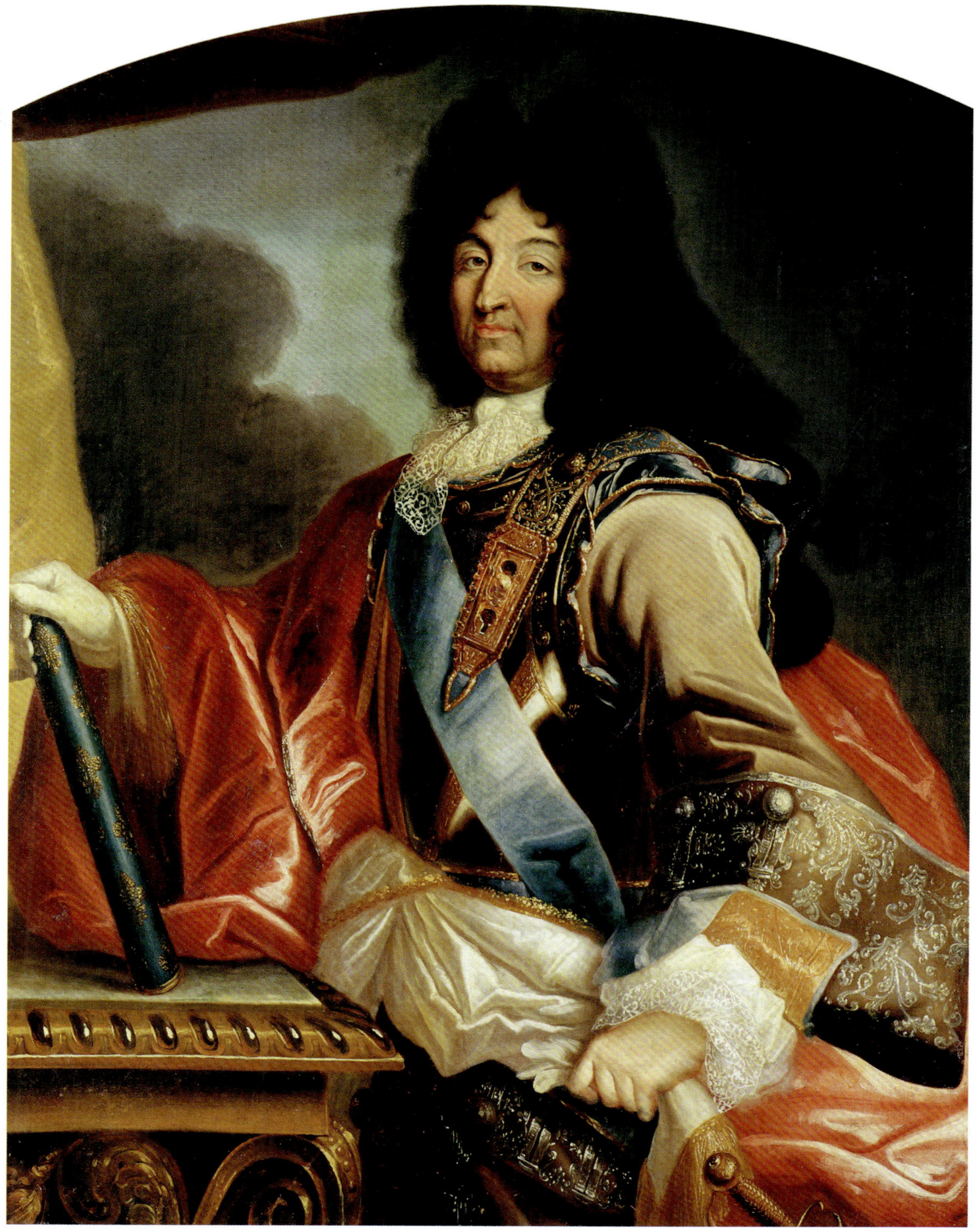

Portrait of Louis XIV (1638-1715)
As a competitor to Charles de La Fosse and Le Brun, Mignard alternately painted decorations or portraits of great personalities of his time. He portrayed Louis XIV ten times - standing, as a bust or on a horse.

Portrait de Louis XIV (1638-1715)
Rival de Charles de la Fosse et de Charles Le Brun, Mignard alterne décors et portraits des grandes figures de son temps. Il a représenté le roi Louis XIV à dix reprises, en pied, en buste ou à cheval.

PIERRE MIGNARD (1612-1695)
Oil on canvas/Huile sur toile, Musée des Beaux-Arts, Blois

Porträt Ludwigs XIV. (1638-1715)
Als Konkurrent von Charles de La Fosse und Le Brun malt Mignard abwechselnd Dekore oder Porträts großer Persönlichkeiten seiner Zeit. Er porträtiert Ludwig XIV. zehn Mal - stehend, als Brustbild oder auf dem Pferd.

Retrato de Luis XIV (1638-1715)
Como competidor de Charles de La Fosse y Le Brun, Mignard pintó alternativamente decoraciones o retratos de grandes personalidades de su tiempo. Retrató al rey Luis XIV diez veces - de pie, como un busto o a caballo.

Retrato de Luís XIV (1638-1715)
Como concorrente de Charles de La Fosse e Le Brun, Mignard pintou alternadamente decorações ou retratos de grandes personalidades do seu tempo. Ele retrata Luís XIV dez vezes - em pé, como um busto ou num cavalo.

Portret van Lodewijk XIV (1638-1715)
Als rivaal van Charles de La Fosse en Le Brun schilderde Mignard afwisselend decors en portretten van grote persoonlijkheden uit zijn tijd. Hij portretteerde Lodewijk XIV tien keer - staand, als buste of te paard.

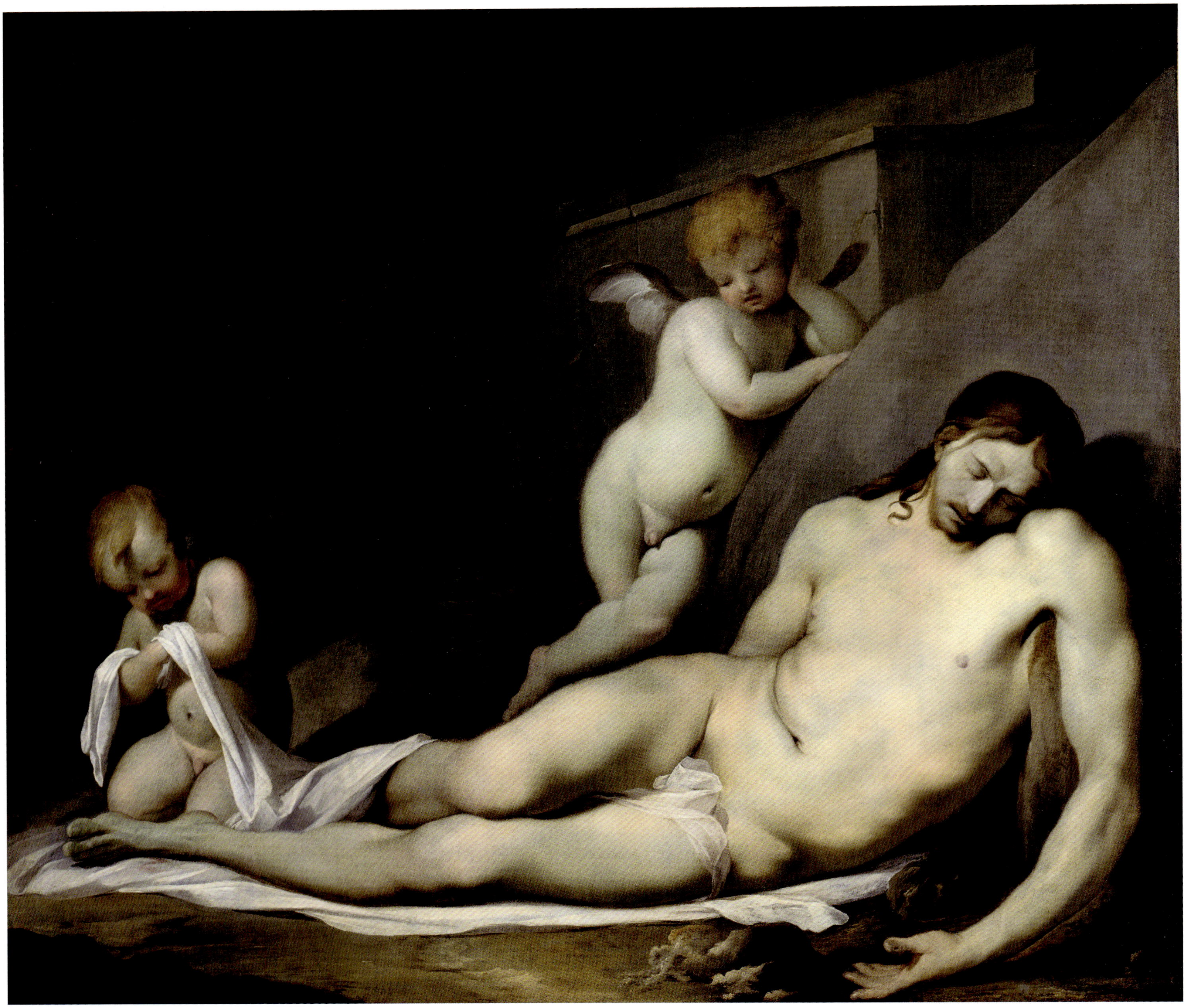

The Dead Christ

Le Christ mort

Der tote Christus

El Cristo Muerto

O Cristo Morto

De dode Christus

LUBIN BAUGIN (C. 1610-1663)

c. 1663, Oil on canvas/Huile sur toile, 150 × 178,5 cm, Musée des Beaux-Arts, Orléans

The Lamentation of Christ

La Déploration du Christ

Die Beweinung Christi

El llanto de Cristo

O Chorar de Cristo

De bewening van Christus

LUBIN BAUGIN (C. 1610-1663)

c. 1650, Oil on canvas/Huile sur toile, 130 × 103 cm, Musée du Louvre, Paris

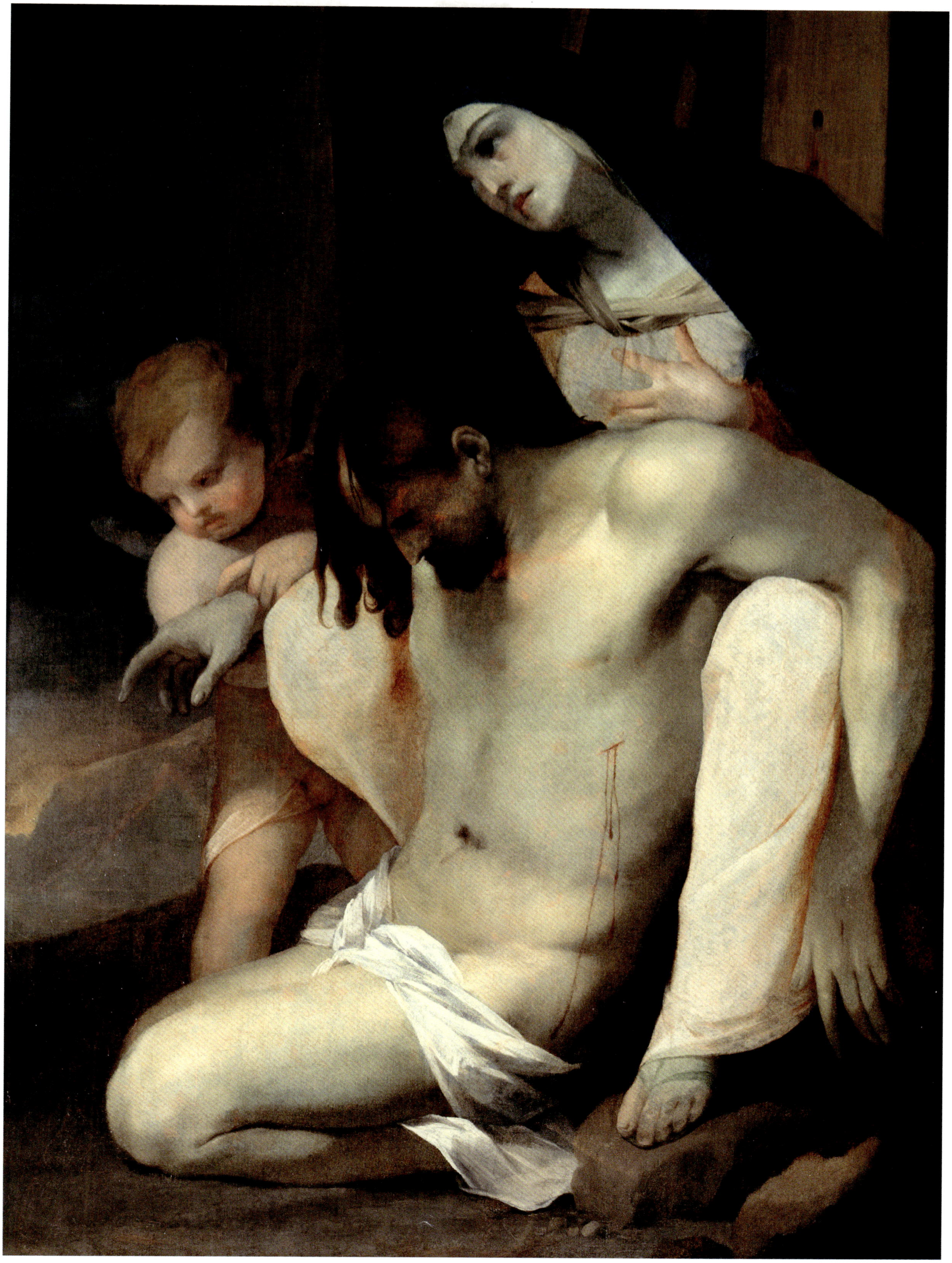

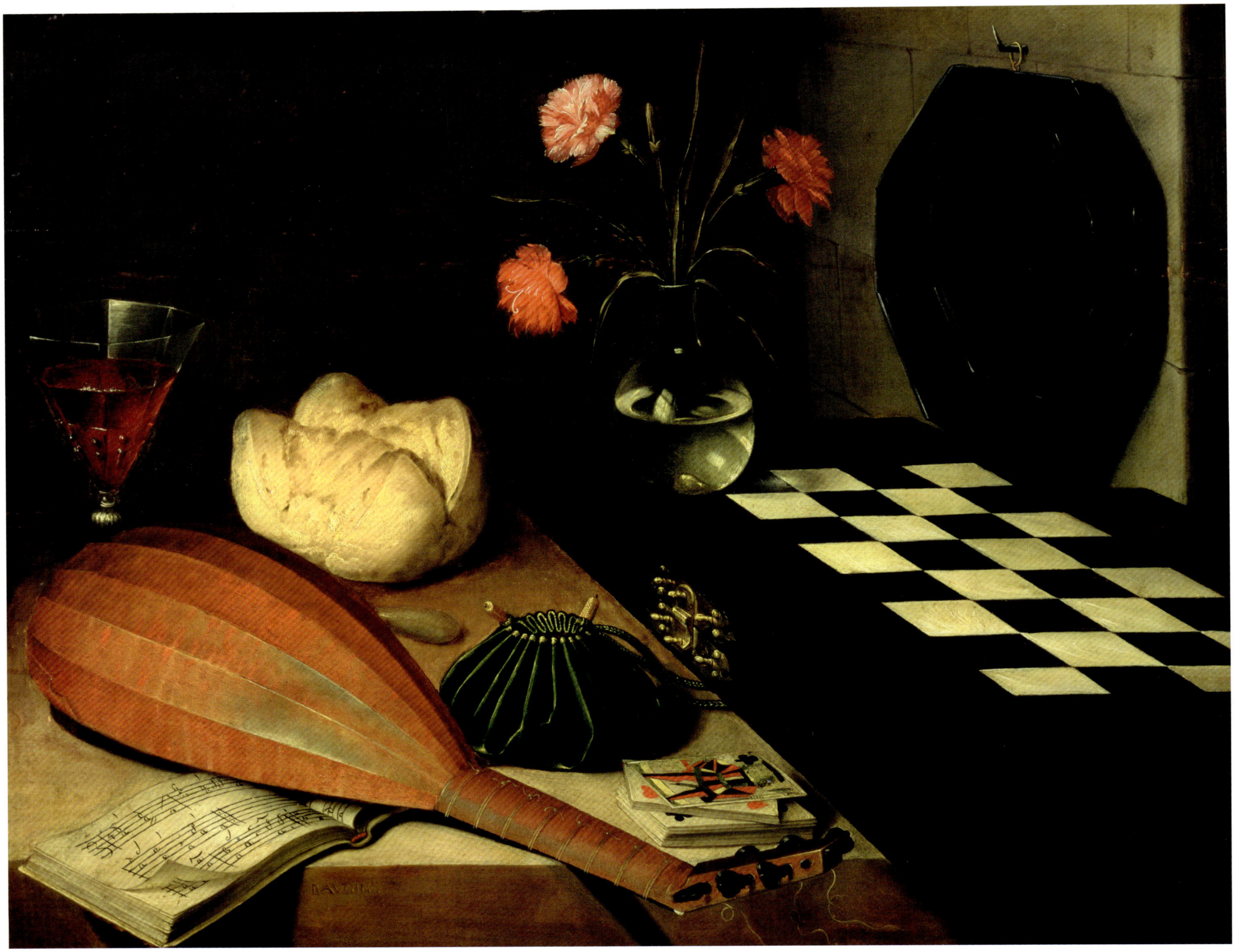

Still Life with Chessboard

Here, the master of still lifes symbolizes all five senses: the lute for hearing, the mirror for vision, the flowers for smell, the bread for taste and the chessboard for touch.

Nature morte à l'échiquier

Maître de la nature morte, Lubin Baugin évoque les cinq sens par des objets : le luth pour l'ouïe, le miroir pour la vue, les fleurs pour l'odorat, le pain pour le goût, l'échiquier pour le toucher.

Stillleben mit Schachbrett

Der Meister der Stillleben symbolisiert hier alle fünf Sinne: die Laute für das Hören, der Spiegel für das Sehen, die Blumen für das Riechen, das Brot für das Schmecken und das Schachbrett für das Tasten.

Naturaleza muerta con tablero de ajedrez

Maestro de la naturaleza muerta, Lubin Baugin evoca los cinco sentidos a través de los objetos: el laúd para oír, el espejo para ver, las flores para oler, el pan para saborear, el tablero de ajedrez para tocar.

Natureza Morta com Chessboard

Aqui, o mestre das naturezas mortas simboliza os cinco sentidos: os sons para ouvir, o espelho para ver, as flores para cheirar, o pão para provar e o tabuleiro para tocar.

Stilleven met schaakbord

Hier symboliseerde de meester van de stillevens de vijf zintuigen: de luit voor het gehoor, de spiegel voor het gezicht, de bloemen voor de reuk, het brood voor de smaak en het schaakbord voor de tastzin.

LUBIN BAUGIN (C. 1610-1663)

1630, Oil on panel/Huile sur bois, 55 × 73 cm, Musée du Louvre, Paris

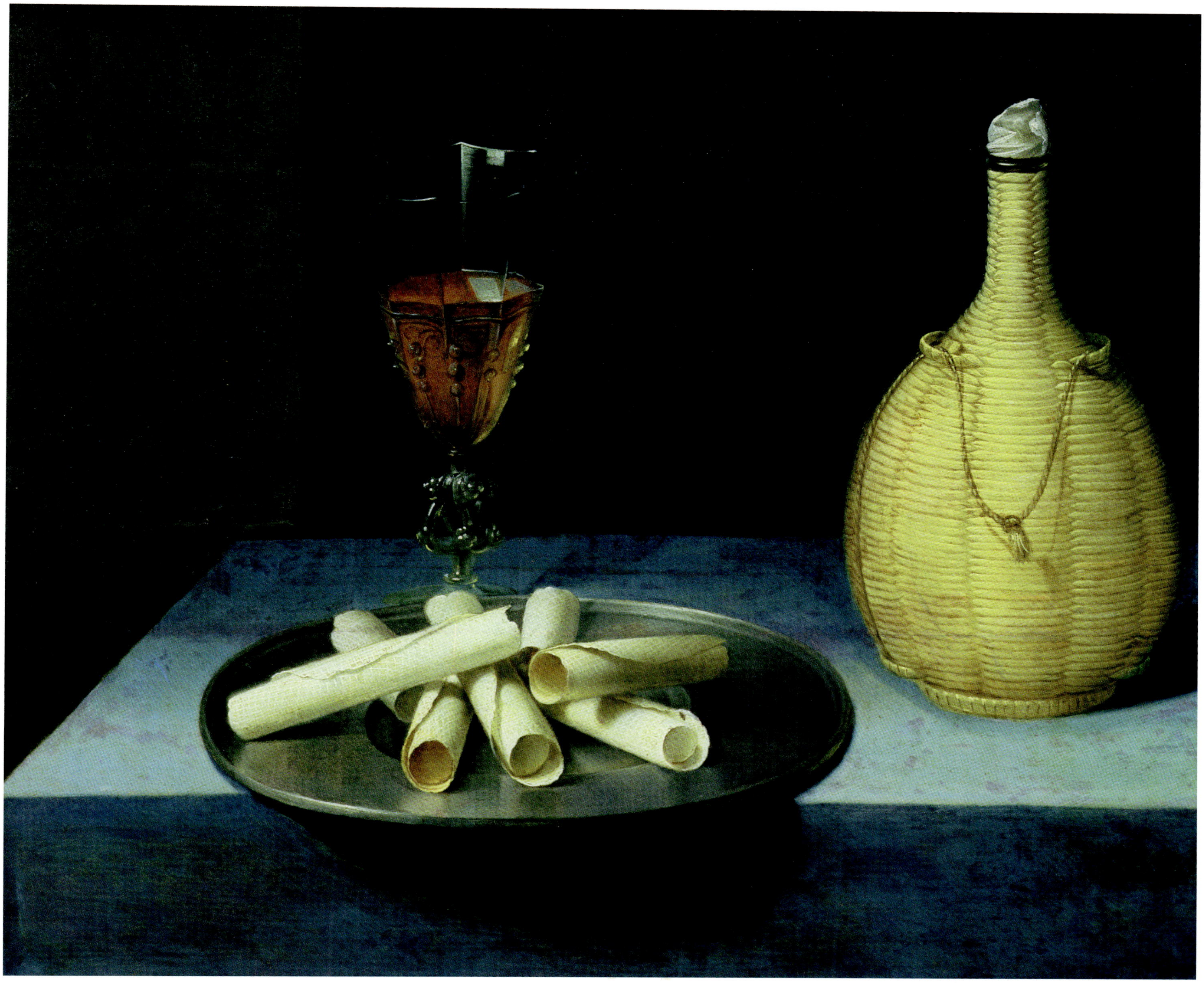

The Dessert of Wafers

Le Dessert de gaufrettes

Der Nachtisch

El postre de obleas

A sobremesa

Stilleven met wafels

LUBIN BAUGIN (C. 1610-1663)

c. 1631, Oil on panel/Huile sur toile, 41 × 52 cm, Musée du Louvre, Paris

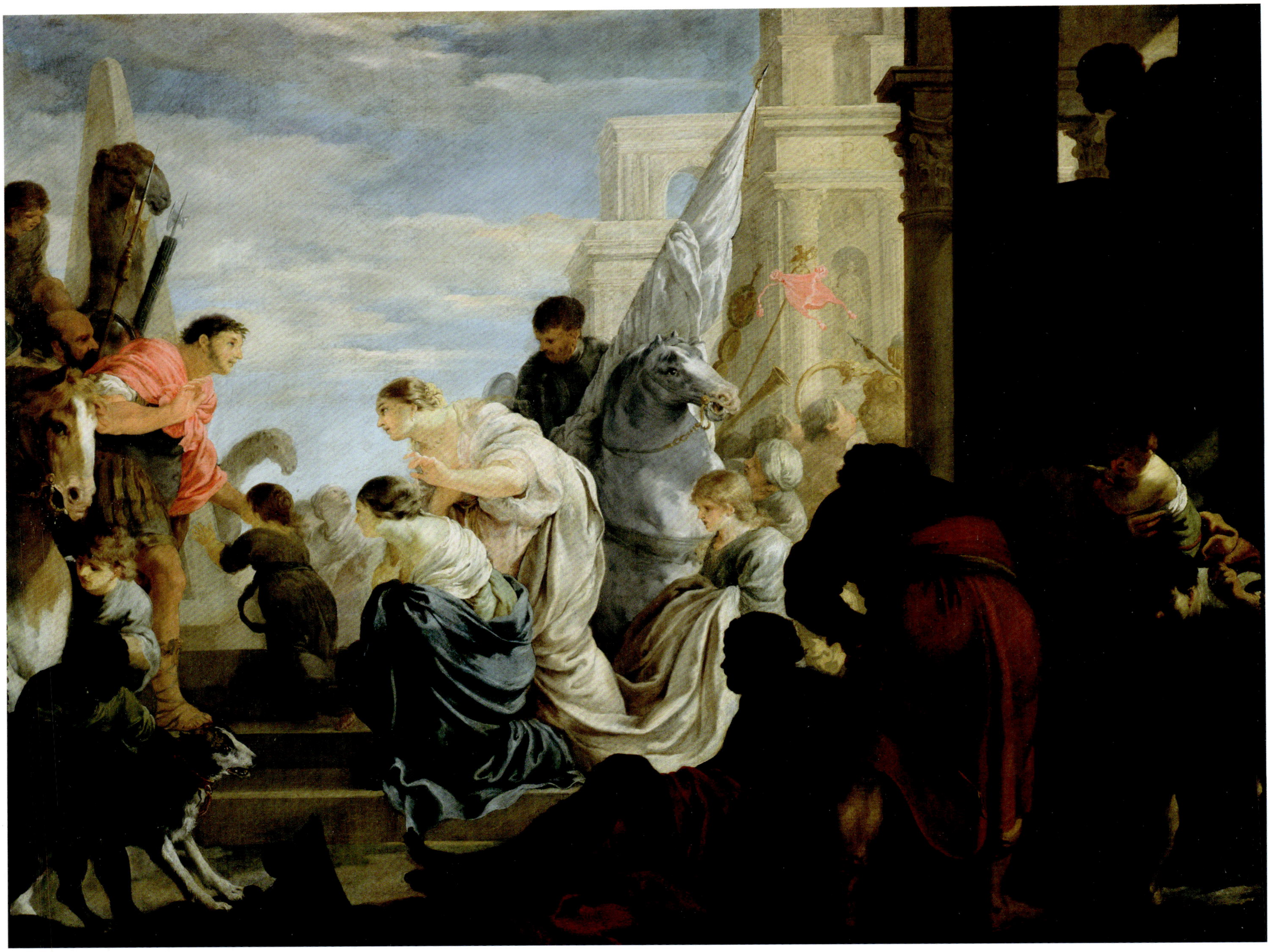

The Meeting of Anthony and Cleopatra
It is not clear whether the motif really represents the encounter between Anthony and Cleopatra. Its effect of depth results from the interaction of light and shadow between the foreground and background.

La Rencontre d'Antoine et de Cléopâtre
Il est possible, sans certitude, qu'il s'agisse du récit de la rencontre d'Antoine et Cléopâtre. L'effet de perspective et de profondeur est donné par le jeu d'ombre et de lumière entre les deux plans.

Das Treffen von Antonius und Kleopatra
Es ist nicht geklärt, ob das Motiv wirklich die Begegnung zwischen Antonius und Kleopatra darstellt. Seine Tiefenwirkung ergibt sich aus dem Wechsel von Licht und Schatten zwischen dem Vorder- und Hintergrund.

El encuentro de Antonio y Cleopatra
No está claro si el motivo representa realmente el encuentro entre Antonio y Cleopatra. Su efecto de profundidad resulta de la interacción de luz y sombra entre el primer plano y el fondo.

O Encontro de Antônio e Cleópatra
Não está claro se o motivo representa realmente o encontro entre Antônio e Cleópatra. O seu efeito de profundidade resulta da interacção de luz e sombra entre o primeiro plano e o fundo.

De ontmoeting tussen Antonius en Cleopatra
Het is niet duidelijk of het hier echt om de ontmoeting tussen Anthonius en Cleopatra gaat. De dieptewerking ontstaat door de interactie van licht en schaduw tussen de voor- en achtergrond.

SÉBASTIEN BOURDON (1616-1671)
c. 1645, Oil on canvas/Huile sur toile, 145 × 197 cm, Musée du Louvre, Paris

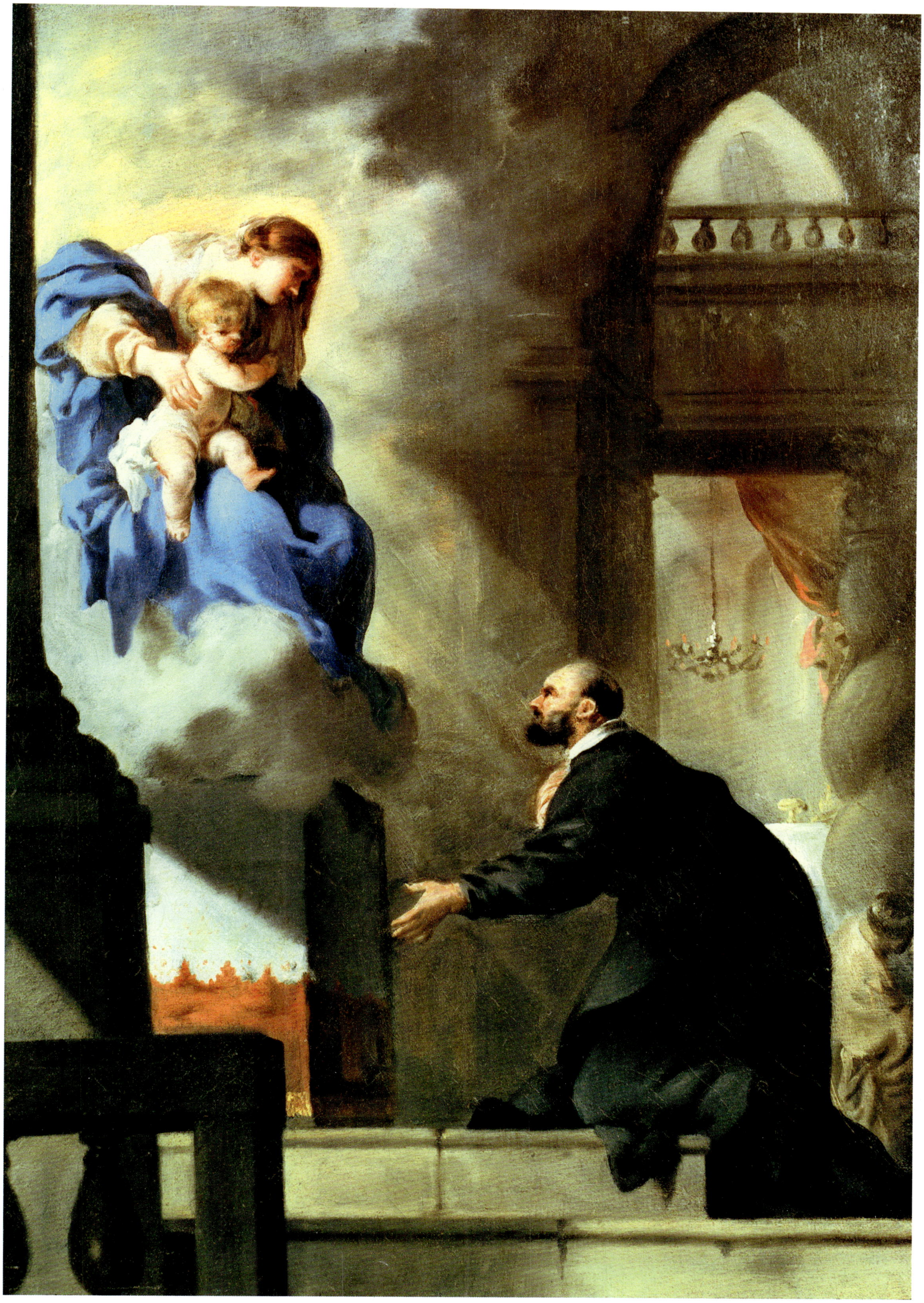

The Vision of Saint Ignatius

La Vision de saint Ignace

Die Vision des heiligen Ignatius

La visión de San Ignacio

A visão de Santo Inácio

Het visioen van de heilige Ignatius

SÉBASTIEN BOURDON (1616-1671)

Oil on canvas/Huile sur toile,

67,3 × 49,5 cm, Private collection

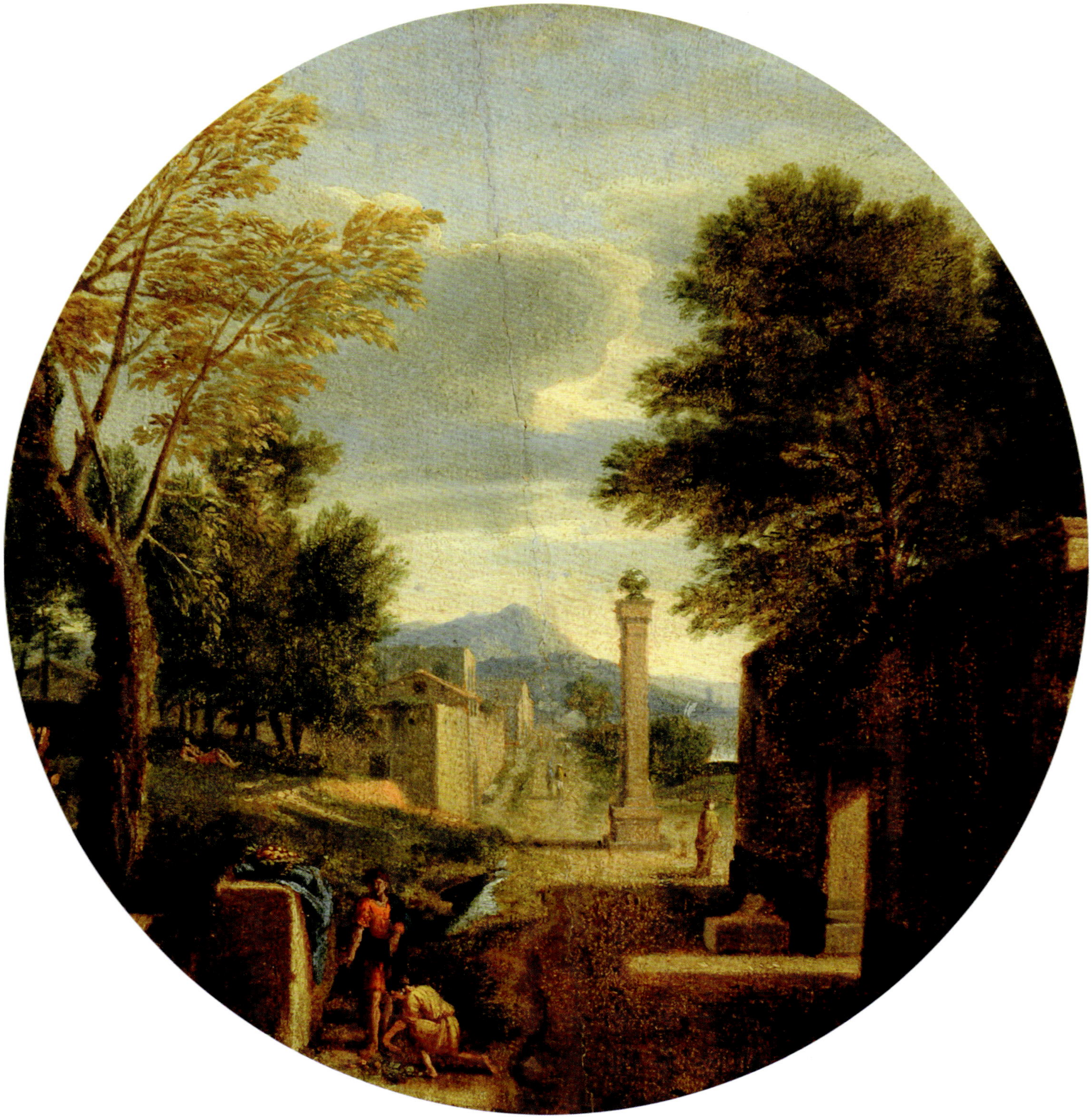

Morning

Matin

Morgen

La mañana

O matutino

Ochtend

SÉBASTIEN BOURDON (MANNER OF/À LA MANIÈRE DE) (1616-1671)

1800, Oil on canvas/Huile sur toile, ø 25,4 cm, Nostell Priory, Nostell

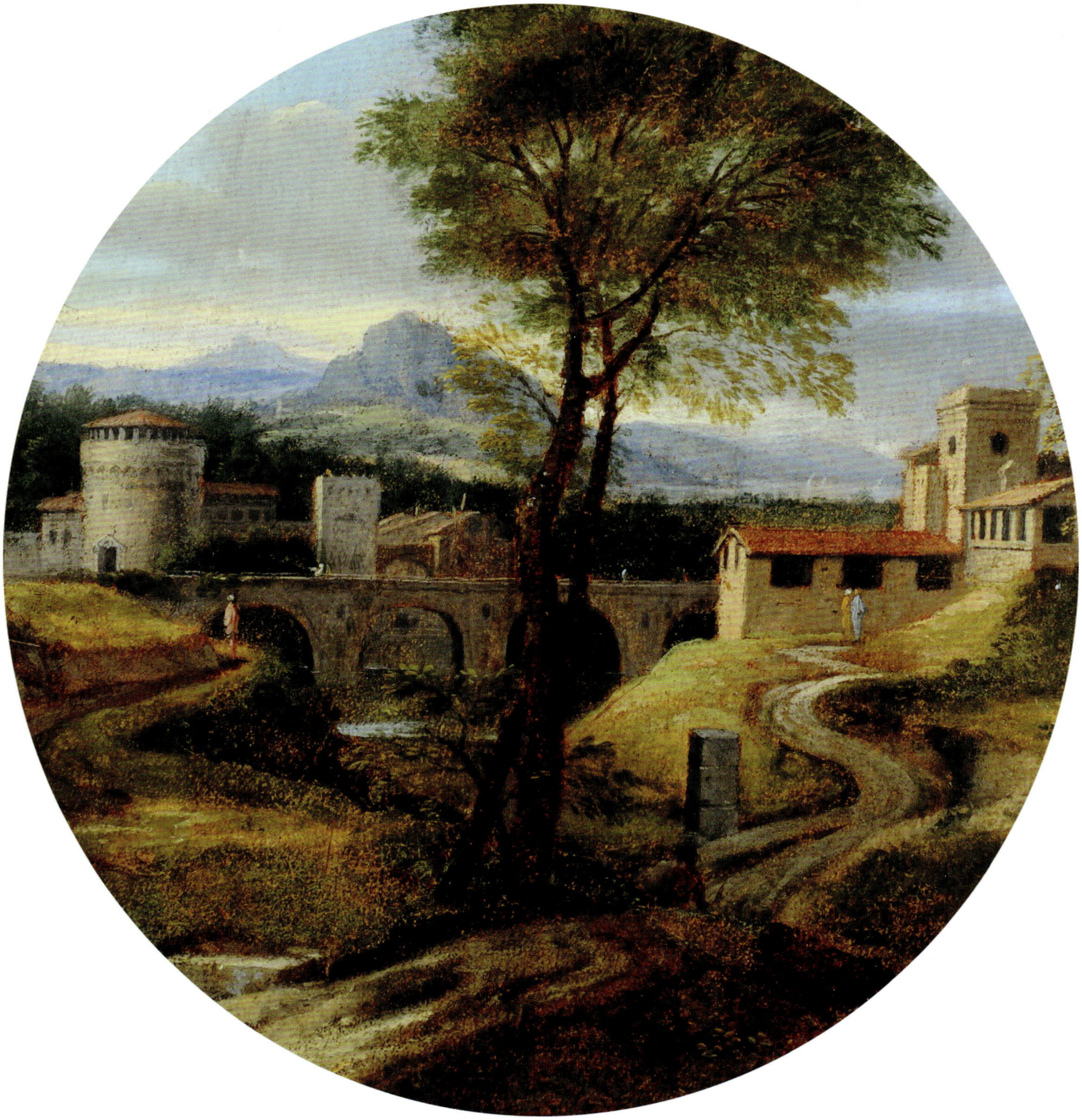

Noon

Midi

Mittag

El mediodía

Meio-dia

Middaguur

SÉBASTIEN BOURDON (MANNER OF/À LA MANIÈRE DE) (1616-1671)

1800, Oil on canvas/Huile sur toile, ø 25,4 cm, Nostell Priory, Nostell

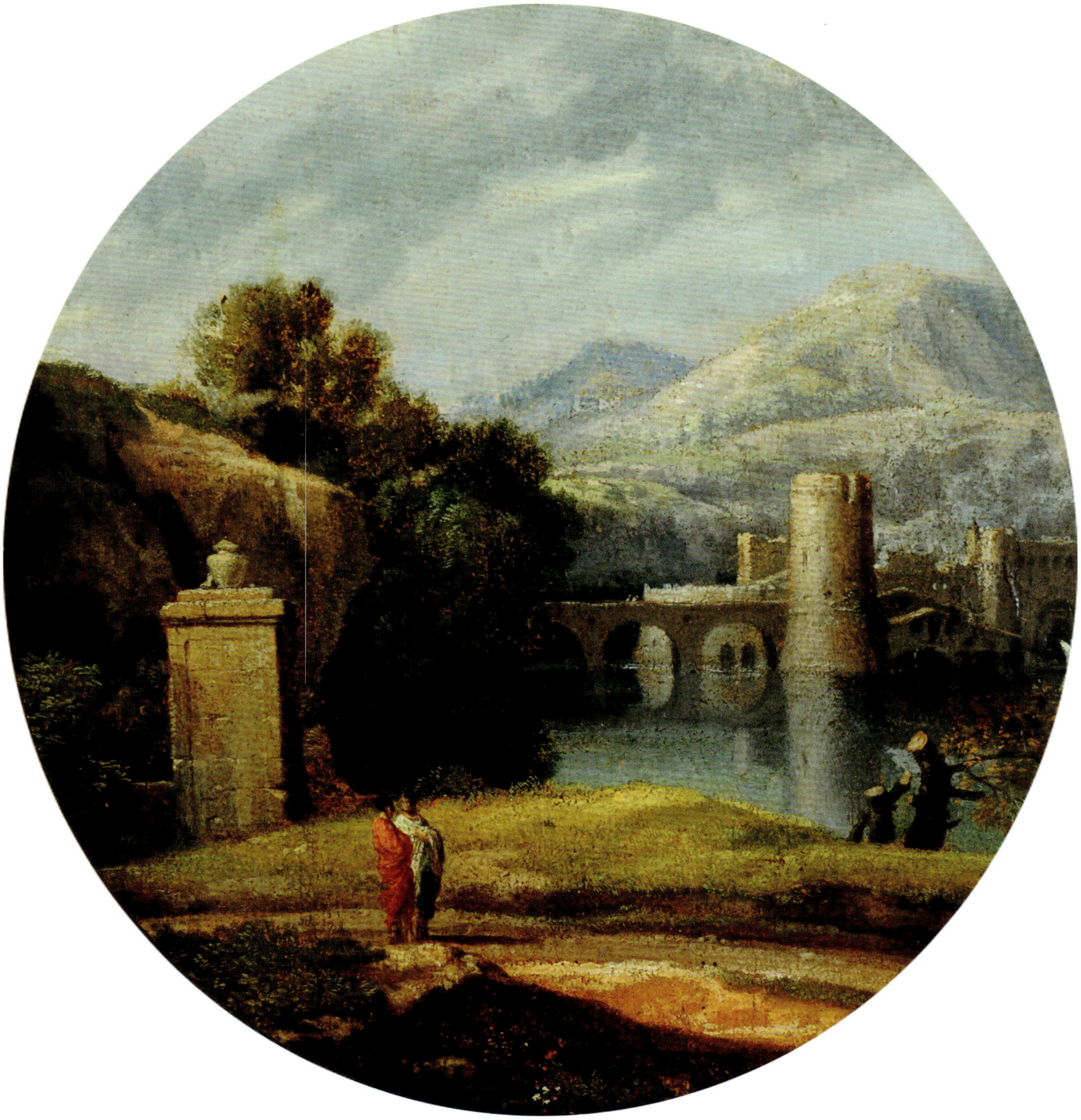

Afternoon

Après-midi

Nachmittag

La tarde

Tarde

Middag

SÉBASTIEN BOURDON (MANNER OF/À LA MANIÈRE DE) (1616-1671)

1800, Oil on canvas/Huile sur toile, ø 25,4 cm, Nostell Priory, Nostell

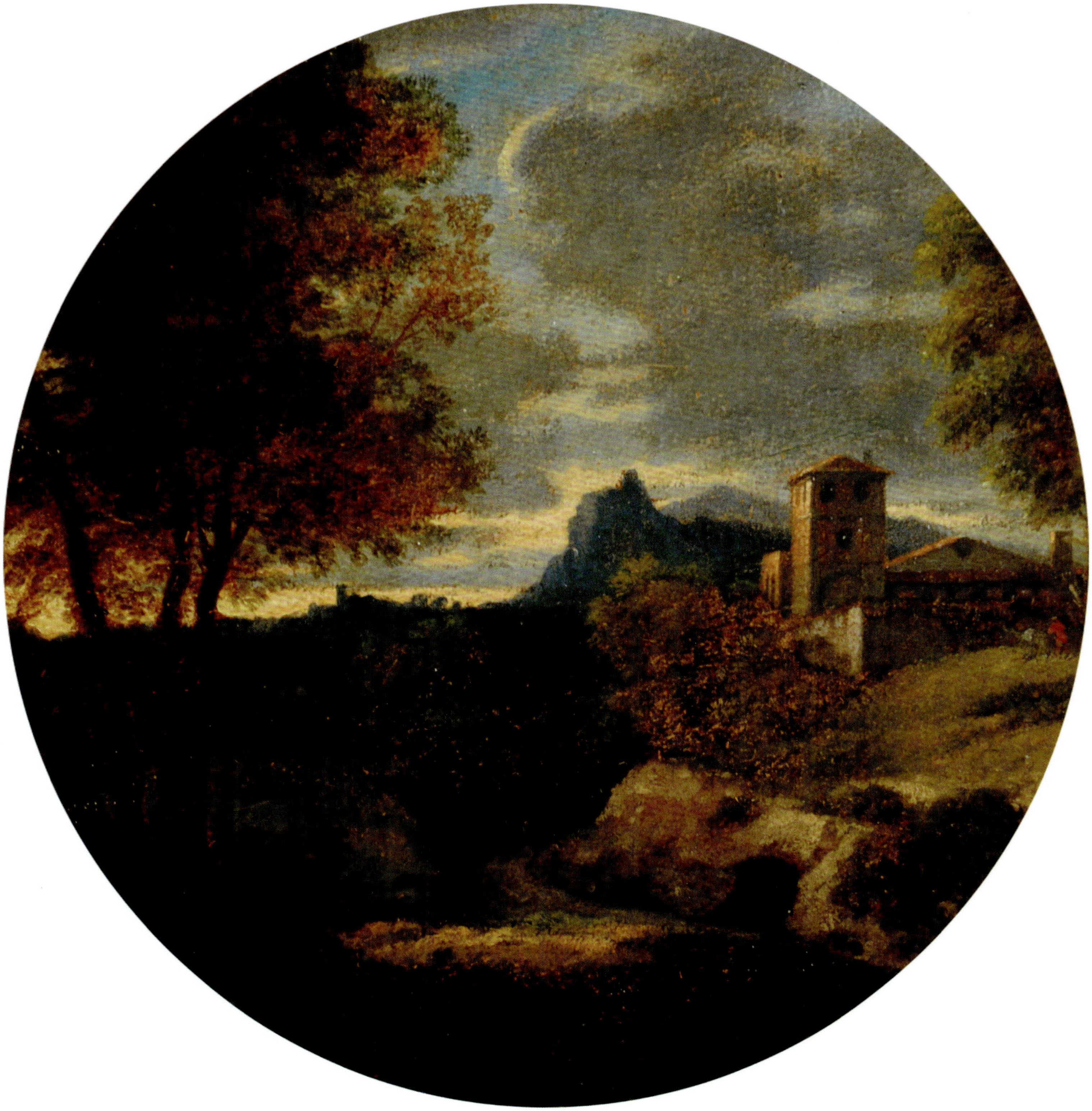

Evening

Soir

Abend

La noche

Vespertino

Avond

SÉBASTIEN BOURDON (MANNER OF/À LA MANIÈRE DE) (1616-1671)

1800, Oil on canvas/Huile sur toile, ø 25,4 cm, Nostell Priory, Nostell

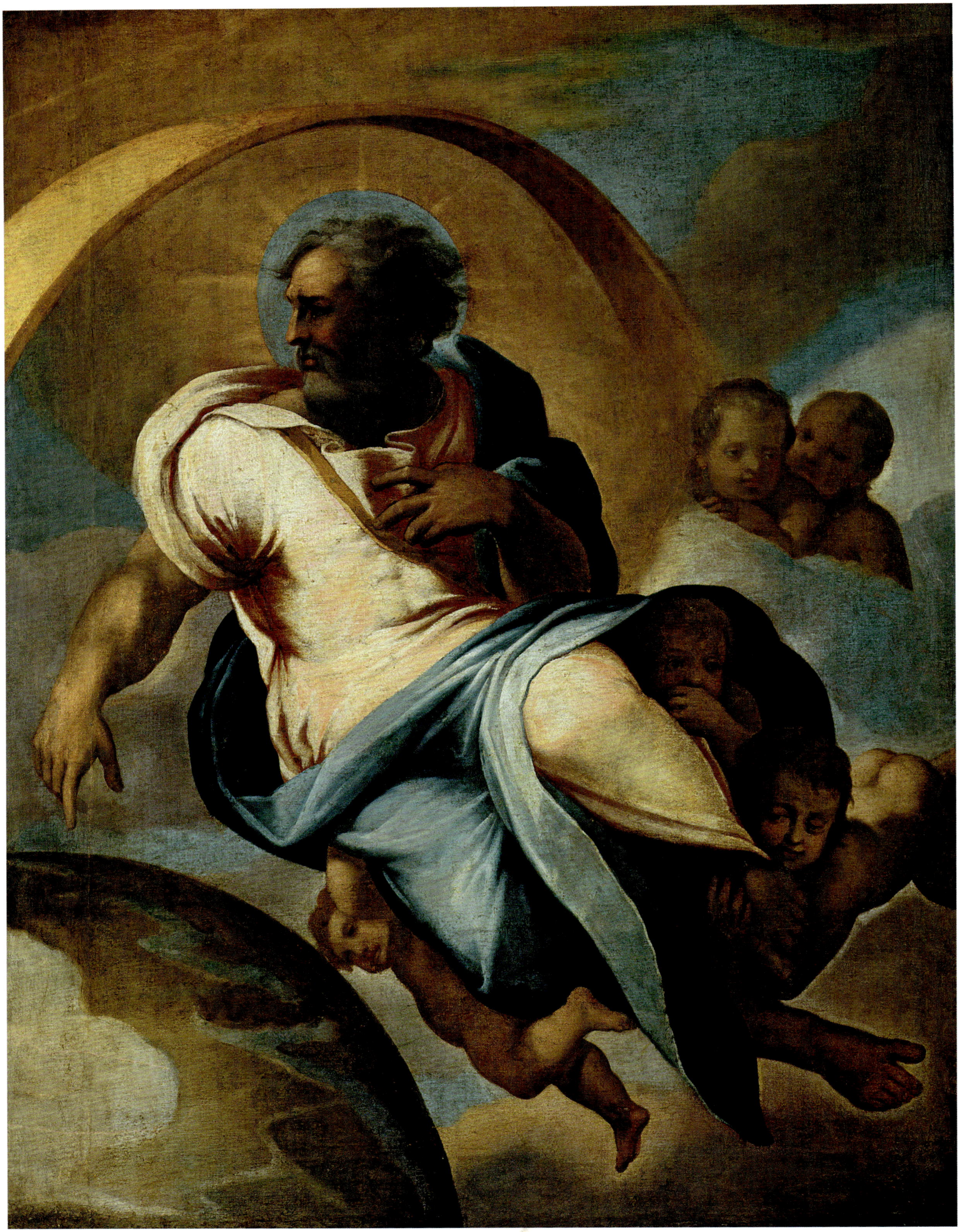

The Creation of the World

La Création du monde

Die Erschaffung der Welt

La creación del mundo

A criação do mundo

De schepping van de wereld

EUSTACHE LE SUEUR
(1616-1655)
Oil on canvas/Huile sur toile, Musée des Beaux-Arts, Tourcoing

The Annunciation

L'Annonciation

Die Verkündigung

La Anunciación

A Anunciação

De annunciatie

EUSTACHE LE SUEUR
(1616-1655)
1652, Oil on canvas/Huile sur toile, 297 × 227 cm, Musée du Louvre, Paris

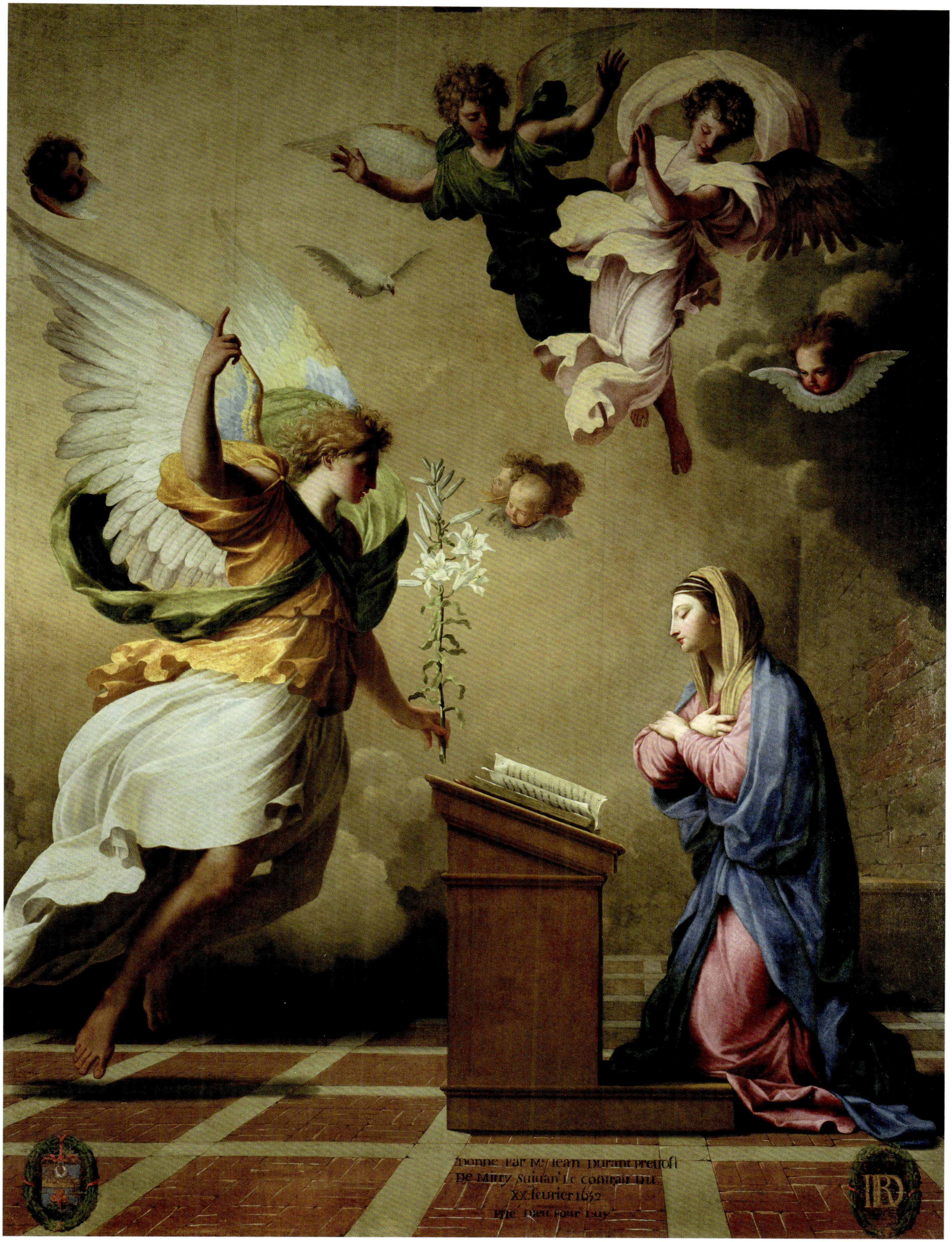
Donne Par Mr Jean Durant prevost
De Mitry Suivan Le contrait Du
XX feurier 1652
Prie Dieu Pour Luy

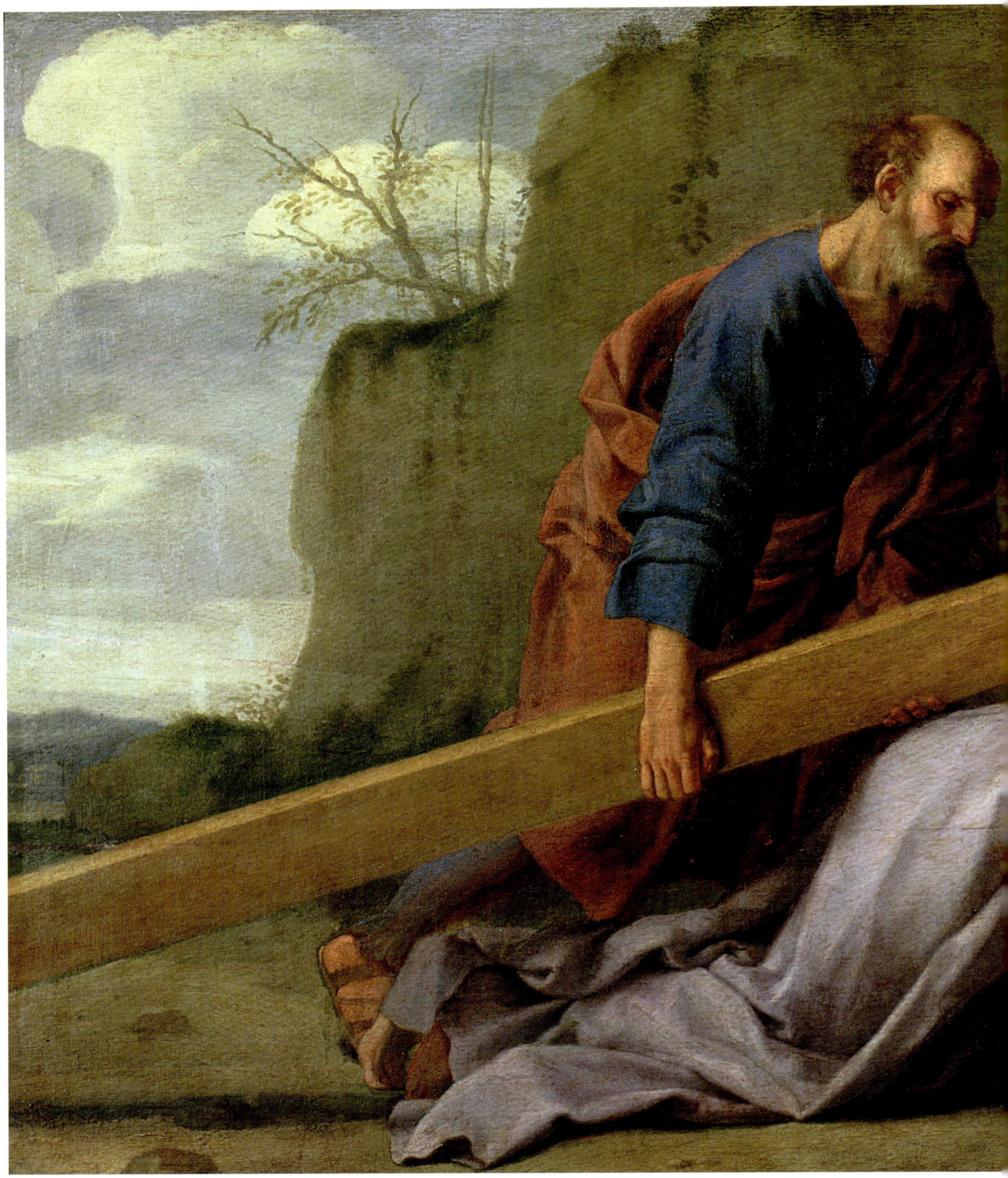

Christ carrying the Cross

The painting, structured by the lines of the cross, is the counterpart to *Descent from the Cross*. Both representations were commissioned for a chapel of the St-Gervais church in Paris.

Jésus portant sa Croix

Structuré par les lignes perpendiculaires que forme la croix, ce tableau est le pendant de *La Déposition de Croix*. Les deux œuvres ont été commandées pour une chapelle de l'église Saint-Gervais, à Paris.

Christus trägt sein Kreuz

Das durch die Linien des Kreuzes strukturierte Gemälde ist das Gegenstück zu dem Werk *Kreuzabnahme*. Beide Darstellungen wurden für eine Kapelle der Kirche St-Gervais in Paris in Auftrag gegeben.

EUSTACHE LE SUEUR (1616-1655)

c. 1651, Oil on wooden panel/Huile sur panneau de bois, 61 × 126 cm, Musée du Louvre, Paris

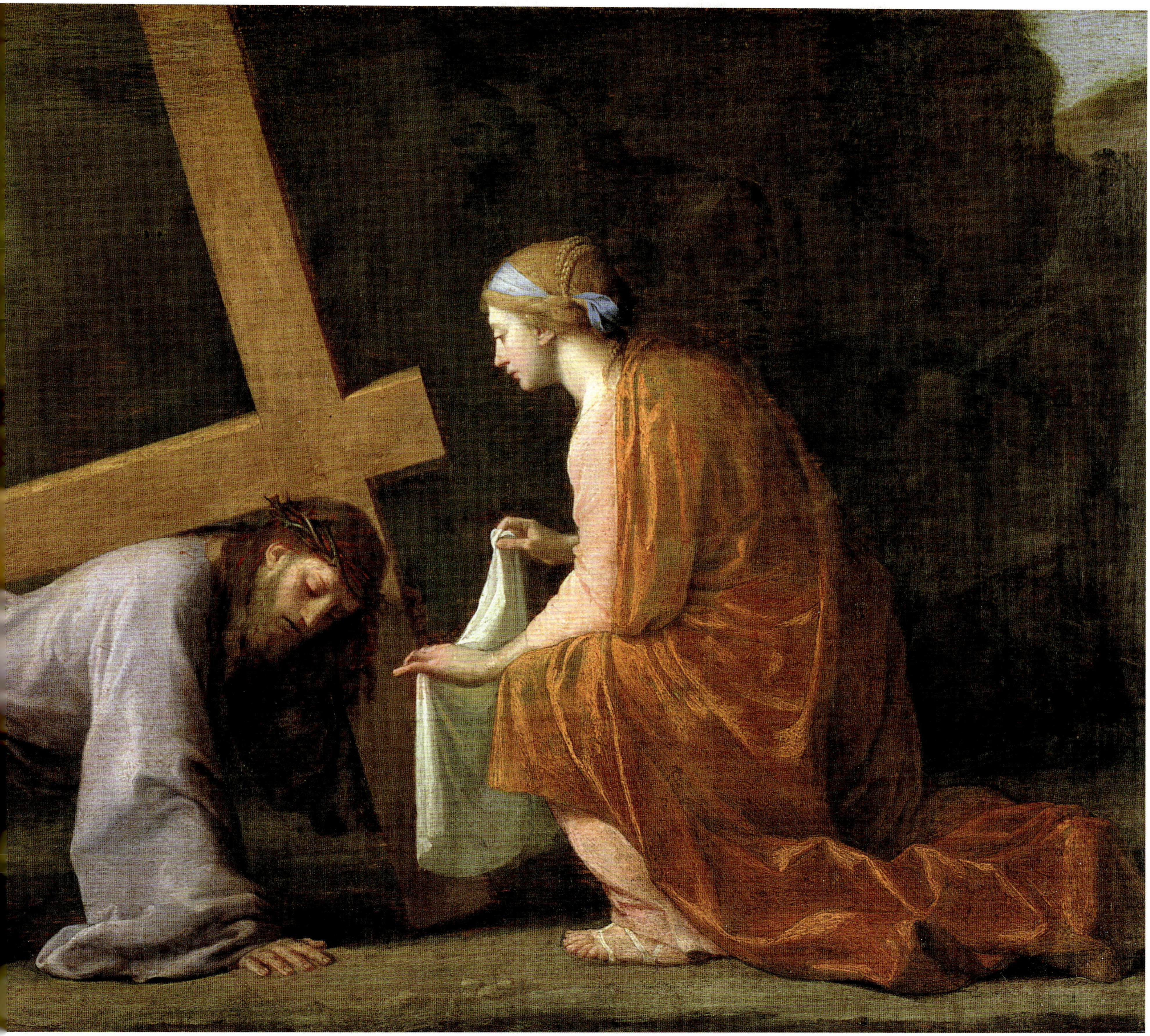

Cristo llevando su cruz
Estructurado por las líneas perpendiculares que forman la cruz, este cuadro es la contrapartida de la *Deposición de la Cruz*. Ambas obras fueron encargadas para una capilla de la iglesia de Saint-Gervais en París.

Cristo carrega a sua cruz
A pintura, estruturada pelas linhas da cruz, é a contrapartida da *Descida da Cruz de Cristo*. Ambas as representações foram encomendadas para uma capela da igreja St-Gervais em Paris.

Christus draagt zijn kruis
Het door de lijnen van het kruis gestructureerde schilderij is de tegenhanger van *Kruisafneming*. Beide voorstellingen werden besteld voor een kapel van de kerk Saint-Gervais in Parijs.

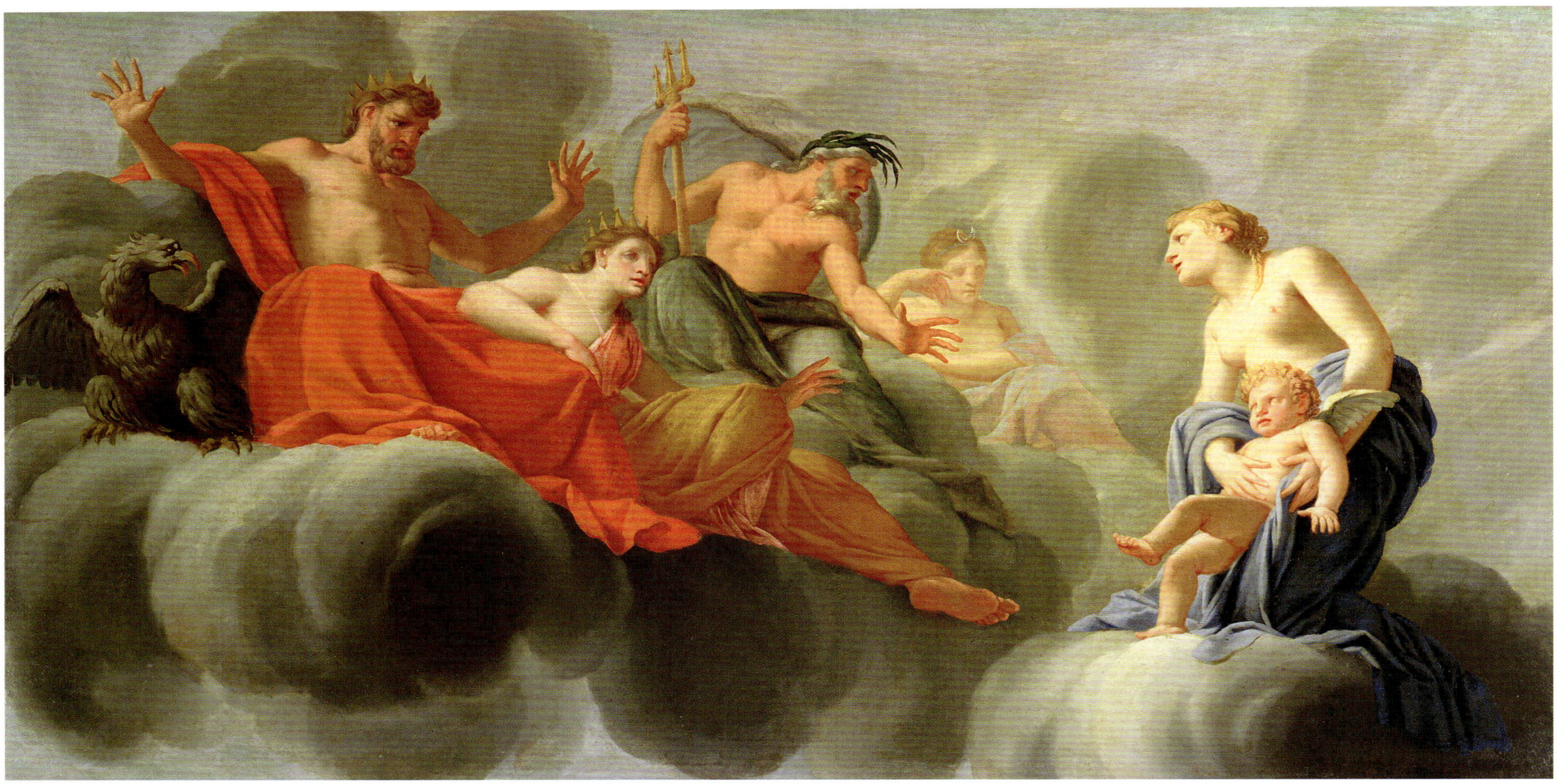

Venus presenting Cupid to Jupiter

Vénus présente l'Amour à Jupiter

Venus stellt Amor bei Jupiter vor

Venus presenta a Cupido a Júpiter

Vênus apresenta Cupido a Júpiter

Venus stelt Cupido voor aan Jupiter

EUSTACHE LE SUEUR (1616-1655)

c. 1646-47, Oil on wooden panel/Huile sur panneau de bois, 97 × 197 cm, Musée du Louvre, Paris

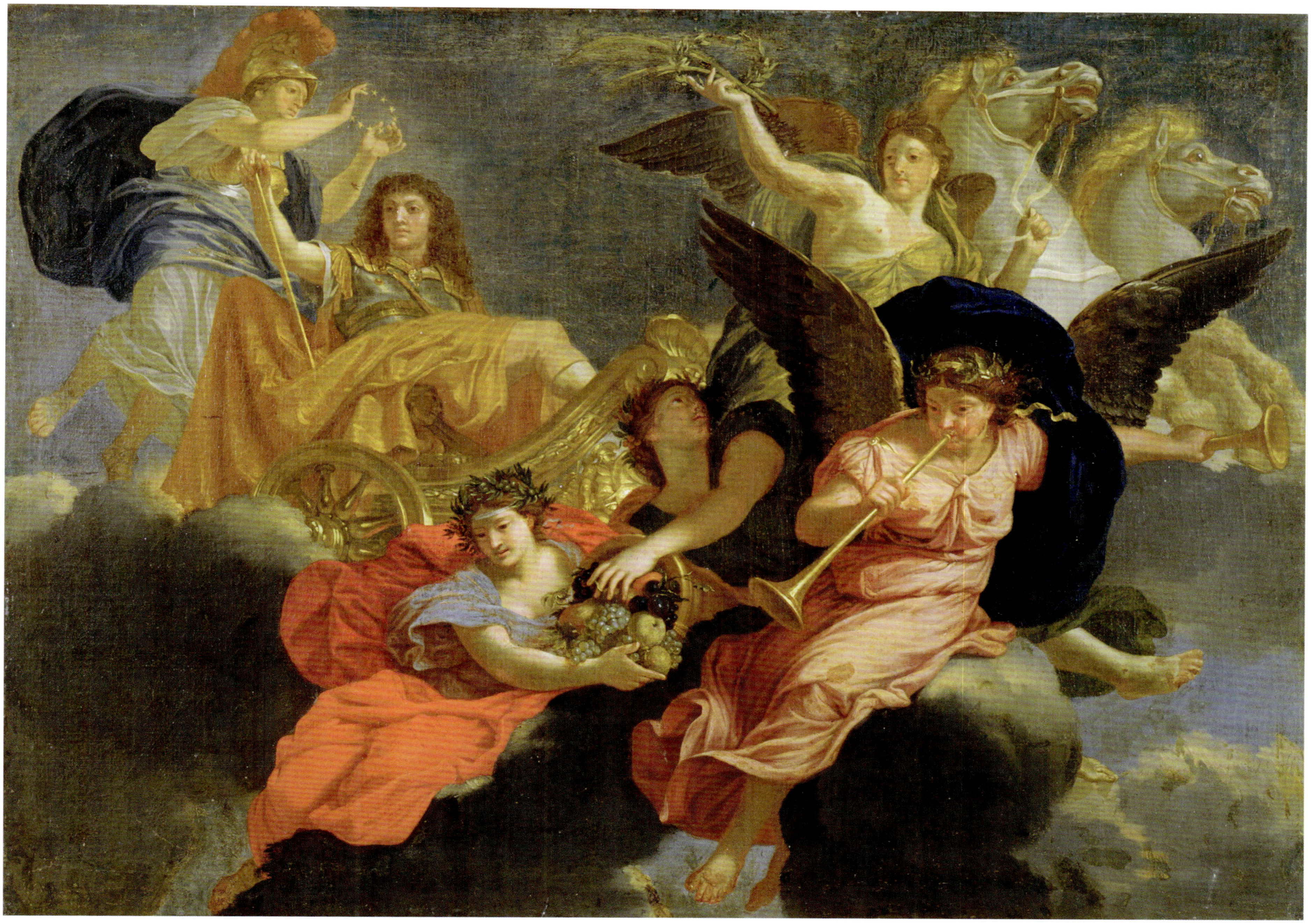

Apotheosis of King Louis XIV of France

Allégorie à la gloire de Louis XIV

Apotheose auf König Ludwig XIV.

Alegoría a la gloria de Luis XIV

Apoteose no Rei Luís XIV.

Apotheose van koning Lodewijk XIV van Frankrijk

CHARLES LE BRUN (1619-1690)

c. 1677, Oil on canvas/Huile sur toile, 70 × 102 cm, Musée Ingres, Montauban

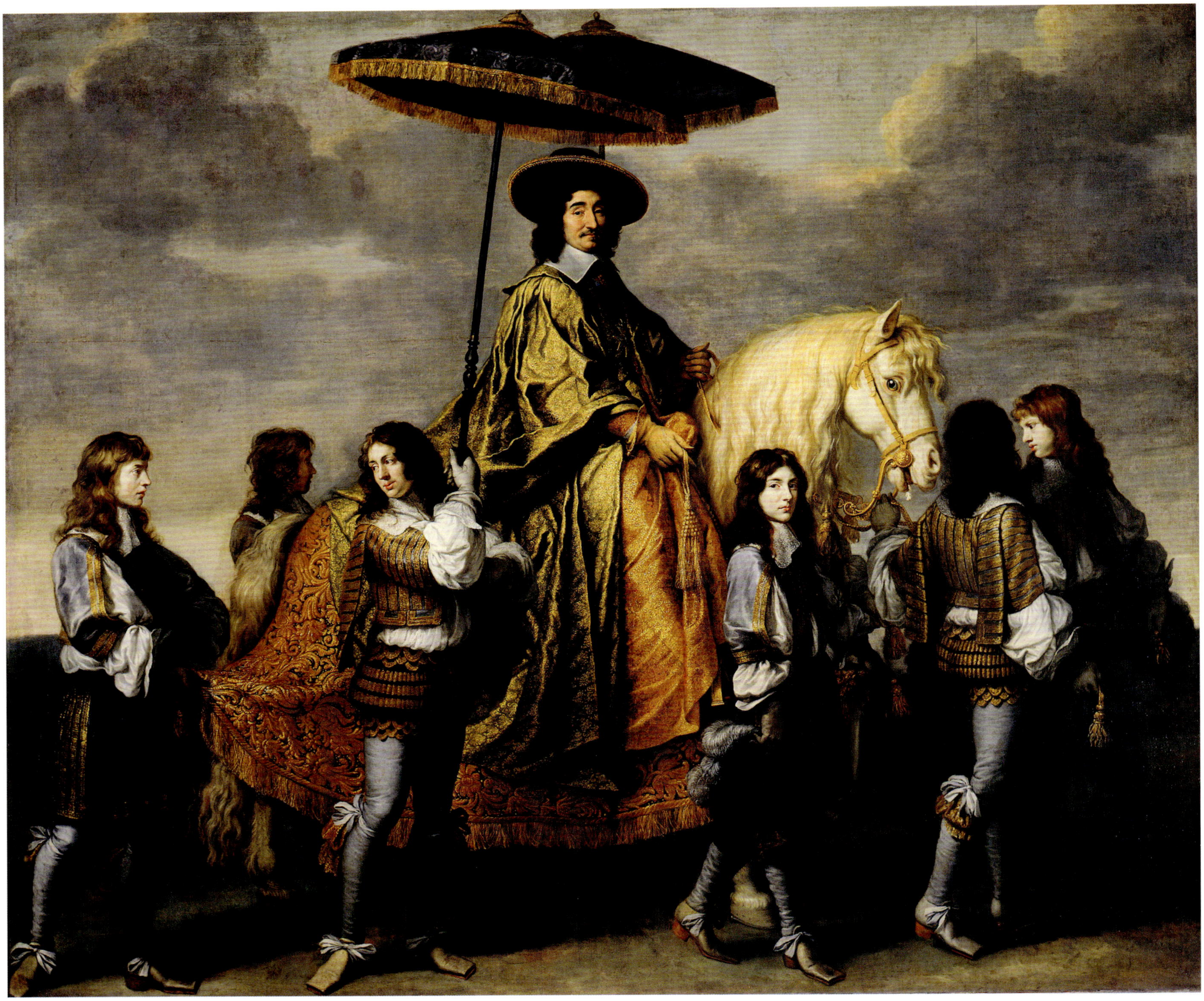

Chancellor Séguier at the Entry of Louis XIV into Paris
Pierre Séguier, the patron of the young Le Brun, was one of the greatest art collectors and patrons of his time. In the middle of the painting, the Chancellor is enthroned on a horse and surrounded by his pages.

Portrait équestre de Pierre Séguier (1588-1672), chancelier de France
Protecteur du jeune Le Brun, Pierre Séguier compta parmi les plus grands collectionneurs et mécènes de son époque. Le chancelier de France apparaît ici en majesté, à cheval, entouré de ses huit pages.

Der Kanzler Séguier beim Einzug Ludwigs XIV. in Paris
Pierre Séguier, der Förderer des jungen Le Brun, zählte zu den größten Kunstsammlern und Mäzenen seiner Epoche. In der Mitte des Gemäldes thront der Kanzler auf einem Pferd und wird von seinen Pagen umgeben.

Retrato ecuestre de Pierre Séguier (1588-1672), Canciller de Francia
Pierre Séguier, el patrón del joven Le Brun, fue uno de los más grandes coleccionistas de arte y mecenas de su tiempo. En el centro del cuadro, el canciller es entronizado sobre un caballo y rodeado de sus pajes.

O Chanceler Séguier sobre a entrada de Luís XIV em Paris
Pierre Séguier, patrono do jovem Le Brun, foi um dos maiores colecionadores e patronos de arte de seu tempo. No meio da pintura, o chanceler é entronizado num cavalo e rodeado pelas suas páginas.

De kanselier Séguier bij de intocht van Lodewijk XIV in Parijs
Pierre Séguier, beschermheer van de jonge Le Brun, was een van de grootste kunstverzamelaars en mecenassen van zijn tijd. Midden op het schilderij troont de kanselier op zijn paard, omringd door zijn pages.

CHARLES LE BRUN (1619-1690)

c. 1660, Oil on canvas/Huile sur toile, 295 × 357 cm, Musée du Louvre, Paris

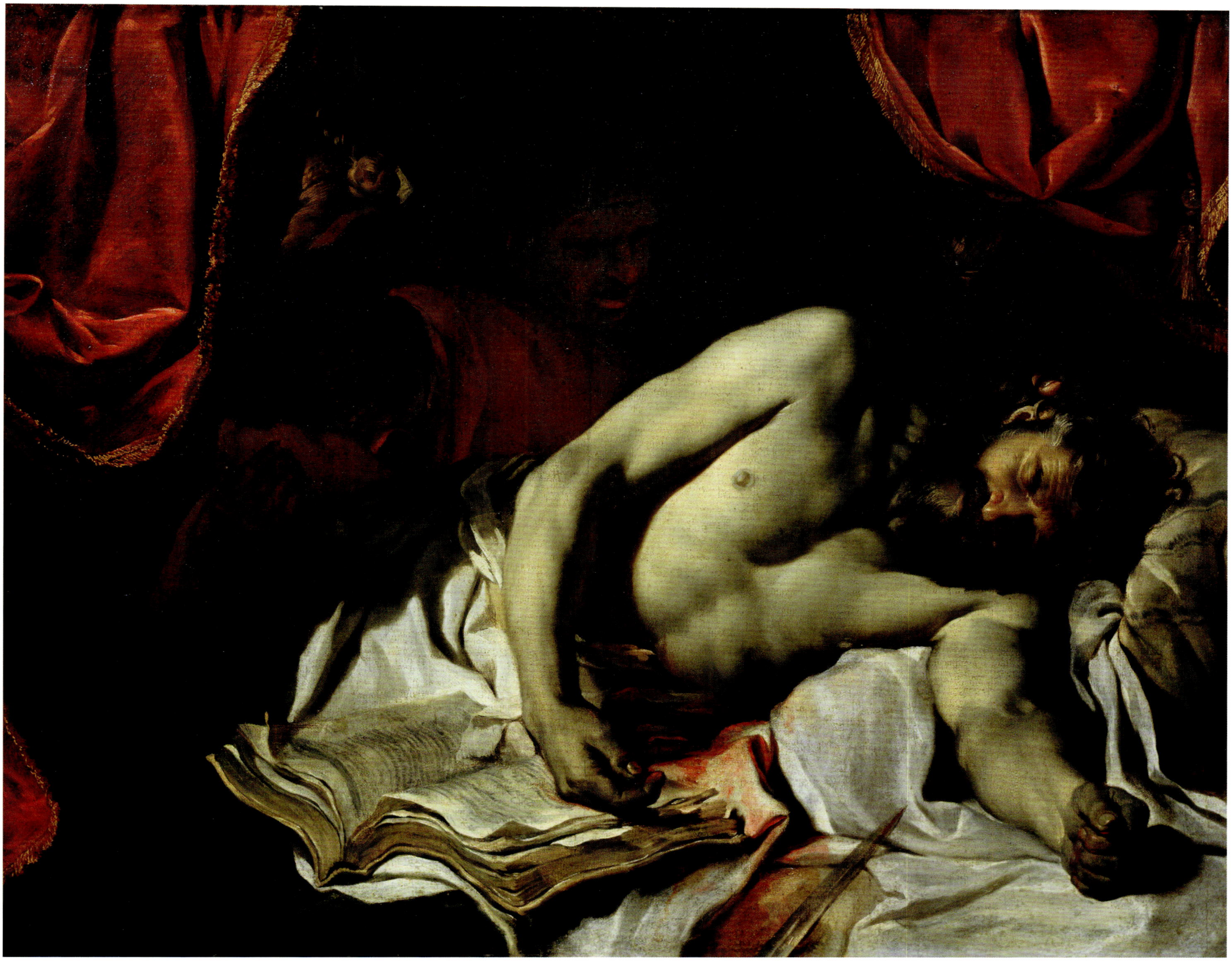

The Death of Cato
Cato the Younger (95-46 BC) was a Roman politician. After the defeat of Metellus Scipio at Thapsus, he retreated to Utica near Carthage, where he killed himself with his sword.

La Mort de Caton
Né en 95 et mort en 46 av. J.-C., Caton d'Utique est un homme politique romain. Après la défaite de Metellus Scipion à Thapsus, il s'enferme dans Utique (près de l'actuelle Carthage) et se suicide avec son épée.

Der Tod des Cato
Cato der Jüngere (95-46 v. Chr.) war ein römischer Politiker. Nach der Niederlage des Metellus Scipio bei Thapsus zog er sich nach Utica in der Nähe von Karthago zurück, wo er sich mit seinem Schwert tötete.

La muerte de Catón
Catón de Utica (95-46 a.C.) fue un político romano. Después de la derrota de Metelo Escipión en Tapsus, se retiró a Utica, cerca de Cártago, donde se suicidó con su espada.

A morte de Cato
Cato o Jovem (95-46 a.C.) era um político romano. Após a derrota de Metellus Scipio em Thapsus, ele se retirou para Utica, perto de Cartago, onde se matou com sua espada.

De dood van Cato
Cato de Jonge (95-46 v.Chr.) was een Romeinse politicus. Na de nederlaag van Metellus Scipio in Thapsus trok hij zich terug in Utica bij Carthago, waar hij zichzelf met zijn zwaard om het leven bracht.

CHARLES LE BRUN (1619-1690)

1646, Oil on canvas/Huile sur toile, 99,5 × 132 cm, Musée des Beaux-Arts, Arras

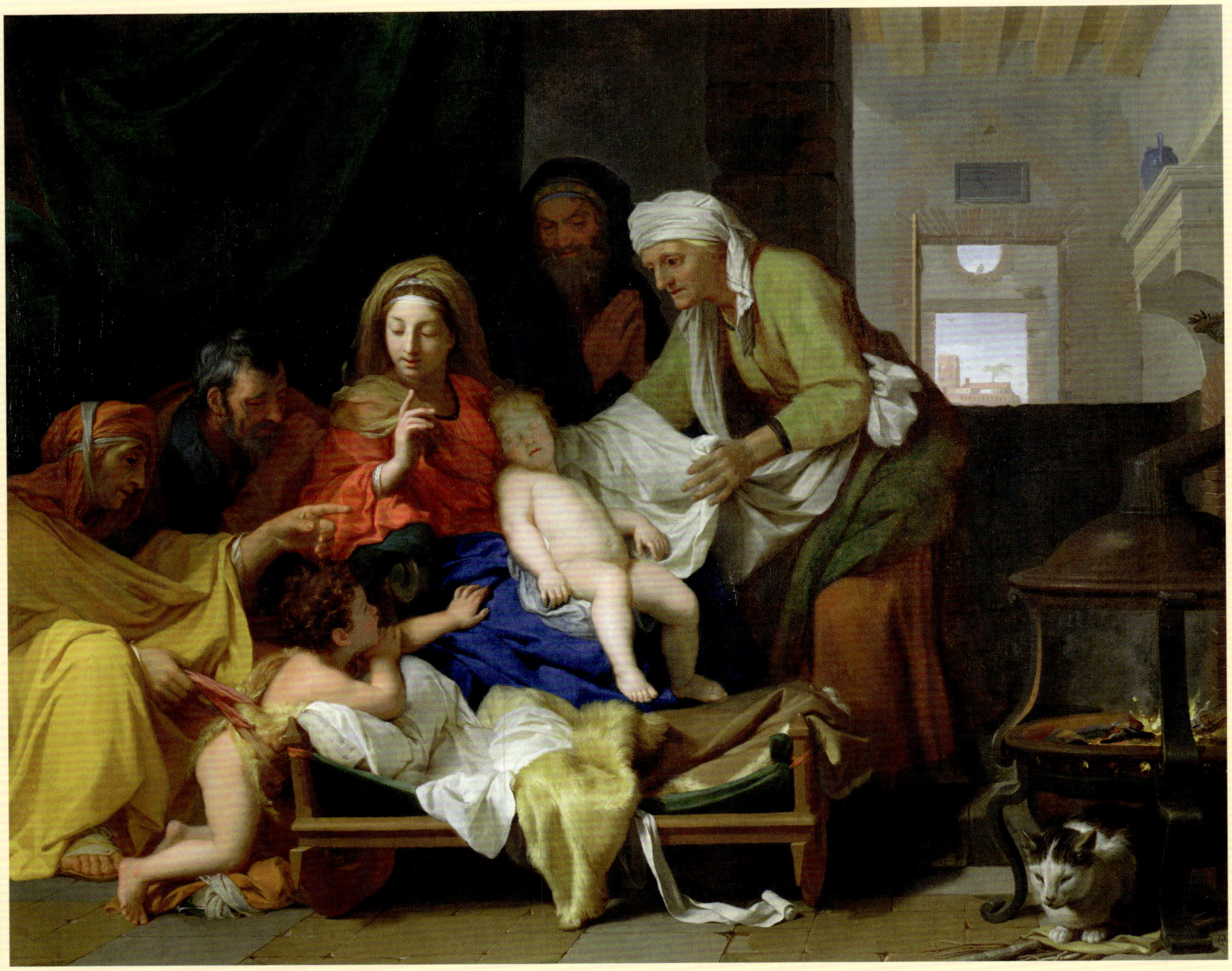

The Sleeping Christ Child *or* The Silence

Le Sommeil de l'Enfant Jésus, *dit* Le Silence

Der Schlaf des Jesusknaben *oder* Die Stille

El sueño del niño Jesús *o* el silencio

O sono do menino Jesus *ou* o silêncio

De slaap van het kind Jezus

CHARLES LE BRUN (1619-1690)
1655, Oil on canvas/Huile sur toile, 87 × 118 cm, Musée du Louvre, Paris

Charles Le Brun

In 1647, Charles Le Brun (1619-1690) became a painter and valet of Louis XIV. A year later, he was one of the founders of the Académie Royale de Peinture et de Sculpture. The year 1664 marked the beginning of the most important phase of his career. He now bore the title "Premier Peintre du Roi" and began to decorate the interior of Versailles. His excellent reputation earned him further major commissions, including works at the Hôtel Lambert in Paris or at the Vaux-le-Vicomte Castle at the request of Nicolas Fouquet. In Versailles, Charles Le Brun painted, among other things, the decorations of the Ambassador's Staircase, the Hall of Mirrors and the Salon of War and Peace. He also supervised the work on the King's and Queen's apartments. In addition, he created cartons for the Manufacture Royale des Tapisseries, where he was director from 1663, as templates for tapestries. But also his easel paintings, which show religious scenes or portraits in honor of the Sun King, are of high quality.

Charles Le Brun

Charles Le Brun (1619-1690) entre au service du roi Louis XIV en 1647, en tant que Peintre et valet de chambre. L'année suivante, il est l'un des fondateurs de l'Académie royale de peinture et de sculpture. En 1664, désormais Premier peintre du roi, il inaugure la phase la plus prestigieuse de sa carrière, en s'attelant aux grands décors du château de Versailles. À cette époque, le peintre jouit déjà d'une solide réputation. Il a œuvré au château de Vaux-le-Vicomte, à la demande de Nicolas Fouquet, et répondu à d'importantes commandes (l'hôtel Lambert, à Paris). À Versailles, Charles Le Brun peint, entre autres, les décors de l'escalier des Ambassadeurs, de la galerie des Glaces, des salons de la Paix et de la Guerre, et supervise le chantier des Grands Appartements. Charles Le Brun produira également des cartons de tapisseries pour la Manufacture royale des Gobelins, dont il sera le tout premier directeur à partir de 1663. Sans oublier ses peintures de chevalet, des scènes religieuses ou des portraits à la gloire du roi Soleil.

Charles Le Brun

Im Jahr 1647 wird Charles Le Brun (1619–1690) Maler und Kammerdiener von Ludwig XIV. Ein Jahr später gehört er zu den Mitbegründern der Académie Royale de Peinture et de Sculpture. Das Jahr 1664 leitet die wichtigste Phase seiner Karriere ein. Er trägt nun den Titel „Premier Peintre du Roi" und beginnt mit der Ausgestaltung der Innendekorationen von Versailles. Sein exzellenter Ruf verschafft ihm weitere große Aufträge, darunter Arbeiten im Hôtel Lambert in Paris oder im Schloss Vaux-le-Vicomte auf den Wunsch von Nicolas Fouquet. In Versailles malt Charles Le Brun unter anderem die Ausschmückungen der Großen Gesandtentreppe, des Spiegelsaals und des Salons des Krieges und des Friedens. Er überwacht auch die Arbeiten an den Appartements des Königs und der Königin. Darüber hinaus schuf er für die Manufacture Royale des Tapisseries, deren Direktor ab 1663 war, Kartons als Vorlagen für Gobelins. Aber auch seine Staffeleimalereien, die religiöse Szenen oder Porträts zu Ehren des Sonnenkönigs zeigen, sind von hoher Qualität.

Passage on the Rhine in the Presence of Enemies (1672)

Passage du Rhin en présence des ennemis (1672)

Übergang über den Rhein (1672)

Cruzando el Rin en presencia de enemigos (1672)

Travessia do Reno (1672)

Het oversteken van de Rijn (1672)

CHARLES LE BRUN (1619-1690)
c. 1678, Marouflage and oil on canvas/Marouflage et huile sur toile, Château de Versailles

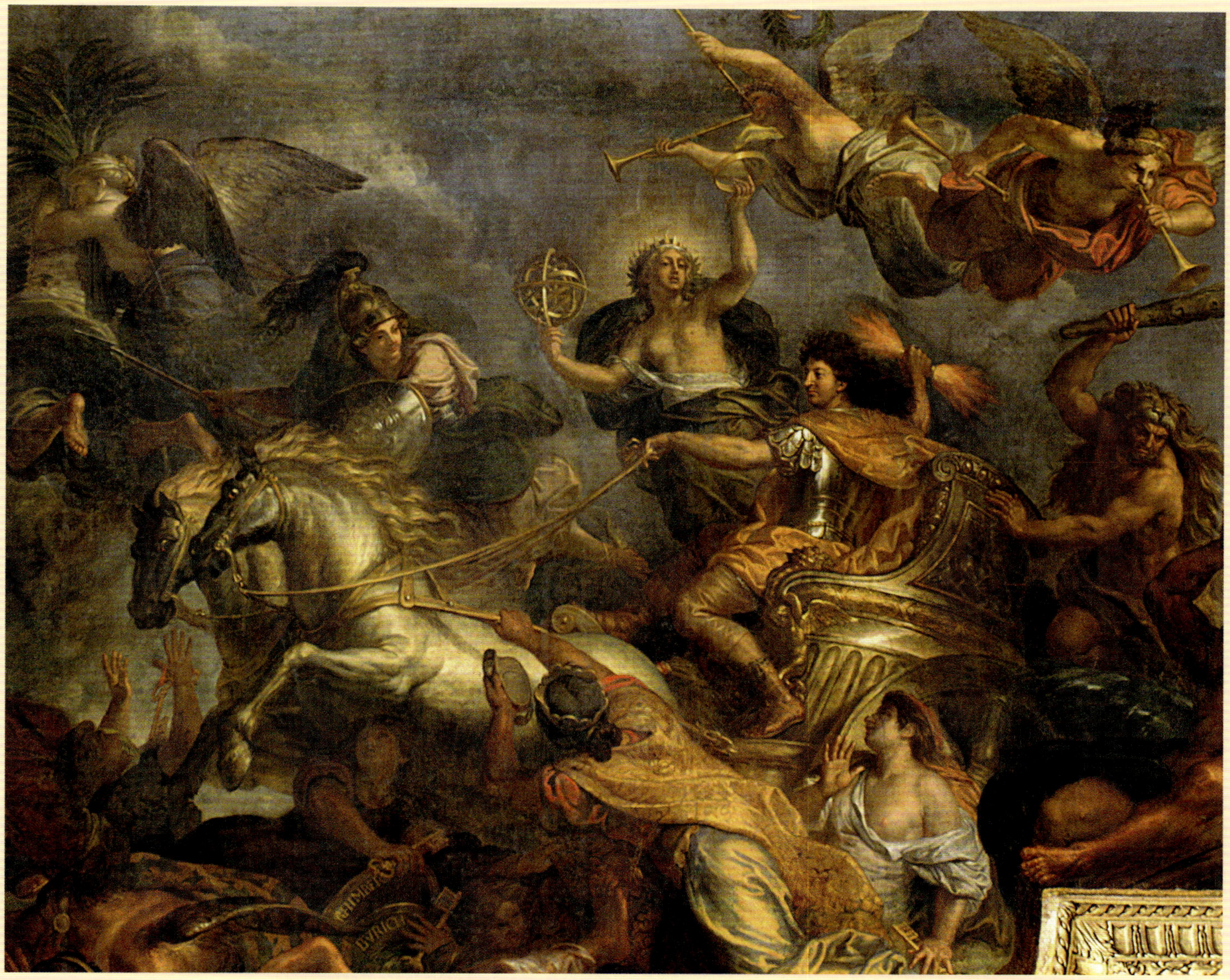

Charles Le Brun

En 1647, Charles Le Brun (1619-1690) se convierte en pintor y asistente de Luis XIV y un año más tarde en uno de los fundadores de la Académie Royale de Peinture et de Sculpture. El año 1664 marca el inicio de la fase más importante de su carrera. Ahora lleva el título "Premier Peintre du Roi" y comienza a decorar el interior de Versalles. Su excelente reputación le valió otros encargos importantes, incluyendo trabajos en el Hôtel Lambert de París o en el Castillo de Vaux-le-Vicomte a petición de Nicolas Fouquet. En Versalles, Charles Le Brun pintó, entre otras cosas, las decoraciones de la Escalerade los Embajadores, el Salón de los Espejos y el Salón de la Guerra y el Salón de la Paz. También supervisa el trabajo en los apartamentos de los Reyes. Además, creó cajas de cartón como plantillas para tapices para la Manufacture Royale des Tapisseries, de la cual fue director en1663.. Pero también sus pinturas de caballete, que muestran escenas religiosas o retratos en honor al Rey Sol, son de gran calidad.

Charles Le Brun

Em 1647, Charles Le Brun (1619-1690) tornou-se pintor e criado de Luís XIV. Um ano depois, foi um dos fundadores da Académie Royale de Peinture et de Sculpture. O ano de 1664 marca o início da fase mais importante de sua carreira. Ele agora tem o título de "Premier Peintre du Roi" e começa a decorar o interior de Versalhes. Sua excelente reputação lhe rendeu outras grandes encomendas, incluindo obras no Hôtel Lambert em Paris ou no Castelo de Vaux-le-Vicomte, a pedido de Nicolas Fouquet. Em Versalhes, Charles Le Brun pintou, entre outras coisas, as decorações da Grande Escadaria do Mensageiro, o Salão dos Espelhos e o Salão da Guerra e da Paz. Ele também supervisiona o trabalho nos apartamentos do Rei e da Rainha. Além disso, criou caixas de cartão para a Manufacture Royale des Tapisseries, cujo director era de 1663, como modelos para tapeçarias. Mas também as suas pinturas de cavalete, que mostram cenas religiosas ou retratos em honra do Rei Sol, são de alta qualidade.

Charles Le Brun

In 1647 werd Charles Le Brun (1619-1690) schilder en kamerdienaar van Lodewijk XIV. Een jaar later was hij een van de oprichters van de Académie Royale de Peinture et de Sculpture. Het jaar 1664 markeert het begin van de belangrijkste fase van zijn carrière. Hij droeg nu de titel 'premier peintre du Roi' en begon met de decoratie van het interieur van Versailles. Zijn uitstekende reputatie leverde hem nog meer belangrijke opdrachten op, waaronder werken voor het Hôtel Lambert in Parijs en het kasteel van Vaux-le-Vicomte op verzoek van Nicolas Fouquet. In Versailles schilderde Charles Le Brun onder andere de versiering van de grote trap met de boodschappers, de spiegelzaal en de salon van oorlog en vrede. Hij was ook opzichter over de werkzaamheden aan de appartementen van de koning en de koningin. Daarnaast maakte hij voor de Manufacture Royale des Tapisseries, waarvan hij vanaf 1663 directeur was, kartons als sjablonen voor wandkleden. Maar ook de doeken die hij aan een ezel schilderde, waarop religieuze taferelen of portretten ter ere van de Zonnekoning te zien zijn, zijn van hoge kwaliteit.

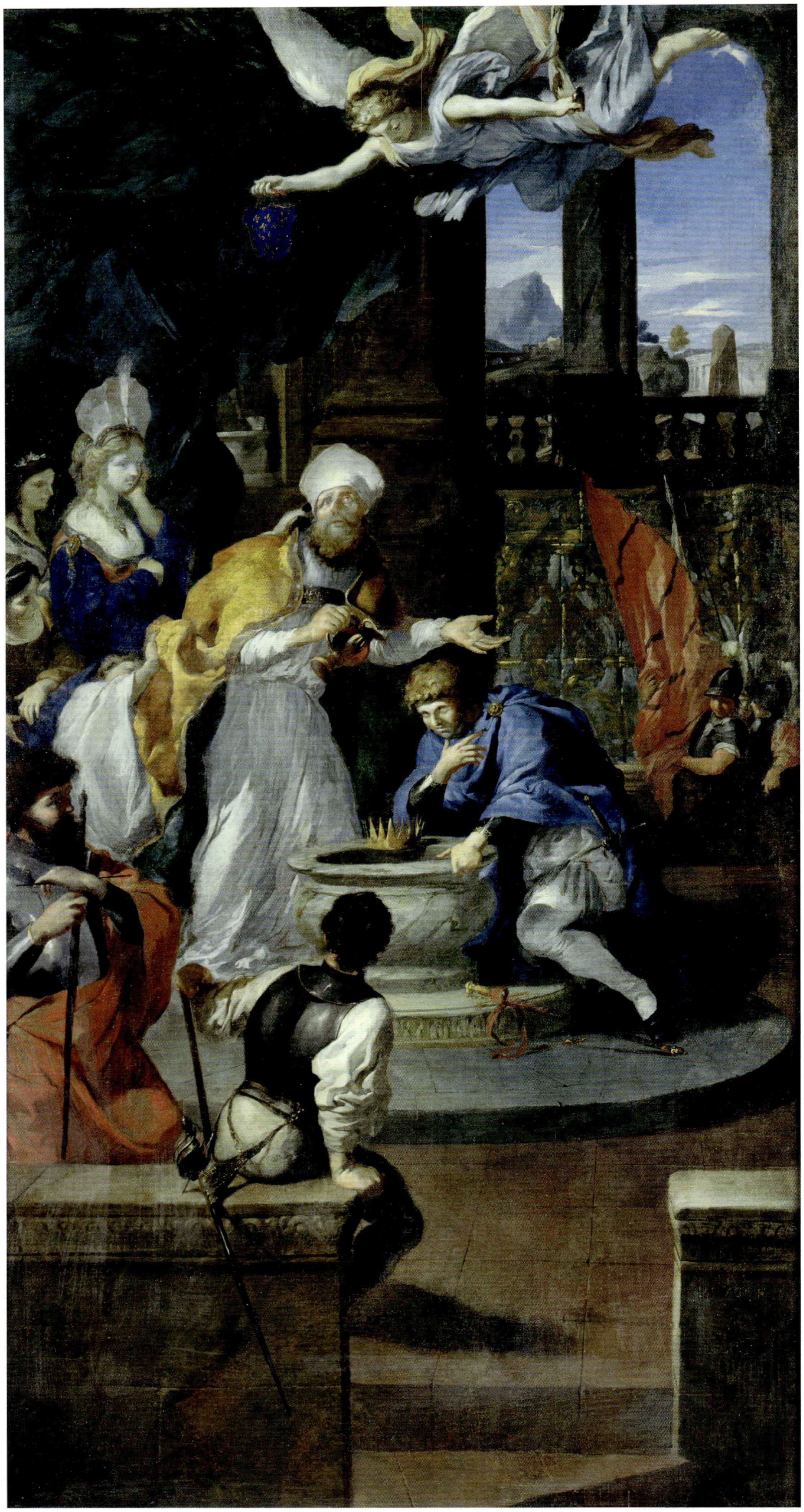

The Baptism of Clovis I. (465-511)
Pierre Puget is primarily known as a sculptor, but also created 16 paintings. This work and *The Baptism of Constantine* were commissioned for the Baptistery of Marseille Cathedral.

Le Baptême de Clovis (465-511)
Plus connu en tant que sculpteur, Pierre Puget n'a peint que dix-sept tableaux. *Le Baptême de Clovis* lui a été commandé, avec *Le Baptême de Constantin,* pour orner le baptistère de la Major, à Marseille.

Die Taufe Chlodwigs I. (465-511)
Pierre Puget ist in erster Linie als Bildhauer bekannt, schuf aber auch 16 Gemälde. Dieses und *Die Taufe Konstantins* waren Auftragsarbeiten für das Baptisterium der Kathedrale von Marseille.

El Bautismo de Clodoveo (465-511)
Pierre Puget es conocido principalmente como escultor, pero también creó 16 pinturas. Este y el *Bautismo de Constantino* fueron encargados para el Baptisterio de la Catedral de Marsella.

O Batismo de Clovis I. (465-511)
Pierre Puget é conhecido principalmente como um escultor, mas também criou 16 pinturas. Este e o *Batismo de Constantino* foram encomendados para o Batistério da Catedral de Marselha.

De doop van Clovis I (465-511)
Pierre Puget is vooral bekend als beeldhouwer, maar heeft ook zestien schilderijen gemaakt. Dit doek en *De doop van Constantijn* werden besteld voor de doopkapel van de kathedraal van Marseille.

PIERRE PUGET (1620-1694)

1653, Oil on canvas/Huile sur toile, 158 × 87 cm, Musée des Beaux-Arts, Marseille

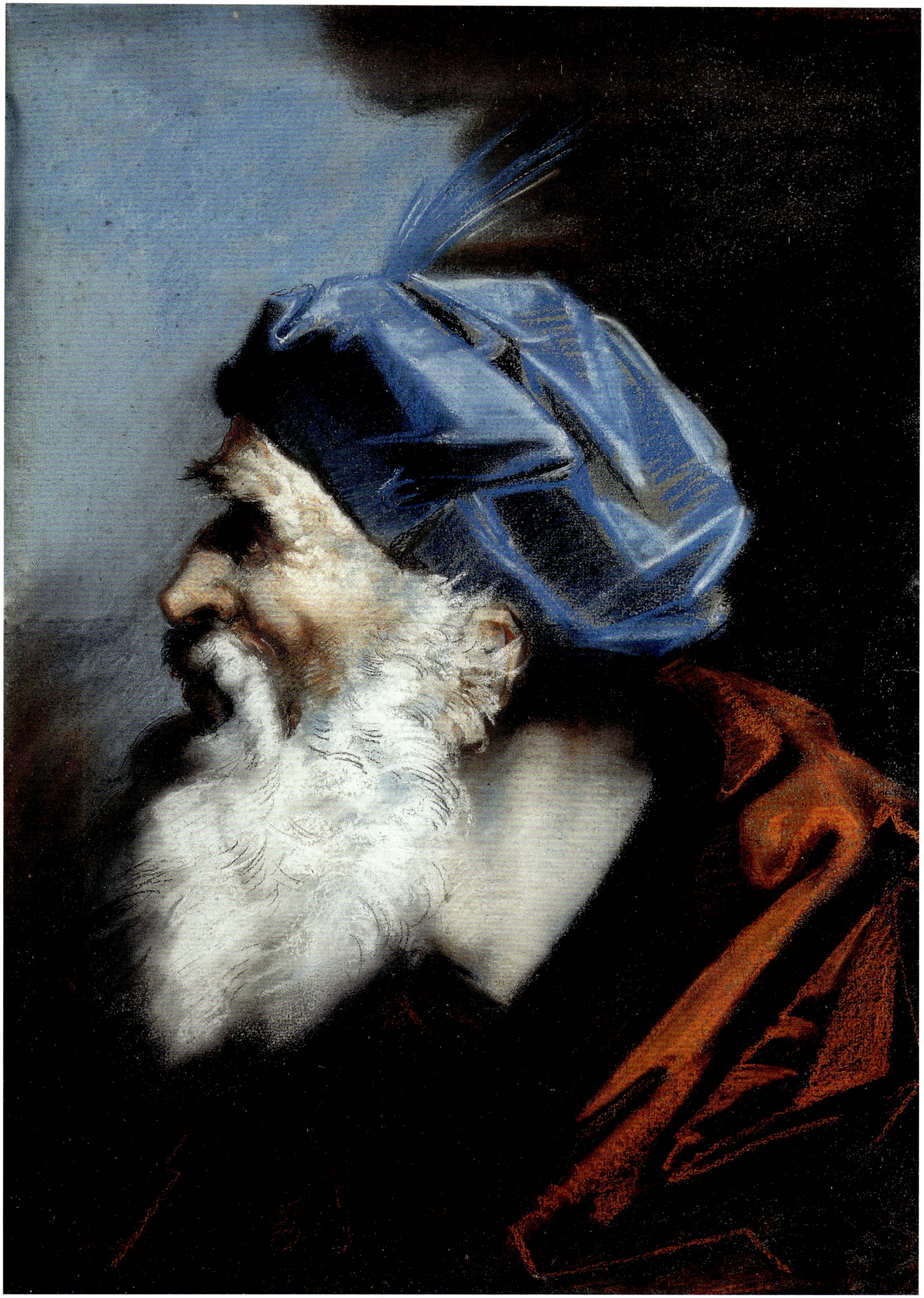

Head of Joseph of Arimathaea

Tête de Joseph d'Arimathie

Kopf des Josef von Arimathäa

Rostro de José de Arimatea

Cabeça de José de Arimatéia

Hoofd van Jozef van Arimathaea

JEAN-BAPTISTE JOUVENET

(1644-1717)

Pastel, 61 × 43 cm, Private collection

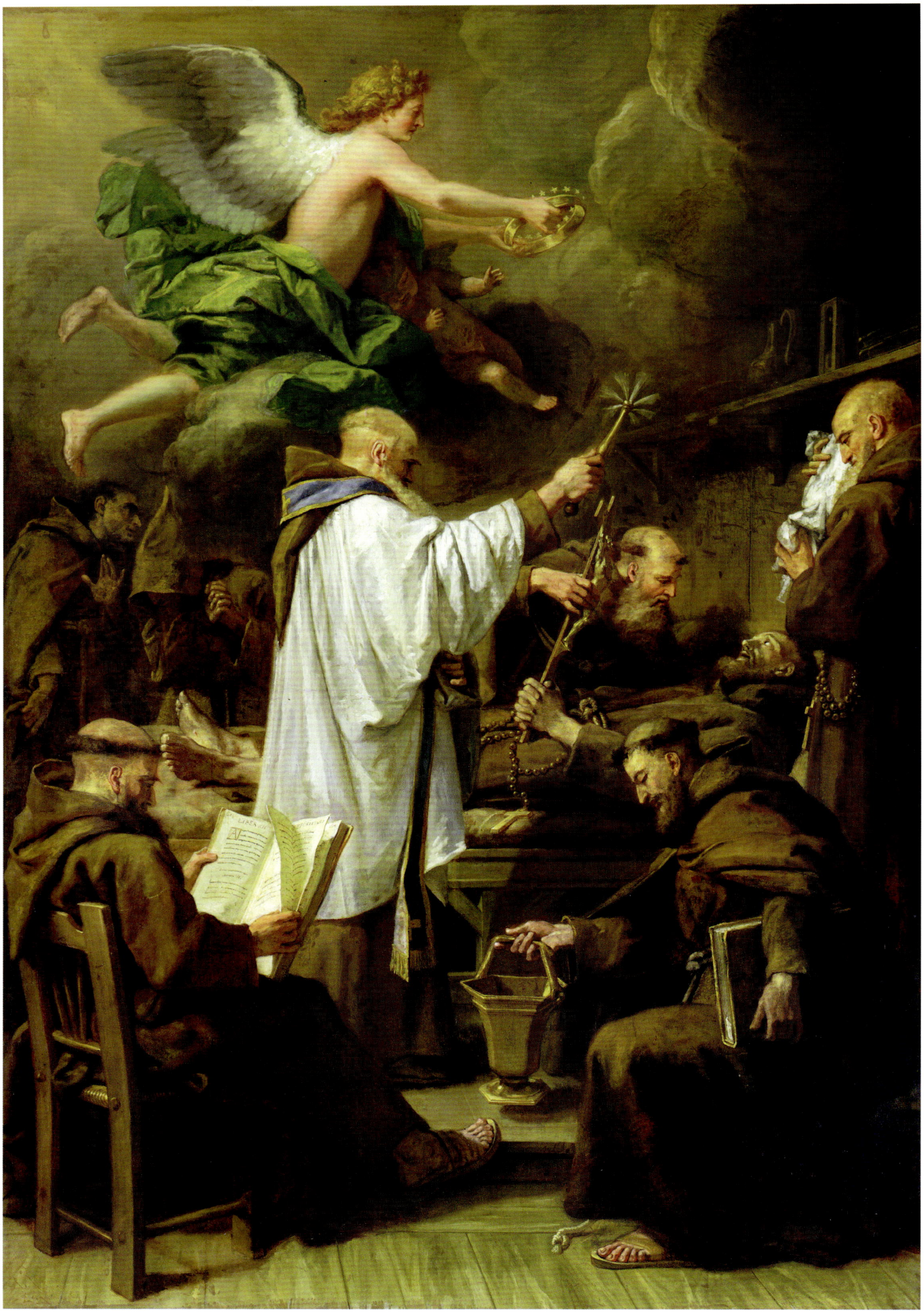

The Death of St. Francis

La Mort de saint François

Der Tod des heiligen Franziskus

La muerte de San Francisco

A morte de São Francisco

De dood van de heilige Franciscus

JEAN-BAPTISTE JOUVENET (1644-1717)

c. 1713, Oil on canvas/Huile sur toile, 207 × 150 cm, Musée des Beaux-Arts, Rouen

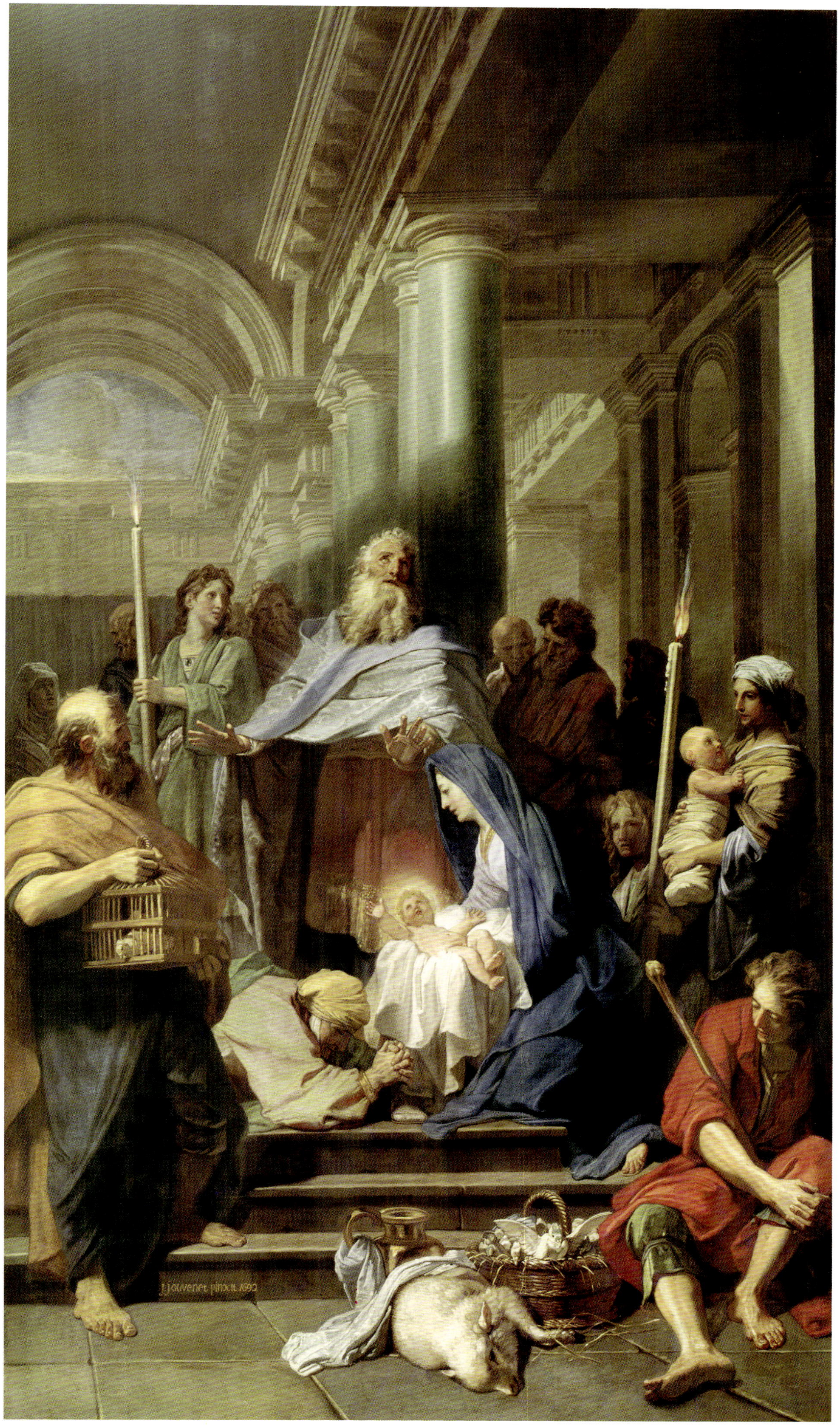

The Presentation in the Temple
At 17, Jean-Baptiste Jouvenet, born in Rouen, moved to Paris. There he was trained by Le Brun, whom he assisted in the design of Versailles. He became a painter popular with Louis XIV.

La Présentation au temple
Né à Rouen, Jean-Baptiste Jouvenet rejoint Paris à 17 ans. Il fait son apprentissage auprès de Charles Le Brun, qu'il assiste pour certains de ses décors de Versailles. Il sera très apprécié de Louis XIV.

Die Darstellung im Tempel
Mit 17 zieht der in Rouen geborenen Jean-Baptiste Jouvenet nach Paris. Dort lässt er sich bei Le Brun ausbilden, dem er bei der Ausgestaltung von Versailles assistiert. Er wird zu einem beliebten Maler Ludwigs XIV.

La representación en el templo
Nacido en Rouen, Jean-Baptiste Jouvenet se trasladó a París a los 17 años. Allí fue formado por Le Brun, a quien asistió en el diseño de Versalles. Se convirtió en un pintor popular de Luis XIV.

A representação no templo
Aos 17 anos, Jean-Baptiste Jouvenet, nascido em Rouen, mudou-se para Paris. Lá ele foi treinado por Le Brun, a quem ele ajudou no projeto de Versalhes. Tornou-se um pintor popular de Luís XIV.

De presentatie in de tempel
De in Rouen geboren Jean-Baptiste Jouvenet verhuisde op zijn 17e naar Parijs. Daar ging hij in de leer bij Le Brun, die hij assisteerde bij de decoratie van Versailles. Hij werd een geliefde schilder van Lodewijk XIV.

JEAN-BAPTISTE JOUVENET (1644-1717)
1692, Oil on canvas/Huile sur toile, 330 × 200 cm,
Musée des Beaux-Arts, Rouen

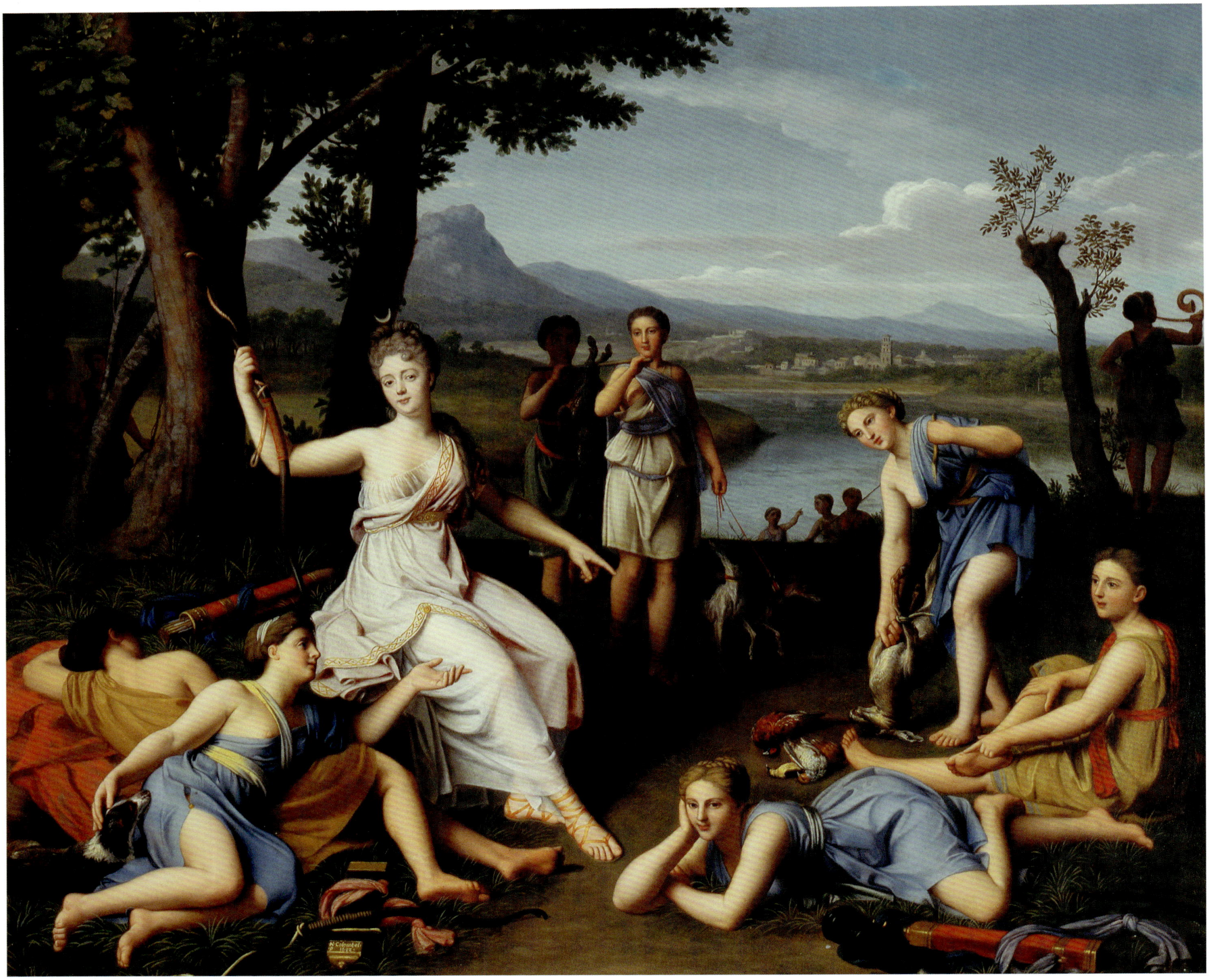

Portrait of a Lady as Diana Returning from the Hunt

Portrait d'une femme sous les traits de Diane revenant de la chasse

Porträt einer Dame als Diana, die von der Jagd zurückkehrt

Retrato de una dama como Diana volviendo de la Caza

Retrato de uma Dama como Diana Voltando da Caça

Portret van een dame als Diana die terugkeert van de jacht

NICOLAS COLOMBEL (1644-1717)

c. 1699, Oil on copper panel/Huile sur panneau de cuivre, 65,7 × 81,1 cm, Private collection

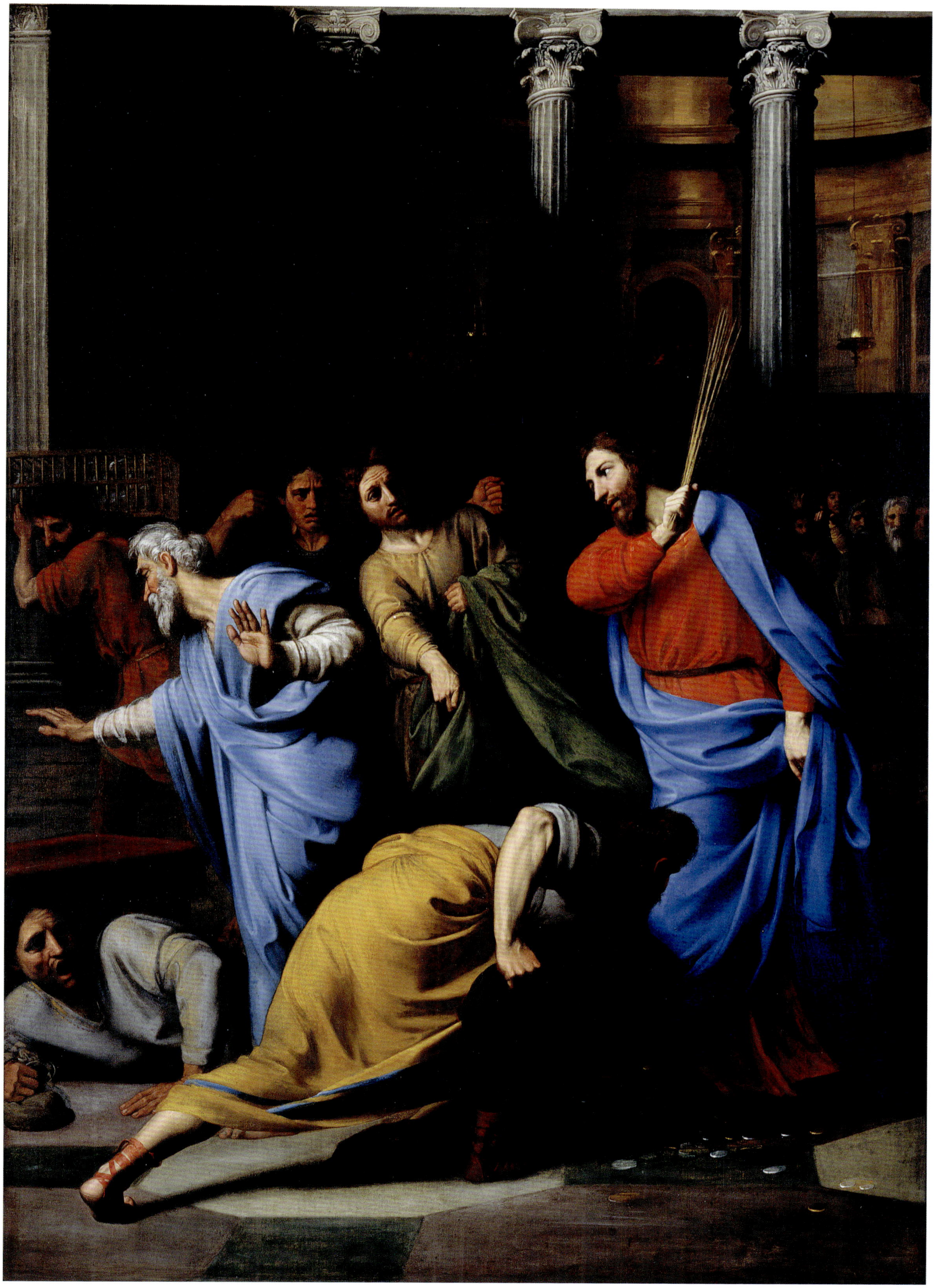

Christ Expelling the Money Changers from the Temple

Jésus Christ chassant les marchands du Temple

Christus vertreibt die Geldwechsler aus dem Tempel

Cristo expulsa a los mercaderes del templo

Cristo expulsa os cambistas do templo

Jezus verjaagt de geldwisselaars uit de tempel

NICOLAS COLOMBEL (1644-1717)

1682, Oil on canvas/Huile sur toile, 119,4 × 88,3 cm, Saint Louis Art Museum, Saint Louis

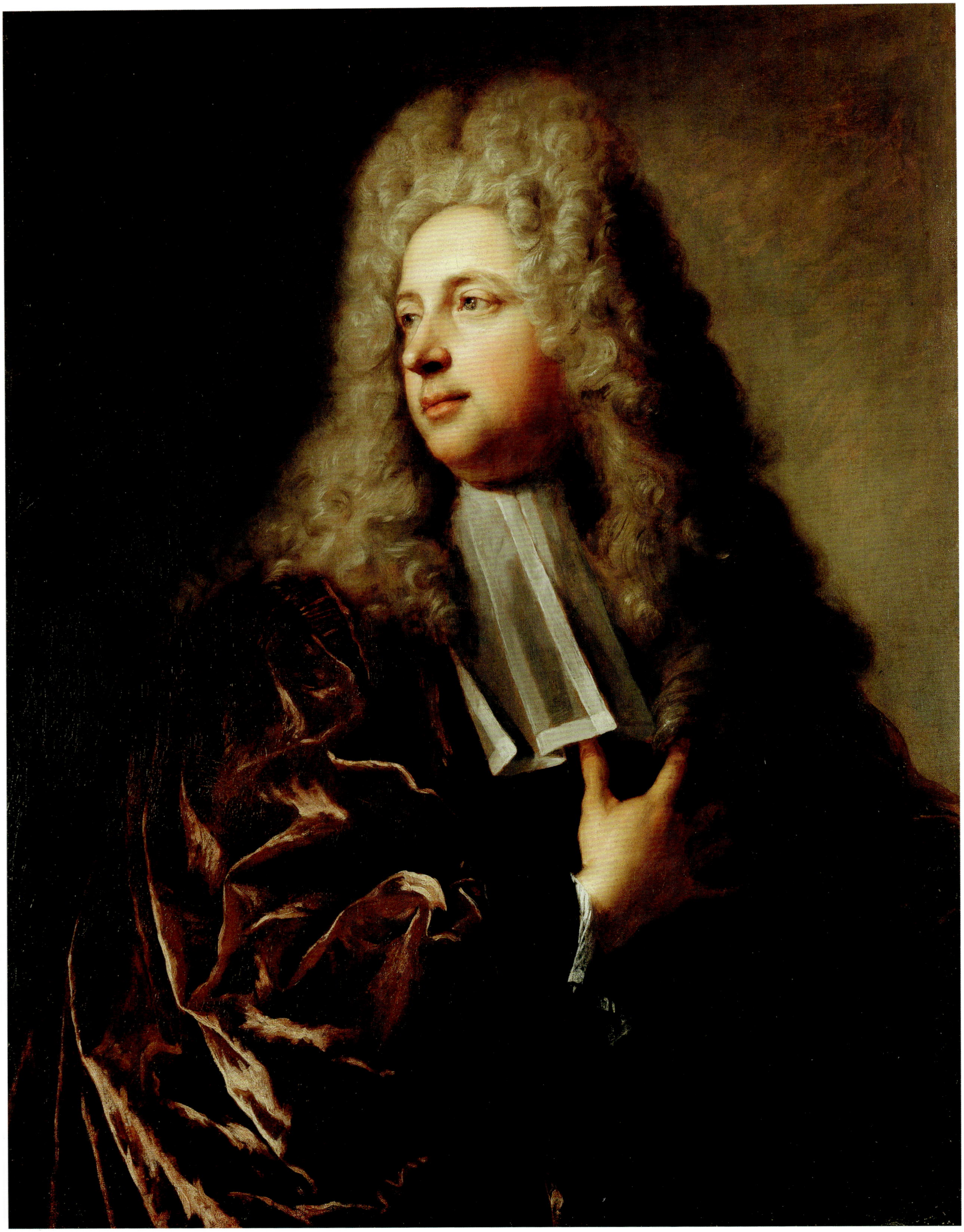

Portrait of an Echevin (Alderman) of the Town of Paris

Portrait d'un échevin de Paris

Porträt eines Pariser Stadtrats

Retrato de un concejal de la ciudad de París

Retrato de um vereador da cidade de Paris

Portret van een Parijs stadsraadslid

FRANÇOIS DE TROY
(1645-1730)
c. 1725, Oil on canvas/Huile sur toile, 92,5 × 72,6 cm, Private collection

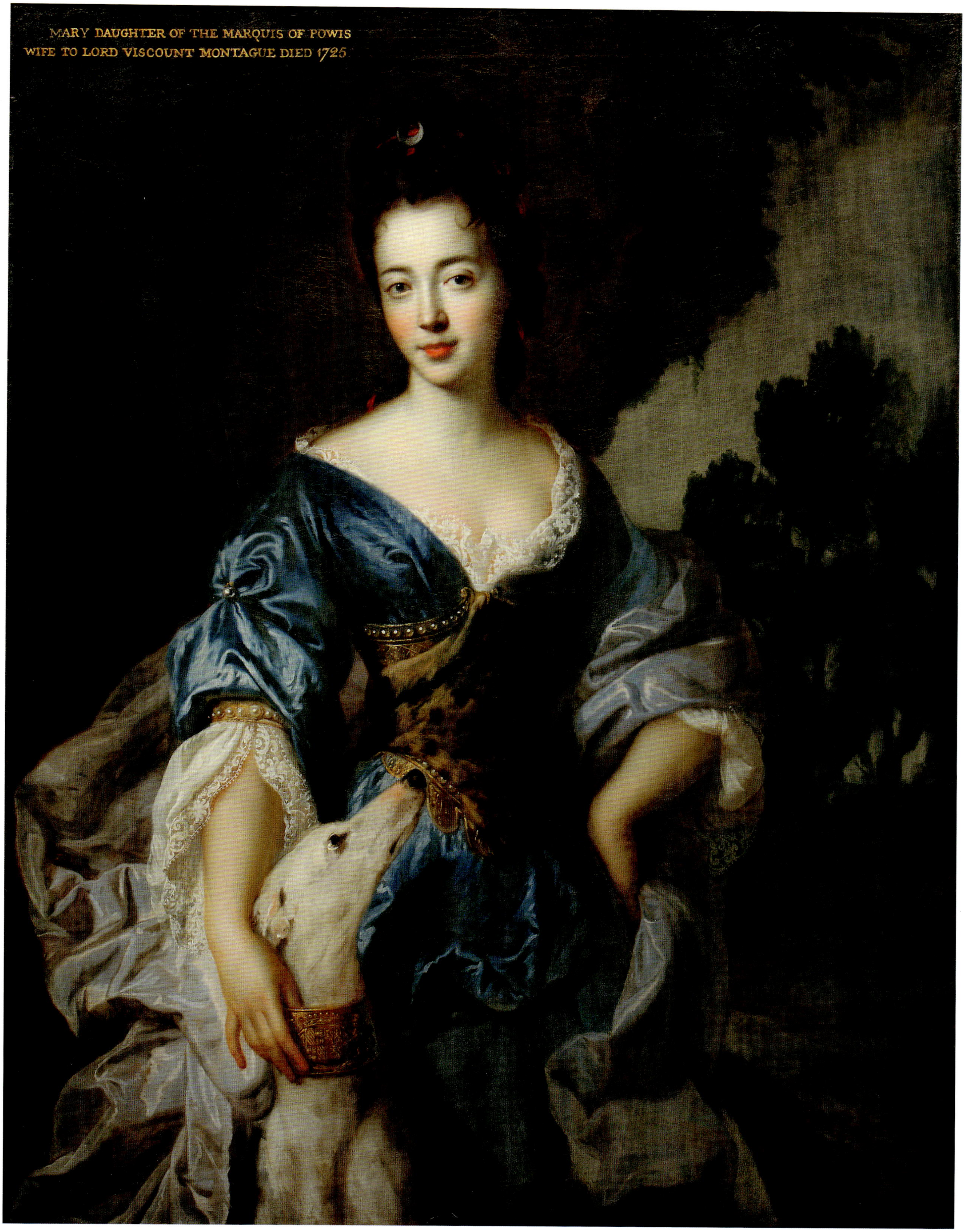

Portrait of the Vicomtesse de Molyneux (1659-1744) as Diana

Portrait de la Vicomtesse de Molyneux (1659-1744) en Diane

Porträt der Vicomtesse de Molyneux (1659-1744) als Diana

Retrato de la Vizcondesa de Molyneux (1659-1744) como Diana

Retrato do Vicomtesse de Molyneux (1659-1744) como Diana

Portret van de vicomtesse de Molyneux (1659-1654) als Diana

FRANÇOIS DE TROY (1645-1730)
c. 1688, Oil on canvas/Huile sur toile, 124,5 × 96,5 cm, Coughton Court, Alcester

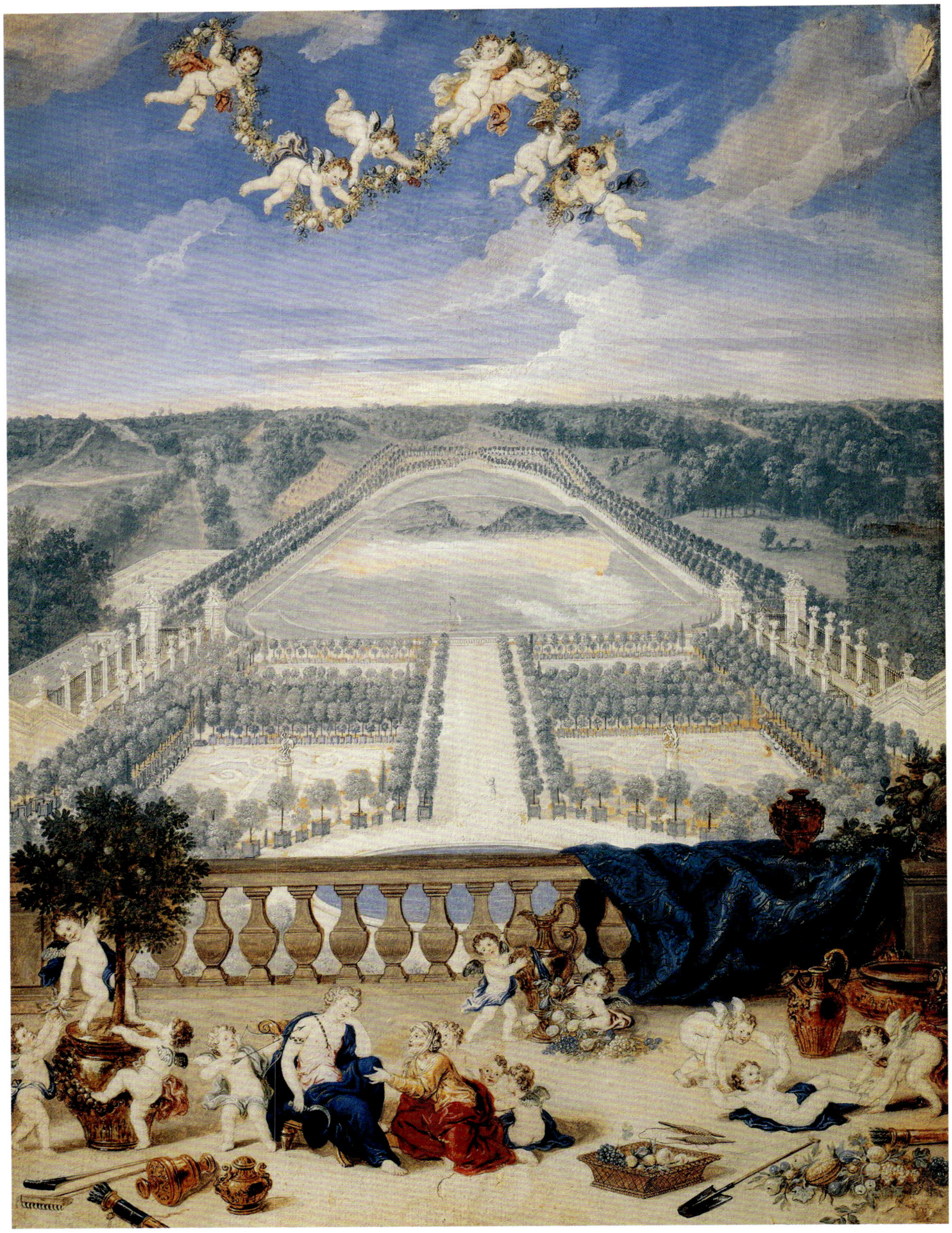

View of the Orangerie at Versailles

In addition to their aesthetic qualities, Cotele's works also have documentary value. Each of his paintings shows artistically and precisely the gardens of Versailles and the surrounding forest.

Vue du parterre de l'Orangerie et de la pièce d'eau des Suisses

Au-delà de leurs qualités esthétiques, les œuvres de Jean Cotelle revêtent une valeur documentaire. Chacune de ses peintures décrit avec précision et poésie les jardins de Versailles et leurs bosquets.

Blick auf die Orangerie und das Schweizer Becken

Neben ihren ästhetischen Qualitäten haben die Werke Cotelles auch dokumentarischen Wert. Jedes seiner Gemälde zeigt kunstvoll und präzise die Gartenanlagen von Versailles und den umliegenden Wald.

Vista del parterre del invernadero y del estanque suizo

Además de sus cualidades estéticas, las obras de Cotele tienen también un valor documental. Cada una de sus pinturas muestran con precisión y poesía los jardines de Versalles y el bosque circundante.

Vista da Oranjaria e da Bacia Suíça

Para além das suas qualidades estéticas, as obras da Cotele têm também valor documental. Cada uma de suas pinturas mostra artística e precisamente os jardins de Versalhes e a floresta circundante.

Blik op de oranjerie en het piece d'eau de Suisse in Versailles

Naast hun esthetische kwaliteiten hebben Cotelles werken ook een documentaire waarde. Elk van zijn schilderijen toont kunstzinnig en precies de tuinen van Versailles en het omliggende bos.

JEAN COTELLE (1648-1708)

1688, Oil of the canvas/Huile du toile, 200 × 140 cm, Château de Versailles

View of the Salle de Bal

Vue du bosquet de la Salle de bal

Das Ballsaal-Boskett

El salón de baile

O Bosquet do Salão de Baile

De balzaal

JEAN COTELLE (1648-1708)

1688, Oil of the canvas/Huile du toile, 200 × 140 cm, Château du Grand Trianon, Versailles

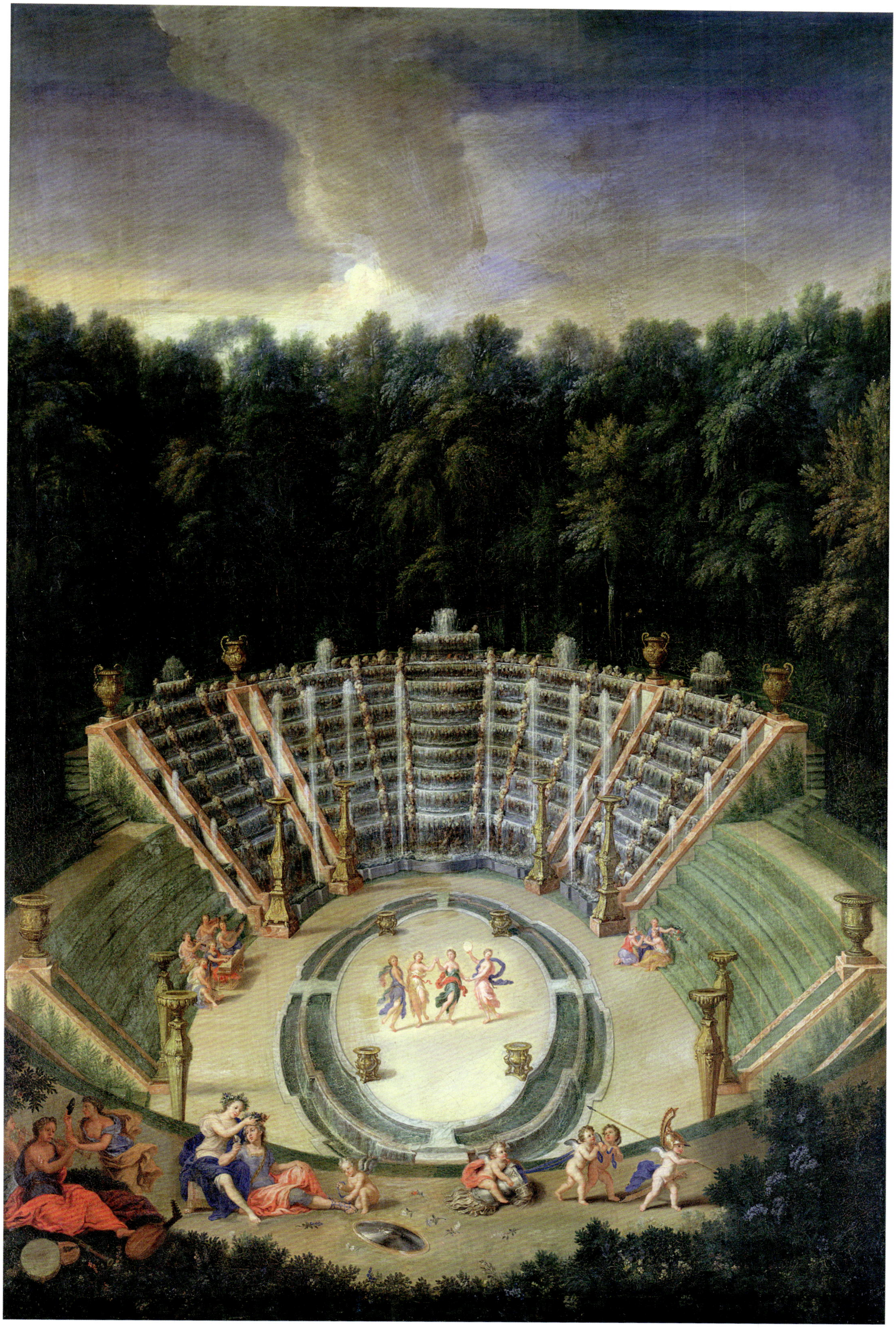

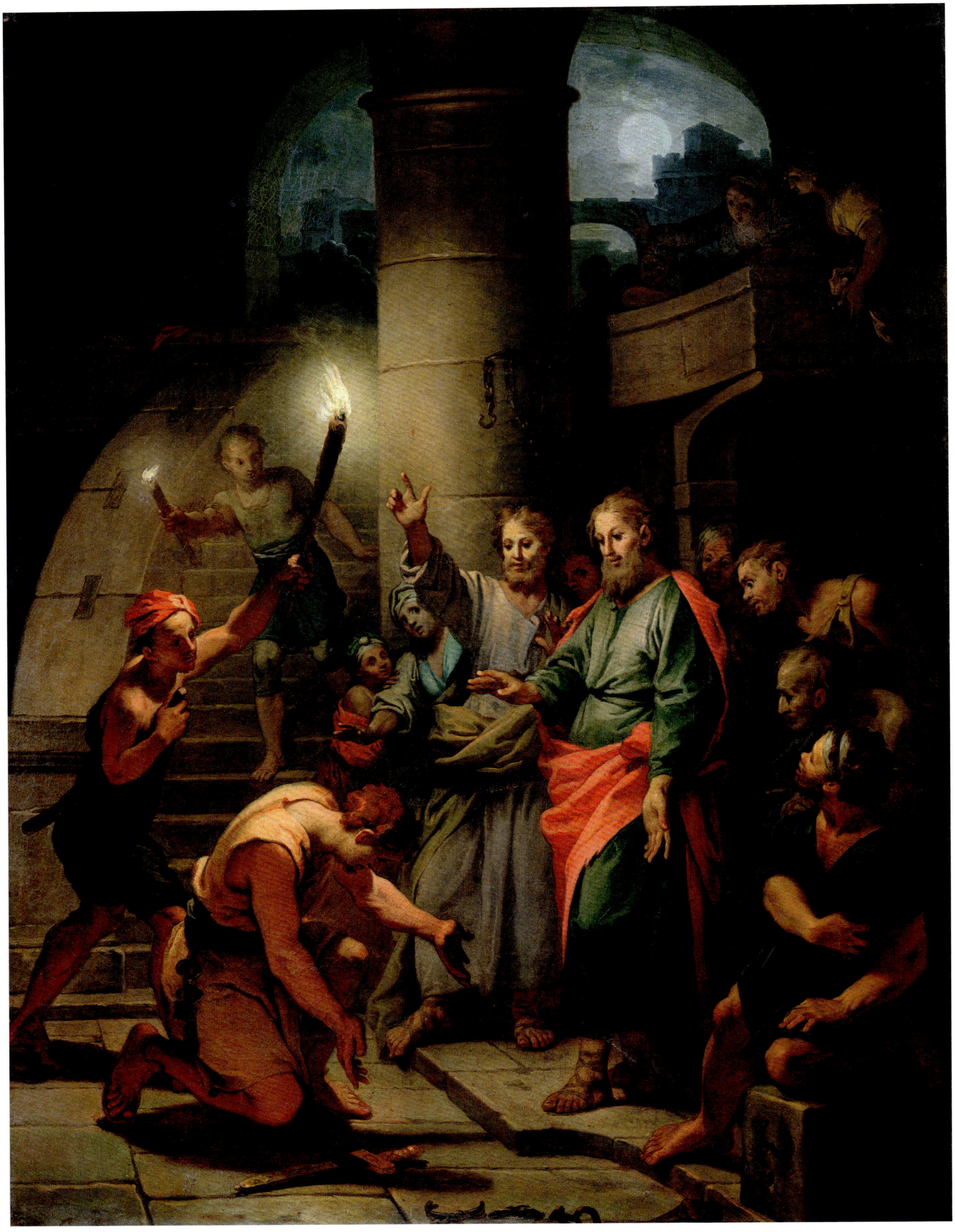

The Deliverance of Saint Paul and Saint Barnabas

La Délivrance de saint Paul et saint Barnabé

Befreiung des heiligen Paulus und heiligen Barnabas

Liberación de San Pablo y San Bernabé

Libertação de São Paulo e São Barnabé

Bevrijding van de heilige Paulus en de heilige Barnabas

CLAUDE-GUY HALLÉ (1652-1736)

c. 1711, Oil on canvas/Huile sur toile,

90 × 72 cm, Musée Carnavalet, Paris

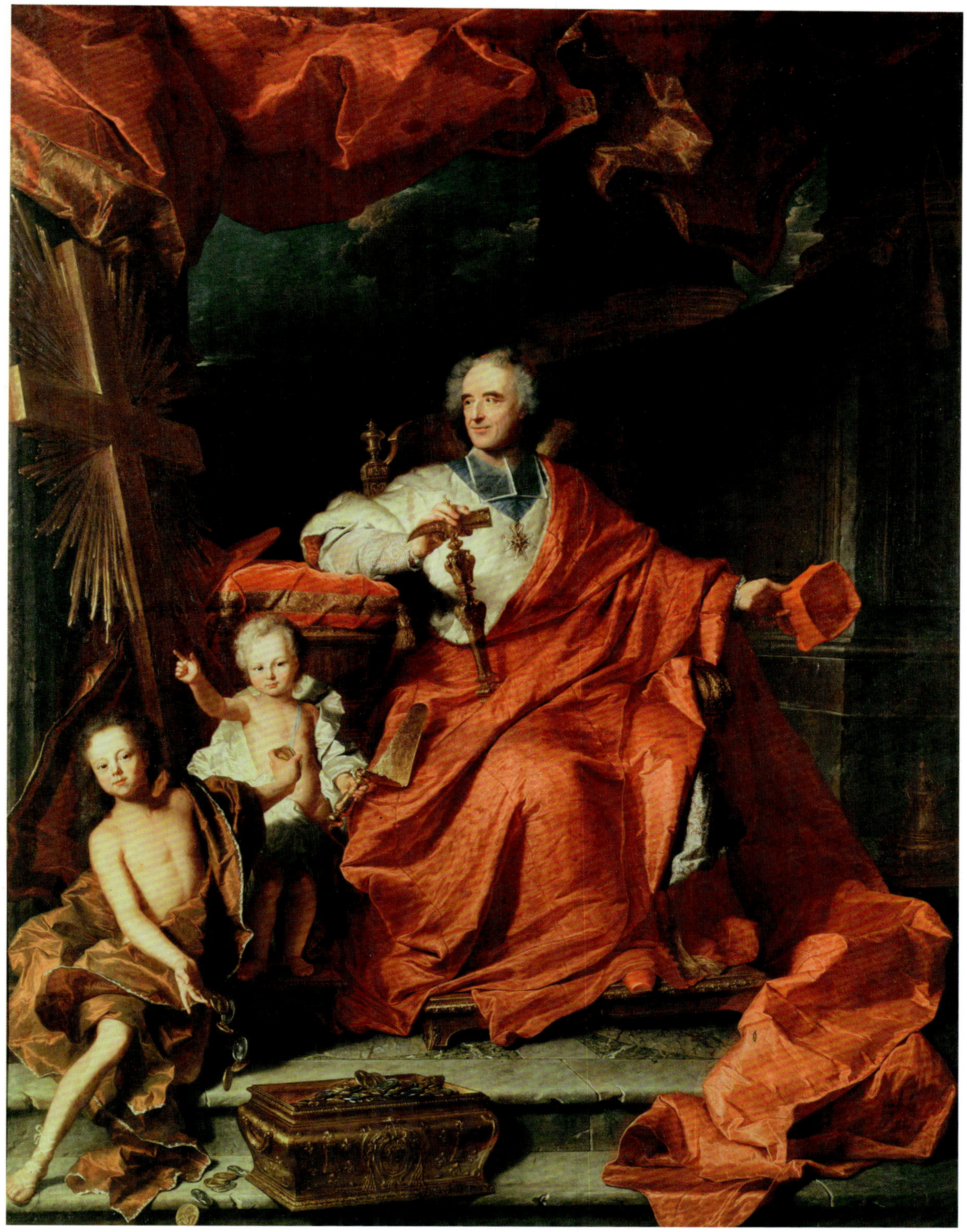

Portrait of Cardinal de Bouillon (1643-1715)
The portrait commemorates the opening ceremony of the Holy Door in St. Peter's Basilica, which the Cardinal performed in 1699 on the occasion of the Holy Year at the beginning of the new century, in place of Pope Innocent XII.

Portrait du cardinal de Bouillon (1643-1715)
Ce portrait évoque la cérémonie d'ouverture de la Porte sainte de Saint-Pierre de Rome, que le cardinal présida en 1699 à la place d'Innocent XII, lors du Grand Jubilé de l'entrée dans le nouveau siècle.

Porträt des Kardinals de Bouillon (1643-1715)
Das Porträt erinnert an die Zeremonie zur Öffnung der Heiligen Pforte im Petersdom, die der Kardinal 1699 anlässlich des Heiligen Jahres beim Eintritt in das neue Jahrhundert anstelle von Papst Innozenz XII. leitete.

Retrato del Cardenal de Bouillon (1643-1715)
El retrato conmemora la ceremonia de apertura de la Puerta de San Pedro en la Basílica de San Pedro de Roma, que el Cardenal presidió en 1699 con motivo del Año Santo a principios del nuevo siglo en lugar del Papa Inocencio XII.

Retrato do Cardeal de Bouillon (1643-1715)
O retrato comemora a cerimônia de abertura da Porta de São Pedro na Basílica de São Pedro, que o Cardeal realizou em 1699 por ocasião do Ano Santo no início do novo século em substituição do Papa Inocêncio XII. Conduzido.

Portret van de kardinaal van Bouillon (1643-17415)
Het portret herdenkt de openingsceremonie van de heilige poort in de Sint-Pietersbasiliek, die de kardinaal in 1699 ter ere van het heilige jaar aan het begin van de nieuwe eeuw liet bouwen uit naam van paus Innocentius XII.

HYACINTHE RIGAUD (1659-1743)

1708, Oil on canvas/Huile sur toile, 247 × 217 cm, Musée Hyacinthe Rigaud, Perpignan

Hyacinthe-Sophie de Beschanel-Nointel, marquise de Louville

Hyacinthe Rigaud (1659-1743)

1708, Oil on canvas/Huile sur toile, 138,5 × 106,5 cm, Private collection

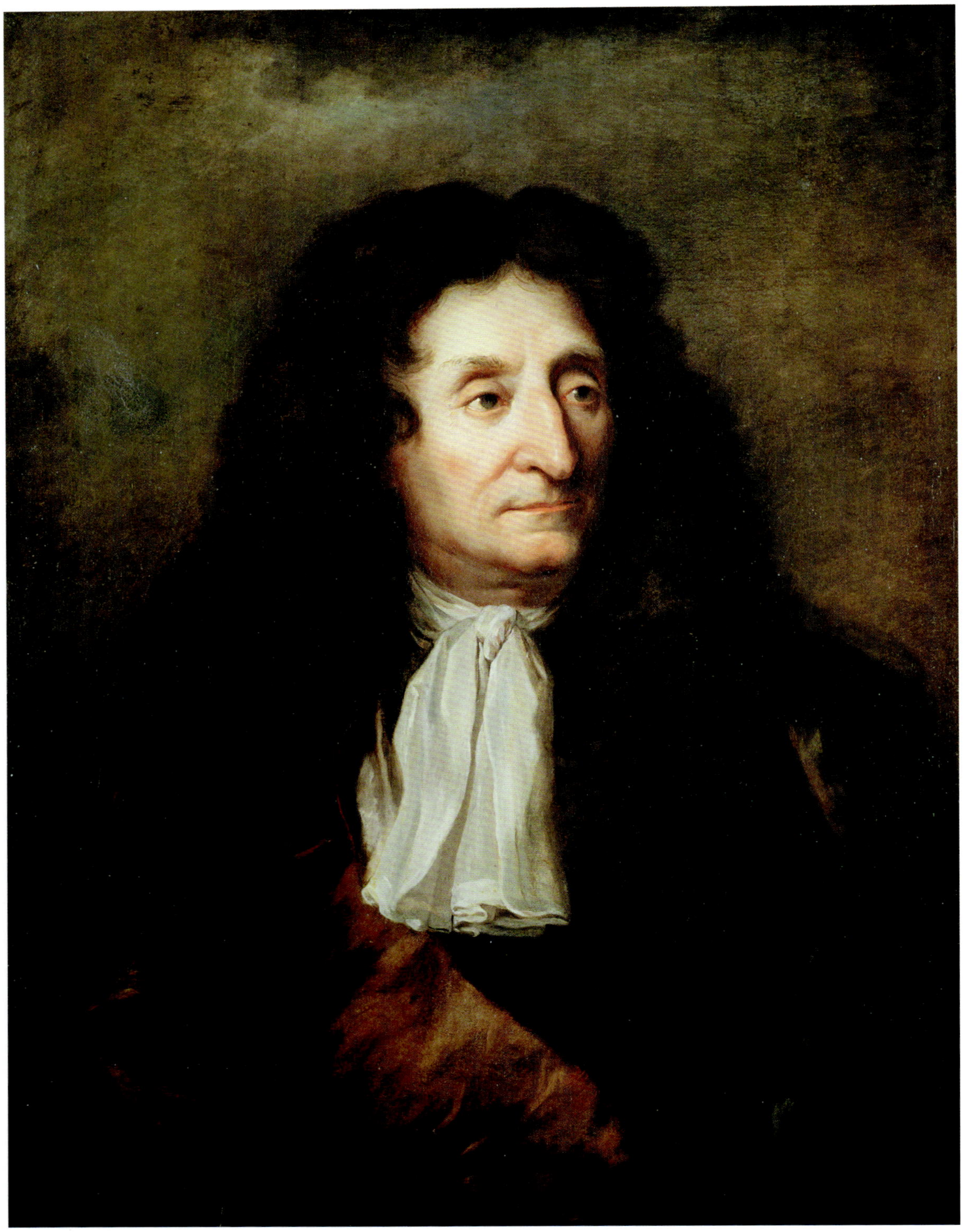

Jean de La Fontaine
Rigaud was one of the most famous portrait painters of the 18th century. Among others, he immortalized Louis XIV, Louis XV, the painter Parrocel, the architect Hardouin-Mansart and the authors Bossuet and La Fontaine.

Jean de la Fontaine
Rigaud est le portraitiste du Grand Siècle. Il peindra, entre autres, les rois Louis XIV et Louis XV, le peintre Parrocel, l'architecte Hardouin-Mansart, les écrivains et poètes Bossuet ou La Fontaine.

Jean de La Fontaine
Rigaud war einer der bekanntesten Porträtmaler des 18. Jahrhunderts. Er verewigte unter anderem Ludwig XIV., Ludwig XV., den Maler Parrocel, den Architekten Hardouin-Mansart sowie die Autoren Bossuet und La Fontaine.

Jean de La Fontaine
Rigaud fue uno de los retratistas más famosos del siglo XVIII. Entre otros, inmortalizó a Luis XIV, Luis XV, al pintor Parrocel, al arquitecto Hardouin-Mansart y a los autores Bossuet y La Fontaine.

Jean de La Fontaine
Rigaud foi um dos mais famosos pintores de retratos do século XVIII. Entre outros, imortalizou Luís XIV, Luís XV, o pintor Parrocel, o arquiteto Hardouin-Mansart e os autores Bossuet e La Fontaine.

Jean de La Fontaine
Rigaud was een van de beroemdste portretschilders van de 18e eeuw. Hij vereeuwigde onder anderen Lodewijk XIV, Lodewijk XV, de schilder Parrocel, de architect Hardouin-Mansart en de auteurs Bossuet en La Fontaine.

HYACINTHE RIGAUD (1659-1743)

1690, Oil on canvas/Huile sur toile, 66 × 55 cm, Musée Jean de La Fontaine, Château-Thierry

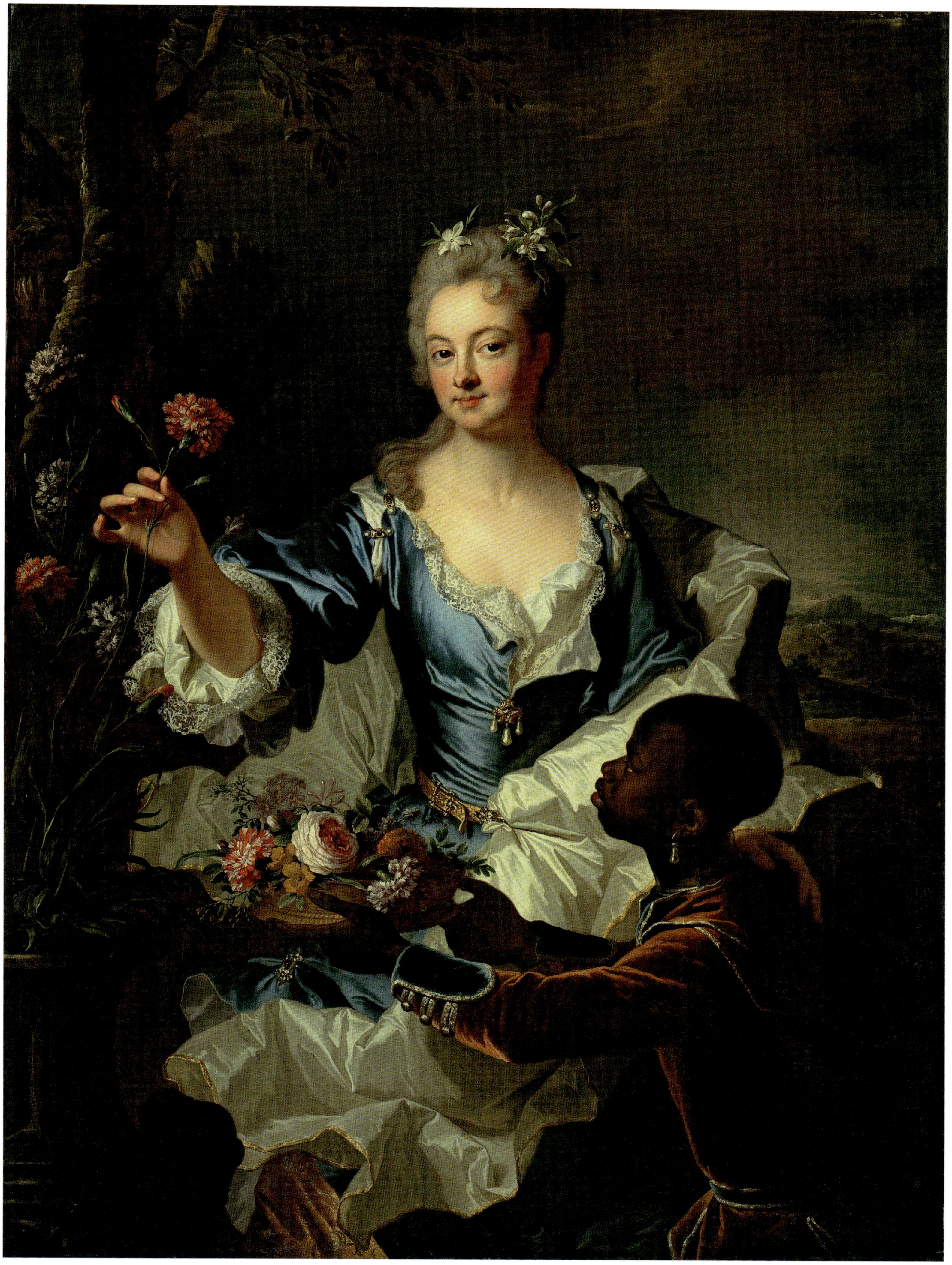

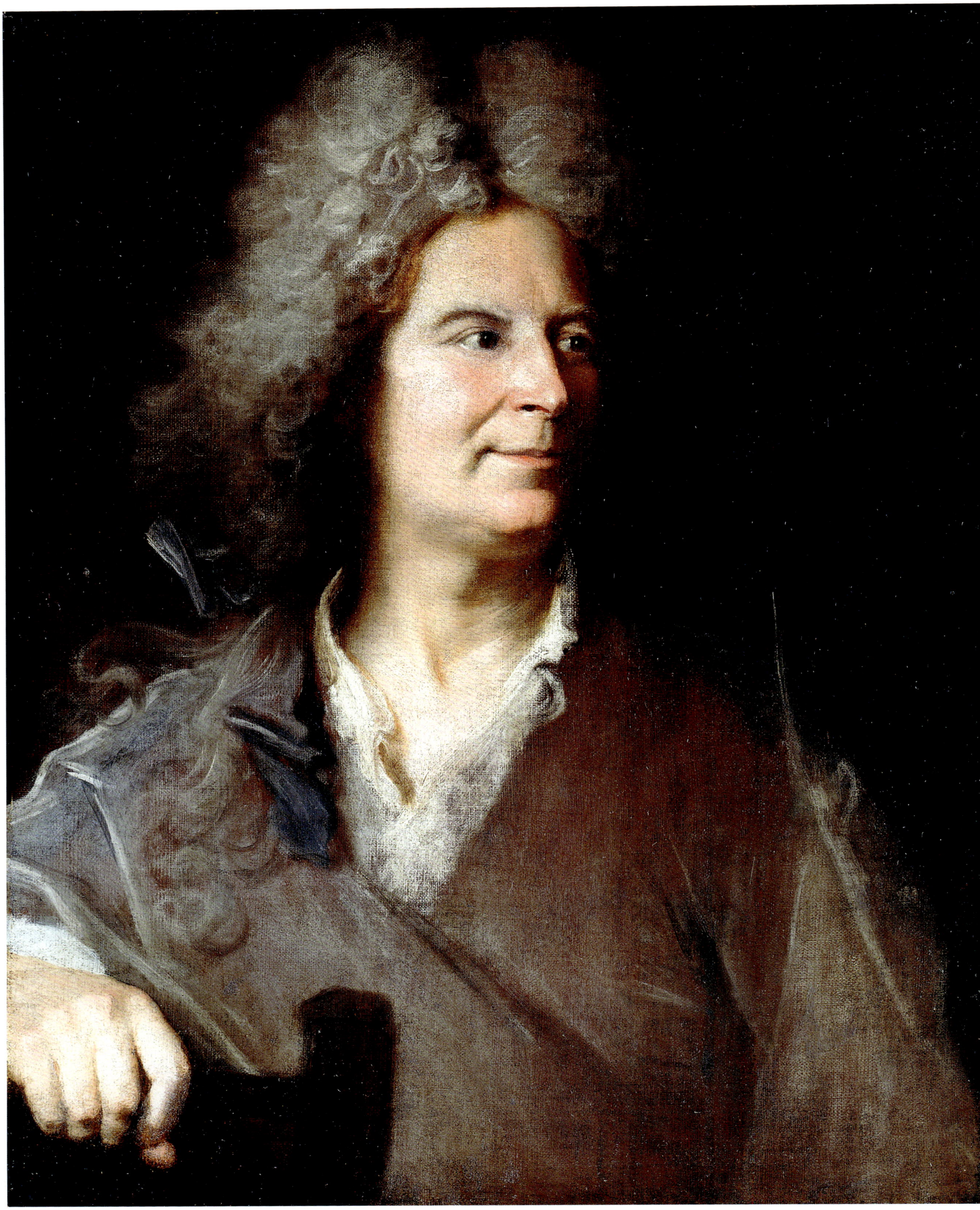

Portrait of a Sculptor, said to be Robert Le Lorrain (1666-1743)

Portrait de Robert Le Lorrain (1666-1743), sculpteur

Porträt des Bildhauers Robert Le Lorrain (1666-1743)

Retrato del escultor Robert Le Lorrain (1666-1743)

Retrato do escultor Robert Le Lorrain (1666-1743)

Portret van de beeldhouwer Robert Le Lorrain (1666-1743)

HYACINTHE RIGAUD (1659-1743)

Oil on canvas/Huile sur toile, 66 × 55 cm, Private collection

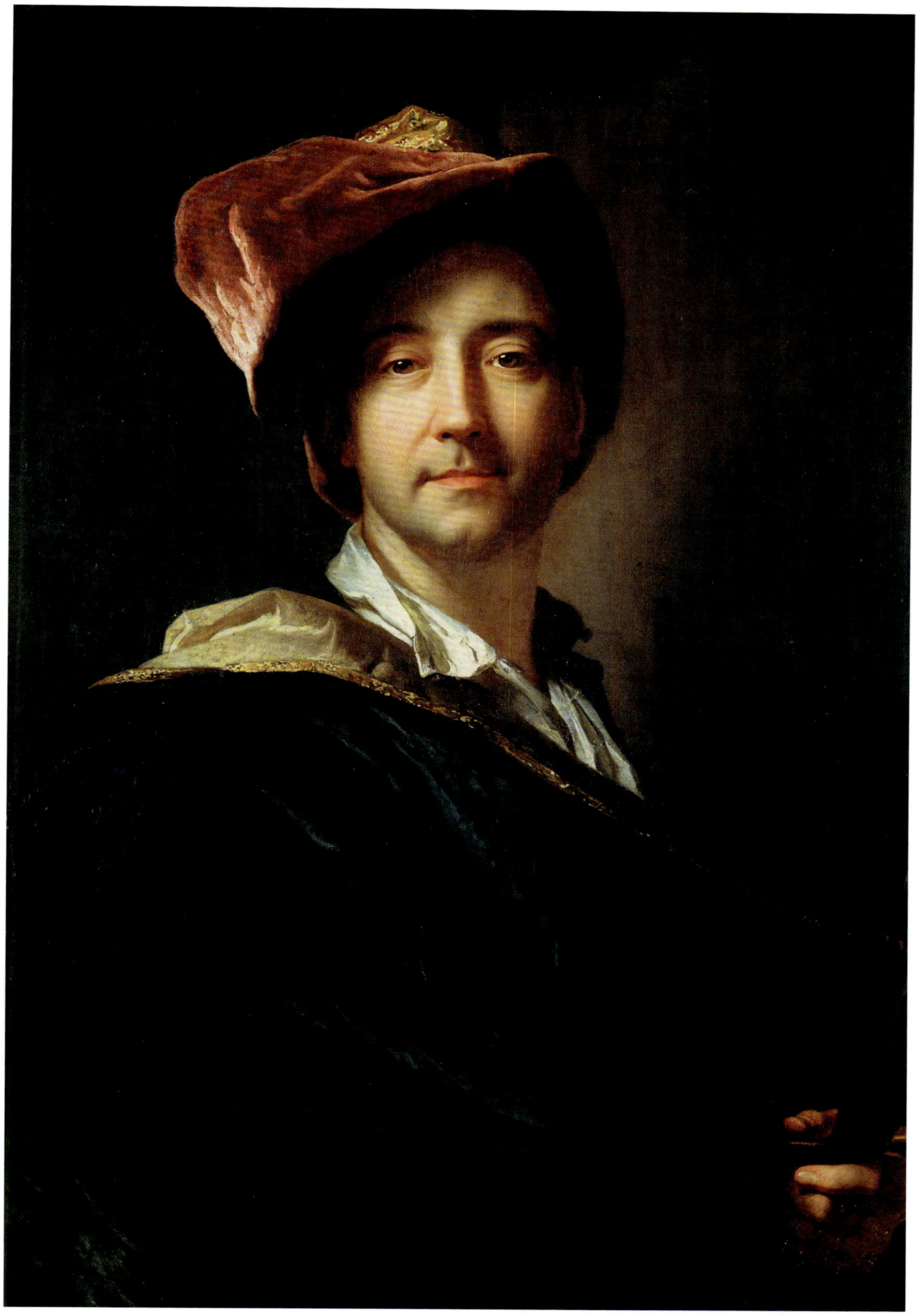

Self Portrait with Turban

The self-portrait with the red velvet cap is the most famous of the artist's works, who was strongly influenced by Dutch painting, especially Rembrandt.

Autoportrait dit au turban

Fortement marqué par l'influence de la peinture hollandaise, et de Rembrandt en particulier, cet autoportrait au bonnet de velours rouge est le plus célèbre de l'artiste, alors âgé de 39 ans.

Selbstbildnis mit Turban

Das Selbstbildnis mit roter Samtmütze ist das bekannteste des Künstlers, der stark von der niederländischen Malerei - insbesondere Rembrandt - beeinflusst war.

Autorretrato con turbante

El autorretrato con el gorro de terciopelo rojo es la obra más famosa del artista, que tuvo una fuerte influencia de la pintura holandesa, especialmente de Rembrandt.

Auto-retrato com Turban

O auto-retrato com o boné de veludo vermelho é o mais famoso dos trabalhos do artista, que foi fortemente influenciado pela pintura holandesa, especialmente Rembrandt.

Zelfportret met tulband

Het zelfportret met de rode fluwelen muts is het bekendste werk van de kunstenaar, die sterk beïnvloed werd door de Nederlandse schilderkunst, met name door Rembrandt.

HYACINTHE RIGAUD (1659-1743)

c. 1698, Oil on canvas/Huile sur toile, 81 × 65 cm, Musée Hyacinthe Rigaud, Perpignan

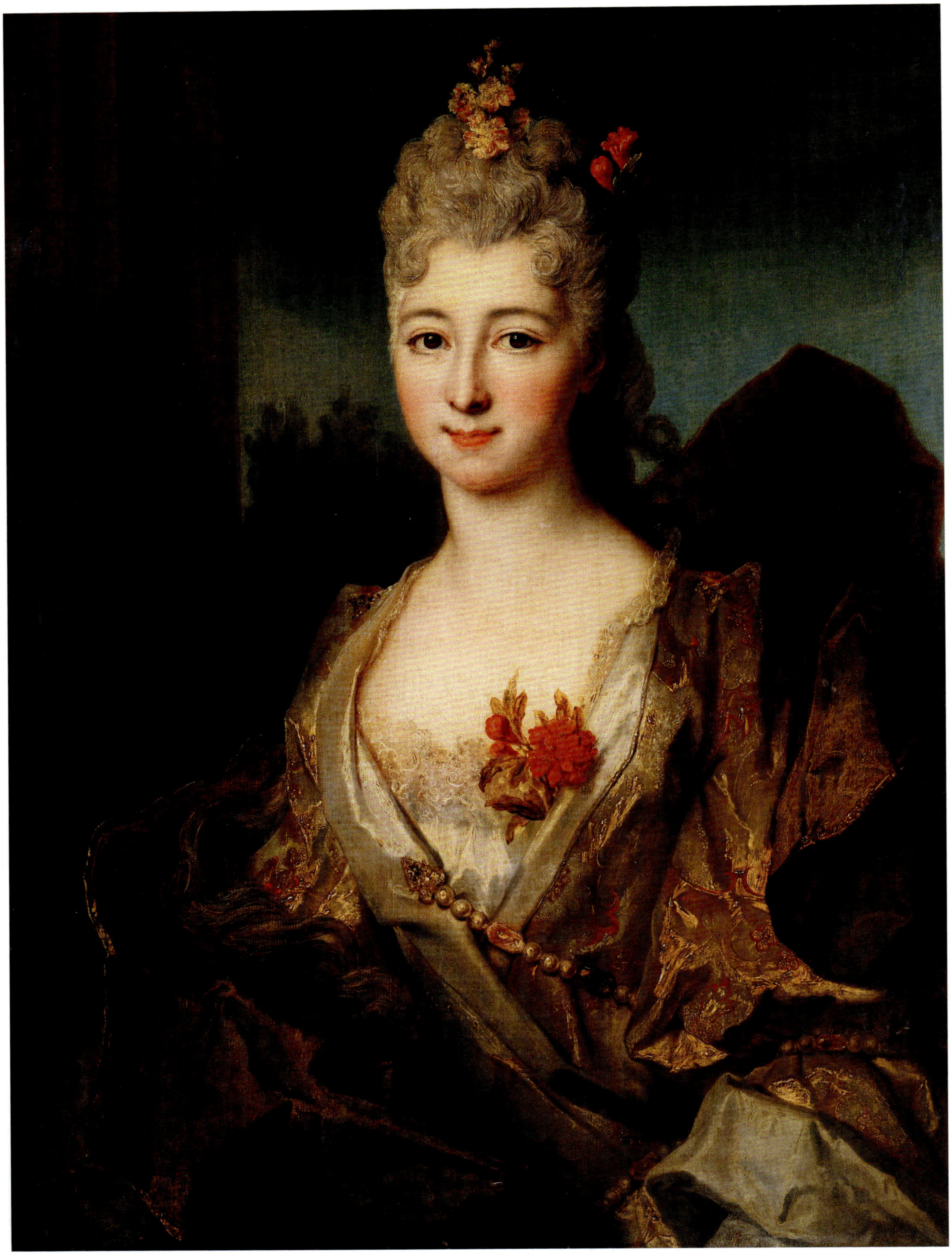

Portrait of a Lady

Portrait d'une dame

Porträt einer Dame

Retrato de una dama

Retrato de uma senhora

Portret van een dame

NICOLAS DE LARGILLIERRE (1656-1746)

c. 1713, Oil on canvas/Huile sur toile,
83 × 66 cm, Private collection

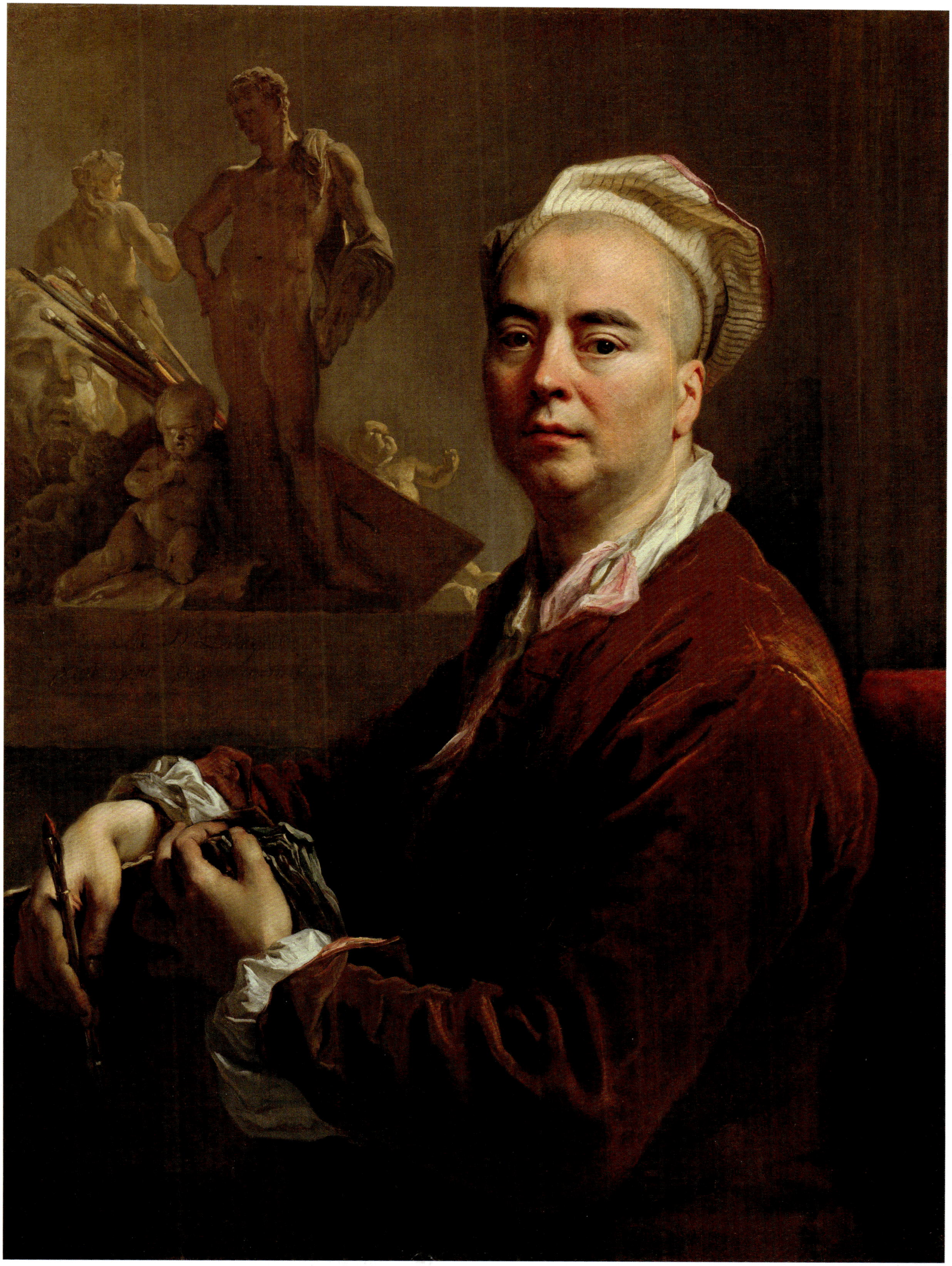

Self Portrait

Autoportrait

Selbstporträt

Autorretrato

Auto-retrato

Zelfportret

NICOLAS DE LARGILLIERRE

(1656-1746)

1707, Oil on canvas/Huile sur toile, 90,5 × 71,1 cm, National Gallery of Art, Washington

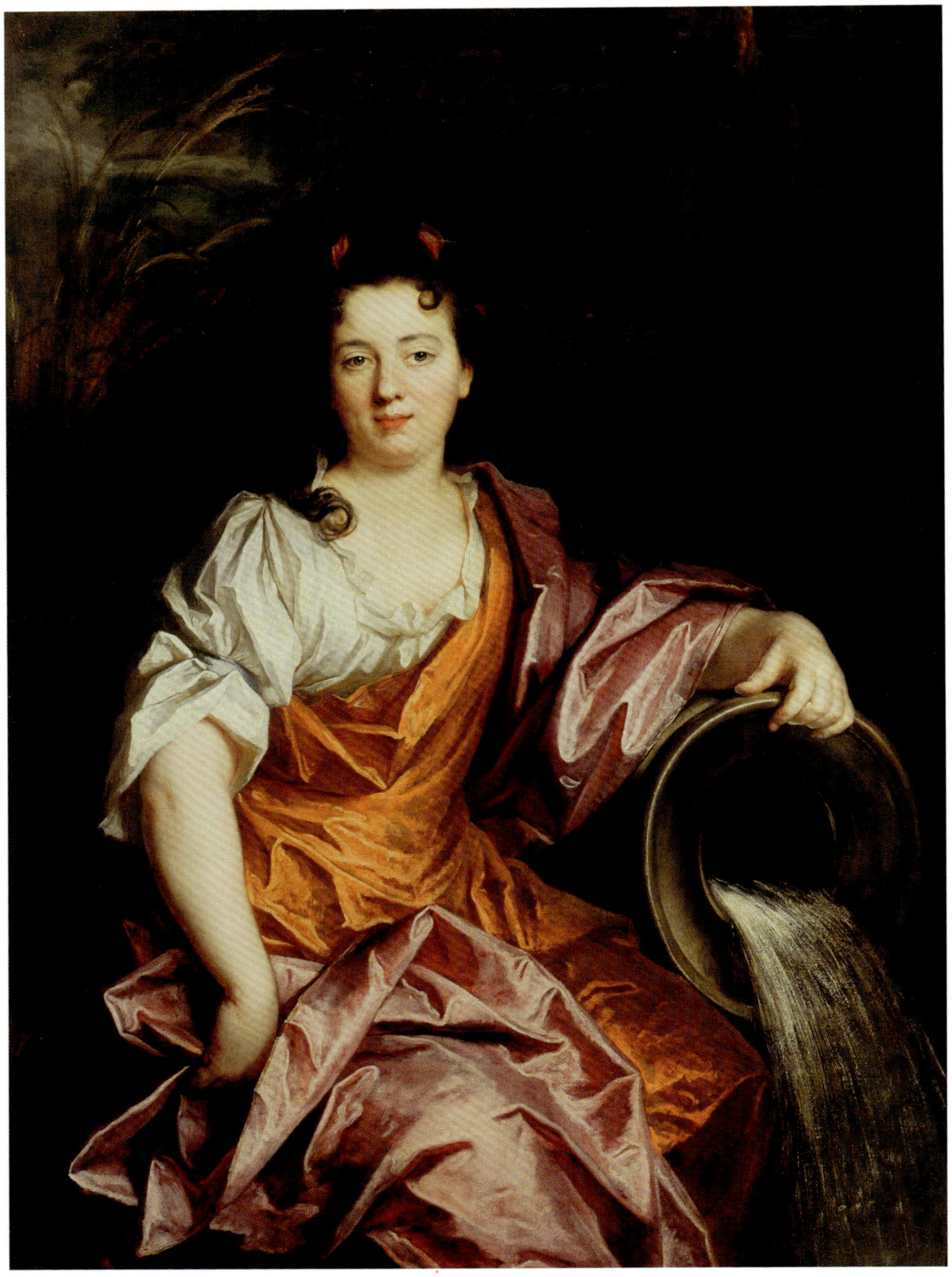

Marie Thérèse de Bourbon, Princess of Conti (1666-1732)

Marie-Thérèse de Bourbon, Princesse de Conti (1666-1732)

Marie Thérèse de Bourbon, Prinzessin von Conti (1666-1732)

María Teresa de Borbón, princesa de Conti (1666-1732)

Marie Thérèse de Bourbon, Princesa de Conti (1666-1732)

Marie Thérèse de Bourbon, princesse de Conti (1666-1732)

NICOLAS DE LARGILLIERRE (1656-1746)

Oil on canvas/Huile sur toile, 137,3 × 107,4 cm, Private collection

Portrait of Catherine Coustard with her son Léonor, Marquise de Castelnau, wife of Charles-Léonor Aubry

In his portrait the painter depicted here the wealthy marquise of Castelnau with her son Léonor. Above all, the detailed reproduction of the fabrics, especially the velvet, stands out.

Portrait de Catherine Coustard, Marquise de Castelnau, épouse de Charles-Léonor Aubry avec son fils Léonor

Le portraitiste Nicolas de Largillierre fait poser la riche marquise de Castelnau, en compagnie de son fils Léonor. Le peintre excelle à rendre les effets de matière des tissus, et notamment des velours.

Porträt der Catherine Coustard mit ihrem Sohn Léonor, Marquise de Castelnau, Ehefrau des Charles-Léonor Aubry

Der Porträtmaler bildete hier die wohlhabende Marquise von Castelnau mit ihrem Sohn Léonor ab. Vor allem die detailgetreue Wiedergabe der Stoffe, insbesondere des Samts, sticht hervor.

Retrato de Catherine Coustard con su hijo Léonor, marquesa de Castelnau, esposa de Charles-Léonor Aubry

La pintora Nicolas de Largillierre representó aquí a la rica marquesa de Castelnau con su hijo Léonor. Destaca sobre todo la reproducción detallada de los tejidos, especialmente el terciopelo.

Retrato de Catherine Coustard com seu filho Léonor, Marquise de Castelnau, esposa de Charles-Léonor Aubry

O pintor de retratos retratou aqui a rica marquesa de Castelnau com seu filho Léonor. Acima de tudo, destaca-se a reprodução detalhada dos tecidos, especialmente do veludo.

Portret van Catherine Coustard, markiezin van Castelnau, echtgenote van Charles-Léonor Aubry, met haar zoon Léonor

De portretschilder beeldde hier de rijke markiezin van Castelnau met haar zoon Léonor af. Vooral de gedetailleerde stofweergave, met name van fluweel, valt op.

NICOLAS DE LARGILLIERRE (1656-1746)

c. 1699, Oil on canvas/Huile sur toile, 135,3 × 103,5 cm, Minneapolis Institute of Arts, Minneapolis

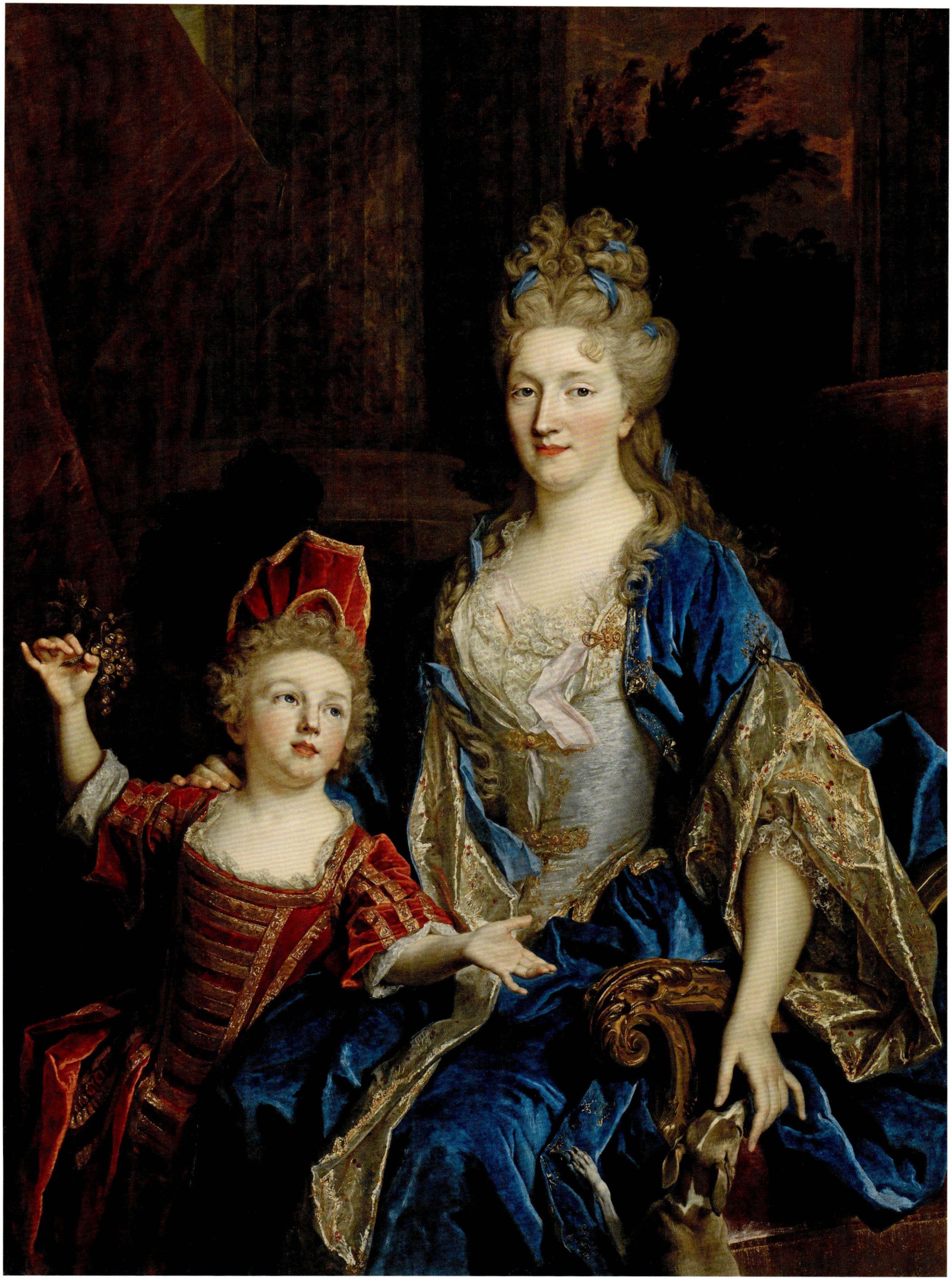

5

The 18th century

Le XVIIIe siècle

Das 18. Jahrhundert

El siglo XVIII

O século XVIII

De 18e eeuw

The 18th century

The century of enlightenment paid homage to the free mind and body. With the death of Louis XIV, the austerity and severity of the Baroque classicism disappeared to give more space to lightness. During the reign of Philippe II d'Orléans and then Louis XV, painting was characterised by light colors. The motifs used were themes of pleasure and sensuality - sometimes with a touch of eroticism or licentiousness, as in François Boucher, the master of velvet-white female nudes. Garden parties and balls (Antoine Watteau), amorous rendezvous (Nicolas Lancret, Jean-Honoré Fragonard), housework (Jean-Baptiste Greuze) and themes from literature or theatre form the canon of motifs. These paintings don't mean to impress. Rather, they focus on the intimate relationship between the viewer and the artwork. Although religious, historical and, to a certain extent, mythological themes are relegated to the background - but these are all the more

Le XVIIIe siècle

Le siècle des Lumières célèbre les plaisirs de l'esprit, mais aussi ceux du corps. À la mort de Louis XIV, la rigueur et la sévérité du classicisme s'estompent, pour laisser place à davantage de légèreté. Sous la régence de Philippe d'Orléans, puis tout au long du règne de Louis XV, la peinture est caractérisée par une palette claire, et des sujets liés au plaisir, à la sensualité. Avec, ici ou là, une pointe d'érotisme et de libertinage, comme chez François Boucher, maître des nus féminins d'une blancheur veloutée. Les fêtes champêtres et les bals (Antoine Watteau), les rendez-vous galants (Nicolas Lancret, Jean-Honoré Fragonard…), les activités domestiques (Jean-Baptiste Greuze), les sujets inspirés par la littérature ou le théâtre composent l'essentiel de l'iconographie. Cette peinture n'est pas là pour impressionner. Elle privilégie plutôt le rapport intime du spectateur avec l'œuvre d'art. Si l'art du XVIIIe siècle délaisse quelque peu les thèmes religieux,

Das 18. Jahrhundert

Das Jahrhundert der Aufklärung huldigt die Freuden des Geistes, aber auch die des Körpers. Mit dem Tod Ludwigs XIV. verschwinden die Strenge und die Striktheit des Klassizistischen Barocks, um der Leichtigkeit mehr Platz einzuräumen. Während der Herrschaft von Philippe II. d'Orléans und anschließend Ludwig XV. ist die Malerei durch helle Farbtöne geprägt. Als Motive dienen Themen des Vergnügens und der Sinnlichkeit – manchmal mit einem Hauch von Erotik oder Libertinismus, wie bei François Boucher, dem Meister der samtweißen weiblichen Aktdarstellungen. Gartenfeste und Bälle (Antoine Watteau), amouröse Rendezvous (Nicolas Lancret, Jean-Honoré Fragonard), Hausarbeit (Jean-Baptiste Greuze) und Themen aus der Literatur oder dem Theater bilden den Kanon der Motive. Diese Gemälde wollen nicht beeindrucken. Sie legen vielmehr das Augenmerk auf die intime Beziehung zwischen dem Betrachter und

The Love Song

La Gamme d'amour

Das Liebeslied

La canción de amor

A canção de amor

Het liefdeslied

JEAN-ANTOINE WATTEAU (1684-1721)

1715-18, Oil on canvas/Huile sur toile, 50,8 × 59,7 cm, The National Gallery, London

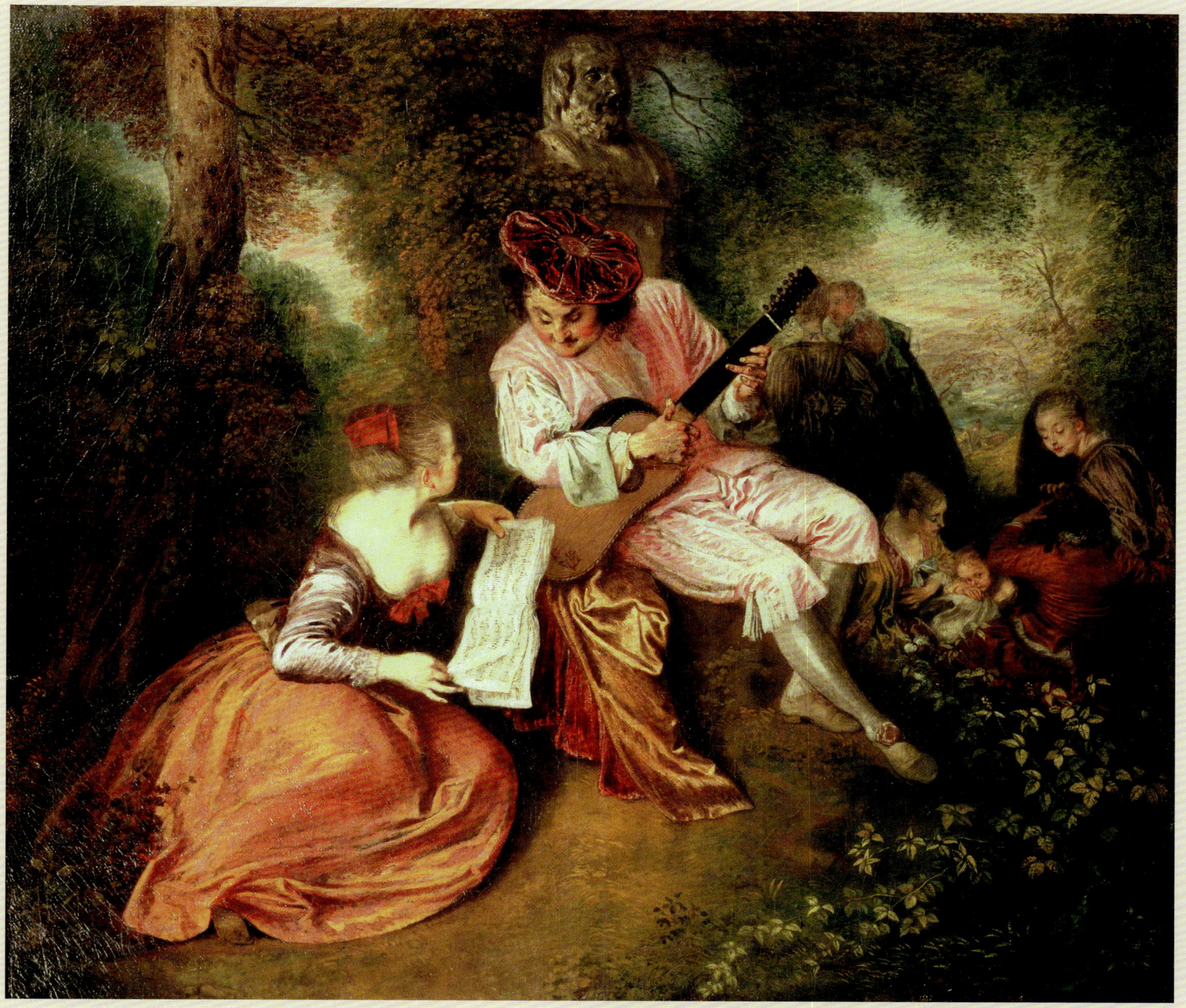

El siglo XVIII

El siglo de la iluminación rinde homenaje a la mente y al cuerpo libres. Con la muerte de Luis XIV, la sobriedad y la austeridad del barroco clasicista desaparecieron para dar más espacio a la ligereza. Durante el reinado de Felipe II de Orleans y luego de Luis XV, la pintura se caracterizó por los colores claros. Los motivos utilizados son temas de placer y sensualidad, a veces con un toque de erotismo o libertinaje, como en el caso de François Boucher, el maestro del desnudo femenino de terciopelo blanco. Fiestas y bailes de jardín (Antoine Watteau), encuentros amorosos (Nicolas Lancret, Jean-Honoré Fragonard), tareas domésticas (Jean-Baptiste Greuze) y temas de la literatura o del teatro forman el canon de los motivos. Estas pinturas no pretenden impresionar. Más bien, se centran en la relación íntima entre el espectador y la obra de arte. Aunque los temas religiosos, históricos y, hasta cierto punto, mitológicos, quedan relegados a un segundo plano, éstos aparecerán

O século XVIII

O século da iluminação presta homenagem à mente e ao corpo livres. Com a morte de Luís XIV, a austeridade e a austeridade do barroco classicista desapareceram para dar mais espaço à leveza. Durante o reinado de Filipe II d'Orléans e depois de Luís XV, a pintura era caracterizada por cores claras. Os motivos utilizados são temas de prazer e sensualidade - por vezes com um toque de erotismo ou licenciosidade, como em François Boucher, o mestre dos nus femininos brancos aveludados. Festas e bailes de jardim (Antoine Watteau), encontros amorosos (Nicolas Lancret, Jean-Honoré Fragonard), trabalhos domésticos (Jean-Baptiste Greuze) e temas da literatura ou do teatro formam o cânone dos motivos. Estes quadros não querem impressionar. Em vez disso, eles se concentram na relação íntima entre o espectador e a obra de arte. Embora os temas religiosos, históricos e, em certa medida, mitológicos sejam relegados para segundo

De 18e eeuw

De eeuw van de verlichting huldigde de vreugden van de geest en het lichaam. Met de dood van Lodewijk XIV verdwenen de strengheid en striktheid van de classicistische barok om ruimte te maken voor lichtheid. Tijdens het bewind van Filips II van Orléans en aansluitend dat van Lodewijk XV werd de schilderkunst gekenmerkt door lichte kleuren. Als motieven dienden thema's als amusement en sensualiteit – soms met een vleugje erotiek of losbandigheid, zoals bij François Boucher, de meester van de fluweelblanke vrouwelijke naakten. Tuinfeesten en bals (Antoine Watteau), amoureuze rendez-vous (Nicolas Lancret, Jean-Honoré Fragonard), het huishouden (Jean-Baptiste Greuze) en thema's uit de literatuur of het theater vormden de canon van de motieven. Deze schilderijen waren niet bedoeld om te imponeren. Ze richtten zich eerder op de intieme relatie tussen de kijker en het kunstwerk. Hoewel religieuze, historische en tot op zekere hoogte

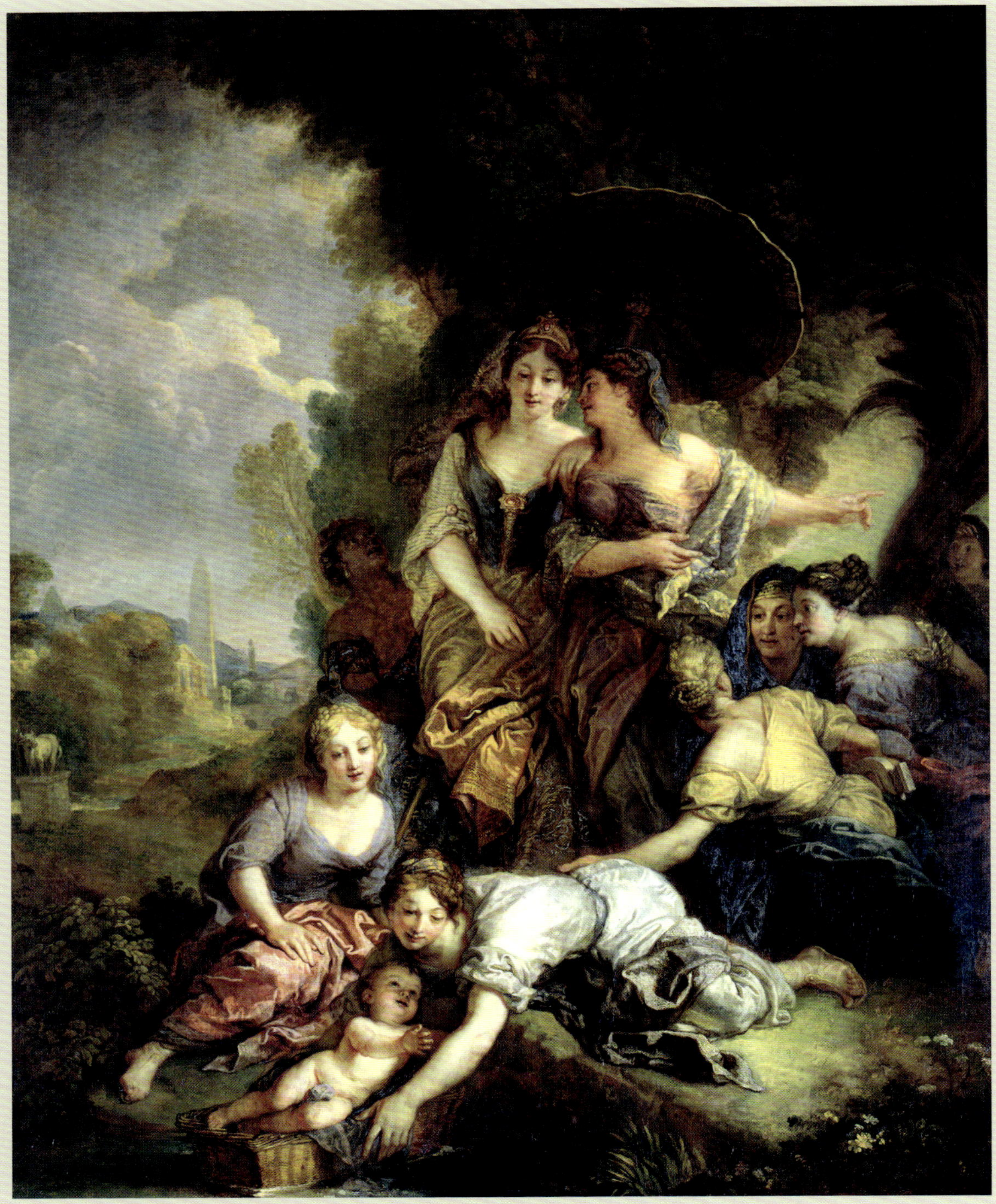

Moses Rescued from the Water

Moïse sauvé des eaux

Die Errettung Moses aus dem Nil

Moisés salvado de las aguas

A salvação de Moisés do Nilo

Mozes gered uit het water

CHARLES DE LA FOSSE (1636-1716)

1701, Oil on canvas/Huile sur toile, 125 × 110 cm, Musée du Louvre, Paris

frequently taken up in the following century - 18th-century painting immortalizes the great personalities of the time between frivolous and amusing motifs. Madame de Pompadour, Adélaïde of France, the Infanta Isabella of Bourbon-Parma, Marie Louise Élisabeth de Bourbon, Maria Leszczyńska and Louis XV had themselves portrayed by Jean-Marc Nattier, Louis-Michel Van Loo or Élisabeth Vigée-Lebrun. Jean-Baptiste Oudry and Jean-Baptiste-Siméon Chardin painted outstanding still lifes, while Pierre-Joseph Redouté was enthusiastic about botany with his panel works. In landscape painting, Claude Joseph Vernet, known for his harbour scenes, and Hubert Robert, the poet of ruins, celebrated great successes.

historiques et dans une certaine mesure mythologiques – pour mieux y revenir au siècle suivant –, il n'en oublie pas, entre deux sujets frivoles et plaisants, d'immortaliser les grandes figures de l'époque. Madame de Pompadour, Marie-Adélaïde de France, l'infante Isabelle de Bourbon-Parme, Louise-Élisabeth de France, Maria Leszczyńska, Louis XV, passeront ainsi devant le chevalet de Jean-Marc Nattier, de Louis Michel Van Loo ou d'Élisabeth Vigée-Le Brun. Les amateurs de natures mortes se délecteront des tableaux de Jean-Baptiste Oudry et de Jean-Baptiste Siméon Chardin, les passionnés de fleurs et de botaniques s'émerveilleront devant les planches de Pierre Joseph Redouté. Quant au paysage, il est à l'honneur avec Claude Joseph Vernet, le spécialiste des vues de ports, et Hubert Robert, le poète et magicien des ruines.

dem Kunstwerk. Zwar geraten religiöse, historische und bis zu einem gewissen Grad mythologische Themen in den Hintergrund – die aber im folgenden Jahrhundert umso häufiger aufgegriffen werden – dafür verewigt die Malerei des 18. Jahrhunderts zwischen frivolen und vergnüglichen Motiven die großen Persönlichkeiten der Zeit. Madame de Pompadour, Adélaïde von Frankreich, die Infantin Isabella von Bourbon-Parma, Marie Louise Élisabeth de Bourbon, Maria Leszczyńska und Ludwig XV. lassen sich von Jean-Marc Nattier, Louis-Michel Van Loo oder Élisabeth Vigée-Lebrun porträtieren. Jean-Baptiste Oudry und Jean-Baptiste-Siméon Chardin malen herausragende Stillleben, während Pierre-Joseph Redouté mit seinen Tafelwerken über die Botanik begeistert. In der Landschaftsmalerei feiern Claude Joseph Vernet, bekannt für seine Hafenszenen, und Hubert Robert, der Poet der Ruinen, große Erfolge.

Portrait of François de Jullienne and his wife Marie Élisabeth de Séré de Rieux

Portrait de Francois de Jullienne debout au côté de sa femme

François de Jullienne und seine Frau Marie Élisabeth de Séré de Rieux

François de Jullienne y su esposa Marie Élisabeth de Séré de Rieux

François de Jullienne e sua esposa Marie Élisabeth de Séré de Rieux

Portret van François de Jullienne, staande naast zijn vrouw

CHARLES ANTOINE COYPEL (1694-1752)

c. 1743, Oil on canvas/Huile sur toile, 100 × 80 cm, Private collection

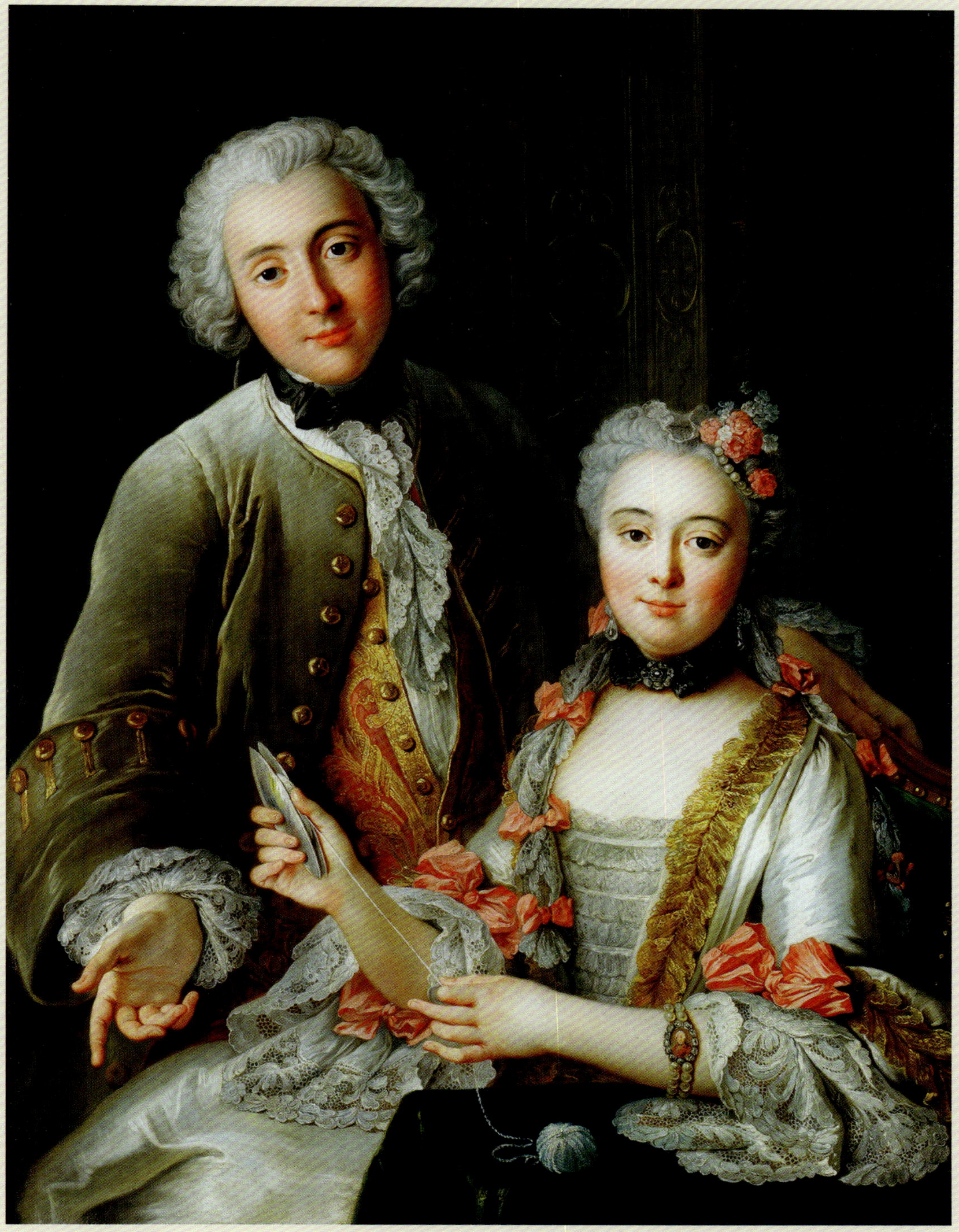

con mayor frecuencia en el siglo siguiente. Lapintura del siglo XVIII inmortaliza a las grandes personalidades de la época entre motivos frívolos y divertidos. Madame de Pompadour, Adélaïde de Francia, la Infanta Isabella de Bourbon-Parma, Marie Louise Élisabeth de Bourbon, Maria Leszczyńska y Luis XV han sido retratados por Jean-Marc Nattier, Louis-Michel Van Loo o Élisabeth Vigée-Lebrun. Jean-Baptiste Oudry y Jean-Baptiste-Siméon Chardin pintan bodegones excepcionales, mientras que Pierre-Joseph Redouté se muestra entusiasta de la botánica con sus paneles. En la pintura paisajística, Claude Joseph Vernet, conocido por sus escenas portuarias, y Hubert Robert, el poeta de las ruinas, celebran grandes éxitos.

plano - mas estes são ainda mais frequentemente retomados no século seguinte - a pintura do século XVIII imortaliza as grandes personalidades do tempo entre motivos frívolos e divertidos. Madame de Pompadour, Adélaïde da França, a Infanta Isabella de Bourbon-Parma, Marie Louise Élisabeth de Bourbon, Maria Leszczyńska e Louis XV foram representadas por Jean-Marc Nattier, Louis-Michel Van Loo ou Élisabeth Vigée-Lebrun. Jean-Baptiste Oudry e Jean-Baptiste-Siméon Chardin pintam naturezas mortas excepcionais, enquanto Pierre-Joseph Redouté se entusiasma com a botânica com seus trabalhos em painéis. Na pintura paisagística, Claude Joseph Vernet, conhecido por suas cenas portuárias, e Hubert Robert, o poeta das ruínas, celebram grandes sucessos.

mythologische thema's naar de achtergrond verdwenen – waarop men in de volgende eeuw juist extra vaak zou teruggrijpen – vereeuwigde de 18e-eeuwse schilderkunst de grote persoonlijkheden uit de tijd te midden van alle frivole en grappige motieven. Madame de Pompadour, Marie Adélaïde van Frankrijk, de infante Isabella van Parma, Louise Elisabeth van Frankrijk, Maria Leszczyńska en Lodewijk XV hebben zich laten portretteren door Jean-Marc Nattier, Louis-Michel Van Loo en Élisabeth Vigée-Lebrun. Jean-Baptiste Oudry en Jean-Baptiste-Siméon Chardin schilderden uitstekende stillevens, terwijl Pierre-Joseph Redouté enthousiasme opwekte met zijn panelen over plantkunde. In de landschapschilderkunst hadden Claude Joseph Vernet, bekend om zijn havengezichten, en Hubert Robert, de dichter van de ruïnes, veel succes.

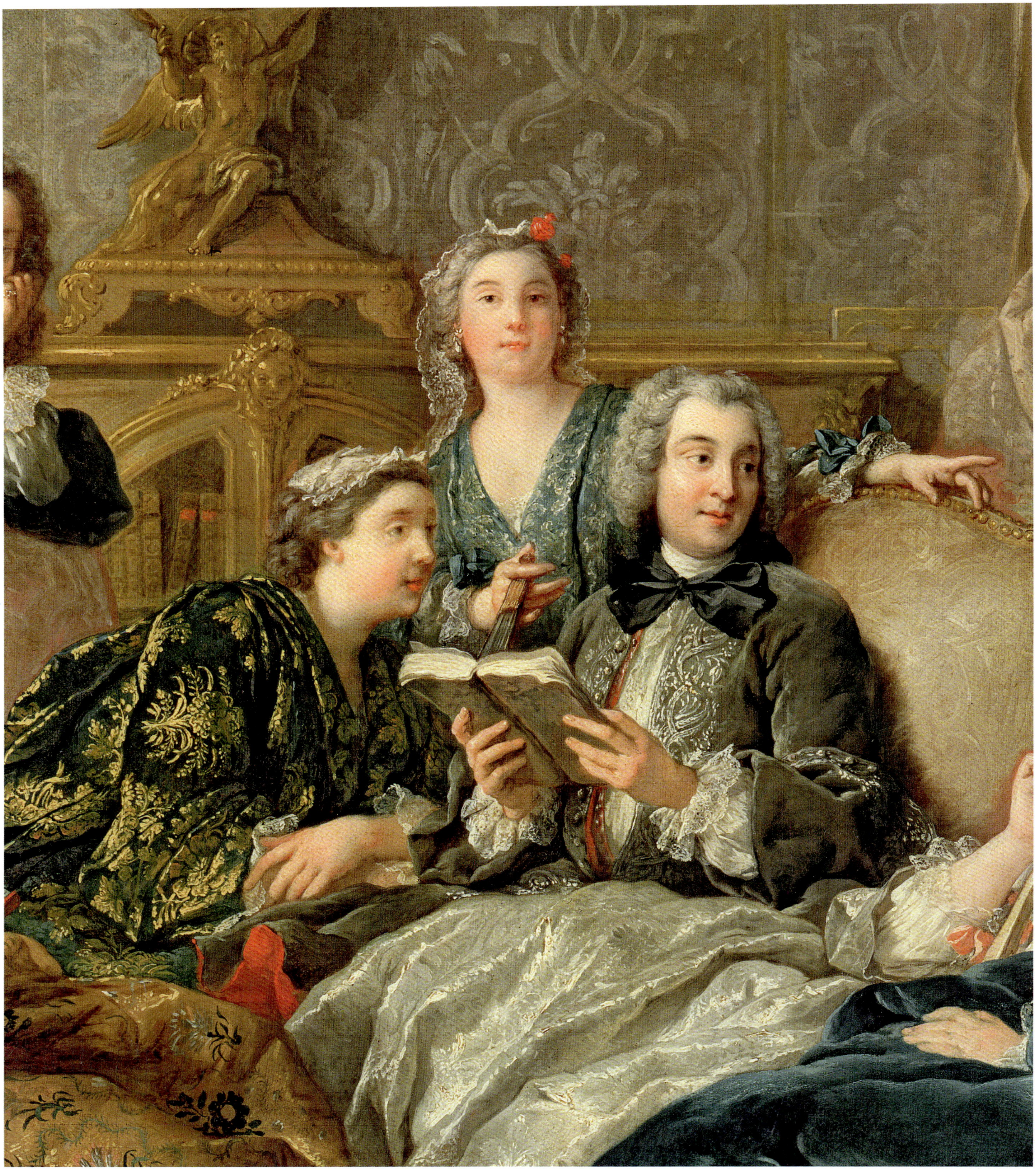

The Reading from Molière

Lecture dans un salon, *dit* La Lecture de Molière

Lektüre in einem Salon *oder* Lesung zu Molière

Lectura en el salón *o* La lectura de Molière

Ler em um salão *ou* ler sobre Molière

Lezen in een salon *of* Lezen uit Molière

JEAN-FRANÇOIS DE TROY (1679-1752)

c. 1728, Oil on canvas/
Huile sur toile, 74 × 93 cm,
Private collection

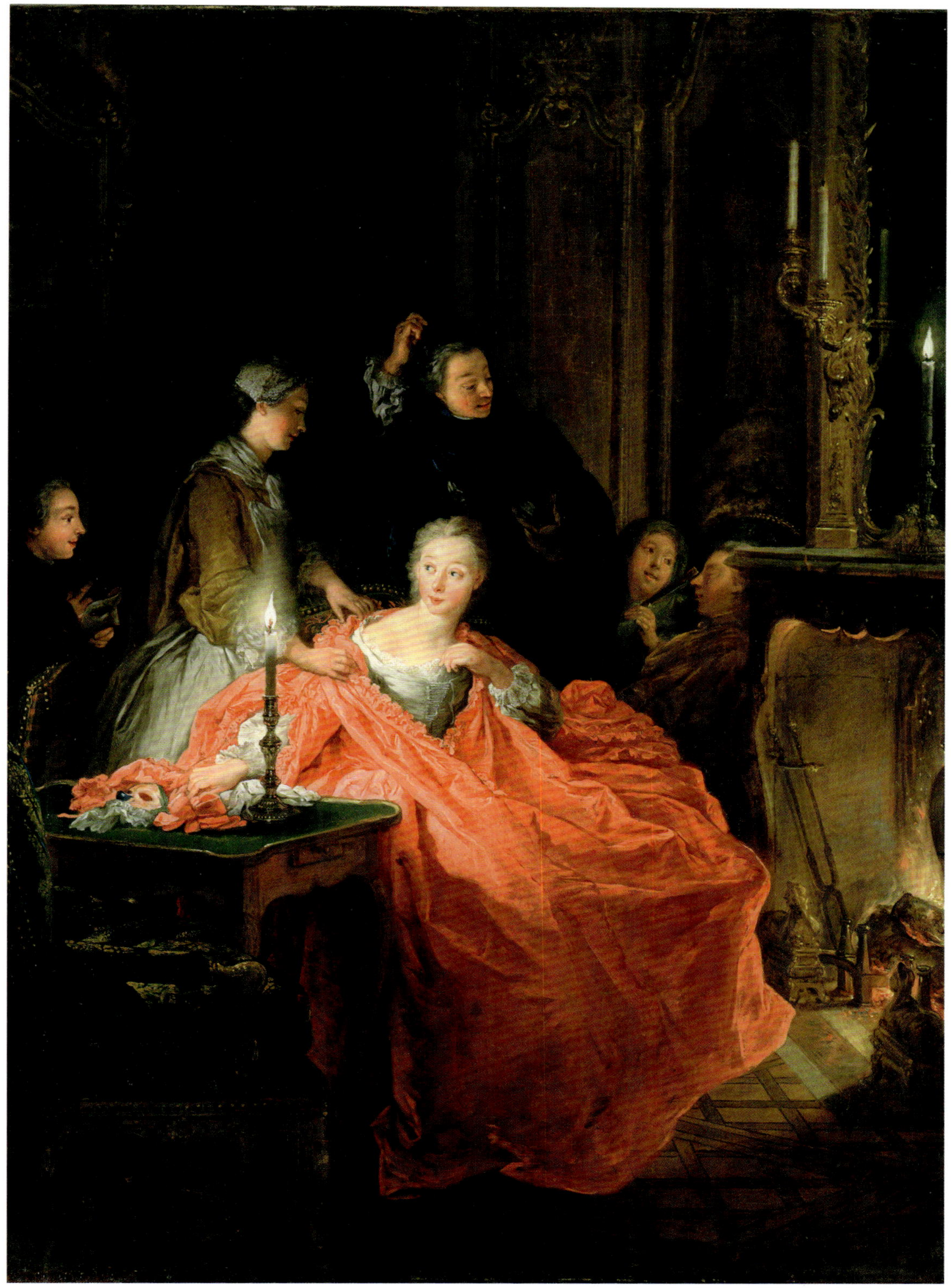

After the Ball

The portrait painter and interior designer of Versailles and Fontainebleau is best known for his genre scenes. In an interplay of light and shadow, the dress occupies most of the canvas.

Le Retour du bal

Portraitiste et peintre décorateur pour Versailles ou Fontainebleau, l'artiste est surtout réputé pour ses scènes de genre. Dans un remarquable jeu de lumière, la robe occupe ici l'essentiel de la toile.

Nach dem Ball

Der Porträtmaler und Raumgestalter von Versailles und Fontainebleau ist vor allem für seine Genreszenen bekannt. In einem Wechselspiel von Licht und Schatten nimmt das Kleid den Großteil der Leinwand ein.

Después del baile

El retratista y diseñador de interiores de Versalles y Fontainebleau es más conocido por sus escenas de género. En un juego de luces y sombras, el vestido ocupa la mayor parte del lienzo.

Depois da bola

O pintor de retratos e designer de interiores de Versalhes e Fontainebleau é mais conhecido por suas cenas de gênero. Num jogo de luz e sombra, o vestido ocupa a maior parte da tela.

Na het bal

De portretschilder en interieurontwerper van Versailles en Fontainebleau is vooral bekend om zijn genretaferelen. In een spel van licht en schaduw beslaat de jurk het grootste deel van het doek.

JEAN-FRANÇOIS DE TROY (1679-1752)

1735, Oil on canvas/Huile sur toile, 81,9 × 64,8 cm, Private collection

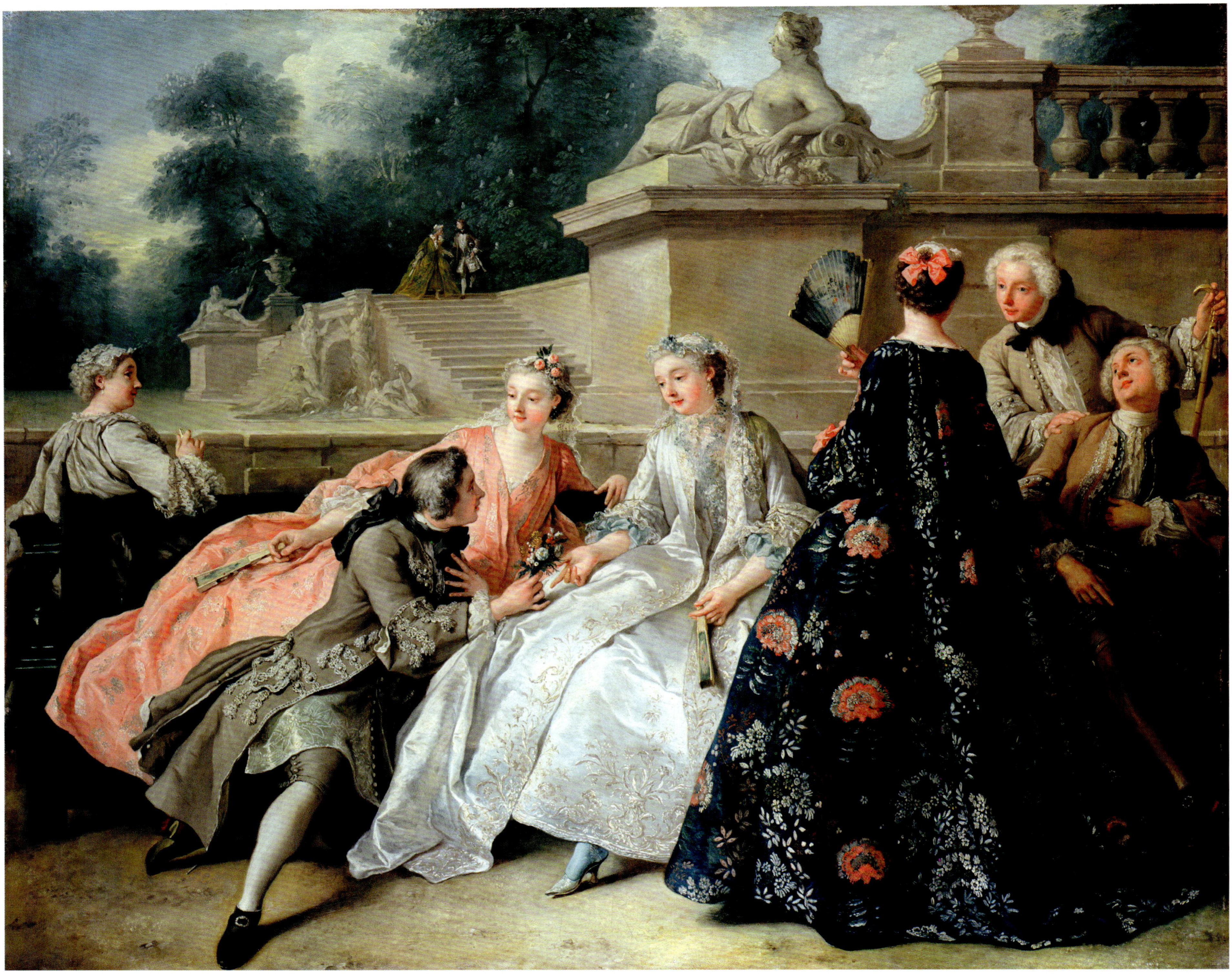

Declaration of Love

Assemblée dans un parc, *dit* La Déclaration d'amour

Die Liebeserklärung

La declaración de amor

A declaração de amor

De liefdesverklaring

JEAN-FRANÇOIS DE TROY (1679-1752)

1731, Oil on canvas/Huile sur toile, 71 × 91 cm, Schloss Charlottenburg, Berlin

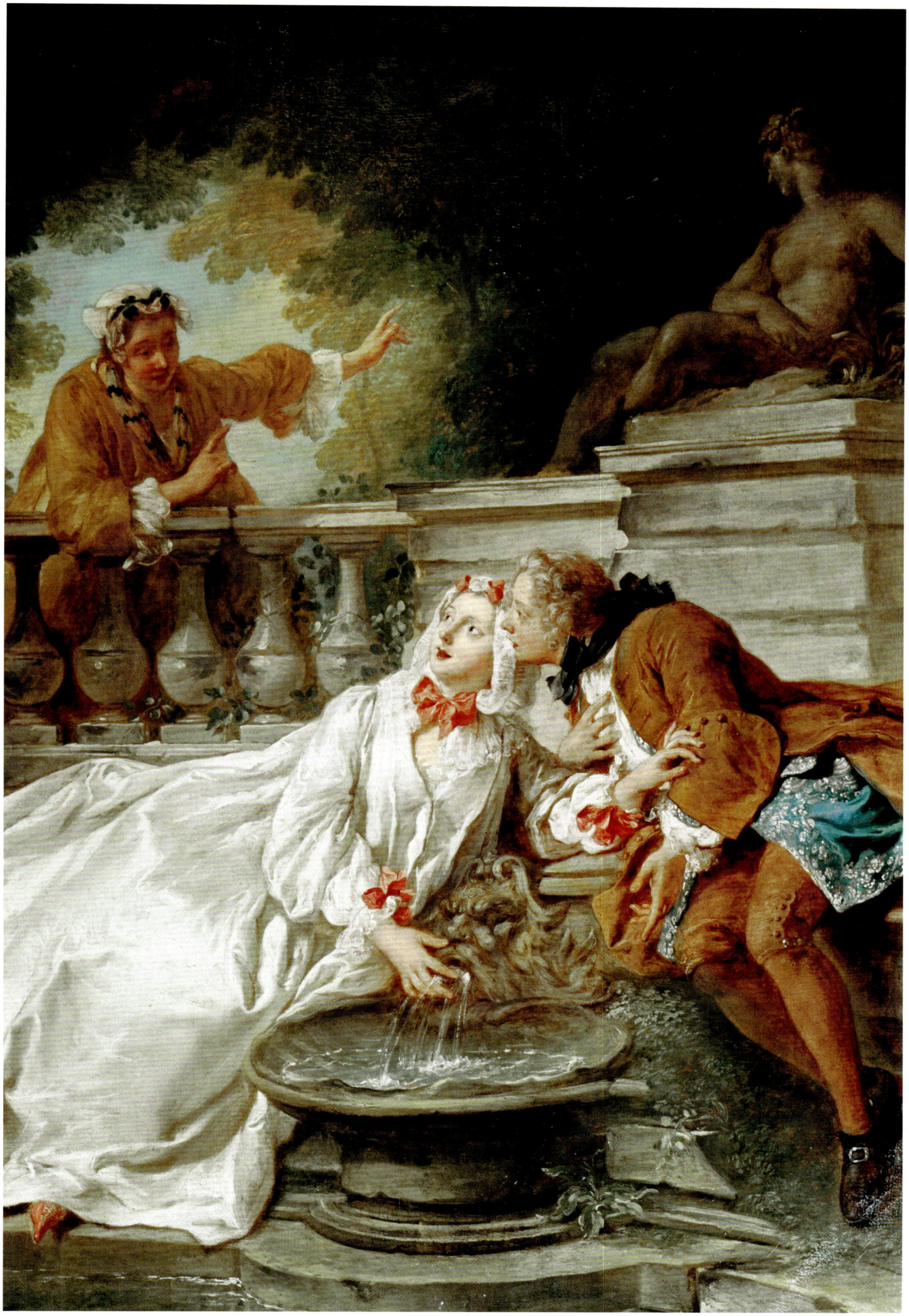

The Alarm

Le Rendez-vous à la fontaine, *dit* L'Alarme

Das Rendezvous am Springbrunnen *oder* Die Warnung

La cita en la fuente *o* La advertencia

O Encontro na Fonte *ou* o Alerta

Het rendez-vous bij de fontein *of* De waarschuwing

JEAN-FRANÇOIS DE TROY (1679-1752)

1723, Oil on canvas/Huile sur toile, 69,5 × 64 cm, Victoria & Albert Museum, London

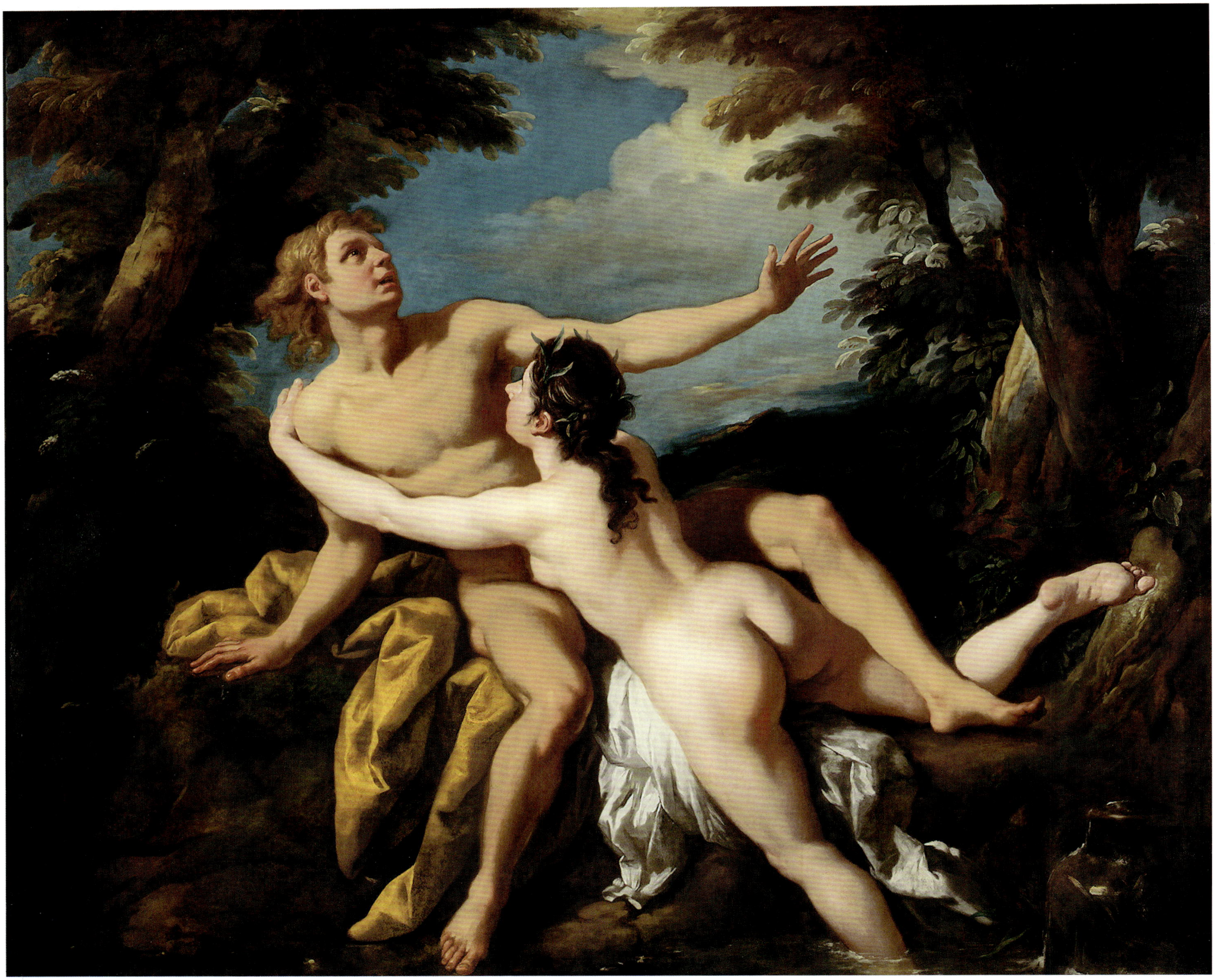

Salmacis and Hermaphroditus

Salmacis et Hermaphrodite

Salmakis und Hermaphroditos

Salmacis y Hermafroditos

Salmakis e Hermafroditos

Salmakis en Hermaphroditus

JEAN-FRANÇOIS DE TROY (1679-1752)

c. 1729, Oil on canvas/Huile sur toile, 156,2 × 195 cm, Private collection

Bathsheba at her Bath

Bethsabée au bain

Das Bad der Batseba

Betsabé en su baño

As Termas de Betsabá

Bathsheba bij haar bad

JEAN-FRANÇOIS DE TROY (1679-1752)

1727, Oil on canvas/Huile sur toile, 82,5 × 66 cm, Musée des Beaux-Arts, Angers

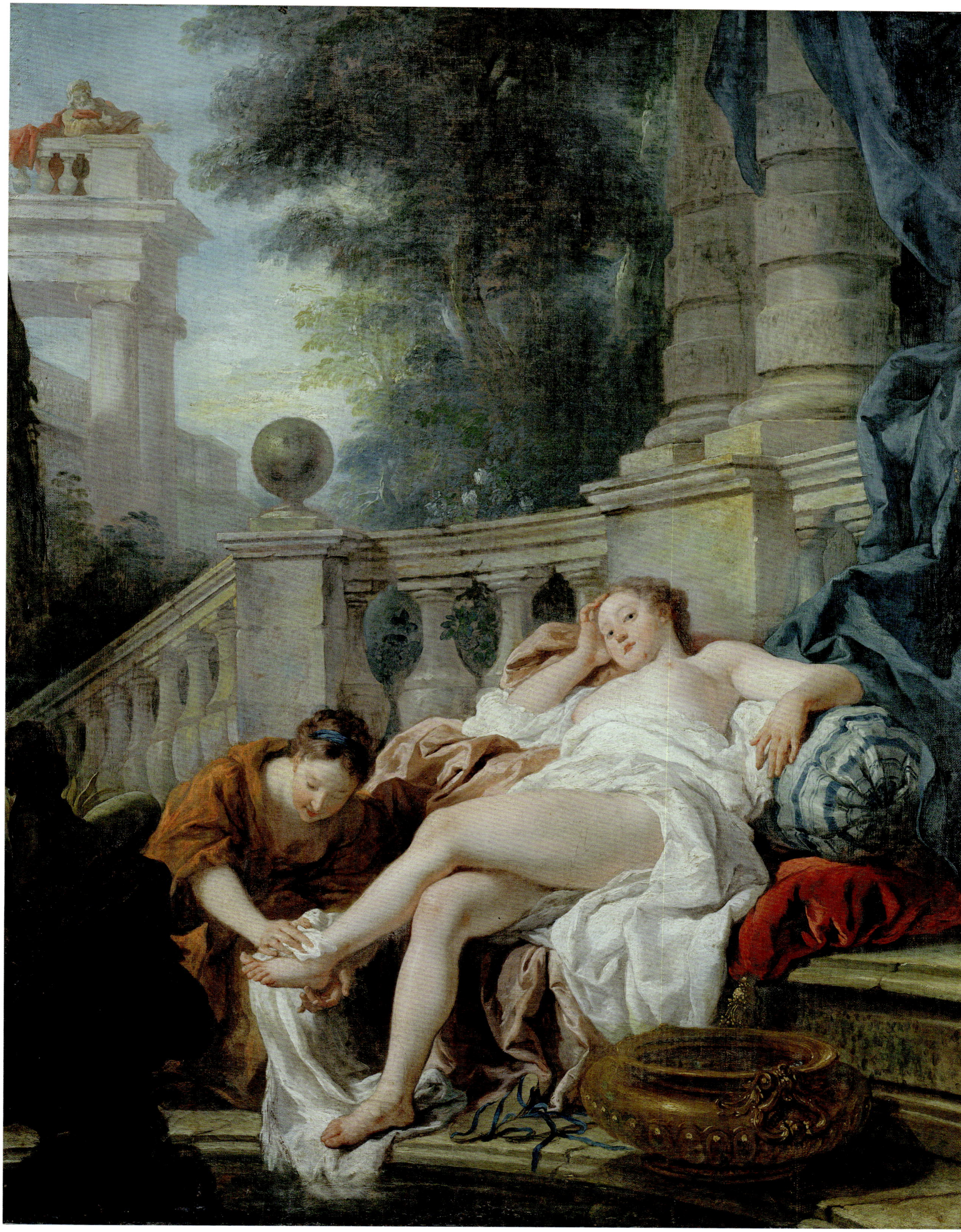

The Two Cousins

In the hazy atmosphere of a romantic park decorated with statues, one admirer presents a rose to his beloved, while the other lady looks into the landscape.

Les Deux Cousines

Dans l'atmosphère vaporeuse d'un parc romantique jalonné de statues, un galant vêtu d'une cape rouge offre une rose à celle qu'il convoite, tandis que l'autre femme détourne le regard vers le paysage.

Die zwei Cousinen

In der diesigen Atmosphäre eines romantischen, mit Statuen geschmückten Parks überreicht ein Verehrer seiner Angebeteten eine Rose, während die andere Dame in die Landschaft blickt.

Las dos primas

En la nebulosa atmósfera de un parque romántico decorado con estatuas, un galante vestido con una capa roja ofrece una rosa a su amada, mientras que la otra dama mira el paisaje.

Os dois primos

Na atmosfera nebulosa de um parque romântico decorado com estátuas, um admirador apresenta uma rosa à sua amada, enquanto a outra senhora olha para a paisagem.

De twee nichten

In de wazige sfeer van een romantisch, met beelden versierd park overhandigt een bewonderaar zijn geliefde een roos, terwijl een andere dame het landschap bekijkt.

JEAN-ANTOINE WATTEAU (1684-1721)

c. 1716, Oil on canvas/Huile sur toile, 30 × 36 cm, Musée du Louvre, Paris

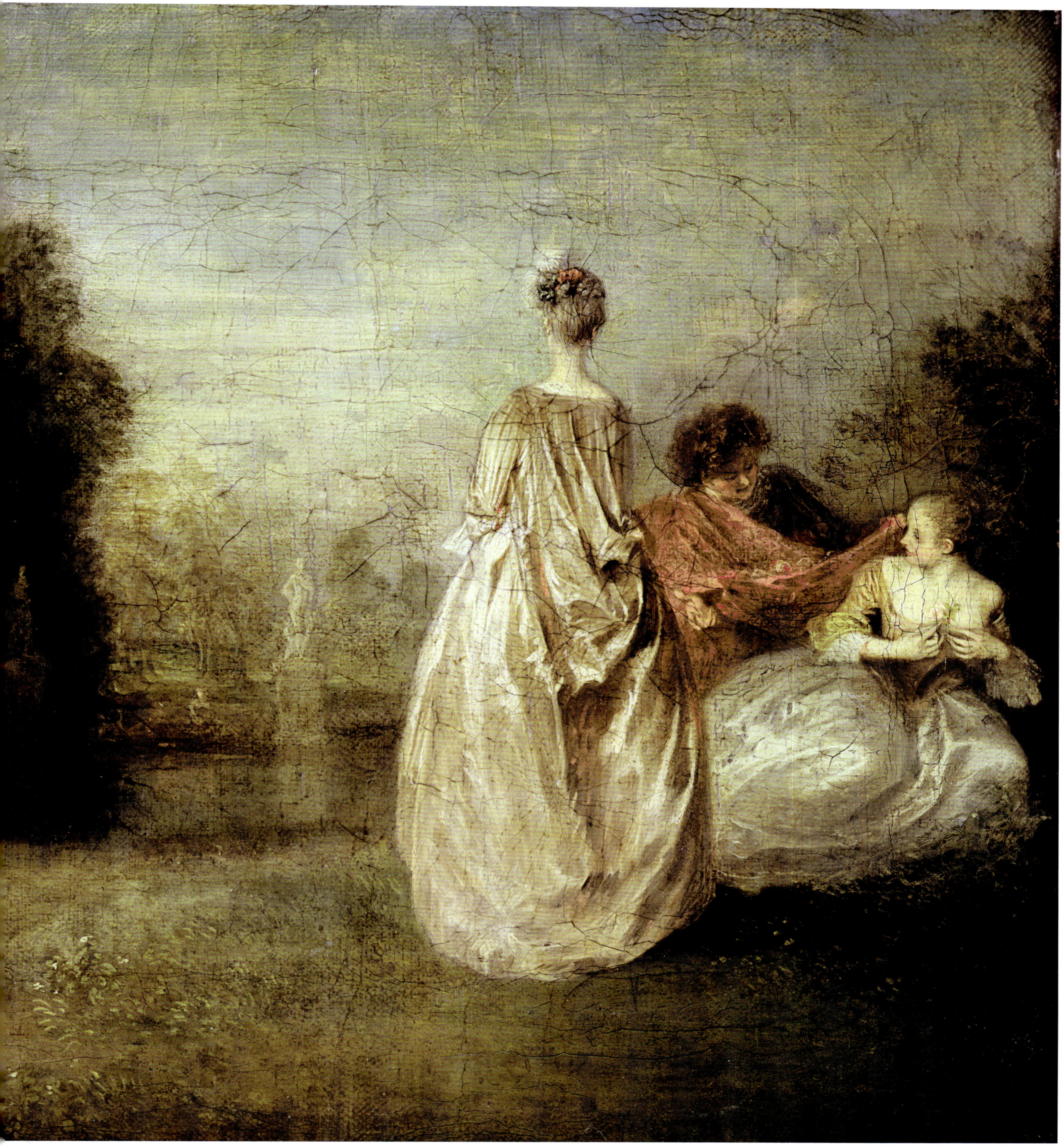

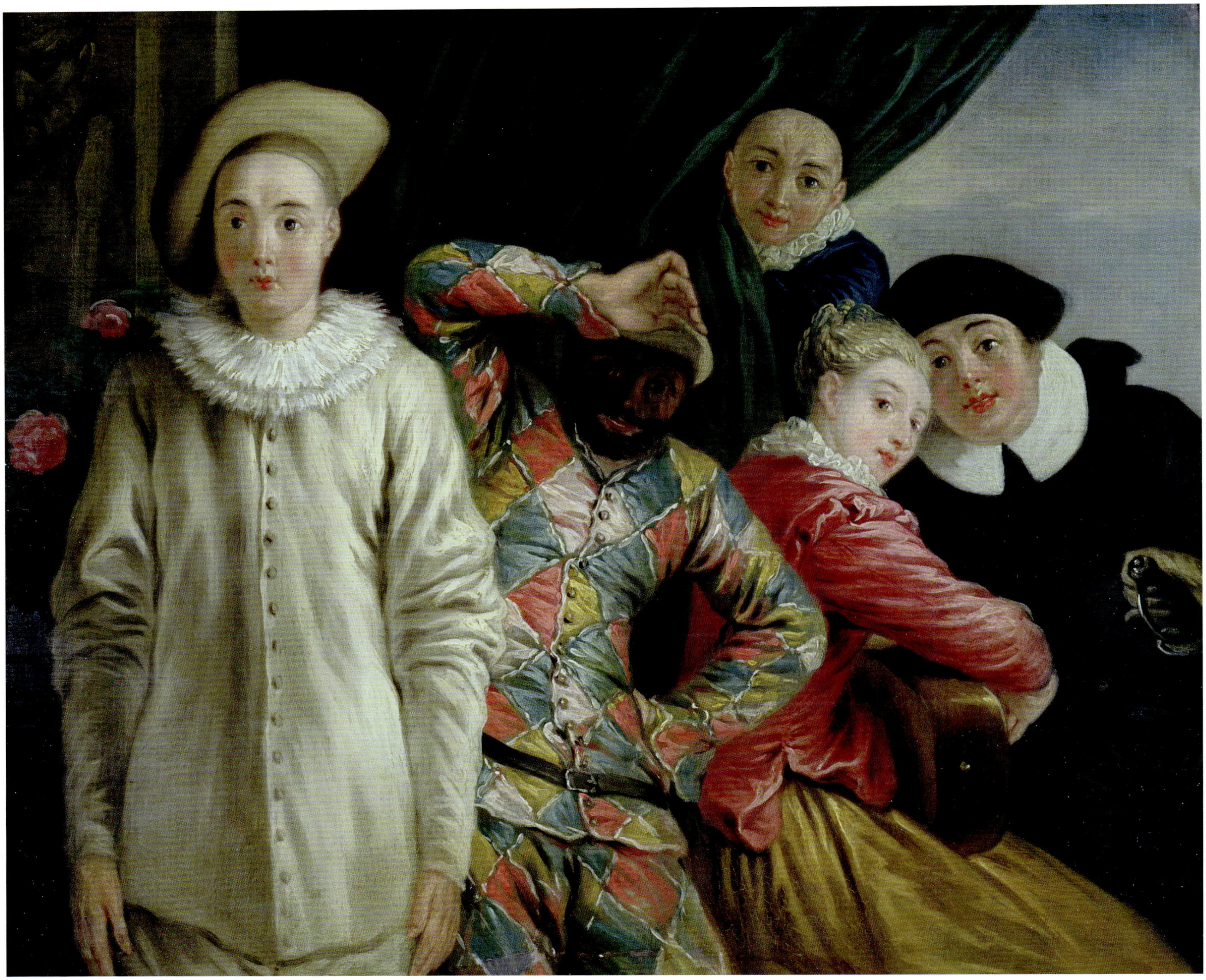

Harlequin, Pierrot and Scapin

Pierrot, Arlequin, Sylvie et Scapin

Harlekin, Pierrot und Scapin

Arlequín, Pierrot y Scapin

Arlequim, Pierrot e Escapin

Pierrot, Harlekijn, Sylvie en Scapino

JEAN-ANTOINE WATTEAU (1684-1721)

Oil on canvas/Huile sur toile, 28 × 39 cm, Musée Baron-Martin, Gray

Pierrot, *formerly known as* Gilles
Standing figures occupying the entire canvas are rather rare in Watteau's work. Surrounded by other actors his Pierrot seems like a melancholic dreamer.

Pierrot, *dit autrefois* Gilles
Il est rare dans l'œuvre de Watteau de voir de grandes figures en pied occuper l'espace du tableau. Entouré d'autres personnages de théâtre, son Pierrot rêveur semble empreint d'une douce mélancolie.

Gilles
Stehende Figuren, die die gesamte Leinwand einnehmen, sind eher selten in Watteaus Werk. Umgeben von anderen Schauspielern wirkt sein Pierrot wie ein melancholischer Träumer.

Gilles
Las figuras de pie que ocupan todo el lienzo son bastante raras en la obra de Watteau. Rodeado de otros actores, su Pierrot parece un soñador melancólico.

Gilles
Figuras em pé que ocupam toda a tela são bastante raras no trabalho de Watteau. Rodeado por outros actores, o seu Pierrot parece um sonhador melancólico.

Pierrot, *ook wel* Gilles
Staande figuren die het hele doek beslaan, zijn vrij zeldzaam in het werk van Watteau. Omringd door de andere toneelspelers ziet zijn Pierrot eruit als een melancholieke dromer.

JEAN-ANTOINE WATTEAU (1684-1721)
c. 1718/19, Oil on canvas/Huile sur toile, 184,5 × 150 cm, Musée du Louvre, Paris

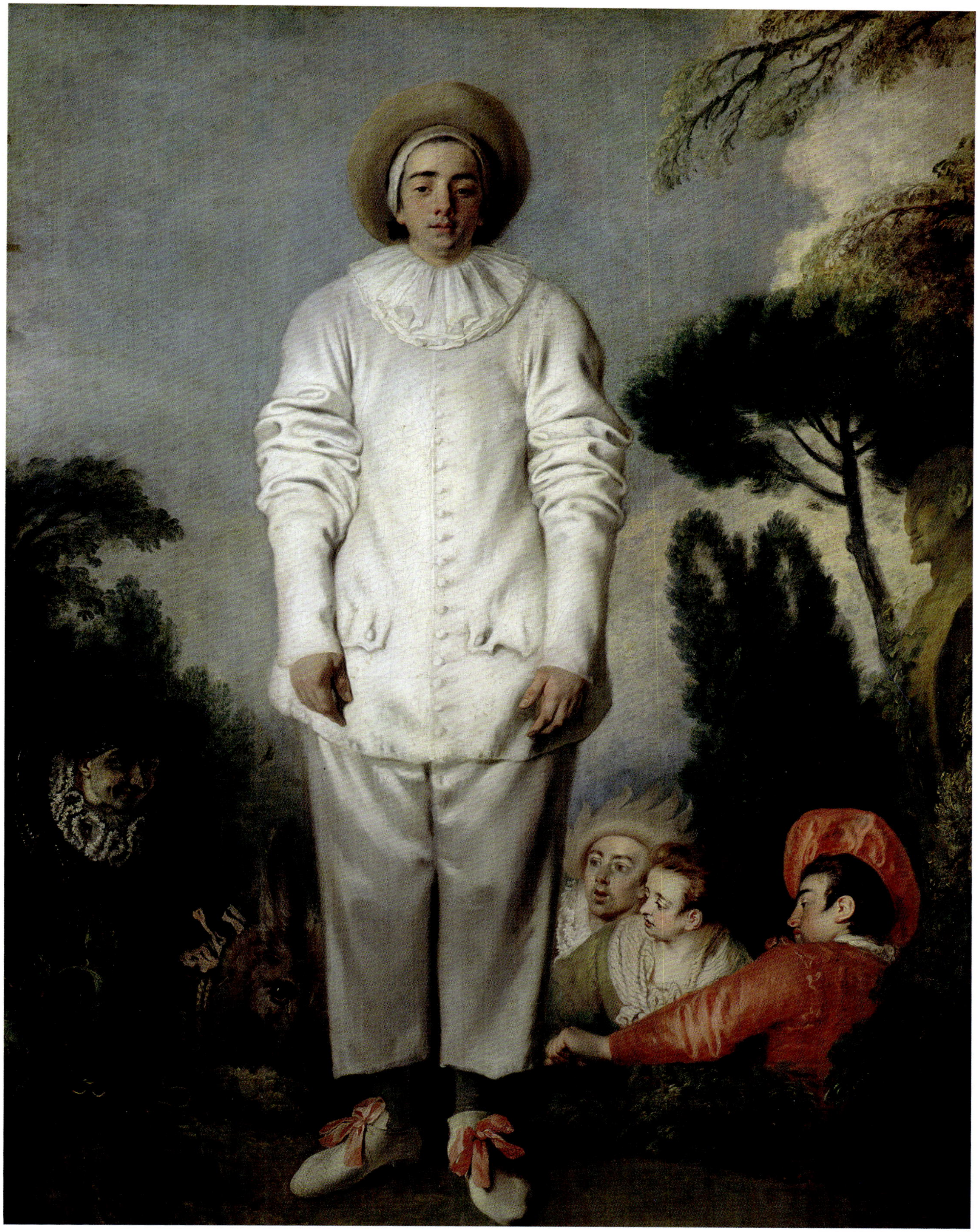

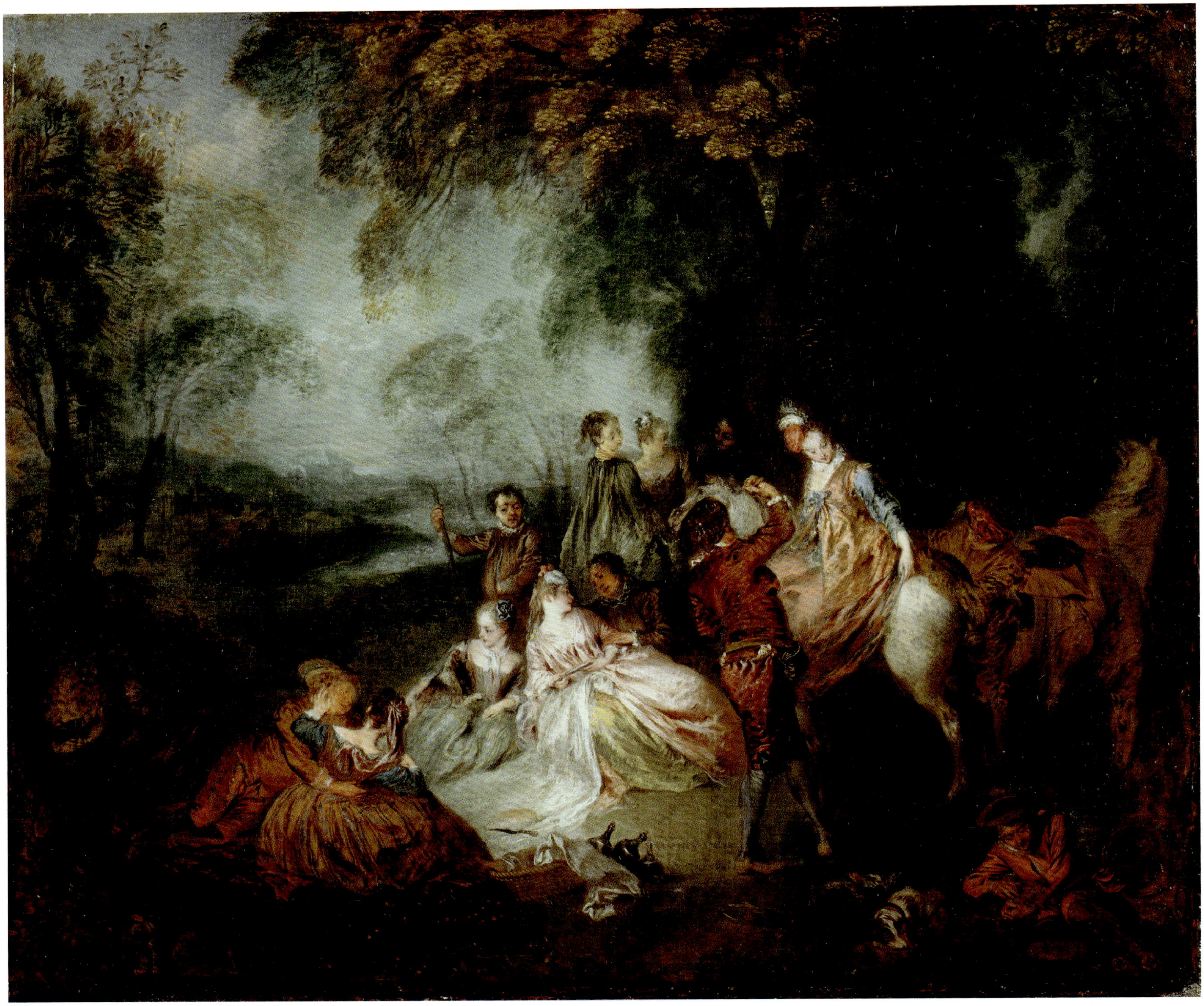

Fête Champêtre

The painter from Valenciennes paid homage to the pleasures of seduction and debauchery with his illustrations of amorous celebrations. His idyllic motifs are in the tradition of an idealized nature.

Fête champêtre

Dans ses fêtes galantes ou champêtres, le peintre de Valenciennes célèbre les plaisirs de la séduction et du libertinage. Ses scènes bucoliques s'inscrivent dans le cadre enchanteur d'une nature idéale.

Ländliches Fest

Mit seinen Abbildungen amouröser Feste huldigte der Maler aus Valenciennes den Freuden der Verführung und der Ausschweifung. Seine idyllischen Motive stehen dabei in der Tradition einer idealisierten Natur.

Fiesta campestre

El pintor Valenciennes rindió homenaje a los placeres de la seducción y el libertinaje con sus ilustraciones de celebraciones galantes y campestres. Sus bucólicas escenas se engloban en la tradición de una naturaleza idealizada.

Festival rural

O pintor de Valenciennes homenageou os prazeres da sedução e do deboche com suas ilustrações de celebrações amorosas. Os seus motivos idílicos estão na tradição de uma natureza idealizada.

Fête Champêtre

De schilder uit Valenciennes bracht met zijn afbeeldingen van amoureuze feesten een eerbetoon aan de geneugten van verleiding en losbandigheid. Zijn bucolische motieven staan in de traditie van een geïdealiseerde natuur.

JEAN-ANTOINE WATTEAU (1684-1721)

c. 1722, Oil on canvas/Huile sur toile, 54 × 65,7 cm, Dulwich Picture Gallery, London

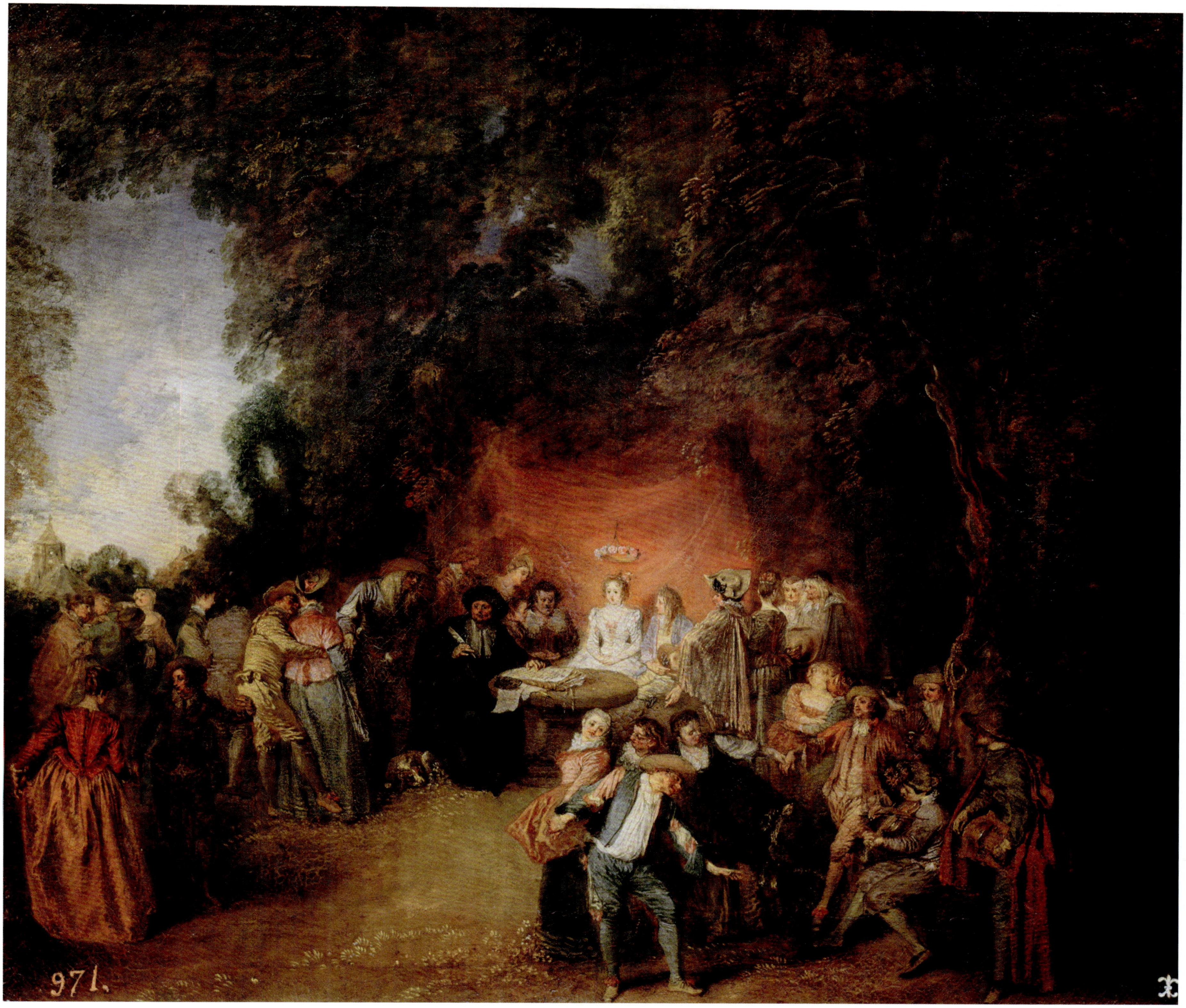

The Marriage Contract

Le Contrat de mariage

Der Ehevertrag

Capitulaciones de boda y baile campestre

O contrato de casamento

Het huwelijkscontract

JEAN-ANTOINE WATTEAU (1684-1721)

c. 1712-13, Oil on canvas/Huile sur toile, 47 × 55 cm, Museo del Prado, Madrid

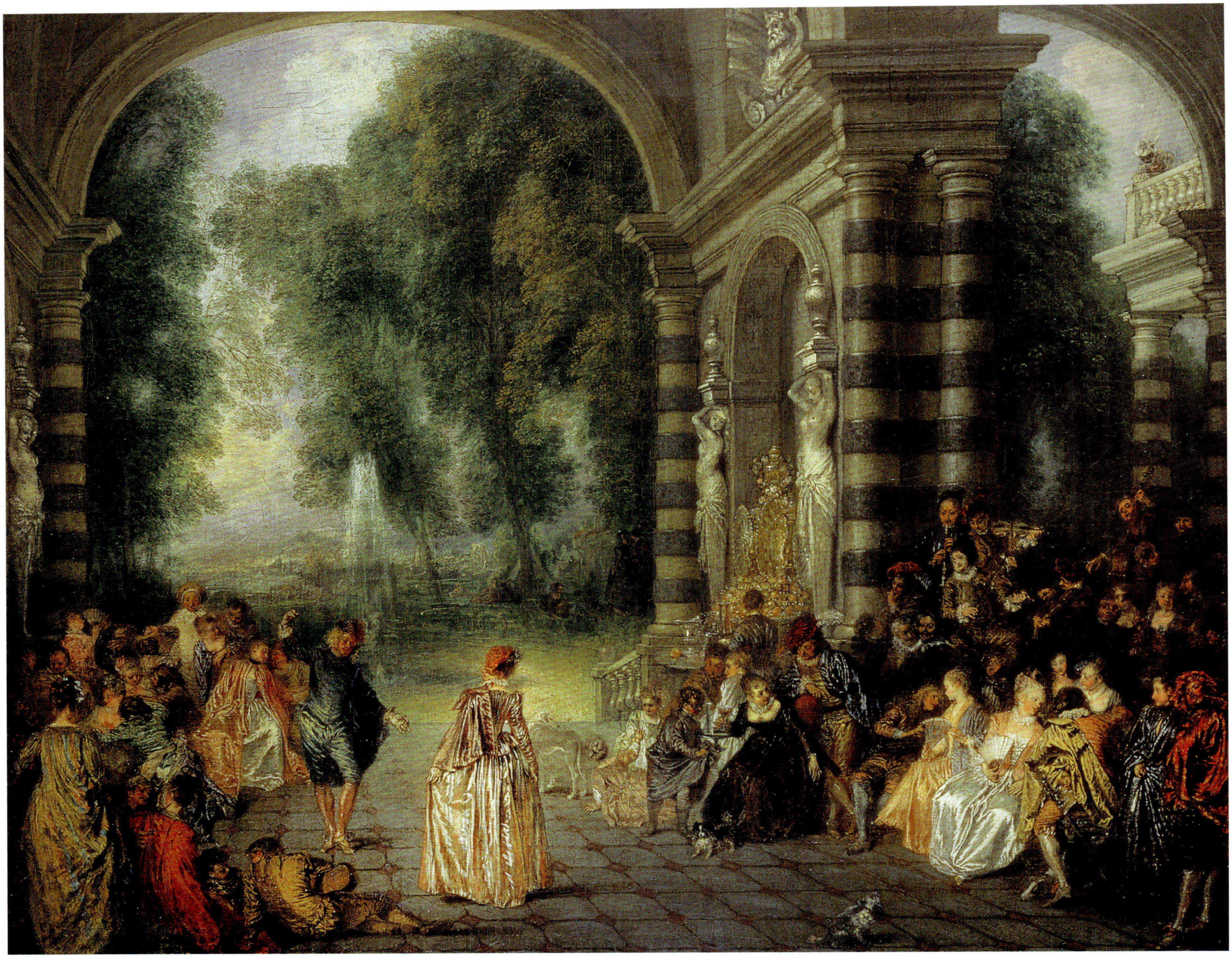

Les Plaisirs du Bal

Les Plaisirs du Bal

Das Ballvergnügen

El placer de la pelota

O prazer da bola

De genoegens van het bal

JEAN-ANTOINE WATTEAU (1684-1721)

c. 1716/17, Oil on canvas/Huile sur toile, 52,6 × 65,4 cm, Dulwich Picture Gallery, London

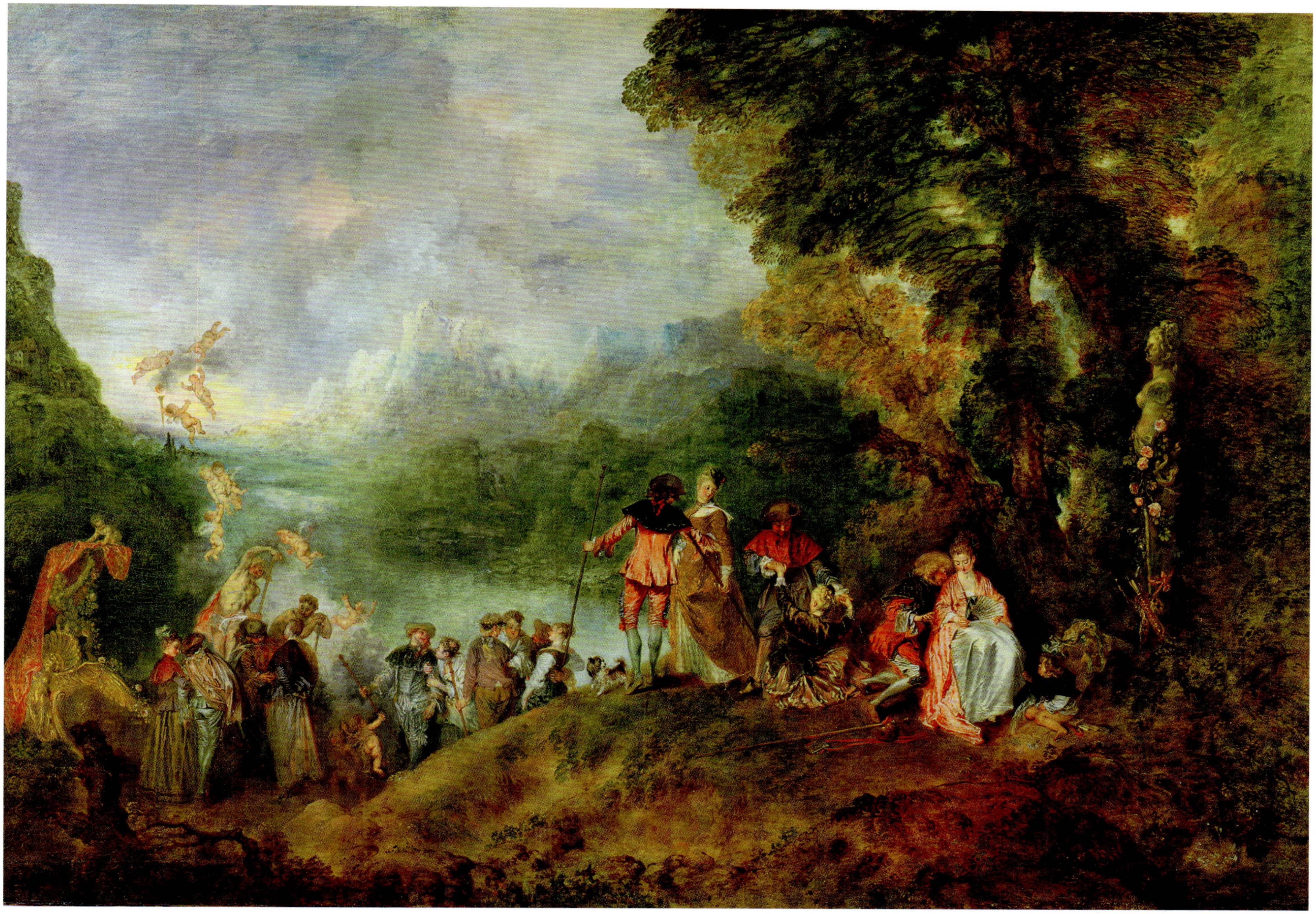

Pilgrimage to Cythera
The motive was often discussed. It is unclear whether the pilgrimage is a departure or a return journey. With this painting, Watteau was admitted to the Académie Royale de Peinture et de Sculpture.

Pélerinage à l'île de Cythère
Le sujet de ce pèlerinage sur l'île de Cythère reste discuté. Rien ne dit s'il s'agit d'un départ ou d'un retour. Ce tableau permit à Watteau d'être reçu à l'Académie royale de peinture et de sculpture.

JEAN-ANTOINE WATTEAU (1684-1721)

1717, Oil on canvas/Huile sur toile, 129 × 194 cm, Musée du Louvre, Paris

Einschiffung nach Kythera
Das Motiv wurde oft diskutiert. Es ist unklar, ob es sich bei der Pilgerfahrt um einen Aufbruch oder eine Abfahrt handelt. Mit dem Gemälde gelang Watteau die Aufnahme in die Académie Royale de Peinture et de Sculpture.

Peregrinación a la isla de Citera
El tema de esta peregrinación a la isla de Kythera sigue siendo objeto de debate. No se indica si se trata de una salida o de una vuelta. Esta pintura permitió que Watteau fuera recibido en la Académie Royale de Peinture et de Sculpture.

Embarque para Kythera
O motivo era frequentemente discutido. Não está claro se a peregrinação é uma partida ou uma partida. Com esta pintura, Watteau foi admitido na Académie Royale de Peinture et de Sculpture.

De inscheping naar Kythera
Het motief blijft discutabel. Het is onduidelijk of het bij de bedevaart om een vertrek of terugkeer gaat. Met dit schilderij werd Watteau toegelaten tot de Académie Royale de Peinture et de Sculpture.

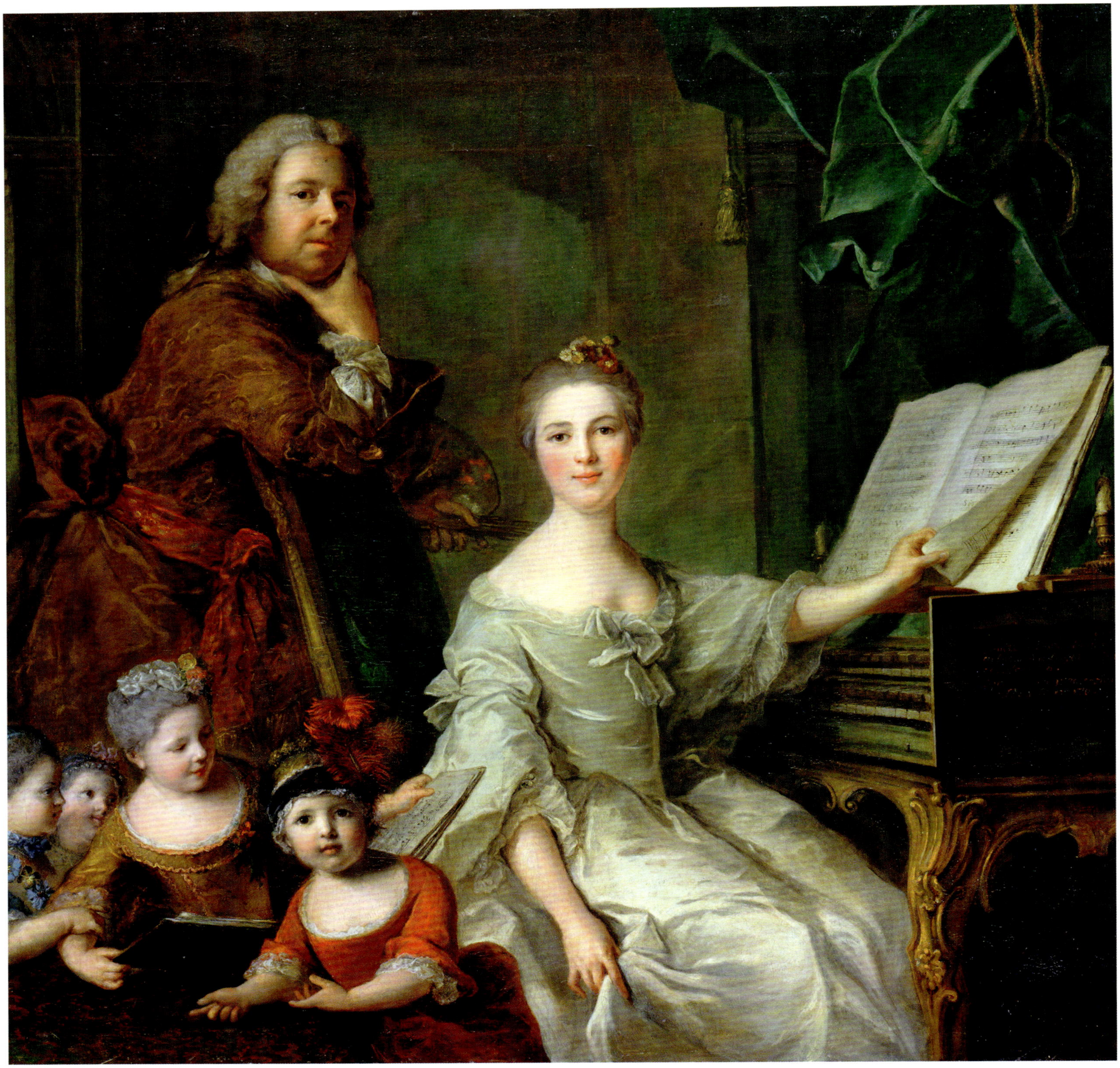

Jean-Marc Nattier and his Family

Jean-Marc Nattier et sa famille

Jean-Marc Nattier und seine Familie

Jean-Marc Nattier y su familia

Jean-Marc Nattier e sua família

Jean-Marc Nattier en zijn gezin

JEAN-MARC NATTIER (1685-1766)

c. 1730-62, Oil on canvas/Huile sur toile, 149 × 162 cm, Château de Versailles

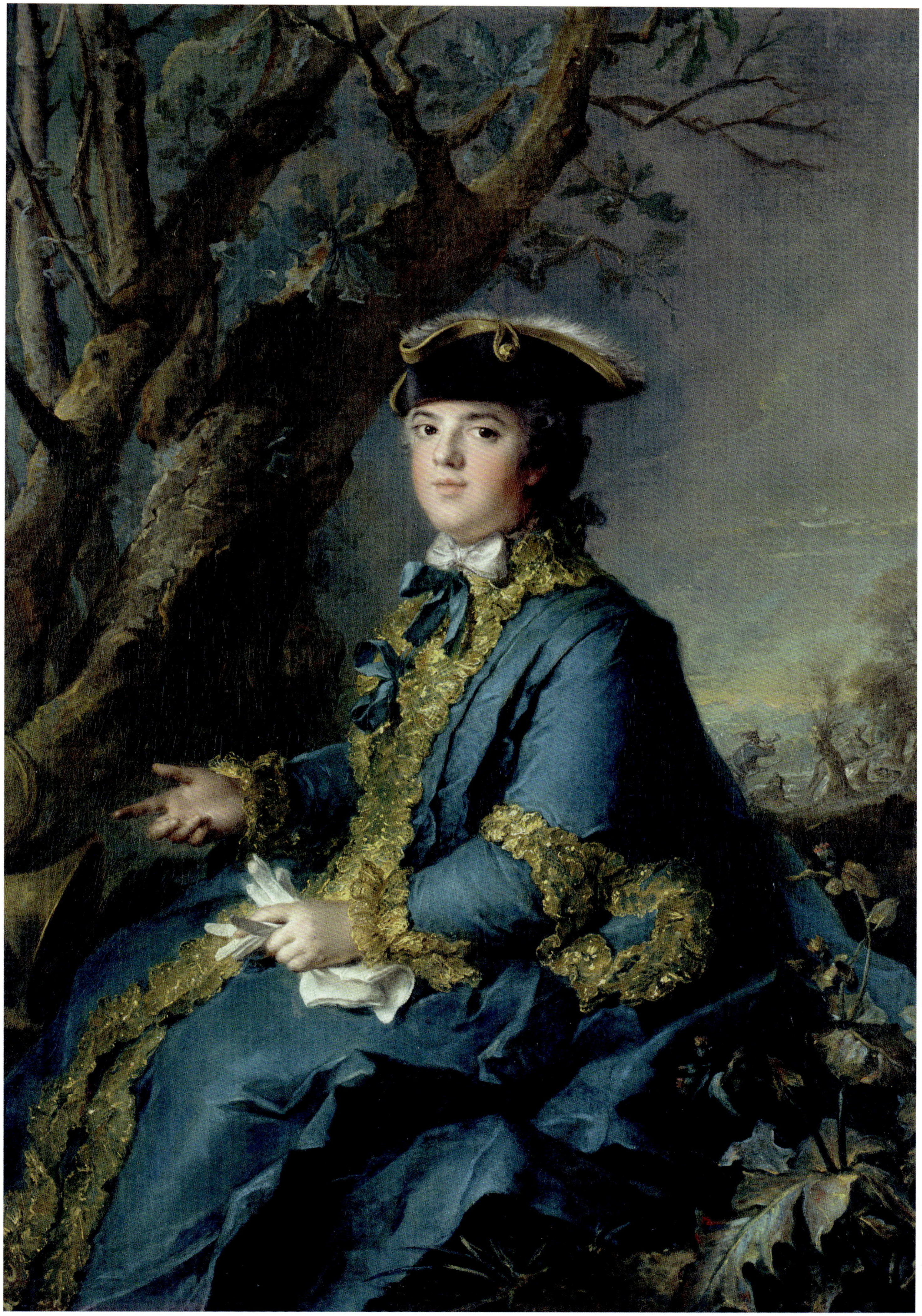

Louise Élisabeth de Bourbon (1729-59), Duchess of Parma

Louise-Élisabeth de France (1729-59), Duchesse de Parme

Marie Louise Élisabeth de Bourbon (1729-59), Herzogin von Parma

Marie Louise Élisabeth de Bourbon (1729-59), Duquesa de Parma

Marie Louise Élisabeth de Bourbon (1729-59), Duquesa de Parma

Louise Elisabeth van Frankrijk (1729-1759), hertogin van Parma

JEAN-MARC NATTIER (1685-1766)

1760, Oil on canvas/Huile sur toile, 136 × 104 cm, Château de Versailles

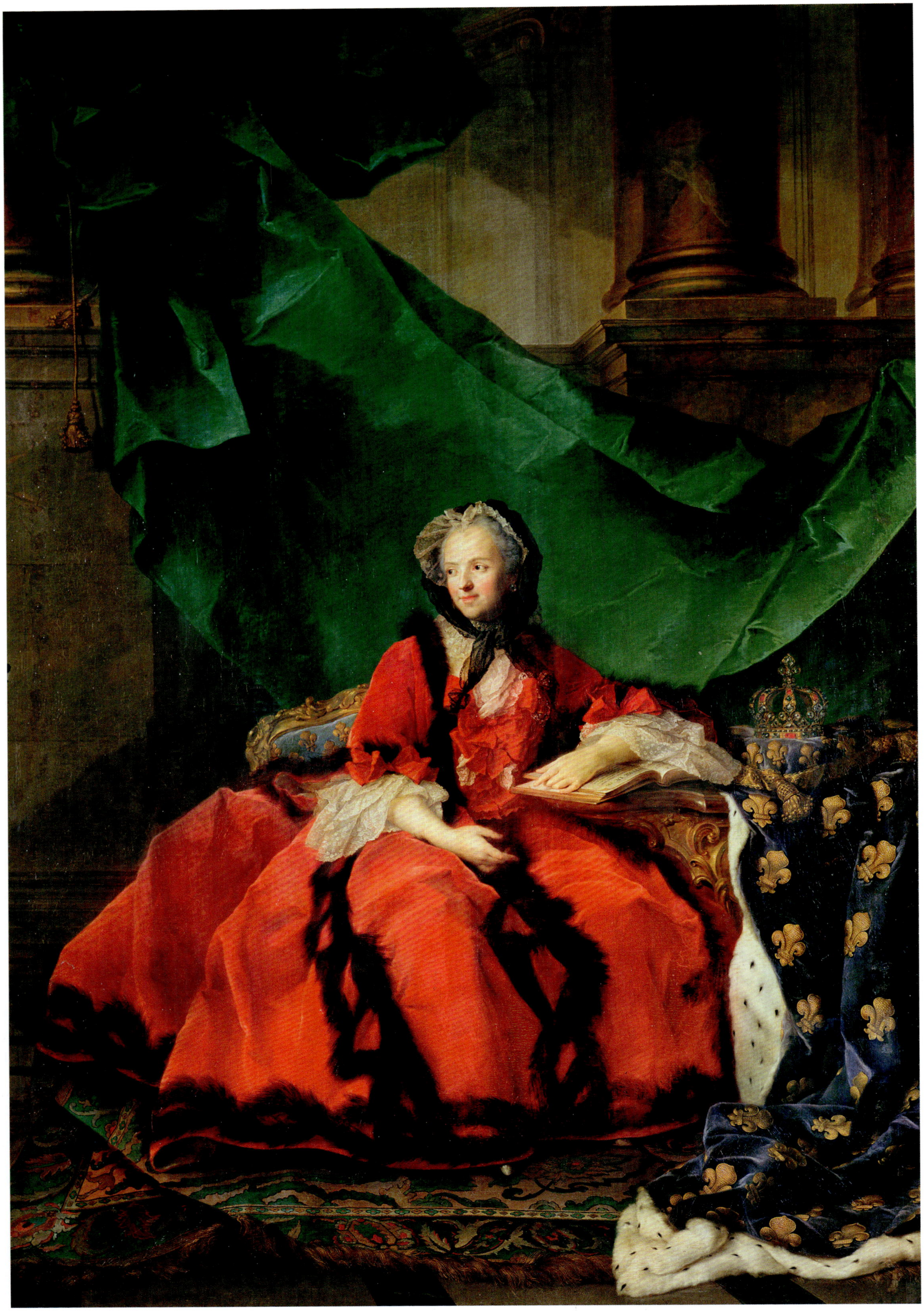

Maria Leszczyńska
(1703-68), Queen of France

Marie Leszczynska
(1703-68), Reine de France

Maria Leszczyńska
(1703-68), Königin von Frankreich

María Leszczyńska
(1703-68), Reina de Francia

Maria Leszczyńska
(1703-68), Rainha de França

Maria Leszczyńska
(1703-1768), koningin van Frankrijk

JEAN-MARC NATTIER (1685-1766)
c. 1750, Oil on canvas/Huile sur toile, 271 × 194 cm,
Château de Versailles

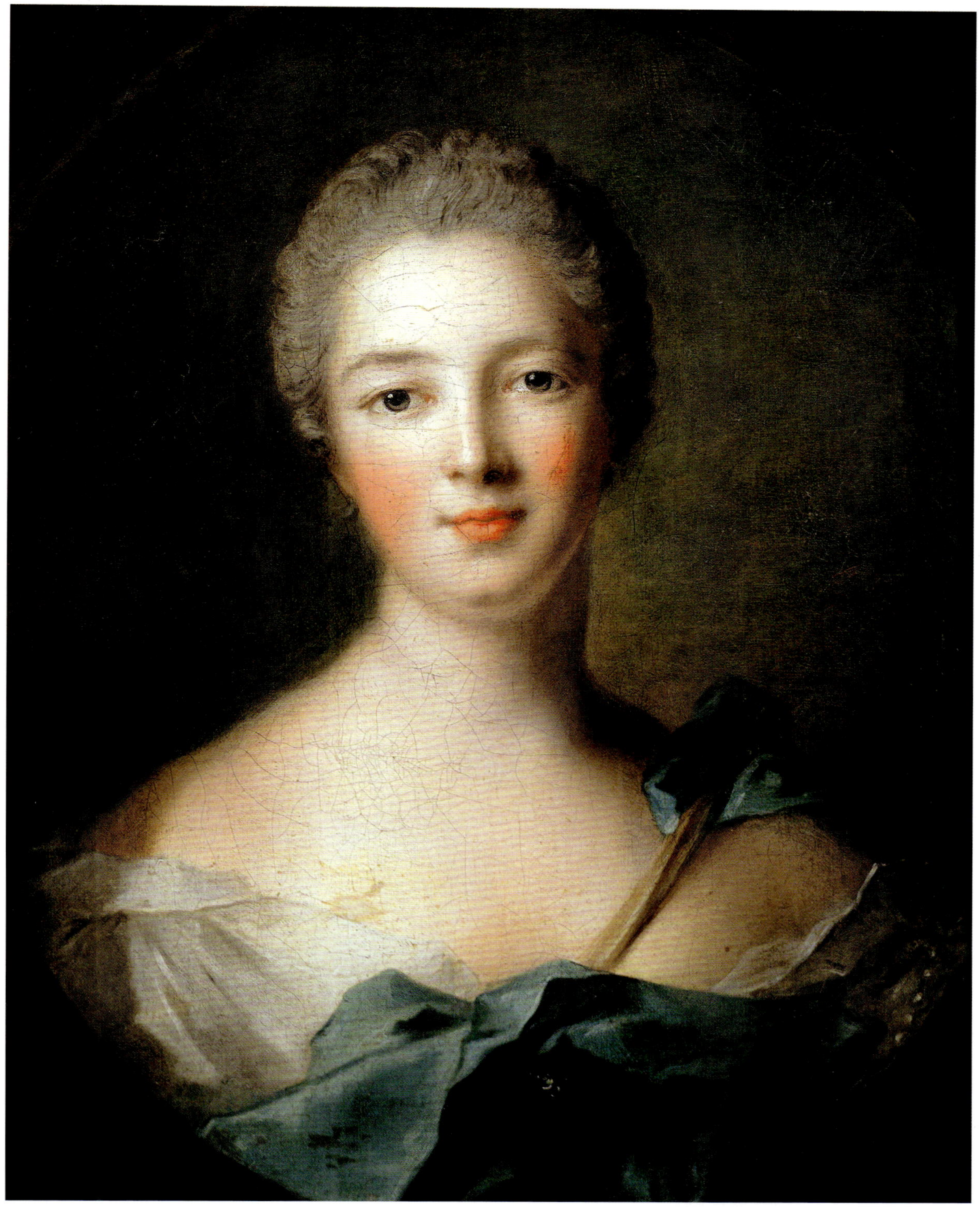

Madame de Pompadour (1721-64) as Diana
Nattier's portraits never seem ostentatious, but focus on intimacy, simplicity and tenderness. The painter made several paintings of Madame de Pompadour.

Madame de Pompadour (1721-64) en Diane
Jamais ostentatoires, les portraits de Nattier privilégient l'intimité, la simplicité, la douceur. Le peintre prendra à plusieurs reprises pour modèle Madame de Pompadour, la favorite de Louis XV.

Madame de Pompadour (1721-64) als Diana
Die Porträts von Nattier wirken nie protzig, sondern legen einen Schwerpunkt auf Intimität, Schlichtheit und Zartheit. Von Madame de Pompadour fertigte der Maler mehrere Gemälde an.

Madame de Pompadour (1721-64) como Diana
Los retratos de Nattier nunca parecen ostentosos, sino que se centran en la intimidad, la sencillez y la ternura. El pintor realizó varias pinturas de Madame de Pompadour, la favorita de Luis XV.

Madame de Pompadour (1721-64) como Diana
Os retratos de Nattier nunca parecem ostentosos, mas concentram-se na intimidade, simplicidade e ternura. O pintor fez várias pinturas de Madame de Pompadour.

Madame de Pompadour (1721-1764) als Diana
Nattiers portretten ogen nooit protserig, maar focussen op intimiteit, eenvoud en tederheid. De schilder maakte meerdere schilderijen van Madame de Pompadour.

JEAN-MARC NATTIER (1685-1766)
1748, Oil on canvas/Huile sur toile, 53 × 43 cm, Musée de l'Hôtel Sandelin, Saint-Omer

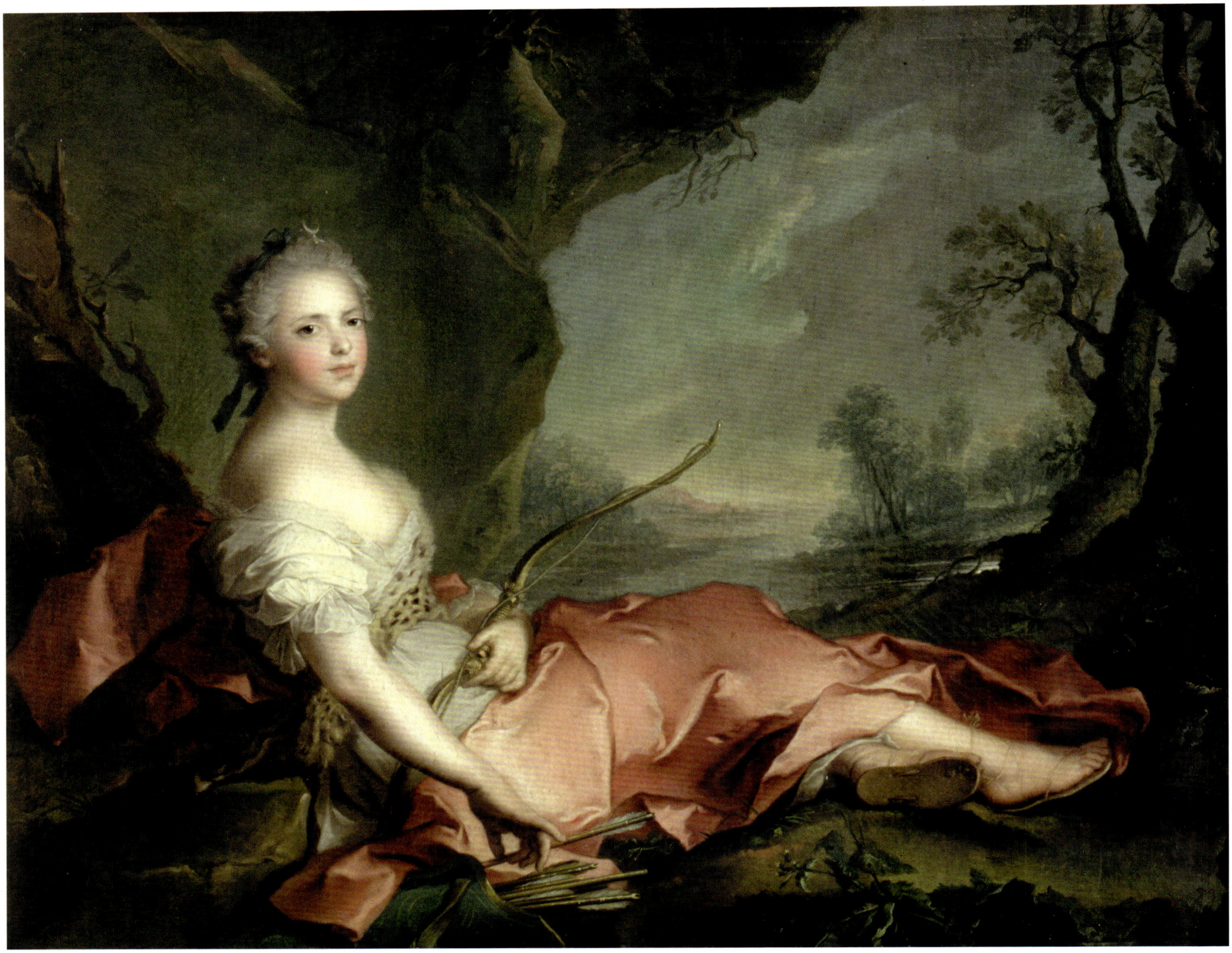

Portrait of Marie Adélaïde of France, called Madame Adélaïde, as Diana

Portrait de Marie-Adélaïde de France, *dite* Madame Adélaïde, en Diane

Adélaïde von Frankreich, genannt Madame Adélaïde, als Diana

Adélaïde de Francia, llamada Madame Adélaïde, como Diana

Adélaïde da França, chamada Madame Adélaïde, como Diana

Portret van Marie Adélaïde van Frankrijk, Madame Adélaïde genoemd, als Diana

JEAN-MARC NATTIER (1685-1766)

1745, Oil on canvas/Huile sur toile, 94 × 128 cm, Galleria degli Uffizi, Firenze

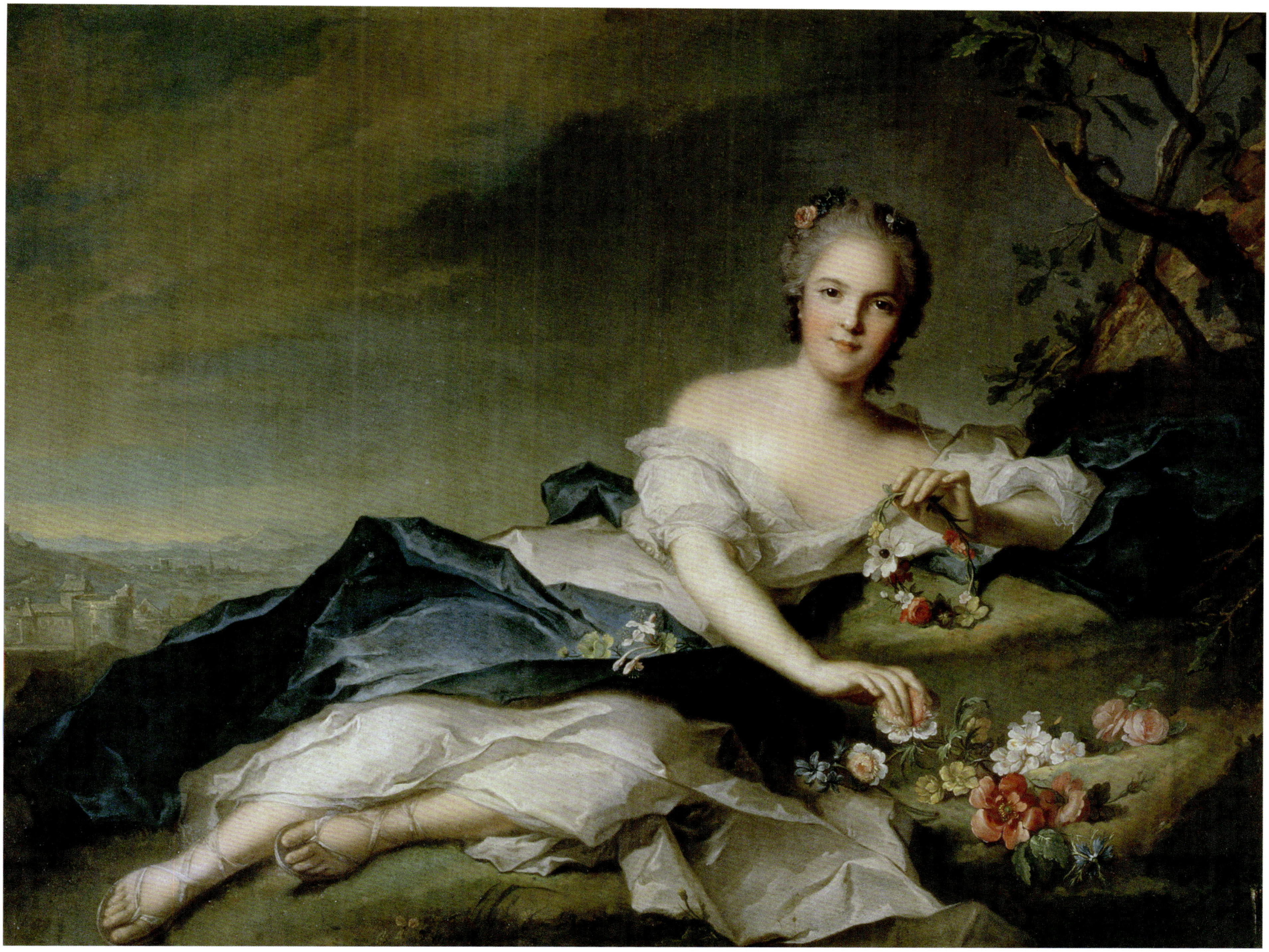

Anne Henriette of France as Flora
The painting shows the 15-year-old daughter of Louis XV as Flora, the goddess of blossom. The light colours create a perfect harmony between the figure and the landscape.

Henriette de France en Flore
Fille du roi Louis XV, Henriette de France, ici âgée de 15 ans, prend les traits de Flore, la déesse des fleurs et du printemps. Figure et paysage sont en parfaite harmonie, dans une palette claire.

Anne Henriette von Frankreich als Flora
Das Gemälde zeigt die 15-jährige Tochter von Ludwig XV. als Flora, die Göttin der Blüte. Die hellen Farbtöne erzeugen eine perfekte Harmonie zwischen der Figur und der Landschaft.

Anne Henriette de Francia como flora
La pintura muestra a la hija de 15 años del rey Luis XV, Enriqueta de Francia, como Flora, la diosa de las flores. Los colores claros crean una perfecta armonía entre la figura y el paisaje.

Anne Henriette da França como flora
A pintura mostra a filha de 15 anos de idade de Luís XV como Flora, a deusa da flor. As cores claras criam uma harmonia perfeita entre a figura e a paisagem.

Henriette Anne van Frankrijk als Flora
Het schilderij toont de 15-jarige dochter van Lodewijk XV als Flora, de godin van de bloemen. De lichte kleuren zorgen voor een perfecte harmonie tussen de figuur en het landschap.

JEAN-MARC NATTIER (1685-1766)

1742, Oil on canvas/Huile sur toile, 94,5 × 128,5 cm, Galleria degli Uffizi, Firenze

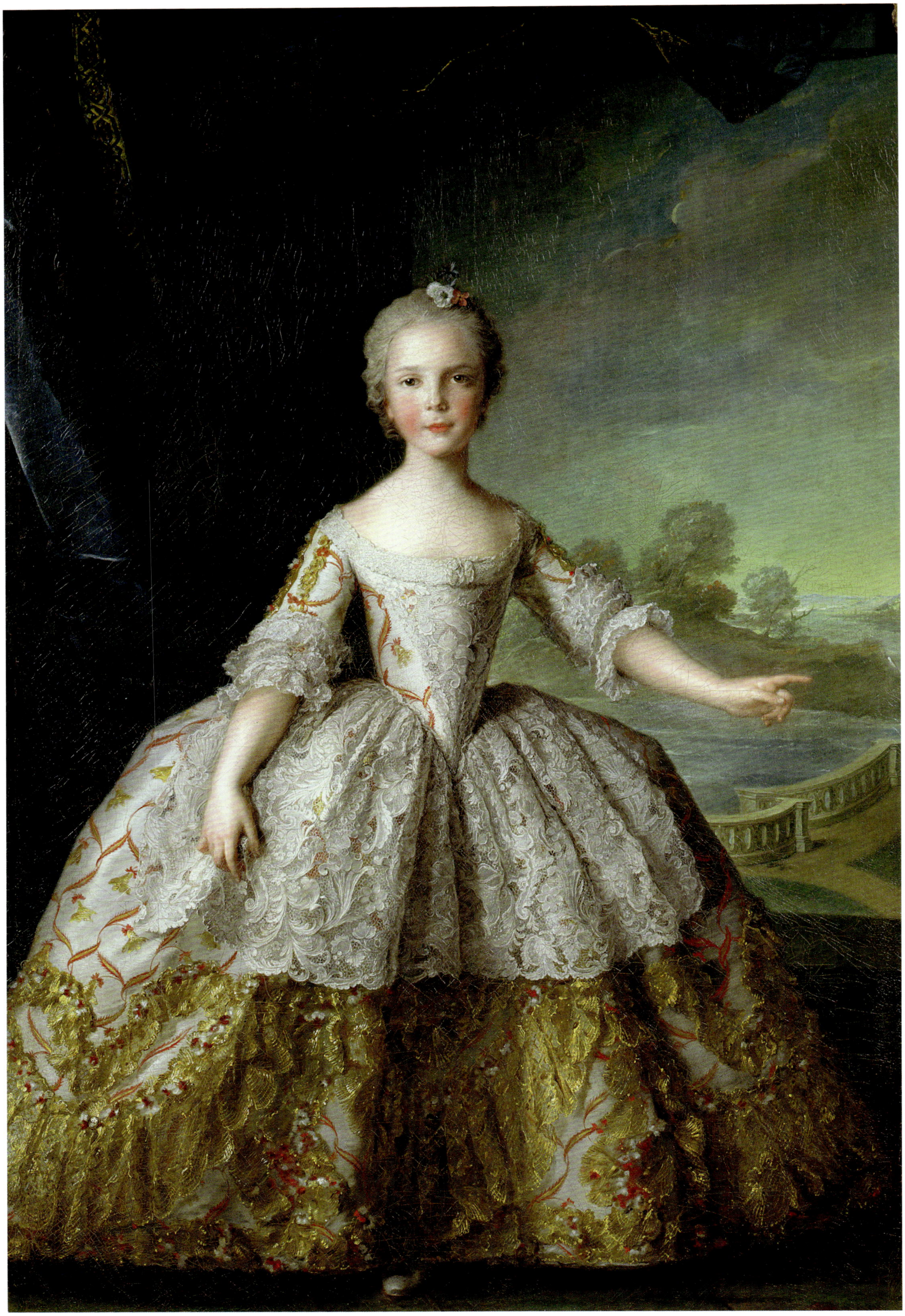

Isabella of Bourbon-Parma,
Infanta of Spain (1741-63)

Isabelle de Parme,
Infante (1741-63)

Isabella von Bourbon-Parma,
Infantin von Spanien (1741-63)

Isabella de Bourbon-Parma,
Infanta de España (1741-63)

Isabel de Bourbon-Parma,
Infanta de Espanha (1741-63)

Isabella van Parma,
winfante van Spanje (1741-1763)

JEAN-MARC NATTIER (1685-1766)
1749, Oil on canvas/Huile sur toile,
158 × 115 cm, Château de Versailles

Zaza

JEAN-BAPTISTE OUDRY (1686-1755)
c. 1730, Oil on canvas/Huile sur toile,
86,5 × 85,5 cm, Musée des Beaux-Arts, Angers

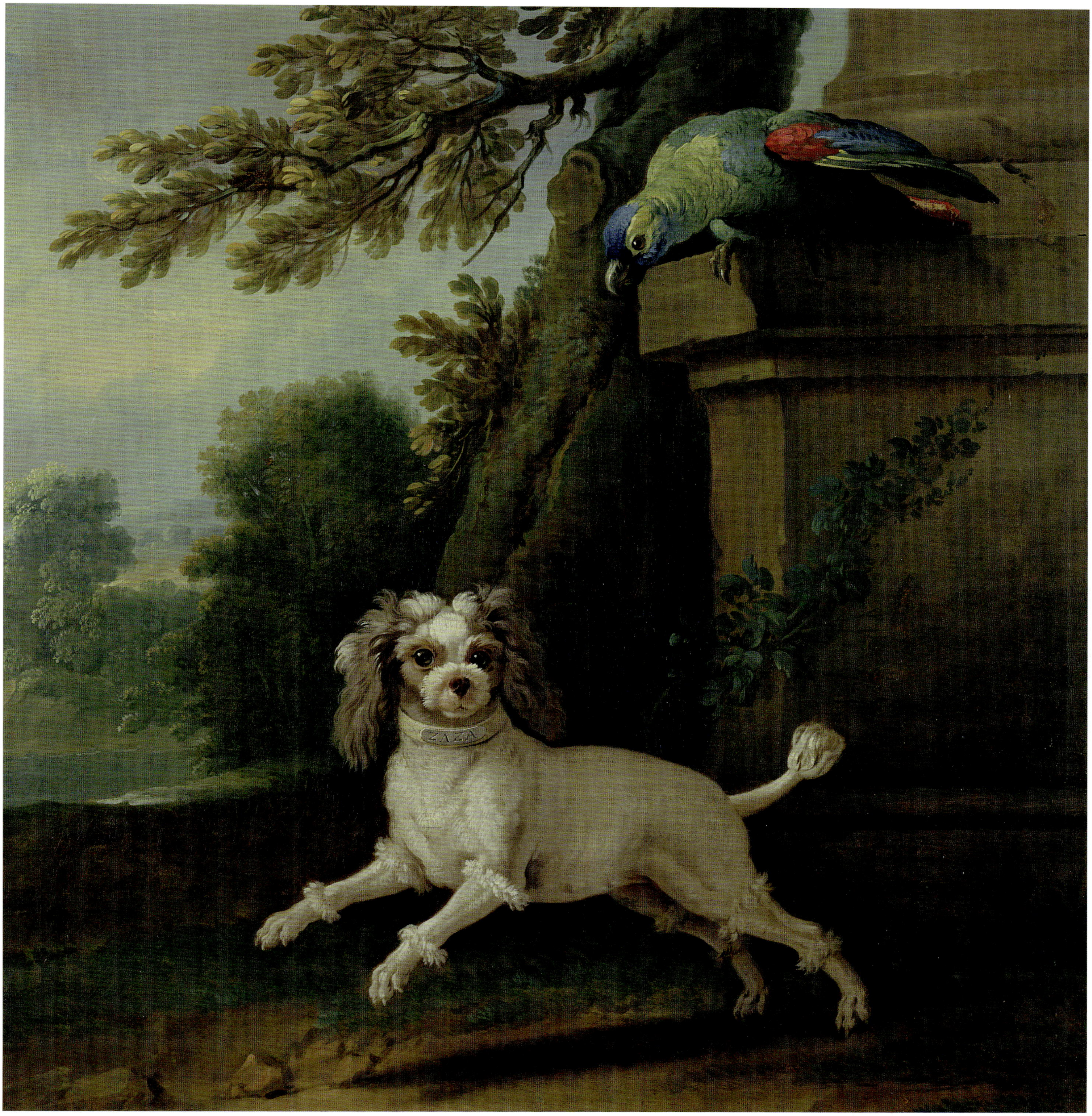
ZAZA

Corner of Monsieur de la Bruyere's Garden
Jean-Baptiste Oudry depicted the wonders of nature in amazingly realistic paintings. The work presents a cross-section of his interests: Flowers, animals, landscapes and architecture.

Nature morte aux tulipes
Avec un réalisme saisissant, Jean-Baptiste Oudry dépeint les merveilles de la nature. Ce tableau opère une synthèse de ses centres d'intérêt : les fleurs, les animaux, le paysage et l'architecture.

Stillleben mit Tulpen
Jean-Baptiste Oudry bildete die Wunder der Natur in erstaunlich realistischen Gemälden ab. Das Werk präsentiert einen Querschnitt seiner Interessen: Blumen, Tiere, Landschaften und Architektur.

Naturaleza muerta con tulipanes
Jean-Baptiste Oudry representó las maravillas de la naturaleza en pinturas increíblemente realistas. La obra presenta una muestra representativa de sus intereses: las flores, los animales, los paisajes y la arquitectura.

Natureza morta com tulipas
Jean-Baptiste Oudry retratou as maravilhas da natureza em pinturas surpreendentemente realistas. A obra apresenta uma secção transversal dos seus interesses: Flores, animais, paisagens e arquitetura.

Stilleven met tulpen
Jean-Baptiste Oudry verbeeldde de wonderen van de natuur in verbazingwekkend realistische schilderijen. Het werk toont een dwarsdoorsnede van zijn interesses: bloemen, dieren, landschappen en architectuur.

JEAN-BAPTISTE OUDRY (1686-1755)
1744, Oil on canvas/Huile sur toile, 130,2 × 161,6 cm,
Detroit Institute of Arts, Detroit

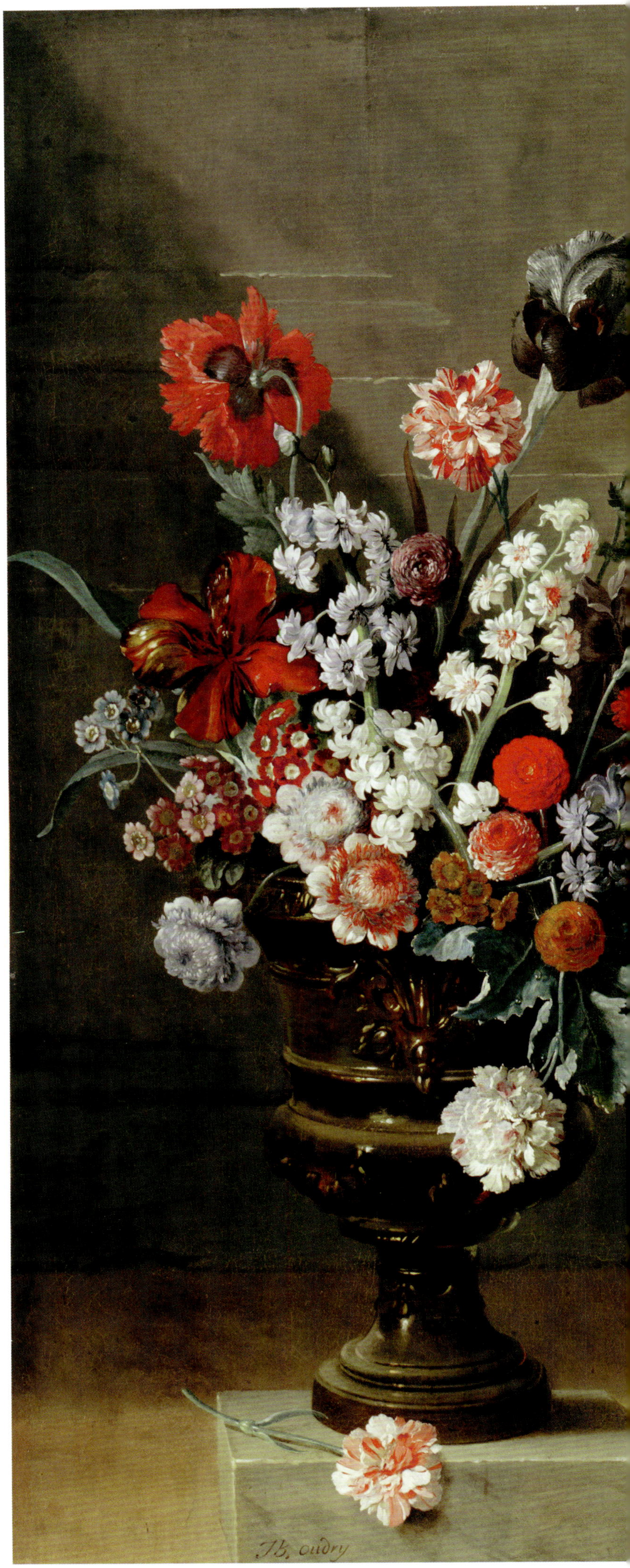

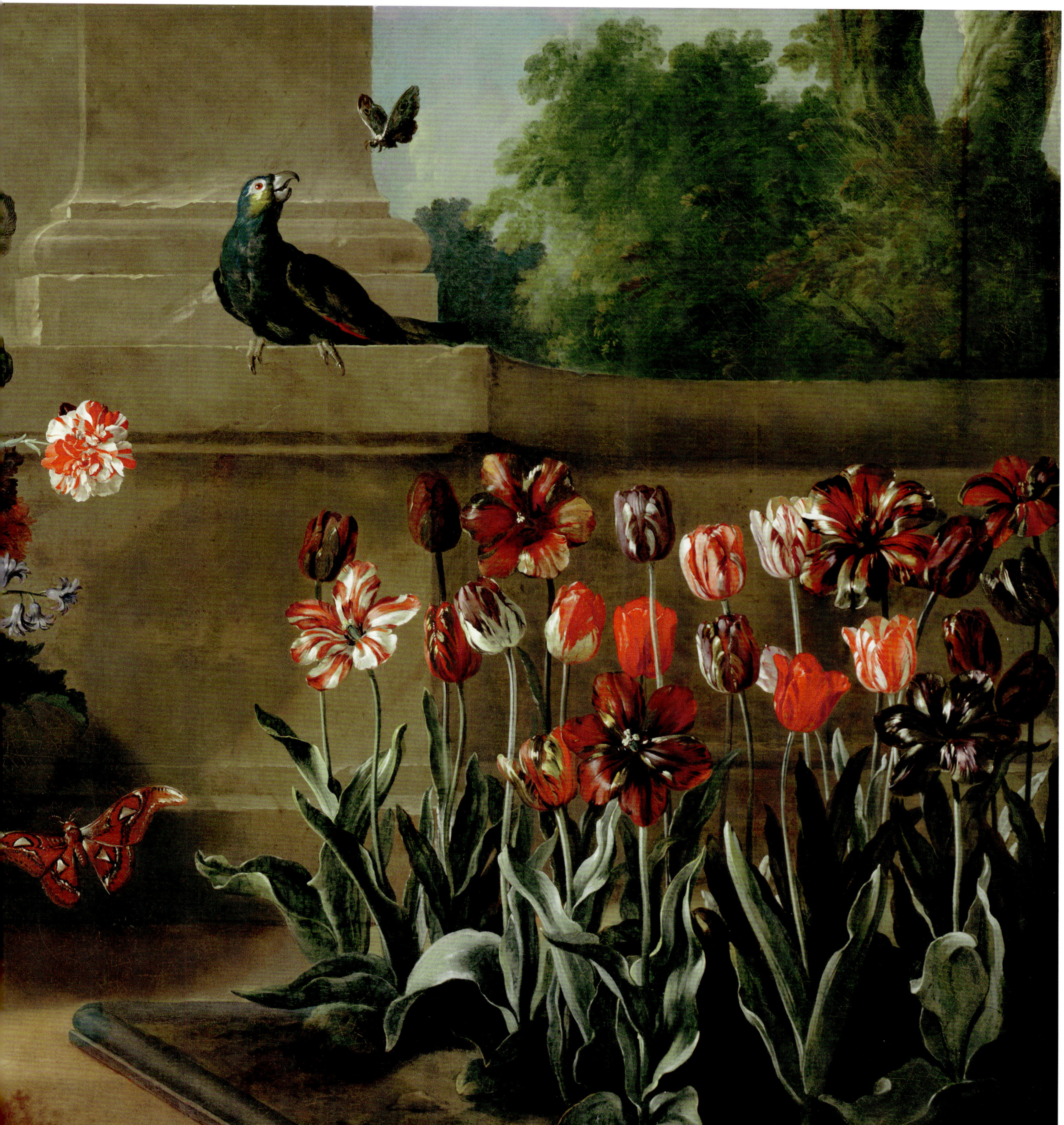

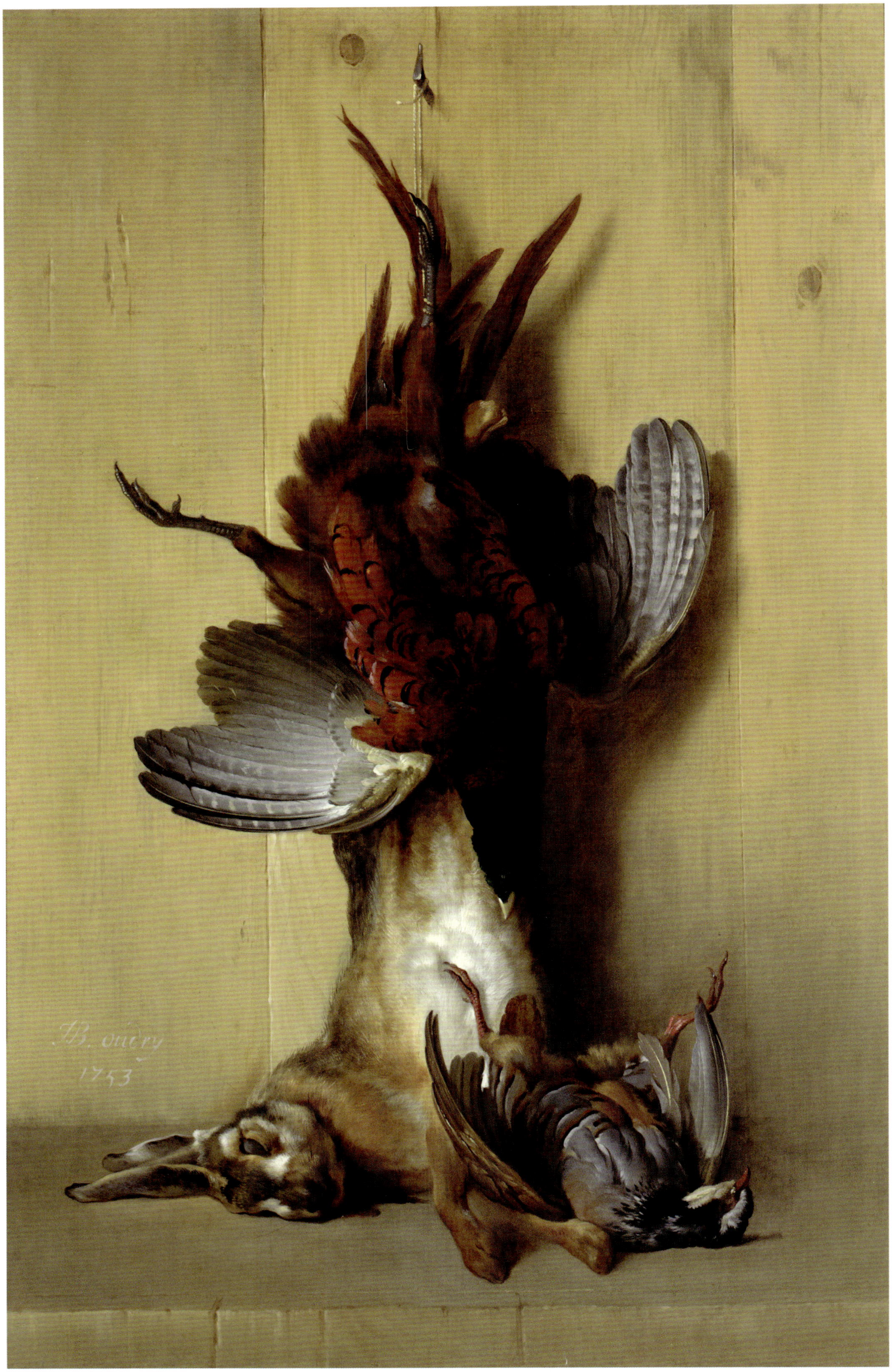

Still Life with a Pheasant, a Hare and a Red Patridge

Faisan, lièvre et perdrix rouge

Stillleben mit Fasan

Naturaleza muerta con faisán, liebre y perdíz roja

Natureza morta com faisão

Stilleven met fazant, haas en rode patrijs

JEAN-BAPTISTE OUDRY (1686-1755)
1753, Oil on canvas/Huile sur toile,
97 × 64 cm, Musée du Louvre, Paris

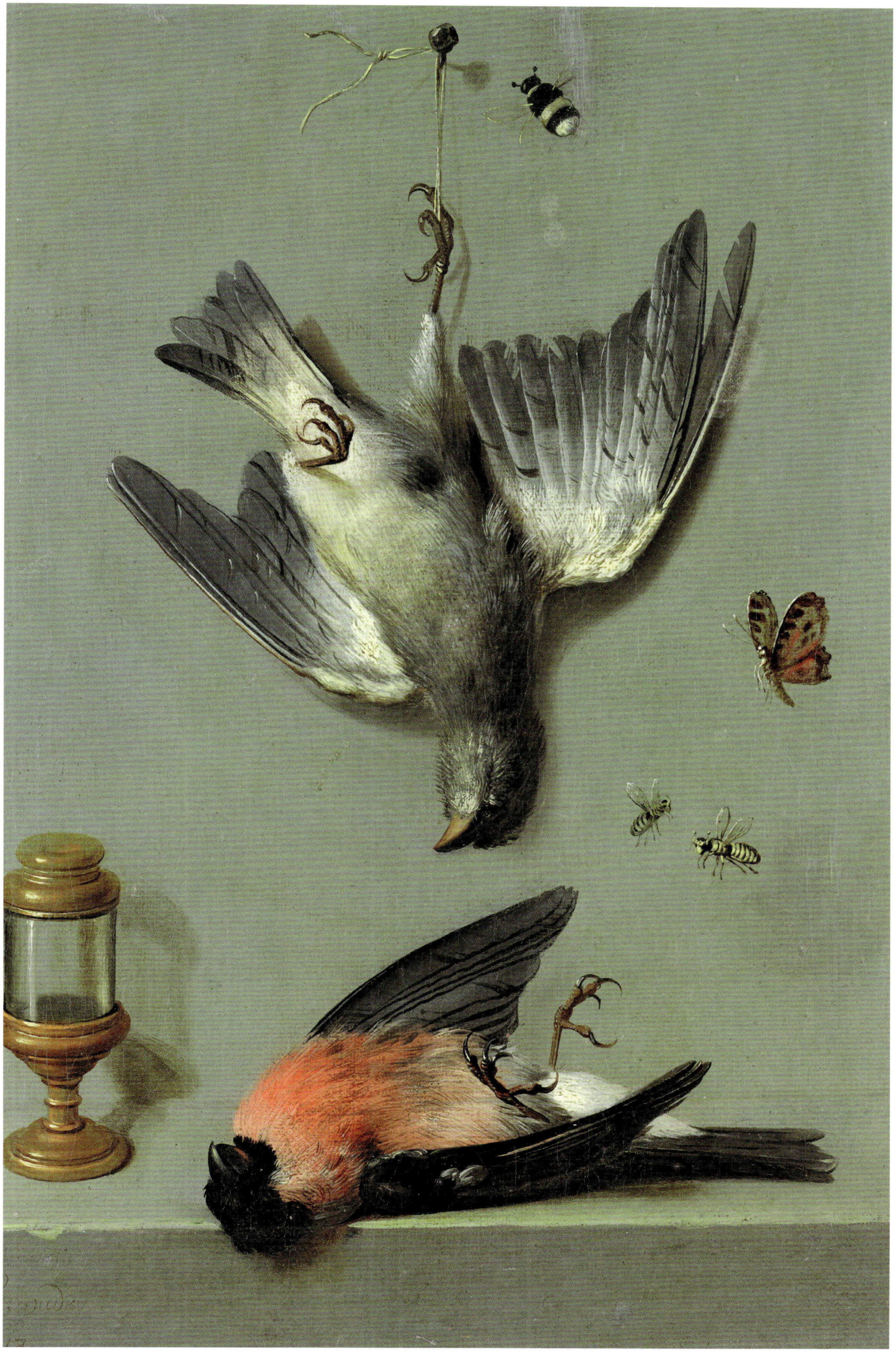

Still life with Birds and Insects

Nature morte avec oiseaux, papillons, insectes

Stillleben mit Vögeln und Insekten

Bodegón con pájaros e insectos

Natureza morta com aves e insectos

Stilleven met vogels, vlinder en insecten

JEAN-BAPTISTE OUDRY (1686-1755)

1713, Oil on canvas/Huile sur toile, 32 × 24 cm,
Musée des Beaux-Arts, Marseille

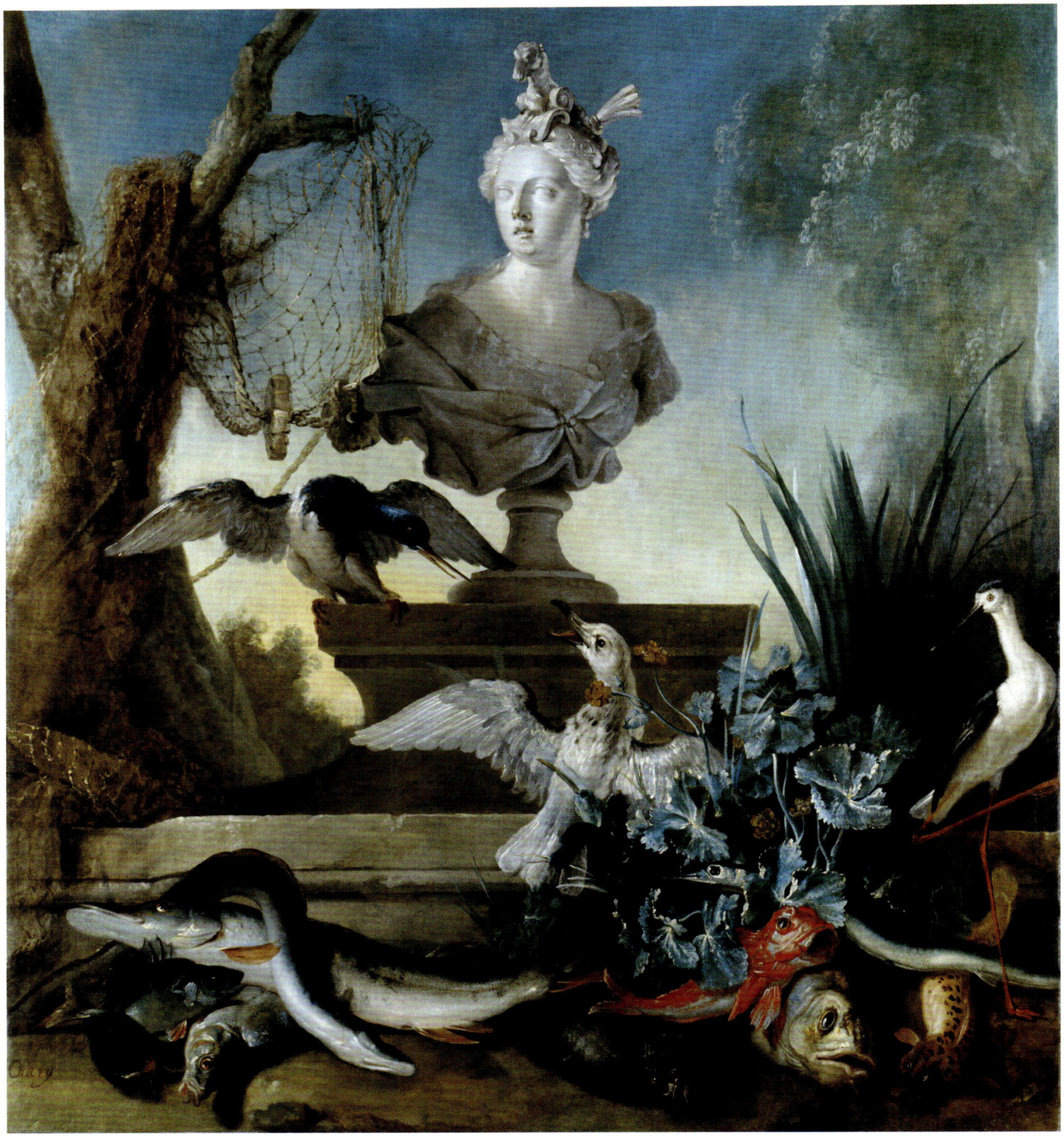

The Four Continents: Asia

Allégorie de l'Asie

Die vier Kontinente: Asien

Alegoría de Asia

Os quatro continentes: Ásia

De vier continenten: Azië

JEAN-BAPTISTE OUDRY (1686-1755)

1722, Oil on canvas/Huile sur toile, 162 × 152 cm, Private collection

Le Retour de chasse: A Hunting Dog Guarding Dead Game

Le Retour de chasse

Die Rückkehr von der Jagd

El regreso de la caza

O regresso da caça

De terugkeer van de jacht

JEAN-BAPTISTE OUDRY (1686-1755)

c. 1730, Oil on canvas/Huile sur toile, 263 × 189 cm, Private collection

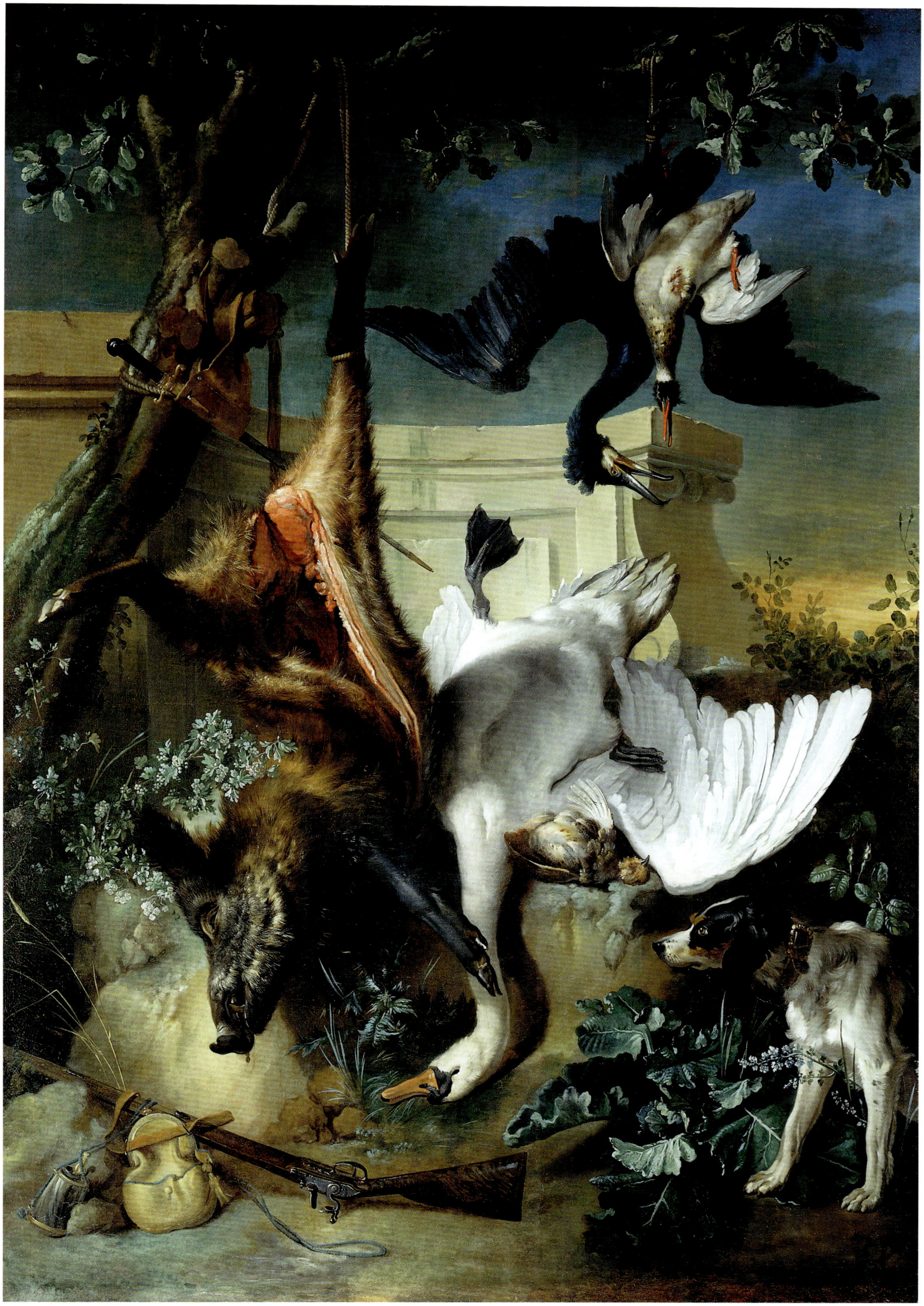

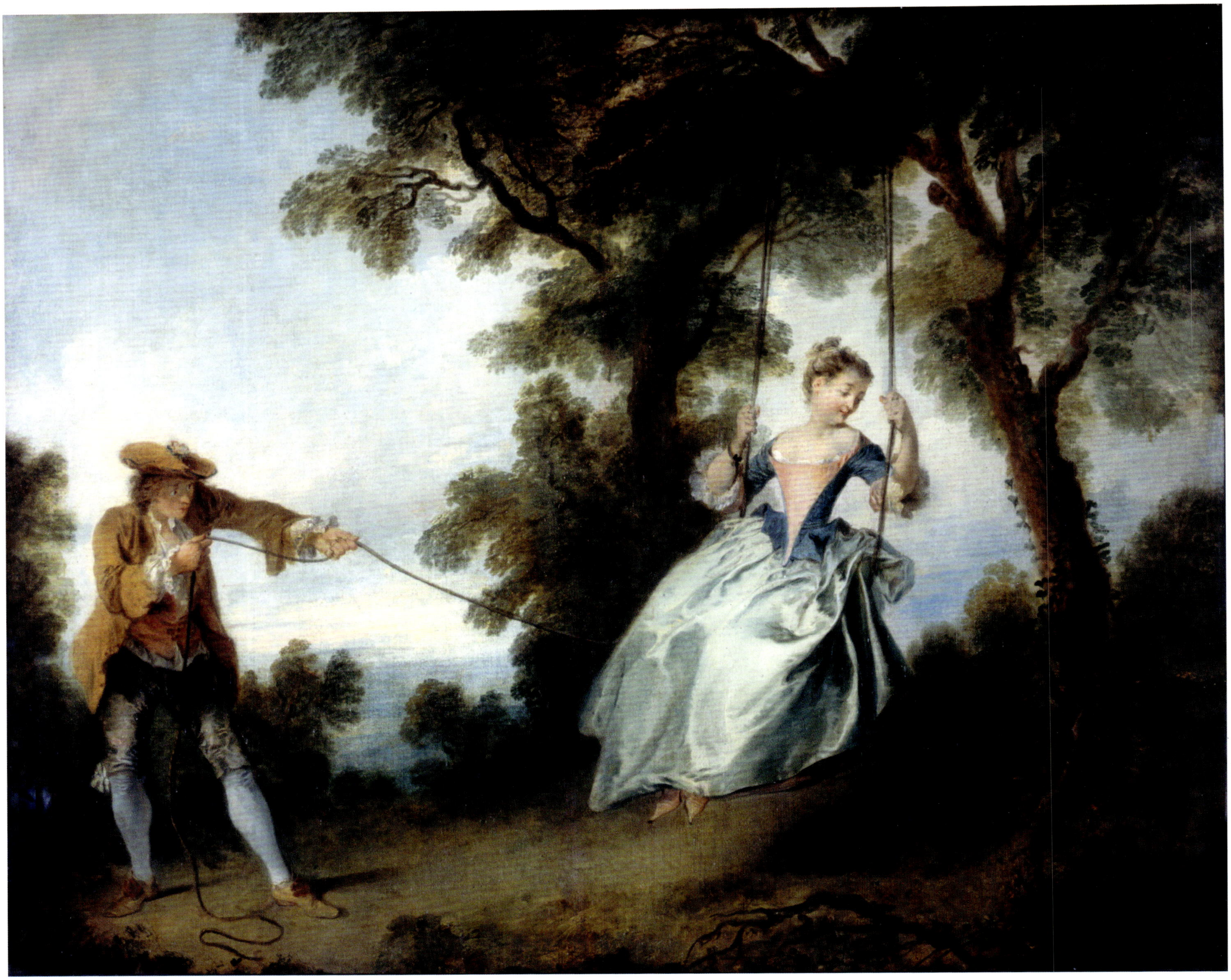

The swing

Like Watteau, Lancret was a master of the amusing scenes with which he portrayed the customs and joys of the Regency period. His figures and landscapes form a perfect symbiosis.

La Balançoire

Peintre des mœurs et des plaisirs sous la Régence, Nicolas Lancret est, à l'instar d'Antoine Watteau, maître de petites scènes plaisantes et animées. Ses œuvres dépeignent une osmose parfaite entre figures et paysage.

Die Schaukel

Lancret war, wie Watteau, ein Meister der amüsanten Szenen, mit denen er die Sitten und Freuden zur Zeit der Régence darstellte. Seine Figuren und Landschaften bilden eine perfekte Symbiose.

El columpio

Al igual que Watteau, Lancret fue un maestro de las escenas divertidas con las que retrató las costumbres y las alegrías del período de Régence. Sus figuras y paisajes forman una perfecta simbiosis.

O balanço

Como Watteau, Lancret foi um mestre das divertidas cenas com as quais retratou os costumes e as alegrias do período Régence. Suas figuras e paisagens formam uma simbiose perfeita.

De schommel

Net als Watteau was Lancret een meester in grappige scènes, waarmee hij de gewoontes en geneugten van de Régence-periode in beeld bracht. Zijn figuren en landschappen vormen een perfecte symbiose.

NICOLAS LANCRET (1690-1743)

1730, Oil on canvas/Huile sur toile, 70 × 89 cm, Victoria & Albert Museum, London

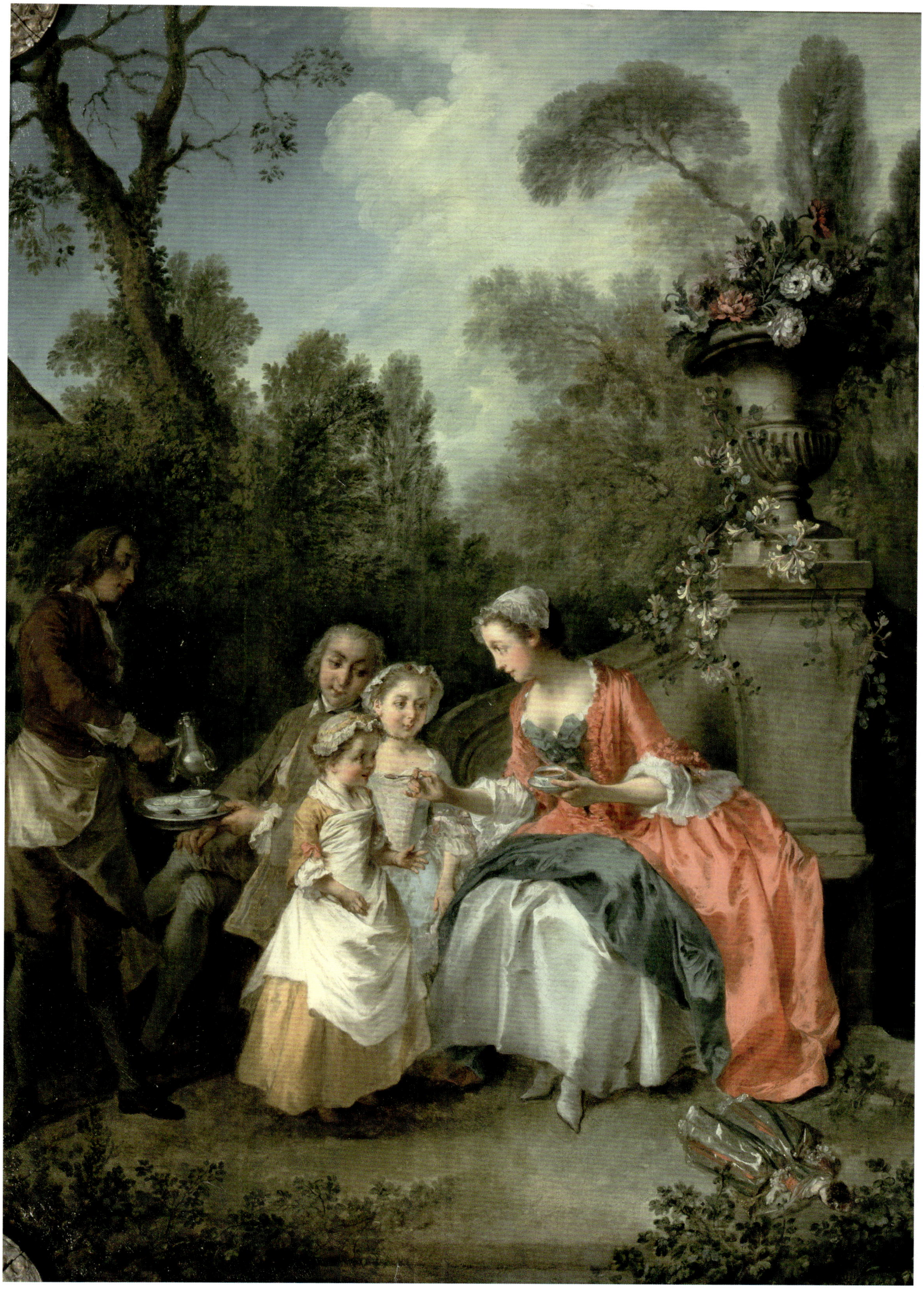

A Lady and a Gentleman in the Garden with Two Children

La Tasse de chocolat

Dame und Herr mit zwei Kindern im Garten

La taza de chocolate

Senhora e cavalheiro com duas crianças no jardim

Dame en heer met twee kinderen in de tuin

NICOLAS LANCRET (1690-1743)

c. 1742, Oil on canvas/Huile sur toile, 88,9 × 97,8 cm, The National Gallery, London

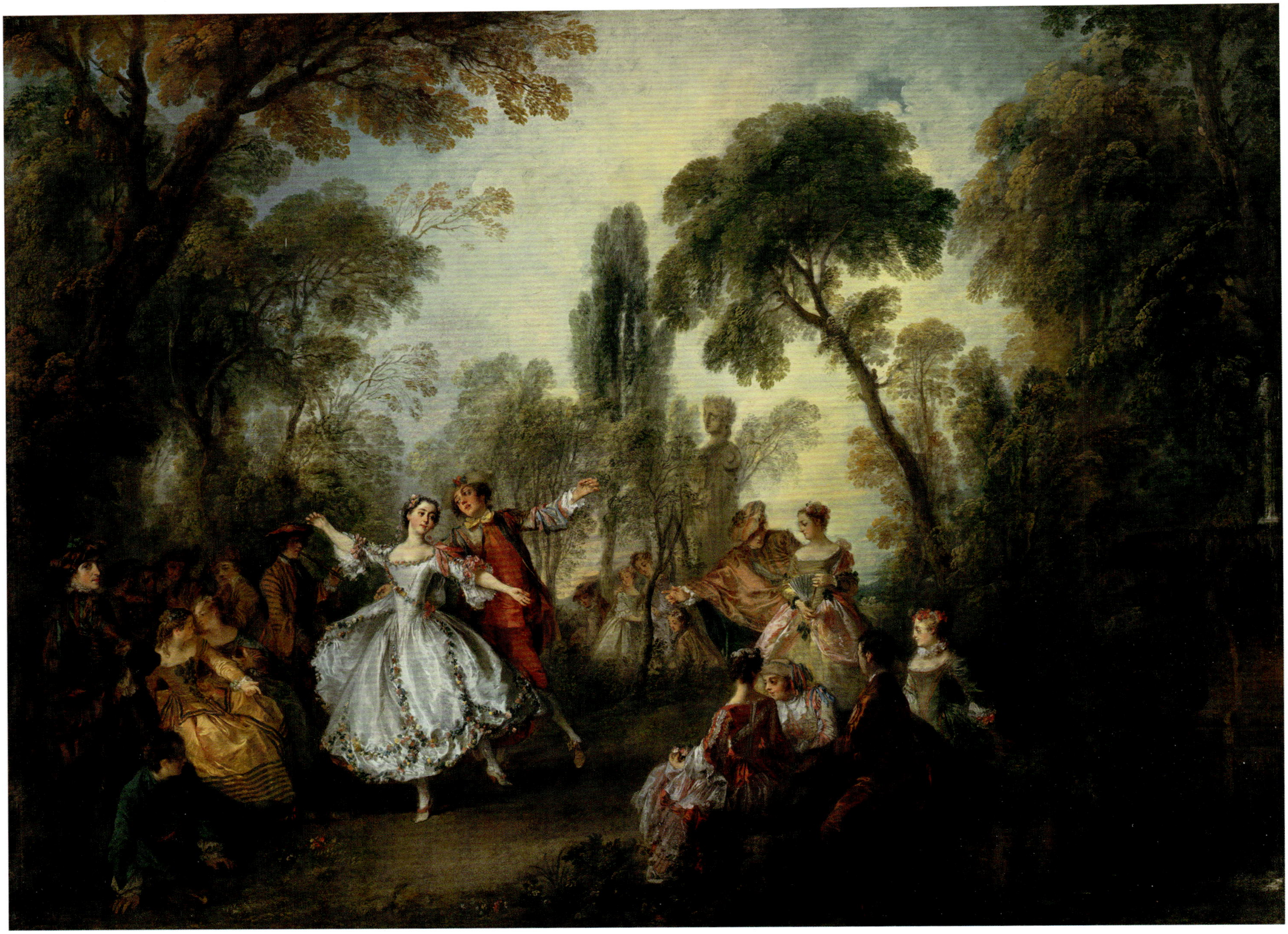

La Camargo Dancing

Mademoiselle de Camargo dansant

Die Tänzerin Camargo

La bailarina Camargo

A bailarina Camargo

Dansende mademoiselle de Camargo

NICOLAS LANCRET (1690-1743)

c. 1730, Oil on canvas/Huile sur toile, 76,2 × 106,7 cm, National Gallery of Art, Washington

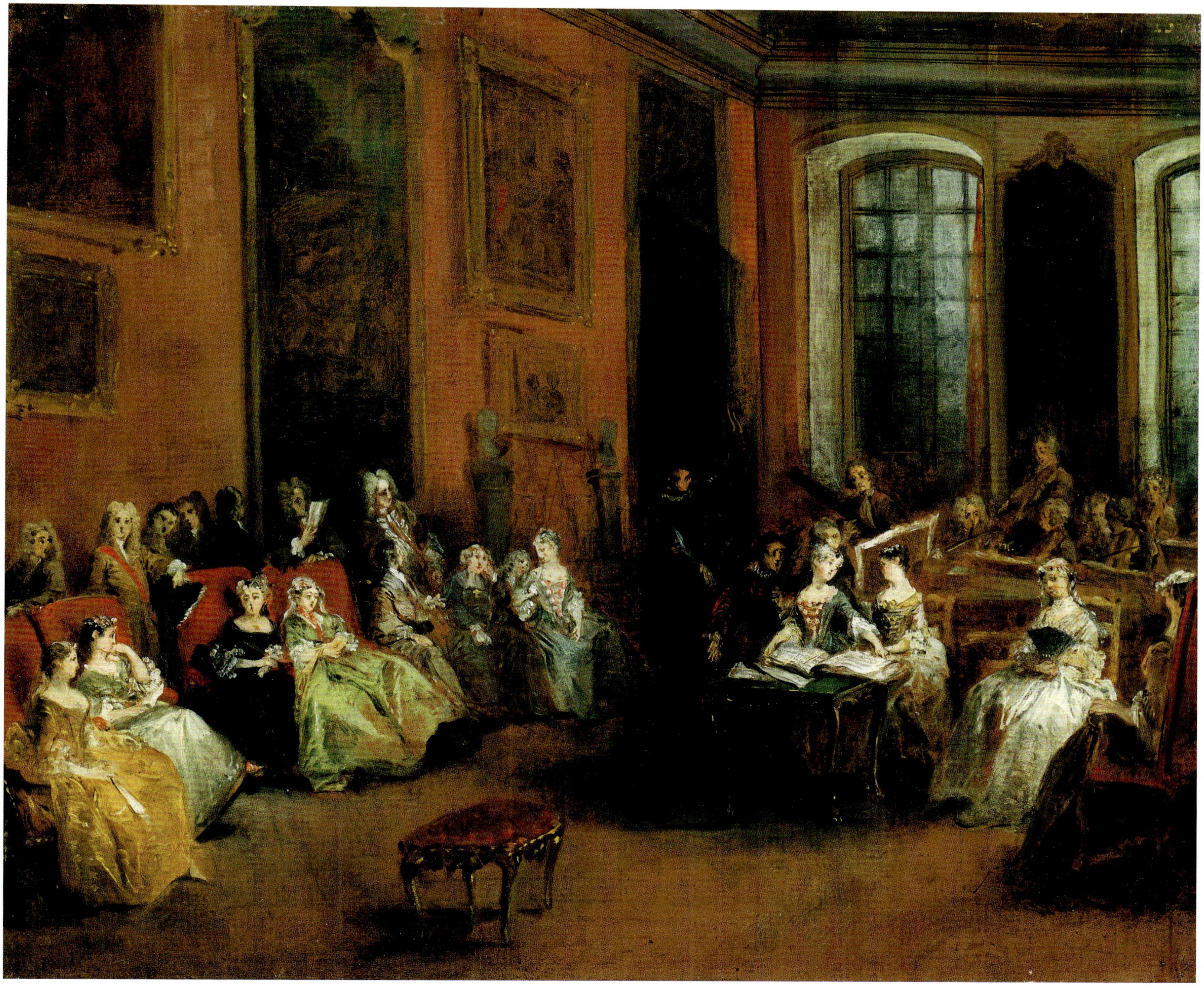

Concert in the Paris Hôtel of Pierre Crozat

Pierre Crozat was a patron, art collector and music lover. He organized concerts in his house in Paris, as can be seen here, or on his country estate in Montmorency.

Un concert

Mécène et collectionneur de tableaux, d'estampes et d'objets d'art, Pierre Crozat était un grand amoureux de la musique, qui organisait des concerts chez lui, à Paris ou dans sa propriété de Montmorency.

Konzert im Salon

Pierre Crozat war ein Mäzen, Kunstsammler und Musikliebhaber. Er organisierte Konzerte in seinem Haus in Paris, was hier zu sehen ist, oder auf seinem Landsitz in Montmorency.

Un concierto

Pierre Crozat era un mecenas, coleccionista de arte y amante de la música, el cual organizaba conciertos en su casa de París o en su finca de Montmorency.

Concerto no Salão

Pierre Crozat era patrono, colecionador de arte e amante da música. Ele organizou concertos em sua casa em Paris, o que pode ser visto aqui, ou em sua propriedade rural em Montmorency.

Concert in de salon

Pierre Crozat was een mecenas, kunstverzamelaar en muziekliefhebber. Hij organiseerde concerten in zijn huis in Parijs, dat hier te zien is, of op zijn landgoed in Montmorency.

NICOLAS LANCRET (1690-1743)

c. 1738, Oil on canvas/Huile sur toile, 38,6 × 45,6 cm, Alte Pinakothek, München

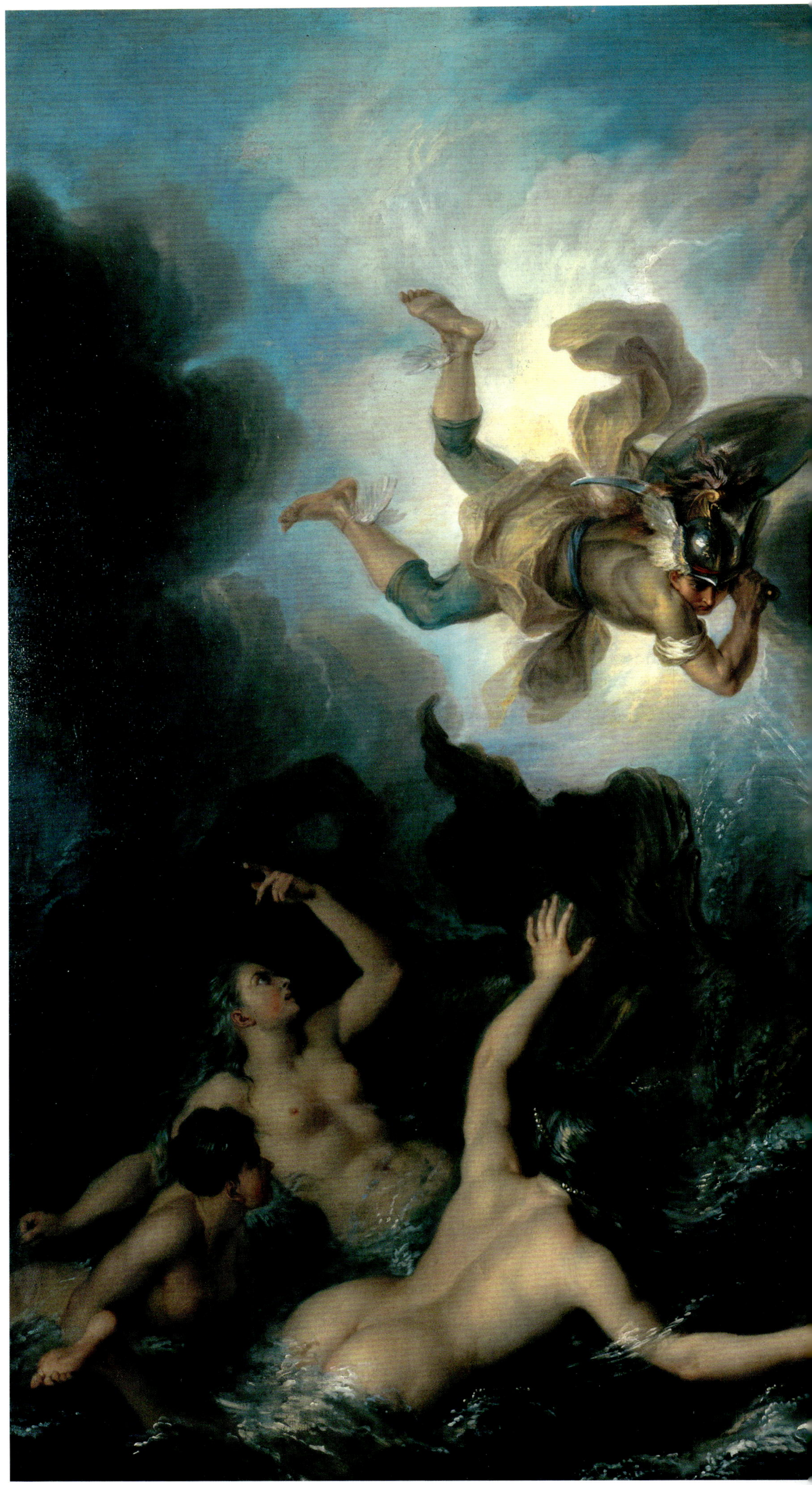

Perseus Rescuing Andromeda
Andromeda, the daughter of the Ethiopian king Cepheus, was chained to a rock and in danger of being swallowed by a sea monster. She is freed by Perseus, who takes her as his wife.

Persée délivrant Andromède
Fille du roi Céphée et de Cassiopée, la princesse éthiopienne Andromède, assise sur un rocher, s'apprête à être dévorée par un monstre marin. Elle est sauvée par Persée, qu'elle prendra pour époux.

Perseus befreit Andromeda
Andromeda, die Tochter des äthiopischen Königs Kepheus, droht an einen Felsen gekettet von einem Meeresungeheuer verschlungen zu werden. Sie wird von Perseus befreit, der sie zur Frau nimmt.

Perseo libera a Andrómeda
Andrómeda, la hija del rey etíope Kefeo, amenaza con ser tragada por un monstruo marino encadenado a una roca. Es liberada de Perseo, a quien tomará c omo esposo.

Perseu liberta Andrómeda
Andromeda, filha do rei etíope Cefeu, ameaça ser devorada por um monstro marinho acorrentado a uma rocha. Ela está livre de Perseu, que a toma como sua esposa.

Perseus bevrijdt Andromeda
Andromeda, de dochter van de Ethiopische koning Cepheus, dreigt geketend aan een rots te worden veslonden door een zeemonster. Ze wordt bevrijd door Perseus, die haar tot zijn vrouw maakt.

CHARLES-ANTOINE COYPEL (1694-1752)

1727, Oil on canvas/Huile sur toile, 131 × 196 cm, Musée du Louvre, Paris

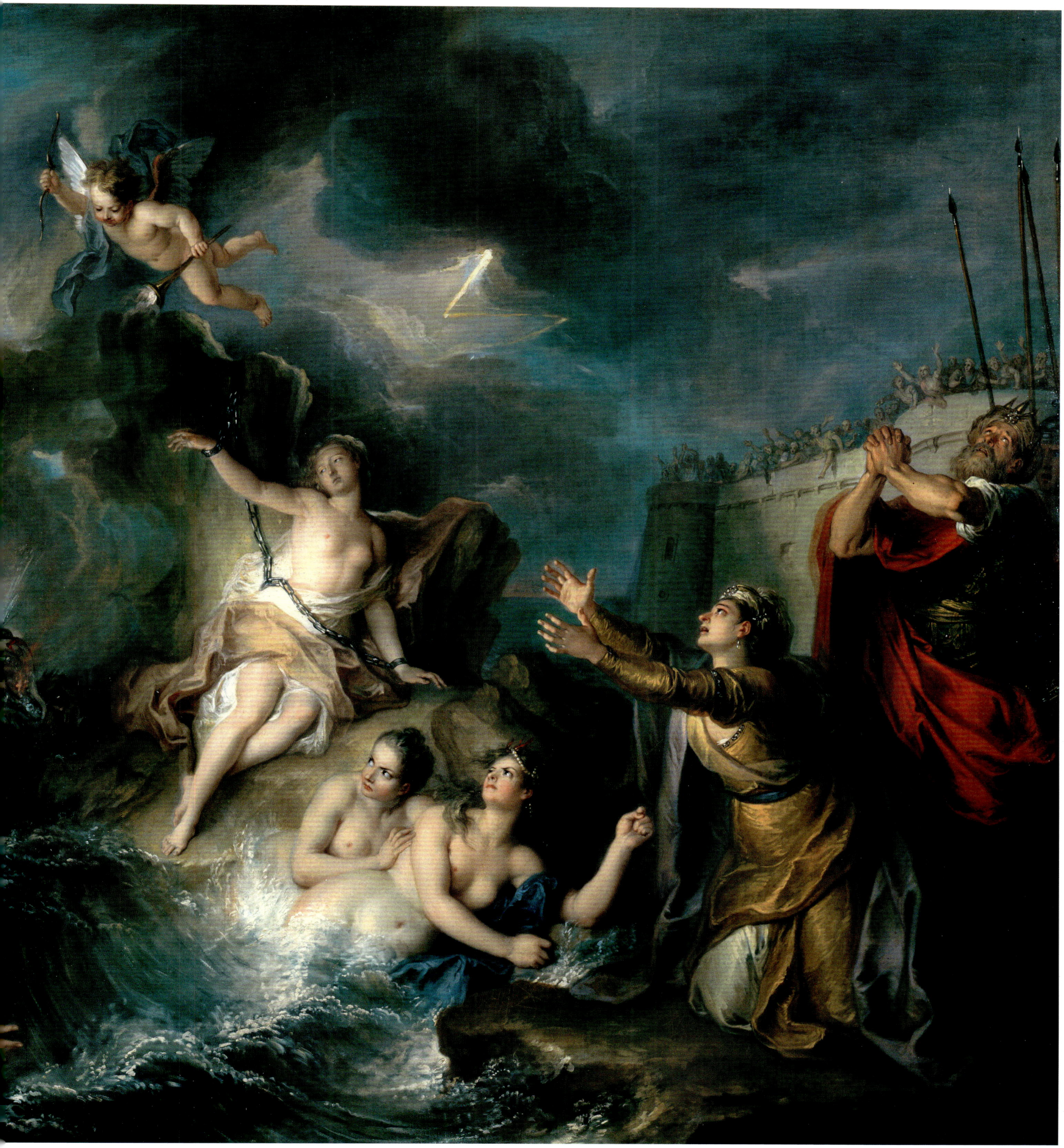

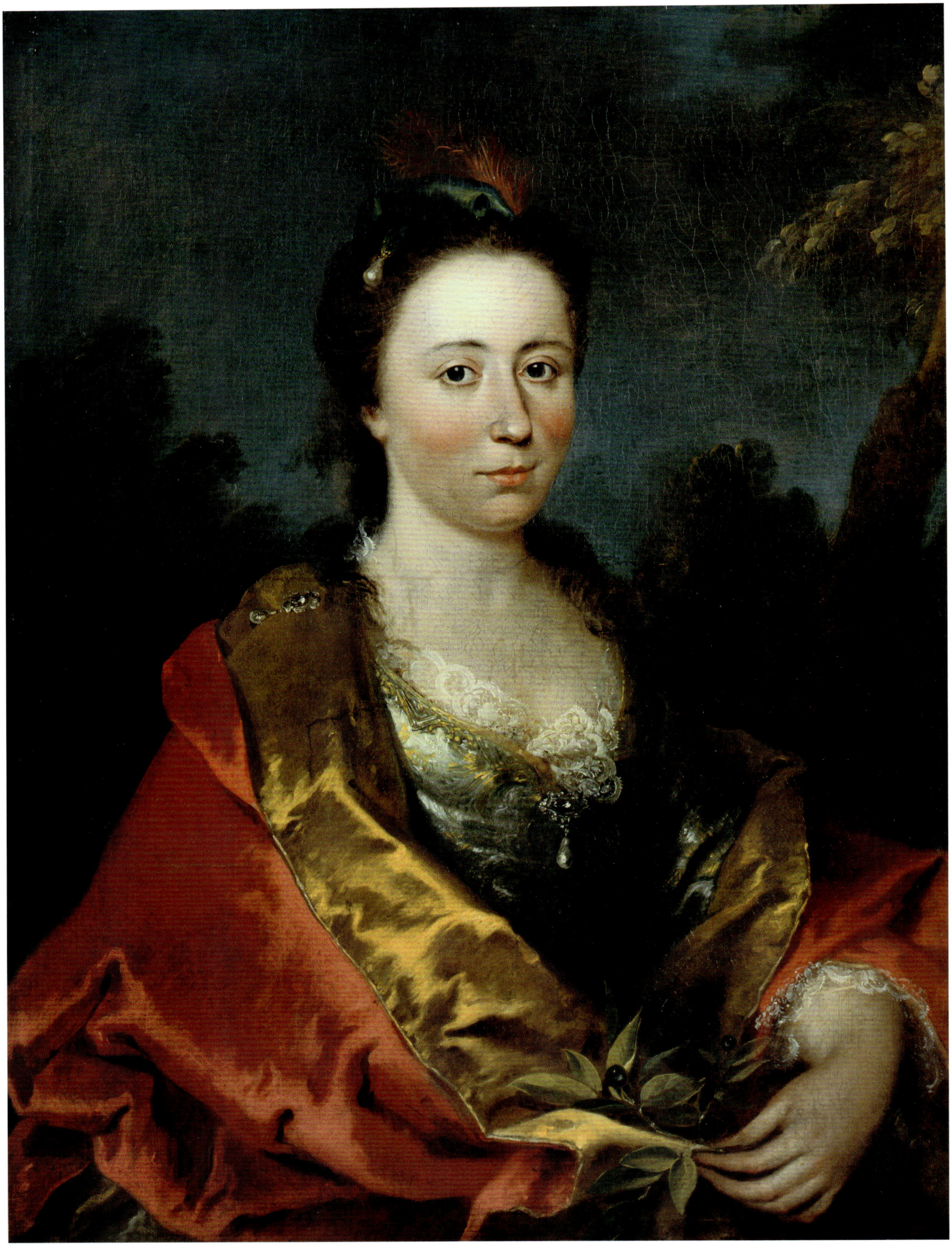

Marguerite-Marie Pater

JEAN-BAPTISTE JOSEPH PATER (1695-1736)

Oil on canvas/Huile sur toile, 79,2 × 62,9 cm, Musée des Beaux-Arts, Valenciennes

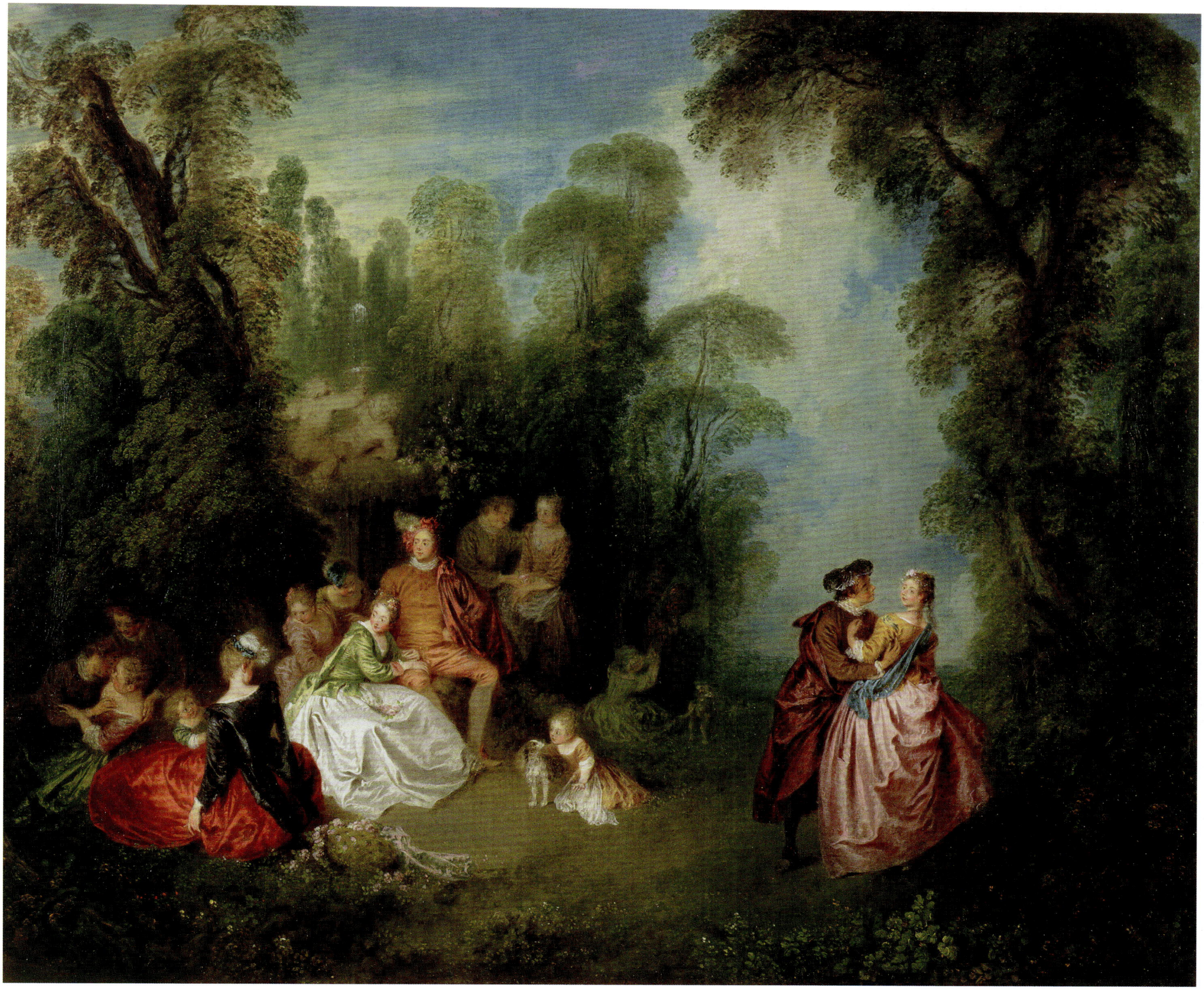

Conversation Galante by a Fountain

Fête galante près d'une fontaine

Fête galante in der Nähe eines Brunnens

Fiesta galante cerca de una fuente

Fête galante perto de uma fonte

Fête galante bij een fontein

JEAN-BAPTISTE JOSEPH PATER (1695-1736)

c. 1722-24, Oil on canvas/Huile sur toile, 65 × 81,4 cm, Wallace Collection, London

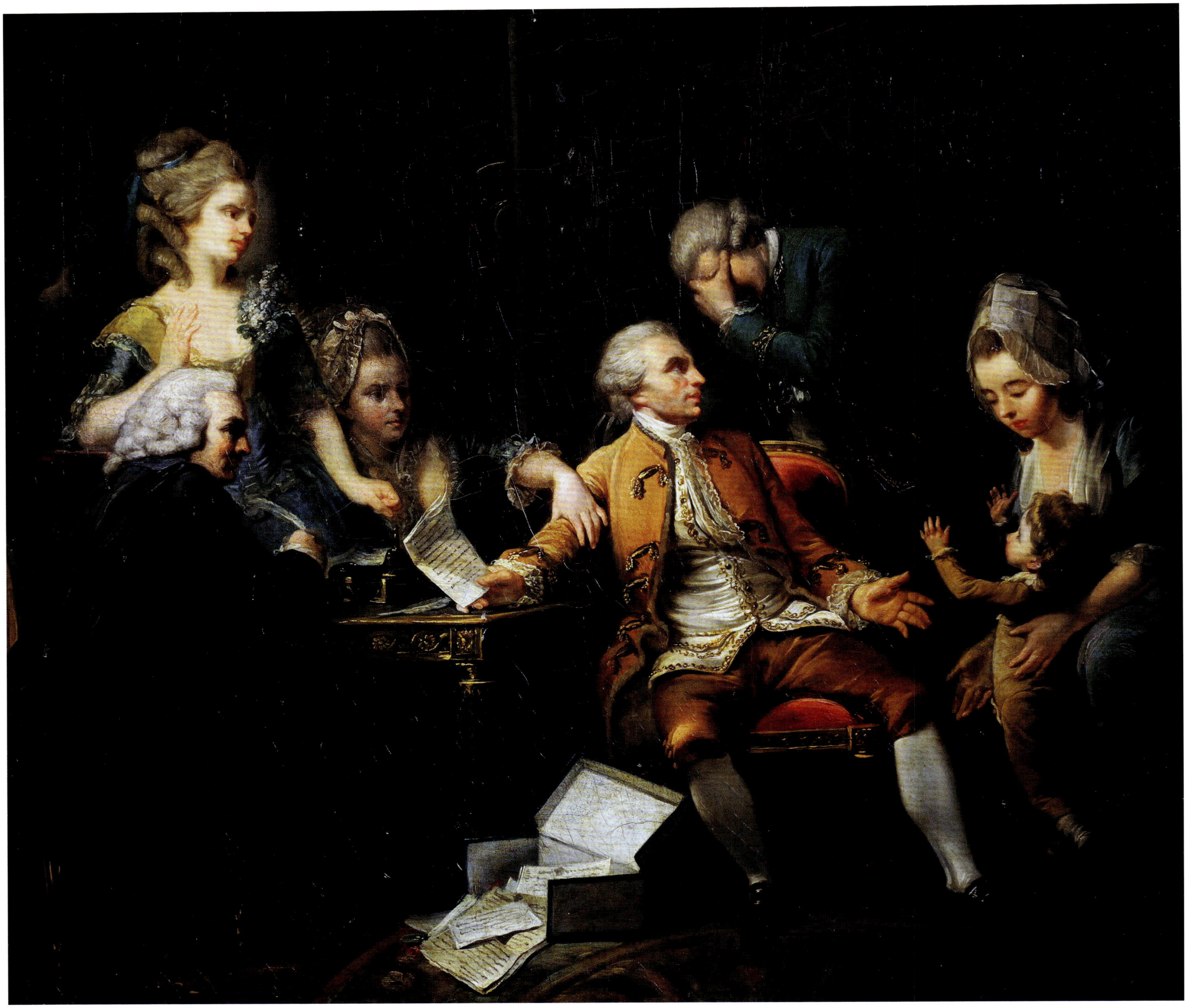

The Broken Contract

Le Contrat interrompu

Der gebrochene Vertrag

El contrato roto

O contrato quebrado

Het verbroken contract

ÉTIENNE JEAURAT (ATTRIBUTED TO/ATTRIBUÉ À) (1699-1789)

18th century, Oil on canvas/Huile sur toile, Musée des Beaux-Arts, Blois

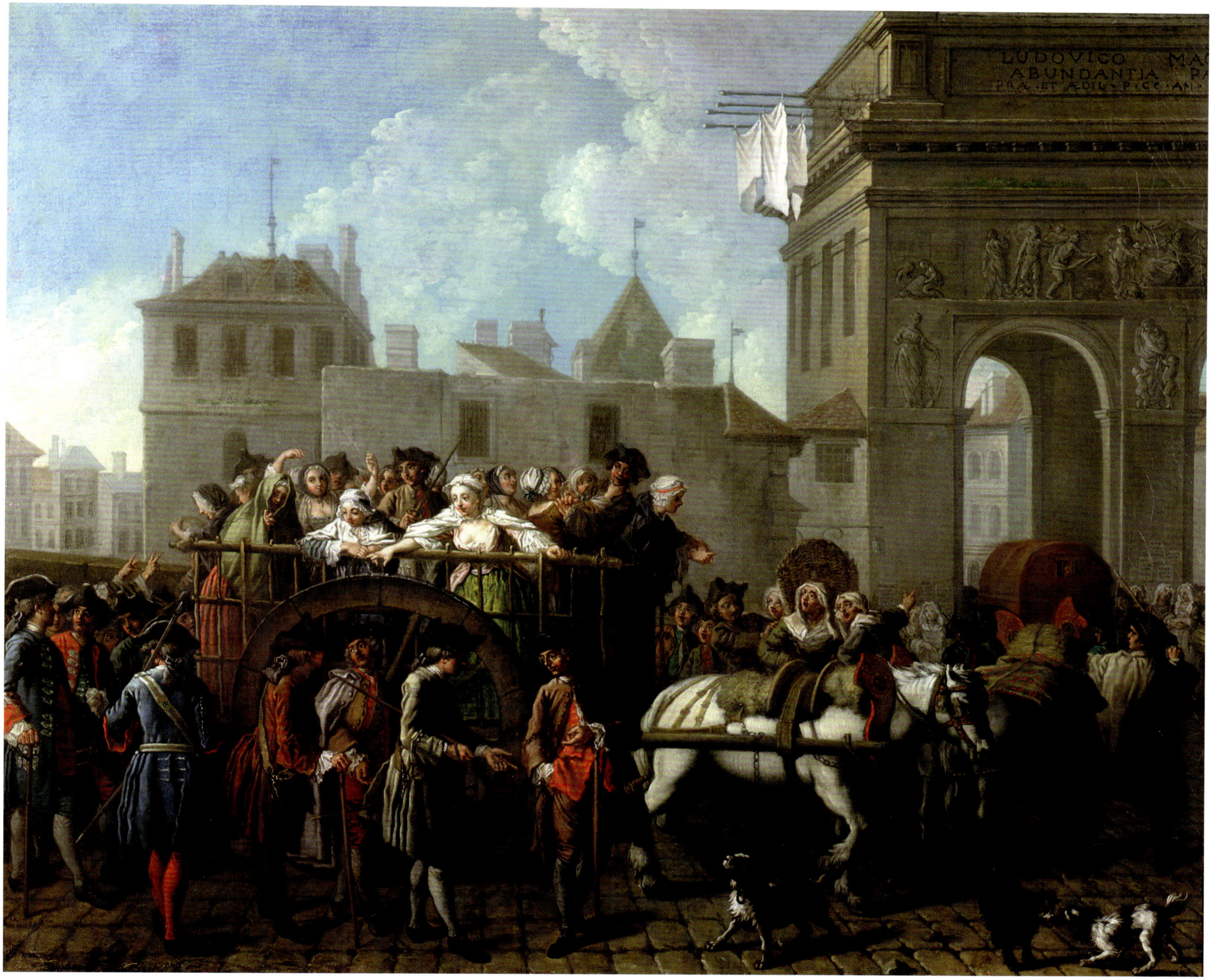

Transport of the prostitutes to the Salpêtrière
As a chronicler of everyday life in Paris, the artist painted historical and contemporary scenes. Here he depicts the transport of prostitutes to prison after being driven out of public places.

La Conduite des filles de joie à la Salpêtrière : le passage près de la porte Saint-Bernard
Chroniqueur de la vie parisienne, l'artiste alterne tableaux d'histoire et scènes contemporaines. Il évoque ici la condition des « filles de joie », chassées de l'espace public pour être enfermées.

ÉTIENNE JEAURAT (1699-1789)

1757, Oil on canvas/Huile sur toile, 65 × 82 cm, Musée Carnavalet, Paris

Transport der Freudenmädchen zur Polizeiwache
Als Chronist des Pariser Alltags malte der Künstler historische und zeitgenössische Szenen. Hier stellt er den Transport der Prostituierten in das Gefängnis dar, nachdem sie von öffentlichen Plätzen verjagt wurden.

Transporte de las prostitutas a la comisaría de policía
Como cronista de la vida parisina, el artista pintó escenas históricas y contemporáneas. Aquí muestra el transporte de prostitutas a la cárcel después de haber sido expulsadas de lugares públicos.

Transporte das prostitutas para a delegacia de polícia
Como cronista da vida cotidiana em Paris, o artista pintou cenas históricas e contemporâneas. Aqui ele retrata o transporte de prostitutas para a prisão depois de serem expulsas de locais públicos.

Vervoer van de prostituees naar het politiebureau
Als chroniqueur van het dagelijks leven in Parijs schilderde de kunstenaar historische en eigentijdse taferelen. Hier toont hij het vervoer van prostituees naar de gevangenis, nadat ze uit de openbare ruimte zijn weggestuurd.

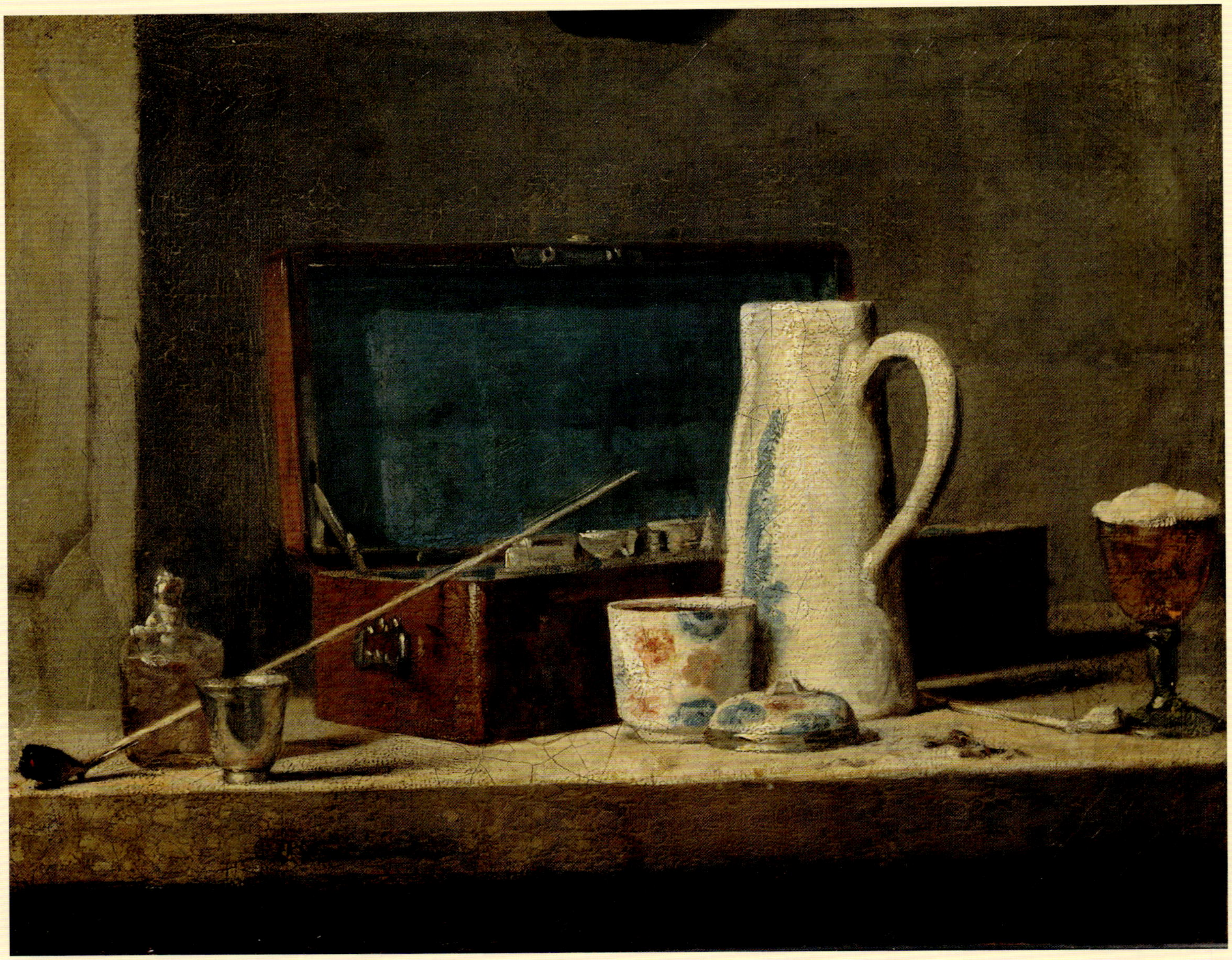

Still Life of Pipes and a Drinking Glass

Pipes et vases à boire, *dit aussi* La Tabagie

Rauchnecessaire *oder* Pfeifen und Trinkgeschirr

Pipas y recipientes para beber

Saco *ou* cachimbo para fumar e utensílios para beber

Rookbenodigdheden *of* Pijpen en drinkgerei

JEAN-BAPTISTE SIMÉON CHARDIN (1699-1779)

c. 1737, Oil on canvas/Huile sur toile, 32,5 × 42 cm, Musée du Louvre, Paris

Jean-Baptiste-Siméon Chardin

His works, which had nothing in common with the gallant scenes of Antoine Watteau and Nicolas Lancret or the sensual nudes of François Boucher, made Jean-Baptiste-Siméon Chardin (1699-1779) a unique personality in Enlightenment painting. The pupil of the history painter Pierre-Jacques Cazes probably continued his apprenticeship in the studio of Noël-Nicolas Coypel. In 1724 he was admitted to the Académie de Saint-Luc before joining the Académie Royale in 1728. He devoted himself to genre painting *(Woman Sealing a Letter, Young Man with a Violin)*, made several portraits, but he was mainly concerned with still lifes *(Still Life with Olive Glass, Dead Rabbit and Hunting Utensils, The Basket with Wild Strawberries)*. In this way he contributed to the discovery of a genre that was still insignificant at the time. Chardin also stands out for his technique. He did without sketches and mixed his colors not on the palette, but on the canvas. In the course of his long and productive career, the artist created almost a thousand works.

Jean-Baptiste Siméon Chardin

À mille lieues des scènes galantes d'Antoine Watteau ou de Nicolas Lancret et des nus féminins sensuels de François Boucher, Jean-Baptiste Siméon Chardin (1699-1779) est une personnalité à part dans la peinture du siècle des Lumières. Élève du peintre d'histoire Pierre-Jacques Cazes, il a sans doute poursuivi son apprentissage dans l'atelier de Noël-Nicolas Coypel. Il est reçu à l'académie de Saint-Luc en 1724, puis entre à l'Académie royale en 1728. Il exécute ensuite des scènes de genre *(Dame cachetant une lettre, Le Jeune homme au violon...)*, quelques portraits, mais surtout d'extraordinaires natures mortes *(Le Bocal d'olives, Le Lapin mort, Panier de fraises...)*. Il contribue ainsi à la réévaluation d'un genre encore considéré à l'époque comme mineur. Chardin se distingue aussi par sa technique. Il ne fait pas de dessins préparatoires, et juxtapose ses couleurs sur la toile, sans les avoir mélangées au préalable sur sa palette. Au cours de sa longue et prolifique carrière parisienne, l'artiste a produit près d'un millier d'œuvres.

Jean-Baptiste-Siméon Chardin

Seine Werke, die nichts mit den galanten Szenen eines Antoine Watteau und Nicolas Lancret oder den sinnlichen Akten von François Boucher gemein haben, machten Jean-Baptiste-Siméon Chardin (1699–1779) zu einer einzigartigen Persönlichkeit in der Malerei der Aufklärung. Der Schüler des Historienmalers Pierre-Jacques Cazes setzte wahrscheinlich seine Lehre im Atelier von Noël-Nicolas Coypel fort. 1724 wird er an der Académie de Saint-Luc aufgenommen, bevor er 1728 in die Académie Royale eintritt. Er widmet sich der Genremalerei *(Die Briefsieglerin, Der Jüngling mit der Geige)*, realisiert einige Porträts, aber befasst sich vor allem mit Stillleben *(Stillleben mit Olivenglas, Totes Kaninchen und Jagdutensilien, Der Erdbeerkorb)*. Auf diese Weise trägt er zur Entdeckung eines damals noch unbedeutend Genres bei. Chardin hebt sich aber auch durch seine Technik hervor. Er verzichtet auf Entwurfsskizzen und mischt seine Farben nicht auf der Palette, sondern auf der Leinwand. Im Laufe seiner langen und produktiven Karriere schuf der Künstler fast tausend Werke.

The Ray

La Raie

Der Rochen

La rajada

O raio

De rog

Jean-Baptiste Siméon Chardin (1699-1779)

c. 1725/26, Oil on canvas/ Huile sur toile, 114 × 146 cm, Musée du Louvre, Paris

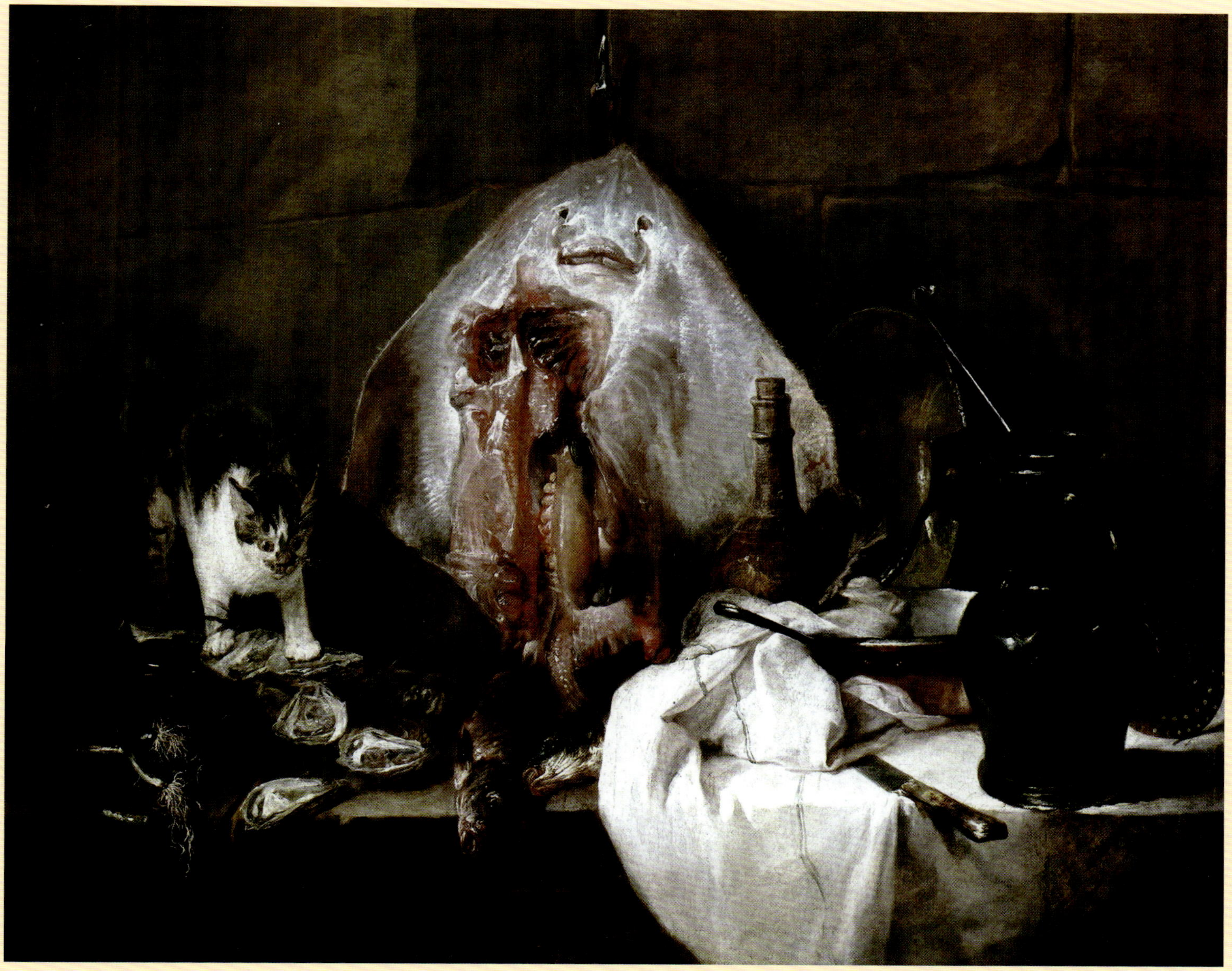

Jean-Baptiste-Siméon Chardin

Sus obras, que no tenían nada en común con las escenas galantes de Antoine Watteau y Nicolas Lancret o los sensuales desnudos de François Boucher, hicieron de Jean-Baptiste-Siméon Chardin (1699-1779) una personalidad única en la pintura de la Ilustración. El alumno del pintor de historia Pierre-Jacques Cazes probablemente continuó su aprendizaje en el taller de Noël-Nicolas Coypel. En 1724 fue admitido en la Académie de Saint-Luc antes de incorporarse a la Académie Royale en 1728. Se dedicó a la pintura de género *(Señora sellando una carta, Hombre joven con un violín)*, realizó varios retratos, pero se ocupó principalmente de bodegones *(Naturaleza muerta con tarro de aceitunas, conejo muerto y utensilios de caza, Canasta de fresas)*. De esta manera, contribuye al descubrimiento de un género que todavía era insignificante en aquella época. Chardin también destaca por su técnica. No hace bocetos y mezcla sus colores no sobre la paleta, sino sobre el lienzo. A lo largo de su larga y productiva carrera, el artista creó casi mil obras.

Jean-Baptiste-Siméon Chardin

Suas obras, que nada tinham em comum com as cenas galantes de Antoine Watteau e Nicolas Lancret ou os nus sensuais de François Boucher, fizeram de Jean-Baptiste-Siméon Chardin (1699-1779) uma personalidade única na pintura Iluminista. O aluno do pintor de história Pierre-Jacques Cazes provavelmente continuou seu aprendizado no estúdio de Noël-Nicolas Coypel. Em 1724 foi admitido na Académie de Saint-Luc antes de ingressar na Académie Royale em 1728. Dedicou-se à pintura de gênero *(The Letter-winner, The Youngling with the Violin)*, fez vários retratos, mas preocupou-se principalmente com naturezas mortas *(Natureza Morta com Vidro de Oliveira, Coelho Morto e Utensílios de Caça, A Cesta de Morango)*. Desta forma, ele contribui para a descoberta de um gênero que ainda era insignificante na época. Chardin também se destaca pela sua técnica. Ele faz sem esboços e mistura suas cores não na paleta, mas na tela. Ao longo de sua longa e produtiva carreira, o artista criou quase mil obras.

Jean-Baptiste-Siméon Chardin

Zijn werken, die niets gemeen hadden met de galante taferelen van Antoine Watteau en Nicolas Lancret of met de sensuele naakten van François Boucher, maakten Jean-Baptiste-Siméon Chardin (1699-1779) tot een unieke persoonlijkheid in de schilderkunst van de verlichting. Als leerling van de historieschilder Pierre-Jacques Cazes zette hij zijn opleiding waarschijnlijk voort in het atelier van Noël-Nicolas Coypel. In 1724 werd hij toegelaten tot de Académie de Saint-Luc, waarna hij in 1728 overstapte op de Académie Royale. Hij legde zich toe op de genreschilderkunst *(Verzegeling van de brief, Jonge man met een viool)*, maakte verschillende portretten, maar schilderde vooral stillevens *(Stilleven met pot olijven, Stilleven met dode konijnen, Mand met wilde aardbeien)*. Op die manier droeg hij bij aan de ontdekking van een tot dan toe nog onbeduidend genre. Chardin onderscheidde zich ook door zijn techniek. Hij maakte geen schetsen en mengde zijn kleuren niet op het palet, maar op het doek. In de loop van zijn lange en productieve carrière maakte de kunstenaar bijna duizend werken.

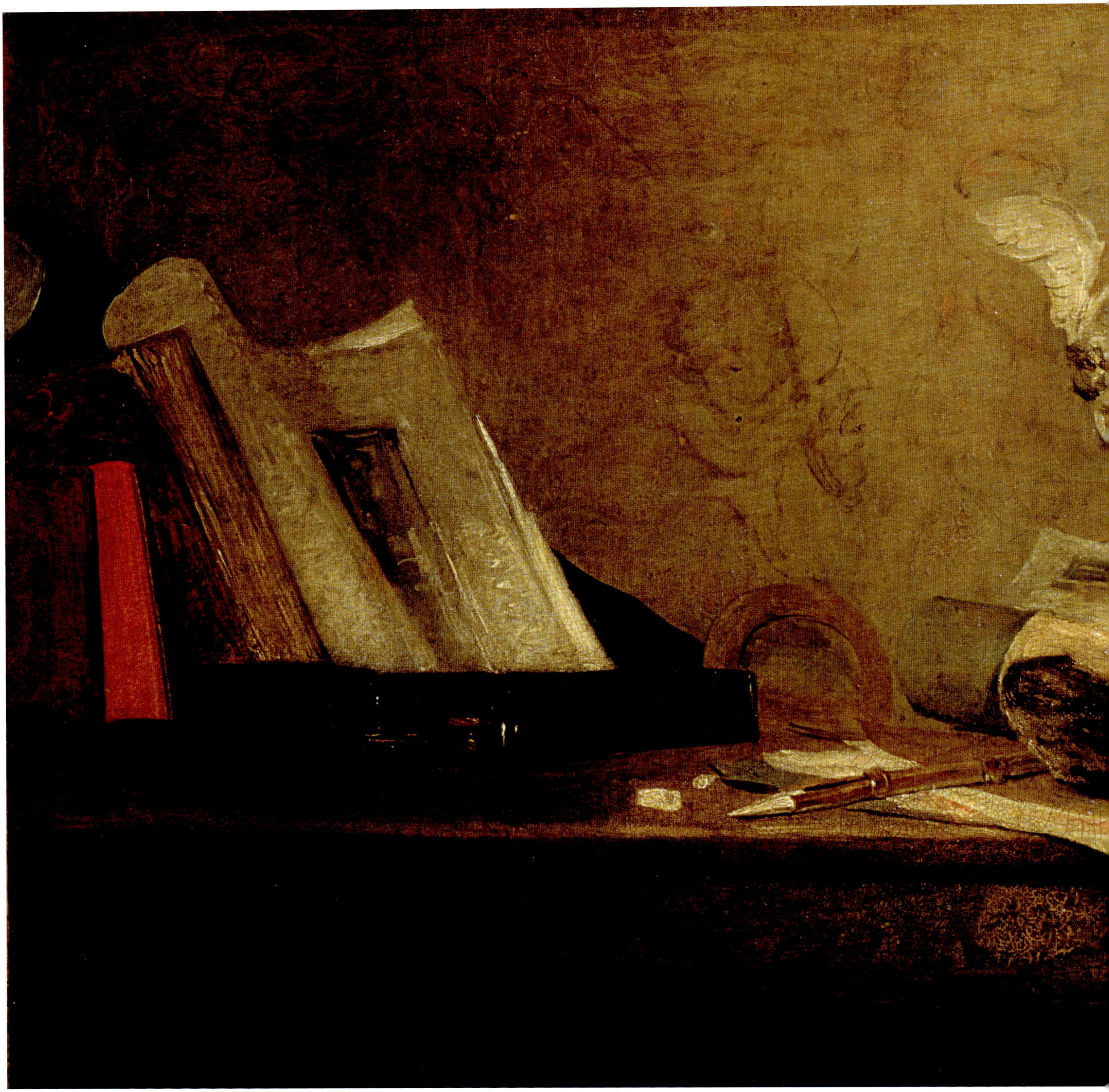

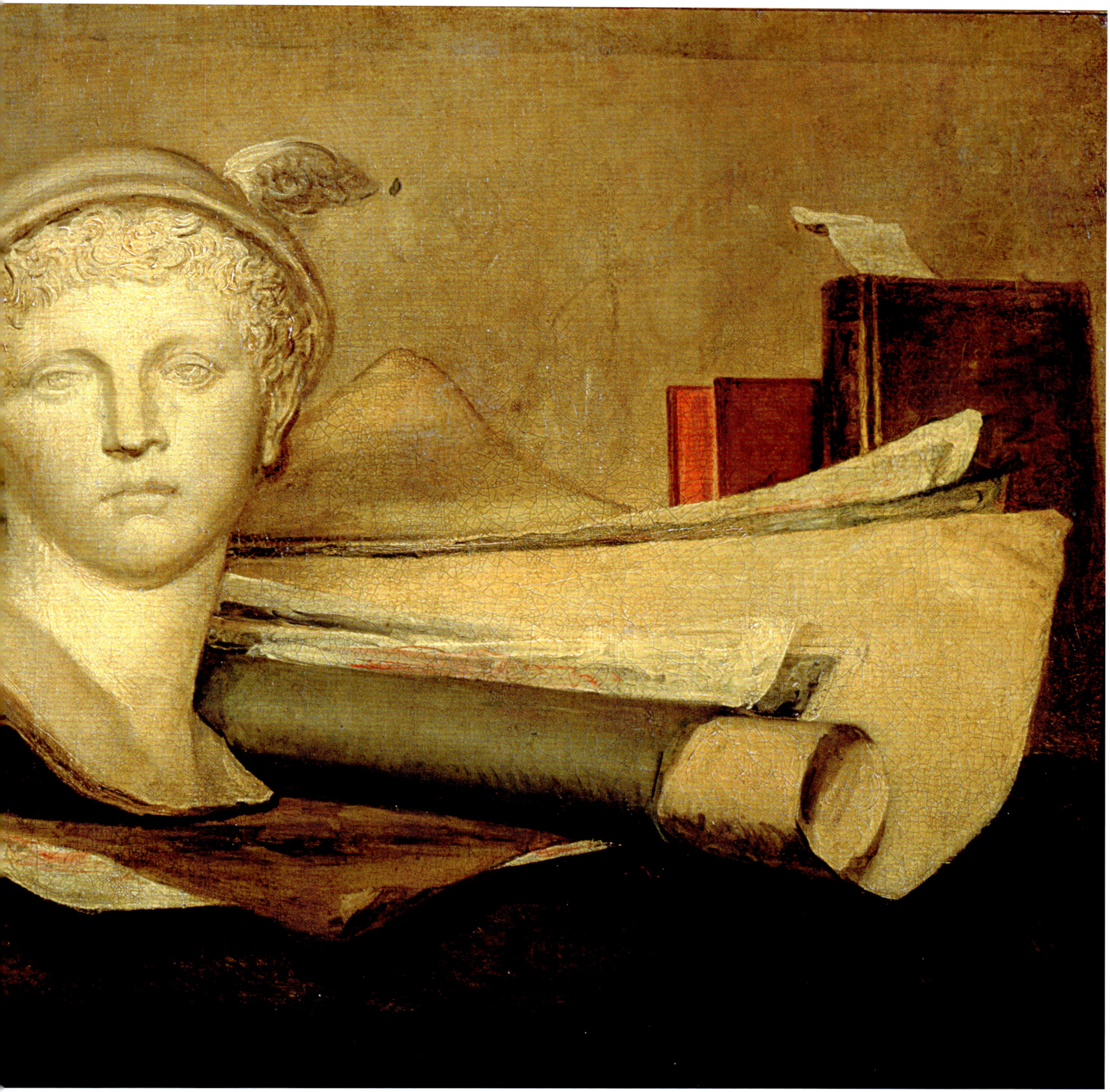

Still Life with Attributes of the Arts

Stillleben mit Attributen der Kunst

Natureza Morta com Atributos de Arte

Les Attributs des Arts

Naturaleza muerta con atributos artísticos

Stilleven met kunstattributen

JEAN-BAPTISTE SIMÉON CHARDIN (1699-1779)

1765/66, Oil on canvas/Huile sur toile, 53 × 110 cm, Pushkin Museum, Moscow

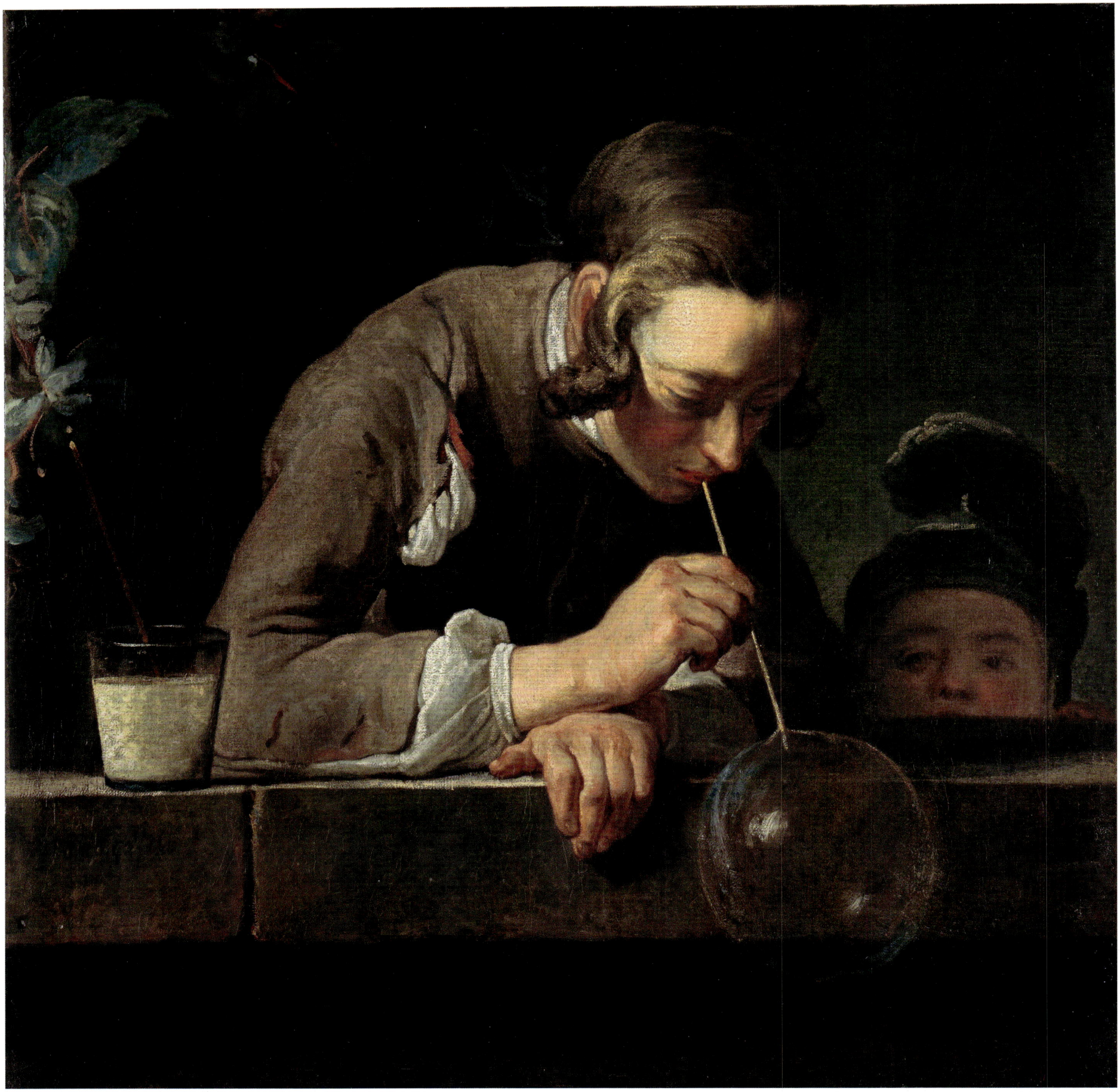

Soap Bubbles

Bulles de savon

Seifenblasen

Pompas de jabón

Bolhas de sabão

Bellen blazen

JEAN-BAPTISTE SIMÉON CHARDIN (1699-1779)

c. 1733/34, Oil on canvas/Huile sur toile, 61 × 63,2 cm, Metropolitan Museum of Art, New York

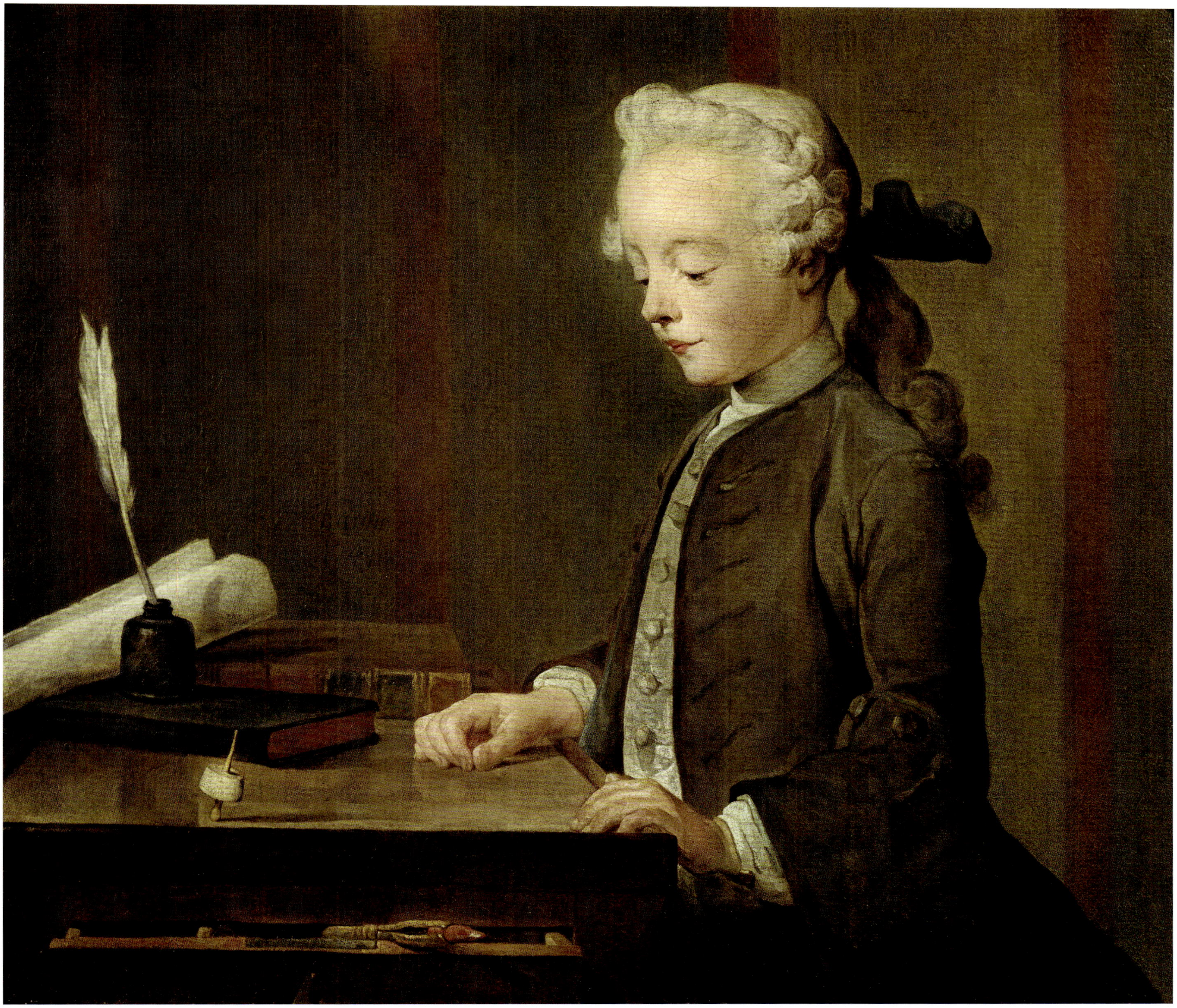

The Boy with a Spinning Top

The portrait shows childhood from its gentle side. The little boy has closed his books and put his pen away to devote his attention to a spinning top on his desk.

L'Enfant au toton

Le jeune garçon a refermé ses livres et posé sa plume. Rêveur, il est absorbé par son jouet, cette toupie qui tourne sur le bureau. Un portrait apaisant, une image de l'enfance d'une grande douceur.

Der Knabe mit dem Kreisel

Das Porträt zeigt die Kindheit von ihrer sanften Seite. Der kleine Junge hat seine Bücher geschlossen und die Feder weggelegt, um seine Aufmerksamkeit einem Kreisel auf seinem Schreibtisch zu widmen.

El niño de la peonza

El joven cerró sus libros y dejó su pluma. Soñador, es absorbido por su juguete, ese trompo que gira sobre el escritorio. Un retrato relajante, una imagen de la infancia de gran dulzura.

O rapaz com a parte de cima

O retrato mostra a infância do seu lado gentil. O menino fechou seus livros e guardou sua caneta para dedicar sua atenção a um tampo giratório em sua mesa.

De jongen met de tol

Het portret toont de kindertijd van zijn zachte kant. Het jongetje heeft zijn boeken gesloten en zijn pen weggelegd om al zijn aandacht te kunnen richten op de tol op zijn bureau.

JEAN-BAPTISTE SIMÉON CHARDIN (1699-1779)

1741, Oil on canvas/Huile sur toile, 56 × 73 cm, Museu de Arte, São Paulo

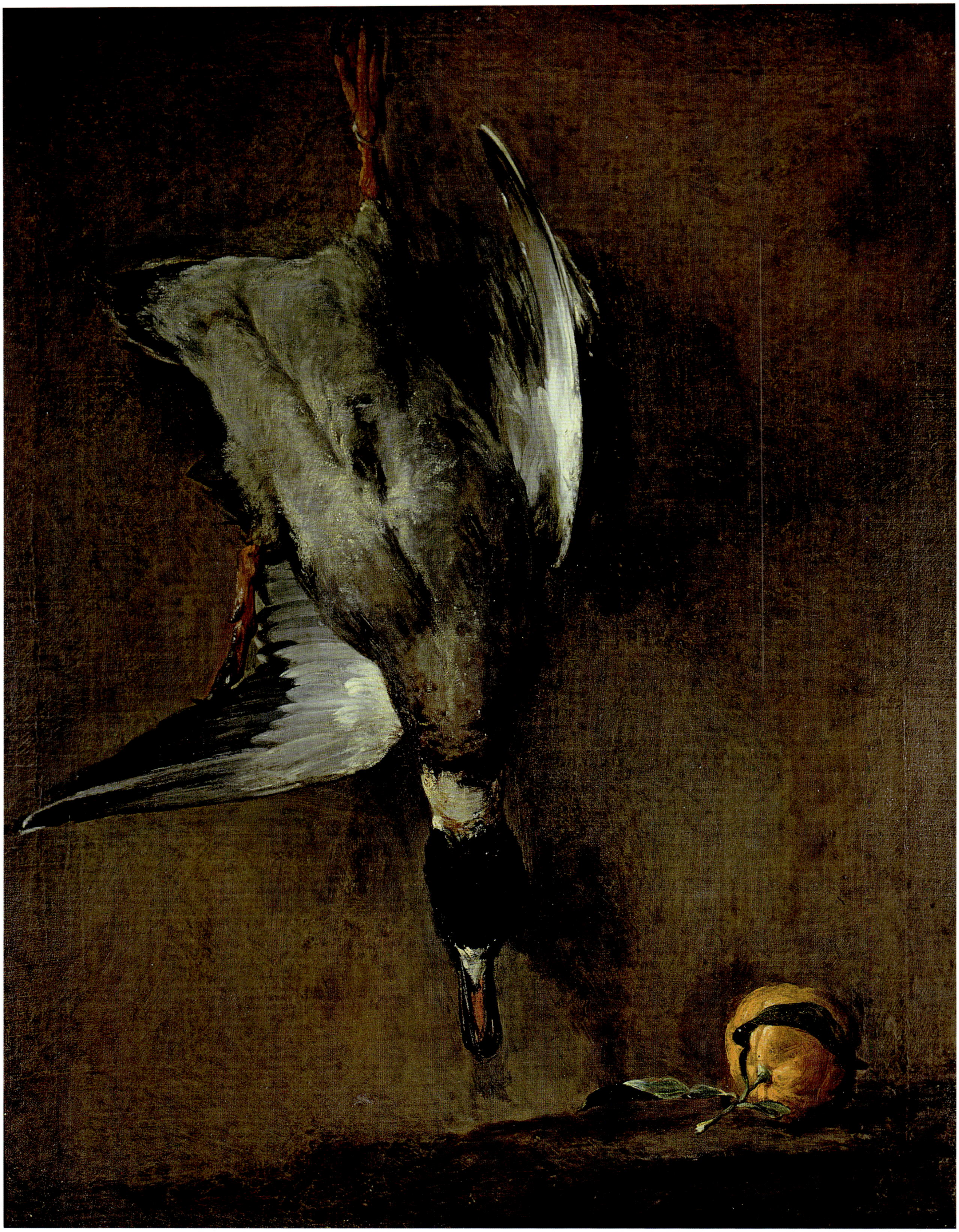

A Drake hanging on a Wall and a Seville Orange

Canard colvert à la bigarade

Stockente mit Pomeranze

Pato azulón con naranja amarga

Mallard com laranja amarga

Wilde eend met pomerans

JEAN-BAPTISTE SIMÉON CHARDIN (1699-1779)

c. 1730, Oil on canvas/Huile sur toile, 80,5 × 64,5 cm, Musée de la Chasse et de la Nature, Paris

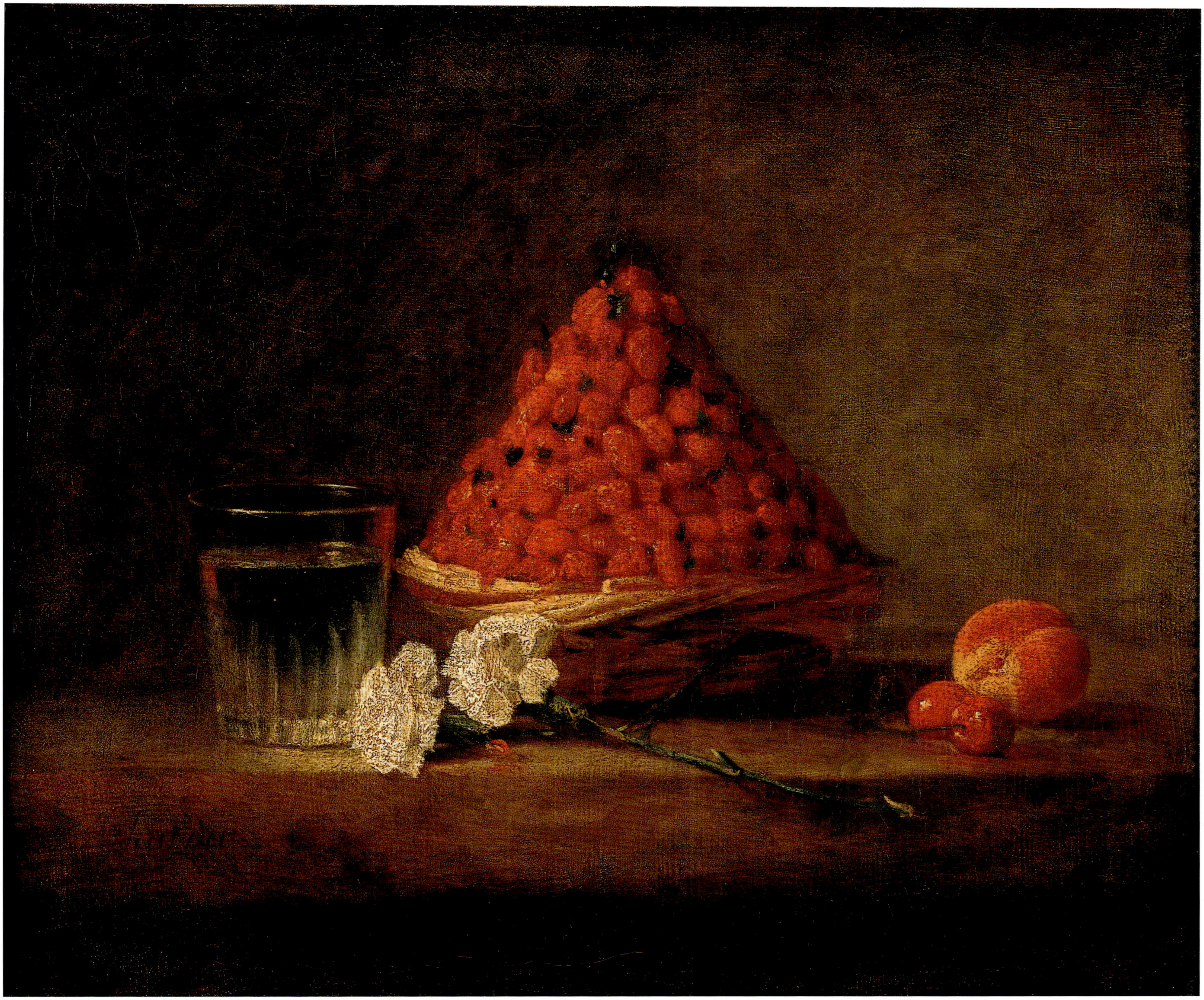

Basket with Wild Strawberries
The impressive heap of strawberries in the basket was not intended to conceal the finely formulated other elements of the still life: the glass with its transparent finish, the flowers and the peach.

Le Panier de fraises des bois
Le spectaculaire amoncellement de fraises dans la coupe ne doit pas faire oublier l'extrême finesse des autres éléments de la nature morte : le verre et ses effets de transparence, les fleurs, la pêche.

JEAN-BAPTISTE SIMÉON CHARDIN (1699-1779)
c. 1761, Oil on canvas/Huile sur toile, 38 × 46 cm, Private collection

Der Erdbeerkorb
Der eindrucksvolle Haufen Erdbeeren im Korb sollte nicht über die fein ausformulierten anderen Elemente des Stilllebens hinwegtäuschen: das Glas mit seiner transparenten Ausführung, die Blumen und den Pfirsich.

Cesta de fresas salvajes
El impresionante montón de fresas en la cesta no pretende ocultar los otros elementos finamente formulados del bodegón: el vaso con su acabado transparente, las flores y el melocotón.

A cesta de morango
O impressionante amontoado de morangos no cesto não se destinava a esconder os outros elementos da natureza morta finamente formulados: o vidro com o seu acabamento transparente, as flores e o pêssego.

Mand met wilde aardbeien
De indrukwekkende berg aardbeien in de mand was niet bedoeld om de delicaat geformuleerde andere elementen van het stilleven te verbergen: het transparante glas, de bloemen en de perzik.

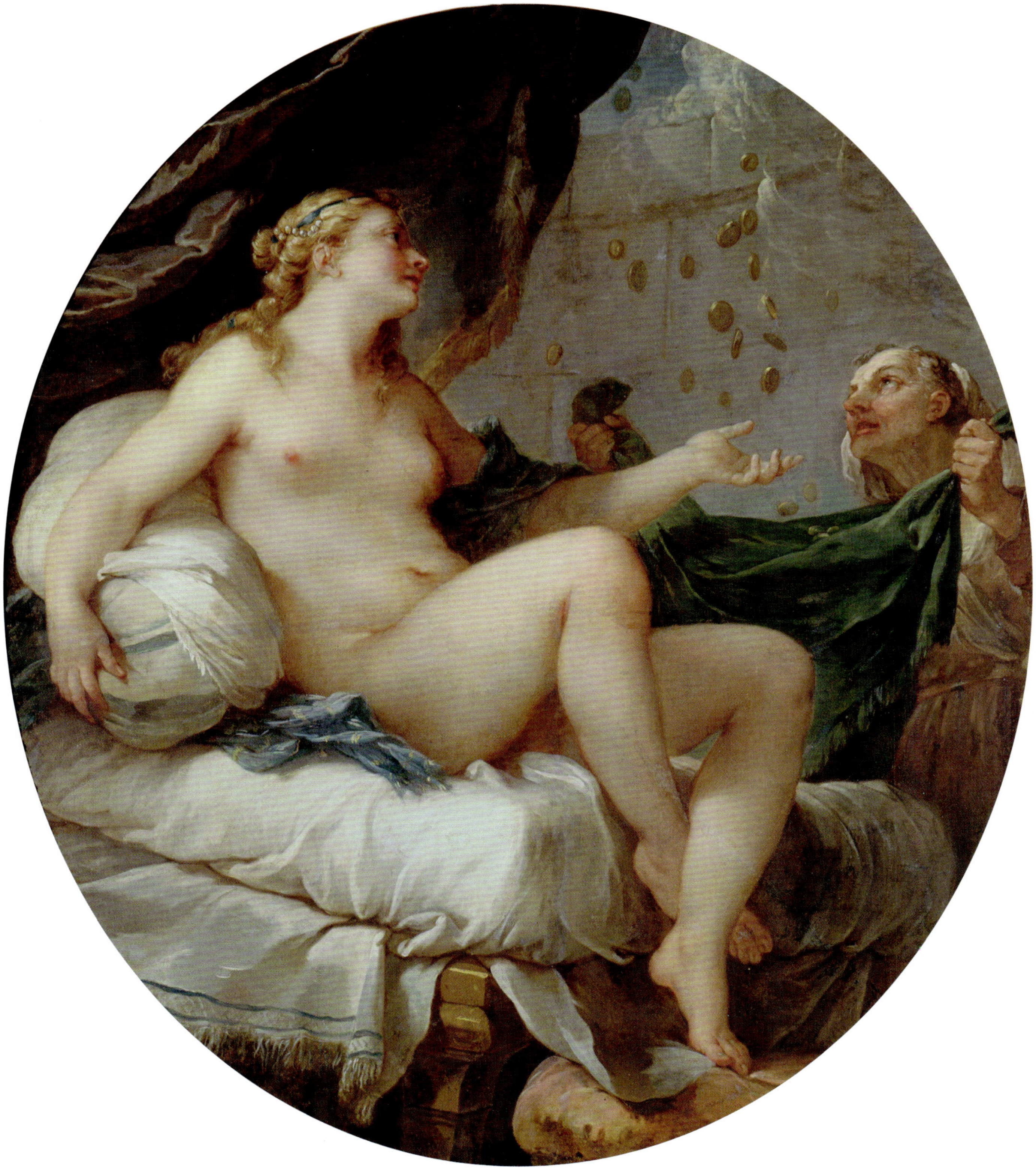

Danae receiving the Shower of Gold

Danaé recevant Jupiter métamorphosé en pluie d'or

Danaë empfängt den Goldregen

Danae recibiendo a Júpiter metamorfoseado en una lluvia dorada

Danaë recebe a chuva dourada

Danaë ontvangt Jupiter in de gedaante van een regen van goud

CHARLES-JOSEPH NATOIRE (1700-1777)

c. 1735, Oil on canvas/Huile sur toile, 122 × 106 cm, Musée des Beaux-Arts et d'Archéologie, Troyes

Rivergod and Spring Nymph

Nymphe et divinité de la rivière

Nymphen und Flussgott

Ninfas y dios del río

Ninfas e deus do rio

Nimfen en riviergod

CHARLES-JOSEPH NATOIRE (1700-1777)

Oil on canvas/Huile sur toile, 47 × 42 cm, Nationalmuseum, Stockholm

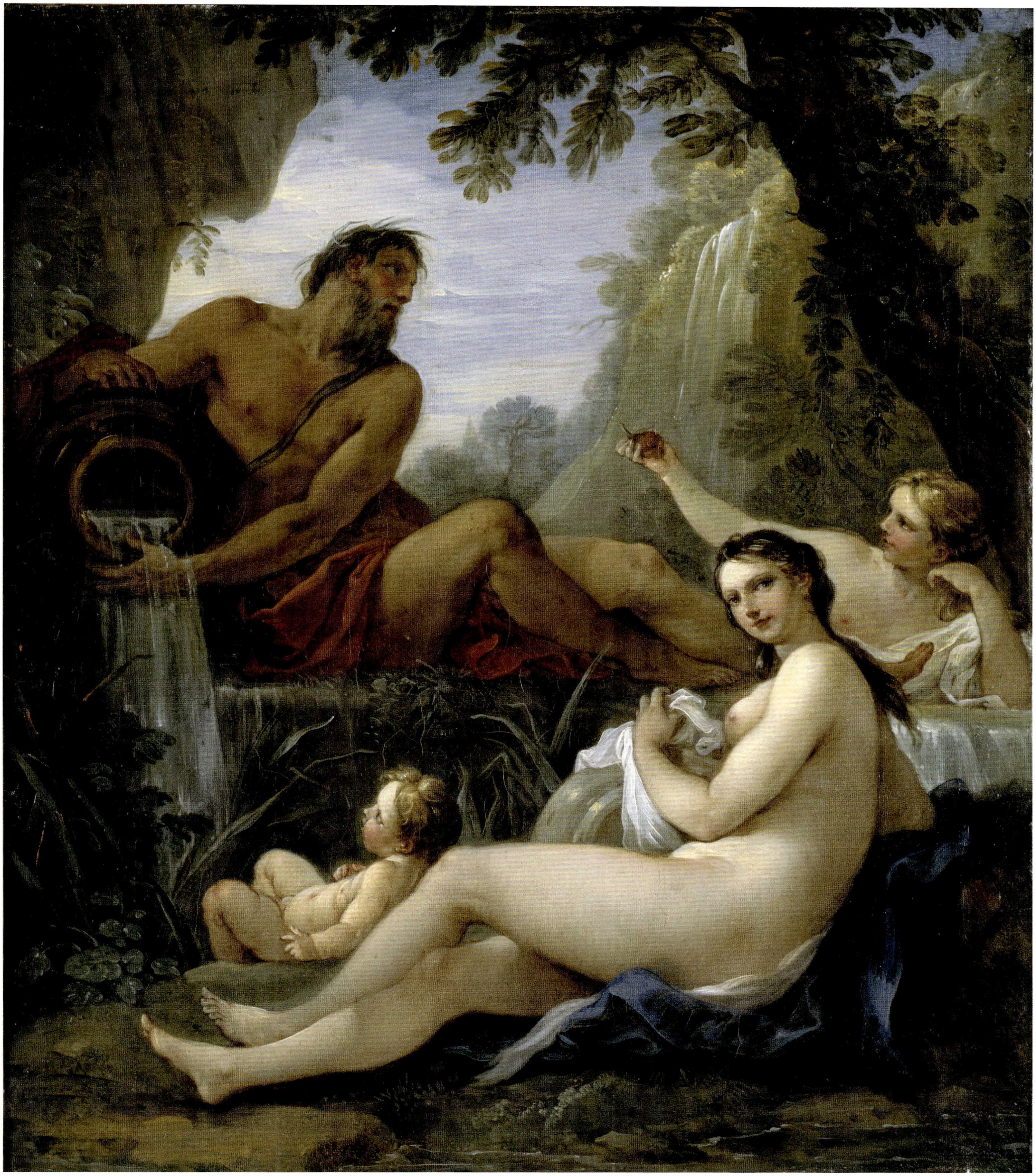

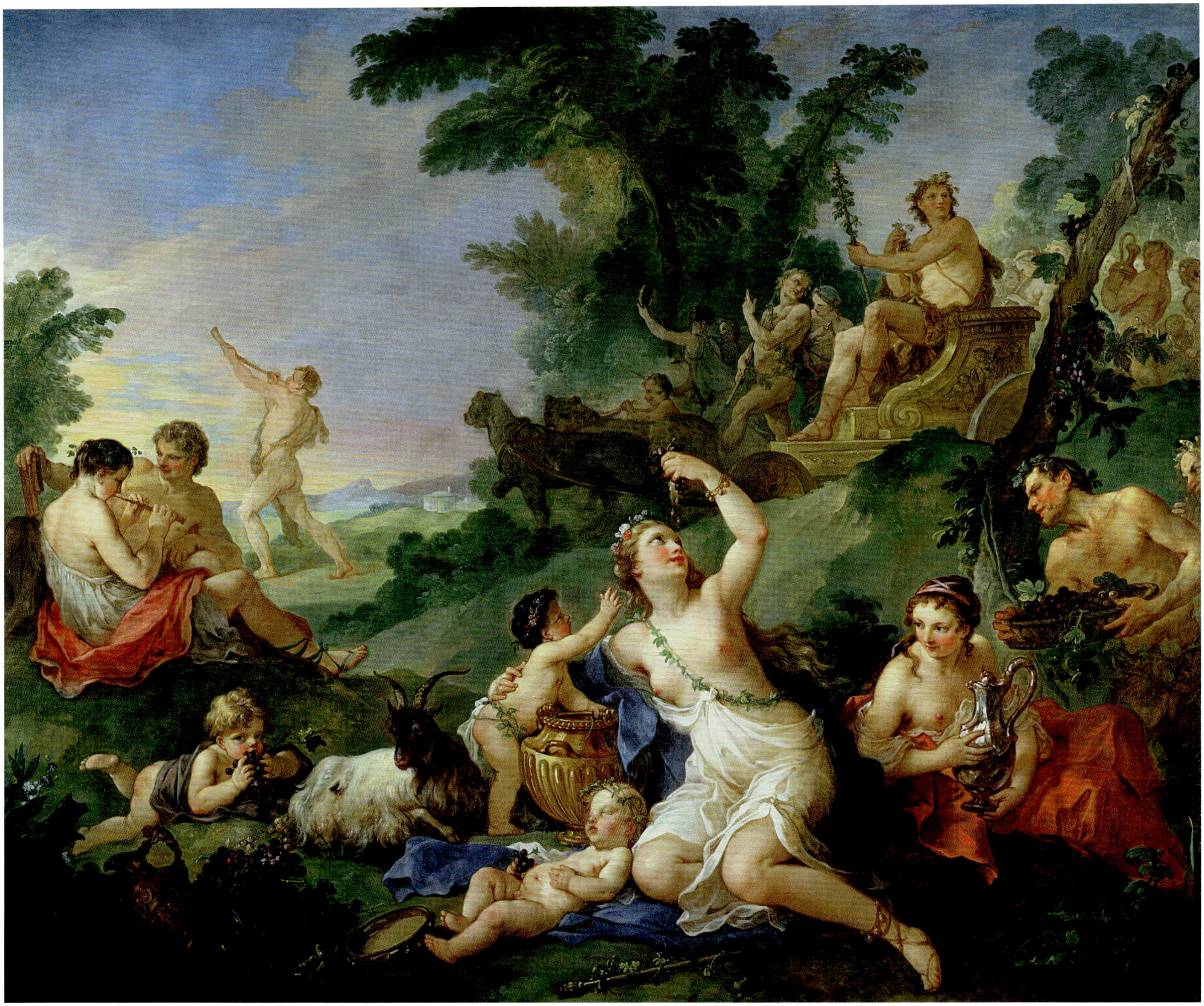

The Triumph of Bacchus
Like François Boucher, Charles-Joseph Natoire was trained in the studio of the painter François Lemoyne. He later pursued his career in Paris and Rome, where he was appointed director of the Académie de France in 1751.

Le Triomphe de Bacchus, dieu du vin
Formé, comme François Boucher, dans l'atelier du peintre François Lemoyne, Charles-Joseph Natoire partagera sa carrière entre Paris et Rome, où il sera nommé directeur de l'Académie de France en 1751.

CHARLES-JOSEPH NATOIRE (1700-1777)

1747, Oil on canvas/Huile sur toile, 160 × 194 cm, Musée du Louvre, Paris

Der Triumph des Bacchus
Wie François Boucher wird Charles-Joseph Natoire im Atelier des Malers François Lemoyne. Später verfolgt er seine Karriere in Paris und Rom, wo er 1751 zum Direktor der Académie de France ernannt wird.

El triunfo de Baco
Al igual que François Boucher, Charles-Joseph Natoire se formó en el taller del pintor François Lemoyne. Posteriormente continuó su carrera en París y Roma, donde fue nombrado director de la Academia de Francia en 1751.

O triunfo de Baco
Tal como François Boucher, Charles-Joseph Natoire foi formado no estúdio do pintor François Lemoyne. Mais tarde, prosseguiu a sua carreira em Paris e Roma, onde foi nomeado director da Académie de France em 1751.

De triomf van Bacchus
Net als François Boucher werd Charles-Joseph Natoire opgeleid in het atelier van de schilder François Lemoyne. Later zette hij zijn carrière voort in Parijs en Rome, waar hij in 1751 werd benoemd tot directeur van de Académie de France.

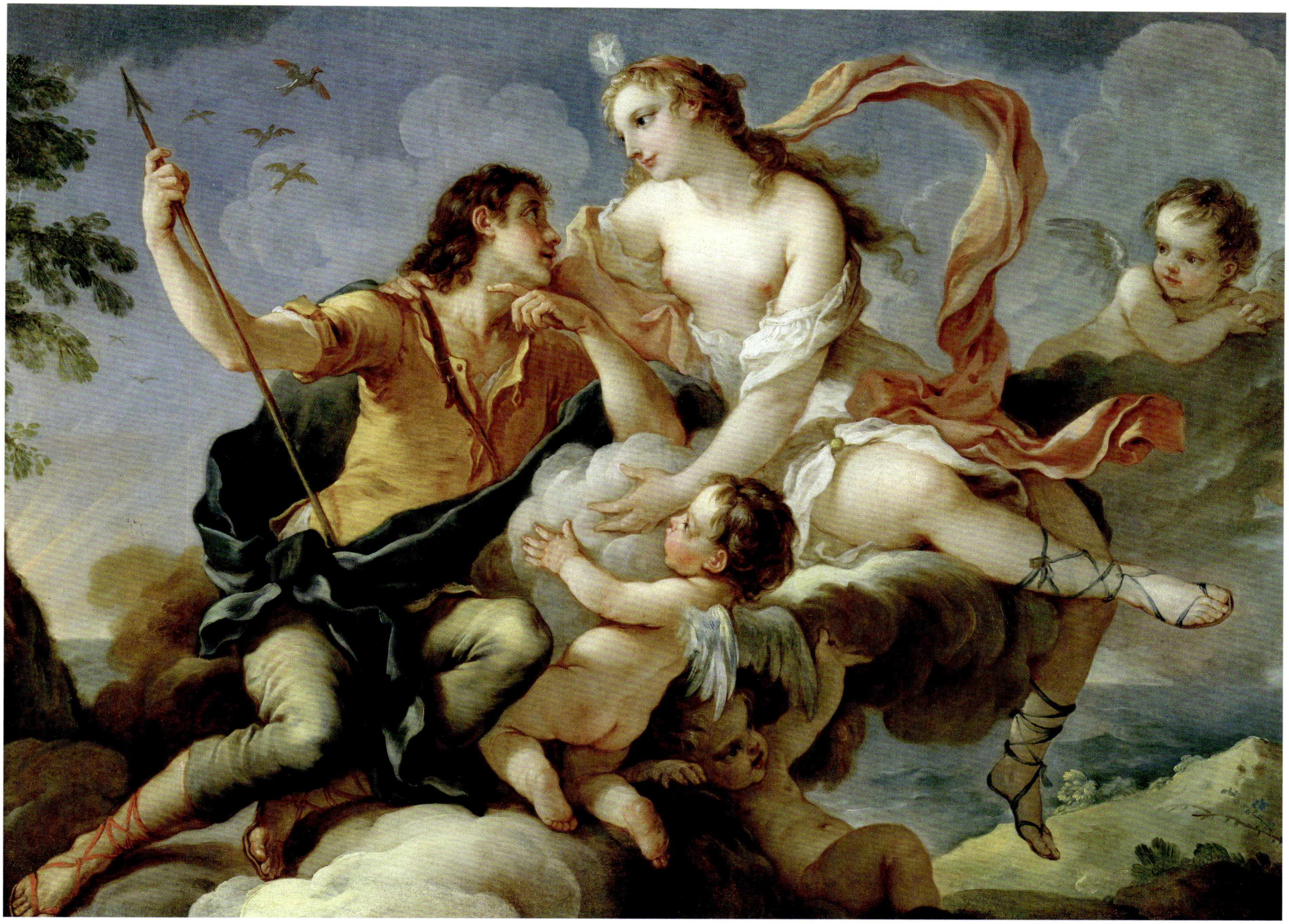

Venus and Adonis

Vénus et Adonis

Venus und Adonis

Venus y Adonis

Vênus e Adônis

Venus en Adonis

CHARLES-JOSEPH NATOIRE (1700-1777)

c. 1740, Oil on canvas/Huile sur toile, Musée des Beaux-Arts, Nîmes

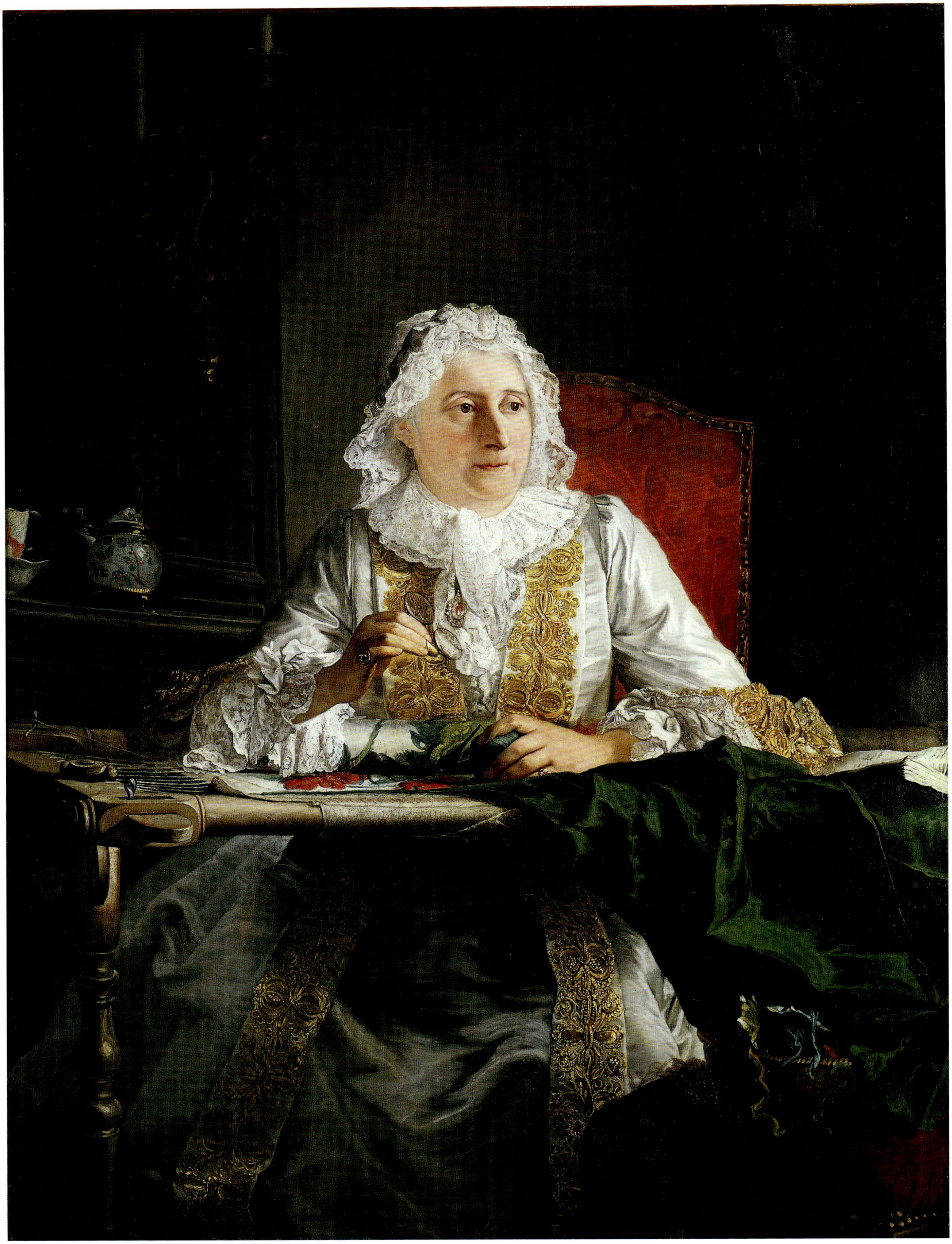

Madame Crozat

JACQUES-ANDRÉ-JOSEPH AVED (1702-1766)

1741, Oil on canvas/Huile sur toile,

137,5 × 140 cm, Musée Fabre, Montpellier

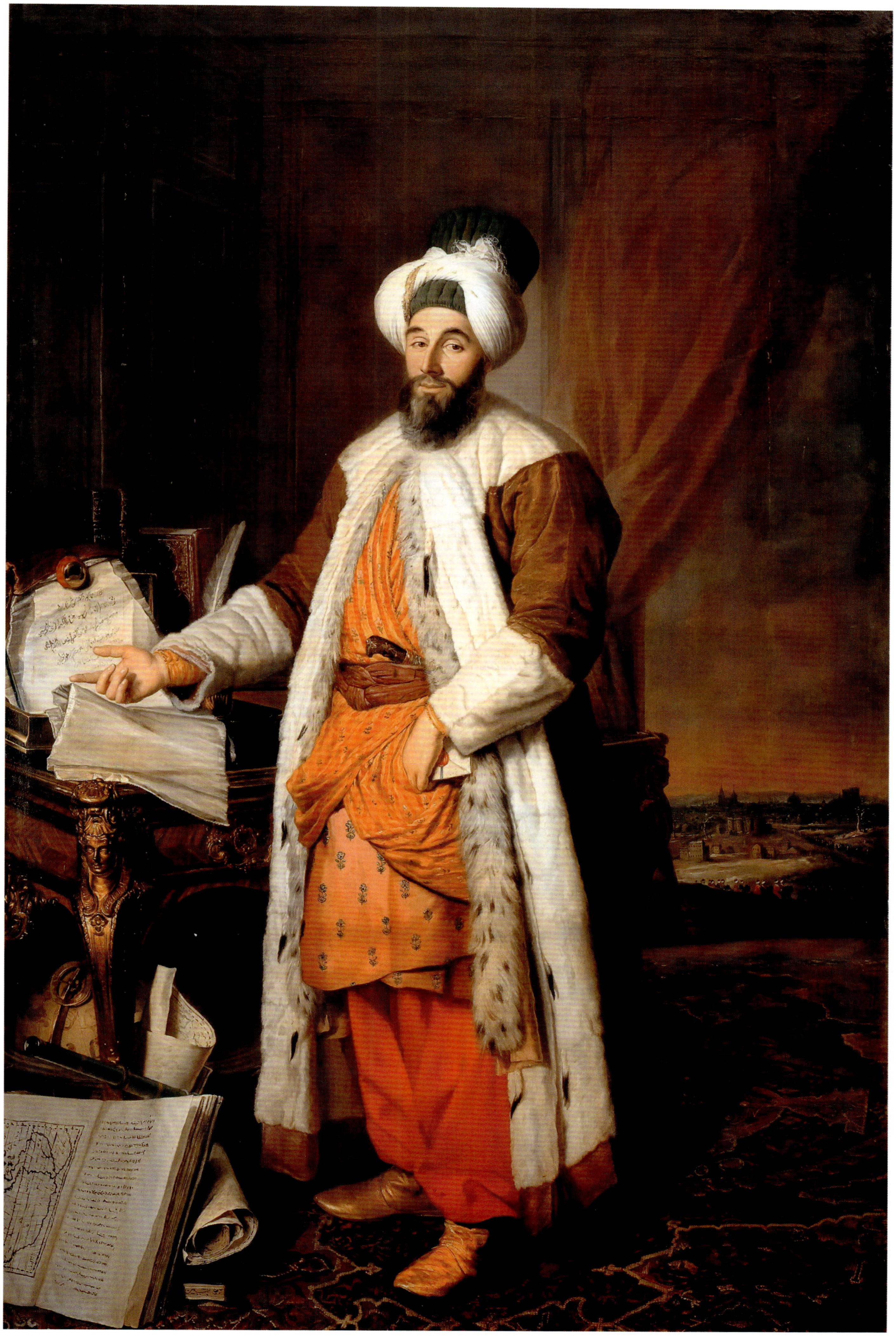

Portrait of Mehemet Said Pacha, Bey of Rumelia, Ambassador of the Ottoman Sultan Mahmoud I at Versailles

Said Pacha, ambassadeur de la porte ottomane

Mehemet Said Pacha, Bey von Rumelien und Botschafter von Sultan Mahmud I. in Versailles

Said Pacha, embajador de la puerta otomana

Mehemet disse Pacha, filho de Rumelien e embaixador do sultão Mahmud I em Versalhes

Pasja Mehmed Said, ambassadeur van de Ottomaanse sultan Mahmoed I in Versailles

JACQUES-ANDRÉ-JOSEPH AVED (1702-1766)

1742, Oil on canvas/Huile sur toile,

238 × 161 cm, Château de Versailles

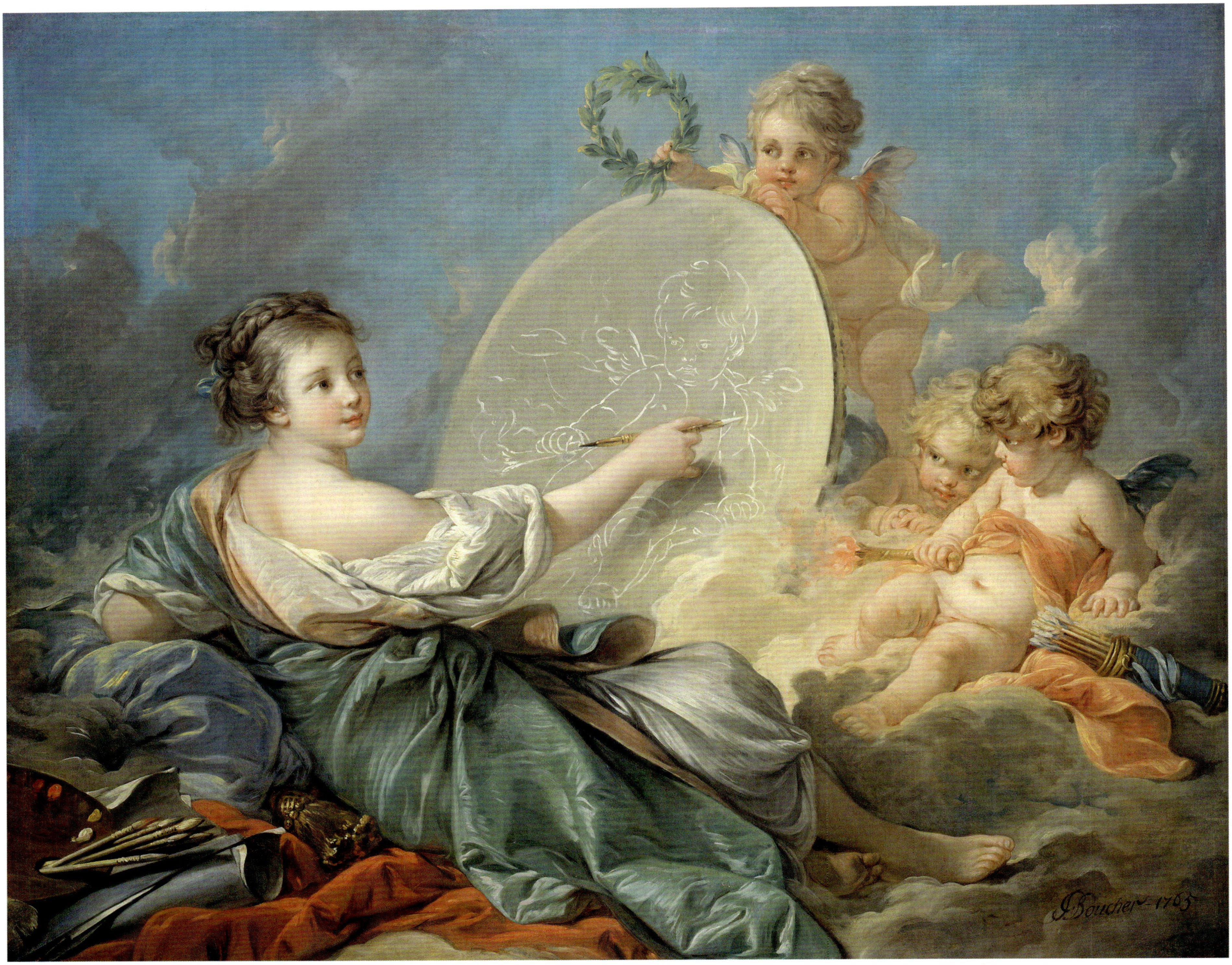

Allegory of Painting

All elements of the allegory seem unreal. Between heaven and earth, and in an attitude that does not correspond to her activity, a young woman paints the face of one of the putti sitting opposite her.

Allégorie de la Peinture

Tout est irréel dans cette allégorie. Entre terre et ciel, et dans une position parfaitement inadaptée à son activité, une jeune femme est en train de peindre le visage d'un des putti qui lui font face.

Allegorie der Malerei

Alle Elemente der Allegorie wirken irreal. Zwischen Himmel und Erde, in einer Haltung, die ihrer Aktivität nicht entspricht, malt eine junge Frau das Gesicht einer der Putten, die ihr gegenüber sitzen.

Alegoría de la pintura

Todos los elementos de la alegoría parecen irreales. Entre el cielo y la tierra, en una actitud que no corresponde a su actividad, una joven pinta la cara de uno de los querubines que está sentado frente a ella.

Alegoria da pintura

Todos os elementos da alegoria parecem irreais. Entre o céu e a terra, numa atitude que não corresponde à sua atividade, uma jovem mulher pinta o rosto de um dos putti sentado em frente a ela.

Allegorie van de schilderkunst

Alle elementen van de allegorie zien er onwerkelijk uit. Tussen hemel en aarde, in een houding die niet overeenkomt met haar bezigheden, schildert een jonge vrouw het gezicht van een putto die tegenover haar zit.

FRANÇOIS BOUCHER (1703-1770)

1765, Oil on canvas/Huile sur toile, 101,5 × 130 cm, National Gallery of Art, Washington

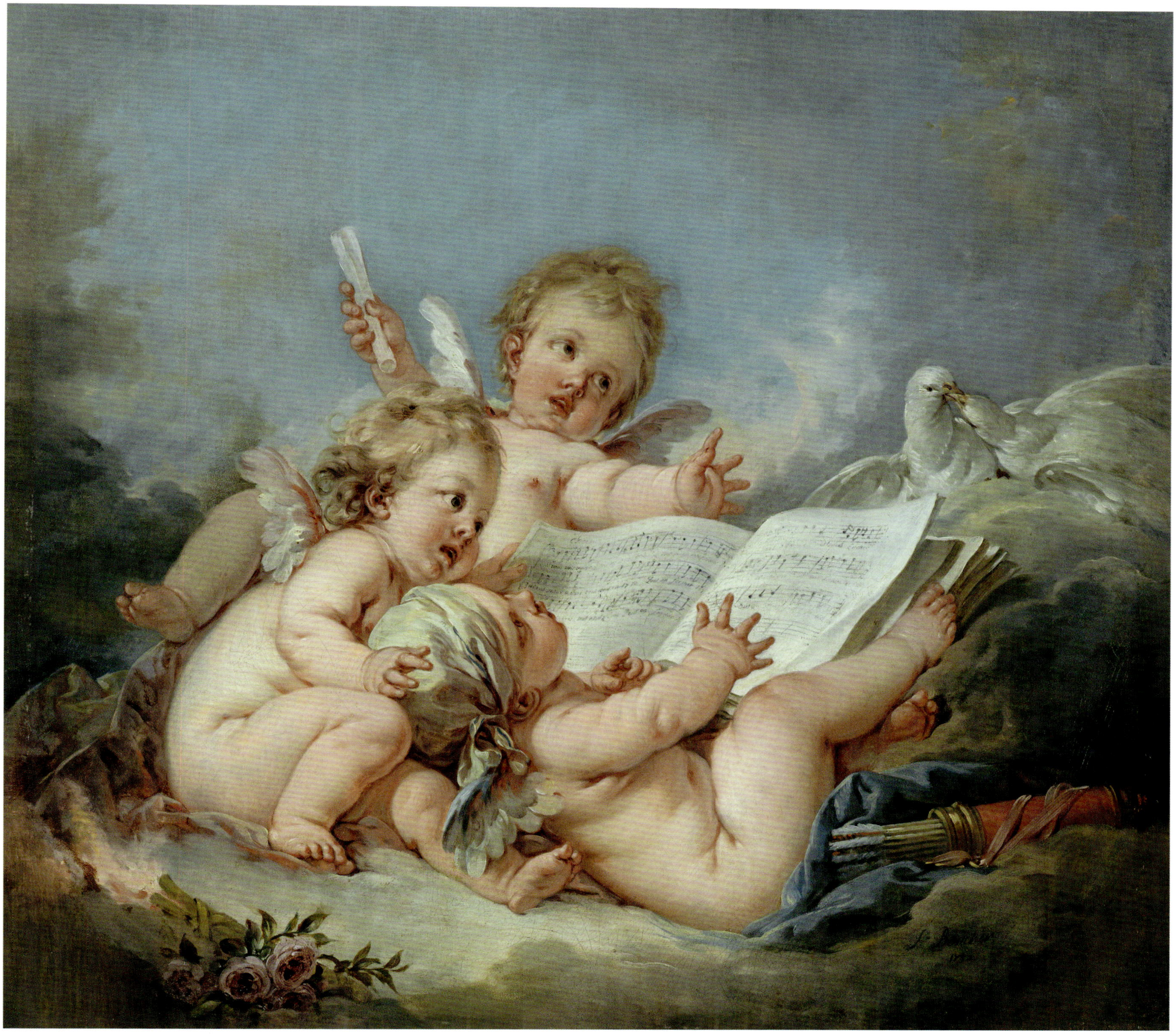

Allegory of Music

Allégorie de la Musique

Allegorie der Musik

Alegoría de la música

Alegoria da Música

Allegorie van de muziek

FRANÇOIS BOUCHER (1703-1770)

1752, Oil on canvas/Huile sur toile, 67,3 × 76,2 cm, North Carolina Museum of Art, Raleigh

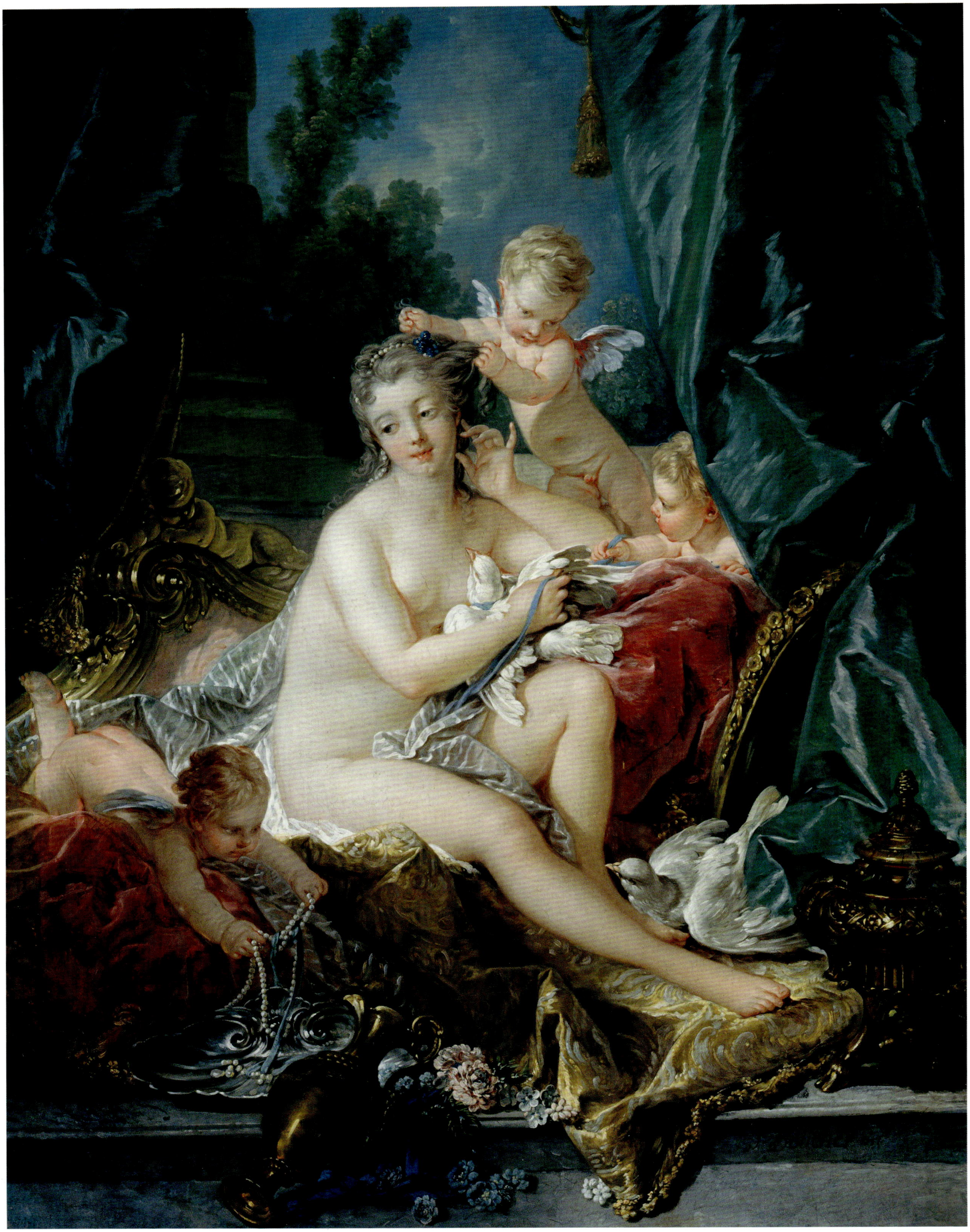

Toilet of Venus

La Toilette de Vénus

Toilette der Venus

El inodoro de Venus

Banheiro de Vênus

Het toilet van Venus

FRANÇOIS BOUCHER
(1703-1770)
1751, Oil on canvas/Huile sur toile, 108,3 × 85,1 cm, Metropolitan Museum of Art, New York

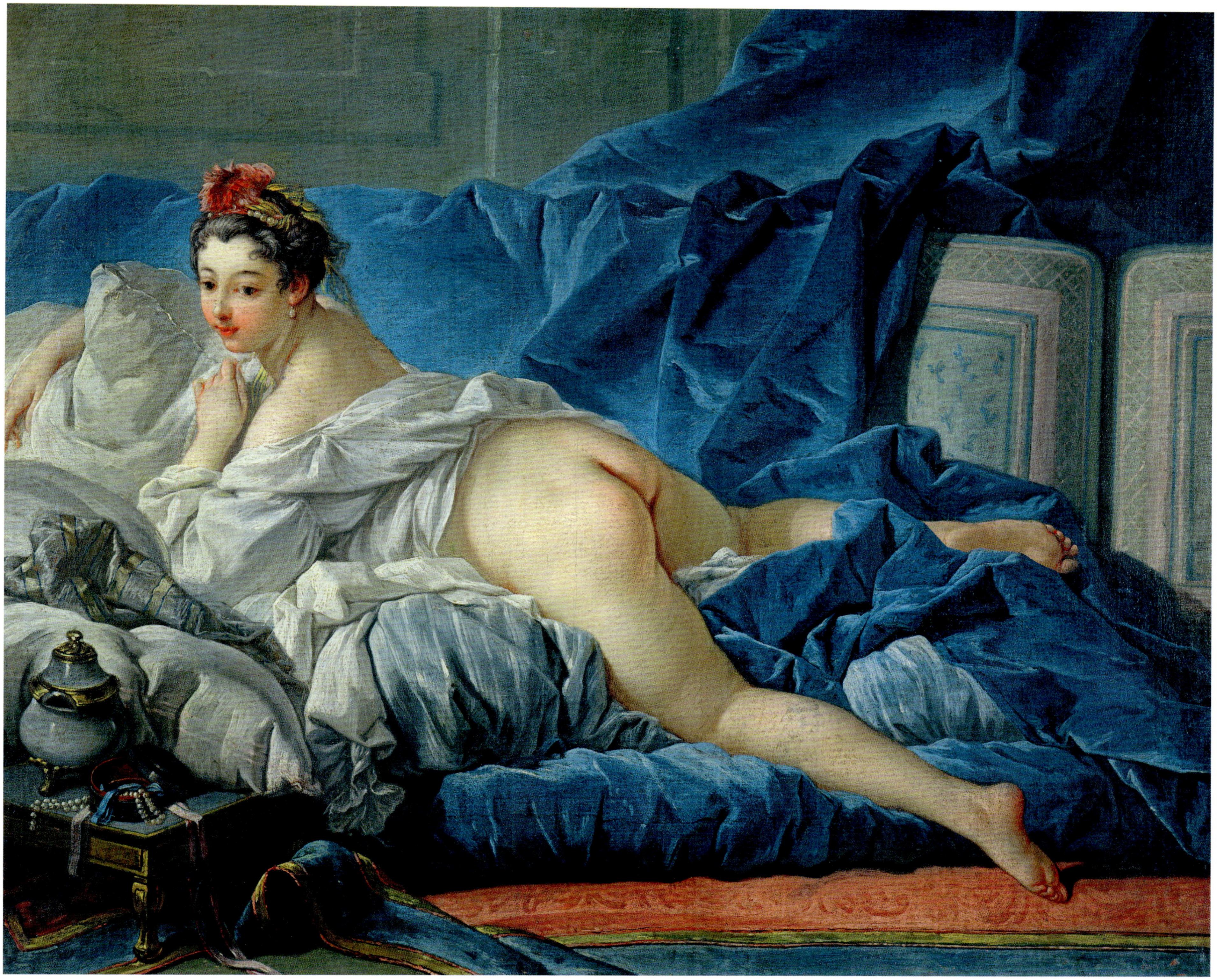

Odalisque
The rococo-style painting was considered very daring in its day. The title refers to the Orient. The woman's pose in the midst of the crumpled fabrics was highly scandalous.

L'Odalisque
Ce tableau de style rococo est fort osé pour l'époque. Si le titre fait référence à l'Orient, la pose de cette femme au postérieur généreux, offert au milieu d'étoffes froissées, est des plus aguicheuses.

FRANÇOIS BOUCHER (1703-1770)

1745, Oil on canvas/Huile sur toile, 53,5 × 64,5 cm, Musée du Louvre, Paris

Odaliske
Das Gemälde im Stil des Rokokos galt zu seiner Zeit als sehr gewagt. Der Titel bezieht sich auf den Orient. Die Pose der Frau inmitten der zerknitterten Stoffe war im höchsten Maße skandalös.

La odalisca
La pintura de estilo rococó fue considerada muy atrevida en su momento. El título se refiere al Oriente. La pose de la mujer en medio de las telas arrugadas era altamente escandalosa.

Odalisca
A pintura de estilo rococó foi considerada muito ousada no seu tempo. O título refere-se ao Oriente. A pose da mulher no meio dos tecidos amassados era altamente escandalosa.

Odalisk
Het schilderij in rococostijl werd destijds als zeer gedurfd beschouwd. De titel verwijst naar de Oriënt. De houding van de vrouw midden op de verfrommelde stoffen was zeer schandalig.

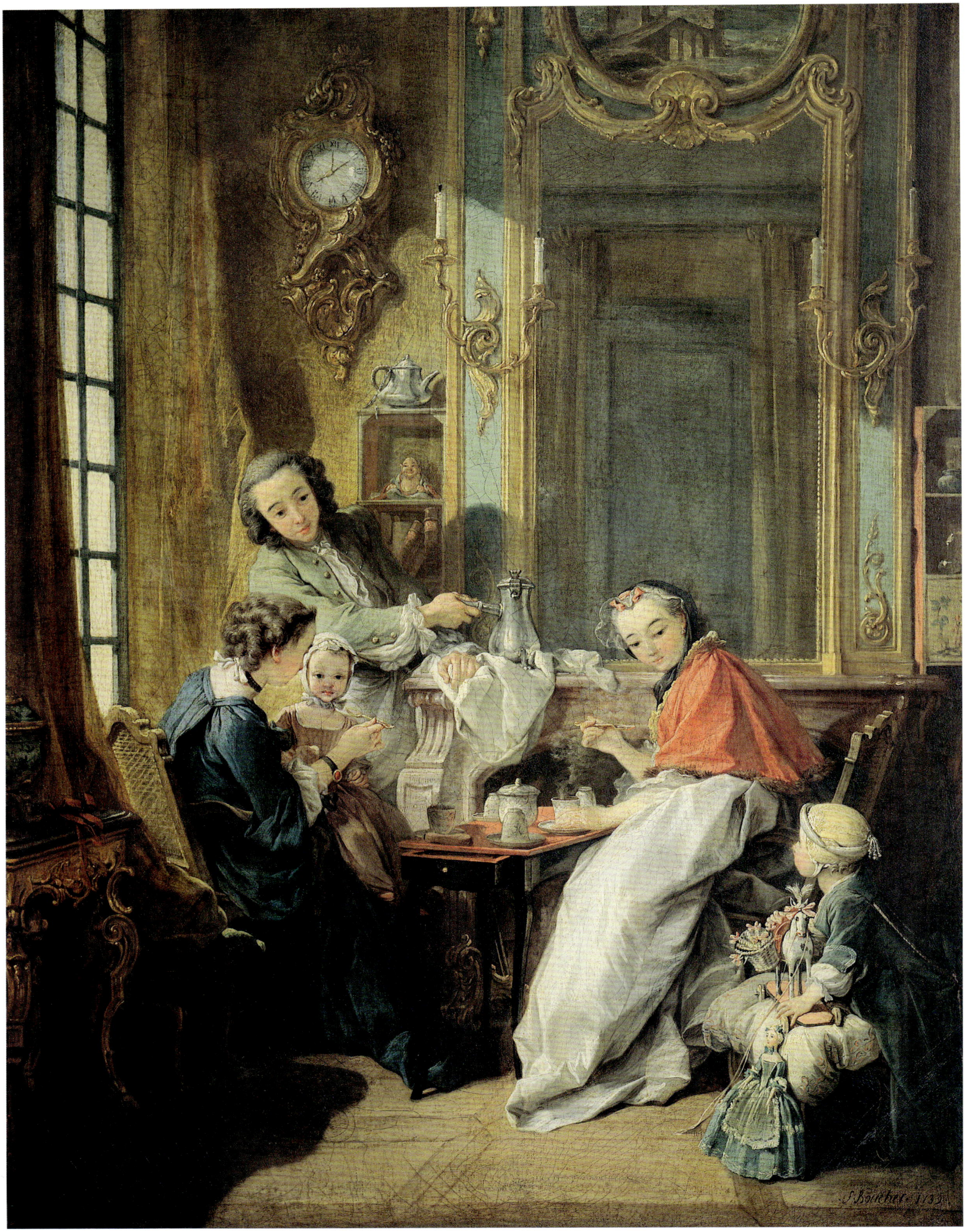

Family taking Breakfast

Le Déjeuner

Das Frühstück

El desayuno

Café da manhã

Het middagmaal

FRANÇOIS BOUCHER
(1703-1770)

1739, Oil on canvas/Huile sur toile, 81,5 × 65,5 cm, Musée du Louvre, Paris

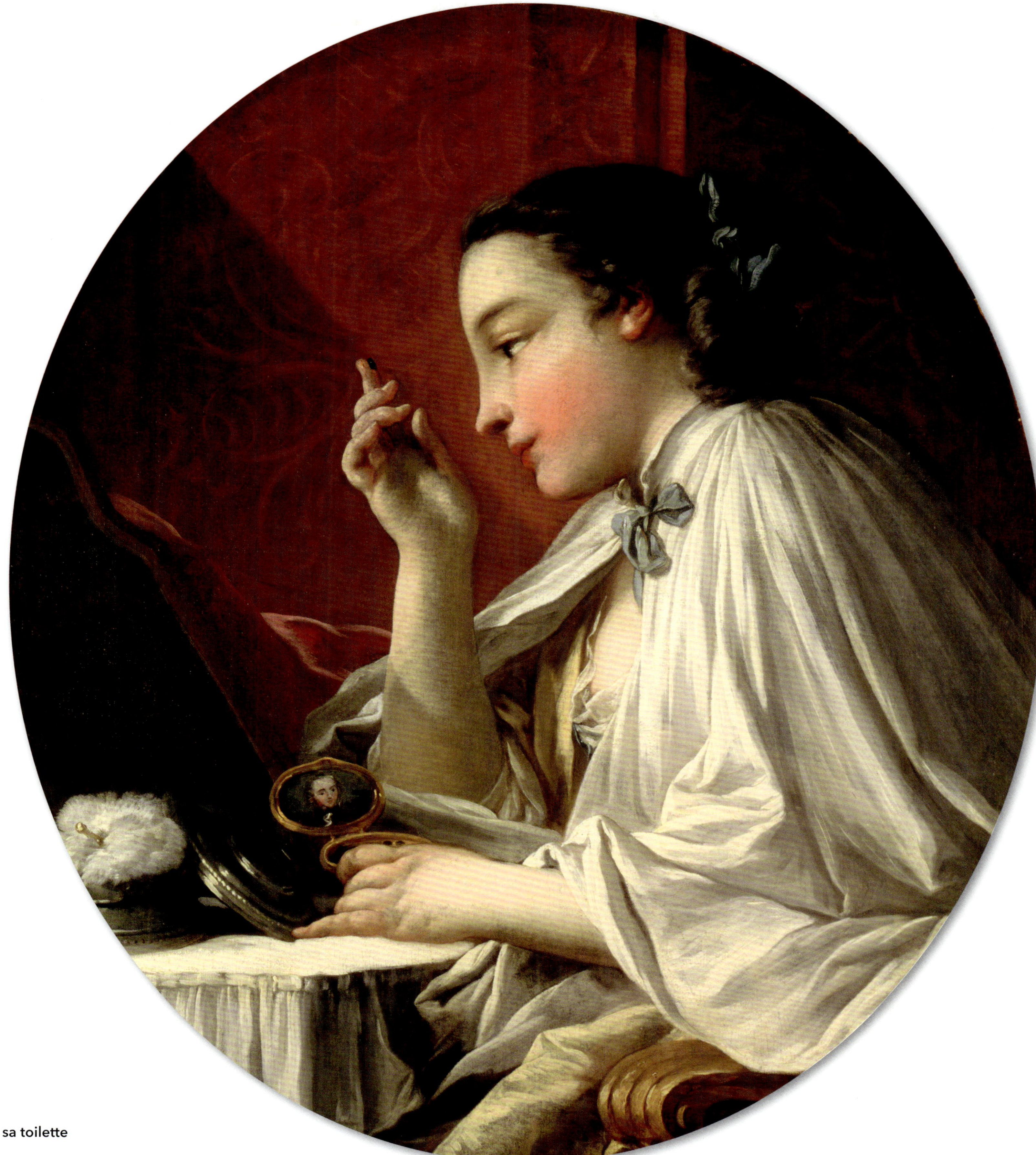

Woman at her Toilet

La Mouche, *dit* Une dame à sa toilette

Die Fliege *oder* Eine Frau bei ihrer Toilette

La mosca *o* una mujer en su inodoro

A mosca *ou* uma mulher na sua sanita

De vlieg *of* Een vrouw bij haar toilet

FRANÇOIS BOUCHER (1703-1770)

1738, Oil on canvas/Huile sur toile, 86,4 × 76,2 cm, Private collection

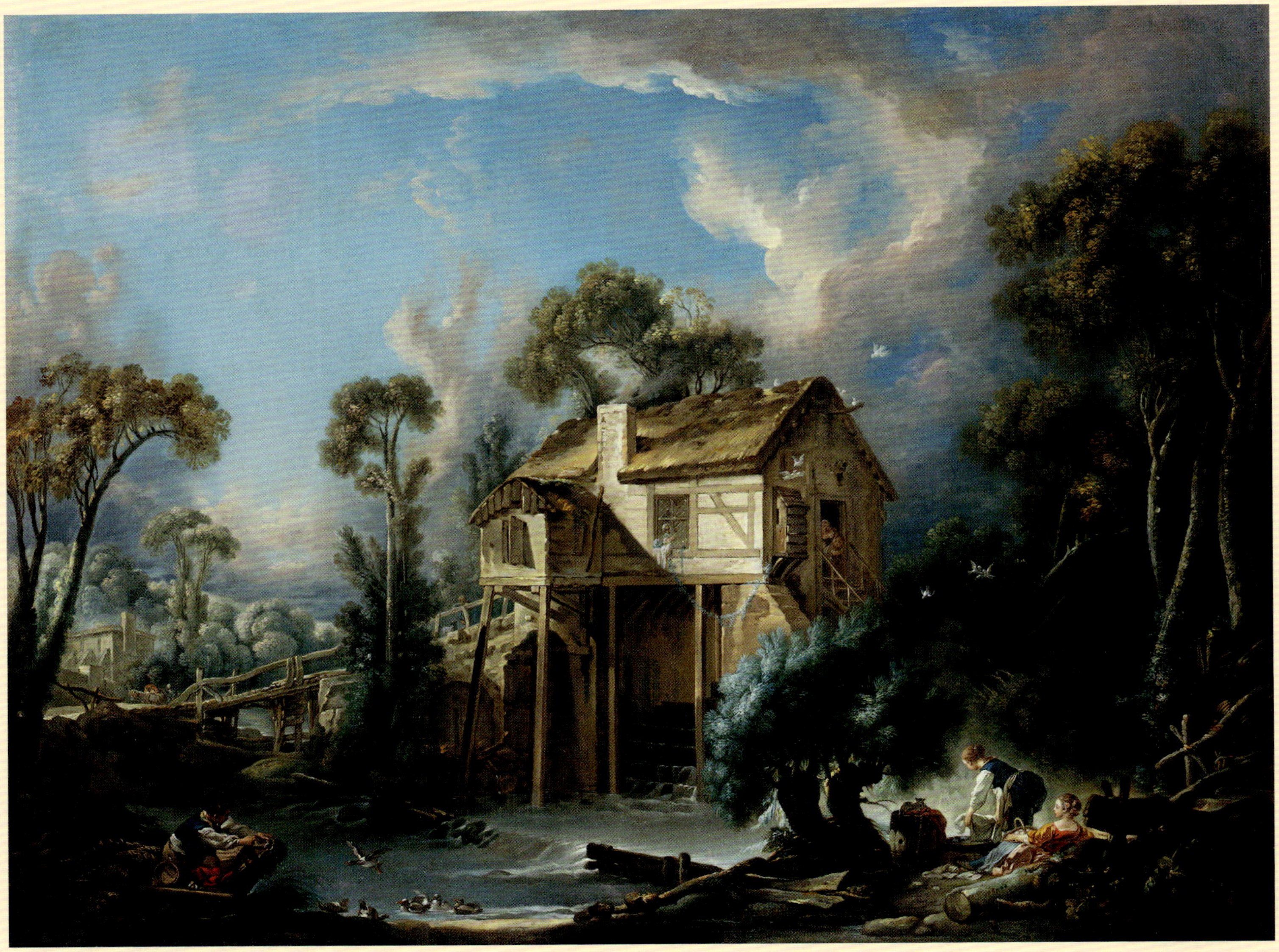

The Mill at Charenton

Moulin à Charenton

Mühle bei Charenton

Molino cerca de Charenton

Moinho perto de Charenton

Molen bij Charenton

FRANÇOIS BOUCHER
(1703-1770)
c. 1756, Oil on canvas/Huile sur toile, Private collection

François Boucher

François Boucher (1703-1770), who pursued a long and successful career, is without doubt one of the most representative painters of 18th century art. The young artist, who studied with François Lemoyne, began his career as an illustrator. In 1727 he stayed in Italy, where he met Tiepolo, whose decorative ensemble he greatly appreciated. During his tenure, Boucher became not only chairman of the Académie, where he taught from 1737, and "Premier Peintre du Roi" (1765), but also artistic director of the Manufacture Royale des Tapisseries in Beauvais. He designsed the decor for opera houses and theatres, fulfilled commissions for Louis XV and Madame de Pompadour and created works for private collectors. He painted allegories, mythological motifs, gallant scenes and portraits. His works were full of joie de vivre, fresh colors and bright light, which earned him the admiration of Jean-Baptiste-Siméon Chardin, Jean-Baptiste Oudry and, towards the end of the century, Jacques-Louis David.

François Boucher

Il est sans aucun doute l'un des peintres les plus représentatifs de l'art du XVIIIe siècle. Fort apprécié de son vivant, François Boucher (1703-1770) a bénéficié d'une longue et glorieuse carrière. Élève de François Lemoyne, le jeune artiste débute en tant qu'illustrateur. En 1727, il séjourne en Italie et rencontre Tiepolo, dont il admire les ensembles décoratifs. Directeur de l'Académie où il enseigne dès 1737 et Premier peintre du roi en 1765, Boucher va travailler pour les manufactures royales (Beauvais, les Gobelins…), produire des décors d'opéra ou de théâtre, répondre à des commandes officielles pour Louis XV et sa favorite Madame de Pompadour, et réaliser des tableaux pour des collectionneurs privés. Peintre d'allégories, de toiles mythologiques, de scènes galantes et de portraits, Boucher est un grand amoureux des femmes. Peintre du bonheur de vivre, de la couleur fraîche, de la lumière claire, il fera l'admiration de Jean Siméon Chardin, de Jean-Baptiste Oudry, et, à la fin du siècle, de Jacques Louis David.

François Boucher

François Boucher (1703–1770), der eine lange und erfolgreiche Karriere verfolgte, zählt ohne Zweifel zu den repräsentativsten Maler der Kunst des 18. Jahrhunderts. Seine Laufbahn begann der junge Künstler, der bei François Lemoyne studierte, als Illustrator. 1727 hält er sich in Italien auf, wo er Tiepolo kennenlernt, dessen dekorative Ensemble er sehr schätzt. Im Laufe seines Wirkens wird Boucher nicht nur der Vorsitzender der Académie, wo er ab 1737 unterrichtet, und „Premier Peintre du Roi" (1765), sondern übernimmt auch die künstlerische Leitung der Manufacture Royale des Tapisseries in Beauvais, gestaltet das Dekor von Opern- und Theaterhäusern, erfüllt Aufträge für Ludwig XV. und Madame de Pompadour und schafft Werke für private Sammler. Er malt Allegorien, mythologische Motive, galante Szenen und Porträts. Seine Werke strotzen vor Lebensfreude, frischen Farben und hellem Licht, was ihm die Bewunderung von Jean Siméon Chardin, Jean-Baptiste Oudry und gegen Ende des Jahrhunderts von Jacques-Louis David einbringt.

The Chinese Fishermen

Les Pêcheurs chinois

Chinesische Fischer

Los pescadores chinos

Pescadores chineses

Chinese vissers

FRANÇOIS BOUCHER (1703-1770)

c. 1742, Oil on canvas/ Huile sur toile, 41,5 × 56 cm, Musée des Beaux-Arts, Besançon

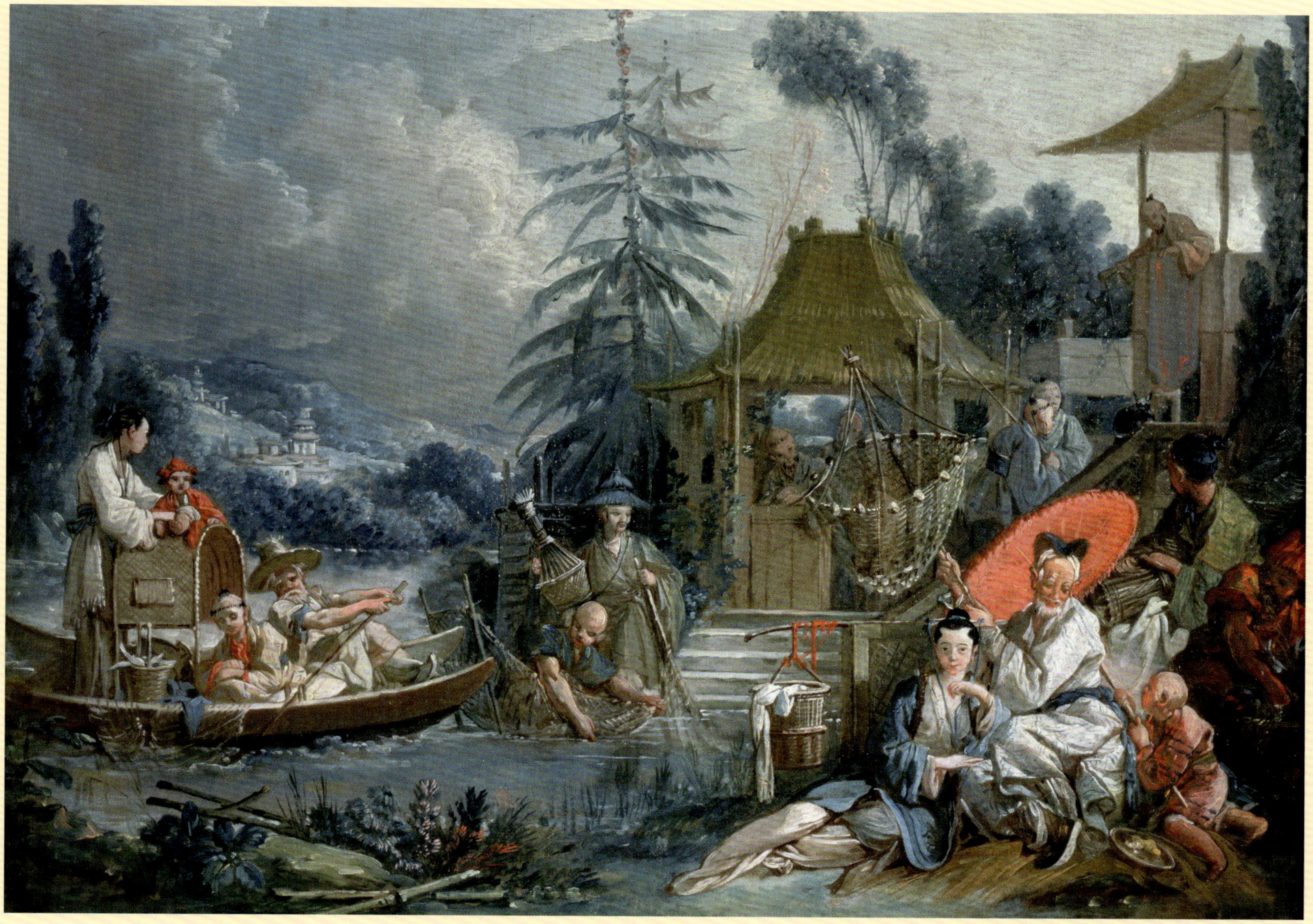

François Boucher

François Boucher (1703-1770), que ha desarrollado una larga y exitosa carrera, es sin duda uno de los pintores más representativos del arte del siglo XVIII. El joven artista, que estudió con François Lemoyne, comenzó su carrera como ilustrador. En 1727 permaneció en Italia, donde conoció a Tiepolo, cuyo conjunto decorativo apreciaba mucho. Durante su mandato, Boucher se convirtió no sólo en presidente de la Academia, donde enseñó a partir de 1737, y del *"Premier Peintre du Roi"* (1765), sino también en director artístico de la *Manufacture Royale des Tapisseries de Beauvais*. Diseña la decoración de teatros y edificios de ópera, realiza encargos para Luis XV y Madame de Pompadour y crea obras para coleccionistas privados. Pinta alegorías, motivos mitológicos, escenas galantes y retratos. Sus obras estaban llenas de alegría de vivir, de colores frescos y de luz brillante, lo que le valió la admiración de Jean-Baptiste-Siméon Chardin, Jean-Baptiste Oudry y, a finales de siglo, Jacques-Louis David.

François Boucher

François Boucher (1703-1770), que seguiu uma longa e bem sucedida carreira, é sem dúvida um dos pintores mais representativos da arte do século XVIII. O jovem artista, que estudou com François Lemoyne, iniciou sua carreira como ilustrador. Em 1727 permaneceu em Itália, onde conheceu Tiepolo, cujo conjunto decorativo muito apreciou. Durante o seu mandato, Boucher tornou-se não só presidente da Académie, onde ensinou a partir de 1737, e "Premier Peintre du Roi" (1765), mas também director artístico da Manufacture Royale des Tapisseries em Beauvais. Ele projeta a decoração para casas de ópera e teatros, cumpre as encomendas para Luís XV e Madame de Pompadour e cria obras para colecionadores particulares. Pinta alegorias, motivos mitológicos, cenas galantes e retratos. Suas obras eram cheias de joie de vivre, cores frescas e luz brilhante, o que lhe valeu a admiração de Jean-Baptiste-Siméon Chardin, Jean-Baptiste Oudry e, no final do século, Jacques-Louis David.

François Boucher

François Boucher (1703-1770), die een lange en succesvolle carrière doorliep, is zonder twijfel een van de representatiefste exponenten van de 18e-eeuwse schilderkunst. De jonge kunstenaar, die bij François Lemoyne studeerde, begon zijn loopbaan als illustrator. In 1727 verbleef hij in Italië, waar hij Tiepolo ontmoette, wiens decoratieve ensemble hij zeer waardeerde. Tijdens zijn werkende leven werd Boucher niet alleen voorzitter van de Académie, waar hij vanaf 1737 lesgaf, en 'premier peintre du Roi' (1765), maar ook artistiek directeur van de Manufacture Royale des Tapisseries in Beauvais. Hij ontwierp de decors voor operahuizen en theaters, voerde opdrachten uit voor Lodewijk XV en Madame de Pompadour en maakte werken voor particuliere verzamelaars. Hij schilderde allegorieën, mythologische motieven, galante taferelen en portretten. Zijn werken zitten vol levensvreugde, frisse kleuren en helder licht, wat hem de bewondering opleverde van Jean-Baptiste-Siméon Chardin, Jean-Baptiste Oudry en, tegen het einde van de eeuw, Jacques-Louis David.

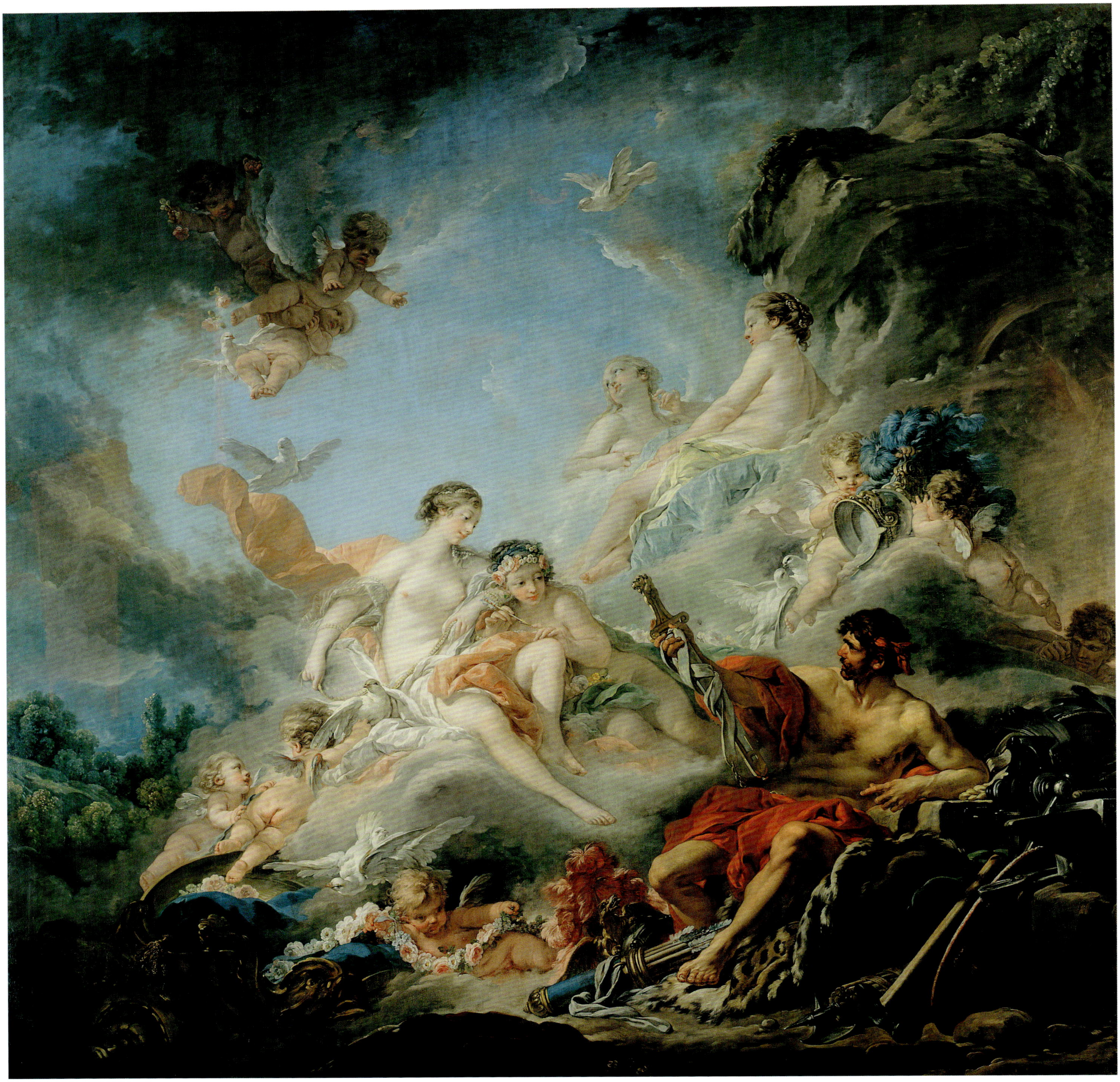

Vulcan presenting Venus with arms for Aeneas

Les Forges de Vulcain

FRANÇOIS BOUCHER (1703-1770)

1757, Oil on canvas/Huile sur toile, 320 × 320 cm, Musée du Louvre, Paris

Vulkan überreicht Venus die Waffen für Aeneas

Volcano entrega las armas a Venus para Eneas

Vulcão entrega armas a Vênus para Enéas

Vulcanus overhandigt Venus de wapens voor Aeneas

Saint Peter Attempting to Walk on Water
Boucher is not known for his religious motifs. Among other things, he painted a crib scene, the painting The Rest on the Flight into Egypt and St. Peter Attempting to Walk on Water.

Saint Pierre tentant de marcher sur les eaux
Les œuvres religieuses ne sont pas les plus connues de l'artiste. Boucher a pourtant peint, entre autres, une Nativité, un Repos pendant la fuite en Égypte, et ce saint Pierre marchant sur les flots.

Der heilige Petrus versucht, über das Wasser zu gehen
Boucher ist nicht für seine religiösen Motive bekannt. Unter anderem malte er aber eine Krippenszene, das Gemälde Ruhe auf der Flucht nach Ägypten und den heiligen Petrus beim Versuch, über das Wasser zu gehen.

Cristo invitando a San Pedro a caminar sobre el agua
Boucher no es conocido por sus motivos religiosos. Entre otras cosas, pintó una escena de un pesebre, el cuadro Descanso en la huída a Egipto y Cristo invitando a San Pedro a caminar sobre el agua.

São Pedro está a tentar andar na água
Boucher não é conhecido pelos seus motivos religiosos. Entre outras coisas, pintou uma cena de berço, o quadro Ruhe auf der Flucht nach Ägypten e São Pedro tentando atravessar a água.

Jezus laat Petrus over het water lopen
Boucher staat niet bekend om zijn religieuze motieven. Toch schilderde hij een geboorte van Christus, een rust tijdens de vlucht uit Egypte en Petrus die over het water probeert te lopen.

FRANÇOIS BOUCHER (1703-1770)
1766, Oil on canvas/Huile sur toile, 235 × 170 cm,
Cathédrale Saint-Louis, Versailles

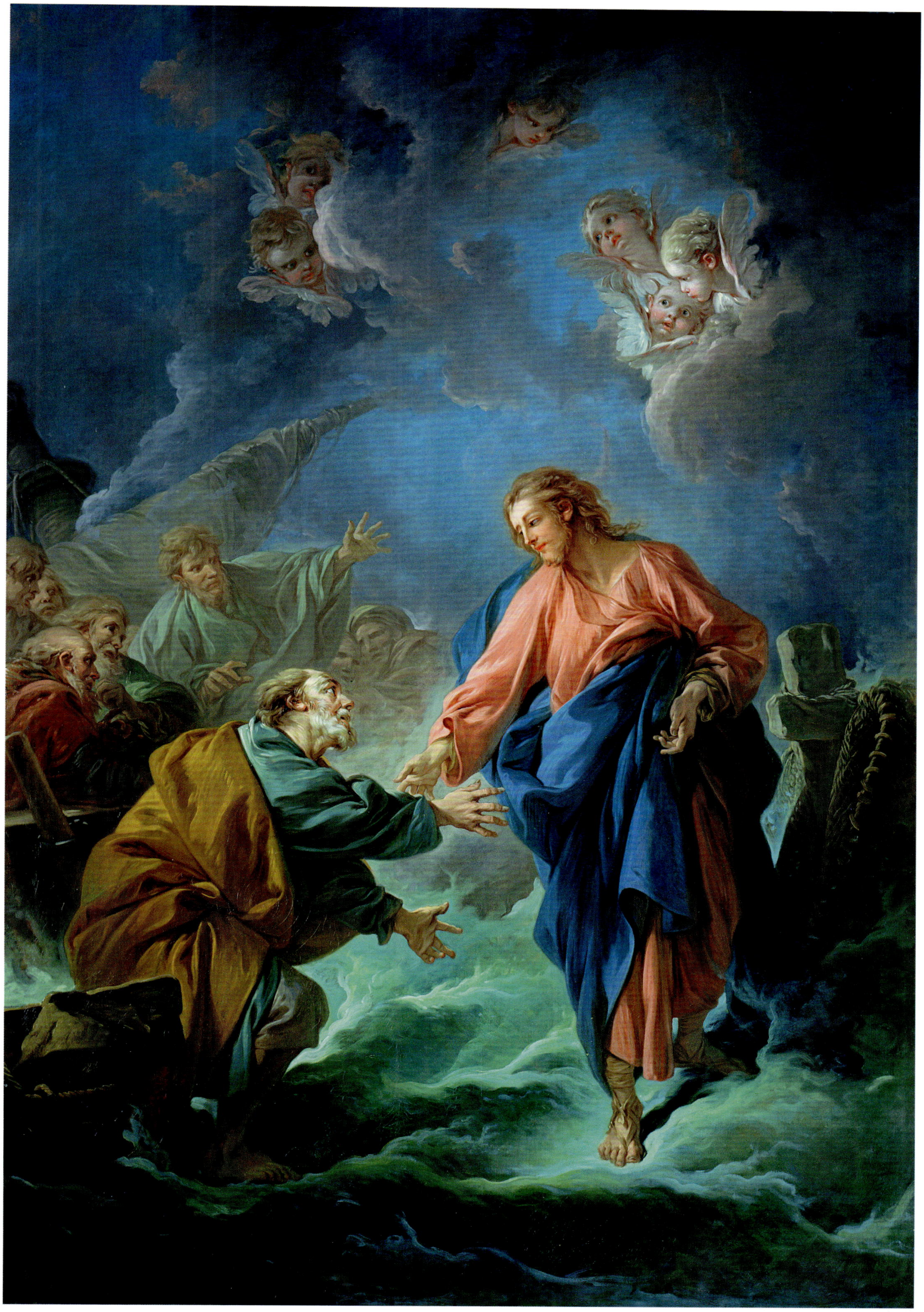

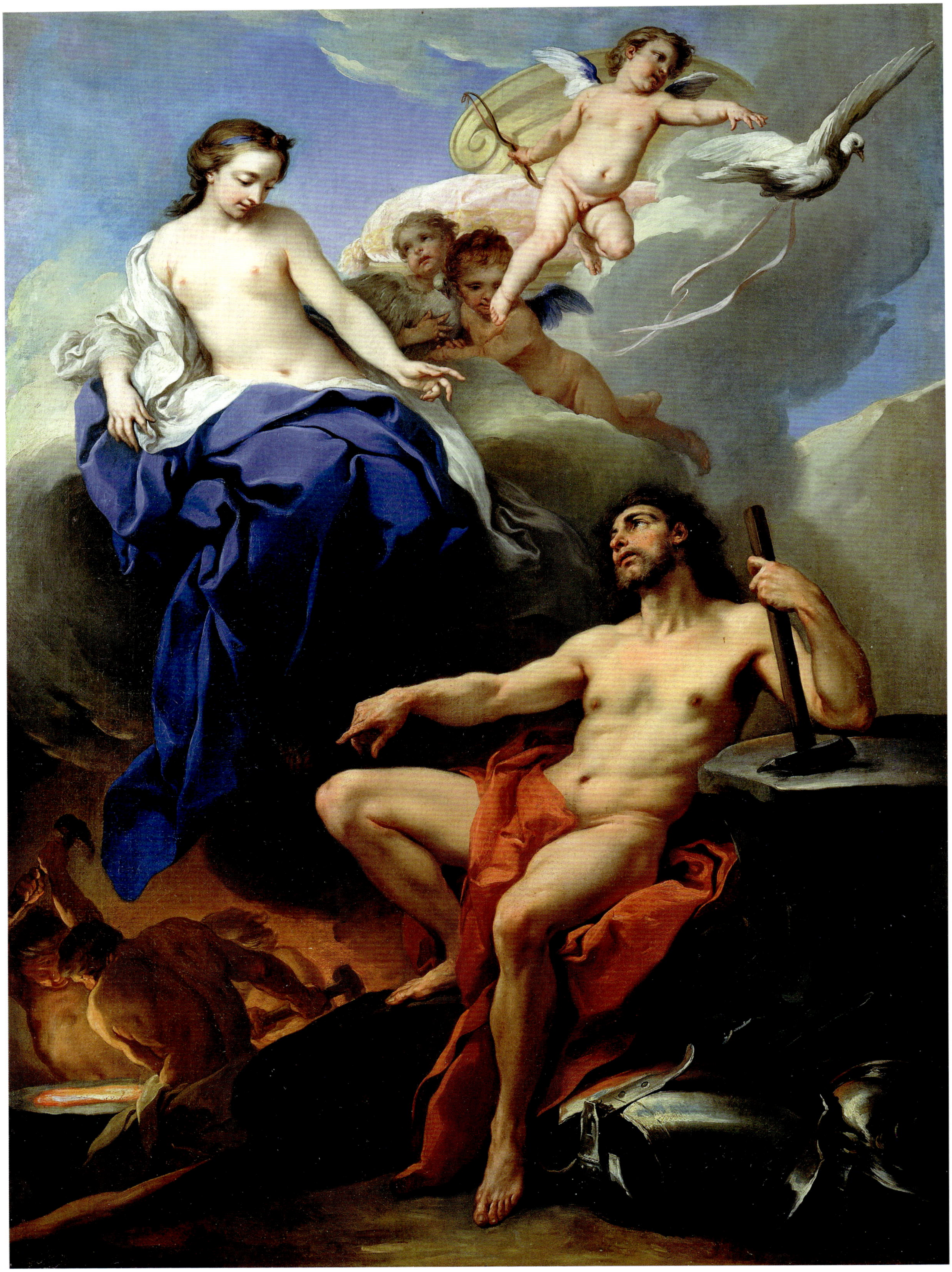

Venus requesting Vulcan to make Arms for Aeneas

Vénus demandant des armes à Vulcain pour Énée

Venus bittet Vulkan um Waffen für Aeneas

Venus pide a Vulcano armas para Eneas

Vênus pede a Vulcano armas para Enéas

Venus vraagt Vulcanus om wapens voor Aeneas

CARLE VAN LOO (1705-1765)

Oil on canvas/Huile sur toile, 129 × 98,5 cm, Private collection

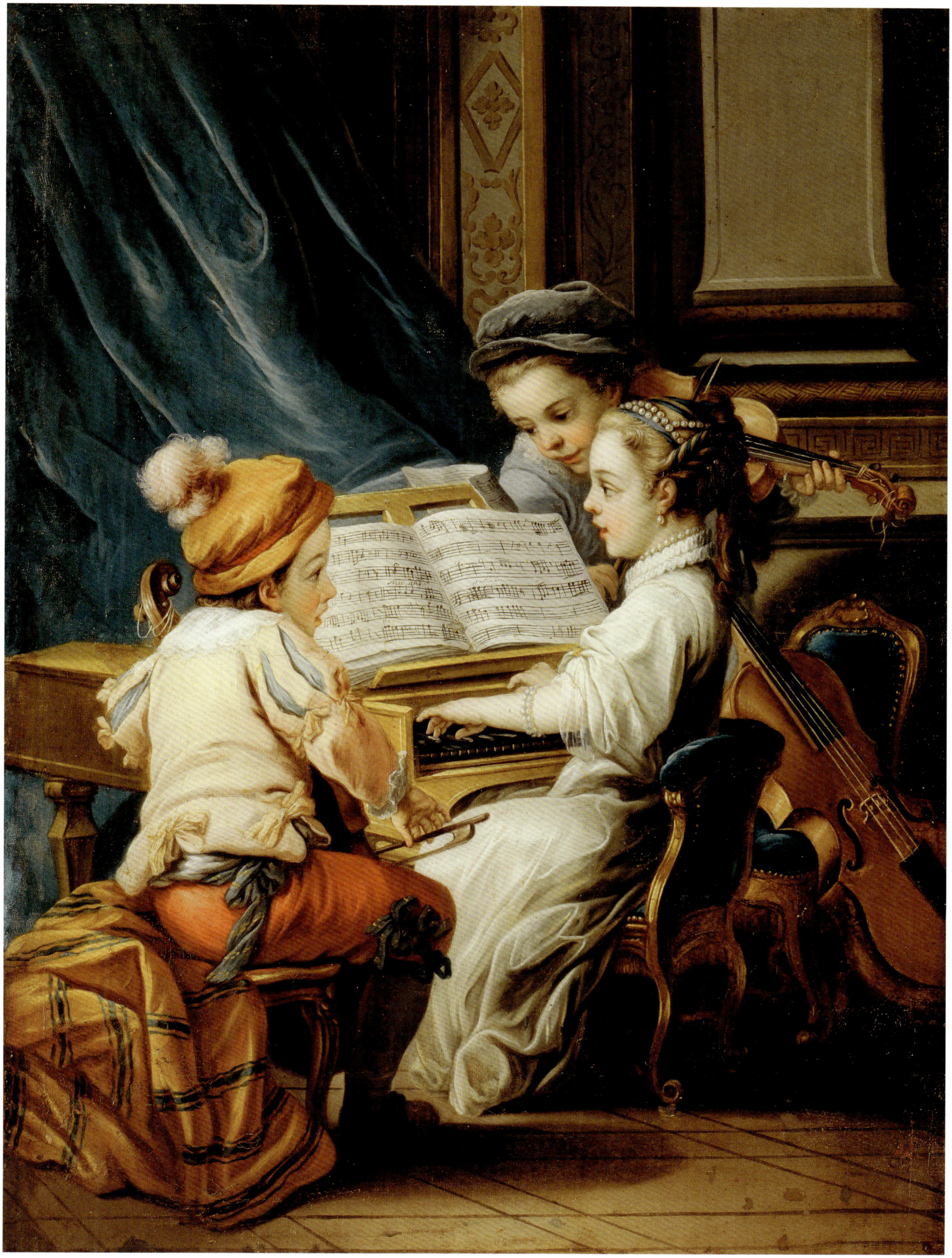

The Four Arts: Music

La Musique

Die vier Künste:
Die Musik

La música

As quatro artes:
A música

De vier kunsten: muziek

CARLE VAN LOO
(1705-1765)
Oil on canvas/Huile sur toile, 116 × 94,5 cm, Private collection

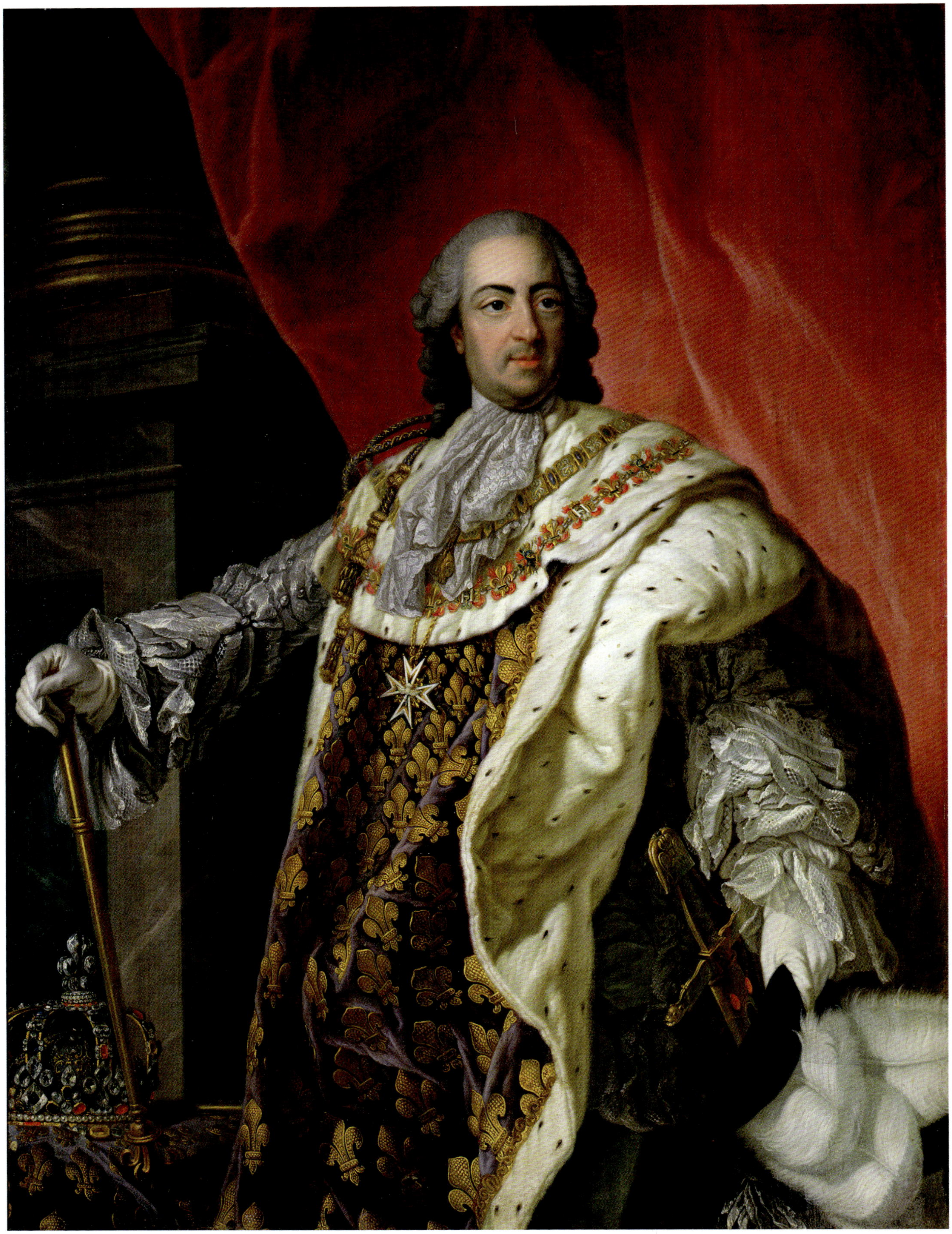

Portrait of Louis XV (1710-1774)
The portrait of Louis XV is one of Louis-Michel Van Loos' masterpieces. The original, which is located in London, served as a model for several copies, such as this one, which can be seen in the Musée des Beaux-Arts in Rennes.

Portrait de Louis XV jeune (1710-1774)
Le portrait de Louis XV est l'un des chefs-d'œuvre de Louis-Michel Van Loo. L'original, conservé à Londres, a fait l'objet de plusieurs répliques, dont celle-ci, visible au musée des Beaux-Arts de Rennes.

Porträt des jungen Ludwigs XV. (1710-1774)
Das Porträt von Ludwig XV. zählt zu Louis-Michel Van Loos Meisterwerken. Das Original, das sich in London befindet, diente als Vorlage für mehrere Kopien, wie diese, die im Musée des Beaux-Arts in Rennes zu sehen ist.

Retrato del joven Luis XV (1710-1774)
El retrato de Luis XV es una de las obras maestras de Louis-Michel Van Loos. El original, que se encuentra en Londres, sirvió de modelo para varias copias, como ésta, que puede verse en el Musée des Beaux-Arts de Rennes.

Retrato do jovem Luís XV (1710-1774)
O retrato de Luís XV é uma das obras-primas de Louis-Michel Van Loos. O original, que está localizado em Londres, serviu de modelo para várias cópias, como esta, que pode ser vista no Musée des Beaux-Arts em Rennes.

Portret van de jonge Lodewijk XV (1710-1774)
Dit portret van Lodewijk XV is een van de meesterwerken van Louis-Michel Van Loos. Het origineel, dat zich in Londen bevindt, diende als voorbeeld van verschillende kopieën, zoals deze, die te zien is in het Musée des Beaux-Arts in Rennes.

LOUIS-MICHEL VAN LOO (AFTER/D'APRÈS) (1707-1771)
c. 1745, Oil on canvas/Huile sur toile, 146 × 113 cm, Musée des Beaux-Arts, Rennes

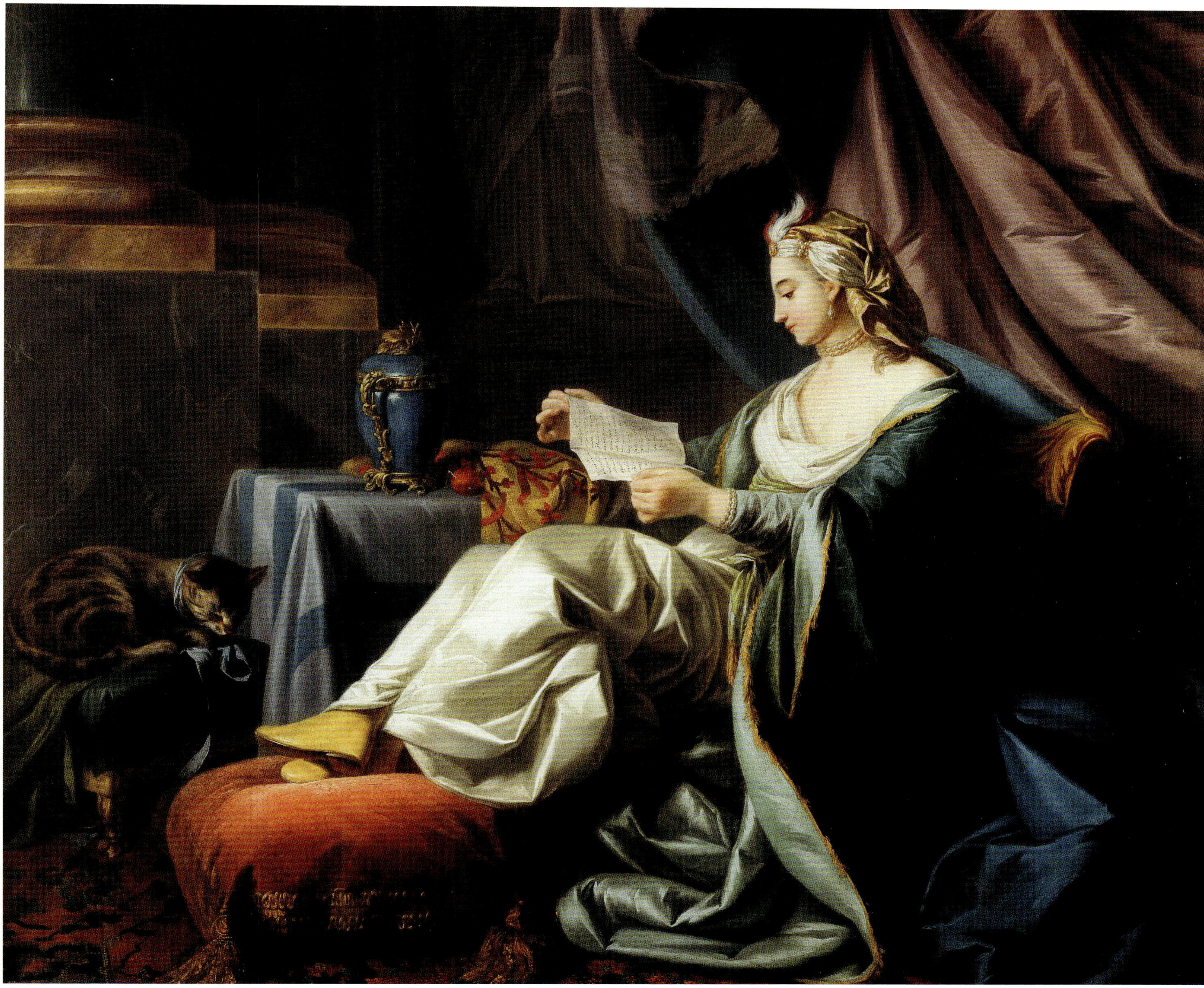

A Young Sultan reading a Letter

Sultane lisant une lettre

Sultanin beim Lesen eines Briefes

Sultana leyendo una carta

Sultanato lendo uma carta

Sultane die een brief leest

LOUIS-MICHEL VAN LOO (1707-1771)

Oil on canvas/Huile sur toile, 112 × 137 cm, Private collection

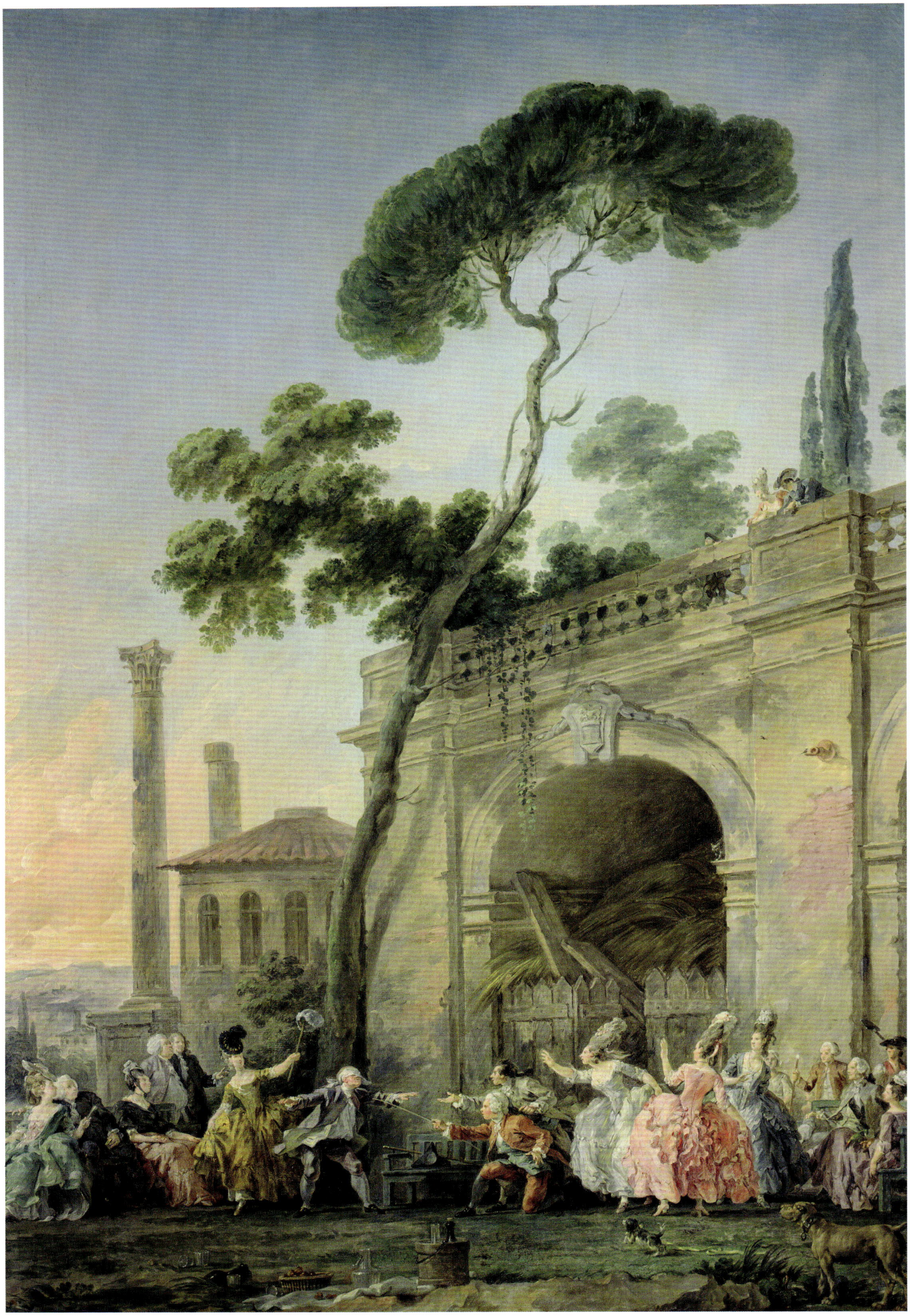

Blindman's Buff

The game Blindman's Buff, very popular in the 18th century, was invented two centuries earlier. In the painting it takes place in the garden of an Italian villa during a picnic outdoors.

Le Colin-maillard

Très populaire au XVIIIe siècle, le jeu de colin-maillard est né deux siècles plus tôt. Sur cette toile, la partie se déroule dans les jardins d'une villa italienne, après un pique-nique dans l'herbe.

Das Blindekuh-Spiel

Das im 18. Jahrhundert sehr beliebte Spiel Blindekuh wurde bereits zwei Jahrhunderte früher erfunden. Auf dem Gemälde findet es im Garten einer italienischen Villa im Rahmen eines Picknicks im Grünen statt.

La gallina ciega

El juego de la gallina ciega, muy popular en el siglo XVIII, fue inventado dos siglos antes. En la pintura tiene lugar en el jardín de una villa italiana durante un picnic sobre la hierba.

O Jogo Blindekuh

O jogo Blindekuh, muito popular no século XVIII, foi inventado dois séculos antes. Na pintura, ele acontece no jardim de uma vila italiana durante um piquenique no verde.

Blindemannetje spelen

Het in de 18e eeuw erg populaire blindemannetje werd twee eeuwen eerder bedacht. Op het schilderij wordt het tijdens een picknick gespeeld in de tuin van een Italiaanse villa.

NOËL HALLÉ (1711-1781)

c. 1770-80, Oil on canvas/Huile sur toile, 173 × 120 cm, Musée de Picardie, Amiens

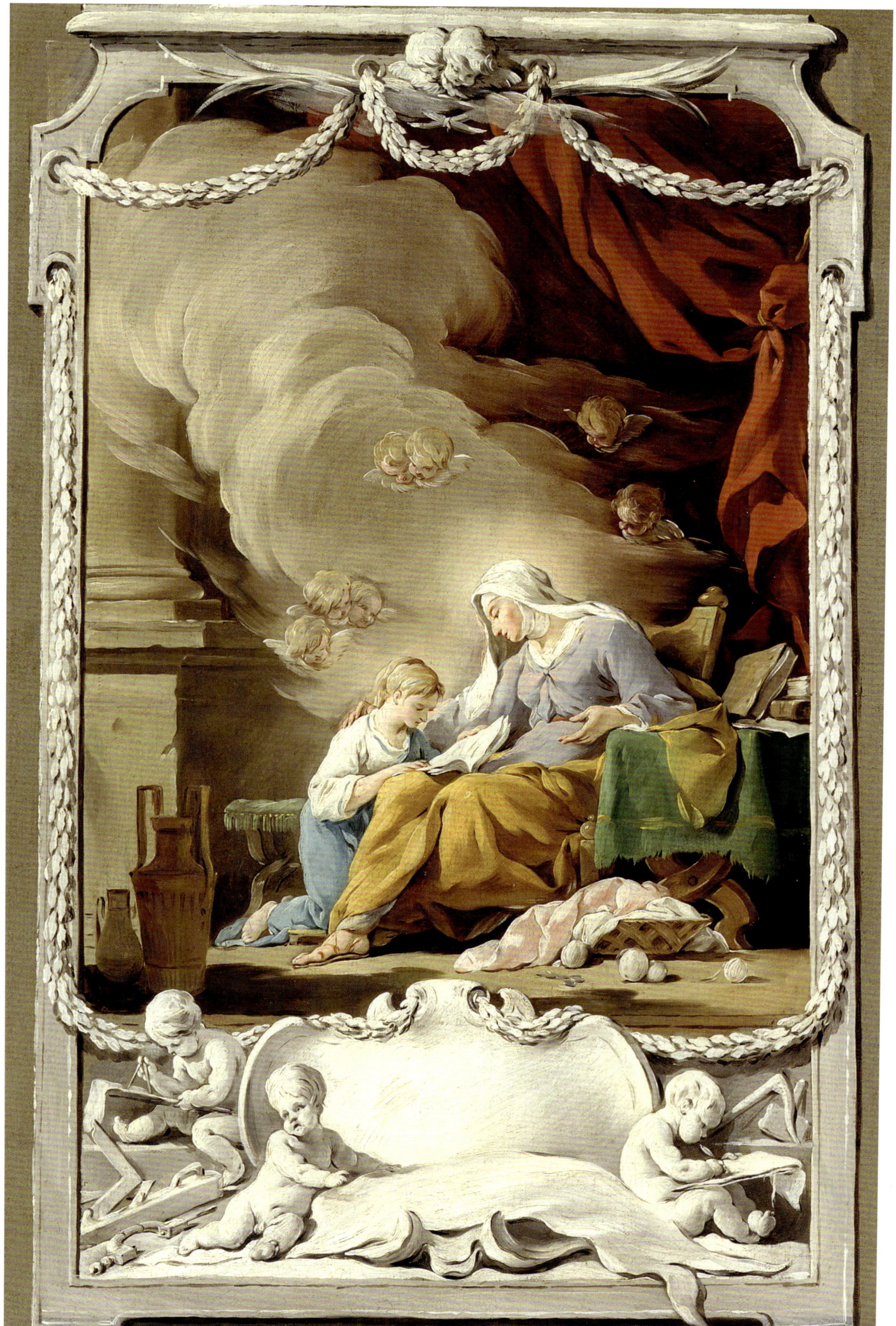

Saint Anna revealing to the Virgin the Prophecy of Isaiah

Sainte Anne apprenant à lire à la Vierge

Die heilige Anna lehrt der Jungfrau lesen

Santa Ana enseña a la Virgen a leer

Santa Ana ensina a Virgem a ler

De heilige Anna leert Maria lezen

NOËL HALLÉ (1711-1781)

c. 1749, Oil on canvas/Huile sur toile, 61 × 41,3 cm,
Los Angeles County Museum of Art, Los Angeles

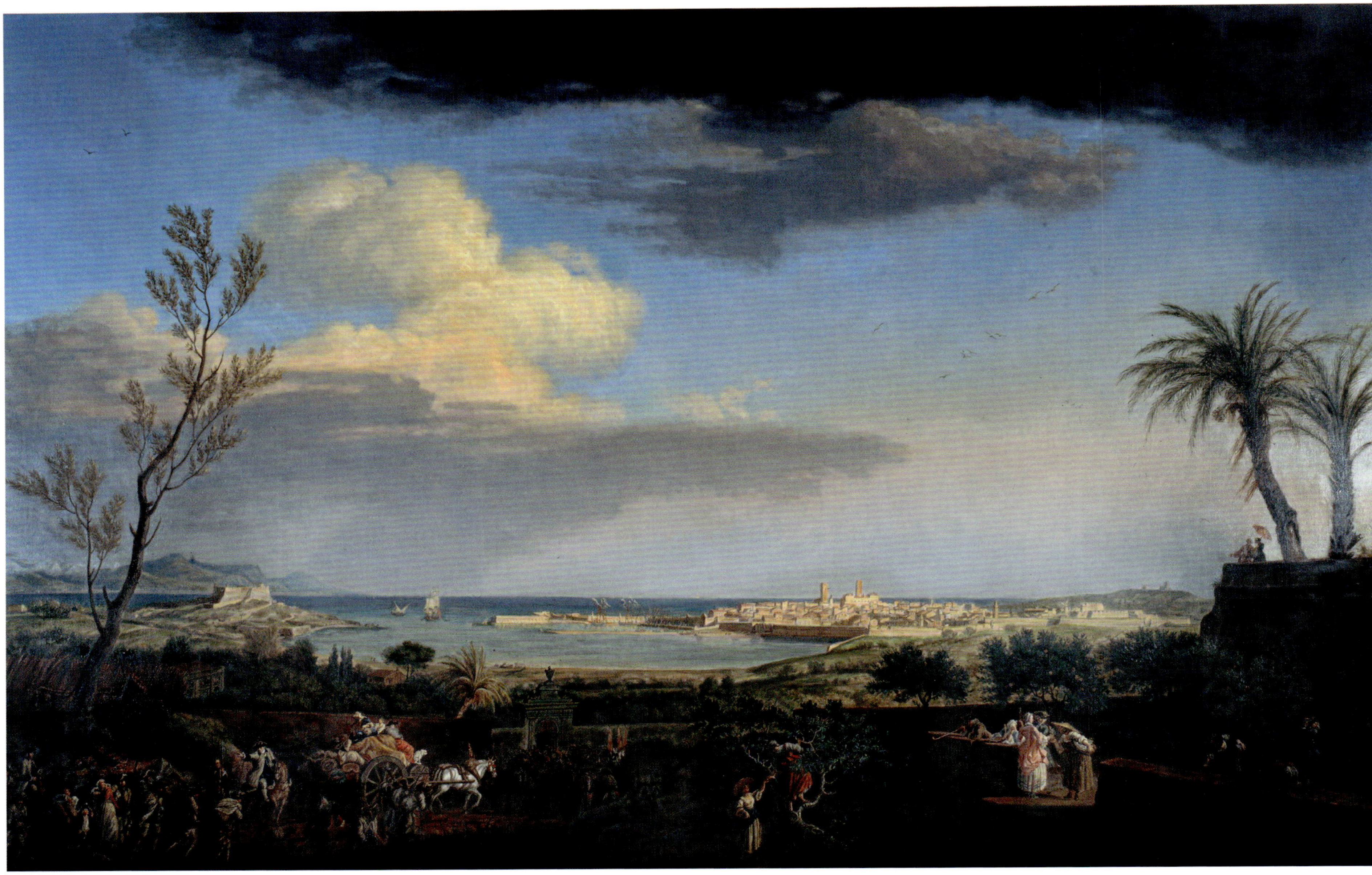

The Port d'Antibes in Provence

Le Port d'Antibes en Provence, vu du côté de la terre

Der Hafen von Antibes in der Provence vom Land aus gesehen

El puerto de Antibes en Provenza visto desde tierra

O porto de Antibes na Provença visto da terra

De haven van Antibes in de Provence vanaf het land gezien

CLAUDE JOSEPH VERNET (1714-1789)

1756, Oil on canvas/Huile sur toile, 165 × 263 cm, Musée national de la Marine, Paris

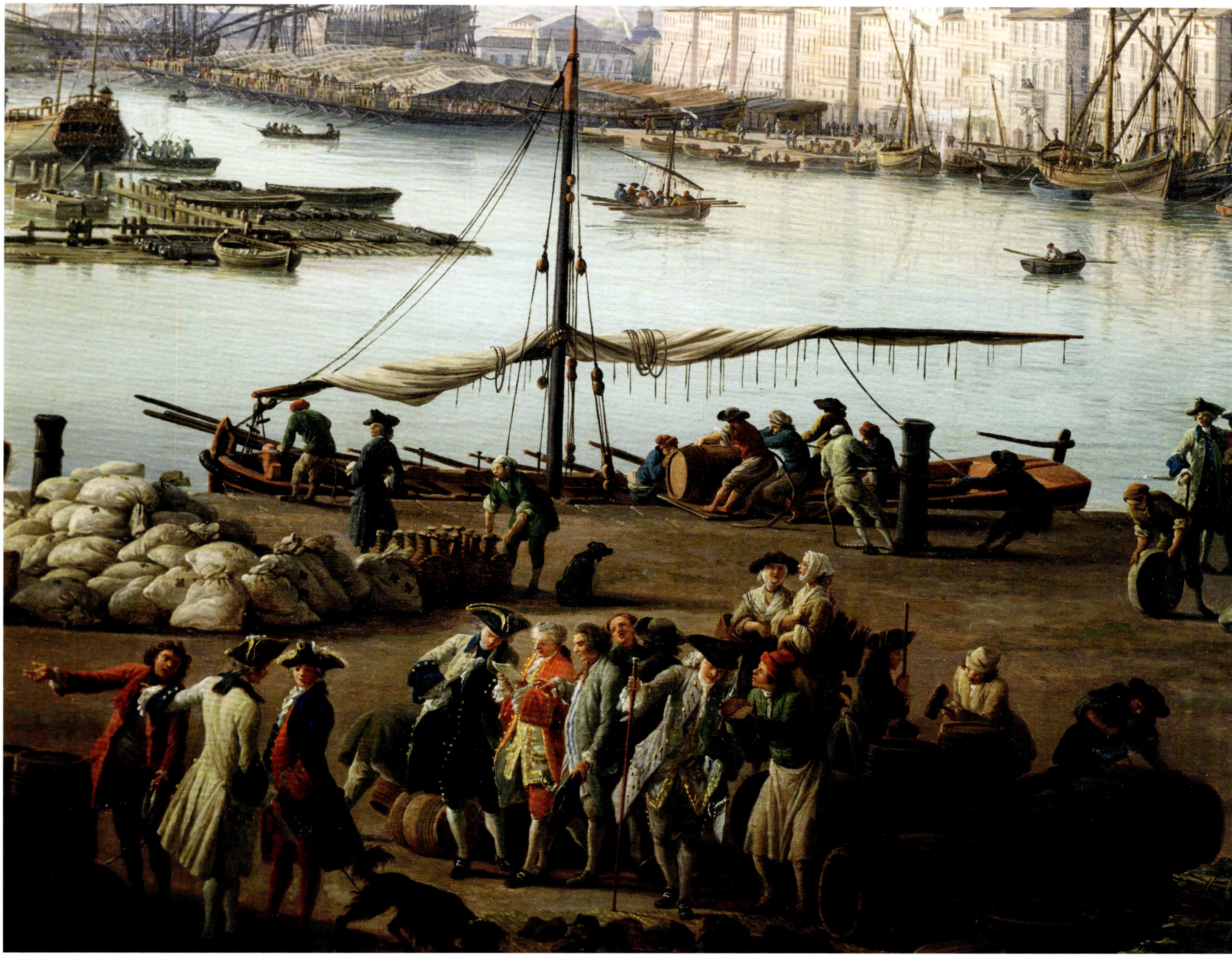

Third view of Toulon: View of the old port from the side of the food stores, *detail*
The detail is part of a painting showing a panoramic view of the old port of Toulon. Vernet paid attention to the smallest details, such as the facial expression of each individual person.

Troisième vue de Toulon : la vieille darse, prise du côté des magasins aux vivres, *détail*
Ce détail d'un tableau représentant une vue panoramique du vieux port de Toulon montre à quel point Claude Joseph Vernet s'intéresse au moindre détail, soignant l'expression de chaque personnage.

Dritte Ansicht von Toulon: Der alte Hafen von den Lebensmittelgeschäften aus, *Detail*
Der Ausschnitt ist Teil eines Gemäldes, das eine Panoramaansicht des alten Hafens von Toulon zeigt. Vernet legte das Augenmerk auf die kleinsten Details, wie den Gesichtsausdruck jeder einzelnen Person.

Tercera vista de Toulon: el viejo puerto desde las tiendas de comestibles, *detalle*
El detalle es parte de una pintura que muestra una vista panorámica del antiguo puerto de Toulon. Vernet prestó atención a los detalles más pequeños, como la expresión facial de cada persona.

Terceira vista de Toulon: o antigo porto das mercearias, *detalhe*
O detalhe é parte de uma pintura que mostra uma vista panorâmica do antigo porto de Toulon. Vernet prestou atenção aos menores detalhes, como a expressão facial de cada pessoa.

Derde gezicht op Toulon: de oude haven gezien vanuit de pakhuizen, *detail*
Dit is een detail van een schilderij met een panoramisch uitzicht op de oude haven van Toulon. Vernet besteedde aandacht aan de kleinste details, zoals de gezichtsuitdrukking van elk individu.

CLAUDE JOSEPH VERNET (1714-1789)

1755, Oil on canvas/Huile sur toile, 165 × 263 cm, Musée national de la Marine, Paris

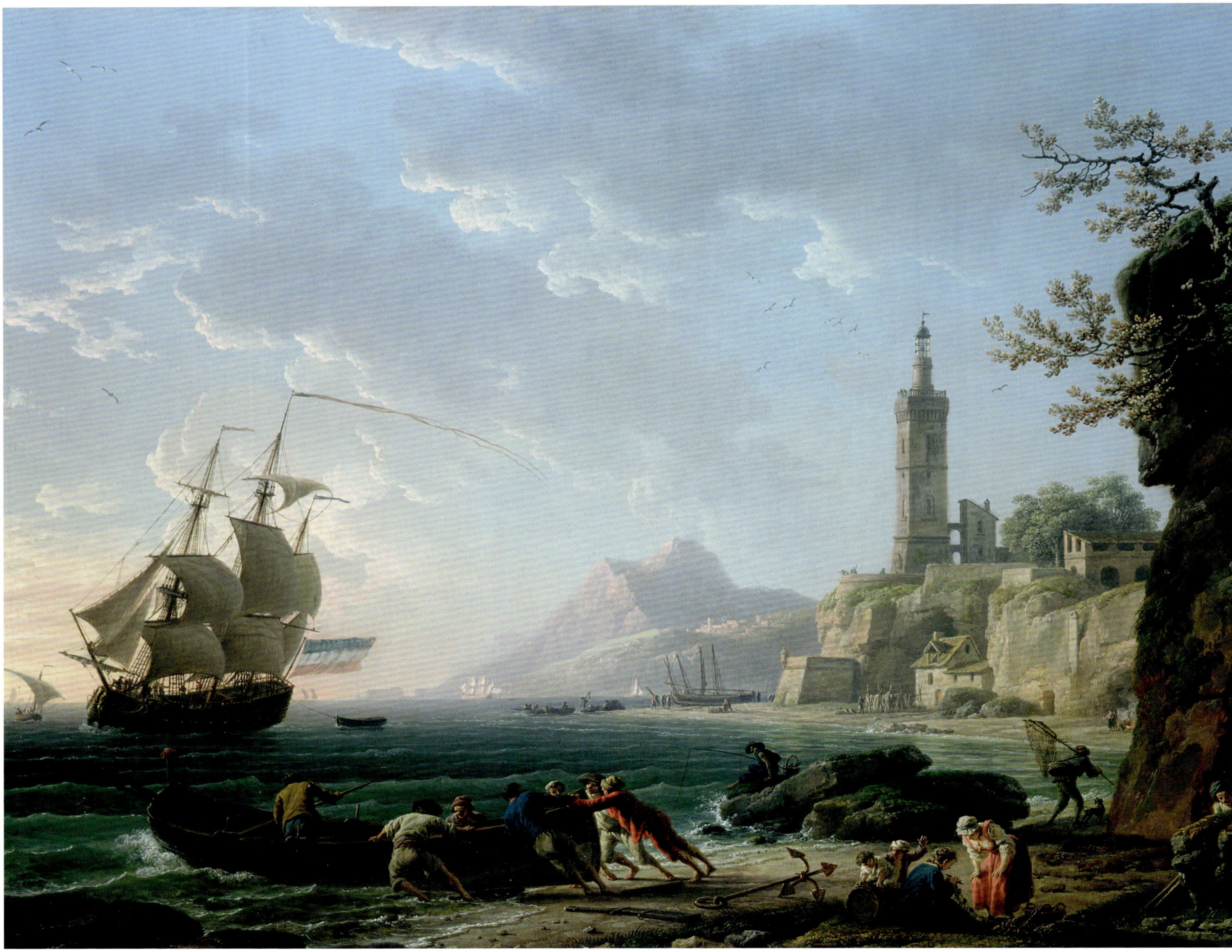

A Coastal Mediterranean Landscape with a Dutch Merchantman in a Bay

Bateau hollandais au large d'une côte méditerranéenne

Ein niederländisches Handelsschiff vor der Mittelmeerküste

Un barco mercante holandés frente a la costa mediterránea

Um navio mercante holandês ao largo da costa do Mediterrâneo

Een Nederlands koopvaardijschip voor de Middellandse Zeekust

CLAUDE JOSEPH VERNET (1714-1789)

1759, Oil on canvas/Huile sur toile, 87 × 130,9 cm, Fitzwilliam Museum, Cambridge

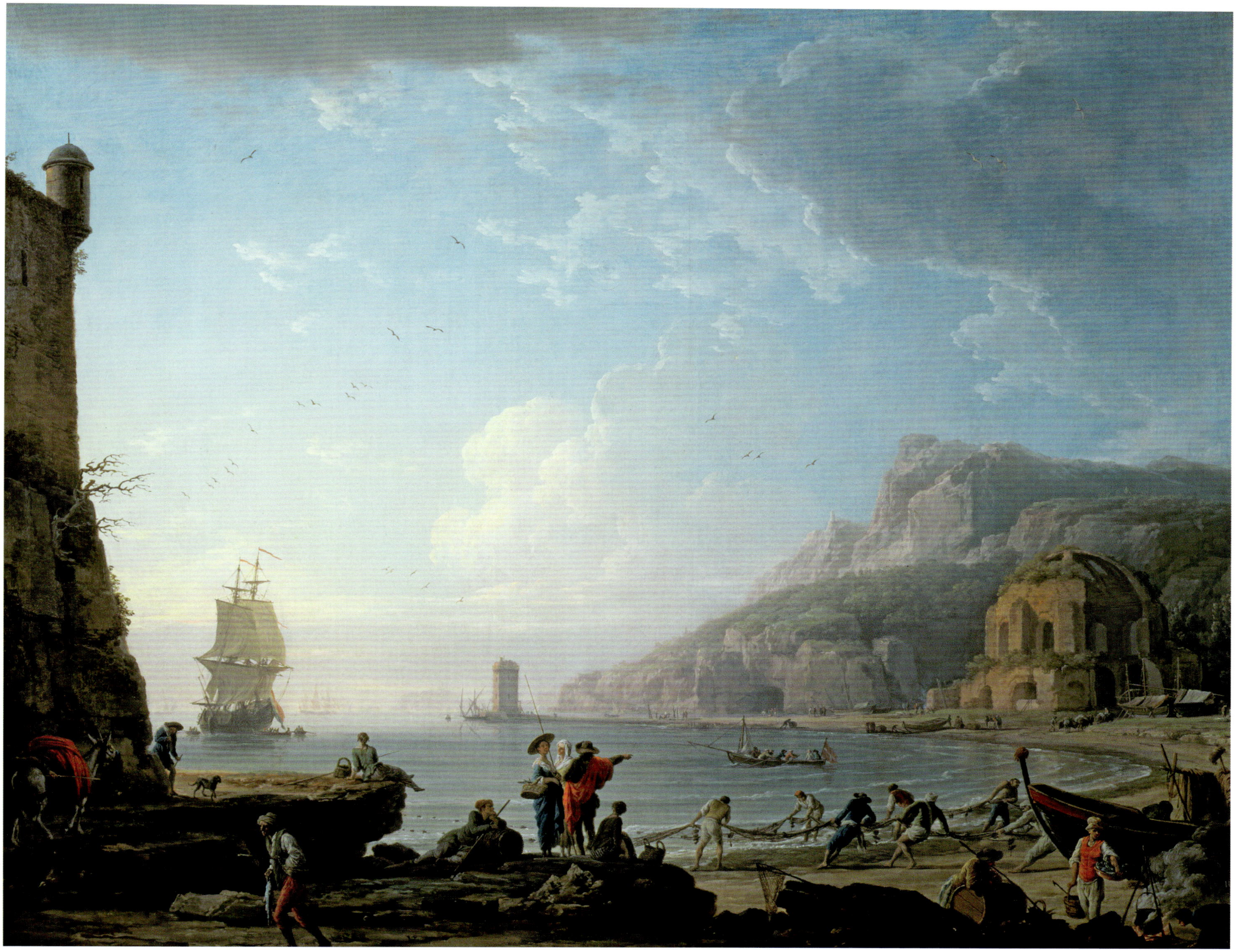

Morning scene in a Bay

Vue d'une baie le matin

Morgenszene in einer Bucht

Escena matutina en una bahía

Cena matinal em uma baía

Ochtendscène in een baai

CLAUDE JOSEPH VERNET (1714-1789)

1752, Oil on canvas/Huile sur toile, 72,8 × 98,2 cm, Private collection

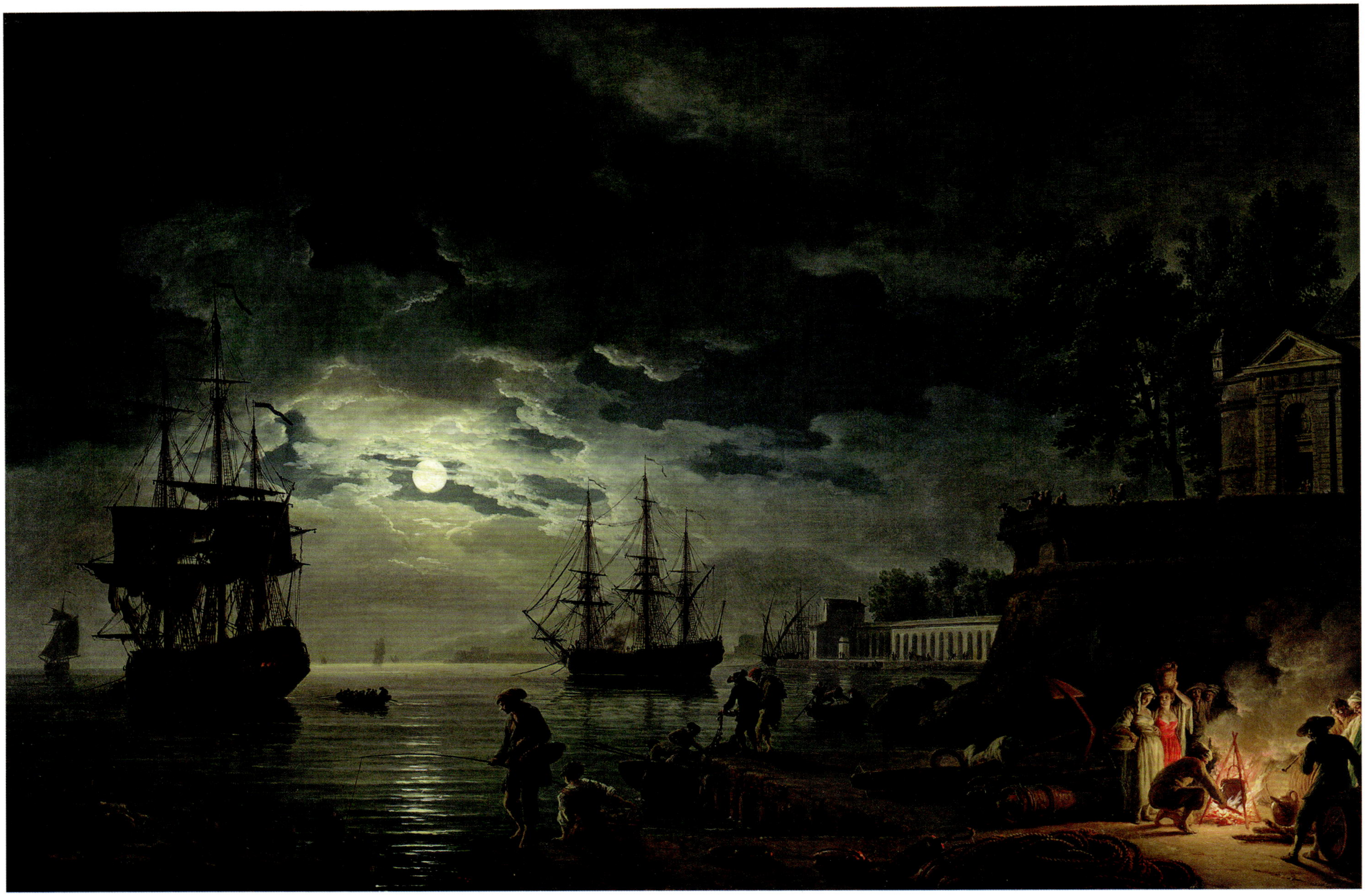

Night: A Port in the Moonlight

La Nuit, un port de mer au clair de lune

Die Nacht: Ein Hafen im Mondschein

La noche, un puerto a la luz de la luna

A noite: Um porto ao luar

De nacht: een haven bij maanlicht

CLAUDE JOSEPH VERNET (1714-1789)

1771, Oil on canvas/Huile sur toile, 98 × 164 cm, Musée du Louvre, Paris

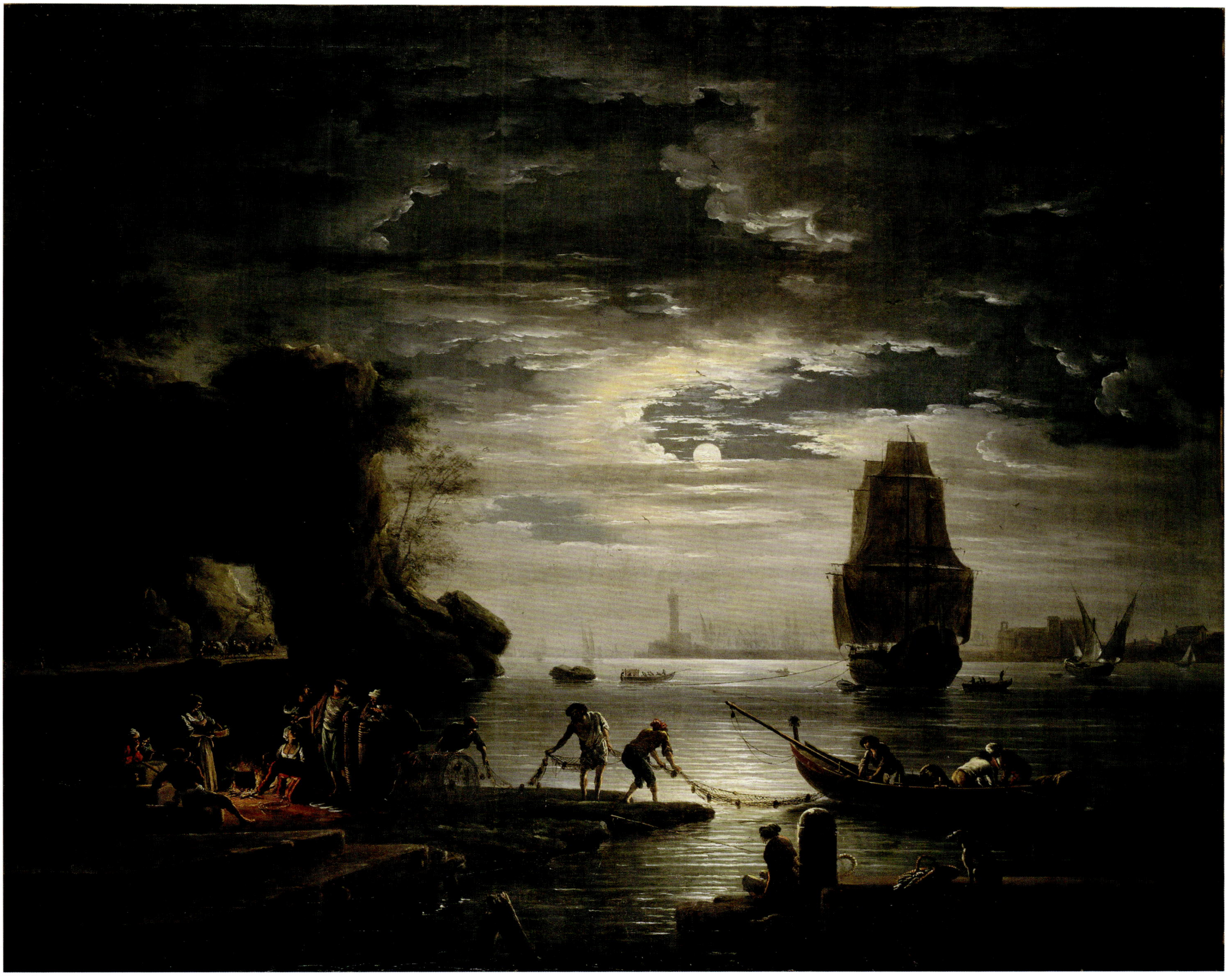

The Night

La Nuit

Die Nacht

La noche

A Noite

De nacht

CLAUDE JOSEPH VERNET (1714-1789)

c. 1750, Oil on canvas/Huile sur toile, 97,3 × 123,5 cm, Ashmolean Museum, Oxford

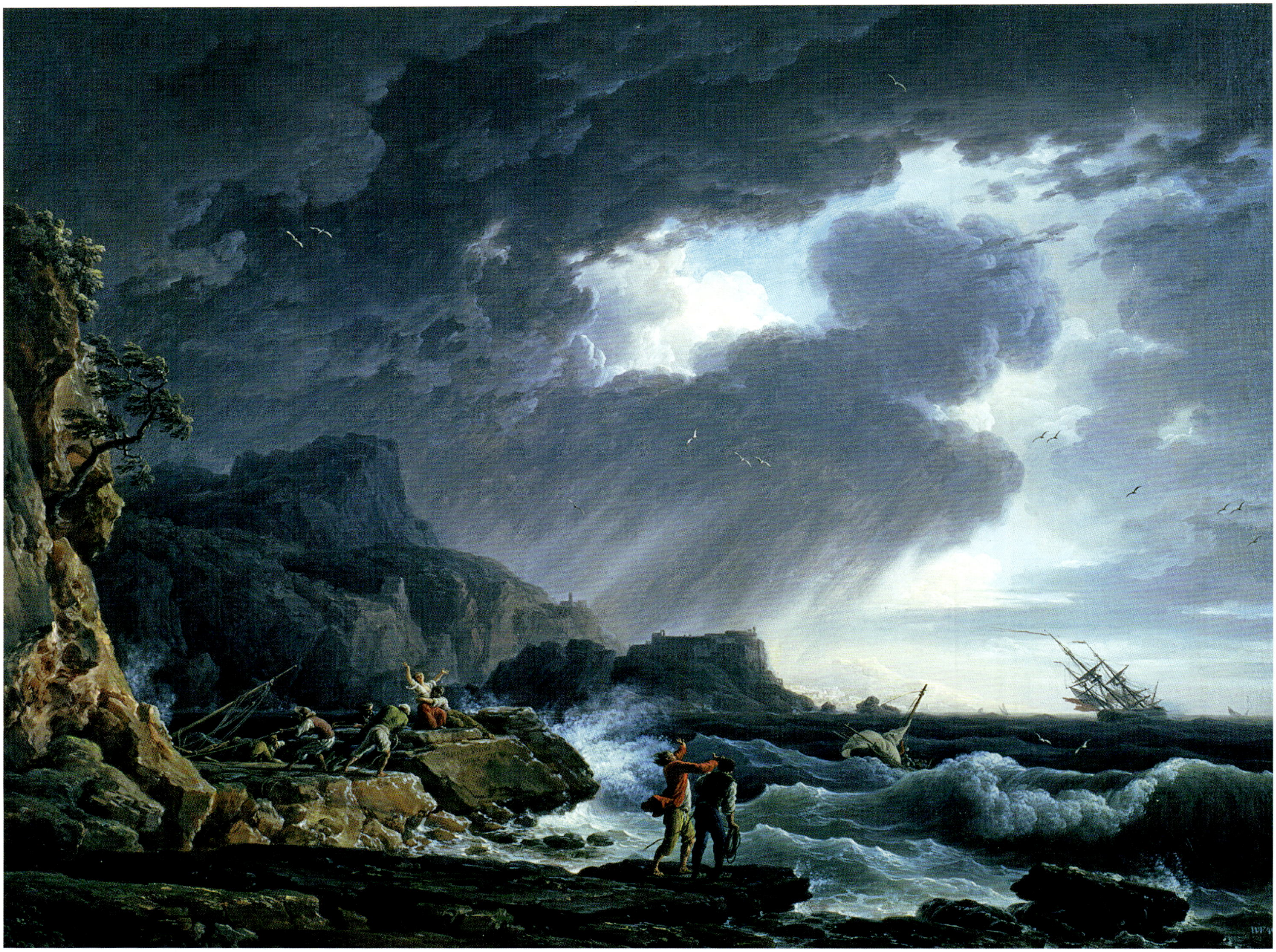

A Seastorm
A small group of frightened people watch from the rocks the spectacle of the roaring sea and the sailing ships in distress. The light effects underline the dramatic character.

Tempête
Debout sur les rochers, des petits groupes de personnages effrayés regardent le spectacle de la mer déchaînée, et les voiliers en difficulté. Les effets de lumière accentuent le caractère dramatique.

CLAUDE JOSEPH VERNET (1714-1789)
1752, Oil on canvas/Huile sur toile, 72,7 × 98,4 cm, Private collection

Nächtlicher Seesturm
Eine kleine Gruppe verängstigter Personen betrachtet von den Felsen aus das Schauspiel des tosenden Meeres und der Segelschiffe in Seenot. Die Lichteffekte unterstreichen den dramatischen Charakter.

Tormenta
Un pequeño grupo de gente asustada observa desde las rocas el espectáculo del rugiente mar y los veleros en apuros. Los efectos de luz subrayan el carácter dramático.

Tempestade nocturna do mar
Um pequeno grupo de pessoas assustadas assiste, das rochas, ao espectáculo do mar ruidoso e dos veleiros em perigo. Os efeitos de luz sublinham o carácter dramático.

Zeestorm
Een groepje angstige mensen kijkt vanaf de rotsen naar het schouwspel van de woelige zee en de zeilschepen in nood. De lichteffecten onderstrepen het dramatische karakter.

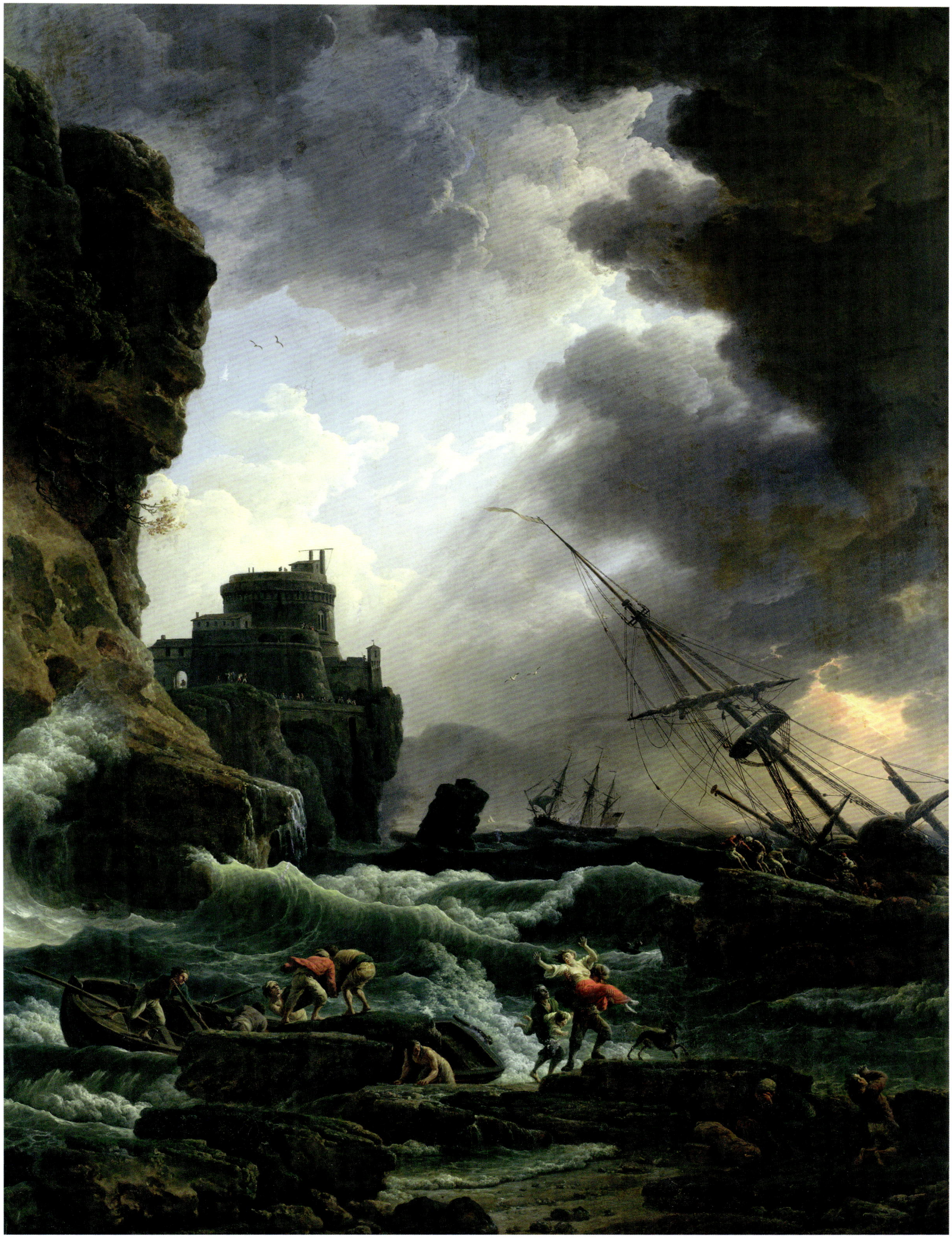

The storm

Tempête avec naufrage d'un vaisseau

Der Sturm

Tormenta con naufragio de un barco

A tempestade

De storm

CLAUDE JOSEPH VERNET (1714-1789)

1777, Oil on canvas/Huile sur toile, Musée Calvet, Avignon

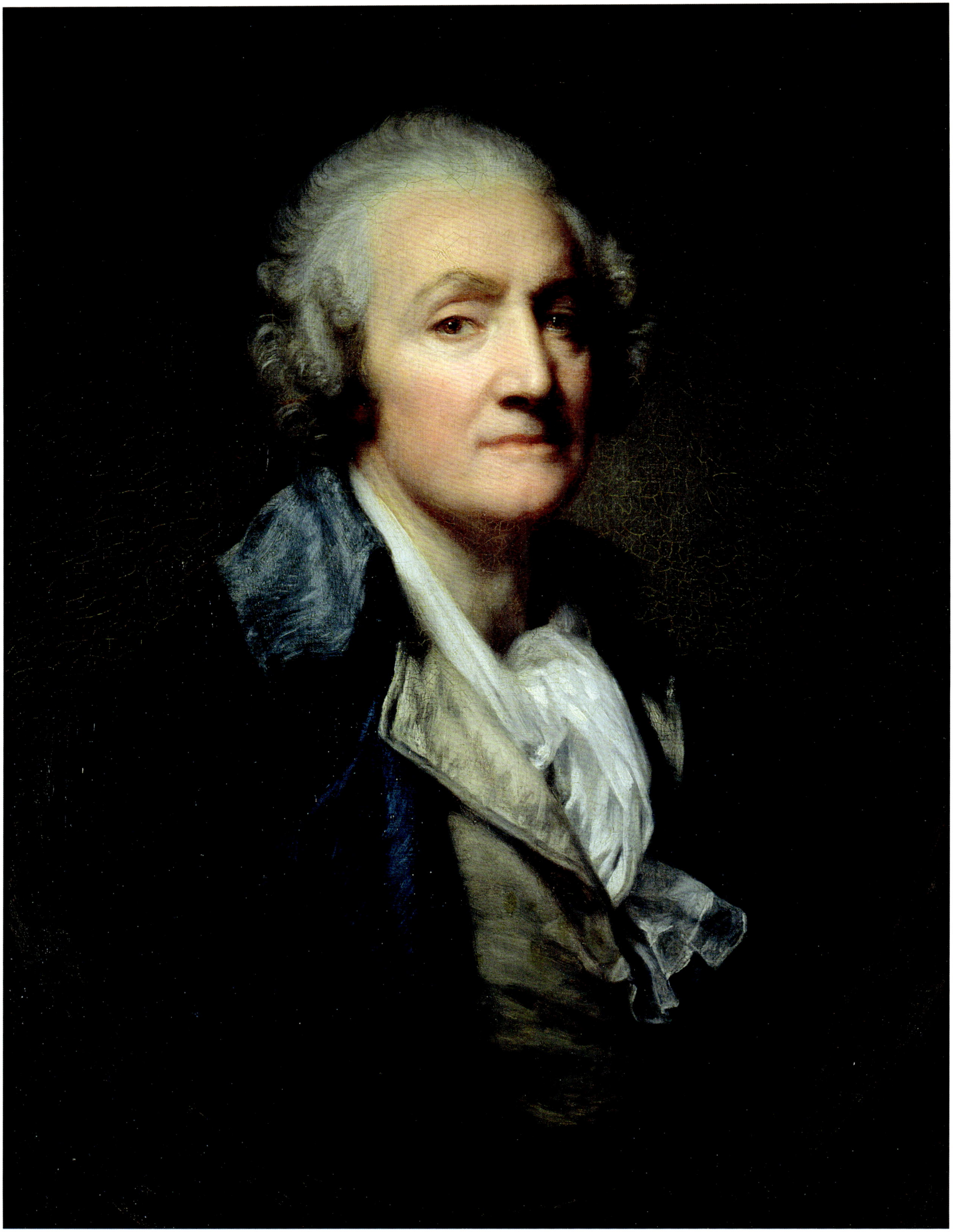

Self-Portrait

Autoportrait

Selbstbildnis

Autorretrato

Auto-retrato

Zelfportret

JEAN-BAPTISTE GREUZE (1725-1805)
c. 1769, Oil on canvas/Huile sur toile,
73 × 59 cm, Musée du Louvre, Paris

The Guitarist
The paintings by Jean-Baptiste Greuze stand out through their narrative depictions - as the second title of the work The Guitarist makes clear: A bird catcher tunes his guitar after the hunt.

Le Guitariste *ou* Un oiseleur qui, au retour de la chasse, accorde sa guitare
Les peintures de Jean-Baptiste Greuze ont un contenu narratif. D'où le second titre associé à ce guitariste tourné vers le spectateur, un oiseleur qui, au retour de la chasse, accorde sa guitare.

Der Gitarrist *oder* Ein Vogelfänger stimmt nach der Jagd seine Gitarre
Die Gemälde von Jean-Baptiste Greuze fallen durch ihre narrativen Darstellungen auf - wie der zweite Titel des Werks Der Gitarrist verdeutlicht: Ein Vogelfänger stimmt nach der Jagd seine Gitarre.

El guitarrista *o* Cazador de pájaros afina su guitarra después de la cacería
Las pinturas de Jean-Baptiste Greuze destacan por sus representaciones narrativas - tal y como el segundo título asociado a la pintura El guitarrista deja claro: Cazador de pájaros afina su guitarra después de la cacería.

O guitarrista *ou* apanhador de pássaros afina a sua guitarra após a caçada
As pinturas de Jean-Baptiste Greuze destacam-se pelas suas representações narrativas - como o segundo título da obra O Guitarrista deixa claro: Um apanhador de pássaros afina a sua guitarra depois da caçada.

De gitaarspeler *of* Een vogelvanger stemt zijn gitaar na de jacht
De schilderijen van Jean-Baptiste Greuze vallen op door hun verhalende voorstellingen. De tweede titel van De gitaarspeler maakt dit duidelijk: Een vogelvanger stemt zijn gitaar na de jacht.

JEAN-BAPTISTE GREUZE (1725-1805)
c. 1757, Oil on canvas/Huile sur toile, 70,5 × 57 cm,
Musée des Beaux-Arts, Nantes

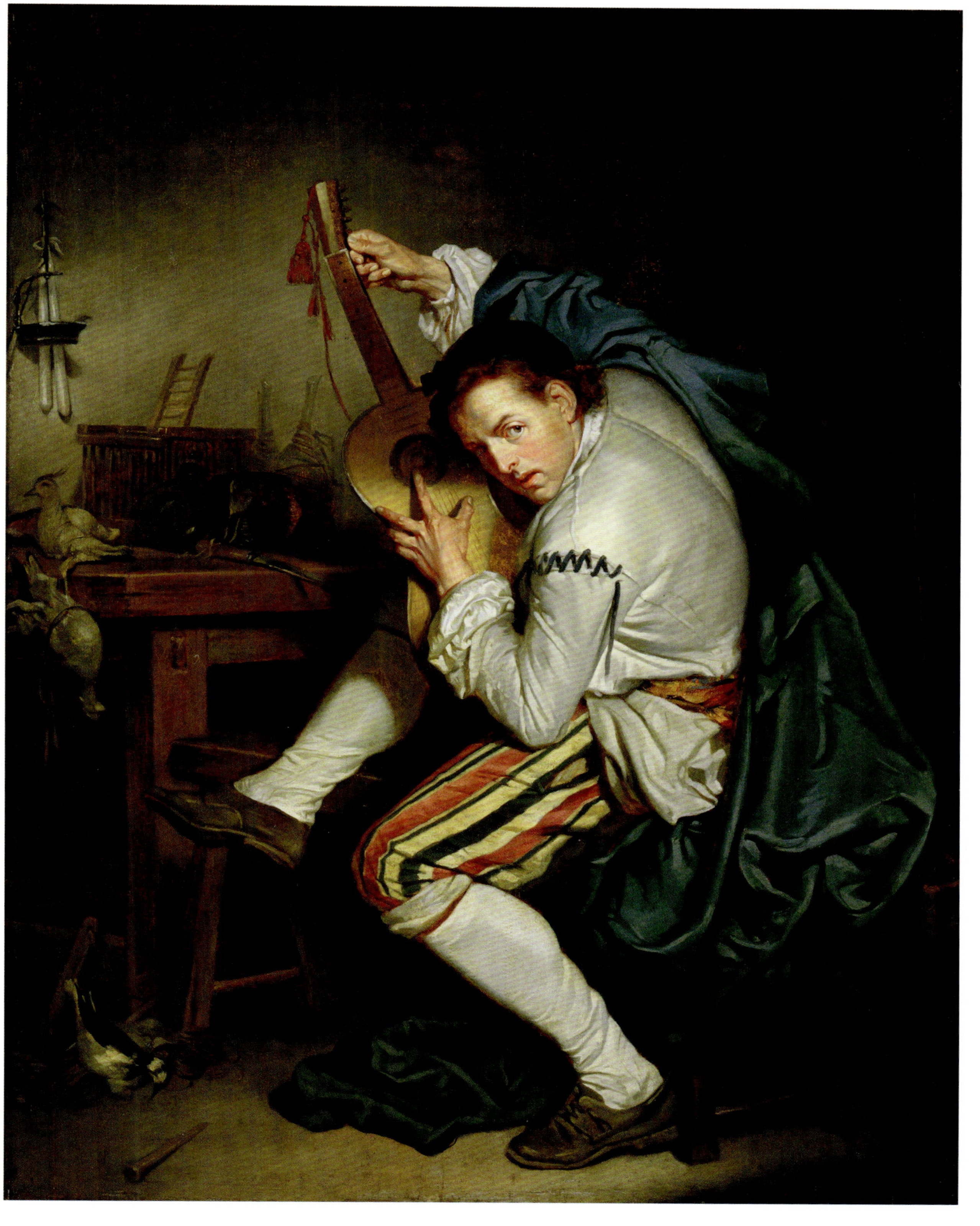

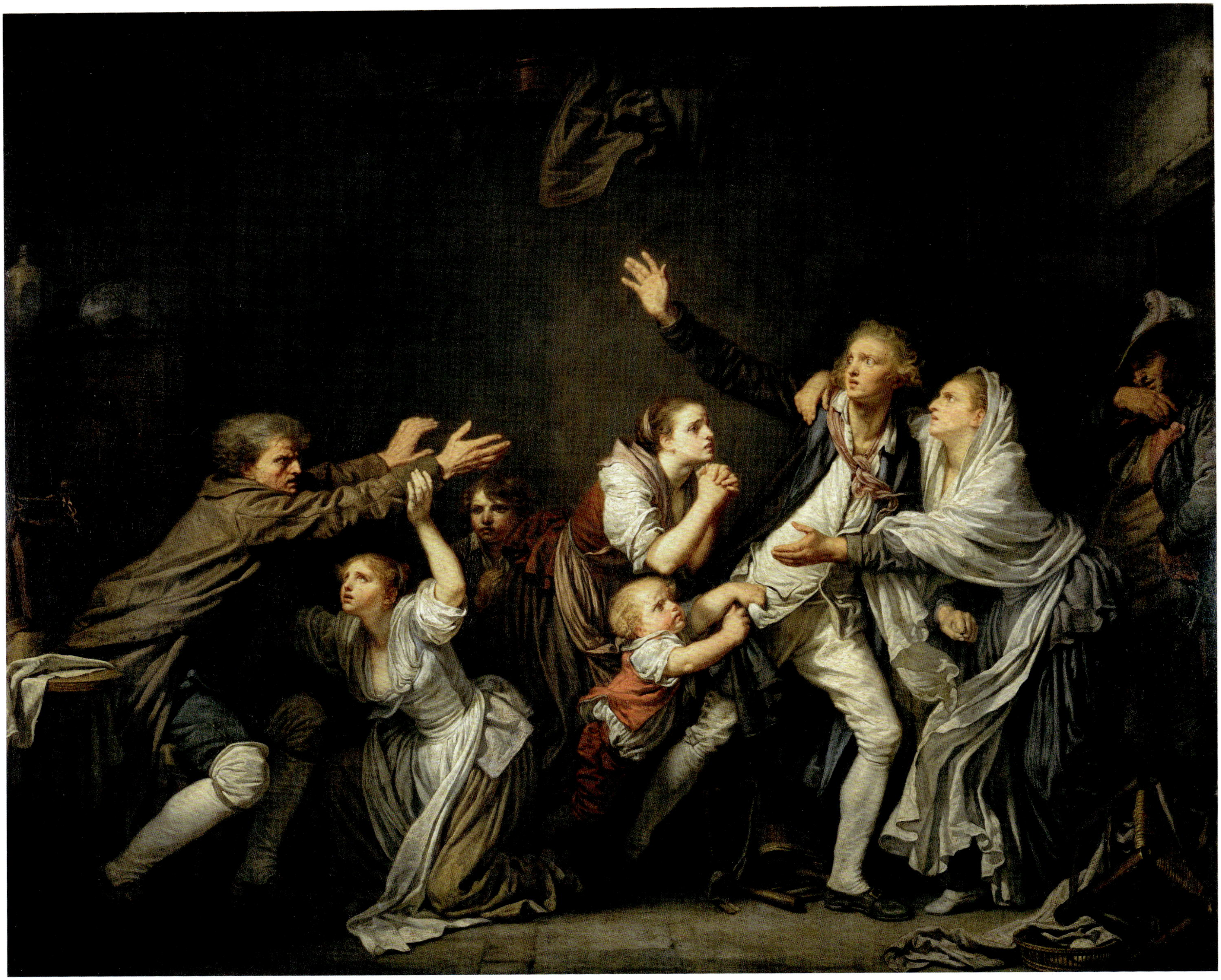

The Father's Curse

La Malédiction paternelle. Le Fils ingrat

Der Fluch des Vaters

La maldición del padre

A Maldição do Pai

De vloek van de vader

JEAN-BAPTISTE GREUZE (1725-1805)

1777, Oil on canvas/Huile sur toile, 130 × 162 cm, Musée du Louvre, Paris

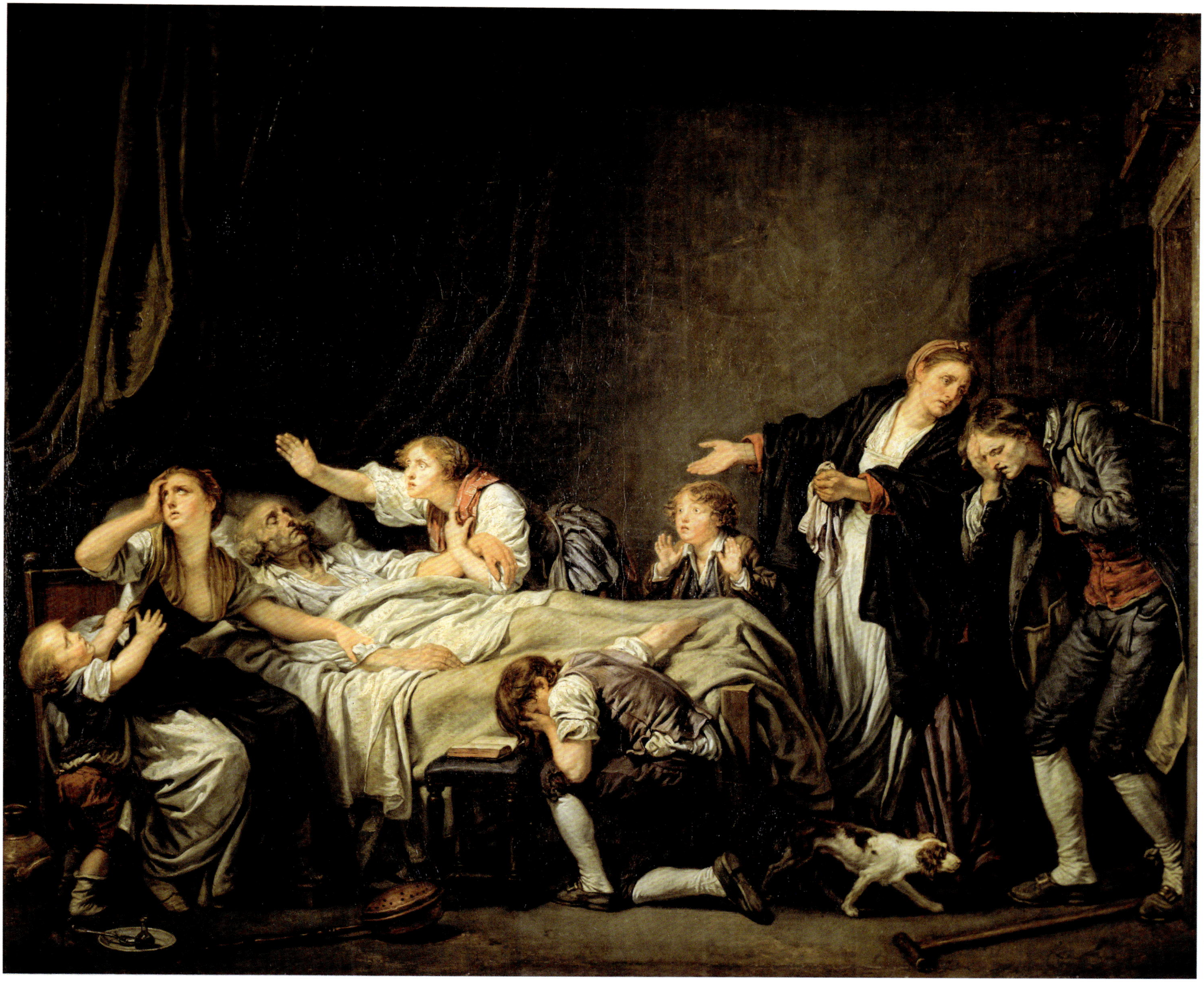

The Son Punished

Both paintings almost form a diptych. In *The Father's Curse*, the son plans to join the army, against the will of his father. In *The Son Punished* he finds his father who has died of grief.

La Malédiction paternelle. Le Fils puni

Ces deux tableaux moralisants forment un diptyque. Dans *Le Fils ingrat*, le jeune homme s'engage dans l'armée, contre l'avis de son père. Dans *Le Fils puni*, il revient et trouve son père mort de tristesse.

JEAN-BAPTISTE GREUZE (1725-1805)

1778, Oil on canvas/Huile sur toile, 130 × 163 cm, Musée du Louvre, Paris

Der bestrafte Sohn

Beide Gemälde bilden fast ein Diptychon. Auf *Der Fluch des Vaters* meldet sich der Sohn gegen den Willen seines Vaters zur Armee. In *Der bestrafte Sohn* findet er seinen an Kummer gestorbenen Vater vor.

El hijo castigado

Estas dos pinturas moralizantes forman un díptico. En *El hijo ingrato*, el joven se alistó en el ejército, en contra del consejo de su padre. En *El hijo castigado*, regresa y encuentra a su padre muerto de tristeza.

O filho castigado

Ambos os quadros quase formam um díptico. Sobre a *Maldição do Pai*, o filho relata ao exército contra a vontade de seu pai. No *Filho Punido* encontra o seu pai que morreu de tristeza.

De gestrafte zoon

Beide schilderijen vormen bijna een tweeluik. Op *De vloek van de vader* meldt de zoon zich tegen de wil van zijn vader aan bij het leger. In *De gestrafte zoon* vindt de zoon zijn van verdriet gestorven vader.

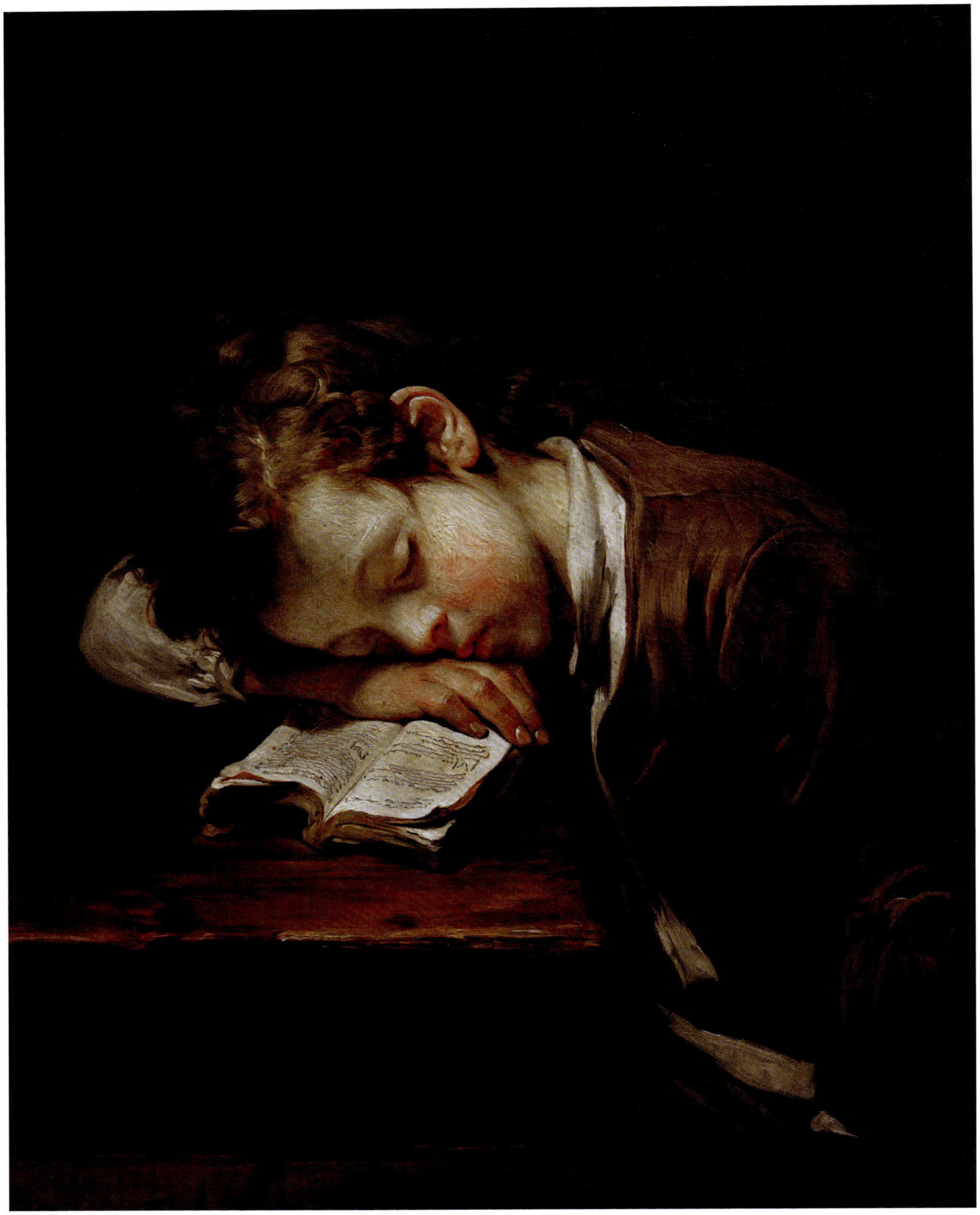

A Schoolboy Sleeping on his Book

Un écolier endormi sur son livre

Ein Schüler, über seinem Buch eingeschlafen

Un colegial durmiendo sobre su libro

Um estudante que adormeceu por causa do seu livro.

Leerling die boven zijn boek in slaap is gevallen

JEAN-BAPTISTE GREUZE (1725-1805)

1755, Oil on canvas/Huile sur toile, 65 × 54 cm,
Kasser Art Foundation, Montclair

The Dead Bird

Jean-Baptiste Greuze is a master of intimate depictions and anecdotes. The touching motif allowed him to simultaneously incorporate fear, disgust and sadness into his portrait.

L'Oiseau mort

Jean-Baptiste Greuze est le peintre des scènes intimistes et de l'anecdote. Sentimentale, cette petite scène lui offre l'occasion de peindre un joli portrait d'enfant, entre peur, dégoût et tristesse.

Der tote Vogel

Jean-Baptiste Greuze ist ein Meister der intimen Darstellungen und der Anekdoten. Das rührende Motiv erlaubte es ihm, in sein Porträt gleichzeitig Angst, Ekel und Traurigkeit einfließen zu lassen.

El pájaro muerto

Jean-Baptiste Greuze es un maestro de las representaciones íntimas y de las anécdotas. El motivo conmovedor le permitió incorporar simultáneamente el miedo, el asco y la tristeza en un bonito retrato de un niño.

O pássaro morto

Jean-Baptiste Greuze é um mestre de representações íntimas e anedotas. O motivo comovente permitiu-lhe incorporar simultaneamente o medo, o desgosto e a tristeza no seu retrato.

De dode vogel

Jean-Baptiste Greuze is een meester van de intieme voorstellingen en anekdotes. Met dit ontroerende motief kon hij tegelijkertijd angst, afschuw en verdriet in zijn portret verwerken.

JEAN-BAPTISTE GREUZE (1725-1805)

1800, Oil on canvas/Huile sur toile, 68 × 55 cm, Musée du Louvre, Paris

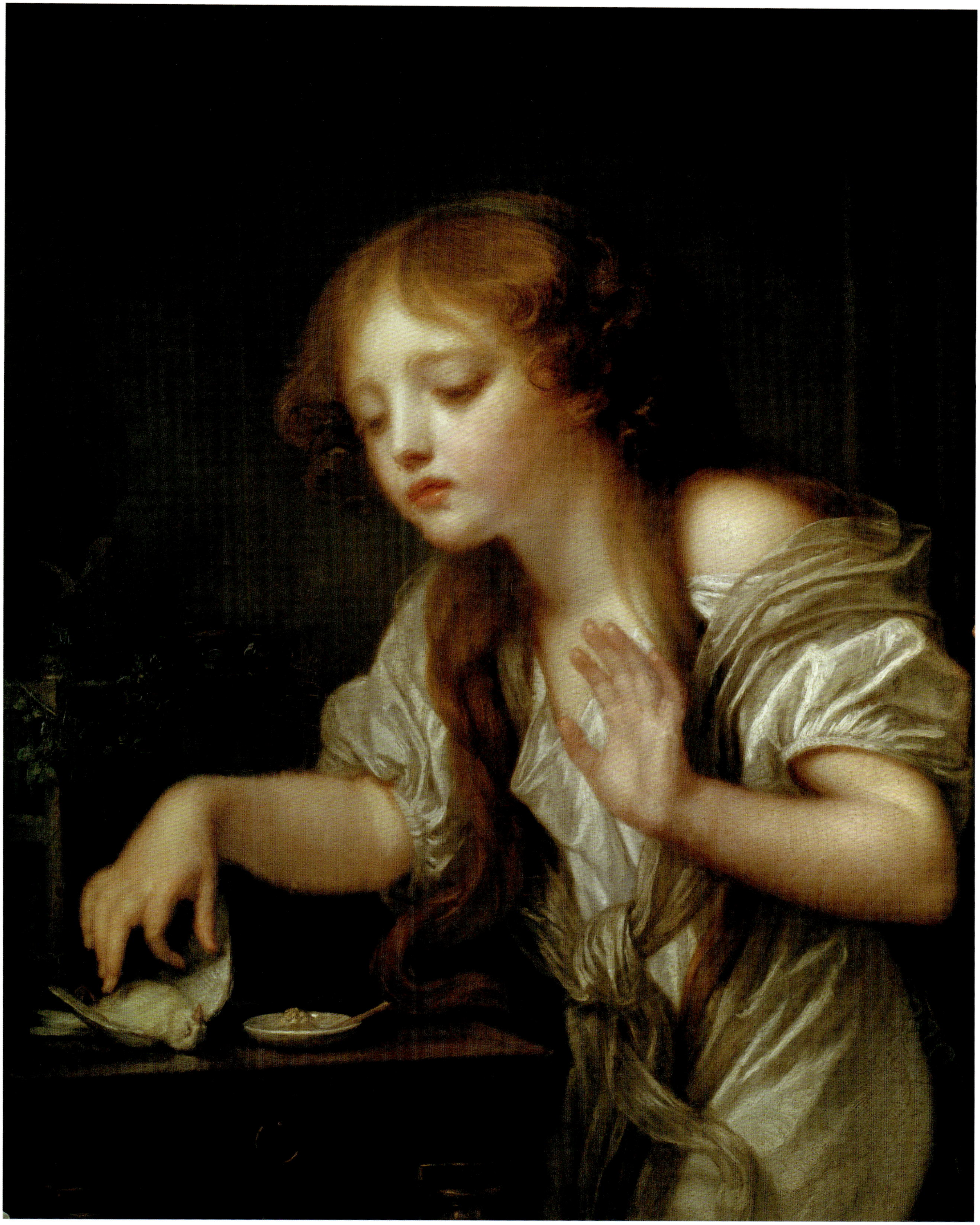

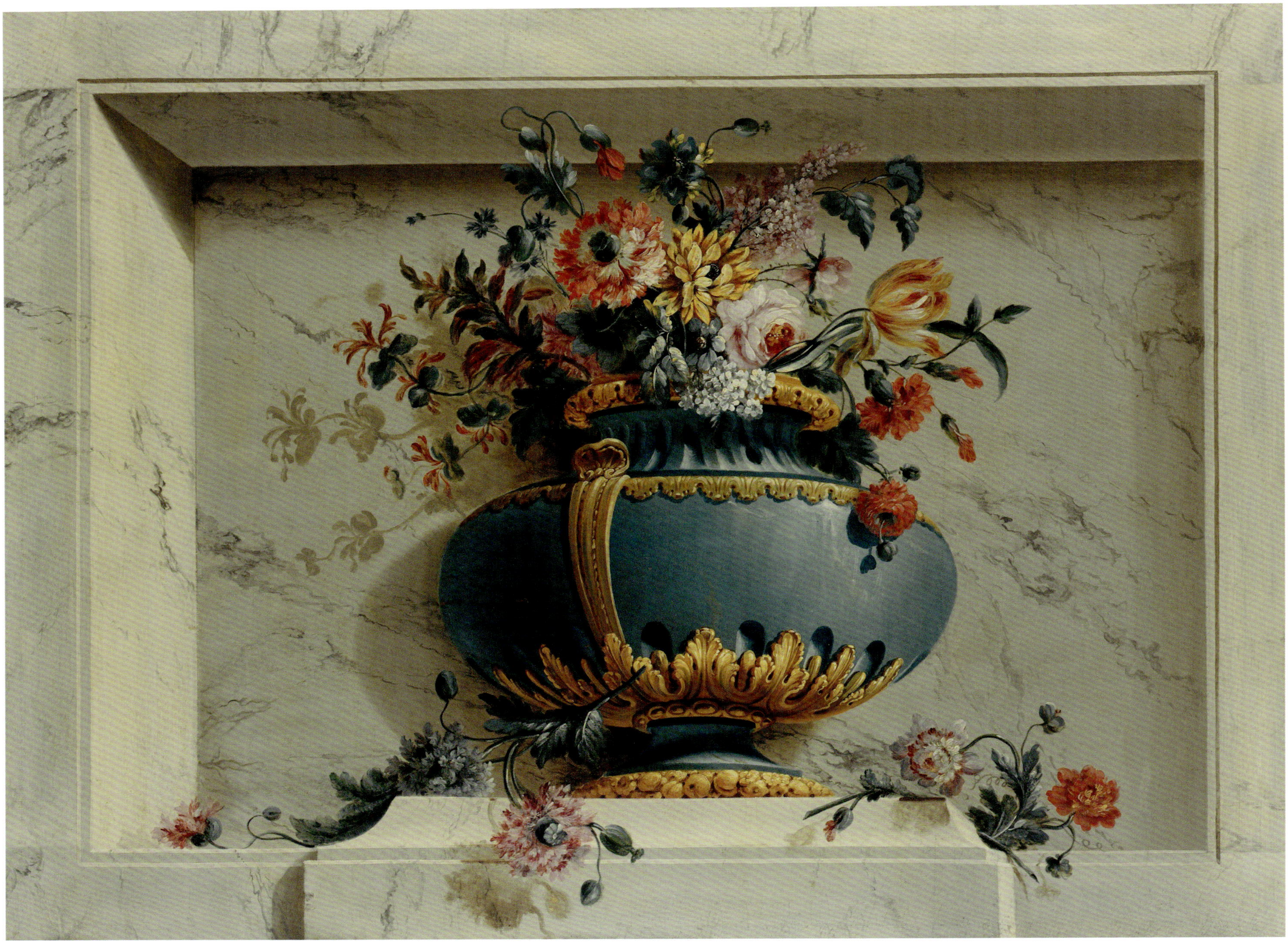

Vase of Flowers in a Niche

Vase de fleurs dans une niche

Vase mit Blumen in einer Nische

Jarrón de flores en un nicho

Vaso com flores num nicho

Vaas met bloemen in een nis

MICHEL BRUNO BELLENGÉ (1726-1793)

c. 1763-79, Oil on canvas/Huile sur toile, 122,9 × 139,7 cm, Metropolitan Museum of Art, New York

Vase of Flowers on a Stone Ledge
Michel Bruno Bellengé, praised by Chardin, was famous for a short time before being forgotten again. He specialized in still lifes of vegetables, fruits and flowers in bright colors.

Vase de fleurs sur un piédestal de pierre
Admiré par Chardin, Michel Bruno Bellengé connut son heure de gloire avant de sombrer dans l'oubli. Il se spécialisa dans les natures mortes de légumes, de fruits et de fleurs aux couleurs vives.

Blumenvase auf einem Steinpodest
Der von Chardin gelobte Michel Bruno Bellengé war für kurze Zeit berühmt, bevor er wieder in Vergessenheit geriet. Er spezialisierte sich auf Stillleben von Gemüse, Obst und Blumen in strahlenden Farben.

Florero sobre pedestal de piedra
Michel Bruno Bellengé, elogiado por Chardin, fue famoso por poco tiempo antes de volver a ser olvidado. Se especializó en bodegones de verduras, frutas y flores en colores vivos.

Vaso de flores num pedestal de pedra
Michel Bruno Bellengé, elogiado por Chardin, foi famoso por pouco tempo antes de ser esquecido novamente. Especializou-se em naturezas mortas de vegetais, frutas e flores em cores vivas.

Vaas met bloemen op een stenen voetstuk
De door Chardin geprezen Michel Bruno Bellengé genoot kortstondige roem voordat hij weer vergeten werd. Hij was gespecialiseerd in stillevens van groenten, fruit en bloemen in felle kleuren.

MICHEL BRUNO BELLENGÉ (1726-1793)
c. 1767, Oil on canvas/Huile sur toile,
45,5 × 37,5 cm, Private collection

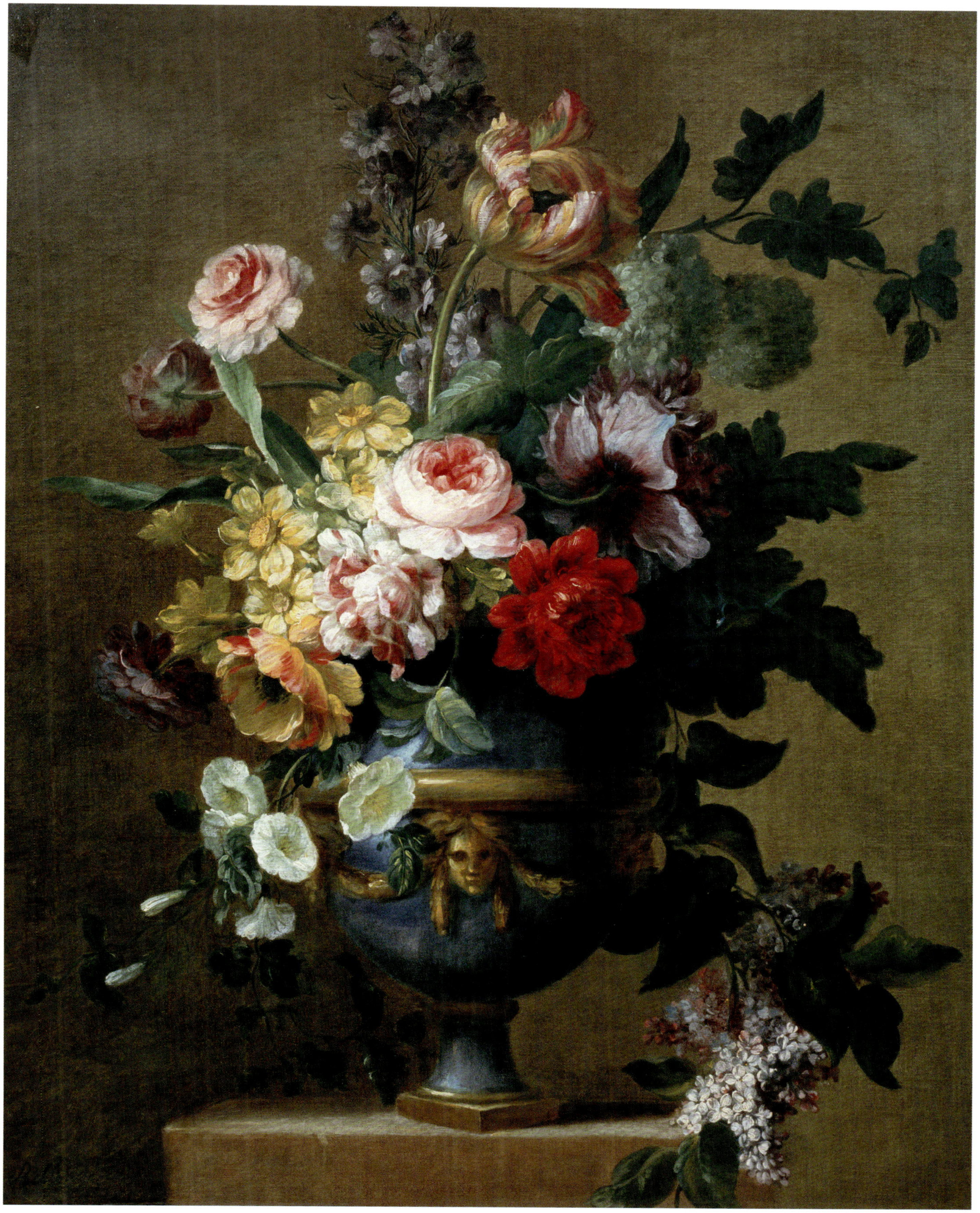

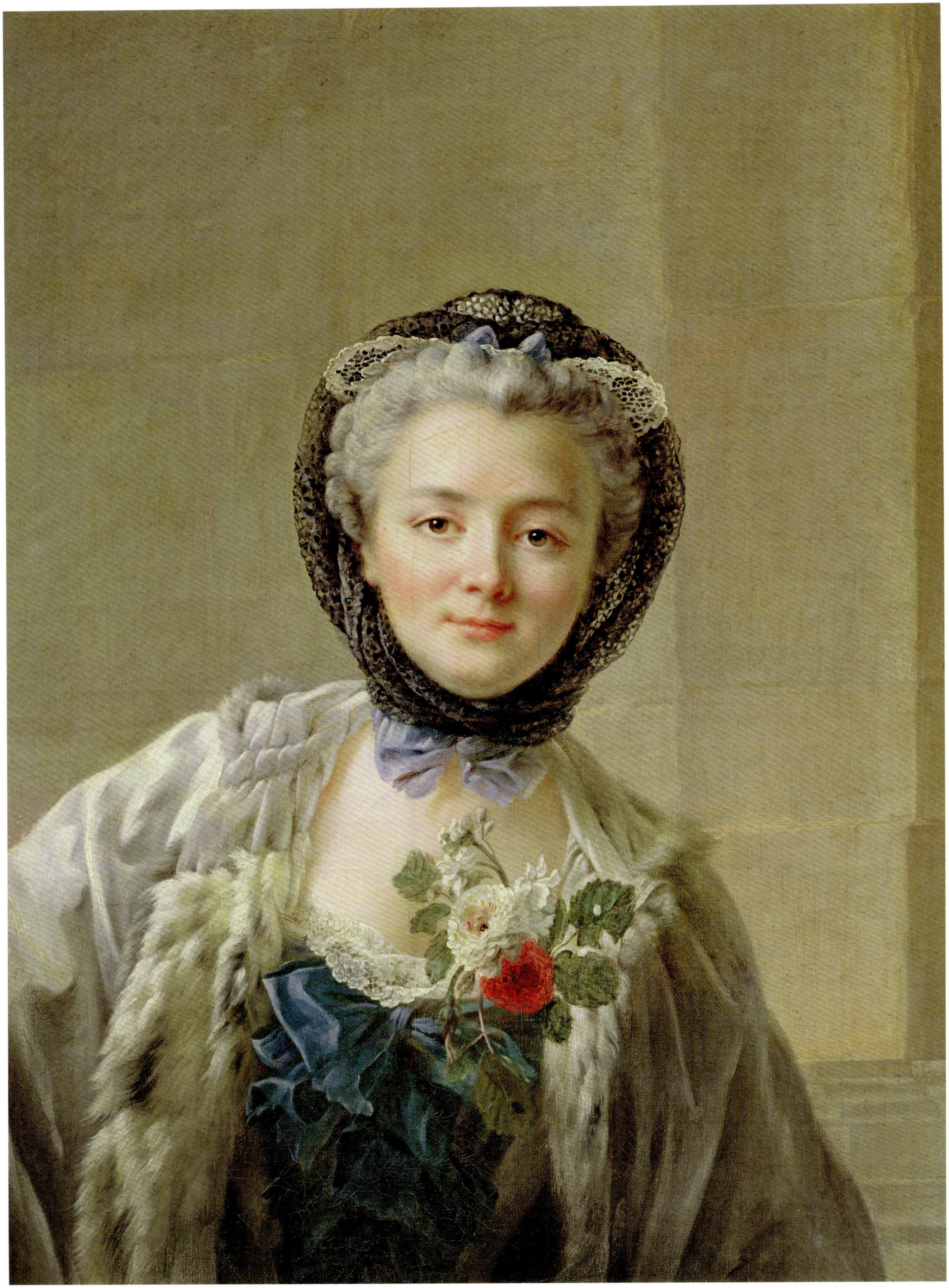

Madame Drouais

FRANÇOIS-HUBERT DROUAIS (1727-1775)

c. 1758, Oil on canvas/
Huile sur toile, 82,5 × 62 cm,
Musée du Louvre, Paris

The Monkey Painter
The motif is original and not without humor. The monkey in his painter's robe symbolizes artists without great talent who are content to imitate their predecessors or contemporaries.

Le Singe peintre
Le sujet est original, et non dénué d'humour. Le singe, à son chevalet en costume de peintre, symbolise les artistes sans grand talent qui se contentent d'imiter leurs prédécesseurs ou contemporains.

Der Affen-Maler
Das Motiv ist originell und humorvoll. Der Affe in seinem Malergewand symbolisiert Künstler ohne großes Talent, die sich damit zufrieden geben, ihre Vorgänger oder Zeitgenossen zu imitieren.

El mono pintor
El tema es original, y no carece de humor. El mono, en su caballete disfrazado de pintor, simboliza a los artistas sin mucho talento que se contentan con imitar a sus predecesores o contemporáneos.

O Pintor Macaco
O motivo é original e não sem humor. O macaco no manto do seu pintor simboliza artistas sem grande talento que se contentam em imitar os seus antecessores ou contemporâneos.

De schilderende aap
Het motief is origineel en grappig. De aap in zijn schildersjas symboliseert kunstenaars zonder groot talent die genoegen nemen met het imiteren van voorgangers of tijdgenoten.

JEAN-BAPTISTE HENRI DESHAYES (ATTRIBUTED TO/ATTRIBUÉ À (1729-1765)
c. 1765, Oil on canvas/Huile sur toile, 89 × 62 cm, Musée des Beaux-Arts, Rouen

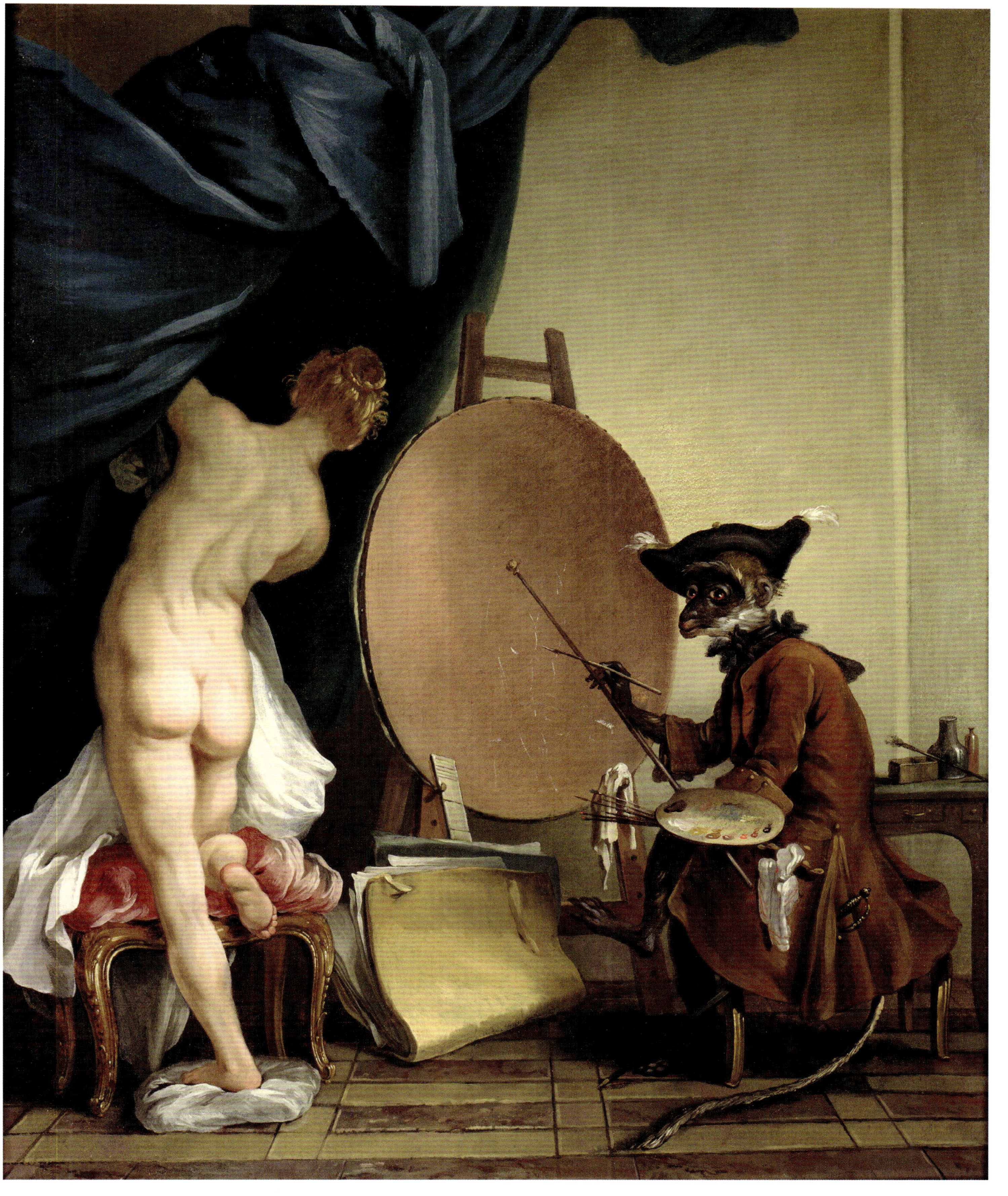

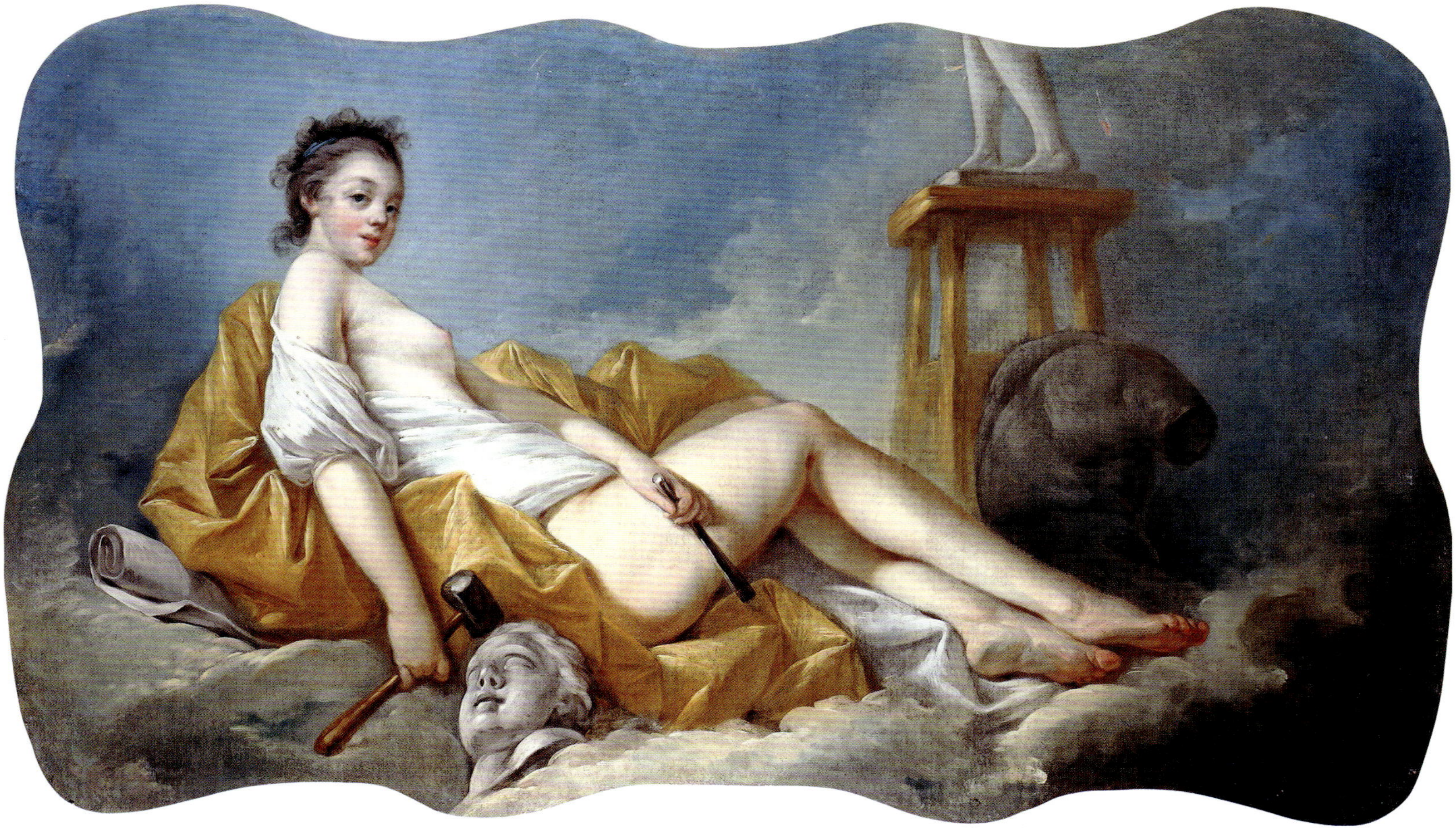

Personification
of Sculpture

Personnification
de la Sculpture

Personifikation
der Skulptur

Personificación
de la escultura

Personificação
da escultura

Personificatie van de
beeldhouwkunst

JEAN-HONORÉ FRAGONARD (ATTRIBUTED TO/ ATTRIBUÉ À) (1732-1806)
Oil on canvas/Huile sur toile, 82 × 105 cm, Private collection

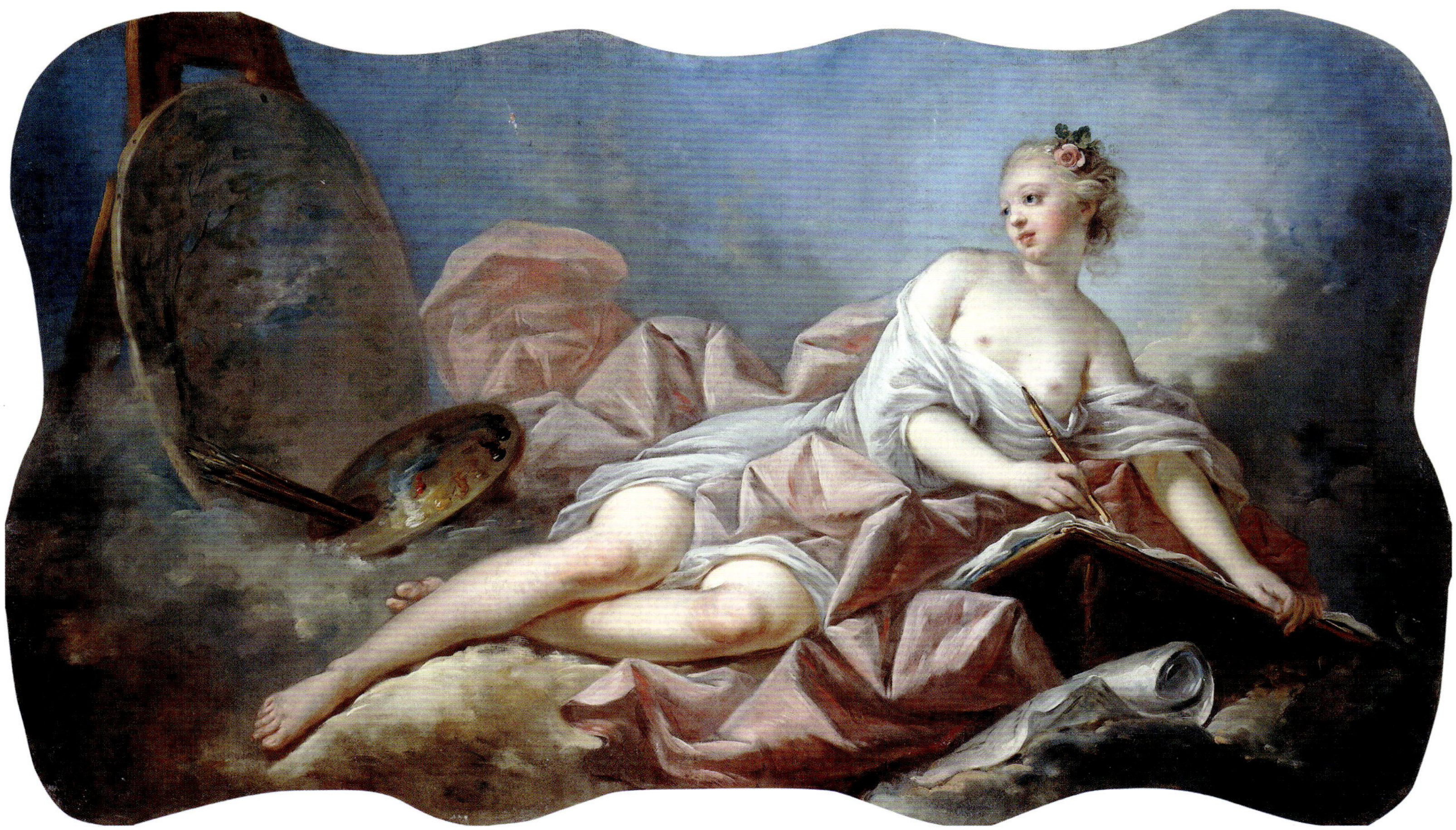

Personification
of Painting

Personnification
de la Peinture

Personifikation
der Malerei

Personificación
de la pintura

Personificação
da pintura

Personificatie van
de schilderkunst

JEAN-HONORÉ FRAGONARD (ATTRIBUTED TO/ ATTRIBUÉ À) (1732-1806)
Oil on canvas/Huile sur toile, 82 × 105 cm, Private collection

Personification of Music

Personnification de la Musique

Personifikation der Musik

Personificación de la música

Personificação da música

Personificatie van de muziek

JEAN-HONORÉ FRAGONARD (ATTRIBUTED TO/ ATTRIBUÉ À) (1732-1806)

Oil on canvas/Huile sur toile, 82 × 105 cm, Private collection

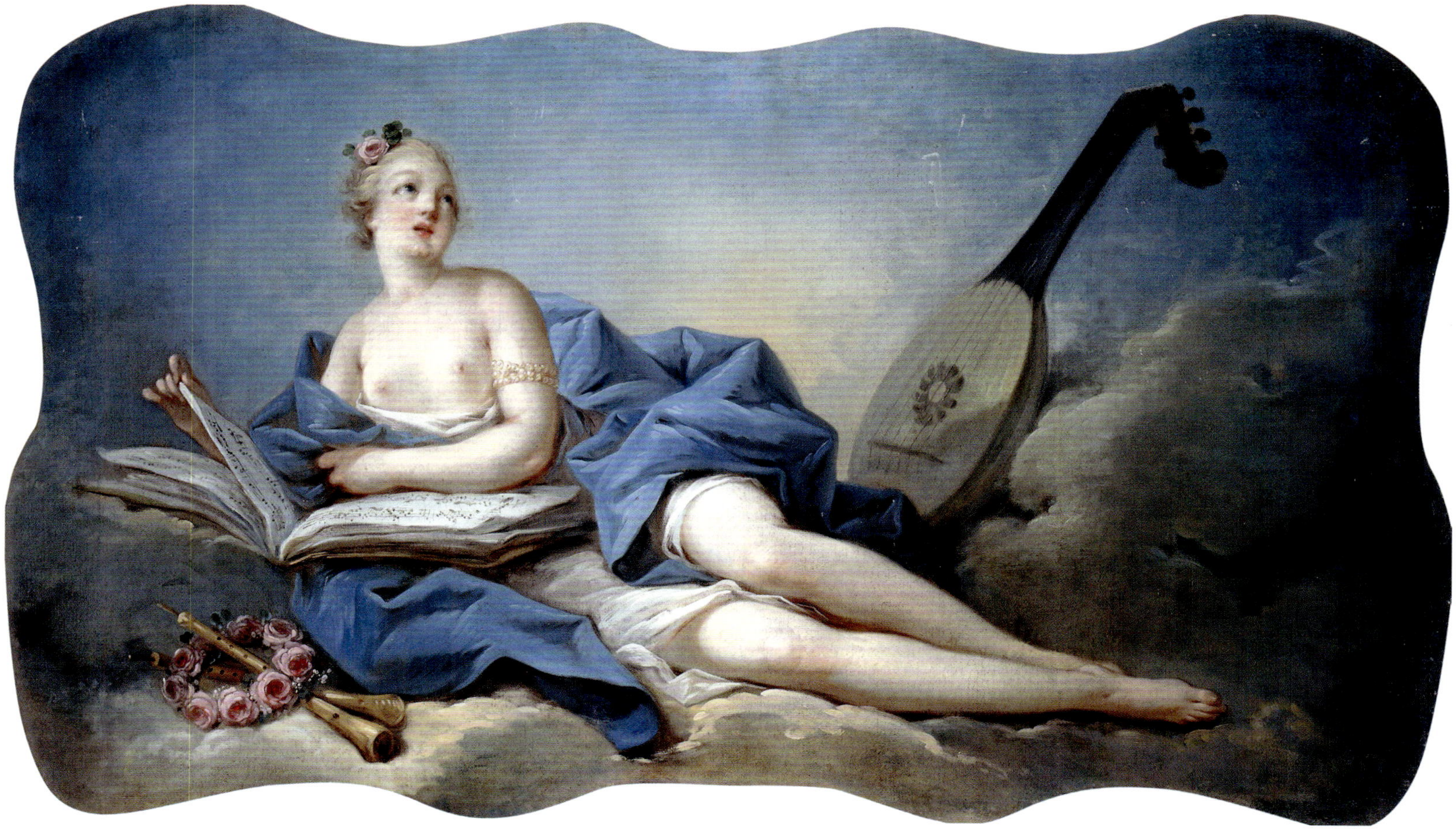

Personification of Literature

Personnification de la Littérature

Personifikation der Literatur

Personificación de la literatura

Personificação da literatura

Personificatie van de literatuur

JEAN-HONORÉ FRAGONARD (ATTRIBUTED TO/ ATTRIBUÉ À) (1732-1806)

Oil on canvas/Huile sur toile, 82 × 105 cm, Private collection

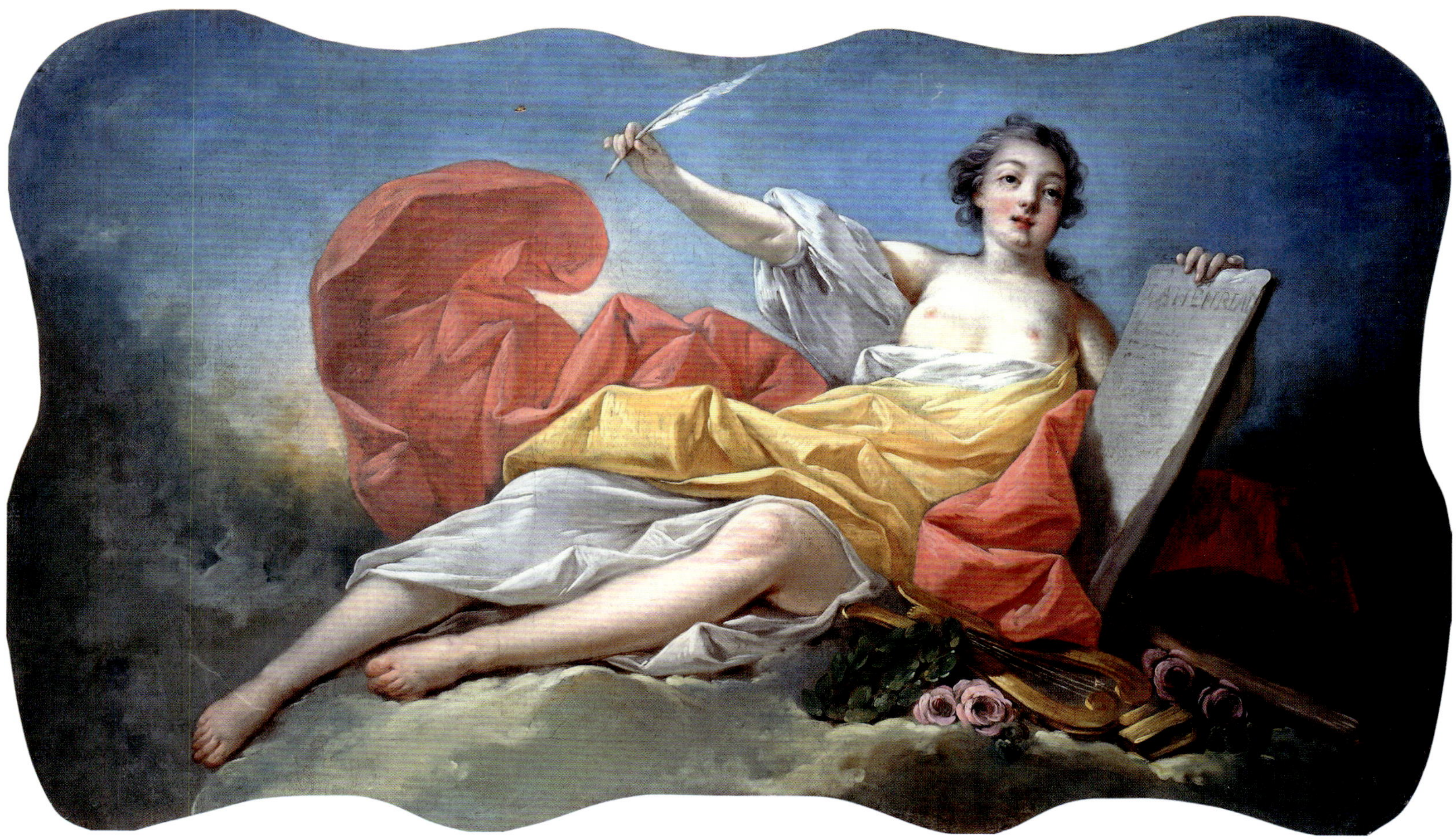

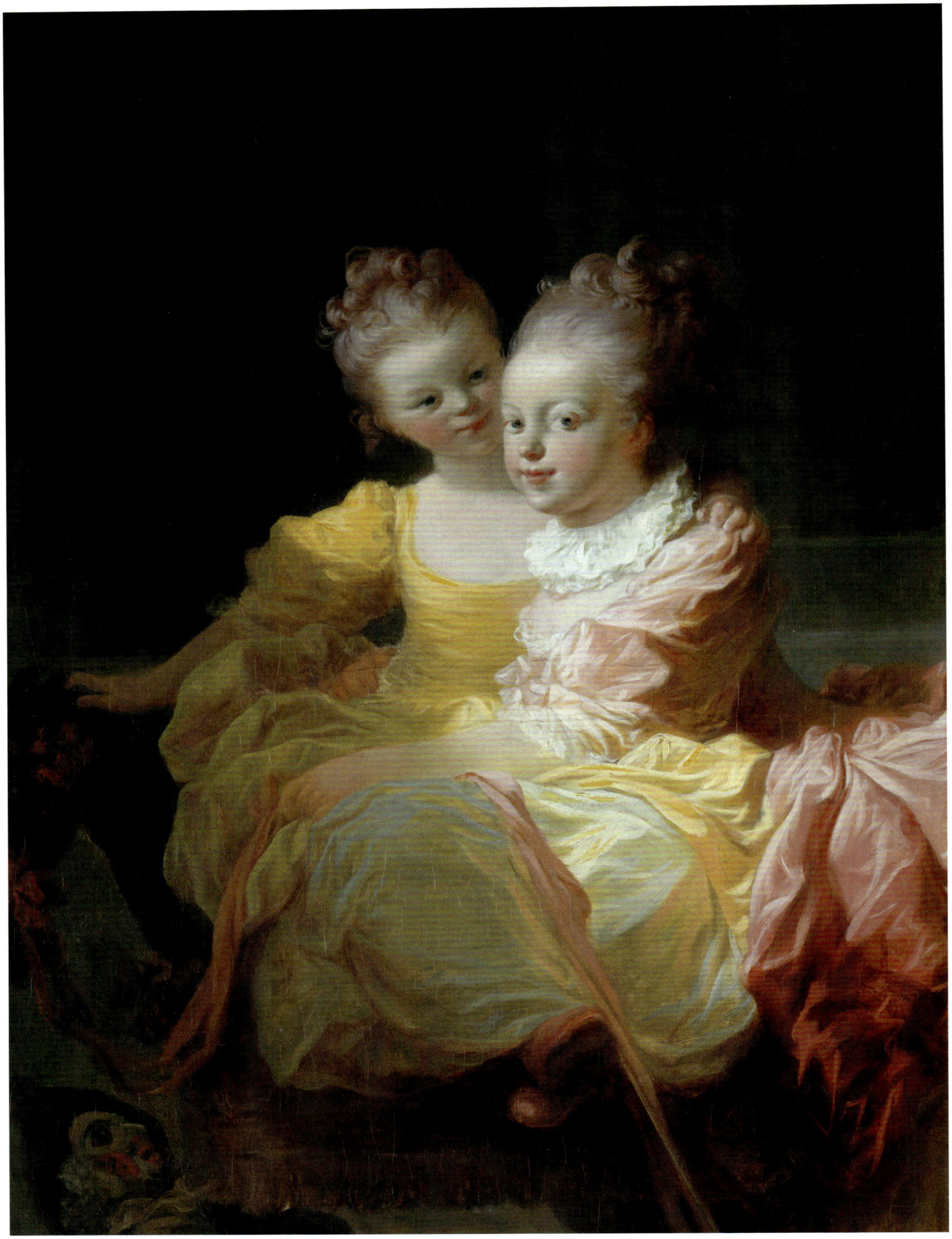

The Two Sisters

Les Deux Sœurs

Die zwei Schwestern

Las dos hermanas

As duas irmãs

De twee zusters

JEAN-HONORÉ FRAGONARD

(1732-1806)

c. 1769/70, Oil on canvas/Huile sur toile, 71,8 × 55,9 cm, Metropolitan Museum of Art, New York

Young Girl Reading

The important painter of the 18th century preferred warm colors, especially yellow. The unknown model, absorbed by her reading, is illuminated by a source of light from the left.

La Liseuse

Peintre majeur du XVIIIe siècle, Fragonard aimait les couleurs chaudes, et plus particulièrement le jaune. Le modèle, inconnu et absorbé par sa lecture, est éclairé par une lumière venant de gauche.

Die junge Leserin

Der bedeutende Maler des 18. Jahrhunderts bevorzugte warme Farben, insbesondere Gelb. Das in seine Lektüre versunkene, unbekannte Modell wird von links durch eine Lichtquelle beleuchtet.

La joven lectora

Fragonard, importante pintor del siglo XVIII, prefirió los colores cálidos, especialmente el amarillo. El modelo desconocido y absorto en su lectura está iluminado por una fuente de luz desde la izquierda.

O jovem leitor

O importante pintor do século XVIII preferiu cores quentes, especialmente o amarelo. O modelo desconhecido afundado em sua leitura é iluminado pela esquerda por uma fonte de luz.

Lezende jonge vrouw

Deze belangrijke 18e-eeuwse schilder had een voorliefde voor warme kleuren, vooral geel. Het onbekende model, dat opgaat in het lezen, wordt links verlicht door een lichtbron.

JEAN-HONORÉ FRAGONARD
(1732-1806)

1769, Oil on canvas/Huile sur toile, 81,1 × 64,8 cm, National Gallery of Art, Washington

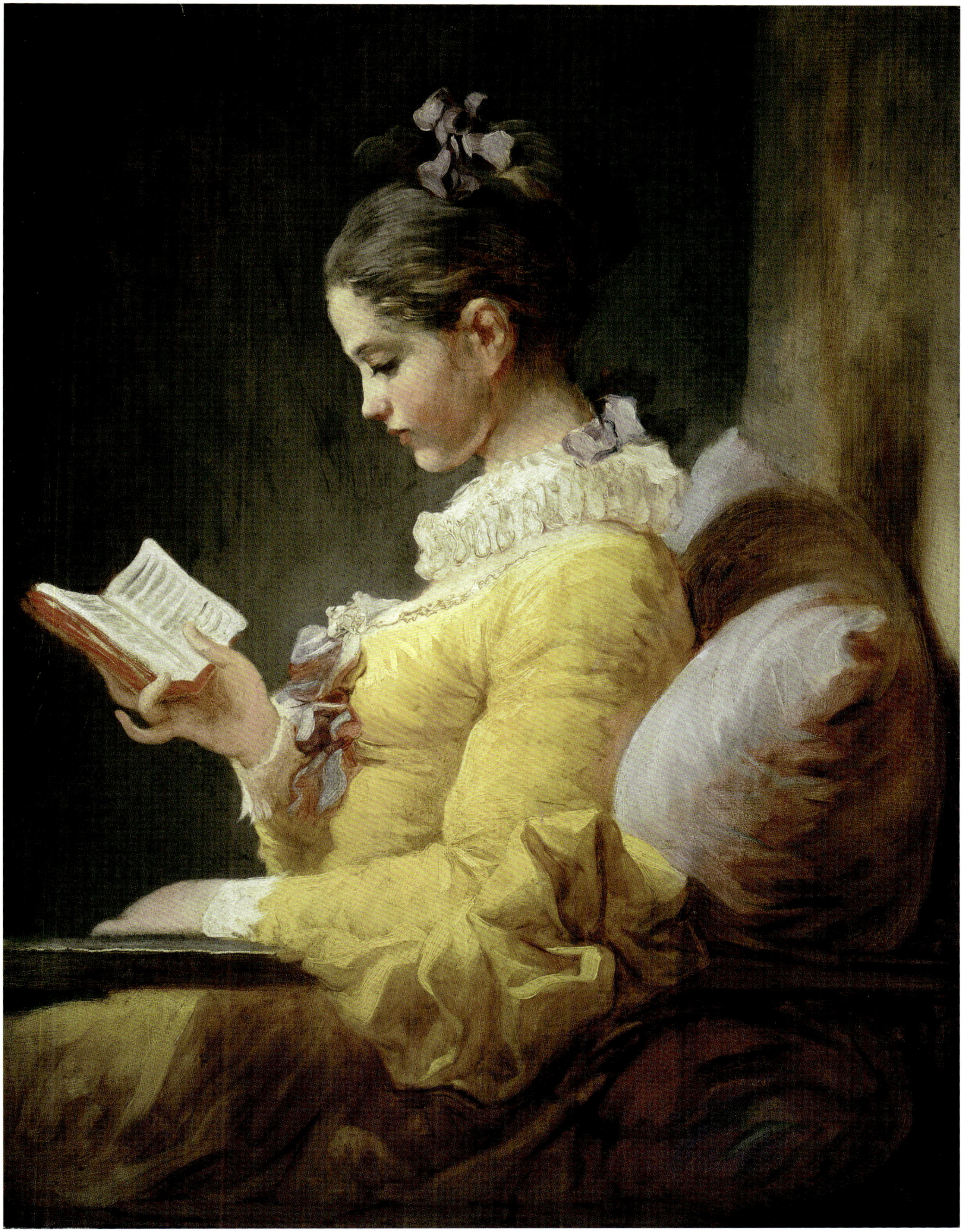

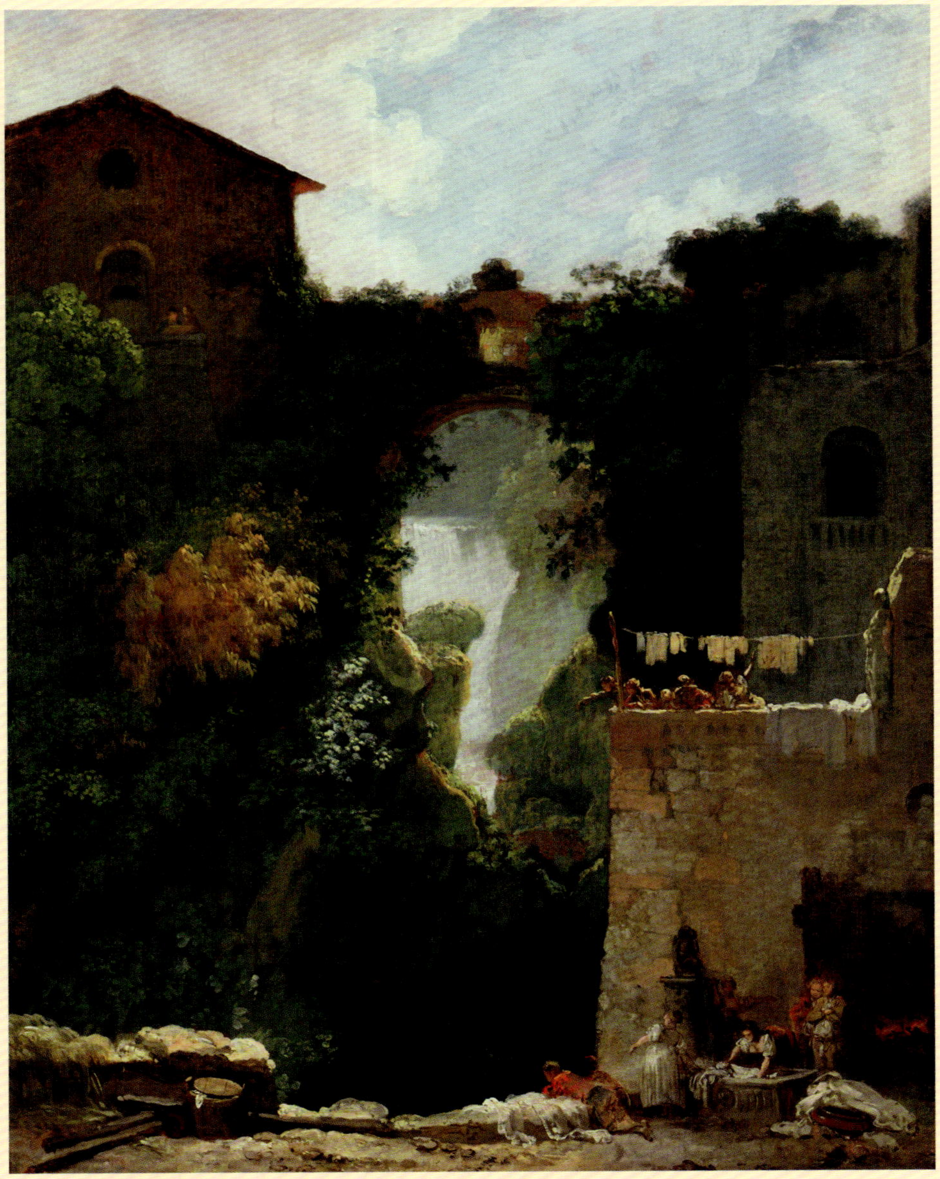

The Falls of Tivoli

Cascatelles de Tivoli

Die Wasserfälle von Tivoli

Las cascadas de Tivoli

As cachoeiras de Tivoli

De watervallen van Tivoli

JEAN-HONORÉ FRAGONARD (1732-1806)

c. 1761/62, Oil on canvas/Huile sur toile, 72,5 × 60,5 cm, Musée du Louvre, Paris

Jean-Honoré Fragonard

The charm, elegance and lively brushstrokes of his paintings make Jean-Honoré Fragonard (1732-1806) a classical representative of rococo. At a young age he began his training with Jean-Baptiste-Siméon Chardin and François Boucher. Around 1738 the painter, born in Grasse, moved with his family to Paris. He sympathised with Jean-Baptiste Greuze and Hubert Robert, with whom he shared a passion for the beauty of nature. Fragonard preferred the intimacy of genre painting and portraits to the great historical, mythological or religious themes. He often fell back on his imagination. Between 1756 and 1761 the painter, who was keen on traveling, stayed in Italy, where he studied baroque decorations. He also visited the Netherlands. Love and libertinism were among his favourite subjects. With them he delighted a bourgeois clientele that preferred light and cheerful paintings in bright colors. As the revolution approached, however, his themes went out of fashion and gave way to the austerity of Neoclassicism.

Jean-Honoré Fragonard

Assimilé au style rococo pour le charme, l'élégance, la touche vive de ses compositions, le peintre et dessinateur Jean-Honoré Fragonard (1732-1806) s'est formé très jeune auprès de Jean-Baptiste Siméon Chardin et de François Boucher. Né à Grasse dans une famille d'origine italienne, il s'installe à Paris autour de 1738. Il sympathise avec Jean-Baptiste Greuze et Hubert Robert, qui partagent avec lui une même passion pour les beautés de la nature. Aux grands sujets historiques, mythologiques ou religieux, l'artiste préfère l'intimisme de la scène de genre et les portraits, parfois de fantaisie. Amateur de voyages, il séjourne en Italie de 1756 à 1761 et découvre les grands décors baroques. Il se rendra aussi aux Pays-Bas. L'amour et le libertinage comptent parmi ses thèmes de prédilection. Ils ravissent une clientèle bourgeoise gourmande de tableaux légers et plaisants, aux couleurs claires. Autant de thèmes qui, à l'approche de la Révolution, passeront de mode pour laisser place à la rigueur plus austère du néoclassicisme.

Jean-Honoré Fragonard

Der Charme, die Eleganz und die lebhaften Striche der Gemälde machen Jean-Honoré Fragonard (1732–1806) zu einem klassischen Vertreter des Rokokos. Bereits in jungen Jahren nimmt er seine Ausbildung bei Jean-Baptiste-Siméon Chardin und François Boucher auf. Gegen 1738 zieht der in Grasse geborene Maler mit seiner Familie nach Paris. Er sympathisiert mit Jean-Baptiste Greuze und Hubert Robert, mit denen er Leidenschaft für die Schönheit der Natur teilt. Fragonard zieht die Intimität der Genremalerei und von Porträts den großen historischen, oder religiösen Themen vor. Dabei greift er oft auf seine Fantasie zurück. Zwischen 1756 und 1761 hält sich der reisebegeisterte Malerin in Italien auf. Er besucht auch die Niederlande. Die Liebe und der Libertinismus zählen zu seinen Lieblingsthemen. Mit ihnen erfreut er eine bürgerliche Kundschaft, die leichte und heitere Gemälde in hellen Farben liebt. Mit dem Herannahen der Revolution geraten seine Themen jedoch aus der Mode und weichen der Strenge des Klassizismus.

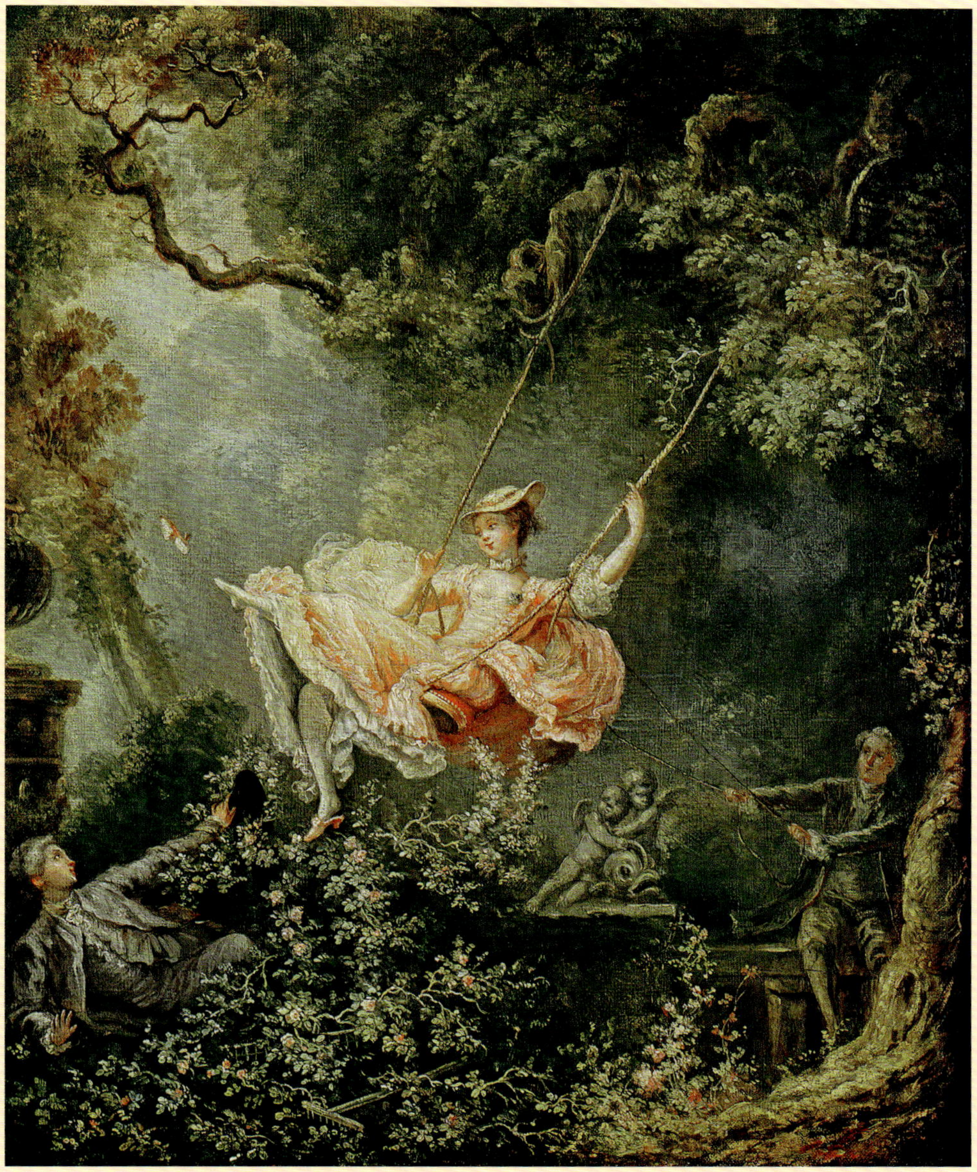

The swing

Les Hasards heureux de l'escarpolette, *dit* La Balançoire

Die Schaukel

El columpio

O balanço

De schommel

JEAN-HONORÉ FRAGONARD (1732-1806)

c. 1767, Oil on canvas/Huile sur toile, 56 × 46 cm, Musée Lambinet, Versailles

Jean-Honoré Fragonard

El encanto, la elegancia y las pinceladas vivas de sus pinturas hacen de Jean-Honoré Fragonard (1732-1806) un clásico representante del rococó. Desde muy joven comenzó su formación con Jean-Baptiste-Siméon Chardin y François Boucher. Alrededor de 1738 el pintor, nacido en Grasse, se trasladó con su familia a París. Simpatiza con Jean-Baptiste Greuze y Hubert Robert, con quienes comparte su pasión por la belleza de la naturaleza. Fragonard prefiere la intimidad de la pintura de género y los retratos a los grandes temas históricos, mitológicos o religiosos. A menudo vuelve a caer en su imaginación. Entre 1756 y 1761 el entusiasta pintor viajero permaneció en Italia, donde estudió decoración barroca. También visita los Países Bajos. El amor y el libertinaje están entre sus temas favoritos. Con ellos deleita a una clientela burguesa que prefiere pinturas ligeras y alegres en colores vivos. Sin embargo, a medida que se acercaba la revolución, sus temas pasaron de moda y dieron paso a la austeridad del clasicismo.

Jean-Honoré Fragonard

O charme, a elegância e as pinceladas vivas de suas pinturas fazem de Jean-Honoré Fragonard (1732-1806) um representante clássico do rococó. Em tenra idade, começou a sua formação com Jean-Baptiste-Siméon Chardin e François Boucher. Por volta de 1738 o pintor, nascido em Grasse, mudou-se com a família para Paris. Ele simpatiza com Jean-Baptiste Greuze e Hubert Robert, com quem partilha uma paixão pela beleza da natureza. Fragonard prefere a intimidade da pintura de gênero e retratos aos grandes temas históricos, mitológicos ou religiosos. Ele muitas vezes volta à sua imaginação. Entre 1756 e 1761, o pintor entusiasta de viagens ficou na Itália, onde estudou decorações barrocas. Ele também visita a Holanda. O amor e o libertinismo estão entre os seus temas favoritos. Com eles ele deleita uma clientela burguesa que prefere pinturas leves e alegres em cores vivas. À medida que a revolução se aproximava, porém, seus temas saíram da moda e deram lugar à austeridade do classicismo.

Jean-Honoré Fragonard

Met zijn charmante, elegante en met levendige penseelstreek geschilderde werken is Jean-Honoré Fragonard (1732-1806) een klassieke vertegenwoordiger van het rococo. Op jonge leeftijd ging hij in de leer bij Jean-Baptiste-Siméon Chardin en François Boucher. Rond 1738 verhuisde de in Grasse geboren schilder met zijn gezin naar Parijs. Hij sympathiseerde met Jean-Baptiste Greuze en Hubert Robert, met wie hij een passie voor de schoonheid van de natuur deelde. Fragonard verkoos de intimiteit van de genre- en portretschilderkunst boven de grote historische, mythologische of religieuze thema's. Hij greep vaak terug op zijn fantasie. Tussen 1756 en 1761 verbleef de reislustige schilder in Italië. Hij bezocht ook Nederland. Liefde en losbandigheid behoorden tot zijn favoriete onderwerpen. Daarmee plezierde hij een burgerlijke cliëntèle met een voorkeur voor lichte en vrolijke schilderijen in heldere kleuren. Met het naderen van de revolutie raakten zijn thema's uit de mode en moesten ze plaatsmaken voor de strengheid van het neoclassicisme.

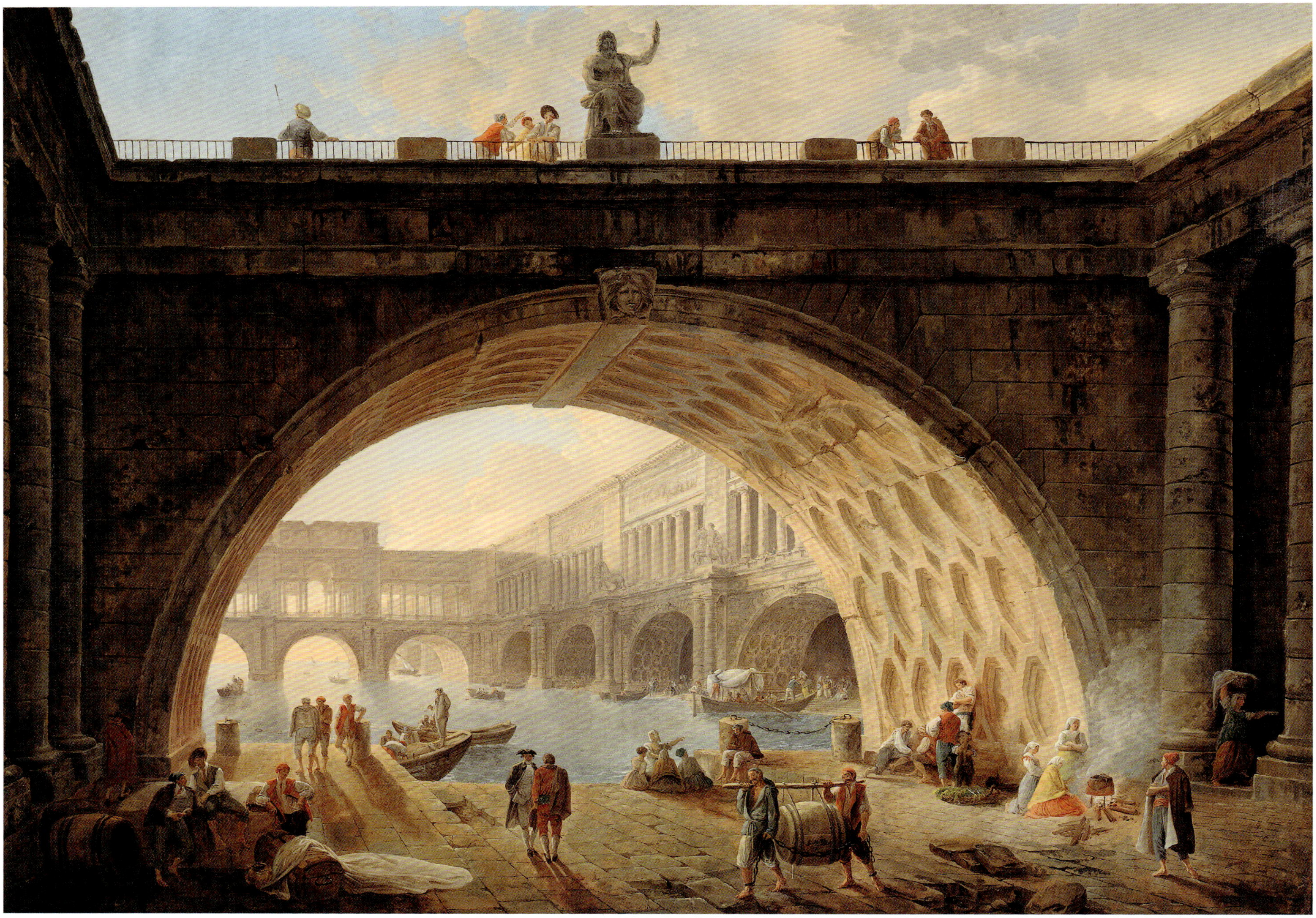

A Port

Un port

Ein Hafen

Un puerto

Um porto

Een haven

HUBERT ROBERT (1733-1808)

c. 1760, Oil on canvas/Huile sur toile, 105 × 145 cm, Musée des Beaux-Arts, Dunkerque

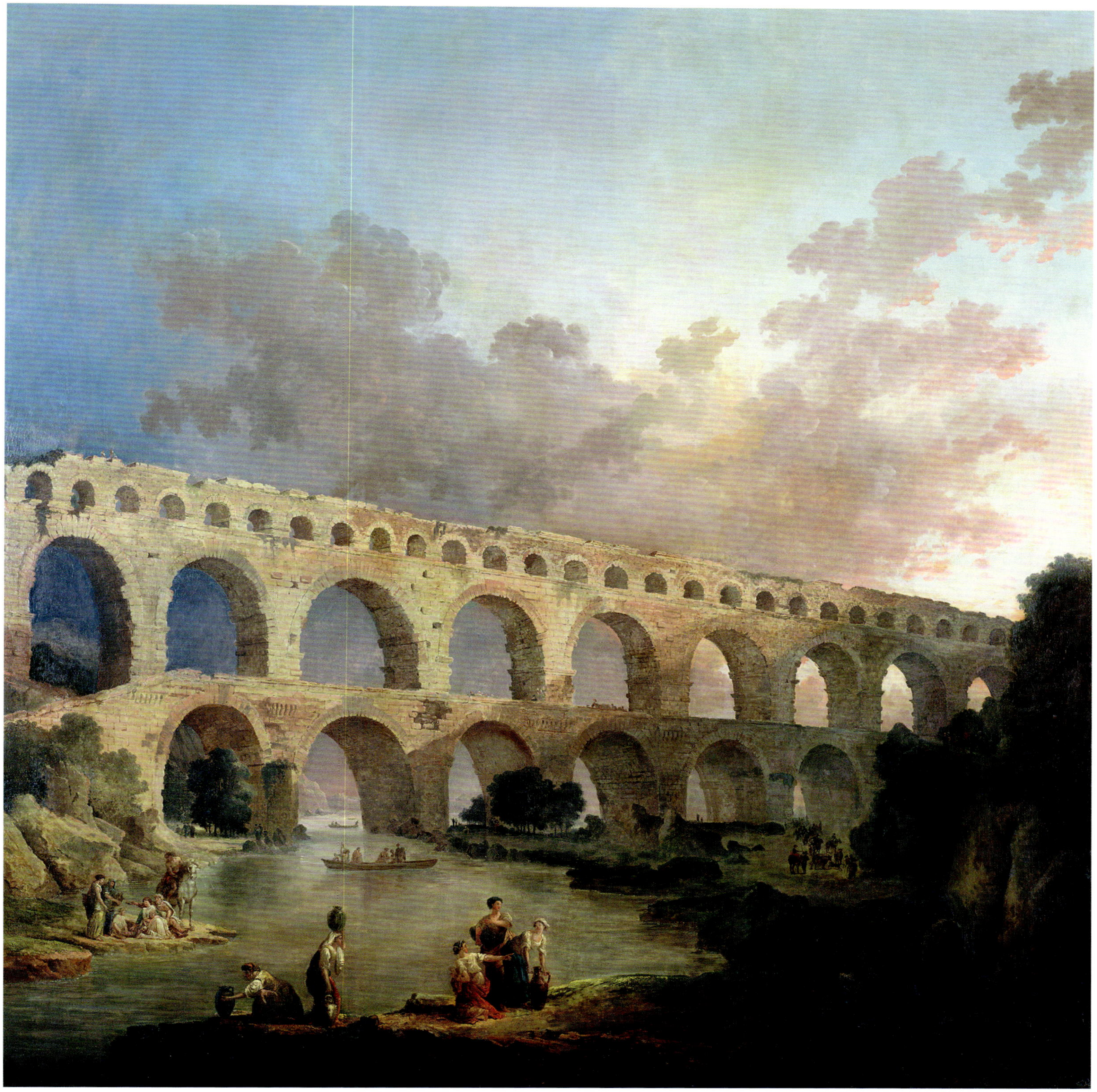

The Pont du Gard
For Fontainebleau Castle, the painter designed an ensemble of four paintings depicting great French monuments. The Pont du Gard impresses with its arcades, which reach a height of 46 metres.

Le Pont du Gard
Hubert Robert a réalisé pour le château de Fontainebleau un ensemble de quatre tableaux dédiés à de grands monuments français. Le pont du Gard impressionne avec ses aqueducs superposés, hauts de 46 mètres.

HUBERT ROBERT (1733-1808)

1787, Oil on canvas/Huile sur toile, 242 × 242 cm, Musée du Louvre, Paris

Der Pont du Gard
Für das Schloss Fontainebleau entwarf der Maler ein Ensemble aus vier Gemälden, die große Monumente Frankreichs zeigen. Der Pont du Gard beeindruckt durch seine Arkaden, die eine Höhe von 46 Metern erreichen.

El Pont du Gard
Para el Castillo de Fontainebleau, el pintor diseñó un conjunto de cuatro pinturas que representan grandes monumentos franceses. El Pont du Gard impresiona por sus arcadas, que alcanzan una altura de 46 metros.

A Pont du Gard
Para o Castelo de Fontainebleau, o pintor projetou um conjunto de quatro pinturas representando grandes monumentos franceses. A Pont du Gard impressiona pelas suas arcadas, que atingem uma altura de 46 metros.

De Pont du Gard
Voor het kasteel van Fontainebleau ontwierp de schilder een ensemble van vier schilderijen met grote Franse monumenten. De Pont du Gard maakt indruk met zijn arcades, die wel 46 meter hoog zijn.

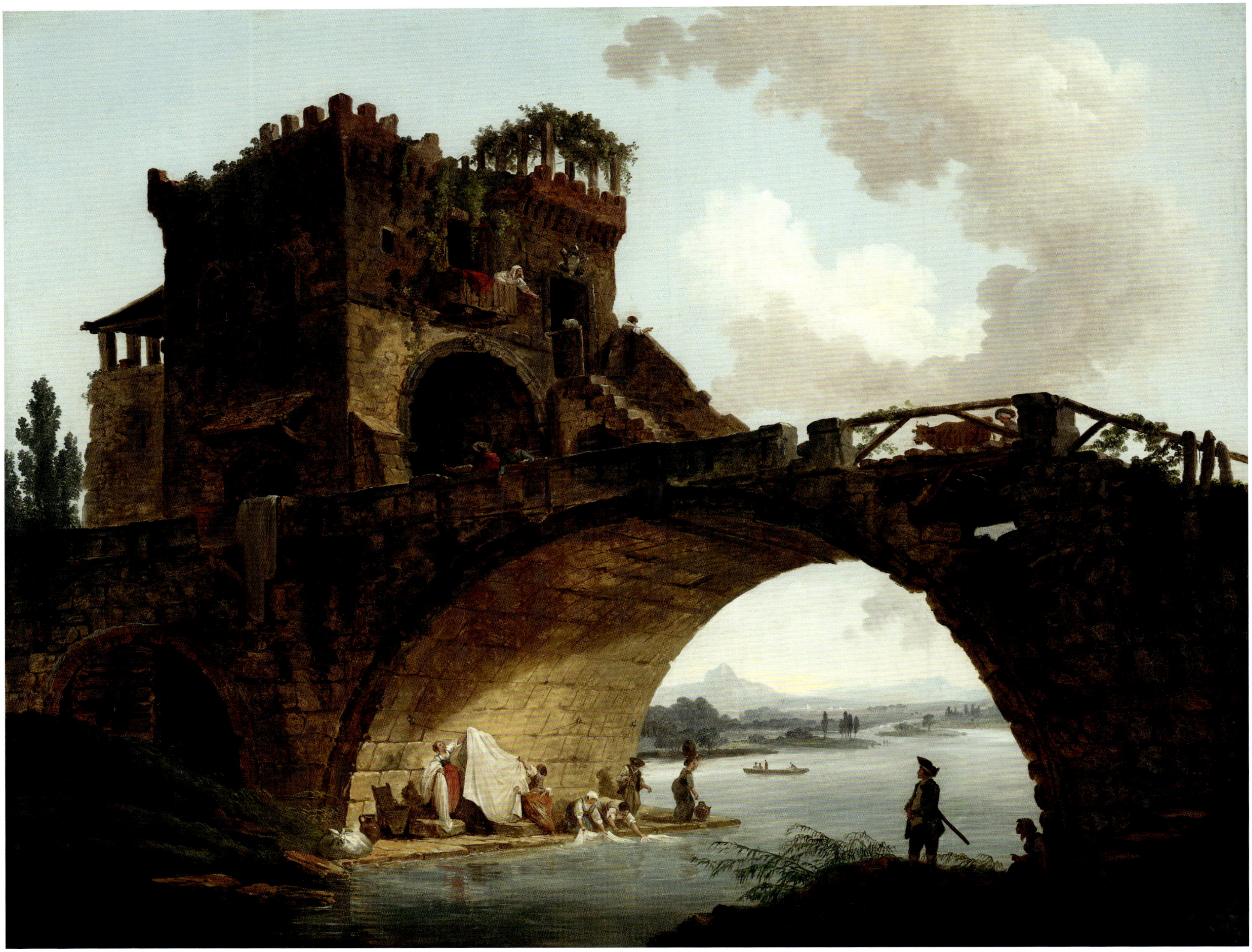

The Ponte Salario

Le Pont Salario

Der Ponte Salario

El Ponte Salario

A Ponte Salario

De Ponte Salario

HUBERT ROBERT (1733-1808)

c. 1775, Oil on canvas/Huile sur toile, 91,3 × 121 cm, National Gallery of Art, Washington

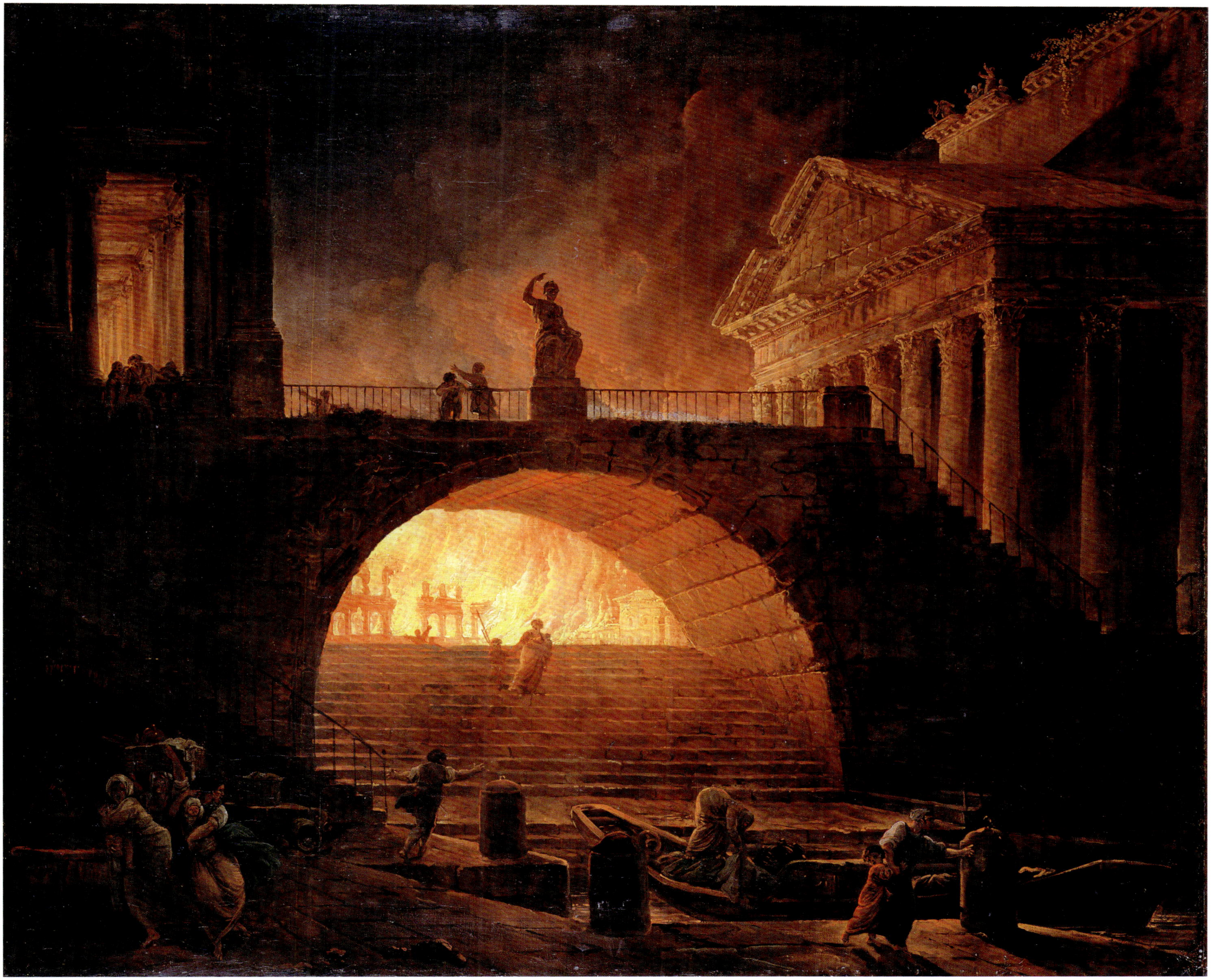

The Fire of Rome

L'Incendie de Rome

Der Brand Roms

Incendio de Roma

O fogo de Roma

De brand van Rome

HUBERT ROBERT (1733-1808)

c. 1771, Oil on canvas/Huile sur toile, 76 × 93 cm, Musée des Beaux-Arts André Malraux, Le Havre

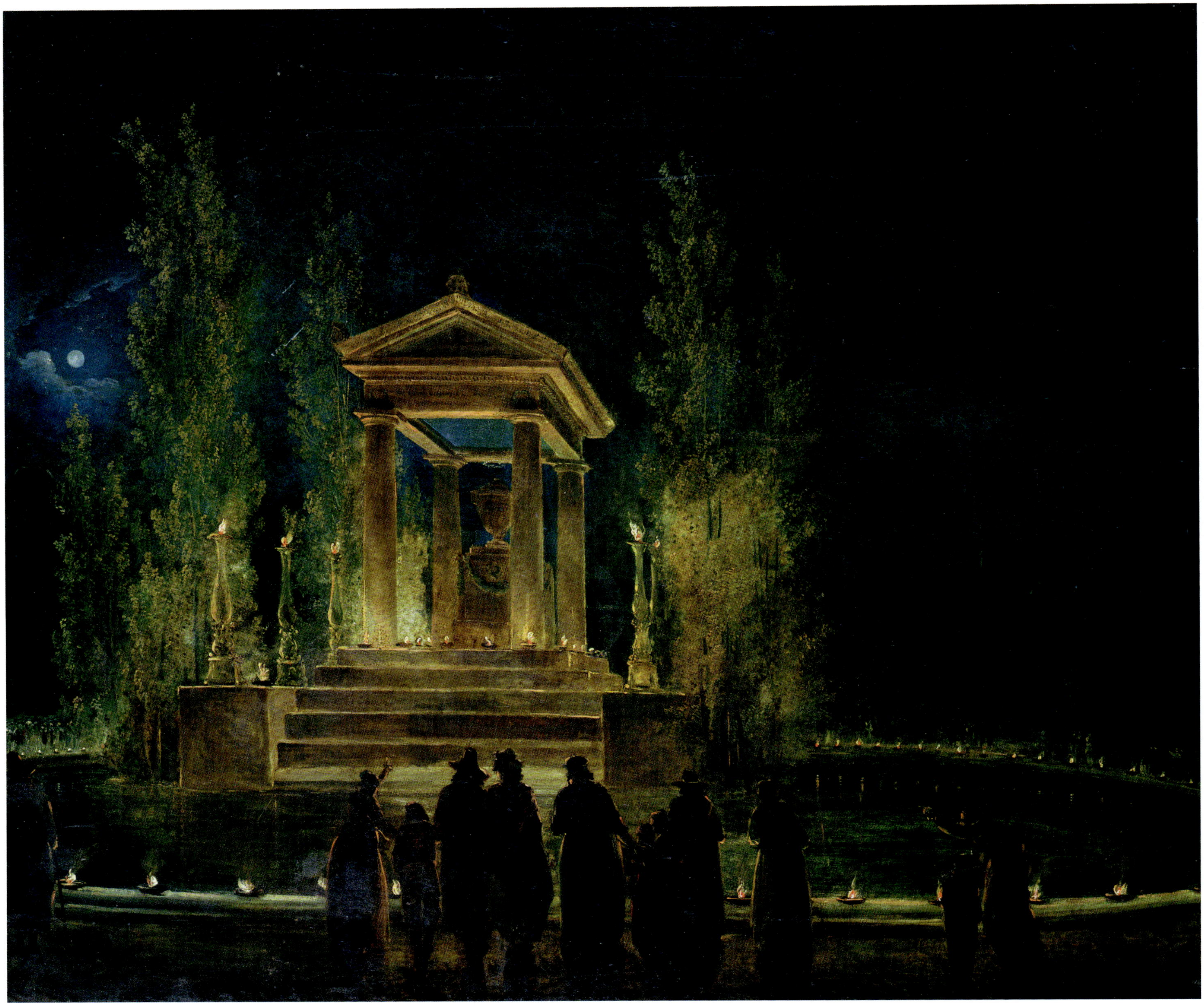

The Temporary Cenotaph of Jean-Jacques Rousseau in the Jardin des Tuileries, before moving his ashes to the Panthéon. Night of October 10 to 11, 1794

Le Mausolée provisoire de Jean-Jacques Rousseau, sur le bassin des Tuileries, avant la translation de ses cendres au Panthéon. Nuit du 10 au 11 octobre 1794

Der Kenotaph von Jean-Jacques Rousseau im Jardin des Tuileries in der Nacht des 10.-11. Oktobers 1794 vor der Überführung seiner Asche in das Pantheon

El mausoleo provisional de Jean-Jacques Rousseau, en la cuenca de las Tullerías, antes del traslado de sus cenizas al Panteón. Noche del 10 al 11 de octubre de 1794

O cenotáfio de Jean-Jacques Rousseau no Jardin des Tuileries na noite de 10-11 de outubro de 1794 antes da transferência de suas cinzas para o panteão

De cenotaaf van Jean-Jacques Rousseau in de Jardin des Tuileries in de nacht van 10 op 11 oktober 1794 voor de overdracht van zijn as naar het pantheon

HUBERT ROBERT (1733-1808)

1794, Oil on canvas/Huile sur toile, 65 × 80,5 cm, Musée Carnavalet, Paris

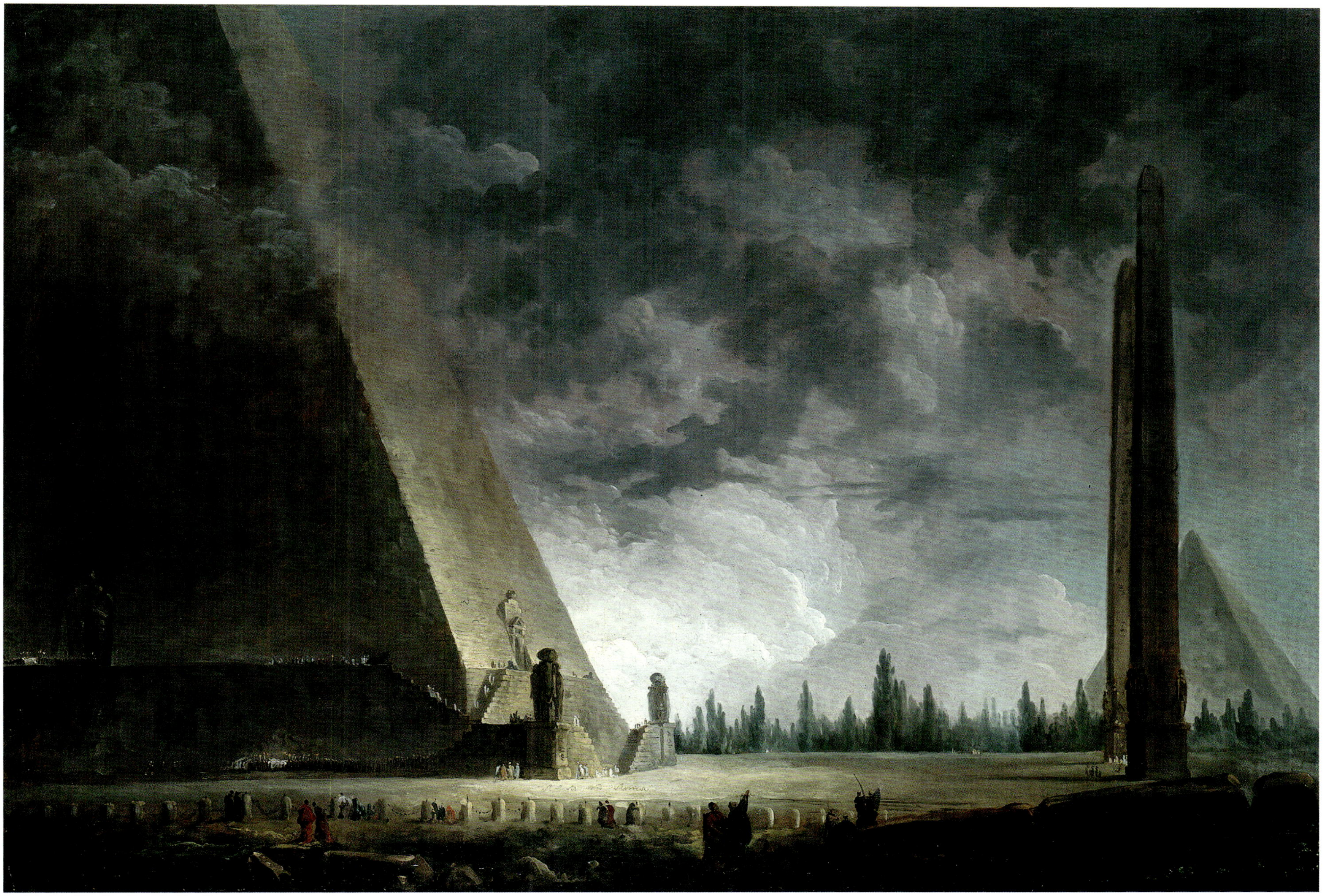

Fantaisie Égyptienne

The master of fantasy architecture created here an unreal vision of Egypt. The monumentality of the pyramids is underlined by a dark atmosphere and the threatening clouds.

Fantaisie égyptienne

Maître des fantaisies architecturales, Hubert Robert livre ici une vision irréelle de l'Égypte. Il célèbre la monumentalité des pyramides, dans l'atmosphère crépusculaire d'un ciel aux nuages menaçants.

Ägyptische Fantasie

Der Meister der Fantasiearchitektur, schuf hier eine unwirkliche Vision von Ägypten. Die Monumentalität der Pyramiden wird durch eine düstere Atmosphäre und die bedrohlichen Wolken unterstrichen.

Fantasía egipcia

El maestro de la arquitectura fantástica, Hubert Robert, creó aquí una visión irreal de Egipto. La monumentalidad de las pirámides está subrayada por una atmósfera oscura y las nubes amenazantes.

Fantasia Egípcia

O mestre da arquitectura de fantasia criou aqui uma visão irreal do Egipto. A monumentalidade das pirâmides é sublinhada por uma atmosfera escura e pelas nuvens ameaçadoras.

Egyptische fantasie

De meester van de fantasie-architectuur schilderde hier een onwerkelijke visie op Egypte. De monumentaliteit van de piramides wordt onderstreept door een donkere atmosfeer en dreigende wolken.

HUBERT ROBERT (1733-1808)

1760, Oil on canvas/Huile sur toile, 63,5 × 95 cm, Private collection

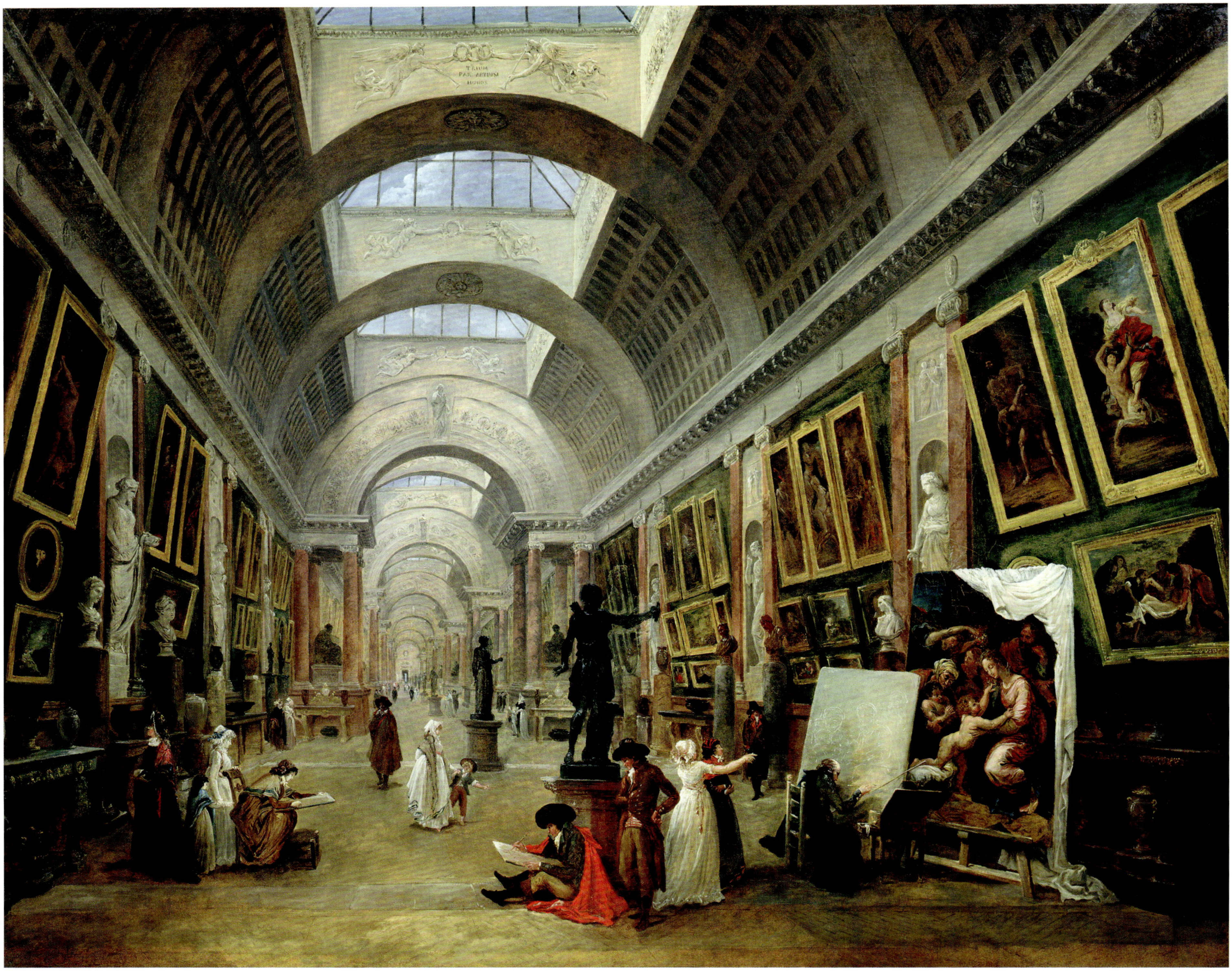

View of The Grand Gallery of the Louvre
Hubert Robert also painted a counterpart to his proposal for the reconstruction of the Grande Galerie des Louvre. It shows the museum and the exhibition hall in a state of ruin.

Projet d'aménagement de la Grande Galerie du Louvre
Ce projet d'aménagement de la Grande Galerie du Louvre a son pendant, une autre vue d'Hubert Robert où l'artiste imagine le musée détruit, et les salles de peintures réduites à l'état de ruines.

HUBERT ROBERT (1733-1808)

1796, Oil on canvas/Huile sur toile, 115 × 145 cm, Musée du Louvre, Paris

Die Grand Galerie des Louvre
Zu seinem Vorschlag für den Umbau der Grande Galerie des Louvre malte Hubert Robert auch einen Gegenpart. Dieser zeigt das Museum und die Ausstellungshalle im Zustand einer Ruine.

Proyecto de desarrollo de la Grande Galerie du Louvre
Hubert Robert también pintó una contrapartida a su propuesta de reconstrucción de la Grande Galerie del Louvre. Muestra el museo y la sala de exposiciones en estado de ruina.

A Grande Galeria do Louvre
Hubert Robert também pintou uma contrapartida à sua proposta para a reconstrução da Grande Galerie des Louvre. Mostra o museu e a sala de exposições no estado de ruína.

De Grande Galerie van het Louvre
Hubert Robert schilderde ook een tegenhanger van zijn voorstel voor de verbouwing van de Grande Galerie in het Louvre. Het toont het museum en de tentoonstellingsruimte als ruïnes.

A Capriccio of Roman Architecture

Caprice d'architecture romaine

Capriccio römischer Architektur

Capricho de arquitectura romana

Capriccio de Arquitectura Romana

Gril van de Romeinse architectuur

HUBERT ROBERT

(1733-1808)

c. 1775, Oil on canvas/Huile sur toile, 120 × 100,2 cm, Bristol Museum and Art Gallery, Bristol

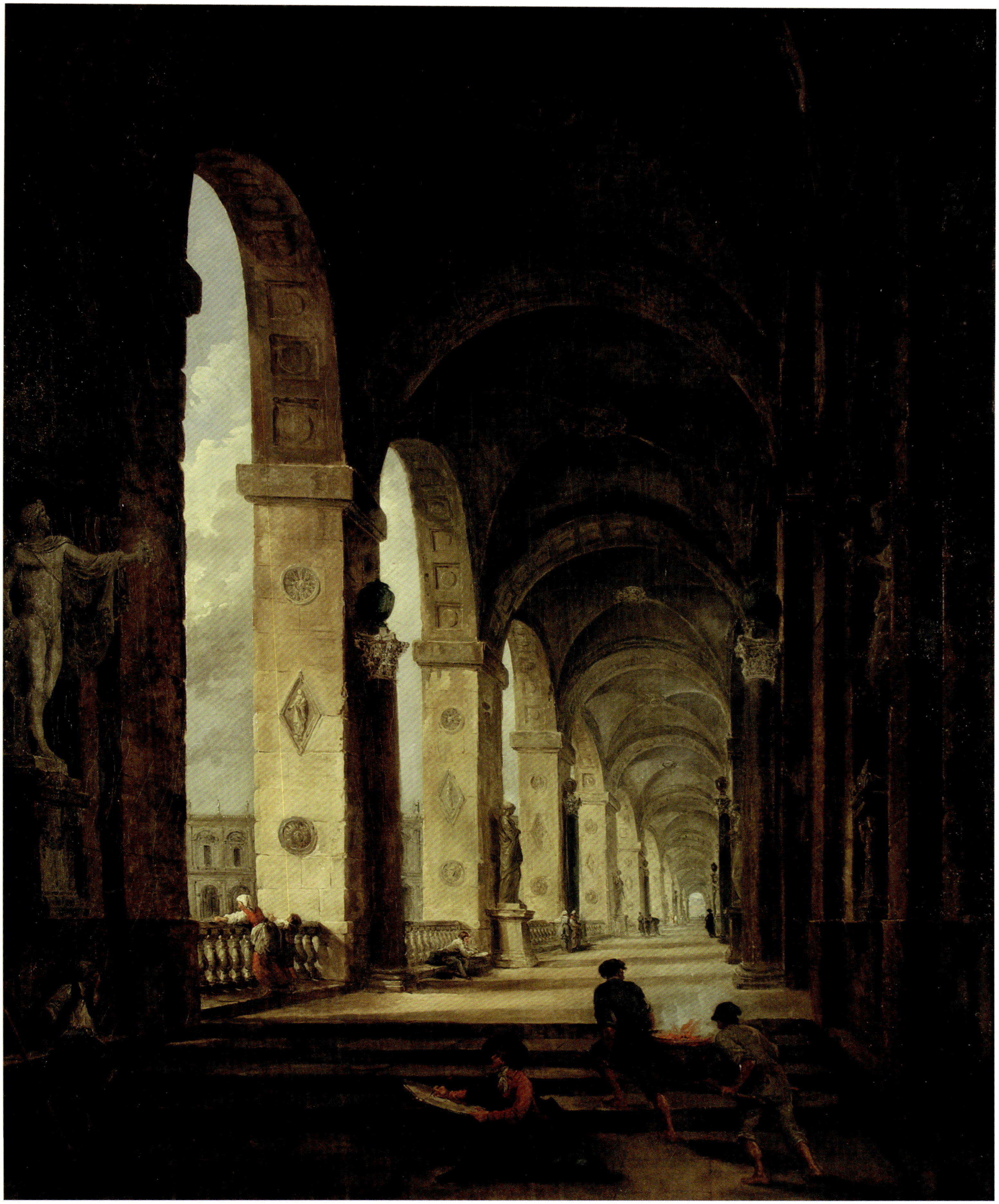

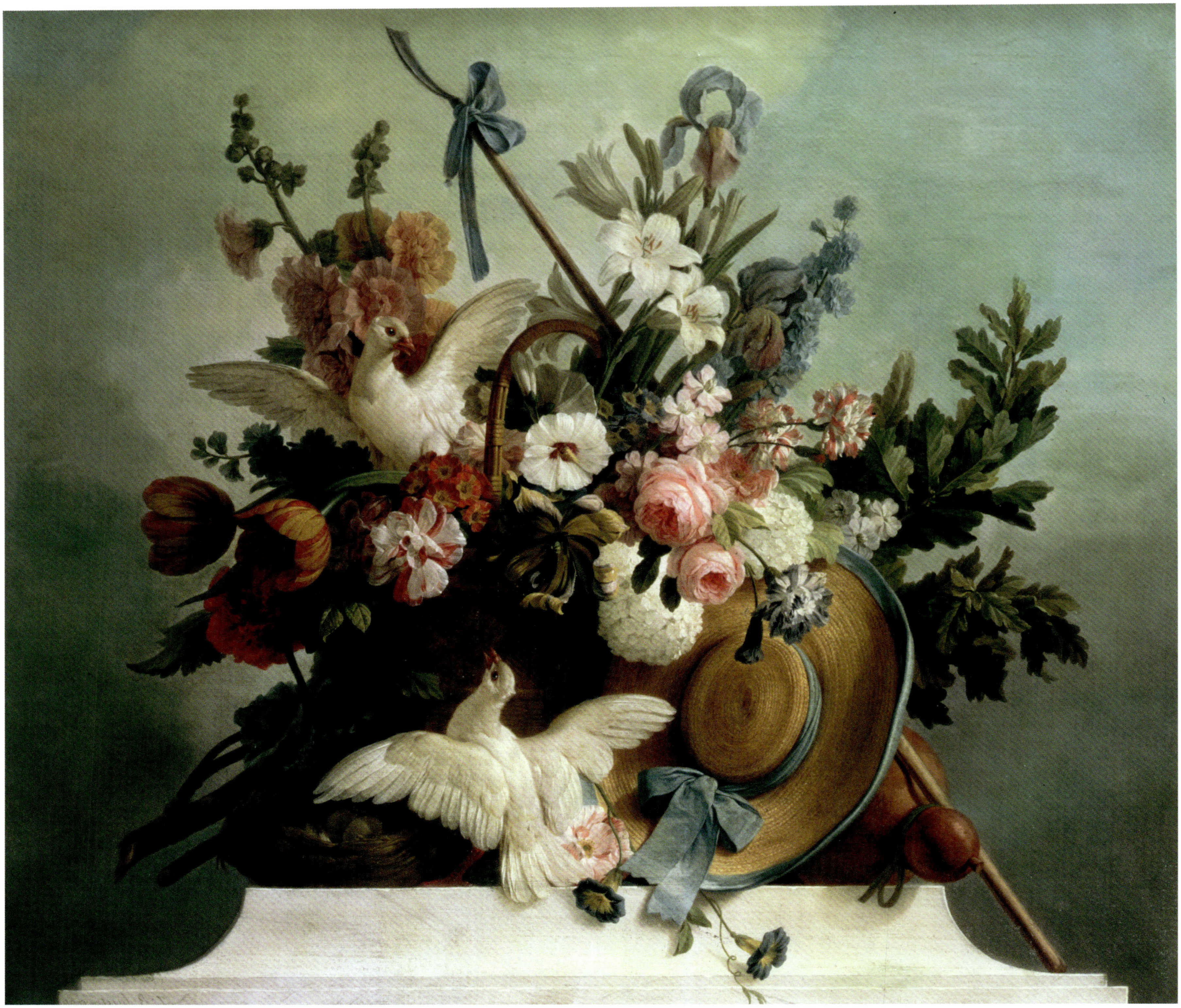

Peace

La Paix

Der Frieden

La paz

Paz

De vrede

JEAN-BAPTISTE HUET (1745-1811)

1790, Oil on canvas/Huile sur toile, 112 × 131 cm, Private collection

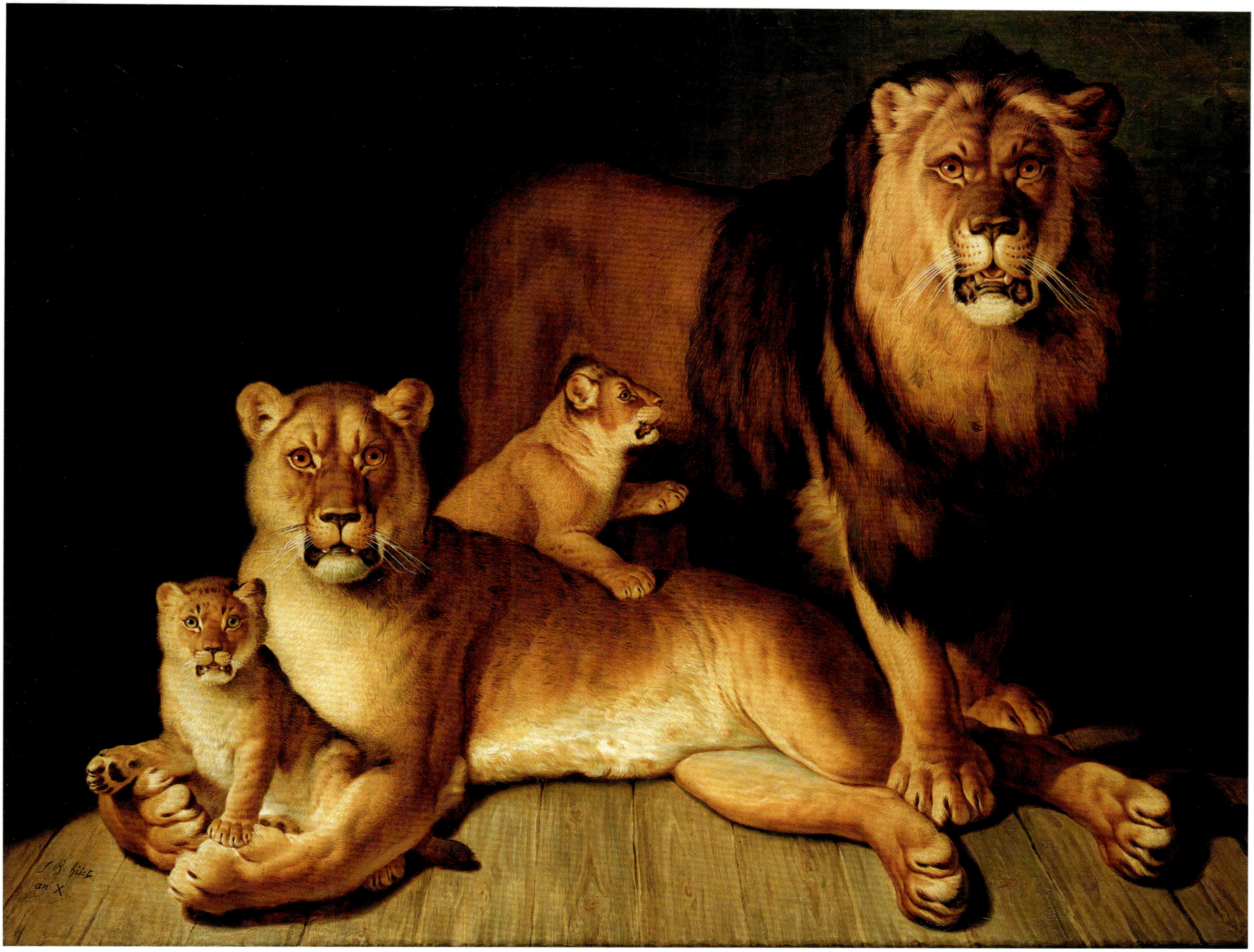

A Pride of Lions

The painting created for Bernardin de Saint-Pierre was to be Huet's last depiction of an animal. It shows strikingly realistically a lion family in the menagerie of the Jardin des Plantes.

Un lion et sa femelle, allaitant ses petits

D'un réalisme saisissant, ce tableau est l'ultime toile animalière de Huet. Il peint une famille de lions de la ménagerie du Jardin des plantes, créée en 1794 à l'initiative de Bernardin de Saint-Pierre.

Ein Rudel Löwen

Das für Bernardin de Saint-Pierre geschaffene Gemälde sollte die letzte Tierdarstellung von Huet werden. Es zeigt auffallend realistisch eine Löwenfamilie in der Menagerie des Jardin des Plantes.

Una manada de leones

Sorprendentemente realista, esta pintura es la pintura animal definitiva de Huet. Muestra una familia de leones del criadero del Jardín de las Plantas, creado en 1794 por iniciativa de Bernardin de Saint-Pierre.

Um pacote de leões

A pintura criada para Bernardin de Saint-Pierre seria a última representação de um animal de Huet. Mostra uma família de leões muito realista na colecção de animais do Jardin des Plantes.

Een troep leeuwen

Het schilderij, dat Huet voor Bernardin de Saint-Pierre maakte, zou zijn laatste dierenvoorstelling zijn. Het toont opvallend realistisch een leeuwenfamilie in de menagerie van de Jardin des plantes.

JEAN-BAPTISTE HUET (1745-1811)

1801/02, Oil on canvas/Huile sur toile, 97,3 × 130,5 cm, Private collection

Roman Countryside

Campagne romaine

Campagna Romana

Campiña romana

Campo romano

Romeinse Campagna

PIERRE-HENRI DE VALENCIENNES (1750-1819)

c. 1786-1819, Oil on paper and cardboard/Huile sur papier et carton, 38 × 54 cm, Musée des Augustins, Toulouse

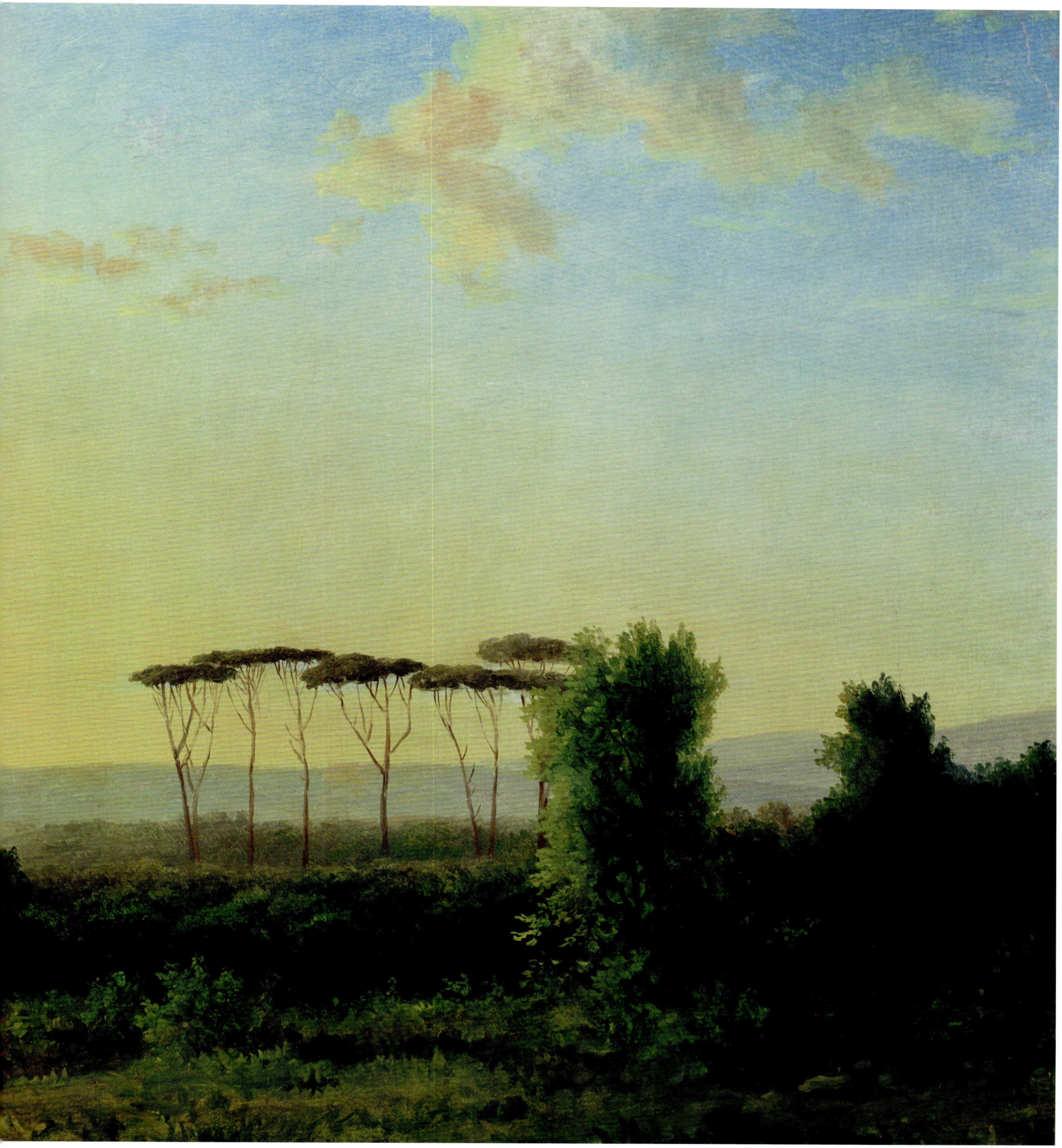

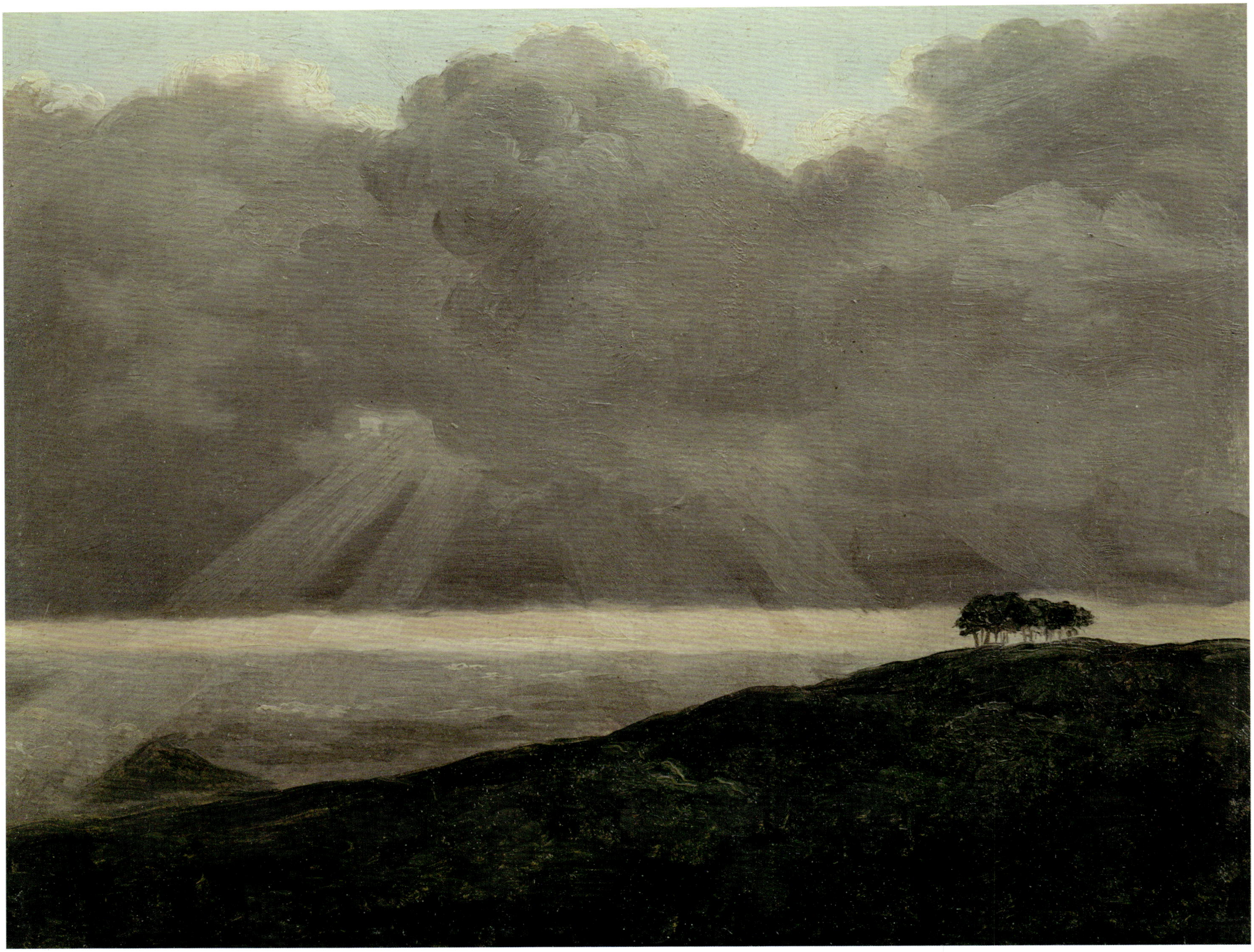

The storm

Pierre-Henri de Valenciennes, a native of Toulouse, owes his interest in nature to his stays in Italy. He often painted his views several times at different times of day and in varying weather conditions.

L'Orage

Originaire de Toulouse, Pierre-Henri de Valenciennes doit son goût pour la nature à sa découverte de l'Italie. Il aime peindre un même lieu à différentes heures du jour, et sous des ciels différents.

Der Sturm

Der aus Toulouse stammende Pierre-Henri de Valenciennes verdankt sein Interesse an der Natur seinen Italienaufenthalten. Seine Ansichten malte er oft mehrmals zu verschiedenen Tageszeiten und Wetterbedingungen.

La tormenta

Pierre-Henri de Valenciennes, originario de Toulouse, debe su interés por la naturaleza a sus estancias en Italia. Le gustaba pintar el mismo lugar a diferentes horas del día y en diferentes condiciones climáticas.

A tempestade

Pierre-Henri de Valenciennes, natural de Toulouse, deve seu interesse pela natureza a suas estadas na Itália. Ele muitas vezes pintou seus pontos de vista várias vezes em diferentes momentos do dia e condições meteorológicas.

De storm

Pierre-Henri de Valenciennes, een inwoner van Toulouse, kreeg tijdens een verblijf in Italië belangstelling voor de natuur. Hij schilderde zijn gezichten vaak meermaals op verschillende momenten van de dag en onder verschillende weersomstandigheden.

PIERRE-HENRI DE VALENCIENNES (1750-1819)

End of the 18th century - beginning of the 19th century, Oil on paper and cardboard/Huile sur papier et carton, 17,8 × 23,2 cm, Musée du Louvre, Paris

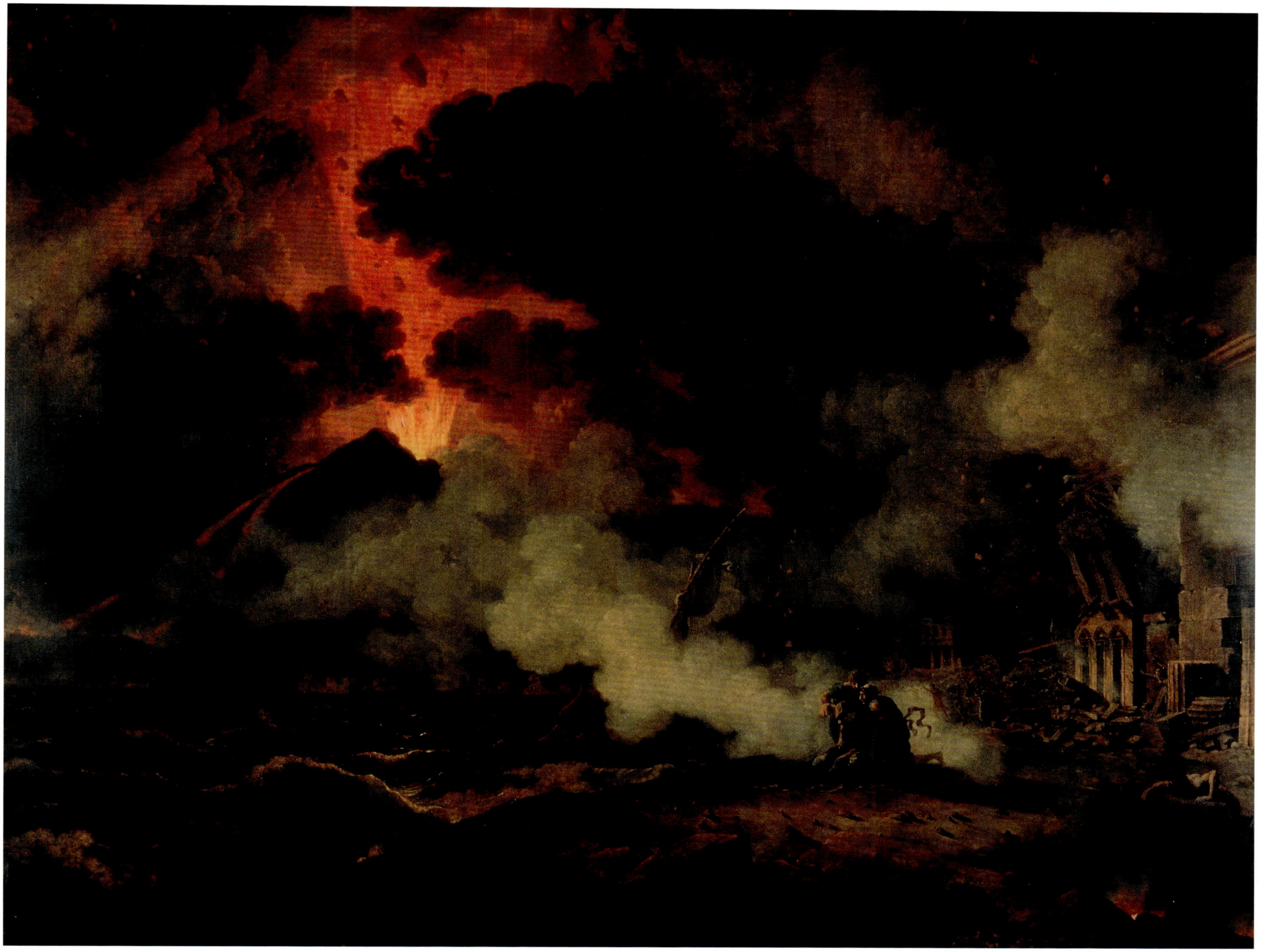

Eruption of Vesuvius

Éruption du Vésuve arrivée le 24 août de l'an 79 de J.-C. sous le règne de Titus

Vesuvausbruch mit dem Tod des Plinius

Erupción del Vesubio con la muerte de Plinio

Surto do Vesúvio com a morte de Plínio

Uitbarsting van de Vesuvius

PIERRE-HENRI DE VALENCIENNES (1750-1819)

1813, Oil on canvas/Huile sur toile, 147,5 × 195,5 cm, Musée des Augustins, Toulouse

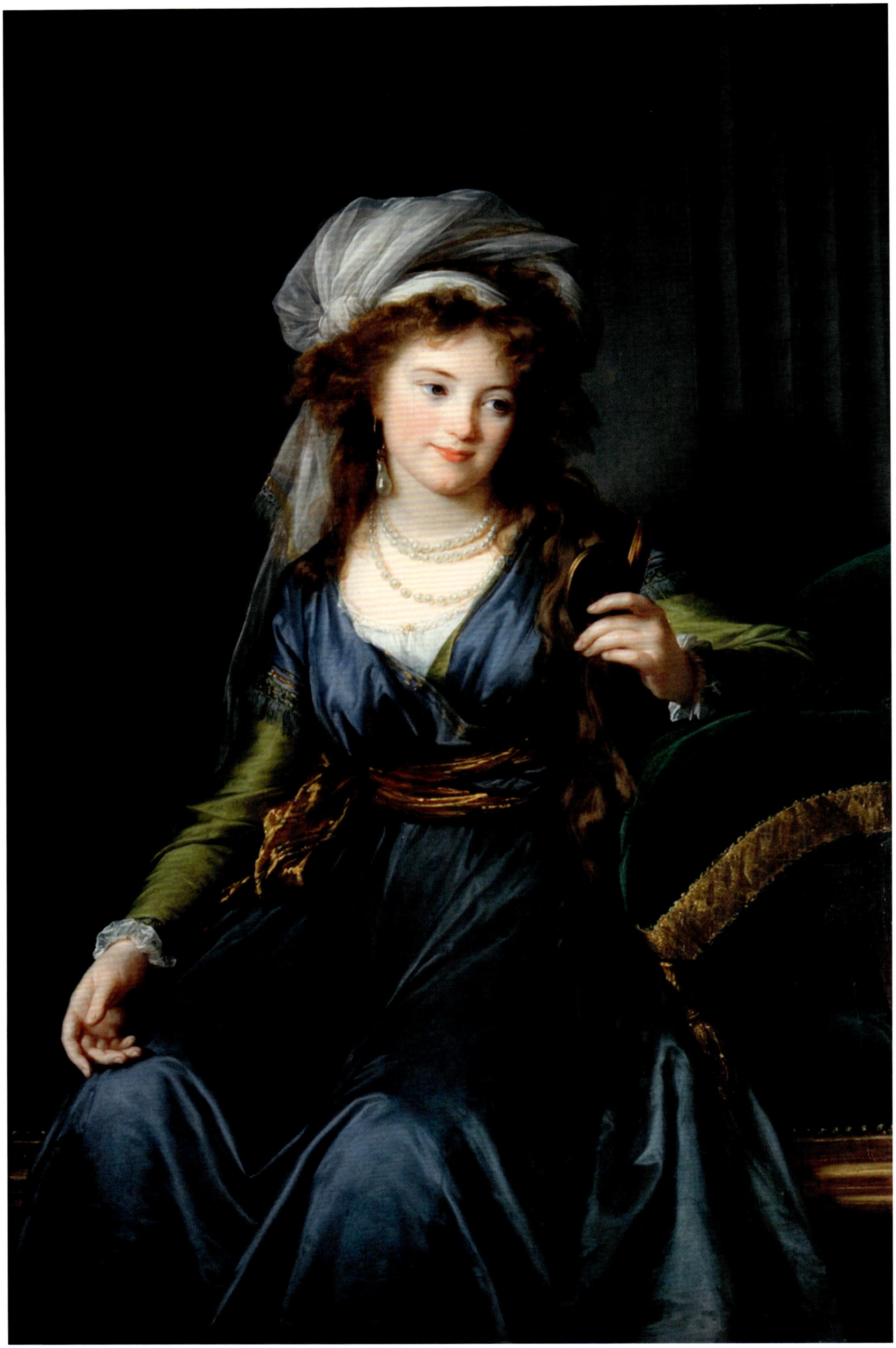

Portrait of Countess Yekaterina Skavronskaya

Portrait de la comtesse Skavronskaïa

Porträt der Gräfin Ekaterina Vassilievna Skavronskaia

Retrato de la condesa Ekaterina Vassilievna Skavronskaia

Retrato da Condessa Ekaterina Vassilievna Skavronskaia

Portret van de gravin Ekaterina Vassilievna Skavronskaia

ÉLISABETH VIGÉE-LE BRUN (1755-1842)

1790, Oil on canvas/Huile sur toile, 135 × 95 cm,
Musée Jacquemart-André, Paris

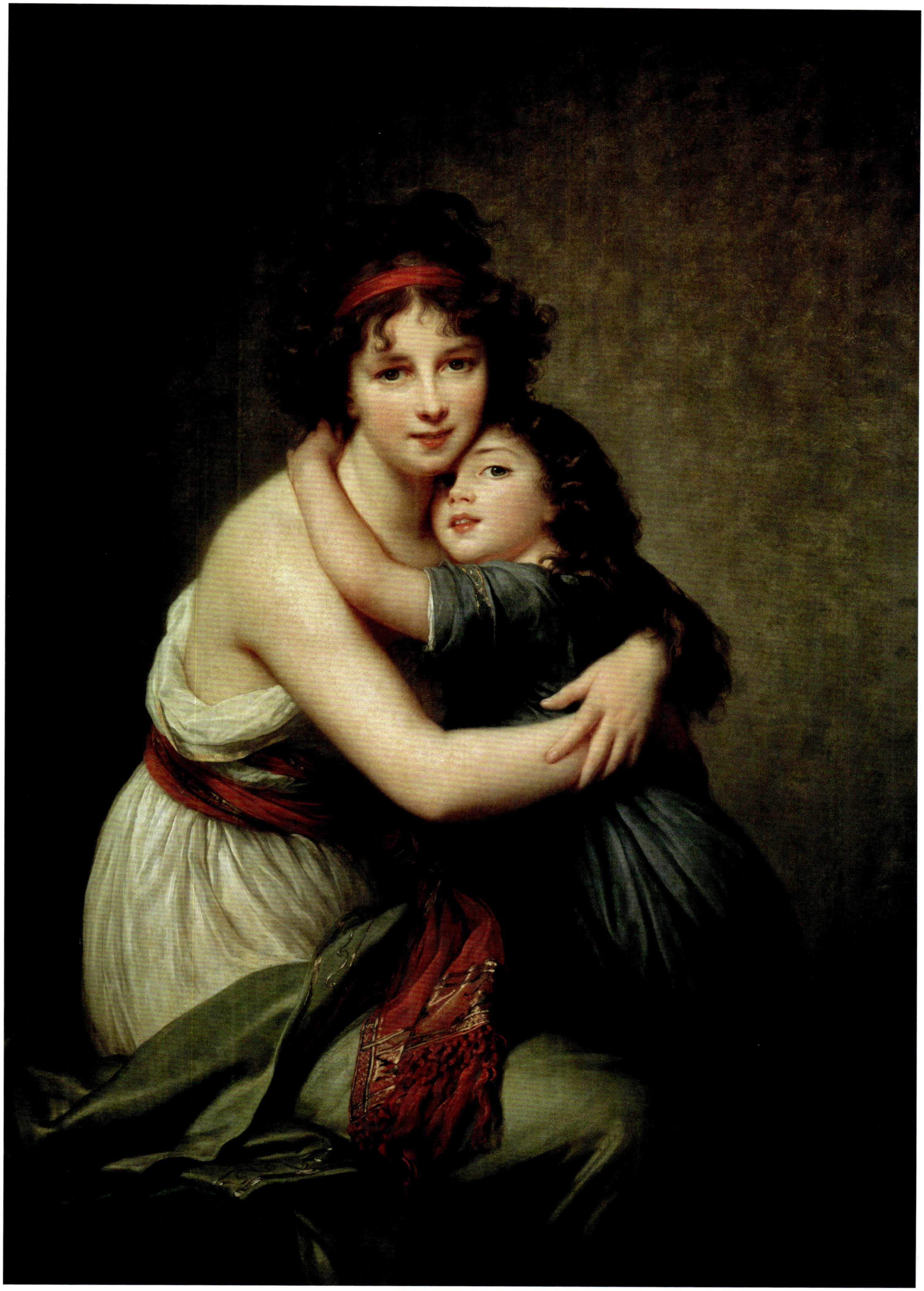

Self-Portrait with her Daughter Julie

Madame Vigée-Le Brun et sa fille, Jeanne-Lucie-Louise, dite Julie (1780-1819)

Selbstbildnis mit Tochter Jeanne Julie Louise

Autorretrato con su hija Jeanne Julie Louise

Auto-retrato com a filha Jeanne Julie Louise

Zelfportret met dochter Jeanne-Lucie-Louise, Julie genoemd

ÉLISABETH VIGÉE-LE BRUN (1755-1842)

1789, Oil on canvas/Huile sur toile, 130 × 94 cm, Musée du Louvre, Paris

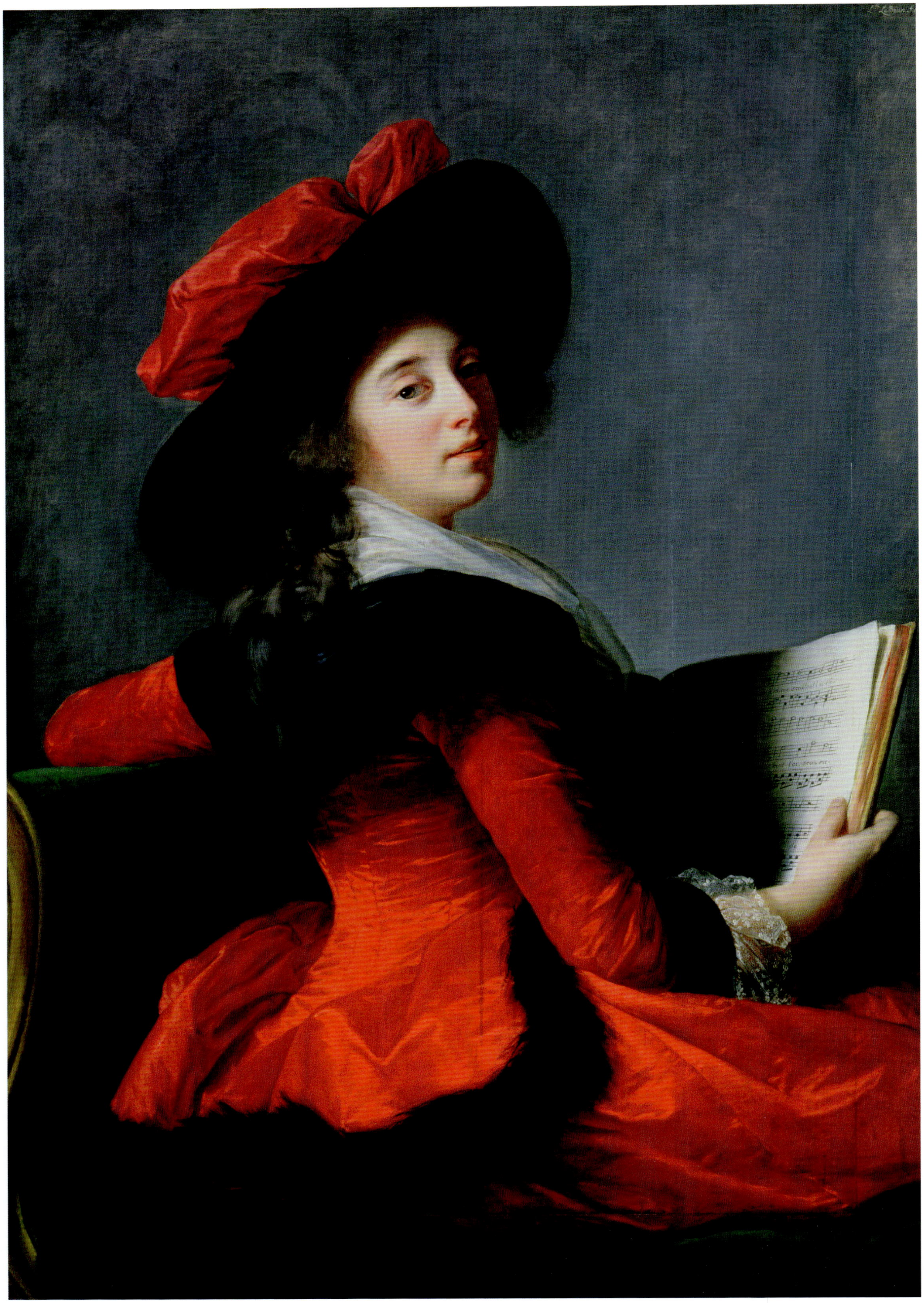

The Baroness of Crussol

Portrait de la Baronne de Crussol

Die Baronin de Crussol

Retrato de la Baronesa de Crussol

A Baronesa de Crussol

Portret van de barones van Crussol

ÉLISABETH VIGÉE-LE BRUN (1755-1842)

1785, Oil on canvas/Huile sur toile, 113,8 × 84 cm,
Musée des Augustins, Toulouse

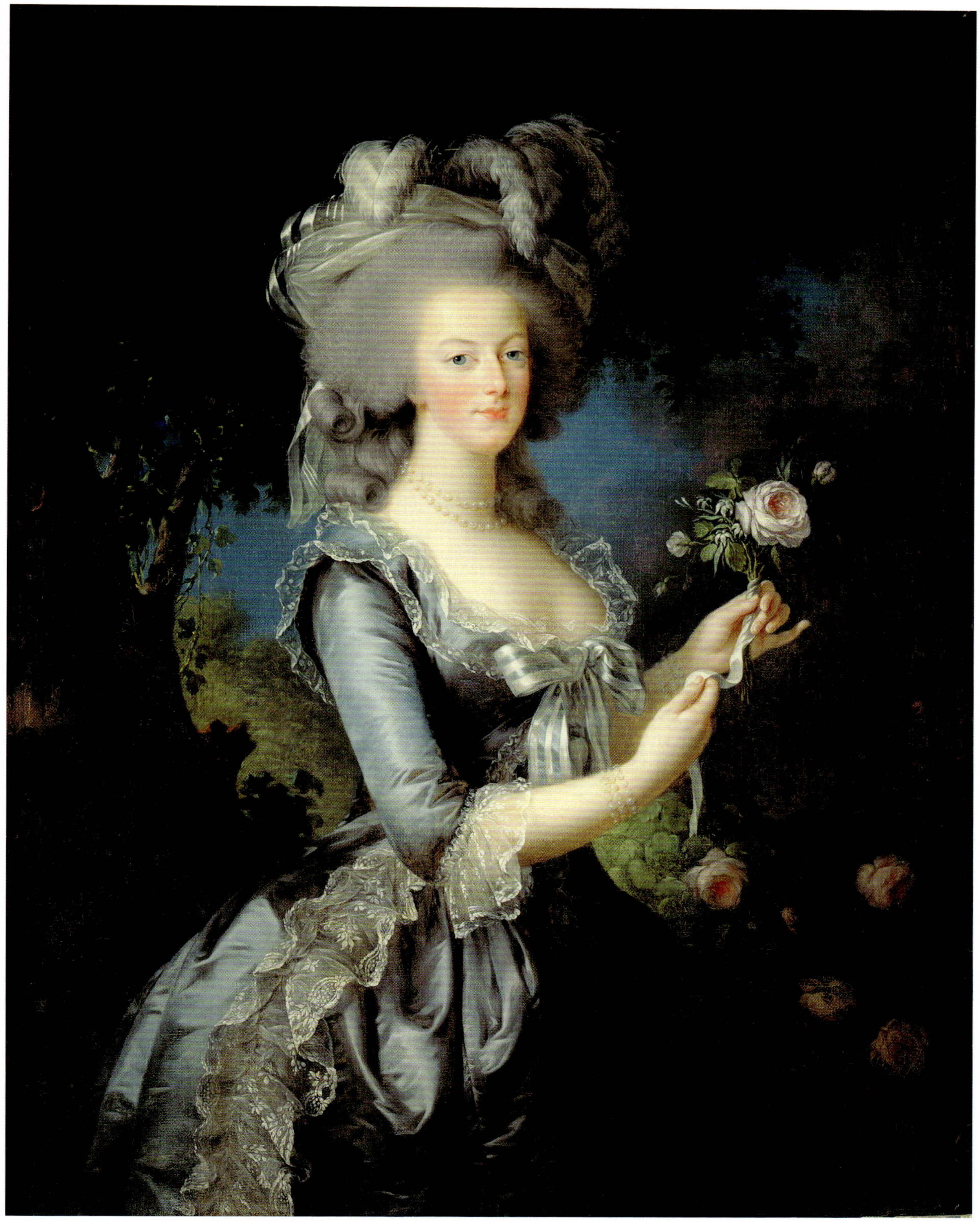

Marie-Antoinette with a Rose

The pastel painter also created several oil portraits, including that of the last Queen of France. It was probably made in the gardens of Versailles and shows her in a grey silk dress.

La Reine Marie-Antoinette *dit* à la Rose

Immense pastelliste, Vigée-Le Brun a aussi produit quelques portraits à l'huile, dont celui de la dernière reine de France. Elle apparaît en robe de soie grise, peut-être dans les jardins de Versailles.

Marie-Antoinette mit einer Rose

Die Pastellmalerin schuf auch einige Öl-Porträts, darunter das der letzten Königin von Frankreich. Es entstand wahrscheinlich in den Gärten von Versailles und zeigt sie in einem Kleid aus grauer Seide.

María Antonieta con una rosa

El pintor de pinturas pastel también realizó varios retratos al óleo, entre ellos el de la última reina de Francia, a la que retrata con un vestido de seda gris, probablemente en los jardines de Versalles.

Maria Antonieta com uma rosa

O pintor pastel também criou vários retratos a óleo, incluindo o da última rainha da França. Foi provavelmente feita nos jardins de Versalhes e mostra-a num vestido de seda cinzenta.

Portret van Marie-Antoinette met een roos

De pastelschilder maakte ook verschillende olieverfportretten, waaronder dat van de laatste koningin van Frankrijk. Het is waarschijnlijk gemaakt in de tuinen van Versailles en toont haar in een grijze zijden jurk.

ÉLISABETH VIGÉE-LE BRUN (1755-1842)

1783, Oil on canvas/Huile sur toile, 113 × 87 cm, Château de Versailles

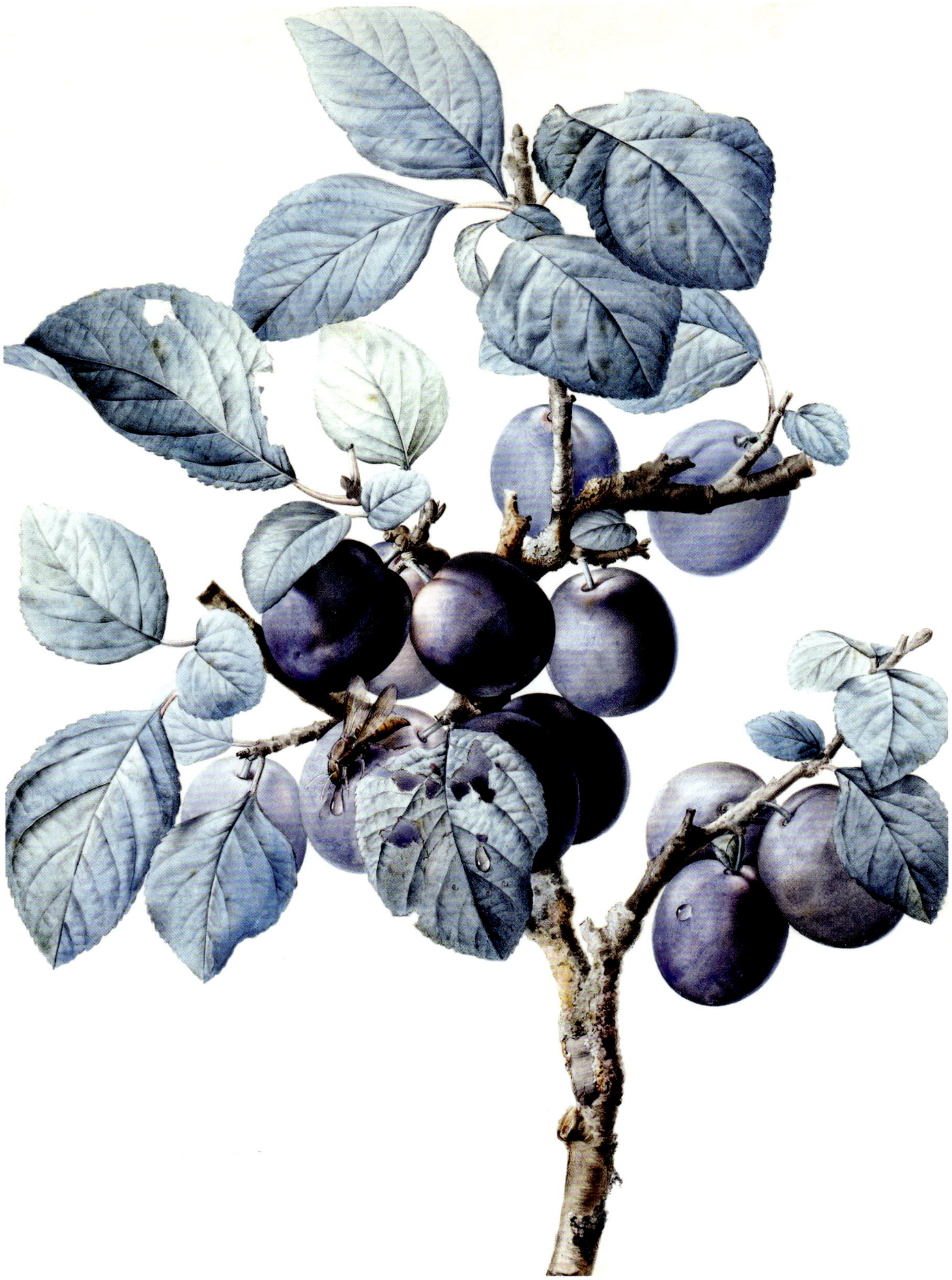

The Branch of a Plum Tree Bearing Fruit with a Wasp Drinking Water on a Leaf

Nature morte au prunier

Zweig eines Pflaumenbaums mit Wespe

Naturaleza muerta con ciruelo

Ramo de uma ameixeira com vespa

Tak van een pruimenboom met wesp

PIERRE-JOSEPH REDOUTÉ (1759-1840)

Watercolour on pencil and vellum lines/Aquarelle sur traits de crayon et vélin, 34 × 26 cm, Private collection

A Bouquet of Red, Pink and White Peonies

As «Raphael of Flowers», Redouté devoted himself to the study and representation of plants. His works are not only of scientific value, but also inspire by their freshness and beauty.

Bouquet de pivoines

Surnommé le « Raphaël des fleurs », Redouté a voué sa vie à l'étude et à la représentation des végétaux. Au-delà de leur intérêt scientifique, ses images éblouissent par leur fraîcheur et leur beauté.

Bouquet aus Pfingstrosen

Als „Raffael der Blumen" widmete sich Redouté dem Studium und der Darstellung von Pflanzen. Seine Arbeiten sind nicht nur von wissenschaftlichem Wert, sondern begeistern auch durch ihre Frische und Schönheit.

Ramo de peonías

Apodado el «Rafael de las Flores», Redouté se dedicó al estudio y representación de las plantas. Sus obras no sólo tienen valor científico, sino que también inspiran por su frescura y belleza.

Bouquet de peónias

Como «Rafael das Flores», Redouté dedicou-se ao estudo e representação das plantas. Os seus trabalhos não são apenas de valor científico, mas também inspirados pela sua frescura e beleza.

Boeket pioenrozen

Redouté, de 'Rafaël van de bloemen', legde zich toe op de studie en weergave van planten. Zijn werken zijn niet alleen van wetenschappelijke waarde, maar door hun frisheid en schoonheid ook inspirerend.

PIERRE-JOSEPH REDOUTÉ (1759-1840)

Watercolour on pencil and vellum lines/Aquarelle sur traits de crayon et vélin, 51,4 × 40,6 cm, Private collection

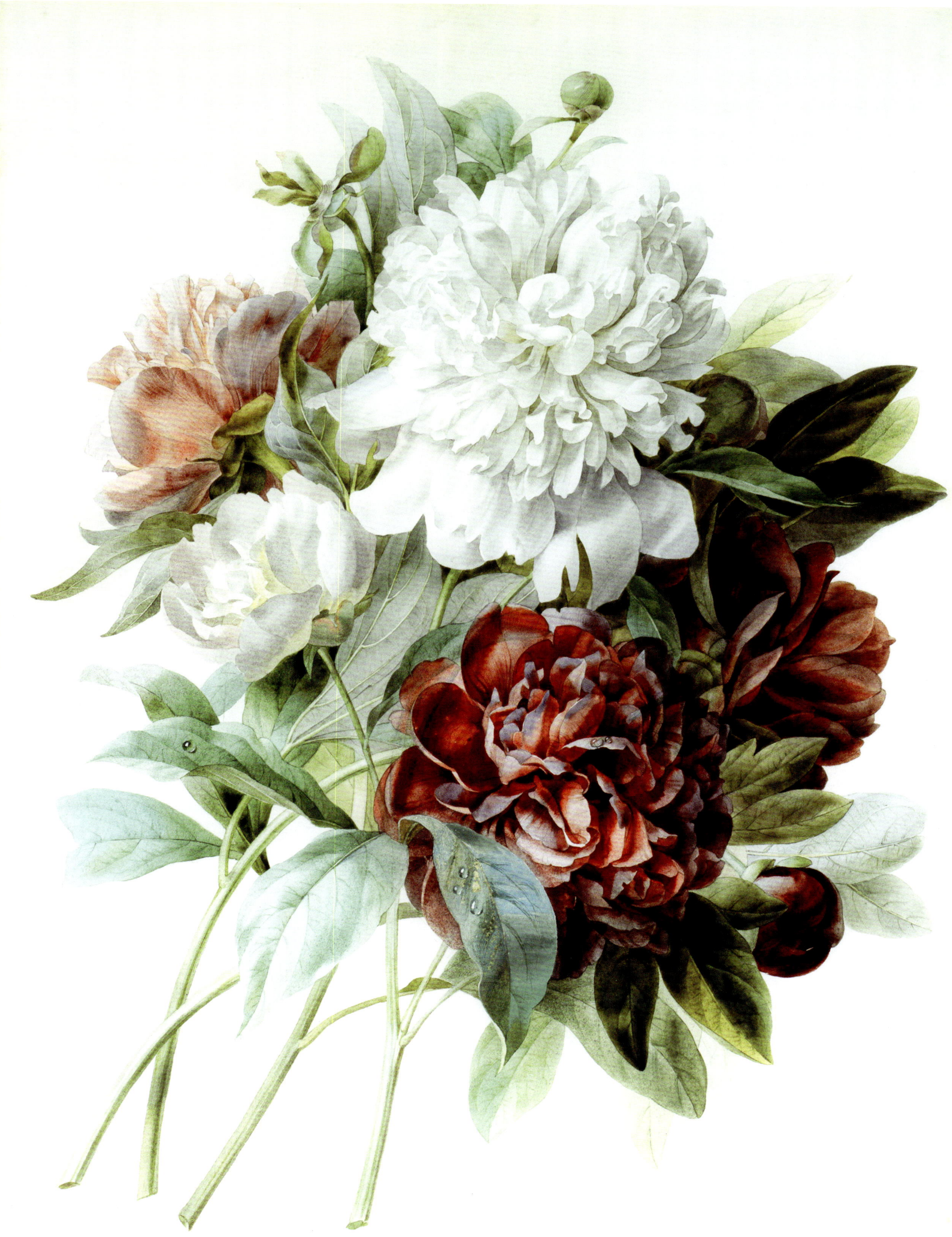

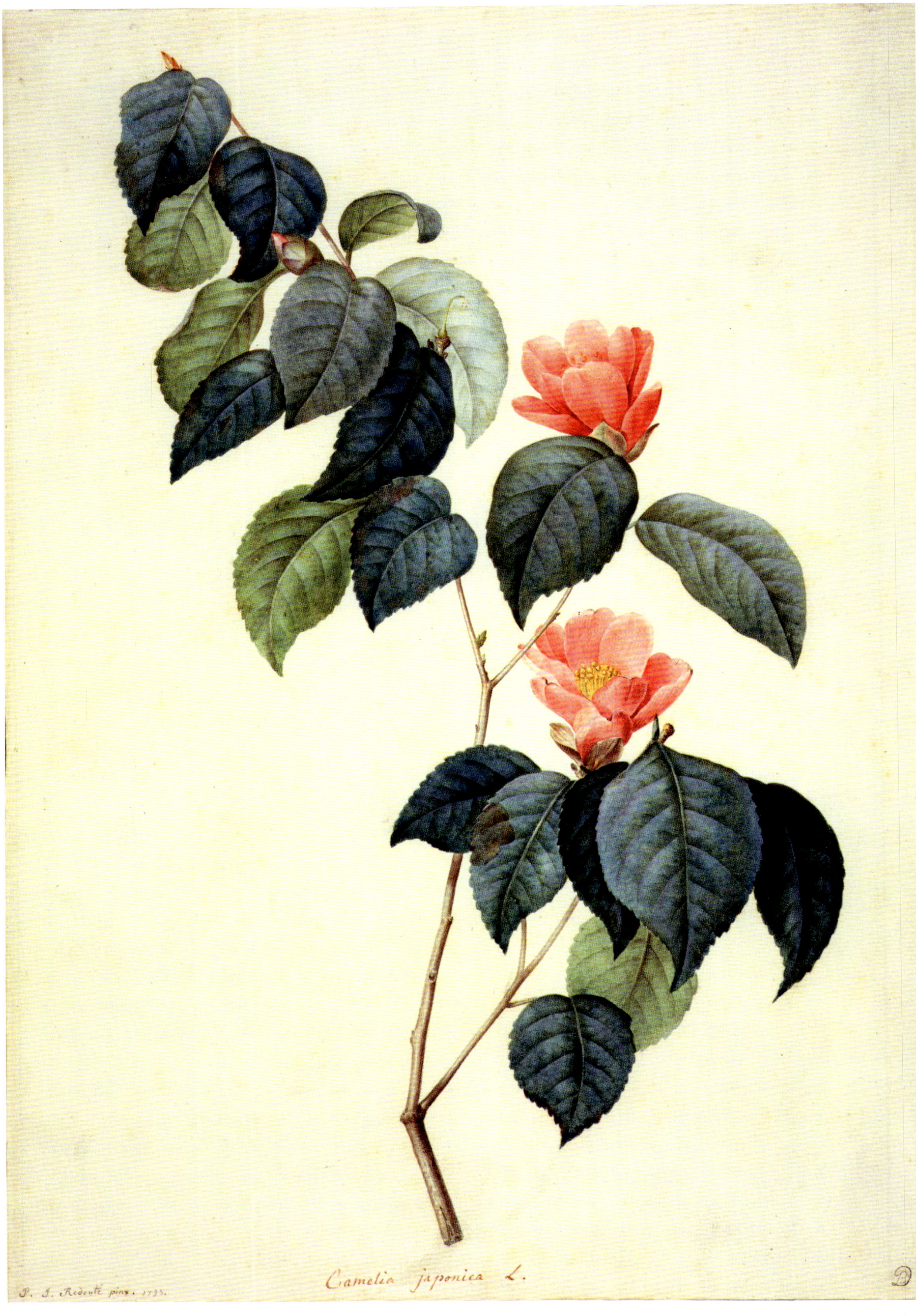

Camellia Japonica

PIERRE-JOSEPH REDOUTÉ

(1759-1840)

1793, Watercolour/Aquarelle, 38,6 × 27,7 cm, Fitzwilliam Museum, Cambridge

Paeonia Suffruticosa

PIERRE-JOSEPH REDOUTÉ
(1759-1840)
1812, Watercolour on pencil lines/Aquarelle sur traits de crayon, 45,8 × 33,3 cm, Fitzwilliam Museum, Cambridge

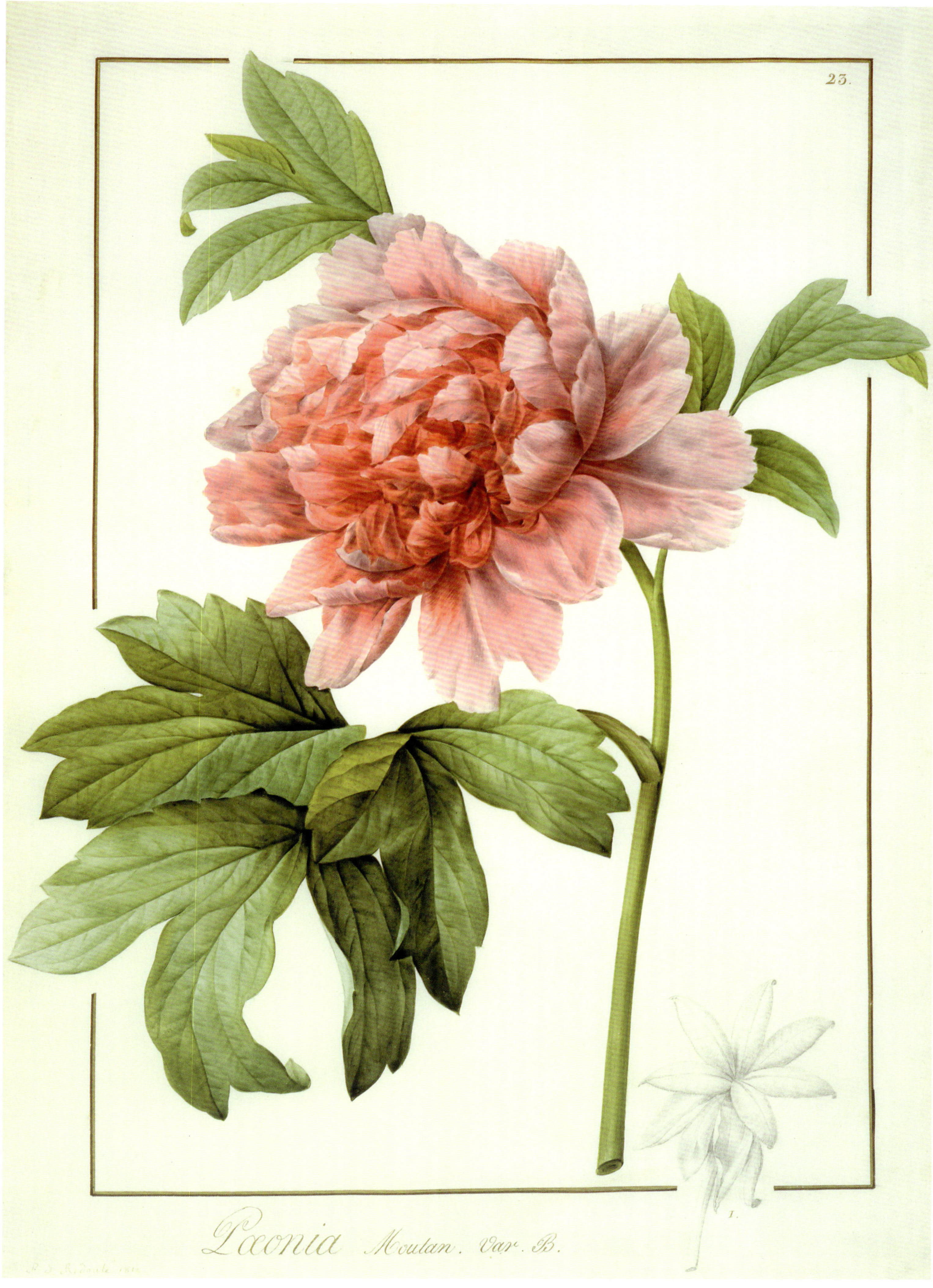

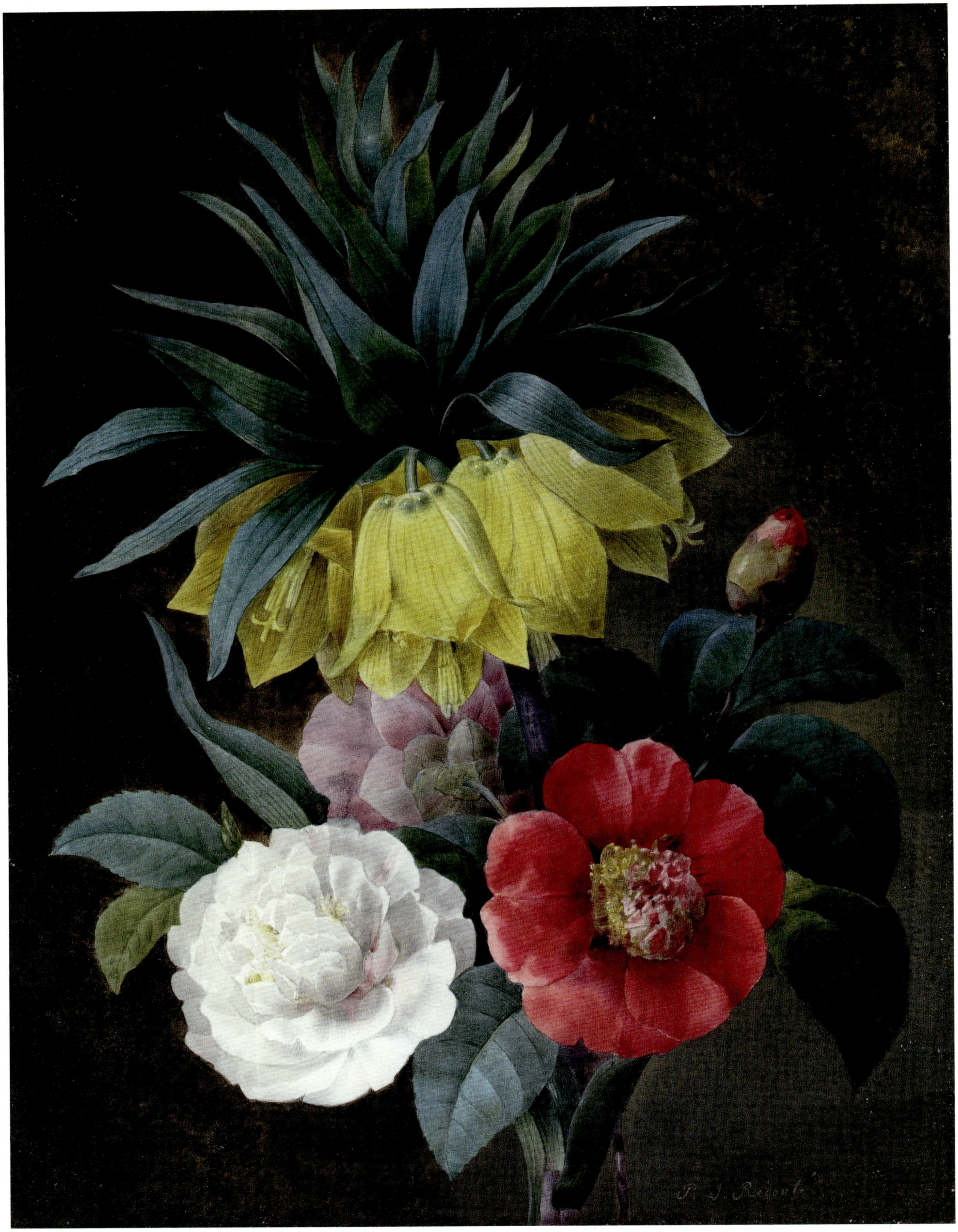

Four Peonies and a Crown Imperial

Quatre Pivoines et une couronne impériale

Vier Pfingstrosen und eine Kaiserkrone

Cuatro peonías y una corona imperial

Quatro peónias e uma coroa imperial

Vier pioenrozen en een keizerskroon

PIERRE-JOSEPH REDOUTÉ (1759-1840)

Watercolour and gouache on pencil lines/Aquarelle et gouache sur traits de crayon, 37,5 × 29,5 cm, National Gallery of Art, Washington

Fruits

Fruits

Obst

Frutas

Fruta

Vruchten

PIERRE-JOSEPH REDOUTÉ (1759-1840)

Oil on canvas/Huile sur toile, Musée National, Compiègne

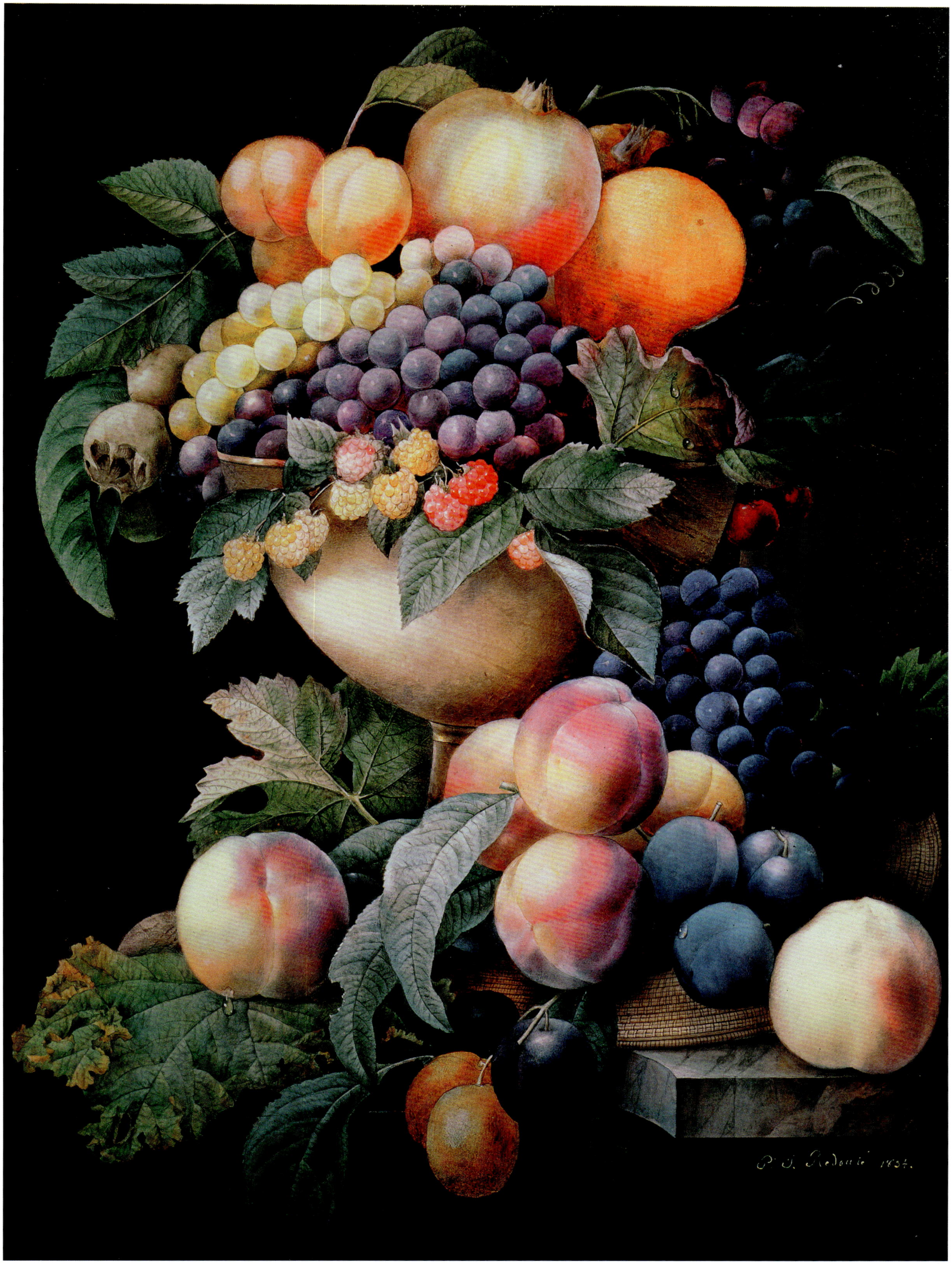
P. J. Redouté 1834.

6

Neoclassicism

Le néoclassicisme

Der Klassizismus

Clasicismo

Classicismo

Neoclassicisme

Neoclassicism

In 1785, Jacques-Louis David rang in Neoclassicism with his painting *The Oath of the Horatii*. The style, which emerged for the first time ten years earlier under the reign of Louis XV, flourished during the French Revolution and represented a radical break with Rococo. David was one of its pioneers with paintings such as *The Intervention of the Sabine Women*, *Madame Récamier*, *The Death of Marat* and *The Coronation of Napoleon*. He taught numerous other artists, including Antoine-Jean Gros, François Gérard and Anne-Louis Girodet, who moved in the circles around Napoleon I and painted portraits and battle scenes in honor of the emperor.

At the beginning of the 19th century, a second generation of painters was fo rmed around Jean-Auguste-Dominique Ingres, the master of clear lines, fine portraits and sensual nudes that were marked by a trace of Orientalism. In Neoclassicism in general there

Le néoclassicisme

En 1785, *Le Serment des Horaces* de Jacques-Louis David fait de l'artiste le chef de file du néoclassicisme.
Ce style, apparu sous le règne de Louis XVI dix ans plus tôt, va s'épanouir pleinement pendant la période de la Révolution française, et s'inscrire en rupture radicale avec le rococo. L'auteur de *L'Enlèvement des Sabines*, de *Madame Récamier*, de *La Mort de Marat* et du *Sacre de Napoléon* fait école.
Il forme de nombreux artistes, dont Antoine-Jean Gros, François Gérard, Anne Louis Girodet, qui graviteront autour de Napoléon Ier, produisant portraits et scènes de batailles à la gloire de l'empereur.
Au début du XIXe siècle, une seconde génération apparaît, autour de Jean-Auguste-Dominique Ingres, maître de la ligne pure, des portraits délicats et de nus féminins sensuels, teintés d'orientalisme. De façon générale, le néoclassicisme préconise un retour à la morale et à la vertu, en des compositions à sujets

Der Klassizismus

Im Jahr 1785 läutet Jacques-Louis David mit seinem Gemälde *Der Schwur der Horatier* den Klassizismus ein. Der Stil, der zum ersten Mal zehn Jahre vorher unter der Herrschaft Ludwigs XV. aufkam, wird sich während der Zeit der Französischen Revolution zu voller Blüte entfalten und einen radikalen Bruch mit dem Rokoko darstellen. David zählt mit seinen Gemälden wie *Die Sabinerinnen, Porträt Madame Récamier, Der Tod des Marat,* und *Die Krönung in Notre Dame* zu seinen Wegbereitern. Er unterrichtet zahlreiche andere Künstler, darunter Antoine-Jean Gros, François Gérard und Anne-Louis Girodet, die sich im Umfeld von Napoleon I. bewegten und Porträts und Schlachtenszenen zu Ehren des Kaisers malen.
Zu Beginn des 19. Jahrhunderts formiert sich eine zweite Malergeneration um Jean-Auguste-Dominique Ingres, dem Meister der klaren Linienführung, der feinen Porträts und sinnlichen Akte, die geprägt sind

Head of the Great Odalisque (study)

Tête de la grande odalisque couchée (étude)

Kopf der großen Odaliske (Studie)

Jefe de la Gran Odalisca (estudio)

Chefe da Grande Odalisca (estudo)

Hoofd van de grote odalisk (studie)

JEAN-AUGUSTE-DOMINIQUE INGRES (1780-1867)

1814, Oil on canvas/Huile sur toile, 33 × 33,5 cm, Musée des Beaux-Arts, Cambrai

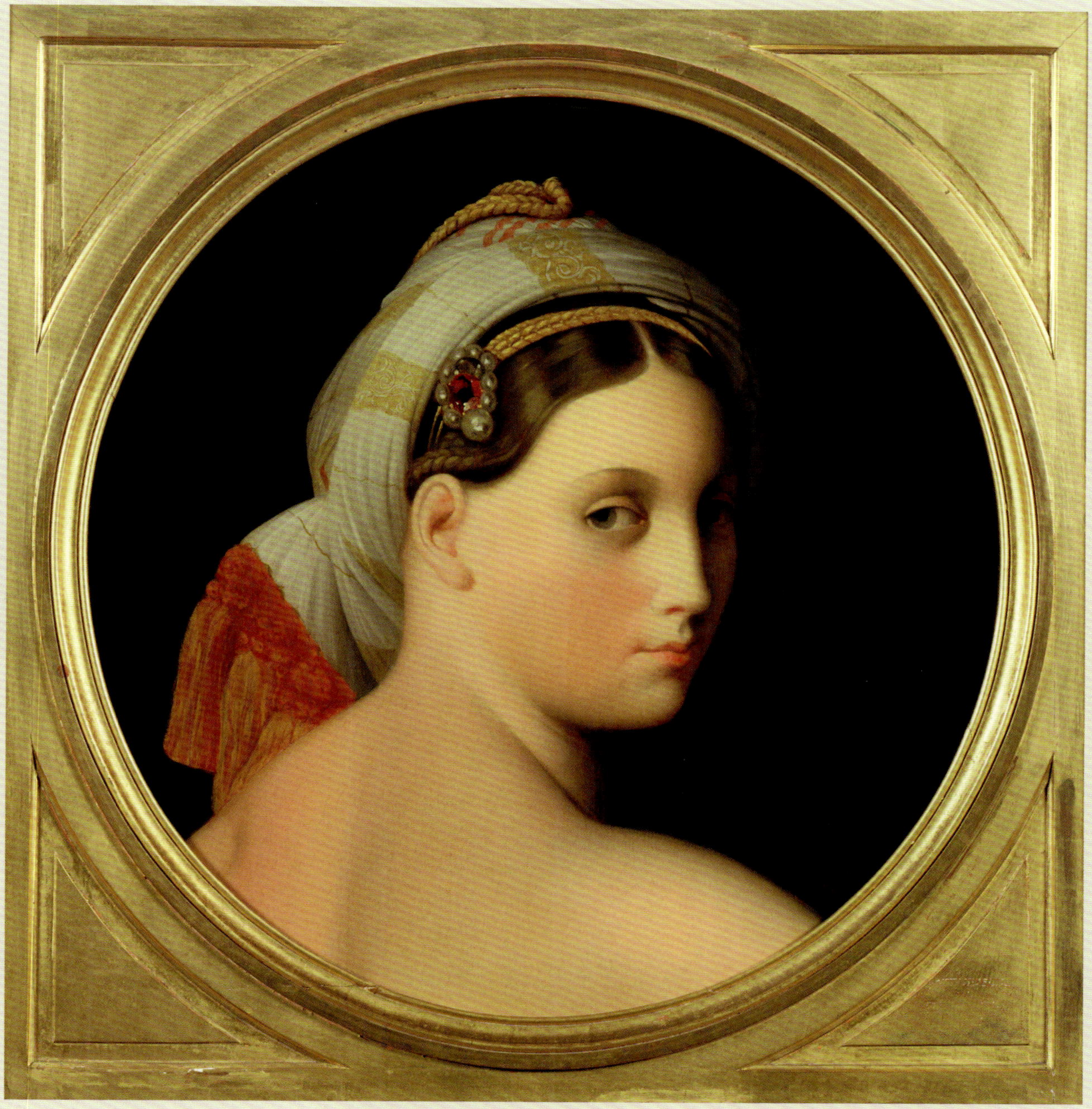

Clasicismo

En 1785, Jacques-Louis David resonó en el clasicismo con su cuadro *El juramento del Horacio*. El estilo, que surgió por primera vez diez años antes bajo el reinado de Luis XV, florecerá durante la Revolución Francesa y representará una ruptura radical con el rococó. David es uno de sus pioneros con pinturas como *Las Hermanas Sabinas, Retrato Madame Récamier, La Muerte de Marat* y *La Coronación en Notre Dame*. Enseñó a muchos otros artistas, entre ellos Antoine-Jean Gros, François Gérard y Anne-Louis Girodet, que se inclinaron por Napoleón I y pintaron retratos y escenas de batalla en honor al emperador.

A principios del siglo XIX se formó una segunda generación de pintores en torno a Jean-Auguste-Dominique Ingres, maestro de líneas claras, retratos finos y desnudos sensuales marcados por un rastro de orientalismo. En el clasicismo en general hubo un retorno a la moral y a la virtud. Las composiciones

Classicismo

Em 1785, Jacques-Louis David tocou em classicismo com sua pintura *O Juramento do Horácio*. O estilo, que surgiu pela primeira vez dez anos antes sob o reinado de Luís XV, florescerá durante a Revolução Francesa e representará uma ruptura radical com o Rococo. David é um dos seus pioneiros com pinturas como *As Irmãs Sabine, Madame Récamier, A Morte de Marat* e *A Coroção de Napoleão*. Ele ensinou inúmeros outros artistas, incluindo Antoine-Jean Gros, François Gérard e Anne-Louis Girodet, que se deslocou em torno de Napoleão I e pintou retratos e cenas de batalha em honra do imperador.

No início do século XIX, uma segunda geração de pintores foi formada em torno de Jean-Auguste-Dominique Ingres, o mestre das linhas claras, retratos finos e nus sensuais que foram marcados por um traço de orientalismo. No classicismo em geral, houve um retorno à moralidade e à virtude. As composições

Neoclassicisme

In 1785 luidde Jacques-Louis David met zijn schilderij *De eed van de Horatii* het neoclassicisme in. De stijl, die voor het eerst tien jaar eerder tijdens het bewind van Lodewijk XV opkwam, zou tijdens de Franse Revolutie tot bloei komen en een radicale breuk met het rococo betekenen. David is met schilderijen als *De Sabijnse vrouwen tussen de strijdende partijen, Portret van Madame Récamier, De dood van Marat* en *De kroning van Napoleon* een van de wegbereiders. Hij gaf les aan tal van andere kunstenaars, onder wie Antoine-Jean Gros, François Gérard en Anne-Louis Girodet, die zich in de omgeving van Napoleon I ophielden en portretten en gevechtsscènes schilderden ter ere van de keizer.

Begin 19e eeuw vormde zich een tweede generatie schilders rond Jean-Auguste-Dominique Ingres, de meester van de heldere lijnen, delicate portretten en sensuele naakten die gekenmerkt werden door een vleugje oriëntalisme. In het neoclassicisme was er in

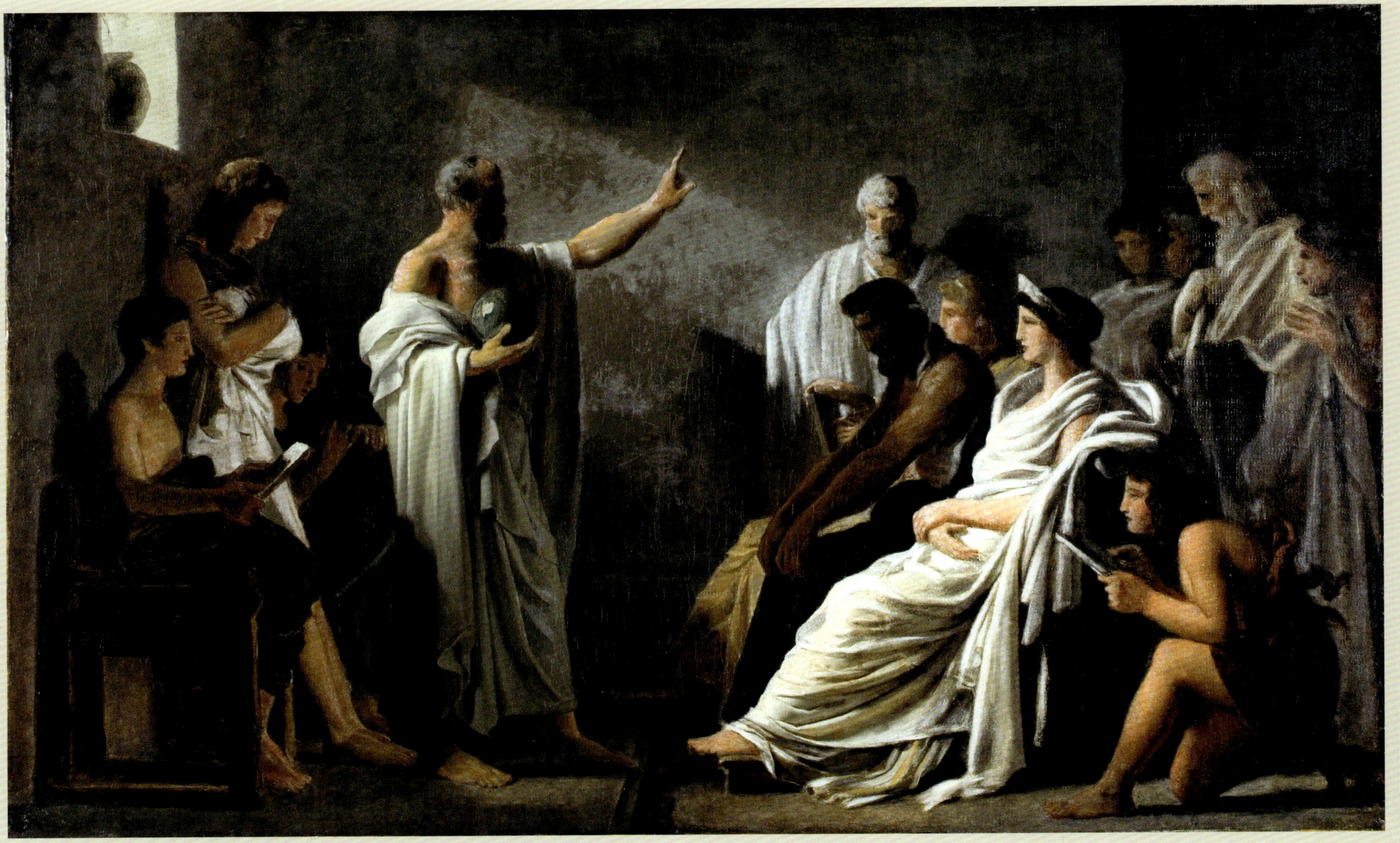

was a return to morality and virtue. The compositions show historical or mythological themes in which multiple references to Greek or Roman antiquity (colonnades, drapery) can be found. The official salon now played a decisive role in an artist's career. In order to receive new commissions and to be included in state collections, painters had to submit to the criteria of the Académie. The representation dominated the coloring. The strictly constructed compositions were arranged like bas-reliefs as friezes. Some artists who belonged to Neoclassicism detached themselves from these requirements by creating more original, personal and intimate works. Among them were Hippolyte Flandrin, with his male nudes full of melancholy, or Louis-Léopold Boilly, a rather unknown painter and astute chronicler of society, who captivated with his attention to detail.

historiques ou mythologiques, qui multiplient les références à l'Antiquité grecque ou romaine (les architectures à colonnades, les plis des drapés…). À cette époque, le Salon officiel revêt une importance considérable pour tout artiste qui ambitionne de faire carrière. Pour se voir confier de nouvelles commandes et pouvoir entrer dans les collections de l'État, les peintres se doivent d'adhérer aux critères défendus par l'Académie royale de peinture et de sculpture. Le dessin l'emporte sur la couleur, et les compositions, rigoureusement construites, s'organisent en frise à la manière des bas-reliefs. Certains artistes, stylistiquement associés au néoclassicisme, sauront s'en démarquer par des œuvres plus originales, plus personnelles, plus intimistes. Ainsi d'Hippolyte Flandrin et de ses nus masculins empreints de mélancolie, ou de Louis-Léopold Boilly, peintre méconnu d'une minutie extraordinaire, et fin chroniqueur de la société de son époque.

durch eine Spur Orientalismus. Generell erfolgte im Klassizismus eine Rückbesinnung auf die Moral und die Tugend. Die Kompositionen zeigen historische oder mythologische Themen, in denen vielfache Bezüge zur griechischen oder römischen Antike (Säulengänge, Faltenwurf der Draperie) zu finden sind. Der offizielle Salon spielt nun eine entscheidende Rolle in der Karriere eines Künstlers. Um neue Aufträge zu erhalten und um in die staatlichen Sammlungen aufgenommen zu werden, müssen sich die Maler den Kriterien der Académie unterwerfen. Die Darstellung dominiert die Farbe. Die streng konstruierten Kompositionen sind friesartig wie bei Flachreliefs angeordnet. Einige Künstler, die dem Klassizismus zugeordnet werden, lösen sich durch originellere, persönlichere und intimere Werke von diesen Vorgaben. Zu ihnen zählen Hippolyte Flandrin, mit seinen männlichen Akten voller Melancholie, oder Louis-Léopold Boilly, ein eher unbekannter Maler und scharfsinniger Chronist der Gesellschaft, der durch seine Detailtreue besticht.

The Earth is Round Pythagoras

La Terre est ronde Pythagore

Die Erde ist rund Pythagoras

La tierra es redonda, Pitágoras

A terra é redonda Pitágoras

De aarde is rond, Pythagoras

PIERRE-NARCISSE GUÉRIN (1774-1833)
Oil on canvas/Huile sur toile, 58,4 × 96,5 cm,
Davis Museum and Cultural Center, Wellesley

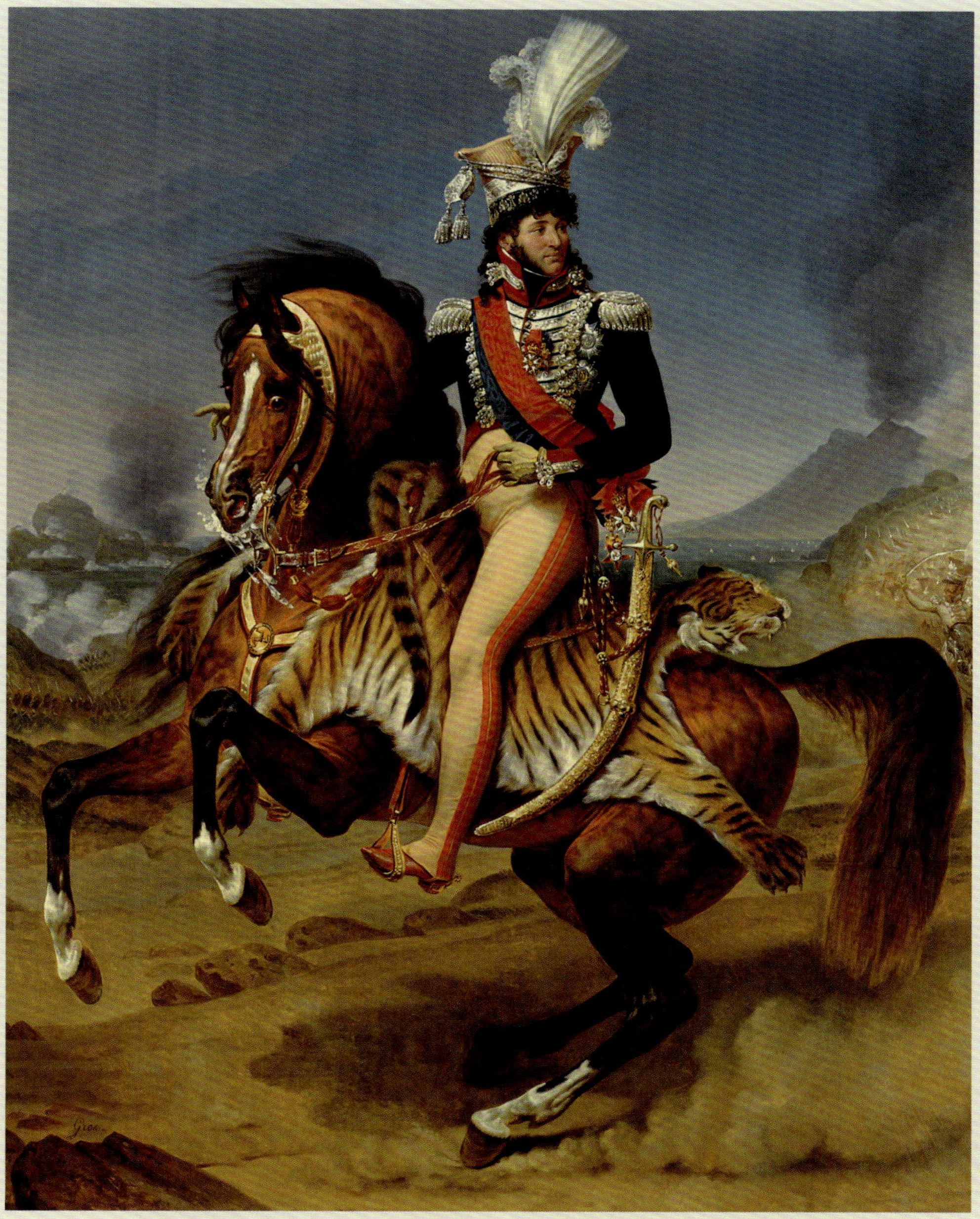

Joachim Murat (1767-1615), King of Naples

Joachim Murat (1767-1815), roi de Naples

Joachim Murat (1767-1615), König von Neapel

Joaquín Murat (1767-1615), rey de Nápoles

Joachim Murat (1767-1615), Rei de Nápoles

Joachim Murat (1767-1815), koning van Napels

ANTOINE-JEAN GROS (1771-1835)
1812, Oil on canvas/Huile sur toile, 343 × 280 cm, Musée du Louvre, Paris

muestran temas históricos o mitológicos en los que se pueden encontrar múltiples referencias a la antigüedad griega o romana (columnatas, cortinas). El salón oficial desempeña ahora un papel decisivo en la carrera de un artista. Para recibir nuevos encargos y ser incluidos en las colecciones estatales, los pintores deben someterse a los criterios de la Academia. La representación domina el color. Las composiciones estrictamente construidas están dispuestas en forma de friso como bajorrelieves. Algunos artistas que pertenecen al clasicismo se desprenden de estas exigencias creando obras más originales, personales e íntimas. Entre ellos están Hippolyte Flandrin, con sus desnudos masculinos llenos de melancolía, o Louis-Léopold Boilly, un pintor bastante desconocido y cronista astuto de la sociedad, que cautiva con su atención a los detalles.

mostram temas históricos ou mitológicos em que podem ser encontradas múltiplas referências à antiguidade grega ou romana (colunatas, drapeados). O salão oficial desempenha agora um papel decisivo na carreira de um artista. Para receberem novas comissões e serem incluídos nas colecções estatais, os pintores devem submeter-se aos critérios da Académie. A representação domina a cor. As composições estritamente construídas são arranjadas em forma de frisos como baixos-relevos. Alguns artistas que pertencem ao classicismo se distanciam dessas exigências criando obras mais originais, pessoais e íntimas. Entre eles está Hippolyte Flandrin, com seus nus masculinos cheios de melancolia, ou Louis-Léopold Boilly, um pintor bastante desconhecido e astuto cronista da sociedade, que cativa com sua atenção aos detalhes.

het algemeen een terugkeer naar moraal en deugd. De composities tonen historische of mythologische onderwerpen, waarin meerdere verwijzingen naar de Griekse of Romeinse oudheid (colonnades, draperieën) terug te vinden zijn. De officiële Salon speelde nu een beslissende rol in de carrière van een kunstenaar. Om nieuwe opdrachten te krijgen en in rijkscollecties te worden opgenomen, moesten schilders voldoen aan de criteria van de Académie. De voorstelling domineerde over de kleur. De streng geconstrueerde composities zijn opgebouwd als friesachtige bas-reliëfs. Sommige kunstenaars die tot het neoclassicisme gerekend worden, distantieerden zich van deze eisen door originelere, persoonlijkere en intiemere werken te schilderen. Tot die groep behoorden Hippolyte Flandrin, met zijn melancholieke mannelijke naakten, en Louis-Léopold Boilly, een tamelijk onbekende schilder en scherpzinnig chroniqueur van de maatschappij, die bekoort met zijn aandacht voor detail.

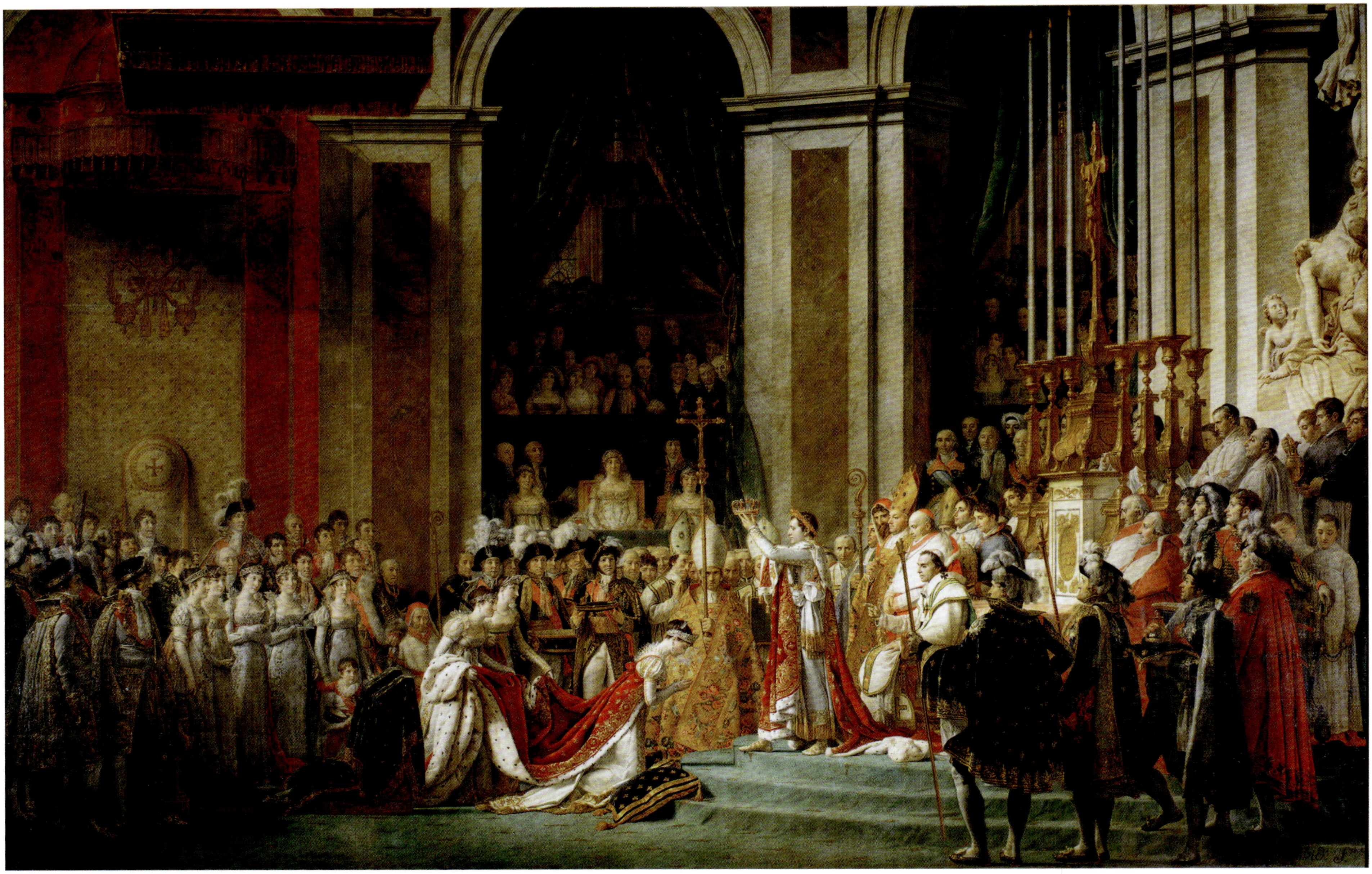

The Coronation of Napoleon
At Napoleon's request, David made some changes to reality. The impressive painting unites the emperor's family, the most important dignitaries of the country, the Pope, the cardinals and the bishops.

Sacre de l'empereur Napoléon Ier et couronnement de l'impératrice Joséphine dans la cathédrale Notre-Dame de Paris, le 2 décembre 1804
Malgré quelques arrangements avec la réalité voulus par Napoléon Ier, ce tableau spectaculaire réunit la famille de l'empereur, les grands dignitaires de l'Empire, le pape, les cardinaux et les évêques.

Die Krönung Napoleons
Auf Wunsch Napoleons nahm David einige Änderungen an der Realität vor. Das imposante Gemälde vereint die Familie des Kaisers, die wichtigsten Würdenträger des Landes, den Papst, die Kardinäle und die Bischöfe.

La coronación de Napoleón
A petición de Napoleón, David hizo algunos cambios en la realidad. La impresionante pintura une a la familia del emperador, a los dignatarios más importantes del país, al papa, a los cardenales y a los obispos.

A coroação de Napoleão
A pedido de Napoleão, David fez algumas alterações à realidade. A impressionante pintura une a família do imperador, os dignitários mais importantes do país, o papa, os cardeais e os bispos.

De kroning van Napoleon
Op verzoek van Napoleon deed David de werkelijke situatie hier en daar geweld aan. Het indrukwekkende schilderij verenigt de keizerlijke familie, de belangrijkste hoogwaardigheidsbekleders van het land, de paus, de kardinalen en de bisschoppen.

JACQUES-LOUIS DAVID (1748-1825)
1806/07, Oil on canvas/Huile sur toile, 621 × 979 cm, Musée du Louvre, Paris

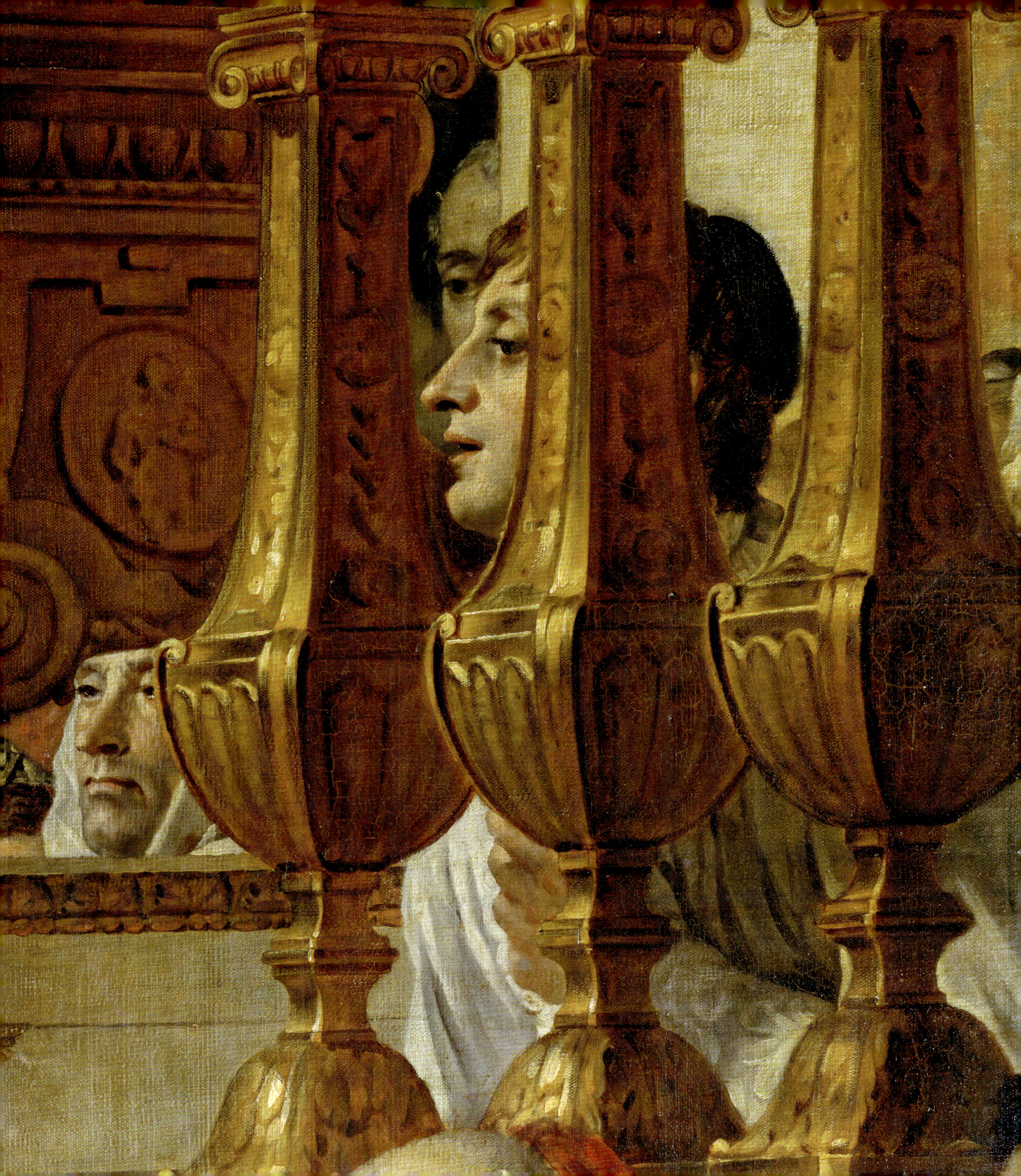

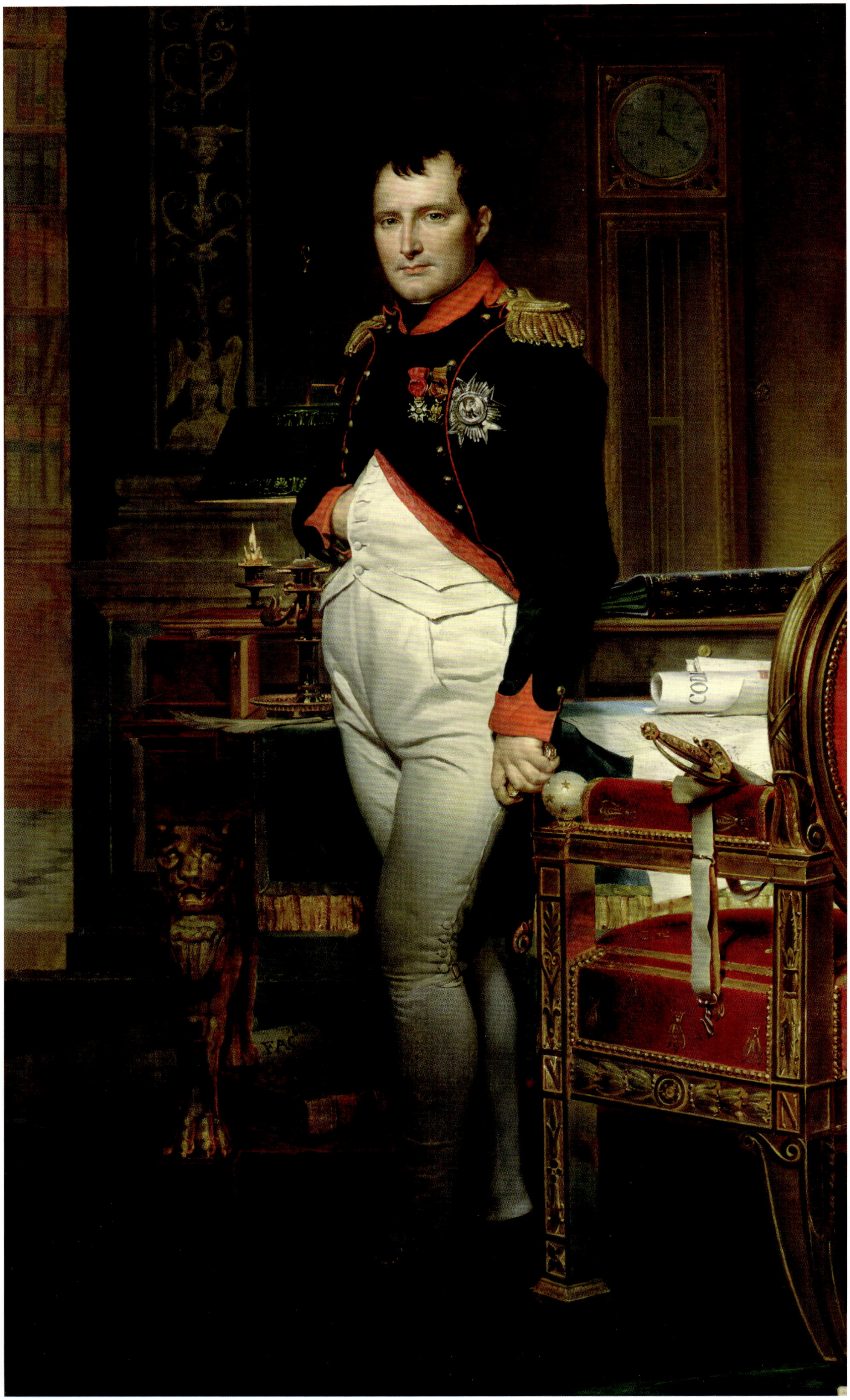

The Emperor Napoleon in his Study at the Tuileries

L'Empereur Napoléon dans son bureau aux Tuileries

Der Kaiser Napoleon in seinem Arbeitszimmer im Tuilerien-Palast

El emperador Napoleón en su estudio en el Palacio de las Tullerías

O Imperador Napoleão no seu estudo no Palácio das Tuileries

Keizer Napoleon in zijn studeerkamer in de Tuilerieën

JACQUES-LOUIS DAVID (1748-1825)

1812, Oil on canvas/Huile sur toile, 205 × 128 cm, Private collection

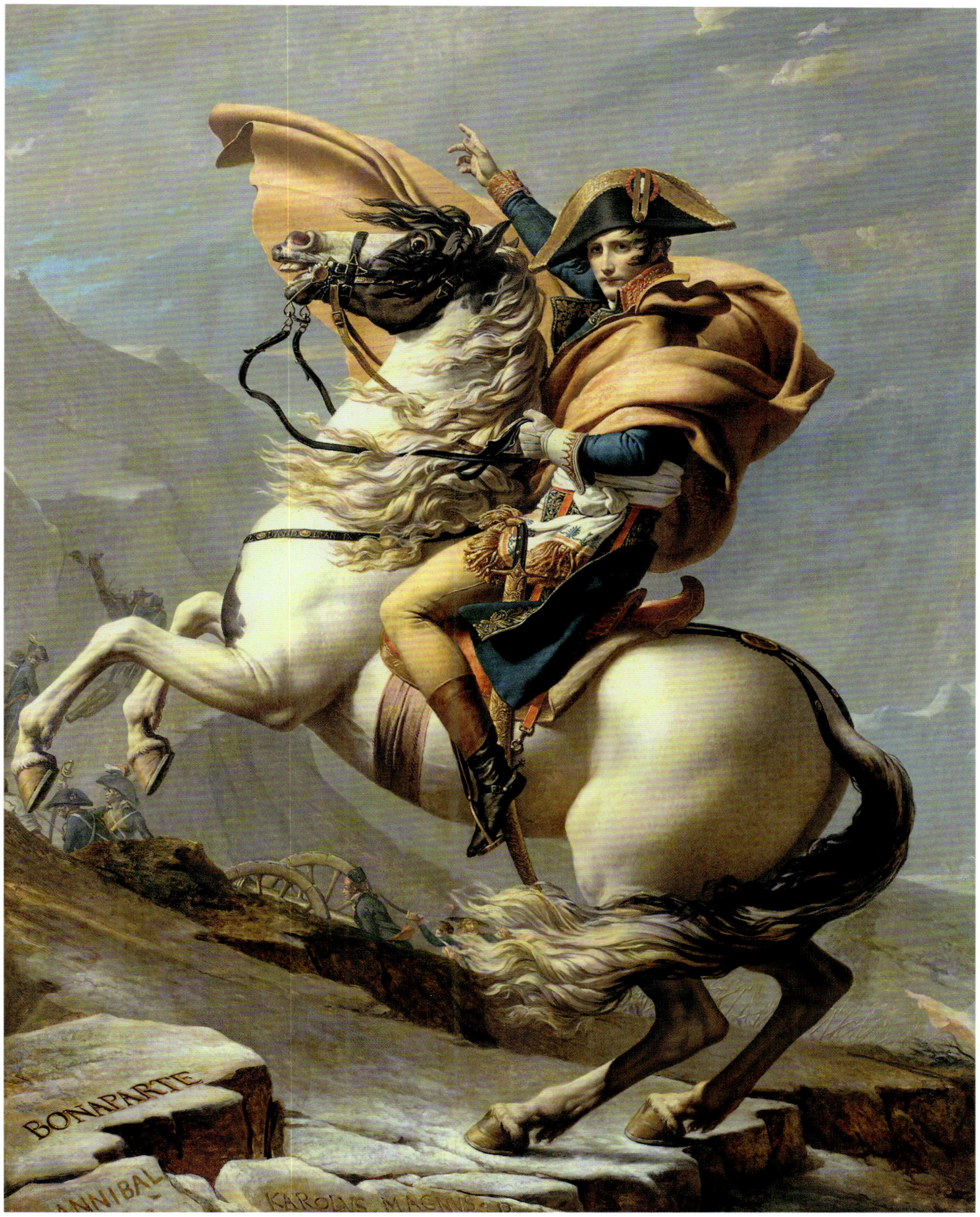

Napoleon Bonaparte crossing the Alps at Great Saint Bernard Pass
The artist painted five versions of this propagandistic portrait in honour of the First Consul. It shows Napoleon crossing the summit of the Great St. Bernard at the beginning of the Second Coalition War.

Le Premier Consul franchissant les Alpes au col du Grand Saint-Bernard
L'artiste a peint cinq versions de ce portrait de propagande, à la gloire du Premier consul, en train de franchir le col du Grand-Saint-Bernard, dans les Alpes, au début de la seconde campagne d'Italie.

Bonaparte beim Überschreiten der Alpen am Großen Sankt Bernhard
Von diesem propagandistischen Porträt zu Ehren des Ersten Konsuls malte der Künstler fünf Versionen. Es zeigt Napoleon beim Überqueren des Gipfels des Großen St. Bernhards zu Beginn des Zweiten Koalitionskrieges.

Bonaparte cruzando los Alpes en el Gran San Bernardo
El artista pintó cinco versiones de este retrato propagandístico en honor al Primer Cónsul. Muestra a Napoleón cruzando la cima del Gran San Bernardo, en los Alpes, al comienzo de la Segunda Guerra de Coalición.

Bonaparte atravessando os Alpes no Grande São Bernardo
O artista pintou cinco versões deste retrato propagandístico em homenagem ao Primeiro Cônsul. Mostra Napoleão atravessando o cume do Grande São Bernardo no início da Segunda Guerra da Coligação.

Bonaparte steekt de Alpen over bij de Grote Sint-Bernhardpas
De kunstenaar schilderde vijf versies van dit propagandistische portret ter ere van de eerste consul. Het toont Napoleon die aan het begin van de Tweede Coalitieoorlog de top van de Grote Sint-Bernhardpas oversteekt.

JACQUES-LOUIS DAVID (1748-1825)

c. 1800/01, Oil on canvas/Huile sur toile, 260 × 221 cm, Musée National du Château de Malmaison, Rueil-Malmaison

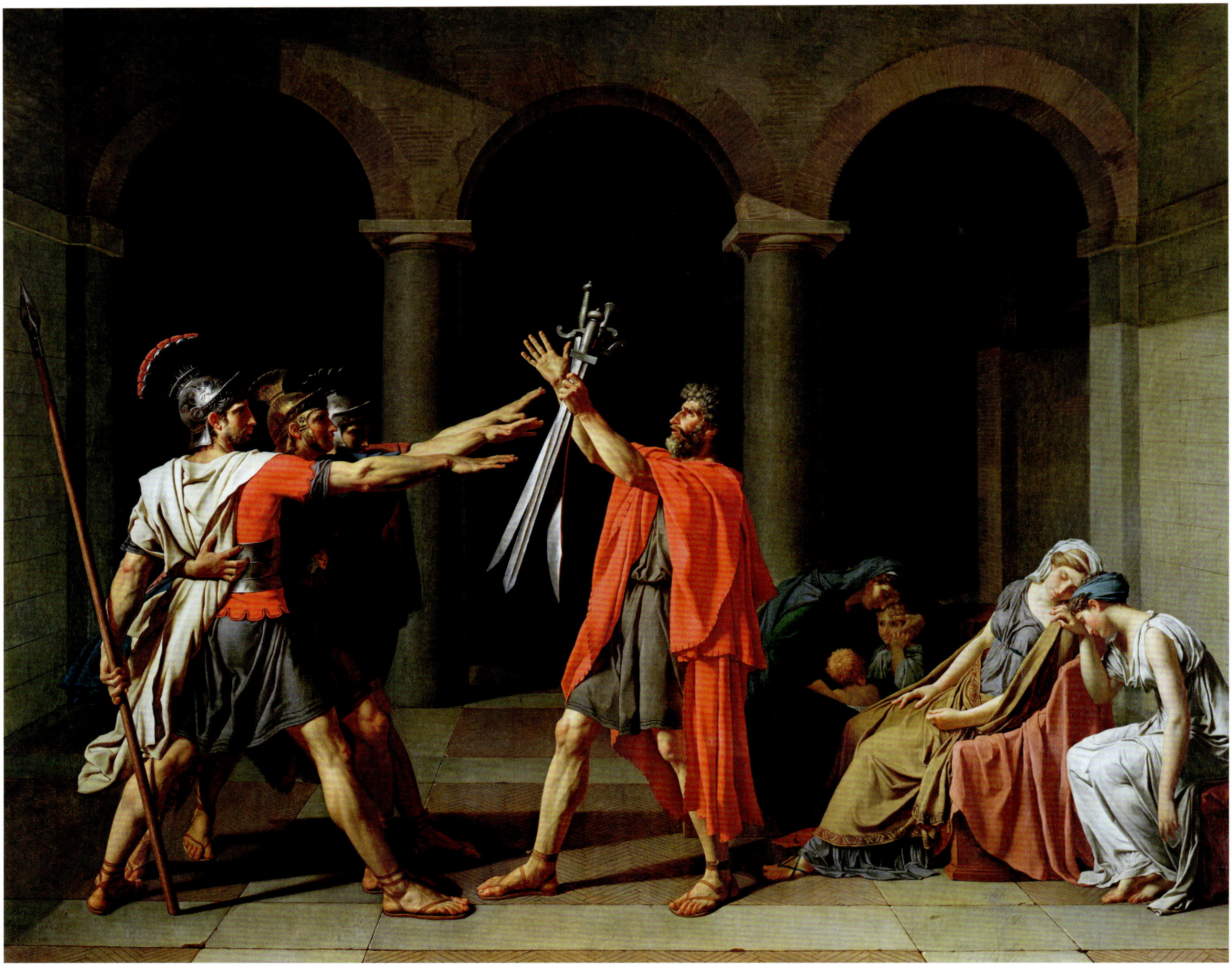

The Oath of the Horatii

The painting became a manifesto of Neoclassicism and at the same time a radical break with rococo. The composition of the motif from ancient Roman history is in perfect balance.

Le Serment des Horaces

En rupture radicale avec le rococo, *Le Serment des Horaces* est un véritable manifeste du néoclassicisme. Le sujet est inspiré de l'histoire antique romaine, et la composition d'un équilibre parfait.

Der Schwur der Horatier

Das Gemälde wurde zum Manifest des Klassizismus und war gleichzeitig ein radikaler Bruch mit dem Rokoko. Die Komposition des Motivs aus der antiken römischen Geschichte befindet sich im perfekten Gleichgewicht.

El juramento del Horatier

La pintura se convirtió en un verdadero manifiesto del clasicismo y al mismo tiempo en una ruptura radical con el rococó. El motivo está inspirado en la antigua historia romana y la composición está en perfecto equilibrio.

O Juramento do Horácio

A pintura tornou-se um manifesto de classicismo e, ao mesmo tempo, uma ruptura radical com o rococó. A composição do motivo da história romana antiga está em perfeito equilíbrio.

De eed van de Horatii

Het schilderij werd een manifest van het neoclassicisme en betekende tegelijkertijd een radicale breuk met het rococo. De compositie van dit onderwerp uit de oude Romeinse geschiedenis is perfect in balans.

JACQUES-LOUIS DAVID (1748-1825)

1784, Oil on canvas/Huile sur toile, 330 × 425 cm, Musée du Louvre, Paris

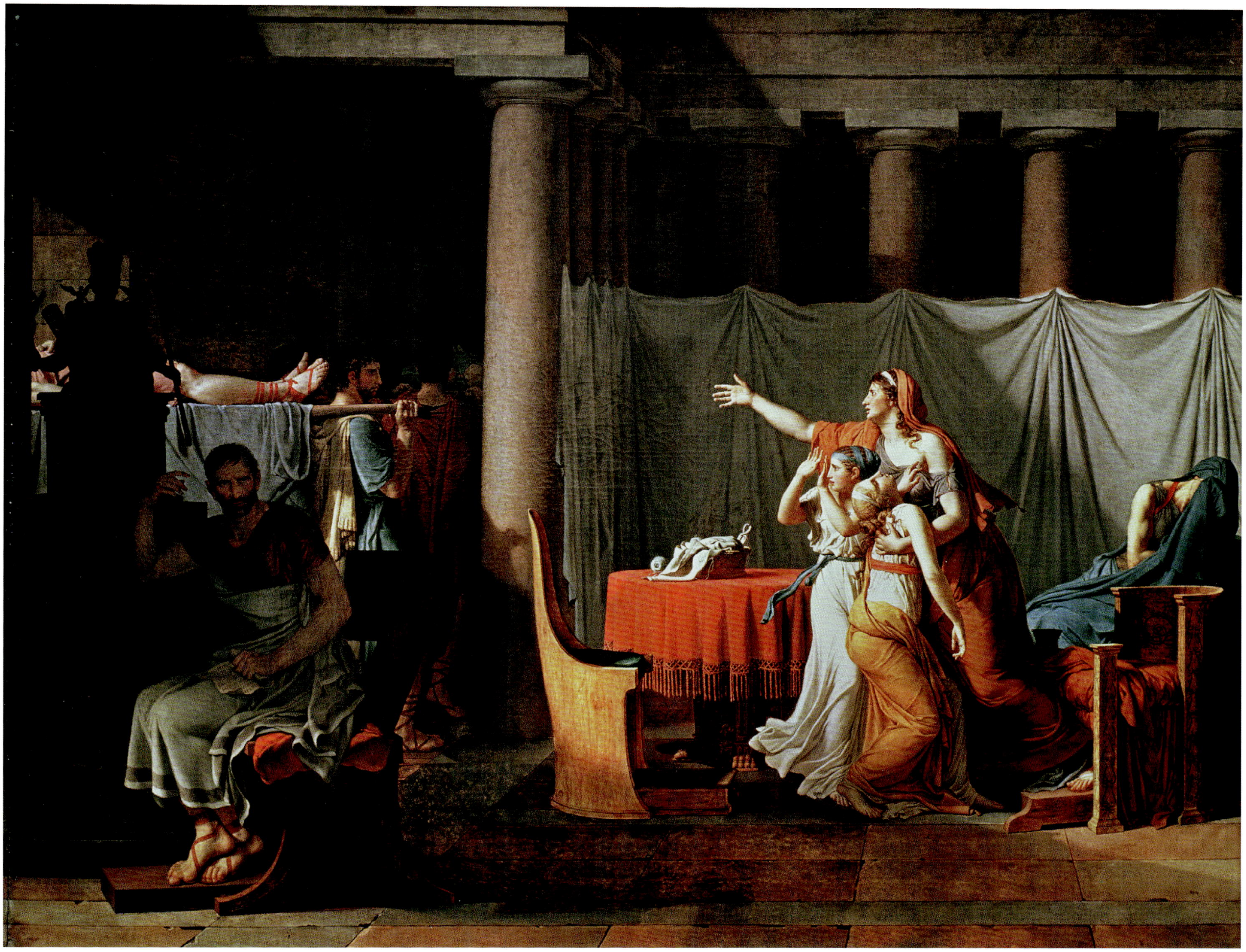

The Lictors Bring to Brutus the Bodies of His Sons

Les Licteurs rapportent à Brutus les corps de ses fils

Brutus, dem die Leichen seiner Söhne ins Haus gebracht werden

Los licenciantes le traen de vuelta a Bruto los cuerpos de sus hijos

Brutus, a quem os cadáveres de seus filhos são levados para dentro da casa

De lictoren brengen Brutus de lichamen van zijn zonen

JACQUES-LOUIS DAVID (1748-1825)

1789, Oil on canvas/Huile sur toile, 323 × 422 cm, Musée du Louvre, Paris

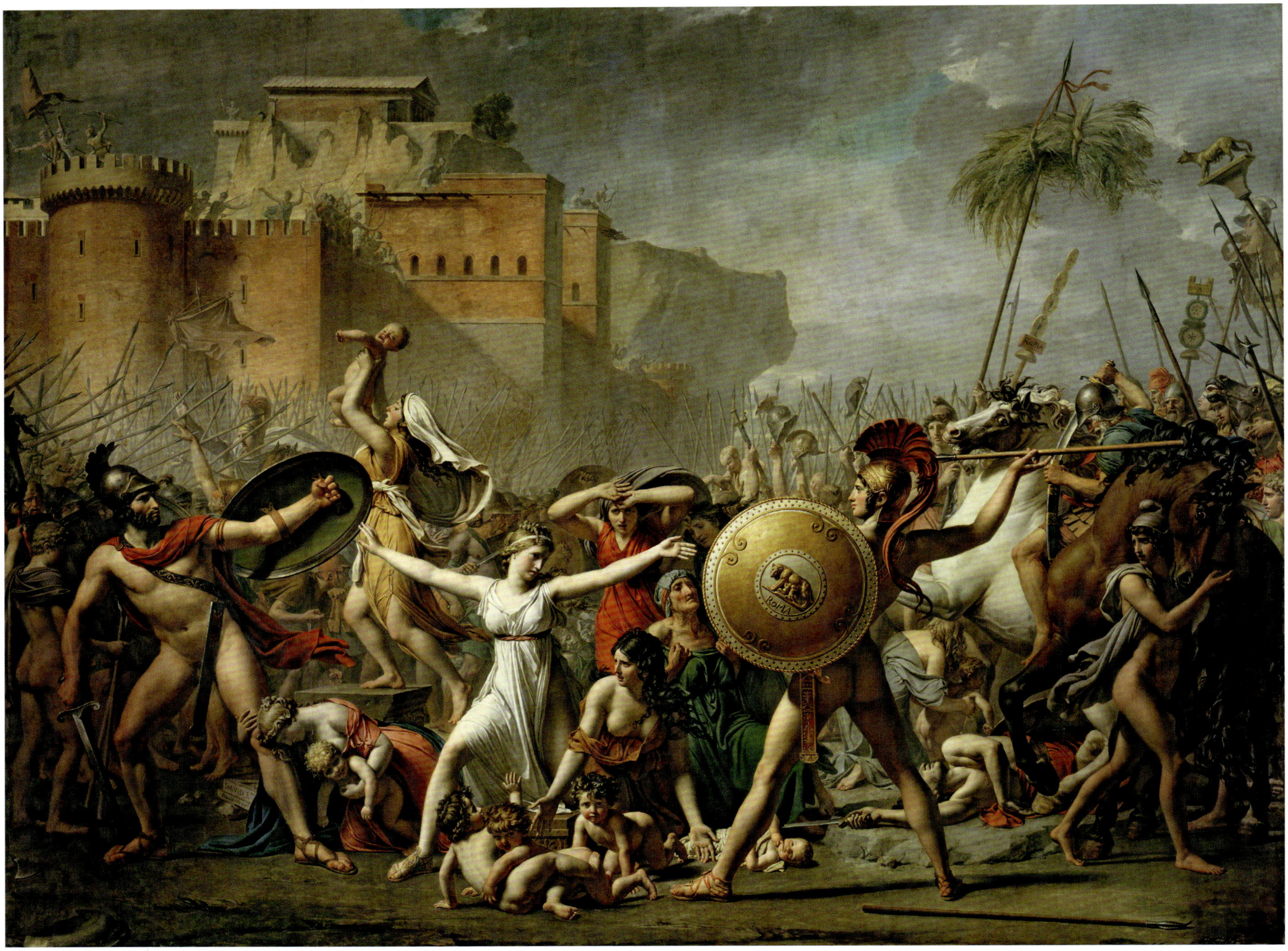

The Intervention of the Sabine Women

Although the motif is of Roman origin, David uses Greek elements in the design. He depicts the warriors at the centre of the composition naked - like ancient Greek statues.

Les Sabines

Si le sujet est romain, David a voulu ici se rapprocher de l'art grec. Au sein d'une composition en frise, il a choisi de représenter ses guerriers nus, à la manière de la statuaire grecque antique.

Die Sabinerinnen

Das Motiv ist zwar römischen Ursprungs, David greift bei der Gestaltung aber auf griechische Elemente zurück. Die Krieger im Zentrum der Komposition stellt er nackt dar - wie antike griechische Statuen.

El rapto de las sabinas

Aunque el motivo es de origen romano, David utiliza elementos griegos en el diseño. Representa a los guerreros en el centro de la composición desnudos, como si fueran estatuas griegas antiguas.

As Irmãs Sabine

Embora o motivo seja de origem romana, David usa elementos gregos no desenho. Ele retrata os guerreiros no centro da composição nus - como estátuas gregas antigas.

De Sabijnse vrouwen tussen de strijdende partijen

Hoewel het onderwerp van Romeinse oorsprong is, gebruikte David Griekse elementen in het ontwerp. Hij schilderde de krijgers in het midden van de compositie naakt - als oude Griekse beelden.

JACQUES-LOUIS DAVID (1748-1825)

1799, Oil on canvas/Huile sur toile, 385 × 522 cm, Musée du Louvre, Paris

The Death of Marat
The revolutionary Marat, who fought against the king and the Girondists, was stabbed to death by Charlotte Corday in his bathtub on 13 July 1793. The picture bears the features of a Pietà.

La Mort de Marat
Engagé contre le roi et les girondins, surnommé « l'ami du peuple », le révolutionnaire Marat est assassiné dans sa baignoire par Charlotte Corday le 13 juillet 1793. L'œuvre a les allures d'une Pietà.

Der Tod des Marat
Der Revolutionär Marat, der sich gegen den König und die Girondisten einsetzte, wird am 13. Juli 1793 von Charlotte Corday in seiner Badewanne erstochen. Das Bild trägt die Züge einer Pietà.

La muerte de Marat
El revolucionario Marat, que luchó contra el rey y los girondistas, fue apuñalado hasta la muerte por Charlotte Corday en su bañera el 13 de julio de 1793. La imagen muestra las características de una Pietà.

A morte de Marat
O revolucionário Marat, que lutou contra o rei e os Girondistas, foi esfaqueado até a morte por Charlotte Corday em sua banheira em 13 de julho de 1793. A imagem tem as características de uma Pietà.

De dood van Marat
De revolutionair Marat, die tegen de koning en de girondijnen vocht, werd op 13 juli 1793 door Charlotte Corday in zijn badkuip doodgestoken. Het schilderij heeft de kenmerken van een Pietà.

JACQUES-LOUIS DAVID (1748-1825)
1793, Oil on canvas/Huile sur toile, 165 × 128 cm, Musées Royaux des Beaux-Arts de Belgique, Bruxelles

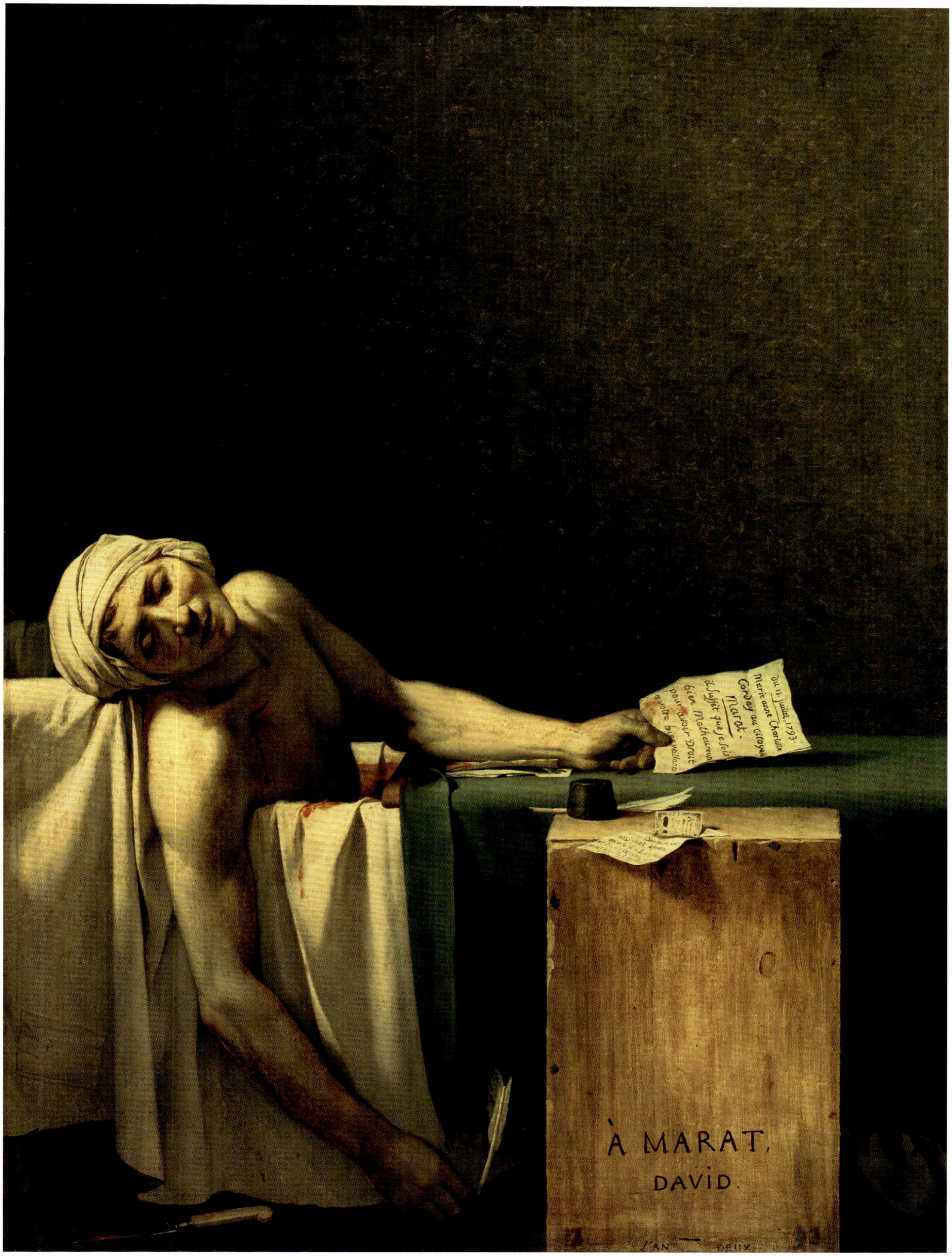

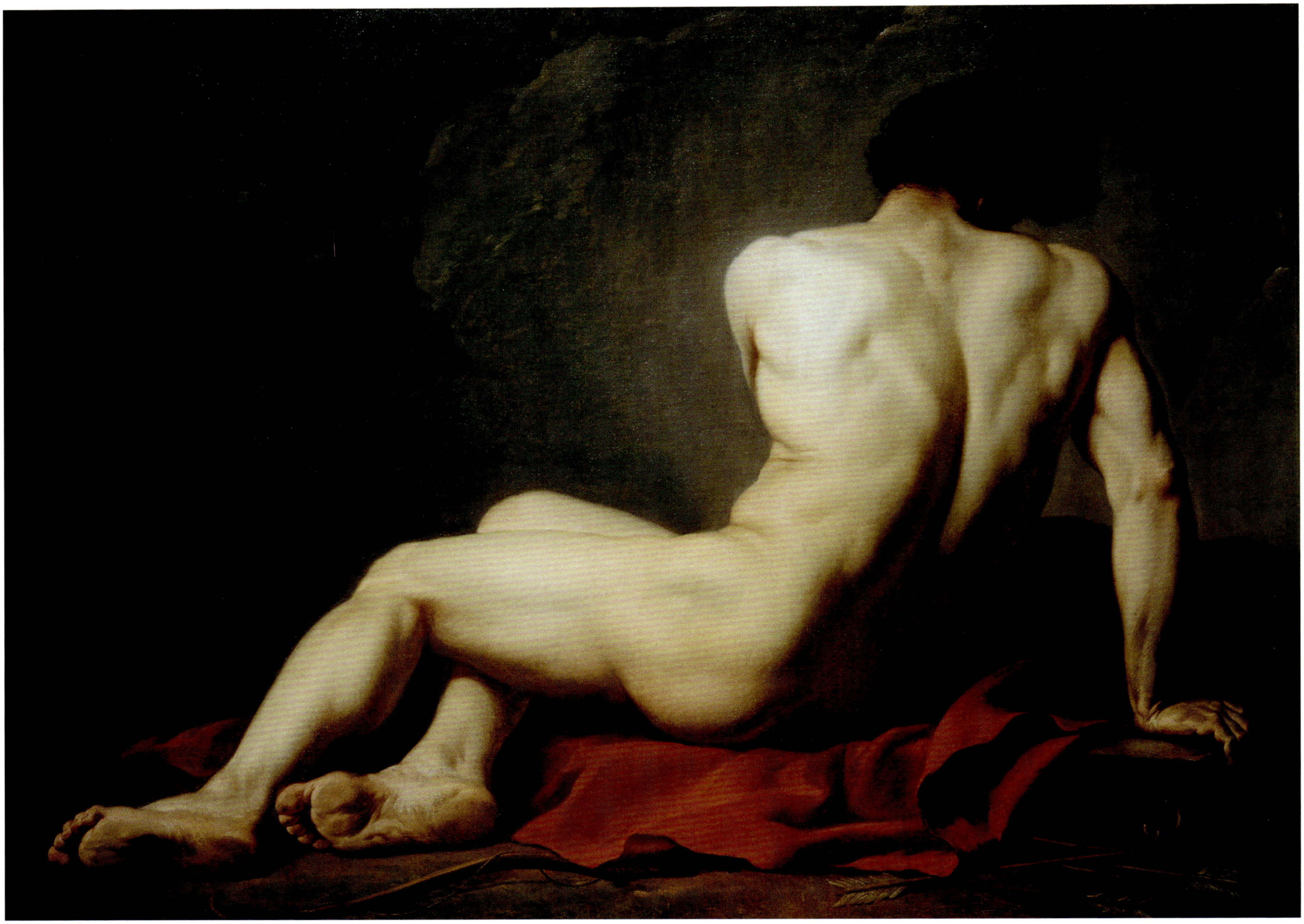

Male Nude, *known as* Patroclus

Académie d'homme, *dit aussi* Patrocle

Aktstudie, *genannt* Patroklos

Desnudo masculino *conocido como* Patroclus

Estudo nu *chamado* Patroklos

Naaktstudie, Patroclus *genaamd*

JACQUES-LOUIS DAVID (1748-1825)

1780, Oil on canvas/Huile sur toile, 121,5 × 170,5 cm, Musée Thomas Henry, Cherbourg-en-Cotentin

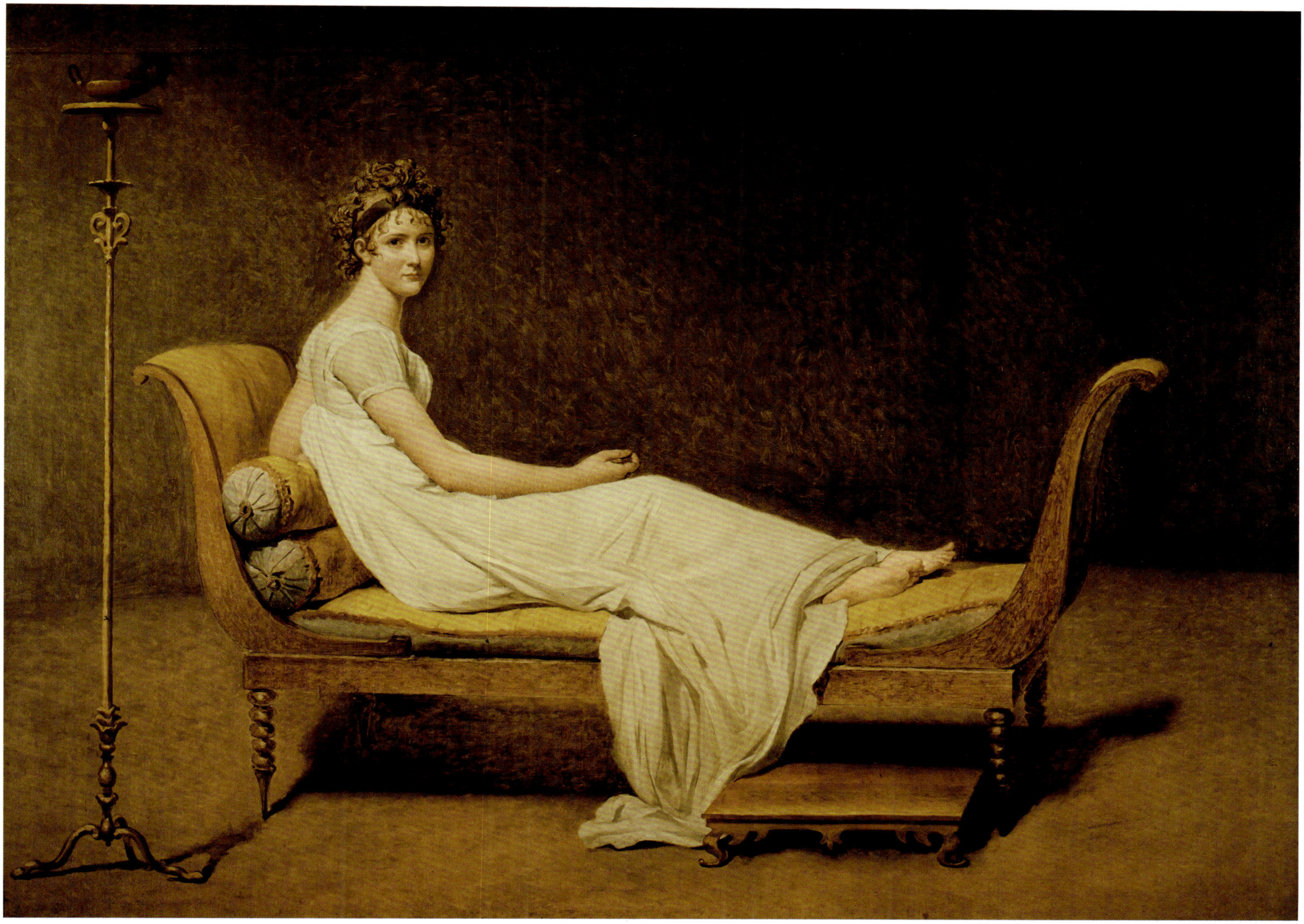

Madame Récamier
A celebrity of her time, Juliette Récamier regularly invited people to salons in her Parisian home. David painted them in front of a sketchy background on a chaise longue next to a Pompeian candlestick.

Madame Récamier, née Julie (dite Juliette) Bernard (1777-1849)
Femme du monde et amie des artistes, Juliette Récamier tenait salon dans son hôtel particulier parisien. David la représente dans un décor épuré, sur une méridienne, à côté d'un candélabre pompéien.

JACQUES-LOUIS DAVID (1748-1825)
1800, Oil on canvas/Huile sur toile, 174 × 244 cm, Musée du Louvre, Paris

Madame Récamier
Als Prominente ihrer Zeit lud Juliette Récamier in ihrem Pariser Wohnhaus regelmäßig zu Salons ein. David malte sie vor einer skizzenhaften Umgebung auf einer Chaiselongue neben einem pompejanischen Kerzenhalter.

Madame Récamier
Como celebridades de su tiempo, Juliette Récamier invitaba regularmente a gente a los salones de su casa parisina. David la representa en un ambiente refinado, sobre un chaise longue, junto a un candelabro pompeyano.

Madame Récamier
Como celebridades do seu tempo, Juliette Récamier convidava regularmente pessoas para salões de beleza na sua casa parisiense. David pintou-os em frente a um ambiente esboçado numa chaise longue ao lado de um castiçal de Pompeu.

Portret van Madame Récamier
Als beroemdheid van haar tijd nodigde Juliette Récamier regelmatig mensen uit voor salons in haar Parijse huis. David schilderde haar voor een schetsmatige achtergrond op een chaise longue naast een Pompejische kandelaar.

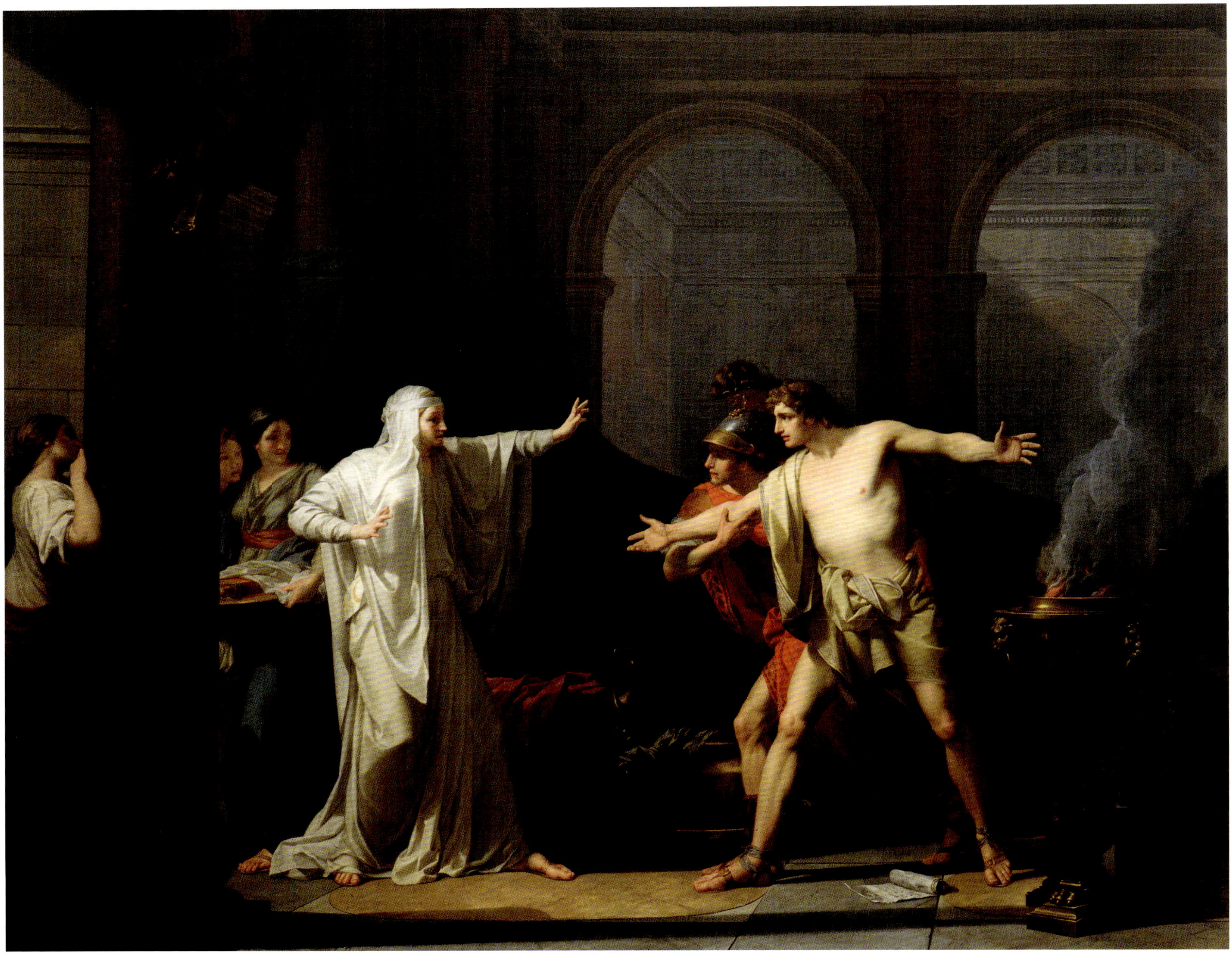

Orestes and Iphigenia on Tauris

Oreste et Iphigénie en Tauride

Orestes und Iphigenie auf Tauris

Orestes e Ifigenia en Tauris

Orestes e Iphigenia sobre Tauris

Orestes en Iphigenia in Tauris

JEAN-BAPTISTE REGNAULT (1754-1829)

1787, Oil on canvas/Huile sur toile, 322 × 419 cm, Musée des Beaux-Arts, Marseille

The Three Graces

Les Trois Grâces

Die drei Grazien

Las tres Gracias

As Três Graças

De drie gratiën

JEAN-BAPTISTE REGNAULT

(1754-1829)

1793-94, Oil on canvas/
Huile sur toile, 204 × 153 cm,
Musée du Louvre, Paris

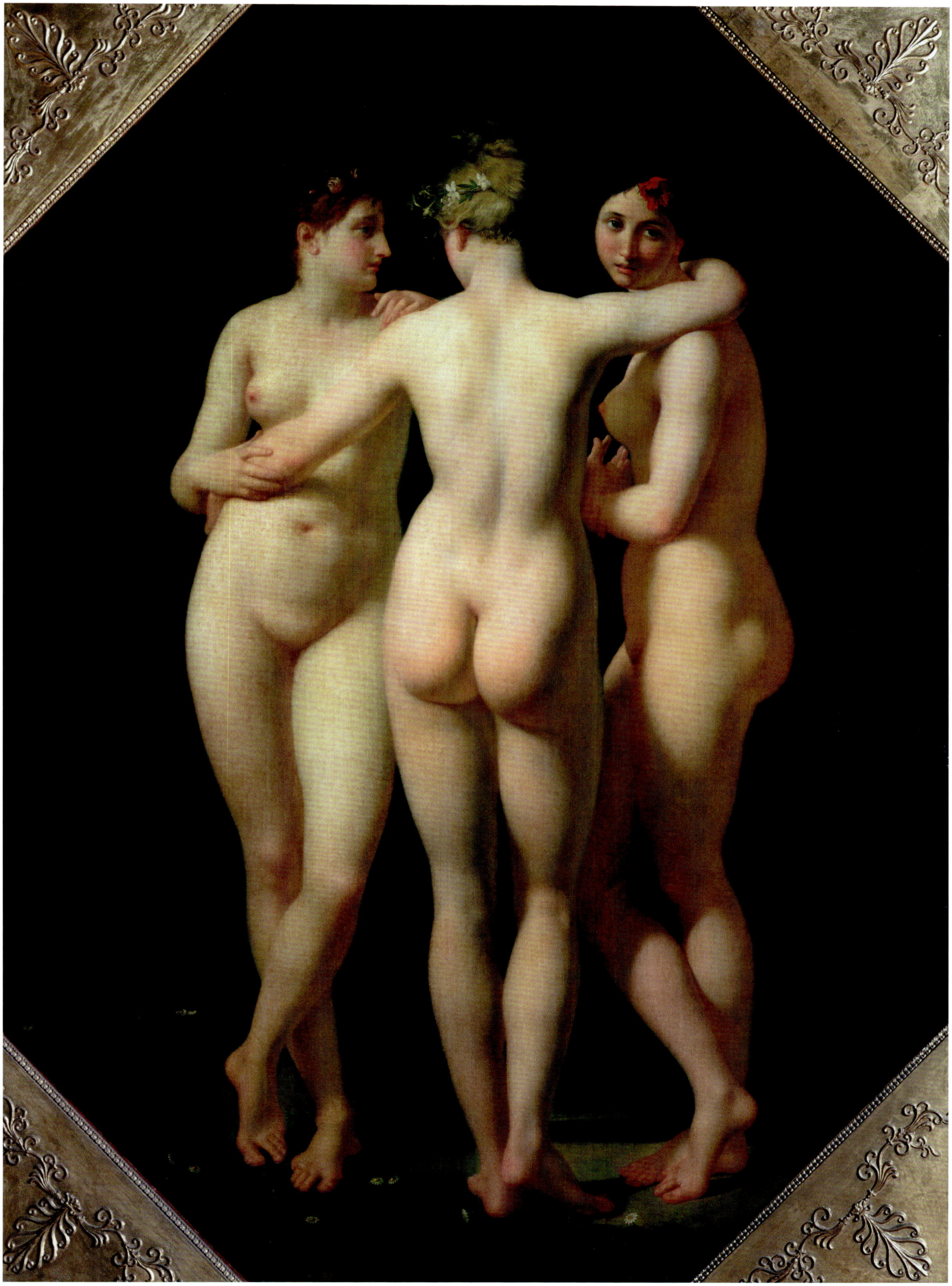

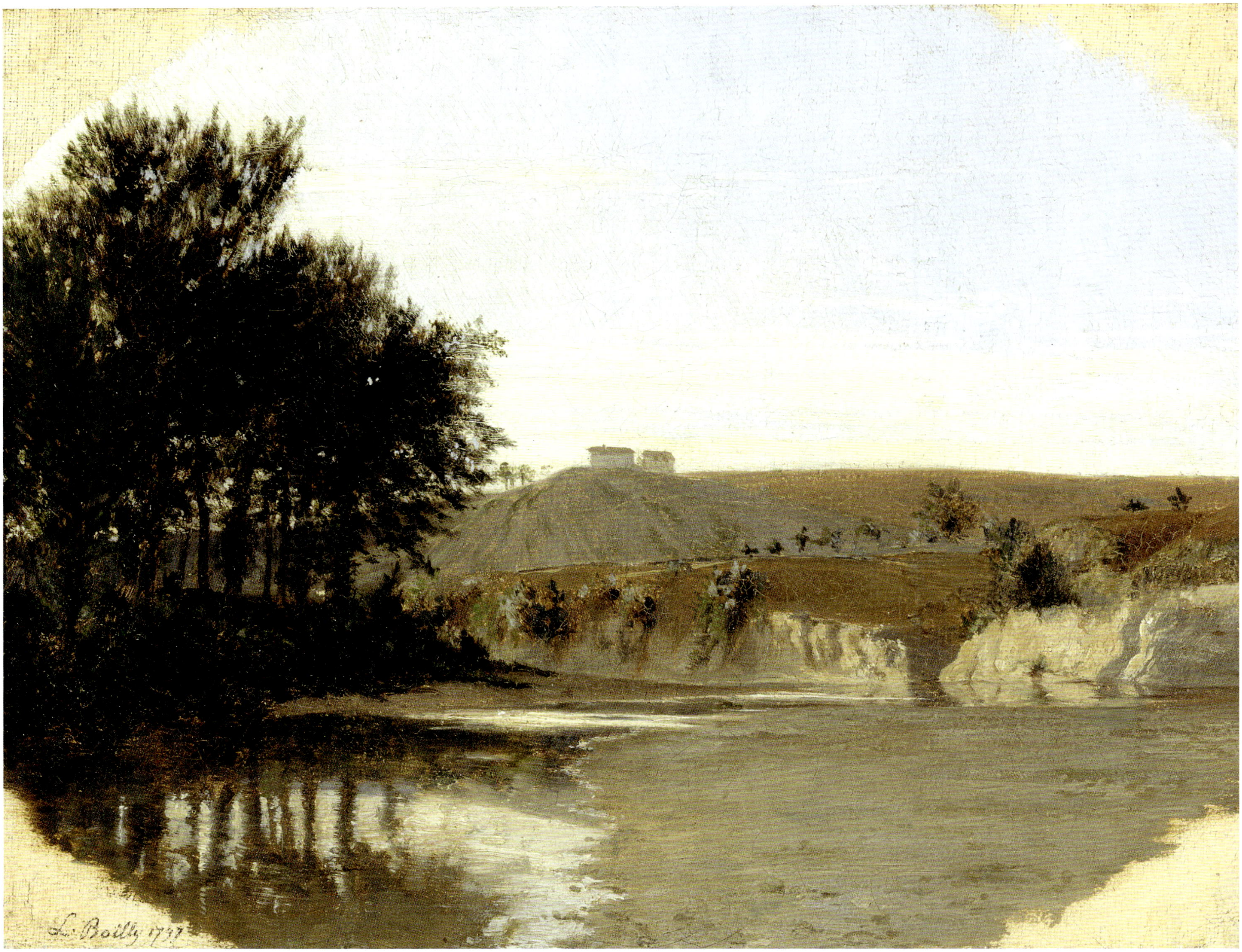

View of a Lake

Vue de Lac

Ansicht eines Sees

Vista de un lago

Vista de um lago

Uitzicht op een meer

LOUIS-LÉOPOLD BOILLY (1761-1845)

1797, Oil on canvas/Huile sur toile, 22,9 × 30,5 cm, Los Angeles County Museum of Art, Los Angeles

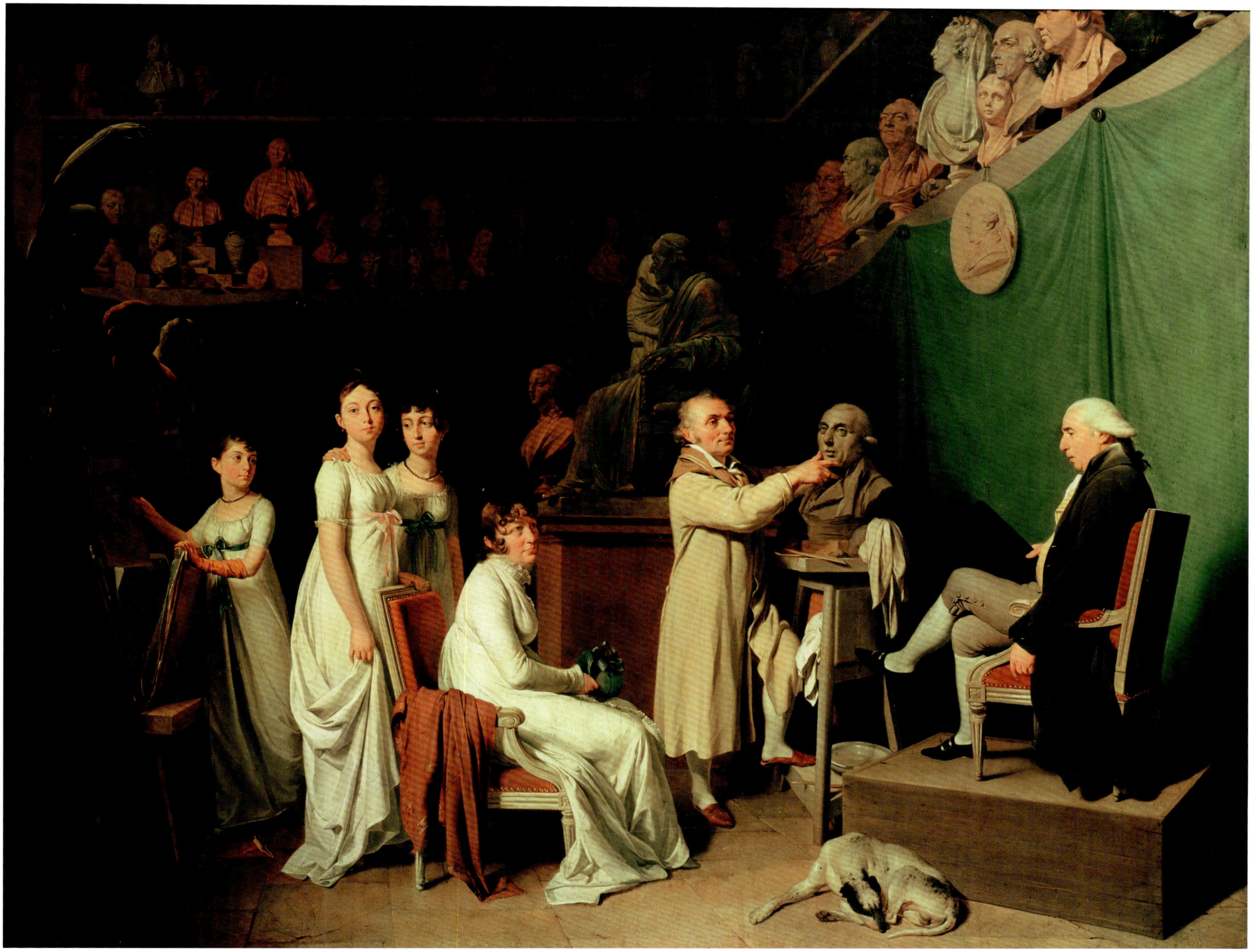

The Studio of Houdon
In his exceptionally detailed genre paintings, Léopold Boilly recorded French society around 1800. This also includes a series of studio views, including those of Isabey and Houdon.

L'Atelier de Houdon
Fin chroniqueur de la société française autour de 1800, Léopold Boilly est le peintre de scènes de genre d'une infinie minutie. Il a peint une série de vues d'ateliers, dont ceux d'Isabey et de Houdon.

Das Atelier von Houdon
In seinen außerordentlich detailgetreuen Genregemälden hielt Léopold Boilly die französische Gesellschaft um 1800 fest. Dazu gehört auch eine Serie von Ateliersansichten, darunter die von Isabey und Houdon.

El estudio de Houdon
En sus pinturas de género excepcionalmente detalladas, Léopold Boilly registró la sociedad francesa alrededor de 1800. Esto también incluye una serie de vistas del estudio, incluyendo las de Isabey y Houdon.

O estúdio de Houdon
Em suas pinturas de gênero excepcionalmente detalhadas, Léopold Boilly gravou a sociedade francesa por volta de 1800. Isso também inclui uma série de vistas de estúdio, incluindo as de Isabey e Houdon.

Het atelier van Houdon
In zijn uitzonderlijk gedetailleerde genrestukken legde Leopold Boilly rond 1800 de Franse samenleving vast. Hij schilderde ook een reeks ateliers, waaronder die van Isabey en Houdon.

LOUIS-LÉOPOLD BOILLY (1761-1845)
1804, Oil on canvas/Huile sur toile, 88 × 115 cm, Musée des Arts Décoratifs, Paris

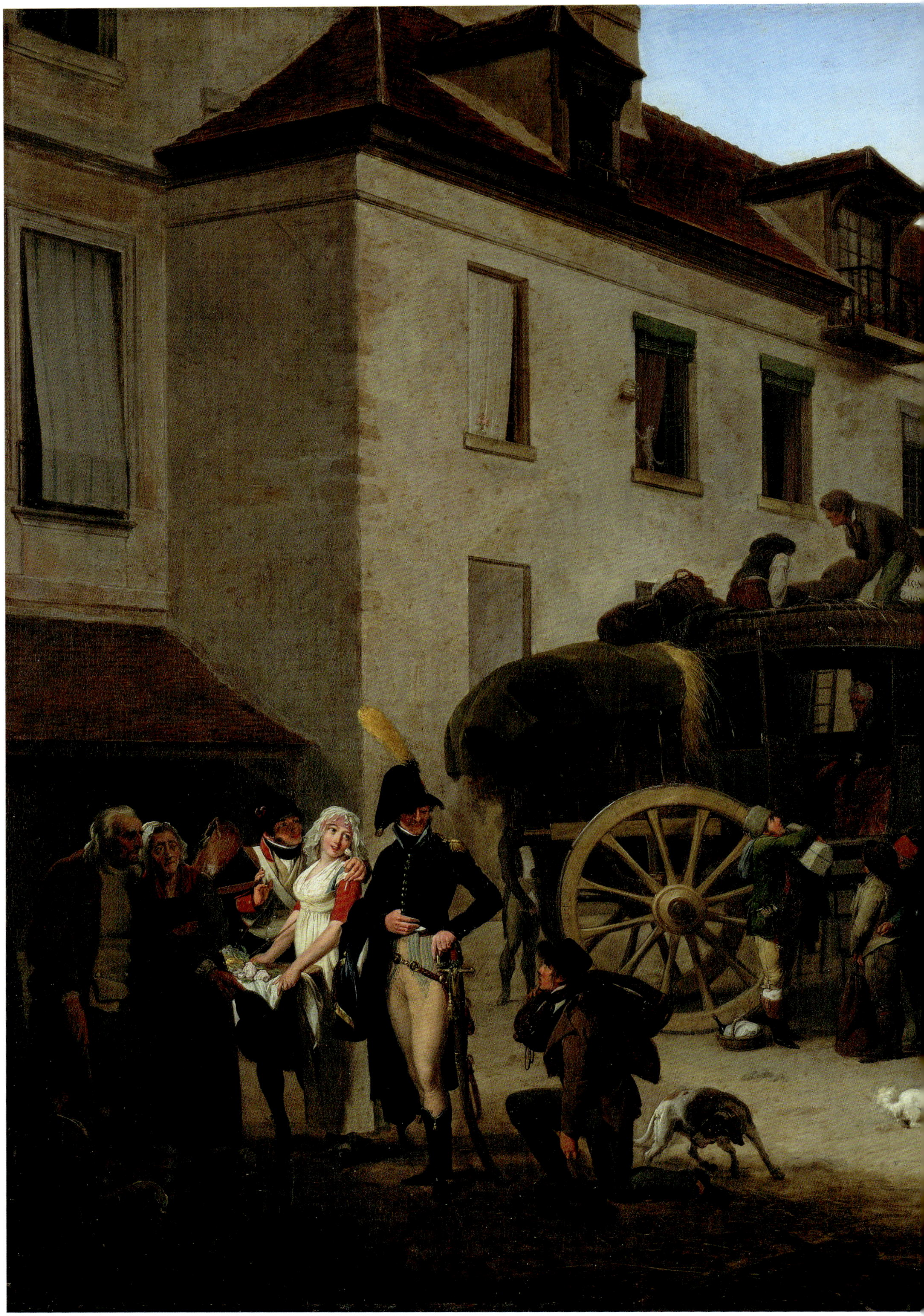

The Arrival of the Mail-coach in the Courtyard of the Messageries

L'Arrivée d'une diligence dans la cour des Messageries, rue Notre-Dame-des-Victoires à Paris

Die Ankunft der Postkutsche

La llegada de la diligencia

A chegada da diligência

Aankomst van de postkoets

LOUIS-LÉOPOLD BOILLY (1761-1845)

1803, Oil on wooden panel/Huile sur panneau de bois, 62 × 108 cm, Musée du Louvre, Paris

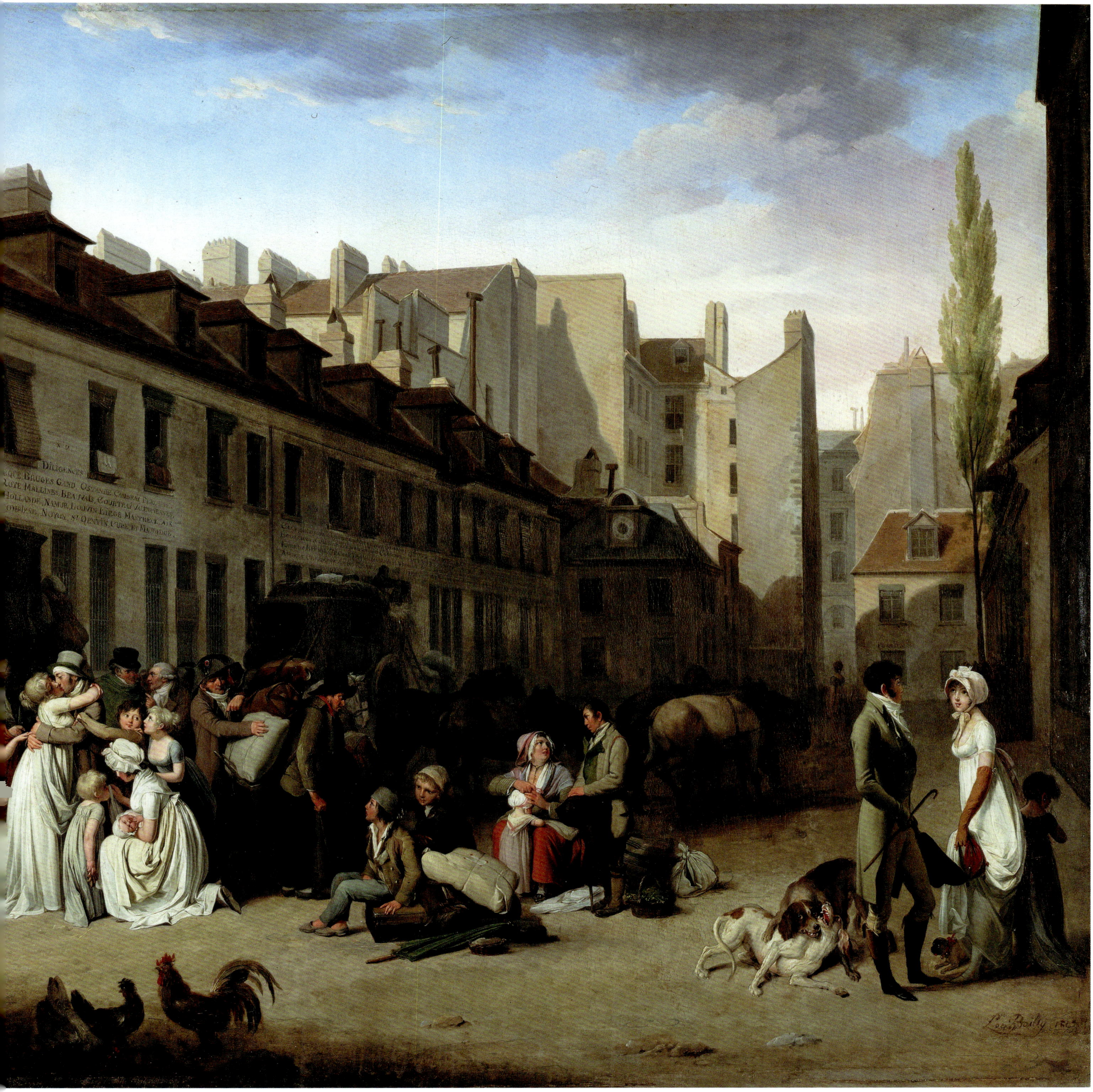
DILIGENCES

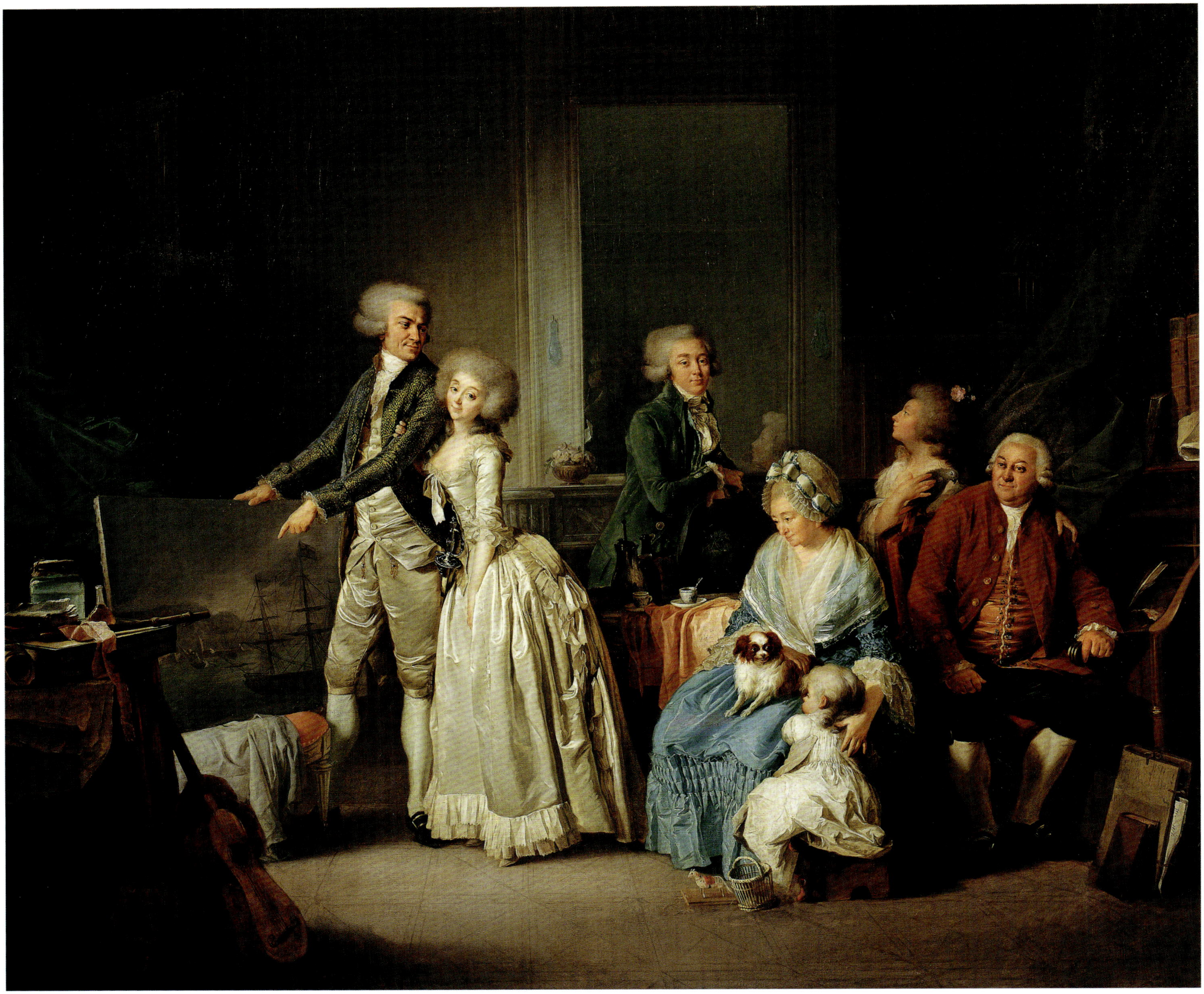

The Gohin Family

La Famille Gohin

Die Familie Gohin

La familia Gohin

A Família Gohin

De familie Gohin

LOUIS-LÉOPOLD BOILLY (1761-1845)

1787, Oil on canvas/Huile sur toile, 94 × 135 cm, Musée des Arts Décoratifs, Paris

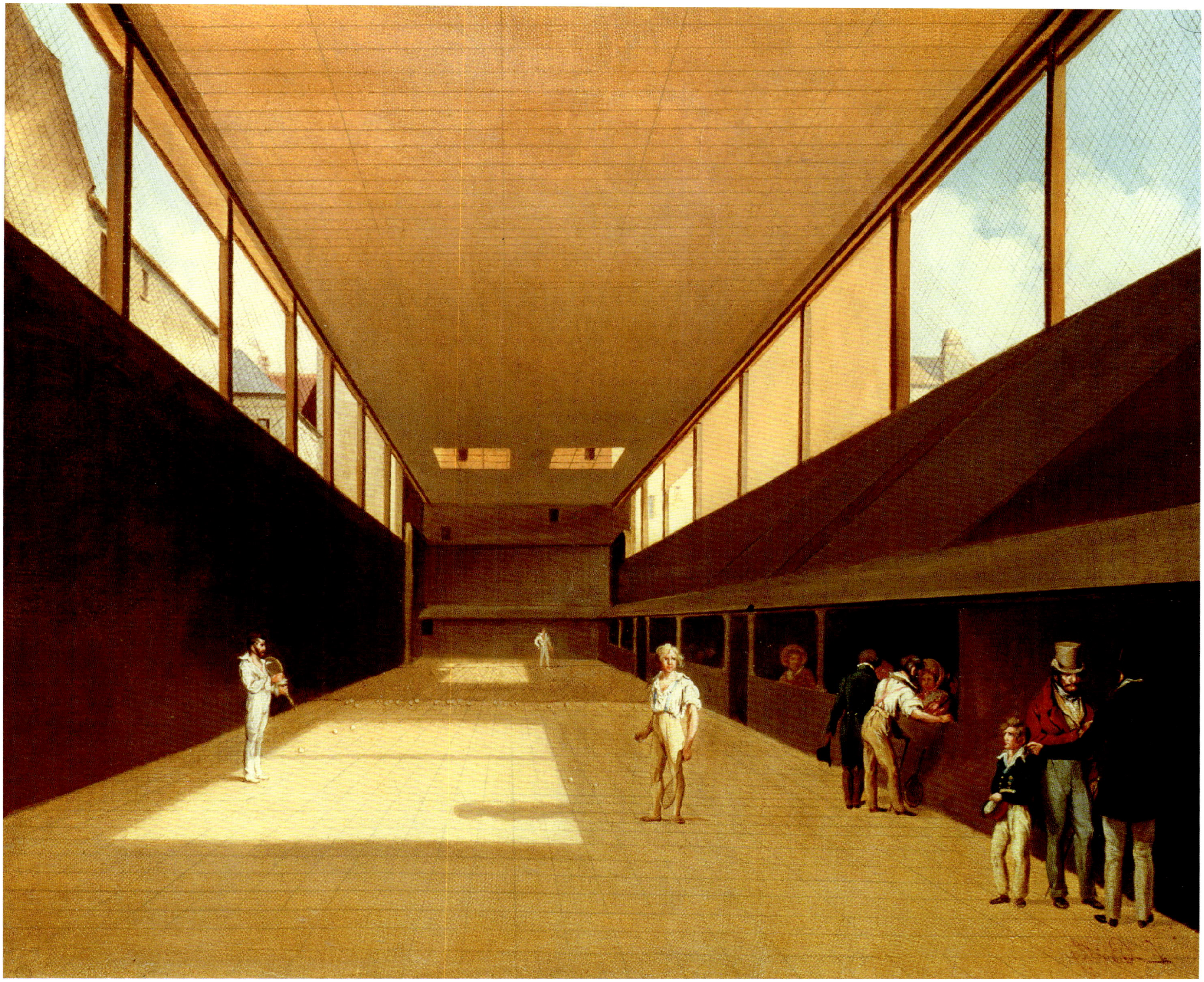

Jeu de Paume
This painting, unique for Boilly, surprises us with its modernity. The motif bathed in bright light is characterised by the interaction of lines and sketchy surfaces.

Intérieur du Jeu de Paume
Ce tableau, un peu à part dans la production de Boilly, surprend par sa modernité. Baignée d'une lumière claire, la composition est structurée par des jeux de lignes, de volumes et de surfaces épurées.

LOUIS-LÉOPOLD BOILLY (1761-1845)
Oil on canvas/Huile sur toile, Private collection

Jeu de Paume
Das für Boilly einzigartige Gemälde überrascht durch seine Modernität. Das in helles Licht getauchte Motiv wird durch das Zusammenwirken der Linien und der skizzenhaften Oberflächen charakterisiert.

Jeu de Paume
Este cuadro, único para Boilly, sorprende por su modernidad. El motivo bañado de luz brillante se caracteriza por la interacción de líneas y superficies esbozadas.

Jeu de Paume
Esta pintura, única para Boilly, surpreende com a sua modernidade. O motivo banhado em luz brilhante é caracterizado pela interacção de linhas e superfícies esboçadas.

Jeu de Paume
Dit voor Boilly unieke schilderij verrast door zijn moderniteit. Het onderwerp baadt in helder licht en wordt gekenmerkt door het samenspel van lijnen en schetsmatige oppervlakken.

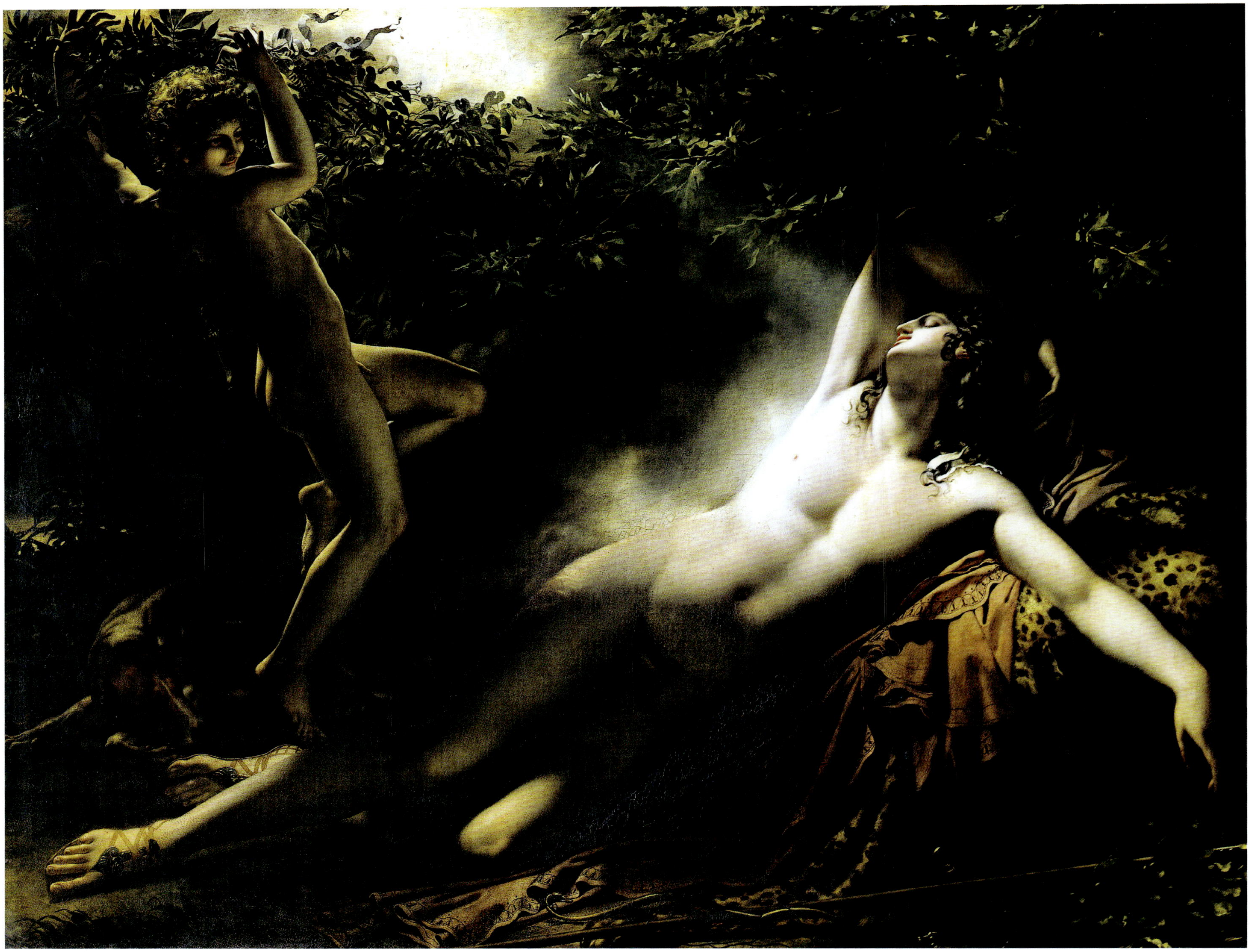

The Sleep of Endymion
In Rome Anne-Louis Girodet painted *The Sleep of Endymion*, which was a great success at the 1793 Salon. Girodet's poetic portrayal sets him apart from the classicist austerity.

Le Sommeil d'Endymion
Anne-Louis Girodet a peint son *Sommeil d'Endymion* à Rome. Présenté à Paris au Salon de 1793, il remporta un vif succès. Girodet se démarque alors, par sa poésie, de la rigueur néoclassique de David.

ANNE-LOUIS GIRODET (1767-1824)

1790/91, Oil on canvas/Huile sur toile, 198 × 261 cm, Musée du Louvre, Paris

Der Schlaf des Endymion
Anne-Louis Girodets in Rom entstandenes Gemälde *Der Schlaf des Endymion* wurde auf dem Salon 1793 ein großer Erfolg. Durch seine poesiehafte Darstellung hebt sich Girodet von der klassizistischen Strenge ab.

El sueño de Endymion
Anne-Louis Girodet pintó su *Sueño Endymion* en Roma. Presentado en París en el Salón de 1793, fue un gran éxito. El retrato poético de Girodet lo distingue de la austeridad clasicista.

O sono de Endymion
A pintura de Roma de Anne-Louis Girodet *O Sono de Endimião* foi um grande sucesso no Salão de 1793. O retrato poético de Girodet o diferencia da austeridade classicista.

De slaap van Endymion
Het in Rome geschilderde werk *De slaap van Endymion* bracht Anne-Louis Girodet veel succes op de Salon van 1793. Girodets poëtische voorstelling onderscheidt hem van de neoclassicistische strengheid.

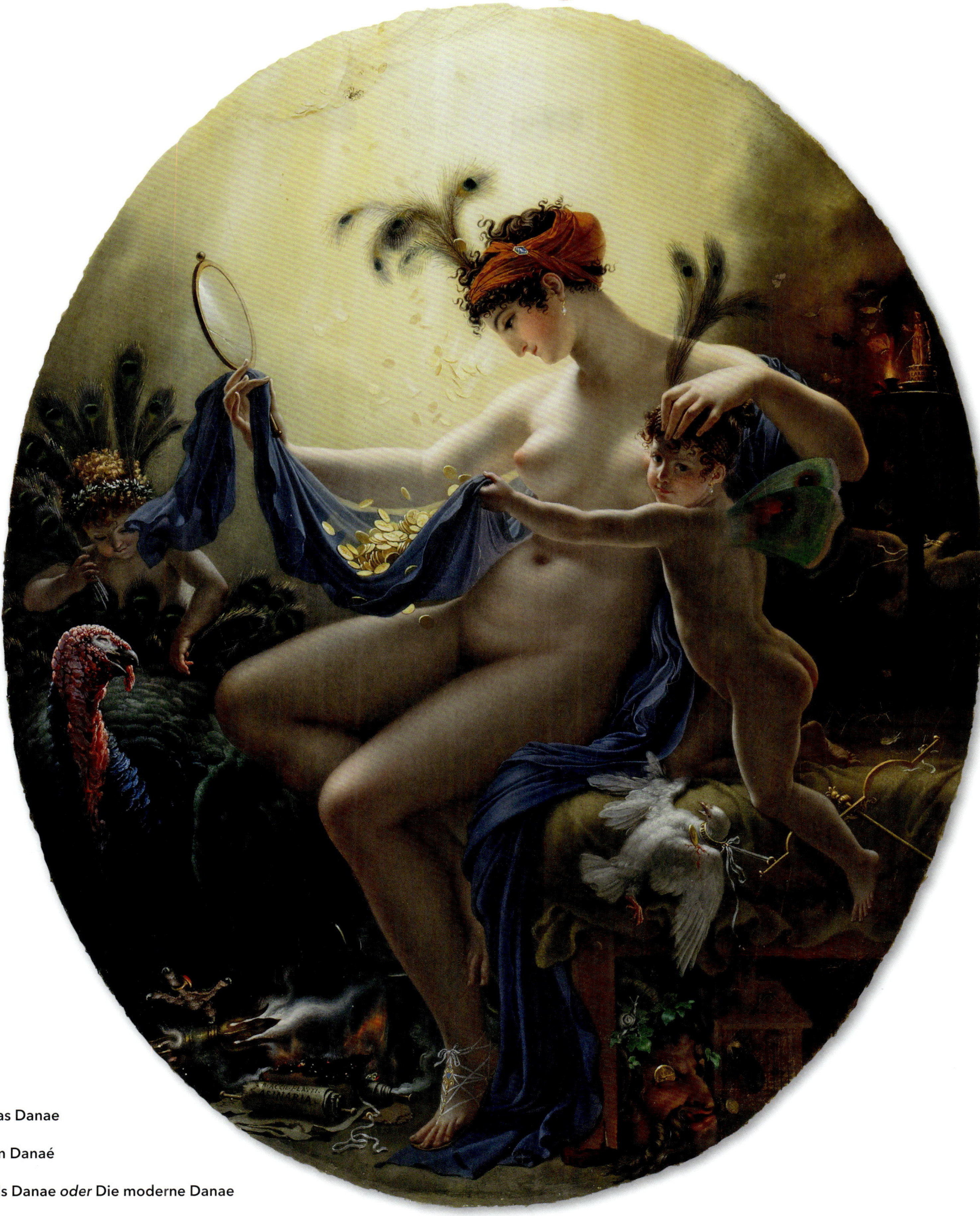

Portrait of Mlle. Lange as Danae

Mademoiselle Lange en Danaé

Mademoiselle Lange als Danae *oder* Die moderne Danae

Mademoiselle Lange como Danae

Mademoiselle Lange como Danae *ou* The Modern Danae

Mademoiselle Lange als Danaë

ANNE-LOUIS GIRODET (1767-1824)

1799, Oil on canvas/Huile sur toile, 60,3 × 48,6 cm,

Minneapolis Institute of Arts, Minneapolis

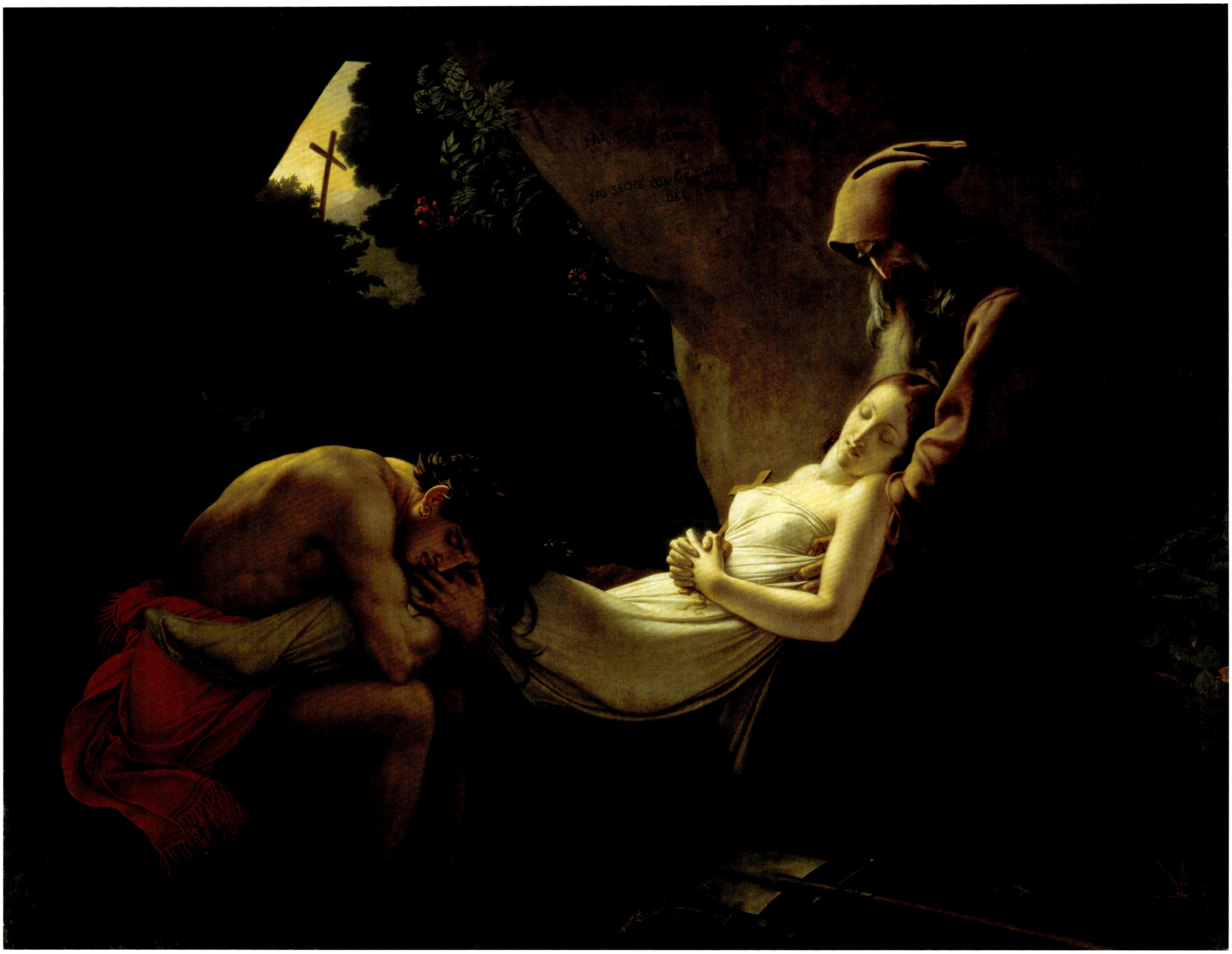

The Entombment of Atala

Atala au tombeau, *dit aussi* Funérailles d'Atala

Atalas Begräbnis

El funeral de Atala

Funeral de Atala

De begrafenis van Atala

ANNE-LOUIS GIRODET (1767-1824)

1808, Oil on canvas/Huile sur toile, 207 × 267 cm, Musée du Louvre, Paris

Portrait of Chateaubriand

The three-quarter portrait shows Chateaubriand standing between the ruins of Rome with the Colosseum to his left. His thoughtful gaze is directed into the distance, without any reference to the goal.

Francois-René (1768-1848), Vicomte de Chateaubriand

Debout parmi les ruines de Rome, avec le Colisée à gauche, Chateaubriand est légèrement de trois quarts, pensif, le regard porté vers l'extérieur du tableau, sans que l'on sache ce qu'il regarde.

Porträt des Chateaubriand

Das Dreiviertelporträt zeigt Chateaubriand zwischen den Ruinen von Rom stehend mit dem Kolosseum zu seiner Rechten. Sein nachdenklicher Blick ist in die Ferne gerichtet, ohne einen Hinweis auf das Ziel.

Retrato de Chateaubriand

El retrato de tres cuartos muestra a Chateaubriand de pie entre las ruinas de Roma con el Coliseo a su izquierda. Su mirada pensativa se dirige a la distancia, sin ninguna referencia a la meta.

Retrato de Chateaubriand

O retrato de três quartos mostra Chateaubriand entre as ruínas de Roma com o Coliseu à sua esquerda. Seu olhar atento é direcionado para a distância, sem qualquer referência ao objetivo.

Portret van Francois-René de Chateaubriand

Het driekwartportret toont Chateaubriand tussen de ruïnes van Rome, met links van hem het Colosseum. Zijn bedachtzame blik is op de verte gericht, zonder enige verwijzing naar het doel.

ANNE-LOUIS GIRODET (1767-1824)
1811, Oil on canvas/Huile sur toile,
130 × 96 cm, Château de Versailles

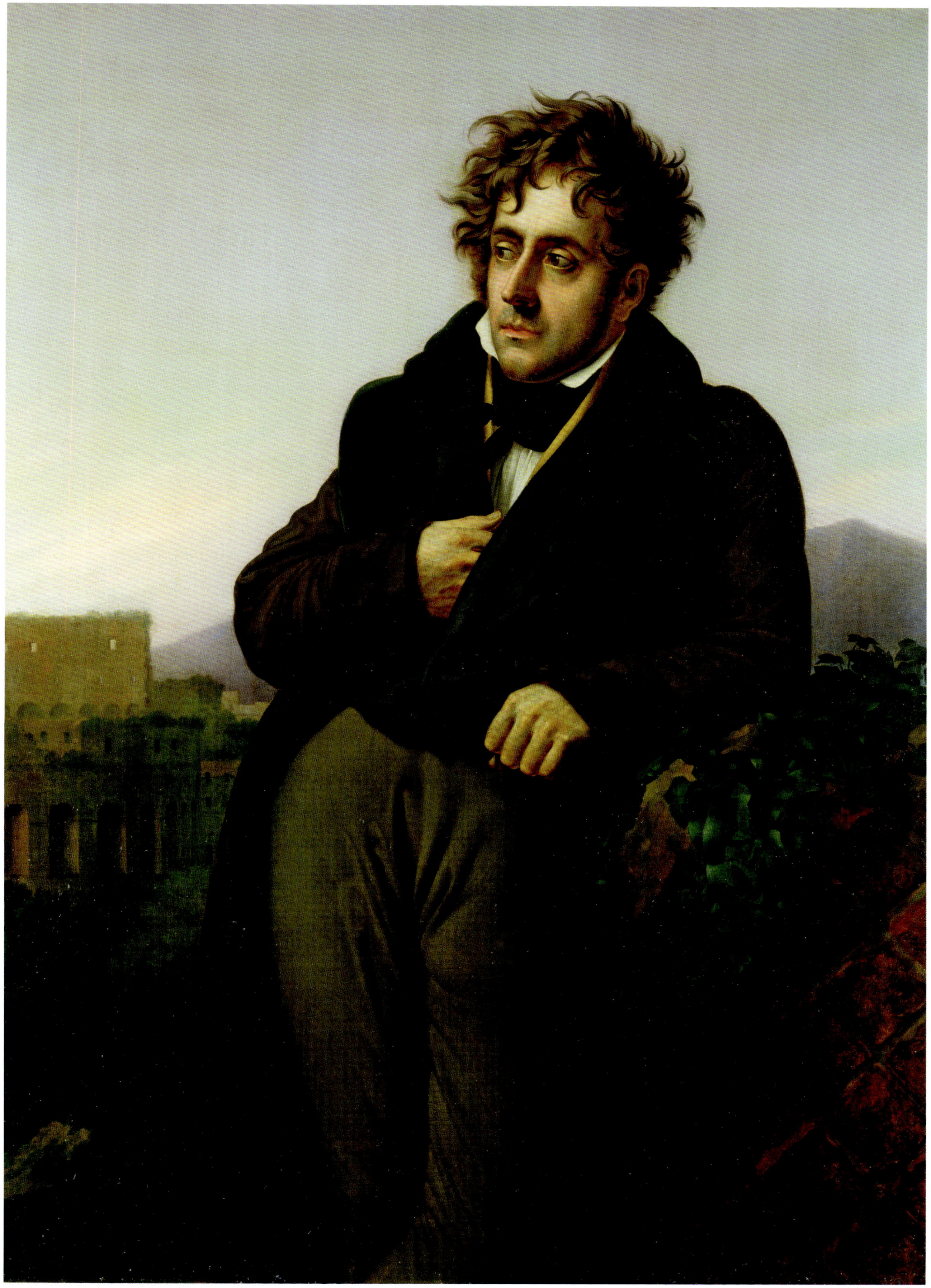

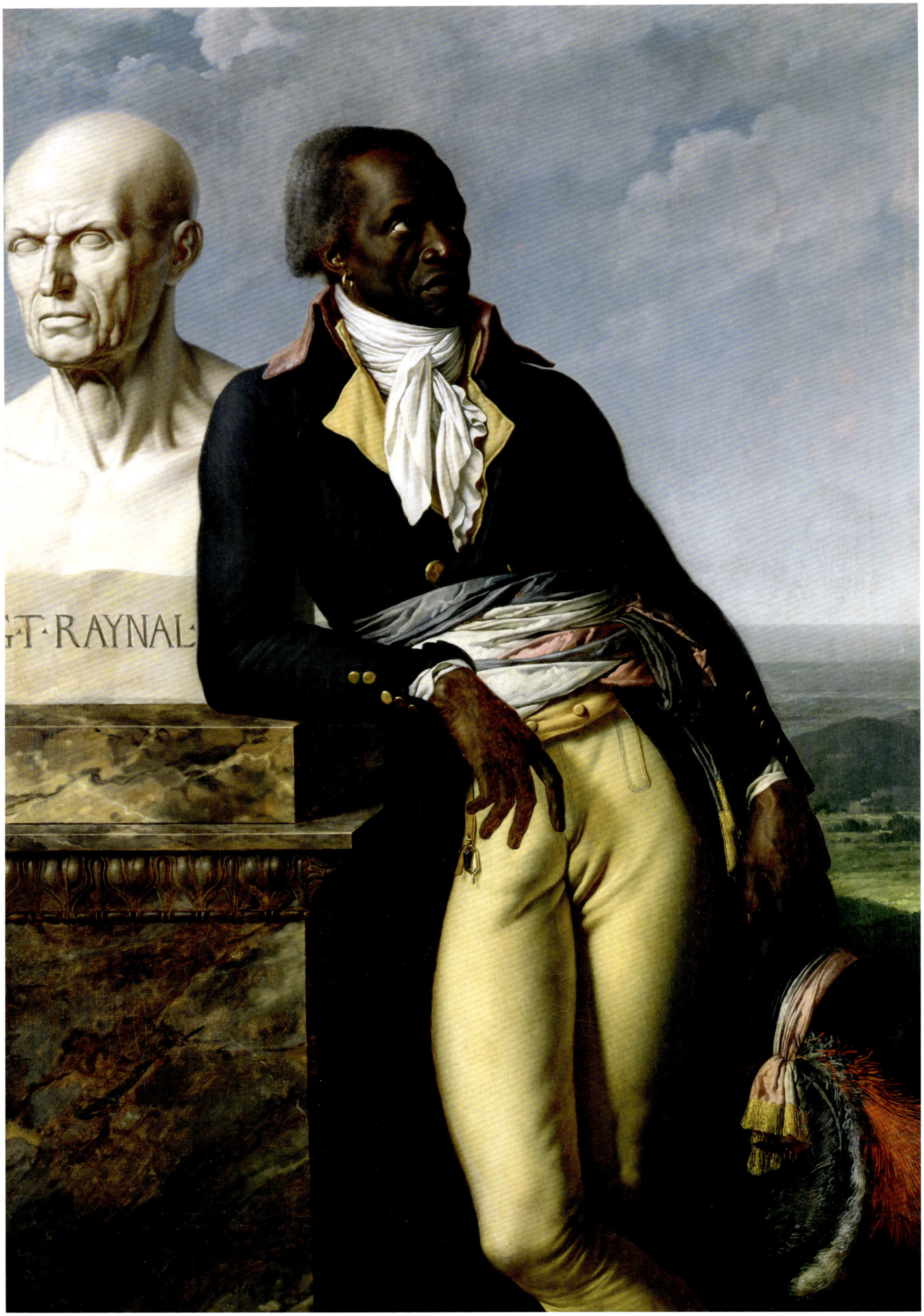

Portrait of Jean-Baptiste Belley
Born in Senegal, the former slave Jean-Baptiste Belley took part in the Haitian Revolution which led to the abolition of slavery in 1793. He became the first black delegate to the National Assembly.

Jean-Baptiste Belley, député de Saint Domingue
Né au Sénégal, Jean-Baptiste Belley est un ancien esclave. Il participera à la révolte de Saint-Domingue, où l'esclavage sera aboli en 1793. Il deviendra le premier député noir à siéger à l'Assemblée.

Porträt des Jean-Baptiste Belley
Im Senegal geboren, nahm der ehemalige Sklave Jean-Baptiste Belley an der Haitianischen Revolution teil, die 1793 zur Abschaffung der Sklaverei führte. Er wurde der erste schwarze Abgeordnete der Nationalversammlung.

Retrato de Jean-Baptiste Belley
Nacido en Senegal, el ex esclavo Jean-Baptiste Belley participó en la Revolución haitiana que condujo a la abolición de la esclavitud en 1793. Se convirtió en el primer delegado negro en la Asamblea Nacional.

Retrato de Jean-Baptiste Belley
Nascido no Senegal, o ex-escravo Jean-Baptiste Belley participou da Revolução Haitiana que levou à abolição da escravidão em 1793. Tornou-se o primeiro delegado negro da Assembleia Nacional.

Portret van Jean-Baptiste Belley, afgevaardigde van Saint-Domingue
De in Senegal geboren voormalige slaaf Jean-Baptiste Belley nam deel aan de Haïtiaanse revolutie die in 1793 leidde tot de afschaffing van de slavernij. Hij werd de eerste zwarte afgevaardigde in de Nationale Vergadering.

ANNE-LOUIS GIRODET (1767-1824)
1797, Oil on canvas/Huile sur toile,
158 × 111 cm, Château de Versailles

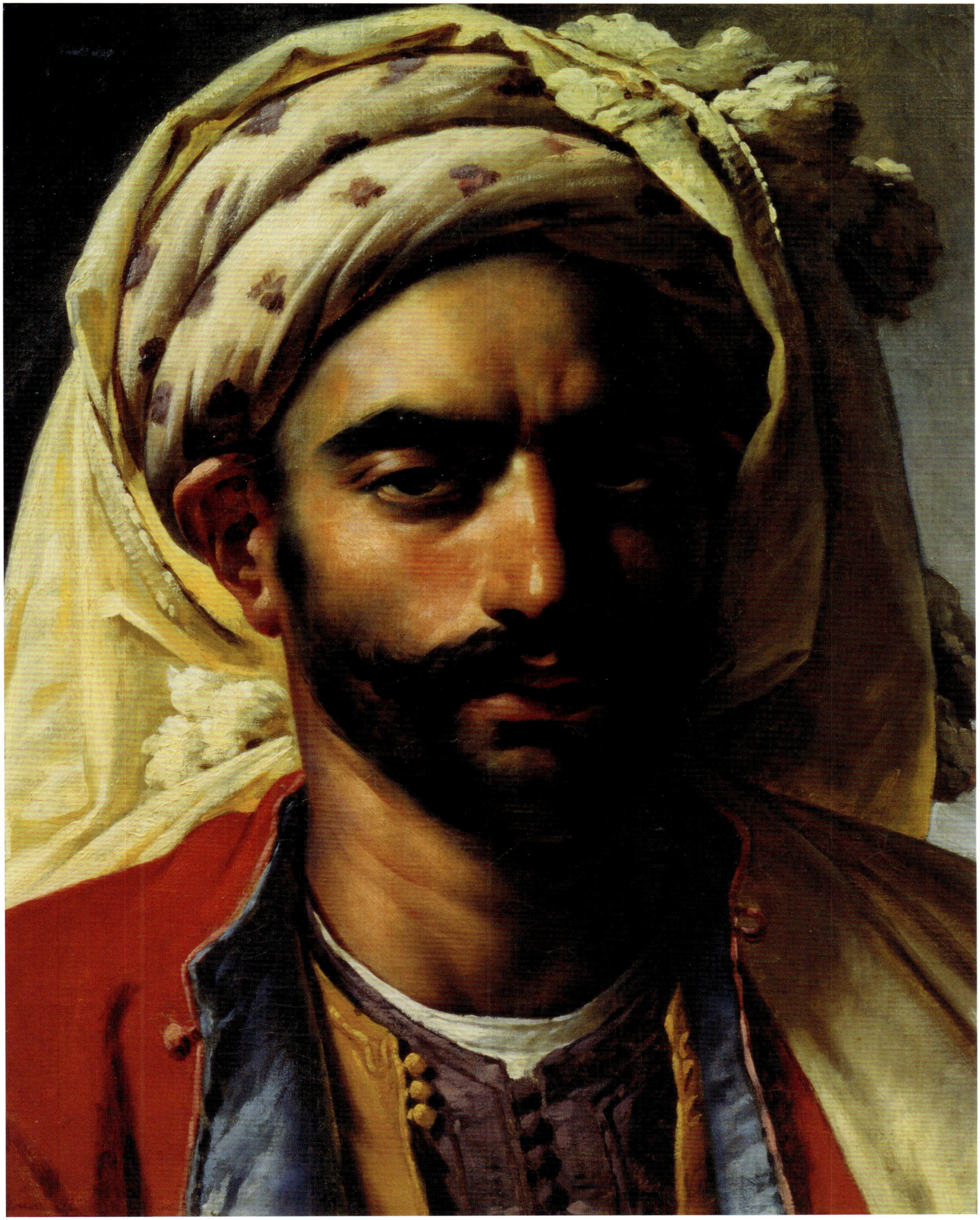

Portrait of Mustapha

Portrait de Mustapha

Porträt des Mustapha

Retrato de Mustafa

Retrato de Mustapha

Portret van Moestafa

ANNE-LOUIS GIRODET (1767-1824)

1819, Oil on canvas/Huile sur toile, 55,7 × 47,1 cm, Musée Girodet, Montargis

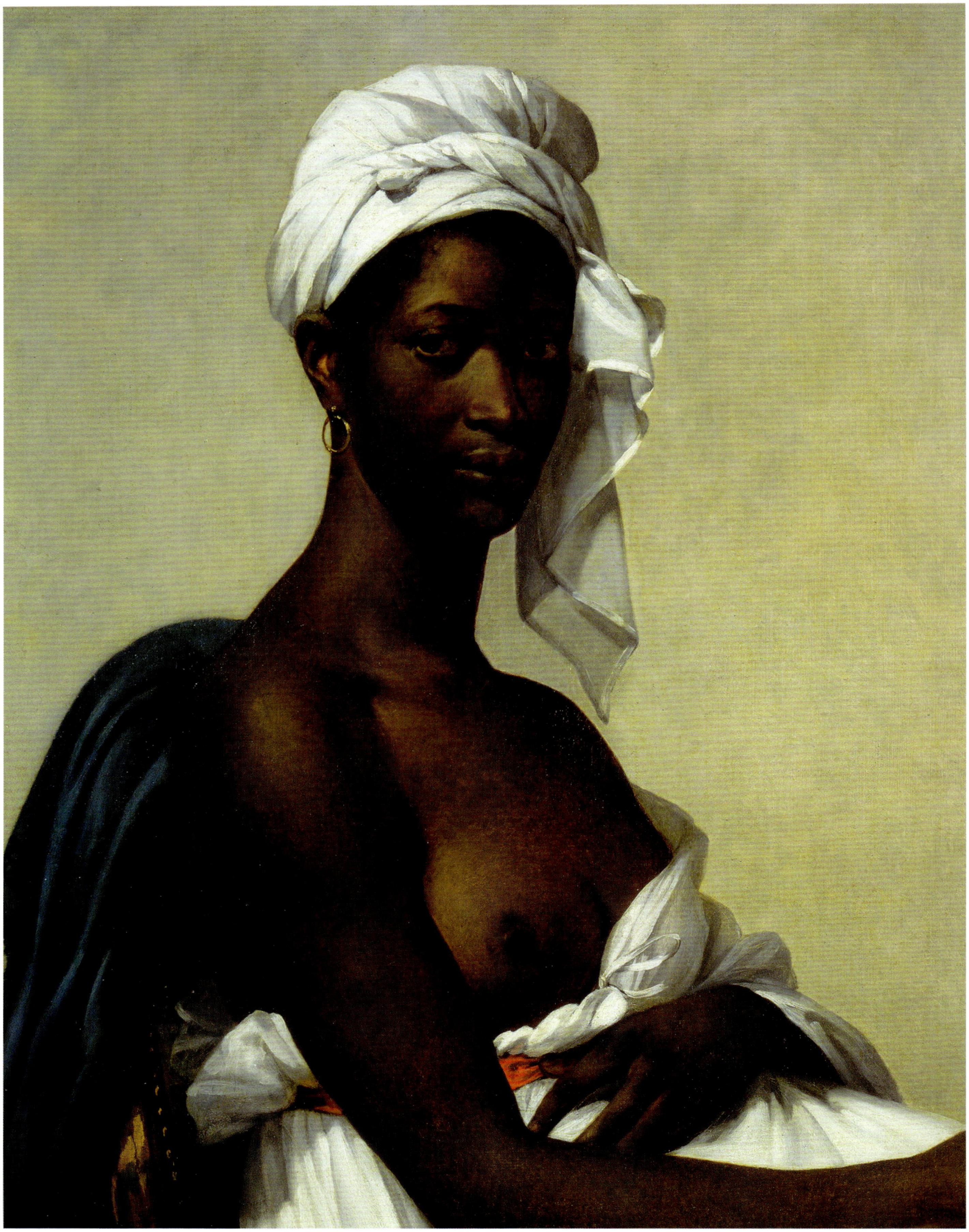

Portrait of a Black Woman
Six years after the abolition of slavery in the colonies, Vigée-Lebrun's pupil portrays a servant in the manner of a white woman. The pose is reminiscent of the painting Madame Récamier by David.

Portrait d'une femme noire
Six ans après l'abolition de l'esclavage dans les colonies, l'élève de Vigée-Le Brun peint une domestique à la manière d'une femme blanche, dans une pose qui évoque celle de Madame Récamier de David.

Porträt einer Negerin *oder* Porträt von Madeleine
Sechs Jahre nach der Abschaffung der Sklaverei in den Kolonien porträtiert die Schülerin von Vigée-Lebrun eine Hausangestellte in der Art einer weißen Frau. Die Pose erinnert an das Gemälde Madame Récamier von David.

Retrato de una negra
Seis años después de la abolición de la esclavitud en las colonias, la alumna de Vigée-Lebrun representa a una mujer negra. La pose recuerda al cuadro Madame Récamier de David.

Retrato de uma Negra *ou* Retrato de Madeleine
Seis anos após a abolição da escravatura nas colônias, o aluno de Vigée-Lebrun retrata um doméstico como uma mulher branca. A pose lembra a pintura Madame Récamier de David.

Portret van een zwarte vrouw
Zes jaar na de afschaffing van de slavernij in de koloniën gaf de leerling van Vigée-Lebrun een bediende weer als een blanke vrouw, in een houding die doet denken aan Davids schilderij van Madame Récamier.

MARIE-GUILLEMINE BENOIST (1768-1826)
1800, Oil on canvas/Huile sur toile, 81 × 65 cm, Musée du Louvre, Paris

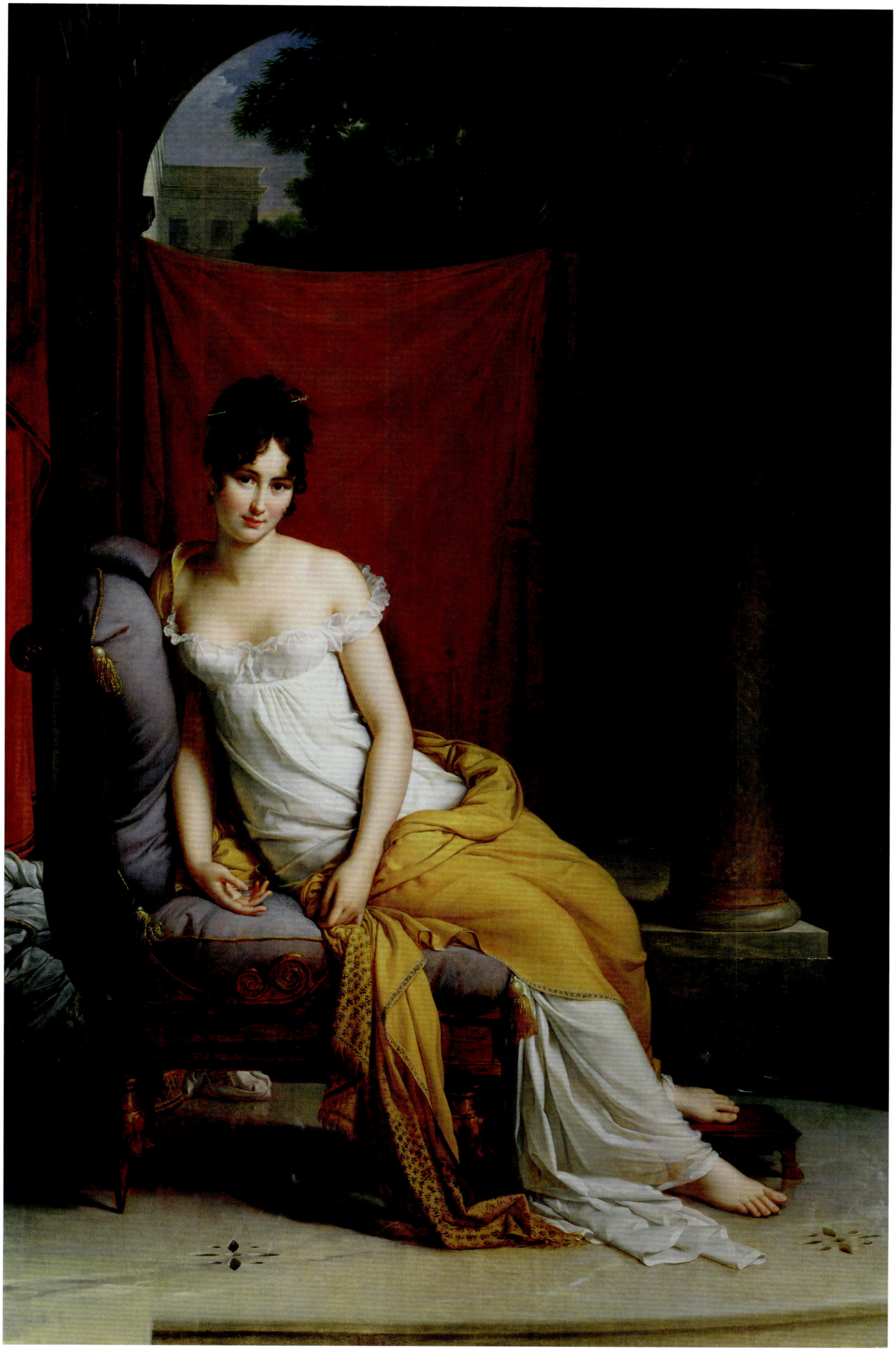

Portrait of Madame Récamier

Portrait de Juliette Récamier, née Bernard (1777-1849)

Porträt der Madame Récamier

Retrato de Madame Récamier

Retrato de Madame Récamier

Portret van Madame Récamier

FRANÇOIS GÉRARD (1770-1837)
c. 1802-05, Oil on canvas/Huile sur toile, 257 × 183 cm, Musée Carnavalet, Paris

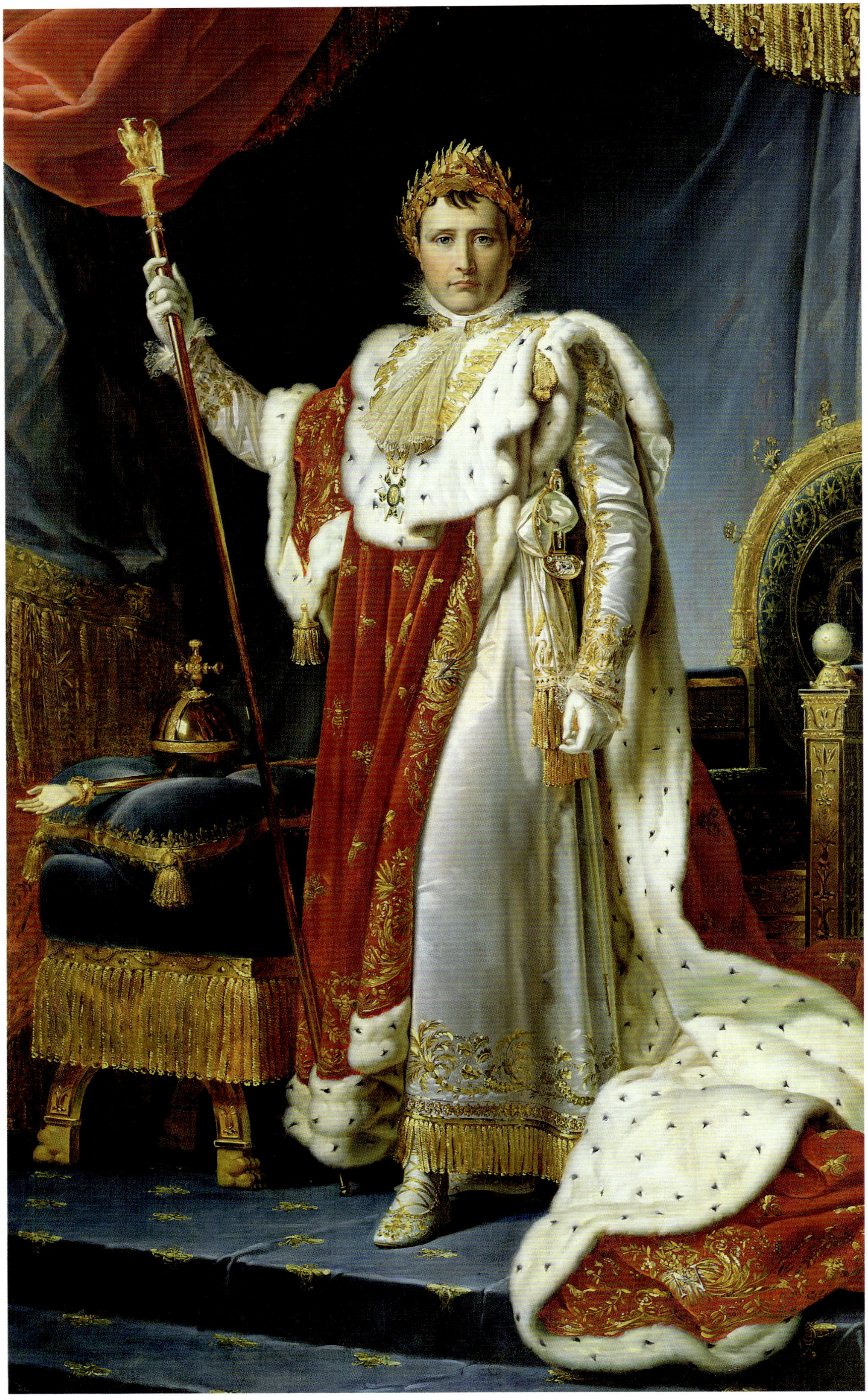

Napoleon I, in his Coronation Robe

Napoléon Ier, Empereur des Français

Napoleon im Krönungsornat

Napoleón en el Coronationornat

Napoleão no Coronationornat

Portret van keizer Napoleon I

FRANÇOIS GÉRARD (1770-1837)

c. 1804, Oil on canvas/Huile sur toile,
223 × 143 cm, Château de Versailles

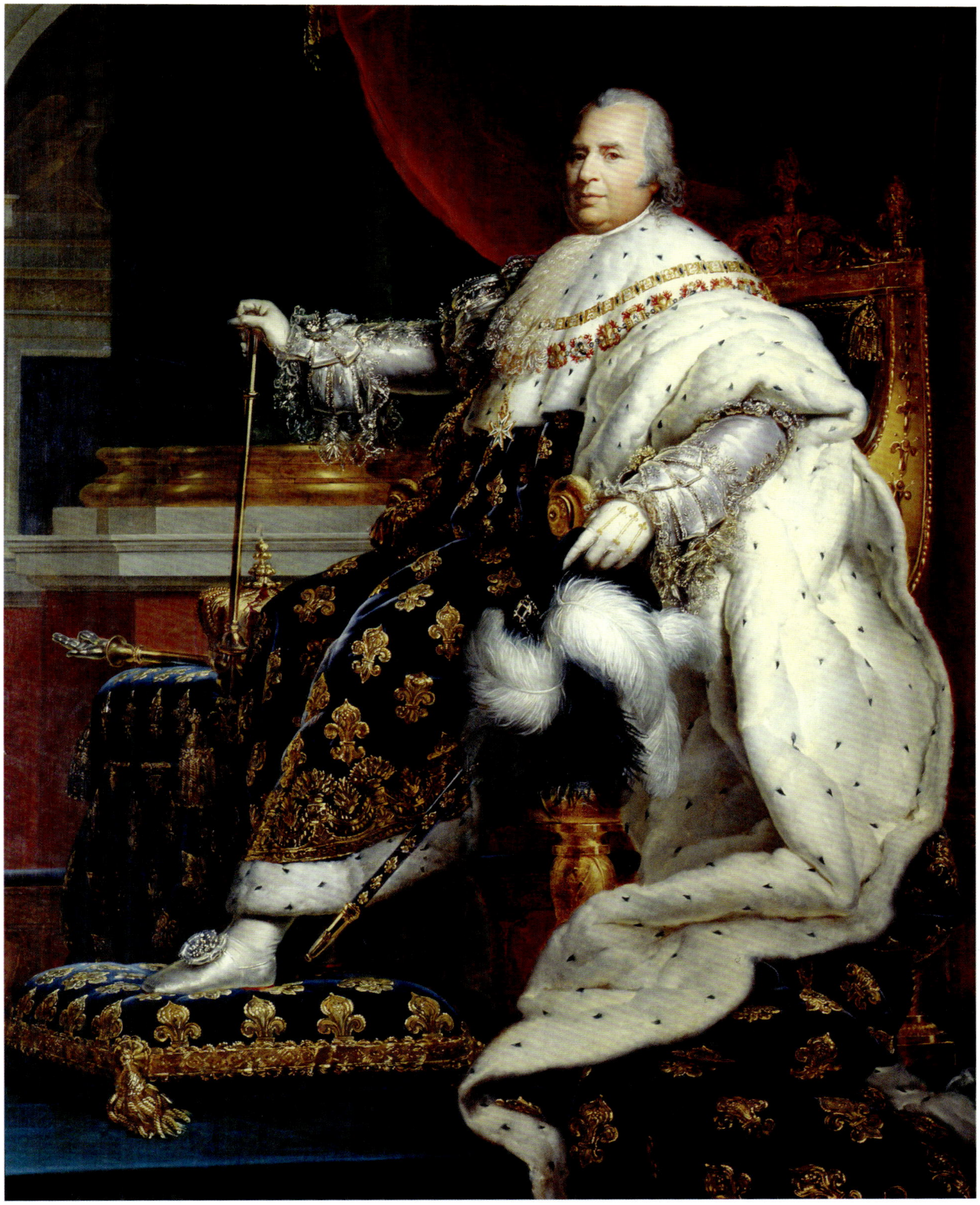

Louis XVIII, King of France
Louis XVIII had himself portrayed twice by Gérard: in his study and in an official portrait. It shows him on his throne with his sceptre and in an ermine coat decorated with a royal lily.

Louis XVIII, roi de France
Louis XVIII commanda deux portraits à Gérard. L'un, sobre, dans son cabinet de travail, l'autre, plus officiel. Sur son trône, le roi est vêtu d'un manteau d'hermine à fleurs de lys, sceptre en main.

FRANÇOIS GÉRARD (1770-1837)
c. 1814, Oil on canvas/Huile sur toile, 32 × 23 cm, Château de Versailles

Ludwig XVIII., König von Frankreich
Ludwig der XVIII. ließ sich zweimal von Gérard porträtieren: in seinem Arbeitszimmer und auf einem offiziellen Porträt. Es zeigt ihn mit Zepter und in einem mit königlicher Lilie verzierten Hermelinmantel auf seinem Thron.

Luis XVIII, Rey de Francia
Luis XVIII encargó dos retratos a Gérard. Uno, sobrio, en su oficina, el otro, más oficial. En su trono, el rey está vestido con un abrigo de armiño con flores de lirio, cetro en mano.

Luís XVIII, Rei de França
Luís XVIII tinha-se retratado duas vezes por Gérard: no seu estudo e num retrato oficial. Mostra-o com ceptro e num casaco de ermine decorado com lírio real no seu trono.

Koning Lodewijk XVIII van Frankrijk
Lodewijk XVIII heeft zichzelf twee keer door Gérard laten portretteren: in zijn studeerkamer en op een officieel portret. Dat laatste toont hem op zijn troon, met scepter in de hand en in een hermelijnen mantel met fleurs de lis.

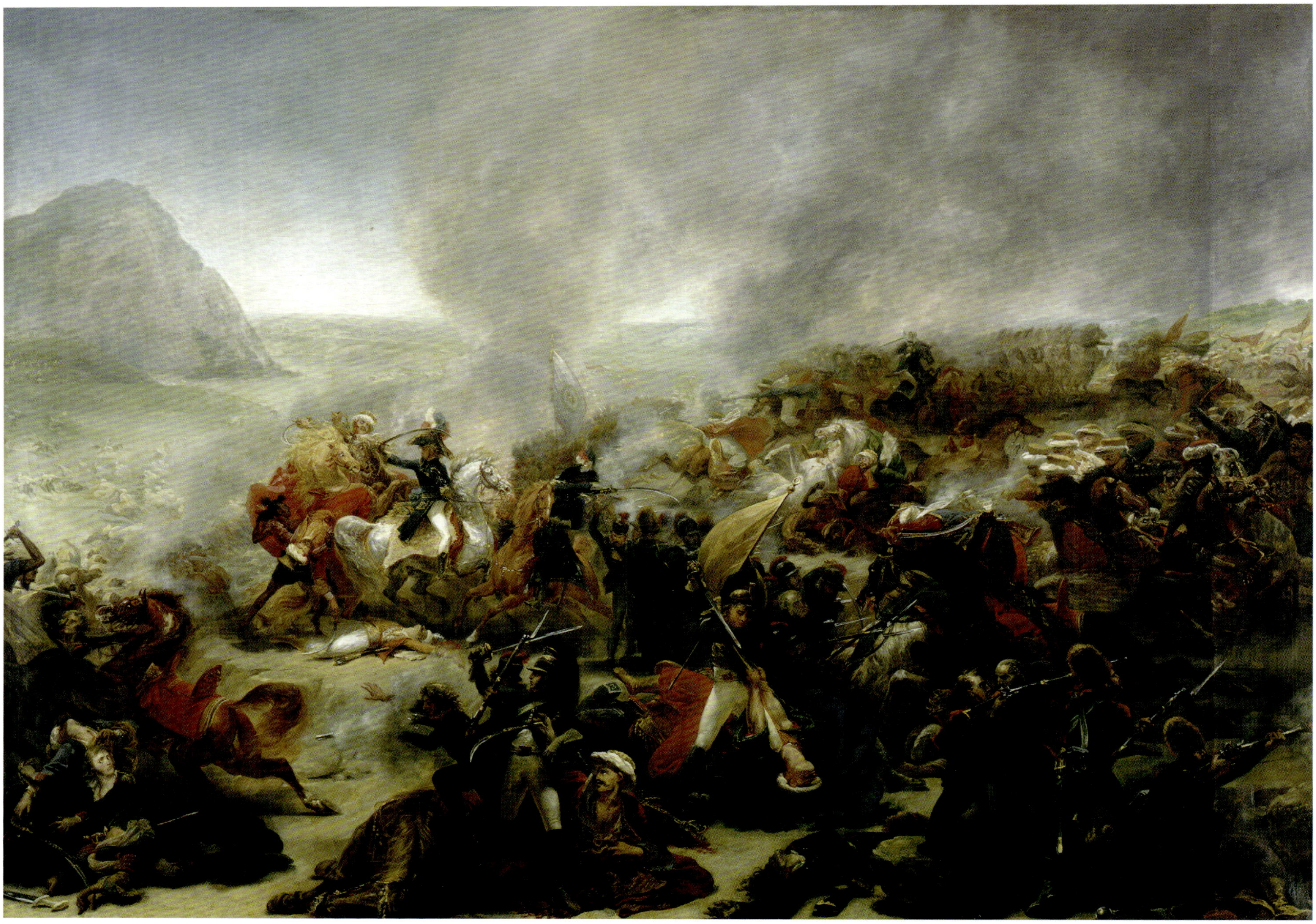

The Battle of Nazareth

Le Combat de Nazareth

Schlacht von Nazareth

Batalla de Nazaret

Batalha de Nazaré

Slag bij Nazareth

ANTOINE-JEAN GROS (1771-1835)

1801, Oil on canvas/Huile sur toile, 136,2 × 196,6 cm, Musée d'Arts, Nantes

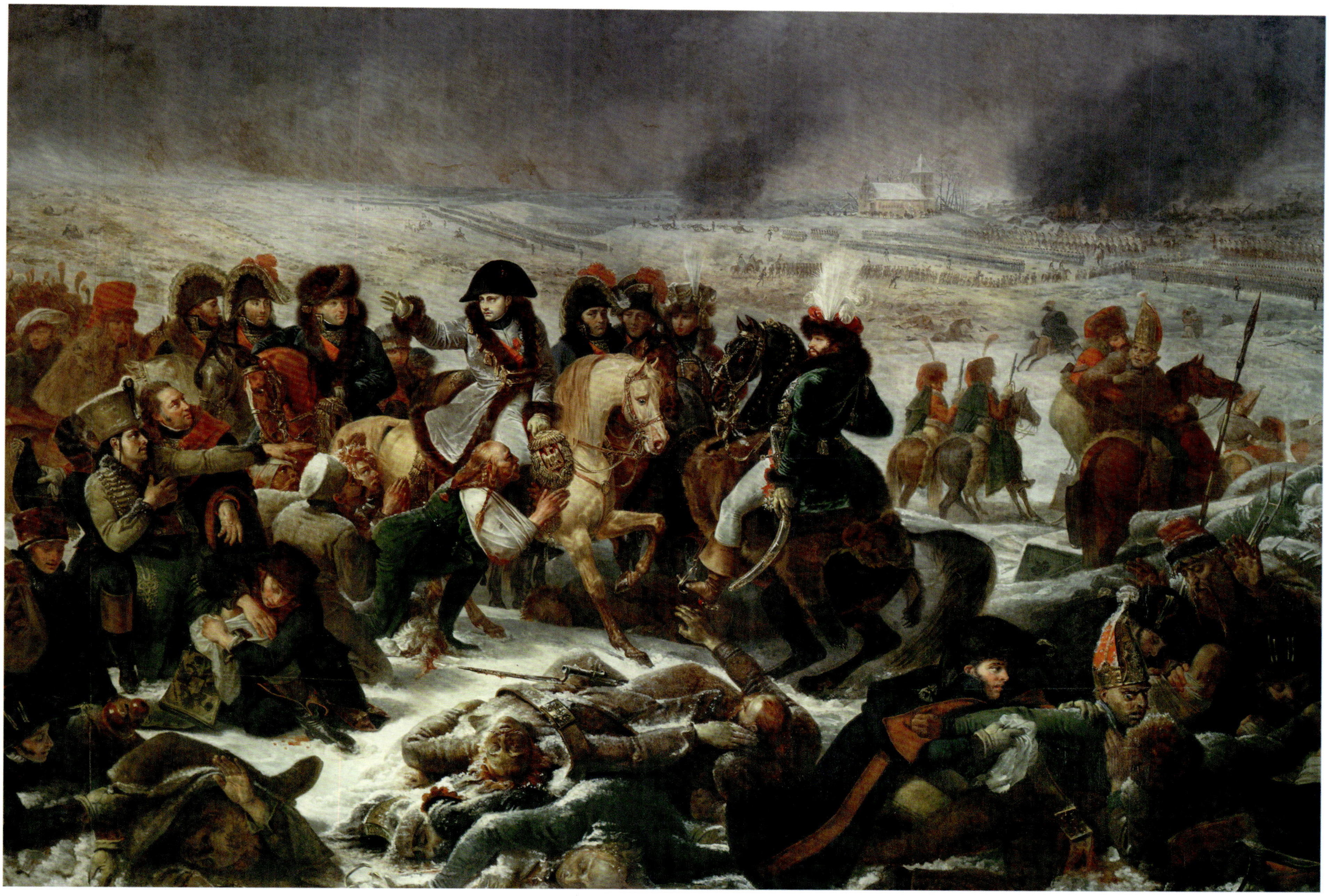

Napoléon on the Battlefield at Prussian Eylau
Napoleon does not appear as a glorious emperor here, but is surrounded by corpses on the battlefield. Gros wanted to emphasize the human side of the warlord by letting him show compassion.

Napoléon sur le champ de bataille d'Eylau
Napoléon n'est pas ici l'empereur glorieux habituel. Il est sur le champ de bataille, au milieu des cadavres. Gros a voulu montrer l'image d'un chef de guerre plus humain, faisant preuve de compassion.

ANTOINE-JEAN GROS (1771-1835)

1808, Oil on canvas/Huile sur toile, 521 × 784 cm, Musée du Louvre, Paris

Napoléon auf dem Schlachtfeld von Preußisch-Eylau
Napoleon erscheint hier nicht als ruhmreicher Kaiser, sondern befindet sich inmitten von Leichen auf dem Schlachtfeld. Gros wollte die humane Seite des Kriegsherren hervorheben, indem er ihn Mitgefühl zeigen lässt.

Napoleón en el campo de batalla de Eylau Prusiano
Napoleón no aparece como un emperador glorioso aquí, sino que está rodeado de cadáveres en el campo de batalla. Gros quería enfatizar el lado humano del señor de la guerra permitiéndole mostrar compasión.

Napoleão no campo de batalha do Eylau Prussiano
Napoleão não aparece como um imperador glorioso aqui, mas é cercado por cadáveres no campo de batalha. Gros queria enfatizar o lado humano do senhor da guerra, deixando-o mostrar compaixão.

Napoleon op het slagveld van Eylau (9 februari 1907)
Napoleon verschijnt hier niet als een glorieuze keizer, maar te midden van lijken op het slagveld. Gros wilde de menselijke kant van de krijgsheer benadrukken door hem medeleven te laten tonen.

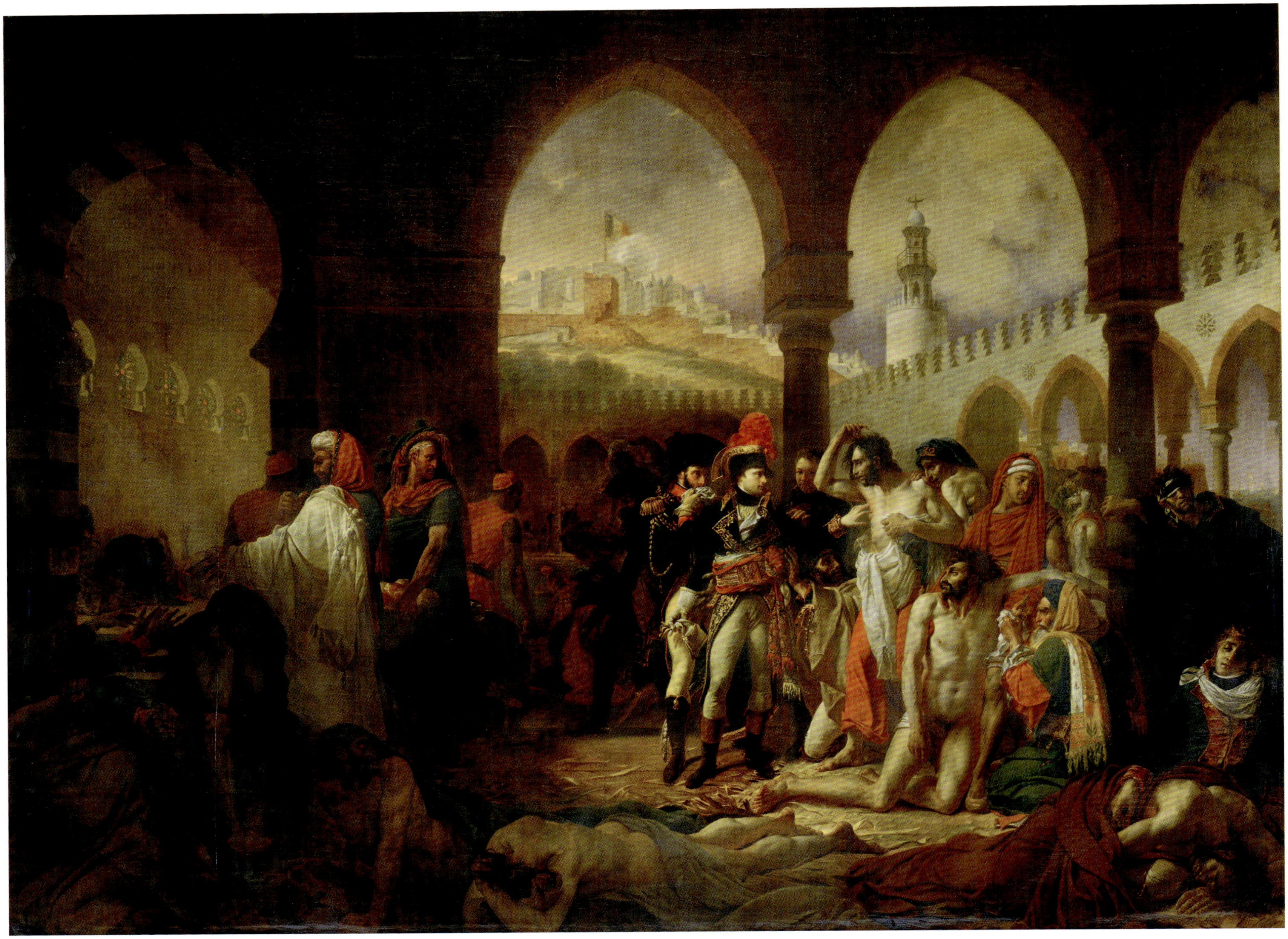

Bonaparte visiting the Plague-stricken in Jaffa
The motif is based on events in March 1799 during the Syrian campaign. Almost like Christ, Napoleon lays his hand on the body of a plague patient, while in the foreground other patients struggle with death.

Bonaparte visitant les pestiférés de Jaffa
La scène se déroule en mars 1799 lors de la campagne de Syrie. Quasi christique, Napoléon, Premier consul, impose sa main sur le corps d'un pestiféré, tandis qu'au premier plan des malades agonisent.

ANTOINE-JEAN GROS (1771-1835)
1804, Oil on canvas/Huile sur toile, 523 × 715 cm, Musée du Louvre, Paris

Bonaparte besucht die Pestkranken von Jaffa
Das Motiv basiert auf Ereignissen im März 1799 während des Syrienfeldzuges. Fast wie Christus legt Napoleon seine Hand auf den Körper eines Pestkranken, während im Vordergrund andere Kranke mit dem Tod ringen.

Bonaparte visita a los pacientes de la plaga de Jaffa
El motivo se basa en los acontecimientos de marzo de 1799 durante la campaña siria. Casi como Cristo, Napoleón pone su mano sobre el cuerpo de un plagiado, mientras que en primer plano otros enfermos luchan con la muerte.

Bonaparte visita os pacientes da peste de Jaffa
O motivo baseia-se nos acontecimentos de Março de 1799 durante a campanha síria. Quase como Cristo, Napoleão põe a mão sobre o corpo de um paciente de uma praga, enquanto em primeiro plano outros pacientes lutam com a morte.

Bonaparte bij de pestlijders van Jaffa
Het onderwerp is gebaseerd op gebeurtenissen in maart 1799 tijdens de Syrische veldtocht. Bijna als Christus legt Napoleon zijn hand op het lichaam van een pestpatiënt, terwijl op de voorgrond andere patiënten worstelen met de dood.

Equestrian Portrait of The First Consul, awarding a Sabre of Honor

Portrait équestre de Bonaparte, 1er Consul à Marengo : Bonaparte distribuant des sabres d'honneur aux grenadiers de la garde consulaire après la bataille de Marengo

Reiterbildnis Napoleon Bonapartes als Erster Konsul. Verleihung der Ehrensäbel an die Grenadiere der Garde Consulaire nach der Schlacht v. Marengo

Retrato de Napoleón Bonaparte como Primer Cónsul. Entrega del sable de honor a los granaderos de la Guardia Consular tras la batalla de Marengo

O retrato de Napoleão Bonaparte como Primeiro Cônsul. Entrega do Sabre de Honra aos Granadeiros da Guarda Consulaire após a Batalha de Marengo

Ruiterportret van Napoleon Bonaparte als eerste consul. Overhandiging van de eresabel aan de grenadiers van de keizerlijke garde na de slag bij Marengo

ANTOINE-JEAN GROS (1771-1835)

1803, Oil on canvas/Huile sur toile, 306 × 242 cm, Musée du Château, Rueil-Malmaison

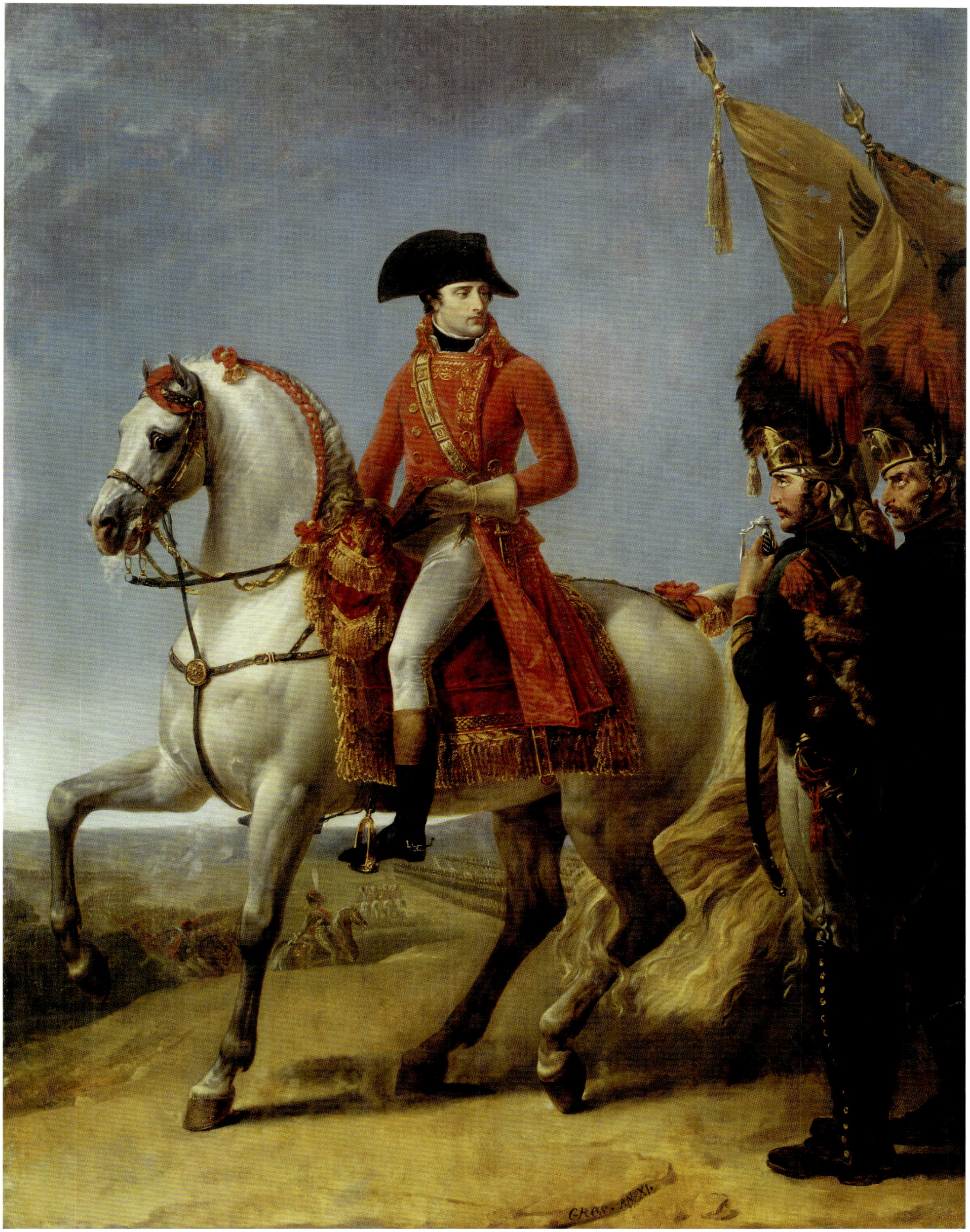

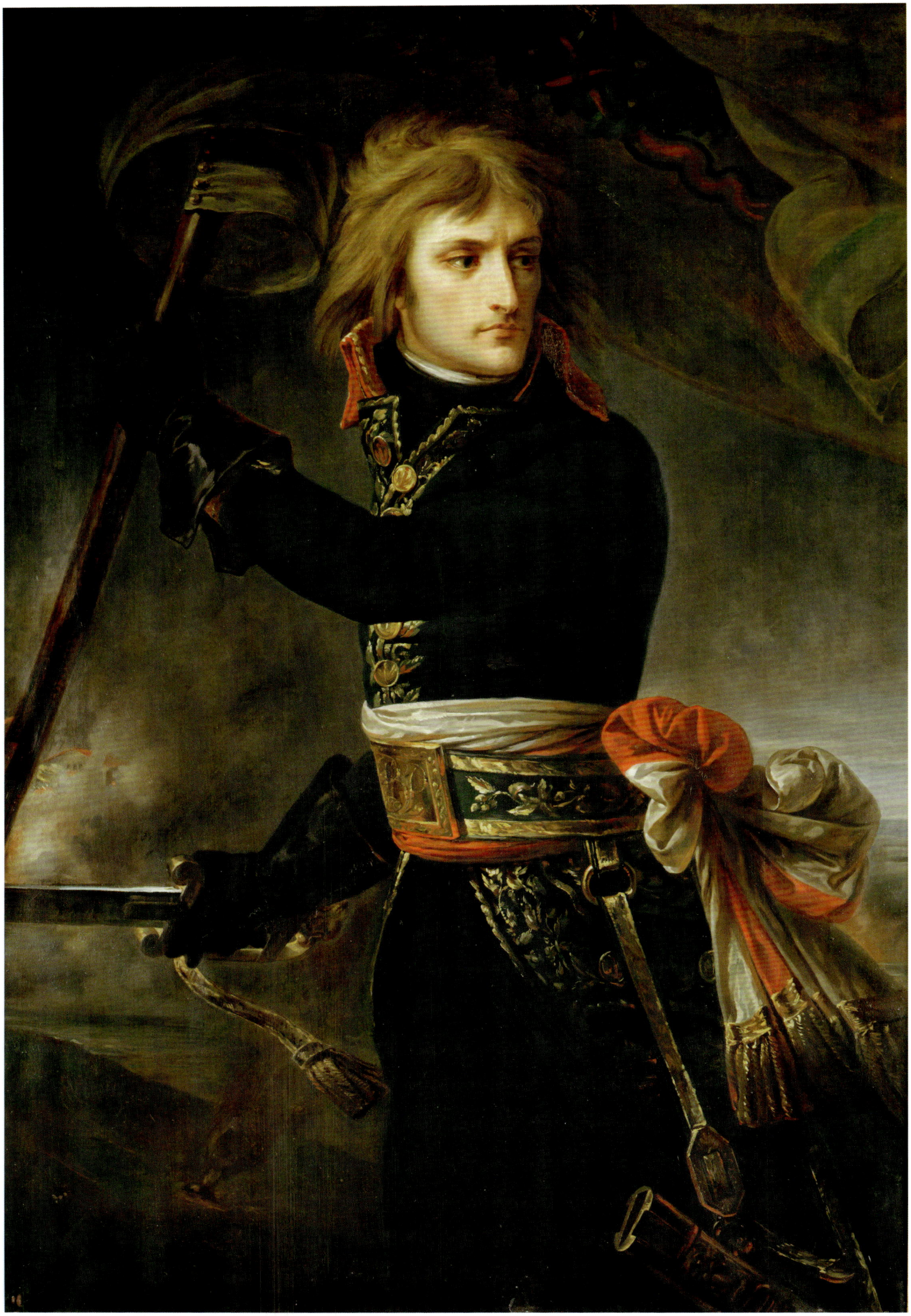

Napoleon on the Bridge of Arcole

Bonaparte sur le pont d'Arcole

Napoleon auf der Brücke von Arcole

Napoleón en el puente de Arcole

Napoleão na ponte de Arcole

Slag bij de brug van Arcole

ANTOINE-JEAN GROS (1771-1835)

1796, Oil on canvas/Huile sur toile, 134 × 104 cm, State Hermitage Museum, St. Pertersburg

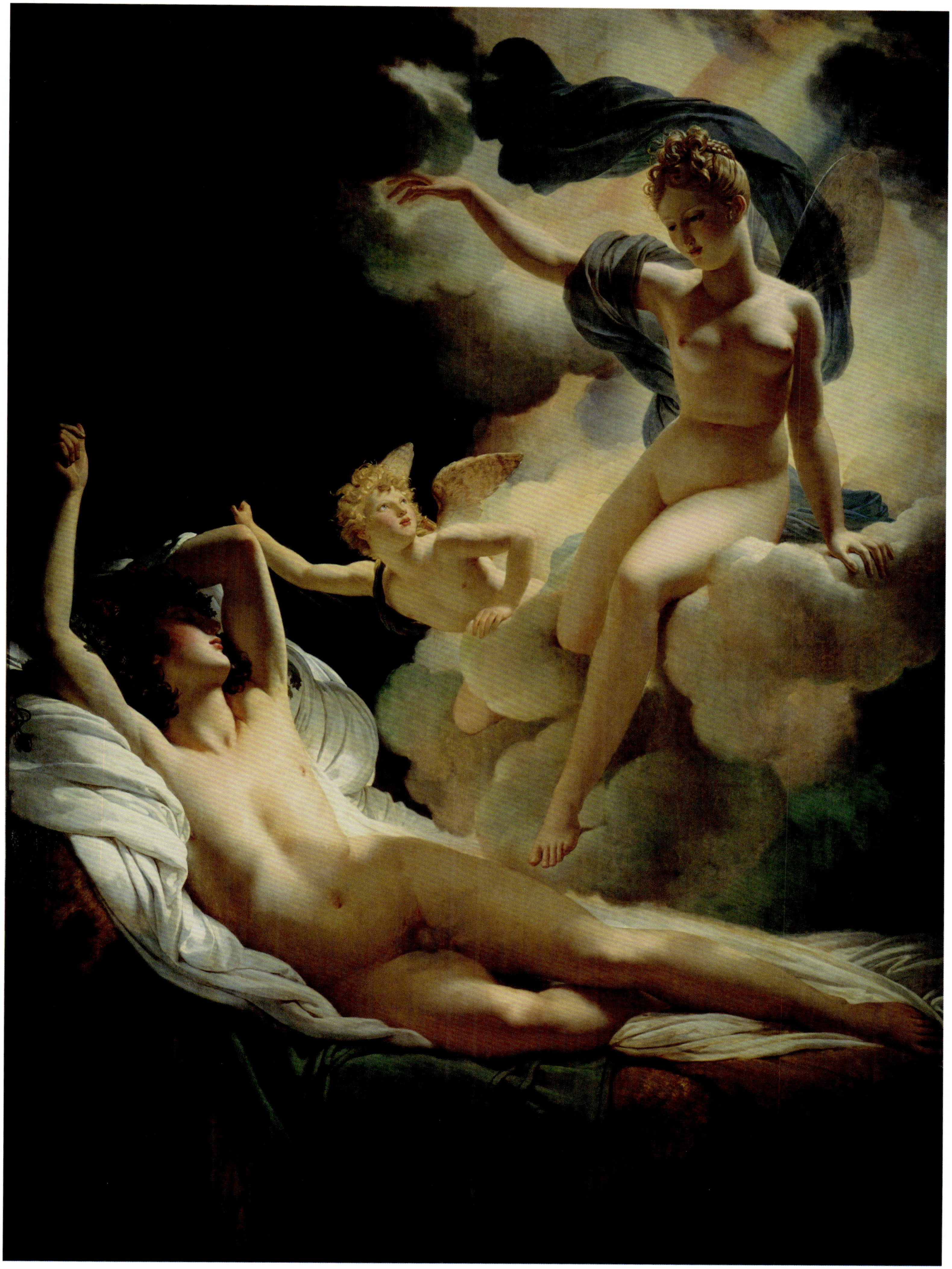

Iris and Morpheus

Iris et Morphée

Iris und Morpheus

Iris y Morfeo

Íris e Morfeu

Iris en Morpheus

PIERRE-NARCISSE GUÉRIN
(1774-1833)
1811, Oil on canvas/Huile sur toile, 251 × 178 cm, State Hermitage Museum, St. Petersburg

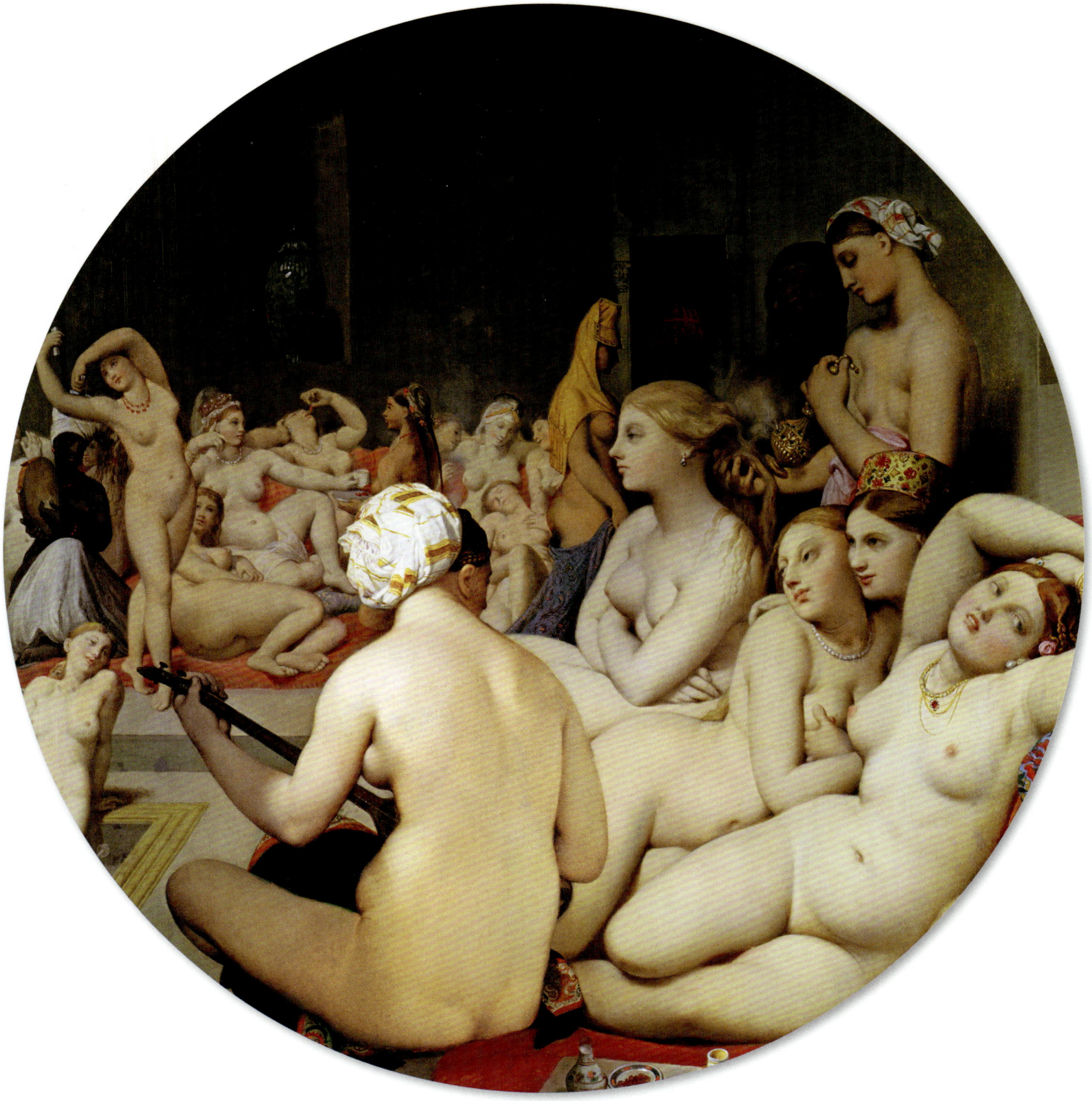

The Turkish Bath
The motif, designed as a tondo in 1862, was to become the artist's last masterpiece. It is the result of research on two of his favourite themes: the Orient and the Nude.

Le Bain turc
Dernier chef-d'œuvre de l'artiste, cette composition circulaire achevée en 1863 marque l'aboutissement des recherches du peintre autour de deux de ses thèmes de prédilection, le nu féminin et l'Orient.

Das türkische Bad
Das 1862 als Tondo gestaltete Motiv sollte das letzte Meisterwerk des Künstlers werden. Es ist das Ergebnis der Recherchen zu zwei seiner bevorzugten Themen: dem Orient und dem Akt.

El baño turco
El motivo, diseñado como tondo en 1862, se convirtió en la última obra maestra del artista. Es el resultado de la investigación sobre dos de sus temas favoritos: el Oriente y el desnudo femenino.

O banho turco
O motivo, concebido como um tondo em 1862, era para se tornar a última obra-prima do artista. É o resultado de uma pesquisa sobre dois dos seus temas favoritos: o Oriente e o Nu.

Het Turkse bad
Het als tondo uitgevoerde onderwerp zou het laatste meesterwerk van de kunstenaar worden. Het is het resultaat van studie van twee van zijn favoriete thema's: de Oriënt en het naakt.

JEAN-AUGUSTE-DOMINIQUE INGRES (1780-1867)
1852-59, modified in/modifié en 1862, Oil on canvas/Huile sur toile, 108 × 110 cm, Musée du Louvre, Paris

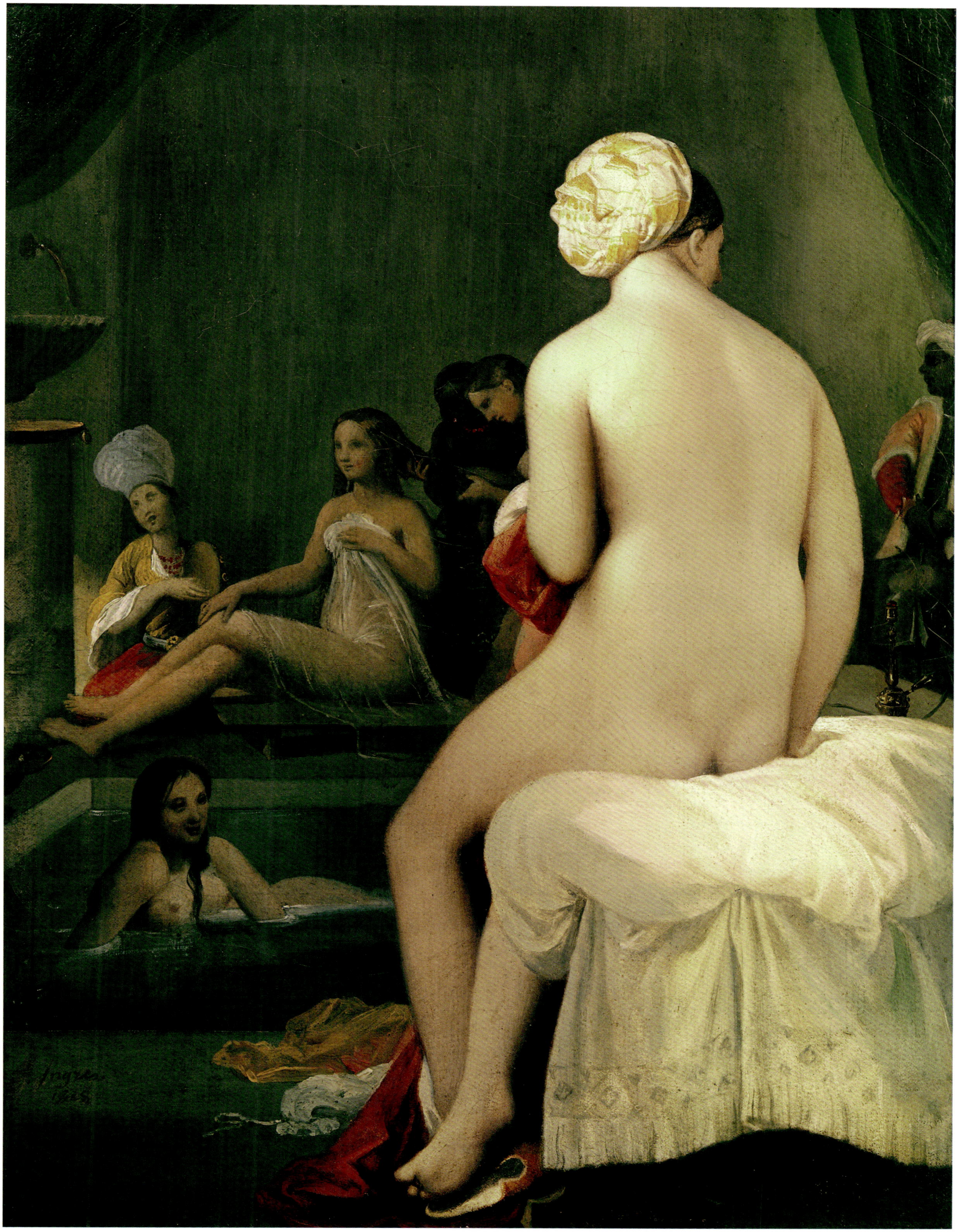

The Little Bather
in the Harem

La Petite Baigneuse, *dit aussi* Intérieur de harem

Die kleine Badende,
Haremsszene

El pequeño bañista,
escena del harén

O pequeno banhista,
a cena do harém

De kleine baadster,
haremscène

JEAN-AUGUSTE-DOMINIQUE INGRES (1780-1867)

1828, Oil on canvas/
Huile sur toile, 35 × 27 cm,
Musée du Louvre, Paris

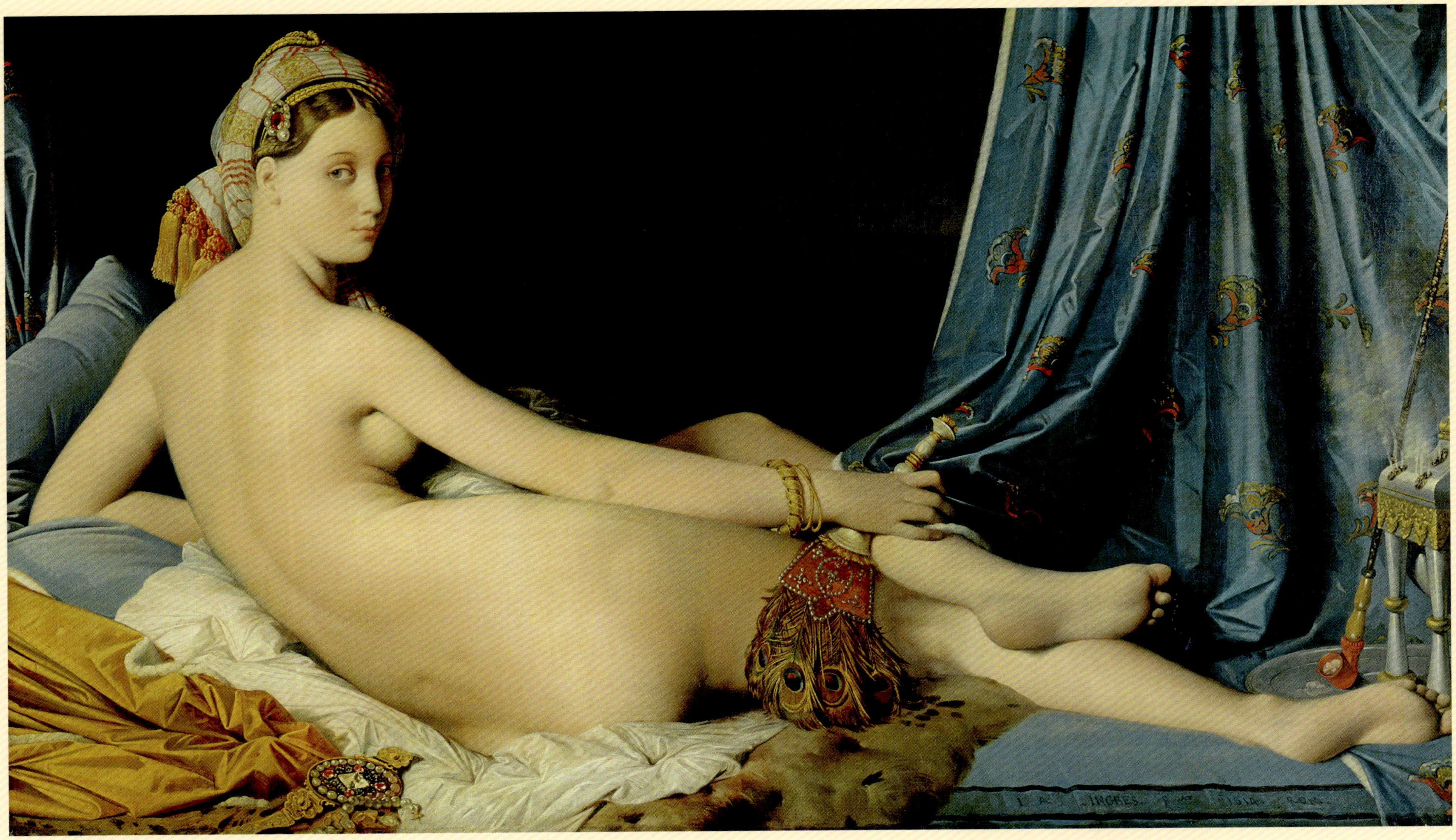

Jean-Auguste-Dominique Ingres

The work of Jean-Auguste-Dominique Ingres (1780-1867) impresses first and foremost with the quality of his precise execution. His references to ancient ideals of beauty refer to Neoclassicism - but his art goes far beyond that. Allegories *(The Source)*, religious or mythological motifs, nudes and portraits of extraordinary quality *(Louis-François Bertin, Princess Albert de Broglie)* - the pupil of Jacques-Louis David convinced in every genre. The Orient, for which he held a great fascination, lends a sensual and dreamy painting to his works, as in *The Turkish Bath* or *The Great Odalisque*. Ingres, born in Montauban, moved to Paris in 1796 before staying in Italy from 1806 to 1824, where he was strongly influenced by Raphael's paintings. After his return Ingres was considered the master of the beautiful ideal. In 1835 he returned to Rome again to work as director of the Académie de France.

Jean-Auguste-Dominique Ingres

S'il est un fin coloriste, Jean-Auguste-Dominique Ingres (1780-1867) éblouit d'abord par la qualité de son dessin, la précision de son trait. Ses références perpétuelles à la beauté antique l'apparentent au néoclassicisme, mais son art va bien au-delà. Allégories *(La Source)*, scènes religieuses ou mythologiques, nus ou portraits d'une extraordinaire finesse d'exécution *(Monsieur Bertin, La Princesse de Broglie...)*, l'élève de Jacques-Louis David excelle en tous les domaines. Fasciné par l'Orient, il en donnera une image sensuelle et fantasmée dans quelques-uns de ses plus grands chefs-d'œuvre, comme *Le Bain turc* ou la *Grande Odalisque*. Né à Montauban, Ingres rejoint Paris en 1796, avant de partir pour l'Italie de 1806 à 1824, où il est profondément marqué par la peinture raffinée de Raphaël. À son retour à Paris, l'artiste est considéré comme le maître du beau idéal. Il repart à Rome en 1835, où il sera nommé directeur de l'Académie de France.

Jean-Auguste-Dominique Ingres

Jean-Auguste-Dominique Ingres (1780–1867) beeindruckt in erster Linie durch die Qualität seiner Ausführung. Seine Bezüge auf antike Schönheitsideale verweisen auf den Klassizismus – seine Kunst geht jedoch weit darüber hinaus. Allegorien *(Die Quelle)*, religiöse oder mythologische Motive, Akte sowie Porträts von einer außerordentlichen Qualität *(Louis-François Bertin, Prinzessin Albert de Broglie)* – der Schüler von Jacques-Louis David überzeugte in jedem Genre. Dem Orient, für den er eine innige Faszination hegt, verleiht er in seinen Werken einen sinnlichen und verträumten Anstrich, wie in *Das türkische Bad* oder *Die große Odaliske*. Der in Montauban geborene Ingres zieht im Jahr 1796 nach Paris, bevor er sich von 1806 bis 1824 in Italien aufhält, wo ihn die Gemälde Raffaels stark beeinflussen. Nach seiner Rückkehr gilt Ingres als der Meister des schönen Ideals. 1835 kehrt er nach Rom zurück, um dort als Direktor der Académie de France zu arbeiten.

Grande Odalisque

La Grande Odalisque

Die große Odaliske

La Gran Odalisca

A Grande Odalisca

La grande odalisque

JEAN-AUGUSTE-DOMINIQUE INGRES (1780-1867)

1814, Oil on canvas/Huile sur toile, 91 × 162 cm, Musée du Louvre, Paris

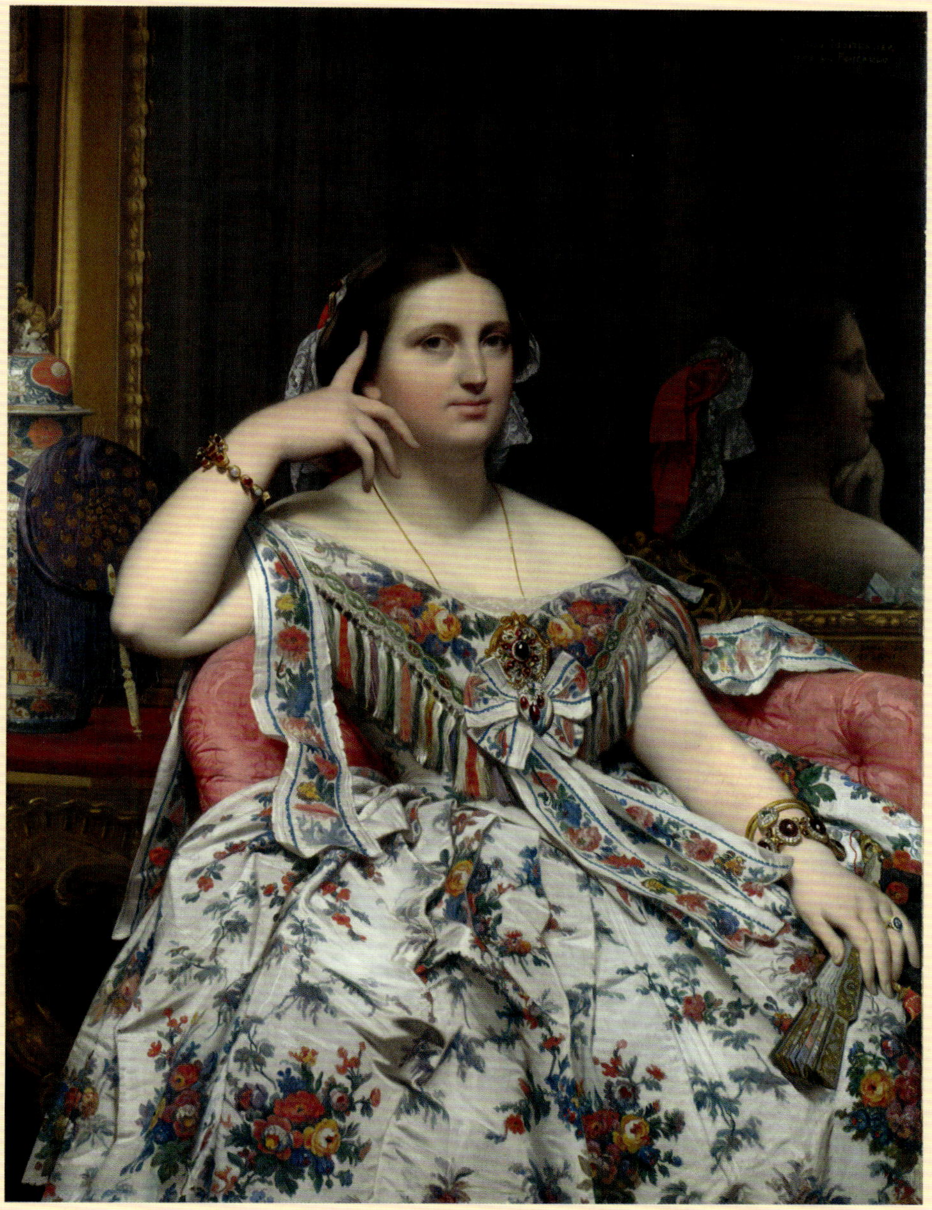

Madame Moitessier

JEAN-AUGUSTE-DOMINIQUE INGRES (1780-1867)

1856, Oil on canvas/Huile sur toile, 120 × 92,1 cm, The National Gallery, London

Jean-Auguste-Dominique Ingres

Jean-Auguste-Dominique Ingres (1780-1867) quedó impresionado ante todo por la calidad de su ejecución precisa. Sus referencias a los antiguos ideales de belleza se refieren al clasicismo, pero su arte va mucho más allá. Alegorías *(La Fuente)*, motivos religiosos o mitológicos, desnudos y retratos de extraordinaria calidad *(Louis-François Bertin, Princesa Albert de Broglie)* - el alumno de Jacques-Louis David convencía en todos los géneros. El Oriente, por el que tiene una gran fascinación, presta una pintura sensual y soñadora en sus obras, como en *El baño turco* o *La gran odalisca*. Ingres, nacido en Montauban, se trasladó a París en 1796 antes de permanecer en Italia de 1806 a 1824, donde fue fuertemente influenciado por las pinturas de Rafael. Después de su regreso, Ingres es considerado el maestro del hermoso ideal. En 1835 regresa de nuevo a Roma para trabajar como director de la Academia de Francia.

Jean-Auguste-Dominique Ingres

Jean-Auguste-Dominique Ingres (1780-1867) ficou impressionado com a qualidade da sua execução. Suas referências a antigos ideais de beleza referem-se ao classicismo - mas sua arte vai muito além disso. Alegorias *(A Fonte)*, motivos religiosos ou mitológicos, nus e retratos de extraordinária qualidade *(Louis-François Bertin, Princesa Albert de Broglie)* - o aluno de Jacques-Louis David convencido em todos os gêneros. O Oriente, pelo qual tem um grande fascínio, empresta uma pintura sensual e sonhadora em suas obras, como em *O Banho Turco* ou *A Grande Odalisca*. Ingres, nascido em Montauban, mudou-se para Paris em 1796 antes de permanecer na Itália de 1806 a 1824, onde foi fortemente influenciado pelas pinturas de Rafael. Após seu retorno Ingres é considerado o mestre do belo ideal. Em 1835 voltou a Roma para trabalhar como diretor da Académie de France.

Jean-Auguste-Dominique Ingres

Jean-Auguste-Dominique Ingres (1780-1867) maakt in de eerste plaats indruk door de kwaliteit van zijn uitwerking. Zijn zinspelingen op antieke schoonheidsidealen verwijzen naar het classicisme – maar zijn kunst gaat veel verder dan dat. Allegorieën *(De bron)*, religieuze en mythologische motieven, naakten en portretten van uitzonderlijke kwaliteit *(Portret van Louis-François Bertin en Pauline de Galard de Brassac de Béarn, princesse de Broglie)* – deze leerling van Jacques-Louis David overtuigde in elk genre. De Oriënt, die een grote fascinatie op hem uitoefende, gaf hij in zijn werk een sensueel en dromerig cachet, bijvoorbeeld in *Het Turkse bad* en *La grande odalisque*. De in Montauban geboren Ingres verhuisde in 1796 naar Parijs, waarna hij tussen 1806 en 1824 in Italië zou wonen, waar hij sterk beïnvloed werd door de schilderijen van Rafaël. Na zijn terugkeer werd Ingres beschouwd als de meester van het schoonheidsideaal. In 1835 keerde hij terug naar Rome, als directeur van de Académie de France.

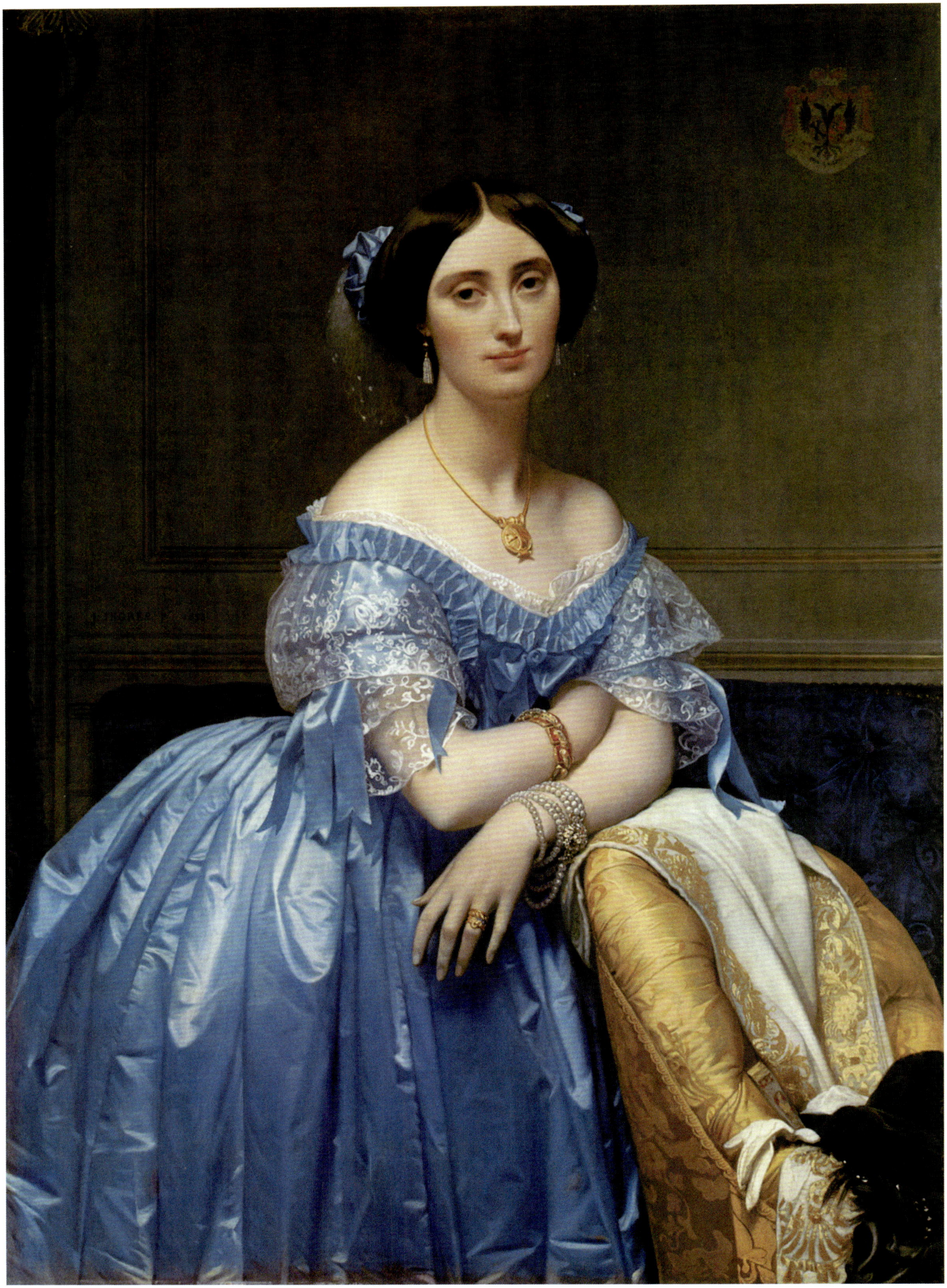

Princesse de Broglie

Pauline de Galard
de Brassac de Béarn,
Princesse de Broglie

Porträt der Prinzessin
Albert de Broglie

Pauline de Galard
de Brassac de Béarn,
princesa de Broglie

Retrato da Princesa
Albert de Broglie

Pauline de Galard
de Brassac de Béarn,
princesse de Broglie

JEAN-AUGUSTE-DOMINIQUE INGRES (1780-1867)

c. 1851-53, Oil on canvas/
Huile sur toile, 121,2 × 90,8 cm,
Metropolitan Museum
of Art, New York

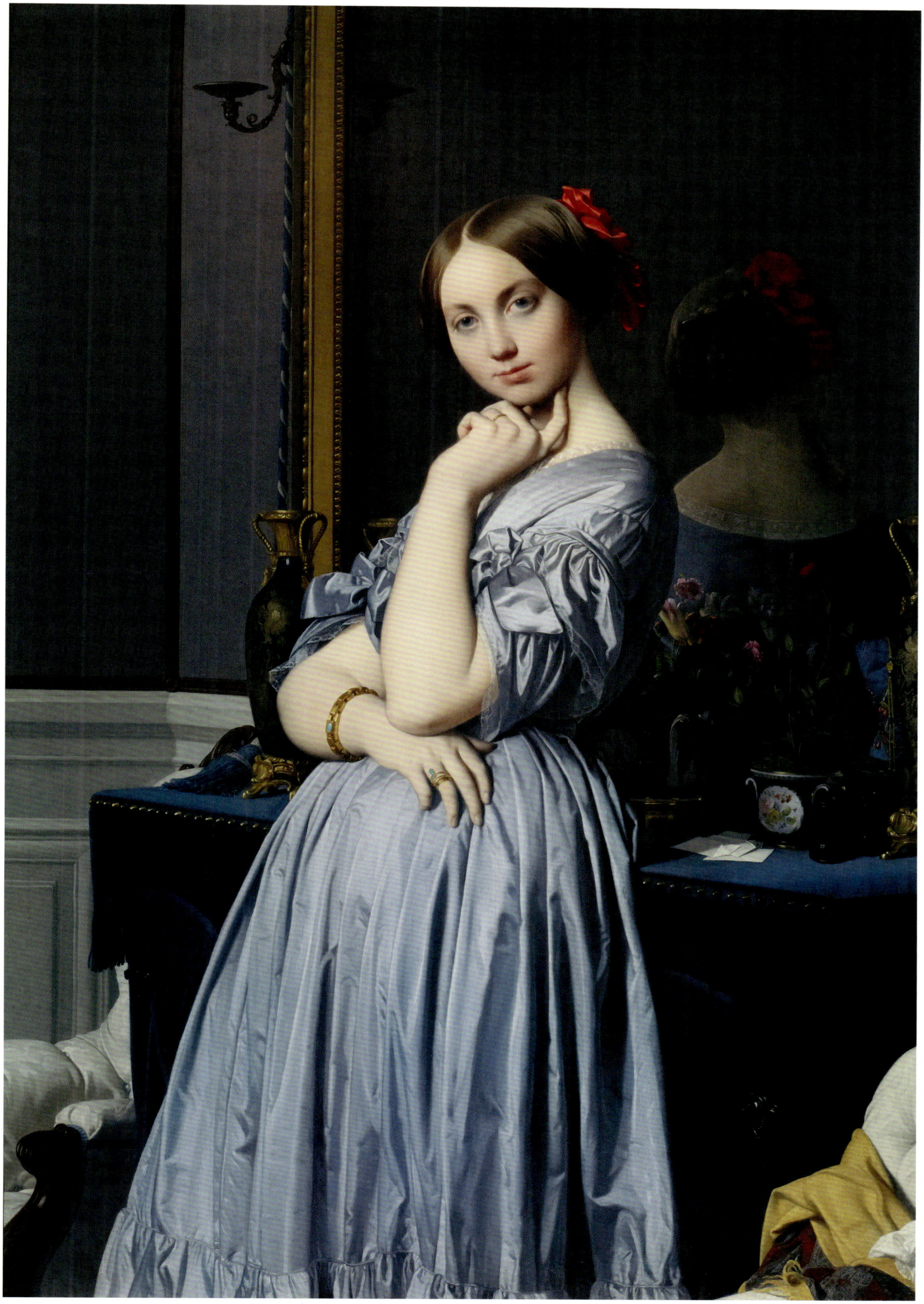

Comtesse d'Haussonville

Portrait de la comtesse d'Haussonville

Comtesse d'Haussonville

Condesa de Haussonville

Condessa d'Haussonville

Portret van comtesse d'Haussonville

JEAN-AUGUSTE-DOMINIQUE INGRES (1780-1867)

1845, Oil on canvas/ Huile sur toile, 131,8 × 92 cm, The Frick Collection, New York

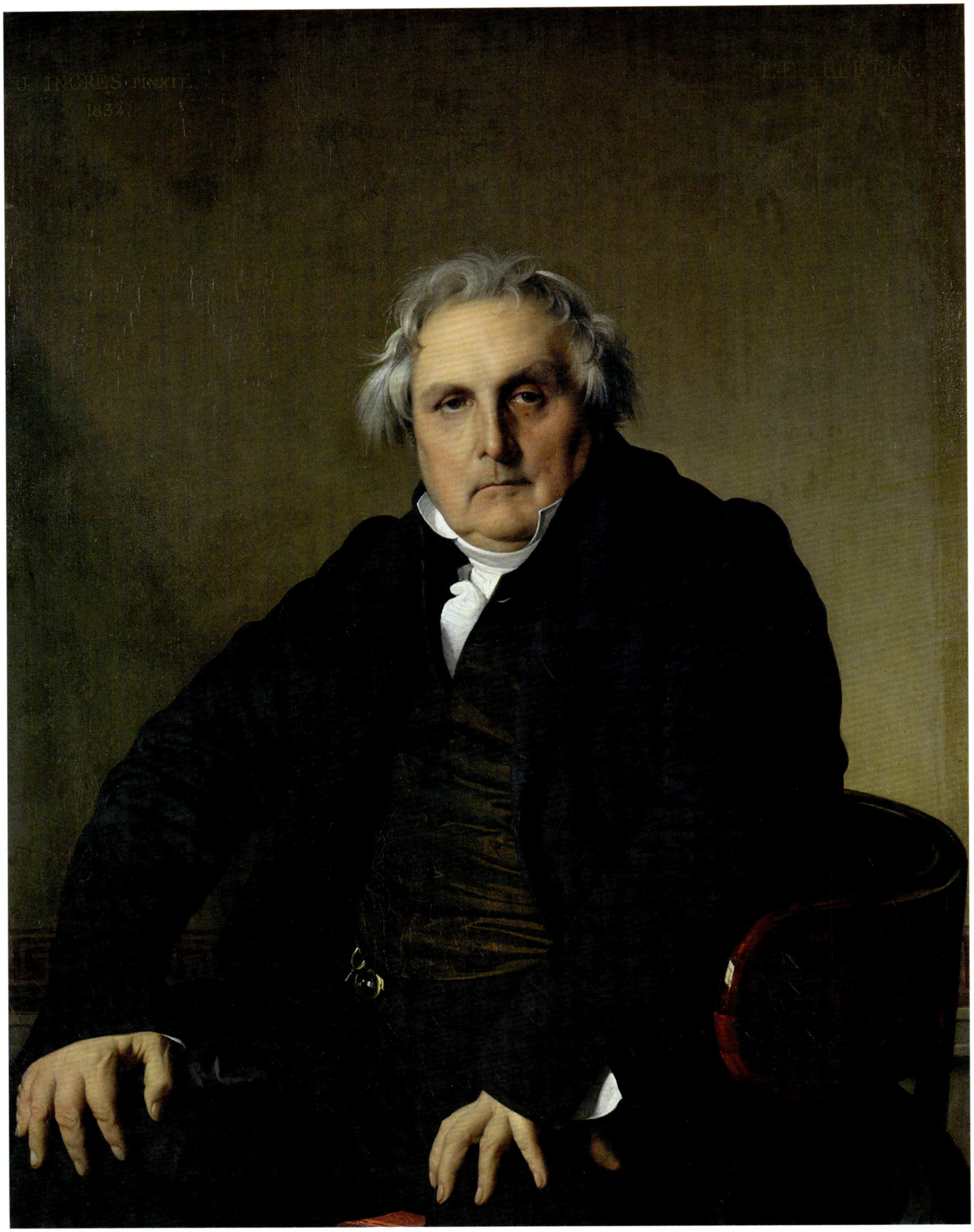

Portrait of Monsieur Bertin
Ingres highlighted the enormous presence of the newspaper tycoon of the *Journal des débats* in his portrait. Clothes, hands, facial features, hair - the realism of the representation can hardly be surpassed.

Portrait de Louis-François Bertin
Fondateur du *Journal des débats*, le patron de presse impose sa corpulente présence dans ce portrait qu'il a commandé à Ingres. Vêtements, mains, traits du visage ou cheveux, le réalisme est saisissant.

Porträt des Monsieur Bertin
Ingres arbeitete die gewaltige Präsenz des Zeitungsmagnaten des *Journal des débats* in seinem Porträt heraus. Kleidung, Hände, Gesichtszüge, Haare - der Realismus der Darstellung ist kaum zu übertreffen.

Retrato de Monsieur Bertin
Ingres destacó en su retrato la enorme presencia del magnate de los periódicos del *Journal des débats*. Ropa, manos, rasgos faciales, pelo - el realismo de la representación es insuperable.

Retrato de Monsieur Bertin
Ingres destacou a enorme presença do magnata do jornal *Journal des débats* em seu retrato. Roupas, mãos, traços faciais, cabelos - o realismo da representação dificilmente pode ser ultrapassado.

Portret van Louis-François Bertin
Ingres benadrukte de imposante aanwezigheid van de krantenmagnaat van het *Journal des débats* in dit portret. Kleding, handen, gelaatstrekken, haar - de weergave had nauwelijks realistischer kunnen zijn.

JEAN-AUGUSTE-DOMINIQUE INGRES (1780-1867)
1832, Oil on canvas/Huile sur toile, 116 × 95 cm, Musée du Louvre, Paris

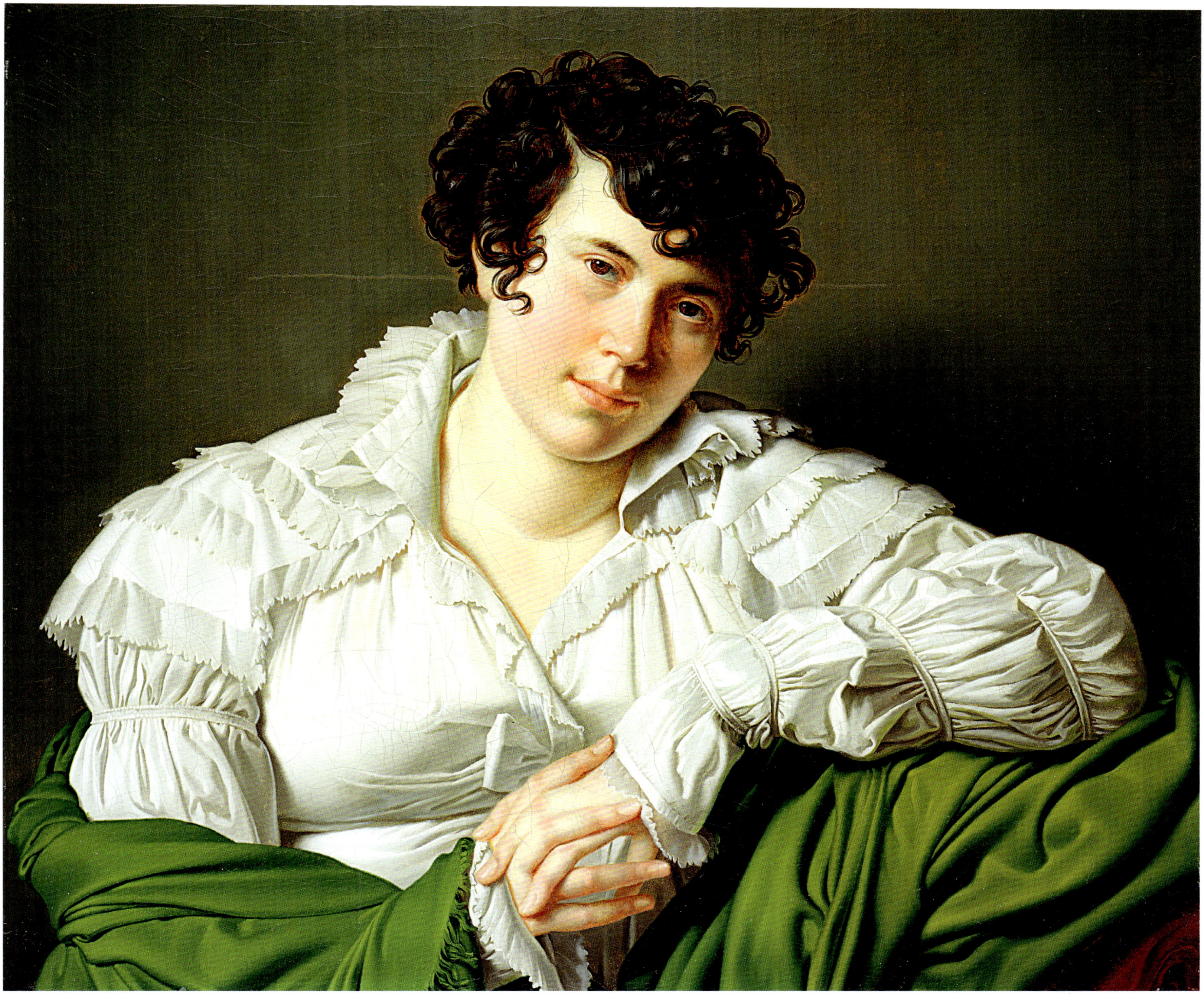

Portrait of a Young Woman, *or* Portrait of Madame de Stäel

Portrait de femme, *dit* Portrait de Madame de Staël

Porträt einer jungen Frau *oder* Porträt der Madame de Staël

Retrato de una joven *o* Retrato de Madame de Staël

Retrato de uma jovem mulher *ou* Retrato de Madame de Staël

Portret van een jonge vrouw *of* Portret van Madame de Staël

JEAN-AUGUSTE-DOMINIQUE INGRES (1780-1867)

c. 1805, Oil on canvas/Huile sur toile, 59,6 × 73,2 cm, Ferens Art Gallery, Hull Museums, Kingston upon Hull

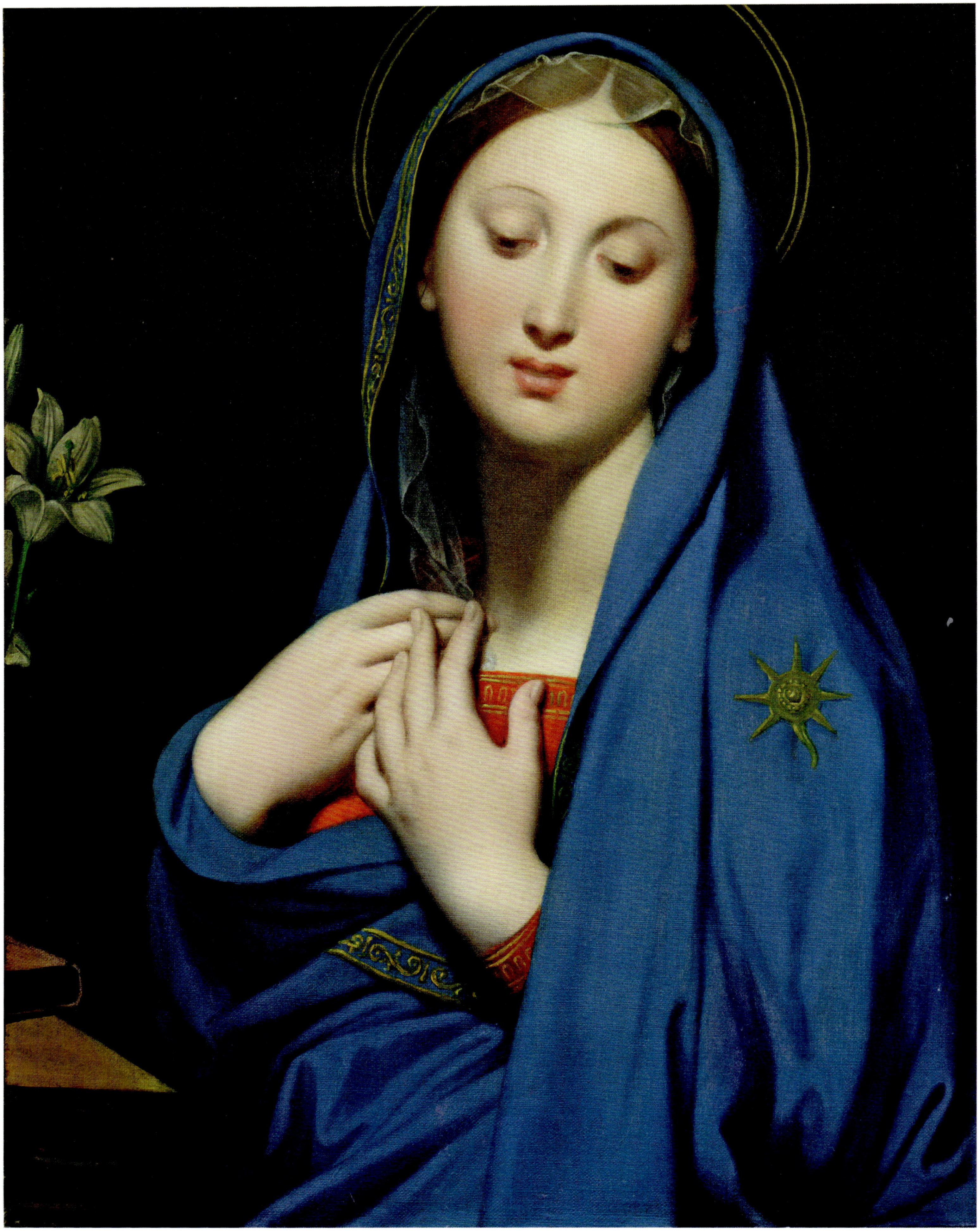

The Virgin of Adoption

La Vierge de l'Adoption

Die Jungfrau der Adoption

La Virgen de la Adopción

A Virgem da Adoção

De Maagd van de adoptie

JEAN-AUGUSTE-DOMINIQUE INGRES (1780-1867)

1858, Oil on canvas/Huile sur toile, 70 × 57 cm, National Gallery of Victoria, Melbourne

Oedipus Explaining the Enigma of the Sphinx

Naked and in profile, Oedipus tries to solve the riddle of the Sphinx, so that he is granted access to Thebes. The mythical creature is depicted with a female upper body, lion paws and wings.

Œdipe explique l'énigme du sphinx

Nu et de profil, Œdipe défie le sphinx, une figure dotée d'un buste féminin, d'un corps de lion et d'ailes d'oiseaux. Il doit résoudre une énigme pour pouvoir entrer dans Thèbes sans être dévoré.

Ödipus und die Sphinx

Nackt und im Profil, versucht Ödipus das Rätsel der Sphinx zu lösen, damit ihm der Zugang nach Theben gewährt wird. Das Fabelwesen ist mit einem weiblichen Oberkörper, Löwenpranken und Flügeln dargestellt.

Edipo y la Esfinge

Desnudo y de perfil, Edipo intenta resolver el acertijo de la Esfinge, para que se le conceda el acceso a Tebas. La mítica criatura está representada con un cuerpo superior femenino, patas de león y alas.

Édipo e a Esfinge

Nú e em perfil, Édipo tenta resolver o enigma da Esfinge, para que ele tenha acesso a Tebas. A criatura mítica é representada com um tronco feminino, patas de leão e asas.

Oedipus en de sfinx

Naakt en in profiel probeert Oedipus het raadsel van de sfinx op te lossen, zodat hij toegang krijgt tot Thebe. Het mythische wezen is afgebeeld met een vrouwelijk bovenlichaam, leeuwenpoten en vleugels.

JEAN-AUGUSTE-DOMINIQUE INGRES (1780-1867)

1808, Oil on canvas/Huile sur toile, 189 × 144 cm, Musée du Louvre, Paris

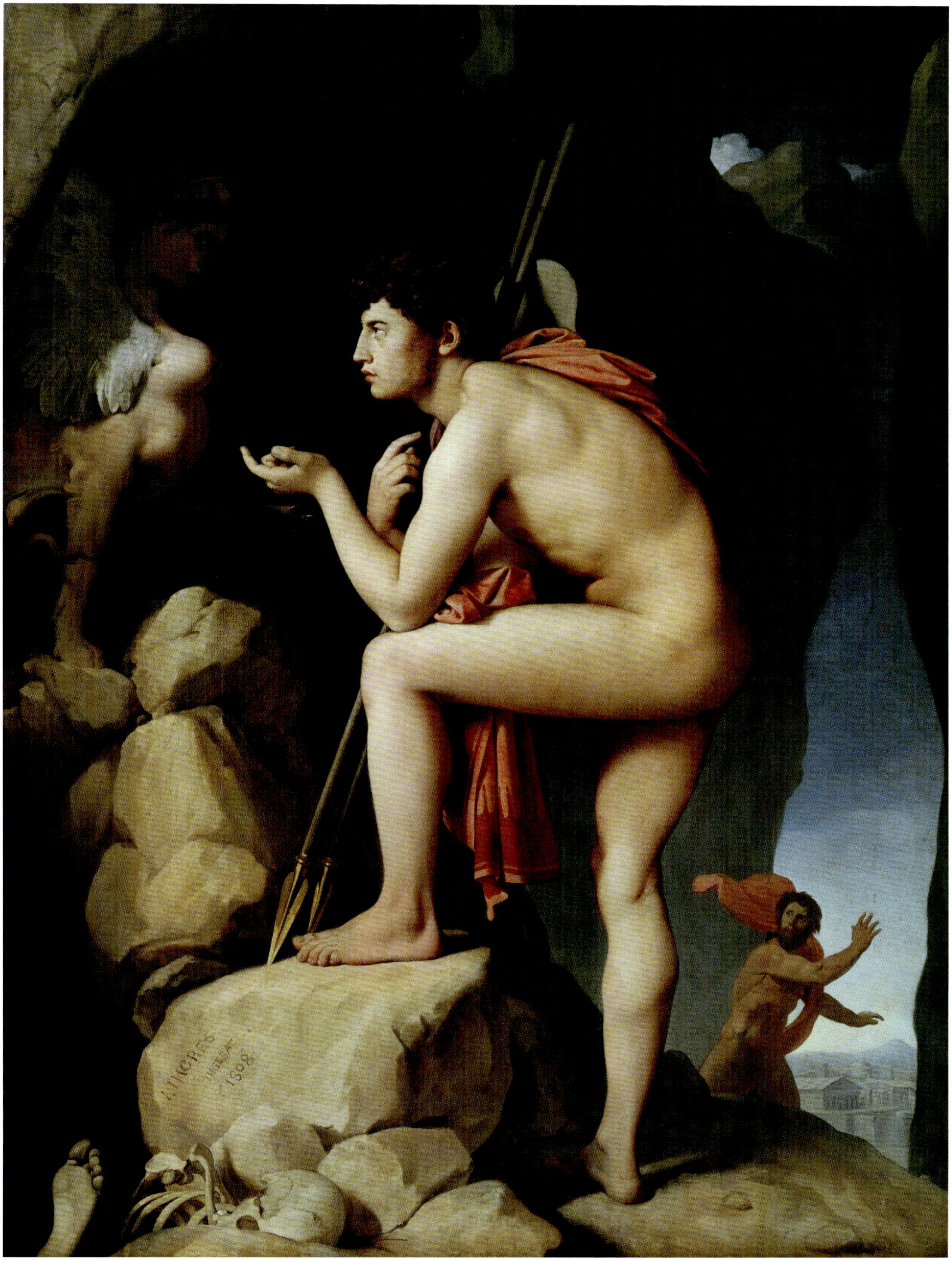

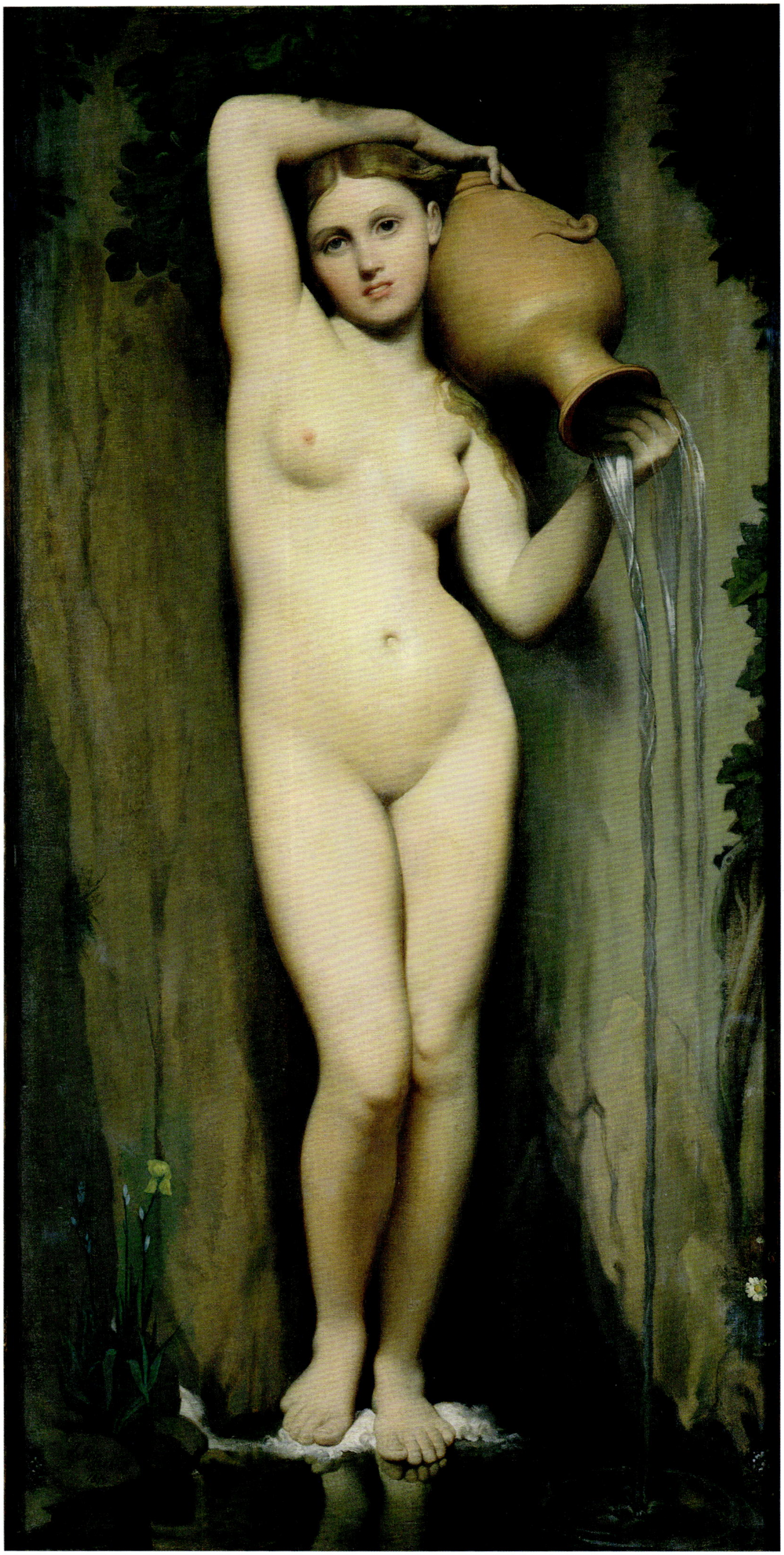

The Source
The representation is based on a caryatide. The portrait format seems to limit the figure and lend it a certain monumentality. When he completed the work, Ingres was already 76 years old.

La Source
Cette femme a des allures de caryatide. Le format vertical semble contraindre la figure, en lui donnant une certaine monumentalité. Ingres est âgé de 76 ans lorsqu'il termine ce tableau, en 1856.

Die Quelle
Die Darstellung ist an eine Karyatide angelehnt. Das Hochformat scheint die Figur zu begrenzen und verleiht ihr eine gewisse Monumentalität. Als er das Werk vollendet, ist Ingres bereits betagt.

La fuente
Esta mujer parece una cariátide. El formato vertical parece limitar la figura, dándole cierta monumentalidad. Ingres tenía 76 años cuando terminó su pintura en 1856.

A fonte
A representação é baseada num caryatide. O formato de retrato parece limitar a figura e empresta-lhe uma certa monumentalidade. Quando ele termina o trabalho, Ingres já é velho.

De bron
De voorstelling is gebaseerd op een kariatide. Het staande formaat lijkt de figuur af te grenzen en geeft haar een zekere monumentaliteit. Toen hij het werk in 1856 voltooid had, was Ingres al op leeftijd (76 jaar).

JEAN-AUGUSTE-DOMINIQUE INGRES (1780-1867)
1856, Oil on canvas/Huile sur toile, 163 × 80 cm, Musée d'Orsay, Paris

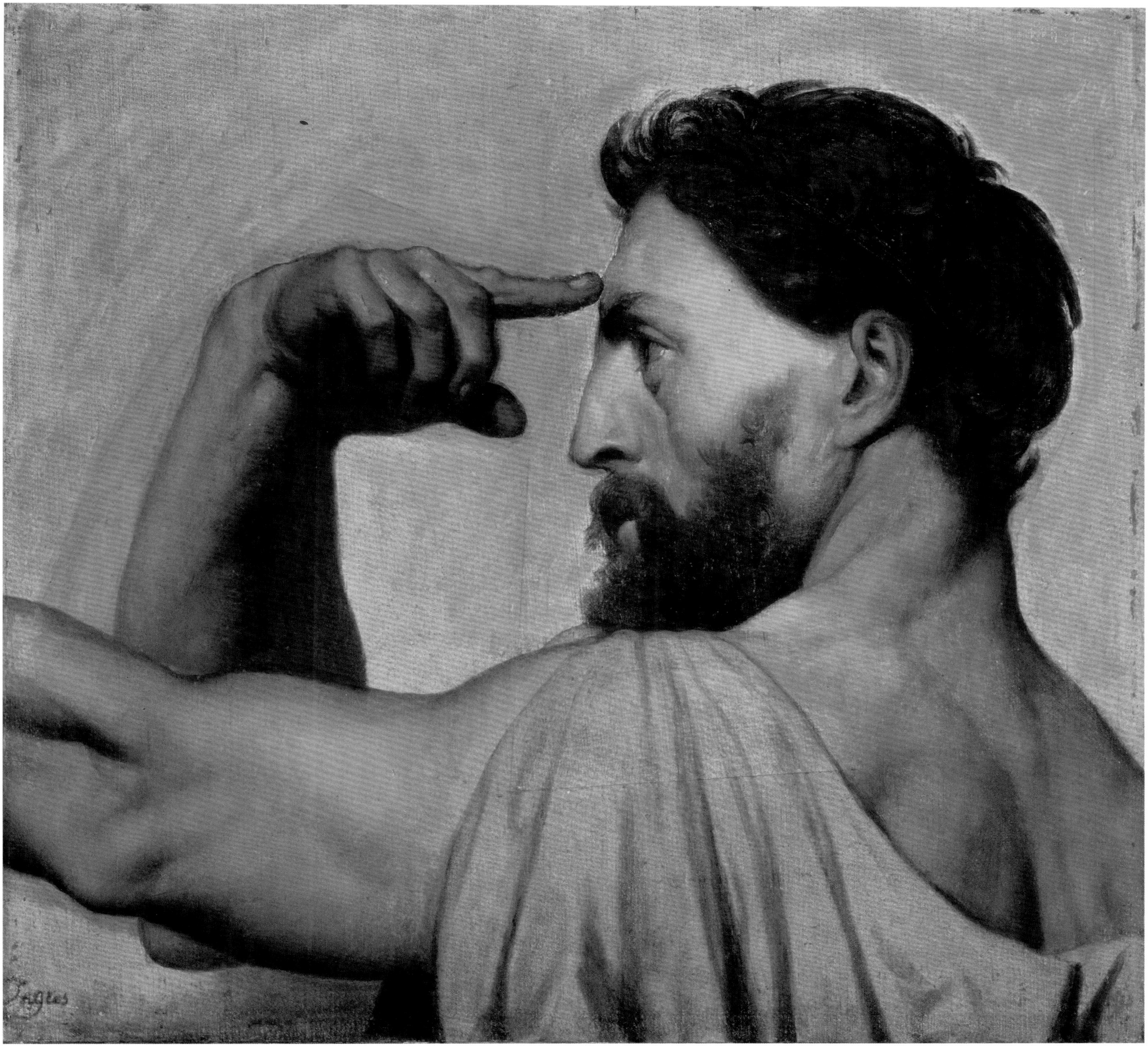

Study for Phidias in *The Apotheosis Homers*

Étude pour Phidias dans *Homère déifié*

Studie für Phidias in *Die Apotheose Homers*

JEAN-AUGUSTE-DOMINIQUE INGRES (1780-1867)

1827, Oil on canvas/Huile sur toile, 32,3 × 35,5 cm, San Diego Museum of Art, San Diego

Estudio para Fidias, en la *Apoteoisis de Homer*

Estudo das Fídias na *Apotheosis Homers*

Studie voor Phidias in *De apotheose van Homerus*

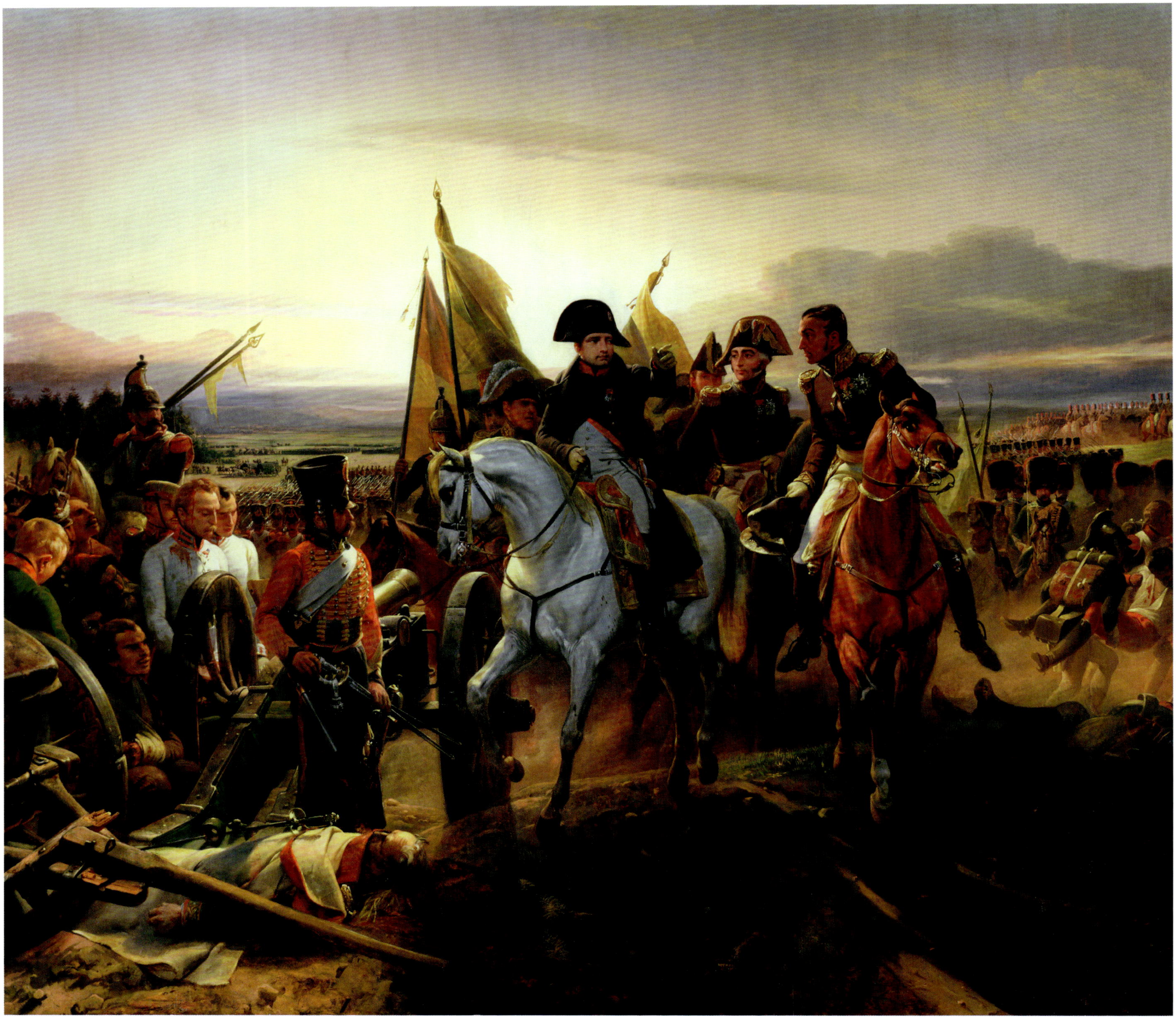

The Battle of Friedland

Bataille de Friedland, 14 Juin 1807

Die Schlacht von Friedland

La batalla de Friedland

A Batalha de Friedland

De slag bij Friedland

HORACE VERNET (1789-1863)

1836, Oil on canvas/Huile sur toile, 465 × 543 cm, Château de Versailles

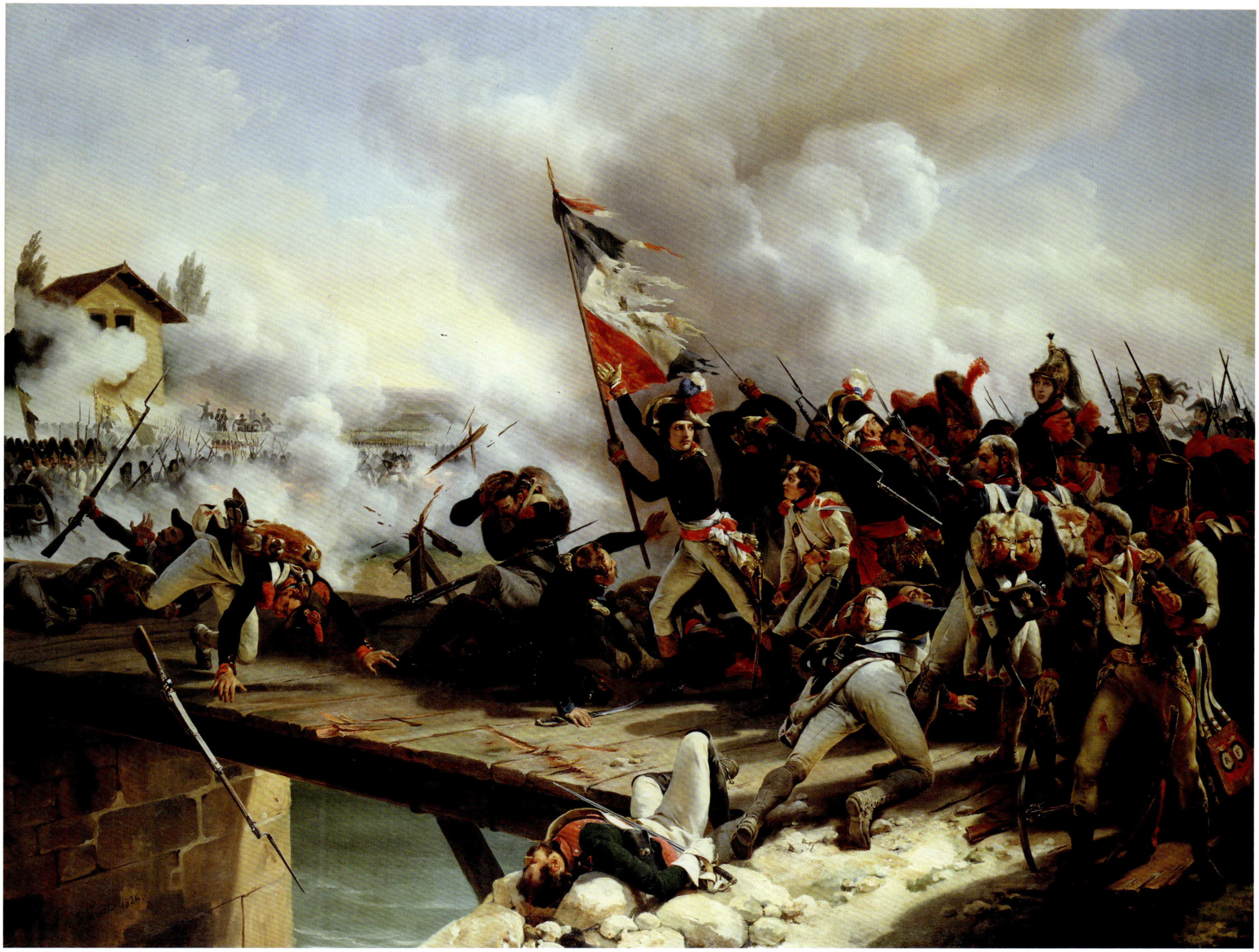

The Battle of Pont d'Arcole

La Bataille du pont d'Arcole

Die Schlacht an der Brücke von Arcole

La batalla en el puente de Arcole

A batalha na ponte de Arcole

De slag bij de brug van Arcole

HORACE VERNET (1789-1863)

1826, Oil on canvas/Huile sur toile, 260 × 194 cm, Private collection

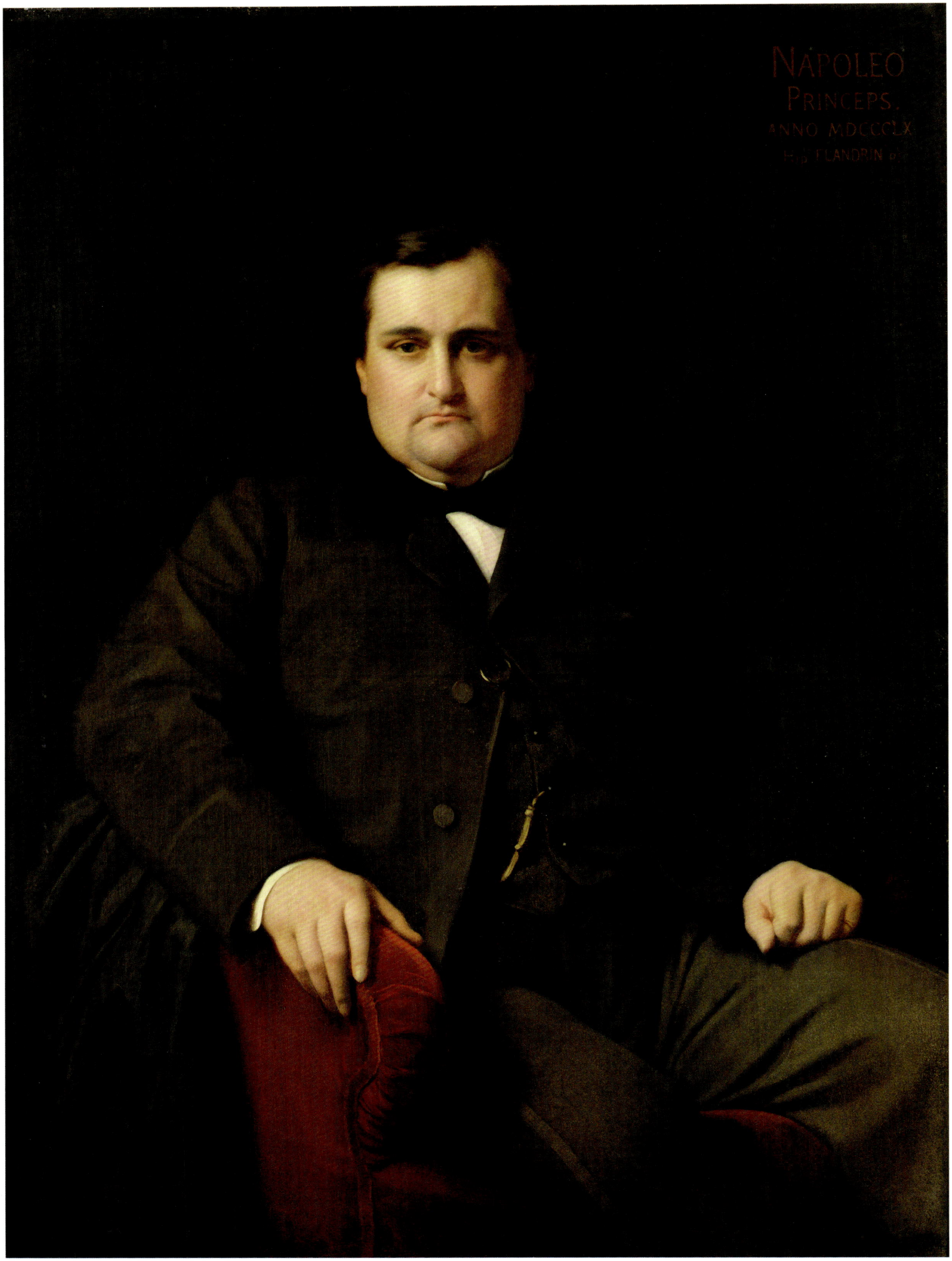

Napoléon Joseph Charles Paul Bonaparte, Prince Napoléon

Napoléon-Joseph-Charles-Paul Bonaparte, prince Napoléon

Napoléon Joseph Charles Paul Bonaparte, Prinz Napoléon

Napoleón José Carlos Pablo Bonaparte, Príncipe Napoleón

Napoléon Joseph Charles Paul Bonaparte, Príncipe Napoléon

Napoleon Joseph Charles Paul Bonaparte, prins Napoleon

HIPPOLYTE FLANDRIN (1809-1864)

c. 1860, Oil on canvas/ Huile sur toile, 117 × 89 cm, Musée d'Orsay, Paris

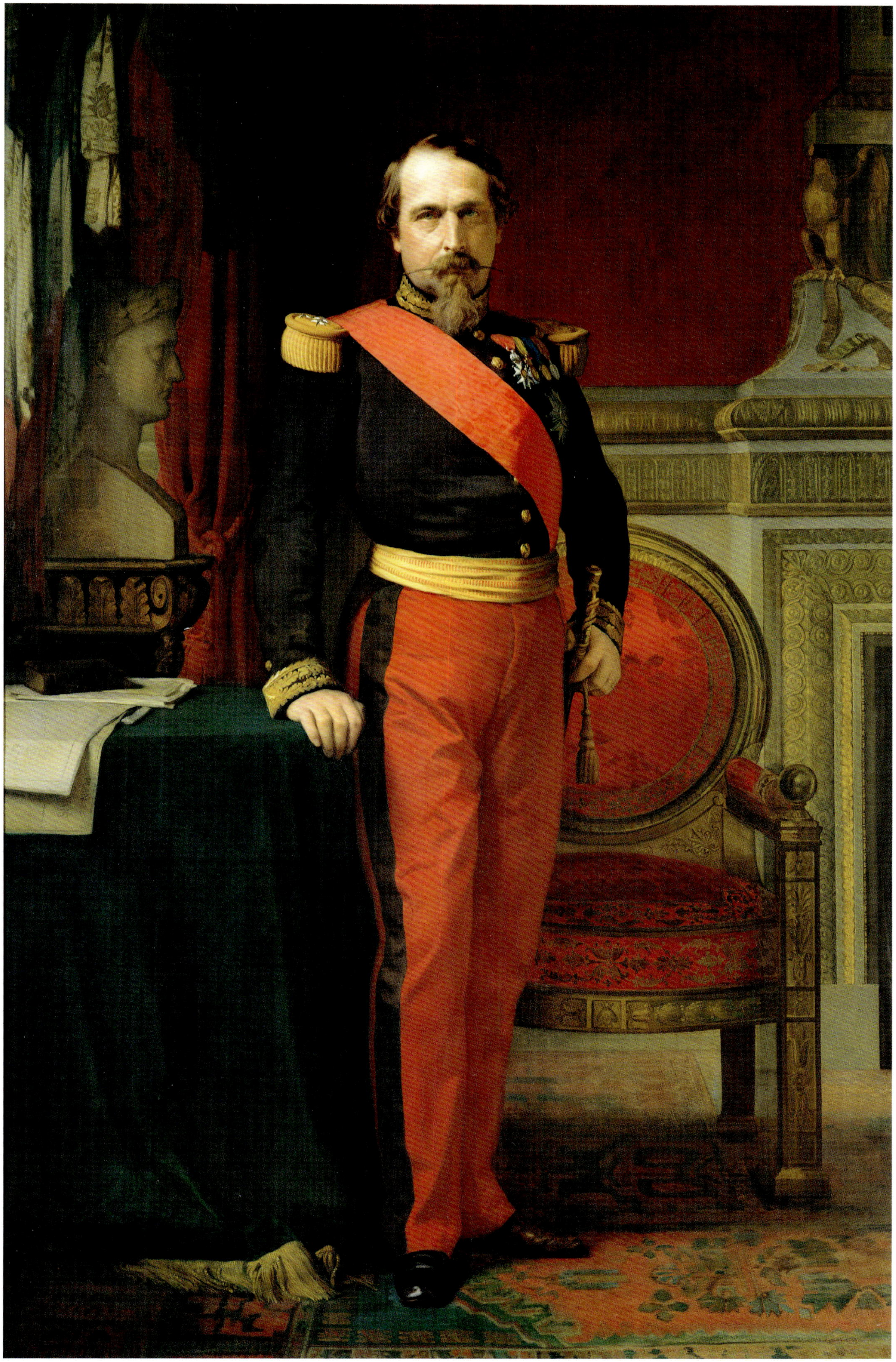

Portrait of Napoleon III (1808-73)

Napoleon III, Empereur des Français (1808-73)

Napoleon III., Kaiser der Franzosen (1808-73)

Napoleón III, emperador de los franceses (1808-73)

Napoleão III, Imperador dos Franceses (1808-73)

Napoleon III, keizer van de Fransen (1808-1873)

HIPPOLYTE FLANDRIN (1809-1864)

1861, Oil on canvas/Huile sur toile, 212 × 147 cm, Château de Versailles

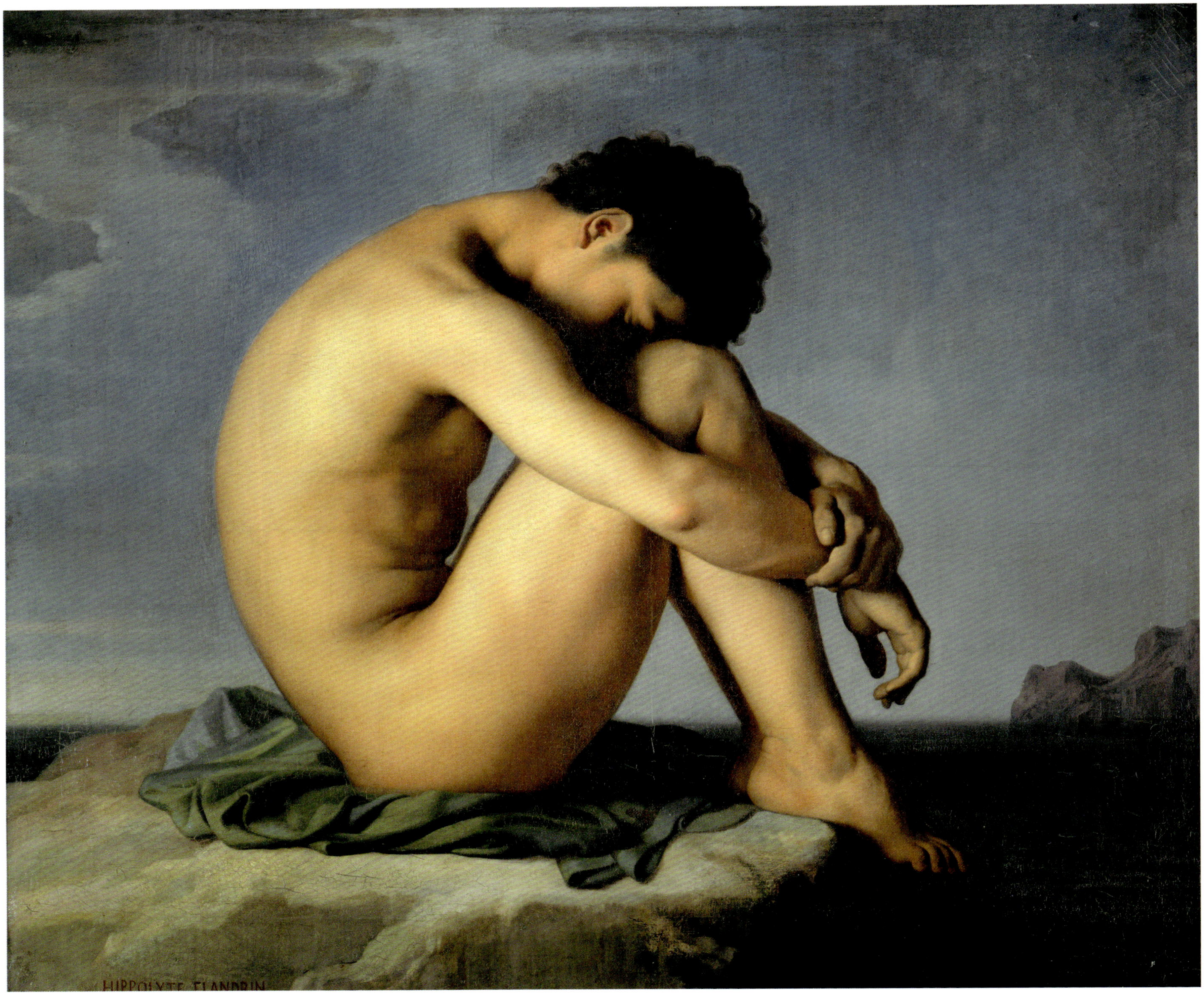

Nude Youth Sitting by the Sea

Like Ingres, Flandrin reinterprets antiquity by adapting it to contemporary tastes. An example is this act of a young man in front of a simple maritime landscape.

Jeune Homme nu assis au bord de la mer. Figure d'étude

Marqué par Ingres, Flandrin réinterprète l'antique en l'adaptant au goût contemporain. En témoigne cette académie d'homme assis sur un rocher, absorbé par ses pensées, devant un paysage marin épuré.

Jüngling am Meeresufer *oder* Aktstudie eines jungen Mannes

Wie Ingres interpretiert Flandrin die Antike neu, indem er sie an den zeitgenössischen Geschmack anpasst. Ein Beispiel ist dieser Akt eines jungen Mannes vor einer schlichten maritimen Landschaft.

HIPPOLYTE FLANDRIN (1809-1864)

1835/36, Oil on canvas/Huile sur toile, 98 × 124 cm, Musée du Louvre, Paris

Un joven desnudo sentado junto al mar. Figura de estudio

Marcado por Ingres, Flandrin reinterpreta lo antiguo adaptándolo al gusto contemporáneo. Esto se evidencia en esta pintura de un hombre sentado sobre una roca, absorbidos por sus pensamientos, frente a un refinado paisaje marino.

Youngling no litoral *ou* estudo nu de um jovem nudez

Como Ingres, Flandrin reinterpreta a antiguidade adaptando-a aos gostos contemporâneos. Um exemplo é este acto de um jovem diante de uma simples paisagem marítima.

Jongeman bij de zee *of* Naaktstudie van een jongeman

Net als Ingres herinterpreteerde Flandrin de klassieke oudheid door die aan te passen aan de eigentijdse smaak. Een voorbeeld is dit naakt van een jongeman voor een eenvoudig zeelandschap.

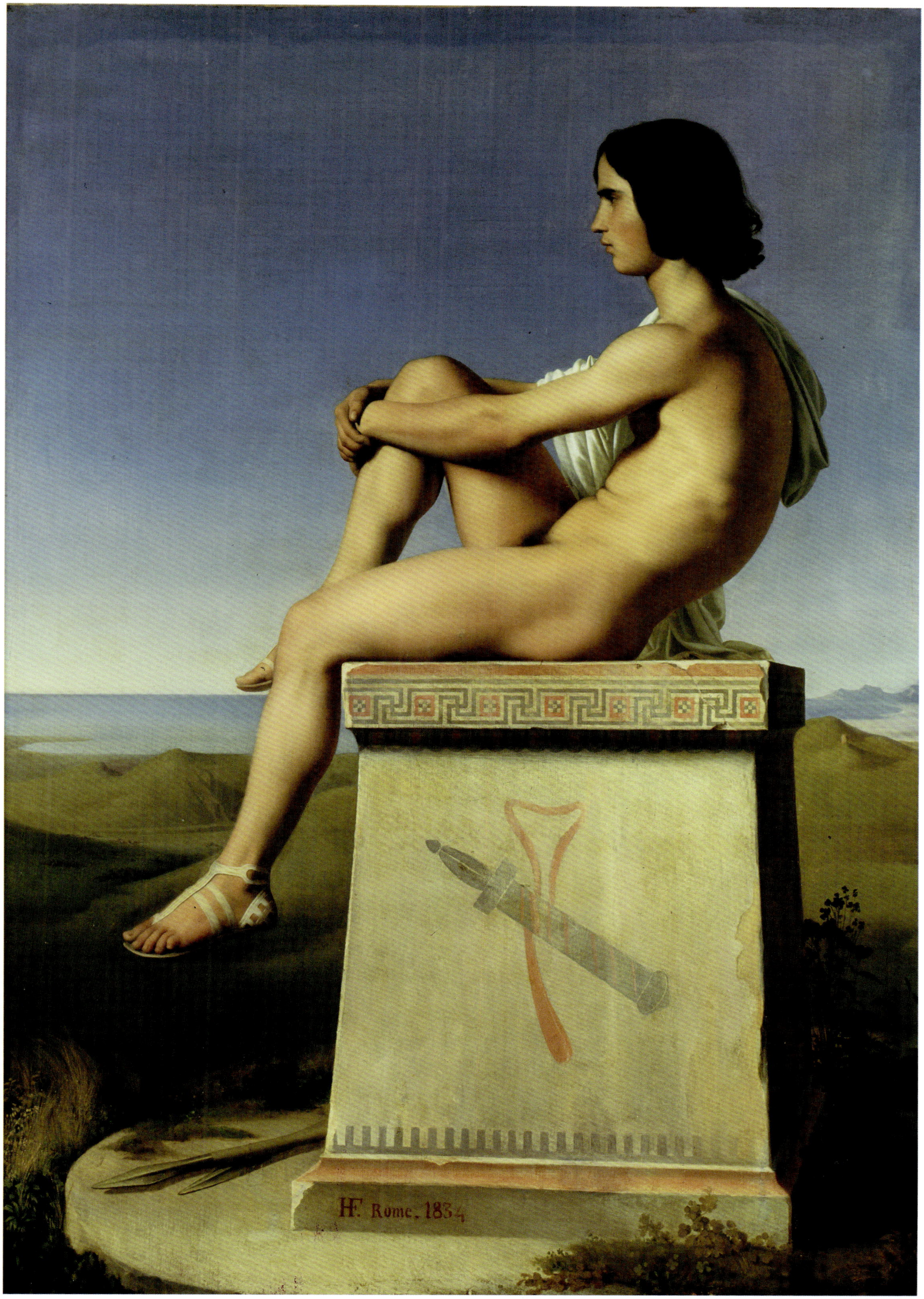

Polites, Son of Priam, observes the Movements of the Greeks

Politès, fils de Priam observant les mouvements des Grecs vers Troie

Polites, Sohn des Priamos, beobachtet das Vorrücken der Griechen gegen Troja

Polites, hijo de Príamo, observa el avance de los griegos contra Troya

Polites, filho de Priam, observa o avanço dos gregos contra Tróia.

Polites, zoon van Priamus, ziet de opmars van de Grieken tegen Troje

HIPPOLYTE FLANDRIN (1809-1864)
1834, Oil on canvas/Huile sur toile, 205 × 148 cm, Musée d'art et d'industrie, Saint-Étienne

7

Academic Art

Académisme et art pompier

Die Akademische Kunst

Arte Académico

Arte Acadêmica

Academische kunst

Academic Art

From the Second Empire to the first years of the Third Republic, the annual Salon remained the most important indicator of an artist's skill. Although the Impressionists tried to establish themselves parallel as a new movement, the jury of the salon and the government propagated "monumental" painting as the only true form. It was particularly popular among the bourgeoisie, which strictly rejected everything new, whereby academic art dominated the market. History painting, biblical and mythological motifs were among their most accomplished forms. The themes should be educated and popular at the same time. The portrait also had its place (Léon Bonnat, Carolus-Duran), as did female nudes when they were depicted as allegories.

The works of the artists who took the principles of the Académie to extremes were also called "Art Pompier". Alexandre Cabanel, William Bouguereau, Ernest Meissonnier or Jean-Léon Gérôme were nevertheless the "stars" of their time. In the second half

Académisme et art pompier

Sous le Second Empire, et jusqu'aux premières années de la IIIe République, le Salon annuel reste le baromètre de la vie artistique. Si de nouveaux courants tentent de s'affirmer en parallèle – les peintres impressionnistes –, la « grande » peinture reste celle défendue par le jury et le pouvoir en place. Elle plaît à une bourgeoisie réfractaire à toute nouveauté. L'art académique règne donc en maître. La peinture d'histoire, les épisodes bibliques, les scènes mythologiques, sont considérés comme les genres les plus nobles. Les sujets doivent être à la fois érudits et populaires. Le portrait est également apprécié (Léon Bonnat, Carolus-Duran), comme le nu féminin lorsqu'il est maquillé en allégorie.

Employé de façon péjorative, le qualificatif d'art pompier concerne une partie de ces artistes de Salon, qui ont porté à leur paroxysme les principes académiques. Alexandre Cabanel, William Bouguereau, Ernest Meissonnier ou Jean-Léon Gérôme sont les vraies « stars » de leur temps. Dans la seconde

Die Akademische Kunst

Vom Zweiten Kaiserreich bis in die ersten Jahre der Dritten Republik bleibt der jährliche Salon der wichtigste Gradmesser für das Können eines Künstlers. Zwar versuchen sich die Impressionisten parallel als neue Strömung zu etablieren, die Jury des Salons und die Regierung propagieren aber die „monumentale" Malerei als die einzig wahre Form. Sie findet vor allem beim Bürgertum Anklang, das alles Neue strikt ablehnt. Historienmalereien, biblische und mythologische Motive zählen zu ihren vollendetsten Formen. Die Themen sollen gleichzeitig gebildet und volkstümlich sein. Auch das Porträt hat seinen Stellenwert (Léon Bonnat, Carolus-Duran), genauso wie weibliche Akte, wenn sie als Allegorien dargestellt sind.

Abschätzig wurden die Werke der Künstler, die die Prinzipien der Académie auf die Spitze trieben, auch „Art Pompier" genannt. Alexandre Cabanel, William Bouguereau, Ernest Meissonnier oder Jean-Léon Gérôme waren jedoch die „Stars" ihrer Zeit.

Naked Woman

Femme nue

Nackte Frau

Mujer desnuda

Mulher nua

Naakte vrouw

JEAN-LÉON GÉRÔME (1824-1904)

c. 1889, Oil on canvas/Huile sur toile, 32,5 × 41 cm, Private collection

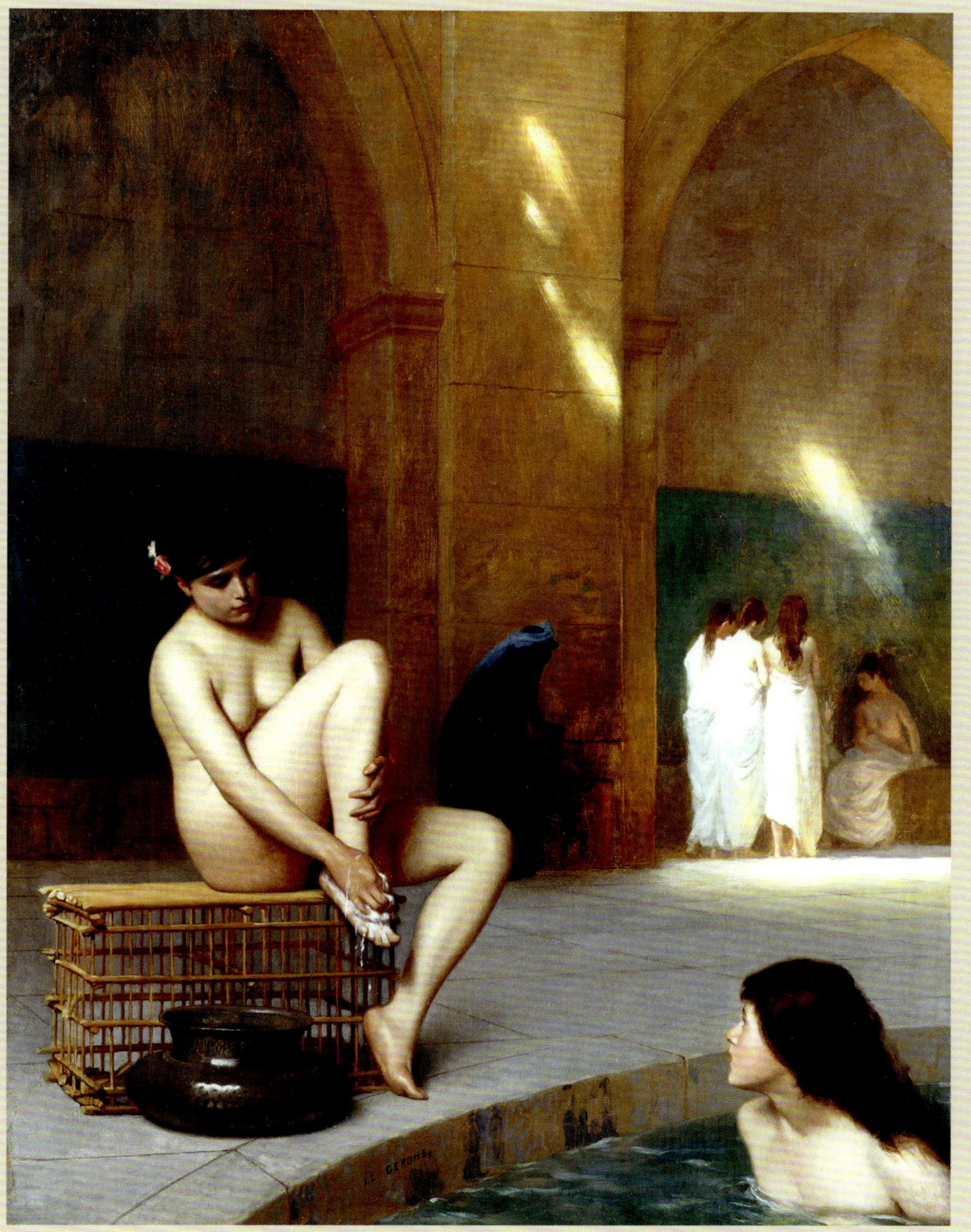

Arte Académico

Desde el Segundo Imperio hasta los primeros años de la Tercera República, el Salón anual sigue siendo el indicador más importante de la habilidad de un artista. Aunque los impresionistas trataron de establecerse paralelamente como un nuevo movimiento, el jurado del salón y el gobierno propagaron la pintura "monumental" como la única forma verdadera. Es particularmente popular entre la burguesía, que rechaza estrictamente todo lo nuevo, por lo que el arte académico domina el mercado. Pintura de historia, motivos bíblicos y mitológicos son algunas de sus formas más logradas. Los temas deben ser educados y populares al mismo tiempo. El retrato también tiene su lugar (Léon Bonnat, Carolus-Duran), al igual que los desnudos femeninos cuando se representan como alegorías.

Las obras de los artistas que llevaron al extremo los principios de la Academia también se llamaron *"Art Pompier"*. Alexandre Cabanel, William Bouguereau,

Arte Acadêmica

Do Segundo Império aos primeiros anos da Terceira República, o Salão anual continua a ser o indicador mais importante da habilidade de um artista. Embora os impressionistas tentassem estabelecer-se paralelamente como um novo movimento, o júri do salão e o governo propagaram a pintura "monumental" como a única forma verdadeira. É particularmente popular entre a burguesia, que rejeita estritamente tudo o que é novo, em que a arte acadêmica domina o mercado. A pintura histórica, os motivos bíblicos e mitológicos estão entre suas formas mais completas. Os temas devem ser educados e populares ao mesmo tempo. O retrato também tem seu lugar (Léon Bonnat, Carolus-Duran), assim como os nus femininos quando são retratados como alegorias.

As obras dos artistas que levaram ao extremo os princípios da Académie foram também chamadas de "Art Pompier". Alexandre Cabanel, William Bouguereau, Ernest Meissonnier ou Jean-Léon Gérôme foram no

Academische kunst

Vanaf het Tweede Keizerrijk tot de eerste jaren van de Derde Republiek bleef de jaarlijkse Salon de belangrijkste graadmeter voor de vaardigheden van een kunstenaar. Hoewel de impressionisten zich parallel daaraan als nieuwe stroming probeerden te vestigen, propageerden de jury van de Salon en de overheid de 'monumentale' schilderkunst als enige echte kunstvorm. Die was vooral populair bij de bourgeoisie, die alles wat nieuw was resoluut afwees, waardoor de academische kunst de markt domineerde. Historieschilderkunst, bijbelse en mythologische motieven behoorden tot de meest volmaakte vormen. De thema's moesten tegelijkertijd beschaafd en populair zijn. Ook het portret had een functie (Léon Bonnat, Carolus-Duran), net als vrouwelijke naakten, mits ze als allegorieën waren afgebeeld.

Werken van kunstenaars die de principes van de Académie tot het uiterste dreven, werden geringschattend ook wel als 'art pompier' betiteld.

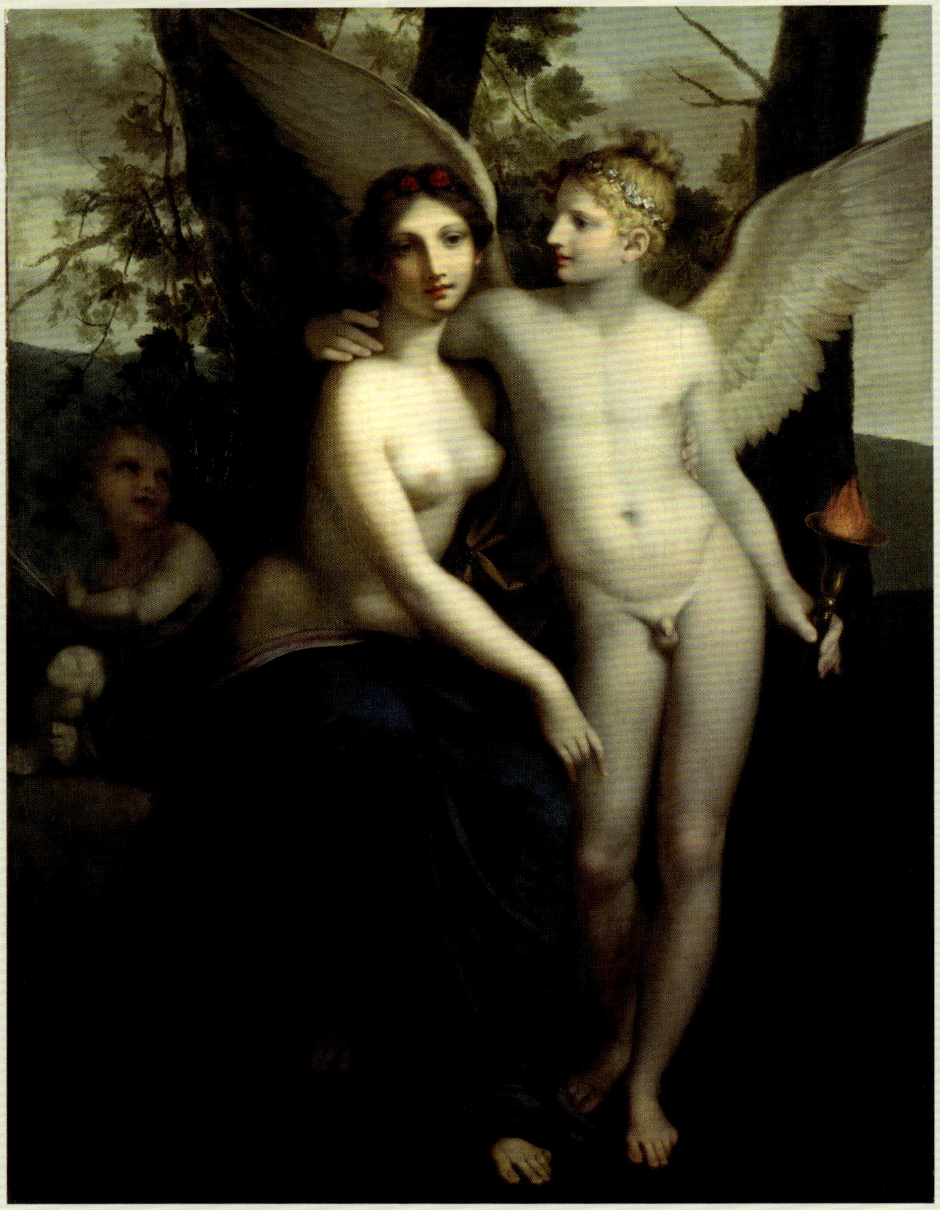

The Union of Love and Friendship

L'Union de l'Amour et l'Amitié

Die Vereinigung von Liebe und Freundschaft

La unión de amor y amistad

A união do amor e da amizade

De vereniging van liefde en vriendschap

PIERRE-PAUL PRUD'HON (1758-1823)

c. 1793, Oil on canvas/Huile sur toile, 147,3 × 114,3 cm, Minneapolis Institute of Arts, Minneapolis

The Evening *or* The Lost Illusions

Le Soir *dit aussi* Les Illusions perdues

Der Abend *oder* Verlorene Illusionen

La tarde *o* las ilusiones perdidas

A noite *ou* as ilusões perdidas

De avond *of* Verloren illusies

CHARLES GLEYRE (1806-1874)

1843, Oil on canvas/Huile sur toile, 156,5 × 238 cm, Musée du Louvre, Paris

of the 19th century they were honored with numerous medals for their work. Academic art, however, is neither a school nor a movement. It cannot be assigned to any particular period of time and, subsequently and inevitably subjectively, encompasses numerous artists with very different approaches. All they have in common are motifs - military fame, gladiators, the love affairs of the gods, biblical stories, ancient literature and poetry - and style. Academic art often looks smooth, but the quality of execution is hardly comparable. The colours shine and are underlined by bright gold tones. In order to assert oneself on the exhibition walls of the salon, one had to draw attention to oneself - to which the frequent use of large formats and the spectacular effects of staging can be attributed.

moitié du XIXe siècle, ce sont eux qui recueillent les honneurs et les médailles. L'art pompier n'est pas une école, ni un mouvement. Il n'a pas non plus de limites chronologiques précises, et regroupe, à posteriori et de façon forcément subjective, des artistes d'horizons très divers. Ils sont réunis par des sujets communs (les gloires militaires, les gladiateurs, les amours des dieux, la littérature et la poésie antiques, les épisodes bibliques…) et un style. La peinture pompier est lisse, et d'une qualité d'exécution exemplaire. Les couleurs sont éclatantes, et les ors clinquants. Pour exister sur les cimaises d'un Salon où des centaines d'œuvres sont accrochées, il fallait se faire remarquer. Ce qui explique l'usage fréquent du grand format, et une surenchère dans les effets de mises en scène spectaculaires.

In der zweiten Hälfte des 19. Jahrhunderts wurden sie mit zahlreichen Medaillen für ihr Wirken geehrt. Die Akademische Kunst ist aber weder eine Schule noch eine Bewegung. Sie kann keiner bestimmten Zeitspanne zugeordnet werden und umfasst, nachträglich und zwangsweise subjektiv, zahlreiche Künstler mit sehr unterschiedlichen Ansätzen. Gemeinsam haben sie nur die Motive – militärischer Ruhm, Gladiatoren, die Liebschaften der Götter, biblische Erzählungen, antike Literatur und Lyrik – und den Stil. Die Akademische Kunst wirkt oft glatt, die Qualität der Ausführung ist aber kaum vergleichbar. Die Farben strahlen und werden von hellen Goldtönen unterstrichen. Um sich auf den Ausstellungswänden des Salons durchzusetzen, musste man auf sich aufmerksam machen – worauf die häufige Verwendung großer Formate und die spektakulären Effekte zur Inszenierung zurückzuführen sind.

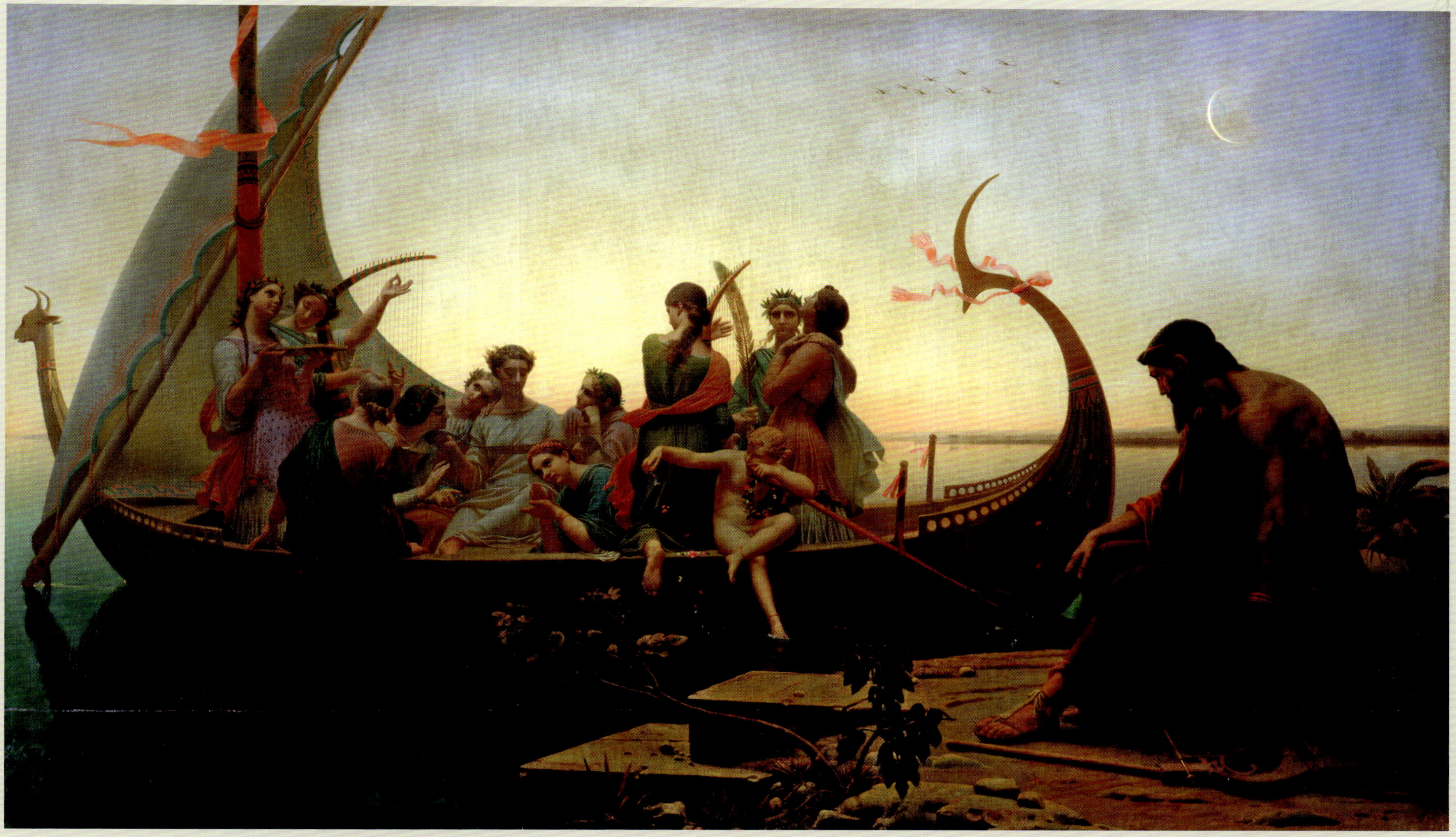

Ernest Meissonnier o Jean-Léon Gérôme fueron sin embargo las "estrellas" de su tiempo. En la segunda mitad del siglo XIX fueron honrados con numerosas medallas por su trabajo. El arte académico, sin embargo, no es una escuela ni un movimiento. No puede asignarse a un período de tiempo determinado y además, de forma obligatoriamente subjetiva, engloba a numerosos artistas con enfoques muy diferentes. Todo lo que tienen en común son los motivos - fama militar, gladiadores, los amoríos de los dioses, historias bíblicas, literatura antigua y poesía - y el estilo. El arte académico a menudo parece suave, pero la calidad de la ejecución es difícilmente comparable. Los colores brillan y están subrayados por tonos dorados brillantes. Para imponerse en las paredes de exposición del salón, había que llamar la atención, a lo que se puede atribuir el uso frecuente de grandes formatos y los efectos espectaculares de la puesta en escena.

entanto as "estrelas" do seu tempo. Na segunda metade do século XIX, foram condecorados com numerosas medalhas pelo seu trabalho. A arte académica, no entanto, não é nem uma escola nem um movimento. Não pode ser atribuído a nenhum período de tempo em particular e, subsequente e obrigatoriamente subjectivamente, engloba numerosos artistas com abordagens muito diferentes. Tudo o que têm em comum são motivos - fama militar, gladiadores, os casos de amor dos deuses, histórias bíblicas, literatura e poesia antigas - e estilo. A arte acadêmica muitas vezes parece suave, mas a qualidade da execução é dificilmente comparável. As cores brilham e são sublinhadas por tons dourados brilhantes. Para se afirmar nas paredes de exposição do salão, era preciso chamar a atenção para si mesmo - ao qual se pode atribuir o uso frequente de grandes formatos e os efeitos espectaculares da encenação.

Alexandre Cabanel, William Bouguereau, Ernest Meissonnier en Jean-Léon Gérôme waren echter de 'sterren' van hun tijd. In de tweede helft van de 19e eeuw ontvingen zij heel wat medailles voor hun werk. Academische kunst is echter noch een school, noch een stroming. Hij kan niet met een bepaalde periode worden verbonden en omvat, achteraf gezien en noodgedwongen subjectief, talloze kunstenaars met zeer verschillende benaderingen. Het enige wat ze gemeen hadden, zijn de motieven – militaire roem, gladiatoren, de liefdesrelaties van de goden, bijbelverhalen, klassieke literatuur en poëzie – en de stijl. Academische kunst ziet er vaak gladjes uit, maar de kwaliteit van de uitvoering is moeilijk te vergelijken. De kleuren stralen en worden onderstreept door heldere goudtinten. Om succes te hebben op de wanden van de Salon moest men de aandacht vestigen op zichzelf – een gegeven waaraan het veelvuldige gebruik van grote formaten en de spectaculaire ensceneringseffecten kunnen worden toegeschreven.

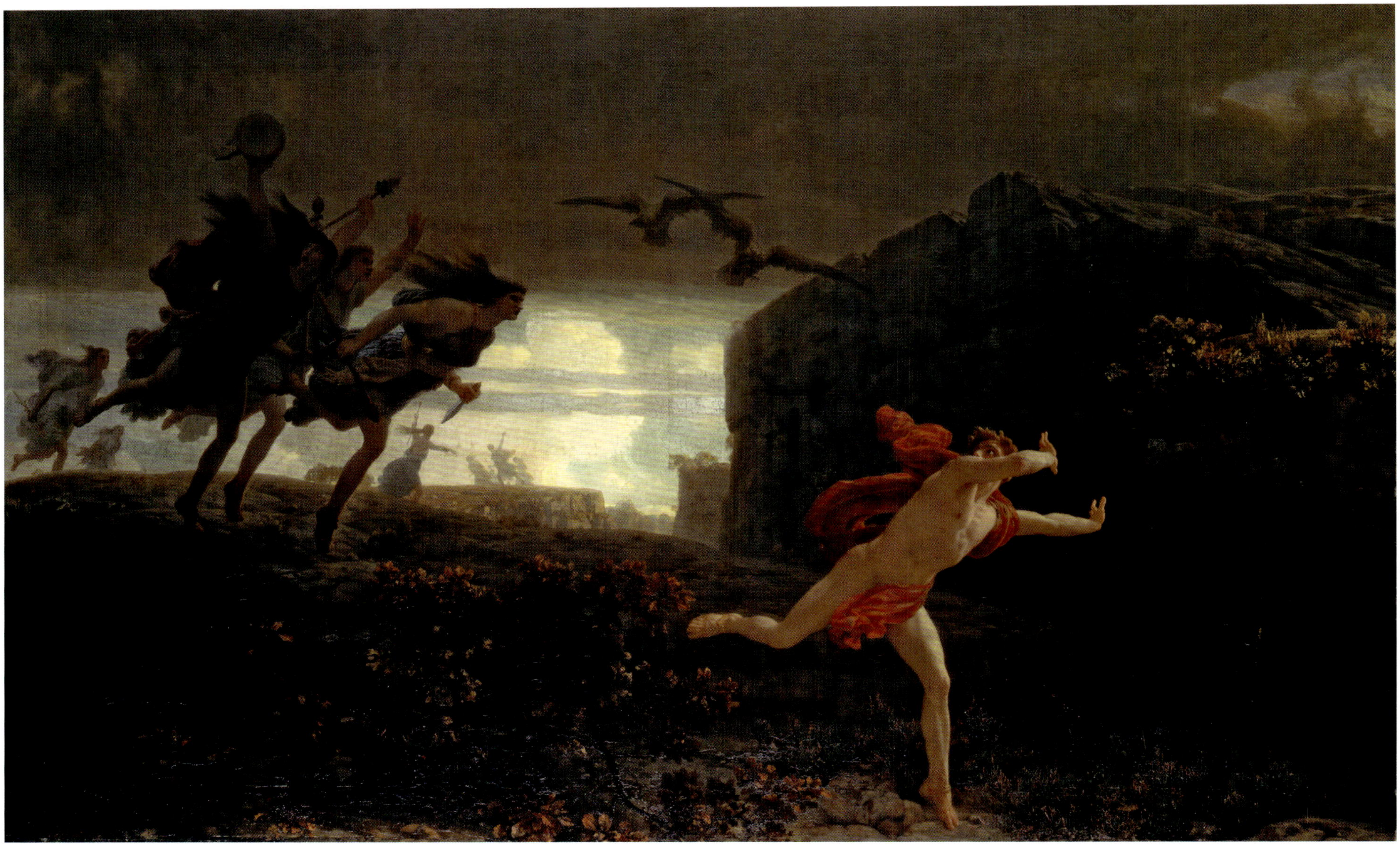

Pentheus, Pursued by the Maenaden
The painter's little-known painting is a mixture of academic art, realism and romanticism. He places his mythological motif in a superbly executed landscape of shadow and light.

Penthée poursuivi par les Ménades
La peinture injustement méconnue de Charles Gleyre s'inscrit à la croisée de l'académisme, du réalisme et du romantisme. Au-delà du sujet mythologique, il peint un superbe paysage entre ombre et lumière.

Pentheus, von den Mänaden verfolgt
Das wenig bekannte Gemälde des Malers bildet eine Mischung aus Akademischer Kunst, Realismus und Romantik. Sein mythologisches Motiv platziert er in einer grandios ausgeführten Landschaft aus Schatten und Licht.

Penteo, perseguido por las ménades
La poco conocida pintura del pintor es una mezcla de arte académico, realismo y romanticismo. Coloca su motivo mitológico en un paisaje grandiosamente ejecutado de sombra y luz.

Pentheus, perseguido pelos mênades
A pintura pouco conhecida do pintor é uma mistura de arte acadêmica, realismo e romantismo. Coloca o seu motivo mitológico numa paisagem de sombra e luz, grandiosamente executada.

Pentheus achtervolgd door de maenaden
Dit weinig bekende schilderij van Gleyre is een mix van academische kunst, realisme en romantiek. Hij plaatste zijn mythologische motief in een grandioos uitgevoerd landschap van schaduw en licht.

CHARLES GLEYRE (1806-1874)

1864, Oil on canvas/Huile sur toile, 121,1 × 200,7 cm, Kunstmuseum Basel

The Art Lovers *or* The Painter

Les Amateurs de peinture

Die Kunstliebhaber *oder* Der Maler

Amantes de la pintura

O amante da arte *ou* O pintor

De kunstliefhebbers *of* De amateurschilders

JEAN-LOUIS ERNEST MEISSONIER (1815-1891)

1860, Oil on mahogany wood panel/Huile sur panneau de bois d'acajou, 35,5 × 28,5 cm, Musée d'Orsay, Paris

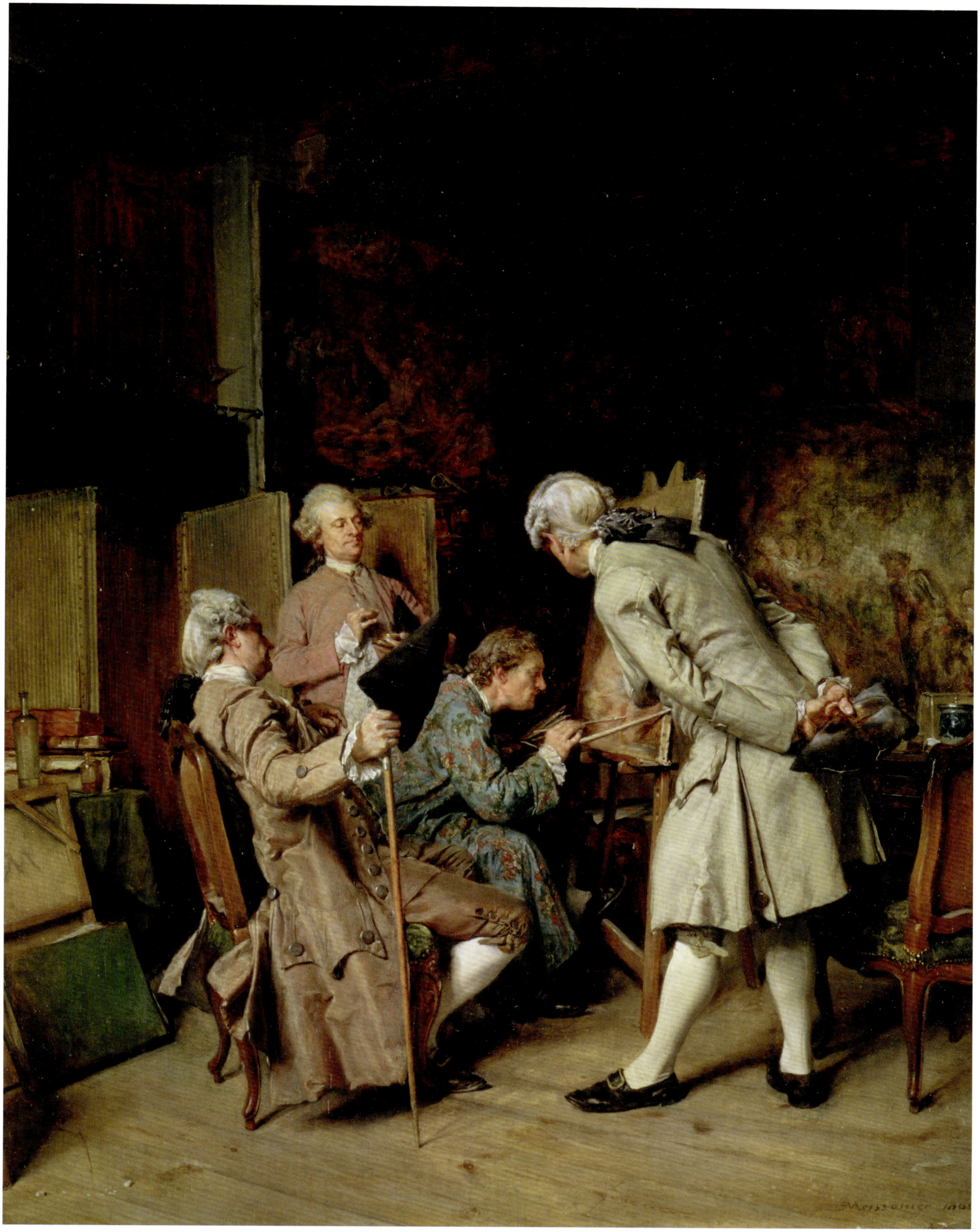

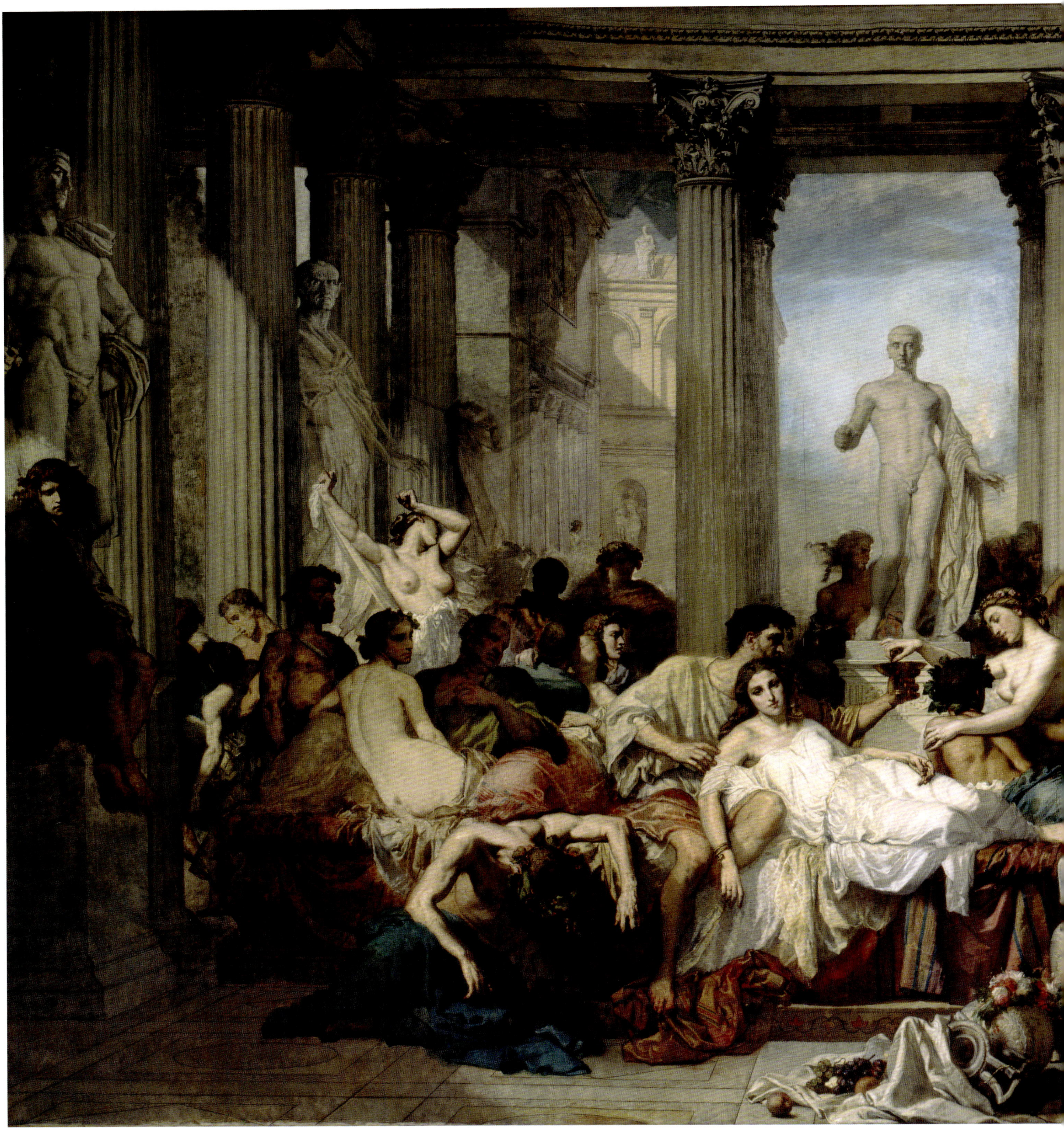

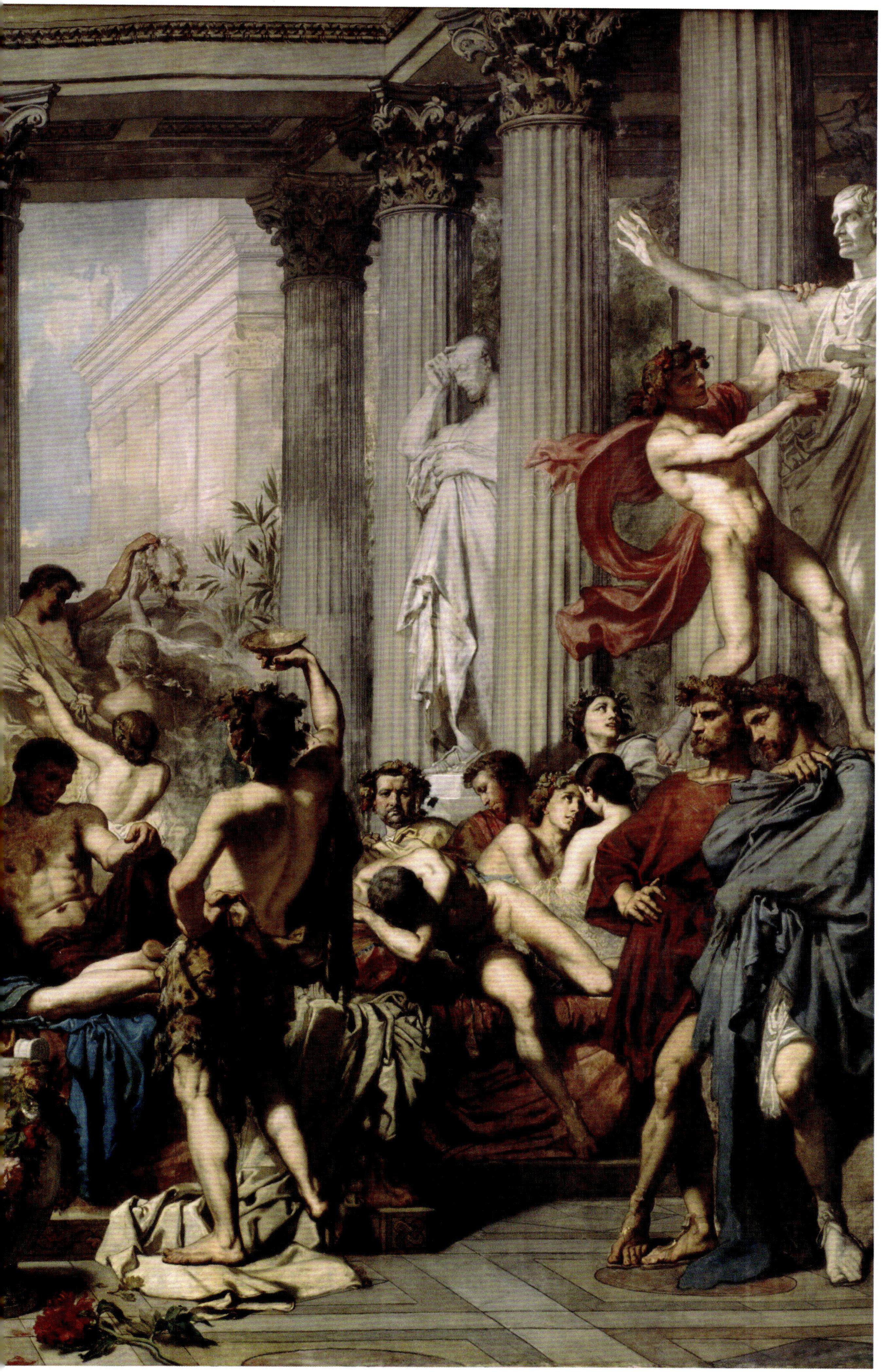

The Romans during the Decadence
The painting shown at the Salon in 1874 became a symbol of academic art. With his reference to antiquity, Thomas Couture alludes to French society at the time of the July Monarchy.

Les Romains de la décadence
Cette œuvre présentée au Salon de 1847 est devenue un emblème de l'académisme. Derrière la référence à l'antique, Thomas Couture évoque la société française de son époque, sous la monarchie de Juillet.

Die Römer der Verfallszeit
Das 1874 auf dem Salon gezeigte Gemälde wurde zu einem Symbol der Akademischen Kunst. Mit seinem Bezug auf die Antike verweist Thomas Couture auf die französische Gesellschaft zur Zeit der Julimonarchie.

Los romanos de la época de decadencia
La pintura mostrada en el Salón en 1874 se convirtió en un símbolo del arte académico. Con su referencia a la antigüedad, Thomas Couture se refiere a la sociedad francesa de la época de la monarquía de Julio.

Os Romanos do Período da Decadência
A pintura apresentada no Salão em 1874 tornou-se um símbolo da arte acadêmica. Com sua referência à antiguidade, Thomas Couture se refere à sociedade francesa na época da Monarquia de julho.

Romeinen in de periode van verval
Het schilderij dat in 1874 op de Salon werd getoond, werd een symbool van de academische kunst. Met zijn verwijzing naar de klassieke oudheid roept Thomas Couture de Franse samenleving ten tijde van de Julimonarchie op.

THOMAS COUTURE (1815-1879)
1847, Oil on canvas/Huile sur toile,
472 × 772 cm, Musée d'Orsay, Paris

The Birth of Venus
Cabanel's most famous work became a true triumph at the 1863 Salon. Later Napoleon III acquired the allegorical nude of a woman sleeping on the waves and surrounded by putti.

La Naissance de Vénus
Il s'agit sans doute du tableau le plus célèbre de Cabanel. Ce nu allégorique, couché sur les flots et survolé d'angelots, est un triomphe au Salon de 1863. Conquis, Napoléon III en fera l'acquisition.

Die Geburt der Venus
Cabanels bekanntestes Werk wurde auf dem Salon 1863 zu einem wahren Triumph. Später erwarb Napoleon III. den allegorischen Akt einer auf den Wellen schlafenden und von Putten umschwärmten Frau.

El nacimiento de Venus
La obra más famosa de Cabanel se convirtió en un verdadero triunfo en el Salón de 1863. Más tarde Napoleón III adquirió este desnudo alegórico de una mujer durmiendo sobre las olas y rodeada de querubines.

O Nascimento de Vênus
A obra mais famosa de Cabanel tornou-se um verdadeiro triunfo no Salão de 1863. Mais tarde, Napoleão III adquiriu o ato alegórico de uma mulher dormindo sobre as ondas e rodeada de putti.

De geboorte van Venus
Cabanels beroemdste werk werd een ware triomf op de Salon van 1863. Later kocht Napoleon III het allegorische naakt van een op de golven slapende, door putti omringde vrouw.

ALEXANDRE CABANEL (1823-1889)
1863, Oil on canvas/Huile sur toile, 130 × 225 cm, Musée d'Orsay, Paris

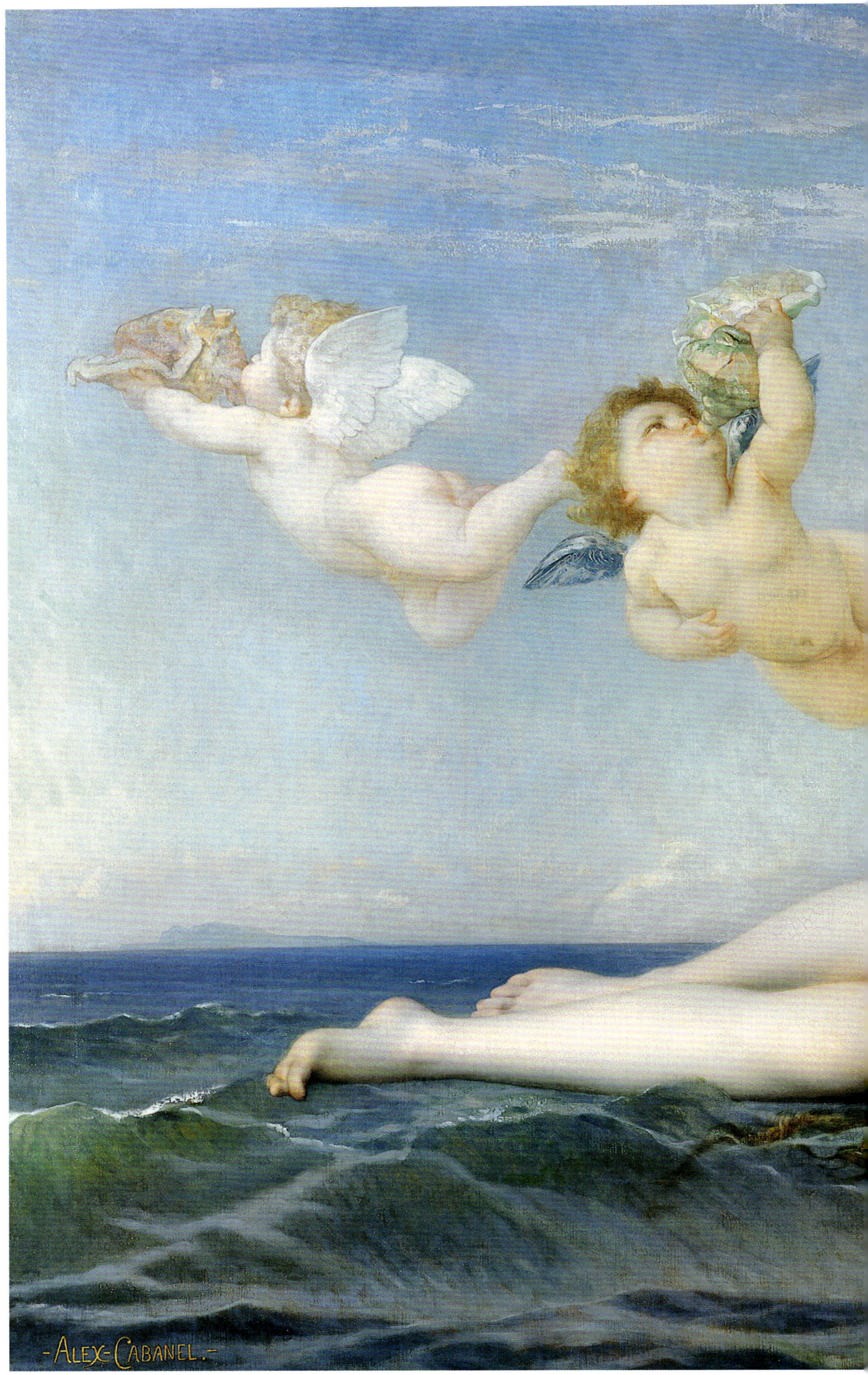

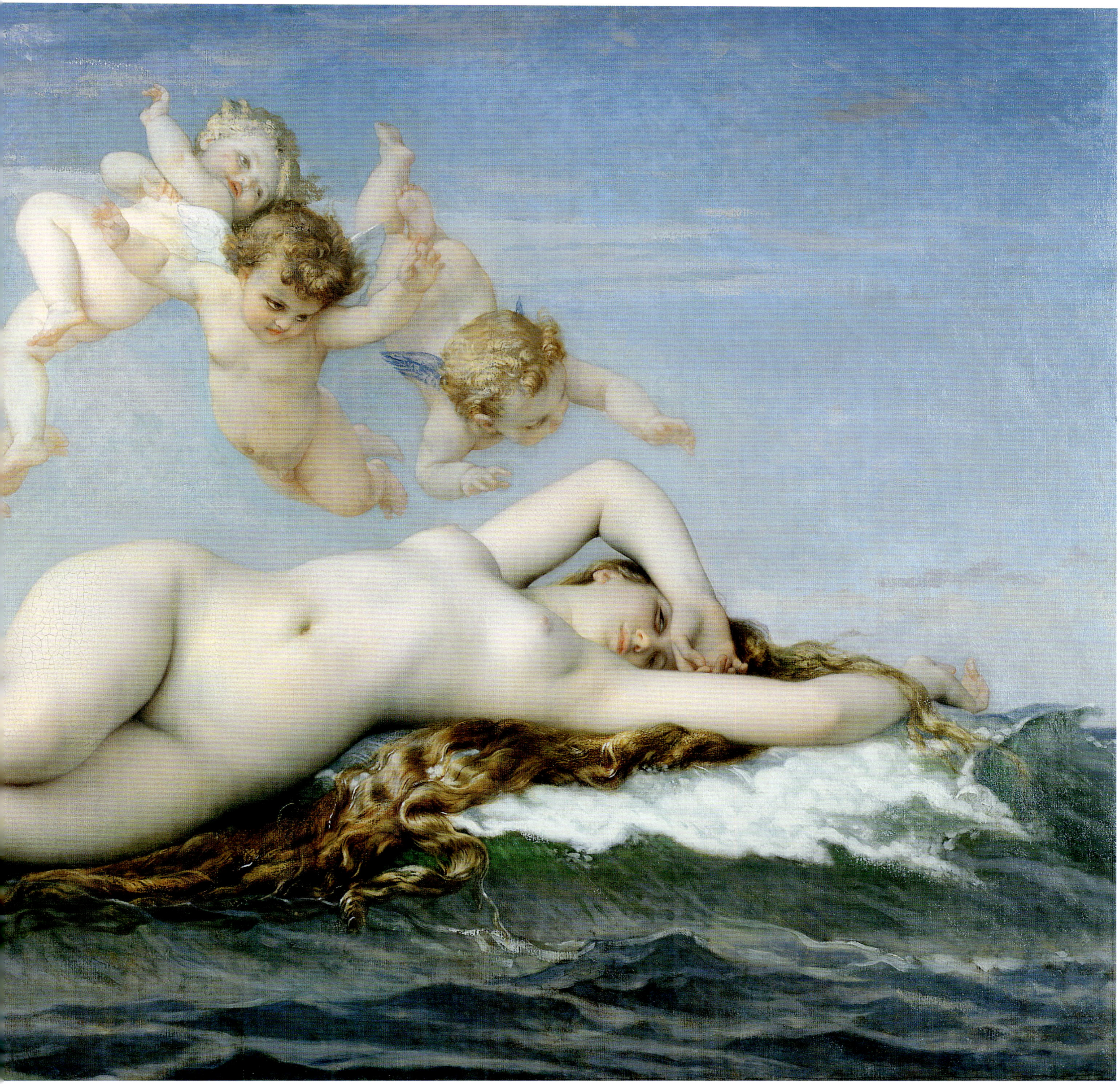

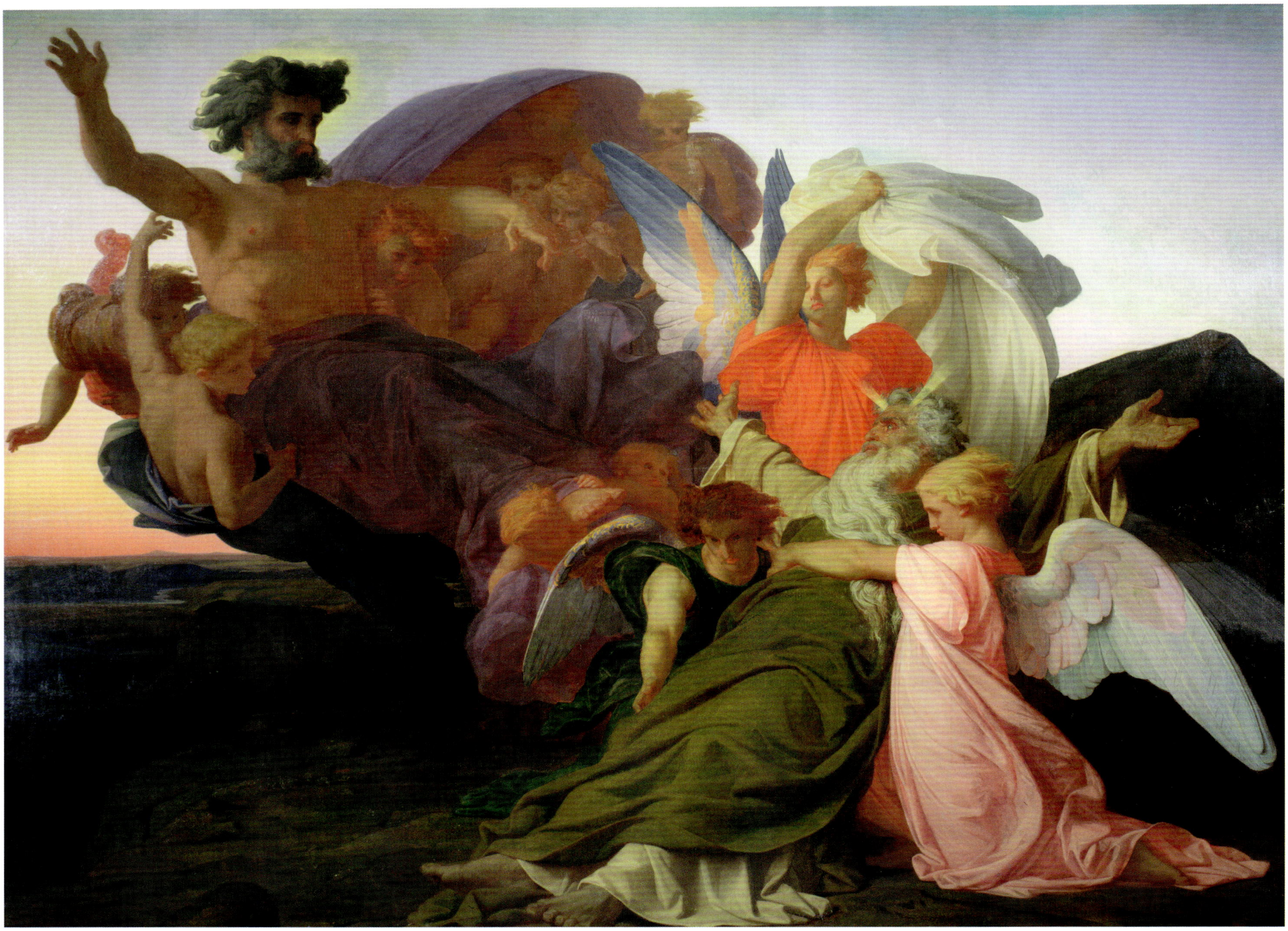

The Death of Moses

La Mort de Moïse

Der Tod des Moses

La muerte de Moisés

A morte de Moisés

De dood van Mozes

ALEXANDRE CABANEL (1823-1889)
1851, Oil on canvas/Huile sur toile, 279,4 × 391 cm,
Dahesh Museum of Art, New York

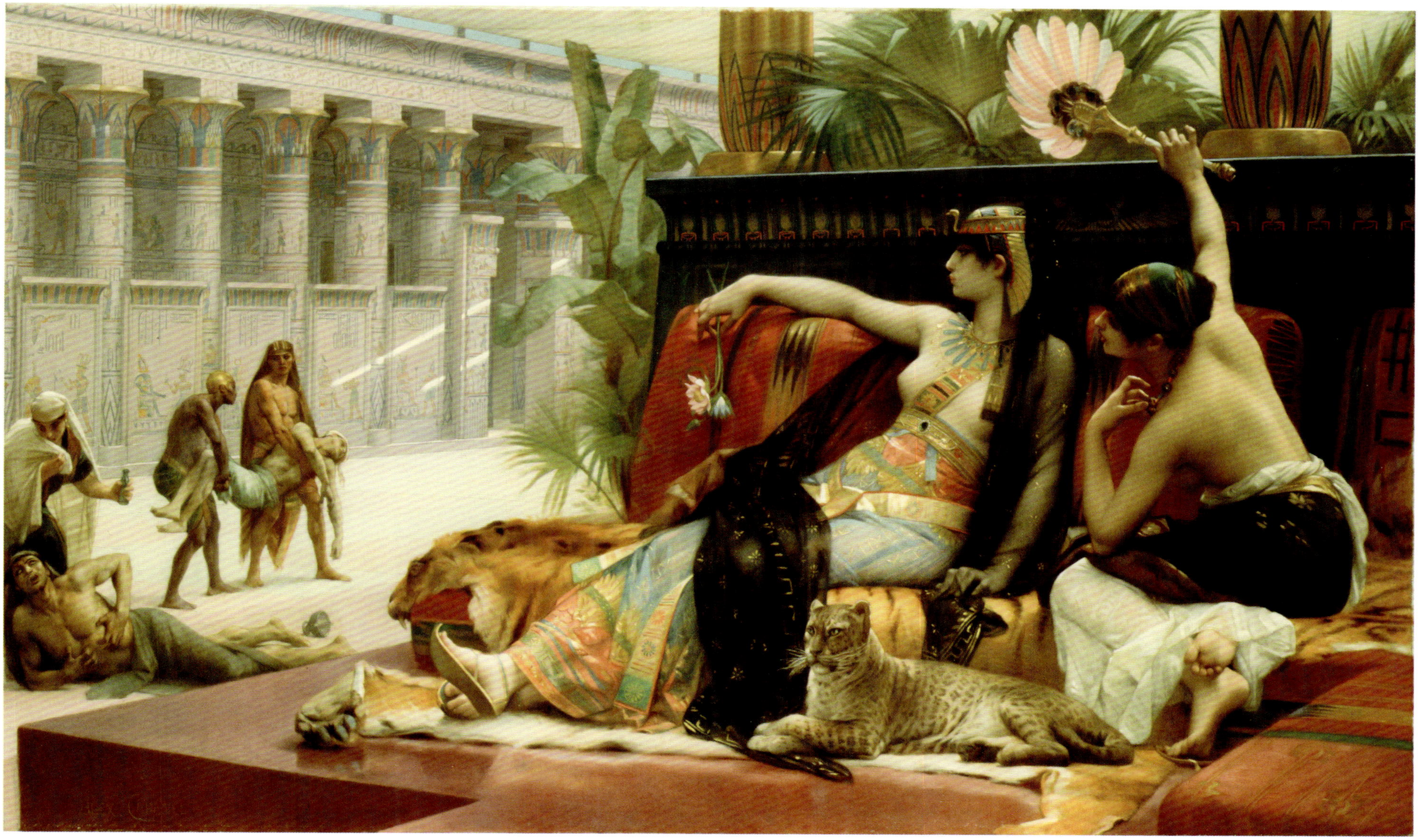

Cleopatra Testing Poisons on Condemned Prisoners
Cleopatra and her servant who is fanning her, can be seen in the midst of a theatrical setting. She observes the condemned prisoners in the background, who are seized by cramps under the effect of the poison.

Cléopâtre essayant des poisons sur des condamnés à mort
Dans un décor théâtral, la reine Cléopâtre est confortablement installée, éventée par sa servante. Elle observe, au second plan du tableau, les condamnés à mort qui convulsent sous l'effet des poisons.

ALEXANDRE CABANEL (1823-1889)
1887, Oil on canvas/Huile sur toile, 87,6 × 148 cm, Private collection

Kleopatra erprobt die Wirkung des Giftes an zum Tode Verurteilten
Inmitten einer theaterhaften Kulisse sieht man Kleopatra und ihre Dienerin, die ihr Luft zufächelt. Sie beobachtet die Todgeweihten im Hintergrund, die unter der Wirkung des Giftes von Krämpfen erfasst werden.

Cleopatra prueba el efecto del veneno en las personas condenadas a muerte
En medio de un escenario teatral, Cleopatra y su sirvienta son vistos abanicando su aire. Ella observa a los consagrados en el fondo, que son agarrados por calambres bajo el efecto del veneno.

Cleópatra testa o efeito do veneno nas pessoas condenadas à morte
Em meio a um cenário teatral, Cleópatra e sua serva são vistas ventilando seu ar. Ela observa os consagrados no fundo, que são apreendidos por cãibras sob o efeito do veneno.

Cleopatra laat gif proeven door ter dood veroordeelde gevangenen
In een theaterachtig decor zien we Cleopatra en haar bediende, die haar koelte toewuift met een waaier. Zij observeert de ter dood veroordeelden op de achtergrond, die onder invloed van het gif stuiptrekken.

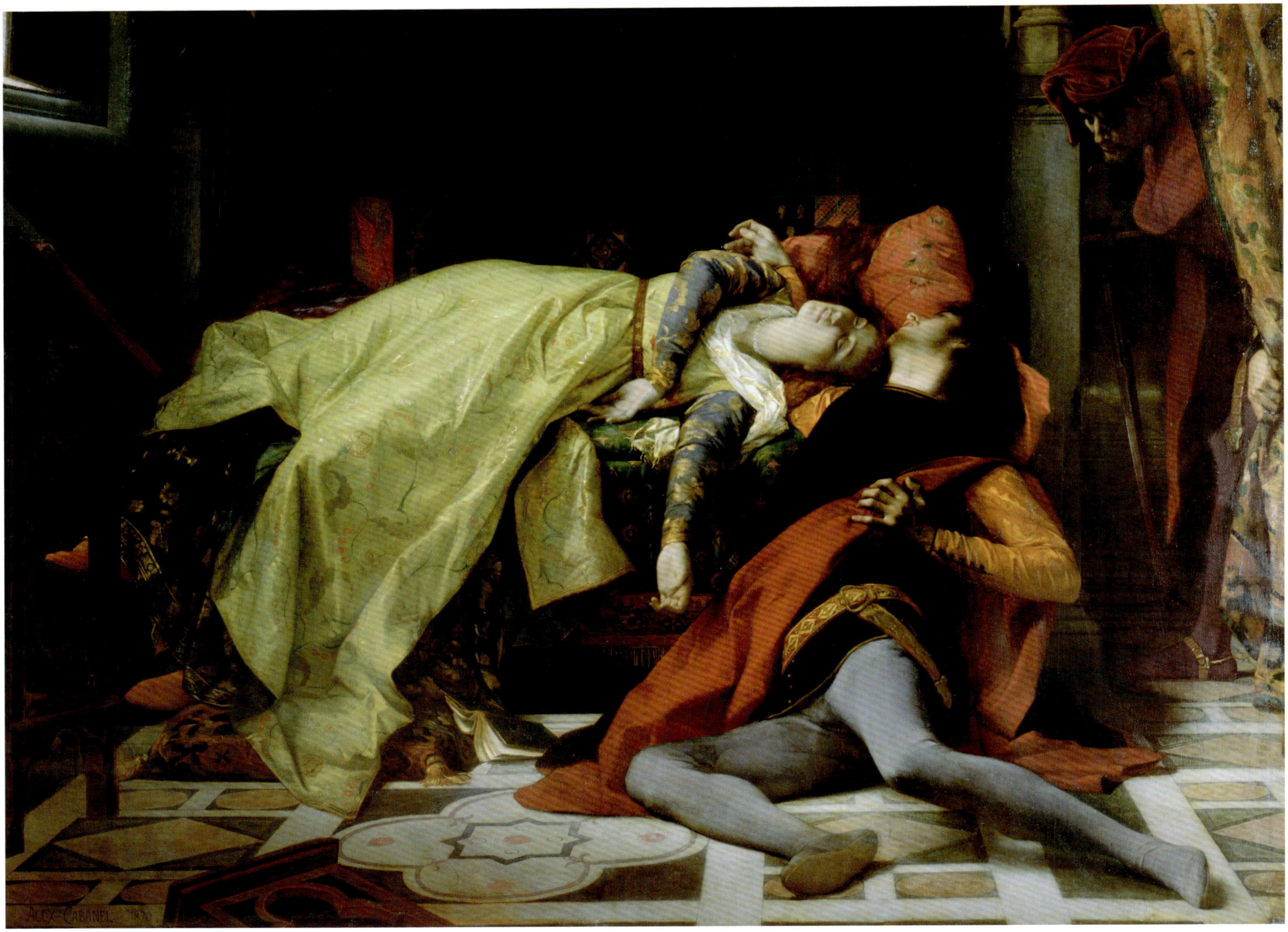

Death of Francesca da Rimini and Paolo Malatesta

La Mort de Francesca de Rimini et Paolo Malatesta

Tod der Francesca da Rimini und des Paolo Malatesta

Muerte de Francesca da Rimini y Paolo Malatesta

Morte de Francesca da Rimini e Paolo Malatesta

De dood van Francesca da Rimini en Paolo Malatesta

ALEXANDRE CABANEL (1823-1889)

1870, Oil on canvas/Huile sur toile, 184 × 255 cm, Musée d'Orsay, Paris

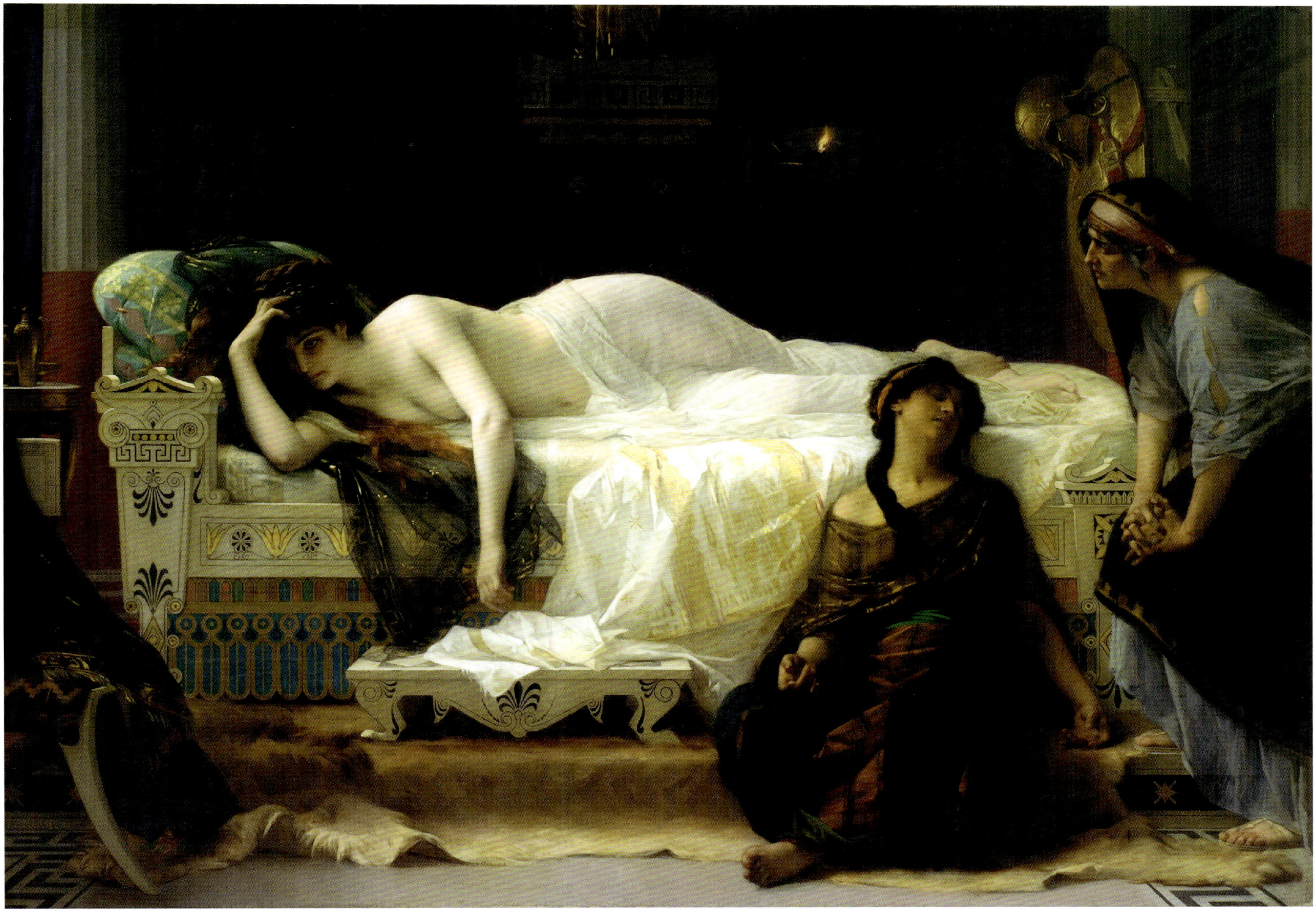

Phaedra

Phèdre

Phädra

Fedra

Phaedra

Phaedra

ALEXANDRE CABANEL (1823-1889)

c. 1880, Oil on canvas/Huile sur toile, 225 × 314 cm, Musée Fabre, Montpellier

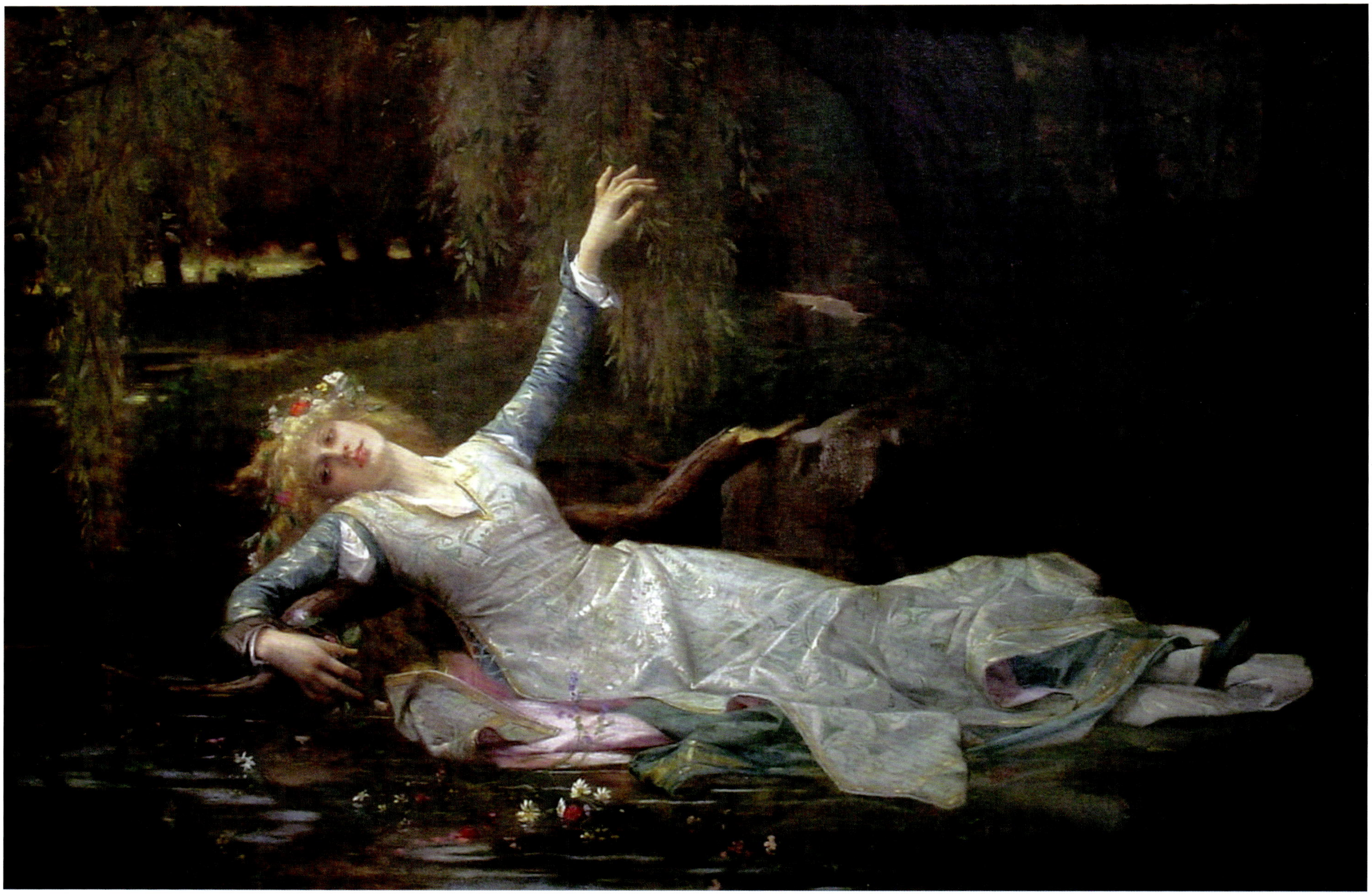

Ophelia

Ophélie

Ophelia

Ofelia

Ofélia

Ophelia

ALEXANDRE CABANEL (1823-1889)

1883, Oil on canvas/Huile sur toile, 77 × 117,5 cm, Private collection

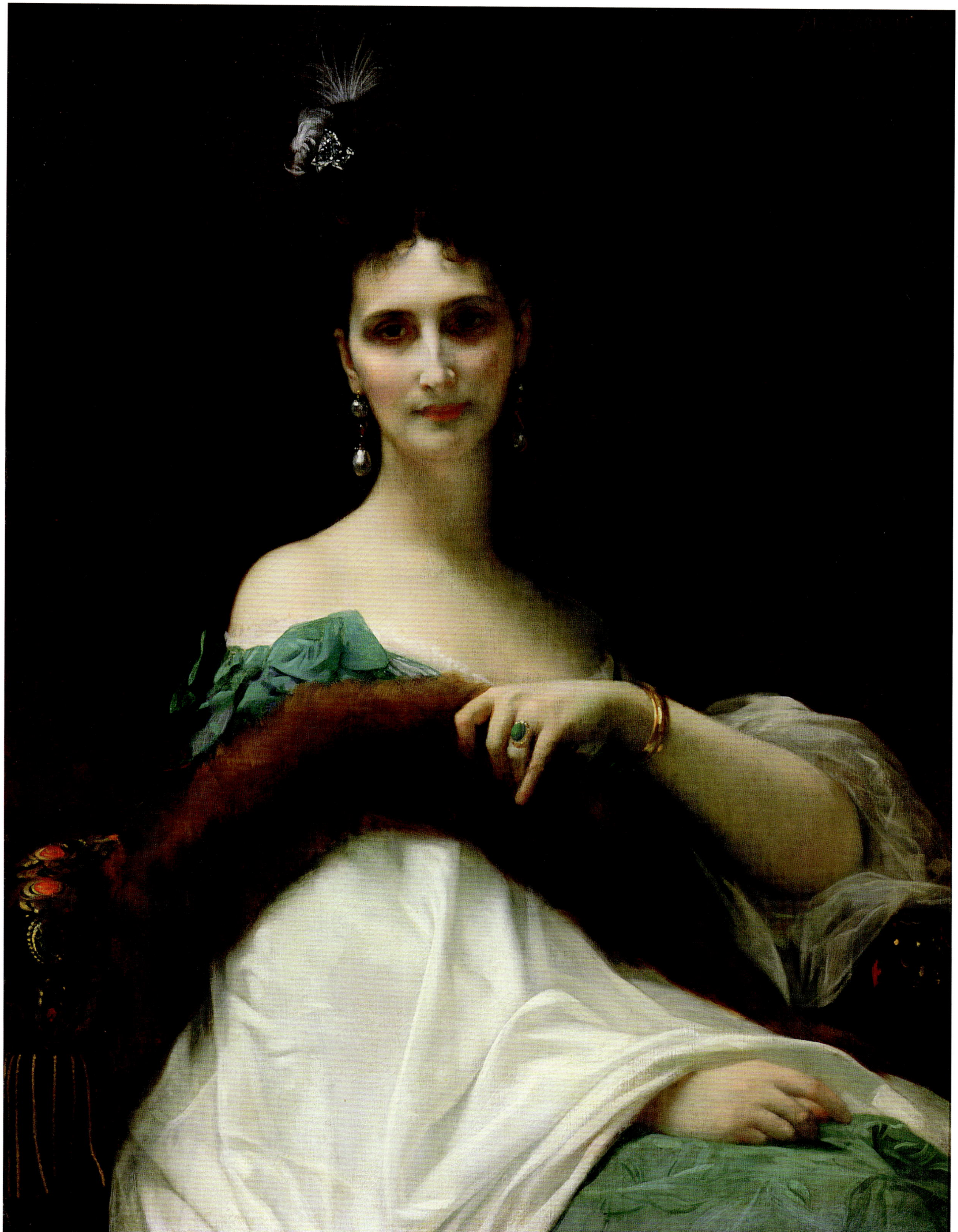

Portrait of the Comtesse de Keller

La Comtesse de Keller

Porträt der Comtesse de Keller

Retrato de la Condesa de Keller

Retrato da Condessa de Keller

Portret van comtesse de Keller

ALEXANDRE CABANEL (1823-1889)

1873, Oil on canvas/Huile sur toile, 99,2 × 76 cm, Musée d'Orsay, Paris

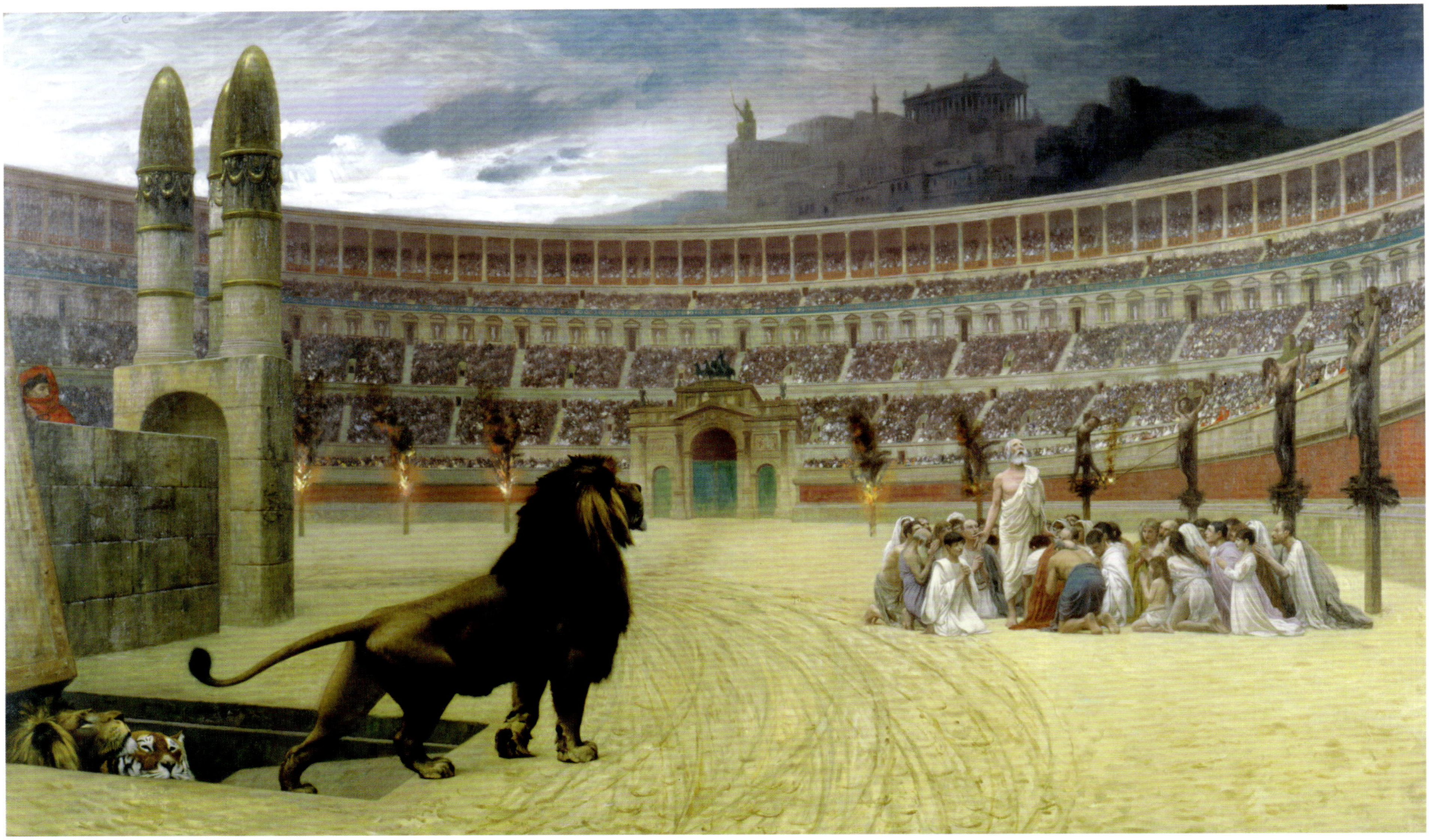

The Christian Martyrs' Last Prayer

La Dernière Prière des martyrs chrétiens

Das letzte Gebet der Christen im Circus Maximus

La última oración de los cristianos en el Circo Máximo

A última oração dos cristãos no Circo Máximo

Het laatste gebed van de christenen

JEAN-LÉON GÉRÔME (1824-1904)

1863-83, Oil on canvas/Huile sur toile, 87,9 × 150,1 cm, Walters Art Museum, Baltimore

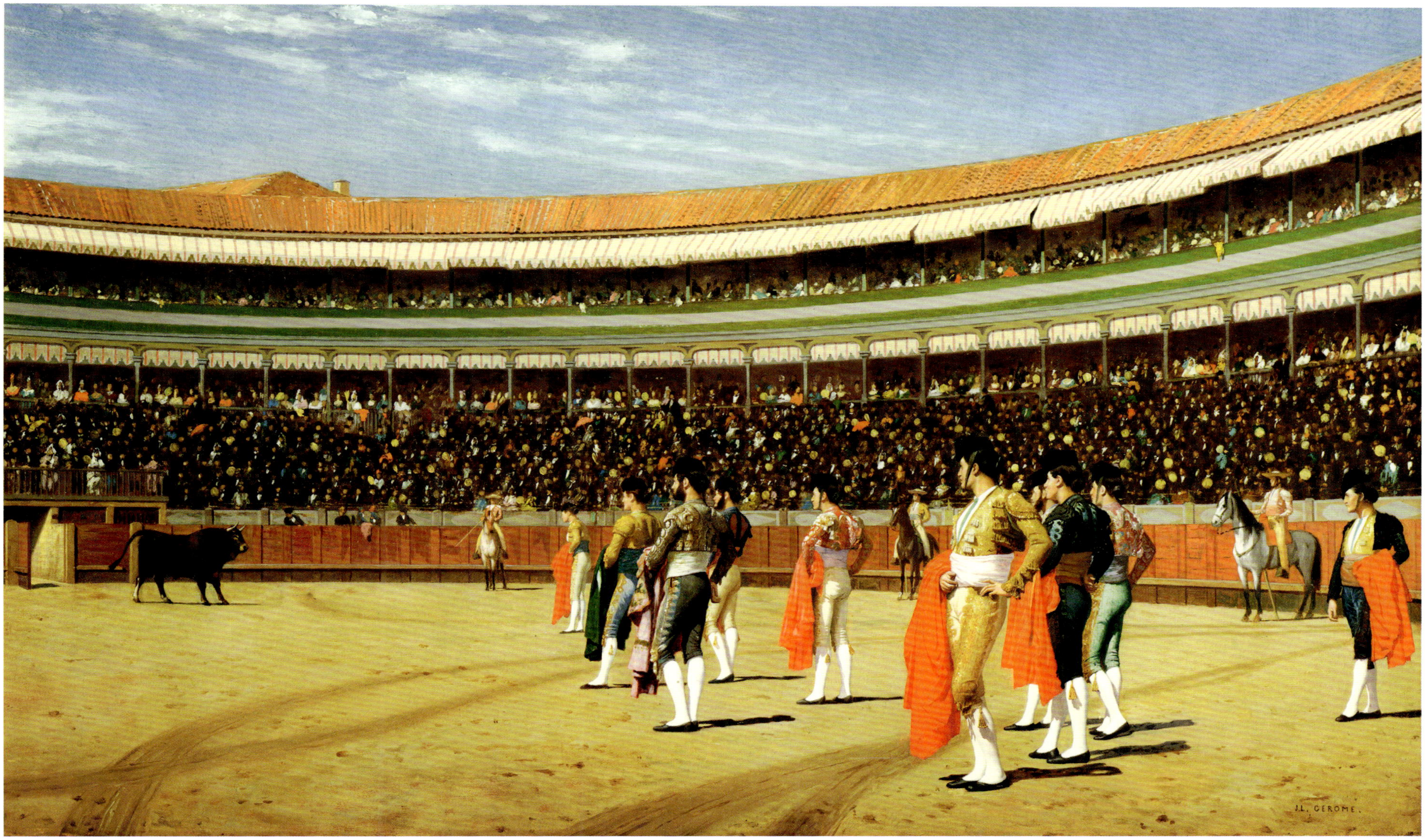

The Entry of the Bull
Gérôme's goal was to create illusions of reality. By choosing a viewing angle at the height of the torero, he transports the viewer into the interior of the arena into which the bull is about to enter.

L'Entrée du taureau
Donner l'illusion du vrai, tel est le credo de Gérôme. En cadrant sa vision à hauteur des toreros, l'artiste ne place pas le spectateur dans les gradins, mais au cœur de l'arène où est entré le taureau.

JEAN-LÉON GÉRÔME (1824-1904)

1886, Oil on canvas/Huile sur toile, Private collection

Der Einlass des Stieres
Gérômes Ziel war es, Illusionen der Wirklichkeit zu schaffen. Indem er einen Blickwinkel auf der Höhe der Toreros wählt, versetzt er den Betrachter in das Innere der Arena, in die gerade der Stier eintritt.

La entrada del toro
El objetivo de Gérôme era crear ilusiones de realidad. Eligiendo un ángulo de visión a la altura de los toreros, transporta al espectador al interior de la arena en la que el toro está a punto de entrar.

A entrada do touro
O objetivo de Gérôme era criar ilusões de realidade. Ao escolher um ângulo de visão na altura dos toreros, ele transporta o espectador para o interior da arena em que o touro está prestes a entrar.

De binnenkomst van de stier
Gérômes doel was om illusies van de werkelijkheid te creëren. Door een gezichtshoek te kiezen ter hoogte van de torero's, neemt hij de toeschouwer mee de arena in, waar de stier net binnenkomt.

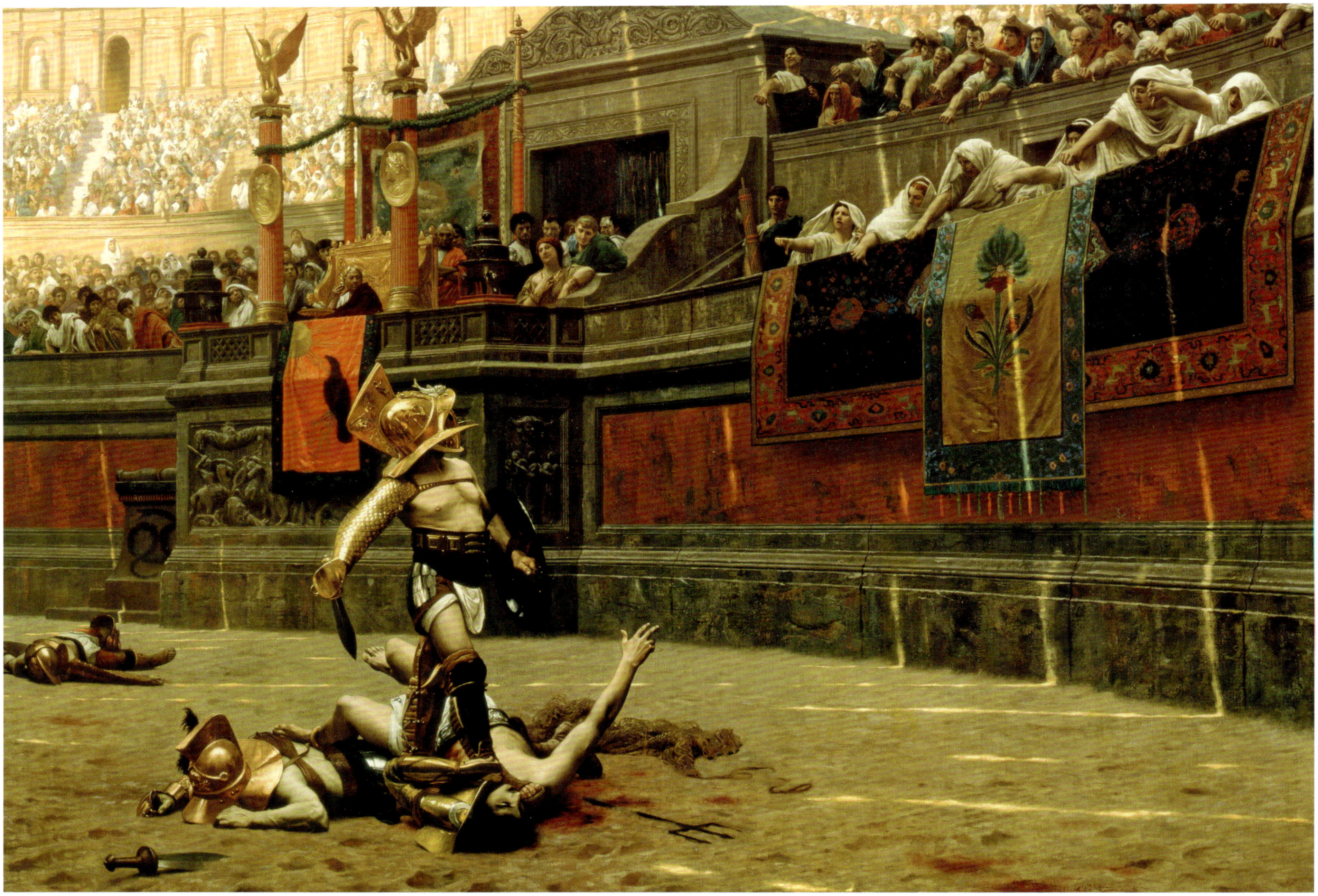

Pollice Verso (Thumbs Down)

A copy of the painting is said to have inspired Ridley Scott for his film Gladiator. It shows a victorious gladiator walking over the corpses in the arena, proudly facing the audience.

Pollice Verso (Pouces vers le bas)

Le réalisateur Ridley Scott aurait eu l'idée de son film Gladiator en voyant une copie de ce tableau. Un gladiateur victorieux arpente l'arène jonchée de cadavres, en regardant fièrement le public.

Pollice Verso (Daumen runter)

Eine Kopie des Gemäldes soll Ridley Scott zu seinem Film Gladiator inspiriert haben. Es zeigt einen siegreichen Gladiator, der über die Leichen in der Arena schreitet und dem Publikum stolz entgegenblickt.

Pollice Verso (pulgar hacia abajo)

Se dice que una copia de la pintura inspiró a Ridley Scott para su película Gladiator. Muestra a un gladiador victorioso caminando sobre los cadáveres en la arena, mirando con orgullo al público.

Pollice Verso (polegar para baixo)

Diz-se que uma cópia da pintura inspirou Ridley Scott para o seu filme Gladiator. Ele mostra um gladiador vitorioso caminhando sobre os cadáveres na arena, orgulhosamente de frente para o público.

Pollice verso (duimen omlaag)

Een kopie van het schilderij zou Ridley Scott hebben geïnspireerd tot zijn film Gladiator. Het toont een zegevierende gladiator die trots over de lijken in de arena loopt, richting het publiek.

JEAN-LÉON GÉRÔME (1824-1904)

1872, Oil on canvas/Huile sur toile, 100,3 × 148,9 cm, Phoenix Art Museum, Phoenix

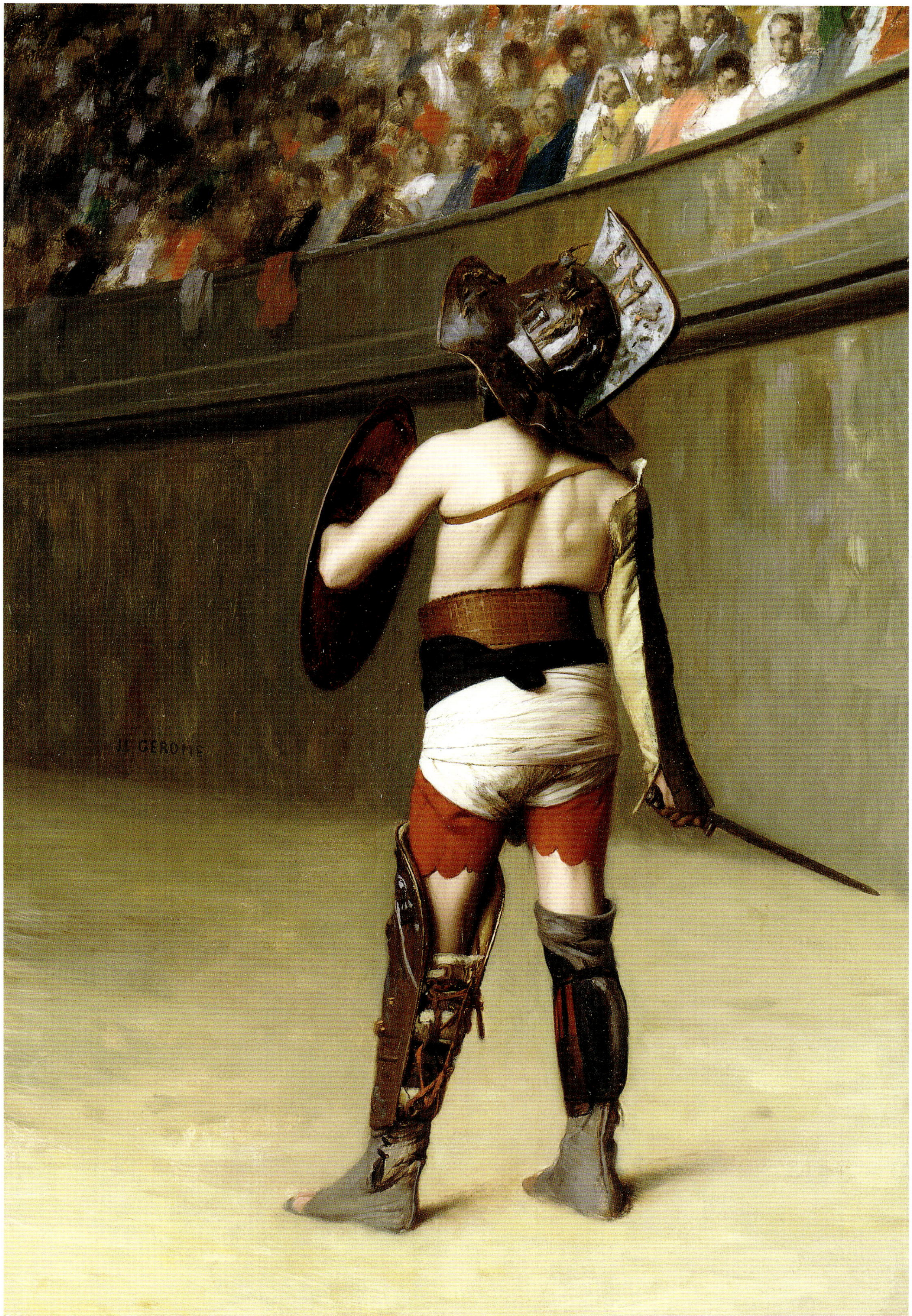

Mirmillon - A Gallic Gladiator

Mirmillon – un gladiateur gaulois

Murmillo - Ein gallischer Gladiator

Murmillo - Un Gladiador Galo

Murmillo - Um Gladiador Gálico

Mirmillon, een Gallische gladiator

JEAN-LÉON GÉRÔME (1824-1904)

Oil on canvas/Huile sur toile,

33,7 × 23,5 cm, Private collection

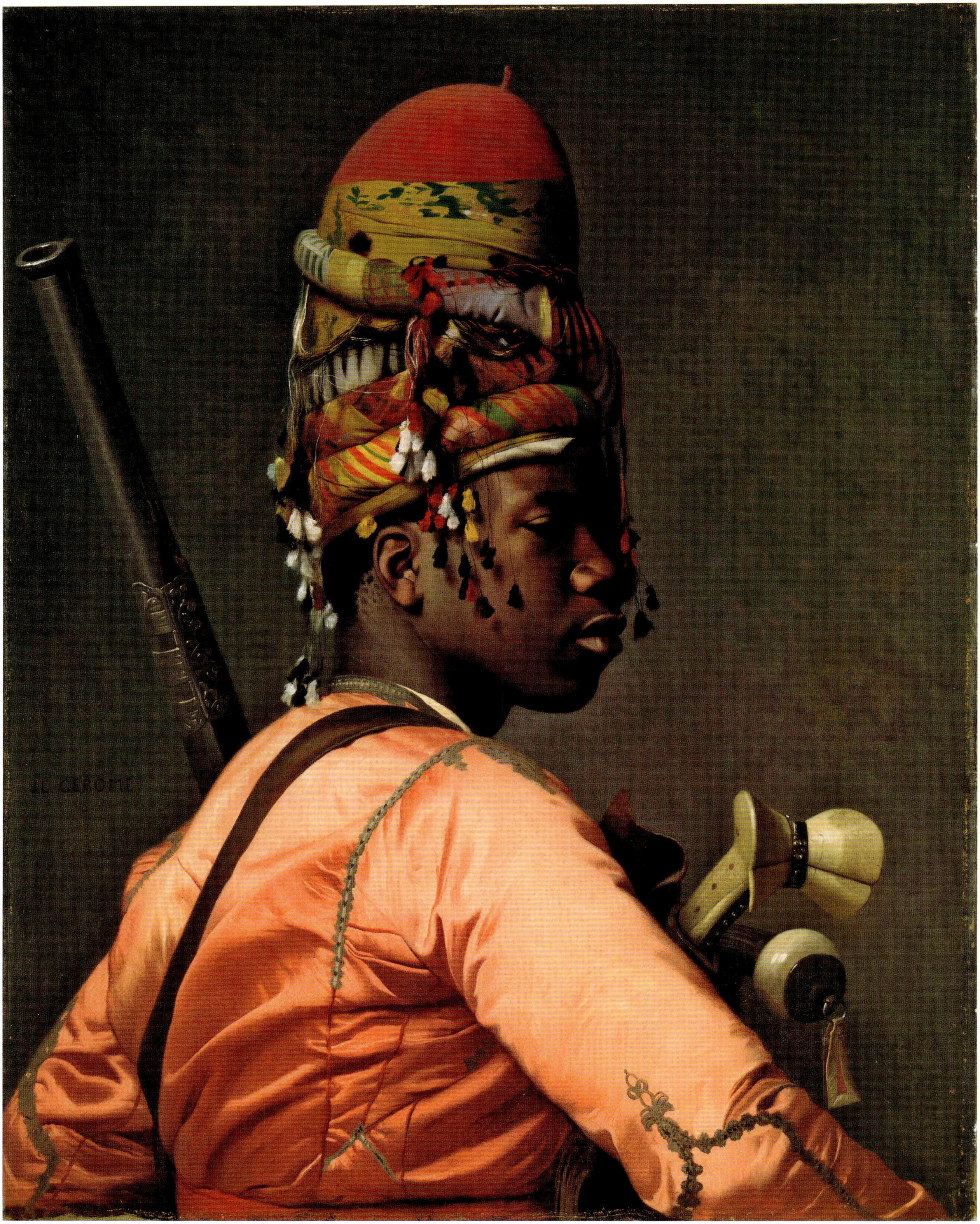

A Bashi-Bazouk

Bashi-Bouzouk

Ein Başı Bozuk

A Başı Bozuk

A Başı Bozuk

Basji-Bozoek

JEAN-LÉON GÉRÔME (1824-1904)
1868/69, Oil on canvas/Huile sur toile, 80,6 × 66 cm, Metropolitan Museum of Art, New York

Slave Market in Rome

Vente d'esclaves à Rome

Sklavenmarkt in Rom

Mercado de esclavos en Roma

Mercado de escravos em Roma

Verkoop van een slavin in Rome

JEAN-LÉON GÉRÔME (1824-1904)

1884, Oil on canvas/ Huile sur toile, 92 × 74 cm, State Hermitage Museum, St. Petersburg

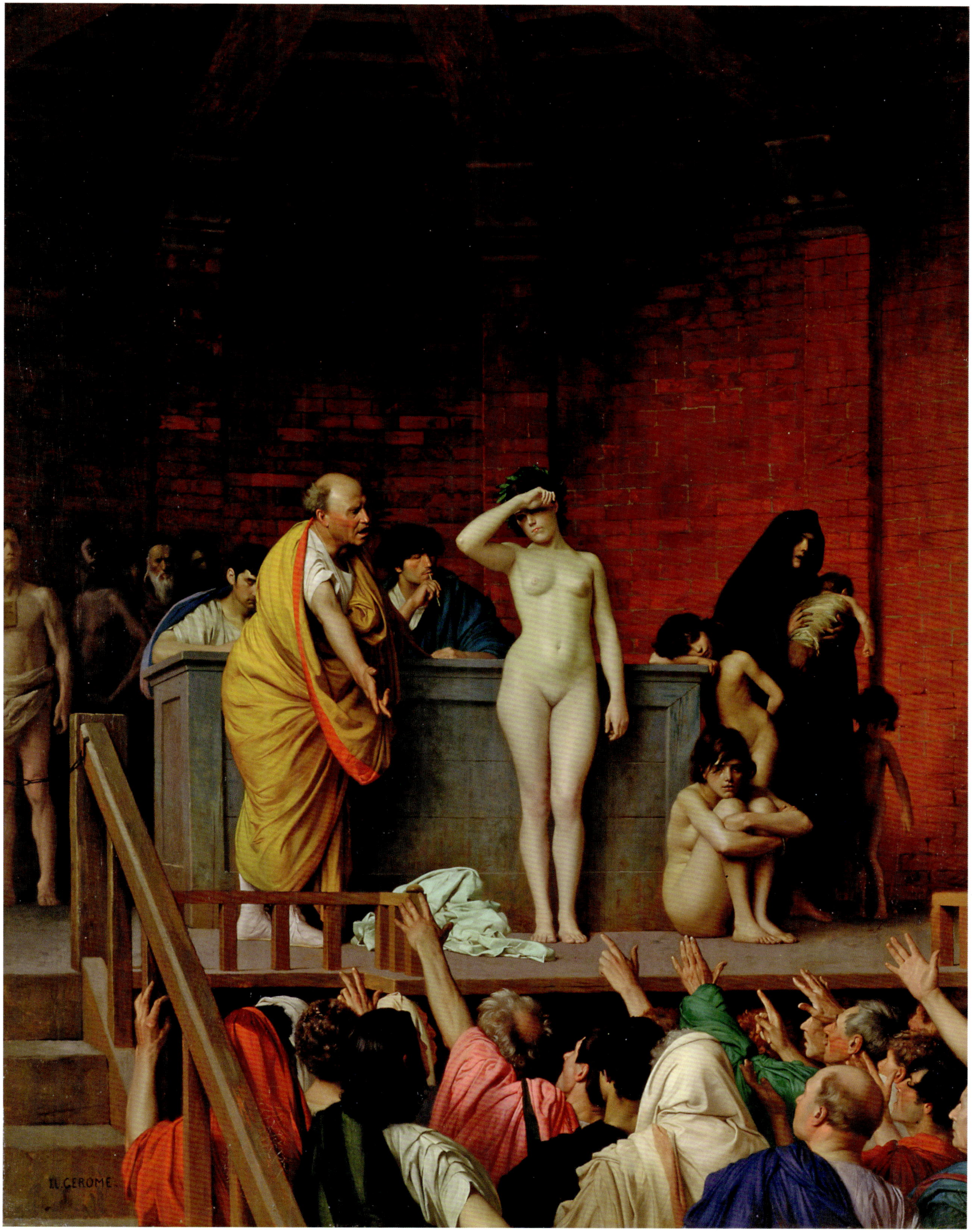

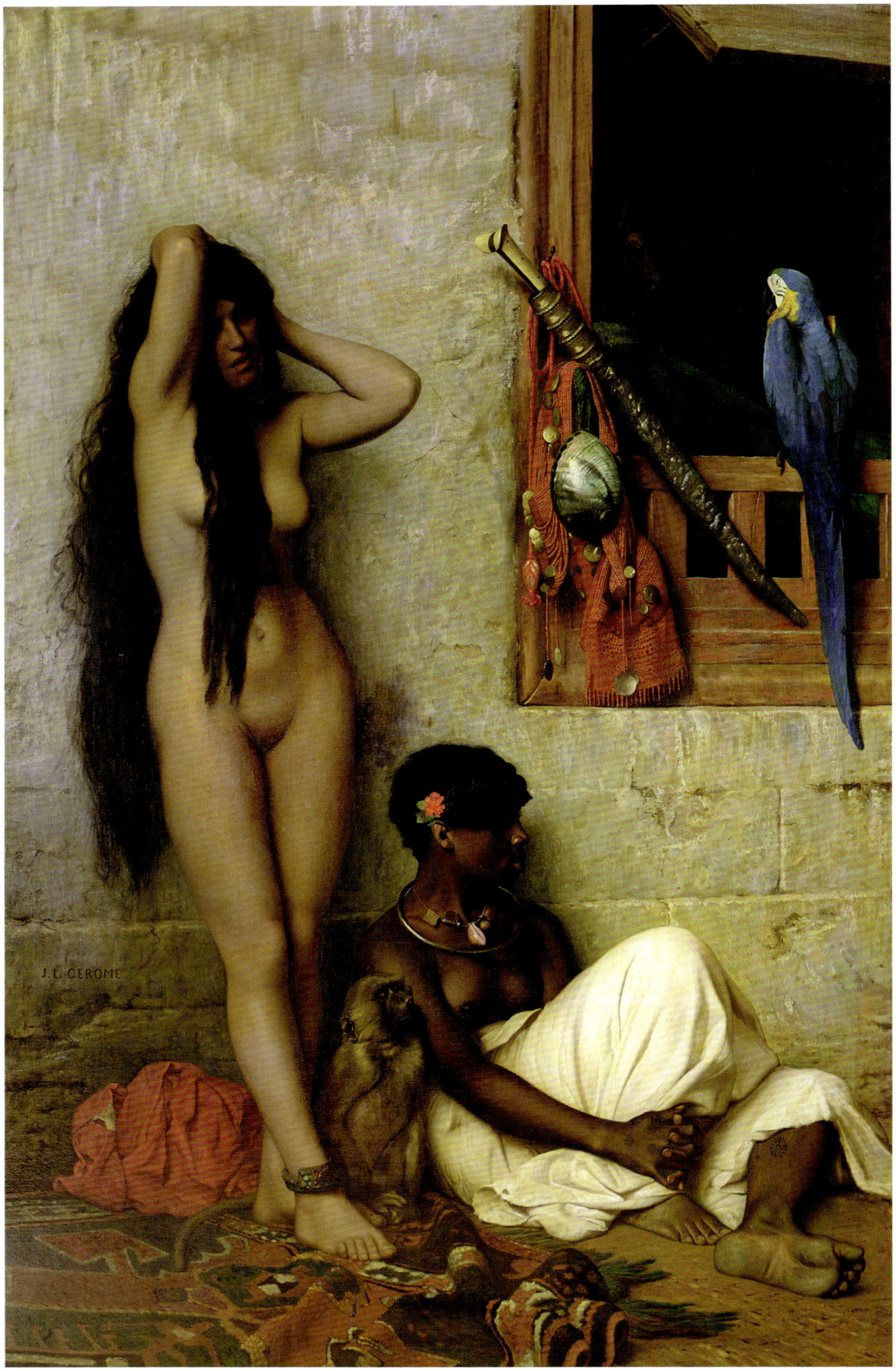

The Slave for Sale
Gérôme painted a white slave and a black slave. Standing, naked and seductive, the first is set in scene by the second, who - half dressed, sitting and in profile - appears more reserved.

Esclaves à vendre
Gérôme peint deux esclaves, l'une blanche, l'autre noire. Debout, nue et séductrice, la première est mise en valeur par la seconde, assise de profil, davantage vêtue et d'une présence plus discrète.

Sklavinnen zu verkafen
Gérôme malte eine weiße und eine schwarze Sklavin. Stehend, nackt und verführerisch, wird die erste durch die zweite in Szene gesetzt, die - halb bekleidet, sitzend und im Profil - zurückhaltender wirkt.

Esclavos en venta
Gérôme pintó una esclava blanca y una esclava negra. De pie, desnuda y seductora, la primera es puesta en escena por la segunda, que - a medio vestir, sentada y de perfil - parece más reservada.

Escravos de kafeninnen
Gérôme pintou um escravo branco e um escravo negro. De pé, nua e sedutora, a primeira é colocada em cena pela segunda, que - meio vestida, sentada e em perfil - parece mais reservada.

Slavinnen te koop
Gérôme schilderde twee slavinnen, de ene wit, de andere zwart. Staand, naakt en verleidelijk wordt de eerste geënsceneerd door de tweede, die er, halfgekleed, zittend en in profiel, gereserveerder uitziet.

JEAN-LÉON GÉRÔME (1824-1904)
1873, Oil on canvas/Huile sur toile, 214 × 142 cm,
Musée d'Art et d'Industrie, Roubaix

A Roman Slave Market

Vente d'esclaves à Rome

Römischer Sklavenmarkt

Mercado romano de esclavos

Mercado de escravos romano

Slavenmarkt in Rome

JEAN-LÉON GÉRÔME (1824-1904)
1866, Oil on canvas/Huile sur toile, 64,1 × 56,9 cm, Walters Art Museum, Baltimore

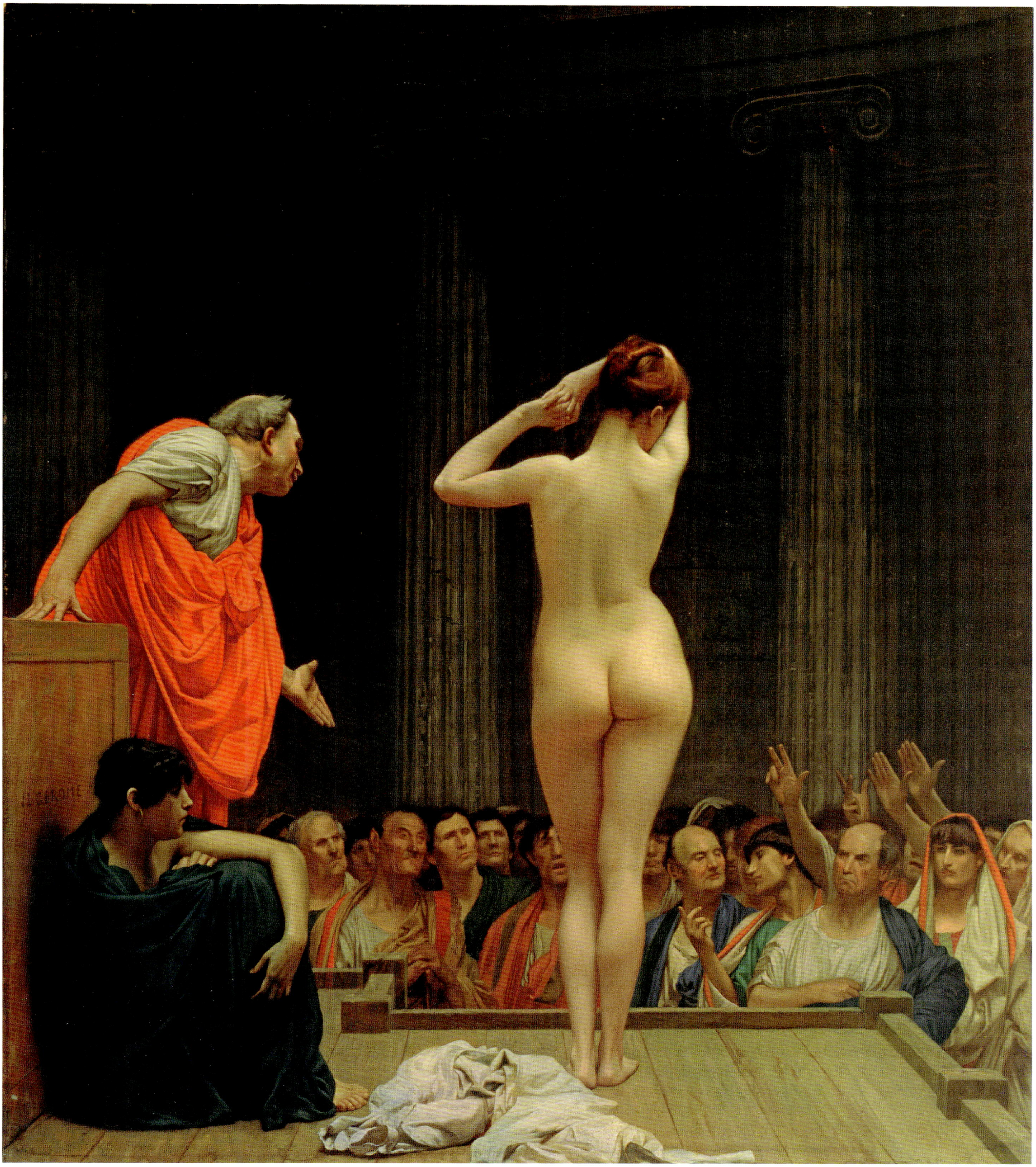
J.L. GEROME

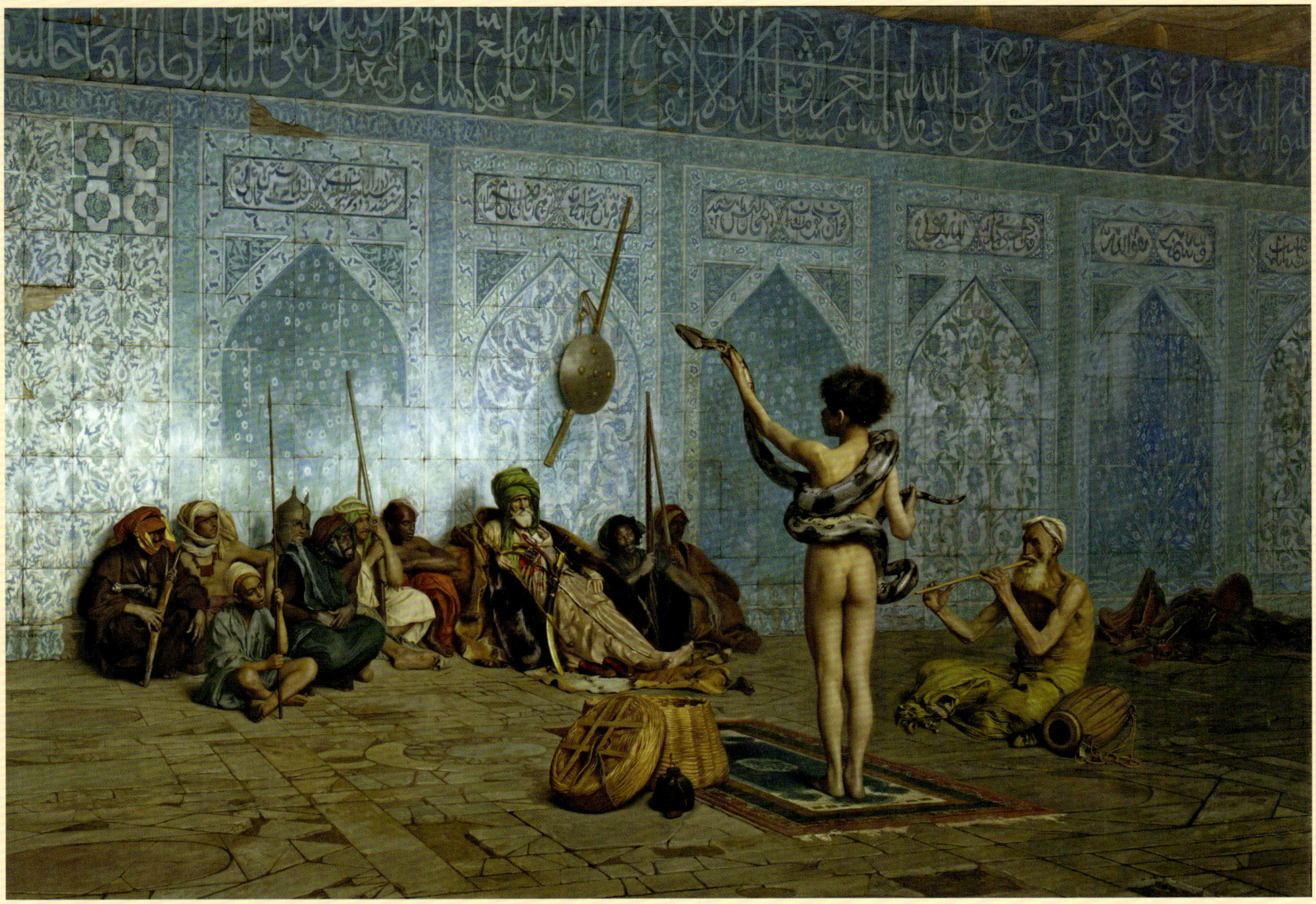

The Snake Charmer

Le Charmeur de serpents

Der Schlangenbeschwörer

El encantador de serpientes

O encantador de cobras

De slangenbezweerder

JEAN-LÉON GÉRÔME (1824-1904)

c. 1879, Oil on canvas/ Huile sur toile, 82,2 × 121 cm, The Clark, Williamstown

Orientalism

Academic art produced clichéd paintings of an idealized Orient, in which many of the artists themselves had never set foot. They served to satisfy the viewer's curiosity for exoticism. Women in the hammam, sensual massages, picturesque street scenes, snake charmers, interior views of mosques, exotic animals or slave markets - everything should seem real, even if the scenes depicted never were. The paintings by Jean-Léon Gérôme (1824-1904), whose photographic realism lends the motifs their credibility, deserve special attention. The artist researched and based his work on photographs in order to realize his pictures with an astonishing sense of detail and outstanding technical perfection. Gérôme was one of the most popular painters of his time, as he not only painted what he saw, but what the Western public wanted to see: the Orient, always the same and full of light and color.

L'orientalisme

L'imagination des peintres académiques et pompiers offre des visions idéalisées, et non dénuées de clichés, d'un Orient où ils n'ont parfois jamais mis un pied. Le spectateur, avide d'exotisme, doit voyager. Femmes au hammam, massages sensuels, scènes de rue pittoresques, charmeurs de serpents, intérieurs de mosquées, animaux exotiques ou marchés d'esclaves, tout doit avoir l'air vrai, même si souvent, rien ne l'est. Le cas le plus éloquent est celui de Jean-Léon Gérôme (1824-1904). Excellent peintre, son réalisme quasi photographique donne à ses compositions un gage de vérité. L'artiste se documente, s'appuie sur des photographies, pour composer et recomposer ses images, avec un sens du détail et une perfection technique stupéfiants. Gérôme est l'un des peintres les plus appréciés de son temps. Car il ne fixe pas seulement ce qu'il voit, mais ce que les Occidentaux veulent voir. Un Orient immuable, lumineux et haut en couleur.

Der Orientalismus

Die Akademische Kunst brachte klischeehafte Gemälde eines idealisierten Orients hervor, in den viele der Künstler selbst nie einen Fuß gesetzt hatten. Sie dienten dazu den Hunger der Betrachter nach Exotismus zu stillen. Frauen im Hammam, sinnliche Massagen, pittoreske Straßenszenen, Schlangenbeschwörer, Innenansichten von Moscheen, exotische Tiere oder Sklavenmärkte – alles sollte real wirken, auch wenn es die dargestellten Szenen nie waren. Ganz besonderes Augenmerk verdienen die Gemälde von Jean-Léon Gérôme (1824–1904), dessen fotografischer Realismus seinen Motiven ihre Glaubhaftigkeit verleiht. Der Künstler recherchiert und stützt sich bei seiner Arbeit auf Fotografien, um seine Bilder mit einem erstaunlichen Sinn für Details und einer herausragenden technischen Perfektion zu realisieren. Gérôme war einer der beliebtesten Maler seiner Zeit, da er nicht nur malt, was er sieht, sondern was das westliche Publikum sehen will: einen immer gleichen Orient voller Licht und Farben.

Arnaut Blowing Smoke at the Nose of His Dog

Une plaisanterie, *dit aussi* Arnaute fumant au nez d'un chien

Die Alberei oder Arnaut, einem Hund den Rauch ins Gesicht blasend

La tontería de Arnaut, echando humo en la cara de un perro

A tolice ou Arnaut, a soprar fumo na cara de um cão

Een geintje of Arnaute die rook in het gezicht van een hond blaast

JEAN-LÉON GÉRÔME (1824-1904)

1882, Oil on canvas/Huile sur toile, 59,7 × 73,4 cm, Private collection

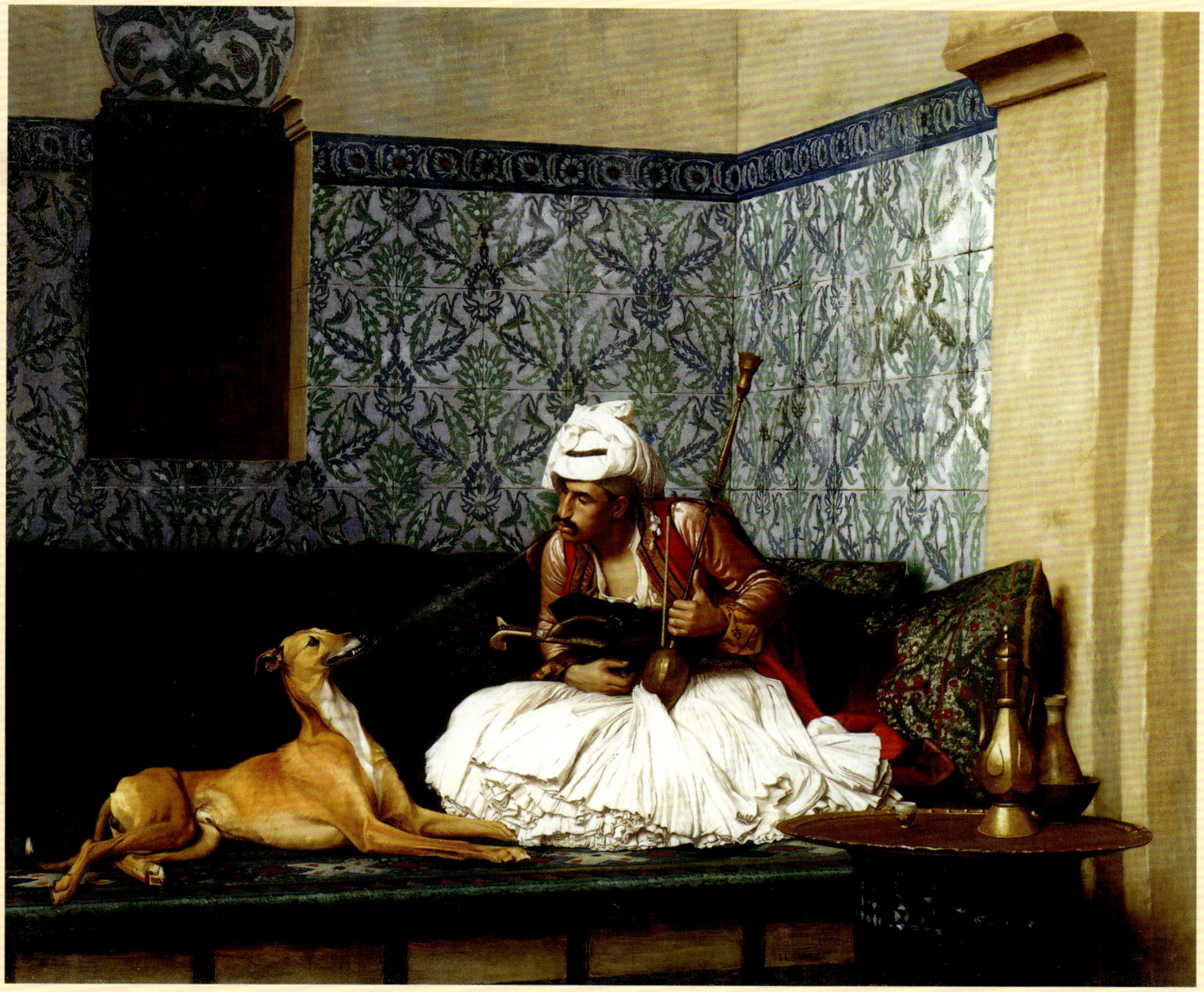

Orientalismo

El arte académico produjo pinturas clichés de un Oriente idealizado, en el que muchos de los artistas nunca habían puesto un pie. Sirvieron para satisfacer la curiosidad del espectador por el exotismo. Mujeres en el *hammam*, masajes sensuales, escenas callejeras pintorescas, encantadores de serpientes, vistas interiores de mezquitas, animales exóticos o mercados de esclavos - todo debería parecer real, incluso aunque las escenas representadas nunca hubiesen existido. Las pinturas de Jean-Léon Gérôme (1824-1904), cuyo realismo fotográfico da credibilidad a los motivos, merecen una atención especial. El artista investiga y basa su trabajo en la fotografía para realizar sus cuadros con un asombroso sentido del detalle y una extraordinaria perfección técnica. Gérôme fue uno de los pintores más populares de su tiempo, ya que no sólo pintó lo que vio, sino lo que el público occidental quería ver: un Oriente siempre igual, lleno de luz y color.

Orientalismo

A arte académica produziu pinturas cliché de um Oriente idealizado, no qual muitos dos próprios artistas nunca tinham pisado. Serviram para satisfazer a curiosidade do espectador pelo exotismo. Mulheres no hammam, massagens sensuais, cenas de rua pitorescas, encantadores de serpentes, vistas interiores de mesquitas, animais exóticos ou mercados de escravos - tudo deve parecer real, mesmo que as cenas retratadas nunca tenham sido. As pinturas de Jean-Léon Gérôme (1824-1904), cujo realismo fotográfico confere credibilidade aos motivos, merecem especial atenção. O artista pesquisa e baseia seu trabalho em fotografias, a fim de realizar suas fotos com um surpreendente senso de detalhe e perfeição técnica excepcional. Gérôme foi um dos pintores mais populares do seu tempo, pois não só pintava o que via, mas também o que o público ocidental queria ver: um Oriente sempre o mesmo, cheio de luz e cor.

Het oriëntalisme

De academische kunst bracht clichématige schilderijen van een geïdealiseerde Oriënt voort, waar veel van de kunstenaars zelf nooit een stap zijn geweest. De werken dienden om de nieuwsgierigheid van de kijker naar het exotische te bevredigen. Vrouwen in de hamam, sensuele massages, pittoreske straatscènes, slangenbezweerders, het interieur van moskeeën, exotische dieren en slavenmarkten – alles moest echt lijken, zelfs als de afgebeelde scènes dat niet waren. De schilderijen van Jean-Léon Gérôme (1824-1904), wiens fotografische realisme de motieven zeer geloofwaardig maakte, verdienen bijzondere aandacht. De kunstenaar onderzocht en baseerde zijn werk op foto's, om zijn schilderijen met een verbijsterend gevoel voor detail en een perfecte techniek te kunnen uitvoeren. Gérôme was een van de populairste schilders van zijn tijd, omdat hij niet alleen schilderde wat hij zag, maar ook wat het westerse publiek wilde zien: een altijd gelijkblijvende Oriënt vol licht en kleur.

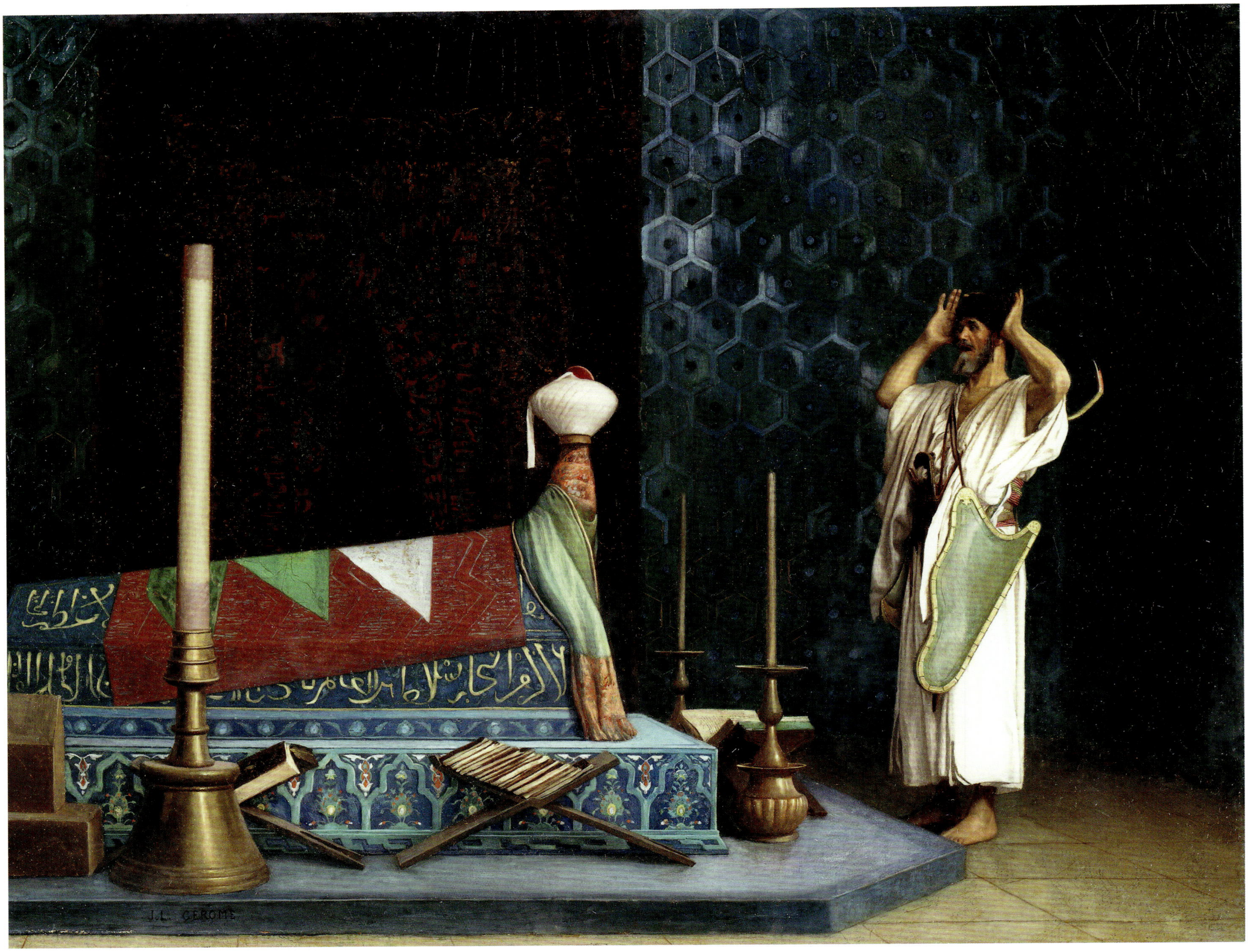

Prayer at the Sultan's Room

La Prière

Das Gebet

La oración

Oração

Het gebed

JEAN-LÉON GÉRÔME (1824-1904)

Oil on canvas/Huile sur toile, 41,3 × 54 cm, Private collection

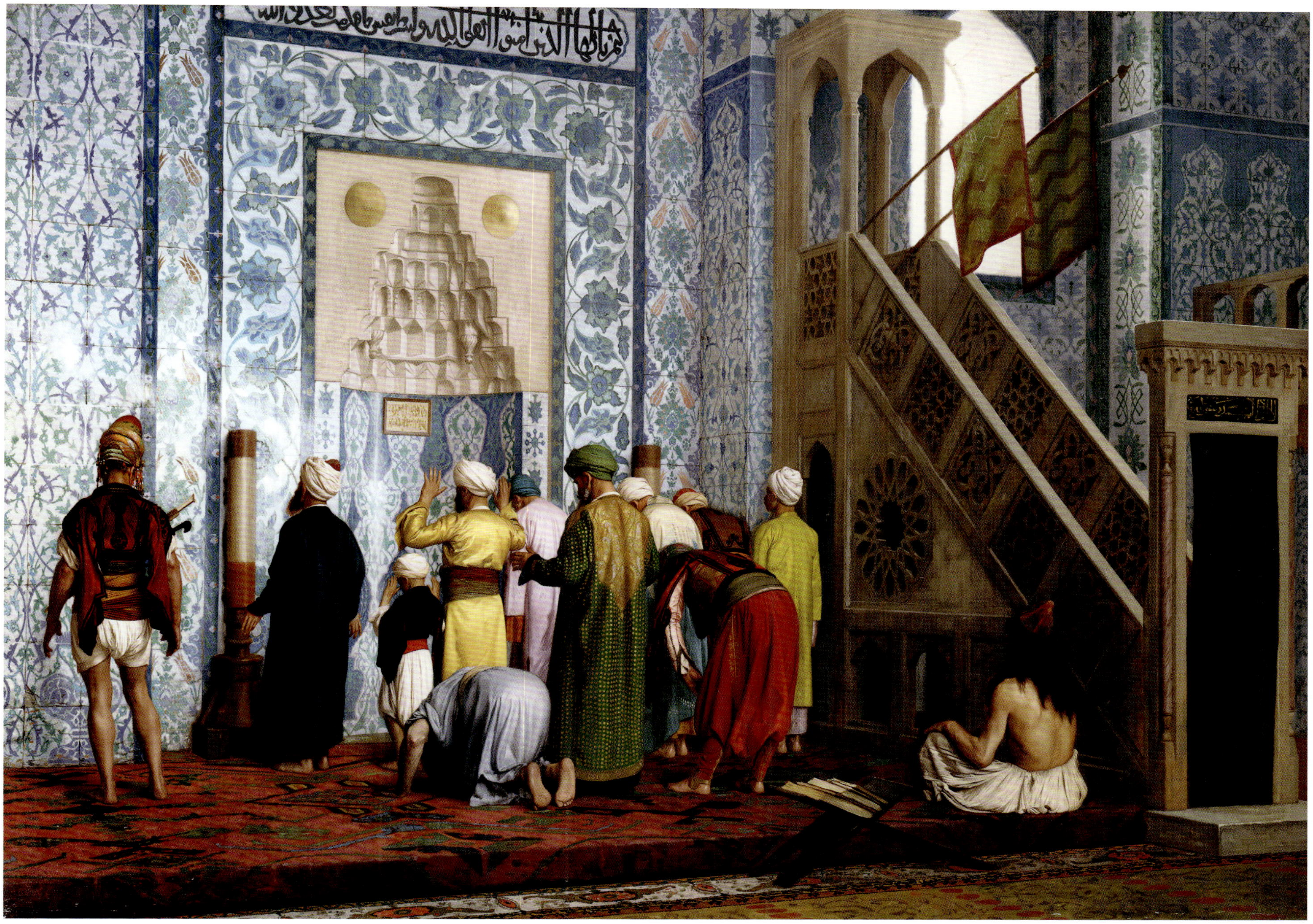

The Blue Mosque

La Mosquée bleue

Die blaue Moschee

La Mezquita Azul

A Mesquita Azul

De blauwe moskee

JEAN-LÉON GÉRÔME (1824-1904)

1878, Oil on canvas/Huile sur toile, 72,4 × 104,1 cm, Private collection

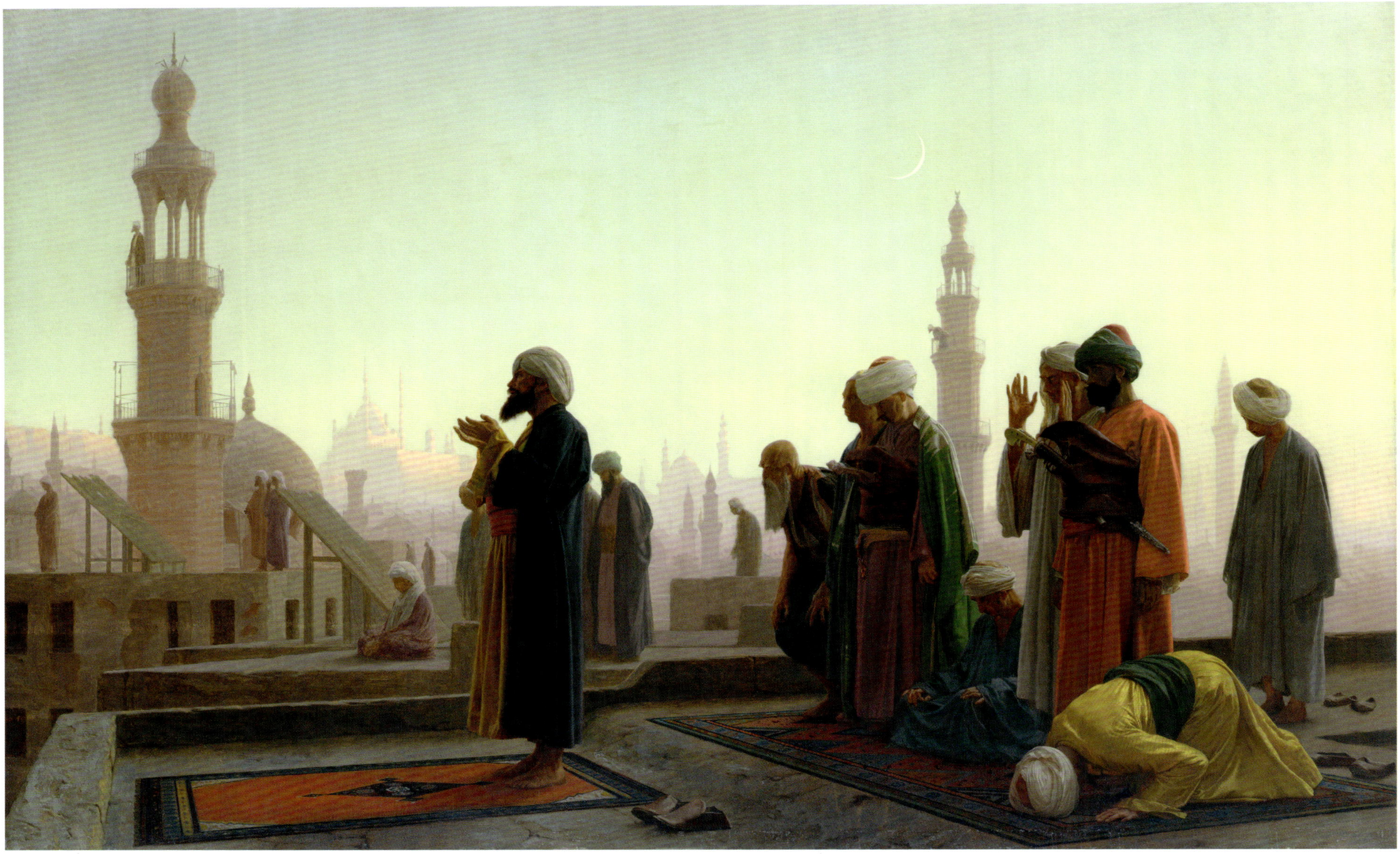

Prayer in Cairo

La Prière au Caire

Das Gebet in Kairo

Oración en El Cairo

Oração no Cairo

Gebed in Caïro

JEAN-LÉON GÉRÔME (1824-1904)

1865, Oil on canvas/Huile sur toile, 49,9 × 81,2 cm, Hamburger Kunsthalle

The Wailing Wall

Le Mur des Lamentations

Die Klagemauer

El Muro de las Lamentaciones

O Muro das Lamentações

De Klaagmuur

JEAN-LÉON GÉRÔME
(1824-1904)

1880, Oil on canvas/
Huile sur toile, 73 × 59,5 cm,
The Israel Museum, Jerusalem

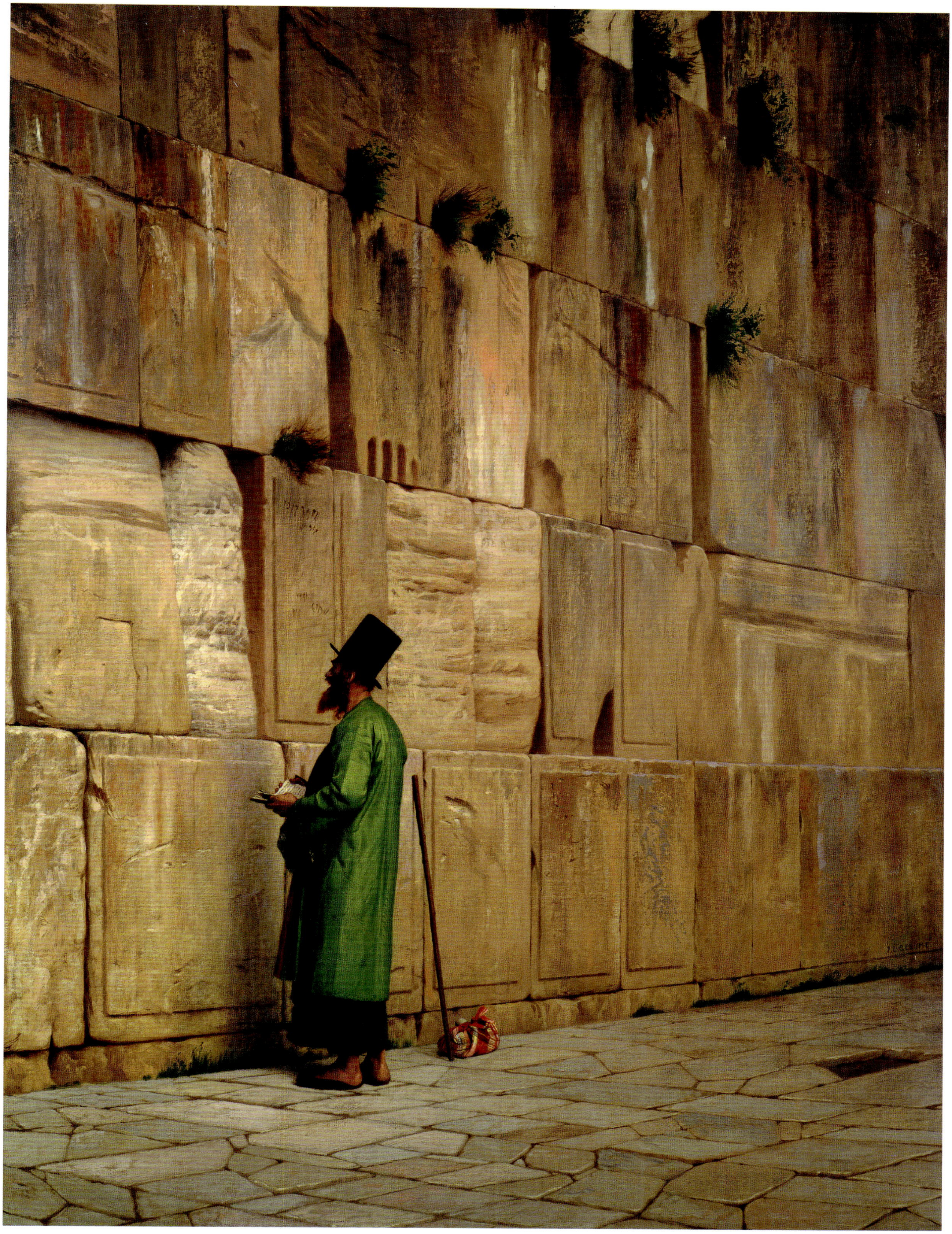

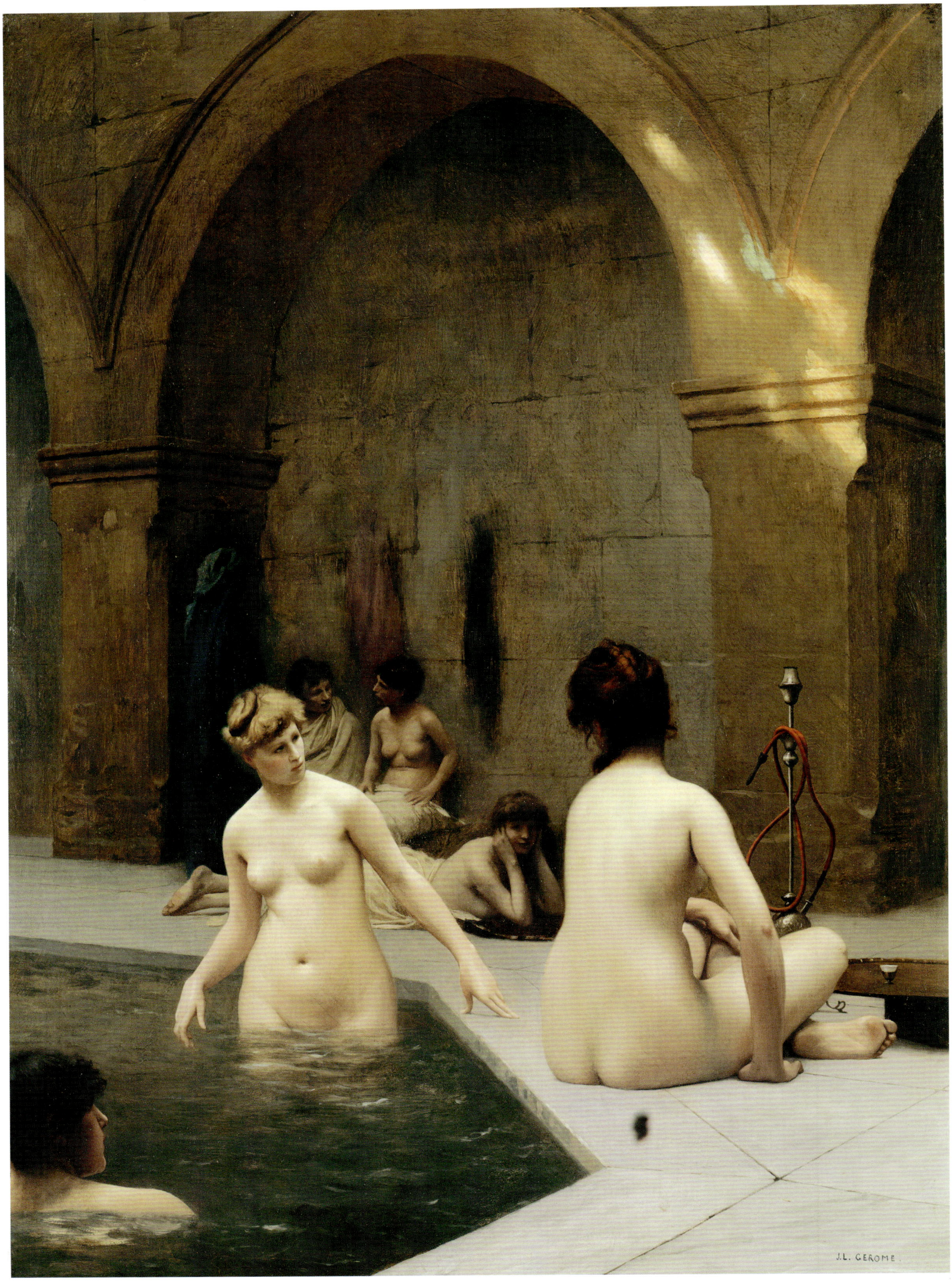

The Bathers

Les Baigneuses du harem

Die Badenden

Los bañistas

Os banhistas

Baadsters van de harem

JEAN-LÉON GÉRÔME
(1824-1904)
c. 1889, Oil on canvas/
Huile sur toile, 61,5 × 46 cm,
Private collection

The Moorish Bath
Gérôme created numerous paintings on the theme of Turkish baths. Turning slightly towards the viewer, the young woman presents herself in her naked beauty, surrounded by light.

Le Bain maure, *dit* Femme turque au bain
Le peintre a produit une multitude de tableaux autour du thème du bain turc. Légèrement tournée vers le spectateur, la jeune femme s'offre au regard dans sa belle nudité, comme caressée par la lumière.

Das maurische Bad *oder* Die Türkin im Bad
Gérôme schuf zahlreiche Gemälde, die türkische Bäder zum Thema haben. Leicht dem Betrachter zugewandt, präsentiert sich die junge Frau in ihrer nackten Schönheit, die vom Licht umspielt wird.

El baño árabe *o* la mujer turca en el baño
Gérôme creó numerosas pinturas sobre el tema de los baños turcos. Girando ligeramente hacia el espectador, la joven se presenta en su belleza desnuda, rodeada de luz.

O Banho Mouro *ou* O Turco no Banho
Gérôme criou numerosas pinturas sobre o tema dos banhos turcos. Voltando-se ligeiramente para o espectador, a jovem apresenta-se na sua beleza nua, rodeada de luz.

Het Moorse bad *of* Vrouw in het Turkse bad
Gérôme heeft talrijke schilderijen gemaakt met het thema Turkse baden. De jonge vrouw, die zich iets naar de kijker toekeert, presenteert zich, omgeven door licht, in haar naakte schoonheid.

JEAN-LÉON GÉRÔME (1824-1904)
c. 1889, Oil on canvas/Huile sur toile, 71,1 × 54,5 cm, Private collection

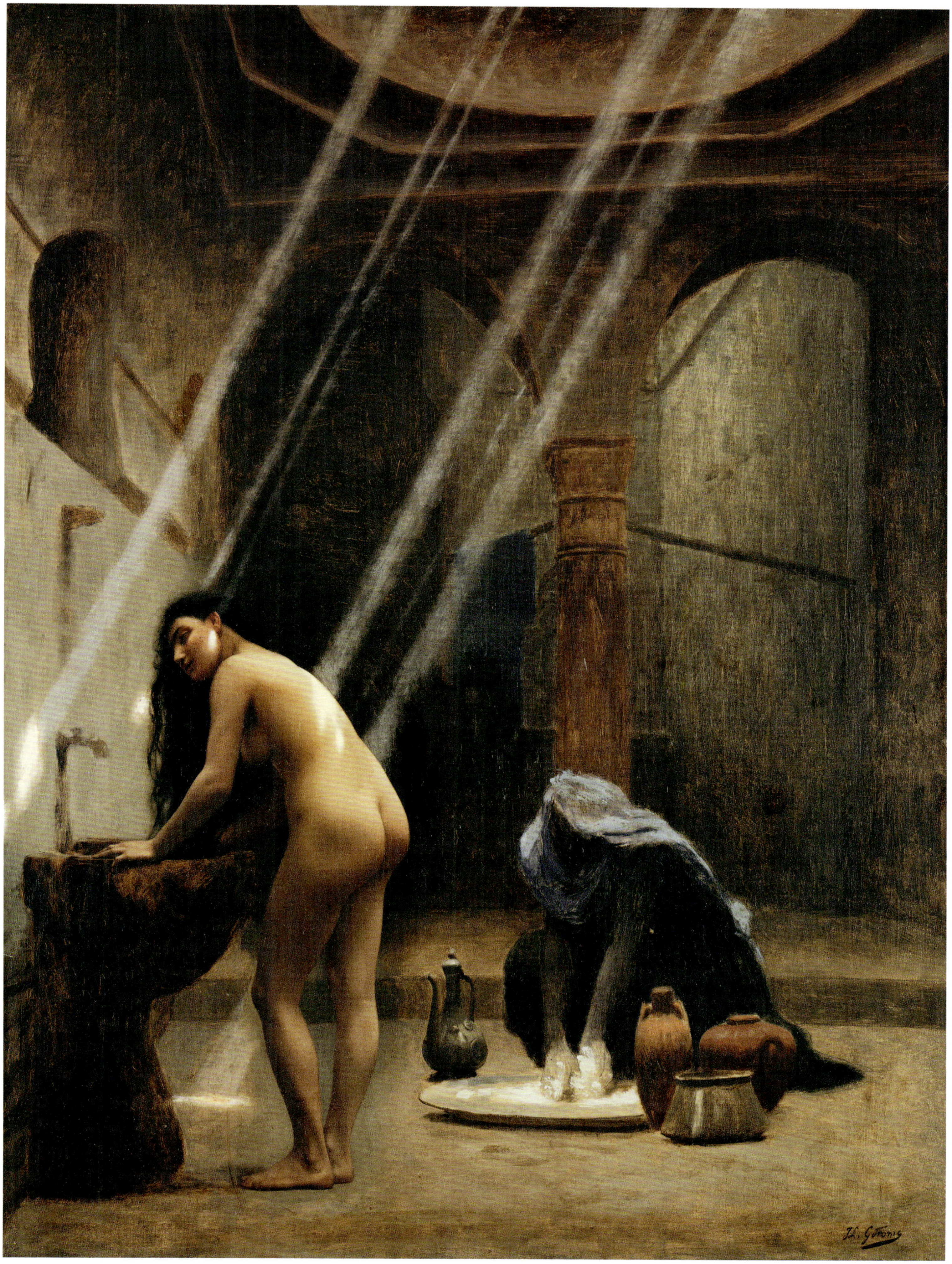

Bonaparte Before the Sphinx or Oedipus
Even the famous Bonaparte appears tiny in front of the monumental Sphinx of Giza. Gérôme refers to the Egypt campaign of 1798-1801 with his painting, which looks like an excerpt from a film.

Bonaparte devant le Sphinx
Même l'illustre Napoléon Bonaparte semble minuscule devant le monumental Sphinx de Gizeh. Gérôme fait allusion à la campagne d'Égypte (1798-1801), à travers une image éminemment cinématographique.

Bonaparte vor der Sphinx oder Ödipus
Selbst der berühmte Bonaparte erscheint vor der monumentalen Sphinx von Gizeh winzig. Mit seinem Gemälde, das wie der Ausschnitt aus einem Film wirkt, verweist Gérôme auf den Ägyptenfeldzug 1798-1801.

Bonaparte frente a la Esfinge o Edipo
Incluso el famoso Bonaparte aparece diminuto frente a la monumental Esfinge de Giza. Gérôme se refiere a la campaña egipcia de 1798-1801 con su pintura, que parece un fragmento de una película.

Bonaparte em frente à Esfinge ou Édipo
Até mesmo o famoso Bonaparte parece minúsculo em frente à monumental Esfinge de Gizé. Gérôme se refere à campanha egípcia de 1798-1801 com sua pintura, que parece um trecho de um filme.

Bonaparte voor de sfinx
Zelfs de beroemde Bonaparte oogt klein voor de monumentale sfinx van Gizeh. Gérôme verwijst met zijn schilderij, dat eruitziet als een filmbeeld, naar de Egyptische veldtocht van 1798-1801.

JEAN-LÉON GÉRÔME (1824-1904)
1867/68, Oil on canvas/Huile sur toile,
60 × 101 cm, Hearst Castle, San Simeon

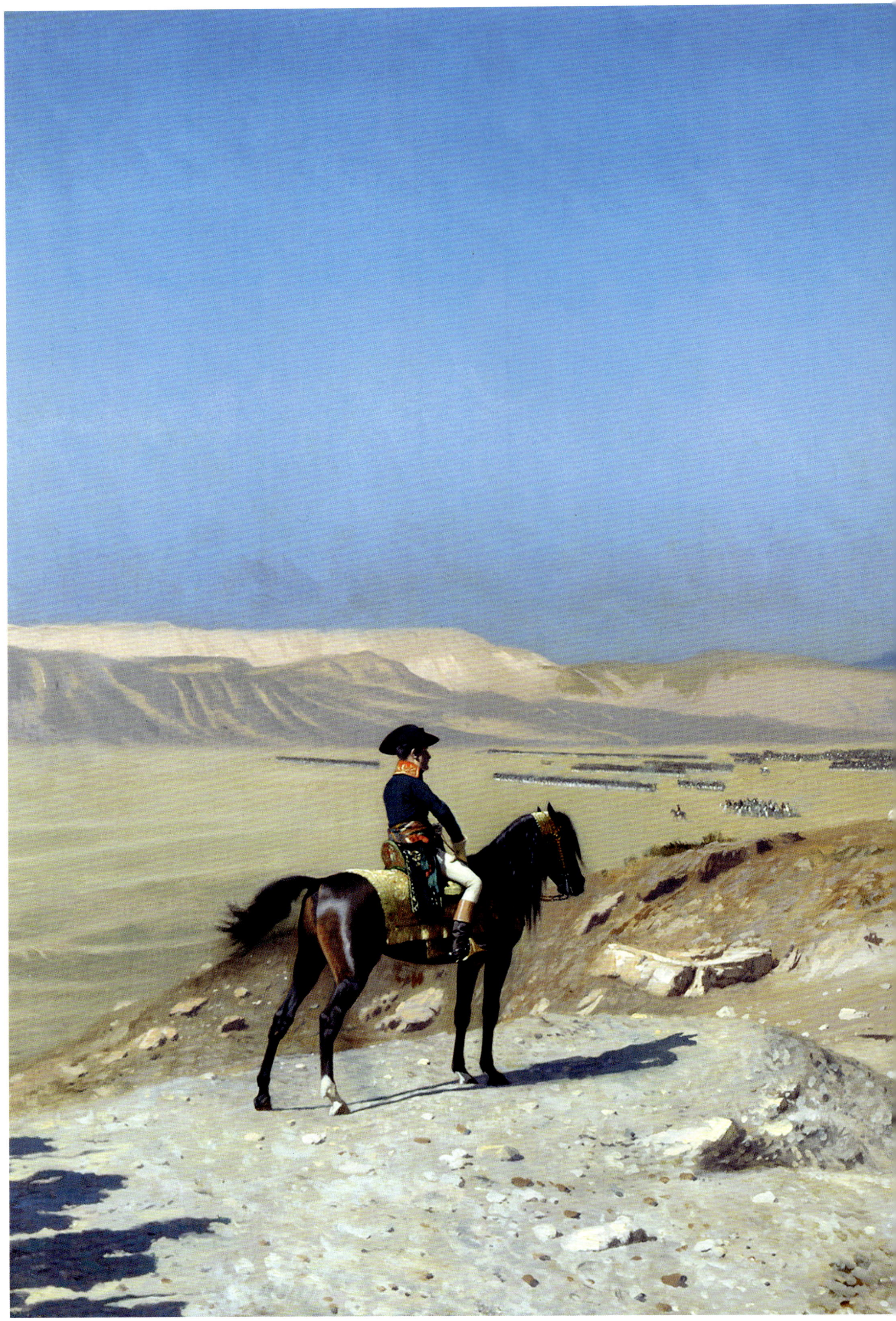

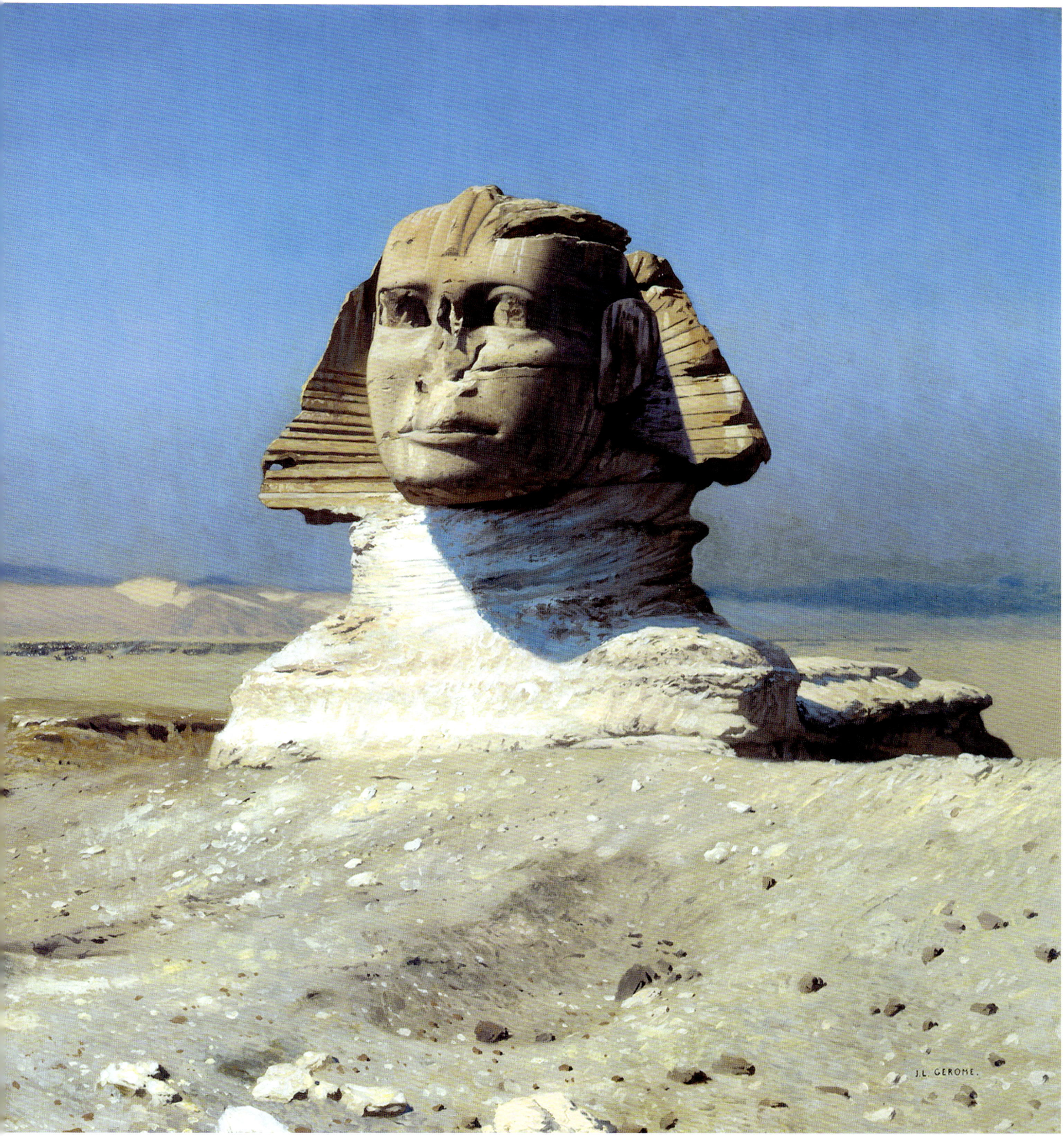
J.L. GEROME.

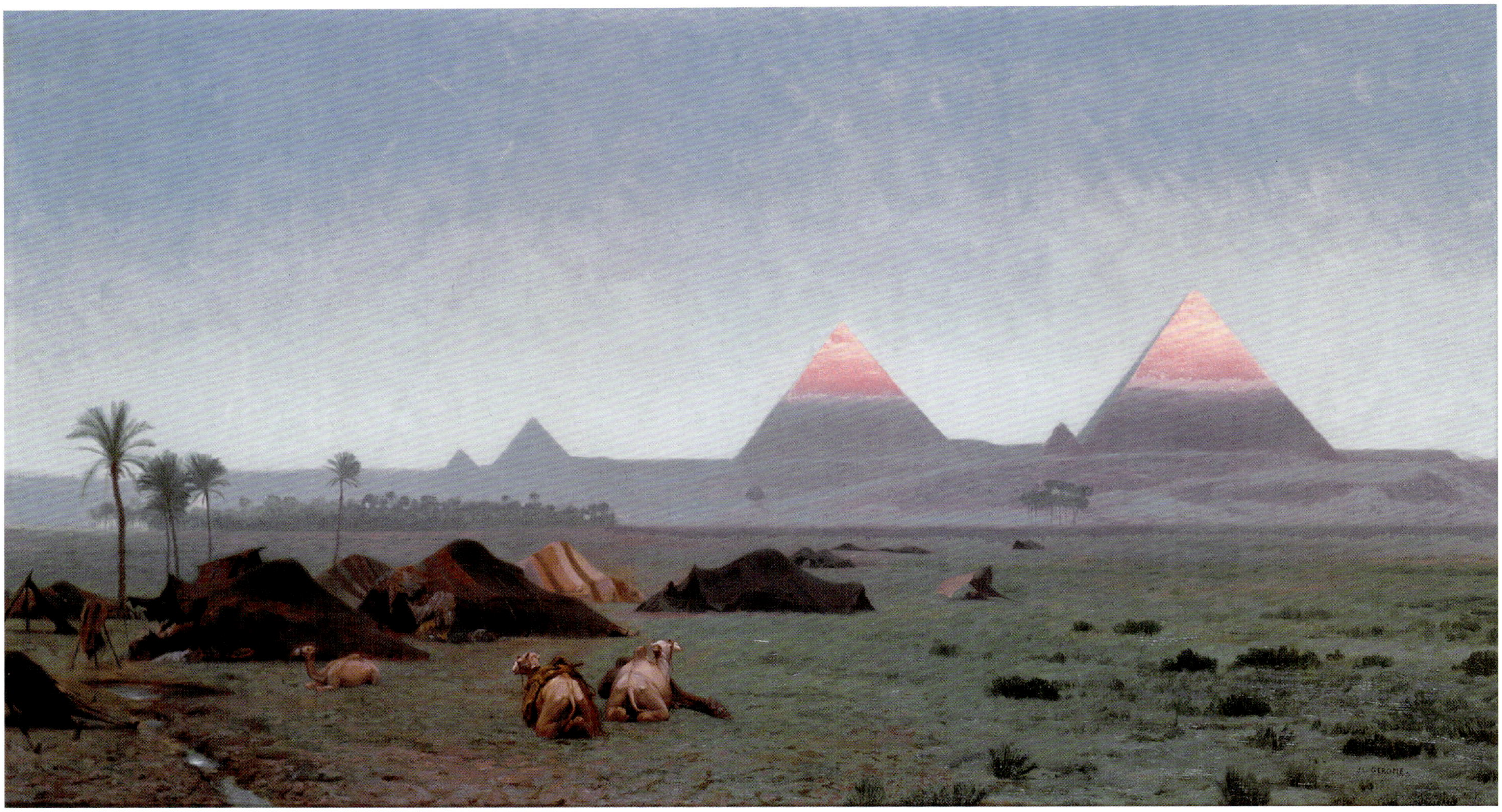

The First Kiss of the Sun
In the sunrise over the pyramids lies nothing but peace and quiet. Gérôme avoids any historical or mythological elements in order to devote himself entirely to the glory of his dream landscape.

Le Premier baiser du soleil
Tout n'est que silence et sérénité dans ce lever de soleil sur les pyramides d'Égypte. Le peintre délaisse tout sujet historique ou mythologique pour se consacrer aux splendeurs d'un paysage rêvé.

Der erste Kuss der Sonne
In dem Sonnenaufgang über den Pyramiden liegt nichts als Ruhe und Stille. Gérôme vermeidet jegliche historische oder mythologische Elemente, um sich ganz der Herrlichkeit seiner Traumlandschaft zu widmen.

El primer beso del sol
En la salida del sol sobre las pirámides no hay nada más que paz y tranquilidad. Gérôme evita cualquier elemento histórico o mitológico para dedicarse por completo a la gloria de su paisaje de ensueño.

O primeiro beijo do sol
Ao amanhecer sobre as pirâmides só há paz e sossego. Gérôme evita qualquer elemento histórico ou mitológico para se dedicar inteiramente à glória de sua paisagem de sonho.

De eerste kus van de zon
In de zonsopgang boven de piramides heerst niets dan rust en stilte. Gérôme vermijdt alle historische of mythologische elementen om zich volledig te wijden aan de glorie van zijn droomlandschap.

JEAN-LÉON GÉRÔME (1824-1904)
c. 1886, Oil on canvas/Huile sur toile, 54,1 × 100,3 cm, Private collection

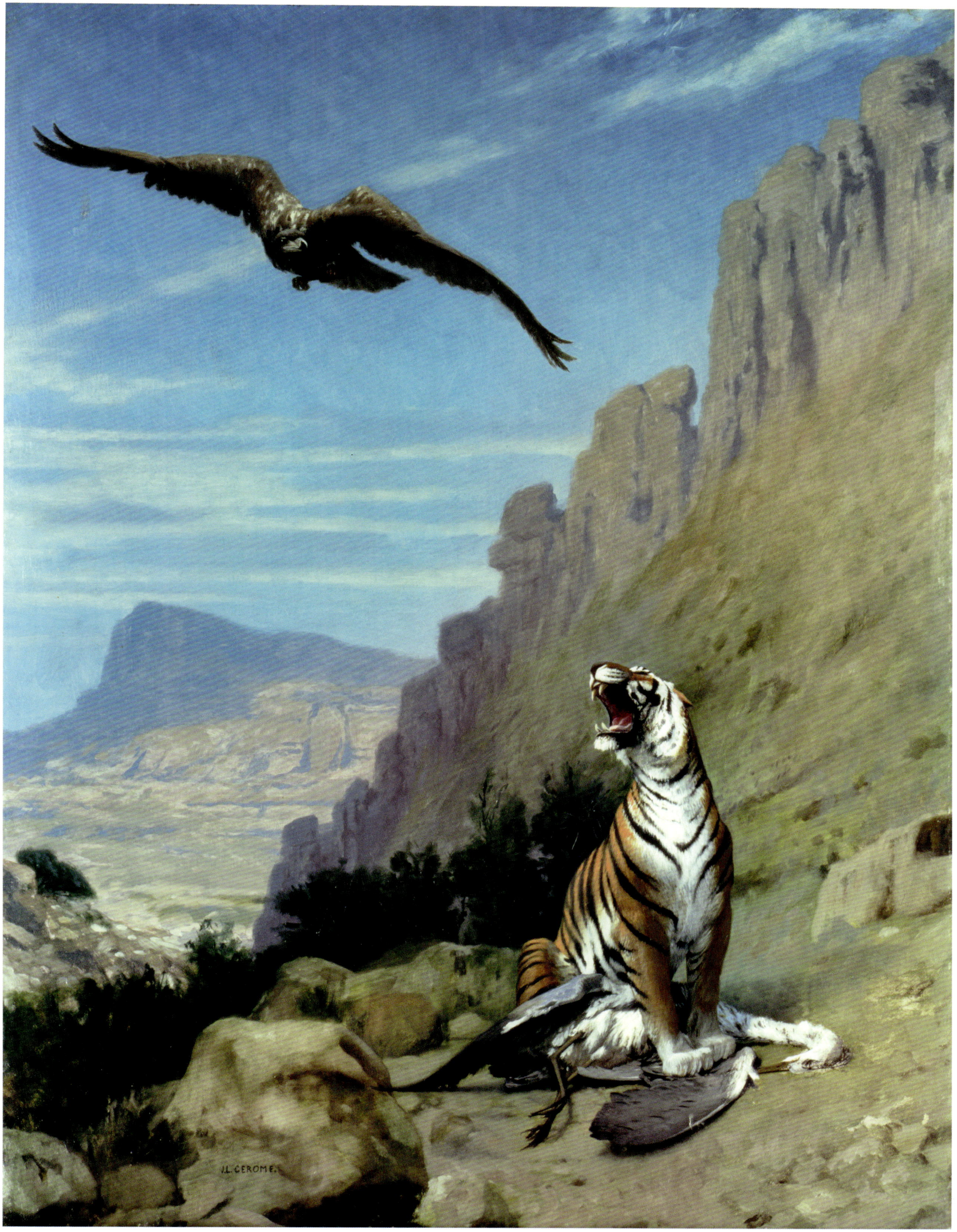

Tiger and Vulture

Tigre et vautour

Tiger und Geier

Tigres y buitres

Tigres e abutres

Tijger en gier

JEAN-LÉON GÉRÔME
(1824-1904)
Oil on canvas/Huile sur toile, 90,2 × 71,1 cm, Private collection

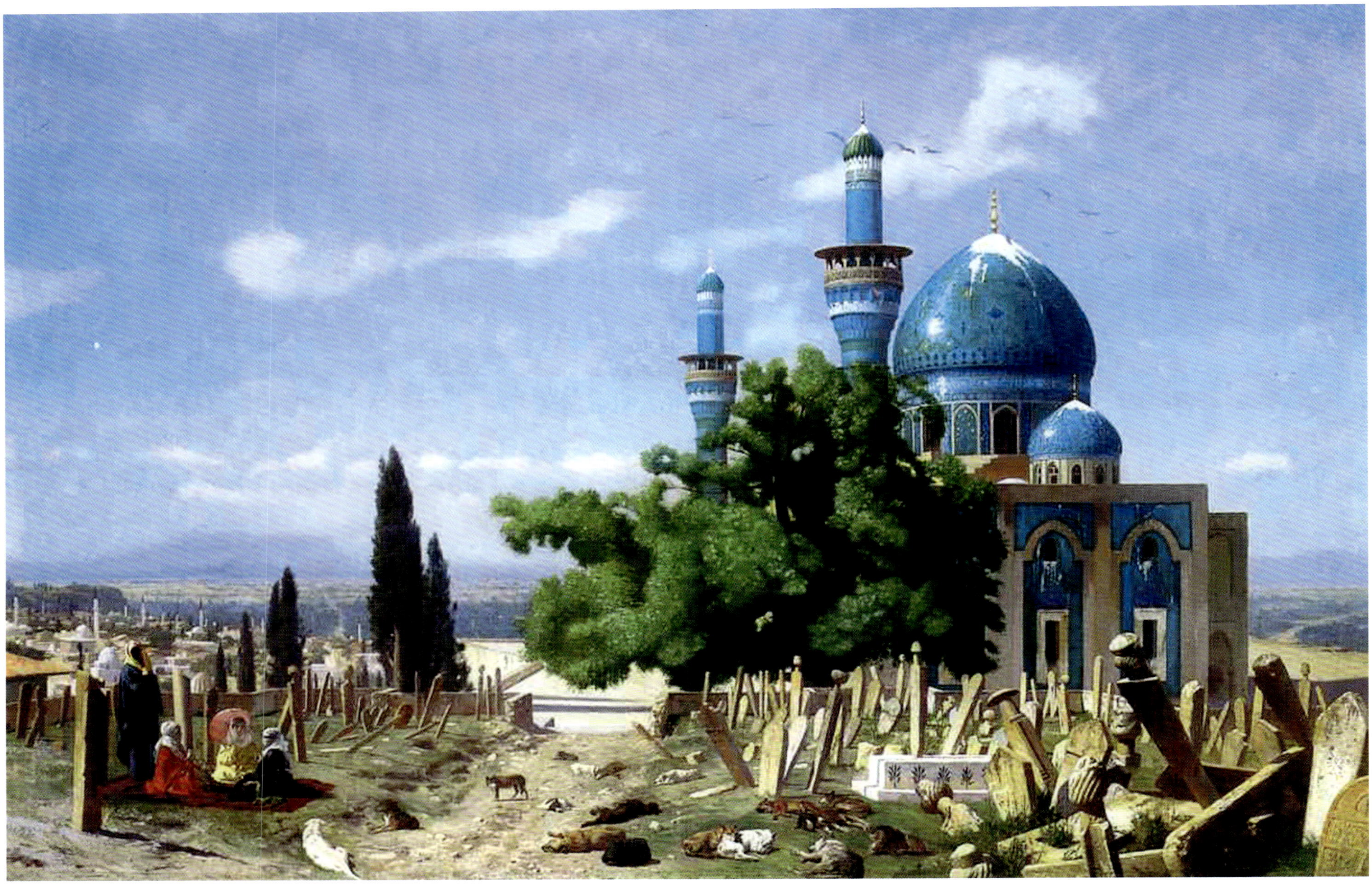

An Abandoned Cemetery

Cimetière à l'abandon

Ein verlassener Friedhof

Un cementerio abandonado

Um cemitério abandonado

Een verlaten begraafplaats

JEAN-LÉON GÉRÔME (1824-1904)

1876, Oil on canvas/Huile sur toile, 64 × 120 cm, Private collection

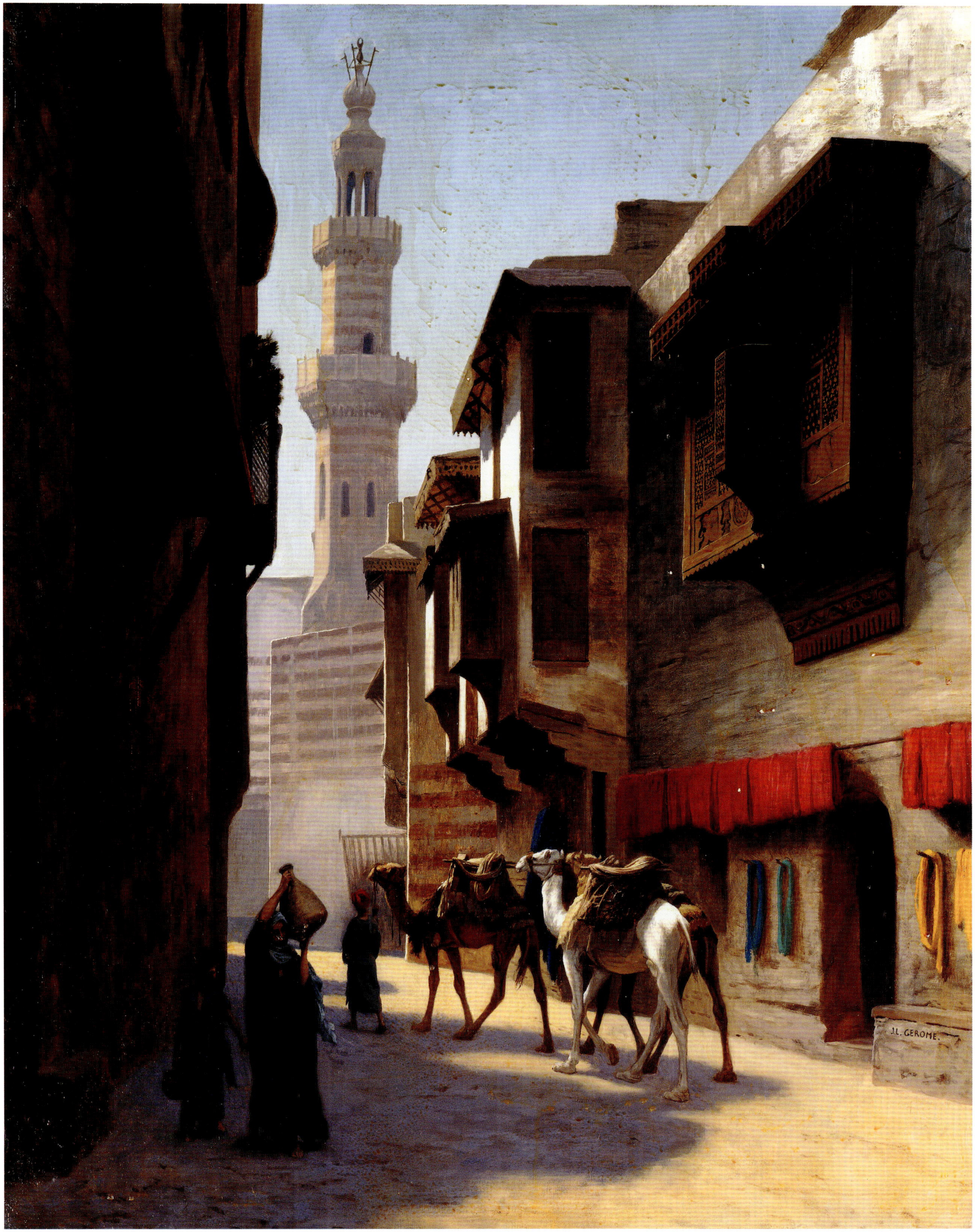

A Street in Cairo

Une rue au Caire

Eine Straße in Kairo

Una calle en El Cairo

Uma rua no Cairo

Een straat in Caïro

JEAN-LÉON GÉRÔME (1824-1904)
Oil on canvas/
Huile sur toile,
81,3 × 66 cm,
Private collection

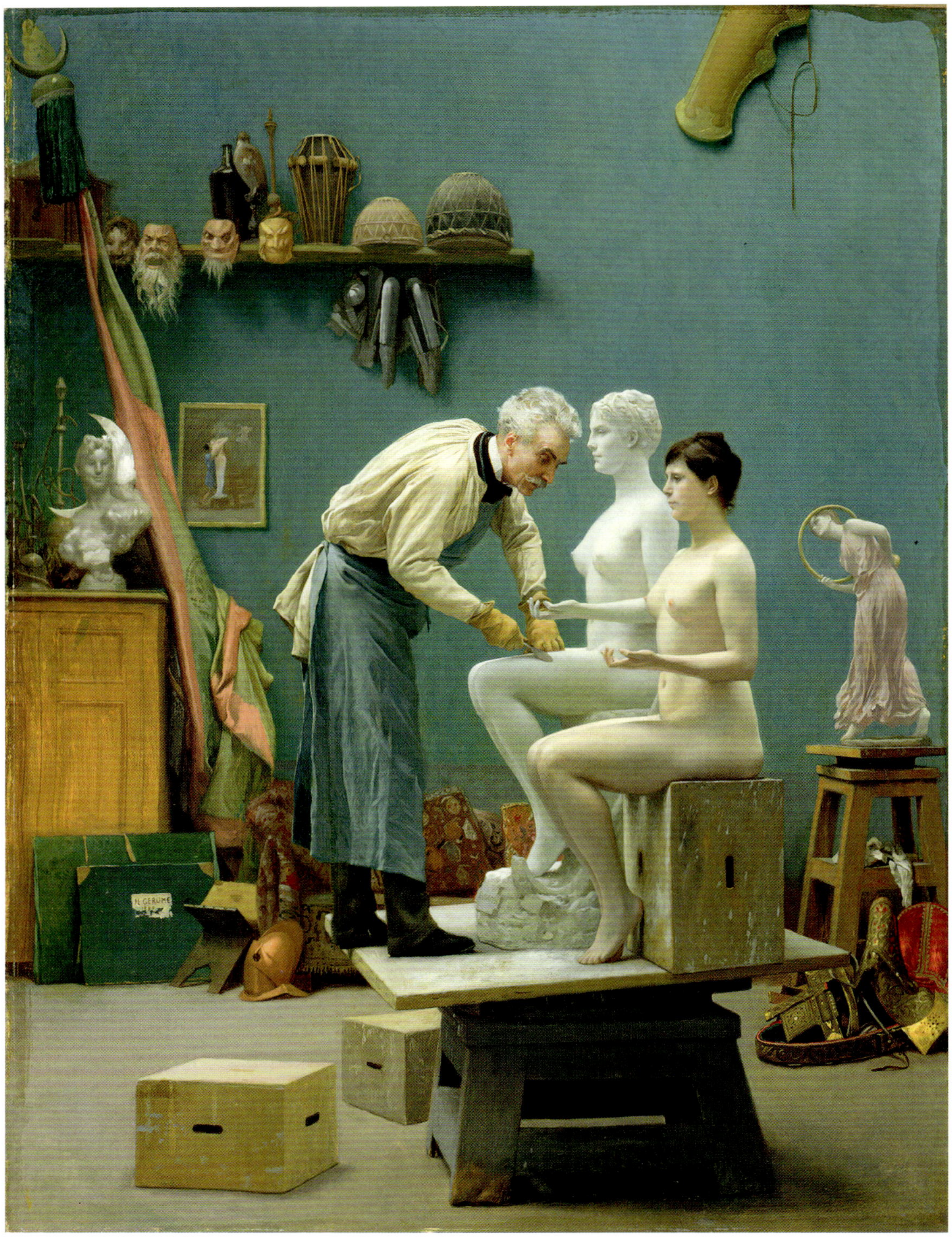

Working in Marble *or* The Artist Sculpting Tanagra
In 1890, Gérôme created a marble Tanagra figure with which he refers to Greek antiquity. Later he painted this studio scene, in which he seems like Pygmalion, who breathes life into his sculpture.

Le Travail du marbre, *dit* L'Artiste sculptant une Tanagra
En 1890, Gérôme sculpte dans le marbre une Tanagra, faisant référence à la Grèce antique. Il peint ensuite cette scène d'atelier, où l'artiste apparaît comme un Pygmalion donnant vie à sa sculpture.

Die Arbeit in Marmor *oder* Der Künstler, Tanagra in Marmor hauend
1890 schuf Gérôme eine Tanagra-Figur aus Marmor, mit der er auf die griechische Antike Bezug nimmt. Später malt er diese Atelierszene, auf der er wie Pygmalion wirkt, der seiner Skulptur Leben einhaucht.

La obra en mármol *o* El artista, tallando Tanagra en mármol
En 1890, Gérôme creó una figura de mármol Tanagra con la que se refiere a la antigüedad griega. Más tarde pinta esta escena de estudio, donde se parece a Pigmalión, que da vida a su escultura.

A obra em mármore *ou* O artista, esculpindo Tanagra em mármore
Em 1890, Gérôme criou uma figura de mármore Tanagra com a qual se refere à antiguidade grega. Mais tarde ele pinta esta cena de estúdio, onde ele parece como Pygmalion, que dá vida à sua escultura.

Het werk in marmer *of* De kunstenaar beeldhouwt Tanagra
In 1890 hieuw Gérôme een marmeren beeld van Tanagra, waarmee hij verwees naar de Griekse oudheid. Later schilderde hij deze atelierscène, waarin hij op Pygmalion lijkt die zijn beeld tot leven wekt.

JEAN-LÉON GÉRÔME (1824-1904)
1890, Oil on canvas/Huile sur toile, 25 × 39,3 cm, Dahesh Museum of Art, New York

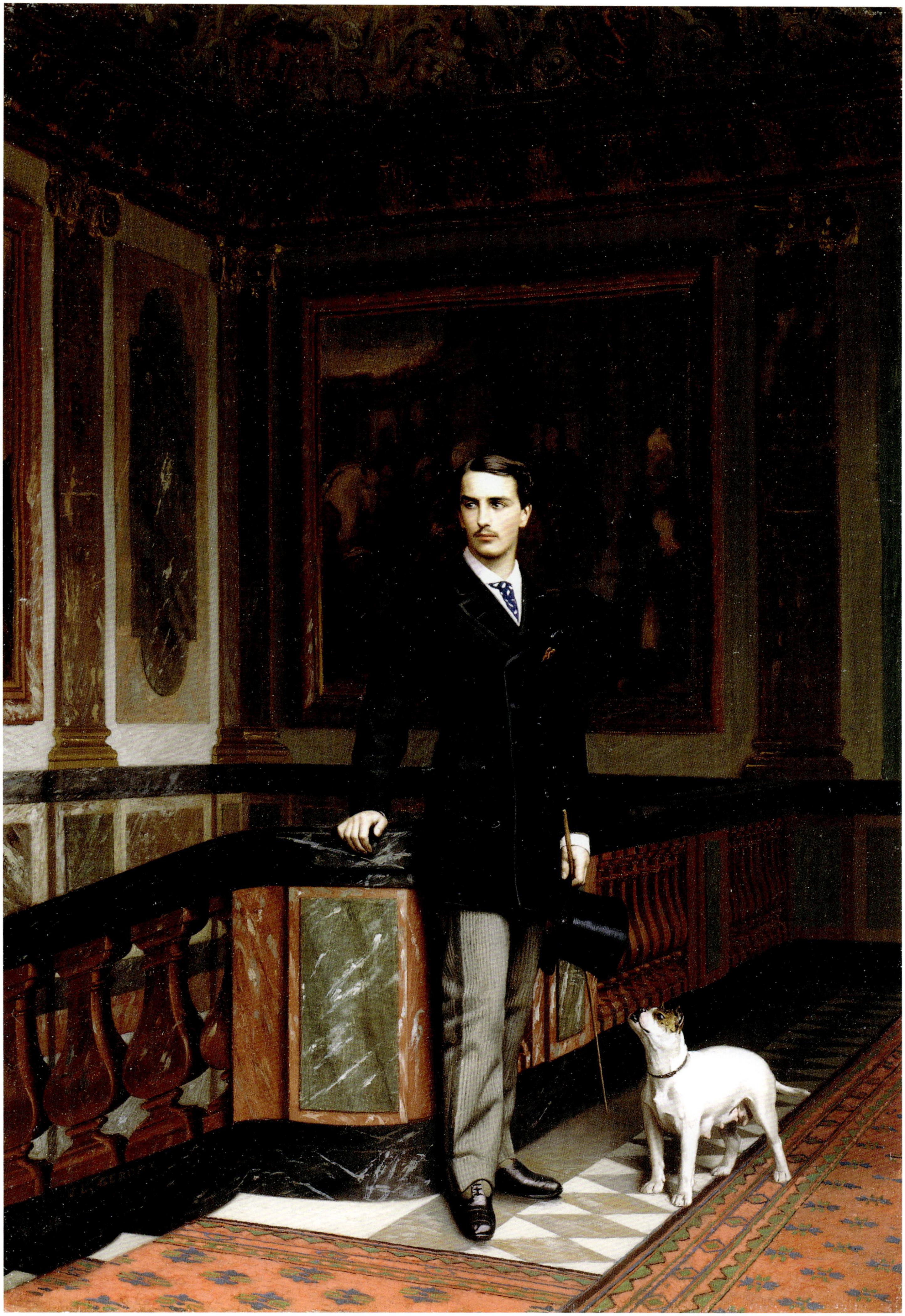

The Comte de la Rochefoucauld, Duc de Doudeauville With His Terrier

Comte de la Rouchefoucauld, Duc de Doudeauville

Der Comte de la Rochefoucauld und Duc de Doudeauville

El Conde de la Rochefoucauld y el Duque de Doudeauville

O Comte de la Rochefoucauld e Duc de Doudeauville

Comte de la Rochefoucauld, hertog van Doudeauville

JEAN-LÉON GÉRÔME (1824-1904)

c. 1870, Oil on canvas/Huile sur toile, 50,8 × 36,2 cm, Private collection

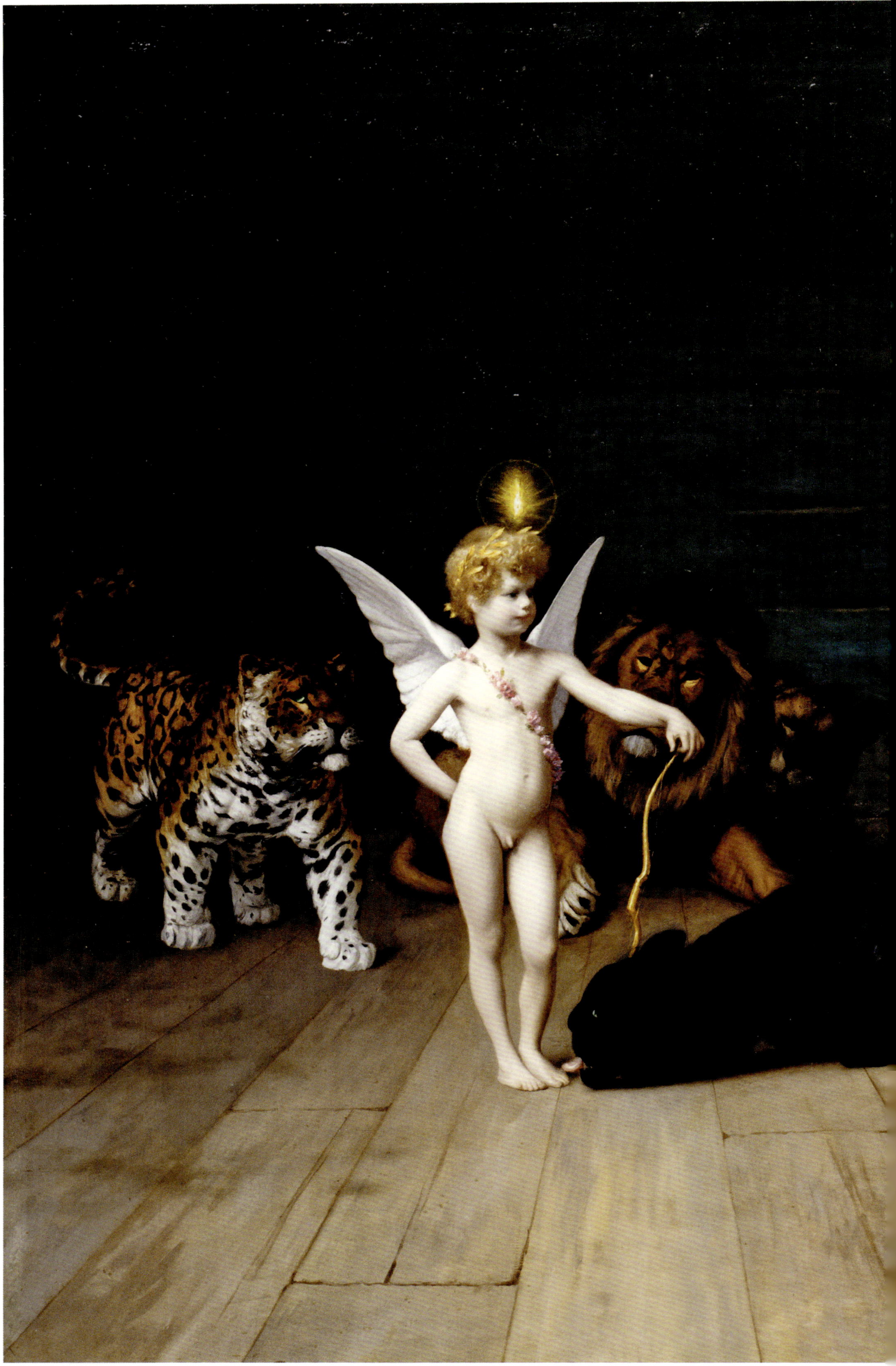

Love the Conqueror

L'Amour conquiert tout

Amor, der Eroberer

El amor lo conquista todo

Cupido, o Conquistador

Cupido, de veroveraar

JEAN-LÉON GÉRÔME (1824-1904)
1889, Oil on canvas/Huile sur toile,
99,8 × 160 cm, Private collection

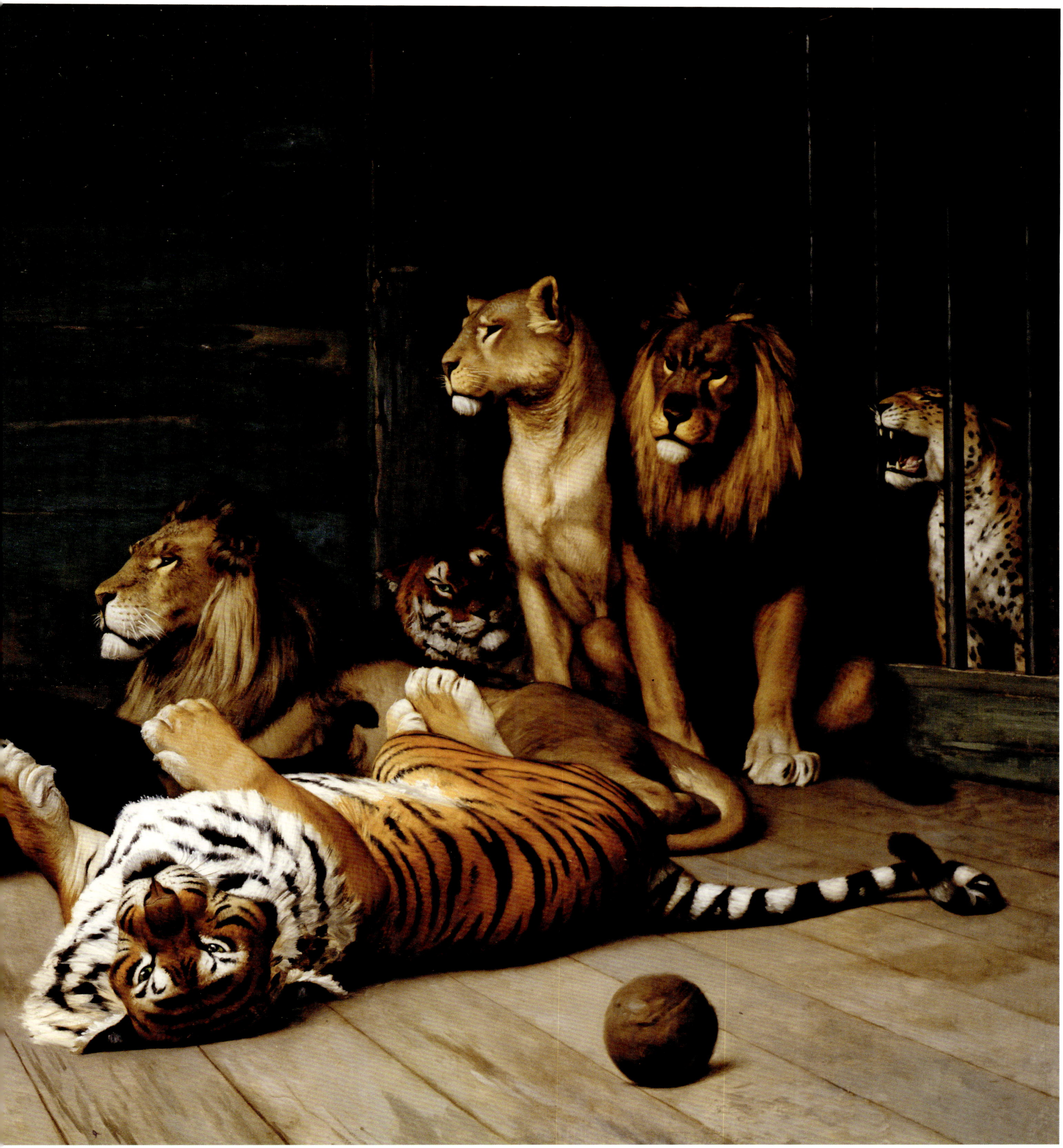

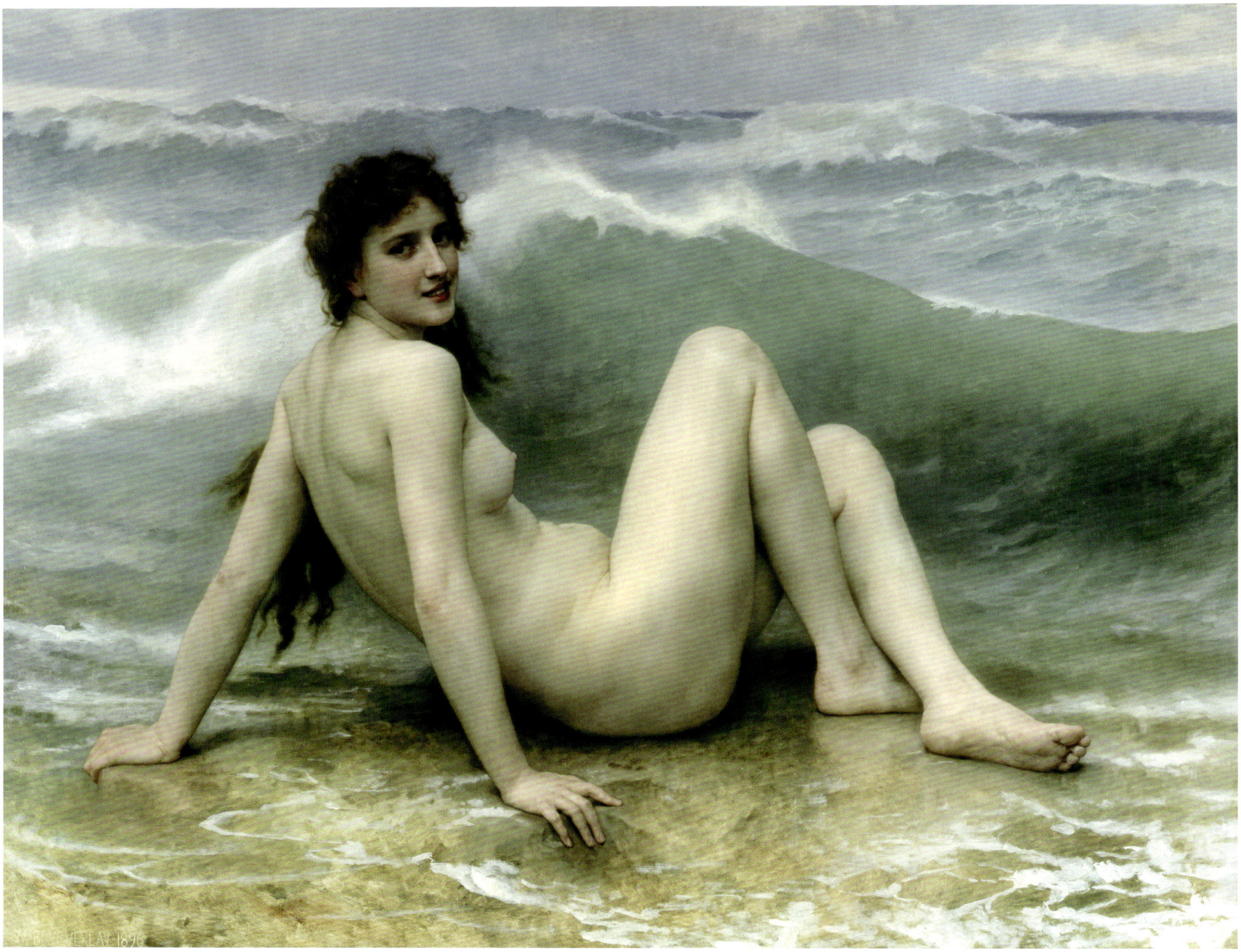

The Wave

Bouguereau is less impressive for his original motifs than for his painterly talent - as evidenced by the velvety white female body, the waves and the transparency of the water.

La Vague

Si les sujets de Bouguereau ne brillent pas par leur originalité, force est de reconnaître son talent à rendre le blanc velouté d'un corps féminin, ou les effets de vagues et de transparence de la mer.

Die Welle

Bouguereau beeindruckte weniger durch originelle Motive, dafür aber durch sein malerisches Talent - wovon der samtig weiße Frauenkörper, die Wellen und die Transparenz des Wassers zeugen.

La ola

Bouguereau estaba menos impresionado por los motivos originales que por su talento pictórico, como lo demuestra el aterciopelado cuerpo blanco de la mujer, las olas y la transparencia del agua.

A Onda

Bouguereau ficou menos impressionado com os motivos originais do que com o seu talento de pintor - como evidenciado pelo corpo feminino branco aveludado, pelas ondas e pela transparência da água.

De golf

Bouguereau maakte minder indruk met originele onderwerpen dan met schilderkunstig talent, waarvan het fluweelwitte vrouwenlichaam, de golven en de transparantie van het water getuigen.

WILLIAM-ADOLPHE BOUGUEREAU (1825-1905)

1896, Oil on canvas/Huile sur toile, 117 × 157,5 cm, Private collection

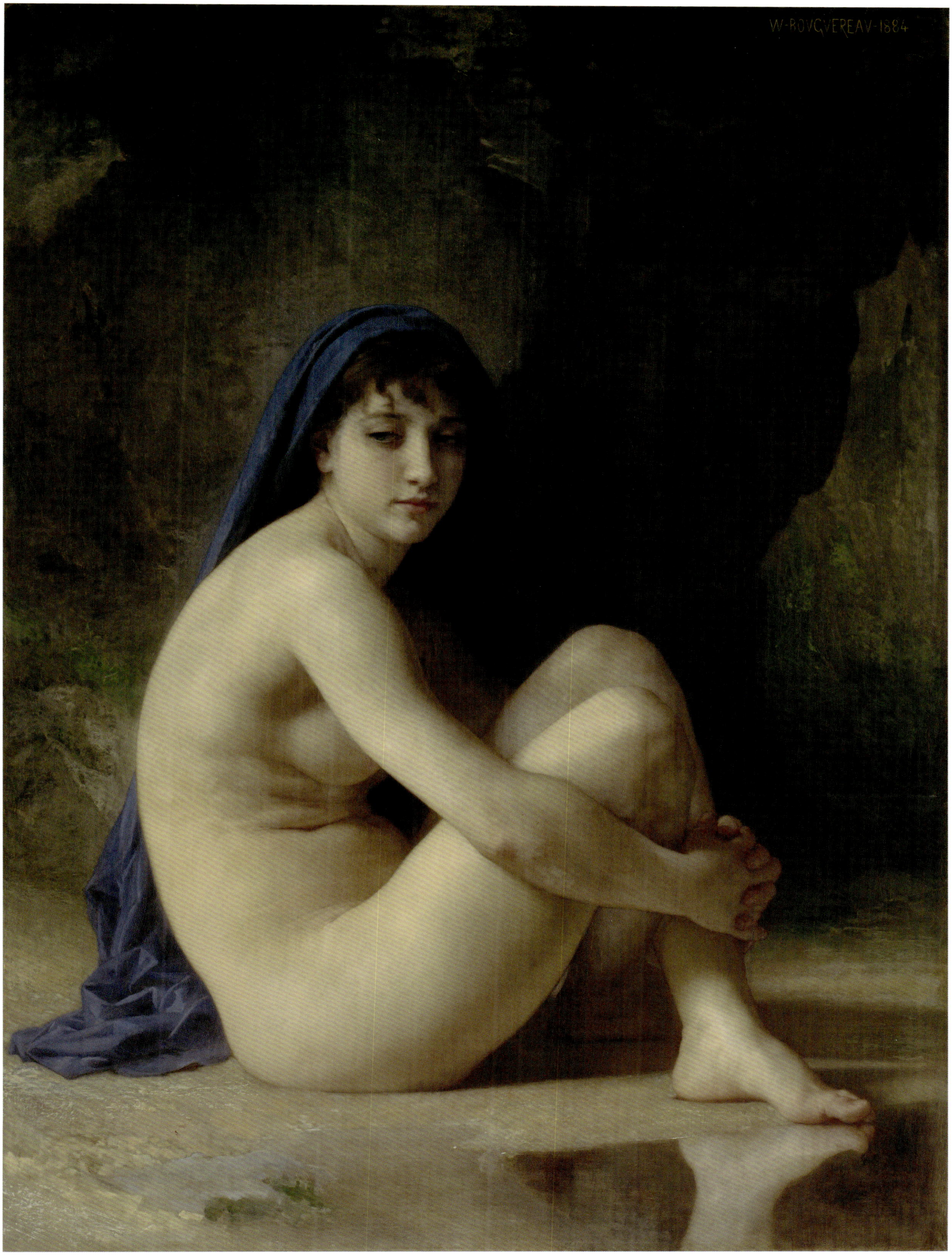

Seated Nude

Baigneuse accroupie

Sitzender Akt

Sentado desnudo

Sentado Nú

Zittend naakt

WILLIAM-ADOLPHE BOUGUEREAU

(1825-1905)

1884, Oil on canvas/Huile sur toile, 116,5 × 89,8 cm, The Clark, Williamstown

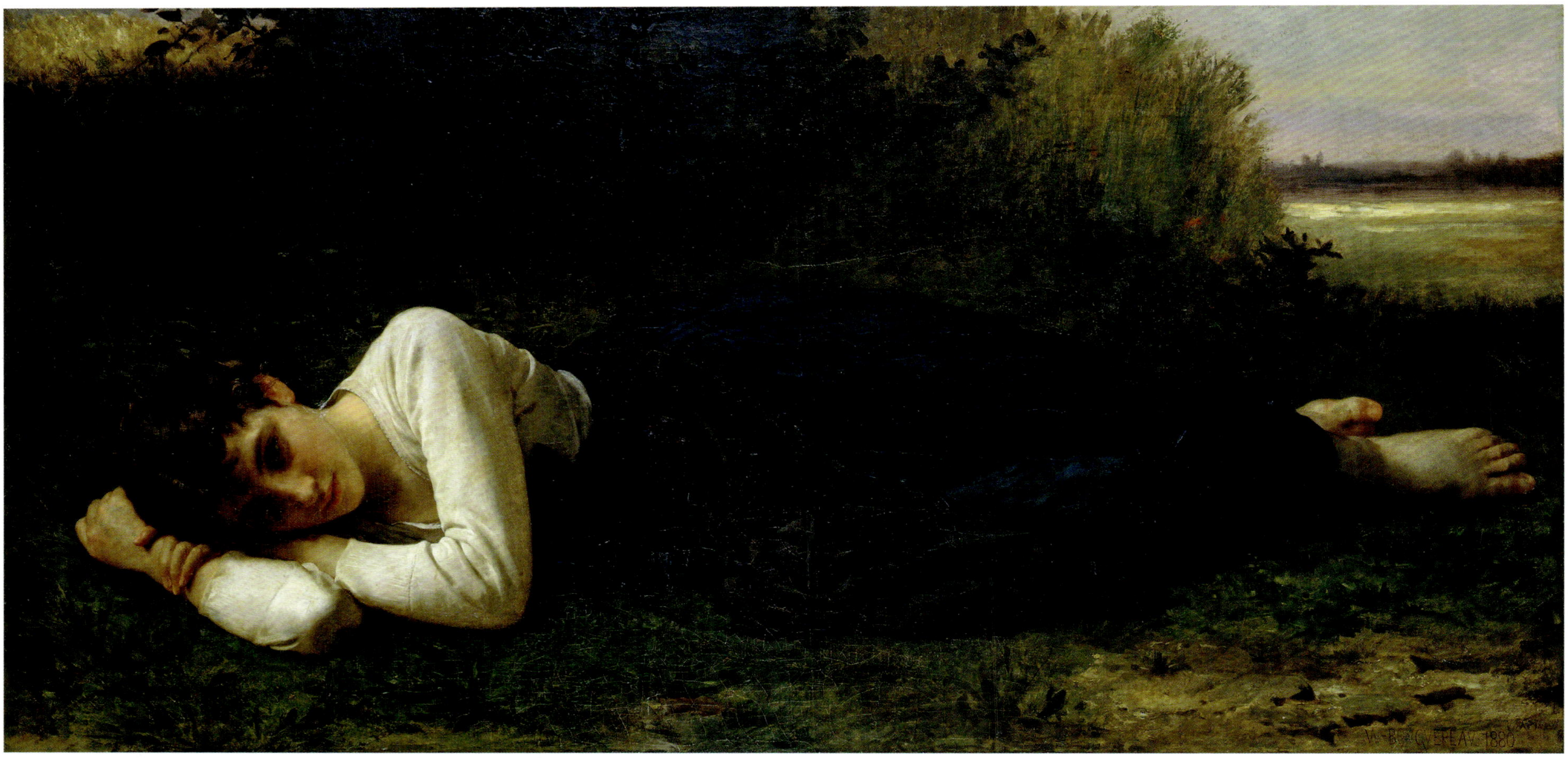

The Rest

Le Repos *dit* Jeune fille couchée

Die Ruhe *oder* Junges liegendes Mädchen

El descanso *ó* chica joven tumbada

A rapariga calma *ou* jovem mentirosa

De rust *of* Liggend meisje

WILLIAM-ADOLPHE BOUGUEREAU (1825-1905)

1880, Oil on canvas/Huile sur toile, 72 × 148 cm, Private collection

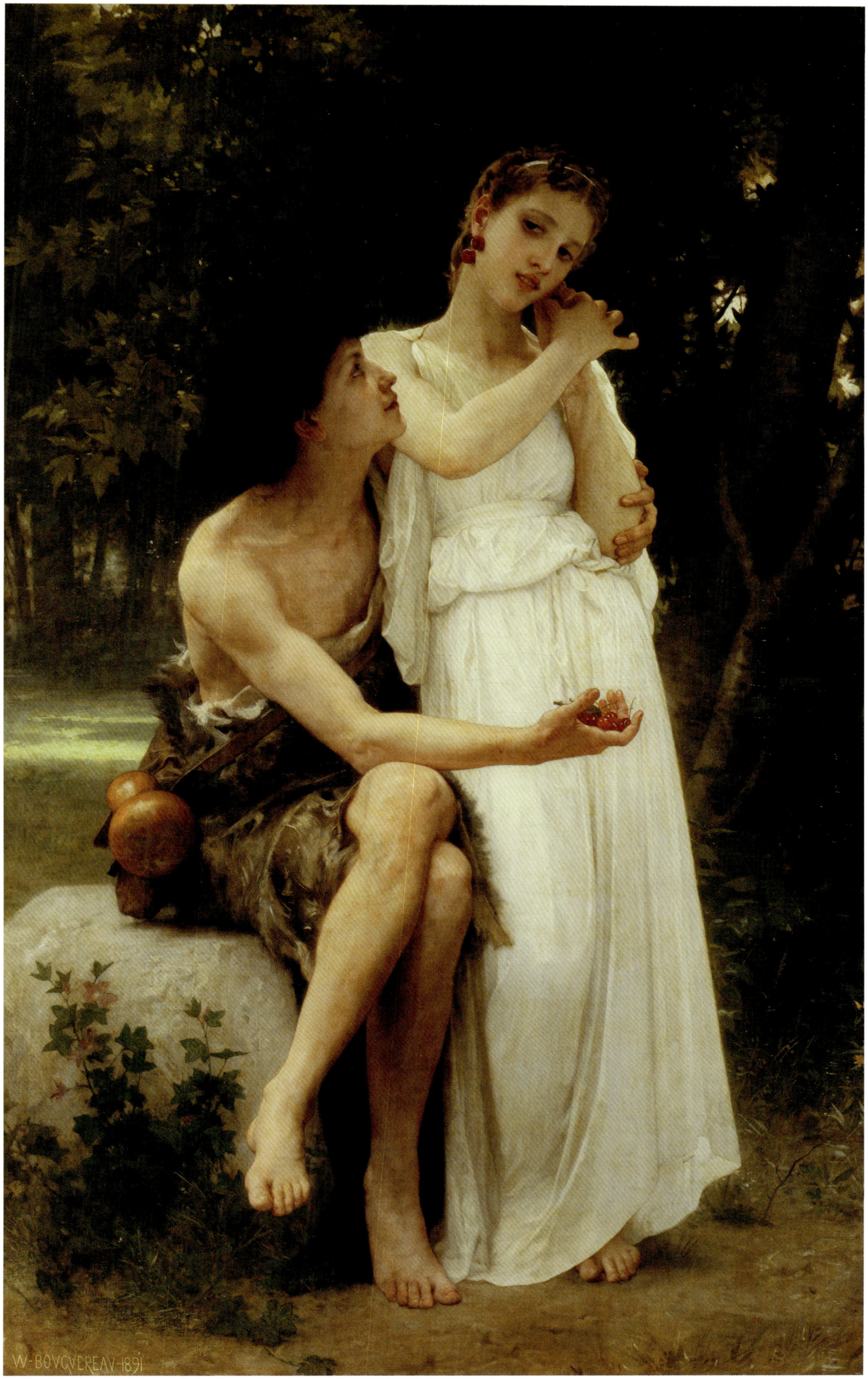

First Jewellery

Premiers bijoux

Erster Schmuck

Primeras joyas

Primeiras jóias

Eerste sieraden

WILLIAM-ADOLPHE BOUGUEREAU (1825-1905)

1891, Oil on canvas/Huile sur toile,

172,7 × 111,7 cm, Private collection

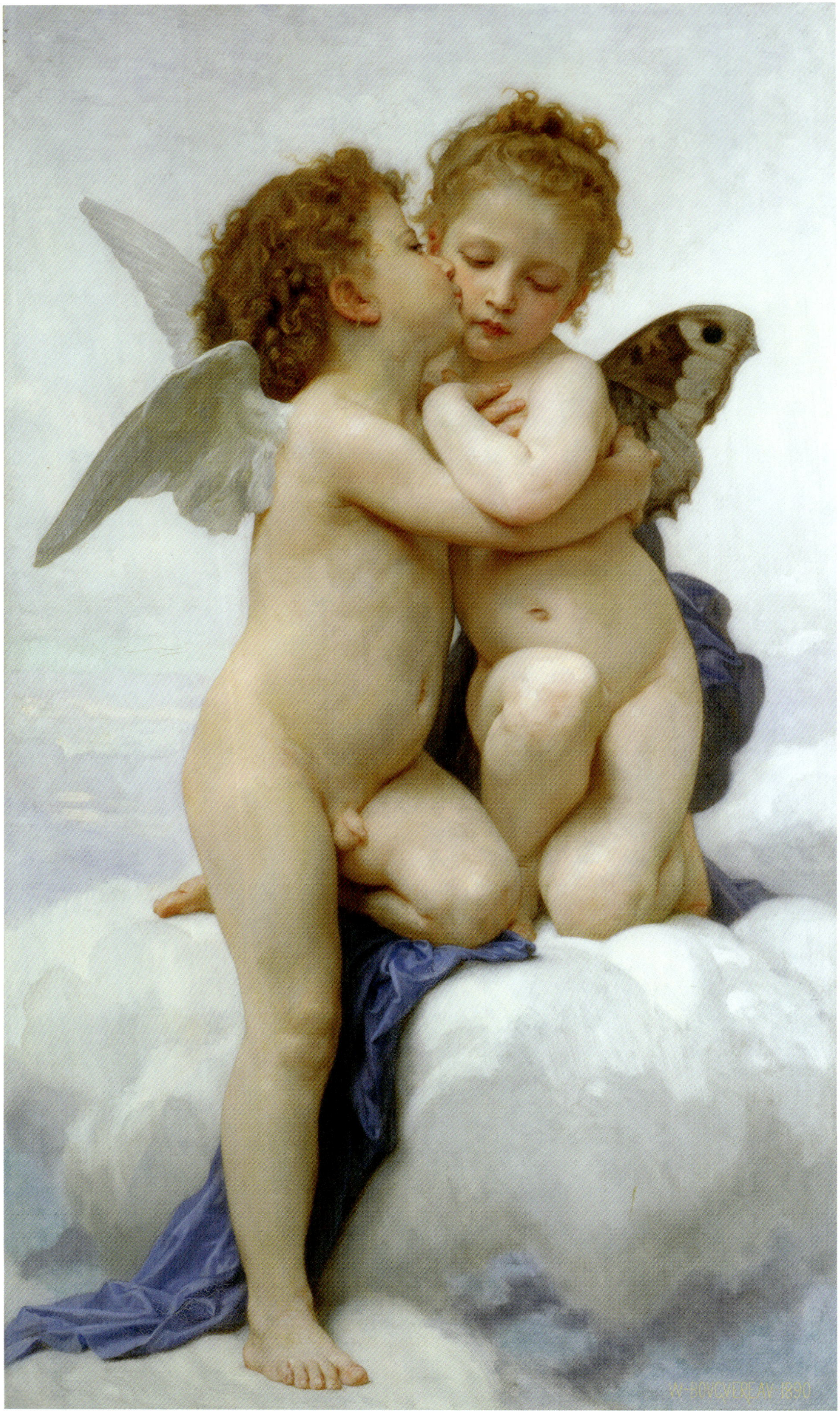

L'Amour et Psyché entants *or* The First Kiss

L'Amour et Psyché enfants, *dit* Le Premier baiser

Amor und Psyche als Kinder *oder* Der erste Kuss

Amor y Psique como niños *o* El primer beso

Amor e Psique como Crianças *ou* O Primeiro Beijo

Amor en Psyche als kinderen *of* De eerste kus

WILLIAM-ADOLPHE BOUGUEREAU (1825-1905)

1890, Oil on canvas/Huile sur toile, 119,5 × 71 cm, Private collection

The Abduction of Psyche

Le Ravissement de Psyché

Die Entführung der Psyche

El secuestro de Psique

O Seqüestro da Psique

De ontvoering van Psyche

WILLIAM-ADOLPHE BOUGUEREAU (1825-1905)

1895, Oil on canvas/Huile sur toile, 121,9 × 91,4 cm, Private collection

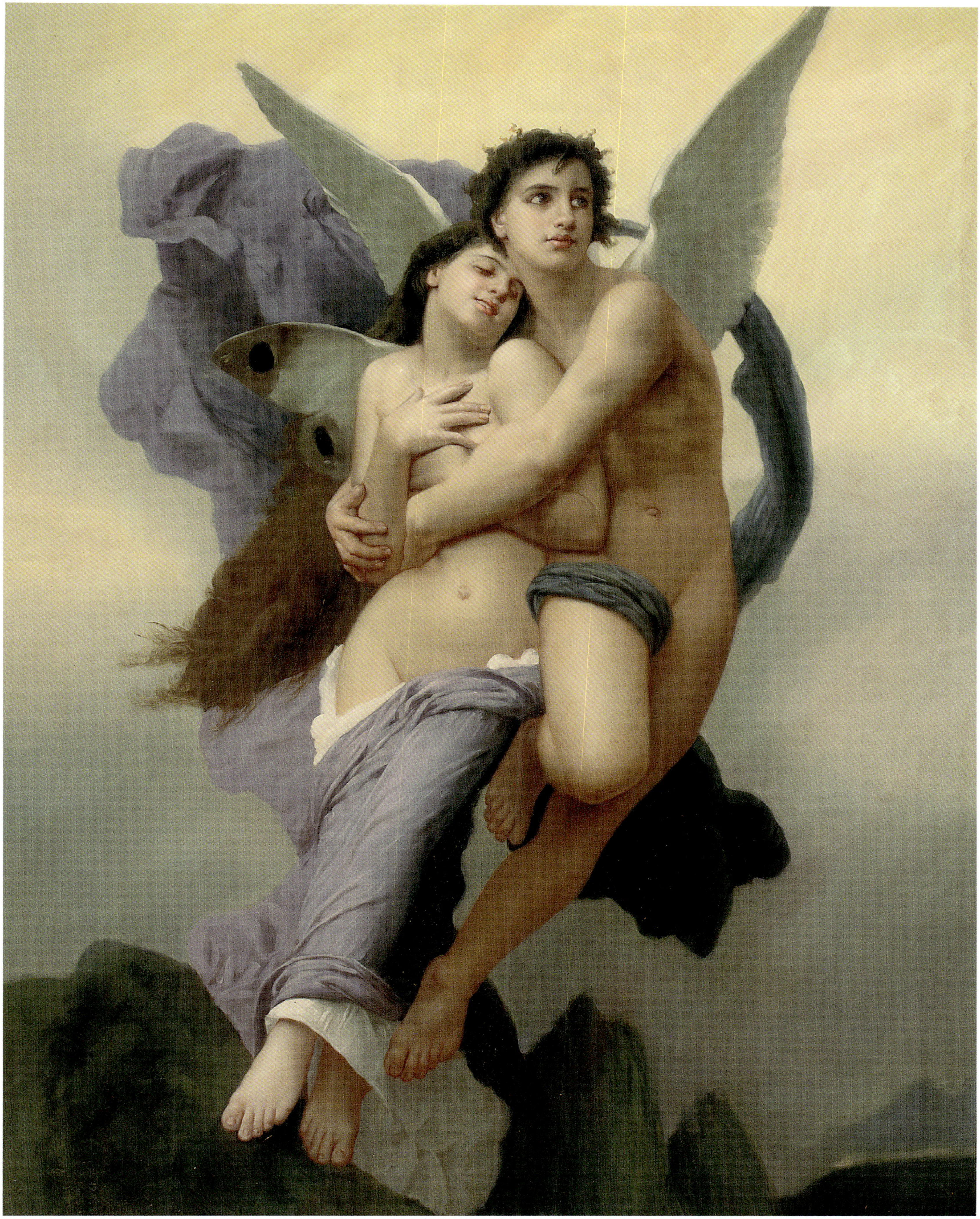

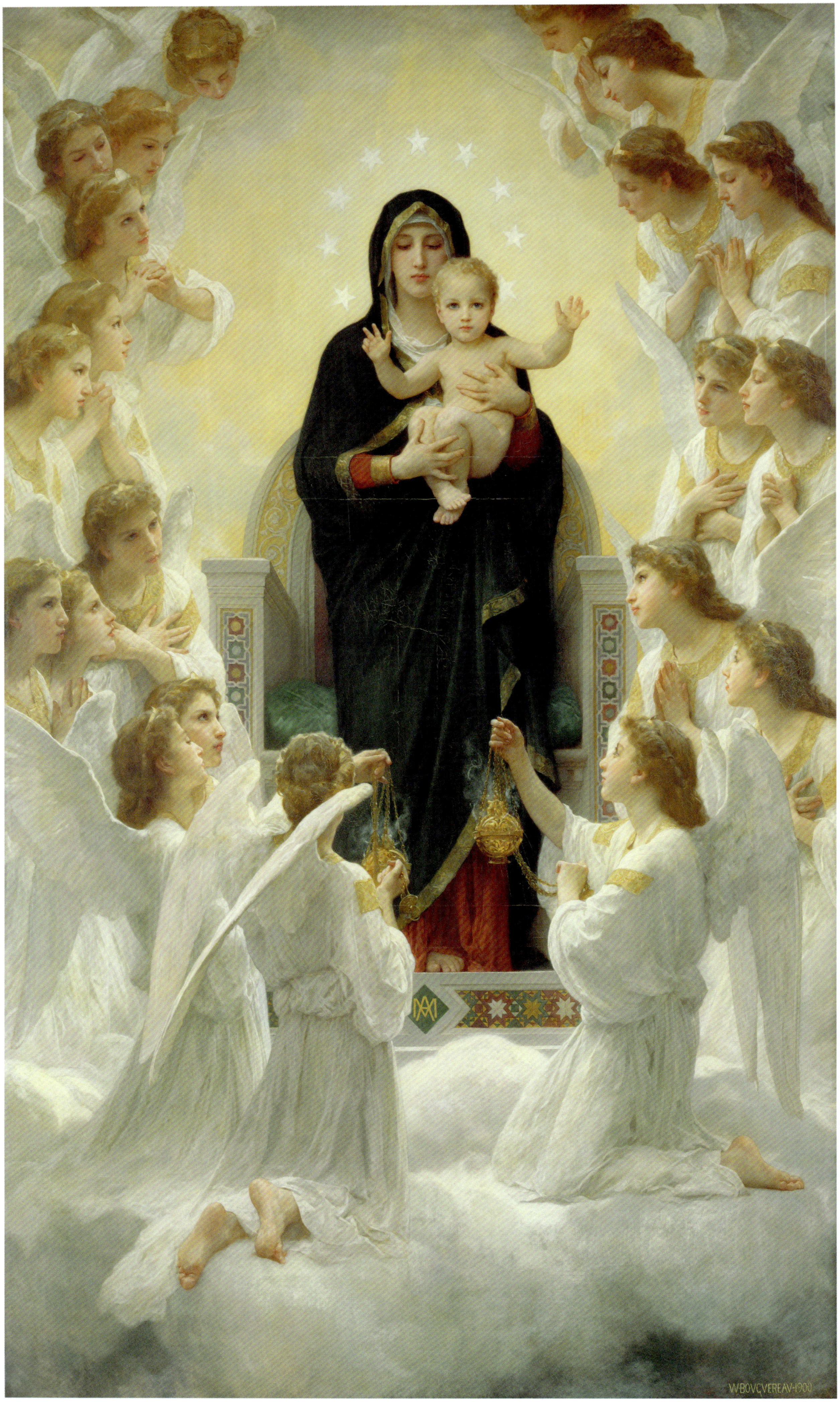

The Virgin with Angels

Vierge à l'Enfant avec des anges

Jungfrau Maria mit Engeln

La Virgen María con los ángeles

Virgem Maria com anjos

De Maagd Maria met engelen

WILLIAM-ADOLPHE BOUGUEREAU (1825-1905)

1900, Oil on canvas/Huile sur toile, 285 × 185 cm, Petit Palais, Paris

The Birth of Venus

Inspired by the Italian Renaissance (Botticelli), the painting depicts the birth of the Roman goddess of love. According to the myth, Venus was born of sea spray and emerged from a shell.

La Naissance de Vénus

Inspirée par la Renaissance italienne (Botticelli), cette œuvre met en scène la naissance de la déesse romaine de l'amour. Selon le mythe, Vénus serait née de l'écume de la mer, sortie d'un coquillage.

Die Geburt der Venus

Das durch die italienische Renaissance (Botticelli) inspirierte Gemälde stellt die Geburt der römischen Göttin der Liebe dar. Dem Mythos zufolge wurde Venus aus Meerschaum geboren und entstieg einer Muschel.

El nacimiento de Venus

Inspirada en el Renacimiento italiano (Botticelli), la pintura representa el nacimiento de la diosa romana del amor. Según el mito, Venus nació de la espuma de mar y emergió de una concha.

O Nascimento de Vênus

Inspirada no Renascimento Italiano (Botticelli), a pintura retrata o nascimento da deusa romana do amor. De acordo com o mito, Vênus nasceu de meerschaum e emergiu de uma concha.

De geboorte van Venus

Dit door de Italiaanse renaissance (Botticelli) geïnspireerde schilderij toont de geboorte van de Romeinse godin van de liefde. Volgens de mythe werd Venus geboren uit zeeschuim en kwam ze uit een schelp tevoorschijn.

WILLIAM-ADOLPHE BOUGUEREAU

(1825-1905)

1879, Oil on canvas/Huile sur toile, 300 × 215 cm, Musée d'Orsay, Paris

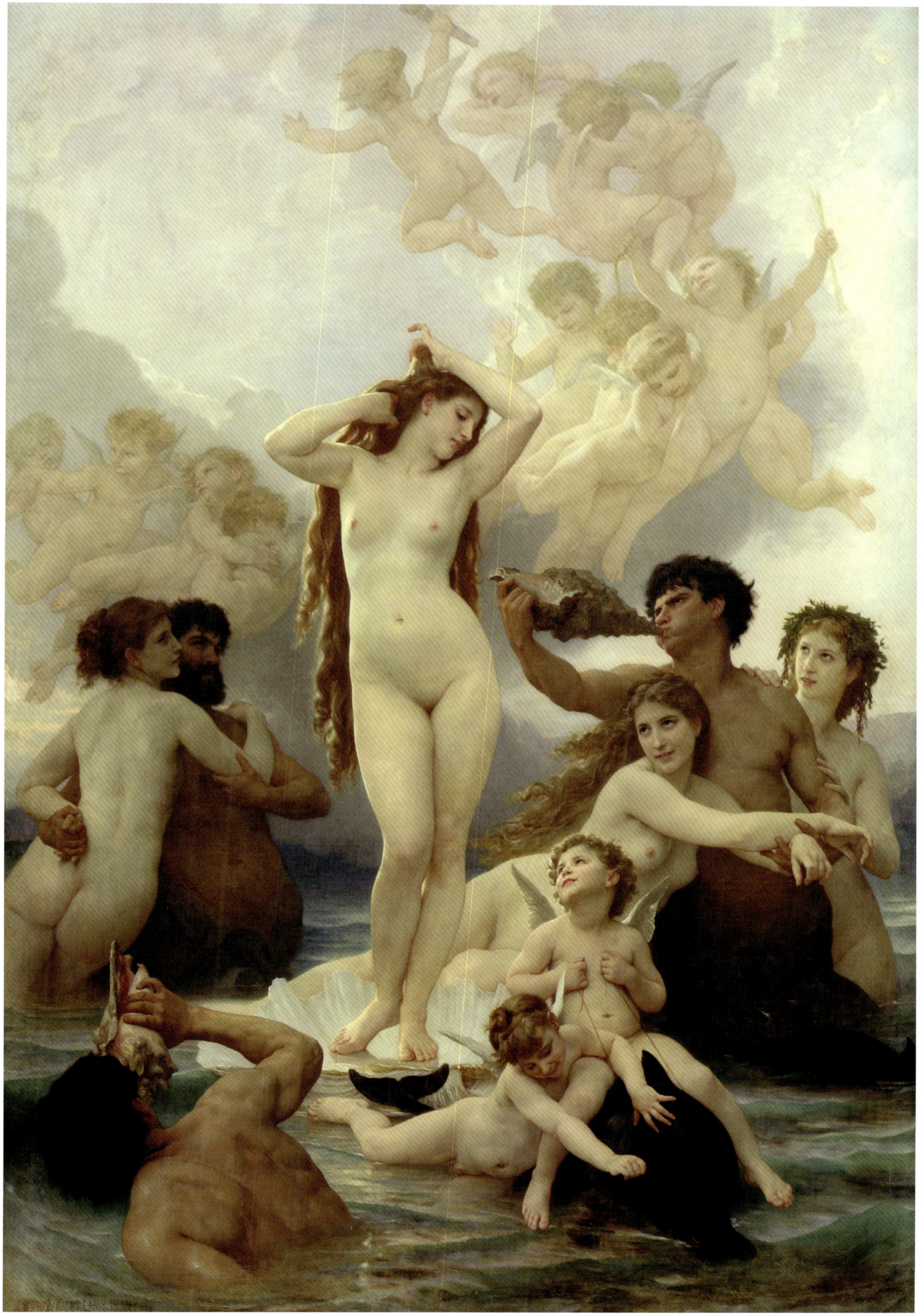

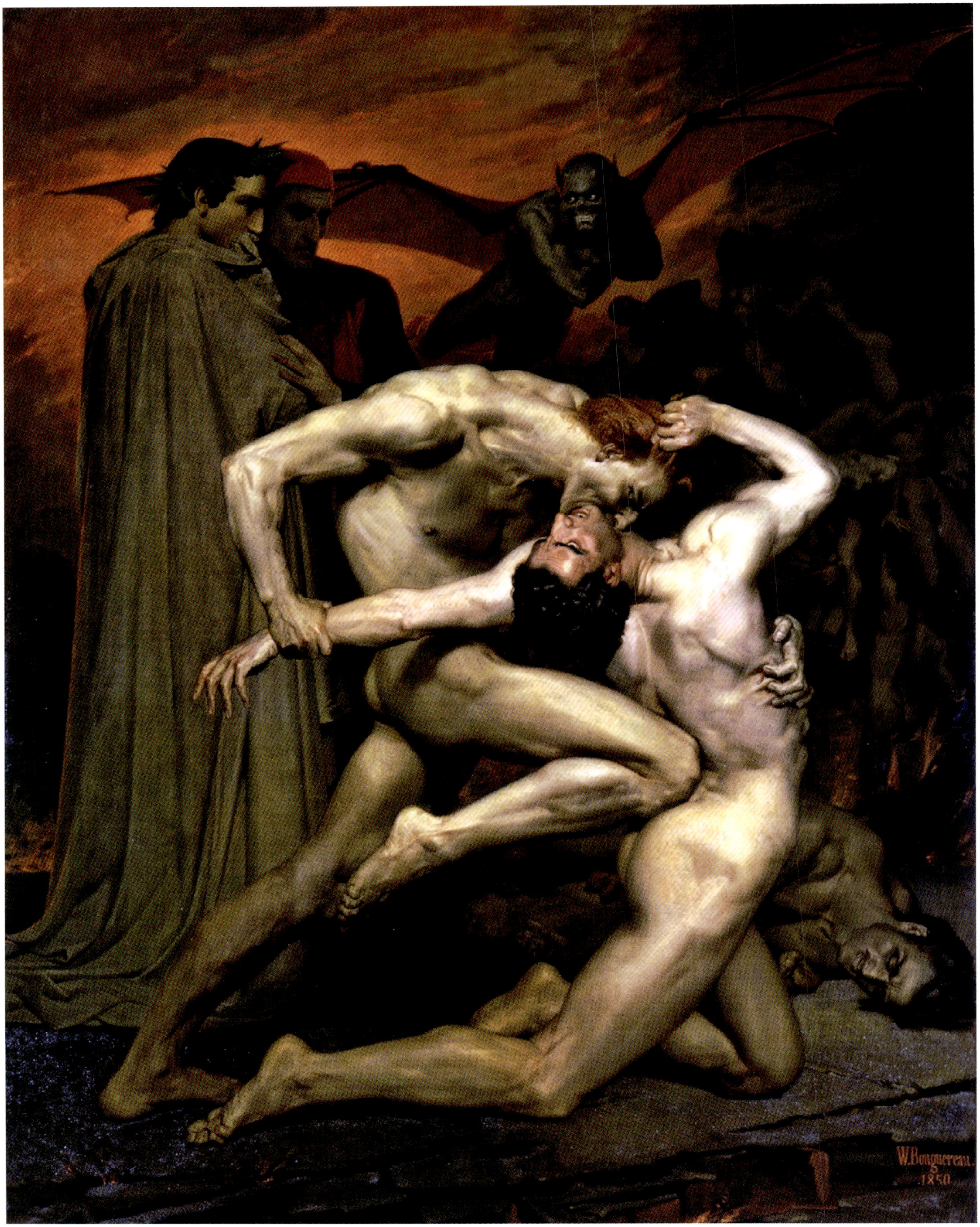

Dante and Virgil in Hell

Dante et Virgile

Dante und Vergil in der Hölle

Dante y Vergil

Dante e Vergil no inferno

Dante en Vergilius in de hel

WILLIAM-ADOLPHE BOUGUEREAU (1825-1905)

1850, Oil on canvas/Huile sur toile, 280,5 × 225,3 cm, Musée d'Orsay, Paris

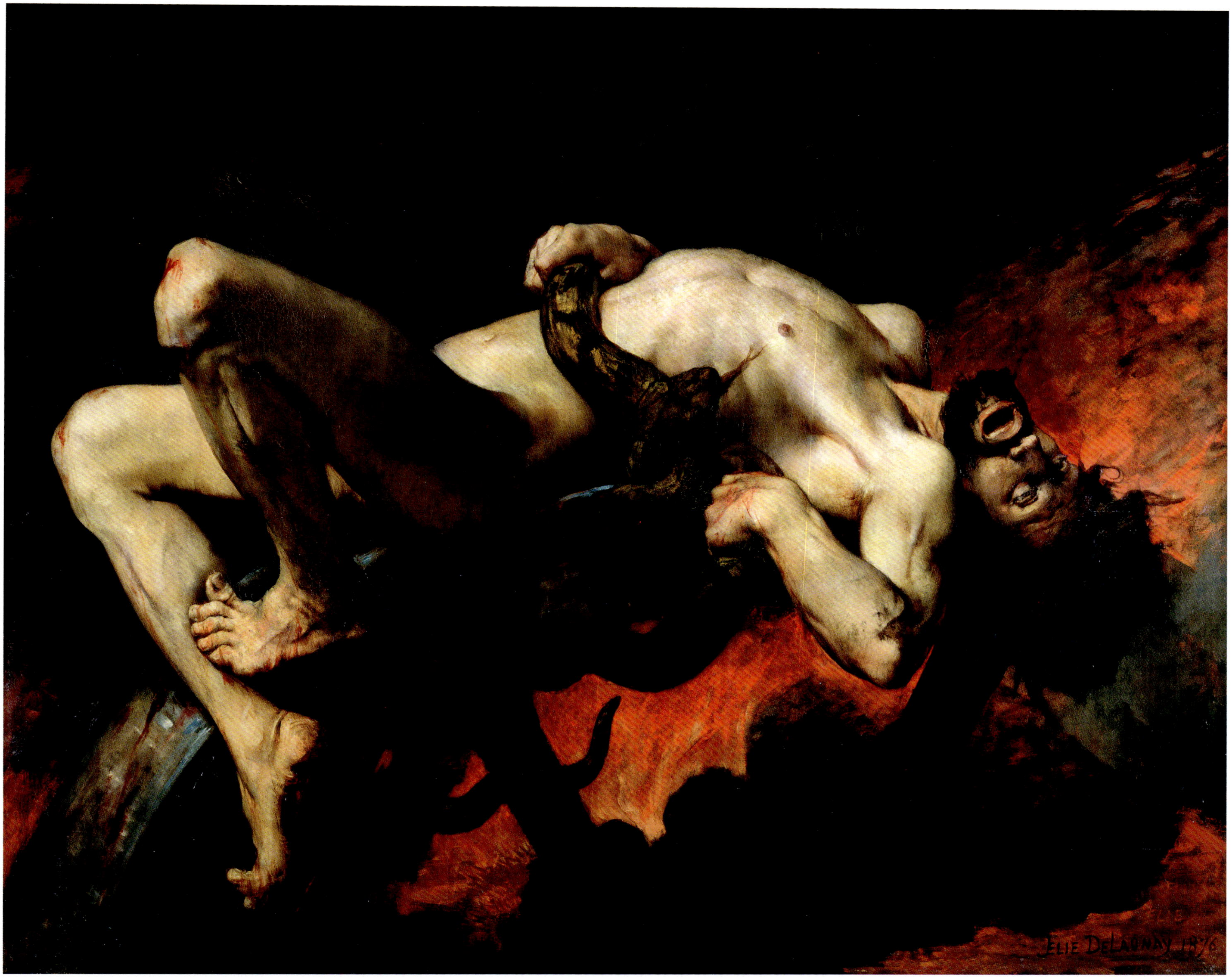

Ixion Thrown into Hades

In Greek mythology, Ixion is the son of Antion and Perimele. Because he dared to oppress Hera, Zeus let him suffer eternal torment in hell, the kingdom of the God Hades.

Ixion précipité dans les enfers

Dans la mythologie grecque, Ixion est le fils d'Antion et de Périmèle. Parce qu'il avait osé tomber amoureux de son épouse Héra, Zeus lui fit subir un châtiment éternel aux Enfers, domaine du dieu Hadès.

Ixion wird in den Hades gestoßen

In der griechischen Mythologie ist Ixion der Sohn des Antion und der Perimela. Weil er es wagte, Hera zu bedrängen, ließ ihn Zeus in der Hölle, dem Reich des Gottes Hades, ewige Qualen erleiden.

Ixión es empujada al infierno

En la mitología griega, Ixión es el hijo de Antion y Perimerel. Debido a que se había atrevido a enamorarse de su esposa Hera, Zeus le infligió un castigo eterno en el Inframundo, el reino del dios Hades.

Ixion é empurrado para Hades

Na mitologia grega, Ixion é filho de Antion e Perimela. Porque se atreveu a oprimir Hera, Zeus deixou-o sofrer o tormento eterno no inferno, o reino do Deus Hades.

Ixion wordt de Hades in geduwd

In de Griekse mythologie is Ixion de zoon van Antion en Perimela. Omdat hij het waagde Hera te belagen, liet Zeus hem eeuwig kwellen in de hel, het rijk van de god Hades.

JULES-ÉLIE DELAUNAY (1828-1891)

1876, Oil on canvas/Huile sur toile, 116,7 × 147 cm, Musée d'arts, Nantes

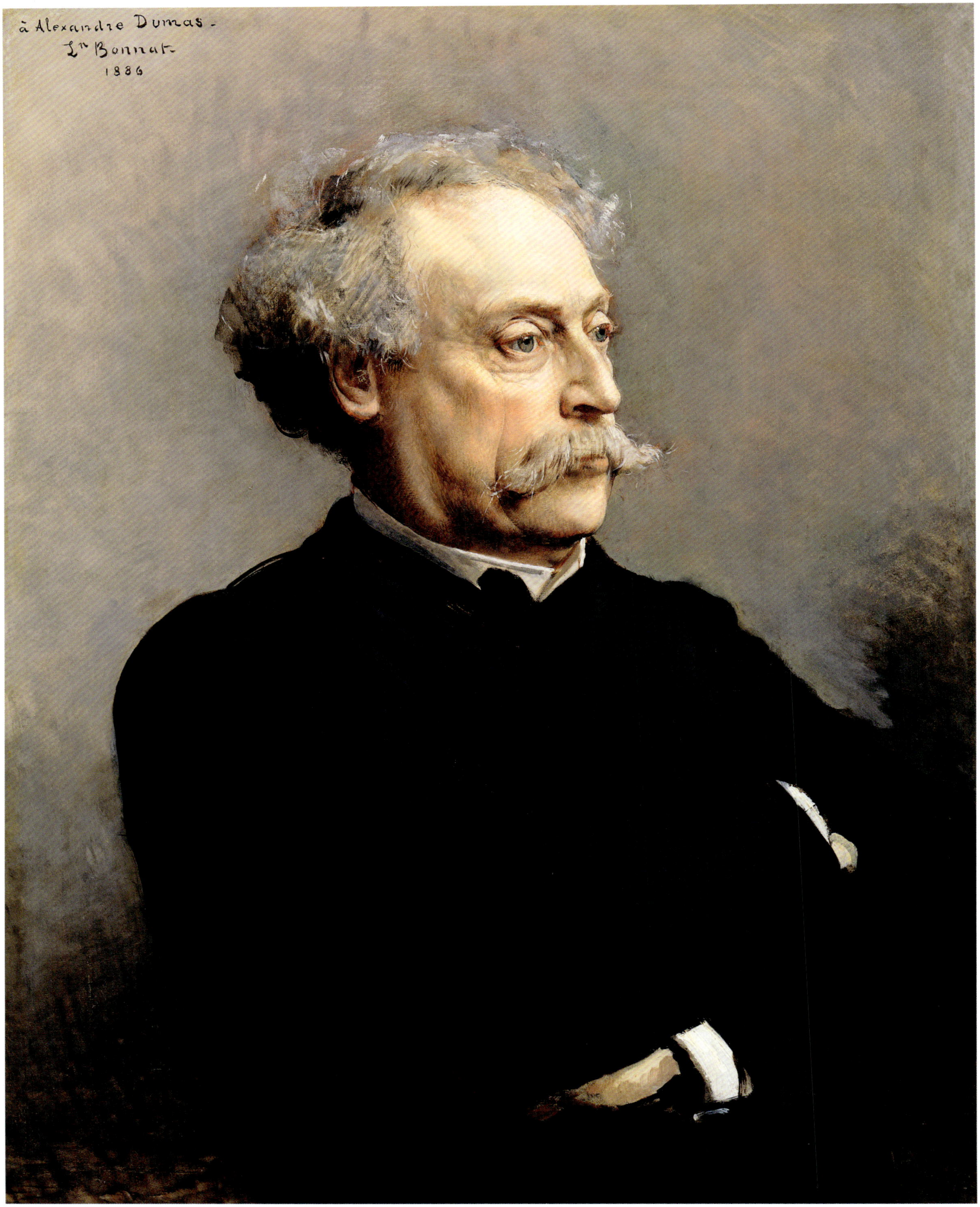

Alexandre Dumas Fils (1824-1895)

LÉON BONNAT (1833-1922)

1886, Oil on canvas/Huile sur toile, 78 × 63 cm, Château de Versailles

Madame Bonnat
With this portrait Léon Bonnat, who also portrayed Madame Cahen d'Anvers, Victor Hugo and Cardinal Lavigerie, consolidated his reputation. He has portrayed his mother's face with precise strokes.

Madame Bonnat
Léon Bonnat bâtit sa réputation par le portrait. Madame Cahen d'Anvers, Victor Hugo, le cardinal Lavigerie… compteront parmi ses modèles.
Ce visage délicat et émouvant est celui de la mère de l'artiste.

Madame Bonnat
Mit diesem Porträt festigte Léon Bonnat, der auch Madame Cahen d'Anvers, Victor Hugo oder den Kardinal Lavigerie porträtierte, sein Ansehen. Mit präzisem Strich porträtierte er das Gesicht seiner Mutter.

Madame Bonnat
Con este retrato, Léon Bonnat, que también retrató a Madame Cahen d'Anvers, Victor Hugo o el cardenal Lavigerie, consolidó su reputación. Con un trazo preciso retrató el rostro de su madre.

Madame Bonnat
Com este retrato Léon Bonnat, que também retratou Madame Cahen d'Anvers, Victor Hugo ou Cardeal Lavigerie, consolidou sua reputação. Com um golpe preciso, ele retratou o rosto da sua mãe.

Madame Bonnat
Met dit portret maakte Léon Bonnat, die ook Madame Cahen d'Anvers, Victor Hugo en kardinaal Lavigerie portretteerde, naam. Met een precieze penseelvoering schilderde hij het gezicht van zijn moeder.

LÉON BONNAT (1833-1922)
1893, Oil on canvas/Huile sur toile,
131 × 103 cm, Musée d'Orsay, Paris

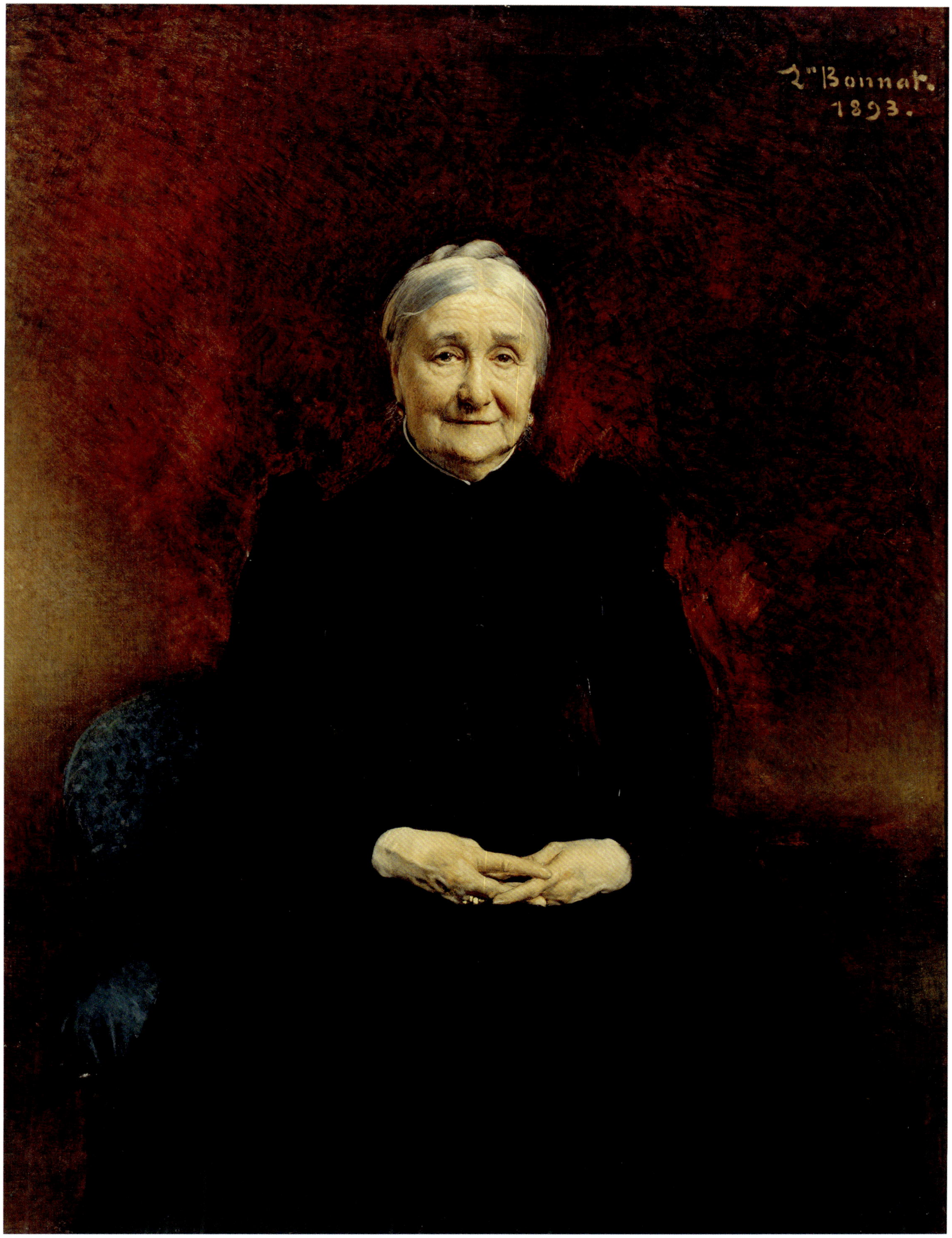

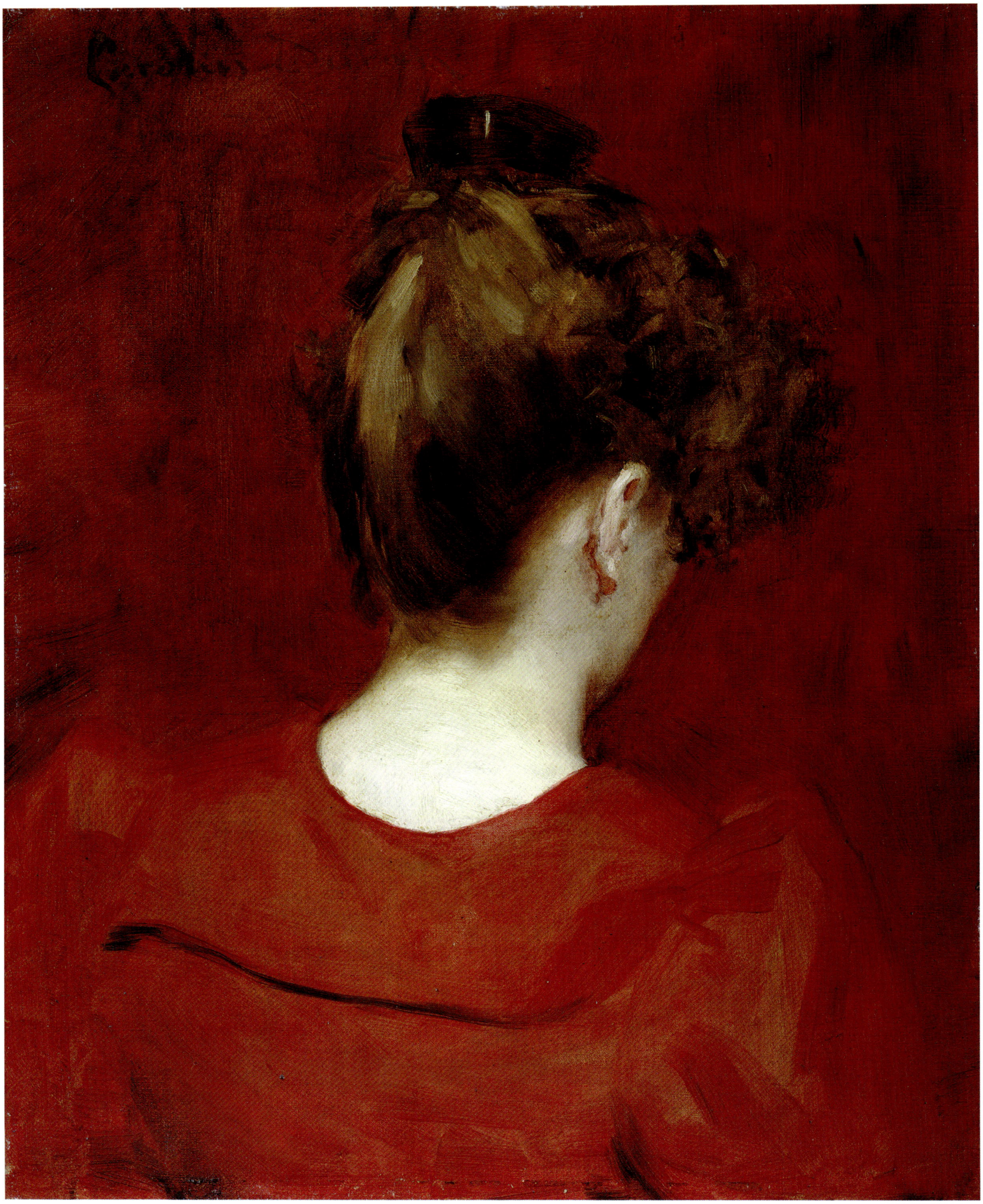

Study of Lilia

Étude pour Lilia

Studie von Lilia

Estudio de Lilia

Estudo por Lilia

Studie van Lilia

CHARLES-ÉMILE-AUGUSTE CAROLUS-DURAN

(1837-1917)

1887, Oil on canvas/Huile sur toile, 55 × 46 cm, National Gallery of Art, Washington

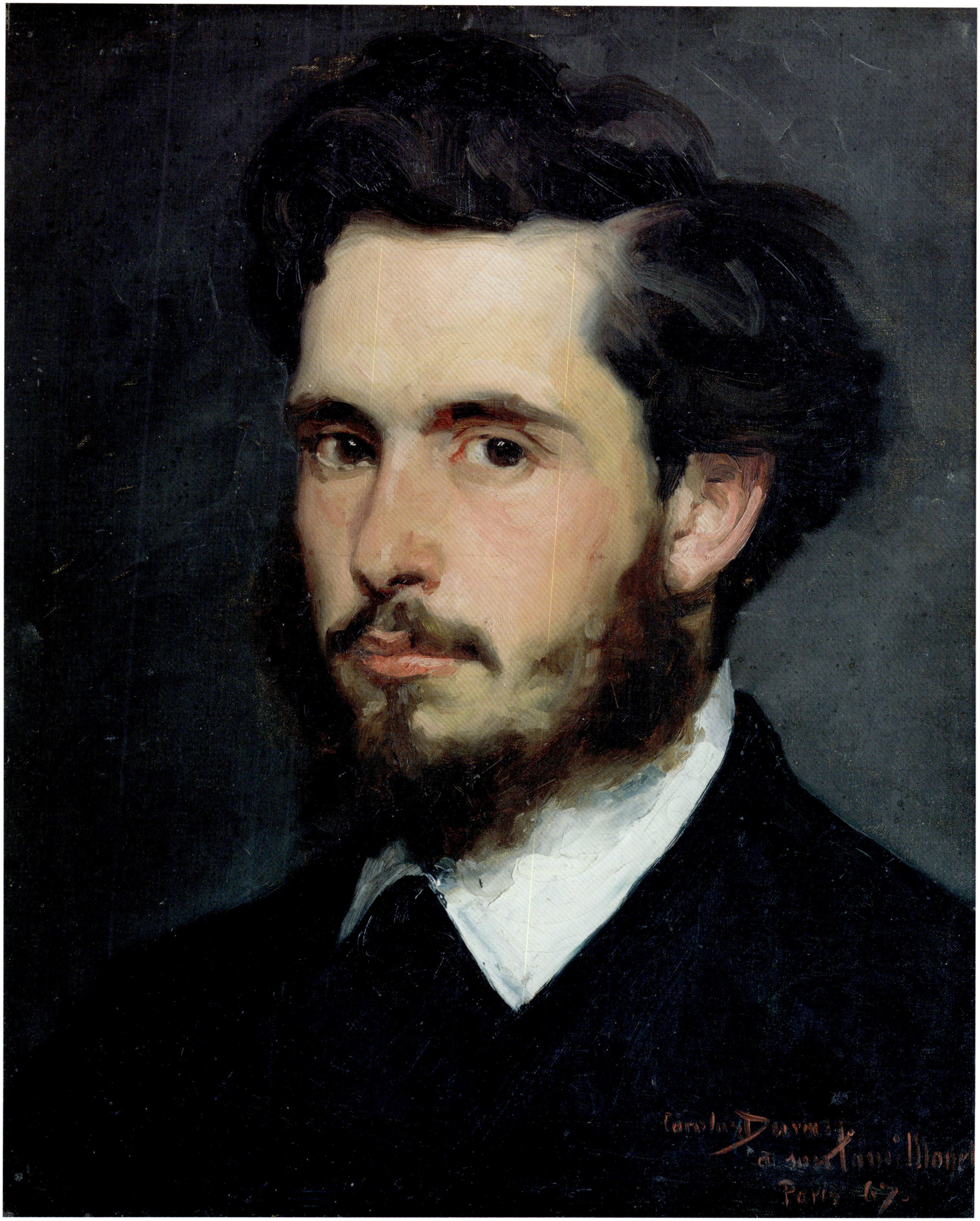

Claude Monet (1840-1926)

CHARLES-ÉMILE-AUGUSTE CAROLUS-DURAN (1837-1917)

1867, Oil on canvas/Huile sur toile, 46 × 38 cm, Musée Marmottan Monet, Paris

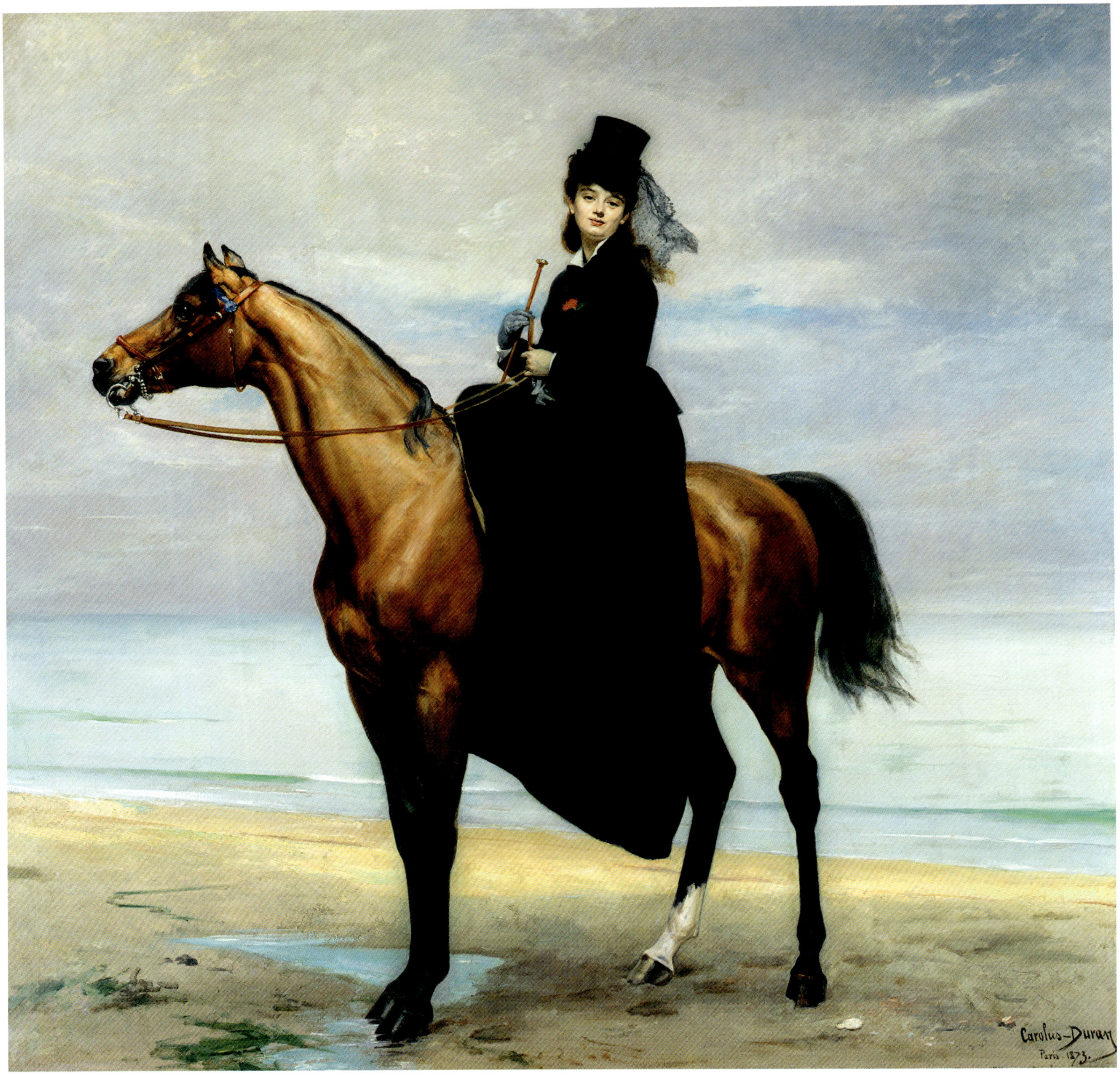

Equestrian Portrait of Mademoiselle Croizette
Sophie Croizette was an actress of the Comédie-Française and the sister-in-law of the painter. In this portrait he depicted her sitting on a horse, in front of a quickly sketched coastal landscape.

Portrait équestre de Mademoiselle Croizette
Se détachant d'un paysage de mer rapidement esquissé, ce portrait équestre est à l'effigie de Sophie Croizette, actrice à la Comédie-Française. Cette dernière est la belle-sœur de Carolus-Duran.

Porträt von Mademoiselle Croizette zu Pferde
Sophie Croizette war eine Schauspielerin der Comédie-Française und die Schwägerin des Malers. Auf seinem Bildnis stellte er sie auf einem Pferd sitzend, vor einer schnell skizzierten Küstenlandschaft dar.

Retrato de Mademoiselle Croizette a caballo
Sophie Croizette era actriz de la Comédie-Française y cuñada del pintor. En su retrato la representaba sentada sobre un caballo, frente a un paisaje costero rápidamente esbozado.

Retrato de Mademoiselle Croizette a cavalo
Sophie Croizette era atriz da Comédie-Française e cunhada do pintor. Em seu retrato, ele a retratou sentada em um cavalo, em frente a uma paisagem costeira rapidamente esboçada.

Portret van Mademoiselle Croizette te paard
Sophie Croizette was een actrice van de Comédie-Française en de schoonzus van de schilder. Op dit werk beeldde hij haar zittend op een paard af, voor een snel geschetst kustlandschap.

CHARLES-ÉMILE-AUGUSTE CAROLUS-DURAN (1837-1917)
1873, Oil on canvas/Huile sur toile, Musée des Beaux-Arts, Tourcoing

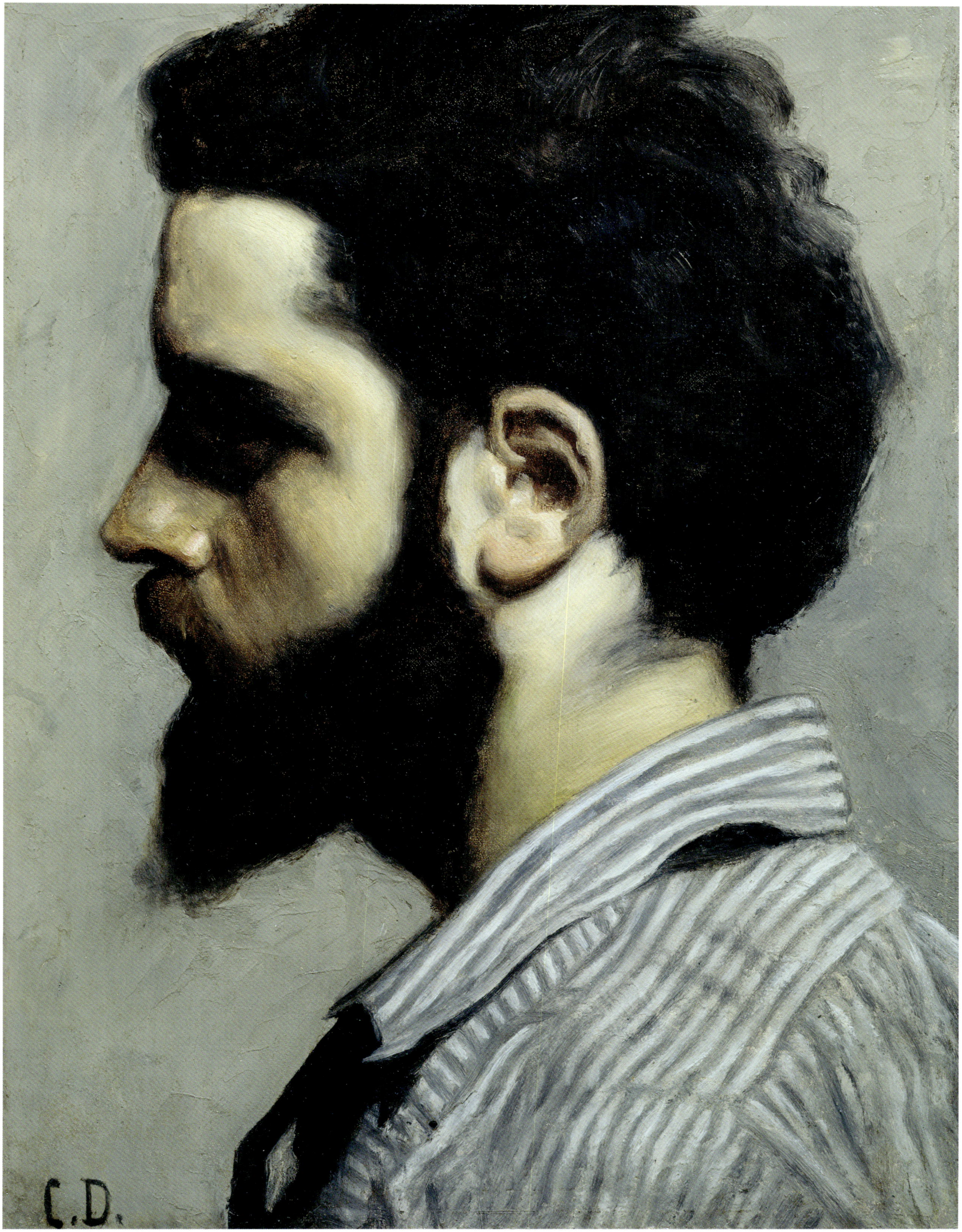

Zacharie Astruc

CHARLES-ÉMILE-AUGUSTE CAROLUS-DURAN
(1837-1917)

1861, Oil on canvas/ Huile sur toile, 41 × 31 cm, Musée d'Orsay, Paris

The Convalescent
The painting in Courbet's style shows a fragment of the work *Visiting a Convalescent* which no longer exists. Dissatisfied with his work, it was cut up by Carolus-Duran.

Le Convalescent

Ce beau tableau, dans la veine de Courbet, est le fragment d'une autre œuvre de Carolus-Duran, intitulée *La Visite au convalescent*. Le peintre n'en était pas satisfait, et l'a découpée en morceaux.

Der Genesende
Das Gemälde im Stil von Courbet zeigt ein Fragment des Werkes *Besuch bei einem Genesenden*, das heute nicht mehr erhalten ist. Unzufrieden mit seinem Werk wurde es von Carolus-Duran zerschnitten.

El convaleciente

Esta hermosa pintura, en la línea de Courbet, es un fragmento de otra obra de Carolus-Duran, titulada *La visita al convaleciente*. El pintor no se conformaba con ella y la rompió en pedazos.

O Recuperador
A pintura ao estilo de Courbet mostra um fragmento da obra *Visitando um convalescente* que já não está vivo. Insatisfeito com o seu trabalho, foi cortado por Carolus-Duran.

De herstellende
Dit schilderij in de stijl van Courbet toont een fragment van het werk *Bezoek aan een herstellende*. Ontevreden over dat werk sneed Carolus-Duran dit fragment uit.

CHARLES-ÉMILE-AUGUSTE CAROLUS-DURAN (1837-1917)

c. 1860, Oil on canvas/Huile sur toile, 99 × 126 cm, Musée d'Orsay, Paris

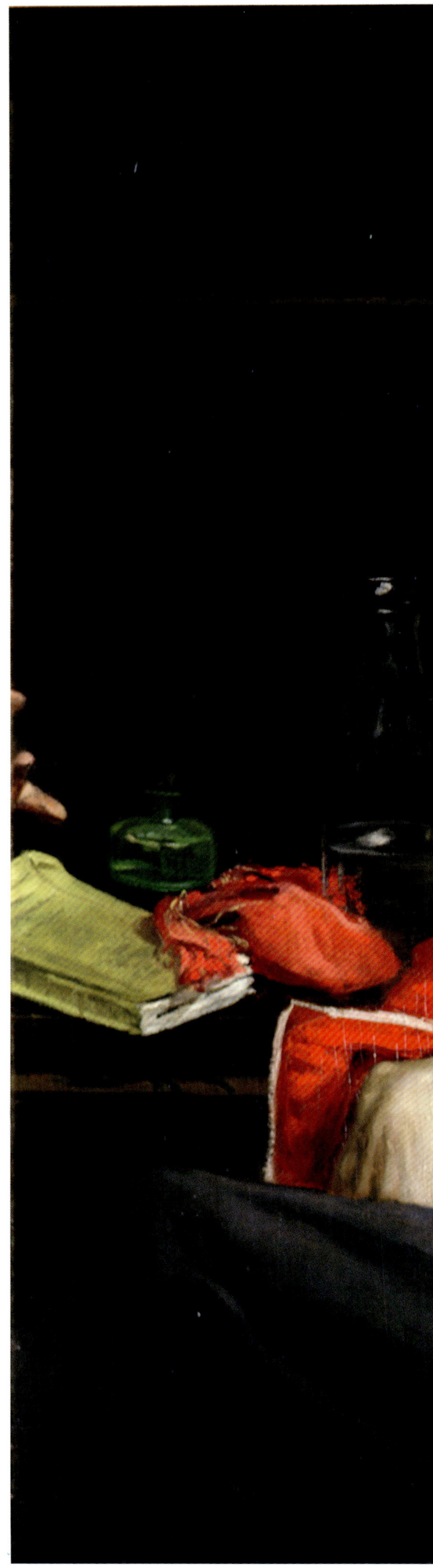

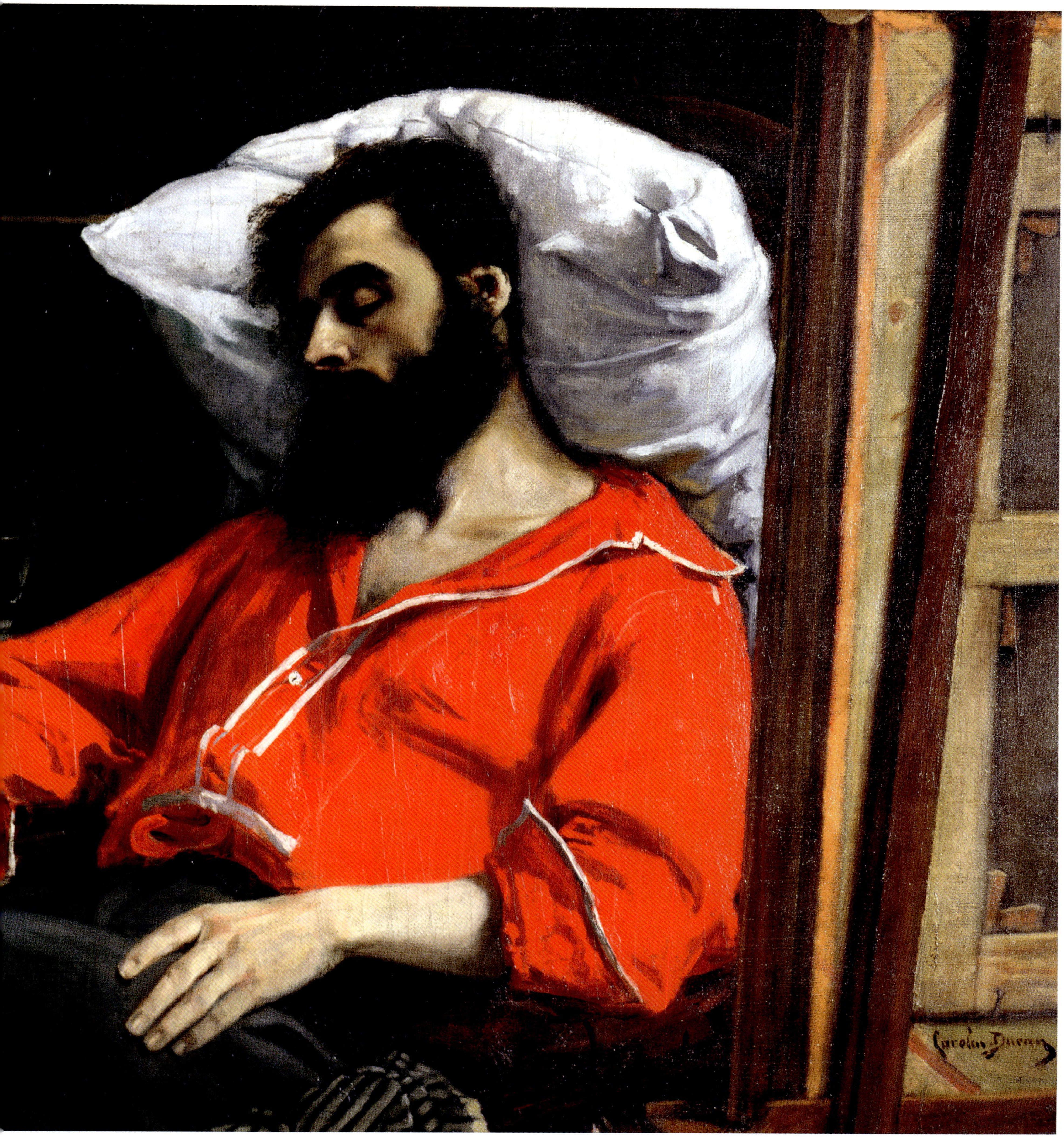
Carolus-Duran

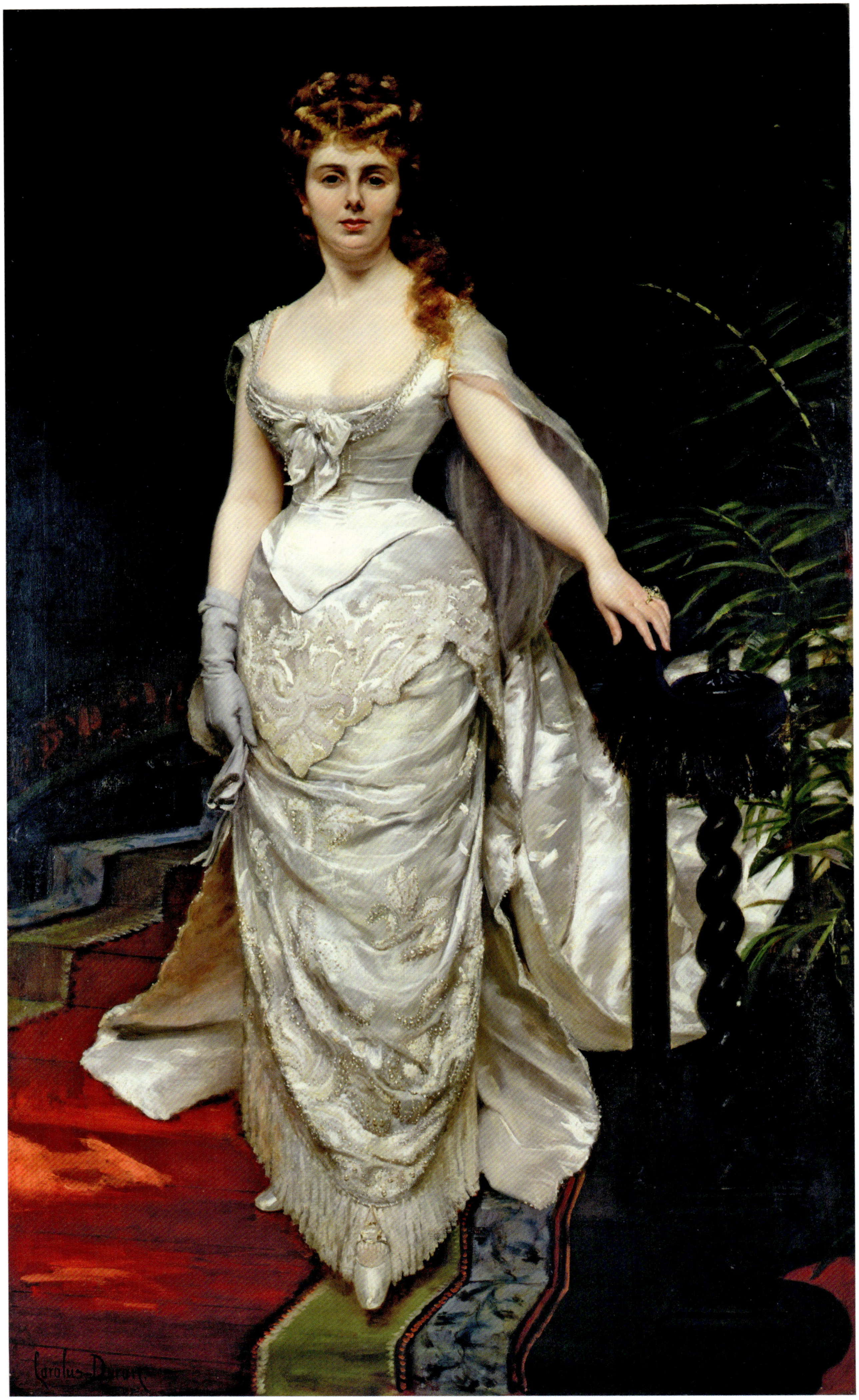

Portrait of Mademoiselle X, Marquise d'Anforti

Portrait de Mademoiselle X, Marquise d'Anforti

Porträt der Mademoiselle X, Marquise d'Anforti

Retrato de mademoiselle X, marquesa de Anforti

Retrato de Mademoiselle X, Marquise d'Anforti

Portret van Mademoiselle X, marquise d'Anforti

CHARLES-ÉMILE-AUGUSTE CAROLUS-DURAN (1837-1917)

1873, Oil on canvas/Huile sur toile, 206 × 127,5 cm,

Musée Municipal, Cambrai

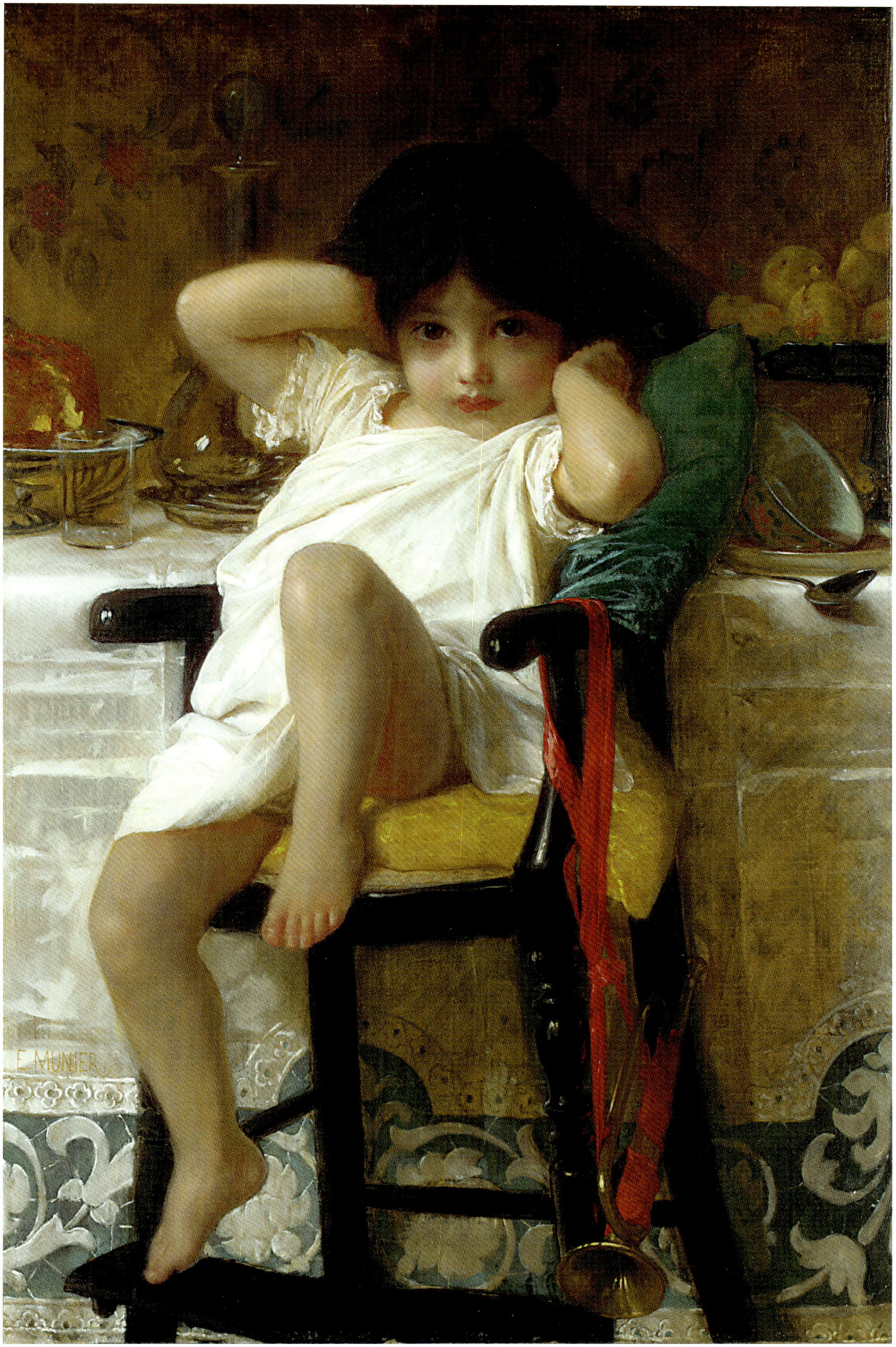

Sugar and Spice

En pénitence

Reumütig

En la penitencia

Contemporâneo

Berouwvol

ÉMILE MUNIER (1840-1895)
1879, Oil on canvas/Huile sur toile,
94,6 × 63,5 cm, Private collection

The Rescue

Le Sauvetage

Die Rettung

El rescate

O resgate

De redding

ÉMILE MUNIER

(1840-1895)

1894, Oil on canvas/Huile sur toile, 101,6 × 187,3 cm, Private collection

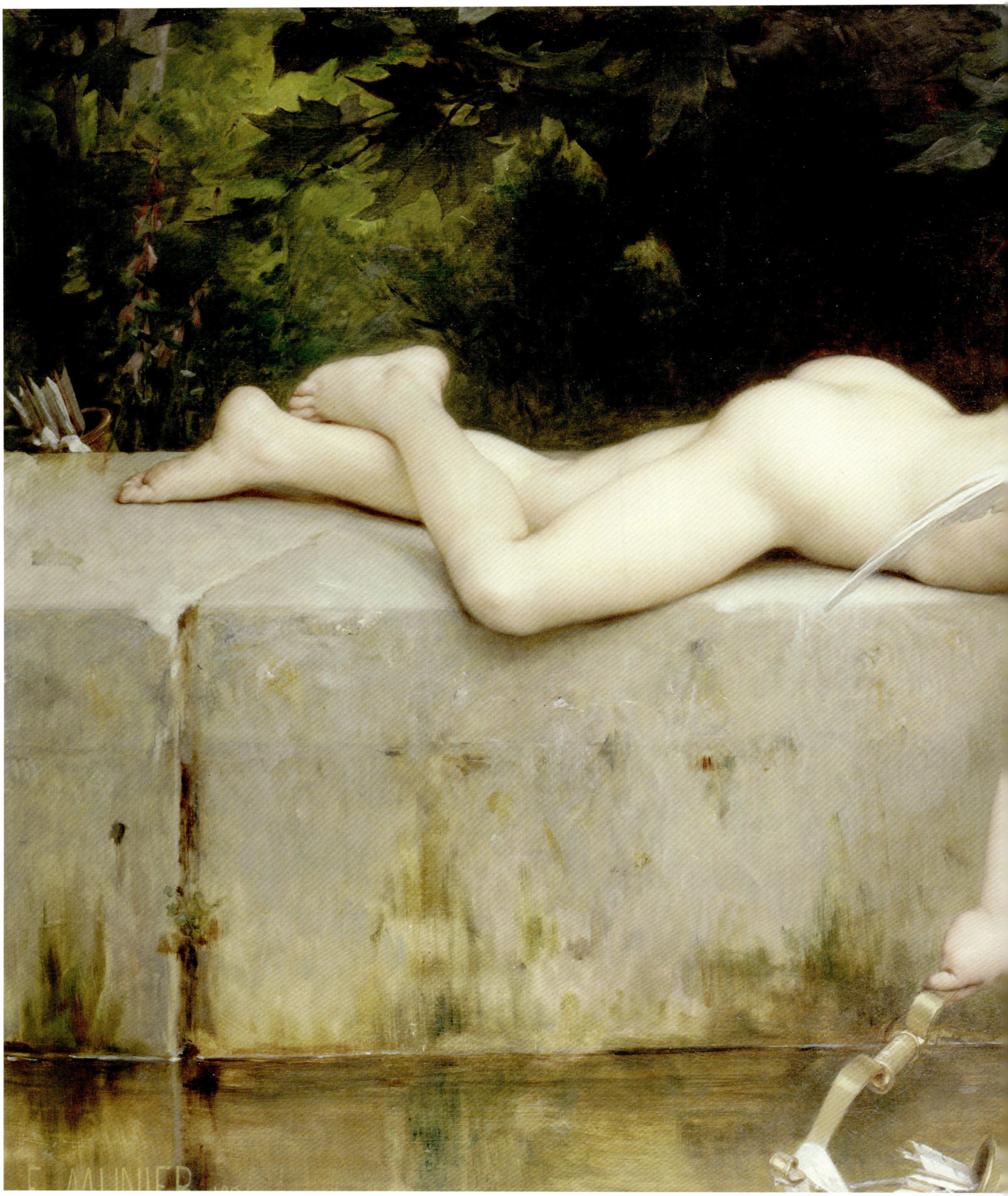

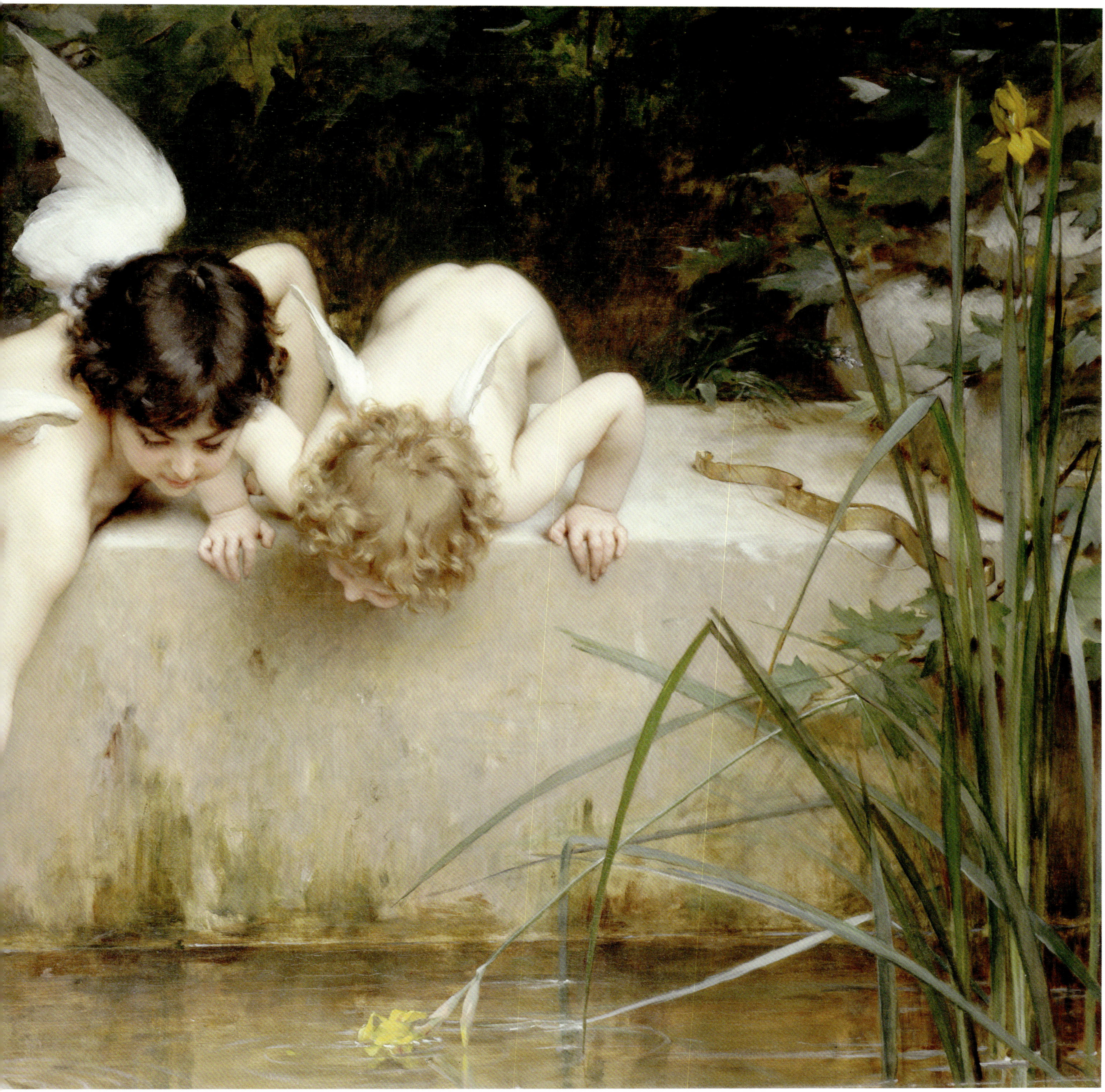

8

Romanticism

Le romantisme

Die Romantik

Romanticismo

Romantismo

Romantiek

Romanticism

On the occasion of the 1846 Salon, the poet Charles Baudelaire wrote one of the most precise definitions of Romanticism in painting: "Romanticism is found precisely neither in the choice of subjects nor in exact truth, but in a way of feeling. It was searched for on the outside, but can only be found on the inside. For me, Romanticism is the most recent, the most current expression of beauty [...]. Romanticism means modern art - that is, intimacy, spirituality, color, striving for infinity - expressed through all the means available in art."

Romanticism primarily developed as a current in literature and music, before it was also reflected in the paintings of Théodore Géricault, Eugène Delacroix and Théodore Chassériau. It first appeared in England and Germany (Caspar David Friedrich and his ideas of man in the face of an overwhelming nature) before spreading throughout Europe. It contrasted classicism, which the Romantics regarded as paralysed and outdated, with

Le romantisme

Dans le *Salon de 1846*, le poète Charles Baudelaire écrit ce qui demeure sans doute l'une des plus justes définitions du romantisme en peinture.

« Le romantisme n'est précisément ni dans le choix des sujets ni dans la vérité exacte, mais dans la manière de sentir. Ils l'ont cherché en dehors, et c'est en dedans qu'il était seulement possible de le trouver. Pour moi, le romantisme est l'expression la plus récente, la plus actuelle du beau [...]. Qui dit romantisme dit art moderne, – c'est-à-dire intimité, spiritualité, couleur, aspiration vers l'infini, exprimées par tous les moyens que contiennent les arts. » Le romantisme est d'abord un courant littéraire et musical, avant de trouver un écho dans la peinture de Théodore Géricault, d'Eugène Delacroix ou de Théodore Chassériau. Le courant apparaît dans un premier temps en Angleterre et en Allemagne (Caspar David Friedrich et ses visions de l'homme seul face à l'immensité de la nature), avant de

Die Romantik

Anlässlich des Salons 1846 verfasst der Lyriker Charles Baudelaire eine der präzisesten Definitionen der Romantik in der Malerei: „Die Romantik findet sich weder in der Wahl der Themen noch in einer exakten Wirklichkeit, sondern in der Art und Weise zu fühlen. Sie wurde im Äußeren gesucht, dabei lässt sie sich nur im Inneren finden. Für mich ist die Romantik der jüngste, der aktuellste Ausdruck von Schönheit [...]. Romantik bedeutet moderne Kunst – das heißt, Intimität, Spiritualität, Farbe, Streben nach Unendlichkeit – ausgedrückt durch alle in der Kunst vorhandenen Mittel."

In erster Linie entwickelte sich die Romantik als Strömung in der Literatur und der Musik, bevor sie sich auch in den Gemälden von Théodore Géricault, Eugène Delacroix oder Théodore Chassériau niederschlägt. Zunächst taucht sie in England und Deutschland auf (Caspar David Friedrich und seine Visionen des

Liberty Leading the People

La Liberté guidant le peuple

Die Freiheit führt das Volk

La libertad guiando al pueblo

A liberdade conduz o povo

De Vrijheid leidt het volk (28 juli 1830)

EUGÈNE DELACROIX (1798-1863)

c. 1830/31, Oil on canvas/ Huile sur toile, 260 × 325 cm, Musée du Louvre-Lens

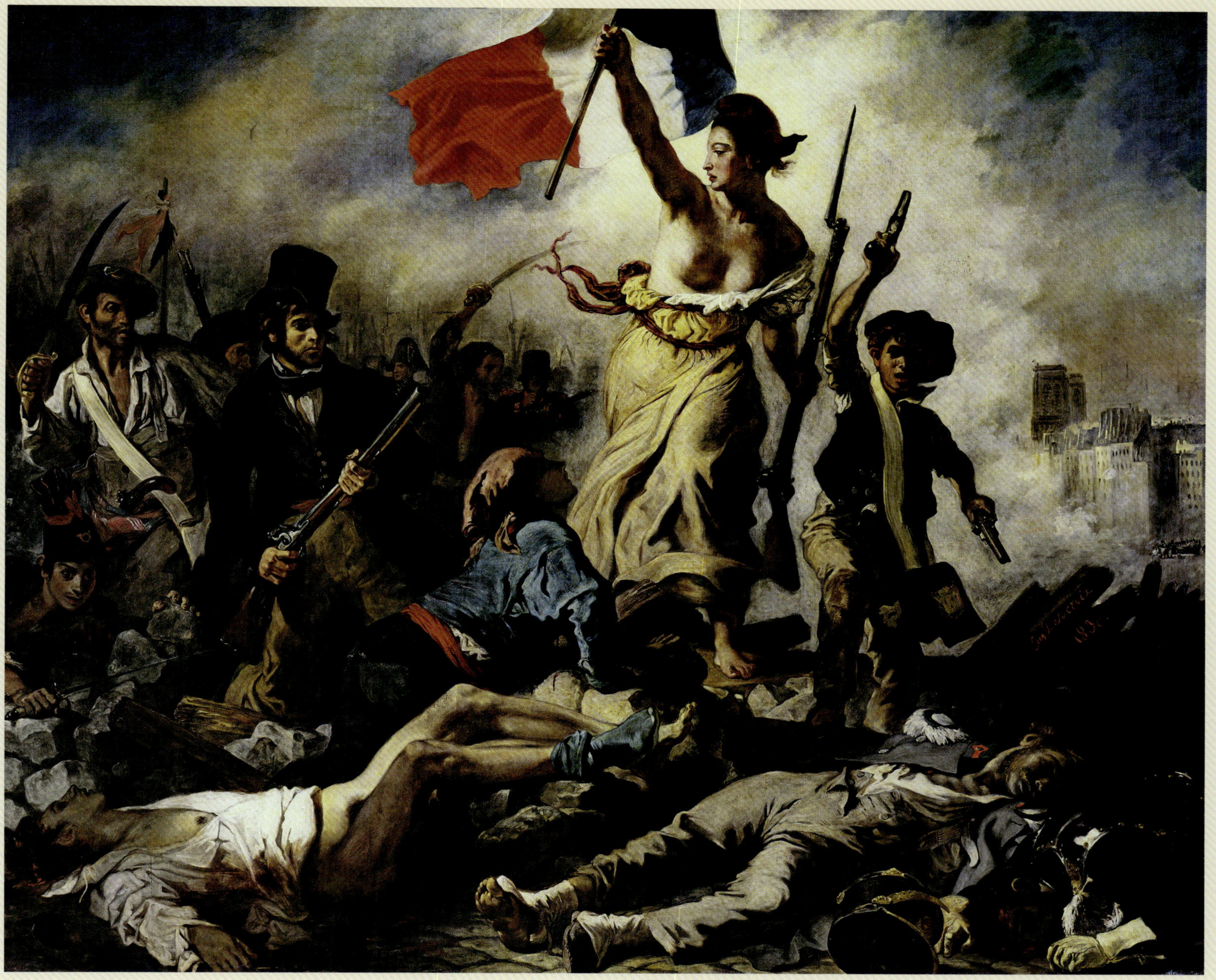

Romanticismo

Con motivo del Salón de 1846, el poeta Charles Baudelaire escribió una de las definiciones más precisas del romanticismo en la pintura: "El romanticismo no se encuentra ni en la elección de los temas ni en una realidad exacta, sino en la manera de sentir. Se busca por fuera, pero sólo puede encontrarse en el interior. Para mí, el romanticismo es la expresión más joven, la más actual de la belleza [...]. El romanticismo significa arte moderno -es decir, intimidad, espiritualidad, color, lucha por el infinito- expresado a través de todos los medios disponibles en el arte".

El romanticismo se desarrolló principalmente como corriente en la literatura y la música, antes de que se reflejara también en las pinturas de Théodore Géricault, Eugène Delacroix y Théodore Chassériau. Apareció por primera vez en Inglaterra y Alemania (Caspar David Friedrich y sus ideas del hombre frente a una naturaleza abrumadora) antes de extenderse por toda Europa.

Romantismo

Por ocasião do Salão de 1846, o poeta Charles Baudelaire escreveu uma das definições mais precisas do Romantismo na pintura: "O romantismo não se encontra nem na escolha dos temas nem numa realidade exata, mas na forma como se sente. Ela era procurada por fora, mas só pode ser encontrada por dentro. Para mim, o romantismo é o mais jovem, a expressão mais atual da beleza [...]. Romantismo significa arte moderna - isto é, intimidade, espiritualidade, cor, luta pelo infinito - expressa através de todos os meios disponíveis na arte".

O romantismo desenvolveu-se principalmente como uma corrente na literatura e na música, antes de se reflectir também nas pinturas de Théodore Géricault, Eugène Delacroix e Théodore Chassériau. Apareceu pela primeira vez na Inglaterra e na Alemanha (Caspar David Friedrich e as suas ideias de homem face a uma natureza esmagadora) antes de se espalhar por toda

Romantiek

Ter gelegenheid van de Salon van 1846 schreef de dichter Charles Baudelaire een van de nauwkeurigste definities van de romantiek in de schilderkunst: "De romantiek is niet terug te vinden in de keuze van de thema's, noch in een exacte werkelijkheid, maar in de manier waarop men zich voelt. Ze werd gezocht aan de buitenkant, maar is alleen aan de binnenkant te vinden. Voor mij is romantiek de jongste, meest actuele uiting van schoonheid [...]. Romantiek betekent moderne kunst – dat wil zeggen, intimiteit, spiritualiteit, kleur, streven naar oneindigheid – uitgedrukt met alle middelen die in de kunst beschikbaar zijn."

De romantiek ontwikkelde zich in eerste instantie als een stroming in de literatuur en de muziek, voordat ze haar weerslag vond in de schilderijen van Théodore Géricault, Eugène Delacroix en Théodore Chassériau. Ze dook voor het eerst op in Engeland en Duitsland (Caspar David Friedrich en zijn ideeën over de mens

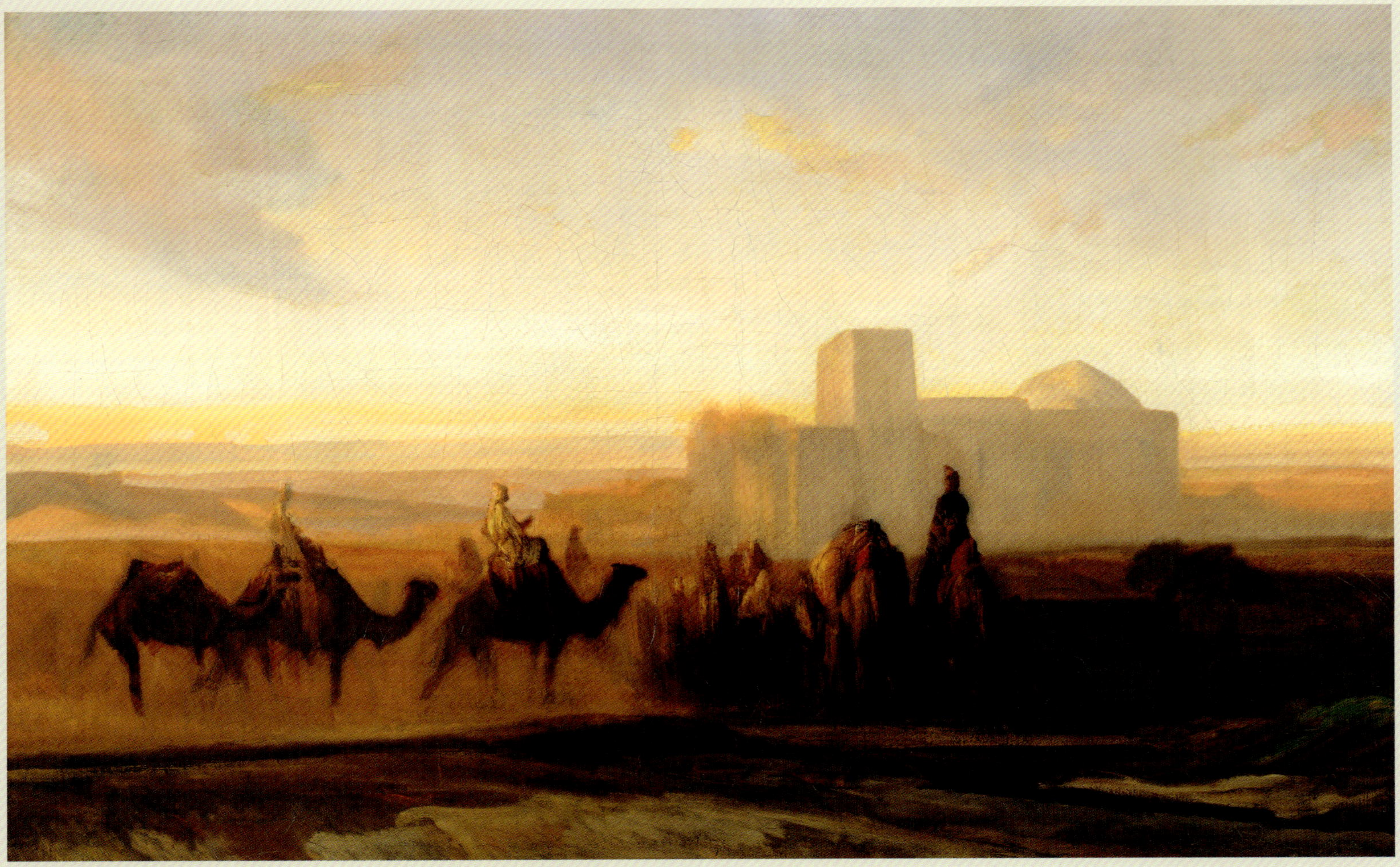

The Caravan

La Caravane

Die Karawane

La caravana

A Caravana

De karavaan

ALEXANDRE-GABRIEL DECAMPS (1803-1860)
c. 1854, Oil on canvas/Huile sur toile, 60,5 × 100 cm, Musée du Louvre, Paris

an art of feelings and emotions. The painters drew their inspiration from contemporary history (Théodore Géricault's *The Raft of the Medusa*, and Eugène Delacroix's *Massacre at Chios* and *Liberty Leading the People*), nature's whims (Eugène Isabey's thunderstorm and storm motifs) and the charm of the Orient. Portraits of Ottomans, bathing scenes, harems, markets, tigers, lions or leopards - romanticism can often be associated with travel and exoticism. On a stylistic level, the precise lines propagated by Academic Art gave way to freer brushstrokes that produced a more diffuse and sweeping visual effect. The colors also became more expressive - especially with Delacroix.

rayonner dans toute l'Europe. À un néoclassicisme qu'ils jugent figé et dépassé, les romantiques opposent un art des sentiments, des émotions, où se manifestent les passions. Les peintres puisent leur inspiration dans les événements de l'histoire contemporaine (*Le Radeau de la Méduse* de Théodore Géricault, les *Scènes des massacres de Scio* et *La Liberté guidant le peuple* d'Eugène Delacroix), les caprices de la nature (les scènes d'orage et de tempêtes d'Eugène Isabey), et les charmes de l'Orient. Portraits de Turcs, scènes de bains, de harems ou de marchés, tigres, lions et léopards…, le romantisme est souvent synonyme de voyage et d'exotisme. Sur un plan stylistique, la précision du trait chère à la peinture académique a disparu, au profit d'un pinceau plus libre, d'une touche plus diffuse et fougueuse. La couleur, particulièrement exaltée chez Delacroix, gagne en expressivité.

Menschen im Angesicht einer überwältigenden Natur), bevor sie sich in ganz Europa ausbreitet. Dem Klassizismus, den die Romantiker als erstarrt und überaltert betrachten, setzt sie eine Kunst der Gefühle und der Emotionen entgegen, in der sich die Leidenschaft entfalten kann. Ihre Inspirationen schöpfen die Maler aus der aktuellen Zeitgeschichte (*Das Floß der Medusa* von Théodore Géricault, *Das Massaker von Chios* und *Die Freiheit führt das Volk* von Eugène Delacroix), den Launen der Natur (die Gewitter- und Sturmmotive von Eugène Isabey) und dem Charme des Orients. Porträts von Osmanen, Badeszenen, Harems, Märkte, Tiger, Löwen oder Leoparden – die Romantik lässt sich oft mit Reisen und einem Exotismus in Verbindung bringen. Auf stilistischer Ebene weicht die von der Akademischen Kunst propagierte präzise Linienführung freieren Pinselstrichen, die eine diffusere und schwungvollere Bildwirkung erzeugen. Auch die Farben gewinnen an Ausdruckskraft – insbesondere bei Delacroix.

A Fisherman Pulling in a Net

Pêcheurs pendant la tempête

Fischer im Sturm

Pescadores en la tormenta

Pescadores na tempestade

Vissers in de storm

EUGÈNE ISABEY (1803-1886)
1868, Oil on canvas/Huile sur toile,
41 × 61,5 cm, Private collection

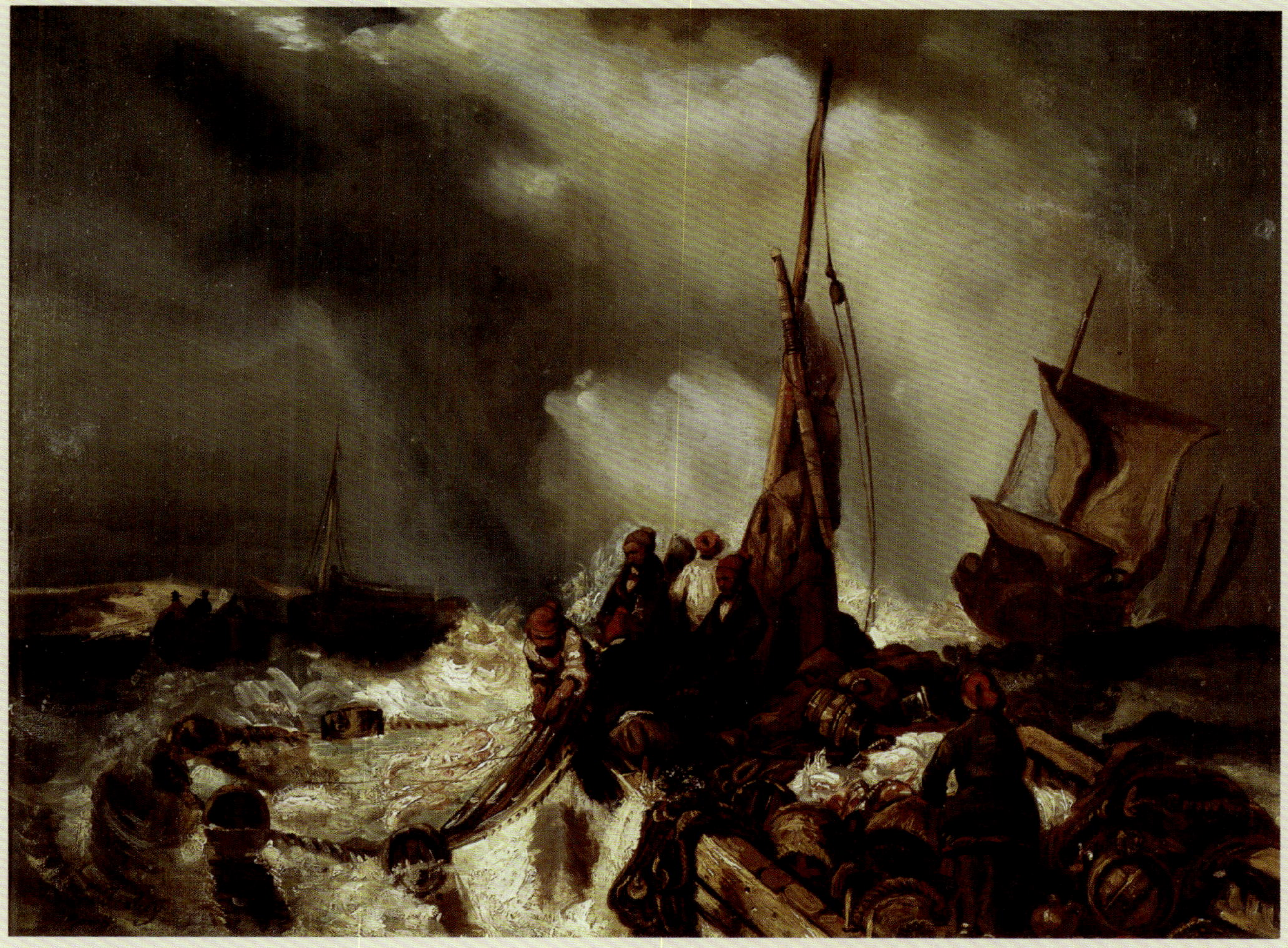

Contrasta el clasicismo, que los románticos consideran congelado y anticuado, con un arte de sentimientos y emociones. Los pintores se inspiran en la historia contemporánea (*La balsa de la Medusa* de Théodore Géricault, *La matanza de Quíos* y *La libertad guiando al pueblo* de Eugène Delacroix), en los caprichos de la naturaleza (La tormenta de Eugène Isabey y los motivos de la tormenta) y en el encanto del Oriente. Retratos de otomanos, escenas de baño, harenes, mercados, tigres, leones o leopardos - el romanticismo puede asociarse a menudo con viajes y exotismo. A nivel estilístico, las líneas precisas propagadas por el Arte Académico dan paso a pinceladas más libres que producen un efecto visual más difuso y amplio. Los colores también se están volviendo más expresivos, especialmente con Delacroix.

a Europa. Contrasta o classicismo, que os românticos consideram congelado e ultrapassado, com uma arte de sentimentos e emoções. Os pintores inspiram-se na história contemporânea (*a jangada Medusa* de Théodore Géricault, *o massacre de Chios* e *a Liberdade* de Eugène Delacroix conduzem o povo), nos caprichos da natureza (os motivos de trovoada e tempestade de Eugène Isabey) e no charme do Oriente. Retratos de otomanos, cenas de banho, haréns, mercados, tigres, leões ou leopardos - o romantismo pode ser frequentemente associado a viagens e exotismo. A nível estilístico, as linhas precisas propagadas pela Arte Académica dão lugar a pinceladas mais livres que produzem um efeito visual mais difuso e arrebatador. As cores também se tornam mais expressivas - especialmente com Delacroix.

in het aangezicht van een overweldigende natuur), voordat ze zich over heel Europa verspreidde. Ze zette zich af tegen het neoclassicisme, dat de romantici als verstard en achterhaald beschouwden, met een kunst van gevoelens en emoties. De schilders lieten zich inspireren door de eigentijdse geschiedenis (*Het vlot van de Medusa* van Théodore Géricault, *Het bloedbad van Chios* en *De Vrijheid leidt het volk* van Eugène Delacroix), de grillen van de natuur (de onweers- en stormmotieven van Eugène Isabey) en de charme van de Oriënt. Portretten van Ottomanen, badscènes, harems, markten, tijgers, leeuwen of luipaarden – de romantiek kan vaak worden geassocieerd met reizen en exotisme. Op stilistisch niveau maakten de precieze lijnen die door de academische kunst werden gepropageerd plaats voor vrijere penseelstreken, die een diffuser en zwieriger effect opleverden. Ook de kleuren wonnen aan uitdrukkingskracht – vooral bij Delacroix.

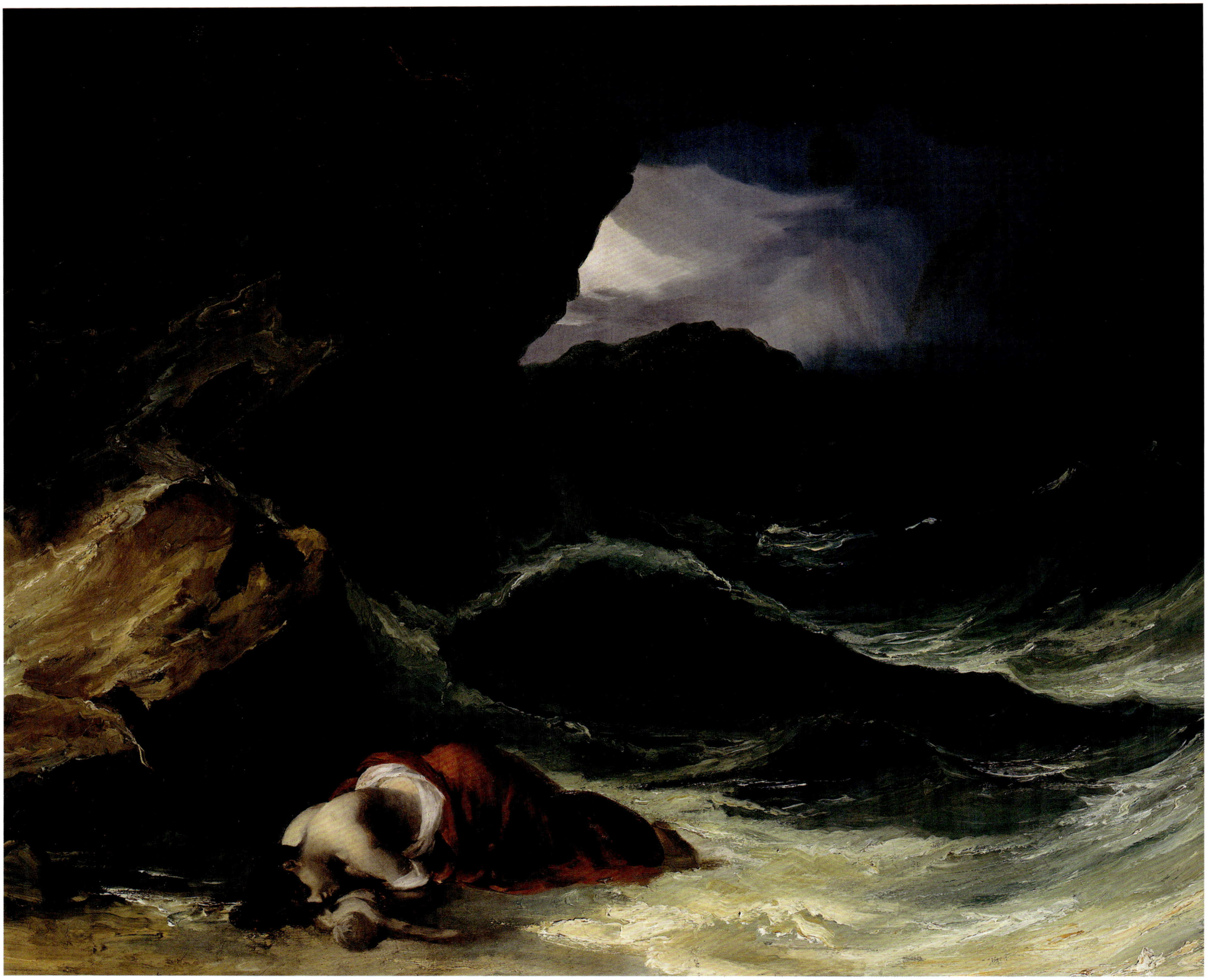

The Storm *or* the Shipwreck

La Tempête *ou* L'Épave

Der Sturm *oder* Der Schiffbruch

La tormenta *o* el naufragio

A tempestade *ou* o naufrágio

De storm *of* De schipbreuk

THÉODORE GÉRICAULT (AFTER/D'APRÈS) (1791-1824)

n. d., Oil on canvas/Huile sur toile, 51 × 62 cm, Musée des Beaux-Arts, Rouen

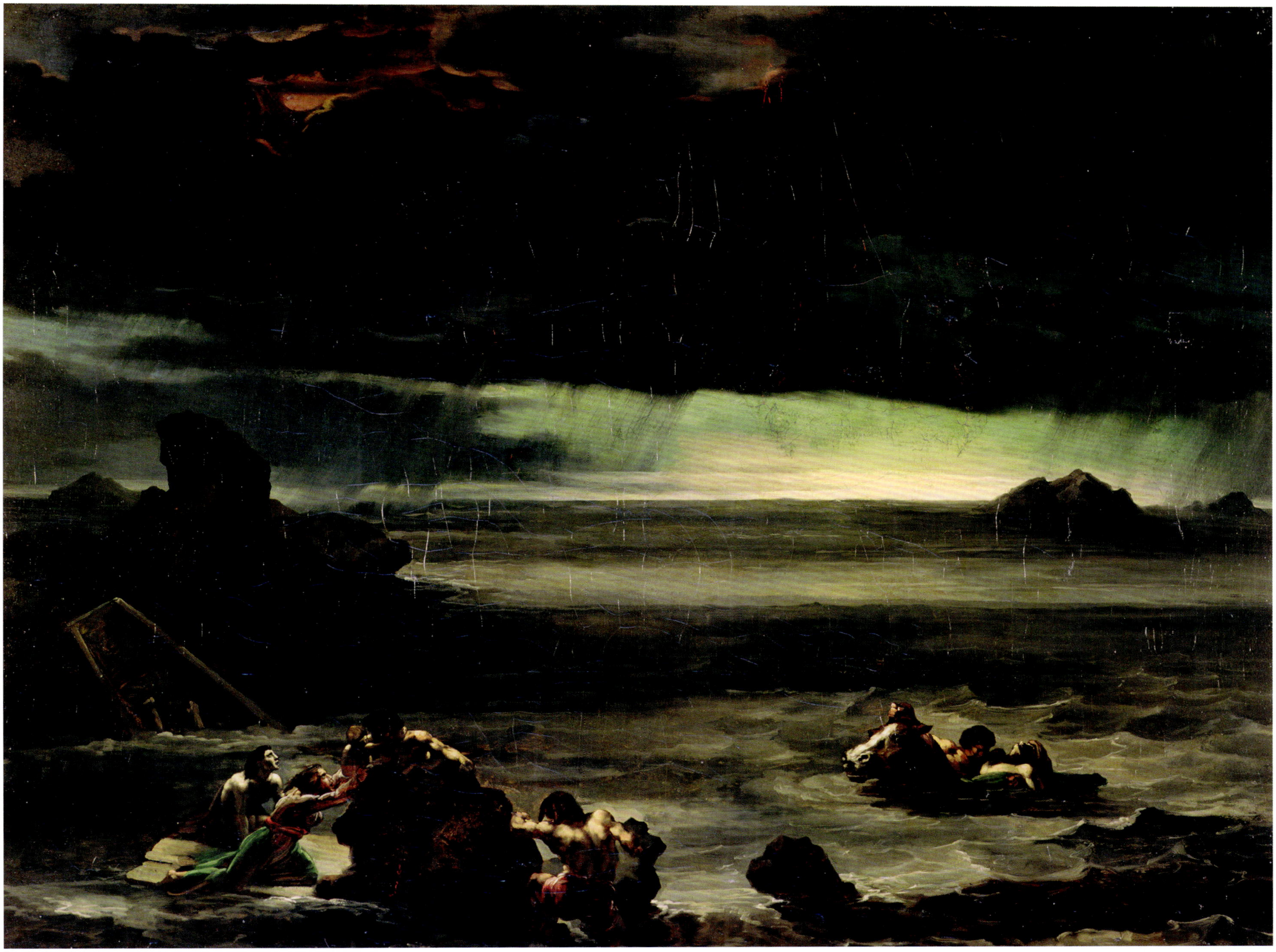

Scene of the Deluge
Based on the mood of Poussin's *Winter*, Géricault paints the survivors of a shipwreck as captivating Chiaroscuro. A dramatic light highlights the bodies clinging to the rocks.

Scène de déluge
Dans une ambiance proche du *Déluge* de Nicolas Poussin, Géricault peint les rescapés d'un naufrage dans un violent clair-obscur. La lumière dramatisante se pose sur les corps agrippés aux rochers.

Szene der Sintflut
Angelehnt an der Stimmung von Poussins *Winter*, malt Géricault die Überlebenden eines Schiffbruchs als fesselndes Chiaroscuro. Ein dramatisches Licht hebt die Körper hervor, die sich an den Felsen festklammern.

Escena del diluvio
Basado en la atmósfera del *Invierno* de Poussin, Géricault pinta a los supervivientes de un naufragio como un cautivador claroscuro. Una luz dramática resalta los cuerpos aferrados a las rocas.

Cena do Dilúvio
Baseado no clima do *Inverno* de Poussin, Géricault pinta os sobreviventes de um naufrágio como cativantes Chiaroscuro. Uma luz dramática realça os corpos agarrados às rochas.

Scène van de zondvloed
Geïnspireerd door de sfeer van Poussins *Winter* schilderde Géricault de overlevenden van een schipbreuk als een boeiend clair-obscur. Een dramatisch licht accentueert de lichamen die zich vastklampen aan de rotsen.

THÉODORE GÉRICAULT (1791-1824)

c. 1818, Oil on canvas/Huile sur toile, 97 × 130 cm, Musée du Louvre, Paris

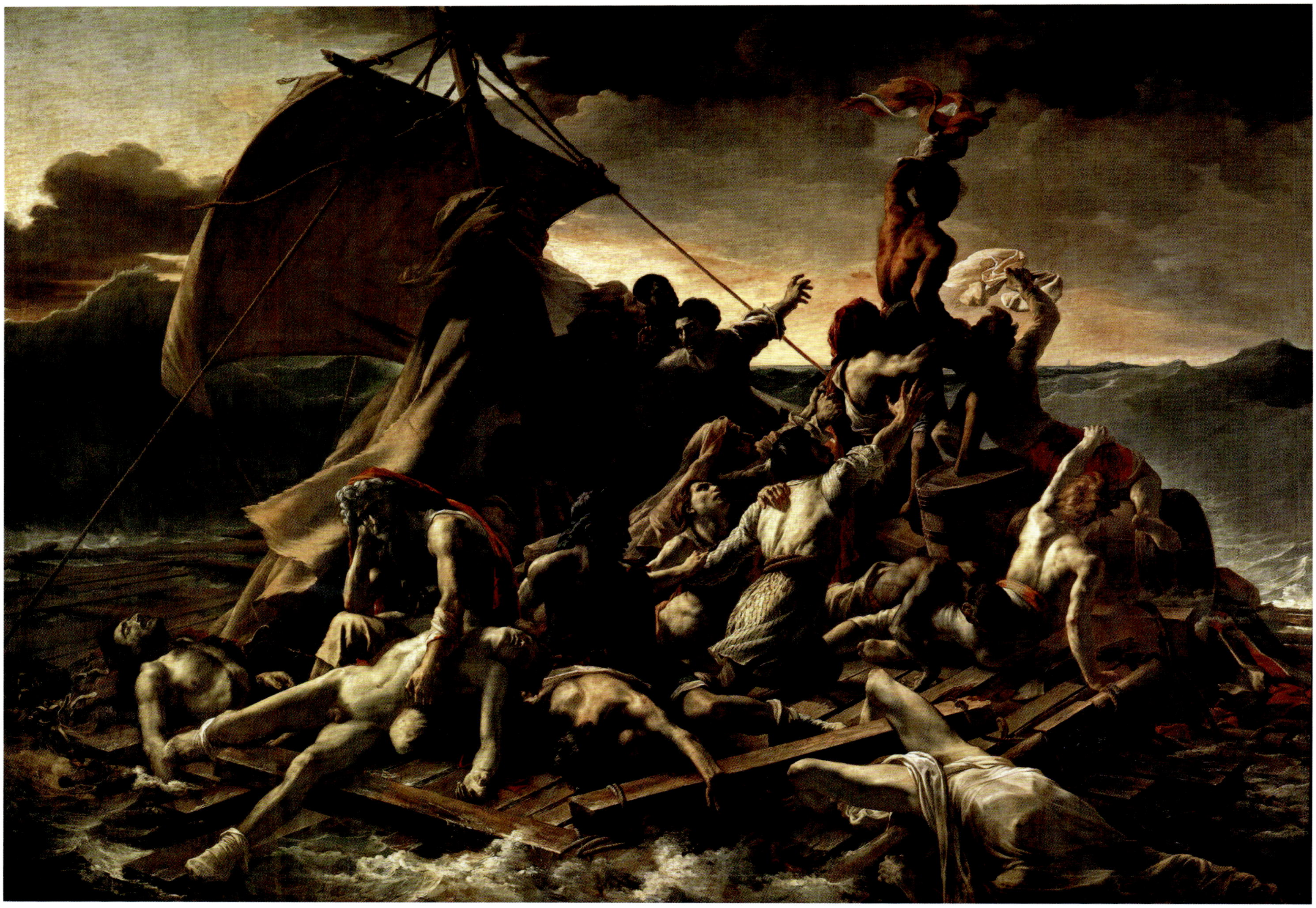

The Raft of Medusa

Le Radeau de la Méduse

Das Floß der Medusa

La balsa de la Medusa

A jangada da Medusa

Het vlot van de Medusa

THÉODORE GÉRICAULT (1791-1824)

1819, Oil on canvas/Huile sur toile, 491 × 716 cm, Musée du Louvre, Paris

Study of a torso for *The Raft of Medusa*

A young Haitian named Joseph was the model for Géricault's study of his painting *The Raft of Medusa*. In the final painting he can be seen at the top of the «pyramid».

Étude pour un torse d'homme pour *Le Radeau de la Méduse*

Pour cette étude de torse préparatoire au *Radeau de la Méduse*, Géricault prend pour modèle un jeune haïtien, prénommé Joseph. On le retrouve au sommet de la « pyramide » humaine sur le tableau final.

Studie eines Torso für *Das Floß der Medusa*

Für die Studie zu seinem Gemälde *Das Floß der Medusa* stand Géricault ein junger Haitianer mit dem Namen Joseph Modell. Auf dem finalen Gemälde ist er an der Spitze der „Pyramide" zu sehen.

Estudio de un torso para *La balsa de la Medusa*

Un joven haitiano llamado Joseph fue el modelo para el estudio de Géricault de su pintura *La balsa de la Medusa*. En la pintura final se le puede ver en la parte superior de la «pirámide».

Estudo de um torso para *A Jangada da Medusa*

Um jovem haitiano chamado Joseph foi o modelo para o estudo de Géricault sobre sua pintura *A Jangada da Medusa*. Na pintura final ele pode ser visto no topo da «pirâmide».

Studie van een mannentorso voor *Het vlot van de Medusa*

Een jonge Haïtiaan met de naam Jozef zat model voor Géricaults studie voor zijn schilderij *Het vlot van de Medusa*. Daarop is hij te zien aan de top van de 'piramide'.

THÉODORE GÉRICAULT (1791-1824)
1818, Oil on canvas/Huile sur toile,
55 × 45 cm, Musée Ingres, Montauban

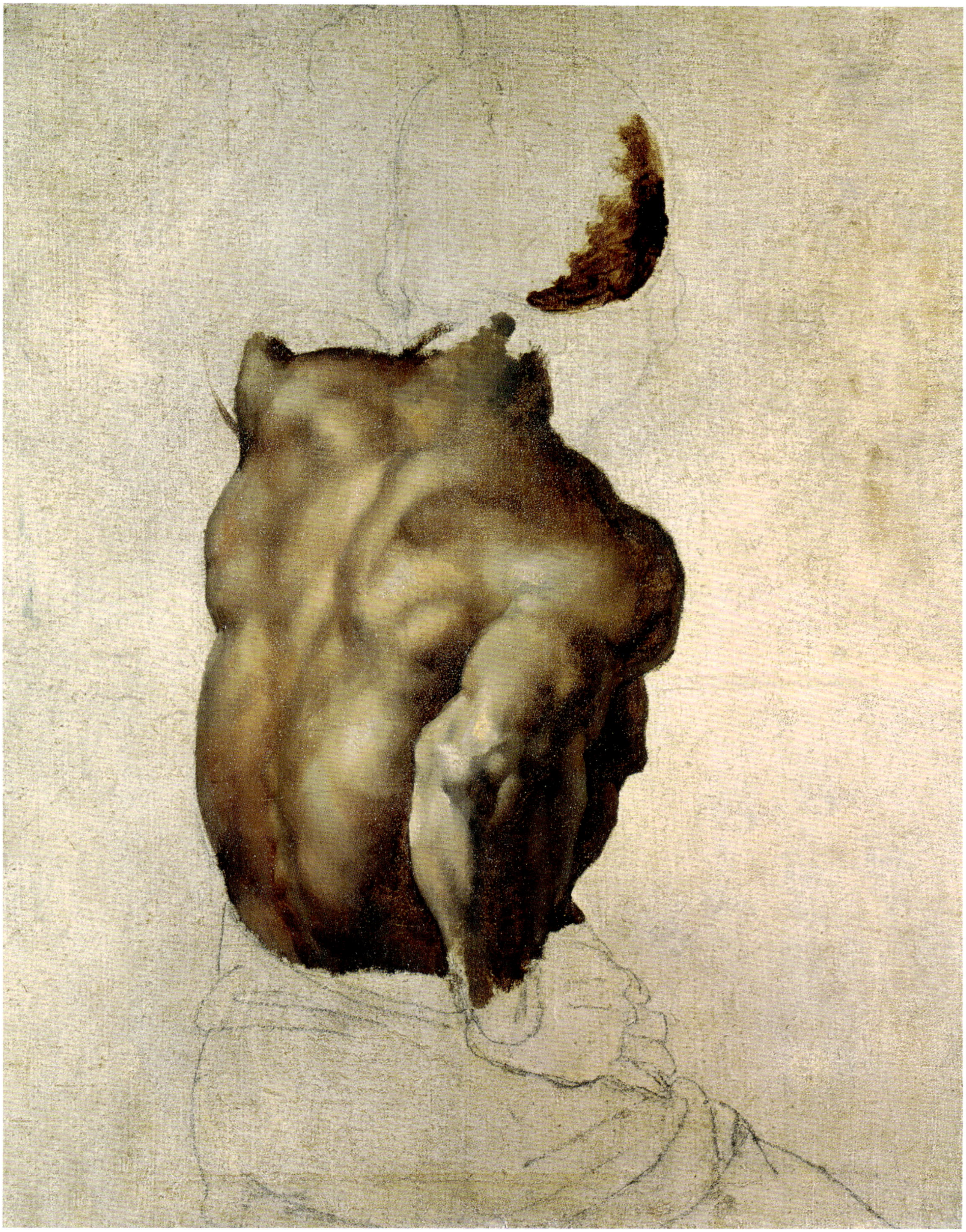

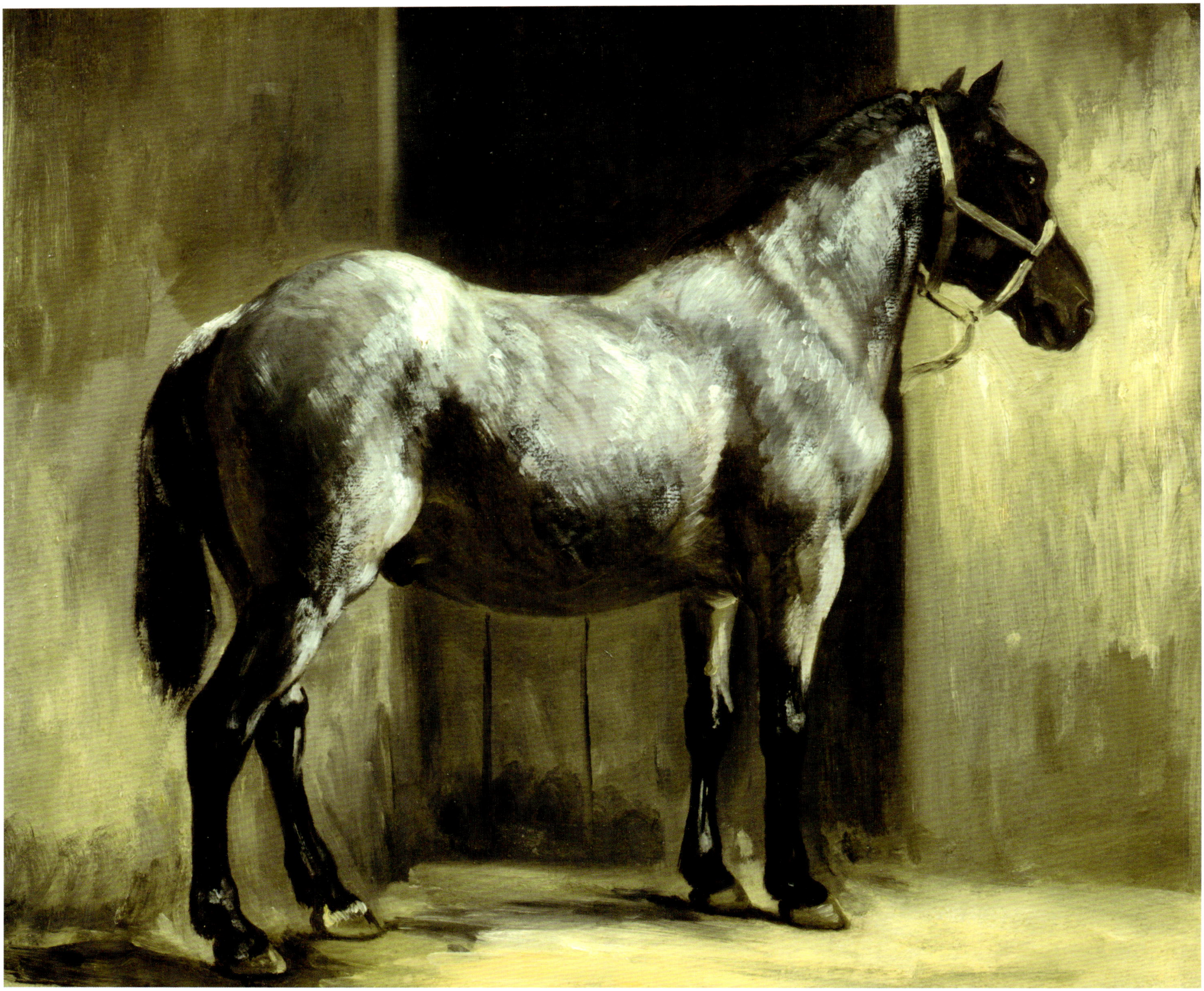

Horse

Cheval

Pferd

Caballo

O cavalo

Paard

THÉODORE GÉRICAULT (1791-1824)

1810-12, Oil on canvas/Huile sur toile, 34 × 42,5 cm, Private collection

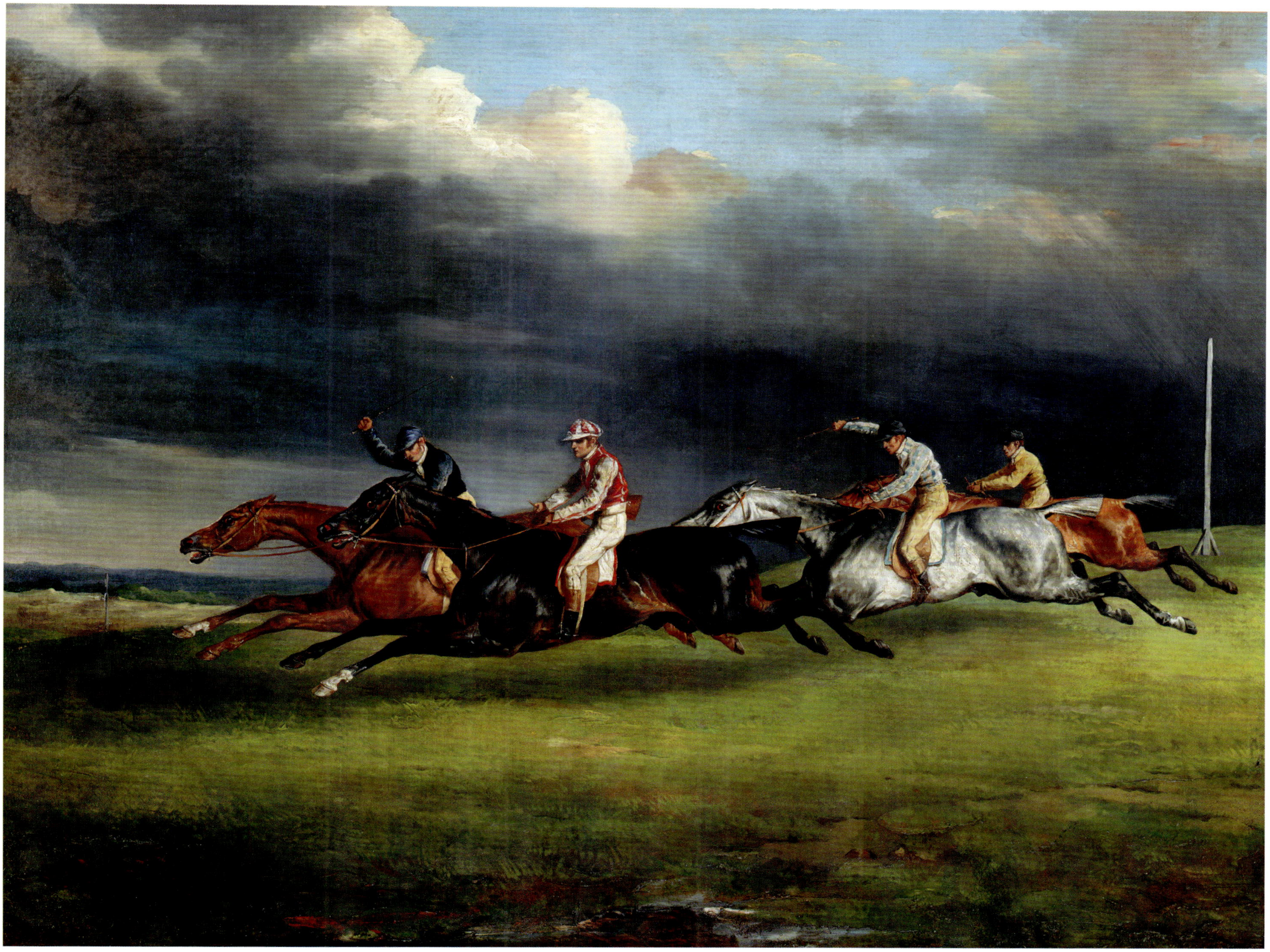

The Derby of Epsom
Géricault tried to capture the rush of speed - even if he changed reality and none of the horses touched the ground. It was created during a stay in England.

Course de chevaux, *dit aussi* Le Derby de 1821 à Epsom
Aucune patte des chevaux, lancés au plein galop, ne touche le sol. Géricault veut traduire la sensation de vitesse, quitte à tricher avec la réalité. Il a peint ce tableau durant un séjour en Angleterre.

THÉODORE GÉRICAULT (1791-1824)

1821, Oil on canvas/Huile sur toile, 92 × 122,5 cm, Musée du Louvre, Paris

Das Derby in Epsom
Géricault versuchte, den Rausch der Geschwindigkeit festzuhalten - auch wenn er dabei die Realität abändert und keines der Pferde den Boden berührt. Es entstand während eines Aufenthalts in England.

Derbi en Epsom
Géricault trató de captar la velocidad, incluso si cambiaba la realidad y ninguno de los caballos tocaba el suelo. Fue creado durante una estancia en Inglaterra.

O Derby em Epsom
Géricault tentou capturar a adrenalina da velocidade - mesmo que tenha mudado a realidade e nenhum dos cavalos tenha tocado no chão. Foi criado durante uma estadia em Inglaterra.

Derby in Epsom in 1821
Géricault probeerde de snelheidskoorts te vangen - ook al paste hij de werkelijkheid aan en raakte geen van de paarden de grond. Hij schilderde dit werk tijdens een verblijf in Engeland.

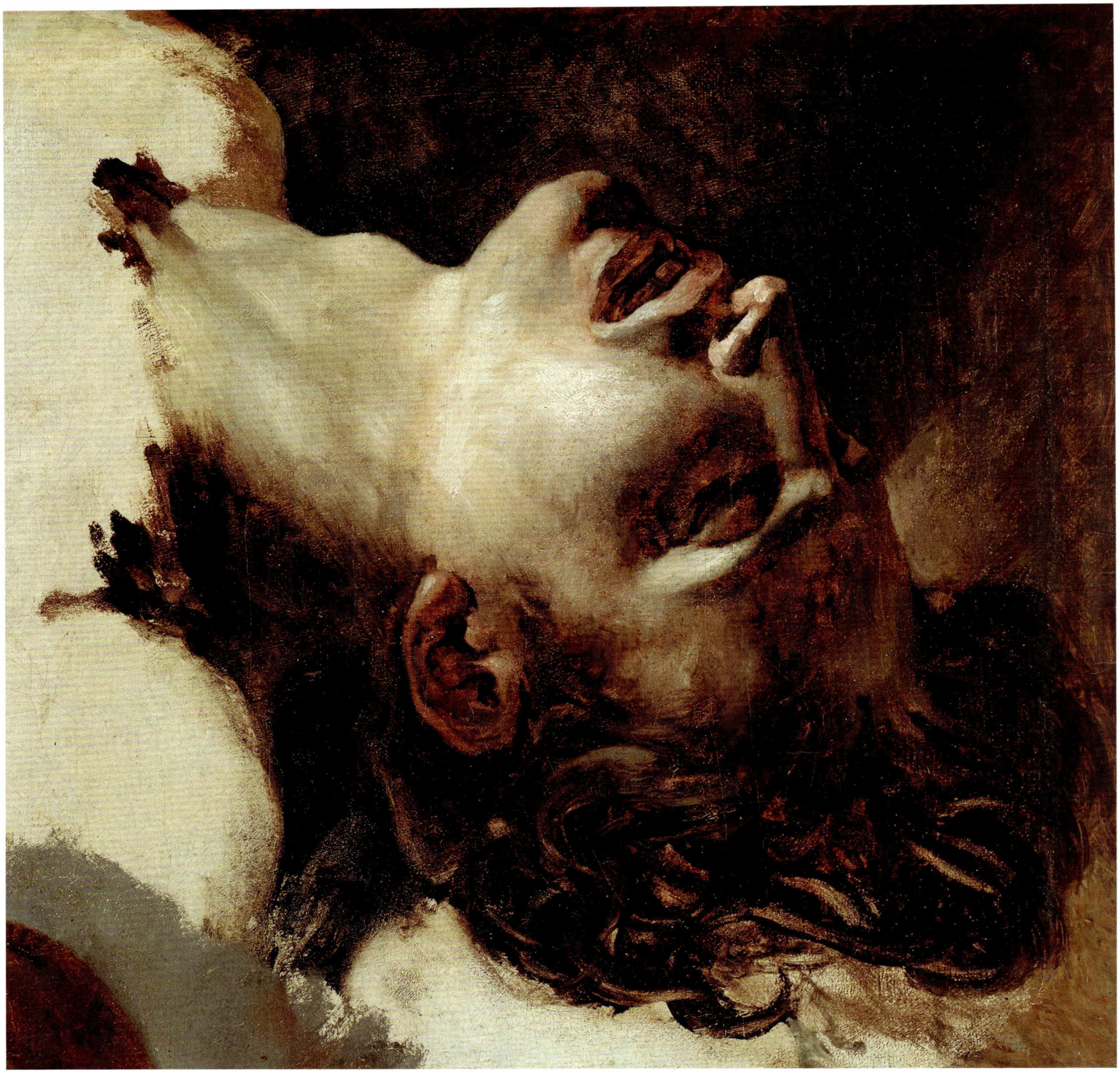

Head of a Dead Young Man

Tête d'un jeune homme décédé

Kopf eines toten jungen Mannes

Cabeza de un joven muerto

A cabeça de um jovem morto

Hoofd van een dode jongeman

THÉODORE GÉRICAULT (1791-1824)

19th century, Oil on canvas/Huile sur toile, 31 × 33 cm, Musée des Beaux-Arts, Rouen

Male Nude half length

Homme nu à demi-corps

Männlicher Akt
als Halbfigur

Desnudo masculino
de medio cuerpo

Masculino nu como
meia figura

Mannelijk naakt
als halffiguur

THÉODORE GÉRICAULT
(1791-1824)
c. 1814, Oil on canvas/
Huile sur toile, 99 × 81 cm,
Private collection

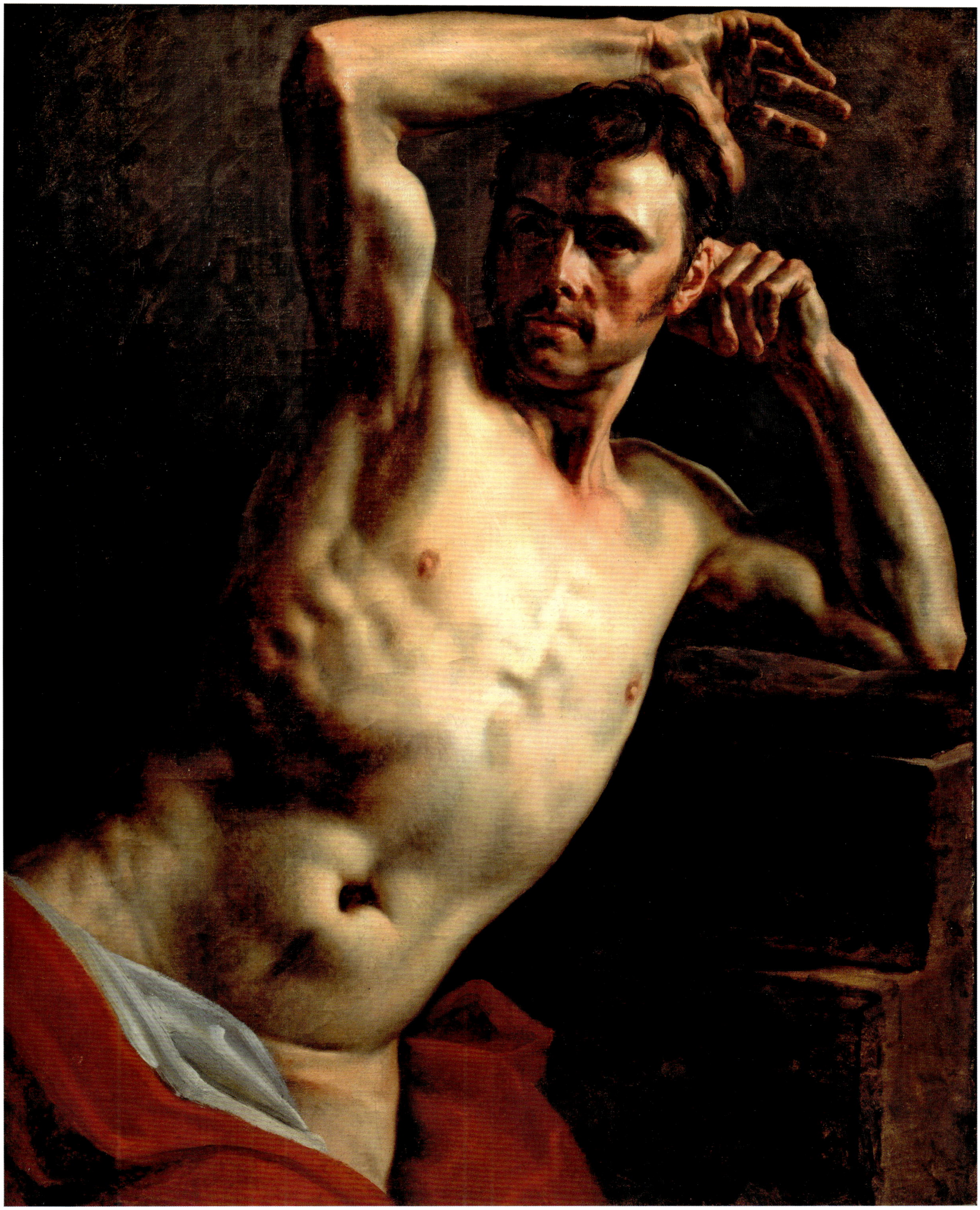

Study of a Model
At same time as *The Raft of Medusa*, Géricault prepared this study, taking Joseph again as his model. In this case it is a real portrait, close up and very expressive.

Étude d'un modèle pour *Le Radeau de la Méduse*
À la même époque que *Le Radeau de la Méduse*, Géricault réalise cette étude en prenant une nouvelle fois pour modèle Joseph. Il s'agit là d'un véritable portrait, en plan rapproché, très expressif.

Studie nach einem Modell
Zeitgleich mit *Das Floß der Medusa* schuf Géricault diese Studie. Auch hier stand Joseph Modell. Dies ist ein echtes Porträt, in Nahaufnahme und sehr ausdrucksstark.

Estudio de un modelo para *La balsa de la Medusa*
Al mismo tiempo que *La balsa de la Medusa*, Géricault realizó este estudio, utilizando una vez más a Joseph como modelo. Este es un verdadero retrato, de cerca, muy expresivo.

Estudo segundo um modelo
Um jovem haitiano chamado Joseph foi o modelo para o estudo de Géricault sobre sua pintura *A Jangada da Medusa*.
Na pintura final ele pode ser visto no topo da «pirâmide».

Studie naar een model
Tegelijkertijd met *Het vlot van de Medusa* maakte Géricault deze studie, opnieuw met Jozef als model. Het gaat hier om een echt portret, van dichtbij en zeer expressief.

THÉODORE GÉRICAULT (1791-1824)
c. 1818/19, Oil on canvas/Huile sur toile, 47 × 38,7 cm, J. Paul Getty Museum, Los Angeles

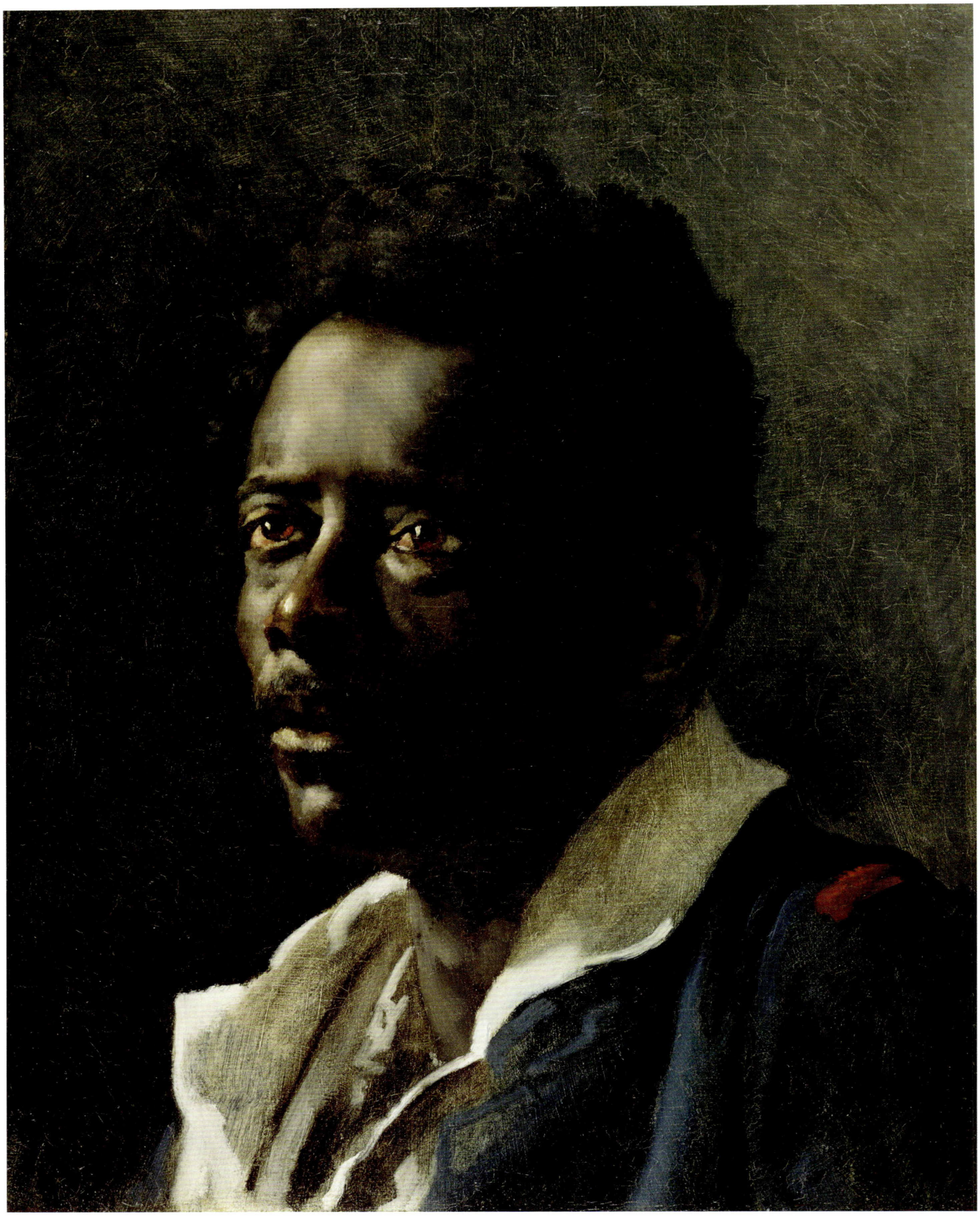

THÉODORE GÉRICAULT
(1791-1824)
c. 1815/16, Oil on canvas/
Huile sur toile, 61 × 49 cm,
Musée Fabre, Montpellier

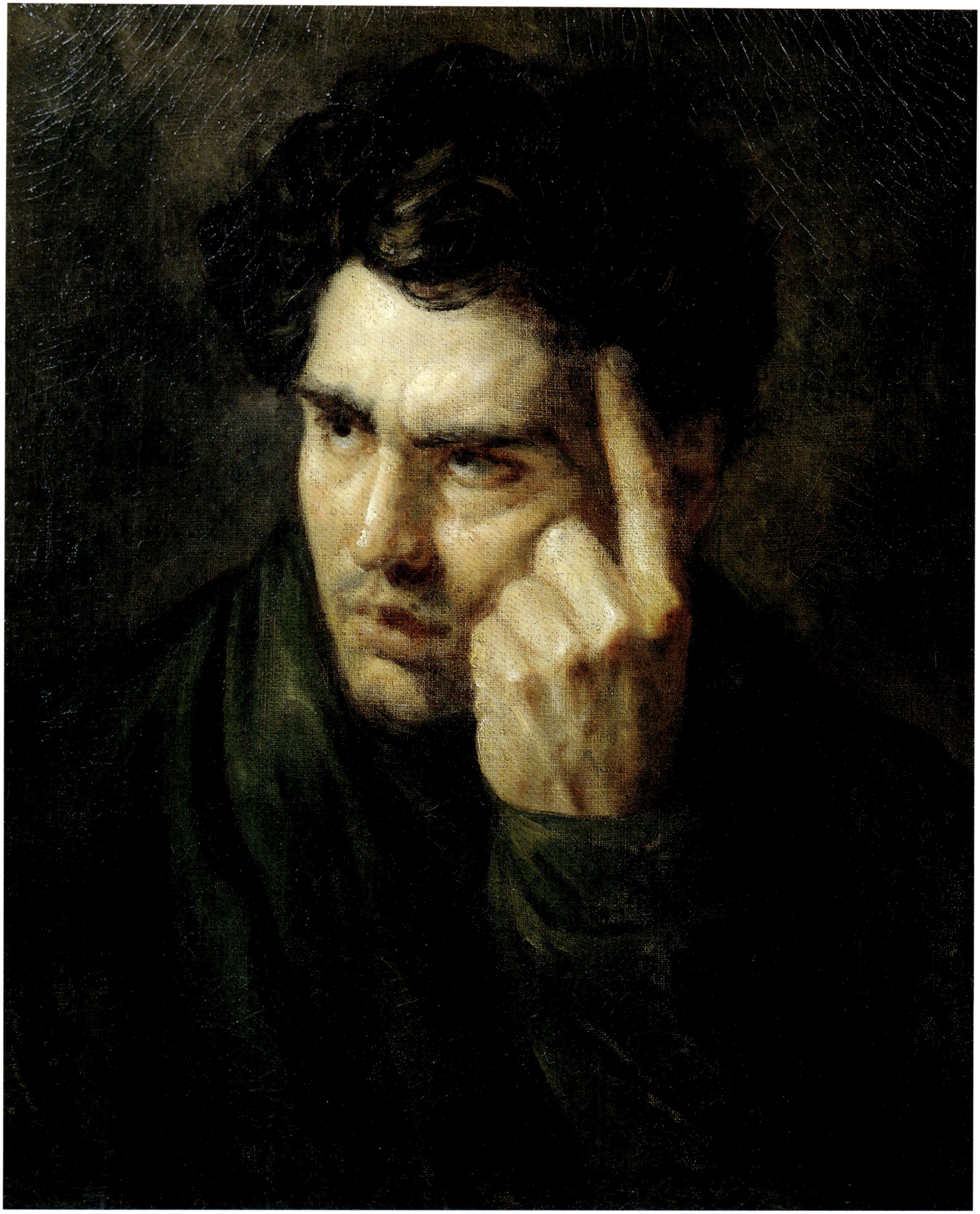

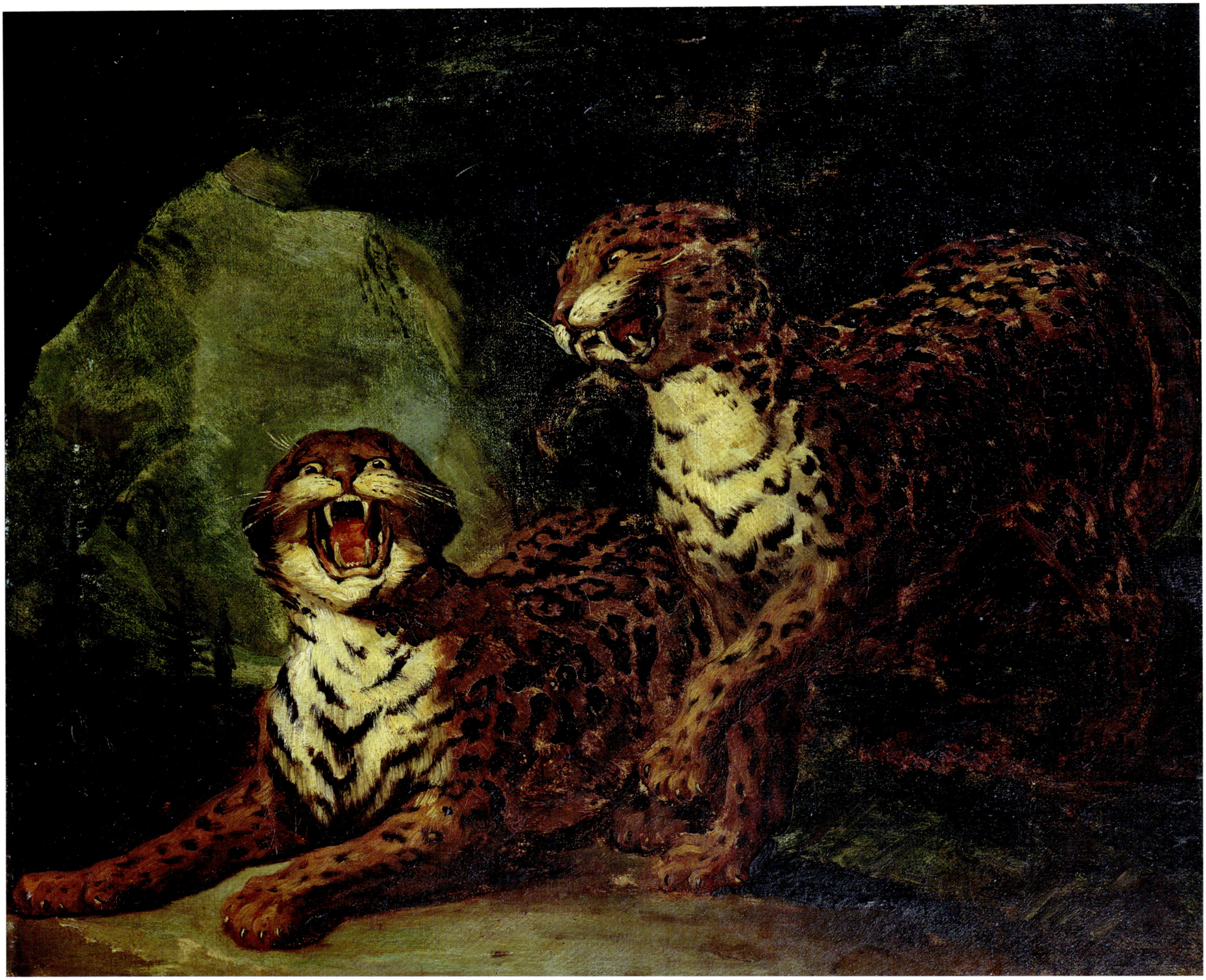

Two Leopards
Due to the «exotic» motif, the painting is close to Orientalism. But the animal portrait was made in England. Géricault thus ties in with a theme he had been dealing with since 1811.

Deux léopards
Malgré son sujet « exotique » qui le rapprocherait de l'orientalisme, ce tableau animalier a sans doute été peint en Angleterre. Géricault renoue alors avec un thème qui l'a passionné dès 1811.

Zwei Leoparden
Durch das „exotische" Motiv steht das Gemälde dem Orientalismus nahe. Das Tierporträt entstand aber in England. Géricault knüpft damit an ein Thema an, mit dem er sich seit 1811 auseinandersetzte.

Dos leopardos
Debido al motivo «exótico», la pintura se acerca al orientalismo. Pero el retrato del animal fue hecho en Inglaterra. Géricault se relaciona así con un tema que había tratado desde 1811.

Dois Leopardos
Devido ao motivo «exótico», a pintura aproxima-se do Orientalismo. Mas o retrato animal foi feito em Inglaterra. Géricault relaciona-se assim com um tema de que se ocupava desde 1811.

Twee luipaarden
Door het 'exotische' motief komt het schilderij oriëntaals over. Maar het dierenportret is gemaakt in Engeland. Géricault borduurde daarmee voort op een thema dat hem sinds 1811 bezighield.

THÉODORE GÉRICAULT (1791-1824)

c. 1820, Oil on canvas/Huile sur toile, 59 × 72,5 cm, Musée des Beaux-Arts, Rouen

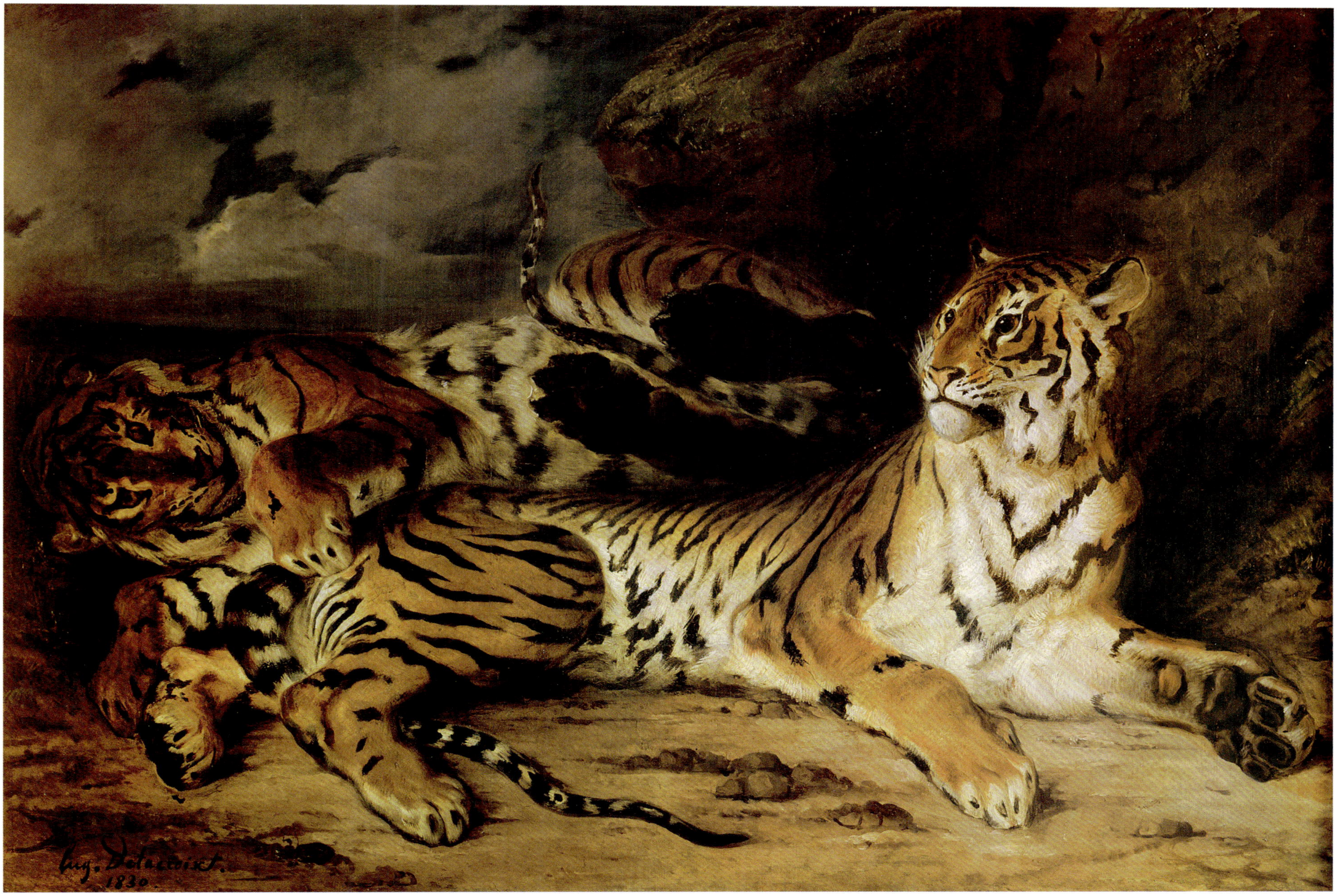

Young Tiger playing with its Mother

Étude de deux tigres *dit aussi* Jeune tigre jouant avec sa mère

Studie von zwei Tigern *oder* Junger Tiger spielt mit seiner Mutter

Estudio de dos tigres *o* tigres jóvenes jugando con su madre

Estudo de dois tigres *ou* jovem tigre brinca com sua mãe

Studie van twee tijgers *of* Jonge tijger spelend met zijn moeder

EUGÈNE DELACROIX (1798-1863)

1830, Oil on canvas/Huile sur toile, 130,5 × 195 cm, Musée du Louvre, Paris

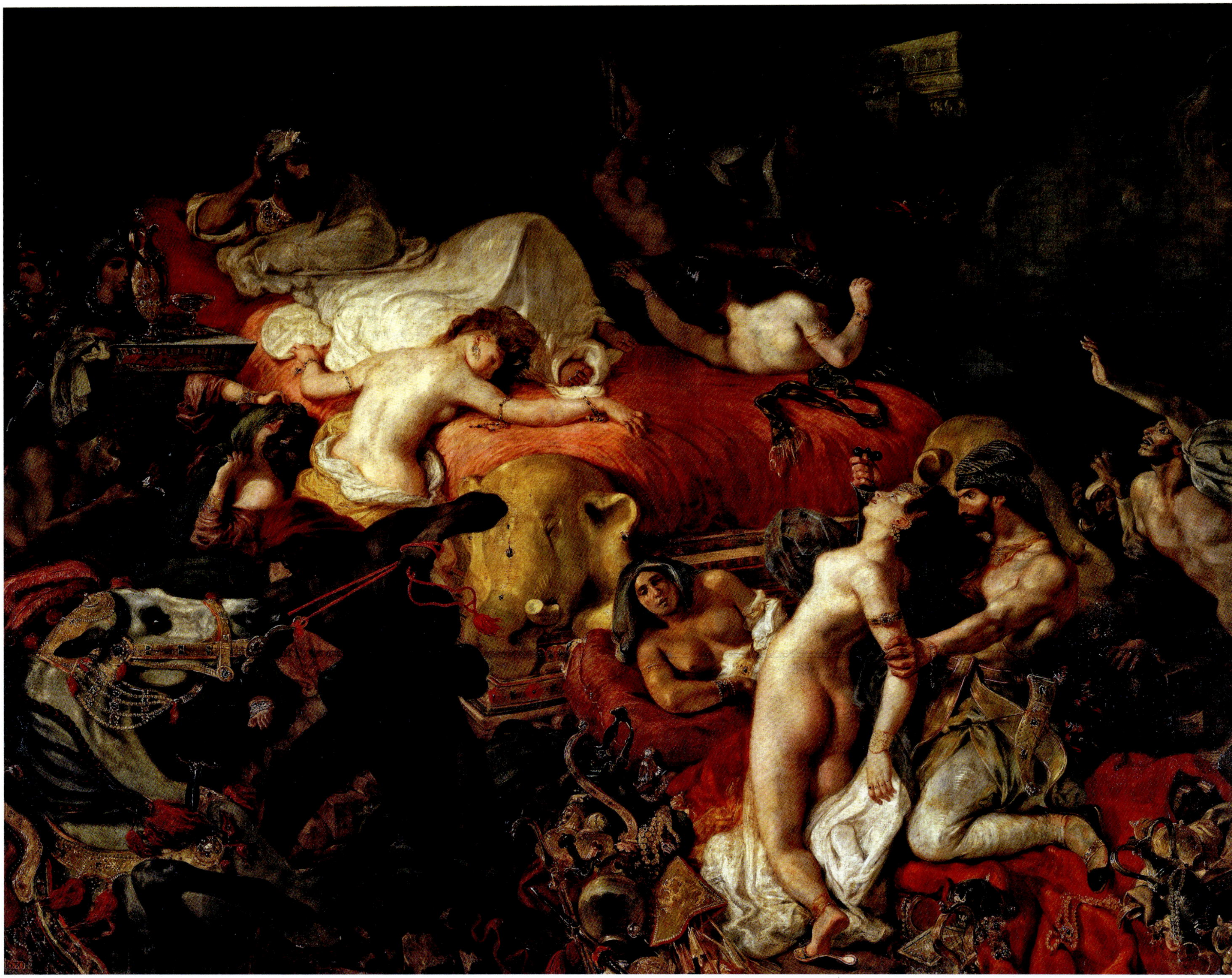

The Death of Sardanapalus
With powerful colors Delacroix relates the legend in which Sardanapalus, King of Nineveh, accompanied by his favourite ladies and slaves, commits suicide after setting fire to his besieged city.

La Mort de Sardanapale
Dans un tourbillon de couleurs, Delacroix relate l'épisode où Sardanapale, roi légendaire de Ninive, se suicide entouré de ses favorites et de ses esclaves, après avoir mis le feu à sa ville assiégée.

EUGÈNE DELACROIX (1798-1863)

1827, Oil on canvas/Huile sur toile, 392 × 496 cm, Musée du Louvre, Paris

Der Tod des Sardanapal
Farbgewaltig stellt Delacroix die Sage dar, in der Sardanapal, der König von Ninive, in Begleitung seiner Lieblingsdamen und Sklaven Selbstmord begeht, nachdem er seine belagerte Stadt in Brand stecken ließ.

La muerte de Sardanapal
En un torbellino de colores, Delacroix cuenta el episodio en el que Sardanapale, legendario rey de Nínive, se suicidó rodeado de sus favoritas y esclavos, después de incendiar su ciudad asediada.

A morte de Sardanapal
Delacroix é uma lenda colorida em que Sardanapal, Rei de Nínive, acompanhado pelas suas damas e escravas favoritas, se suicida depois de incendiar a sua cidade sitiada.

De dood van Sardanapalus
Vol kleur geeft Delacroix de legende weer waarin Sardanapalus, de koning van Ninevé, samen met zijn favoriete dames en slaven, zelfmoord pleegt nadat hij zijn belegerde stad in brand heeft gestoken.

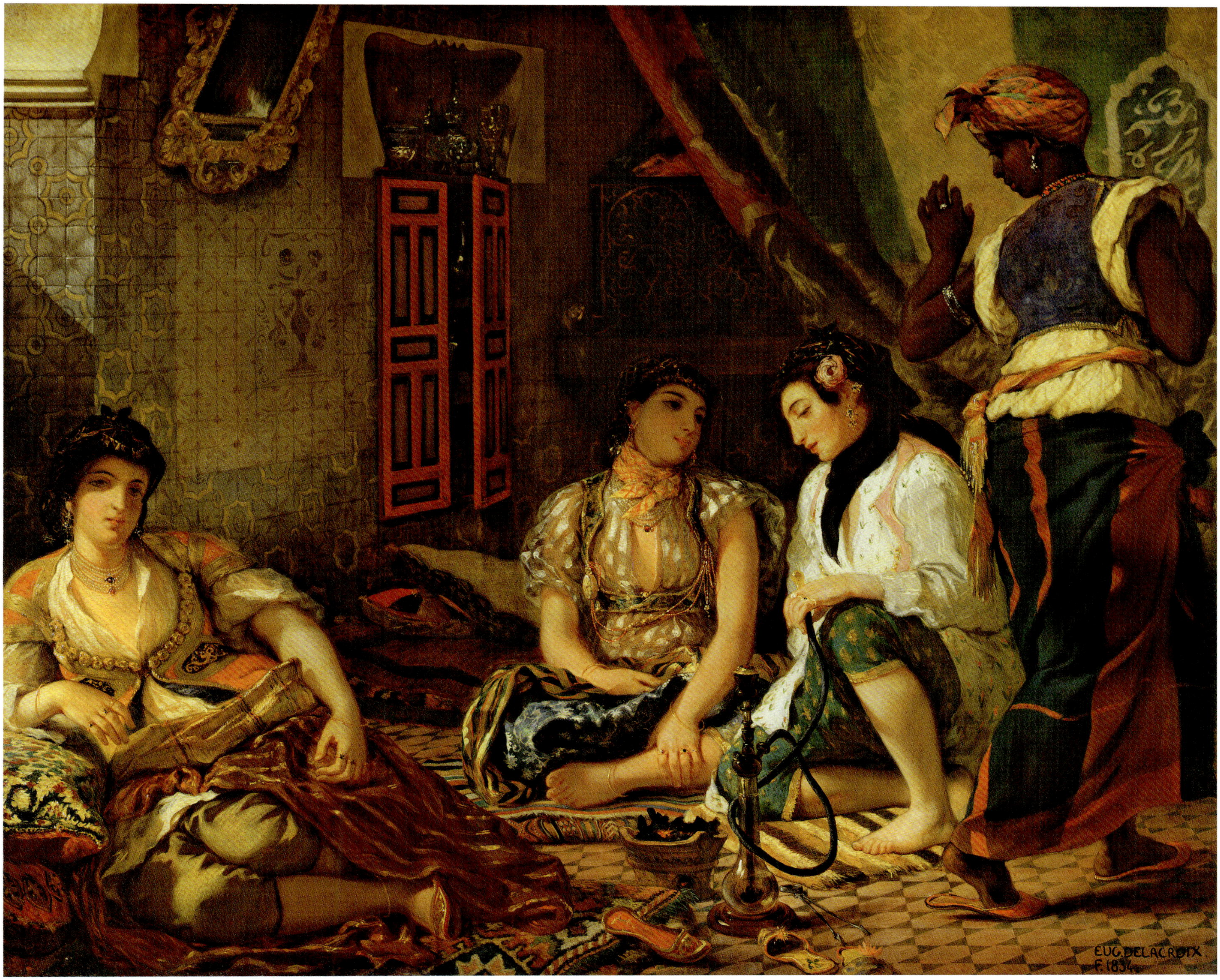

Women of Algiers in their Apartment
Delacroix had the rare privilege of gaining access to a harem. A melancholic scene emerged, oscillating between romanticism and realism, breaking with the images of an idealized Orient.

Femmes d'Alger dans leur appartement
Delacroix eut le privilège, habituellement refusé aux hommes, de pénétrer dans un harem. Entre naturalisme et romantisme, il peint une scène mélancolique, qui rompt avec les visions d'un Orient idéalisé.

Die Frauen von Algier
Delacroix hatte das seltene Privileg, Zugang zu einem Harem zu erhalten. Es entstand eine melancholische Szene, die zwischen Romantik und Realismus schwankt und mit den Abbildungen eines idealisierten Orients bricht.

Las mujeres de Argel
Delacroix tuvo el raro privilegio de tener acceso a un harén. Surgió una escena melancólica, oscilando entre el romanticismo y el realismo, rompiendo con las imágenes de un Oriente idealizado.

As mulheres de Argel
Delacroix teve o raro privilégio de ter acesso a um harém. Surgiu uma cena melancólica, oscilando entre romantismo e realismo, rompendo com as imagens de um Oriente idealizado.

De vrouwen van Algiers in hun vertrek
Delacroix genoot het zeldzame voorrecht om toegang te krijgen tot een harem. Hij schilderde een melancholiek tafereel dat schommelt tussen romantiek en realisme, waarbij hij breekt met de afbeelding van een geïdealiseerde Oriënt.

EUGÈNE DELACROIX (1798-1863)

1834, Oil on canvas/Huile sur toile, 180 × 229 cm, Musée du Louvre, Paris

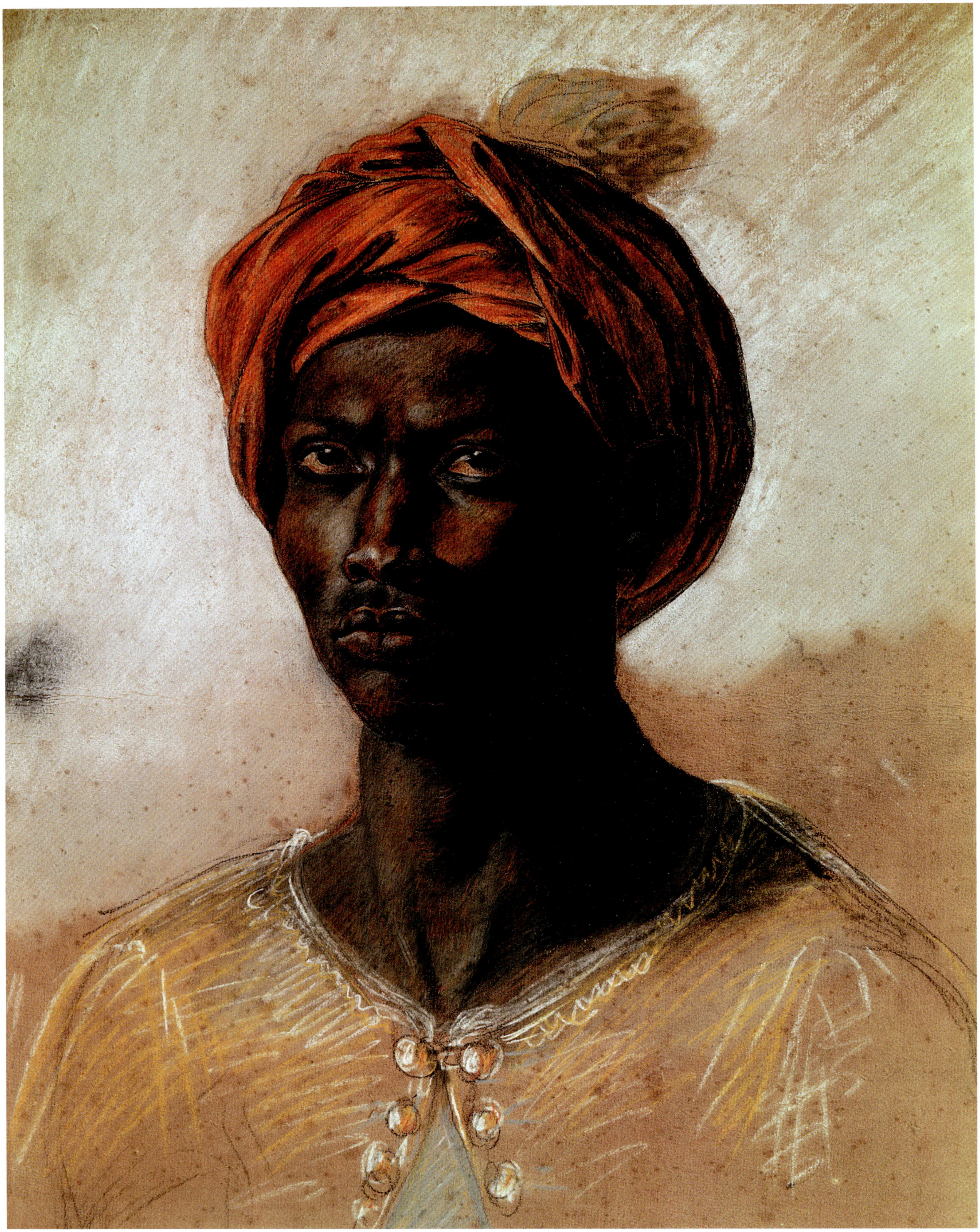

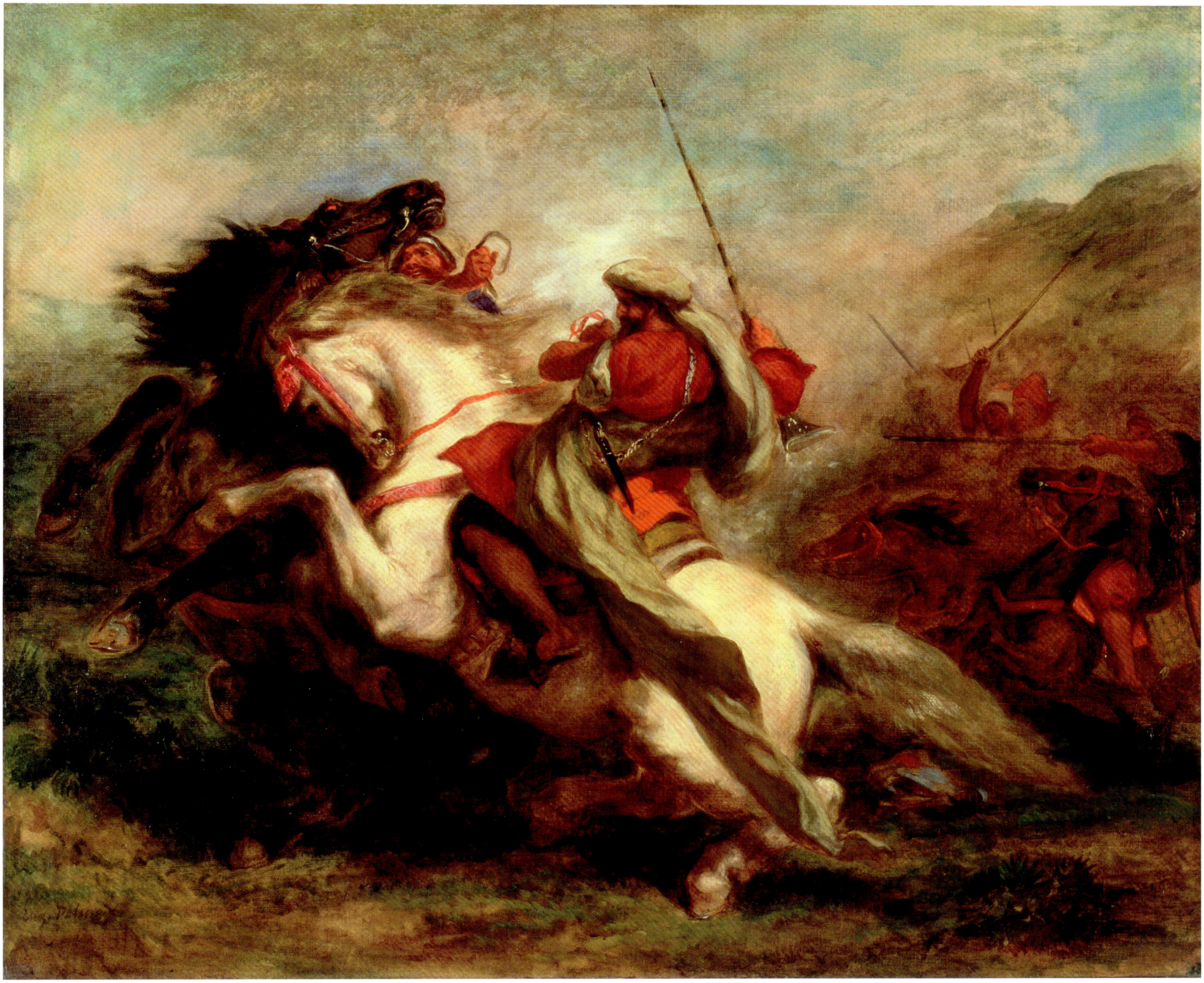

Portrait of a Turk in a Turban

Nègre vu en buste, la tête coiffée d'un turban rouge

Porträt eines Türken mit Turban

Retrato de un turco con turbante

Retrato de um turco com Turban

Portret van een Turk met tulband

EUGÈNE DELACROIX (1798-1863)

c. 1826, Pastel on chamois paper/Pastel sur papier chamois,

47 × 38 cm, musée national Eugène Delacroix, Paris

Collision of the Moorish Horsemen

Rencontre de cavaliers maures

Gefecht maurischer Reiter

Combate de la caballería morisca

Combate à cavalaria mourisca

Botsing van Moorse ruiters

EUGÈNE DELACROIX (1798-1863)

1843/44, Oil on canvas/Huile sur toile,

81,3 × 99,1 cm, Walters Art Museum, Baltimore

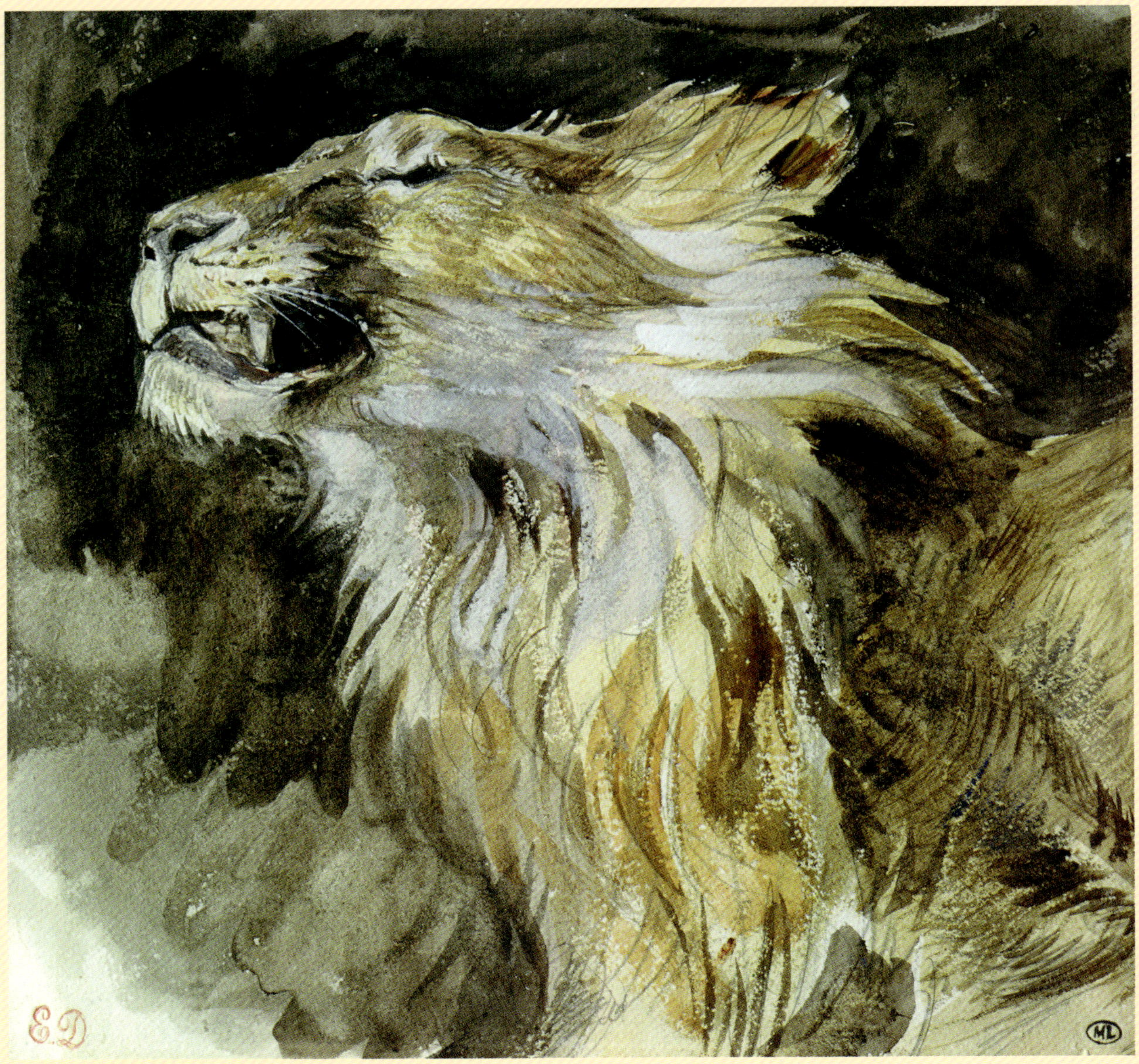

Head of a Lion

Tête de lion rugissant

Kopf eines Löwen

Cabeza de león

Cabeça de leão

Kop van een leeuw

EUGÈNE DELACROIX (1798-1863)
c 1833-35, Watercolour on pencil lines, gouache enhancement/Aquarelle sur traits de crayon, rehaut de gouache, 18 × 19 cm, Musée du Louvre, Paris

Eugène Delacroix

Eugène Delacroix (1798-1863), the youngest in a family of four children, devoted himself to drawing and literature at an early age. When his parents died, his uncle Henri-François Riesener encouraged him to visit the studio of the history painter Pierre Narcisse Guérin. In 1822, the painter sponsored by Théodore Géricault was already represented at the Salon with his work *The Barque of Dante.* But he quickly moved away from academicism and turned to romanticism. Two masterpieces helped the admirer of Raphael, Titian and Rubens to his breakthrough: *Massacre at Chios* (1824) and *The Death of Sardanapalus* (1827). In 1831 he presented his painting *Liberty Leading the People* - a mixture between an allegory and a contemporary motif. The following year he set off for Morocco - a journey that was to have a lasting impact on him. The landscapes, colors, customs and garments inspired him to create more than 70 works, making him one of the greatest Oriental painters of the 19th century.

Eugène Delacroix

Dernier d'une famille de quatre enfants, Eugène Delacroix (1798-1863) se passionne pour le dessin et la lecture dès son plus jeune âge. À la mort de ses parents, son oncle Henri-François Riesener le prend sous son aile, et lui permet d'entrer dans l'atelier du peintre d'histoire Pierre Narcisse Guérin. Présent au Salon officiel dès 1822 avec *Dante et Virgile aux Enfers* et repéré par Théodore Géricault, Delacroix va rapidement s'éloigner de tout académisme. Il préférera le souffle romantique. Admirateur de Raphaël, de Titien, de Rubens…, Delacroix devient célèbre grâce à deux chefs-d'œuvre, *Scène des Massacres de Scio,* en 1824, et *La Mort de Sardanapale,* en 1827. En 1831, il présente *La Liberté guidant le peuple,* entre allégorie et peinture contemporaine. L'année suivante, il part pour le Maroc, une découverte qui sera un véritable éblouissement. Paysages, couleurs, coutumes et costumes lui inspireront plus de soixante-dix œuvres qui feront de lui l'un des plus grands peintres orientalistes du XIXe siècle.

Eugène Delacroix

Eugène Delacroix (1798–1863), der Jüngste in einer Familie mit vier Kindern, widmete sich schon früh den Zeichnen und der Literatur. Als seine Eltern sterben, ermuntert ihn sein Onkel Henri-François Riesener, das Atelier des Historienmalers Pierre Narcisse Guérin zu besuchen. 1822 ist der von Théodore Géricault protegierte Maler mit seinem Werk *Die Dante-Barke* bereits auf dem Salon vertreten. Er entfernt sich aber schnell von jeglichem Akademismus und wendet sich der Romantik zu. Zwei Meisterwerke verhelfen dem Bewunderer von Raffael, Tizian und Rubens zu seinem Durchbruch: *Das Massaker von Chios* (1824) und *Der Tod des Sardanapal* (1827). Im Jahr 1831 präsentiert er sein *Gemälde Die Freiheit führt das Volk* – eine Mischung zwischen einer Allegorie und einem zeitgenössischen Motiv. Im darauffolgenden Jahr bricht er nach Marokko auf – eine Reise, die ihn nachhaltig prägen wird. Die Landschaften, Farben, Bräuche und Gewänder inspirieren ihn zu mehr als 70 Werken, die ihn zu einem der größten Orientmaler des 19. Jahrhunderts machen.

Lioness Reclining

Lionne allongée

Liegende Löwin

Leona tumbada

Leoa mentirosa

Liggende leeuwin

EUGÈNE DELACROIX (1798-1863)

c. 1855, Oil on panel/Huile sur panneau, 26,6 × 45 cm, Minneapolis Institute of Arts, Minneapolis

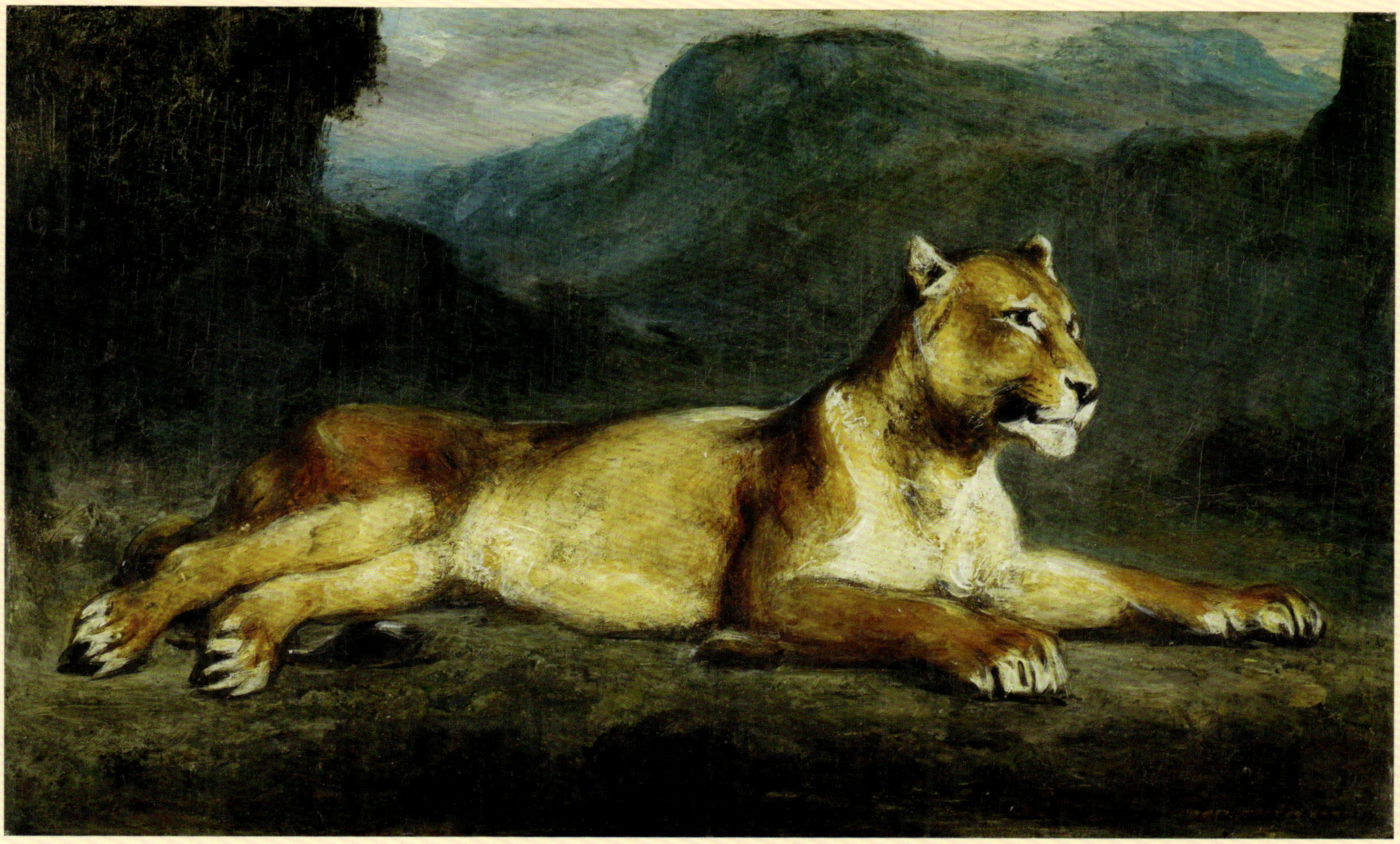

Eugène Delacroix

Eugène Delacroix (1798-1863), el menor de una familia de cuatro hijos, se dedicó desde muy joven al dibujo y la literatura. A la muerte de sus padres, su tío Henri-François Riesener le animó a visitar el taller del pintor de historia Pierre Narcisse Guérin. En 1822, el pintor apadrinado de Théodore Géricault ya estaba representado en el Salón con su obra *La barca de Dante*. Pero rápidamente se alejó del academicismo y recurrió al romanticismo. Dos obras maestras ayudaron al admirador de Rafael, Tiziano y Rubens a su descubrimiento: *La matanza de Quíos* (1824) y *La Muerte de Sardanápalo*(1827). En 1831 presentó su cuadro *La libertad guiando al pueblo,* una mezcla entre una alegoría y un motivo contemporáneo. Al año siguiente se dirige a Marruecos, un viaje que tendrá un impacto duradero en él. Los paisajes, los colores, las costumbres y las prendas de vestir lo inspiraron a crear más de 70 obras, convirtiéndolo en uno de los más grandes pintores orientales del siglo XIX.

Eugène Delacroix

Eugène Delacroix (1798-1863), o mais novo de uma família de quatro filhos, dedicou-se desde cedo ao desenho e à literatura. Quando seus pais morreram, seu tio Henri-François Riesener o encorajou a visitar o estúdio do pintor de história Pierre Narcisse Guérin. Em 1822, o pintor protegiert de Théodore Géricault já estava representado no Salão com sua obra *O Dante Barque*. Mas ele rapidamente se afastou do academicismo e virou-se para o romantismo. Duas obras-primas ajudaram o admirador de Rafael, Ticiano e Rubens na sua descoberta: *o massacre de Chios* (1824) e *a morte de Sardanapal* (1827). Em 1831 ele apresentou sua pintura *Freedom Leads the People* - uma mistura entre uma alegoria e um motivo contemporâneo. No ano seguinte, parte para Marrocos - uma viagem que terá um impacto duradouro sobre ele. As paisagens, cores, costumes e vestuário inspiraram-no a criar mais de 70 obras, tornando-o um dos maiores pintores orientais do século XIX.

Eugène Delacroix

Eugène Delacroix (1798-1863), de jongste in een gezin met vier kinderen, wijdde zich al op jonge leeftijd aan het tekenen en de literatuur. Toen zijn ouders stierven, moedigde zijn oom Henri-François Riesener hem aan om het atelier van de historieschilder Pierre Narcisse Guérin te bezoeken. In 1822 was de door Théodore Géricault beschermde schilder al met *De boot van Dante* vertegenwoordigd op de Salon. Hij stapte echter al snel over van elke uiting van academisme naar de romantiek. Twee meesterwerken hielpen de bewonderaar van Rafaël, Titiaan en Rubens bij zijn doorbraak: *Het bloedbad van Chios* (1824) en *De dood van Sardanapalus* (1827). In 1831 presenteerde hij zijn schilderij *De Vrijheid leidt het volk* – een mengeling van een allegorie en een eigentijds motief. Het jaar daarop vertrok hij naar Marokko – een reis die hem blijvend zou beïnvloeden. De landschappen, kleuren, gewoontes en kleding inspireerden hem tot meer dan zeventig werken, waardoor hij een van de grootste oriëntschilders van de 19e eeuw werd.

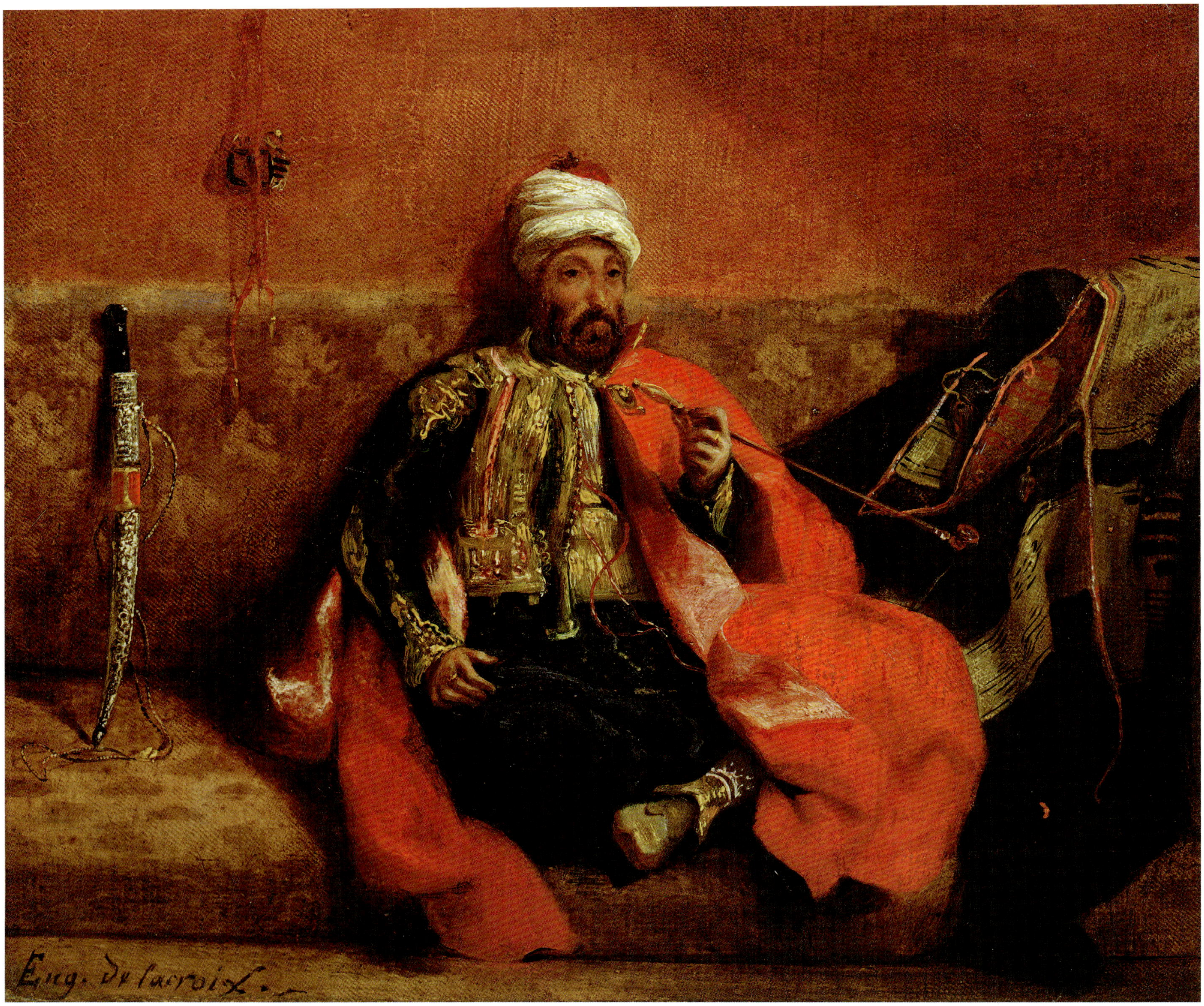

Turk Sitting Smoking on a Couch
Whether in his imagination or based on true experiences - the Orient was an important source of inspiration for Delacroix. The portrait shows a Turk in a comfortable pose, smoking a long Arabic pipe.

Turc fumant, assis sur un divan
Fantasmé ou vécu, l'Orient représente une part très importante des sources d'inspiration de Delacroix. Il peint ici le portrait d'un Turc confortablement installé en train de fumer une longue pipe arabe.

Rauchender Türke auf einem Divan
In seiner Fantasie oder basierend auf wahren Erlebnissen - der Orient war für Delacroix eine wichtige Inspirationsquelle. Das Porträt zeigt einen Türken in bequemer Pose beim Rauchen einer langen arabischen Pfeife.

Turco fumando en un diván
En su imaginación o basado en experiencias reales, el Oriente fue una importante fuente de inspiración para Delacroix. El retrato muestra a un turco en una cómoda pose fumando una larga pipa árabe.

Fumando Turk em um Divan
Em sua imaginação ou baseado em experiências verdadeiras - o Oriente foi uma importante fonte de inspiração para Delacroix. O retrato mostra um turco numa pose confortável a fumar um longo cachimbo árabe.

Rokende Turk op een divan
Fantasie of echt gebeurd? De Oriënt vormde een belangrijke inspiratiebron voor Delacroix. Dit werk toont een comfortabel zittende Turk die een lange Arabische pijp rookt.

EUGÈNE DELACROIX (1798-1863)
c. 1825, Oil on canvas/Huile sur toile, 25 × 30 cm, Musée du Louvre, Paris

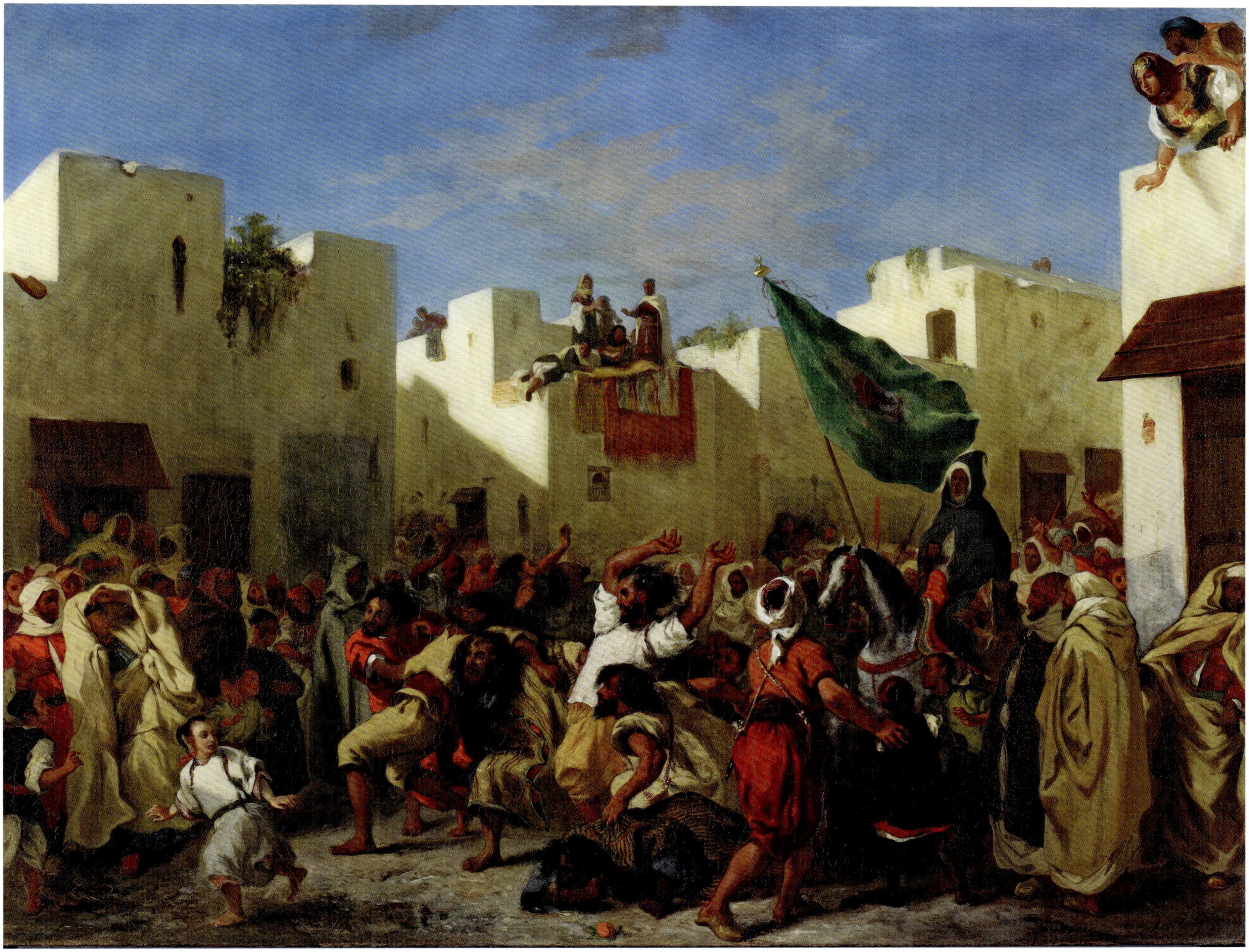

The Fanatics of Tangier

Les Fanatiques de Tanger

Die Fanatiker von Tanger

Los fanáticos de Tánger

Os fanáticos de Tânger

De fanaten van Tanger

EUGÈNE DELACROIX (1798-1863)

c. 1837/38, Oil on canvas/Huile sur toile, 95,5 × 128,5 cm, Minneapolis Institute of Arts, Minneapolis

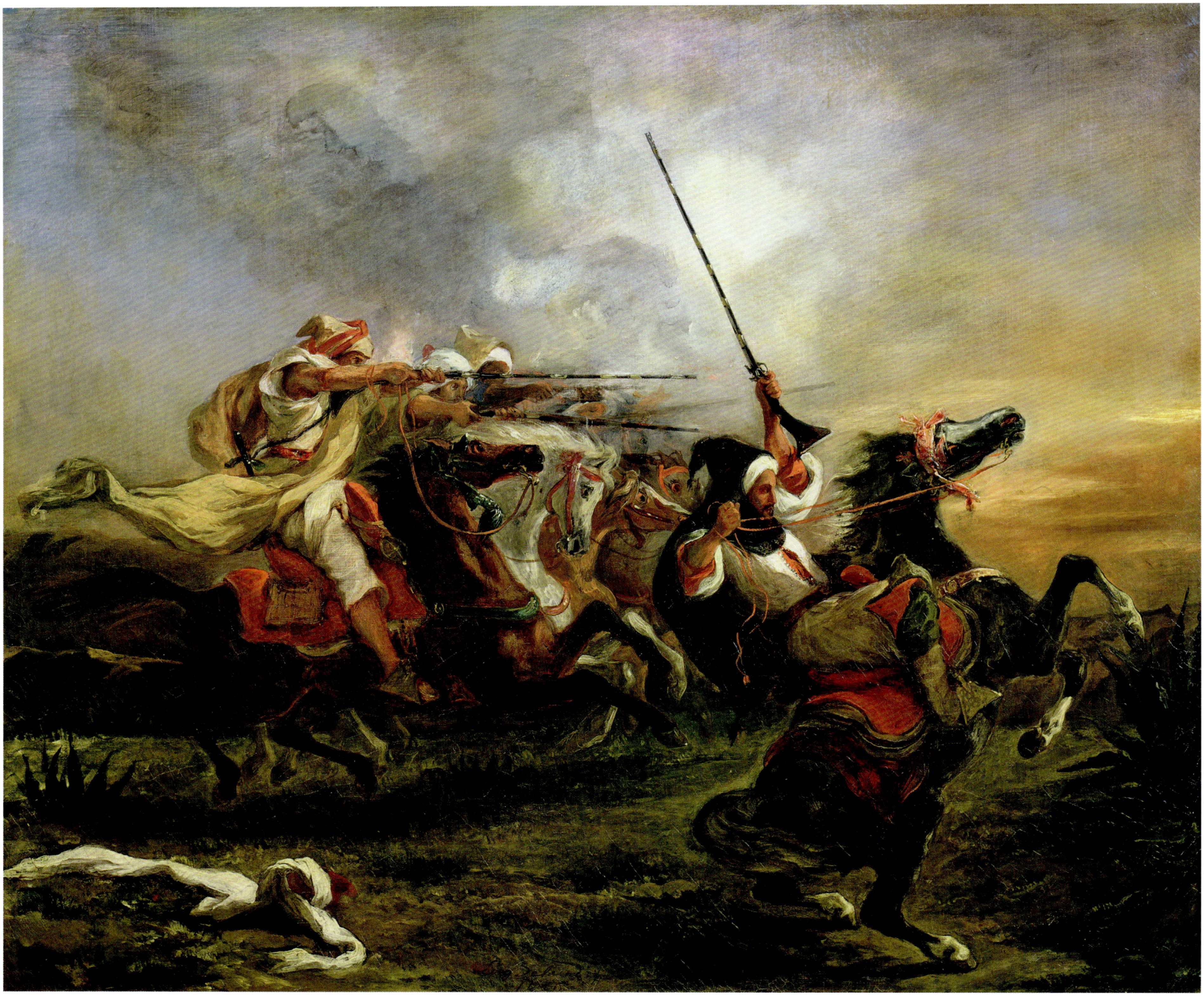

Moroccan Military Exercises

Exercices militaires des Marocains

Marokkanische Militärübungen

Ejercicios militares marroquíes

Exercícios militares marroquinos

Militaire oefeningen van de Marokkaanse ruiters

EUGÈNE DELACROIX (1798-1863)

1832, Oil on canvas/Huile sur toile, 60 × 73 cm, Musée Fabre, Montpellier

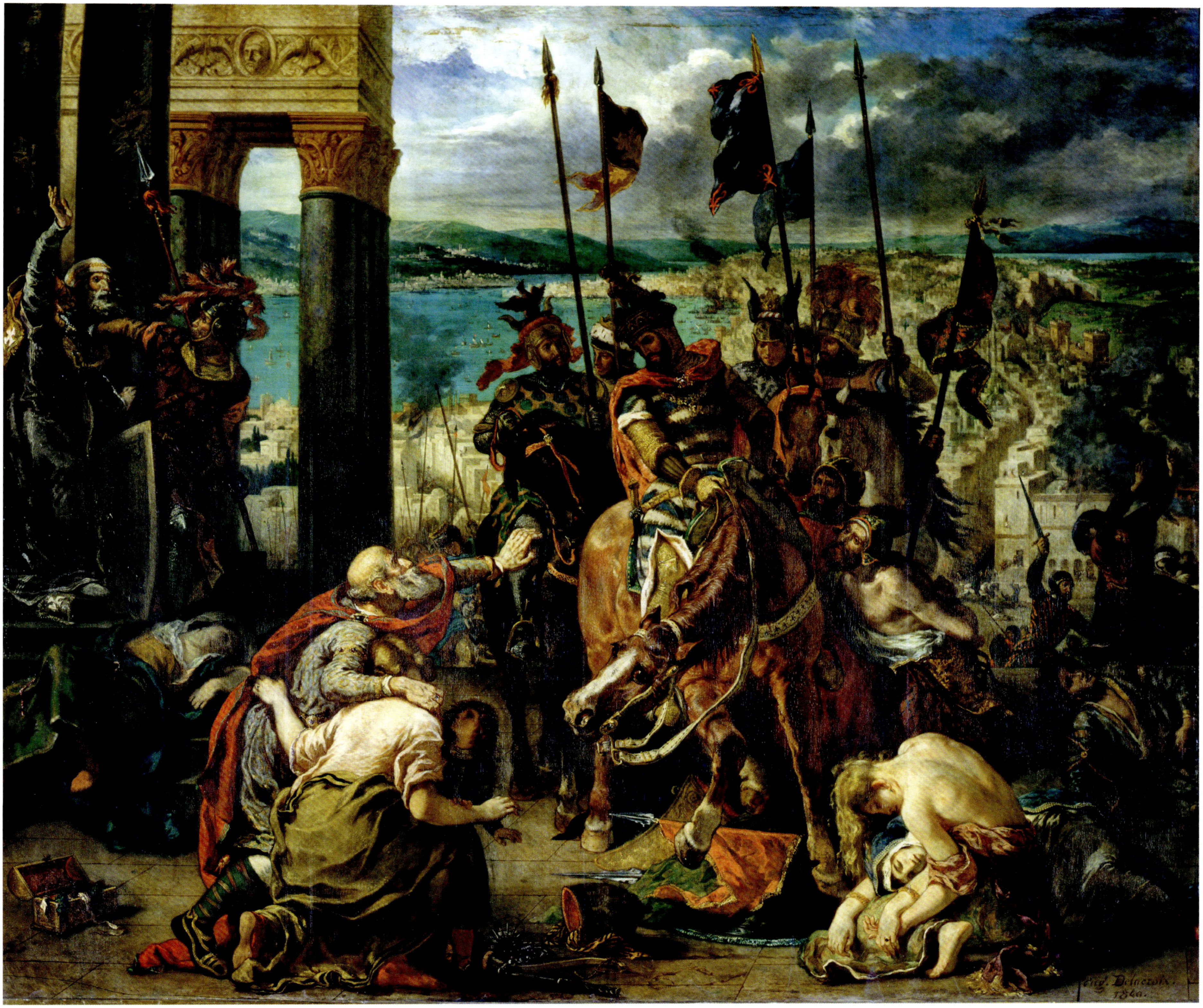

Entrance of the Crusaders in Constantinople

Prise de Constantinople par les Croisés (12 avril 1204) *dit aussi* Entrée des Croisés à Constantinople

Der Einzug der Kreuzfahrer in Konstantinopel

La llegada de los cruzados a Constantinopla

A chegada dos cruzados a Constantinopla

De intocht van de kruisvaarders in Constantinopel (12 april 1204)

EUGÈNE DELACROIX (1798-1863)

1840, Oil on canvas/Huile sur toile, 411 × 497 cm, Musée du Louvre, Paris

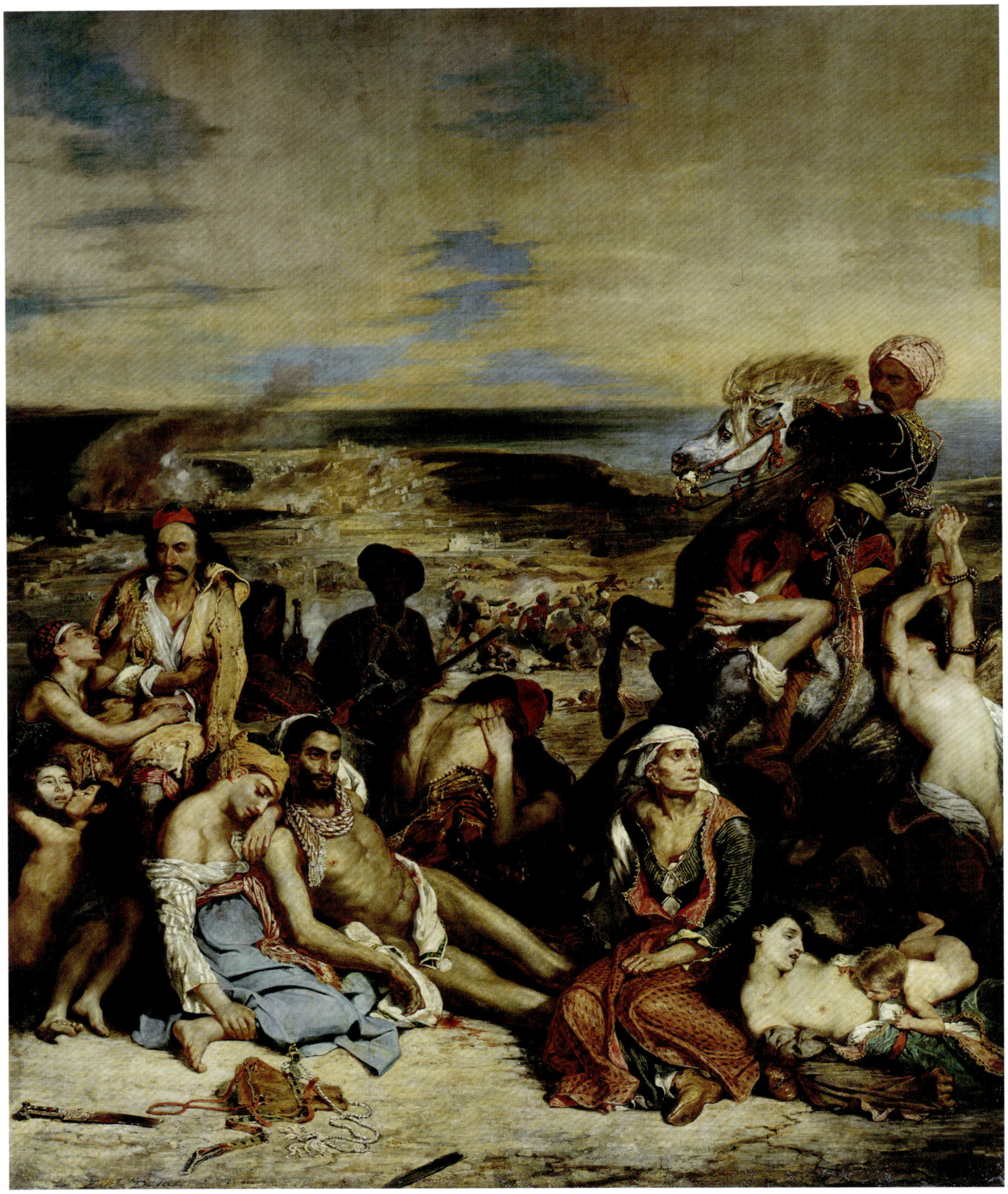

The Massacre at Chios

The Greek-Ottoman conflict also caused a stir at the Salon in 1824. The decentralised composition and the emphasis on colors made the painting a manifesto of Romanticism.

Scène des massacres de Scio, familles grecques attendant la mort ou l'esclavage

Au-delà du sujet - la guerre entre les Grecs et les Turcs -, cette œuvre déroute au Salon de 1824. La composition décentrée et le primat de la couleur sur le dessin en font un manifeste du romantisme.

EUGÈNE DELACROIX (1798-1863)

1822, Oil on canvas/Huile sur toile, 419 × 354 cm, Musée du Louvre, Paris

Das Massaker von Chios

Der griechisch-osmanische Konflikt sorgte auch auf dem Salon 1824 für Aufsehen. Die dezentrale Komposition und die Schwerpunktsetzung auf die Farben machten das Gemälde zu einem Manifest der Romantik.

La matanza de Quíos

El conflicto greco-otomano también causó revuelo en el Salón en 1824. La composición descentralizada y el énfasis en los colores hicieron de la pintura un manifiesto de romanticismo.

O massacre de Chios

O conflito greco-otomano também causou uma agitação no Salão em 1824. A composição descentralizada e a ênfase nas cores fizeram da pintura um manifesto do Romantismo.

Het bloedbad van Chios

Het Grieks-Ottomaanse conflict veroorzaakte ook opschudding op de Salon van 1824. De decentrale compositie en nadruk op kleur maakten het schilderij een manifest van de romantiek.

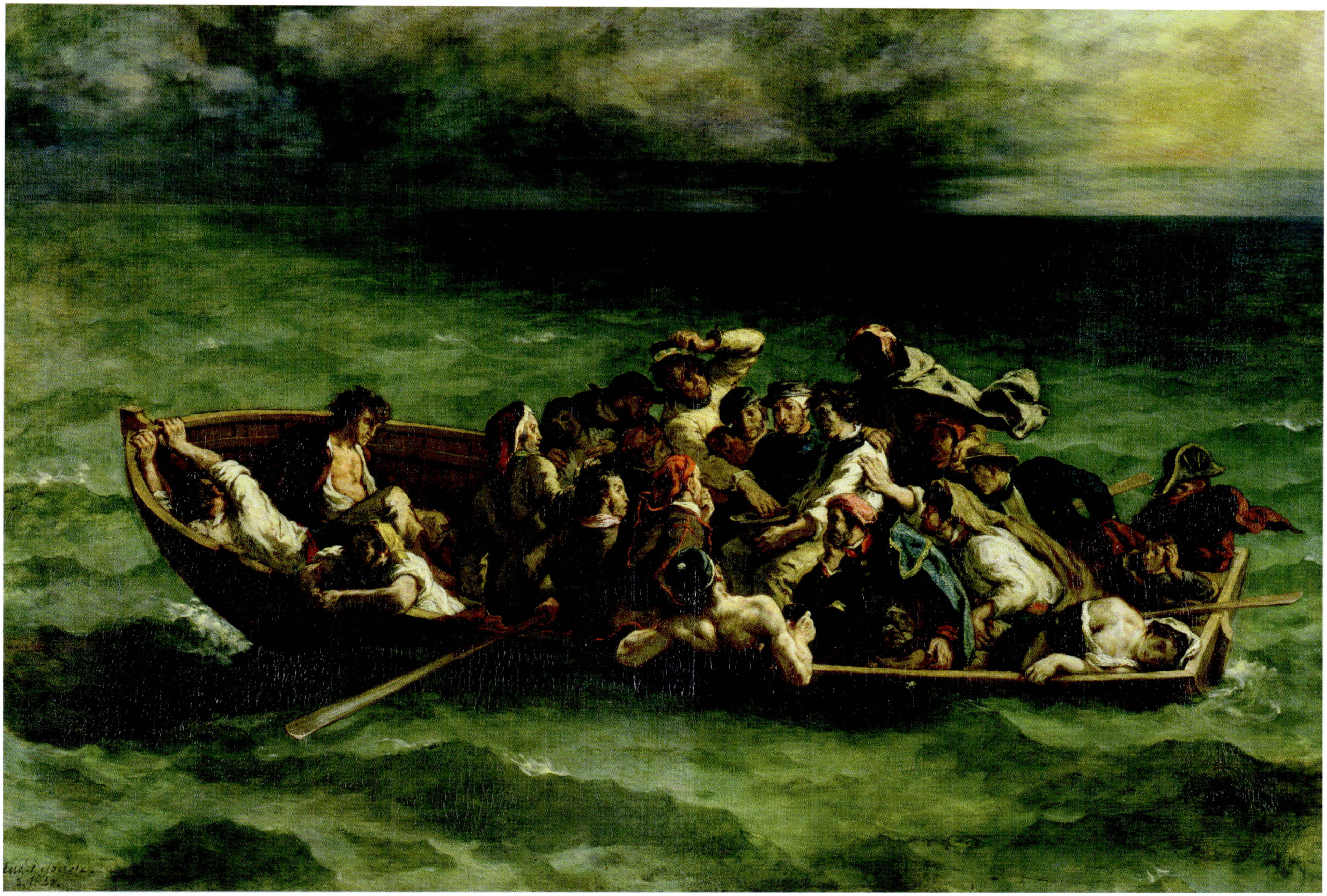

The Shipwreck of Don Juan

Le Naufrage de Don Juan

Die Barke des Don Juan

El naufragio de Don Juan

O Barco de Don Juan

De schipbreuk van de Don Juan

EUGÈNE DELACROIX (1798-1863)

1840, Oil on canvas/Huile sur toile, 135 × 196 cm, Musée du Louvre, Paris

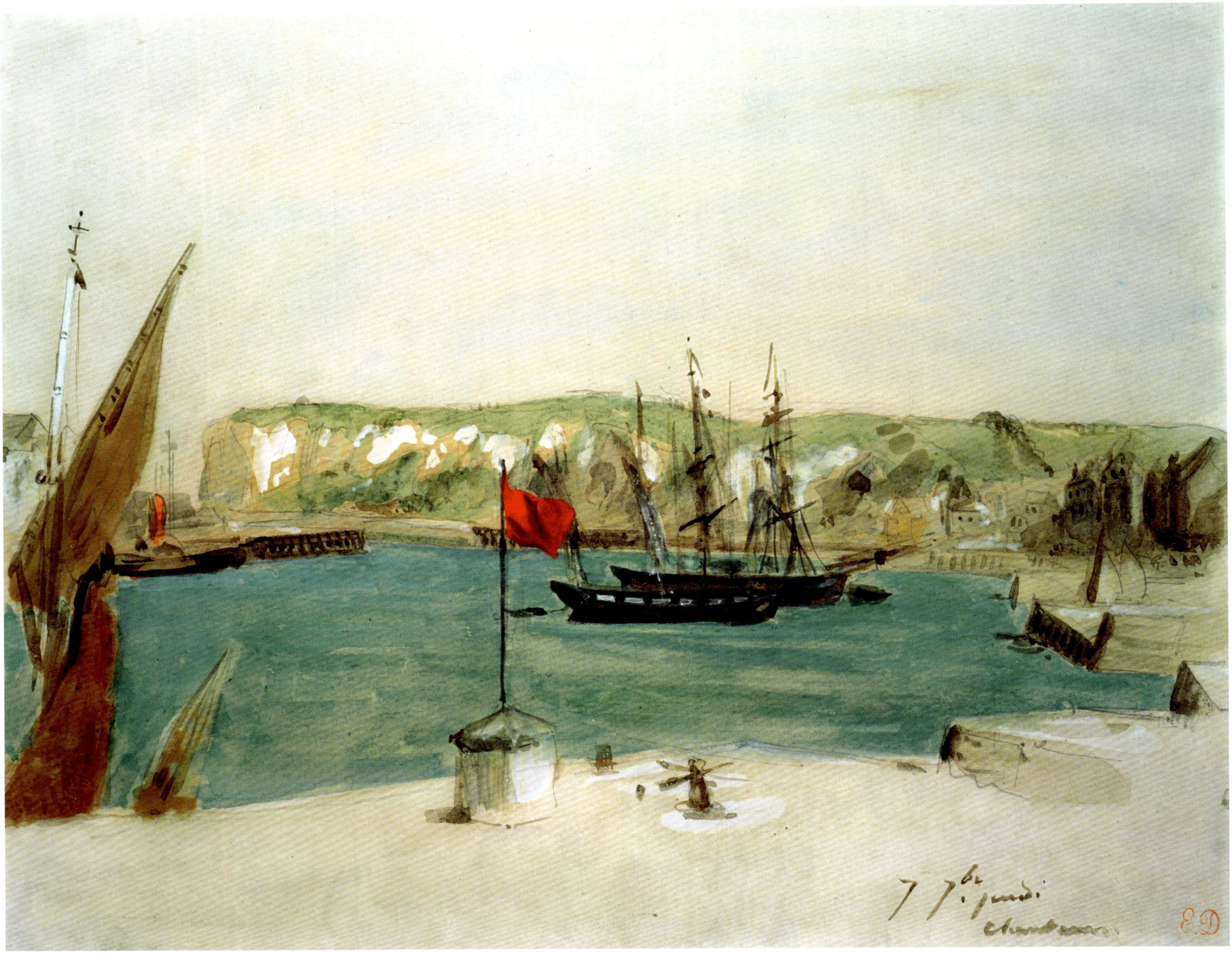

Dieppe, quai Duquesne

EUGÈNE DELACROIX (1798-1863)

c. 1854, Watercolour/Aquarelle, 24 × 31,4 cm, Private collection

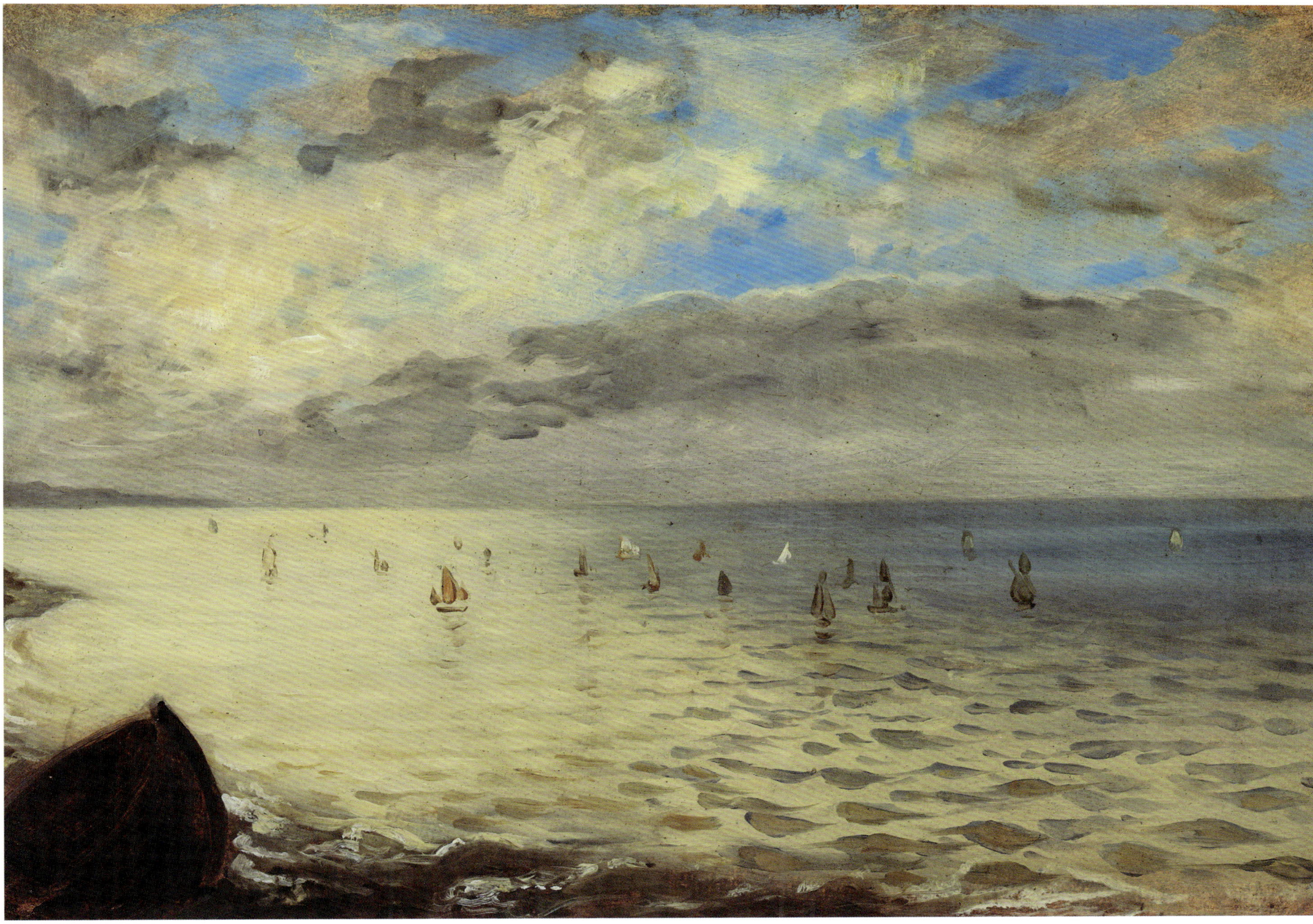

The Sea from the Heights of Dieppe
In this work Delacroix breaks with his usual representations. The peaceful view of the shimmering sea under a cloudy sky looks like an impressionist painting before its time.

La Mer vue des hauteurs de Dieppe
Comment deviner, face à ce paysage, qu'il est de la main de Delacroix ? Cette paisible vue de la mer scintillante, sous un ciel traversé de nuages, a des allures de peinture impressionniste avant l'heure.

Blick von der Anhöhe von Dieppe über das Meer
Mit dem Werk bricht Delacroix mit seinen üblichen Darstellungen. Der friedvolle Ausblick auf das schimmernde Meer unter einem mit Wolken bedeckten Himmel wirkt wie ein impressionistisches Gemälde vor seiner Zeit.

Vista desde la colina de Dieppe sobre el mar
Delacroix rompe con esta obra con sus representaciones habituales. La vista pacífica del mar resplandeciente bajo un cielo nublado parece una pintura impresionista anterior a su tiempo.

Vista da colina de Dieppe sobre o mar
Delacroix rompe com o trabalho com as suas representações habituais. A vista pacífica do mar cintilante sob um céu nublado parece uma pintura impressionista antes do seu tempo.

Uitzicht op zee vanaf de heuvels van Dieppe
Met dit werk brak Delacroix met zijn gebruikelijke voorstellingen. Het vreedzame uitzicht op de glinsterende zee onder een bewolkte hemel oogt als een impressionistisch schilderij van voor zijn tijd.

EUGÈNE DELACROIX (1798-1863)
c. 1852, Oil on canvas /Huile sur toile, 36 × 52 cm, Musée du Louvre, Paris

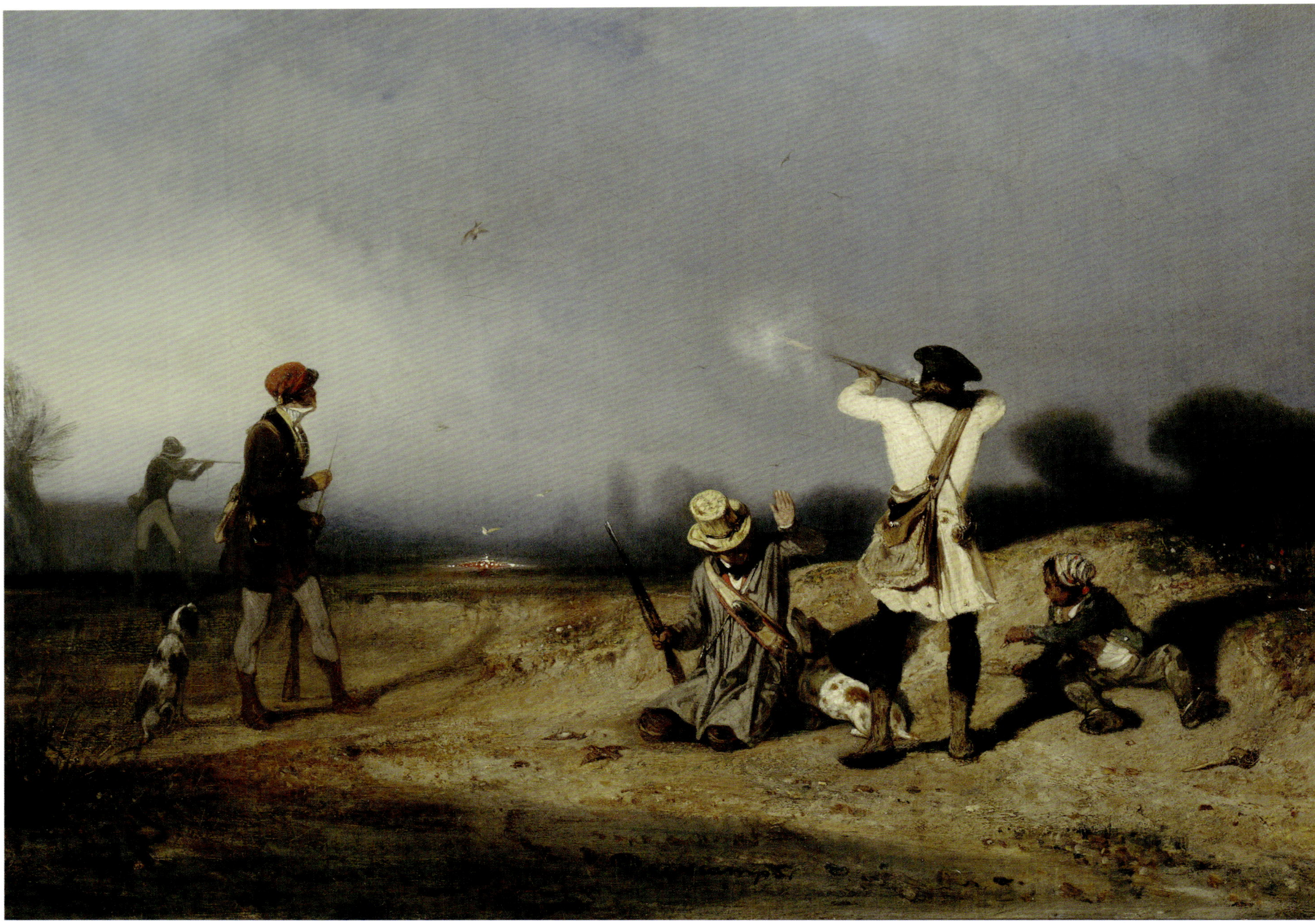

Bird Hunting

La Chasse aux vanneaux

Vogeljagd

Caza de aves

Caça de pássaros

Vogeljacht

ALEXANDRE-GABRIEL DECAMPS (1803-1860)

1830, Oil on canvas/Huile sur toile, 34,8 × 50,8 cm, The Clark, Williamstown

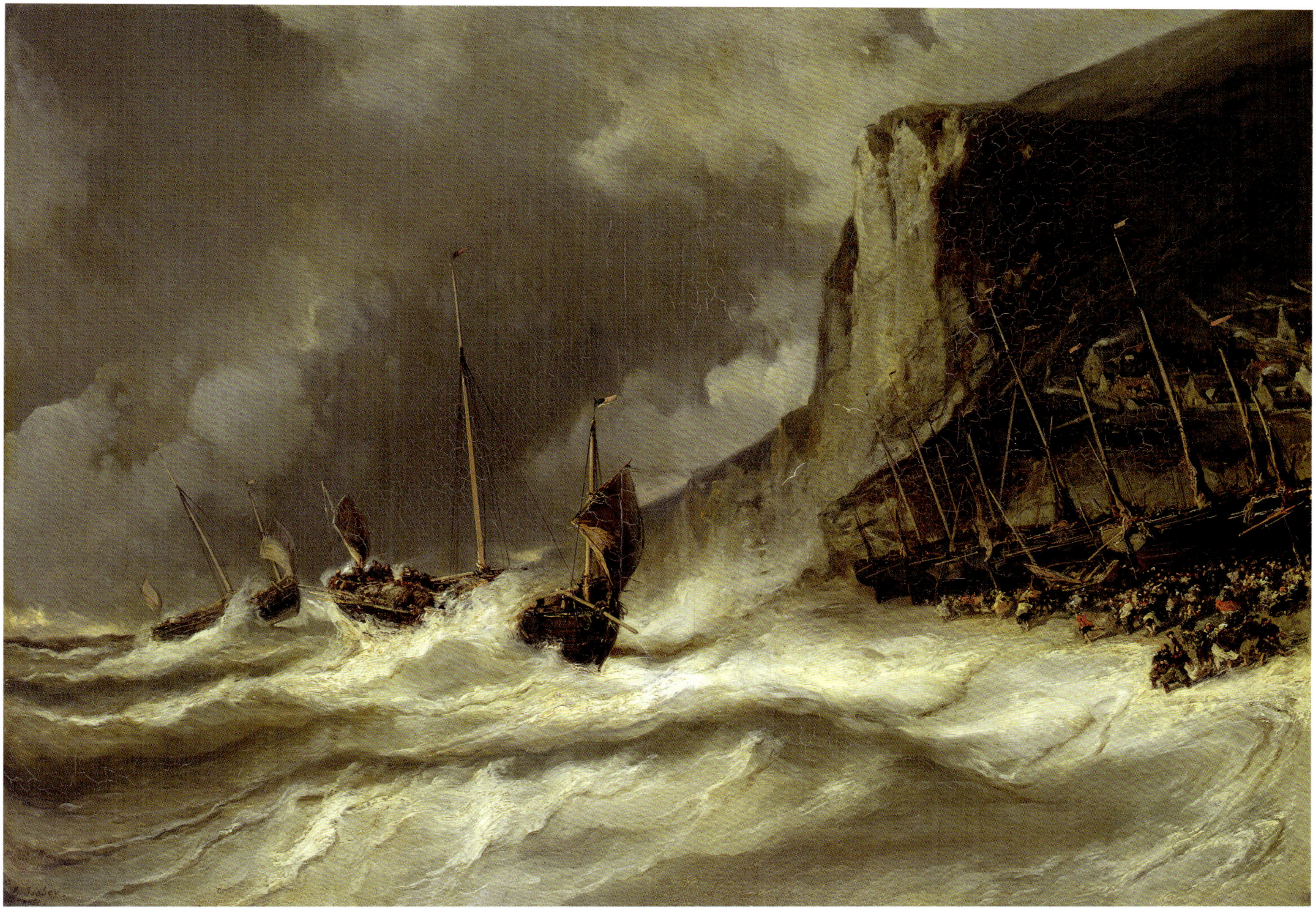

Storm on the Coast at Étretat, Normandy

Isabey created historical paintings and genre paintings, but primarily landscapes with which he depicted the unpredictability of the elements. Thunderstorms and storms characterize his most expressive works.

Tempête sur la côte d'Étretat, en Normandie

Isabey a produit des tableaux d'histoire, des scènes de genre, mais surtout des paysages. Il excelle à traduire la furie des éléments. Orages et tempêtes donnent lieu à ses œuvres les plus puissantes.

EUGÈNE ISABEY (1803-1886)

1851, Oil on canvas/Huile sur toile, 62,7 × 91 cm, Hamburger Kunsthalle

Sturm an der Küste bei Étretat, Normandie

Isabey schuf Historiengemälde und Genremalereien aber in erster Linie Landschaften, mit denen er die Unberechenbarkeit der Elemente darstellte. Unwetter und Stürme prägen seine ausdrucksstärksten Werke.

Tormenta en la costa de Étretat, Normandía

Isabey creó pinturas históricas y de género, pero sobre todo paisajes con los que representaba la imprevisibilidad de los elementos. Truenos y tormentas caracterizan sus obras más expresivas.

Tempestade na costa de Étretat, Normandia

Isabey criou pinturas históricas e pinturas de gênero, mas principalmente paisagens com as quais ele descreveu a imprevisibilidade dos elementos. Tempestades e tempestades caracterizam suas obras mais expressivas.

Storm aan de kust bij Étretat, Normandië

Isabey maakte historische schilderijen en genrestukken, maar vooral landschappen, waarmee hij de onvoorspelbaarheid van de elementen in beeld bracht. Onweer en stormen kenmerken zijn expressiefste werken.

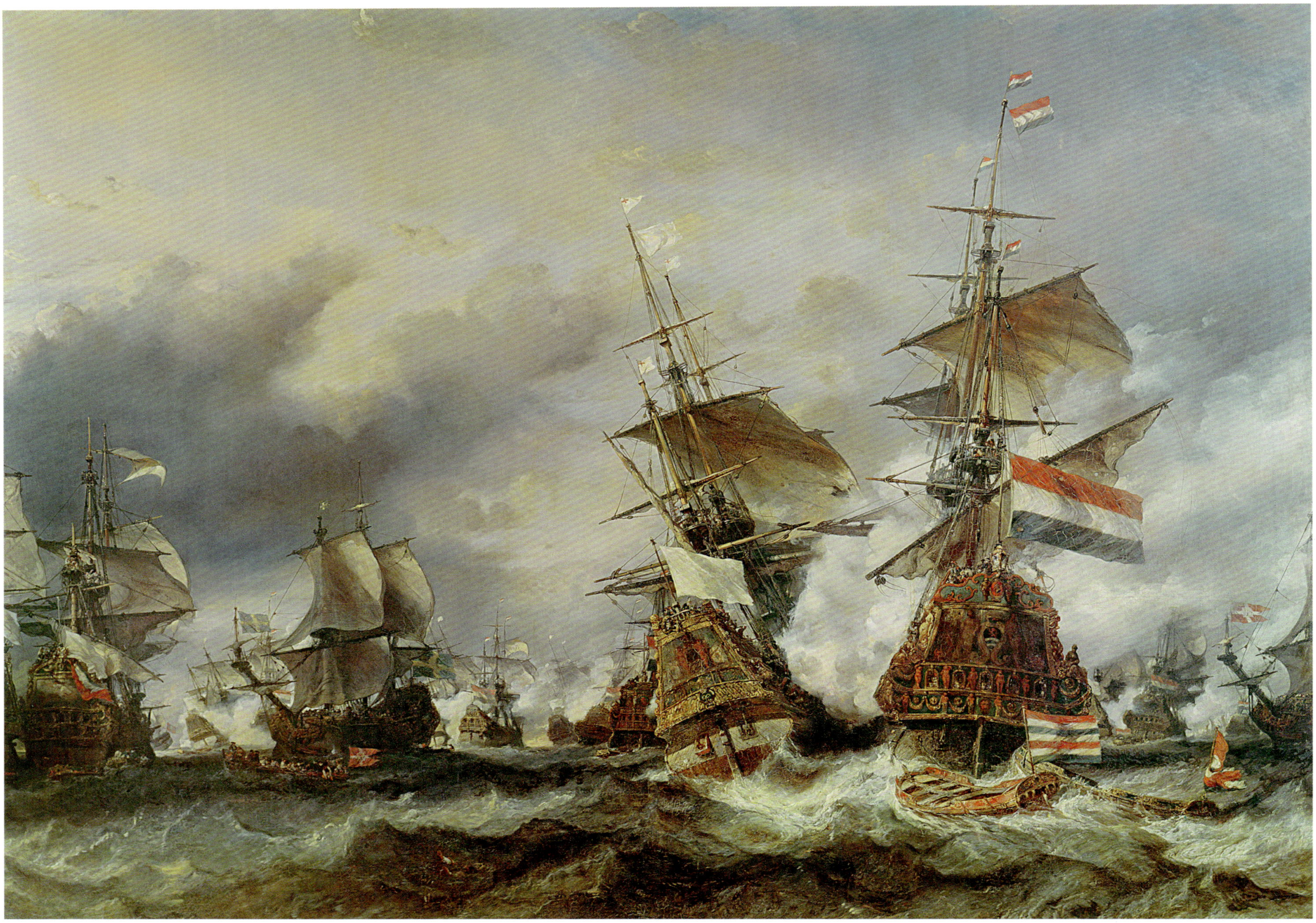

The Battle of Texel (1694)

Bataille du Texel (1694)

Die Schlacht von Texel (1694)

La batalla de Texel (1694)

A Batalha de Texel (1694)

De slag bij Texel (1694)

EUGÈNE ISABEY (1803-1886)

1839, Oil on wooden panel/Huile sur panneau de bois, 250 × 358 cm, Musée de la Marine, Paris

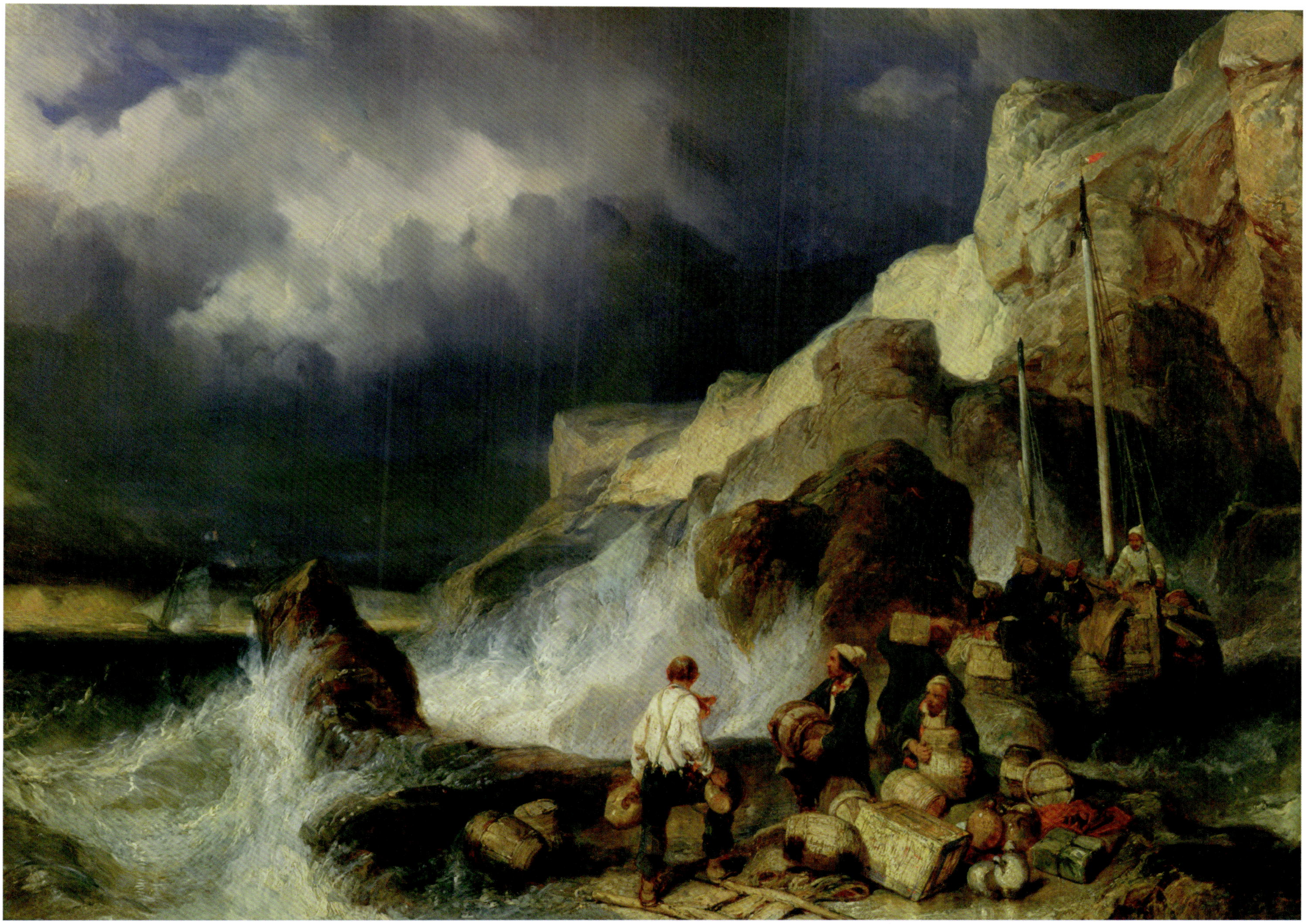

The Onslaught of the Smugglers

Contrebandiers embarquant des marchandises

Schmuggler verschiffen ihre Waren

Los contrabandistas envían sus mercancías

Os contrabandistas enviam as suas mercadorias

Smokkelaars verschepen hun waren

EUGÈNE ISABEY (1803-1886)

c. 1835, Oil on canvas/Huile sur toile, 40,5 × 58,5 cm, Musée de la Chartreuse, Douai

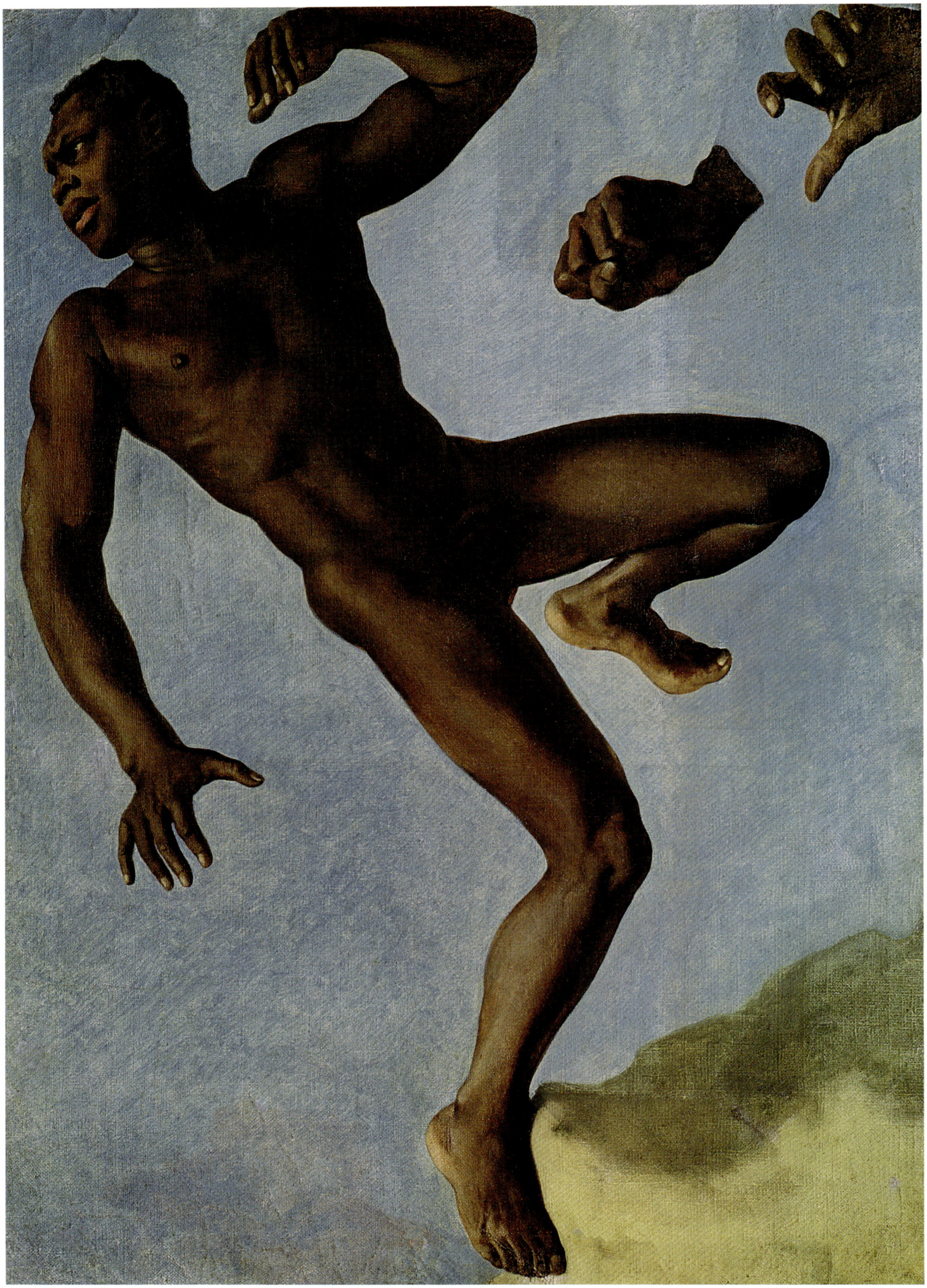

Study of a Nude Negro
The study was related to a project by Jean-Auguste-Dominique Ingres. But the painting was never executed. It was supposed to show the devil being pushed over a cliff by Christ.

Étude de nègre
Surprenante, cette esquisse se rattache à un projet de Jean-Auguste-Dominique Ingres pour un tableau qui n'a jamais été exécuté. Il devait montrer le diable précipité par le Christ du haut d'un rocher.

Aktstudie eines Negers
Die Studie stand im Zusammenhang mit einem Projekt von Jean-Auguste-Dominique Ingres. Das Gemälde wurde aber nie ausgeführt. Es sollte den Teufel zeigen, wie er von Christus über eine Klippe gestoßen wird.

Estudio de un negro desnudo
El estudio estaba relacionado con un proyecto de Jean-Auguste-Dominique Ingres. Pero la pintura nunca fue ejecutada. Se suponía que mostraría al diablo siendo empujado a un acantilado por Cristo.

Estudo nu de um negro
O estudo foi relacionado a um projeto de Jean-Auguste-Dominique Ingres. Mas a pintura nunca foi executada. Era suposto mostrar o diabo a ser empurrado sobre um penhasco por Cristo.

Naaktstudie van een neger
De studie was verbonden met een project van Jean-Augustuse-Dominique Ingres. Maar het schilderij is nooit uitgevoerd. Het moest de duivel tonen die door Christus over een klif werd geduwd.

THÉODORE CHASSÉRIAU
(1819-1856)
1838, Oil on canvas/Huile sur toile, 73 × 59 cm, Musée Ingres, Montauban

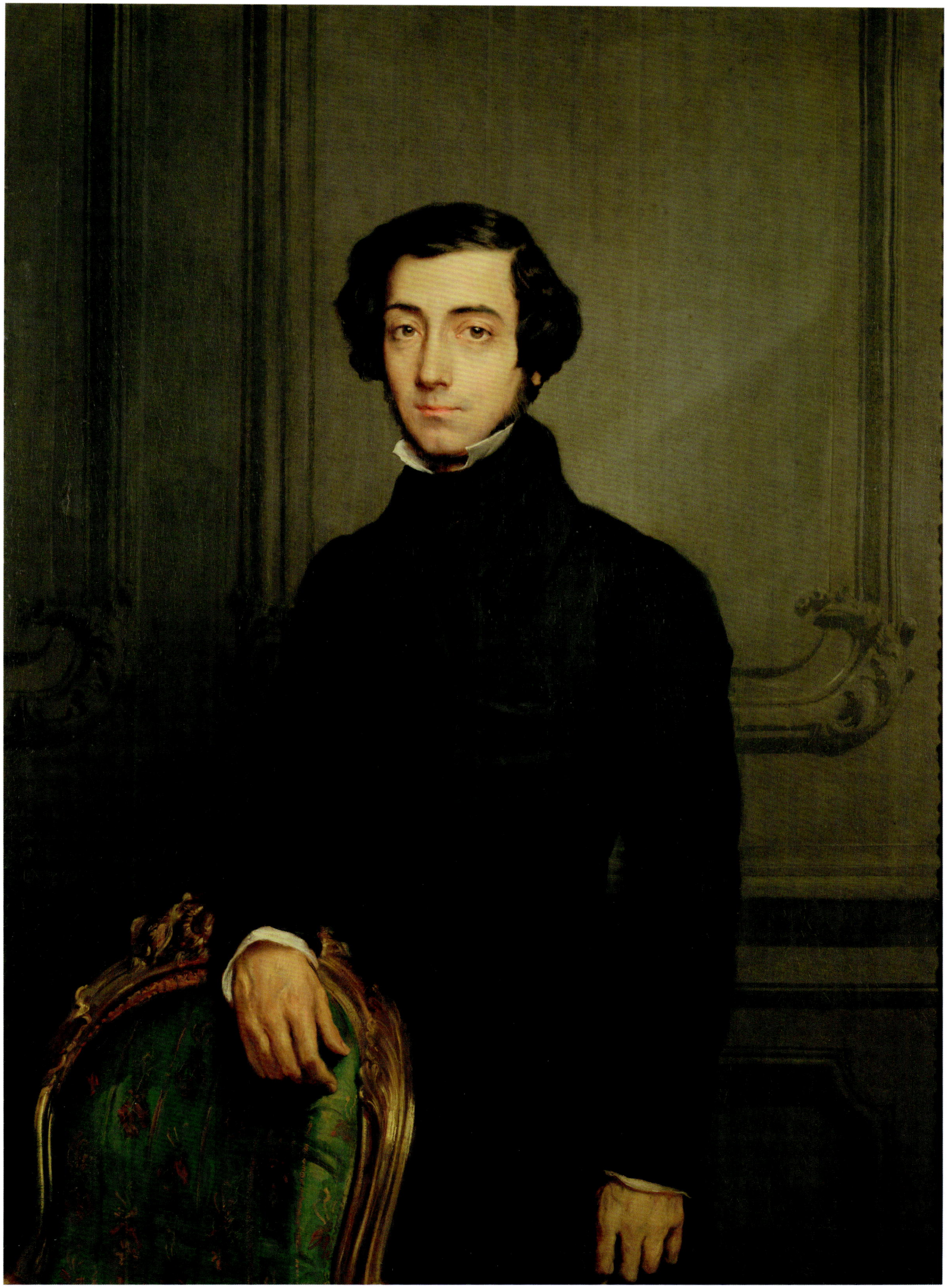

Alexis de Tocqueville (1805-1859)

THÉODORE CHASSÉRIAU (1819-1856)

1850, Oil on canvas/Huile sur toile, 163 × 130 cm, Château de Versailles

Ali Ben Ahmed, Caliph of Constantine, Followed by his Escort

Le Khalife de Constantine, Ali Ben Ahmed, chef des Harachas, suivi de son escorte

Ali Ben Ahmed, Kalif von Constantine, gefolgt von seiner Eskorte

El Khalifa de Constantino, Ali Ben Ahmed, jefe de las Harachas, seguido de su escolta

Ali Ben Ahmed, califa de Constantino, seguido de sua escolta

Ali Ben Ahmed, kalief van Constantinopel, gevolgd door zijn escorte

THÉODORE CHASSÉRIAU (1819-1856)

1845, Oil on canvas/Huile sur toile, 325 × 260 cm, Château de Versailles

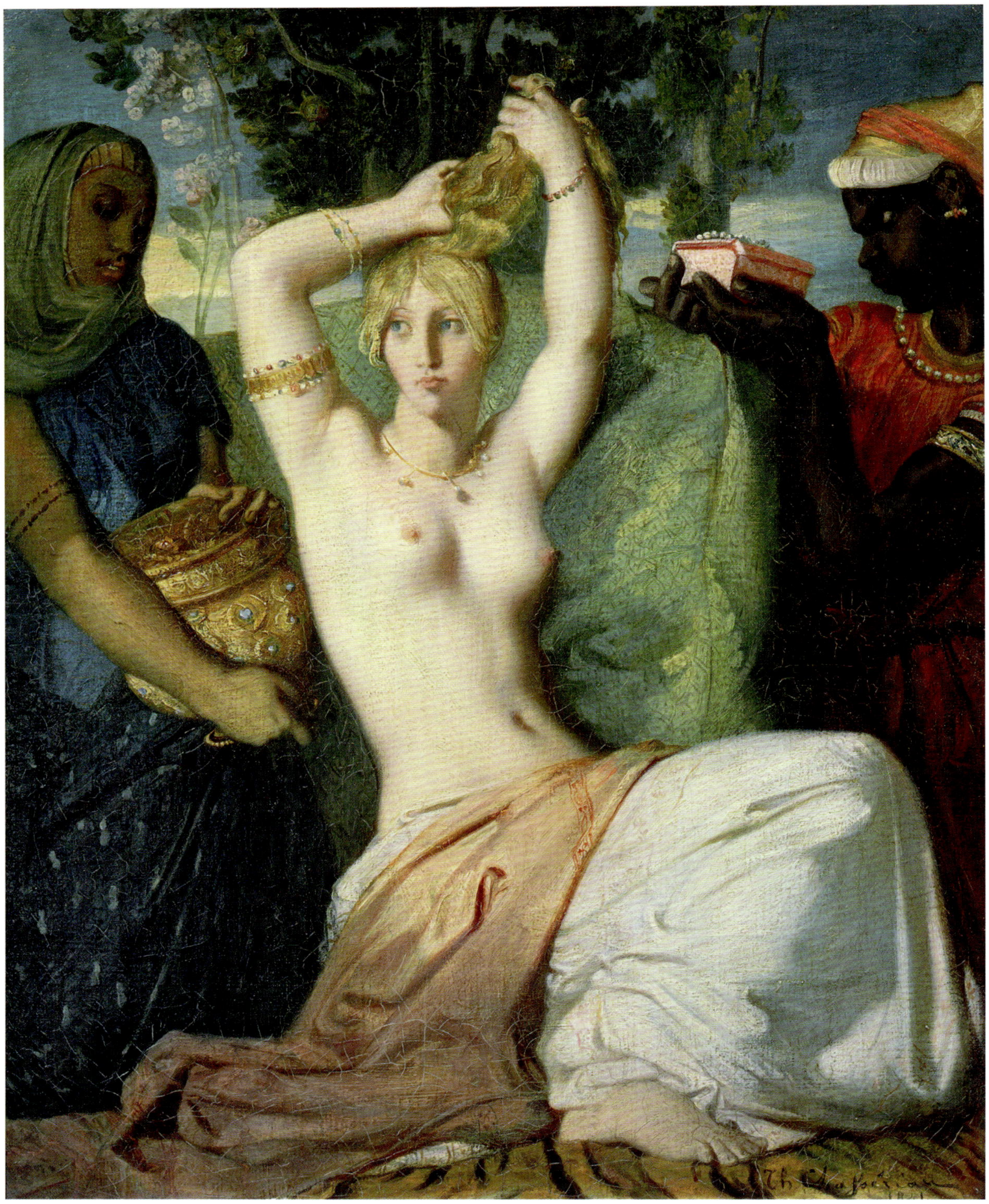

Esther Preparing Herself to Meet King Ahasveros, *of* The Toilette of Esther

The Book of Esther from the Tanach inspired Chassériau to create a sensual representation. Naked and adorned with oriental jewels, the young woman prepares to be presented to King Ahasueros.

Esther se parant pour être présentée au roi Assuérus, *dit aussi* La toilette d'Esther

Le Livre d'Esther (Bible hébraïque) inspire au peintre une scène plus profane que sacrée. Sensuelle, dénudée, parée de bijoux orientaux, la jeune femme se prépare pour être présentée au roi Assuérus.

THÉODORE CHASSÉRIAU (1819-1856)

1841, Oil on canvas/Huile sur toile, 45,5 × 35,5 cm, Musée du Louvre, Paris

Esther vor der Begegnung mit Ahasveros

Das Buch Esther aus dem Tanach inspirierte Chassériau zu einer sinnlichen Darstellung. Nackt und geschmückt mit orientalischen Juwelen bereitet sich die junge Frau darauf vor, König Ahasveros präsentiert zu werden.

Ester antes del encuentro con Asuero

El Libro de Ester (Biblia Hebrea) inspira al pintor con una escena más profana que sagrada. Sensual, desnuda, adornada con joyas orientales, la joven se prepara para ser presentada al rey Asuero.

Esther antes do encontro com Ahasveros

O livro Esther de Tanach inspirou Chassériau a criar uma representação sensual. Nua e adornada com jóias orientais, a jovem prepara-se para ser apresentada ao rei Ahasveros.

Esther maakt zich klaar voor de ontmoeting met Ahasveros

Het boek Esther uit de Tenach inspireerde Chassériau tot een sensuele afbeelding. Naakt en versierd met oosterse juwelen bereidt de jonge vrouw zich voor op haar ontmoeting met koning Ahasveros.

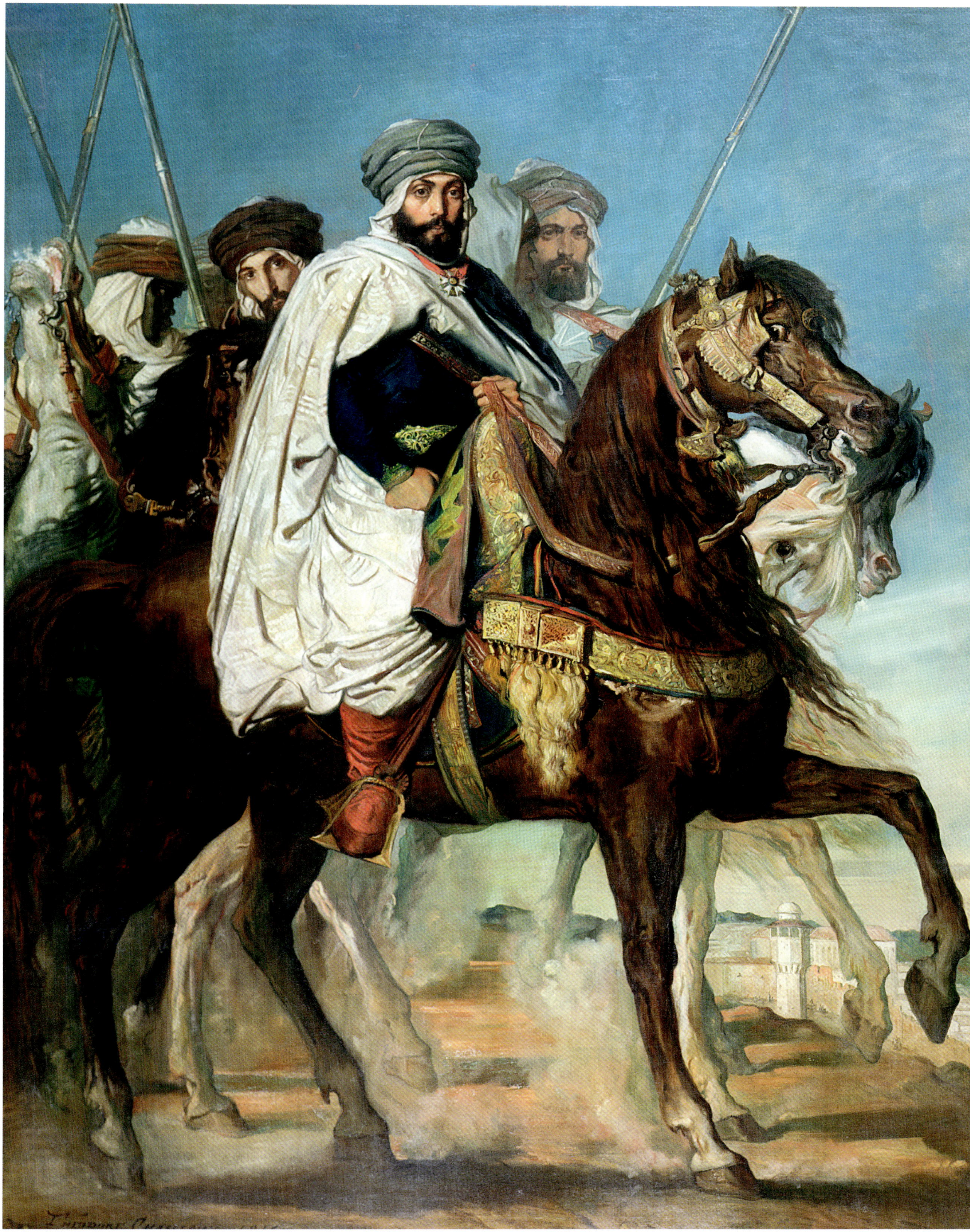

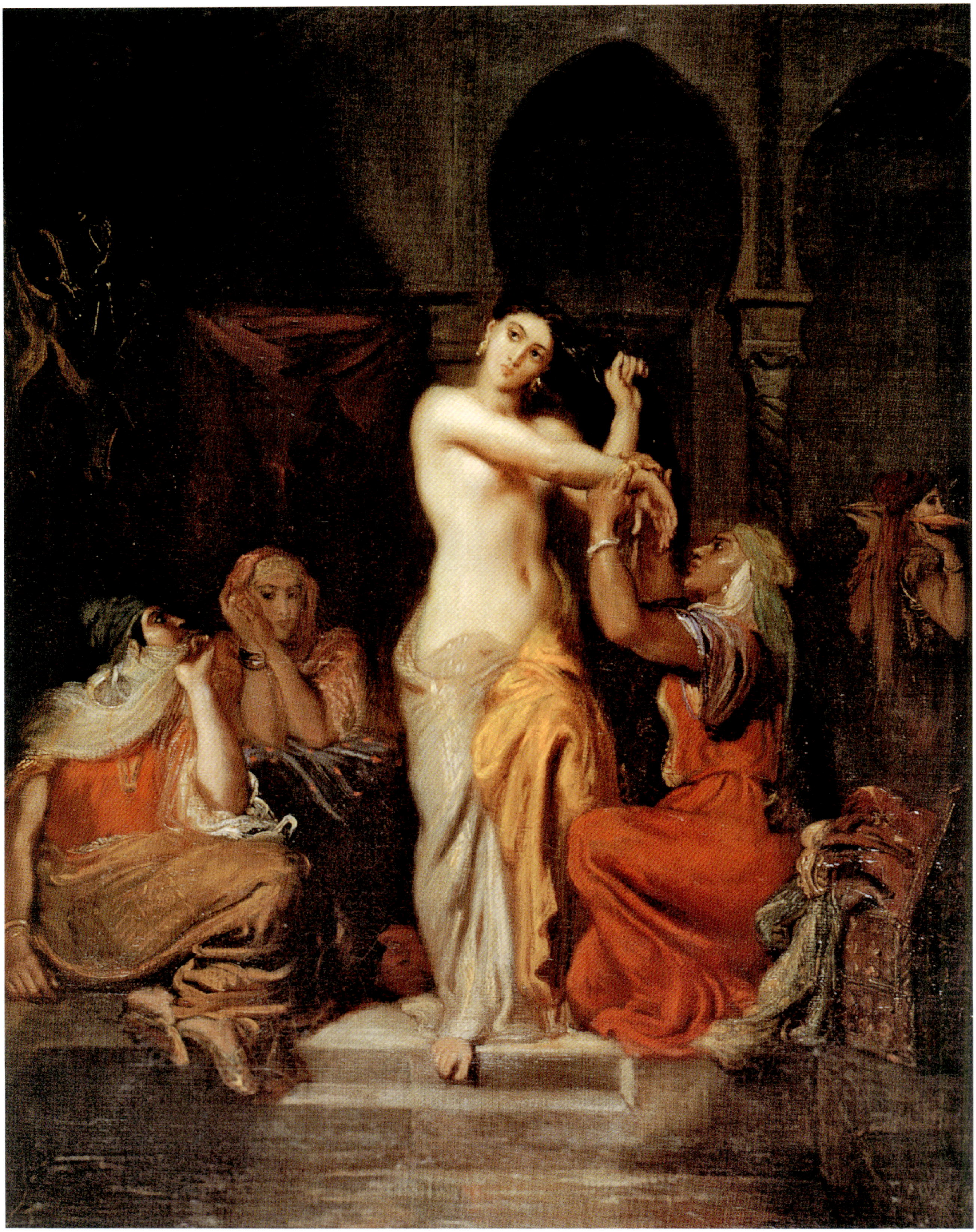

Moorish Woman Leaving the Bath in the Seraglio

Intérieur de harem

Haremsszene, Maurische Dame im Bad

Escena del harén

Cena do harém, senhora moura na casa de banho

Interieur van een harem

THÉODORE CHASSÉRIAU (1819-1856)

1854, Oil on canvas/Huile sur toile, 67 × 54 cm, Musée des Beaux-Arts, Strasbourg

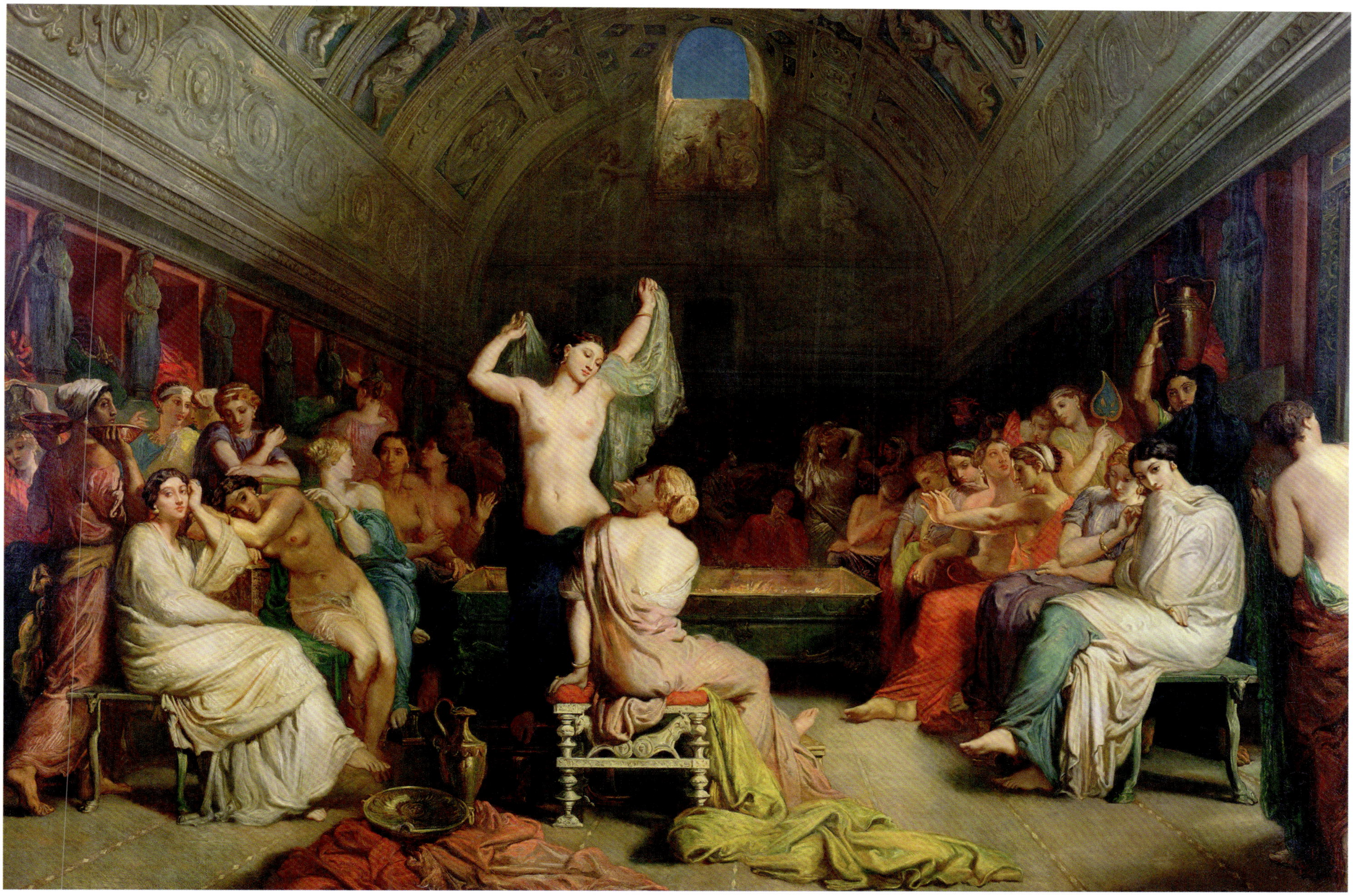

The Tepidarium

The painting evokes the atmosphere of a harem in antique décor. Chassériau chose the Venus Genetrix baths in Pompeii as the backdrop for his motif, visiting the remains of these baths.

Tepidarium, « salle où les femmes de Pompéi venaient se reposer et se sécher en sortant du bain »

Ce tableau évoquant l'atmosphère sensuelle des harems plonge le spectateur dans un décor antique. Chassériau situe sa scène dans les bains de Vénus Génitrix, dont il a découvert les vestiges à Pompéi.

THÉODORE CHASSÉRIAU (1819-1856)

1853, Oil on canvas/Huile sur toile, 171 × 258 cm, Musée d'Orsay, Paris

Tepidarium

Das Gemälde beschwört die Atmosphäre eines Harems herauf, der in antikem Dekor gestaltet ist. Als Kulisse für sein Motiv wählte Chassériau die Bäder der Venus Genetrix in Pompeji, deren Überreste er besichtigte.

Tepidarium, «estancia donde las mujeres de Pompeya acudían para descansar y secarse saliendo del baño»

La pintura evoca la atmósfera de un harén en decoración antigua. Chassériau eligió los baños de Venus Genetrix en Pompeya como telón de fondo para su motivo, visitando los restos de estos baños.

Tepidário

A pintura evoca a atmosfera de um harém em decoração antiga. Chassériau escolheu os banhos Venus Genetrix em Pompeia como pano de fundo para o seu motivo, visitando os restos destes banhos.

Het tepidarium

Het schilderij roept de sfeer op van een harem in een antiek klassieke setting. Chassériau koos de baden van de Venus Genetrix als decor voor zijn onderwerp, waarvan hij de overblijfselen in Pompeji bezocht.

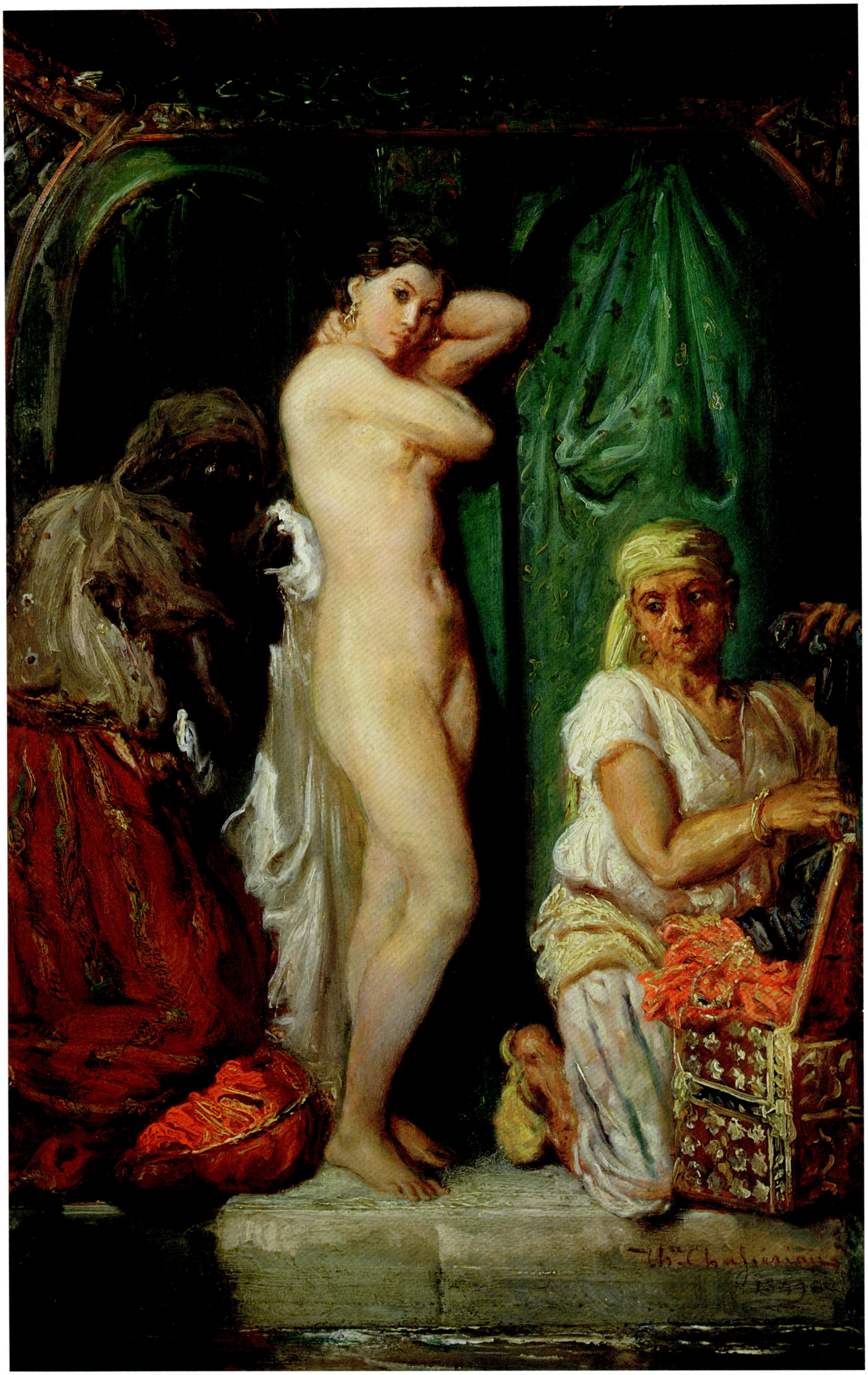

The Bath in the Harem

Un bain au sérail, *dit aussi* Femme sortant du bain

Das Bad im Harem

El baño en el harén

O banho no harém

Het bad in de harem

THÉODORE CHASSÉRIAU (1819-1856)

1849, Oil on wooden panel/Huile sur panneau de bois, 50 × 32 cm, Musée du Louvre, Paris

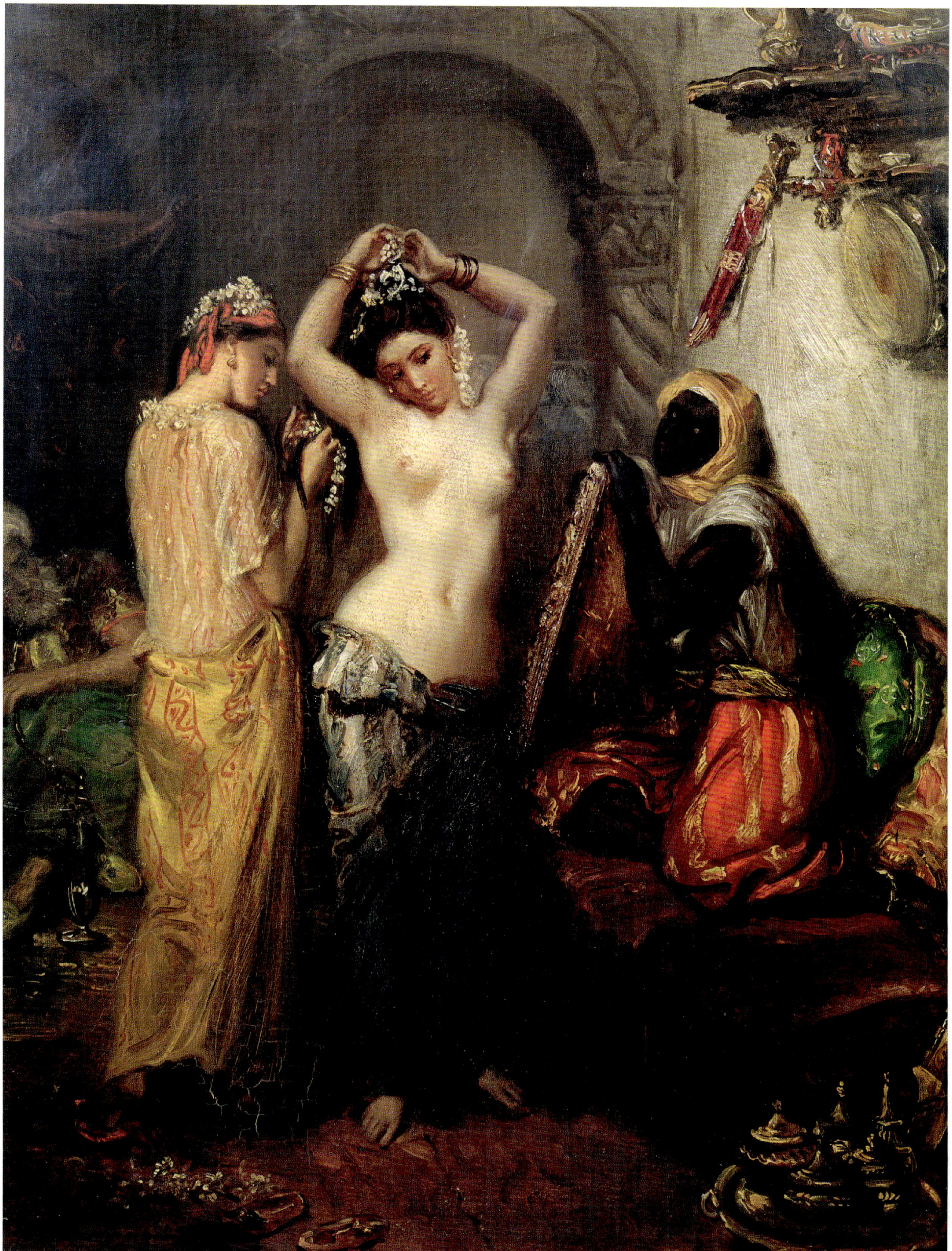

The Toilet in the Seraglio

La Toilette au sérail

Die Toilette im Serail

El baño en el harén

O banheiro no seraglio

Het toilet in de serail

THÉODORE CHASSÉRIAU

(1819-1856)

Oil on canvas/Huile sur toile, Private collection

Index

A

B

C

D

F

G

KÖNEMANN

www.koenemann.com

ÉDITIONS
PLACE DES
VICTOIRES

6, rue du Mail - 75002 Paris
www.victoires.com
ISBN: 978-2-8099-1701-7
Dépôt légal : 4e trimestre 2019

Concept, project management: koenemann.com GmbH
Text: Valentin Grivet
Translations into English, German, Spanish, Portuguese
and Dutch by koenemann.com GmbH

Picture credits: Bridgeman images except pp. 60-61, 67, 69, 70-71, 79, 92, 100, 115, 116, 117, 118, 119, 133, 135, 159, 176, 263, 302, 303, 304, 305, 330, 345, 352, 353, 371, 373, 374, 376, 394, 344, 358-359, 364, 373, 375, 377, 381, 383, 387, 395, 402-403, 414, 468: akg images gmbh
Layout: Laetitia Perotin
Colour separation: Nord Compo, Villeneuve-d'Ascq

ISBN: 978-3-7419-2431-6 (international)

Printed in China by Shyft Publishing/Hunan Tianwen Xinhua Printing Co., Ltd